MANUAL DE PROCESSO DO TRABALHO

Gustavo Filipe Barbosa Garcia

MANUAL DE PROCESSO DO TRABALHO

10ª edição
Revista, ampliada e atualizada

2024

EDITORA JusPODIVM
www.editorajuspodivm.com.br

EDITORA *Jus*PODIVM
www.editorajuspodivm.com.br

Rua Canuto Saraiva, 131 – Mooca – CEP: 03113-010 – São Paulo – São Paulo
Tel: (11) 3582.5757
• Contato: https://www.editorajuspodivm.com.br/central-de-relacionamento

Copyright: Edições *Jus*PODIVM

Diagramação: Marcelo S. Brandão *(santibrando@gmail.com)*

Capa: Ana Caquetti

G216m Garcia, Gustavo Filipe Barbosa
Manual de Processo do Trabalho / Gustavo Filipe Barbosa Garcia. - 10. ed., rev., atual. e ampl. - São Paulo: Juspodivm, 2024.

592 p.

Inclui Bibliografia
ISBN: 978-85-442-5054-9

1. Direito Processual do Trabalho. I. Garcia, Gustavo Filipe Barbosa. II. Título.

CDD 342.68

BIBLIOTECÁRIA RESPONSÁVEL

Ana Carolina Ribeiro Mois – CRB7 – RJ 007348/0

"SENHOR, tu me sondas e me conheces. Sabes quando me assento e quando me levanto; de longe penetras os meus pensamentos. Esquadrinhas o meu andar e o meu deitar e conheces todos os meus caminhos. Tu me cercas por trás e por diante e sobre mim pões a mão" (Sl. 139: 1-3, 5).

NOTAS PRÉVIAS DO AUTOR

Esta obra tem como objetivo apresentar análise didática, atualizada e sintetizada do *Direito Processual do Trabalho*, quanto aos aspectos de maior relevância de sua disciplina.

Procura-se estudar a essência do mencionado ramo do Direito, em seus fundamentos, institutos, regras e princípios, apresentando as noções e os conceitos necessários para a sua devida compreensão.

Este livro foi escrito com o especial enfoque de atender àqueles que buscam estudo completo, embora mais conciso, da referida disciplina, em conformidade com a evolução doutrinária, jurisprudencial e legislativa, sabendo-se que a análise mais aprofundada da matéria foi objeto de escrito anterior, intitulado *Curso de Direito Processual do Trabalho*.

A presente edição está atualizada com os diplomas legais mais recentes.

Espera-se, assim, que a presente obra possa receber a mesma acolhida das anteriores.

Gustavo Filipe Barbosa Garcia

SUMÁRIO

Capítulo 1 – INTRODUÇÃO AO DIREITO PROCESSUAL DO TRABALHO 17

1.1 Evolução histórica 17
1.2 Direito estrangeiro 19
1.3 Denominação 20
1.4 Conceito 21
1.5 Abrangência 21
1.6 Autonomia 21
1.7 Relações com outros ramos do Direito 22
1.8 Natureza jurídica 23
1.9 Fontes 23
1.10 Interpretação 26
1.11 Integração 28
1.12 Eficácia no tempo 30
1.12.1 Instrução Normativa 41/2018 do TST 33
1.13 Eficácia no espaço 43
1.14 Princípios 43
1.15 Formas de solução dos conflitos 50
1.16 Comissão de Conciliação Prévia 58

Capítulo 2 – JUSTIÇA DO TRABALHO E MINISTÉRIO PÚBLICO DO TRABALHO 61

2.1 Organização da Justiça do Trabalho 61
2.2 Órgãos e serviços auxiliares da Justiça do Trabalho 65
2.3 Ministério Público do Trabalho 67

Capítulo 3 – COMPETÊNCIA 77

3.1 Conceito 77
3.2 Classificação 77
3.3 Competência criminal 80
3.4 Competência da Justiça do Trabalho 81
3.4.1 Relação de trabalho 81
3.4.2 Entes de direito público externo 91
3.4.3 Servidores públicos 92

3.4.4 Greve 94
3.4.5 Representação sindical e conflitos sindicais 95
3.4.6 Mandado de segurança 98
3.4.7 *Habeas corpus* 98
3.4.8 *Habeas data* 98
3.4.9 Danos morais e materiais decorrentes da relação de trabalho 99
3.4.10 Penalidades administrativas impostas pelos órgãos de fiscalização do trabalho 100
3.4.11 Execução de contribuições sociais 100
3.4.12 Dissídio coletivo 101
3.4.13 Conflitos de competência 102
3.4.14 Competência nos casos de falência e recuperação de empresa 104
3.5 Competência em razão do lugar 104
3.5.1 Local da prestação do serviço 106
3.5.2 Agentes ou viajantes comerciais 106
3.5.3 Empresa que realize atividade fora do lugar do contrato 106
3.6 Competência internacional 107
3.7 Cooperação jurídica internacional 108
3.8 Competência de juízo e distribuição 109
3.9 Competência funcional 110

Capítulo 4 – ATOS PROCESSUAIS E PRAZOS 112

4.1 Processo, procedimento e ato processual 112
4.2 Forma dos atos processuais 115
4.3 Prazos processuais 118
4.4 Comunicação dos atos processuais 123
4.5 Preclusão 132
4.6 Perempção 133
4.7 Informatização do processo 134
4.7.1 Comunicação eletrônica dos atos processuais 134
4.7.2 Processo eletrônico 136
4.8 Nulidades processuais 144

Capítulo 5 – PARTES E TERCEIROS 149

5.1 Conceito 149
5.2 Sucessão das partes 149
5.3 Capacidade processual 151
5.4 Mandato 154
5.5 Assistência judiciária 157
5.6 Direitos e garantias da advogada gestante, lactante, adotante ou que der à luz e do advogado que se torna pai 163

5.7 Deveres das partes e litigância de má-fé 164
5.8 Litisconsórcio 168
5.9 Intervenção de terceiros 171
5.10 Substituição processual 181

Capítulo 6 – AÇÃO TRABALHISTA 187

6.1 Direito de ação 187
6.2 Elementos da ação 187
6.3 Condições da ação 189
6.4 Pressupostos processuais 190
6.5 Petição inicial 191
6.6 Pedido 196
6.7 Emenda da petição inicial 199
6.8 Indeferimento da petição inicial 200
6.9 Improcedência liminar do pedido 201
6.10 Distribuição da ação 203

Capítulo 7 – PROCEDIMENTO 204

7.1 Processo e procedimento 204
7.2 Procedimento ordinário 205
7.3 Procedimento sumaríssimo 210
7.4 Procedimento de alçada 213
7.5 Procedimento nas ações decorrentes da ampliação da competência da Justiça do Trabalho 215
7.6 Suspensão do processo 215

Capítulo 8 – DEFESA 219

8.1 Respostas do réu 219
8.2 Exceções 219
8.3 Contestação 223
8.4 Reconvenção 226
8.5 Questão prejudicial 228
8.6 Revelia 229

Capítulo 9 – PROVAS 232

9.1 Objeto da prova 232
9.2 Ônus da prova 233
9.3 Valoração da prova 236
9.4 Produção antecipada da prova 237
9.5 Meios de prova 238
9.5.1 Depoimento pessoal 240
9.5.2 Confissão 242
9.5.3 Documentos 243

9.5.4 Ata notarial ... 251
9.5.5 Testemunhas ... 251
9.5.6 Perícia ... 258
9.5.7 Inspeção judicial ... 266

Capítulo 10 – SENTENÇA ... 268

10.1 Pronunciamentos do juiz ... 268
10.2 Tipos de sentença ... 269
10.3 Ordem cronológica preferencial para proferir sentenças e acórdãos ... 272
10.4 Julgamento antecipado do mérito ... 274
10.5 Improcedência liminar do pedido ... 275
10.6 Requisitos da sentença ... 275
10.7 Honorários advocatícios ... 282
10.8 Custas e despesas processuais ... 291
10.9 Conciliação, desistência da ação e homologação judicial ... 293
10.10 Coisa julgada ... 297
10.11 Coisa julgada criminal e efeitos no processo do trabalho ... 300

Capítulo 11 – RECURSOS ... 302

11.1 Conceito ... 302
11.2 Princípios ... 302
11.3 Classificação ... 305
11.4 Pressupostos recursais ... 306
11.5 Efeitos ... 317
11.6 Recurso ordinário ... 321
11.7 Agravo de instrumento ... 322
11.8 Recurso de revista ... 325
11.9 Embargos no TST ... 333
11.10 Agravo regimental ou agravo interno ... 335
11.11 Embargos de declaração ... 337
11.12 Agravo de petição ... 339
11.13 Recurso extraordinário ... 340
11.14 Recurso adesivo ... 342
11.15 Correição parcial ... 343
11.16 Pedido de revisão ... 344
11.17 Remessa de ofício ... 344
11.18 Incumbências do relator ... 346
11.19 Uniformização da jurisprudência ... 347
11.20 Ordem dos processos no tribunal ... 349
11.21 Incidente de assunção de competência ... 354
11.22 Incidente de arguição de inconstitucionalidade ... 354
11.23 Incidente de resolução de demandas repetitivas ... 355

11.24 Reclamação ... 359

Capítulo 12 - EXECUÇÃO ... 361

12.1 Liquidação ... 361
12.2 Execução ... 373
12.3 Hipoteca judiciária e execução indireta ... 377
12.4 Normas aplicáveis na execução ... 378
12.5 Competência na execução ... 379
12.6 Legitimidade na execução ... 379
12.7 Responsabilidade patrimonial ... 381
12.8 Desconsideração da personalidade jurídica ... 383
12.9 Fraude à execução ... 387
12.10 Ato atentatório à dignidade da Justiça ... 389
12.11 Título executivo ... 390
12.12 Execução definitiva e provisória ... 391
12.13 Execução de prestações sucessivas ... 394
12.14 Execução de obrigação alternativa ... 394
12.15 Execução de obrigação de fazer ou de não fazer ... 395
12.16 Execução de obrigação de entregar coisa ... 397
12.17 Execução de obrigação de pagar quantia certa ... 399
12.18 Embargos à execução ... 403
12.19 Impugnação do exequente ... 412
12.20 Embargos de terceiro ... 412
12.21 Penhora ... 416
12.22 Bens penhoráveis e bens impenhoráveis ... 420
12.23 Avaliação ... 424
12.24 Arrematação ... 426
12.25 Adjudicação ... 431
12.26 Remição ... 434
12.27 Alienação por iniciativa particular ... 434
12.28 Execução de contribuições previdenciárias ... 435
12.29 Execução contra a Fazenda Pública ... 437
12.29.1 Comprometimento de receitas correntes líquidas ... 449
12.29.2 Acordo direto para pagamento de precatório de grande valor 450
12.29.3 Acordo terminativo de litígio contra a Fazenda Pública ... 451
12.30 Execução contra a massa falida ... 451
12.31 Execução contra empresa em liquidação extrajudicial ... 459
12.32 Reunião de execuções ... 460
12.33 Regime centralizado de execuções contra entidades de prática desportiva ... 462
12.34 Custas e emolumentos na execução ... 467
12.35 Suspensão da execução ... 469

12.36 Desistência da execução ... 471
12.37 Extinção da execução ... 471
12.38 Certidão Negativa de Débitos Trabalhistas ... 472

Capítulo 13 – DISSÍDIO COLETIVO ... 475

13.1 Conceito e classificação ... 475
13.2 Competência ... 478
13.3 Legitimidade ... 478
13.4 Procedimento ... 481
13.5 Julgamento ... 483
13.6 Recursos ... 486
13.7 Extensão e revisão ... 487
13.8 Ação de cumprimento ... 488

Capítulo 14 – AÇÃO CIVIL PÚBLICA ... 491

14.1 Tutela jurisdicional metaindividual ... 491
14.2 Direitos metaindividuais ... 492
14.3 Danos materiais e morais coletivos ... 493
14.4 Legitimidade ... 494
14.5 Competência ... 495
14.6 Rol dos substituídos ... 496
14.7 Litispendência ... 497
14.8 Coisa julgada ... 497
14.9 Despesas processuais e honorários advocatícios ... 499
14.10 Prescrição na ação civil pública ... 500
14.11 Liquidação e execução ... 501

Capítulo 15 – TUTELA PROVISÓRIA ... 503

15.1 Classificação ... 503
15.2 Disposições gerais ... 504
15.3 Tutela de urgência ... 506
15.4 Tutela antecipada antecedente ... 508
15.5 Tutela cautelar antecedente ... 510
15.6 Tutela da evidência ... 515
15.7 Tutela provisória em face da Fazenda Pública ... 516
15.8 Tutela provisória na sentença ... 518

Capítulo 16 – PROCEDIMENTOS ESPECIAIS ... 519

16.1 Inquérito para apuração de falta grave ... 519
16.2 Ação de consignação em pagamento ... 523
16.3 Ação de exigir contas ... 525
16.4 Ações possessórias ... 527
16.5 Oposição ... 528

16.6 Habilitação ... 529
16.7 Restauração de autos ... 529
16.8 Ação monitória ... 530
16.9 Mandado de segurança ... 533
16.10 *Habeas corpus* ... 542
16.11 *Habeas data* ... 544
16.12 Mandado de injunção ... 546
16.13 Ação rescisória ... 549
16.13.1 Natureza jurídica ... 549
16.13.2 Cabimento ... 549
16.13.3 Competência ... 551
16.13.4 Legitimidade ... 552
16.13.5 Hipóteses de admissibilidade ... 553
16.13.6 Prazo ... 560
16.13.7 Procedimento ... 561
16.13.8 Depósito prévio ... 563
16.13.9 Decisão ... 565
16.13.10 Recurso ... 565
16.14 Notificação, interpelação e protesto judicial ... 566
16.15 homologação de acordo extrajudicial ... 568
16.16 Ação anulatória de convenção e acordo coletivo de trabalho ... 569

Bibliografia ... 574

Capítulo 1

INTRODUÇÃO AO DIREITO PROCESSUAL DO TRABALHO

1.1 EVOLUÇÃO HISTÓRICA

A Constituição Política do Império do Brasil, de 1824, tratava do Poder Judiciário em seus arts. 151 a 164, sem haver previsão a respeito da Justiça do Trabalho.

Conforme o Regulamento 737, de 25 de novembro de 1850, as ações sobre *contratos de trabalho* eram apreciadas pelos juízes comuns, de acordo com o rito sumário[1].

A Constituição da República dos Estados Unidos do Brasil, de 1891, versava sobre o Poder Judiciário nos arts. 55 a 62, mas ainda não havia previsão da Justiça do Trabalho.

Em 1923 foi instituído o Conselho Nacional do Trabalho, no âmbito do Ministério da Agricultura, Indústria e Comércio, pelo Decreto 16.027, de 30 de abril de 1923, com as finalidades de ser órgão consultivo em matéria trabalhista, instância recursal em matéria previdenciária e atuar como órgão autorizador de dispensa de empregados (por meio de inquérito administrativo) que detinham estabilidade no serviço público.

O Decreto 19.433, de 26 de novembro de 1930, instituiu o Ministério do Trabalho, Indústria e Comércio, organizado pelo Decreto 19.667, de 4 de fevereiro de 1931, o qual também criou o Departamento Nacional do Trabalho. Com o Decreto 20.886, de 30 de dezembro de 1931, foi atribuída à Procuradoria do Departamento Nacional do Trabalho, a qual atuava junto ao Conselho Nacional do Trabalho, a competência para opinar em matéria contenciosa e consultiva[2].

As Comissões Mistas de Conciliação foram criadas pelo Decreto 21.396, de 12 de maio de 1932, voltadas para a conciliação de conflitos coletivos. Uma vez frustrada a tentativa conciliatória, havendo recusa quanto ao juízo arbitral, o processo era remetido ao Ministério do Trabalho, Indústria e Comércio para a solução.

As Juntas de Conciliação e Julgamento foram instituídas pelo Decreto 22.132, de 25 de novembro de 1932, para a solução de conflitos individuais, com natureza de órgãos administrativos, as quais eram formadas por um presidente nomeado pelo Ministro do

1. Cf. BATALHA, Wilson de Souza Campos. *Tratado de direito judiciário do trabalho*. 3. ed. São Paulo: LTr, 1995. v. 1. p. 260-261.

2. Cf. MARTINS FILHO, Ives Gandra da Silva. Breve história da Justiça do Trabalho. In: FERRARI, Irany; NASCIMENTO, Amauri Mascaro; MARTINS FILHO, Ives Gandra da Silva. *História do direito do trabalho e da Justiça do Trabalho*: homenagem a Armando Casimiro Costa. 2. ed. São Paulo: LTr, 2002. p. 195.

Trabalho, Indústria e Comércio (devendo a escolha recair de preferência em advogados, magistrados e funcionários federais, estaduais ou municipais) e dois vogais (representantes de empregados e empregadores)[3].

A Constituição da República dos Estados Unidos do Brasil, de 1934, foi a primeira a prever, no texto constitucional brasileiro, a Justiça do Trabalho (art. 122), mas ainda não integrava o Poder Judiciário, estando ligada ao Poder Executivo.

De acordo com o Decreto 24.784, de 14 de julho de 1934, o Conselho Nacional do Trabalho passou a ter atuação como órgão deliberativo de cúpula do sistema judicante laboral.

A Constituição dos Estados Unidos do Brasil, de 1937, no art. 139, dispunha sobre a competência da Justiça do Trabalho, a qual permanecia sem integrar formalmente o Poder Judiciário.

Os Decretos-leis 1.237, de 2 de maio de 1939, e 1.346, de 15 de junho de 1939, institucionalizaram a Justiça do Trabalho, a qual foi instalada em 1º de maio de 1941, com o Conselho Nacional do Trabalho, oito Conselhos Regionais do Trabalho e 36 Juntas de Conciliação e Julgamento.

A Consolidação das Leis do Trabalho, aprovada pelo Decreto-lei 5.452, de 1º de maio de 1943, atribuiu às Juntas de Conciliação e Julgamento a competência originária para apreciar inquéritos administrativos.

O Decreto-lei 9.797, de 9 de setembro de 1946, conferiu à Justiça do Trabalho estrutura judicial: converteu o Conselho Nacional do Trabalho em Tribunal Superior do Trabalho; transformou os Conselhos Regionais do Trabalho em Tribunais Regionais do Trabalho; formou a carreira dos juízes togados da Justiça do Trabalho (com ingresso mediante concurso público)[4].

A Constituição dos Estados Unidos do Brasil, de 1946, passou a prever a Justiça do Trabalho como integrante do Poder Judiciário (art. 94, inciso V), tendo como órgãos o Tribunal Superior do Trabalho, os Tribunais Regionais do Trabalho e as Juntas ou Juízes de Conciliação e Julgamento (art. 122).

A Constituição da República Federativa do Brasil, de 1967, previa a Justiça do Trabalho como órgão integrante do Poder Judiciário (art. 107, inciso V), tendo como órgãos o Tribunal Superior do Trabalho, os Tribunais Regionais do Trabalho e as Juntas de Conciliação e Julgamento (art. 133).

Com a Emenda Constitucional 1, de 17 de outubro de 1969, a Justiça do Trabalho continuou integrando o Poder Judiciário (art. 112, inciso V), inclusive após a Emenda Constitucional 7/1977 (art. 112, inciso VI).

A Constituição da República Federativa do Brasil, de 1988, prevê os Tribunais e Juízes do Trabalho como órgãos do Poder Judiciário (art. 92, inciso IV).

Originariamente, o art. 111 da Constituição da República previa como órgãos da Justiça do Trabalho o Tribunal Superior do Trabalho, os Tribunais Regionais do Trabalho

3. Cf. MARTINS FILHO, Ives Gandra da Silva. Breve história da Justiça do Trabalho. In: FERRARI, Irany; NASCIMENTO, Amauri Mascaro; MARTINS FILHO, Ives Gandra da Silva. *História do direito do trabalho e da Justiça do Trabalho*: homenagem a Armando Casimiro Costa. 2. ed. São Paulo: LTr, 2002. p. 196.

4. Cf. MARTINS FILHO, Ives Gandra da Silva. Breve história da Justiça do Trabalho. In: FERRARI, Irany; NASCIMENTO, Amauri Mascaro; MARTINS FILHO, Ives Gandra da Silva. *História do direito do trabalho e da Justiça do Trabalho*: homenagem a Armando Casimiro Costa. 2. ed. São Paulo: LTr, 2002. p. 210-211.

e as Juntas de Conciliação e Julgamento. Com a Emenda Constitucional 24, de 9 de dezembro de 1999, foi extinta a representação classista nos órgãos da Justiça do Trabalho.

O art. 114 da Constituição da República, com redação dada pela Emenda Constitucional 45/2004, dispõe sobre a competência da Justiça do Trabalho.

A Emenda Constitucional 92/2016 alterou os arts. 92 e 111-A da Constituição Federal de 1988, passando a explicitar o Tribunal Superior do Trabalho como órgão do Poder Judiciário, bem como alterou os requisitos para o provimento dos cargos de Ministros daquele Tribunal e modificou a sua competência.

1.2 DIREITO ESTRANGEIRO

A Justiça do Trabalho, como órgão próprio para a solução de conflitos relativos ao trabalho, também existe em outros locais. Não obstante, há países em que as questões trabalhistas são solucionadas por juízes que integram a Justiça Comum, ainda que sejam magistrados especializados para decidir a referida matéria[5].

Na França, os conflitos individuais de trabalho, ou seja, entre empregados e empregadores, são solucionados pelos *Conseils de Prud'hommes*, enquanto os conflitos coletivos (envolvendo organizações sindicais e fixação de novas condições de trabalho) são objeto de conciliação, mediação e arbitragem[6].

Na Alemanha, os órgãos jurisdicionais trabalhistas são organizados em três níveis: Tribunais do Trabalho de primeiro grau (*Arbeitsgerichte - ArbG*); Tribunais do Trabalho de segundo grau (*Landesarbeitsgerichte - LAG*), os quais apreciam matérias de fato e de direito por meio de recurso; Tribunal Federal do Trabalho (*Bundesarbeitsgericht - BAG*), com atuação em juízo de revisão, apreciando recursos em matéria de direito, sendo de âmbito federal (*Bund*)[7].

Na Itália, os conflitos coletivos de natureza econômica são resolvidos por meio de greves, contratos coletivos, mediação e arbitragem. Os dissídios individuais de trabalho são julgados por juízes togados da jurisdição ordinária, estando o processo do trabalho regulado em Capítulo do Código de Processo Civil italiano, submetido a um procedimento especial, mais simplificado do que o ordinário[8].

No Reino Unido da Grã-Bretanha, a Justiça especializada para a solução de questões trabalhistas é constituída, na primeira instância, pelos assim chamados *Industrial Tribunals* e, na segunda instância, pelos *Employment Appeal Tribunals*. Quanto aos conflitos coletivos de trabalho, são aplicadas a conciliação e a arbitragem[9].

Na Espanha, existem as "Salas Sociais" na Justiça Comum, em todas as instâncias do Poder Judiciário, as quais decidem as questões trabalhistas. Estas são julgadas pelos *Jueces de lo Social* (órgão jurisdicional de primeira instância e unipessoal), *Salas de lo*

---

5. Cf. GARCIA, Gustavo Filipe Barbosa. *Competência da Justiça do Trabalho*: da relação de emprego à relação de trabalho. Rio de Janeiro: Forense, 2012.

6. Cf. NASCIMENTO, Amauri Mascaro. *Curso de direito processual do trabalho*. 16. ed. São Paulo: Saraiva, 1996. p. 17-21; MARTINS, Sergio Pinto. *Direito processual do trabalho*. 30. ed. São Paulo: Atlas, 2010. p. 3-5.

7. Cf. NASCIMENTO, Amauri Mascaro. *Curso de direito processual do trabalho*. 24. ed. São Paulo: Saraiva, 2009. p. 34, 129-130.

8. Cf. SORDI, Paolo; AMENDOLA, Fabrizio. *Il processo del lavoro privato e pubblico*. Torino: G. Giappichelli, 2004. p. 1-25.

9. Cf. MARTINS FILHO, Ives Gandra da Silva. *Manual esquemático de direito e processo do trabalho*. 13. ed. São Paulo: Saraiva, 2005. p. 313.

Social de los Tribunales Superiores de Justicia de las Comunidades Autónomas (existentes em cada Tribunal Superior de Justiça nas unidades autônomas), *Sala de lo Social de la Audiencia Nacional* (com jurisdição sobre toda a Espanha e sede em Madri) e *Sala 4ª de lo Social del Tribunal Supremo* (uma das salas do Tribunal Superior). Os conflitos coletivos de natureza econômica podem ser solucionados por meio da negociação coletiva e da arbitragem[10].

Em Portugal, a apreciação das questões trabalhistas é feita por juízos de competência especializada trabalhista. O Código de Processo do Trabalho em Portugal foi aprovado pelo Decreto-lei 480/1999. Os conflitos coletivos de trabalho de natureza econômica são solucionados por negociação coletiva ou, caso frustradas a conciliação e a mediação, pela arbitragem[11].

Nos Estados Unidos da América não existe Justiça do Trabalho, e a solução jurisdicional de questões trabalhistas (perante a Justiça Comum) não é frequente. Prepondera a solução de conflitos individuais por meio de conciliação, mediação e arbitragem privada, geralmente patrocinada pelos sindicatos[12]. Nos conflitos coletivos de trabalho, normalmente as controvérsias são solucionadas por normas coletivas negociadas; no entanto, após a tentativa de conciliação obrigatória, há possibilidade de ser utilizada a arbitragem facultativa[13].

No México, o art. 123 da Constituição de 1917 estabelecia que os conflitos entre capital e trabalho se sujeitavam à decisão das *Juntas de Conciliación y Arbitraje*, compostas de igual número de representantes de trabalhadores, dos empregadores e um do governo. A *Ley Federal del Trabajo*, de 1970, prevê as *Juntas Federales y Locales de Conciliación*, *Junta Federal de Conciliación y Arbitraje* e *Juntas Locales de Conciliación y Arbitraje*, as quais constituem instância única e são competentes para solucionar conflitos trabalhistas de natureza individual e coletiva[14].

Entretanto, na atualidade, o art. 123, A, XX, da Constituição do México prevê que a resolução das divergências ou dos conflitos entre trabalhadores e empregadores ficará a cargo dos tribunais laborais do *Poder Judiciário* da Federação ou das entidades federativas.

A Argentina, em sua Constituição Nacional, prevê, no art. 108, que o Poder Judiciário da Nação é exercido por uma Corte Suprema de Justiça e pelos demais tribunais inferiores que o Congresso estabelecer. Observam-se dois tipos de estrutura judicial, a nacional e a provincial, de modo que cada Província pode organizar a sua Justiça, possuindo a sua própria organização judicial trabalhista. Os conflitos coletivos são solucionados por conciliação e arbitragem voluntária[15].

1.3 DENOMINAÇÃO

Anteriormente, utilizava-se a expressão *Direito Judiciário do Trabalho*. Entretanto, de forma mais adequada, a atual denominação é *Direito Processual do Trabalho*.

---

10. Cf. NASCIMENTO, Amauri Mascaro. *Curso de direito processual do trabalho*. 24. ed. São Paulo: Saraiva, 2009. p. 131.

11. Cf. FERNANDES, António Monteiro. *Direito do trabalho*. 13. ed. Coimbra: Almedina, 2006. p. 857-872.

12. Cf. NASCIMENTO, Amauri Mascaro. *Iniciação ao processo do trabalho*. São Paulo: Saraiva, 2005. p. 50-51.

13. Cf. SHIEBER, Benjamin M. *Iniciação ao direito trabalhista norte-americano*. São Paulo: LTr, 1988. p. 96-97.

14. Cf. NASCIMENTO, Amauri Mascaro. *Curso de direito processual do trabalho*. 24. ed. São Paulo: Saraiva, 2009. p. 41-44.

15. Cf. NASCIMENTO, Amauri Mascaro. *Iniciação ao processo do trabalho*. São Paulo: Saraiva, 2005. p. 48.

1.4 CONCEITO

O Direito Processual do Trabalho pode ser conceituado como o ramo do Direito que disciplina o processo do trabalho, o qual é o meio para a solução jurisdicional de conflitos trabalhistas.

1.5 ABRANGÊNCIA

O Direito Processual do Trabalho tem aplicação na solução de conflitos sociais decorrentes das relações de trabalho, tanto de natureza individual como coletiva.

Os conflitos individuais de trabalho são os decorrentes das relações individuais de trabalho, envolvendo partes determinadas, tratando de interesses individualizados.

Os conflitos coletivos de trabalho abrangem os decorrentes das relações coletivas, os de natureza sindical e os relativos a direitos metaindividuais.

O processo do trabalho, assim, é o instrumento da jurisdição, em seu exercício voltado aos conflitos trabalhistas, de natureza individual e coletiva.

No âmbito coletivo, o dissídio coletivo é previsto não apenas em hipóteses de greve e de interpretação ou aplicação de normas existentes, mas também nos conflitos coletivos de natureza econômica.

O processo do trabalho, além de disciplinado pelo Direito Processual do Trabalho, é aplicado nos órgãos que integram a Justiça do Trabalho, no exercício de sua jurisdição, delimitada pela Constituição e pelas leis.

1.6 AUTONOMIA

O Direito Processual do Trabalho integra o Direito objetivo e processual, pois disciplina o exercício da jurisdição, com o objetivo de pacificar os conflitos sociais decorrentes das relações de trabalho.

A Ciência do Direito Processual do Trabalho, por sua vez, é o setor da ciência jurídica e processual que estuda e interpreta o Direito Processual do Trabalho, com destaque a suas regras e princípios, analisando-os em consonância com os fatos a que se aplicam, levando em conta os valores que procura assegurar.

Pode-se dizer que do mesmo modo que a jurisdição (como poder do Estado) é una, o Direito Processual, como a disciplina do exercício da jurisdição, também é uno, sendo tratado, em termos científicos, pela Teoria Geral do Processo.

A Constituição Federal de 1988, no art. 22, inciso I, prevê a competência privativa da União para legislar sobre "direito processual". O art. 24, inciso XI, da Constituição Federal, por sua vez, dispõe que compete à União, aos Estados e ao Distrito Federal legislar concorrentemente sobre "procedimentos em matéria processual".

A autonomia científica de certo ramo do Direito é normalmente reconhecida quando presentes certos requisitos: extensão da matéria; doutrinas homogêneas e princípios específicos; método próprio.

Para os *monistas*, não haveria autonomia quanto ao Direito Processual do Trabalho, por fazer parte do Direito Processual Civil. São os chamados "monistas", uma vez que os princípios e métodos seriam os mesmos.

Há quem defenda a autonomia apenas relativa do Direito Processual do Trabalho em face do Direito Processual Civil, pois na ausência de normas específicas o Direito

Processual do Trabalho prevê a aplicabilidade (subsidiária) do Direito Processual Civil, conforme art. 769 da Consolidação das Leis do Trabalho.

Isso, entretanto, não afasta a autonomia do Direito Processual do Trabalho, pois o próprio Direito do Trabalho, considerado autônomo, também autoriza a aplicação do Direito Comum, quando ausentes normas específicas tratando da questão (art. 8º, § 1º, da CLT).

Os *dualistas* defendem que o Direito Processual do Trabalho é ramo do Direito dotado de autonomia integral.

Prevalece a posição de que o Direito Processual do Trabalho, embora mantenha relação com outros ramos do Direito, é cientificamente autônomo perante o Direito Processual Civil[16].

A Justiça do Trabalho é o ramo especializado do Poder Judiciário que aplica o Direito Processual do Trabalho, o qual conta com diplomas legais próprios (com destaque para a Consolidação das Leis do Trabalho), doutrina e trabalhos científicos específicos, matéria diferenciada, bem como peculiaridades que o distinguem do Direito Processual Civil propriamente.

Logo, defende-se a *autonomia científica* do Direito Processual do Trabalho, pois há ampla temática objeto de estudo, dando origem a institutos específicos, com metodologia apta a entender as suas diversas peculiaridades, bem como princípios próprios.

No plano *legislativo*, a Consolidação das Leis do Trabalho possui disposições pertinentes ao Direito do Trabalho, bem como ao Direito Processual do Trabalho. Observam-se, ainda, diversas leis esparsas sobre a matéria. De todo modo, a legislação processual trabalhista é ampla e se destaca dos outros ramos do Direito.

No aspecto *doutrinário*, as diversas obras publicadas sobre a matéria confirmam a autonomia científica do Direito Processual do Trabalho, tratando de temas específicos, ou mesmo de forma global.

Quanto ao desenvolvimento *didático*, o Direito Processual do Trabalho é estudado nas diversas Faculdades de Direito, havendo crescente interesse a seu respeito, inclusive em cursos de extensão e aperfeiçoamento.

No campo *jurisprudencial*, a Justiça do Trabalho, com competência para solucionar conflitos trabalhistas na forma do art. 114 da Constituição Federal, é o ramo do Poder Judiciário que aplica o Direito Processual do Trabalho.

1.7 RELAÇÕES COM OUTROS RAMOS DO DIREITO

O Direito Processual do Trabalho apresenta relações com outras disciplinas, conforme a seguir se explicita.

Quanto ao *Direito Constitucional*, a organização e a competência da Justiça do Trabalho são previstas na Constituição da República (arts. 111 a 116). Além disso, os direitos e garantias constitucionais, de natureza processual, como o contraditório, a ampla defesa, o devido processo legal, a razoável duração do processo, são estabelecidos no art. 5º da Constituição Federal de 1988, com aplicação no processo do trabalho.

O *Direito Processual Civil* disciplina institutos essenciais, estudados pela própria Teoria Geral do Processo, como jurisdição, competência, ação, petição inicial, defesa, audiência, prova, sentença, recurso, processo e procedimento.

16. Cf. MARTINS, Sergio Pinto. *Direito processual do trabalho*. 30. ed. São Paulo: Atlas, 2010. p. 20-23.

O art. 769 da Consolidação das Leis do Trabalho estabelece que, *nos casos omissos*, o Direito Processual comum deve ser aplicado como fonte subsidiária do Direito Processual do Trabalho, quando com este *compatível*.

O *Direito Internacional Público* dispõe sobre questões como imunidade de jurisdição e de execução dos entes de Direito Público externo.

O *Direito Penal* prevê crimes que podem ocorrer no âmbito processual trabalhista.

O *Direito Administrativo* estabelece preceitos relativos aos agentes públicos, aplicáveis aos magistrados e servidores da Justiça do Trabalho.

O *Direito do Trabalho* disciplina a relação de emprego e outras relações similares, integrando o Direito material, o qual é aplicado também na esfera judicial, com o fim de solucionar os conflitos trabalhistas individuais e coletivos.

O Direito Processual do Trabalho, em termos científicos, está inserido na *Teoria Geral do Processo*, tendo em vista que os princípios e institutos essenciais são nela sistematizados.

1.8 NATUREZA JURÍDICA

É relevante verificar a posição do Direito Processual do Trabalho no sistema jurídico (taxionomia), no sentido de saber se está inserido no Direito Público ou no Direito Privado.

O Direito Processual do Trabalho integra o Direito Processual, pois regula o exercício da atividade jurisdicional, na solução de conflitos sociais.

O Direito Processual do Trabalho faz parte do *Direito Público*, uma vez que as suas normas regulam atividade essencialmente estatal, no exercício do poder jurisdicional de pacificação de conflitos.

O Direito Processual do Trabalho tem como objetivo a adequada aplicação dos preceitos jurídicos materiais, em conformidade com seus princípios e valores, com destaque às normas de Direito material do Trabalho.

1.9 FONTES

As *fontes materiais* são os fatores sociais, econômicos, políticos, filosóficos e históricos que dão origem ao direito, influenciando na criação das normas jurídicas.

As *fontes formais* são as formas de manifestação do Direito no sistema jurídico, pertinentes, assim, à exteriorização das normas jurídicas.

Desse modo, as fontes formais do Direito Processual do Trabalho são as normas que regulam o processo trabalhista.

A *Constituição da República* é a fonte formal de hierarquia superior no ordenamento jurídico, contendo previsões essenciais relativas ao Direito Processual, bem como à organização e à competência da Justiça do Trabalho.

Observam-se várias leis, em sentido amplo, regulando diversos aspectos do Direito Processual do Trabalho.

A *Consolidação das Leis do Trabalho* (Decreto-lei 5.452, de 1º de maio de 1943) é o principal diploma legal sobre o tema.

Há também *leis* esparsas versando sobre temas específicos do Direito Processual do Trabalho, como a Lei 5.584/1970 (dispõe sobre normas de Direito Processual do Trabalho, altera dispositivos da CLT e disciplina a concessão e prestação de assistência judiciária na Justiça do Trabalho), a Lei 7.701/1988 (dispõe sobre a especialização de Turmas dos

Tribunais do Trabalho em processos coletivos) e a Lei Complementar 75/1993 (dispõe sobre a organização, as atribuições e o estatuto do Ministério Público da União).

A *jurisprudência* refere-se ao entendimento reiterado e uniforme dos tribunais, ao decidir casos concretos, em sua atividade de aplicação e interpretação das normas jurídicas. Diversas questões processuais também podem ser objeto de decisões judiciais, dando origem a entendimentos jurisprudenciais, muitas vezes consolidados em súmulas e verbetes dos tribunais. Nesse sentido, destacam-se as Súmulas e Orientações Jurisprudenciais do Tribunal Superior do Trabalho, bem como as Súmulas dos Tribunais Regionais do Trabalho.

Na atualidade, a jurisprudência tem conotação obrigatória e força nitidamente vinculante em diversas situações, e quanto a certas modalidades de precedentes[17], como se observa no art. 489, § 1º, inciso VI, do CPC, bem como no art. 927 do CPC, o que confirma a sua natureza de fonte do Direito, inclusive quanto ao processo do trabalho (art. 15 do CPC e art. 769 da CLT).

O art. 8º, § 2º, da CLT estabelece que as Súmulas e outros enunciados de jurisprudência editados pelo Tribunal Superior do Trabalho e pelos Tribunais Regionais do Trabalho não podem restringir direitos legalmente previstos nem criar obrigações que não estejam previstas em lei.

Tendo em vista o princípio da legalidade, "ninguém será obrigado a fazer ou deixar de fazer alguma coisa senão em virtude de lei" (art. 5º, inciso II, da Constituição da República). A jurisdição, exercida pelos tribunais, assim, não pode legislar, em respeito ao princípio da separação de poderes. Nesse sentido, são Poderes da União, independentes e harmônicos entre si, o Legislativo, o Executivo e o Judiciário (art. 2º da Constituição Federal de 1988).

Entretanto, cabe registrar não só a existência do poder normativo da Justiça do Trabalho no âmbito dos dissídios coletivos (art. 114, §§ 2º e 3º, da Constituição da República), mas principalmente que o Direito não é sinônimo de lei, a ela não se reduzindo, por englobar as vertentes social (fatos), axiológica (valores) e normativa[18].

A jurisprudência interpreta e aplica o sistema jurídico, o qual, mesmo no aspecto normativo, é formado de regras e princípios, presentes nas esferas constitucional e infraconstitucional, internacional e interna, não se restringindo às leis.

A decisão judicial é considerada a norma jurídica individual, que rege o caso concreto, sendo obrigatória para as partes. Assim, deve-se reconhecer a função da jurisprudência de ajustar a ordem jurídica em consonância com a evolução social.

O art. 8º, § 3º, da CLT prevê que no exame de convenção coletiva ou acordo coletivo de trabalho, a Justiça do Trabalho deve analisar exclusivamente a conformidade dos elementos essenciais do negócio jurídico, respeitado o disposto no art. 104 da Lei 10.406/2002 (Código Civil), e balizará sua atuação pelo *princípio da intervenção mínima na autonomia da vontade coletiva*.

O art. 702, inciso I, alínea *f*, da CLT (acrescentada pela Lei 13.467/2017) dispõe que ao Pleno do Tribunal Superior do Trabalho compete estabelecer ou alterar *súmulas e outros enunciados de jurisprudência uniforme*, pelo voto de pelo menos 2/3 de seus membros, caso a mesma matéria já tenha sido decidida de forma idêntica por unanimidade em, no mínimo, 2/3 das turmas em pelo menos 10 sessões diferentes em cada uma delas,

17. Cf. DINAMARCO, Cândido Rangel; LOPES, Bruno Vasconcelos Carrilho. *Teoria geral do novo processo civil*. São Paulo: Malheiros, 2016. p. 251: "Precedente. Decisão proferida em um caso concreto cuja *ratio decidendi* serve de parâmetro para o julgamento de outros casos".

18. Cf. REALE, Miguel. *Lições preliminares de direito*. 18. ed. São Paulo: Saraiva, 1991. p. 66.

podendo, ainda, por maioria de 2/3 de seus membros, restringir os efeitos daquela declaração ou decidir que ela só tenha eficácia a partir de sua publicação no Diário Oficial.

As sessões de julgamento sobre estabelecimento ou alteração de súmulas e outros enunciados de jurisprudência devem ser públicas, divulgadas com, no mínimo, 30 dias de antecedência, e devem possibilitar a sustentação oral pelo Procurador-Geral do Trabalho, pelo Conselho Federal da Ordem dos Advogados do Brasil, pelo Advogado-Geral da União e por confederações sindicais ou entidades de classe de âmbito nacional (art. 702, § 3º, da CLT, incluído pela Lei 13.467/2017).

O estabelecimento ou a alteração de súmulas e outros enunciados de jurisprudência pelos Tribunais Regionais do Trabalho devem observar o disposto na alínea *f* do inciso I e no § 3º do art. 702 da CLT, com rol equivalente de legitimados para sustentação oral, observada a abrangência de sua circunscrição judiciária (art. 702, § 4º, da CLT, acrescentado pela Lei 13.467/2017).

Entretanto, cabe registrar o entendimento de que essas previsões, decorrentes da Lei 13.467/2017, são inconstitucionais, por afrontarem, em essência, a autonomia dos tribunais (arts. 96, inciso I, e 99 da Constituição da República), a independência do Poder Judiciário e a separação dos Poderes (art. 2º da Constituição da República)[19].

O Tribunal Superior do Trabalho, em incidente de arguição de inconstitucionalidade, declarou a inconstitucionalidade do art. 702, inciso I, alínea *f*, e § 3º, da CLT, e não admitiu o incidente de arguição de inconstitucionalidade em relação ao art. 702, § 4º, da CLT. Foi determinado o encaminhamento de cópia do acórdão à Comissão de Regimento Interno, para que avalie a conveniência e oportunidade de elaborar Proposta de Emenda Regimental a ser deliberada pelo Tribunal Pleno (conforme Regimento Interno do TST), a respeito da edição e revogação de súmulas e orientações jurisprudenciais (TST, Pleno, ArgInc-696-25.2012.5.05.0463, Rel. Min. Amaury Rodrigues Pinto Junior, j. 16.05.2022).

O Supremo Tribunal Federal, por maioria, declarou a inconstitucionalidade do art. 702, inciso I, alínea *f*, §§ 3º e 4º, da CLT, incluídos pela Lei 13.467/2017 (STF, Pleno, ADI 6.188/DF, Red. p/ ac. Min. Edson Fachin, j. 22.08.2023).

Sendo assim, de acordo com o art. 926, § 1º, do CPC, na forma estabelecida e segundo os pressupostos fixados no *regimento interno*, os tribunais devem editar enunciados de súmula correspondentes à sua jurisprudência dominante.

Compete privativamente aos tribunais elaborar seus *regimentos internos*, com observância das normas de processo e das garantias processuais das partes, dispondo sobre a competência e o funcionamento dos respectivos órgãos jurisdicionais e administrativos (art. 96, inciso I, *a*, da Constituição da República).

Os tribunais do trabalho muitas vezes aprovam *normas internas*, como Instruções Normativas e Resoluções, disciplinando questões relacionadas ao procedimento trabalhista, com o objetivo de uniformizar certas práticas. Apesar disso, não podem afrontar

19. "Arguição de inconstitucionalidade da alínea 'f' do inciso I e dos §§ 3º e 4º do artigo 702 da CLT, suscitada pelo Exmo. Ministro Walmir Oliveira da Costa. Remissão aos fundamentos externados pela Comissão Permanente de Jurisprudência e Precedentes Normativos do Tribunal Superior do Trabalho, no sentido da inconstitucionalidade da alínea 'f' do inciso I e dos §§ 3º e 4º do artigo 702 da CLT, com a redação conferida pela Lei nº 13.467/2017, frente aos arts. 2º, 5º, II, 22, I, 96, I, e 99 da Constituição Federal. Acolhida a arguição suscitada na SbDI-1 do TST, determina-se a remessa dos autos ao Tribunal Pleno, decisão irrecorrível, na forma do art. 275, § 3º, e 276 do RITST" (TST, SBDI-I, E-RR - 696-25.2012.5.05.0463, Rel. Min. Márcio Eurico Vitral Amaro, DEJT 08.06.2018).

o princípio da legalidade, nem estabelecer de forma contrária à Constituição Federal e às leis.

Observam-se, ainda, certos atos normativos internos, de natureza administrativa, dispondo sobre questões internas dos tribunais.

Nos termos do art. 29 da Lei de Introdução às Normas do Direito Brasileiro, incluído pela Lei 13.655/2018, em qualquer órgão ou Poder, a edição de atos normativos por autoridade administrativa, salvo os de mera organização interna, pode ser precedida de consulta pública para manifestação de interessados, preferencialmente por meio eletrônico, a qual deve ser considerada na decisão. A convocação deve conter a minuta do ato normativo e fixará o prazo e demais condições da consulta pública, observadas as normas legais e regulamentares específicas, se houver.

As autoridades públicas devem atuar para aumentar a segurança jurídica na aplicação das normas, inclusive por meio de regulamentos, súmulas administrativas e respostas a consultas (art. 30 da Lei de Introdução às Normas do Direito Brasileiro, acrescentado pela Lei 13.655/2018). Os mencionados instrumentos terão caráter vinculante em relação ao órgão ou entidade a que se destinam, até ulterior revisão.

Os *usos e costumes*, no âmbito processual, são certas condutas e práticas dos juízos e tribunais, presentes de forma reiterada no curso dos processos.

O costume *contra legem* é aquele que viola a norma legal, não sendo, por isso, válido. O costume *secundum legem* significa a conduta que já está prevista na própria lei, ou que passou a ser previsto de forma expressa na norma legal. O costume *praeter legem* é aquele aplicado em razão da omissão da lei, não a afrontando, de modo que é aceito pelo sistema jurídico.

Reconhece-se, na atualidade, a força normativa dos *princípios jurídicos*, vinculando e sendo aplicáveis nas relações jurídico-sociais. Entende-se que as normas representam o gênero, sendo espécies as regras e os princípios.

Os princípios são mandamentos nucleares do sistema jurídico, ou seja, as suas normas fundamentais, figurando como o seu alicerce. Há princípios relativos ao Direito Processual como um todo, bem como princípios específicos do Direito Processual do Trabalho.

1.10 INTERPRETAÇÃO

Interpretar a norma jurídica significa obter o seu verdadeiro sentido e alcance. Hermenêutica é a ciência do Direito que versa sobre o conjunto de teorias, princípios e meios de interpretação das normas jurídicas.

No Direito Processual do Trabalho são aplicados os métodos tradicionais de interpretação, a seguir expostos.

A *interpretação gramatical ou literal* é a verificação da redação e do sentido gramatical das disposições literais da norma jurídica, utilizando-se regras linguísticas e gramaticais.

A *interpretação lógica* envolve a análise da norma jurídica de acordo com a razoabilidade e o bom senso, considerando as regras de lógica, de modo a observar a coerência na disposição normativa. Na atualidade, prevalece o entendimento de que se deve buscar a chamada *mens legis*, ou seja, o pensamento contido na própria norma jurídica, e não a vontade de quem a produziu.

A *interpretação sistemática* quer dizer a análise da norma jurídica de acordo com o sistema em que se encontra inserida, ou seja, de forma harmônica com as diversas outras disposições, e não de maneira isolada.

A *interpretação teleológica* diz respeito à finalidade, ou seja, ao objetivo que a norma jurídica busca alcançar.

De acordo com o art. 5º da Lei de Introdução às Normas do Direito Brasileiro (Decreto-lei 4.657, de 4 de setembro de 1942), na aplicação da lei, o juiz deve atender aos fins sociais a que a lei se dirige e às exigências do bem comum, o que também corresponde à *interpretação sociológica*, isto é, em consonância com as necessidades sociais da norma jurídica[20].

De forma mais abrangente, o art. 8º do Código de Processo Civil prevê que ao aplicar o ordenamento jurídico, o juiz deve atender aos fins sociais e às exigências do bem comum, resguardando e promovendo a dignidade da pessoa humana e observando a proporcionalidade, a razoabilidade, a legalidade, a publicidade e a eficiência.

A *interpretação histórica* é a análise dos fatos sociais e históricos que deram origem à norma jurídica, bem como do contexto da sociedade na ocasião, para melhor compreender a disposição normativa.

Destaca-se, ainda, a *interpretação histórico-evolutiva*, no sentido de que a norma jurídica, embora aprovada no passado, deve ser interpretada de acordo com a realidade atual, ou seja, evoluindo-se na análise do preceito, para torná-lo harmônico com as condições do presente.

Conforme o art. 22 da Lei de Introdução às Normas do Direito Brasileiro, incluído pela Lei 13.655/2018, na interpretação de normas sobre gestão pública, devem ser considerados os obstáculos e as dificuldades reais do gestor e as exigências das políticas públicas a seu cargo, sem prejuízo dos direitos dos administrados.

Em decisão sobre regularidade de conduta ou validade de ato, contrato, ajuste, processo ou norma administrativa, devem ser consideradas as circunstâncias práticas que houverem imposto, limitado ou condicionado a ação do agente.

Na aplicação de sanções, devem ser consideradas a natureza e a gravidade da infração cometida, os danos que dela provierem para a administração pública, as circunstâncias agravantes ou atenuantes e os antecedentes do agente. As sanções aplicadas ao agente devem ser levadas em conta na dosimetria das demais sanções de mesma natureza e relativas ao mesmo fato.

Nos termos do art. 23 da Lei de Introdução às Normas do Direito Brasileiro, acrescentado pela Lei 13.655/2018, a decisão administrativa, controladora ou judicial que estabelecer interpretação ou orientação nova sobre norma de conteúdo indeterminado, impondo novo dever ou novo condicionamento de direito, deve prever regime de transição quando indispensável para que o novo dever ou condicionamento de direito seja cumprido de modo proporcional, equânime e eficiente e sem prejuízo aos interesses gerais.

Procura-se garantir, assim, a segurança jurídica, essencial à estabilidade e à harmonia das relações sociais no Estado Democrático de Direito.

Quanto ao resultado da interpretação, esta pode ser restritiva, extensiva ou declarativa.

A *interpretação restritiva ou limitativa* resulta na limitação do sentido da disposição literal da norma jurídica, quando este parece dizer mais do que o efetivamente disposto.

A *interpretação extensiva ou ampliativa* confere sentido mais amplo do que a literalidade da norma jurídica, aplicada quando a sua redação não corresponde ao real alcance da disposição normativa.

20. Cf. MARTINS, Sergio Pinto. *Direito processual do trabalho*. 30. ed. São Paulo: Atlas, 2010. p. 33-34.

A *interpretação declarativa* é aquela em que a redação da norma jurídica corresponde ao exato sentido normativo, sem a necessidade de restrição ou ampliação pelo intérprete.

De acordo com a origem da interpretação, esta pode ser autêntica, jurisprudencial e doutrinária.

A *interpretação autêntica* é efetuada pelo próprio órgão que editou a norma jurídica, para esclarecer e declarar o seu verdadeiro sentido e alcance. Tratando-se de lei, a interpretação por meio de outra disposição legal significa a interpretação legislativa.

A *interpretação jurisprudencial* é a realizada pelos tribunais, de acordo com as decisões proferidas, ao aplicar as disposições normativas incidentes sobre os conflitos objeto de apreciação.

A *interpretação doutrinária* é a decorrente dos estudos e escritos da doutrina, elaborada pelos estudiosos e pesquisadores do Direito, ao analisar as normas jurídicas.

Como nas demais ciências jurídicas, também no Direito Processual do Trabalho os critérios de interpretação devem ser utilizados em conjunto, para que se possa verificar o verdadeiro significado, conteúdo e extensão da norma jurídica.

1.11 INTEGRAÇÃO

A integração do Direito tem como finalidade suprir as *lacunas* da lei, ou seja, a ausência de norma jurídica específica regulando determinada situação.

Embora a lei possa ser omissa quanto a certa questão, há métodos para suprir essa lacuna, tornando o sistema jurídico completo.

O art. 140 do Código de Processo Civil dispõe que o juiz não se exime de decidir sob a alegação de lacuna ou obscuridade do ordenamento jurídico.

Sendo assim, aplica-se o art. 4º da Lei de Introdução às Normas do Direito Brasileiro, ao determinar que, quando a lei for omissa, o juiz deve decidir o caso de acordo com a analogia, os costumes e os princípios gerais de direito.

O art. 769 da CLT estabelece que nos casos omissos, o Direito Processual comum será fonte subsidiária do Direito Processual do Trabalho, exceto naquilo em que for incompatível com as normas deste. Portanto, se o Direito Processual do Trabalho for omissão, é possível a aplicação do Direito Processual Civil, desde que compatível com as normas daquele ramo do Direito. Cabe salientar que para essa aplicação subsidiária não é suficiente que haja lacuna na CLT, mas sim a omissão nas normas jurídicas sobre o processo do trabalho, sabendo-se que há diversos outros diplomas legais a respeito da matéria, como a Lei 5.584/1970 e a Lei 7.701/1988.

Ademais, não apenas o Código de Processo Civil é fonte subsidiária do Direito Processual do Trabalho, mas sim as normas de Direito Processual Comum, como o CPC, o Código de Processo Penal e a Lei 9.099/1995.

Naturalmente, as normas sobre o processo civil apresentam maior proximidade com o processo do trabalho, no que tange ao tratamento de questões jurisdicionais de natureza não criminal. Apesar disso, há casos de incidência de previsões do Código de Processo Penal, como a respeito da eficácia da sentença criminal na esfera trabalhista.

O art. 15 do Código de Processo Civil é expresso ao estabelecer que, na ausência de normas que regulem os processos trabalhistas, as disposições do CPC devem ser aplicadas *supletiva* (como complementação normativa, quando o instituto é disciplinado apenas parcialmente pela lei processual trabalhista) e *subsidiariamente* (quando há total omissão da lei de processo do trabalho sobre certa matéria). Evidentemente, exige-se a mencionada compatibilidade para essa aplicação.

Além disso, de acordo com o art. 889 da CLT, aos trâmites e incidentes do processo da execução são aplicáveis, naquilo em que não contravierem às normas presentes na CLT, os preceitos que regem o processo dos executivos fiscais para a cobrança judicial da dívida ativa da Fazenda Pública Federal. Desse modo, na fase de execução, havendo omissão na CLT, aplica-se a Lei de Execução Fiscal, que atualmente corresponde à Lei 6.830, de 22 de setembro de 1980. O art. 882 da CLT, ainda relativo à execução trabalhista, estabelece que a ordem preferencial dos bens a serem nomeados à penhora é aquela prevista no art. 835 do CPC.

Conforme o art. 1º da Instrução Normativa 39/2016 do TST, aplica-se o Código de Processo Civil, subsidiária e supletivamente, ao processo do trabalho, em caso de omissão e desde que haja compatibilidade com as normas e princípios do Direito Processual do Trabalho, na forma dos arts. 769 e 889 da CLT e do art. 15 da Lei 13.105, de 17.03.2015.

Deve ser observado, em todo caso, o princípio da irrecorribilidade em separado das decisões interlocutórias, de conformidade com o art. 893, § 1º, da CLT e Súmula 214 do TST. O prazo para interpor e contra-arrazoar todos os recursos trabalhistas, inclusive agravo interno e agravo regimental, é de oito dias (art. 6º da Lei 5.584/1970 e art. 893 da CLT), exceto embargos de declaração (art. 897-A da CLT).

A *analogia* é o principal método de integração do ordenamento jurídico, significando a aplicação de certa norma jurídica para fato não disciplinado de forma específica, mas semelhante a determinado fato objeto de previsão normativa.

Os *costumes* já foram estudados no item relativo às fontes, também podendo exercer função integrativa do sistema jurídico.

Os *princípios gerais de direito* são entendidos como verdades que dão sustentação ao sistema jurídico como um todo, tendo aplicação também no campo processual.

A *equidade* também é apontada como meio de interpretação e integração do Direito. Entretanto, a sua incidência normalmente ocorre no plano do Direito material, como se observa no art. 8º, *caput*, da CLT.

Logo, o juiz pode aplicar a equidade, no sentido de amenizar o rigor da norma jurídica, retificando eventuais distorções. Isso significa a interpretação mais branda (equitativa), corrigindo as injustiças da norma abstrata na aplicação de situações em concreto, levando em conta as suas particularidades. Trata-se de equidade em sua origem grega (*epieikeia*). O art. 852-I, § 1º, da CLT, sobre o procedimento sumaríssimo trabalhista, estabelece que o juiz deve adotar em cada caso a decisão que reputar mais *justa e equânime*, atendendo aos fins sociais da lei e às exigências do bem comum.

A segunda concepção da equidade, de origem romana (*aequitas*), significa a criação de regra jurídica para o caso concreto, possibilitando a decisão sem vinculação às disposições legais, mas sim conforme os critérios de justiça[21]. De acordo com o art. 140, parágrafo único, do Código de Processo Civil, o juiz só decidirá por equidade nos casos previstos em lei. O art. 766 da CLT dispõe que nos dissídios sobre estipulação de salários serão estabelecidas condições que, assegurando *justos* salários aos trabalhadores, permitam também *justa* retribuição às empresas interessadas, indicando a importância da equidade no exercício do poder normativo pela Justiça do Trabalho.

---

21. Cf. DELGADO, Mauricio Godinho. *Curso de direito do trabalho*. 15. ed. São Paulo: LTr, 2016. p. 178-179.

1.12 EFICÁCIA NO TEMPO

A entrada em vigor da norma significa o início de sua vigência em abstrato.

A *vigência* é o período de tempo em que a norma jurídica pode ser invocada para produzir seus efeitos.

A *eficácia* da norma jurídica é a capacidade de produzir efeitos, o que se liga à sua aplicação e incidência nas relações jurídicas e fatos concretos.

A *efetividade* da norma jurídica, por seu turno, significa a sua observância e cumprimento de suas disposições pela sociedade.

A Lei de Introdução às Normas do Direito Brasileiro, no art. 1º, estabelece que, salvo disposição contrária, a lei começa a vigorar em todo o País 45 dias depois de ser oficialmente publicada. Nos Estados estrangeiros, a obrigatoriedade da lei, quando admitida, inicia-se três meses depois de oficialmente publicada.

Muitas vezes a entrada em vigor da lei ocorre na data de sua publicação. O período desde a publicação da lei até a sua entrada em vigor chama-se *vacatio legis*, podendo ser fixado prazo diferenciado a respeito.

De acordo com o art. 8º da Lei Complementar 95/1998, a qual dispõe sobre a elaboração, a redação, a alteração e a consolidação das leis, a vigência da lei deve ser indicada de forma expressa e de modo a contemplar prazo razoável para que dela se tenha amplo conhecimento, reservada a cláusula "entra em vigor na data de sua publicação" para as leis de pequena repercussão.

O art. 8º, § 1º, da Lei Complementar 95/1998, incluído pela Lei Complementar 107/2001, prevê que a contagem do prazo para entrada em vigor das leis que estabeleçam período de vacância deve ser feita com a inclusão da data da publicação e do último dia do prazo, entrando em vigor no dia subsequente à sua consumação integral.

As leis que estabeleçam período de vacância devem utilizar a cláusula "esta lei entra em vigor após decorridos (o número de) dias de sua publicação oficial" (art. 8º, § 2º, da Lei Complementar 95/1998, incluído pela Lei Complementar 107/2001).

Quanto ao término da vigência, o art. 2º da Lei de Introdução às Normas do Direito Brasileiro dispõe que, não se destinando à vigência temporária, a lei terá vigor até que outra a modifique ou revogue.

Versando sobre conflitos das normas no tempo, os parágrafos desse mesmo art. 2º da Lei de Introdução às Normas do Direito Brasileiro apresentam os seguintes esclarecimentos: a lei posterior revoga a anterior quando expressamente o declare, quando seja com ela incompatível ou quando regule inteiramente a matéria de que tratava a lei anterior; a lei nova, que estabeleça disposições gerais ou especiais a par das já existentes, não revoga nem modifica a lei anterior; salvo disposições em contrário, a lei revogada não se restaura por ter a lei revogadora perdido a vigência (ou seja, afasta-se, em regra, a *repristinação*).

Em conformidade com o art. 9º da Lei Complementar 95/1998, com redação determinada pela Lei Complementar 107/2001, a cláusula de revogação deve enumerar, expressamente, as leis ou disposições legais revogadas.

As normas de Direito Processual, em regra, apresentam *eficácia imediata*, de modo que incidem nas relações jurídicas processuais em curso, desde que respeitados o direito adquirido, o ato jurídico perfeito e a coisa julgada (art. 5º, inciso XXXVI, da Constituição Federal de 1988)[22].

---

22. Cf. NERY JUNIOR, Nelson. *Atualidades sobre o processo civil*. 2. ed. São Paulo: RT, 1996. p. 20-21: "A lei processual é de aplicação imediata, atingindo os processos em curso. Os atos processuais já praticados sob a

O Código de Processo Civil de 2015, em seu art. 1.046, estabelece que, ao entrar em vigor, as suas disposições se aplicarão desde logo aos processos pendentes, ficando revogada a Lei 5.869/1973.

O art. 6º da Lei de Introdução às Normas do Direito Brasileiro adota a teoria do *efeito imediato*, ao estabelecer que a lei em vigor terá efeito imediato e geral, respeitados o ato jurídico perfeito, o direito adquirido e a coisa julgada.

Confirmando o exposto, o art. 14 do CPC prevê que a norma processual não retroagirá e será aplicável imediatamente aos processos em curso, respeitados os atos processuais praticados e as situações jurídicas consolidadas sob a vigência da norma revogada[23]. O Superior Tribunal de Justiça aprovou os seguintes enunciados administrativos, adotando *critérios* que podem ser *adaptados* ao tema em estudo (por exemplo, quando se analisa a eficácia no tempo das alterações ao processo do trabalho decorrentes da Lei 13.467/2017):

Enunciado administrativo 3: "Aos recursos interpostos com fundamento no CPC/2015 (relativos a decisões publicadas a partir de 18 de março de 2016) serão exigidos os requisitos de admissibilidade recursal na forma do novo CPC".

Enunciado administrativo 4: "Nos feitos de competência civil originária e recursal do STJ, os atos processuais que vierem a ser praticados por julgadores, partes, Ministério Público, procuradores, serventuários e auxiliares da Justiça a partir de 18 de março de 2016, deverão observar os novos procedimentos trazidos pelo CPC/2015, sem prejuízo do disposto em legislação processual especial".

Enunciado administrativo 7: "Somente nos recursos interpostos contra decisão publicada a partir de 18 de março de 2016, será possível o arbitramento de honorários sucumbenciais recursais, na forma do art. 85, § 11, do novo CPC".

Da mesma forma, no Direito Processual do Trabalho, entrando em vigor nova disposição processual, há a sua aplicação não apenas quanto aos processos que se iniciem daí em diante, mas também aos processos trabalhistas já em andamento (pendentes), no que se refere aos atos processuais ainda não praticados.

Os atos processuais a serem praticados na vigência da nova lei processual são regidos por esta, adotando-se, em princípio, o sistema do isolamento dos atos processuais[24].

Logo, prevalece a aplicação imediata da nova previsão processual, o que não se confunde com a eficácia retroativa, a qual não é admitida. Por essa razão, mesmo havendo a sua incidência aos processos em curso, apenas os atos ainda não praticados

---

égide da lei antiga, bem como as situações jurídicas já consolidadas (*facta praeterita*), não poderão ser atingidas pela nova lei, sob pena de ferir-se o ato (processual) jurídico perfeito e/ou o direito adquirido (art. 5º, XXXVI)".

23. Cf. ainda: "5. Outrossim, a jurisprudência do STJ é pacífica no sentido de que a sucumbência é regida pela lei vigente na data da sentença. 6. Esclarece-se que os honorários nascem contemporaneamente à sentença e não preexistem à propositura da demanda. Assim sendo, nos casos de sentença proferida a partir do dia 18.3.2016, aplicar-se-ão as normas do CPC/2015" (STJ, 2ª T., REsp 1.636.124/AL (2016/0288549-8), Rel. Min. Herman Benjamin, DJe 27.04.2017). Adotando critério divergente, cf. Enunciado 98 da 2ª Jornada de Direito Material e Processual do Trabalho (2017): "Honorários de sucumbência. Inaplicabilidade aos processos em curso. Em razão da natureza híbrida das normas que regem honorários advocatícios (material e processual), a condenação à verba sucumbencial só poderá ser imposta nos processos iniciados após a entrada em vigor da Lei 13.467/2017, haja vista a garantia de não surpresa, bem como em razão do princípio da causalidade, uma vez que a expectativa de custos e riscos é aferida no momento da propositura da ação". Cf. art. 6º da Instrução Normativa 41/2018 do TST.

24. Cf. CINTRA, Antonio Carlos de Araújo; GRINOVER, Ada Pellegrini; DINAMARCO, Cândido Rangel. *Teoria geral do processo*. 11. ed. São Paulo: Malheiros, 1995. p. 97-98.

são alcançados. Os atos processuais já praticados não são atingidos pela alteração da lei processual.

Ainda a respeito do tema, destaca-se o seguinte julgado do Supremo Tribunal Federal:

> "Agravo interno. Recurso extraordinário com agravo. Honorários advocatícios no processo do trabalho. Art. 791-A da Consolidação das Leis do Trabalho, introduzido pela Lei 13.467/2017. Inaplicabilidade a processo já sentenciado. 1. A parte vencedora pede a fixação de honorários advocatícios na causa com base em direito superveniente – a Lei 13.467/2017, que promoveu a cognominada 'Reforma Trabalhista'. 2. O direito aos honorários advocatícios sucumbenciais surge no instante da prolação da sentença. Se tal crédito não era previsto no ordenamento jurídico nesse momento processual, não cabe sua estipulação com base em lei posterior, sob pena de ofensa ao princípio da irretroatividade da lei. 3. Agravo interno a que se nega provimento" (STF, 1ª T., AgR-ARE 1.014.675/MG, Rel. Min. Alexandre de Moraes, DJe 12.04.2018).

Tendo em vista o princípio da irretroatividade das leis e de sua eficácia imediata, estas dispõem, em regra, para o futuro, sem atingir fatos passados e já consumados. A Constituição Federal de 1988, no art. 5º, inciso XXXVI, estabelece que a lei não prejudicará o direito adquirido, o ato jurídico perfeito e a coisa julgada. São resguardados, assim, os atos processuais consumados à época da lei anterior, os direitos processuais já integrados ao patrimônio das pessoas antes da vigência da nova disposição, bem como as questões definitivamente decididas pelos tribunais[25].

Portanto, o prazo recursal a ser aplicado é aquele em vigor quando da publicação da decisão[26]. Se o prazo do recurso é reduzido pela nova lei, mas o recurso foi interposto antes da sua entrada em vigor, no prazo anteriormente previsto, deve ser admitido como tempestivo. Se a lei posterior deixa de prever o recurso, o apelo interposto quando da vigência da lei deve ser processado e julgado. Se, quando a decisão foi publicada, o recurso era previsto na lei em vigor nessa época, o recurso também deve ser processado e julgado. Isso é confirmado pelo art. 915 da CLT.

A alteração da legislação processual não alcança a pretensão julgada por sentença de mérito transitada em julgado.

A decisão administrativa, controladora ou judicial que estabelecer interpretação ou orientação nova sobre norma de conteúdo indeterminado, impondo novo dever ou novo condicionamento de direito, deve prever regime de transição quando indispensável para que o novo dever ou condicionamento de direito seja cumprido de modo proporcional, equânime e eficiente e sem prejuízo aos interesses gerais (art. 23 da Lei de Introdução às Normas do Direito Brasileiro, incluído pela Lei 13.655/2018).

Tendo em vista a necessidade de segurança jurídica, conforme o art. 24 da Lei de Introdução às Normas do Direito Brasileiro, incluído pela Lei 13.655/2018, a revisão, nas esferas administrativa, controladora ou judicial, quanto à validade de ato, contrato, ajuste, processo ou norma administrativa cuja produção já se houver completado deve levar em conta as orientações gerais da época, sendo vedado que, com base em mudança posterior de orientação geral, se declarem inválidas situações plenamente constituídas.

---

25. Cf. LACERDA, Galeno. *O novo direito processual civil e os efeitos pendentes*. Rio de Janeiro: Forense, 1974. p. 13: "Em regra, porém, cumpre afirmar que a lei nova não pode atingir situações processuais já constituídas ou extintas sob o império da lei antiga, isto é, não pode ferir os respectivos direitos processuais adquiridos".

26. Cf. BARBOSA MOREIRA, José Carlos. *Comentários ao Código de Processo Civil*. 8. ed. Rio de Janeiro: Forense, 1999. v. 5. p. 266.

Consideram-se orientações gerais as interpretações e especificações contidas em atos públicos de caráter geral ou em jurisprudência judicial ou administrativa majoritária, e ainda as adotadas por prática administrativa reiterada e de amplo conhecimento público.

Além disso, as autoridades públicas devem atuar para aumentar a segurança jurídica na aplicação das normas, inclusive por meio de regulamentos, súmulas administrativas e respostas a consultas (art. 30 da Lei de Introdução às Normas do Direito Brasileiro, acrescentado pela Lei 13.655/2018). Os referidos instrumentos terão caráter vinculante em relação ao órgão ou entidade a que se destinam, até ulterior revisão.

1.12.1 Instrução Normativa 41/2018 do TST

O Pleno do Tribunal Superior do Trabalho aprovou a Instrução Normativa 41/2018, que dispõe sobre a aplicação das normas processuais da Consolidação das Leis do Trabalho alteradas pela Lei 13.467, de 13 de julho de 2017, tendo sido editada pela Resolução 221, de 21 de junho de 2018.

A aplicação das *normas processuais* previstas na Consolidação das Leis do Trabalho, alteradas pela Lei 13.467/2017, com eficácia a partir de 11 de novembro de 2017, é *imediata*, sem atingir, no entanto, *situações pretéritas iniciadas ou consolidadas sob a égide da lei revogada* (art. 1º da Instrução Normativa 41/2018).

Embora seja adotada, em princípio, a eficácia *imediata* das novas disposições de natureza processual, esta é amenizada ao se resguardar as situações anteriores que se iniciaram ou se consolidaram na vigência da lei revogada, como forma de se preservar o direito adquirido, o ato jurídico perfeito processual e a coisa julgada (art. 5º, inciso XXXVI, da Constituição da República), com o objetivo de não causar surpresa às partes, tendo como fundamento as exigências de segurança jurídica, do contraditório efetivo e de previsibilidade.

Em termos práticos, pode-se notar que foram adotados pelo TST, conforme a matéria em discussão, os sistemas do *isolamento dos atos processuais*, das *fases processuais* e da *unidade processual*[27].

O fluxo da *prescrição intercorrente* conta-se a partir do *descumprimento da determinação judicial* a que alude o § 1º do art. 11-A da CLT[28], desde que feita após 11 de novembro de 2017 (Lei 13.467/2017), conforme explicita o art. 2º da Instrução Normativa 41/2018.

Para os fins em questão, a determinação judicial no curso da execução deve ter sido feita quando em vigor a Lei 13.467/2017. Nesse caso, o prazo de prescrição intercorrente tem início a partir do descumprimento, pelo exequente, dessa determinação judicial.

De acordo com o art. 3º da Instrução Normativa 41/2018, a obrigação de formar o litisconsórcio necessário a que se refere o art. 611-A, § 5º, da CLT[29] dar-se-á nos processos iniciados a partir de 11 de novembro de 2017 (Lei 13.467/2017).

---

27. Cf. CINTRA, Antonio Carlos de Araújo; GRINOVER, Ada Pellegrini; DINAMARCO, Cândido Rangel. *Teoria geral do processo*. 11. ed. São Paulo: Malheiros, 1995. p. 97-98.

28. "Art. 11-A. Ocorre a prescrição intercorrente no processo do trabalho no prazo de dois anos. § 1º *A fluência do prazo prescricional intercorrente inicia-se quando o exequente deixa de cumprir determinação judicial no curso da execução.* § 2º A declaração da prescrição intercorrente pode ser requerida ou declarada de ofício em qualquer grau de jurisdição" (destaquei).

29. "§ 5º Os sindicatos subscritores de convenção coletiva ou de acordo coletivo de trabalho deverão participar, como litisconsortes necessários, em ação individual ou coletiva, que tenha como objeto a anulação de cláusulas desses instrumentos".

Prevaleceu o entendimento de que em ação individual ou coletiva que tenha como objeto a anulação de cláusulas de convenção coletiva ou de acordo coletivo de trabalho, a exigência legal de que os sindicatos subscritores desses instrumentos participem como litisconsortes necessários apenas é aplicável às ações ajuizadas a partir da entrada em vigor da Lei 13.467/2017, não alcançando, assim, os processos iniciados anteriormente.

Cabe lembrar que o litisconsórcio será necessário por disposição de lei ou quando, pela natureza da relação jurídica controvertida, a eficácia da sentença depender da citação de todos que devam ser litisconsortes (art. 114 do CPC).

Desse modo, mesmo antes da vigência da Lei 13.467/2017, em se tratando de litisconsórcio unitário, ou seja, quando, pela natureza da relação jurídica, o juiz tiver de decidir o mérito de modo uniforme para todos os litisconsortes, o litisconsórcio, em regra, é necessário, como ocorre na ação de declaração de nulidade de cláusula de acordo coletivo ou convenção coletiva ajuizada pelo Ministério Público do Trabalho (art. 83, inciso IV, da Lei Complementar 75/1993)[30].

O art. 789, *caput*, da CLT[31] aplica-se nas decisões que fixem custas, proferidas a partir da entrada em vigor da Lei 13.467/2017 (art. 4º da Instrução Normativa 41/2018).

Quanto a esse aspecto, considerando a eficácia imediata da norma processual e em consonância com o sistema do isolamento dos atos processuais, nos dissídios individuais e nos dissídios coletivos do trabalho, a previsão legal de que nas ações e procedimentos de competência da Justiça do Trabalho, bem como nas demandas propostas perante a Justiça Estadual, no exercício da jurisdição trabalhista, as custas relativas ao processo de conhecimento devem incidir à base de 2%, observado o mínimo de R$ 10,64 e o máximo de quatro vezes o limite máximo dos benefícios do Regime Geral de Previdência Social, aplica-se mesmo aos processos em curso quando do início da vigência da Lei 13.467/2017, ou seja, quanto às decisões que fixem custas e sejam proferidas a partir de 11 de novembro de 2017.

Nos termos do art. 5º da Instrução Normativa 41/2018, o art. 790-B, caput e §§ 1º e 4º, da CLT[32] não se aplica aos processos iniciados antes de 11 de novembro de 2017 (Lei 13.467/2017).

Logo, especificamente quanto à responsabilidade pelo pagamento dos honorários periciais, certamente em razão de envolver aspectos normativos com natureza jurídica de certo modo híbrida, adotou-se critério diverso, ou seja, no sentido da incidência do art. 790-B da CLT apenas aos processos iniciados a partir da vigência da Lei 13.467/2017.

---

30. Cf. GARCIA, Gustavo Filipe Barbosa. *Intervenção de terceiros, litisconsórcio e integração à lide no processo do trabalho*. São Paulo: Método, 2008. p. 92.

31. "Art. 789. Nos dissídios individuais e nos dissídios coletivos do trabalho, nas ações e procedimentos de competência da Justiça do Trabalho, bem como nas demandas propostas perante a Justiça Estadual, no exercício da jurisdição trabalhista, as custas relativas ao processo de conhecimento incidirão à base de 2% (dois por cento), observado o mínimo de R$ 10,64 (dez reais e sessenta e quatro centavos) e o máximo de quatro vezes o limite máximo dos benefícios do Regime Geral de Previdência Social, e serão calculadas: [...]".

32. "Art. 790-B. A responsabilidade pelo pagamento dos honorários periciais é da parte sucumbente na pretensão objeto da perícia, ainda que beneficiária da justiça gratuita. § 1º Ao fixar o valor dos honorários periciais, o juízo deverá respeitar o limite máximo estabelecido pelo Conselho Superior da Justiça do Trabalho. § 2º O juízo poderá deferir parcelamento dos honorários periciais. § 3º O juízo não poderá exigir adiantamento de valores para realização de perícias. § 4º Somente no caso em que o beneficiário da justiça gratuita não tenha obtido em juízo créditos capazes de suportar a despesa referida no *caput*, ainda que em outro processo, a União responderá pelo encargo". Cf. STF, ADI 5.766.

Na mesma linha, seguindo o *sistema da unidade processual*, em consonância com o art. 6º da Instrução Normativa 41/2018, na Justiça do Trabalho, a *condenação em honorários advocatícios sucumbenciais*, prevista no art. 791-A, e parágrafos, da CLT[33], será aplicável apenas às ações propostas após 11 de novembro de 2017 (Lei 13.467/2017). Nas ações propostas anteriormente, subsistem as diretrizes do art. 14 da Lei 5.584/1970 e das Súmulas 219 e 329 do TST.

Sendo assim, os honorários advocatícios de sucumbência previstos no art. 791-A da CLT apenas são devidos nas ações ajuizadas a partir da vigência da Lei 13.467/2017, não alcançando os processos iniciados anteriormente (mesmo que a sentença seja proferida depois de 11 de novembro de 2017).

Os arts. 793-A[34], 793-B[35] e 793-C, § 1º[36], da CLT têm aplicação autônoma e imediata (art. 7º da Instrução Normativa 41/2018).

Desse modo, as previsões sobre responsabilidade por perdas e danos decorrente de litigância de má-fé incidem de forma imediata, inclusive nos processos em andamento quando da entrada em vigor da Lei 13.467/2017, mesmo porque a matéria é prevista nos arts. 79 a 81 do Código de Processo Civil, os quais eram aplicáveis de forma subsidiária ao processo do trabalho (art. 769 da CLT e art. 15 do CPC).

Entretanto, conforme o art. 8º da Instrução Normativa 41/2018, a condenação de que trata o art. 793-C, caput, da CLT[37] aplica-se apenas às ações ajuizadas a partir de 11 de novembro de 2017 (Lei 13.467/2017).

Com isso, prevaleceu o entendimento de que a condenação do litigante de má-fé a pagar multa (que deve ser superior a 1% e inferior a 10% do valor corrigido da causa),

---

33. "Art. 791-A. Ao advogado, ainda que atue em causa própria, serão devidos honorários de sucumbência, fixados entre o mínimo de 5% (cinco por cento) e o máximo de 15% (quinze por cento) sobre o valor que resultar da liquidação da sentença, do proveito econômico obtido ou, não sendo possível mensurá-lo, sobre o valor atualizado da causa. § 1º Os honorários são devidos também nas ações contra a Fazenda Pública e nas ações em que a parte estiver assistida ou substituída pelo sindicato de sua categoria. § 2º Ao fixar os honorários, o juízo observará: I – o grau de zelo do profissional; II – o lugar de prestação do serviço; III – a natureza e a importância da causa; IV – o trabalho realizado pelo advogado e o tempo exigido para o seu serviço. § 3º Na hipótese de procedência parcial, o juízo arbitrará honorários de sucumbência recíproca, vedada a compensação entre os honorários. § 4º Vencido o beneficiário da justiça gratuita, desde que não tenha obtido em juízo, ainda que em outro processo, créditos capazes de suportar a despesa, as obrigações decorrentes de sua sucumbência ficarão sob condição suspensiva de exigibilidade e somente poderão ser executadas se, nos dois anos subsequentes ao trânsito em julgado da decisão que as certificou, o credor demonstrar que deixou de existir a situação de insuficiência de recursos que justificou a concessão de gratuidade, extinguindo-se, passado esse prazo, tais obrigações do beneficiário. § 5º São devidos honorários de sucumbência na reconvenção". Cf. STF, ADI 5.766.

34. "Art. 793-A. Responde por perdas e danos aquele que litigar de má-fé como reclamante, reclamado ou interveniente".

35. "Art. 793-B. Considera-se litigante de má-fé aquele que: I – deduzir pretensão ou defesa contra texto expresso de lei ou fato incontroverso; II – alterar a verdade dos fatos; III – usar do processo para conseguir objetivo ilegal; IV - opuser resistência injustificada ao andamento do processo; V – proceder de modo temerário em qualquer incidente ou ato do processo; VI – provocar incidente manifestamente infundado; VII – interpuser recurso com intuito manifestamente protelatório".

36. "§ 1º Quando forem dois ou mais os litigantes de má-fé, o juízo condenará cada um na proporção de seu respectivo interesse na causa ou solidariamente aqueles que se coligaram para lesar a parte contrária".

37. "Art. 793-C. De ofício ou a requerimento, o juízo condenará o litigante de má-fé a pagar multa, que deverá ser superior a 1% (um por cento) e inferior a 10% (dez por cento) do valor corrigido da causa, a indenizar a parte contrária pelos prejuízos que esta sofreu e a arcar com os honorários advocatícios e com todas as despesas que efetuou".

a indenizar a parte contrária pelos prejuízos que esta sofreu, bem como a arcar com os honorários advocatícios e com todas as despesas que efetuou, somente é aplicável aos processos iniciados quando em vigor a Lei 13.467/2017, não alcançando as demandas que tiveram início antes de 11 de novembro de 2017.

Essa posição, fundada no sistema da unidade processual, de certa forma, não se harmoniza com a previsão do art. 7º da Instrução Normativa 41/2018, que estabelece a eficácia imediata de dispositivos voltados à litigância de má-fé, sabendo-se que o art. 793-C, caput, da CLT corresponde ao art. 81, caput, do CPC.

Na mesma linha, o art. 9º da Instrução Normativa 41/2018 dispõe que o art. 793-C, §§ 2º e 3º, da CLT[38] tem aplicação apenas nas ações ajuizadas a partir de 11 de novembro de 2017 (Lei 13.467/2017).

De acordo com o § 2º do art. 793-C da CLT, quando o valor da causa for irrisório ou inestimável, a multa pode ser fixada em até duas vezes o limite máximo dos benefícios do Regime Geral de Previdência Social. O valor da indenização deve ser fixado pelo juízo ou, caso não seja possível mensurá-lo, liquidado por arbitramento ou pelo procedimento comum, nos próprios autos (art. 793-C, § 3º, da CLT).

Entendeu-se, assim, que as referidas previsões não são aplicáveis a processos que tiveram origem em ações ajuizadas antes da vigência da Lei 13.467/2017. Apesar disso, deve-se salientar que o art. 793-C, §§ 2º e 3º, da CLT corresponde ao art. 81, §§ 2º e 3º do CPC, o qual, anteriormente, seria subsidiariamente aplicável ao processo do trabalho, na forma do art. 769 da CLT e do art. 15 do CPC.

O art. 10 da Instrução Normativa 41/2018 estabelece que o disposto no caput do art. 793-D da CLT[39] será aplicável às ações ajuizadas a partir de 11 de novembro de 2017 (Lei 13.467/2017).

Portanto, entende-se que a aplicação da multa prevista no art. 793-C da CLT à testemunha que intencionalmente alterar a verdade dos fatos ou omitir fatos essenciais ao julgamento da causa somente é aplicável aos processos iniciados sob a vigência da Lei 13.467/2017, não alcançando as ações iniciadas anteriormente, em conformidade com o sistema da unidade processual.

Após a colheita da prova oral, a aplicação de multa à testemunha dar-se-á na sentença e deve ser precedida de instauração de incidente mediante o qual o juiz indicará o ponto ou os pontos controvertidos no depoimento, assegurados o contraditório, a defesa, com os meios a ela inerentes, além de possibilitar a retratação (art. 10, parágrafo único, da Instrução Normativa 41/2018).

Procura-se, com isso, preservar o devido processo legal no incidente voltado à aplicação da multa à testemunha, assegurando o contraditório e a ampla defesa, além de permitir a reconsideração com o objetivo de excluir a incidência da referida penalidade.

Em harmonia com o exposto, mesmo no crime de falso testemunho, o fato deixa de ser punível se, antes da sentença no processo em que ocorreu o ilícito, o agente se retrata ou declara a verdade (art. 342, § 2º, do Código Penal).

---

38. "§ 2º Quando o valor da causa for irrisório ou inestimável, a multa poderá ser fixada em até duas vezes o limite máximo dos benefícios do Regime Geral de Previdência Social. § 3º O valor da indenização será fixado pelo juízo ou, caso não seja possível mensurá-lo, liquidado por arbitramento ou pelo procedimento comum, nos próprios autos".

39. "Art. 793-D. Aplica-se a multa prevista no art. 793-C desta Consolidação à testemunha que intencionalmente alterar a verdade dos fatos ou omitir fatos essenciais ao julgamento da causa".

Segundo o art. 11 da Instrução Normativa 41/2018, a exceção de incompetência territorial, disciplinada no art. 800 da CLT[40], é imediatamente aplicável aos processos trabalhistas em curso, desde que o recebimento da notificação seja posterior a 11 de novembro de 2017 (Lei 13.467/2017).

Adotou-se, no caso, a eficácia imediata da nova disciplina relativa à exceção de incompetência em razão do lugar, fixando como parâmetro a data do recebimento da notificação pelo reclamado (art. 841, § 1º, da CLT). Assim, caso a citação do réu tenha ocorrido quando a Lei 13.467/2017 já estava em vigor, aplica-se a atual previsão do art. 800 da CLT.

Os arts. 840[41] e 844, §§ 2º, 3º e 5º[42], da CLT, com as redações dadas pela Lei 13.467, de 13 de julho de 2017, não retroagirão, aplicando-se, exclusivamente, às ações ajuizadas a partir de 11 de novembro de 2017 (art. 12 da Instrução Normativa 41/2018).

Logo, quanto aos requisitos da petição inicial trabalhista, a exigência de que o pedido deve ser certo, determinado e com indicação de seu valor não é aplicável às ações propostas antes da entrada em vigor da Lei 13.467/2017, em conformidade com o sistema da unidade processual.

De todo modo, cabe lembrar que no procedimento sumaríssimo, o art. 852-B, inciso I, da CLT, incluído pela Lei 9.957/2000, determina que "o pedido deverá ser certo ou determinado e indicará o valor correspondente".

Da mesma forma, as atuais previsões do art. 844, §§ 2º, 3º e 5º, da CLT incidem apenas nos processos iniciados já na vigência da Lei 13.467/2017.

Em consonância com o § 5º do art. 844 da CLT, ainda que ausente o reclamado, presente o advogado na audiência, devem ser aceitos a contestação e os documentos eventualmente apresentados. Essa determinação, entretanto, segundo o entendimento que prevaleceu no TST, não se aplica aos processos iniciados antes da entrada em vigor da Lei 13.467/2017, o que, a rigor, diverge do sistema do isolamento dos atos processuais.

Aplica-se o disposto no art. 843, § 3º, da CLT[43] somente às audiências trabalhistas realizadas após 11 de novembro de 2017 (art. 12, § 1º, da Instrução Normativa 41/2018).

---

40. "Art. 800. Apresentada exceção de incompetência territorial no prazo de cinco dias a contar da notificação, antes da audiência e em peça que sinalize a existência desta exceção, seguir-se-á o procedimento estabelecido neste artigo. § 1º Protocolada a petição, será suspenso o processo e não se realizará a audiência a que se refere o art. 843 desta Consolidação até que se decida a exceção. § 2º Os autos serão imediatamente conclusos ao juiz, que intimará o reclamante e, se existentes, os litisconsortes, para manifestação no prazo comum de cinco dias. § 3º Se entender necessária a produção de prova oral, o juízo designará audiência, garantindo o direito de o excipiente e de suas testemunhas serem ouvidos, por carta precatória, no juízo que este houver indicado como competente. § 4º Decidida a exceção de incompetência territorial, o processo retomará seu curso, com a designação de audiência, a apresentação de defesa e a instrução processual perante o juízo competente".

41. "Art. 840. A reclamação poderá ser escrita ou verbal. § 1º Sendo escrita, a reclamação deverá conter a designação do juízo, a qualificação das partes, a breve exposição dos fatos de que resulte o dissídio, *o pedido, que deverá ser certo, determinado e com indicação de seu valor*, a data e a assinatura do reclamante ou de seu representante. § 2º Se verbal, a reclamação será reduzida a termo, em duas vias datadas e assinadas pelo escrivão ou secretário, observado, no que couber, o disposto no § 1º deste artigo. § 3º Os pedidos que não atendam ao disposto no § 1º deste artigo serão julgados extintos sem resolução do mérito" (destaquei).

42. "§ 2º Na hipótese de ausência do reclamante, este será condenado ao pagamento das custas calculadas na forma do art. 789 desta Consolidação, ainda que beneficiário da justiça gratuita, salvo se comprovar, no prazo de quinze dias, que a ausência ocorreu por motivo legalmente justificável. § 3º O pagamento das custas a que se refere o § 2º é condição para a propositura de nova demanda. [...] § 5º Ainda que ausente o reclamado, presente o advogado na audiência, serão aceitos a contestação e os documentos eventualmente apresentados".

43. "§ 3º O preposto a que se refere o § 1º deste artigo não precisa ser empregado da parte reclamada".

Logo, a previsão de que o preposto não precisa ser empregado da parte reclamada (empregador) é aplicável às audiências trabalhistas ocorridas quando em vigor a Lei 13.467/2017, mesmo que o processo tenha iniciado antes dessa data.

Para as audiências ocorridas antes de 11 de novembro de 2017, aplica-se o entendimento constante da Súmula 377 do TST, a qual exigia que o preposto devesse ser necessariamente empregado do reclamado, exceto quanto à reclamação de empregado doméstico, ou contra micro ou pequeno empresário.

Para fim do que dispõe o art. 840, §§ 1º e 2º, da CLT[44], o valor da causa será estimado, observando-se, no que couber, o disposto nos arts. 291 a 293 do Código de Processo Civil (art. 12, § 2º, da Instrução Normativa 41/2018).

Como se pode notar, prevaleceu a posição de que não se exige a apresentação de planilha de cálculo para a indicação de exato valor da causa, o qual deve ser apenas estimado, isto é, indicado de forma aproximada. Com esse objetivo, são aplicáveis os arts. 291 a 293 do CPC.

Nesse sentido, a toda causa deve ser atribuído valor certo, ainda que não tenha conteúdo econômico imediatamente aferível (art. 291 do CPC).

O valor da causa deve constar da petição inicial ou da reconvenção e será: I – na ação de cobrança de dívida, a soma monetariamente corrigida do principal, dos juros de mora vencidos e de outras penalidades, se houver, até a data de propositura da ação; II – na ação que tiver por objeto a existência, a validade, o cumprimento, a modificação, a resolução, a resilição ou a rescisão de ato jurídico, o valor do ato ou o de sua parte controvertida; III – na ação de alimentos, a soma de 12 prestações mensais pedidas pelo autor; IV – na ação de divisão, de demarcação e de reivindicação, o valor de avaliação da área ou do bem objeto do pedido; V – na ação indenizatória, inclusive a fundada em dano moral, o valor pretendido; VI – na ação em que há cumulação de pedidos, a quantia correspondente à soma dos valores de todos eles; VII – na ação em que os pedidos são alternativos, o de maior valor; VIII – na ação em que houver pedido subsidiário, o valor do pedido principal (art. 292 do CPC).

Quando se pedirem prestações vencidas e vincendas, deve-se considerar o valor de umas e outras (art. 292, § 1º, do CPC).

O valor das prestações vincendas deve ser igual a uma prestação anual, se a obrigação for por tempo indeterminado ou por tempo superior a um ano, e, se por tempo inferior, deve ser igual à soma das prestações (art. 292, § 2º, do CPC).

O juiz deve corrigir, de ofício e por arbitramento, o valor da causa quando verificar que não corresponde ao conteúdo patrimonial em discussão ou ao proveito econômico perseguido pelo autor, caso em que se procederá ao recolhimento das custas correspondentes (art. 292, § 3º, do CPC).

O réu pode impugnar, em preliminar da contestação, o valor atribuído à causa pelo autor, sob pena de preclusão, e o juiz deve decidir a respeito, impondo, se for o caso, a complementação das custas (art. 293 do CPC).

---

44. "§ 1º Sendo escrita, a reclamação deverá conter a designação do juízo, a qualificação das partes, a breve exposição dos fatos de que resulte o dissídio, o pedido, que deverá ser certo, determinado e com indicação de seu valor, a data e a assinatura do reclamante ou de seu representante. § 2º Se verbal, a reclamação será reduzida a termo, em duas vias datadas e assinadas pelo escrivão ou secretário, observado, no que couber, o disposto no § 1º deste artigo".

Nos termos do art. 843, § 3º[45], e do art. 844, § 5º[46], da CLT, não se admite a cumulação das condições de advogado e preposto (art. 12, § 3º, da Instrução Normativa 41/2018).

Isso significa que embora o preposto não precise ser empregado do réu (empregador), não se permite que a pessoa exerça, de forma cumulativa, as funções de advogado e preposto na audiência do mesmo processo.

Confirmando o exposto, o art. 3º do Regulamento Geral do Estatuto da Advocacia e da OAB prevê que é defeso (ou seja, proibido) ao advogado funcionar no mesmo processo, simultaneamente, como patrono e preposto do empregador ou cliente.

A partir da vigência da Lei 13.467/2017, a iniciativa do juiz na execução de que trata o art. 878 da CLT[47] e no incidente de desconsideração da personalidade jurídica a que alude o art. 855-A da CLT[48] fica limitada aos casos em que as partes não estiverem representadas por advogado (art. 13 da Instrução Normativa 41/2018).

Com a entrada em vigor da Lei 13.467/2017, a execução de ofício (ou seja, iniciada pelo juiz) e a instauração do incidente de desconsideração da personalidade jurídica de ofício (isto é, por iniciativa do juiz) restringem-se às hipóteses em que as partes estiverem no exercício do jus postulandi (art. 791 da CLT[49] e Súmula 425 do TST[50]).

A regra inscrita no art. 879, § 2º, da CLT[51], quanto ao dever de o juiz conceder prazo comum de oito dias para impugnação fundamentada da conta de liquidação, não se aplica à liquidação de julgado iniciada antes de 11 de novembro de 2017 (art. 14 da Instrução Normativa 41/2018).

O critério adotado quanto ao tema, assim, é a data de início da fase de liquidação.

Com isso, a determinação do art. 879, § 2º, da CLT, com redação dada pela Lei 13.467/2017, apenas é aplicável à liquidação que se iniciou quando este diploma legal já havia entrado em vigor, o que representa a adoção, no caso, do sistema das fases processuais.

---

45. "§ 3º O preposto a que se refere o § 1º deste artigo não precisa ser empregado da parte reclamada".

46. "§ 5º Ainda que ausente o reclamado, presente o advogado na audiência, serão aceitos a contestação e os documentos eventualmente apresentados".

47. "Art. 878. A execução será promovida pelas partes, permitida a execução de ofício pelo juiz ou pelo Presidente do Tribunal apenas nos casos em que as partes não estiverem representadas por advogado".

48. "Art. 855-A. Aplica-se ao processo do trabalho o incidente de desconsideração da personalidade jurídica previsto nos arts. 133 a 137 da Lei nº 13.105, de 16 de março de 2015 - Código de Processo Civil. § 1º Da decisão interlocutória que acolher ou rejeitar o incidente: I – na fase de cognição, não cabe recurso de imediato, na forma do § 1º do art. 893 desta Consolidação; II – na fase de execução, cabe agravo de petição, independentemente de garantia do juízo; III – cabe agravo interno se proferida pelo relator em incidente instaurado originariamente no tribunal. § 2º A instauração do incidente suspenderá o processo, sem prejuízo de concessão da tutela de urgência de natureza cautelar de que trata o art. 301 da Lei nº 13.105, de 16 de março de 2015 (Código de Processo Civil)".

49. "Art. 791. Os empregados e os empregadores poderão reclamar pessoalmente perante a Justiça do Trabalho e acompanhar as suas reclamações até o final".

50. Súmula 425 do TST: "*Jus postulandi* na Justiça do Trabalho. Alcance. O *jus postulandi* das partes, estabelecido no art. 791 da CLT, limita-se às Varas do Trabalho e aos Tribunais Regionais do Trabalho, não alcançando a ação rescisória, a ação cautelar, o mandado de segurança e os recursos de competência do Tribunal Superior do Trabalho".

51. "§ 2º Elaborada a conta e tornada líquida, o juízo deverá abrir às partes prazo comum de oito dias para impugnação fundamentada com a indicação dos itens e valores objeto da discordância, sob pena de preclusão".

Na mesma linha, o prazo previsto no art. 883-A da CLT[52], para as medidas de execução indireta nele especificadas, aplica-se somente às execuções iniciadas a partir de 11 de novembro de 2017 (art. 15 da Instrução Normativa 41/2018).

As referidas medidas de execução indireta são o protesto da decisão judicial transitada em julgado, bem como a inscrição do nome do executado em órgãos de proteção ao crédito ou no Banco Nacional de Devedores Trabalhistas (BNDT), sendo aplicáveis se não houver garantia do juízo.

Prevaleceu o entendimento de que o prazo de 45 dias a contar da citação do executado apenas é aplicável se a execução teve início quando já estava em vigor a Lei 13.467/2017.

Cabe esclarecer que nas execuções iniciadas antes de 11 de novembro de 2017 as medidas de execução indireta são aplicáveis, pois já previstas no sistema jurídico processual, não incidindo, entretanto, o mencionado prazo mais longo, previsto no art. 883-A da CLT, com redação dada pela Lei 13.467/2017.

O art. 884, § 6º, da CLT[53] aplica-se às entidades filantrópicas e seus diretores, em processos com execuções iniciadas após 11 de novembro de 2017 (art. 16 da Instrução Normativa 41/2018).

Logo, novamente adotando o sistema das fases processuais, nas execuções que tiveram início antes da entrada em vigor da Lei 13.467/2017, entendeu-se inaplicável a previsão de que a exigência da garantia ou penhora não se aplica às entidades filantrópicas e/ou àqueles que compõem ou compuseram a diretoria dessas instituições.

O incidente de desconsideração da personalidade jurídica, regulado pelo CPC (arts. 133 a 137), aplica-se ao processo do trabalho, com as inovações trazidas pela Lei 13.467/2017 (art. 17 da Instrução Normativa 41/2018).

Efetivamente, nos termos do art. 855-A da CLT, incluído pela Lei 13.467/2017, aplica-se ao processo do trabalho o incidente de desconsideração da personalidade jurídica previsto nos arts. 133 a 137 do Código de Processo Civil.

Da decisão interlocutória que acolher ou rejeitar o incidente: na fase de cognição, não cabe recurso de imediato, na forma do § 1º do art. 893 da CLT; na fase de execução, cabe agravo de petição, independentemente de garantia do juízo; cabe agravo interno se proferida pelo relator em incidente instaurado originariamente no tribunal.

A instauração do incidente suspende o processo, sem prejuízo de concessão da tutela de urgência de natureza cautelar de que trata o art. 301 do CPC[54].

O dever de os Tribunais Regionais do Trabalho uniformizarem a sua jurisprudência faz incidir, subsidiariamente ao processo do trabalho, o art. 926 do CPC, por meio do qual os Tribunais devem manter sua jurisprudência íntegra, estável e coerente (art. 18 da Instrução Normativa 41/2018).

---

52. "Art. 883-A. A decisão judicial transitada em julgado somente poderá ser levada a protesto, gerar inscrição do nome do executado em órgãos de proteção ao crédito ou no Banco Nacional de Devedores Trabalhistas (BNDT), nos termos da lei, depois de transcorrido o prazo de quarenta e cinco dias a contar da citação do executado, se não houver garantia do juízo".

53. "§ 6º A exigência da garantia ou penhora não se aplica às entidades filantrópicas e/ou àqueles que compõem ou compuseram a diretoria dessas instituições".

54. "Art. 301. A tutela de urgência de natureza cautelar pode ser efetivada mediante arresto, sequestro, arrolamento de bens, registro de protesto contra alienação de bem e qualquer outra medida idônea para asseguração do direito".

Trata-se, no caso, de aplicação subsidiária autorizada pelos arts. 769 da CLT e 15 do CPC.

Os incidentes de uniformização de jurisprudência suscitados ou iniciados antes da vigência da Lei 13.467/2017, no âmbito dos Tribunais Regional do Trabalho ou por iniciativa de decisão do Tribunal Superior do Trabalho, deverão observar e serão concluídos sob a égide da legislação vigente ao tempo da interposição do recurso, segundo o disposto nos respectivos Regimentos Internos (art. 18, § 1º, da Instrução Normativa 41/2018).

O art. 896, § 3º, da CLT, com redação dada pela Lei 13.015/2014, previa que os Tribunais Regionais do Trabalho deveriam proceder, obrigatoriamente, à uniformização de sua jurisprudência e aplicariam, nas causas da competência da Justiça do Trabalho, no que coubesse, o incidente de uniformização de jurisprudência previsto nos termos do Capítulo I do Título IX do Livro I do CPC de 1973.

Esse dispositivo, entretanto, foi revogado pela Lei 13.467/2017.

Ainda assim, prevaleceu o entendimento de que os incidentes de uniformização de jurisprudência suscitados ou iniciados antes de 11 de novembro de 2017, no âmbito dos Tribunais Regional do Trabalho ou por iniciativa de decisão do TST, devem observar e ser concluídos conforme a legislação que vigorava quando da interposição do recurso, observando-se os respectivos Regimentos Internos.

Aos recursos de revista e de agravo de instrumento no âmbito do Tribunal Superior do Trabalho, conclusos aos relatores e ainda não julgados até a edição da Lei 13.467/2017, não se aplicam as disposições contidas nos §§ 3º a 6º do art. 896 da Consolidação das Leis do Trabalho (art. 18, § 2º, da Instrução Normativa 41/2018).

Como os §§ 3º a 6º do art. 896 da CLT foram expressamente revogados pela Lei 13.467/2017, entendeu-se que as suas previsões não são aplicáveis aos recursos de revista e de agravo de instrumento no TST conclusos aos relatores e ainda não julgados até a "edição" da Lei 13.467/2017. De todo modo, cabe esclarecer que embora a Lei 13.467, de 13 de julho de 2017, tenha sido publicada em 14.07.2017, a sua entrada em vigor apenas ocorreu em 11 de novembro de 2017 (art. 6º).

As teses jurídicas prevalecentes e os enunciados de Súmulas decorrentes do julgamento dos incidentes de uniformização de jurisprudência suscitados ou iniciados anteriormente à edição da Lei 13.467/2017, no âmbito dos Tribunais Regionais do Trabalho, conservam sua natureza vinculante à luz dos arts. 926, §§ 1º e 2º, e 927, incisos III e V, do CPC (art. 18, § 3º, da Instrução Normativa 41/2018).

Conforme o art. 926, § 1º, do CPC, na forma estabelecida e segundo os pressupostos fixados no regimento interno, os tribunais devem editar enunciados de súmula correspondentes a sua jurisprudência dominante.

Ao editar enunciados de súmula, os tribunais devem ater-se às circunstâncias fáticas dos precedentes que motivaram sua criação (art. 926, § 2º, do CPC).

Os juízes e os tribunais devem observar, entre outros: os acórdãos em incidente de assunção de competência ou de resolução de demandas repetitivas e em julgamento de recursos extraordinário e especial (de revista, no processo do trabalho) repetitivos; a orientação do plenário ou do órgão especial aos quais estiverem vinculados (art. 927, incisos III e V, do CPC).

O exame da transcendência deve seguir a regra estabelecida no art. 246 do Regimento Interno do Tribunal Superior do Trabalho, incidindo apenas sobre os acórdãos proferidos pelos Tribunais Regionais do Trabalho publicados a partir de 11 de novembro de 2017, excluídas as decisões em embargos de declaração (art. 19 da Instrução Normativa 41/2018).

Quanto ao tema, adotou-se o critério da data de publicação do acórdão proferido pelo TRT, em consonância com a eficácia imediata das normas processuais.

Nesse sentido, de acordo com o art. 246 do Regimento Interno do TST (aprovado pela Resolução Administrativa 1.937/2017), as normas relativas ao exame da transcendência dos recursos de revista, previstas no art. 896-A da CLT, somente incidirão naqueles interpostos contra decisões proferidas pelos Tribunais Regionais do Trabalho publicadas a partir de 11 de novembro de 2017, data da vigência da Lei 13.467/2017.

As disposições contidas nos §§ 4º, 9º, 10 e 11 do art. 899 da CLT, com a redação dada pela Lei 13.467/2017, devem ser observadas para os recursos interpostos contra as decisões proferidas a partir de 11 de novembro de 2017 (art. 20 da Instrução Normativa 41/2018).

O depósito recursal deve ser feito em conta vinculada ao juízo (art. 899, § 4º, da CLT).

O valor do depósito recursal deve ser reduzido pela metade para entidades sem fins lucrativos, empregadores domésticos, microempreendedores individuais, microempresas e empresas de pequeno porte (art. 899, § 9º, da CLT).

São isentos do depósito recursal os beneficiários da justiça gratuita, as entidades filantrópicas e as empresas em recuperação judicial (art. 899, § 10, da CLT).

O depósito recursal pode ser substituído por fiança bancária ou seguro garantia judicial (art. 899, § 11, da CLT).

Prevaleceu o entendimento de que essas disposições, decorrentes da Lei 13.467/2017, devem ser observadas, de forma imediata, para os recursos interpostos contra as decisões proferidas a partir de 11 de novembro de 2017.

A Instrução 41/2018 do TST entrou em vigor na data da sua publicação (art. 21), ocorrida no Diário Eletrônico da Justiça do Trabalho de 21.06.2018.

Foram revogados o art. 2º, inciso VIII, e o art. 6º da Instrução Normativa 39/2016 do TST.

O art. 2º, inciso VIII, da Instrução Normativa 39/2016 do TST previa que não se aplicavam ao processo do trabalho os arts. 921, §§ 4º e 5º, e 924, inciso V do CPC, sobre prescrição intercorrente.

Essa previsão foi revogada pela Instrução Normativa 41/2018 do TST, pois o art. 11-A da CLT, incluído pela Lei 13.467/2017, passou a versar sobre a prescrição intercorrente, ou seja, no curso da execução trabalhista.

O art. 6º da Instrução Normativa 39/2016 do TST dispunha que se aplicava ao processo do trabalho o incidente de desconsideração da personalidade jurídica regulado no Código de Processo Civil (arts. 133 a 137), "assegurada a iniciativa também do juiz do trabalho na fase de execução (CLT, art. 878)".

Esse dispositivo foi revogado pela Instrução Normativa 41/2018 do TST, uma vez que o art. 878 da CLT, com redação dada pela Lei 13.467/2018, passou a estabelecer que a execução será promovida pelas partes, permitida a execução de ofício pelo juiz ou pelo Presidente do Tribunal apenas nos casos em que as partes não estiverem representadas por advogado.

1.13 EFICÁCIA NO ESPAÇO

A *eficácia* das normas de Direito Processual do Trabalho *no espaço* não se confunde com essa eficácia quanto às normas de Direito material do Trabalho.

Quanto ao tema em estudo, cabe verificar o âmbito territorial de aplicação das normas processuais trabalhistas, e não de definir a norma de Direito material que regula a relação jurídica.

Os conflitos de leis no espaço são solucionados pelo Direito Internacional Privado, o qual prevê normas para definir qual a lei (ou seja, nacional ou estrangeira) a ser aplicada para regular certa relação jurídica (de direito material) envolvendo elementos de mais de um país.

Diversamente, quanto à eficácia das normas *processuais* no espaço, a regra é a sua aplicação no território em que aprovada, pelo juízo ou tribunal respectivo. Nesse sentido, no processo trabalhista em curso no Brasil, perante as Varas e Tribunais do Trabalho, são aplicadas as normas processuais brasileiras.

Ainda que determinada relação jurídica de trabalho seja regida pela lei estrangeira, se o processo judicial tem o seu curso no Brasil, perante a Justiça brasileira, as normas processuais a serem aplicadas serão as brasileiras.

Tanto é assim que o art. 16 do CPC prevê que a jurisdição civil é exercida pelos juízes e tribunais *em todo o território nacional*, conforme as disposições desse Código.

O art. 13 do CPC, por sua vez, dispõe que, em regra, *a jurisdição civil é regida pelas normas processuais brasileiras*, ressalvadas as disposições específicas previstas em tratados, convenções ou acordos internacionais de que o Brasil seja parte.

Essa mesma previsão deve ser aplicada no âmbito do processo do trabalho, de modo que, em regra, prevalece a territorialidade da eficácia da norma processual trabalhista no espaço.

1.14 PRINCÍPIOS

Os princípios são mandamentos nucleares e estruturais do sistema jurídico, servindo de sustentação e fundamento para as regras. Apresentam natureza normativa, não se tratando de meros enunciados formais[55].

Os princípios exercem diversas funções no Direito.

A função de *integração* do ordenamento jurídico significa que diante da ausência de disposição específica para regular o caso em questão, pode-se recorrer aos princípios gerais de direito. Nesse sentido, de acordo com o art. 4º da Lei de Introdução às Normas do Direito Brasileiro, quando a lei for omissa, o juiz deve decidir o caso de acordo com a analogia, os costumes e os *princípios gerais de direito*.

Especificamente no âmbito trabalhista, o art. 8º, *caput*, da CLT determina que as autoridades administrativas e a Justiça do Trabalho, na falta de disposições legais ou contratuais, devem decidir, conforme o caso, pela jurisprudência, por analogia, por equidade e outros *princípios e normas gerais de direito, principalmente do direito do trabalho*.

A concepção atual é no sentido de que os princípios constitucionais, e mesmo os princípios gerais de direito, não têm como função apenas suprir as lacunas da lei, mas

55. Cf. BOBBIO, Norberto. *Teoria do ordenamento jurídico*. 10. ed. Tradução: Maria Celeste Cordeiro Leite dos Santos, revisão técnica Claudio De Cicco. Brasília: Editora Universidade de Brasília, 1997. p. 158-159.

também possuem eficácia normativa direta, podendo ser aplicados de forma imediata pelo juiz, nas decisões dos casos concretos, juntamente com as regras legais.

De acordo com a função de *interpretação*, os princípios orientam o juiz e o aplicador ou intérprete das normas jurídicas quanto ao seu real sentido e alcance.

Os princípios, ainda, exercem a função *inspiradora* do legislador, em sua atividade de elaboração de novas disposições normativas.

Há intensa discussão na doutrina a respeito da existência, ou não, de princípios específicos de Direito Processual do Trabalho.

Observa-se o entendimento de que o processo do trabalho não possui princípios próprios, incidindo os mesmos do Direito Processual Civil.

Outra corrente aponta a existência de princípios inerentes ao Direito Processual do Trabalho, confirmando a autonomia científica deste. Nesse enfoque, destaca-se o *princípio de proteção* no Direito Processual do Trabalho, o qual se distingue do princípio de mesmo nome, relativo ao Direito do Trabalho[56].

No âmbito processual trabalhista, o princípio de proteção significa a presença, principalmente na legislação, de previsões que procuram conferir tratamento mais favorável à parte mais vulnerável da relação processual, ou seja, ao empregado.

Nesse contexto, como o reclamante (autor) normalmente é o empregado na ação trabalhista, no caso de ausência na audiência una ou inaugural, a consequência é o arquivamento do processo (art. 844, *caput*, primeira parte, da CLT), significando a sua extinção sem resolução do mérito.

A ação trabalhista, ainda que arquivada, interrompe a prescrição somente em relação aos pedidos idênticos (Súmula 268 do TST).

Nos termos do art. 11, § 3º, da CLT, a interrupção da prescrição somente ocorrerá pelo ajuizamento de reclamação trabalhista, mesmo que em juízo incompetente, ainda que venha a ser extinta sem resolução do mérito, produzindo efeitos apenas em relação aos pedidos idênticos.

Na mesma situação, se o reclamado (réu) não comparecer à mencionada audiência, a consequência é mais gravosa, qual seja a decretação da revelia e a consequente confissão quanto à matéria de fato (art. 844, *caput*, segunda parte, da CLT), significando a presunção (relativa) de veracidade dos fatos alegados pelo autor.

Mesmo na jurisprudência, há certos entendimentos, relativos a questões processuais, que decorrem do mencionado princípio de proteção, presente no Direito Processual do Trabalho, fixando interpretação mais benéfica ao empregado na relação jurídica processual.

Exemplificativamente, de acordo com a Súmula 338 do TST, item III, os "cartões de ponto que demonstram horários de entrada e saída uniformes são inválidos como meio de prova, invertendo-se o ônus da prova, relativo às horas extras, que passa a ser do empregador, prevalecendo a jornada da inicial se dele não se desincumbir". Trata-se de questão relativa ao ônus da prova, trazendo interpretação mais favorável ao empregado. Esse entendimento, entretanto, não seria aplicável no registro de ponto por exceção à jornada regular de trabalho, o qual pode ser estabelecido mediante acordo individual escrito, convenção coletiva ou acordo coletivo de trabalho (art. 74, § 4º, da CLT, incluído pela Lei 13.874/2019), pois nesse sistema os horários de entrada e de saída do empregado são registrados apenas quando diferentes do normal.

---

56. Cf. MARTINS, Sergio Pinto. *Direito processual do trabalho*. 30. ed. São Paulo: Atlas, 2010. p. 41.

Além do aspecto acima, observa-se a incidência de determinados princípios do Direito Processual Civil de forma mais enfática no processo do trabalho, como ocorre com os princípios da celeridade, da simplicidade, da concentração dos atos processuais em audiência, da oralidade.

Tendo em vista a relevância do crédito trabalhista, normalmente de natureza alimentar, há necessidade de que o processo do trabalho seja célere, satisfazendo de forma efetiva o direito que for devido.

Ao ser admissível o *jus postulandi* no processo do trabalho, embora com certas restrições (Súmula 425 do TST), permitindo que empregado e empregador exerçam pessoalmente a capacidade postulatória e de defesa no âmbito da Justiça do Trabalho, o procedimento deve ser simplificado, sem formalidades desnecessárias.

No procedimento trabalhista há a concentração dos atos processuais em audiência, a qual, em regra, é una. A maioria dos atos processuais é praticada na própria audiência, perante o juiz, com a sua participação na produção das provas. Esse aspecto revela o princípio da *imediatidade* do juiz na produção das provas.

A oralidade também é enfatizada no procedimento trabalhista, autorizando-se a apresentação de defesa oral, bem como havendo previsão de serem as razões finais produzidas oralmente.

Cabe destacar, ainda, os *princípios constitucionais do processo*, pois são aplicáveis ao processo do trabalho.

O *princípio do juiz natural* significa que o processo deve ser julgado pela autoridade judicial competente (art. 5º, inciso LIII, da Constituição Federal de 1988) e imparcial, conforme normas previstas na Constituição e nas leis, não sendo admitido juízo ou tribunal de exceção (art. 5º, inciso XXXVII, da Constituição da República). Em razão disso, não é permitida a criação, posterior, de um tribunal especialmente para julgar, apenas, determinado caso ocorrido.

Entretanto, é possível a presença de Justiça especializada, prevista pela Constituição, com competência para conhecer, processar e julgar certas matérias, como é o caso da própria Justiça do Trabalho.

O *princípio da inafastabilidade do controle jurisdicional* é previsto no art. 5º, inciso XXXV, da Constituição Federal, ao prever que a lei não excluirá da apreciação do Poder Judiciário qualquer lesão ou ameaça a direito.

A respeito do tema, o art. 3º do CPC dispõe que não se excluirá da apreciação jurisdicional ameaça ou lesão a direito.

Cabe destacar que o livre acesso ao Poder Judiciário é entendido como o direito constitucional de ação, o qual é previsto de forma ampla e incondicional. Não obstante, para que o mérito seja efetivamente apreciado, há a necessidade da presença das condições da ação e dos pressupostos processuais, indicando o chamado direito processual de ação, o qual, portanto, revela-se condicionado. Além disso, o verdadeiro acesso à justiça significa assegurar à parte que tem razão o direito postulado, garantindo de forma efetiva o direito material.

O *princípio do contraditório* (art. 5º, inciso LV, da Constituição Federal de 1988) significa a necessidade de se cientificar as partes dos atos e decisões processuais, permitindo que elas participem do processo e impugnem as decisões contrárias a seus interesses.

O art. 7º do CPC prevê ser assegurada às partes paridade de tratamento em relação ao exercício de direitos e faculdades processuais, aos meios de defesa, aos ônus, aos deveres e à aplicação de sanções processuais, competindo ao juiz zelar pelo efetivo contraditório. Todos os sujeitos do processo devem cooperar entre si para que se obtenha, em tempo razoável, decisão de mérito justa e efetiva (art. 6º do CPC).

O CPC também estabelece que não se proferirá decisão contra uma das partes sem que ela seja previamente ouvida, salvo no caso de tutela provisória de urgência, nas hipóteses de tutela da evidência previstas no art. 311, incisos II e III, e na hipótese da decisão prevista no art. 701, que trata da ação monitória (art. 9º, parágrafo único).

Procurando concretizar ao máximo o contraditório, o art. 10 do CPC determina que o juiz não pode decidir, em grau algum de jurisdição, com base em fundamento a respeito do qual não se tenha dado às partes oportunidade de se manifestar, ainda que se trate de matéria sobre a qual deva decidir de ofício.

Em harmonia com essa previsão, o art. 487, parágrafo único, do CPC dispõe que, ressalvada a hipótese do § 1º do art. 332 do mesmo diploma legal (sobre a improcedência liminar do pedido), a prescrição e a decadência não devem ser reconhecidas sem que antes seja dada às partes oportunidade de se manifestarem.

O art. 4º da Instrução Normativa 39/2016 do TST dispõe que se aplicam ao processo do trabalho as normas do CPC que regulam o princípio do contraditório, em especial os arts. 9º e 10, no que vedam a decisão surpresa. Entende-se por *decisão surpresa* a que, no julgamento final do mérito da causa, em qualquer grau de jurisdição, aplicar fundamento jurídico ou embasar-se em fato não submetido à audiência prévia de uma ou de ambas as partes. Não se considera decisão surpresa a que, à luz do ordenamento jurídico nacional e dos princípios que informam o Direito Processual do Trabalho, as partes tinham obrigação de prever, concernente às condições da ação, aos pressupostos de admissibilidade de recurso e aos pressupostos processuais, salvo disposição legal expressa em contrário.

O *princípio da ampla defesa* (art. 5º, inciso LV, da Constituição da República) indica ser necessário assegurar às partes o direito de defender seus direitos, fazendo alegações e participando da produção das provas.

O *princípio do devido processo legal* (art. 5º, inciso LIV, da Constituição Federal de 1988) refere-se à observância das disposições que regulam o processo judicial, estabelecendo a segurança jurídica às partes, de modo que o processo seja um instrumento legítimo para solucionar os conflitos sociais com justiça.

O *princípio da publicidade dos atos processuais* exige que os atos praticados no processo, em regra, sejam públicos. Apenas excepcionalmente é que o sigilo pode ser decretado pelo juiz. Nesse sentido, de acordo com o art. 5º, inciso LX, da Constituição Federal de 1988, a lei só pode restringir a publicidade dos atos processuais quando a defesa da intimidade ou o interesse social o exigirem.

Conforme art. 93, inciso IX, da Constituição da República, todos os julgamentos dos órgãos do Poder Judiciário serão públicos e devem ser fundamentadas todas as decisões, sob pena de nulidade, podendo a lei limitar a presença, em determinados atos, às próprias partes e a seus advogados, ou somente a estes, em casos nos quais a preservação do direito à intimidade do interessado no sigilo não prejudique o interesse público à informação.

O art. 11 do CPC dispõe que todos os julgamentos dos órgãos do Poder Judiciário serão públicos e fundamentadas devem ser todas as decisões, sob pena de nulidade. Nos casos de segredo de justiça, pode ser autorizada somente a presença das partes, de seus advogados, de defensores públicos ou do Ministério Público.

O princípio da motivação estabelece que todas as decisões do Poder Judiciário devem ser fundamentadas, sob pena de nulidade (art. 93, inciso IX, da Constituição da República e art. 11 do CPC).

A respeito do tema, o Supremo Tribunal Federal fixou a seguinte tese de repercussão geral: "O art. 93, IX, da Constituição Federal exige que o acórdão ou decisão sejam fundamentados, ainda que sucintamente, sem determinar, contudo, o exame pormenorizado de cada uma das alegações ou provas" (STF, Pleno, QO-RG-AI 791.292/PE, Rel. Min. Gilmar Mendes, DJe 13.08.2010).

A jurisprudência do Supremo Tribunal Federal é no sentido de que não viola a exigência constitucional da motivação o acórdão de segunda instância que adota como razões de decidir fundamentos contidos na sentença recorrida[57]. Nessa linha, prevalece o entendimento de que a técnica da fundamentação *per relationem*, na qual o juiz se utiliza de trechos de decisão anterior ou de parecer ministerial como razão de decidir, não configura ofensa ao disposto no art. 93, inciso IX, da Constituição Federal de 1988[58].

A Administração Pública também deve obedecer ao princípio da motivação (art. 2º da Lei 9.784/1999), pois os atos administrativos, em regra, devem ser motivados (art. 50 da Lei 9.784/1999). Trata-se de exigência inerente ao Estado Democrático de Direito.

Nos termos do art. 20 da Lei de Introdução às Normas do Direito Brasileiro, incluído pela Lei 13.655/2018, nas esferas administrativa, controladora e judicial, não se deve decidir com base em valores jurídicos abstratos sem que sejam consideradas as consequências práticas da decisão.

Consideram-se *valores jurídicos abstratos* aqueles previstos em normas jurídicas com alto grau de indeterminação e abstração (art. 3º, § 1º, do Decreto 9.830/2019).

A motivação deve demonstrar a necessidade e a adequação da medida imposta ou da invalidação de ato, contrato, ajuste, processo ou norma administrativa, inclusive em face das possíveis alternativas (art. 20, parágrafo único, da Lei de Introdução às Normas do Direito Brasileiro).

A decisão deve ser *motivada* com a contextualização dos fatos, quando cabível, e com a indicação dos fundamentos de mérito e jurídicos (art. 2º do Decreto 9.830/2019).

A *motivação da decisão* deve conter os seus fundamentos e apresentará a congruência entre as normas e os fatos que a embasaram, de forma argumentativa. A motivação indicará as normas, a interpretação jurídica, a jurisprudência ou a doutrina que a embasaram. A motivação pode ser constituída por declaração de concordância

57. "Motivação *per relationem*. Legitimidade jurídico-constitucional dessa técnica de motivação. Ausência de violação ao art. 93, IX, da Constituição. [...] 2. A jurisprudência desta Corte é no sentido de que não viola a exigência constitucional da motivação o acórdão de segunda instância que adota como razões de decidir fundamentos contidos na sentença recorrida. Precedentes. 3. A decisão está devidamente fundamentada, embora em sentido contrário aos interesses da parte agravante. 4. Agravo interno a que se nega provimento" (STF, 1ª T., AgR-RE 1.099.396/SC, Rel. Min. Roberto Barroso, DJe 12.04.2018).

58. "1. A orientação jurisprudencial do Supremo Tribunal Federal é no sentido de que 'a técnica da fundamentação *per relationem*, na qual o magistrado se utiliza de trechos de decisão anterior ou de parecer ministerial como razão de decidir, não configura ofensa ao disposto no art. 93, IX, da CF" (RHC 116.166, Rel. Min. Gilmar Mendes)' (STF, 1ª T., AgR-RHC 138.648/SC, Rel. Min. Roberto Barroso, DJe 09.11.2018). No Superior Tribunal de Justiça, há entendimento de que "a mera transcrição de outra decisão ou de manifestação nos autos, sem qualquer acréscimo de fundamentação, não é apta a suprir a exigência de fundamentação das decisões judiciais, prevista no art. 93, IX, da Constituição Federal" (STJ, 3ª Seção, EREsp 1.384.669/RS, 2012/0274444-0, Rel. Min. Nefi Cordeiro, DJe 02.09.2019).

com o conteúdo de notas técnicas, pareceres, informações, decisões ou propostas que precederam a decisão (art. 2º, §§ 1º a 3º, do Decreto 9.830/2019).

A decisão que, nas esferas administrativa, controladora ou judicial, decretar a invalidação de ato, contrato, ajuste, processo ou norma administrativa deve indicar de modo expresso suas consequências jurídicas e administrativas (art. 21 da Lei de Introdução às Normas do Direito Brasileiro, acrescentado pela Lei 13.655/2018).

A decisão mencionada deve, quando for o caso, indicar as condições para que a regularização ocorra de modo proporcional e equânime e sem prejuízo aos interesses gerais, não se podendo impor aos sujeitos atingidos ônus ou perdas que, em função das peculiaridades do caso, sejam anormais ou excessivos.

A decisão do processo, nas esferas administrativa, controladora ou judicial, pode impor compensação por benefícios indevidos ou prejuízos anormais ou injustos resultantes do processo ou da conduta dos envolvidos (art. 27 da Lei de Introdução às Normas do Direito Brasileiro, incluído pela Lei 13.655/2018).

A decisão sobre a compensação deve ser motivada, ouvidas previamente as partes sobre seu cabimento, sua forma e, se for o caso, seu valor. Para prevenir ou regular a compensação, pode ser celebrado compromisso processual entre os envolvidos.

O agente público responde pessoalmente por suas decisões ou opiniões técnicas em caso de dolo ou erro grosseiro (art. 28 da Lei de Introdução às Normas do Direito Brasileiro, acrescentado pela Lei 13.655/2018). Considera-se *erro grosseiro* aquele manifesto, evidente e inescusável praticado com culpa grave, caracterizado por ação ou omissão com elevado grau de negligência, imprudência ou imperícia (art. 12, § 1º, do Decreto 9.830/2019).

Especificamente quanto à esfera jurisdicional, o juiz responde, civil e regressivamente, por perdas e danos quando: I - no exercício de suas funções, proceder com dolo ou fraude; II - recusar, omitir ou retardar, sem justo motivo, providência que deva ordenar de ofício ou a requerimento da parte (art. 143 do CPC). As hipóteses previstas no inciso II somente serão verificadas depois que a parte requerer ao juiz que determine a providência e o requerimento não for apreciado no prazo de 10 dias.

Nesse contexto, deve-se salientar que as pessoas jurídicas de direito público e as de direito privado prestadoras de serviços públicos respondem pelos danos que seus agentes, nessa qualidade, causarem a terceiros, assegurado o direito de regresso contra o responsável nos casos de dolo ou culpa (art. 37, § 6º, da Constituição da República)[59]. Trata-se, quanto à parte inicial, de responsabilidade objetiva do Estado, adotando-se a teoria do risco administrativo[60].

Ainda assim, segundo a jurisprudência do Supremo Tribunal Federal: "A responsabilidade objetiva do Estado por atos judiciais só é possível nas hipóteses previstas em lei, sob pena de contenção da atividade do Estado na atividade jurisdicional regular" (STF, 1ª T., AgR-ARE 833.909/SC, Rel. Min. Roberto Barroso, DJe 19.05.2017)[61].

59. A respeito do tema, o Supremo Tribunal Federal fixou a seguinte tese de repercussão geral: "A teor do disposto no art. 37, § 6º, da Constituição Federal, a ação por danos causados por agente público deve ser ajuizada contra o Estado ou a pessoa jurídica de direito privado prestadora de serviço público, sendo parte ilegítima para a ação o autor do ato, assegurado o direito de regresso contra o responsável nos casos de dolo ou culpa" (STF, Pleno, RE 1.027.633/SP, Rel. Min. Marco Aurélio, j. 14.08.2019).

60. Cf. MEIRELLES, Hely Lopes. Direito administrativo brasileiro. 26. ed. atualizada por Eurico de Andrade Azevedo, Délcio Balestero Aleixo e José Emmanuel Burle Filho. São Paulo: Malheiros, 2001. p. 614.

61. "A jurisprudência deste Supremo Tribunal Federal consolidou-se no sentido de que, salvo nos casos previstos no art. 5º, LXXV, da Magna Carta – erro judiciário e prisão além do tempo fixado na sentença –, e

O *princípio da persuasão racional do juiz*, ou *do livre convencimento motivado*, tem o sentido de que o juiz tem certa liberdade para decidir, levando em conta as alegações e as provas existentes, mas com o dever de fundamentar o seu convencimento, apresentando a motivação, de acordo com o Direito e o que consta dos autos.

A divergência na interpretação de lei ou na avaliação de fatos e provas não configura abuso de autoridade (art. 1º, § 2º, da Lei 13.869/2019).

Cabe destacar os princípios da razoável duração do processo e da celeridade de sua tramitação (art. 5º, inciso LXXVIII, da Constituição da República), para que a tutela jurisdicional seja obtida de forma justa, tempestiva e com efetividade. Nesse sentido, as partes têm o direito de obter em prazo razoável a solução integral do mérito, incluída a atividade satisfativa (art. 4º do CPC). Ainda nesse contexto, segundo o princípio da cooperação ou da colaboração, todos os sujeitos do processo devem cooperar entre si para que se obtenha, em tempo razoável, decisão de mérito justa e efetiva (art. 6º do CPC).

O princípio da igualdade processual determina a aplicação do mandamento de que todos são iguais perante a lei, sem distinção de qualquer natureza (art. 5º, caput, da Constituição da República), quanto às partes no processo.

A igualdade em questão, naturalmente, não deve ser apenas formal, mas substancial, dirigindo-se não apenas ao legislador[62], mas também ao juiz[63].

Sendo assim, as partes devem receber tratamento isonômico no processo, cabendo ao juiz, ainda, neutralizar eventuais assimetrias existentes, decorrentes de posição de maior vulnerabilidade, tratando com igualdade os iguais e desigualmente os desiguais, na medida em que se desigualam, quando houver razão lógica que assim justifique[64].

Nesse sentido, é assegurada às partes paridade de tratamento em relação ao exercício de direitos e faculdades processuais, aos meios de defesa, aos ônus, aos deveres e à aplicação de sanções processuais, competindo ao juiz zelar pelo efetivo contraditório (art. 7º do CPC).

Ao aplicar o ordenamento jurídico, o juiz deve atender aos fins sociais e às exigências do bem comum, resguardando e promovendo *a dignidade da pessoa humana* e observando *a proporcionalidade, a razoabilidade, a legalidade, a publicidade e a eficiência* (art. 8º do CPC).

Merece destaque, ainda, o art. 1º da Constituição Federal de 1988, no sentido de que a República Federativa do Brasil constitui-se em Estado Democrático de Direito e tem como fundamentos a soberania, a cidadania, a *dignidade da pessoa humana*, os *valores sociais do trabalho e da livre iniciativa* e o pluralismo político.

---

daqueles expressamente previstos em lei, a responsabilidade objetiva do Estado não se aplica aos atos jurisdicionais. Precedentes" (STF, 1ª T., AgR-RE 765.139/RN, Rel. Min. Rosa Weber, DJe 21.11.2017).

62. Cf. MELLO, Celso Antônio Bandeira de. *O conteúdo jurídico do princípio da igualdade*. 3. ed. 19. tir. São Paulo: Malheiros, 2010. p. 39: "a lei não pode conceder tratamento específico, vantajoso ou desvantajoso, em atenção a traços e circunstâncias peculiarizadoras de uma categoria de indivíduos se não houver adequação racional entre o elemento diferencial e o regime dispensado aos que se inserem na categoria diferenciada".

63. Cf. DINAMARCO, Cândido Rangel; LOPES, Bruno Vasconcelos Carrilho. *Teoria geral do novo processo civil*. São Paulo: Malheiros, 2016. p. 59-60.

64. Cf. BARBOSA, Rui. *Oração aos moços*. São Paulo: Hedra, 2009. p. 47: "A regra da igualdade não consiste senão em aquinhoar desigualmente aos desiguais, na medida em que se desigualam. Nesta desigualdade social, proporcionada à desigualdade natural, é que se acha a verdadeira lei da igualdade. [...] Tratar com desigualdade a iguais, ou a desiguais com igualdade, seria desigualdade flagrante, e não igualdade real".

Da mesma forma, em consonância com a previsão do art. 3º da Constituição Federal de 1988, constituem *objetivos fundamentais* da República Federativa do Brasil construir uma sociedade livre, justa e solidária; garantir o desenvolvimento nacional; erradicar a pobreza e a marginalização e reduzir as desigualdades sociais e regionais; promover o bem de todos, sem preconceitos de origem, raça, sexo, cor, idade e quaisquer outras formas de discriminação.

1.15 FORMAS DE SOLUÇÃO DOS CONFLITOS

Apesar da existência do Direito material, que disciplina as condutas das pessoas na vida em sociedade, os conflitos podem surgir, seja porque alguém não observou a norma jurídica, seja em razão de controvérsia sobre o alcance dessa disposição, ou mesmo a respeito de como os fatos efetivamente ocorreram.

Há necessidade, assim, de solução das divergências entre as pessoas, que naturalmente ocorrem na esfera social, inclusive trabalhista.

O *conflito* pode ser entendido como a divergência de interesses no plano social. A *controvérsia*, de modo mais particular, é observada quando o conflito é encaminhado para ser solucionado por mecanismos diversos, buscando-se a harmonia nas relações sociais. O *dissídio*, por sua vez, é específico quanto à controvérsia encaminhada ao Poder Judiciário, para receber a solução por este determinada[65].

Os conflitos trabalhistas são conflitos sociais, uma vez que ocorrem no âmbito das relações de trabalho, podendo ser de natureza individual e coletiva.

O *conflito coletivo de trabalho* envolve grupos de trabalhadores e de empregadores, normalmente representados pelos respectivos entes sindicais, ou um grupo de trabalhadores representado pelo seu ente sindical e um ou mais empregadores. No conflito coletivo de trabalho, o interesse envolvido é comum a todo o grupo, alcançando cada um de seus integrantes.

O conflito coletivo de natureza econômica diz respeito à criação de novas condições de trabalho para o grupo de trabalhadores envolvidos, o que repercute nos contratos individuais de trabalho. O conflito coletivo de natureza jurídica é relativo à interpretação de certa norma aplicável ao grupo de trabalhadores em questão.

No *conflito individual de trabalho* as partes são determinadas, envolvendo um ou mais empregados, especificados e individualizados, e o empregador. O interesse envolvido, no caso, é de natureza individual, por se referir às partes individualizadas na relação jurídica.

Os meios de solução dos conflitos de trabalho podem ser classificados em três grupos principais: a autodefesa (ou autotutela), a autocomposição e a heterocomposição.

Na *autodefesa* (ou autotutela), a própria parte procede à defesa de seu interesse, de forma que uma das partes *impõe* a sua vontade à outra. A autodefesa (autotutela), em regra, não é mais admitida, pois não se deve permitir que uma parte imponha a sua vontade em face da outra. Exemplo de autodefesa (autotutela) admitida é a legítima defesa. A greve e o *lockout* (vedado pela Lei 7.783/1989, art. 17) são exemplos de autodefesa (autotutela) no âmbito dos conflitos coletivos de trabalho.

A *autocomposição* significa a solução do conflito pelas próprias partes, de forma pacífica e negociada, sem a imposição dessa solução por um terceiro, como ocorre na negociação.

---

65. Cf. MARTINS, Sergio Pinto. *Direito do trabalho*. 22. ed. São Paulo: Atlas, 2006. p. 761.

Pode-se classificar a autocomposição em unilateral e bilateral. A autocomposição unilateral ocorre quando se verifica a renúncia de uma das partes de sua pretensão, ou o reconhecimento da pretensão da parte contrária. A bilateral, por sua vez, é aquela em que se observam concessões recíprocas, com natureza de transação[66].

No âmbito das relações de trabalho, a autocomposição é uma forma relevante de solução dos conflitos. Nos conflitos coletivos de trabalho destacam-se os acordos coletivos e as convenções coletivas de trabalho, como instrumentos normativos decorrentes da negociação coletiva.

A negociação coletiva de trabalho é o procedimento por meio do qual os próprios interessados, normalmente representados pelos entes sindicais, resolvem as suas controvérsias, estabelecendo, ao mesmo tempo, normas jurídicas com o fim de regular as relações de trabalho, em razão do exercício da autonomia coletiva dos particulares[67].

Cabe fazer menção, ainda, à *mediação*. O mediador aproxima as partes, procurando auxiliá-las na solução negociada da controvérsia. O mediador, assim, não impõe a solução do conflito, mas procura coordenar as conversações nesse sentido[68].

A mediação pode ocorrer no âmbito dos órgãos do Ministério do Trabalho, com destaque para as Superintendências Regionais do Trabalho, podendo-se defender a possibilidade de ser realizada também pelo Ministério Público do Trabalho, principalmente em casos que envolvem interesses coletivos, ou seja, de todo um grupo de trabalhadores.

O Código de Processo Civil é expresso ao determinar que o Estado deve promover, sempre que possível, a solução consensual dos conflitos (art. 3º, § 2º). Além disso, a conciliação, a mediação e outros métodos de solução consensual de conflitos devem ser estimulados por juízes, advogados, defensores públicos e membros do Ministério Público, inclusive no curso do processo judicial (art. 3º, § 3º, do CPC).

A Lei 10.101/2000, no art. 4º, inciso I, prevê a mediação como forma de fixar a participação nos lucros ou resultados.

No contexto da conciliação e da mediação extrajudiciais, a comissão de representantes dos empregados tem, entre outras atribuições, promover o diálogo e o entendimento no ambiente de trabalho com o fim de *prevenir conflitos,* bem como *buscar soluções para os conflitos decorrentes da relação de trabalho,* de forma rápida e eficaz, visando à efetiva aplicação das normas legais e contratuais (art. 510-B, incisos III e IV, da CLT, incluídos pela Lei 13.467/2017).

Mesmo no curso da negociação coletiva de trabalho, permite-se a utilização da mediação, em que o mediador procura aproximar as partes, sugerindo soluções que podem ser aceitas pelas partes envolvidas no conflito.

A Lei 10.192/2001, ao tratar da negociação coletiva quanto a salários e demais condições referentes ao trabalho, no art. 11, § 1º, dispõe que o mediador deve ser designado de comum acordo pelas partes ou, a pedido destas, pelo Ministério do Trabalho.

A mediação de conflitos coletivos de natureza trabalhista, quando exercida no âmbito do Ministério do Trabalho e Previdência, deve observar o disposto nos arts. 33 a 38 do Decreto 10.854/2021.

---

66. Cf. MARTINS, Sergio Pinto. *Direito processual do trabalho.* 38. ed. São Paulo: Saraiva, 2016. p. 99.
67. Cf. NASCIMENTO, Amauri Mascaro. *Teoria geral do direito do trabalho.* São Paulo: LTr, 1998. p. 124-129.
68. Cf. MARTINS, Sergio Pinto. *Direito processual do trabalho.* 38. ed. São Paulo: Saraiva, 2016. p. 99-102.

Os trabalhadores, por intermédio de entidades sindicais representantes, e os empregadores, por si ou por intermédio de entidades sindicais representantes, podem solicitar à Secretaria de Trabalho do Ministério do Trabalho e Previdência a realização de mediação, com vistas à composição de conflito coletivo (art. 34 do Decreto 10.854/2021).

A referida designação de mediador será sem ônus para as partes e deve recair sobre servidor público em exercício no Ministério do Trabalho e Previdência, inclusive integrantes da carreira de Auditor-Fiscal do Trabalho (art. 35 do Decreto 10.854/2021).

Nos termos do art. 36 do Decreto 10.854/2021, na hipótese de haver consenso entre as partes, o mediador deve lavrar a ata de mediação, que tem natureza de título executivo extrajudicial, nos termos do disposto no art. 784, inciso II, parte final, do Código de Processo Civil (outro docu-mento público assinado pelo devedor).

Na hipótese de não entendimento entre as partes, o mediador deve encerrar o processo administrativo de mediação e lavrar a ata de mediação.

O Ministério do Trabalho e Previdência deve dispor sobre ferramentas eletrônicas ou digitais e programas de fomento à composição individual e coletiva em conflitos trabalhistas que visem à redução da judicialização trabalhista (art. 37 do Decreto 10.854/2021).

A ausência injustificada da parte solicitante à mediação enseja o arquivamento do processo administrativo, exceto se a outra parte solicitar a sua continuidade (art. 308 da Portaria 671/2021 do Ministério do Trabalho e Previdência).

O art. 174 do CPC prevê que a União, os Estados, o Distrito Federal e os Municípios devem criar câmaras de mediação e conciliação, com atribuições relacionadas à solução consensual de conflitos no âmbito administrativo, tais como: dirimir conflitos envolvendo órgãos e entidades da Administração Pública; avaliar a admissibilidade dos pedidos de resolução de conflitos, por meio de conciliação, no âmbito da Administração Pública; promover, quando couber, a celebração de termo de ajustamento de conduta.

Frise-se que, nos termos do art. 165 do CPC, os tribunais devem criar *centros judiciários de solução consensual de conflitos*, responsáveis pela realização de sessões e audiências de conciliação e mediação e pelo desenvolvimento de programas destinados a auxiliar, orientar e estimular a autocomposição.

De acordo com o critério adotado pelo Código de Processo Civil, o *conciliador*, que deve atuar preferencialmente nos casos em que *não houver vínculo anterior entre as partes*, pode sugerir soluções para o litígio, sendo vedada a utilização de qualquer tipo de constrangimento ou intimidação para que as partes conciliem (art. 165, § 2º, do CPC). O *mediador*, que deve atuar preferencialmente nos casos em que *houver vínculo anterior entre as partes*, auxiliará os interessados a compreender as questões e os interesses em conflito, de modo que eles possam, pelo restabelecimento da comunicação, identificar, por si próprios, soluções consensuais que gerem benefícios mútuos (art. 165, § 3º, do CPC).

A conciliação e a mediação são informadas pelos princípios da independência, da imparcialidade, da autonomia da vontade, da confidencialidade, da oralidade, da informalidade e da decisão informada (art. 166 do CPC).

Especificamente no processo do trabalho, na esfera judicial, a conciliação deve ser tentada, de forma imperativa, pelo próprio juiz, na audiência una ou inaugural, independentemente de opção do autor, como se observa nos arts. 831, 846, 850, 852-E e 860 da CLT. No plano extrajudicial, por sua vez, as Comissões de Conciliação Prévia têm a atribuição de tentar conciliar os conflitos individuais do trabalho (art. 625-A da CLT).

Desse modo, segundo o art. 14 da Instrução Normativa 39/2016 do TST, não se aplica ao processo do trabalho o art. 165 do CPC, *salvo nos conflitos coletivos de natureza econômica* (art. 114, §§ 1º e 2º, da Constituição Federal de 1988). Assim, prevalece o entendimento de que não são aplicáveis aos dissídios individuais trabalhistas os referidos centros judiciários de solução consensual de conflitos.

A Lei 13.140/2015 dispõe sobre a mediação como meio de solução de controvérsias entre particulares e sobre a autocomposição de conflitos no âmbito da administração pública. Esse diploma legal, entretanto, não é aplicável à esfera trabalhista, conforme art. 42, parágrafo único, ao prever que a mediação nas relações de trabalho será regulada por *lei própria*.

Ainda quanto ao tema, a Resolução 174 do Conselho Superior da Justiça do Trabalho, de 30 de setembro de 2016, dispõe sobre a política judiciária nacional de tratamento adequado das disputas de interesses no âmbito do Poder Judiciário Trabalhista.

Para os fins da referida Resolução, a *conciliação* é considerada o meio adequado de resolução de disputas em que as partes confiam a uma terceira pessoa (magistrado ou servidor público por aquele sempre supervisionado) "a função de aproximá-las, empoderá-las e orientá-las na construção de um acordo quando a lide já está instaurada, com a criação ou proposta de opções para composição do litígio". A *mediação*, por sua vez, é considerada o meio adequado de resolução de disputas em que as partes confiam a uma terceira pessoa (magistrado ou servidor público por aquele sempre supervisionado) "a função de aproximá-las, empoderá-las e orientá-las na construção de um acordo quando a lide já está instaurada, sem a criação ou proposta de opções para composição do litígio" (art. 1º da Resolução 174/2016 do CSJT).

Foi instituída a Política Judiciária Nacional de tratamento das disputas de interesses trabalhistas para assegurar a todos o direito à solução das disputas por meios adequados à sua natureza, peculiaridade e características socioculturais de cada Região (art. 2º da Resolução 174/2016 do CSJT). Os Tribunais Regionais do Trabalho devem instituir um Núcleo Permanente de Métodos Consensuais de Solução de Disputas (NUPEMEC-JT), assim como instituir Centro(s) Judiciário(s) de Métodos Consensuais de Solução de Disputas (CEJUSC-JT).

Na implementação da Política Judiciária Nacional de tratamento das disputas de interesses trabalhistas, com vistas à boa qualidade destes serviços e à disseminação da cultura de pacificação social, devem ser observados: a centralização das estruturas judiciárias de solução consensual de disputas; a adequada formação e treinamento de servidores e magistrados para exercer a conciliação e mediação, podendo para este fim ser firmadas parcerias com entidades públicas e privadas; o acompanhamento estatístico específico, a ser realizado pelos Tribunais Regionais do Trabalho (art. 3º da Resolução 174/2016 do CSJT).

O Conselho Superior da Justiça do Trabalho deve organizar programa com o objetivo de promover ações de *incentivo à autocomposição de litígios e à pacificação social por meio da conciliação e da mediação* (art. 4º da Resolução 174/2016 do CSJT). O programa deve ser implementado com a participação de rede constituída por todos os órgãos do Poder Judiciário Trabalhista, autorizando-se a participação, em parceria, de entidades públicas e privadas, inclusive universidades e instituições de ensino.

Cada Tribunal Regional do Trabalho deve criar um Núcleo Permanente de Métodos Consensuais de Solução de Disputas (NUPEMEC-JT), composto por magistrados e servidores ativos designados (art. 5º da Resolução 174/2016 do CSJT).

Os Núcleos podem estimular programas voltados à pacificação social no âmbito das relações de trabalho, bem como das relações entre categorias profissionais e econômicas, como forma de prevenir conflitos e contribuir com a paz social, preferencialmente com o envolvimento de sindicatos, federações, confederações e centrais sindicais (art. 5º, § 3º, da Resolução 174/2016 do CSJT).

Os Tribunais Regionais do Trabalho devem criar Centro(s) Judiciário(s) de Métodos Consensuais de Solução de Disputas (CEJUSC-JT), unidade(s) do Poder Judiciário do Trabalho vinculado(s) ao NUPEMEC-JT, responsáveis pela realização das sessões e audiências de conciliação e mediação de processos em qualquer fase ou instância, inclusive naqueles pendentes de julgamento perante o Tribunal Superior do Trabalho (art. 6º da Resolução 174/2016 do CSJT).

As sessões de conciliação e mediação realizadas nos Centros Judiciários de Métodos Consensuais de Solução de Disputas (CEJUSCs-JT) devem contar com presença física de magistrado, o qual pode atuar como conciliador e mediador e deve supervisionar a atividade dos conciliadores e mediadores, estando sempre disponível às partes e advogados, sendo indispensável a presença do advogado do reclamante, caso constituído (art. 6º, § 1º, da Resolução 174/2016 do CSJT).

As reclamações trabalhistas reduzidas a termo em que o reclamante atue sem advogado (*jus postulandi*) podem ser submetidas à sessão de conciliação e mediação junto ao CEJUSC-JT, desde que supervisionada pessoalmente pelo magistrado, que deve estar presente fisicamente durante toda a negociação (art. 6º, § 1º-A, da Resolução 174/2016 do CSJT, incluído pela Resolução 252/2019 do CSJT).

Os Centros Judiciários de Métodos Consensuais de Solução de Disputas (CEJUSCs-JT) são coordenados por um magistrado da ativa, e os magistrados supervisores devem realizar as pautas iniciais das unidades jurisdicionais a estes vinculadas, inclusive precatórios e requisições de pequeno valor, podendo realizar pautas temáticas, objetivando a otimização dos trabalhos (art. 6º, § 2º, da Resolução 174/2016 do CSJT).

O magistrado coordenador do Centro Judiciário de Métodos Consensuais de Solução de Disputas (CEJUSC-JT) pode solicitar à Corregedoria do TRT a remessa de feitos de outras unidades jurisdicionais, bem como precatórios e requisições de pequeno valor, com o intuito de organizar pautas concentradas ou mutirões, inclusive em bloco de ações com mais de um reclamante em desfavor de um mesmo empregador ou grupo de empregadores, sindicatos ou associações, cabendo ao Corregedor Regional avaliar a conveniência e oportunidade da medida (art. 6º, § 3º, da Resolução 174/2016 do CSJT).

Os Centros Judiciários de Métodos Consensuais de Solução de Disputas (CEJUSCs-JT) podem atuar em cooperação entre si, com as Varas do Trabalho ou outras unidades judiciárias, mediante reunião de processos, visando a uma solução adequada da disputa entre trabalhadores com o mesmo reclamado ou executado, sem prejuízo do registro da produtividade de cada feito oriundo do respectivo CEJUSC-JT (art. 6º, § 3º-A, da Resolução 174/2016 do CSJT, incluído pela Resolução 288/2021 do CSJT).

Os magistrados togados e servidores inativos podem atuar como conciliadores e/ou mediadores, desde que declarem, sob responsabilidade pessoal, que não militam como advogados na jurisdição dos órgãos judiciários abrangidos pelo CEJUSC-JT (art. 6º, § 6º, da Resolução 174/2016 do CSJT).

Fica vedada a realização de conciliação ou mediação judicial, no âmbito da Justiça do Trabalho, por pessoas que não pertençam aos quadros da ativa ou inativos do respectivo Tribunal Regional do Trabalho (art. 6º, § 8º, da Resolução 174/2016 do CSJT).

Os Centros Judiciários de Métodos Consensuais de Solução de Disputas (CEJUSCs-JT) devem contar com um magistrado coordenador e, sendo necessário, juiz(es) supervisor(es), todos entre juízes com atuação nas respectivas sedes, indicados fundamentadamente em critérios objetivos pelo Presidente do respectivo Tribunal, aos quais cabe a administração, supervisão dos serviços dos conciliadores e mediadores e a homologação dos acordos (art. 7º da Resolução 174/2016 do CSJT).

A audiência de mediação e conciliação trabalhista se dividirá em tantas sessões quantas forem necessárias para viabilizar a solução consensual, sem prejuízo das providências jurisdicionais que evitem o perecimento do direito, estas a serem tomadas pelo juízo a que distribuída a ação (art. 7º, § 5º, da Resolução 174/2016 do CSJT).

Distribuída a demanda trabalhista a uma das Varas do Trabalho, as audiências iniciais podem ser realizadas pelo Centro Judiciário de Métodos Consensuais de Solução de Disputas (CEJUSC-JT), com encaminhamento pelo juízo de origem, conforme parametrização no PJe-JT, inclusive por classe processual (art. 7º, § 5º-A, da Resolução 174/2016 do CSJT, incluído pela Resolução 288/2021 do CSJT).

A conciliação ou mediação no Centro Judiciário de Métodos Consensuais de Solução de Disputas (CEJUSC-JT) pode contemplar a extinção, sem resolução do mérito, de pedido(s) ou em relação a uma ou mais das partes (reclamante, reclamada, reconvinte, reconvindo), exclusivamente em caso de ser uma cláusula integrante do acordo (art. 7º, § 5º-B, da Resolução 174/2016 do CSJT, incluído pela Resolução 288/2021 do CSJT).

Nas audiências iniciais, o juiz supervisor do Centro Judiciário de Métodos Consensuais de Solução de Disputas (CEJUSC-JT) pode declarar o arquivamento previsto no art. 844 da CLT, remetendo os autos ao juízo de origem para as providências complementares, se for o caso (art. 7º, § 5º-C, da Resolução 174/2016 do CSJT, incluído pela Resolução 288/2021 do CSJT).

Caso seja configurada a revelia de que trata o art. 844 da CLT, o juiz supervisor deve registrar a ocorrência do fato e devolverá os autos ao juízo de origem para a condução do feito (art. 7º, § 5º-D, da Resolução 174/2016 do CSJT, incluído pela Resolução 288/2021 do CSJT).

As conciliações e mediações realizadas no âmbito da Justiça do Trabalho somente terão validade nas hipóteses previstas na CLT, aí incluída a homologação pelo magistrado que supervisionou a audiência e a mediação pré-processual de conflitos coletivos, sendo inaplicáveis à Justiça do Trabalho as disposições referentes às Câmaras Privadas de Conciliação, Mediação e Arbitragem, e normas atinentes à conciliação e mediação extrajudicial e pré-processual previstas no CPC de 2015 (art. 7º, § 6º, da Resolução 174/2016 do CSJT).

Podem ser submetidos ao procedimento de mediação pré-processual os conflitos individuais e coletivos, a cargo dos respectivos Centros Judiciários de Métodos Consensuais de Solução de Disputas (CEJUSCs-JT) de primeiro e segundo graus, conforme o caso, mediante registro próprio no Sistema PJe-JT, com garantia na produtividade do respectivo magistrado condutor do proce-dimento (art. 7º, § 7º, da Resolução 174/2016 do CSJT, com redação dada pela Resolução 288/2021 do CSJT).

Em caso de trabalhador e/ou empregador sem assistência de advogado, na mediação pré-processual, a condução do procedimento deve ser feita, necessariamente, pelo juiz supervisor do Centro Judiciário de Métodos Consensuais de Solução de Disputas (CEJUSC-JT) respectivo (art. 7º, § 7º-A, da Resolução 174/2016 do CSJT, incluído pela Resolução 288/2021 do CSJT).

Na hipótese de êxito na mediação pré-processual, deve ser convertido o procedimento (ou efetuado o registro), com os mesmos efeitos da classe Homologação de Transação Extrajudicial (HTE), no Sistema PJe-JT (art. 7º, § 7º-B, da Resolução 174/2016 do CSJT, incluído pela Resolução 288/2021 do CSJT).

Caso frustrado o tratamento adequado da disputa no âmbito da Justiça do Trabalho, o magistrado que supervisionar audiências de conciliação inicial pode dar vista da(s) defesa(s) e documento(s) à(s) parte(s) reclamante(s), consignando prazo parametrizado de acordo com fixação prévia do juízo de origem, se houver, registrando em ata requerimentos gerais das partes e o breve relato do conflito, mantendo-se silente quanto à questão jurídica que envolve a disputa; e remeterá os autos à unidade jurisdicional de origem (art. 7º, § 10, da Resolução 174/2016 do CSJT, com redação dada pela Resolução 288/2021 do CSJT).

Foi criado o Núcleo de Apoio à Conciliação e Políticas Públicas (NACOPP/CSJT-TST) no âmbito do Tribunal Superior do Trabalho vinculado à Vice-Presidência e coordenado pelo Ministro Vice-Presidente (art. 1º da Resolução Administrativa 2.398/2022 do TST).

Compete ao Núcleo de Apoio à Conciliação e Políticas Públicas (NACOPP/CSJT-TST): I – auxiliar as atividades da Comissão Nacional de Promoção à Conciliação (CONAPROC) na elaboração de propostas de projetos e programas relacionados às políticas públicas de solução adequada de disputas; II – assegurar a execução de projetos e programas relacionados à política pública nacional de tratamento adequado de disputas de interesses da Justiça do Trabalho; III – acompanhar projetos e programas implementados como parte da política pública nacional de tratamento adequado de disputas de interesses da Justiça do Trabalho; IV – realizar a interlocução permanente com magistrados integrantes dos Núcleos Permanentes de Métodos Consensuais de Solução de Disputas (NUPEMEC-JT) e Centros Judiciários de Métodos Consensuais de Solução de Disputas (CEJUSC-JT) dos Tribunais Regionais do Trabalho; V – organizar a Semana Nacional de Conciliação Trabalhista; VI – organizar o Encontro Nacional de Coordenadores e Supervisores de NUPEMECS e CEJUSCS; VII – organizar o Encontro Nacional de Servidores que atuam em NUPEMECS e CEJUSCS; VIII – organizar e assessorar as reuniões da Comissão Nacional de Promoção à Conciliação (CONAPROC); IX – acompanhar os dados estatísticos da política de tratamento adequado de conflitos de interesses da Justiça do Trabalho; X – promover a tramitação da etapa de conciliação dos conflitos coletivos de competência originária do Tribunal Superior do Trabalho; XI – promover e realizar todos os atos de impulso do procedimento de mediação pré-processual previsto no Ato 168/2016 da Presidência do TST; XII – auxiliar o Centro de Conciliação do Tribunal Superior do Trabalho (art. 2º da Resolução Administrativa 2.398/2022 do TST).

Foi instituído o Centro Judiciário de Métodos Consensuais de Solução de Disputas do Tribunal Superior do Trabalho (CEJUSC/TST), com as seguintes atribuições: I – executar ações voltadas ao cumprimento da Política Judiciária de tratamento adequado dos conflitos de interesses; II – executar as atividades planejadas e promovidas pela Comissão Nacional de Promoção à Conciliação (CONAPROC); III – organizar as pautas e adotar as providências necessárias à realização das audiências de mediação e conciliação nos dissídios individuais que tramitem no Tribunal Superior do Trabalho, especialmente se a negociação for global e envolver processos de dois ou mais regionais, sem prejuízo das atividades integradas e coordenadas junto aos Tribunais Regionais do Trabalho (art. 8º da Resolução Administrativa 2.398/2022 do TST).

Faculta-se a qualquer das partes, por intermédio de seu procurador, solicitar a designação de audiência de conciliação mediante petição dirigida ao Relator do processo ou pelo preenchimento de formulários disponíveis na página do TST ou outros meios eletrônicos criados para esse fim. Em se tratando de processo ainda não distribuído, o pedido de designação de audiência de mediação e conciliação deve ser dirigido ao Ministro Presidente do Tribunal Superior do Trabalho (art. 9º da Resolução Administrativa 2.398/2022 do TST).

O Ministro Relator pode, de ofício, determinar a realização de audiência de conciliação nos processos que entender existir razoável possibilidade de solução consensual ou encaminhá-los ao Centro Judiciário de Métodos Consensuais de Solução de Disputas do Tribunal Superior do Trabalho (CEJUSC/TST) que, por delegação, exercerá todos os atos processuais, inclusive a homologação do acordo (art. 10 da Resolução Administrativa 2.398/2022 do TST).

Homologada a conciliação, deve-se determinar a baixa dos autos para que o órgão de origem acompanhe o cumprimento dos termos ajustados, bem como proceda à execução na hipótese de descumprimento (art. 15 da Resolução Administrativa 2.398/2022 do TST).

A *heterocomposição* é a solução do conflito por um terceiro, independentemente de aceitação das partes inseridas na controvérsia. O árbitro e o juiz, desse modo, proferem a decisão, a qual tem caráter obrigatório e vinculante para as partes, as quais devem observá-la. São modalidades de heterocomposição a arbitragem e a jurisdição (estatal).

A *arbitragem* é prevista na Constituição Federal de 1988 (art. 114, §§ 1º e 2º), na Lei 7.783/1989 (art. 3º, *caput*), que dispõe sobre greve, na Lei 10.101/2000 (art. 4º, inciso II), sobre participação nos lucros ou resultados, e na Lei 12.815/2013 (art. 37, § 1º), sobre trabalho portuário, sendo regulada pela Lei 9.307/1996, a qual foi modificada pela Lei 13.129/2015.

O CPC dispõe que é permitida a arbitragem, na forma da lei (art. 3º, § 1º). Ainda conforme o CPC, as causas cíveis devem ser processadas e decididas pelo juiz nos limites de sua competência, ressalvado às partes o direito de instituir juízo arbitral, na forma da lei (art. 42).

O árbitro é um terceiro escolhido pelas partes, a quem compete decidir a controvérsia, impondo a solução. A convenção de arbitragem pode ser convencionada pela cláusula compromissória ou pelo compromisso arbitral.

Entende-se que a arbitragem voluntária não viola o princípio constitucional do livre acesso ao Poder Judiciário (art. 5º, inciso XXXV, da Constituição da República), pois, no caso, a escolha da via arbitral fica a cargo das partes, não sendo imposta por lei.

A Constituição Federal de 1988 estabelece a possibilidade de solução de conflitos coletivos de trabalho por meio da arbitragem (art. 114, §§ 1º e 2º), que, portanto, é facultativa. Em razão disso, pode-se entender, de acordo com o sistema constitucional em vigor, que a arbitragem, na esfera trabalhista, ficou restrita ao âmbito coletivo. Nessa linha, conforme o entendimento majoritário, a arbitragem é incompatível com as relações individuais de trabalho.

A Lei 9.307/1996, em seu art. 1º, restringe a possibilidade de arbitragem a *direitos patrimoniais disponíveis*.

O Direito Individual do Trabalho, não obstante, tem como um de seus princípios fundamentais o da irrenunciabilidade, sendo as suas normas de ordem pública, dotadas de certo grau de indisponibilidade.

Anteriormente, o entendimento majoritário era no sentido de que a arbitragem, quanto ao Direito do Trabalho, apenas seria aplicável ao âmbito coletivo, sendo incompatível com as relações individuais de emprego (TST, SBDI-I, E-ED-RR-79500-61.2006.5.05.0028, Rel. Min. João Batista Brito Pereira, DEJT 30.03.2010).

Apesar do exposto, na atualidade, o art. 507-A da CLT, incluído pela Lei 13.467/2017, prevê que nos contratos individuais de trabalho cuja remuneração seja superior a duas vezes o limite máximo estabelecido para os benefícios do Regime Geral de Previdência Social, pode ser pactuada cláusula compromissória de arbitragem, desde que por iniciativa do empregado ou mediante a sua concordância expressa, nos termos previstos na Lei 9.307/1996.

A cláusula compromissória é a convenção por meio da qual as partes em um contrato comprometem-se a submeter à arbitragem os litígios que possam vir a surgir, relativamente a tal contrato (art. 4º, *caput*, da Lei 9.307/1996).

Logo, por meio dessa convenção, as partes do contrato individual de trabalho previsto no art. 507-A da CLT se comprometem a submeter à arbitragem os litígios que possam surgir e forem decorrentes desse contrato.

A sentença arbitral produz, entre as partes e seus sucessores, os mesmos efeitos da sentença proferida pelos órgãos do Poder Judiciário e, sendo condenatória, constitui título executivo (art. 31 da Lei 9.307/1996), em regra, de natureza judicial (art. 515, inciso VII, do CPC). Nesse enfoque, o árbitro é juiz de fato e de direito, e a sentença que proferir não fica sujeita a recurso ou a homologação pelo Poder Judiciário (art. 18 da Lei 9.307/1996).

Compete ao Ministério Público do Trabalho atuar como árbitro, se assim for solicitado pelas partes, nos dissídios de competência da Justiça do Trabalho (art. 83, inciso XI, da Lei Complementar 75/1993).

A *jurisdição* (estatal), por sua vez, é a forma mais tradicional de heterocomposição.

A jurisdição pode ser entendida como poder, função e atividade do Estado[69].

O poder do Estado é uno, entendido como capacidade de decidir imperativamente e de impor suas decisões. Mesmo assim, o seu exercício com o objetivo de solucionar os conflitos sociais, por meio da aplicação do Direito objetivo, refere-se justamente à jurisdição. A jurisdição, entendida como função do Estado, é o encargo de pacificar os conflitos, por meio da atuação do Direito material. A jurisdição pode ser entendida, ainda, como atividade do Estado, no sentido de complexo de atos para a solução dos conflitos sociais com justiça.

Cabe ressaltar, ainda, o próprio princípio da demanda ou da inércia da jurisdição. O Código de Processo Civil prevê que o processo começa por iniciativa da parte e se desenvolve por impulso oficial, salvo as exceções previstas em lei (art. 2º).

O impulso de ofício é aplicado ao processo do trabalho, consoante o art. 765 da CLT, ao prever que os juízos e tribunais do trabalho terão ampla liberdade na direção do processo e velarão pelo andamento rápido das causas, podendo determinar qualquer diligência necessária ao esclarecimento delas.

Nas relações individuais de trabalho, os conflitos decorrentes podem ser solucionados por meio do ajuizamento de ação perante a Justiça do Trabalho, dando início ao processo, entendido como o instrumento de atuação da jurisdição.

Nas relações coletivas de trabalho, os conflitos decorrentes também podem ser objeto de solução jurisdicional, por meio do dissídio coletivo de trabalho, em que há a incidência do poder normativo da Justiça do Trabalho para solucionar o conflito coletivo de natureza econômica, ao decidir a respeito de novas condições de trabalho (art. 114, § 2º, da Constituição da República). Os conflitos coletivos de trabalho de natureza jurídica, evidentemente, também podem ser solucionados por meio do dissídio coletivo.

1.16 COMISSÃO DE CONCILIAÇÃO PRÉVIA

A Comissão de Conciliação Prévia possibilita a solução extrajudicial de conflito individual trabalhista.

As empresas e os sindicatos podem instituir Comissões de Conciliação Prévia, de composição paritária, com representante dos empregados e dos empregadores, com

69. Cf. CINTRA, Antonio Carlos de Araújo; GRINOVER, Ada Pellegrini; DINAMARCO, Cândido Rangel. *Teoria geral do processo*. 11. ed. São Paulo: Malheiros, 1995. p. 125.

a atribuição de tentar conciliar os conflitos individuais do trabalho (art. 625-A da CLT, incluído pela Lei 9.958/2000). As referidas Comissões podem ser constituídas por grupos de empresas ou ter caráter intersindical.

A Comissão instituída no âmbito da empresa deve ser composta de, no mínimo, dois e, no máximo, dez membros, bem como observar as seguintes normas: a metade de seus membros deve ser indicada pelo empregador e outra metade eleita pelos empregados, em escrutínio secreto, fiscalizado pelo sindicato de categoria profissional; deve haver na Comissão tantos suplentes quantos forem os representantes titulares; o mandato dos seus membros, titulares e suplentes, é de um ano, permitida uma recondução (art. 625-B da CLT).

É vedada a dispensa dos representantes dos empregados membros da Comissão de Conciliação Prévia, titulares e suplentes, até um ano após o final do mandato, salvo se cometerem falta grave, nos termos da lei. O representante dos empregados desenvolverá seu trabalho normal na empresa afastando-se de suas atividades apenas quando convocado para atuar como conciliador, sendo computado como tempo de trabalho efetivo o despendido nessa atividade.

A Comissão instituída no âmbito do sindicato, por sua vez, deve ter sua constituição e normas de funcionamento definidas em convenção ou acordo coletivo (art. 625-C da CLT).

O art. 625-D, *caput*, da CLT prevê que "qualquer demanda de natureza trabalhista será submetida à Comissão de Conciliação Prévia se, na localidade da prestação de serviços, houver sido instituída a Comissão no âmbito da empresa ou do sindicato da categoria". A demanda em questão deve ser formulada por escrito ou reduzida a termo por qualquer dos membros da Comissão, sendo entregue cópia datada e assinada pelo membro aos interessados.

Não prosperando a conciliação, deve ser fornecida ao empregado e ao empregador declaração da tentativa conciliatória frustrada com a descrição de seu objeto, firmada pelos membros da Comissão, que deverá ser juntada à eventual reclamação trabalhista (art. 625-D, § 2º, da CLT).

Em caso de motivo relevante que impossibilite a observância do procedimento previsto no art. 625-D da CLT, essa circunstância deve ser declarada na petição da ação ajuizada perante a Justiça do Trabalho.

Caso exista, na mesma localidade e para a mesma categoria, Comissão de empresa e Comissão sindical, o interessado deve optar por uma delas ao submeter a sua demanda, sendo competente aquela que primeiro conhecer do pedido.

O Código de Processo Civil, no art. 175, prevê que as suas disposições sobre conciliadores e mediadores judiciais não excluem outras formas de conciliação e mediação extrajudiciais vinculadas a órgãos institucionais ou realizadas por intermédio de profissionais independentes, que poderão ser regulamentadas por lei específica.

Prevalece o entendimento de que a passagem pela Comissão de Conciliação Prévia *não é obrigatória*, mas sim mera *faculdade*, pois o art. 5º, inciso XXXV, da Constituição Federal de 1988 estabelece a garantia fundamental de que a lei não excluirá da apreciação do Poder Judiciário qualquer lesão ou ameaça a direito (TST, SBDI-I, E-ED-RR 130600-91.2003.5.02.0465, Rel. Min. Augusto César Leite de Carvalho, DEJT 19.03.2010). Portanto, a passagem pela Comissão de Conciliação Prévia não tem natureza de condição da ação nem de pressuposto processual, não sendo necessário ao autor demonstrar essa tentativa de conciliação prévia extrajudicial para que a ação seja ajuizada ou para que o mérito seja apreciado.

O Supremo Tribunal Federal, nas Ações Diretas de Inconstitucionalidade 2.139 e 2.160, deferiu parcialmente cautelar quanto ao art. 625-D da CLT, introduzido pelo art. 1º da Lei 9.958/2000, para dar interpretação conforme à Constituição Federal, decidindo que *as demandas trabalhistas podem ser submetidas ao Poder Judiciário mesmo antes de serem analisadas por Comissão de Conciliação Prévia*.

O Supremo Tribunal Federal deu interpretação conforme a Constituição ao art. 625-D, § 1º a § 4º, da Consolidação das Leis do Trabalho, assentando que a Comissão de Conciliação Prévia constitui meio legítimo, mas não obrigatório, de solução de conflitos, permanecendo o acesso à Justiça resguardado para todos os que venham a ajuizar demanda diretamente ao órgão judiciário competente (STF, Pleno, ADI 2.139/DF, ADI 2.160/DF e ADI 2.237/DF, Rel. Min. Cármen Lúcia, j. 01.08.2018).

Aceita a conciliação, deve ser lavrado termo assinado pelo empregado, pelo empregador ou seu proposto e pelos membros da Comissão, fornecendo-se cópia às partes (art. 625-E da CLT).

O termo de conciliação é *título executivo extrajudicial* e tem eficácia liberatória geral, exceto quanto às parcelas expressamente ressalvadas. Cf. TST, 8ª T., AIRR 10354-83.2013.5.18.0008, Rel. Min. Dora Maria da Costa, DEJT 22.03.2016.

A mencionada eficácia liberatória geral do termo refere-se ao objeto da conciliação. Cf. TST, SBDI-I, E-ED-RR-307-50.2012.5.04.0404, Rel. Min. Alberto Luiz Bresciani de Fontan Pereira, DEJT 19.02.2021. Nesse sentido, segundo entendimento firmado pelo Supremo Tribunal Federal: "a 'eficácia liberatória geral', prevista na regra do parágrafo único do art. 625-E da CLT, diz respeito aos valores discutidos em eventual procedimento conciliatório, não se transmudando em quitação geral e indiscriminada de verbas trabalhistas" (STF, Pleno, ADI 2.237/DF, Rel. Min. Cármen Lúcia, DJe 20.02.2019).

As Comissões de Conciliação Prévia têm prazo de dez dias para a realização da sessão de tentativa de conciliação a partir da provocação do interessado (art. 625-F da CLT). Esgotado esse prazo sem a realização da sessão, deve ser fornecida, no último dia do prazo, a declaração a que se refere o art. 625-D, § 2º, da CLT.

Conforme o art. 625-G da CLT, o prazo prescricional fica *suspenso* a partir da provocação da Comissão de Conciliação Prévia, recomeçando a fluir, pelo que lhe resta, a partir da tentativa frustrada de conciliação ou do esgotamento do prazo previsto no art. 625-F da CLT.

Aplicam-se aos Núcleos Intersindicais de Conciliação Trabalhista em funcionamento ou que vierem a ser criados, no que couber, as disposições previstas nos arts. 625-A e seguintes da CLT, desde que observados os princípios da paridade e da negociação coletiva na sua constituição (art. 625-H da CLT).

Capítulo **2**

JUSTIÇA DO TRABALHO E MINISTÉRIO PÚBLICO DO TRABALHO

2.1 ORGANIZAÇÃO DA JUSTIÇA DO TRABALHO

São órgãos da Justiça do Trabalho, conforme art. 111 da Constituição da República: o Tribunal Superior do Trabalho; os Tribunais Regionais do Trabalho; os Juízes do Trabalho.

Os *Juízes do Trabalho*, mencionados no art. 111, inciso III, da Constituição Federal de 1988, exercem a jurisdição nas *Varas do Trabalho*, que são os órgãos da Justiça do Trabalho de primeiro grau. O art. 116 prevê que, nas Varas do Trabalho, a jurisdição é exercida por um juiz singular.

O ingresso na magistratura do trabalho é feito para o cargo de juiz do trabalho substituto (art. 654 da CLT). As promoções ocorrem, alternadamente, por antiguidade e merecimento. O juiz do trabalho substituto atua substituindo o juiz titular, ou como auxiliar, nas Varas do Trabalho da Região, conforme designação do Presidente do Tribunal Regional do Trabalho (art. 656 da CLT).

De acordo com o art. 112 da Constituição da República, cabe à lei criar Varas do Trabalho, podendo, nas comarcas não abrangidas por sua jurisdição (competência), atribuí-la aos juízes de direito, com recurso para o respectivo Tribunal Regional do Trabalho. A criação das Varas do Trabalho é feita por lei federal (art. 650 da CLT), tendo em vista que a Justiça do Trabalho integra o Poder Judiciário da União.

O art. 115 da Constituição da República, com redação dada pela Emenda Constitucional 122/2022, prevê que os *Tribunais Regionais do Trabalho* compõem-se de, no mínimo, sete juízes, recrutados, quando possível, na respectiva região e nomeados pelo Presidente da República dentre brasileiros com mais de trinta e menos de setenta anos de idade, sendo: um quinto dentre advogados com mais de dez anos de efetiva atividade profissional e membros do Ministério Público do Trabalho com mais de dez anos de efetivo exercício, observado o disposto no art. 94; os demais, mediante promoção de juízes do trabalho por antiguidade e merecimento, alternadamente.

A organização dos Tribunais Regionais do Trabalho é definida em seus Regimentos Internos.

Embora a Constituição Federal ainda faça menção, quanto à composição dos Tribunais Regionais do Trabalho, ao termo juiz (art. 115), diversos Regimentos Internos adotam a expressão Desembargador do Trabalho.

São os seguintes os Tribunais Regionais do Trabalho: *Tribunal Regional do Trabalho da 1ª Região* (abrange o Estado do Rio de Janeiro e tem sede no Rio de Janeiro); *Tribunal*

Regional do Trabalho da 2ª Região (abrange parte do Estado de São Paulo, ou seja, o município da capital do Estado de São Paulo e os municípios de Arujá, Barueri, Biritiba--Mirim, Caieiras, Cajamar, Carapicuíba, Cotia, Cubatão, Diadema, Embu, Embu-Guaçu, Ferraz de Vasconcelos, Francisco Morato, Franco da Rocha, Guararema, Guarujá, Guarulhos, Itapecerica da Serra, Itapevi, Itaquaquecetuba, Jandira, Juquitiba Mairiporã, Mauá, Mogi das Cruzes, Osasco, Pirapora do Bom Jesus, Poá, Praia Grande, Ribeirão Pires, Rio Grande da Serra, Salesópolis, Santa Isabel, Santana de Parnaíba, Santo André, Santos, São Bernardo do Campo, São Caetano do Sul, São Vicente, Suzano e Taboão da Serra, conforme Lei 7.520/1986, art. 1º, § 1º, e tem sede em São Paulo); *Tribunal Regional do Trabalho da 3ª Região* (abrange o Estado de Minas Gerais e tem sede em Belo Horizonte); *Tribunal Regional do Trabalho da 4ª Região* (abrange o Estado do Rio Grande do Sul e tem sede em Porto Alegre); *Tribunal Regional do Trabalho da 5ª Região* (abrange o Estado da Bahia e tem sede em Salvador); *Tribunal Regional do Trabalho da 6ª Região* (abrange o Estado de Pernambuco e tem sede em Recife); *Tribunal Regional do Trabalho da 7ª Região* (abrange o Estado do Ceará e tem sede em Fortaleza); *Tribunal Regional do Trabalho da 8ª Região* (abrange os Estados do Pará e Amapá e tem sede em Belém); *Tribunal Regional do Trabalho da 9ª Região* (abrange o Estado do Paraná e tem sede em Curitiba); *Tribunal Regional do Trabalho da 10ª Região* (abrange o Distrito Federal e o Estado de Tocantins e tem sede em Brasília); *Tribunal Regional do Trabalho da 11ª Região* (abrange os Estados do Amazonas e de Roraima e tem sede em Manaus); *Tribunal Regional do Trabalho da 12ª Região* (abrange o Estado de Santa Catarina e tem sede em Florianópolis); *Tribunal Regional do Trabalho da 13ª Região* (abrange o Estado da Paraíba e tem sede em João Pessoa); *Tribunal Regional do Trabalho da 14ª Região* (abrange os Estados de Rondônia e Acre e tem sede em Porto Velho); *Tribunal Regional do Trabalho da 15ª Região* (abrange parte do Estado de São Paulo, ou seja, a área não abrangida pelo TRT da 2ª Região, e tem sede em Campinas); *Tribunal Regional do Trabalho da 16ª Região* (abrange o Estado do Maranhão e tem sede em São Luís); *Tribunal Regional do Trabalho da 17ª Região* (abrange o Estado do Espírito Santo e tem sede em Vitória); *Tribunal Regional do Trabalho da 18ª Região* (abrange o Estado de Goiás e tem sede em Goiânia); *Tribunal Regional do Trabalho da 19ª Região* (abrange o Estado de Alagoas e tem sede em Maceió); *Tribunal Regional do Trabalho da 20ª Região* (abrange o Estado de Sergipe e tem sede em Aracajú); *Tribunal Regional do Trabalho da 21ª Região* (abrange o Estado do Rio Grande do Norte e tem sede em Natal); *Tribunal Regional do Trabalho da 22ª Região* (abrange o Estado do Piauí e tem sede em Teresina); *Tribunal Regional do Trabalho da 23ª Região* (abrange o Estado do Mato Grosso e tem sede em Cuiabá); *Tribunal Regional do Trabalho da 24ª Região* (abrange o Estado do Mato Grosso do Sul e tem sede em Campo Grande).

O art. 115, § 1º, da Constituição Federal de 1988 prevê a instalação, pelos Tribunais Regionais do Trabalho, da *justiça itinerante*, com a realização de audiências e demais funções de atividade jurisdicional, nos limites territoriais da respectiva jurisdição (competência), servindo-se de equipamentos públicos e comunitários.

Além disso, possibilita-se que os Tribunais Regionais do Trabalho funcionem *descentralizadamente*, constituindo Câmaras regionais, a fim de assegurar o pleno acesso do jurisdicionado à justiça em todas as fases do processo (art. 115, § 2º, da Constituição da República).

De acordo com o art. 93, inciso XI, da Constituição da República, nos tribunais com número superior a vinte e cinco julgadores, pode ser constituído *órgão especial*, com o mínimo de onze e o máximo de vinte e cinco membros, para o exercício das atribuições administrativas e jurisdicionais delegadas da competência do tribunal pleno, provendo-se metade das vagas por antiguidade e a outra metade por eleição pelo tribunal pleno.

O *Tribunal Superior do Trabalho* é órgão de cúpula da Justiça do Trabalho. A sua sede é na Capital da República, tendo jurisdição em todo o território nacional.

O art. 92 da Constituição da República, ao arrolar os órgãos do Poder Judiciário, no inciso II-A, acrescentado pela Emenda Constitucional 92/2016, prevê de forma expressa e específica o Tribunal Superior do Trabalho.

Conforme o art. 111-A da Constituição da República, com redação dada pela Emenda Constitucional 122/2022, o Tribunal Superior do Trabalho compõe-se de vinte e sete Ministros, escolhidos dentre brasileiros com mais de trinta e cinco e menos de setenta anos de idade, de notável saber jurídico e reputação ilibada, nomeados pelo Presidente da República após aprovação pela maioria absoluta do Senado Federal, sendo: um quinto dentre advogados com mais de dez anos de efetiva atividade profissional e membros do Ministério Público do Trabalho com mais de dez anos de efetivo exercício, observado o disposto no art. 94 da Constituição Federal de 1988 (sobre o *quinto constitucional*); os demais dentre juízes dos Tribunais Regionais do Trabalho, oriundos da magistratura da carreira, indicados pelo próprio Tribunal Superior.

Cabe à lei dispor sobre a competência do Tribunal Superior do Trabalho.

Desse modo, compete ao TST processar, conciliar e julgar, na forma da lei, em grau originário ou recursal ordinário ou extraordinário, as demandas individuais e os dissídios coletivos que excedam a jurisdição dos Tribunais Regionais, os conflitos de direito sindical, assim como outras controvérsias decorrentes de relação de trabalho, e os litígios relativos ao cumprimento de suas próprias decisões, de laudos arbitrais e de convenções e acordos coletivos.

O art. 111-A, § 3º, da Constituição da República, acrescentado pela Emenda Constitucional 92/2016, dispõe que compete ao Tribunal Superior do Trabalho processar e julgar, originariamente, a *reclamação* para a preservação de sua competência e garantia da autoridade de suas decisões.

A Presidência, a Vice-Presidência e a Corregedoria-Geral da Justiça do Trabalho são cargos de direção do Tribunal Superior do Trabalho, preenchidos mediante eleição em que concorrem os Ministros mais antigos da Corte, em número correspondente ao total dos cargos de direção, separadamente e também nessa ordem, sendo vedada a reeleição a qualquer dos cargos. O Presidente, o Vice-Presidente e o Corregedor-Geral da Justiça do Trabalho são eleitos por dois anos, mediante escrutínio secreto e pelo voto da maioria absoluta, em sessão extraordinária do Tribunal Pleno, a realizar-se nos 60 dias antecedentes ao término dos mandatos anteriores, e tomarão posse em sessão solene, na data marcada pelo Tribunal Pleno (Regimento Interno do Tribunal Superior do Trabalho, aprovado pela Resolução Administrativa 1.937/2017).

O Presidente do Tribunal Superior do Trabalho desempenha as atribuições do cargo com a colaboração do Vice-Presidente.

O Vice-Presidente participa das sessões dos órgãos judicantes do Tribunal, exceto de Turma, e não concorre à distribuição de processos.

A Corregedoria-Geral da Justiça do Trabalho é Órgão do Tribunal Superior do Trabalho incumbido da fiscalização, disciplina e orientação da administração da Justiça do Trabalho sobre os Tribunais Regionais do Trabalho, seus Juízes e Serviços Judiciários. O Corregedor-Geral da Justiça do Trabalho não concorre à distribuição de processos, participando, quando não estiver ausente em função corregedora, das sessões dos órgãos judicantes da Corte, exceto de Turmas, com direito a voto.

O processo de correição pode ser instaurado de ofício, a requerimento das partes, de qualquer interessado, ou por determinação dos Órgãos do Tribunal Superior do Trabalho, incumbindo ao Corregedor-Geral visitar os Tribunais Regionais do Trabalho em correição geral ordinária.

Nas *correições ordinárias*, que não terão forma nem figura de juízo, serão examinados autos, registros e documentos das Secretarias e Seções Judiciárias, além de tudo o mais que for considerado necessário ou conveniente pelo Corregedor-Geral.

Incumbe ainda ao Corregedor-Geral realizar *correições extraordinárias*, gerais ou parciais, que se fizerem necessárias, de ofício ou por solicitação dos Tribunais Regionais ou dos Órgãos do Tribunal Superior do Trabalho.

A *correição parcial* é cabível para corrigir erros, abusos e atos contrários à boa ordem processual e que importem em atentado a fórmulas legais de processo, quando para o caso não haja recurso ou outro meio processual específico. Em situação extrema ou excepcional, pode o Corregedor-Geral adotar as medidas necessárias a impedir lesão de difícil reparação, assegurando, dessa forma, eventual resultado útil do processo, até que ocorra o exame da matéria pelo órgão jurisdicional competente.

O *pedido de providências* inclui medidas atinentes ao cumprimento do sistema BACENJUD, excepcionada a hipótese de suposta recusa da instituição financeira em acatar a ordem judicial de transferência do numerário bloqueado.

Das decisões proferidas pelo Corregedor-Geral da Justiça do Trabalho cabe agravo interno para o Órgão Especial, incumbindo-lhe determinar sua inclusão em pauta.

No âmbito do TST há comissões permanentes, que colaboram no desempenho dos encargos do Tribunal e são compostas por Ministros eleitos pelo Órgão Especial na primeira sessão subsequente à posse dos membros da direção. São comissões permanentes: a Comissão de Regimento Interno; a Comissão de Jurisprudência e de Precedentes Normativos; a Comissão de Documentação.

O Tribunal Superior do Trabalho, nos processos de sua competência, é dividido em turmas e seções especializadas para a conciliação e julgamento de dissídios coletivos de natureza econômica ou jurídica e de dissídios individuais.

O art. 1º, parágrafo único, da Lei 7.701/1988 prevê que o Regimento Interno do Tribunal deve dispor sobre a constituição e o funcionamento de cada uma das seções especializadas do Tribunal Superior do Trabalho, bem como sobre o número, composição e funcionamento das respectivas Turmas do Tribunal. Cabe ao Presidente do Tribunal Superior do Trabalho presidir os atos de julgamento das seções especializadas, delas participando o Vice-Presidente e o Corregedor-Geral, este quando não estiver ausente em função corregedora.

São órgãos do Tribunal Superior do Trabalho: Tribunal Pleno; Órgão Especial; Seção Especializada em Dissídios Coletivos; Seção Especializada em Dissídios Individuais, dividida em duas subseções; Turmas.

O Tribunal Pleno é constituído pela totalidade dos Ministros que integram a Corte.

O Órgão Especial é composto por 14 membros, sendo sete por antiguidade e sete por eleição, e três suplentes. Integram o Órgão Especial o Presidente e o Vice-Presidente do Tribunal, o Corregedor-Geral da Justiça do Trabalho, juntamente com os demais Ministros mais antigos e eleitos.

Integram a Seção Especializada em Dissídios Coletivos o Presidente e o Vice-Presidente do Tribunal, o Corregedor-Geral da Justiça do Trabalho e mais seis Ministros.

A Seção Especializada em Dissídios Individuais é composta de 21 Ministros, sendo o Presidente e o Vice-Presidente do Tribunal, o Corregedor-Geral da Justiça do Trabalho e mais 18 Ministros, e funciona em composição plena ou dividida em duas subseções para julgamento dos processos de sua competência.

Integram a Subseção I da Seção Especializada em Dissídios Individuais 14 Ministros, sendo o Presidente e o Vice-Presidente do Tribunal, o Corregedor-Geral da Justiça do Trabalho e mais 11 Ministros, preferencialmente os Presidentes de Turma, exigida a presença de, no mínimo, oito Ministros para o seu funcionamento, sendo que, na falta de *quorum*, deve ser convocado Ministro para substituir o ausente, preferencialmente da sua mesma Turma.

Integram a Subseção II da Seção Especializada em Dissídios Individuais 10 Ministros, sendo o Presidente e o Vice-Presidente do Tribunal, o Corregedor-Geral da Justiça do Trabalho e mais sete Ministros, exigida a presença de, no mínimo, seis Ministros para o seu funcionamento, sendo que, na falta de *quorum*, deve ser convocado Ministro para substituir o ausente, preferencialmente da sua mesma Turma.

As Turmas são constituídas, cada uma, por três Ministros. Para os julgamentos nas Turmas é necessária a presença de três Magistrados.

De acordo com o art. 111-A, § 2º, da Constituição Federal de 1988, funcionam junto ao Tribunal Superior do Trabalho: a Escola Nacional de Formação e Aperfeiçoamento de Magistrados do Trabalho, cabendo-lhe, entre outras funções, regulamentar os cursos oficiais para o ingresso e promoção na carreira; o Conselho Superior da Justiça do Trabalho, cabendo-lhe exercer, na forma da lei, a supervisão administrativa, orçamentária, financeira e patrimonial da Justiça do Trabalho de primeiro e segundo graus, como órgão central do sistema, cujas decisões terão efeito vinculante.

2.2 ÓRGÃOS E SERVIÇOS AUXILIARES DA JUSTIÇA DO TRABALHO

A atuação dos órgãos da Justiça do Trabalho, em suas diversas instâncias, não ocorre apenas mediante a atividade dos magistrados. Para a prestação da atividade jurisdicional, diversos atos e funções de apoio são necessários, exercidos por órgãos e serviços auxiliares, que integram a estrutura administrativa da Justiça.

Nos órgãos auxiliares, as funções e atividades de apoio são desempenhadas por servidores públicos que, no caso, integram o quadro administrativo do Poder Judiciário Trabalhista.

A Consolidação das Leis do Trabalho, em seus arts. 710 e seguintes, regula os chamados serviços auxiliares da Justiça do Trabalho, mais especificamente a Secretaria das Varas do Trabalho e dos Tribunais (bem como os Cartórios dos Juízos de Direito que exerçam a jurisdição trabalhista), os Distribuidores e os Oficiais de Justiça.

O art. 149 do Código de Processo Civil prevê como *auxiliares da Justiça*, além de outros cujas atribuições sejam determinadas pelas normas de organização judiciária, o escrivão, o chefe de secretaria, o oficial de justiça, o perito, o depositário, o administrador, o intérprete, o tradutor, o mediador, o conciliador judicial, o partidor, o distribuidor, o contabilista e o regulador de avarias.

Cada Vara do Trabalho tem uma Secretaria, sob a direção de servidor que o juiz titular designar, para exercer a função de secretário (art. 710 da CLT). O mencionado servidor, assim, é conhecido como diretor de Secretaria, presente em cada Vara do Trabalho.

Em cada Secretaria, além de seu diretor, há diversos outros servidores públicos, devidamente organizados de forma hierárquica, para a realização das várias atividades de apoio à atividade jurisdicional. Há Secretarias que, inclusive, possuem um setor de cálculos, em que um ou mais servidores públicos realizam a atividade de elaboração e conferência de cálculos nos processos judiciais em andamento, conforme determinação do juiz no processo.

Cada Tribunal Regional do Trabalho também tem uma Secretaria, sob a direção do servidor designado para exercer a função de secretário (art. 718 da CLT).

No Tribunal Superior do Trabalho também se verifica a Secretaria, dirigida pelo Diretor-Geral, que é, de acordo com o Regimento Interno, bacharel em Direito, nomeado em comissão pelo Presidente, incumbindo-lhe a direção dos serviços administrativos do Tribunal. Incumbe ao Secretário-Geral Judiciário, bacharel em Direito, nomeado em comissão pelo Presidente, a direção dos serviços judiciários do Tribunal. A organização da Secretaria do Tribunal Superior do Trabalho, seu funcionamento e as atribuições do Diretor-Geral, do Secretário-Geral Judiciário, dos Secretários e dos Coordenadores, bem como das Unidades Administrativas, constam do Regulamento Geral.

Nas localidades em que existir mais de uma Vara do Trabalho haverá um Distribuidor (art. 713 da CLT).

O Distribuidor é um órgão da Justiça do Trabalho, presente nas localidades em que existem duas ou mais Varas do Trabalho. A distribuição das ações, assim, é necessária para que seja definida a competência de juízo, preservando-se o princípio do juiz natural.

No caso de estar determinado juízo (Vara do Trabalho) prevento para a ação a ser ajuizada, não se realiza a livre distribuição, mas o protocolo da respectiva petição inicial, com o requerimento da distribuição por prevenção, ao próprio juízo que se entende prevento. Este, acolhendo a prevenção, irá determinar a compensação, a ser observada pelo Distribuidor, ao receber novas ações a serem distribuídas entre as Varas do Trabalho da mesma localidade.

Os Oficiais de Justiça realizam relevantes atividades de apoio e auxiliares à prestação jurisdicional. Exemplificando, na execução, cabe ao Oficial de Justiça cumprir o mandado de citação do executado, bem como de penhora e avaliação de bens. Mesmo na fase de conhecimento, há casos em que a notificação da parte necessita ser feita por Oficial de Justiça, por exemplo, quando a notificação postal retorna negativa ou recusada, mas o endereço encontra-se correto. Além disso, a condução de testemunha que não atende à intimação para comparecer à audiência também é feita pelo Oficial de Justiça.

Incumbe aos Oficiais de Justiça e Oficiais de Justiça Avaliadores da Justiça do Trabalho a realização dos atos decorrentes da execução dos julgados das Varas do Trabalho e dos Tribunais Regionais do Trabalho, que lhes forem cometidos pelos respectivos juízes titulares e presidentes (art. 721 da CLT). Para efeito de distribuição dos referidos atos, cada Oficial de Justiça ou Oficial de Justiça Avaliador funcionará perante uma Vara do Trabalho, salvo quando da existência, nos Tribunais Regionais do Trabalho, de órgão específico, destinado à distribuição de mandados judiciais.

Diversos Tribunais Regionais do Trabalho organizam uma "Central de Mandados", como órgão que centraliza o cumprimento das determinações judiciais, encaminhadas pelas Varas do Trabalho da localidade, por meio da atuação dos Oficiais de Justiça ali lotados.

Nas localidades onde houver mais de uma Vara do Trabalho, a atribuição para o cumprimento do ato deprecado ao Oficial de Justiça ou Oficial de Justiça Avaliador será transferida a outro Oficial, sempre que, após o decurso de nove dias, sem razões que o justifiquem, não tiver sido cumprido o ato, sujeitando-se o serventuário às penalidades da lei.

No caso de avaliação em específico, o Oficial de Justiça Avaliador, para cumprimento desse ato, terá o prazo previsto no art. 888 da CLT, ou seja, de dez dias.

É facultado aos Presidentes dos Tribunais Regionais do Trabalho cometer a qualquer Oficial de Justiça ou Oficial de Justiça Avaliador a realização dos atos de execução das decisões desses Tribunais.

2.3 MINISTÉRIO PÚBLICO DO TRABALHO

O Ministério Público do Trabalho, por integrar o Ministério Público como um todo, é instituição permanente, essencial à Justiça, promovendo a defesa da ordem jurídica, do regime democrático e dos interesses sociais e individuais indisponíveis (art. 127 da Constituição Federal de 1988).

A atuação do *Parquet* do Trabalho possui relevância diferenciada, por defender os *direitos humanos e fundamentais de ordem social*, pertinentes às relações de trabalho, concretizando o mandamento constitucional de *dignidade da pessoa humana* (arts. 1º, incisos II, III e IV, 3º, incisos I, III e IV, 5º, 6º, 7º, 8º e 9º da Constituição da República). Além disso, por tutelar os *direitos metaindividuais de ordem trabalhista*, o Ministério Público do Trabalho realiza papel fundamental na sociedade do presente, em que as lesões aos direitos e interesses frequentemente apresentam conotação coletiva.

Embora o Ministério Público não seja um "quarto poder", é autônomo e independente do Poder Executivo, Legislativo e Judiciário, sendo instituição permanente e essencial à função jurisdicional do Estado (art. 127 da Constituição da República).

O Ministério Público abrange o Ministério Público da União e os Ministérios Públicos dos Estados.

O Ministério Público da União, por sua vez, é que compreende o Ministério Público Federal, o *Ministério Público do Trabalho*, o Ministério Público Militar e o Ministério Público do Distrito Federal e Territórios.

O Conselho Nacional do Ministério Público tem competência para o controle da atuação administrativa e financeira do Ministério Público e o cumprimento dos deveres funcionais de seus membros (art. 130-A da Constituição da República).

O Supremo Tribunal Federal firmou o entendimento de que cabe ao Conselho Nacional do Ministério Público (CNMP) solucionar os conflitos de atribuições entre ramos diversos do Ministério Público, nos termos do art. 130-A, § 2º, incisos I e II, da Constituição Federal de 1988 (STF, Pleno, Pet 4.891/DF, Red. p/ ac. Min. Alexandre de Moraes, j. 16.06.2020, DJe 06.08.2020).

O Ministério Público do Trabalho integra o Ministério Público da União, mas não se confunde com o Ministério Público Federal (Constituição Federal de 1988, art. 128, inciso I, *b*, e Lei Complementar 75/1993, art. 24, inciso II).

Como o Ministério Público do Trabalho integra o Ministério Público da União (art. 128, inciso I, da Constituição Federal de 1988) e as funções do Ministério Público a serem exercidas junto ao Supremo Tribunal Federal competem privativamente ao Procurador-Geral da República, entende-se que o Ministério Público do Trabalho não tem legitimidade para atuar, na esfera processual, perante o Supremo Tribunal Federal (STF, Pleno, AgR-Rcl 7.318/PB, Rel. Min. Dias Toffoli, DJe 26.10.2012).

No Supremo Tribunal Federal, os Subprocuradores-Gerais da República (que integram o Ministério Público Federal) atuarão por delegação do Procurador-Geral da República (art. 66, § 1º, da Lei Complementar 75/1993).

Na mesma linha, entende-se que o Ministério Público do Trabalho não tem legitimidade para interposição de recurso perante o Superior Tribunal de Justiça. Nesse sentido, embora os Ministérios Públicos dos Estados possam atuar, diretamente, na condição de partes, perante os Tribunais Superiores, em razão da inexistência de vinculação e subordinação entre o Ministério Público Estadual e o Ministério Público da União, essa orientação não pode ser aplicada ao Ministério Público do Trabalho, pois este atua perante a Justiça do Trabalho (art. 83 da Lei Complementar 75/1993) e integra o Ministério Público da União (art. 128, inciso I, *b*, da Constituição da República). A legitimidade para atuar no âmbito do Superior Tribunal de Justiça, assim, é do Ministério Público Federal, sendo essa atribuição dos Subprocuradores-Gerais da República, conforme art. 66 da Lei Complementar 75/1993 (STJ, 1ª Seção, AgRg no CC 122.940/MS, 2012/0114302-1, Rel. Min. Regina Helena Costa, DJe 16.04.2020).

São órgãos do Ministério Público do Trabalho: Procurador-Geral do Trabalho; Colégio de Procuradores do Trabalho; Conselho Superior do Ministério Público do Trabalho; Câmara de Coordenação e Revisão do Ministério Público do Trabalho; Corregedoria do Ministério Público do Trabalho; Subprocuradores-Gerais do Trabalho; Procuradores Regionais do Trabalho; Procuradores do Trabalho (art. 85 da Lei Complementar 75/1993).

O cargo inicial da carreira é o de Procurador do Trabalho; o do último nível, o de Subprocurador-Geral do Trabalho (art. 86, parágrafo único, da Lei Complementar 75/1993).

Os *Procuradores do Trabalho* são designados para funcionar junto aos Tribunais Regionais do Trabalho e, na forma das leis processuais, nos litígios trabalhistas que envolvam, especialmente, interesses de menores e incapazes (art. 112 da Lei Complementar 75/1993). A designação de Procurador do Trabalho para oficiar em órgãos jurisdicionais diferentes dos previstos para a categoria depende de autorização do Conselho Superior. Os Procuradores do Trabalho são lotados nos ofícios nas Procuradorias Regionais do Trabalho nos Estados e no Distrito Federal.

Os *Procuradores Regionais do Trabalho* são designados para oficiar junto aos Tribunais Regionais do Trabalho (art. 110 da Lei Complementar 75/1993). Em caso de vaga ou de afastamento de Subprocurador-Geral do Trabalho por prazo superior a trinta dias, pode ser convocado pelo Procurador-Geral, mediante aprovação do Conselho Superior, Procurador Regional do Trabalho para substituição. Os Procuradores Regionais do Trabalho são lotados nos ofícios nas Procuradorias Regionais do Trabalho nos Estados e no Distrito Federal.

Os *Subprocuradores-Gerais do Trabalho*, por sua vez, são designados para oficiar junto ao Tribunal Superior do Trabalho e nos ofícios na Câmara de Coordenação e Revisão (art. 107 da Lei Complementar 75/1993). A designação de Subprocurador-Geral do Trabalho para oficiar em órgãos jurisdicionais diferentes do previsto para a categoria depende de autorização do Conselho Superior. Os Subprocuradores-Gerais do Trabalho são lotados nos ofícios na Procuradoria-Geral do Trabalho.

São *princípios institucionais* do Ministério Público, incidentes, assim, também ao ramo do Ministério Público do Trabalho: *unidade* (os membros de cada Ministério Público, no caso, do Ministério Público do Trabalho, integram um só órgão, sob uma mesma e una direção); *indivisibilidade* (os membros de cada Ministério Público podem ser substituídos, pois, no caso, atuam como órgão do Ministério Público do Trabalho)[1]; *independência*

1. "3. Os membros do Ministério Público integram um só órgão sob a direção única de um só Procurador-Geral, ressalvando-se, porém, que só existem unidade e indivisibilidade dentro de cada Ministério Público, inexistindo qualquer relação de hierarquia entre o Ministério Público Federal e os dos Estados, entre o de um Estado e o de outro, ou entre os diversos ramos do Ministério Público da União" (STF, Pleno, Pet 4.891/DF, Red. p/ ac. Min. Alexandre de Moraes, DJe 06.08.2020).

funcional (os membros do Ministério Público possuem independência em sua atuação funcional, sendo que a hierarquia existente refere-se ao aspecto administrativo).

Cabe fazer referência, ainda, ao *princípio do promotor natural*, proibindo-se qualquer designação arbitrária do membro do Ministério Público para atuação nos diversos feitos, que devem ser objeto de regular distribuição, bem como o afastamento infundado do membro do Ministério Público, dos casos sob a sua direção. O mencionado princípio, além de garantir atuação do membro do Ministério Público, com atribuição legal e constitucional quanto a cada caso, também é uma garantia para a própria sociedade.

Entende-se que o princípio do promotor natural é decorrência do mandamento previsto no art. 5º, inciso LIII, da Constituição da República, ao prescrever que ninguém será *processado* nem sentenciado senão pela autoridade competente, bem como do princípio da independência funcional (art. 127, § 1º, da Constituição da República) e da garantia da inamovibilidade do membro do Ministério Público (art. 128, § 5º, inciso I, *b*, da Constituição da República).

A Constituição Federal de 1988 assegura ao Ministério Público a autonomia funcional e administrativa (art. 127, § 2º). Cabe ao Ministério Público elaborar a sua proposta orçamentária dentro dos limites estabelecidos na lei de diretrizes orçamentárias (art. 127, § 3º, da Constituição da República).

O ingresso na carreira do Ministério Público é feito mediante concurso público (de âmbito nacional) de provas e títulos, assegurada a participação da Ordem dos Advogados do Brasil em sua realização, exigindo-se do bacharel em Direito, no mínimo, três anos de atividade jurídica e observando-se, nas nomeações, a ordem de classificação (art. 129, § 3º, da Constituição Federal de 1988).

As carreiras dos diferentes ramos do Ministério Público da União são independentes entre si, tendo cada uma delas organização própria (art. 32 da Lei Complementar 75/1993).

De acordo com art. 128, § 5º, da Constituição Federal de 1998, são assegurados aos membros do Ministério Público:

- as seguintes *garantias*: *vitaliciedade*, após dois anos de exercício, não podendo perder o cargo senão por sentença judicial transitada em julgado[2]; *inamovibilidade*, salvo por motivo de interesse público, mediante decisão do órgão colegiado competente do Ministério Público, pelo voto da maioria absoluta de seus membros, assegurada ampla defesa; *irredutibilidade de subsídio*, fixado na forma do art. 39, § 4º, e ressalvado o disposto nos arts. 37, X e XI, 150, II, 153, III, 153, § 2º, I, da Constituição Federal de 1988;
- as seguintes *vedações*: receber, a qualquer título e sob qualquer pretexto, honorários, percentagens ou custas processuais; exercer a advocacia; participar de sociedade comercial, na forma da lei; exercer, ainda que em disponibilidade, qualquer outra função pública, salvo uma de magistério; exercer atividade político-partidária; receber, a qualquer título ou pretexto, auxílios ou contribuições de pessoas físicas, entidades públicas ou privadas, ressalvadas as exceções previstas em lei[3].

2. Estágio probatório é o período dos dois primeiros anos de efetivo exercício do cargo pelo membro do Ministério Público da União (art. 197 da Lei Complementar 75/1993). Os membros do Ministério Público da União, durante o estágio probatório, somente podem perder o cargo mediante decisão da maioria absoluta do respectivo Conselho Superior.

3. Conforme o art. 29, § 3º, do Ato das Disposições Constitucionais Transitórias: "Poderá optar pelo regime anterior, no que respeita às garantias e vantagens, o membro do Ministério Público admitido antes da promulgação da Constituição, observando-se, quanto às vedações, a situação jurídica na data desta".

Aplica-se aos membros do Ministério Público o disposto no art. 95, parágrafo único, inciso V, da Constituição Federal de 1988, no sentido de ser vedado exercer a advocacia no juízo ou tribunal do qual se afastou, antes de decorridos três anos do afastamento do cargo por aposentadoria ou exoneração.

Quanto às *funções institucionais* do Ministério Público, podem ser destacar as seguintes, mais diretamente relacionadas à atuação do Ministério Público do Trabalho: promover o inquérito civil e a ação civil pública, para a proteção do patrimônio público e social, do meio ambiente e de outros interesses difusos e coletivos; defender judicialmente os direitos e interesses das populações indígenas; expedir notificações nos procedimentos administrativos de sua competência, requisitando informações e documentos para instruí-los, na forma da lei complementar respectiva; requisitar diligências investigatórias, indicados os fundamentos jurídicos de suas manifestações processuais; exercer outras funções que lhe forem conferidas, desde que compatíveis com sua finalidade, sendo-lhe vedadas a representação judicial e a consultoria jurídica de entidades públicas (art. 129 da Constituição da República).

As funções do Ministério Público só podem ser exercidas por integrantes da carreira, que devem residir na comarca da respectiva lotação, salvo autorização do chefe da instituição.

Compete ao Ministério Público do Trabalho o exercício das seguintes *atribuições* junto aos órgãos da Justiça do Trabalho: promover as ações que lhe sejam atribuídas pela Constituição Federal e pelas leis trabalhistas; manifestar-se em qualquer fase do processo trabalhista, acolhendo solicitação do juiz ou por sua iniciativa, quando entender existente interesse público que justifique a intervenção; promover a ação civil pública no âmbito da Justiça do Trabalho, para defesa de interesses coletivos, quando desrespeitados os direitos sociais constitucionalmente garantidos; propor as ações cabíveis para declaração de nulidade de cláusula de contrato, acordo coletivo ou convenção coletiva que viole as liberdades individuais ou coletivas ou os direitos individuais indisponíveis dos trabalhadores; propor as ações necessárias à defesa dos direitos e interesses dos menores, incapazes e índios, decorrentes das relações de trabalho; recorrer das decisões da Justiça do Trabalho, quando entender necessário, tanto nos processos em que for parte como naqueles em que oficiar como fiscal da lei, bem como pedir revisão dos enunciados da Súmula de Jurisprudência do Tribunal Superior do Trabalho; funcionar nas sessões dos Tribunais Trabalhistas, manifestando-se verbalmente sobre a matéria em debate, sempre que entender necessário, sendo-lhe assegurado o direito de vista dos processos em julgamento, podendo solicitar as requisições e diligências que julgar convenientes; instaurar instância em caso de greve, quando a defesa da ordem jurídica ou o interesse público assim o exigir[4]; promover ou participar da instrução e conciliação em dissídios decorrentes da paralisação de serviços de qualquer natureza, oficiando obrigatoriamente nos processos, manifestando sua concordância ou discordância, em eventuais acordos firmados antes da homologação, ficando resguardado o direito de recorrer em caso de violação à lei e à Constituição Federal; promover mandado de injunção, quando a competência for da Justiça do Trabalho; atuar como árbitro, se assim for solicitado pelas partes, nos dissídios de competência da Justiça do Trabalho; requerer as diligências que julgar convenientes para o correto andamento dos processos e para

4. Cf. art. 114, § 3º, da Constituição Federal de 1988, com redação dada pela Emenda Constitucional 45/2004: "Em caso de greve em atividade essencial, com possibilidade de lesão do interesse público, o Ministério Público do Trabalho poderá ajuizar dissídio coletivo, competindo à Justiça do Trabalho decidir o conflito".

a melhor solução das lides trabalhistas; intervir obrigatoriamente em todos os feitos nos segundo e terceiro graus de jurisdição da Justiça do Trabalho, quando a parte for pessoa jurídica de Direito Público, Estado estrangeiro ou organismo internacional (art. 83 da Lei Complementar 75/1993).

Na esfera judicial, o Ministério Público do Trabalho atua como órgão agente, por exemplo, ajuizando ações civis públicas, e como órgão interveniente, isto é, como fiscal da ordem jurídica (*custos legis*).

O art. 178 do CPC dispõe que o Ministério Público deve ser intimado para intervir como *fiscal da ordem jurídica* nas hipóteses previstas em lei ou na Constituição Federal e nos processos que envolvam interesse público ou social, interesse de incapaz e litígios coletivos pela posse de terra rural ou urbana.

Deve-se distinguir, entretanto, o *interesse público primário*, entendido como o de natureza social, que legitima a intervenção do Ministério Público do Trabalho, do interesse público meramente secundário, ou seja, da Fazenda Pública.

Nesse sentido, a participação da Fazenda Pública não configura, por si só, hipótese de intervenção do Ministério Público (art. 178, parágrafo único, do CPC).

Além disso, ao Ministério Público é vedada a representação judicial e a consultoria jurídica de entidades públicas (art. 129, inciso IX, da Constituição da República).

Nos casos de intervenção como fiscal da ordem jurídica, o Ministério Público do Trabalho deve ter vista dos autos depois das partes, sendo intimado para todos os atos do processo, além de poder produzir provas, requerer medidas processuais pertinentes e recorrer (art. 179 do CPC).

O Ministério Público do Trabalho, para exarar parecer, tem o prazo de oito dias contados da data em que lhe for distribuído o processo (art. 5º da Lei 5.584/1970). Tendo em vista essa previsão expressa, o prazo de 30 dias, previsto no art. 178, *caput*, do CPC, não incide no processo trabalhista.

Ao exarar o parecer na remessa de ofício, na qualidade de "custos legis", o Ministério Público não tem legitimidade para arguir a prescrição em favor de entidade de direito público, em matéria de direito patrimonial (Orientação Jurisprudencial 130 da SBDI-I do TST).

O Ministério Público deve nortear a sua atuação pela defesa da ordem jurídica, do regime democrático e dos interesses sociais e individuais indisponíveis (art. 127, *caput*, da Constituição da República), sendo-lhe vedadas a representação judicial e a consultoria jurídica de entidades públicas (art. 129, inciso IX, da Constituição Federal de 1988)[5].

Cabe ao Ministério Público a defesa da ordem jurídica. Sendo assim, na hipótese específica de violação da exigência constitucional de prévia aprovação em concurso público, para a investidura em cargo ou emprego público (art. 37, inciso II, e § 2º, da Constituição Federal de 1988), admite-se a legitimidade do Ministério Público do Trabalho para a interposição de recurso.

Essa atuação do Ministério Público do Trabalho, em defesa da ordem jurídica, constitucional, também pode ocorrer como órgão interveniente, ao se manifestar por meio de parecer.

O Ministério Público do Trabalho pode arguir, em parecer, na primeira vez que tenha de se manifestar no processo, a nulidade do contrato de trabalho em favor de ente pú-

5. Cf. Orientação Jurisprudencial 237 da SBDI-I do TST.

blico, ainda que a parte não a tenha suscitado, a qual será apreciada, sendo vedada, no entanto, qualquer dilação probatória (Orientação Jurisprudencial 350 da SBDI-I do TST).

Incumbe ao Ministério Público do Trabalho, no âmbito das suas atribuições, especialmente: instaurar inquérito civil e outros procedimentos administrativos, sempre que cabíveis, para assegurar a observância dos direitos sociais dos trabalhadores; requisitar à autoridade administrativa federal competente, dos órgãos de proteção ao trabalho, a instauração de procedimentos administrativos, podendo acompanhá-los e produzir provas; ser cientificado pessoalmente das decisões proferidas pela Justiça do Trabalho, nas causas em que o órgão tenha realizado intervenção ou emitido parecer escrito; exercer outras atribuições que lhe forem conferidas por lei, desde que compatíveis com sua finalidade (art. 84 da Lei Complementar 75/1993).

Em todas as formas de atuação, nas esferas *judicial e extrajudicial*, os *direitos humanos e fundamentais*, de natureza social e trabalhista, recebem efetiva tutela pelo Ministério Público do Trabalho, garantindo a sua preservação e respeito.

Os *direitos metaindividuais*, inclusive aqueles pertinentes às relações de trabalho, estão inseridos no contexto dos direitos humanos e fundamentais, como é exemplo o direito ao meio ambiente (art. 225 da Constituição Federal de 1988), o qual abrange o *meio ambiente do trabalho* (art. 200, inciso VIII, da Constituição da República). Além disso, importantes direitos trabalhistas, alguns deles relacionados à própria segurança e medicina do trabalho, fazem parte dos direitos sociais, os quais também figuram como direitos humanos e fundamentais, inseridos, por parte da doutrina, como direitos humanos de segunda dimensão.

As *áreas prioritárias* de atuação pelo Ministério Público do Trabalho são: erradicação do trabalho infantil e regularização do trabalho do adolescente; combate ao trabalho escravo e regularização do trabalho indígena; combate a todas as formas de discriminação no trabalho; preservação da saúde e segurança do trabalhador; regularização dos contratos de trabalho.

O *inquérito civil* é previsto no art. 129, inciso III, da Constituição Federal de 1988, no art. 84, inciso II, da Lei Complementar 75/1993 e no art. 8º, § 1º, da Lei 7.347/1985. Trata-se de relevante procedimento administrativo e inquisitorial, podendo ser instaurado de ofício para apurar eventual lesão a interesses coletivos (em sentido lato) ou indisponíveis, no caso, pertinentes às relações de trabalho e referentes a direitos sociais dos trabalhadores.

O inquérito civil, de natureza unilateral e facultativa, é instaurado para apurar fato que possa autorizar a tutela dos interesses ou direitos a cargo do Ministério Público do Trabalho, servindo como preparação para o exercício das atribuições inerentes às suas funções institucionais[6].

---

6. "Registre-se que se trata o inquérito civil de procedimento administrativo, de natureza inquisitiva e informativa, destinado à formação da convicção do Ministério Público a respeito de fatos determinados, com vistas à propositura, ou não, de ações civis públicas ou à celebração de termo de ajustamento de conduta. Portanto, em face de seu caráter meramente instrutório, não se admite contraditório, por não produzir prova absoluta, mas apenas valor probante relativo. Com efeito, diante de denúncia de irregularidades trabalhistas, que pode ser até anônima, desde que acompanhada de elementos suficientes para a instauração do procedimento investigatório, o Ministério Público do Trabalho tem o dever de agir, de forma independente. Nesse cenário, no caso em apreço, não se verifica a presença dos requisitos ensejadores da concessão da medida mandamental, pois a decisão do Ministério Público de manter sob sigilo dados do inquérito civil, incluindo a identidade do denunciante, não foi abusiva ou violadora de direito líquido e certo, mas, sim, encontra-se plenamente justificada e respaldada pelo ordenamento jurídico. Nesse contexto, o ato do representante do

O inquérito civil não é condição de procedibilidade para o ajuizamento das ações a cargo do Ministério Público do Trabalho, nem para a realização das demais medidas de sua atribuição própria.

De acordo com o art. 27 da Lei 13.869/2019, constitui crime (de abuso de autoridade) requisitar instauração ou instaurar procedimento investigatório de infração penal ou administrativa, em desfavor de alguém, à falta de qualquer indício da prática de crime, de ilícito funcional ou de infração administrativa, com previsão de pena de detenção, de seis meses a dois anos, e multa. Não há crime quando se tratar de sindicância ou investigação preliminar sumária, devidamente justificada (art. 27, parágrafo único, da Lei 13.869/2019).

Constitui crime (de abuso de autoridade) inovar artificiosamente, no curso de diligência, de investigação ou de processo, o estado de lugar, de coisa ou de pessoa, com o fim de eximir-se de responsabilidade ou de responsabilizar criminalmente alguém ou agravar-lhe a responsabilidade, com previsão de pena de detenção, de um a quatro anos, e multa (art. 23 da Lei 13.869/2019, que dispõe sobre os crimes de abuso de autoridade). Incorre na mesma pena quem pratica a conduta com o intuito de: I – eximir-se de responsabilidade civil ou administrativa por excesso praticado no curso de diligência; II – omitir dados ou informações ou divulgar dados ou informações incompletos para desviar o curso da investigação, da diligência ou do processo (art. 23, parágrafo único, da Lei 13.869/2019).

Esgotadas todas as possibilidades de diligências, o membro do Ministério Público do Trabalho, caso se convença da inexistência de fundamento para a propositura de ação civil pública, promoverá, fundamentadamente, o arquivamento do inquérito civil ou do procedimento preparatório (art. 9º da Lei 7.347/1985 – Lei da Ação Civil Pública).

Considera-se crime (de abuso de autoridade) estender injustificadamente a investigação, procrastinando-a em prejuízo do investigado ou fiscalizado, com previsão de pena de detenção, de seis meses a dois anos, e multa (art. 31 da Lei 13.869/2019). Incorre na mesma pena quem, inexistindo prazo para execução ou conclusão de procedimento, o estende de forma imotivada, procrastinando-o em prejuízo do investigado ou do fiscalizado (art. 31, parágrafo único, da Lei 13.869/2019).

É previsto como crime (de abuso de autoridade) negar ao interessado, seu defensor ou advogado acesso aos autos de investigação preliminar, ao termo circunstanciado, ao inquérito ou a qualquer outro procedimento investigatório de infração penal, civil ou administrativa, assim como impedir a obtenção de cópias, ressalvado o acesso a peças relativas a diligências em curso, ou que indiquem a realização de diligências futuras, cujo sigilo seja imprescindível. A pena é detenção, de seis meses a dois anos, e multa (art. 32 da Lei 13.869/2019).

Frise-se que constitui crime (de abuso de autoridade) prestar informação falsa sobre procedimento judicial, policial, fiscal ou administrativo com o fim de prejudicar interesse de investigado, com previsão de pena de detenção, de seis meses a dois anos, e multa (art. 29 da Lei 13.869/2019).

Ministério Público do Trabalho de resguardar, no curso do inquérito civil público, a identidade do denunciante não importou em violação do artigo 5º, inciso IV, da Constituição Federal, não havendo falar em afronta a direito líquido e certo da empresa impetrante. Recurso de revista conhecido e provido" (TST, 2ª T., RR-1747-80.2012.5.02.0002, Rel. Min. José Roberto Freire Pimenta, DEJT 09.08.2019).

A *recomendação* é instrumento de atuação extrajudicial do Ministério Público por intermédio do qual este expõe, em ato formal, razões fáticas e jurídicas sobre determinada questão, com o objetivo de persuadir o destinatário a praticar ou deixar de praticar determinados atos em benefício da melhoria dos serviços públicos e de relevância pública ou do respeito aos interesses, direitos e bens defendidos pela instituição, atuando, assim, como instrumento de prevenção de responsabilidades ou correção de condutas (art. 1º da Resolução 164/2017 do Conselho Nacional do Ministério Público). Por depender do convencimento decorrente de sua fundamentação para ser atendida e, assim, alcançar sua plena eficácia, a recomendação não tem caráter coercitivo.

O Ministério Público, de ofício ou mediante provocação, nos autos de inquérito civil, de procedimento administrativo ou procedimento preparatório, pode expedir recomendação objetivando o respeito e a efetividade dos direitos e interesses que lhe incumba defender e, sendo o caso, a edição ou alteração de normas (art. 3º da Resolução 164/2017 do CNMP).

O *termo de ajuste de conduta* (ou termo de compromisso de ajustamento de conduta) é previsto no art. 876, *caput*, da CLT e no art. 5º, § 6º, da Lei 7.347/1985[7]. Trata-se de importante instrumento de atuação do Ministério Público do Trabalho, com natureza de título executivo extrajudicial, firmado com a finalidade de correção ou mesmo prevenção de eventuais condutas irregulares, tornando-as compatíveis com o ordenamento jurídico.

O termo de ajuste de conduta, assim, pode ser firmado pelo Ministério Público do Trabalho com o responsável pela ameaça ou lesão aos interesses ou direitos coletivos (em sentido lato) ou indisponíveis, no caso, pertinentes às relações de trabalho e referentes a direitos sociais dos trabalhadores. O seu objetivo é a reparação do dano, a adequação da conduta às exigências legais ou normativas e, ainda, a compensação e a indenização pelos danos que não possam ser reparados.

O compromisso de ajustamento de conduta é instrumento de garantia dos direitos e interesses difusos e coletivos, individuais homogêneos e outros direitos de cuja defesa o Ministério Público está incumbido, com natureza de negócio jurídico que tem por finalidade a adequação da conduta às exigências legais e constitucionais, com eficácia de título executivo extrajudicial a partir da celebração (art. 1º da Resolução 179/2017 do Conselho Nacional do Ministério Público). O compromisso de ajustamento de conduta deve ser tomado em qualquer fase da investigação, nos autos de inquérito civil ou procedimento correlato, ou no curso da ação judicial, devendo conter obrigações certas, líquidas e exigíveis, salvo peculiaridades do caso concreto, e ser assinado pelo órgão do Ministério Público e pelo compromissário (art. 3º da Resolução 179/2017 do CNMP).

No âmbito da fiscalização do trabalho, exercida pelo Ministério do Trabalho, pode ser instaurado procedimento especial para a ação fiscal, objetivando a orientação sobre o cumprimento das leis de proteção ao trabalho, bem como a prevenção e o saneamento de infrações à legislação mediante Termo de Compromisso, na forma a ser disciplinada no Regulamento da Inspeção do Trabalho (art. 627-A da CLT).

Frise-se ainda que, conforme o art. 26 da Lei de Introdução às Normas do Direito Brasileiro, incluído pela Lei 13.655/2018, para eliminar irregularidade, incerteza jurídica ou situação contenciosa na aplicação do Direito Público, inclusive no caso de expedição de licença, a autoridade administrativa pode, após oitiva do órgão jurídico e, quando for

7. "§ 6º Os órgãos públicos legitimados poderão tomar dos interessados compromisso de ajustamento de sua conduta às exigências legais, mediante cominações, que terá eficácia de título executivo extrajudicial".

o caso, após realização de consulta pública, e presentes razões de relevante interesse geral, celebrar compromisso com os interessados, observada a legislação aplicável, o qual só deve produzir efeitos a partir de sua publicação oficial.

Embora esse dispositivo mencione Direito Público, é possível entender que a sua previsão também se aplica, pelas mesmas razões indicadas, às normas de ordem pública.

O referido compromisso: deve buscar solução jurídica proporcional, equânime, eficiente e compatível com os interesses gerais; não pode conferir desoneração permanente de dever ou condicionamento de direito reconhecidos por orientação geral; deve prever com clareza as obrigações das partes, o prazo para seu cumprimento e as sanções aplicáveis em caso de descumprimento.

A decisão do processo, nas esferas administrativa, controladora ou judicial, pode impor compensação por benefícios indevidos ou prejuízos anormais ou injustos resultantes do processo ou da conduta dos envolvidos (art. 27 da Lei de Introdução às Normas do Direito Brasileiro, acrescentado pela Lei 13.655/2018). A decisão sobre a compensação deve ser motivada, ouvidas previamente as partes sobre seu cabimento, sua forma e, se for o caso, seu valor. Para prevenir ou regular a compensação, pode ser celebrado compromisso processual entre os envolvidos.

Nas hipóteses que envolvam interesse público da União, suas autarquias e fundações, o *termo de ajustamento de conduta*, para prevenir ou terminar litígios, firmado pela Advocacia-Geral da União, deve conter: I – a descrição das obrigações assumidas; II – o prazo e o modo para o cumprimento das obrigações; III – a forma de fiscalização da sua observância; IV – os fundamentos de fato e de direito; V – a previsão de multa ou de sanção administrativa, no caso de seu descumprimento (art. 4º-A da Lei 9.469/1997, incluído pela Lei 12.249/2010).

A *ação civil pública* tem previsão no art. 129, inciso III, da Constituição Federal de 1988, no art. 83, inciso III, da Lei Complementar 75/1993, bem como na Lei 7.347/1985 e na Lei 8.078/1990 (arts. 81 a 104). Trata-se de eficaz instrumento para defesa dos direitos coletivos (metaindividuais), ou mesmo de direitos de caráter indisponível, de grande relevância para a sociedade.

O Ministério Público do Trabalho, assim, possui legitimidade para o ajuizamento de ações coletivas, em defesa de direitos metaindividuais e indisponíveis, pertinentes às relações de trabalho.

O Ministério Público, se não intervier no processo como parte, atuará obrigatoriamente como fiscal da lei (Lei 7.347/1985, art. 5º, § 1º).

Os direitos transindividuais em sentido amplo podem ser das seguintes modalidades: *direitos difusos*: de natureza indivisível e com titulares indeterminados; *direitos coletivos* em sentido estrito: de natureza indivisível e titulares determináveis (ou seja, de titularidade de grupo, categoria ou classe de pessoas ligadas entre si ou com a parte contrária por uma relação jurídica base); *interesses individuais homogêneos*: decorrentes de origem comum, de natureza divisível e com titulares determinados.

A legitimidade para o ajuizamento das ações civis públicas e ações coletivas não é exclusiva do Ministério Público do Trabalho, pois os entes sindicais (dotados de natureza de associações privadas) também a detêm (arts. 8º, inciso III, 129, § 1º, da Constituição Federal de 1988, art. 5º, inciso V, da Lei 7.347/1985 e art. 82, inciso IV, da Lei 8.078/1990).

A competência material para processar e julgar as ações civis públicas em defesa dos direitos trabalhistas é da Justiça do Trabalho, conforme o art. 114, inciso I, da Constituição Federal de 1988, pois a controvérsia é decorrente de relação de trabalho.

O Ministério Público do Trabalho também tem legitimidade para a defesa de *direitos indisponíveis*, mesmo que de natureza individual, na forma do art. 127, *caput*, da Constituição Federal de 1988, bem como art. 6º, inciso VII, *d*, da Lei Complementar 75/1993.

Conforme o art. 3º da Lei 7.853/1989, as medidas judiciais destinadas à proteção de *interesses coletivos, difusos, individuais homogêneos e individuais indisponíveis da pessoa com deficiência* podem ser propostas pelo Ministério Público, pela Defensoria Pública, pela União, pelos Estados, pelos Municípios, pelo Distrito Federal, por associação constituída há mais de um ano, nos termos da lei civil, por autarquia, por empresa pública e por fundação ou sociedade de economia mista que inclua, entre suas finalidades institucionais, a proteção dos interesses e promoção de direitos das pessoas com deficiência.

Frise-se que o Supremo Tribunal Federal fixou a seguinte tese de repercussão geral: "O Ministério Público tem legitimidade para a propositura de ação civil pública em defesa de direitos sociais relacionados ao FGTS" (STF, Pleno, RE 643.978/SE, Rel. Min. Alexandre de Moraes, j. 09.10.2019).

Se, no exercício de suas funções, os juízes e os tribunais tiverem conhecimento de fatos que caracterizem as violações previstas na Lei Brasileira de Inclusão da Pessoa com Deficiência, devem remeter peças ao Ministério Público para as providências cabíveis (art. 7º, parágrafo único, da Lei 13.146/2015).

Nos termos do art. 793 da CLT, a reclamação trabalhista do menor de 18 anos deve ser feita por seus representantes legais e, na falta destes, pelo Ministério Público do Trabalho (ou pelo sindicato, pelo Ministério Público estadual ou curador nomeado em juízo).

A *ação anulatória de cláusulas de convenções e acordos coletivos* é objeto de previsão na Lei Complementar 75/1993, art. 83, inciso IV, estando em consonância com o art. 129, inciso IX, da Constituição Federal de 1988.

Prevalece o entendimento de que a competência originária para julgar as ações anulatórias de cláusulas de convenções coletivas, acordos coletivos e contratos coletivos é do Tribunal Regional do Trabalho ou do Tribunal Superior do Trabalho, conforme a abrangência territorial do instrumento normativo negociado.

A mencionada ação tem como objetivo a declaração de nulidade de cláusula de contrato, acordo coletivo ou convenção coletiva que viole as liberdades individuais ou coletivas ou os direitos individuais indisponíveis dos trabalhadores.

Desse modo, embora as referidas normas coletivas, decorrentes de negociação coletiva, sejam reconhecidas pela Constituição Federal (art. 7º, inciso XXVI), caso sejam pactuadas disposições que afrontem direitos fundamentais, individuais, coletivos ou indisponíveis dos trabalhadores, não devem prevalecer, servindo a referida ação judicial para a declaração de sua nulidade. A respeito do tema, cf. ainda Capítulo 16, item 16.16.

Capítulo 3

COMPETÊNCIA

3.1 CONCEITO

A rigor, a jurisdição, por ser una, não comporta divisões. Apesar disso, torna-se possível que o seu exercício seja distribuído entre os diversos órgãos jurisdicionais, inclusive como forma de maior eficiência no desempenho dessa função estatal, permitindo a existência de órgãos com atribuições jurisdicionais especializadas em certas matérias. A competência, assim, é a *quantidade de jurisdição* distribuída entre os agentes públicos responsáveis pelo exercício do referido poder[1].

3.2 CLASSIFICAÇÃO

A *competência absoluta* decorre de fatores cogentes, de ordem pública, de modo que pode e deve ser objeto de verificação até mesmo de ofício pelo juiz.

A *competência relativa* se baseia em aspectos de interesse exclusivo ou preponderante das partes, devendo ser objeto de arguição, na forma prevista na lei processual, para ser conhecida.

A *prorrogação da competência* só pode ocorrer perante o juízo *relativamente incompetente* (arts. 54 e 65 do CPC). Nesse sentido, quando o réu não opõe exceção declinatória de incompetência relativa (arts. 799 e 800 da CLT), esta se prorroga de forma tácita, tornando competente o juízo que era relativamente incompetente.

A *competência em razão da matéria* é a que se funda na natureza das causas ou conflitos, como, por exemplo, a competência para matérias criminais, de família, de relações de trabalho.

A *competência em razão da pessoa* é estabelecida em decorrência da presença de certos entes na demanda ou no processo, como, por exemplo, a União, nas ações de competência da Justiça Federal.

A *competência funcional* decorre das funções exercidas pelo juiz em determinado processo, de acordo com as suas fases, ou seja, no decorrer do procedimento, inclusive quanto ao grau de jurisdição. Nesse sentido, a competência hierárquica é uma espécie de competência funcional por se referir à competência originária para conhecer e decidir a causa, bem como à competência recursal, ou seja, para o julgamento de eventual recurso.

1. Cf. LIEBMAN, Enrico Tullio. *Manual de direito processual civil*. Tradução e notas de Cândido Rangel Dinamarco. 3. ed. São Paulo: Malheiros, 2005. v. 1. p. 81.

Nos termos do art. 62 do CPC, a competência determinada em razão da matéria, da pessoa ou da função é inderrogável por convenção das partes. Ou seja, trata-se de competência absoluta.

A *competência em razão do lugar* (*competência territorial* ou de foro) leva em conta os aspectos relacionados à localização, como o local em que o fato ou o dano ocorreu, o domicílio do réu, o local da prestação de serviços.

A *competência em razão do valor da causa* refere-se, como o próprio nome indica, ao ajuizamento e processamento das ações perante distintos juízos levando em conta o valor do pedido, como, por exemplo, nos Juizados Especiais Federais Cíveis, com competência para demandas cujo valor da causa seja de até 60 salários mínimos (Lei 10.259/2001, art. 3º).

A competência em razão da matéria, a competência em razão da pessoa e a competência funcional são de ordem absoluta (art. 62 do CPC). A competência em razão do lugar, por sua vez, normalmente é relativa (Súmula 33 do STJ).

Há outras formas de classificação da competência, como aquela que faz menção à *competência civil* e à *competência criminal*, entendendo-se a primeira de maneira ampla, ou seja, incluindo todas as causas de natureza não penal.

A *competência especial* é atribuída às Justiças especializadas, como a Justiça do Trabalho, a Justiça Eleitoral e a Justiça Militar.

A *competência comum* ou ordinária é conferida à Justiça Comum, Estadual ou Federal.

A *competência originária* refere-se ao processamento inicial da causa, ou seja, no primeiro grau de jurisdição, também conhecida como *competência hierárquica*. Embora a regra seja de que a competência originária seja das Varas ou juízos de primeira instância, há casos em que a lei expressamente determina a competência originária dos tribunais, como é o caso da ação rescisória e do dissídio coletivo na Justiça do Trabalho.

A *competência recursal* é exercida no julgamento dos recursos interpostos contra a decisão. Normalmente, a competência recursal é atribuída aos tribunais. No entanto, entendendo-se que em nosso sistema processual positivo os embargos de declaração possuem natureza recursal (art. 994, inciso IV, do CPC), a competência para o seu julgamento é do próprio juízo que proferiu a decisão embargada, o qual pode ser aquele de primeira instância (por exemplo, embargos de declaração opostos contra a sentença).

A *competência constitucional* é definida pelas normas da Constituição da República. A competência material (absoluta) da Justiça do Trabalho é prevista no art. 114 da Constituição da República.

A *competência legal* é delimitada pela lei infraconstitucional, como a que está presente no Código de Processo Civil e na Consolidação das Leis do Trabalho. O art. 44 do CPC dispõe que obedecidos os limites estabelecidos pela Constituição Federal, a competência é determinada pelas normas previstas no Código de Processo Civil ou em legislação especial, pelas normas de organização judiciária e, ainda, no que couber, pelas constituições dos Estados. A competência fixada nas leis infraconstitucionais pode ser absoluta ou relativa, podendo ser também em razão da matéria, da pessoa e funcional, bem como em razão do lugar e do valor da causa.

Havendo mais de um juízo competente para a causa, o processo deve ser objeto de *distribuição* (art. 284 do CPC), tornando-se *prevento* aquele que o receber, fixando-se a *competência de juízo*.

A competência de juízo é normalmente absoluta e improrrogável, devendo a respectiva incompetência a respeito ser declarada de ofício pelo juiz (art. 64, § 1º, do CPC), e o demandado pode argui-la independentemente de exceção, ou seja, como questão preliminar de contestação (arts. 64, *caput*, e 337, inciso II, do CPC).

Em cada foro pode-se definir a *competência de juízo*, sendo este o órgão jurisdicional competente para apreciar a causa.

Havendo relação entre as causas, como a seguir explicitado, a distribuição deve ocorrer *por dependência*, conforme art. 286 do Código de Processo Civil.

Desse modo, distribuem-se por dependência as causas de qualquer natureza: quando se relacionarem, por conexão ou continência, com outra já ajuizada; quando, tendo sido extinto o processo sem resolução de mérito, for reiterado o pedido (ainda que em litisconsórcio com outros autores ou que sejam parcialmente alterados os réus da demanda); quando houver ajuizamento de ações nos termos do art. 55, § 3º, do CPC[2], ao juízo prevento.

Como a competência de juízo é absoluta, não é prorrogável e deve ser declarada de ofício (art. 64, § 1º, do CPC). Caso o demandante não observe a mencionada regra de competência, pode o demandado arguir essa incompetência independentemente de exceção.

No caso de distribuição por dependência, cabe à parte encaminhar a petição inicial ao juízo prevento, requerendo a distribuição dessa forma. Existindo o deferimento pelo juiz, deve haver a anotação e a correspondente compensação pelo distribuidor.

Da mesma forma, havendo intervenção de terceiro, reconvenção ou outra hipótese de ampliação objetiva do processo, o juiz, de ofício, deve mandar proceder à respectiva anotação pelo distribuidor (art. 286, parágrafo único, do CPC).

Conforme o art. 55, § 1º, do CPC, os processos de ações conexas devem ser reunidos para decisão conjunta, salvo se um deles já houver sido sentenciado.

A reunião das ações propostas em separado deve ser feita no juízo prevento, onde devem ser decididas simultaneamente (art. 58 do CPC).

O registro ou a distribuição da petição inicial torna prevento o juízo (art. 59 do CPC). No Direito Processual do Trabalho, havendo conexão, continência ou mais de um juízo competente para a causa, entende-se que a prevenção é do juízo a quem o processo foi primeiramente distribuído.

O Código de Processo Civil prevê que se reputam conexas duas ou mais ações quando lhes for comum o pedido ou a causa de pedir (art. 55), bem como estabelece ser aplicável a conexão "à execução de título extrajudicial e à ação de conhecimento relativa ao mesmo ato jurídico; às execuções fundadas no mesmo título executivo" (art. 55, § 2º).

Além disso, devem ser reunidos para julgamento conjunto os processos que possam gerar risco de prolação de decisões conflitantes ou contraditórias caso decididos separadamente, mesmo sem existir conexão entre eles (art. 55, § 3º, do CPC).

O Código de Processo Civil, no art. 56, determina que a *continência* ocorre entre duas ou mais ações quando houver identidade quanto às partes e à causa de pedir, mas o pedido de uma, por ser mais amplo, abrange o das demais.

Quando houver continência e a "ação continente" (ou seja, de objeto mais amplo) tiver sido proposta anteriormente, no processo relativo à "ação contida" (de objeto menos

2. "§ 3º Serão reunidos para julgamento conjunto os processos que possam gerar risco de prolação de decisões conflitantes ou contraditórias caso decididos separadamente, mesmo sem conexão entre eles".

amplo), deve ser proferida sentença sem resolução de mérito. Caso contrário, as ações devem ser necessariamente reunidas (art. 57 do CPC).

As normas que regulam a chamada *competência internacional*, na realidade, por envolverem a própria soberania, tratam mais propriamente da jurisdição brasileira, no sentido de que os juízes brasileiros exercem o poder jurisdicional também em determinadas causas relacionadas com eventos externos (internacionais), desde que presentes certos requisitos previstos na lei interna, por exemplo, o réu ser domiciliado no Brasil.

Os arts. 21 e 23 do CPC versam sobre a matéria, indicando, respectivamente, as hipóteses de *competência concorrente* da Justiça brasileira e de *competência exclusiva* desta com a Justiça de outros Estados. De acordo com o art. 651, § 2º, da CLT, a competência das Varas do Trabalho (da Justiça do Trabalho brasileira), quando presentes certos requisitos, estende-se aos dissídios ocorridos em agência ou filial no estrangeiro.

3.3 COMPETÊNCIA CRIMINAL

Prevalece o entendimento de que a Justiça do Trabalho não tem competência em matéria criminal. O Supremo Tribunal Federal deferiu liminar em medida cautelar na Ação Direta de Inconstitucionalidade 3.684-0, com efeito *ex tunc*, atribuindo interpretação conforme a Constituição aos incisos I, IV e IX do seu art. 114, decidindo que no âmbito da Justiça do Trabalho não está incluída competência para processar e julgar ações penais (STF, Pleno, ADIn 3.6840/DF, Rel. Min. Cezar Peluso, DJ 03.08.2007).

O Supremo Tribunal Federal julgou procedente o pedido formulado em ação direta de inconstitucionalidade, de modo a conferir interpretação conforme à Constituição ao seu art. 114, incisos I, IV e IX, na redação dada pela Emenda Constitucional 45/2004, para afastar qualquer interpretação que entenda competir à Justiça do Trabalho processar e julgar ações penais, nos termos da medida cautelar anteriormente deferida (STF, Pleno, ADI 3.684/DF, Rel. Min. Gilmar Mendes, DJe 01.06.2020).

O art. 109, inciso VI, da Constituição da República prevê a competência dos juízes federais para processar e julgar os crimes contra a organização do trabalho, o que também abrange o crime de redução a condição análoga à de escravo (STF, Pleno, RE 398.041/PA, Rel. Min. Joaquim Barbosa, DJe 19.12.2008).

Compete à Justiça Federal processar e julgar os crimes contra a organização do trabalho, quando tenham por objeto a organização geral do trabalho ou direitos dos trabalhadores considerados coletivamente (Súmula 115 do extinto Tribunal Federal de Recursos).

Consoante a Súmula 62 do STJ, compete "à Justiça Estadual processar e julgar o crime de falsa anotação na Carteira de Trabalho e Previdência Social, atribuído à empresa privada". Entretanto, por se tratar de crime que envolve interesse da Previdência Social, tem-se entendido que a competência é da Justiça Federal Comum (STJ, 3ª Seção, CC 97.485/SP, Rel. Min. Og Fernandes, DJe 17.10.2008)[3].

Compete à Justiça Comum Estadual processar e julgar crime de estelionato praticado mediante falsificação das guias de recolhimento das contribuições previdenciárias, quando não ocorrente lesão a autarquia federal (Súmula 107 do STJ).

Compete à Justiça Federal processar e julgar crime de falso testemunho cometido no processo trabalhista (Súmula 165 do STJ).

3. Em sentido divergente: STF, Pet 5.084/SP, Rel. Min. Marco Aurélio, Decisão monocrática, DJe 28.09.2015.

O valor da causa, no Direito Processual do Trabalho, não é critério previsto para a definição de competência na Justiça do Trabalho, sendo utilizado, no entanto, para a indicação do procedimento a ser aplicado para a causa (art. 852-A da CLT), podendo ter repercussão, ainda, na questão do cabimento de recurso de natureza ordinária (Lei 5.584/1970, art. 2º, § 4º).

3.4 COMPETÊNCIA DA JUSTIÇA DO TRABALHO

3.4.1 Relação de trabalho

De acordo com o art. 114, inciso I, da Constituição da República Federativa do Brasil de 1988, compete à Justiça do Trabalho processar e julgar as ações oriundas da relação de trabalho, abrangidos os entes de direito público externo e da administração pública direta e indireta da União, dos Estados, do Distrito Federal e dos Municípios.

Essa competência é de ordem absoluta, em razão da matéria, pois abrange as ações decorrentes ou originadas da *relação de trabalho*[4].

Quanto às ações possessórias, quando decorrentes da relação de trabalho (por exemplo, envolvendo pedido de devolução do instrumento de trabalho ou desocupação da moradia fornecida para o trabalho), entende-se que a competência é da Justiça do Trabalho.

As ações que têm como objeto a tutela de direitos metaindividuais *trabalhistas* também são de competência da Justiça do Trabalho. A Súmula 736 do Supremo Tribunal Federal dispõe que compete "à Justiça do Trabalho julgar as ações que tenham como causa de pedir o descumprimento de normas trabalhistas relativas à segurança, higiene e saúde dos trabalhadores".

Entende-se que a Justiça do Trabalho não tem competência para julgar ação civil pública por ato de improbidade administrativa com o objetivo de proteção do erário público e dos princípios que regem a administração pública, sem ter por fim a defesa de direitos de natureza trabalhista, não tendo o Ministério Público do Trabalho legitimidade ativa para o ajuizamento da referida demanda (STF, 2ª T., AgR-ARE 798.293/RJ, Rel. Min. Teori Zavascki, DJe 22.09.2015). A competência, no caso, é da Justiça Comum.

Prevalece o entendimento de que a competência da Justiça do Trabalho apenas alcança as relações de trabalho propriamente, *desde que não configurem relações de consumo*.

O art. 2º do Código de Defesa do Consumidor (Lei 8.078/1990) estabelece ser *consumidor* toda pessoa física ou jurídica que adquire ou utiliza produto ou serviço como *destinatário final*. O art. 3º do mesmo diploma legal dispõe, ainda, que *fornecedor* é toda pessoa física ou jurídica, pública ou privada, nacional ou estrangeira, bem como os entes despersonalizados, que desenvolvem atividades de produção, montagem, criação, construção, transformação, importação, exportação, distribuição ou comercialização de produtos ou prestação de serviços.

Na relação de consumo, "serviço" é definido como "qualquer atividade fornecida no mercado de consumo, mediante remuneração, inclusive as de natureza bancária, financeira, de crédito e securitária, salvo as decorrentes das relações de caráter trabalhista" (art. 3º, § 2º, do Código de Defesa do Consumidor).

---

4. Cf. GARCIA, Gustavo Filipe Barbosa. *Competência da Justiça do Trabalho*: da relação de emprego à relação de trabalho. Rio de Janeiro: Forense, 2012.

Logo, em se tratando de prestação de serviço a *destinatário final*, ainda que por pessoa natural, fica excluída a competência da Justiça do Trabalho.

A relação de trabalho é gênero, que tem como uma de suas espécies a relação de emprego. Quanto às controvérsias oriundas das relações de emprego, sejam urbanas, rurais, domésticas, naturalmente, são de competência da Justiça do Trabalho.

Compete à Justiça do Trabalho processar e julgar ações ajuizadas por empregados em face de empregadores, relativas ao cadastramento no Programa de Integração Social – PIS (Súmula 300 do TST).

Inscreve-se na competência material da Justiça do Trabalho o conflito entre empregado e empregador tendo por objeto indenização pelo não fornecimento das guias do seguro-desemprego (Súmula 389 do TST).

Na jurisprudência trabalhista, prevalece o entendimento de que é da Justiça do Trabalho a competência para decidir sobre pedido de expedição de alvará judicial para fins de saque dos depósitos do FGTS na Caixa Econômica Federal, decorrente da relação de emprego havida entre ex-empregado e empregador, com fundamento no art. 114, incisos I e IX, da Constituição Federal de 1988[5].

O art. 114, inciso I, da Constituição da República engloba as ações oriundas de relação de trabalho temporário, regida pela Lei 6.019/1974, como estabelece o seu art. 19. Entretanto, os conflitos entre a empresa de trabalho temporário e a empresa tomadora dos serviços ou cliente são de competência da Justiça Comum.

Os trabalhadores de cartórios extrajudiciais, na atualidade, são considerados empregados (art. 236, *caput*, da Constituição Federal de 1988 e art. 20 da Lei 8.935/1994), estando, assim, inseridos na competência da Justiça do Trabalho (art. 114, inciso I, da Constituição da República).

Também são relações de trabalho, de competência da Justiça Laboral, aquelas em que figuram, por exemplo: o trabalhador doméstico eventual (como o "diarista"); o trabalhador urbano ou rural eventual; o trabalhador autônomo; o trabalhador avulso; o trabalhador voluntário; o estagiário[6]; o trabalhador considerado pequeno empreiteiro, operário ou artífice; o trabalhador parassubordinado.

Entretanto, o serviço prestado por profissional liberal a cliente, ou seja, a destinatário final, revela a presença de relação de consumo propriamente, tendo como sujeitos

---

5. "Recurso de revista do reclamante. Processo sob a égide da Lei nº 13.015/2014, do CPC/2015 e da Instrução Normativa nº 40 do TST. Fundo de Garantia do Tempo de Serviço. Expedição de alvará judicial para saque dos depósitos na conta vinculada do trabalhador. Competência da Justiça do Trabalho. Emenda Constitucional nº 45/2004. 1. A promulgação da Emenda Constitucional nº 45/2004 tornou superado o entendimento consagrado na Súmula nº 176 desta Corte, segundo o qual a competência da Justiça do Trabalho para autorizar o levantamento dos depósitos do FGTS estava restrita aos dissídios entre empregado e empregador. A referida súmula foi cancelada por ocasião do julgamento, pelo Tribunal Pleno desta Corte, do Incidente de Uniformização de Jurisprudência nº TST-IUJ-RR-619872/00.2, Relator Ministro João Oreste Dalazen, DJ de 26/08/2005. 2. Da redação conferida aos incisos I e IX do art. 114 da Constituição Federal extrai-se que a circunstância de a Caixa Econômica Federal figurar no polo passivo da relação jurídica, na condição de mera gestora do instituto, não afasta essa competência material. Recurso de revista conhecido e provido" (TST, 7ª T., RR – 132-18.2016.5.23.0071, Rel. Min. Luiz Philippe Vieira de Mello Filho, DEJT 13.04.2018). Em sentido divergente, cf. Súmula 82 do STJ: "Compete à Justiça Federal, excluídas as reclamações trabalhistas, processar e julgar os feitos relativos a movimentação do FGTS".

6. Em sentido divergente: STJ, 2ª Seção, CC 131.195/MG (2013/0377952-0), Rel. Min. Raul Araújo, DJe 04.04.2014.

o prestador de serviço (fornecedor) e o cliente (consumidor), de competência da Justiça Comum.

De acordo com a Súmula 363 do STJ, "compete à Justiça estadual processar e julgar a ação de cobrança ajuizada por profissional liberal contra cliente".

Mesmo quanto ao advogado pessoa física, a relação desse profissional com os seus clientes, quando destinatários finais, não configura relação de trabalho propriamente, mas relação empresarial ou civil. A relação de trabalho pode existir, mas entre o advogado, como profissional, e a empresa ou o escritório para quem ele trabalha, podendo configurar relação de emprego (Lei 8.906/1994, art. 18) ou relação de trabalho autônomo, ambas abrangidas pelo art. 114, inciso I, da Constituição Federal de 1988.

A ação ajuizada pelo advogado, cobrando de seu cliente (destinatário final) o recebimento de honorários advocatícios fixados no contrato civil de prestação de serviço, é de competência da Justiça Estadual Comum. Na ação proposta por advogado empregado, para a cobrança de honorários advocatícios contratuais de seu empregador (art. 21 da Lei 8.906/1994), por se tratar de ação oriunda da relação de trabalho, a competência é trabalhista (art. 114, inciso I, da Constituição da República).

Pode-se dizer que se o profissional liberal, pessoa natural, prestou seu trabalho pessoalmente, a uma empresa ou tomador de serviço que não seja destinatário final (cliente), tem-se a competência da Justiça do Trabalho. Por exemplo, se o médico, o dentista, o engenheiro, o arquiteto, o advogado, como profissionais liberais, prestam serviços, como pessoas naturais, a um hospital, uma clínica, uma empresa construtora, uma empresa de decoração, um escritório de advocacia, tem-se relação de trabalho, para fins de competência da Justiça do Trabalho. No entanto, se o serviço foi prestado por organização empresarial, mesmo a alguém que não seja destinatário final, para fins de competência, não se verifica relação de trabalho.

Mesmo não sendo um destinatário final do serviço (o que afasta, em tese, a relação de consumo), em se tratando de um *fornecedor* que, na realidade, é uma *empresa* prestadora de serviço, não se verifica *trabalho* (da pessoa humana e com pessoalidade) propriamente, mas sim relação empresarial. Nesse caso, a relação de trabalho que pode existir é entre a referida empresa e os seus próprios trabalhadores (mesmo sendo, por exemplo, autônomos, eventuais, avulsos, voluntários).

Portanto, se a pessoa natural presta o serviço de forma pessoal, sem a forma de atividade empresarial, a tomador que não seja considerado destinatário final, não se tratando de relação de consumo, nem empresarial, tem-se a relação de trabalho prevista no art. 114, inciso I, da Constituição Federal de 1988.

No âmbito do trabalho residencial doméstico, o labor prestado pela própria pessoa natural, com autonomia ou eventualidade (diarista), mesmo que para um tomador final (em casa de família), não caracteriza relação de consumo, *quando não se trata de fornecedor de serviço ao mercado*. Nesse caso, pode-se ter uma relação de trabalho autônomo, eventual ou mesmo relação de emprego doméstico, de competência da Justiça do Trabalho (art. 114, inciso I, da Constituição da República).

Entretanto, se determinado serviço de limpeza é contratado de um fornecedor, que o oferece no mercado de consumo, por um destinatário final, tem-se a presença da relação de consumo, de competência da Justiça Comum.

A atual previsão constitucional não mais restringe a competência da Justiça do Trabalho para a solução dos conflitos pertinentes às relações de emprego propriamente. Em razão da redação mais abrangente, que remete à relação de trabalho, não há mais necessidade de lei específica estabelecendo a competência da Justiça do Trabalho para decidir sobre as controvérsias pertinentes a outras relações de labor que não se identifiquem com o contrato de emprego.

O art. 114, inciso IX, da Constituição Federal de 1988 faz menção a "outras controvérsias decorrentes da relação de trabalho, na forma da lei". No entanto, o inciso I do art. 114 é expresso ao estabelecer a competência da Justiça do Trabalho quanto às ações oriundas da relação de trabalho, sendo esse dispositivo claramente autoaplicável, ou seja, de aplicabilidade direta e imediata.

A ampliação da competência da Justiça do Trabalho, passando a abranger ações oriundas de relações de trabalho, diversas da relação de emprego, não significa que esses trabalhadores tenham passado a fazer jus aos direitos trabalhistas. Da mesma forma, a previsão quanto à competência não modifica os prazos prescricionais, aplicáveis de acordo com a natureza da relação jurídica de direito material.

Pode-se dizer que *trabalho* é o desempenho de atividade humana que dá origem a uma utilidade ou a um bem jurídico. Na concepção jurídica, o trabalho é a atividade da pessoa natural, de valor social, realizada para o atendimento das necessidades humanas, objeto de incidência normativa.

Obviamente, quando quem presta o serviço é pessoa jurídica, não há relação de trabalho, pois o labor, no contexto jurídico e constitucional, é atividade inerente ao ser humano. Na relação de trabalho, o sujeito ativo é sempre a pessoa natural (trabalhador), enquanto o sujeito passivo pode ser pessoa física, jurídica ou mesmo ente despersonalizado (por exemplo, o condomínio ou a massa falida).

Além disso, para os fins de delimitação da competência da Justiça do Trabalho, prevista no art. 114, inciso I, da Constituição Federal de 1988, entende-se que na relação de trabalho a própria pessoa é quem presta o serviço de forma direta e pessoal.

O art. 202, § 2º, da Constituição Federal de 1988 prevê que as contribuições do empregador, os benefícios e as condições contratuais previstas nos estatutos, regulamentos e planos de benefícios das entidades de previdência privada não integram o contrato de trabalho dos participantes.

Quanto ao tema, o Supremo Tribunal Federal firmou o entendimento de que compete à Justiça Comum o julgamento das ações decorrentes de contrato de previdência complementar privada, ou seja, envolvendo entidade de previdência complementar privada, tendo em vista a ausência de relação trabalhista com o beneficiário. Entendeu-se que essa competência não pode ser definida levando em consideração o contrato de trabalho já extinto. O STF decidiu pela modulação dos efeitos dessa decisão (art. 27 da Lei 9.868/1999), no sentido de que devem permanecer na Justiça do Trabalho os processos que já tiverem sentença de mérito proferida até a data de 20.02.2013 (STF, Pleno, RE 586.453/SE, Rel. p/ ac. Min. Dias Toffoli, DJe 06.06.2013).

Evidentemente, se a ação envolve complementação de aposentadoria, mas não decorre de contrato de trabalho ou relação de trabalho, a competência também não é da Justiça do Trabalho.

O Supremo Tribunal Federal fixou ainda a seguinte tese de repercussão geral: "Compete à Justiça comum o julgamento de conflito de interesses a envolver a incidência de contribuição previdenciária, considerada a complementação de proventos" (STF, Pleno, RE 594.435/SP, Rel. Min. Marco Aurélio, j. 24.05.2018, DJe 03.09.2018). Entendeu-se, assim, ser de competência da Justiça comum decidir conflito a respeito da incidência de contribuição previdenciária sobre complementação de proventos de aposentadorias e de pensões.

Frise-se que o Supremo Tribunal Federal acolheu embargos de declaração e decidiu pela modulação dos efeitos da decisão proferida no mencionado Recurso Extraordinário 594.435, com repercussão geral, para manter na Justiça do Trabalho, até final execução, os processos sobre a incidência de contribuição previdenciária instituída por ente federativo em complementação de proventos de aposentadoria e de pensões em que já tenha sido proferida sentença de mérito, até o dia da conclusão do julgamento do recurso extraordinário (24.05.2018) (STF, Pleno, ED-RE 594.435/SP, Red. p/ ac. Min. Alexandre de Moraes, j. 21.08.2019, DJe 23.09.2019).

Não obstante, em se tratando de complementação de aposentadoria instituída, regulamentada e paga *diretamente pelo empregador*, e não por entidade de previdência complementar privada (Súmula 288, item I, do TST)[7], entende-se que a competência é da Justiça do Trabalho, na forma do art. 114, inciso I, da Constituição da República.

O Supremo Tribunal Federal fixou a seguinte tese de repercussão geral: "Compete à Justiça comum processar e julgar causas sobre complementação de aposentadoria instituída por lei cujo pagamento seja, originariamente ou por sucessão, da responsabilidade da Administração Pública direta ou indireta, por derivar essa responsabilidade de relação jurídico-administrativa" (STF, Pleno, RG-RE 1.265.549/SP, Rel. Min. Dias Toffoli, DJe 19.06.2020). Houve modulação dos efeitos dessa decisão, de modo que os processos nos quais houver sido proferida sentença de mérito até a data da publicação do acórdão do julgamento do recurso no Plenário do Supremo Tribunal Federal (19 de junho de 2020) prossigam na Justiça do Trabalho até o trânsito em julgado e a correspondente execução (STF, Pleno, ED-RG-RE 1.265.549/SP, Rel. Min. Dias Toffoli, DJe 26.11.2020).

O Supremo Tribunal Federal firmou a seguinte tese de repercussão geral: "Compete à Justiça do Trabalho processar e julgar causas ajuizadas contra o empregador nas quais se pretenda o reconhecimento de verbas de natureza trabalhista e os reflexos nas respectivas contribuições para a entidade de previdência privada a ele vinculada" (STF, Pleno, RG-RE 1.265.564/SC, Rel. Min. Luiz Fux, j. 02.09.2021, DJe 14.09.2021).

O Superior Tribunal de Justiça firmou a seguinte tese em incidente de assunção de competência: "Compete à Justiça Comum julgar as demandas relativas a plano de saúde de autogestão empresarial, exceto quando o benefício for regulado em contrato de trabalho, convenção ou acordo coletivo, hipótese em que a competência será da Justiça do Trabalho, ainda que figure como parte trabalhador aposentado ou dependente do trabalhador" (STJ, 2ª Seção, EDcl no REsp 1.799.343/SP, 2018/0301672-7, Rel. Min. Nancy Andrighi, DJe 01.07.2020)[8].

---

7. Cf. Súmula 288 do TST: "Complementação dos proventos da aposentadoria. I – A complementação dos proventos de aposentadoria, instituída, regulamentada e paga diretamente pelo empregador, sem vínculo com as entidades de previdência privada fechada, é regida pelas normas em vigor na data de admissão do empregado, ressalvadas as alterações que forem mais benéficas (art. 468 da CLT)".

8. "Incidente de assunção de competência. Recurso especial. Ação de obrigação de fazer. Contrato de plano de saúde. Modalidade de autogestão instituída. Inatividade do ex-empregado. Manutenção das mesmas condições. Competência. Justiça Comum. [...] 2. Incidente de assunção de competência instaurado para decidir sobre a Justiça competente para julgamento de demanda relativa a contrato de plano de saúde assegurado em contrato de trabalho, acordo ou convenção coletiva. 3. A jurisprudência da Segunda Seção reconhece a autonomia da saúde suplementar em relação ao Direito do Trabalho, tendo em vista que o plano de saúde coletivo disponibilizado pelo empregador ao empregado não é considerado salário, a operadora de plano de saúde de autogestão, vinculada à instituição empregadora, é disciplinada no âmbito do sistema de saúde suplementar, e o fundamento jurídico para avaliar a procedência ou improcedência do pedido está estritamente vinculado à interpretação da Lei dos Planos de Saúde, o que evidencia a natureza eminentemente civil da demanda. [...]. 5. Hipótese que trata de contrato de plano de saúde na modalidade autogestão instituída, pois operado

Cabe ainda ressaltar que o Pleno do Supremo Tribunal Federal referendou liminar concedida para suspender a eficácia de normas conjuntas de órgãos do Poder Judiciário e do Ministério Público nos Estados de São Paulo e de Mato Grosso que dispõem sobre a competência da Justiça do Trabalho para conceder autorização de trabalho artístico para crianças e adolescentes. Prevaleceu o entendimento de que essa matéria é de competência da Justiça Comum e não da Justiça do Trabalho.

Nesse sentido, o STF concedeu cautelar para suspender a eficácia da expressão "inclusive artístico" (constante do inciso II da Recomendação Conjunta 1/14-SP e do art. 1º, inciso II, da Recomendação Conjunta 1/14-MT), bem como para afastar a atribuição (definida no Ato GP 19/2013 e no Provimento GP/CR 07/2014) quanto à apreciação de pedidos de alvará visando à participação de crianças e adolescentes em representações artísticas e a criação do Juizado Especial na Justiça do Trabalho, ficando suspensos, por consequência, esses últimos preceitos, assentando ser da Justiça Comum a competência para analisar tais pedidos (STF, Pleno, MC-ADI 5.326/DF, Rel. Min. Marco Aurélio, j. 27.09.2018).

Conforme decisão proferida pelo Supremo Tribunal Federal: "Ausente controvérsia a envolver relação de trabalho, compete ao Juízo da Infância e da Juventude, inserido no âmbito da Justiça Comum, apreciar, no campo da jurisdição voluntária, pedido de autorização visando a participação de crianças e adolescentes em eventos de caráter artístico" (STF, Pleno, MC-ADI 5.326/DF, Rel. Min. Marco Aurélio, DJe 20.03.2020).

O art. 9º, § 2º, inciso II, da Lei 11.340/2006 prevê que o juiz deve assegurar à mulher em situação de violência doméstica e familiar, para preservar sua integridade física e psicológica manutenção do vínculo trabalhista, quando necessário o afastamento do local de trabalho, por até seis meses. A respeito do tema, segundo o entendimento firmado pelo Superior Tribunal de Justiça, tem "competência o juiz da vara especializada em violência doméstica e familiar ou, caso não haja na localidade, o juízo criminal, para apreciar pedido de imposição de medida protetiva de manutenção de vínculo trabalhista, por até seis meses, em razão de afastamento do trabalho de ofendida decorrente de violência doméstica e familiar, uma vez que o motivo do afastamento não advém de relação de trabalho, mas de situação emergencial que visa garantir a integridade física, psicológica e patrimonial da mulher" (STJ, 6ª T., REsp 1.757.775/SP, 2018/0193975-8, Rel. Min. Rogerio Schietti Cruz, DJe 02.09.2019).

O Superior Tribunal de Justiça decidiu que compete à Justiça Comum Estadual julgar ação com pedidos de obrigação de fazer e de indenização ajuizada por motorista de aplicativo em face da empresa detentora de aplicativo de celular, sem vínculo de emprego, com o objetivo de voltar a realizar seus serviços, por se tratar de relação de natureza eminentemente civil[9]. Cf. ainda STF, Rcl 59.795/MG, Rel. Min. Alexandre de Moraes.

---

por uma fundação instituída pelo empregador, o que impõe seja declarada a competência da Justiça Comum Estadual. 6. Recurso especial conhecido e provido" (STJ, 2ª Seção, REsp 1.799.343/SP, 2018/0301672-7, Rel. p/ ac. Min. Nancy Andrighi, DJe 18.03.2020).

9. "Conflito negativo de competência. Incidente manejado sob a égide do NCPC. Ação de obrigação de fazer c.c. reparação de danos materiais e morais ajuizada por motorista de aplicativo UBER. Relação de trabalho não caracterizada. *Sharing economy.* Natureza cível. Competência do juízo estadual. 1. A competência *ratione materiae,* via de regra, é questão anterior a qualquer juízo sobre outras espécies de competência e, sendo determinada em função da natureza jurídica da pretensão, decorre diretamente do pedido e da causa de pedir deduzidos em juízo. 2. Os fundamentos de fato e de direito da causa não dizem respeito a eventual relação de emprego havida entre as partes, tampouco veiculam a pretensão de recebimento de verbas de natureza trabalhista. A pretensão decorre do contrato firmado com empresa detentora de aplicativo de celular,

A Lei 11.442/2007 dispõe sobre o Transporte Rodoviário de Cargas realizado em vias públicas, no território nacional, por conta de terceiros e mediante remuneração, os mecanismos de sua operação e a responsabilidade do transportador (art. 1º).

As relações decorrentes do contrato de transporte de cargas de que trata o art. 4º da Lei 11.442/2007 são sempre de *natureza comercial*, não ensejando, em nenhuma hipótese, a caracterização de vínculo de emprego (art. 5º da Lei 11.442/2007). Da mesma forma, no caso de contratação direta do transportador autônomo de cargas pelo proprietário da mercadoria, a relação dar-se-á nos termos da Lei 11.442/2007 e será considerada de natureza comercial.

Sendo assim, compete à Justiça Comum o julgamento de ações oriundas dos contratos de transporte de cargas. Em razão disso, a jurisprudência majoritária tem afastado a competência da Justiça do Trabalho quanto ao tema em questão (TST, 8ª T., RR 516-67.2012.5.04.0291, Rel. Des. Conv. João Pedro Silvestrin, DEJT 30.05.2014).

O Supremo Tribunal Federal firmou a seguinte tese: "1 – A Lei 11.442/2007 é constitucional, uma vez que a Constituição não veda a terceirização, de atividade-meio ou fim. 2 – O prazo prescricional estabelecido no art. 18 da Lei 11.442/2007 é válido porque não se trata de créditos resultantes de relação de trabalho, mas de relação comercial, não incidindo na hipótese o art. 7º, XXIX, CF. 3 – Uma vez preenchidos os requisitos dispostos na Lei 11.442/2007, estará configurada a relação comercial de natureza civil e afastada a configuração de vínculo trabalhista" (STF, Pleno, ADI 3.961/DF, Rel. Min. Roberto Barroso, j. 15.04.2020, DJe 05.06.2020).

No caso de *contrato de empreitada em que empreiteiro seja operário ou artífice*, há regra expressa no sentido da competência da Justiça do Trabalho, qual seja o art. 652, *a*, inciso III, da CLT. Esse, aliás, pode ser apontado como um exemplo de aplicação do inciso IX do art. 114 da Constituição Federal de 1988, ao incluir na competência da Justiça do Trabalho outras controvérsias decorrentes da relação de trabalho, *na forma da lei*.

Trata-se de regra de natureza processual, sobre a competência da Justiça do Trabalho[10], pois o pequeno empreiteiro permanece regido pelo Direito Civil, ou seja, não faz jus aos direitos assegurados pelo Direito (material) do Trabalho.

---

de cunho eminentemente civil. 3. As ferramentas tecnológicas disponíveis atualmente permitiram criar uma nova modalidade de interação econômica, fazendo surgir a economia compartilhada *(sharing economy)*, em que a prestação de serviços por detentores de veículos particulares é intermediada por aplicativos geridos por empresas de tecnologia. Nesse processo, os motoristas, executores da atividade, atuam como empreendedores individuais, sem vínculo de emprego com a empresa proprietária da plataforma. 4. Compete a Justiça Comum Estadual julgar ação de obrigação de fazer c.c. reparação de danos materiais e morais ajuizada por motorista de aplicativo pretendendo a reativação de sua conta UBER para que possa voltar a usar o aplicativo e realizar seus serviços. 5. Conflito conhecido para declarar competente a Justiça Estadual" (STJ, 2ª Seção, CC 164.544/MG, 2019/0079952-0, Rel. Min. Moura Ribeiro, DJe 04.09.2019).

10. "Conflito de competência. Justiça do Trabalho e Justiça Comum Estadual. Empreitada. EC 45/2004. 1. Mesmo antes da EC 45/2004, a 2ª Seção já havia decidido que '(...) compete às varas do trabalho conciliar e julgar os dissídios resultantes de contratos de empreitada em que o empreiteiro seja operário ou artífice (CLT, art. 652, 'a', III) (...)' (CC 32.433/Castro Filho). 2. Como a EC 45/2004 veio para ampliar, não para reduzir a competência da Justiça do Trabalho, não há razão que justifique seja alterado tal entendimento. 3. Assim, se o contrato de empreitada não se enquadra na norma exceptiva do art. 652, 'a', III, da CLT, a competência continua a ser da Justiça Comum Estadual. 4. Compete ao Juízo do Trabalho decidir se o contrato de empreitada envolve, ou não, empreiteiro 'operário ou artífice', a justificar a competência da Justiça Especializada. 5. O empreiteiro, pessoa física, que contrata ajudantes para executar o serviço, transforma-se em tomador de serviços ou empregador, o que afasta a competência da Justiça do Trabalho para julgar demanda envolvendo ele, empreiteiro, e quem o contratou" (STJ, 2ª Seção, CC 89.171/MG, 2007/0201358-0, Rel. Min. Humberto

De acordo com o art. 1º da Lei 4.886/1965, a *representação comercial autônoma* é exercida por pessoa jurídica ou pessoa física, sem relação de emprego, que desempenha, em caráter não eventual, por conta de uma ou mais pessoas, a mediação para a realização de negócios mercantis, agenciando propostas ou pedidos, para transmiti-los aos representados, praticando ou não atos relacionados com a execução dos negócios. Diferencia-se da relação de emprego pela ausência de subordinação jurídica, inerente ao contrato de trabalho.

Obviamente, quando a representação é exercida por pessoa jurídica, fica de plano afastada a existência de relação de trabalho propriamente, não se inserindo na atual competência da Justiça do Trabalho.

Em se tratando de ação postulando reconhecimento de vínculo de emprego e direitos decorrentes, a Justiça do Trabalho é o único ramo do Poder Judiciário competente para decidir a respeito. Assim, eventual alegação, em defesa, de ausência de contrato de trabalho, por se tratar de representação comercial autônoma, é questão a ser decidida no mérito, sem deslocar a competência da Justiça Laboral.

Se o mencionado representante, quanto à forma de exercício de sua atividade econômica, apresenta os elementos que caracterizam a empresa, com destaque para a *organização dos fatores de produção*, tem-se a figura do empresário (art. 966, *caput*, do Código Civil de 2002). Nesse caso, o contrato de representação comercial terá natureza empresarial.

Assim, a relação jurídica do empresário-representante comercial, com o representado, não é propriamente de trabalho, mas sim uma típica relação *empresarial*, afastando a incidência do art. 114, inciso I, da Constituição Federal de 1988. Efetivamente, à Justiça do Trabalho não foi atribuída, mesmo após a Emenda Constitucional 45/2004, competência para solucionar conflitos entre empresas, que firmaram contrato de natureza empresarial/mercantil, nem controvérsias decorrentes de contratos empresariais.

As relações entre o representante comercial, mesmo sendo pessoa natural, que seja fornecedor, e seus clientes consumidores (destinatários finais) não apresentam natureza de relação de trabalho propriamente, mas sim de consumo. A relação de trabalho pode existir, no entanto, entre esse representante comercial e os seus próprios trabalhadores.

O representante comercial autônomo, ao alienar produtos a terceiros (consumidores ou não), obviamente, não mantém relação de trabalho com estes, mas sim contrato de compra e venda. No entanto, verifica-se relação de trabalho entre o representante comercial (trabalhador que seja pessoa natural e exerça a sua atividade de modo pessoal e autônomo, mas não empresarial) e a empresa para quem faça a intermediação da venda de produtos ou bens. Nesse último caso, assim como nas demais relações de trabalho autônomo, incidiria o art. 114, inciso I, da Constituição Federal de 1988[11], deixando

---

Gomes de Barros, DJ 26.11.2007). Cf. ainda STJ, 2ª Seção, CC 197.329/SP, 2023/0171840-5, Rel. Min. Marco Buzzi, DJe 04.10.2023.

11. "Lide decorrente de contrato de representação comercial celebrado por pessoa física. Competência material da justiça do trabalho. Desde a Emenda Constitucional nº 45/2004, a competência desta Justiça Especializada foi significativamente ampliada para albergar todas as relações de trabalho entre pessoas físicas, e não mais apenas as lides decorrentes do vínculo de emprego. Na hipótese dos autos, o autor, na qualidade de representante comercial autônomo, pleiteia parcelas do contrato civil estabelecido com a ré. Não se trata, assim, de lide civil entre pessoas jurídicas, mas de discussão em torno do trabalho prestado por pessoa física, a atrair a competência da Justiça do Trabalho, nos exatos termos do artigo 114, I, da Constituição Federal. Precedentes. Recurso de revista conhecido e provido" (TST, 7ª T., RR-1423-08.2010.5.15.0129, Redator Min. Cláudio Mascarenhas Brandão, DEJT 05.07.2019).

de prevalecer, nessa hipótese específica, a previsão anterior referente ao art. 39 da Lei 4.886/1965, que estabelecia a competência da Justiça Comum Estadual.

Apesar do exposto, o Supremo Tribunal Federal fixou a seguinte tese de repercussão geral: "Preenchidos os requisitos dispostos na Lei 4.886/65, compete à Justiça Comum o julgamento de processos envolvendo relação jurídica entre representante e representada comerciais, uma vez que não há relação de trabalho entre as partes" (STF, Pleno, RE 606.003/RS, Red. p/ ac. Min. Roberto Barroso, j. 28.09.2020). Nos termos do art. 39 da Lei 4.886/1965, para julgamento das controvérsias que surgirem entre representante e representado é competente a Justiça Comum, sendo a competência territorial do foro do domicílio do representante comercial autônomo. Tendo em vista o entendimento firmado pelo STF, prevaleceu a posição de que esse dispositivo legal permanece em vigor, mesmo após a Emenda Constitucional 45/2004.

Também podem existir relações de trabalho autônomo (ou mesmo eventual) decorrentes de contratos de atividade, ou seja, envolvendo o trabalho prestado pela pessoa natural, regidos pelo Direito Civil, como de empreitada, prestação de serviço, depósito, mandato, comissão, agência e distribuição, corretagem, transporte, arrendamento e parceria rural.

Não estão abrangidas pelo art. 114, inciso I, da Constituição Federal de 1988 as relações de consumo, ainda que pertinentes aos referidos contratos, como ocorre, por exemplo, na relação do corretor de imóveis com o seu cliente, na relação entre o agente ou distribuidor e seus clientes e na relação do fornecedor de transporte com o consumidor desse serviço. Quando o corretor, o agente ou distribuidor, o transportador, pessoas jurídicas ou naturais, contratam pessoas físicas para trabalharem para eles, surgem relações de trabalho, ainda que não sejam relações de emprego.

De todo modo, o juiz, para a fixação da competência, deve levar em conta as informações presentes na demanda, proposta por meio da petição inicial. Portanto, alegando o autor ser ele um trabalhador (pessoa natural), mantendo relação de trabalho com o réu (com prestação de serviço pessoalmente, e não por meio de sua própria empresa), assim deve ser considerado para a fixação da competência. Nesse caso, como a causa de pedir apresentada na demanda proposta refere-se à relação de trabalho, a competência é da Justiça do Trabalho (art. 114, inciso I, da Constituição Federal de 1988).

Diversamente, se da própria petição inicial se verifica, na causa de pedir, tratar-se de verdadeiro fornecedor que prestou serviços mediante atividade empresarial, ou prestação de serviço a destinatário final, dando origem à relação de consumo, deve-se afastar a competência da Justiça do Trabalho.

O inciso I do art. 114 da Constituição da República fixa a competência da Justiça do Trabalho para as ações oriundas das relações de trabalho, e não a solução de conflitos envolvendo *relações societárias* em sentido estrito, ou seja, vínculos entre sócios ou entre os sócios e a pessoa jurídica.

Por isso, as controvérsias entre sócios e as respectivas pessoas jurídicas, quando não envolvam o trabalho daqueles em favor destas, por se referirem apenas a relações societárias, permanecem na competência da Justiça Comum Estadual.

No entanto, se o sócio (pessoa natural), na realidade, trabalha, de forma pessoal, para a sociedade, por exemplo, como seu *administrador*, tem-se relação de trabalho, na forma do art. 114, inciso I, da Constituição da República. Além disso, em se tratando de ação postulando o reconhecimento de vínculo empregatício, a Justiça do Trabalho é a única para decidir pela sua existência ou não, ainda que o réu alegue a condição de sócio do autor.

Quanto ao acionista não empregado, nem trabalhador, da sociedade anônima, por se tratar, na realidade, do titular das ações, também fica afastada a existência de relação de trabalho para fins do art. 114, inciso I, da Constituição Federal de 1988.

A situação se modifica quando certa pessoa física é contratada pela sociedade para exercer atividades de labor em favor desta, como, por exemplo, *administrar* a sociedade anônima (compondo seu conselho de administração ou diretoria). Nesse caso, trata-se de efetivo trabalho, fora do âmbito específico de relação societária em sentido estrito, indicando a existência de relação de trabalho, ainda que possa configurar, conforme o caso concreto, vínculo de emprego ou estatutário, atraindo a competência da Justiça do Trabalho para decidir os conflitos decorrentes[12].

Mesmo para as sociedades limitadas, o art. 1.061 do Código Civil de 2002 prevê a possibilidade de permissão, no contrato da sociedade limitada, de "administradores não sócios", os quais, assim, também podem manter relação de trabalho com a pessoa jurídica.

Não se observa relação de trabalho entre os associados e a respectiva associação, quando os primeiros não trabalham em favor desta. A relação de trabalho que pode existir é entre a associação e os seus trabalhadores. Além disso, pode haver relação de trabalho entre o administrador e a associação, justamente ao prestar o serviço de administrá-la.

Em sociedade cooperativa, pode-se dizer que há relação de trabalho se o cooperado trabalha, ou seja, presta serviços para cooperativa, mas não se a relação jurídica existente for, apenas, de mero sócio, não envolvendo o labor humano e pessoal. Diversamente, pode-se ter relação de trabalho entre o cooperado e o terceiro a quem o serviço é prestado.

O trabalho eventual, como já mencionado, também passou a ser abrangido pela competência da Justiça do Trabalho.

O *trabalhador avulso*, por sua vez, caracteriza-se por prestar serviços a diversos tomadores (sem fixação a uma fonte tomadora), com a intermediação do sindicato ou do Órgão Gestor de Mão de Obra. Embora não tenha vínculo de emprego, a Constituição Federal de 1988 assegura a igualdade de direitos entre o trabalhador avulso e o empregado (art. 7º, inciso XXXIV).

O art. 643, *caput*, da CLT estabelece a competência da Justiça do Trabalho para solucionar os dissídios oriundos das relações entre trabalhadores avulsos e seus tomadores de serviço, o que permanece aplicável.

O art. 643, § 3º, da CLT prevê que a Justiça do Trabalho é competente para processar e julgar as ações entre trabalhadores portuários e os operadores portuários ou o Órgão Gestor de Mão de Obra (OGMO) decorrentes da relação de trabalho, por meio das Varas do Trabalho, conforme art. 652, inciso V, da CLT.

O art. 114, inciso I, da Constituição Federal de 1988 abrange na competência da Justiça do Trabalho as ações oriundas das relações de trabalho avulso, inclusive quanto aos conflitos: entre o referido trabalhador e a empresa ou ente tomador (por exemplo, o operador portuário); entre o avulso e o sindicato que fez a intermediação da contratação; entre o avulso e o Órgão Gestor de Mão de Obra.

O *trabalho gratuito* se distingue da relação de emprego em razão da ausência de onerosidade. Mesmo que ocorra o recebimento de valor, por exemplo, para custear despesas, se o trabalho for prestado com objetivos diversos do intuito de receber remu-

12. Em sentido divergente: STJ, 2ª Seção, CC 86066/SP, Rel. Min. Carlos Alberto Menezes Direito, DJ 30.08.2007.

neração (como fins assistenciais, religiosos e de caridade), não se verifica a onerosidade, o que afasta a existência do vínculo de emprego.

Como o trabalho gratuito não deixa de ser uma modalidade de relação de trabalho, justamente por envolver o labor da pessoa natural, os conflitos decorrentes passam a ser de competência da Justiça Laboral (art. 114, inciso I, da Constituição Federal de 1988).

O trabalho não oneroso (gratuito) engloba o *serviço voluntário*, previsto na Lei 9.608/1998.

Evidentemente, a pretensão de reconhecimento do vínculo de emprego, mesmo com alegação de fraude à legislação trabalhista (art. 9º da CLT), também permanece na competência da Justiça do Trabalho, ainda que seja alegado pelo réu, em defesa, tratar-se de trabalho gratuito ou serviço voluntário.

Como já mencionado, não foi conferida à Justiça do Trabalho competência criminal, mesmo depois da Emenda Constitucional 45/2004, pois ausente previsão nesse sentido. Dessa forma, entende-se que a Justiça do Trabalho não é competente para decidir causas decorrentes da execução penal, ainda que relacionadas ao *trabalho penitenciário* ou prisional em sentido próprio, previsto no art. 28 da Lei de Execução Penal (Lei 7.210/1984). A competência, no caso, é do juízo da execução penal, conforme arts. 2º e 65 do mencionado diploma legal, não estando abrangida pelo art. 114, inciso I, da Constituição Federal de 1988, justamente por se tratar de questão decorrente de execução da pena criminal, envolvendo, portanto, relação jurídica vinculada ao Direito Penal (TST, 6ª T., RR 1072/2007-011-06-40.4, Rel. Min. Aloysio Corrêa da Veiga, DJ 13.03.2009).

3.4.2 Entes de direito público externo

O art. 114 da Constituição da República estabelece que a competência da Justiça do Trabalho também abrange os *entes de direito público externo*, ou seja, entes de Direito Internacional Público.

Em se tratando de ação oriunda da relação de trabalho, mesmo figurando o ente de direito público externo como parte, permanece competente a Justiça do Trabalho para a solução do conflito.

Esse dispositivo constitucional é regra de competência, não versando sobre a *imunidade de jurisdição*. É necessário saber o ramo do Poder Judiciário competente até mesmo para decidir a respeito de sua aplicação, ou não, em favor do ente de direito público externo. Em outras palavras, a imunidade de jurisdição surge como questão posterior à definição da competência.

Portanto, sendo o conflito decorrente de relação de trabalho mantida com o ente de direito público externo, a ação deve ser ajuizada perante a Justiça do Trabalho, competindo, na solução da controvérsia, decidir, entre outras matérias, a respeito da imunidade de jurisdição.

Essa conclusão não é alterada pelos arts. 109, incisos II e III, e 105, inciso II, *c*, da Constituição Federal de 1988, pois esses dispositivos traduzem regras genéricas, enquanto o art. 114, inciso I, é norma especial, a qual afasta a aplicação daqueles para situações específicas referentes às ações oriundas da relação de trabalho.

A jurisprudência, inclusive do Supremo Tribunal Federal (STF, 2ª T., AgReg RE 222.368-4/PE, Rel. Min. Celso de Mello, j. 30.4.2002), entende que a imunidade de jurisdição não se aplica a questões trabalhistas, ao menos em processo de conhecimento. Mesmo a respeito da imunidade de execução do Estado estrangeiro ou organismo internacional, esta alcança apenas os bens afetos à representação diplomática ou consular.

Quanto às organizações internacionais, constituídas por meio de tratados, quando ratificados pelo Brasil, com previsão de imunidade de jurisdição em sentido amplo, inclusive quanto à esfera trabalhista, prevalece o entendimento de que assim deve ser observado.

As organizações ou organismos internacionais gozam de imunidade absoluta de jurisdição quando amparados por norma internacional incorporada ao ordenamento jurídico brasileiro, não se lhes aplicando a regra do Direito Consuetudinário relativa à natureza dos atos praticados. Excepcionalmente, prevalecerá a jurisdição brasileira na hipótese de renúncia expressa à cláusula de imunidade jurisdicional (Orientação Jurisprudencial 416 da SBDI-1 do TST).

Apesar disso, como já destacado, a presença do ente de direito público como parte na relação de trabalho não altera a competência da Justiça do Trabalho, mesmo que para decidir a respeito da existência de imunidade de jurisdição ou de execução.

3.4.3 Servidores públicos

O art. 114, inciso I, da Constituição da República prevê que compete à Justiça do Trabalho processar e julgar as ações oriundas da relação de trabalho, sendo abrangidos os entes da administração pública direta e indireta da União, dos Estados, do Distrito Federal e dos Municípios.

Evidentemente, os servidores regidos pela CLT e *empregados públicos* (da administração pública direta e indireta) permanecem abrangidos pela Justiça Laboral. Além disso, entende-se aplicável a orientação de que, se a própria existência da relação de emprego é controvertida, a Justiça do Trabalho é o ramo do Poder Judiciário competente para reconhecê-la.

Entretanto, nos casos de *servidores públicos estatutários e de regime administrativo*, prevaleceu o entendimento de que a competência não é da Justiça do Trabalho, e sim da Justiça Comum (STF, Pleno, ADI-MC 3.395/DF, Rel. Min. Cezar Peluso, DJ 10.11.2006)[13].

Compete à Justiça dos Estados processar e julgar ação de servidor estadual decorrente de direitos e vantagens estatutárias no exercício de cargo em comissão (Súmula 218 do STJ).

Compete à Justiça do Trabalho julgar pedidos de direitos e vantagens previstos na legislação trabalhista referente a período anterior à Lei nº 8.112/1990, mesmo que a ação tenha sido ajuizada após a edição da referida lei. A superveniência de regime estatutário em substituição ao celetista, mesmo após a sentença, limita a execução ao período celetista (Orientação Jurisprudencial 138 da SBDI-I).

Os servidores públicos temporários (ou seja, contratados por tempo determinado para atender a necessidade temporária de excepcional interesse público, conforme art. 37,

---

13. "Constitucional e trabalho. Competência da Justiça do Trabalho. Art.114, I, da Constituição Federal. Emenda Constitucional 45/2004. Ausência de inconstitucionalidade formal. Expressão 'relação de trabalho'. Interpretação conforme à Constituição. Exclusão das ações entre o poder público e seus servidores. Precedentes. Medida cautelar confirmada. Ação direta julgada parcialmente procedente. 1. O processo legislativo para edição da Emenda Constitucional 45/2004, que deu nova redação ao inciso I do art. 114 da Constituição Federal, é, do ponto de vista formal, constitucionalmente hígido. 2. A interpretação adequadamente constitucional da expressão 'relação do trabalho' deve excluir os vínculos de natureza jurídico-estatutária, em razão do que a competência da Justiça do Trabalho não alcança as ações judiciais entre o Poder Público e seus servidores. 3. Medida Cautelar confirmada e Ação Direta julgada parcialmente procedente" (STF, Pleno, ADI 3.395/DF, Rel. Min. Alexandre de Moraes, DJe 01.07.2020).

inciso IX, da Constituição Federal de 1988), vinculados a regime administrativo especial, de acordo com a jurisprudência do STF, também não são abrangidos pela competência da Justiça do Trabalho (STF, Pleno, Rcl-AgR 4489/PA, Rel. Min. Cármen Lúcia, DJ 21.11.2008).

Portanto, quanto aos entes da administração pública, a competência da Justiça do Trabalho restringe-se às ações envolvendo servidores públicos regidos pela legislação trabalhista.

Nesse sentido, o Supremo Tribunal Federal firmou o entendimento de ser "da competência da Justiça do Trabalho processar e julgar demandas visando a obter prestações de natureza trabalhista, ajuizadas contra órgãos da Administração Pública por servidores que ingressaram em seus quadros, sem concurso público, antes do advento da CF/88, sob o regime da Consolidação das Leis do Trabalho – CLT" (STF, Pleno, ARE-RG 906.491/DF, Rel. Min. Teori Zavascki, DJe 07.10.2015).

Compete à Justiça Comum julgar causas sobre critérios para seleção de pessoal por concurso público em que é parte sociedade de economia mista, em razão de se tratar de ato de natureza administrativa (STF, 1ª T., AgR-RE 967.863/DF, Rel. Min. Roberto Barroso, DJe 07.12.2016).

A respeito do tema, o Supremo Tribunal Federal fixou a seguinte tese de repercussão geral: "Compete à Justiça Comum processar e julgar controvérsias relacionadas à fase pré-contratual de seleção e de admissão de pessoal e eventual nulidade do certame em face da Administração Pública, direta e indireta, nas hipóteses em que adotado o regime celetista de contratação de pessoas, salvo quando a sentença de mérito tiver sido proferida antes de 6 de junho de 2018, situação em que, até o trânsito em julgado e a sua execução, a competência continuará a ser da Justiça do Trabalho" (STF, Pleno, ED-RE 960.429/RN, Rel. Min. Gilmar Mendes, j. 15.12.2020). Entende-se que nessas controvérsias há prevalência do caráter público, pois o concurso público é ato de natureza administrativa.

Frise-se ainda que o Supremo Tribunal Federal fixou a seguinte tese de repercussão geral: "A natureza do ato de demissão de empregado público é constitucional-administrativa e não trabalhista, o que atrai a competência da Justiça comum para julgar a questão. A concessão de aposentadoria aos empregados públicos inviabiliza a permanência no emprego, nos termos do art. 37, § 14, da CRFB, salvo para as aposentadorias concedidas pelo Regime Geral de Previdência Social até a data de entrada em vigor da Emenda Constitucional nº 103/19, nos termos do que dispõe seu art. 6º" (STF, Pleno, RE 655.283/DF, Red. p/ ac. Min. Dias Toffoli, j. 16.06.2021).

O Supremo Tribunal Federal fixou a seguinte tese de repercussão geral (Tema 1.143): "A Justiça Comum é competente para julgar ação ajuizada por servidor celetista contra o Poder Público, em que se pleiteia parcela de natureza administrativa". Houve modulação dos efeitos da decisão para manter na Justiça do Trabalho, até o trânsito em julgado e correspondente execução, os processos em que houver sido proferida sentença de mérito até a data de publicação da ata de julgamento (STF, Pleno, RE 1.288.440/SP, Rel. Min. Roberto Barroso, j. 03.07.2023).

A natureza jurídico-administrativa do vínculo existente entre o estagiário e o ente público afasta a competência da Justiça do Trabalho para apreciar a ação (TST, 8ª T., RR – 10140-21.2014.5.15.0015, Rel. Min. Dora Maria da Costa, DEJT 17.03.2017).

Quanto aos *agentes políticos*, por não ser relação de trabalho propriamente, mas relação de natureza institucional, caracterizando um *munus* público, não se verifica a competência da Justiça do Trabalho para os agentes políticos, não incidindo o art. 114, inciso I, da Constituição da República.

Essa mesma conclusão pode ser aplicada aos militares, aqui incluídos os membros das Forças Armadas (art. 142 da Constituição Federal de 1988) e os membros das Polícias Militares e Corpos de Bombeiros Militares (art. 42 da Constituição da República). Quanto aos militares, prevalece o caráter institucional da relação jurídica, não se podendo equiparar aos servidores civis, nem às demais relações de trabalho.

Da mesma forma, os agentes honoríficos, delegados e credenciados, que não se confundem com os servidores públicos, exercem, na realidade, *munus* público, diferindo da relação de trabalho propriamente.

Prevalece o entendimento de que a Justiça do Trabalho não é competente para julgar ação de cobrança de honorários advocatícios em favor de *defensor dativo*, por se tratar de relação jurídica de natureza administrativa (STF, Pleno, RE 607.520/MG, Rel. Min. Dias Toffoli, DJe 21.06.2011).

3.4.4 Greve

O art. 114, inciso II, da Constituição da República atribui à Justiça do Trabalho a competência para processar e julgar as ações que envolvam o exercício do *direito de greve*.

Ao se exercer o direito de greve, devem ser respeitados os demais direitos e garantias constitucionais. Tanto é assim que a Lei 7.783/1989, no art. 2º, prevê a necessidade de ser a greve exercida de forma pacífica. O art. 6º, § 1º, do mesmo diploma legal determina a observância dos direitos e garantias fundamentais, e o art. 6º, § 3º, veda a ameaça ou dano à propriedade. Em razão disso, o exercício do direito de greve pode dar origem ao ajuizamento de ações com diversos objetos e finalidades, não apenas voltadas ao campo trabalhista, mas também civil ou penal (art. 15 da Lei 7.783/1989).

Exemplificando, a ação de responsabilidade civil, ajuizada por terceiro prejudicado em razão de ato ilícito ou abuso de direito praticado pelos grevistas (ou pelas organizações sindicais), como envolve o exercício do direito de greve, é de competência da Justiça do Trabalho.

Para essas demandas, ainda que relacionadas ao direito de greve, que não se referem a dissídio coletivo propriamente, a competência originária, hierárquico-funcional, é da Vara do Trabalho, justamente por não se confundir com o dissídio coletivo de greve, não envolvendo a solução do próprio conflito coletivo de trabalho. Os dissídios coletivos de greve é que são de competência originária, conforme o caso, dos Tribunais Regionais do Trabalho ou do Tribunal Superior do Trabalho (arts. 856, 677, 678, inciso I, 702, inciso I, *b*, da CLT e art. 2º, inciso I, *a*, da Lei 7.701/1988).

Da mesma forma, ações ajuizadas pelo empregador, de natureza possessória, com pedidos de desocupação ou, preventivamente, não ocupação do estabelecimento pelos grevistas, e ações ajuizadas pelos grevistas, para assegurar o exercício do direito de greve, também são de competência da Justiça do Trabalho.

Nesse sentido, a Justiça do Trabalho é competente para julgar interdito proibitório (art. 567 do CPC) que envolva o exercício do direito de greve.

A Justiça do Trabalho é competente para processar e julgar ação possessória ajuizada em decorrência do exercício do direito de greve pelos trabalhadores da iniciativa privada (Súmula Vinculante 23 do STF).

Entretanto, em ação de indenização por danos materiais e morais ajuizada por terceiro em face de instituição ou empresa envolvida em greve, sobre matéria civil, não havendo discussão sobre direitos relacionados à greve, entende-se que a competência é da Justiça Comum Estadual. Cf. STJ, CC 171.657/SP, 2020/0087880-2, Rel. Min. Paulo de Tarso Sanseverino, DJe 07.05.2020.

Como a Justiça do Trabalho não tem competência em matéria criminal, quanto a eventuais crimes praticados durante a greve, com apuração segundo a legislação penal (Lei 7.783/1989, art. 15) são de competência da Justiça Comum.

Prevalece o entendimento de que a competência para processar e julgar ações referentes a greves de servidores públicos estatutários não é da Justiça do Trabalho, tendo em vista a aplicação, também nesse caso, do entendimento do STF, constante da ADI-MC 3.395/DF. Logo, as ações que envolvam greves de servidores públicos estatutários ou de regime administrativo são de competência da Justiça Comum (STJ, 3ª Seção, CC 34.483/PR, Rel. Min. Arnaldo Esteves Lima, DJ 24.04.2006).

Frise-se ainda que o Supremo Tribunal Federal fixou a seguinte tese de repercussão geral: "A justiça comum, federal ou estadual, é competente para julgar a abusividade de greve de servidores públicos celetistas da Administração pública direta, autarquias e fundações públicas" (STF, Pleno, RE 846.854/SP, Red. p/ ac. Min. Alexandre de Moraes, j. 01.08.2017).

Logo, prevaleceu no Supremo Tribunal Federal o entendimento de que a matéria sobre *abusividade de greve* de servidores públicos celetistas (da administração pública direta, autarquias e fundações públicas) compete à Justiça comum (federal ou estadual)[14].

3.4.5 Representação sindical e conflitos sindicais

De acordo com o art. 114, inciso III, da Constituição da República, compete à Justiça do Trabalho processar e julgar as *ações sobre representação sindical, entre sindicatos, entre sindicatos e trabalhadores, e entre sindicatos e empregadores*.

Essa competência é de ordem absoluta, sabendo-se que a primeira parte do dispositivo adota o critério *em razão da matéria*, ou seja, engloba as *ações sobre representação sindical*, enquanto a segunda parte segue o critério da competência *em razão da pessoa*, quer dizer, abrange as *ações entre sindicatos, entre sindicatos e trabalhadores* e *entre sindicatos e empregadores*.

Podem ocorrer, ainda, hipóteses em que pedidos de registro sindical, ou mesmo impugnações a esses requerimentos, conforme Portaria 3.472/2023 e Súmula 677 do STF, sejam aceitos ou negados pelo Ministério do Trabalho. Entretanto, nesses casos, prevalece no Superior Tribunal de Justiça o entendimento de que a ação sobre registro sindical

14. "Constitucional. Direitos sociais. Competência para o julgamento da legalidade de greve de servidores públicos celetistas. Justiça Comum. Fixação de tese de repercussão geral. 1. É competência da justiça comum, federal ou estadual, conforme o caso, o julgamento de dissídio de greve promovida por servidores públicos, na linha do precedente firmado no MI 670 (Rel. Min. Maurício Corrêa, Rel. p/ acórdão Min. Gilmar Mendes, Tribunal Pleno, DJe de 30/10/2008). 2. As Guardas Municipais executam atividade de segurança pública (art. 144, § 8º, da CF), essencial ao atendimento de necessidades inadiáveis da comunidade (art. 9º, § 1º, CF), pelo que se submetem às restrições firmadas pelo Supremo Tribunal Federal no julgamento do ARE 654.432 (Rel. Min. Edson Fachin, redator para acórdão Min. Alexandre de Moraes, Tribunal Pleno, julgado em 5/4/2017). 3. A essencialidade das atividades desempenhadas pelos servidores públicos conduz à aplicação da regra de competência firmada pelo Supremo Tribunal Federal no MI 670, mesmo em se tratando de servidores contratados pelo Estado sob o regime celetista. 4. Negado provimento ao recurso extraordinário e fixada a seguinte tese de repercussão geral: 'A Justiça Comum Federal ou Estadual é competente para julgar a abusividade de greve de servidores públicos celetistas da administração direta, autarquias e fundações de direito público'" (STF, Pleno, RE 846.854/SP, Rel. p/ ac. Min. Alexandre de Moraes, DJe 07.02.2018).

ajuizada em face da União é de competência da Justiça Federal, conforme art. 109, inciso I, da Constituição Federal de 1988 (STJ, 1ª Seção, CC 126.372/PA, 2013/0004302-3, Rel. Min. Humberto Martins, DJe 21.03.2013). Em caso de mandado de segurança impetrado em face do Ministro de Estado do Trabalho, entende-se que a competência é do STJ, conforme art. 105, inciso I, *b*, da Constituição da República (STJ, 1ª Seção, MS 10295/DF, Rel. Min. Denise Arruda, DJ 12.12.2005).

Ainda assim, na jurisprudência do Tribunal Superior do Trabalho, entende-se que as ações que versam sobre registro sindical, como ato administrativo vinculado, de atribuição do Ministério do Trabalho, dizem respeito à representação sindical e, portanto, são de competência da Justiça do Trabalho, conforme art. 114, inciso III, da Constituição Federal de 1988 (TST, 3ª T., AIRR - 676-83.2015.5.10.0012, Rel. Min. Mauricio Godinho Delgado, DEJT 18.08.2017). Nessa linha, é de competência da Justiça do Trabalho o julgamento de ação sobre registro sindical, em que se postule a determinação para que o Ministério do Trabalho proceda ao registro sindical, por se tratar de matéria sobre representação sindical, com fundamento no art. 114, inciso III, da Constituição da República (TST, 2ª T., AIRR - 90-06.2016.5.10.0014, Rel. Min. José Roberto Freire Pimenta, DEJT 09.03.2018).

As ações entre sindicatos também são de competência da Justiça do Trabalho. A ação pode ser entre um sindicato profissional e outro da categoria econômica, bem como entre sindicatos de trabalhadores ou entre sindicatos de empregadores. A título de exemplo, pode-se fazer menção à controvérsia entre dois entes sindicais, a respeito do direito de receber certa contribuição sindical ou multa por descumprimento de norma coletiva negociada.

Como as federações e confederações também são entes sindicais, a competência da Justiça do Trabalho abrange a solução de conflitos entre todas as entidades sindicais.

Quanto às ações entre sindicatos e trabalhadores[15], a norma constitucional não restringe a competência da Justiça do Trabalho para a solução, apenas, de conflitos entre sindicato da categoria profissional e os respectivos trabalhadores (filiados ou não), podendo ser entre estes e o sindicato patronal, ainda que bem mais frequente a primeira hipótese.

Da mesma forma, a ação ajuizada pelo sindicato da categoria profissional para a cobrança da contribuição sindical, prevista no art. 578 da CLT, passa a ser de competência da Justiça do Trabalho, deixando de prevalecer o entendimento contido na Súmula 222 do STJ[16]. Conforme a disposição dos arts. 579, *in fine*, e 591 da CLT, inexistindo sindicato, pode surgir ação de cobrança da contribuição sindical entre a federação e o trabalhador.

15. "Embargos em embargos de declaração em recurso de revista. Ação entre sindicato e empregado. Competência material da Justiça do Trabalho. Se o empregado ajuíza ação de prestação de contas por pretender obter do sindicato esclarecimentos sobre retenções havidas em crédito decorrente de execução em reclamação trabalhista, com eventuais restituições, sobressai a competência material da Justiça do Trabalho para apreciar a lide, nos termos do art. 114, III, da Constituição Federal, que se refere às ações sobre representação sindical entre sindicatos, entre sindicatos e trabalhadores, e entre sindicatos e empregadores. A relação jurídica estabelecida entre sindicato e trabalhador insere-se na expressão contida na Constituição Federal, qual seja, a representação sindical e seus limites. Embargos conhecidos e a que se nega provimento" (TST, SBDI-I, E-ED-RR - 128300-64.2008.5.03.0042, Rel. Min. Márcio Eurico Vitral Amaro, DEJT 16.03.2018).

16. Na atualidade, entende-se que a Súmula 222 do Superior Tribunal de Justiça abrange apenas as ações sobre contribuição sindical referente a servidores públicos estatutários, as quais são de competência da Justiça Comum. As ações sobre contribuição sindical referente a celetistas (servidores ou não) são de competência da Justiça do Trabalho (STJ, 1ª Seção, CC 147.784/PR, 2016/0193111-2, Rel. Min. Mauro Campbell Marques, DJe 29.03.2021).

O Supremo Tribunal Federal firmou o entendimento de que não compete à Justiça do Trabalho apreciar causas entre o Poder Público e servidores a ele vinculados por relação estatutária ou de natureza jurídico-administrativa (ADI 3.395-MC/DF, DJ 10.11.2006). Ainda de acordo com o STF, compete à Justiça Comum decidir sobre a existência, a validade e a eficácia da relação jurídica entre as partes (Agravo Regimental na Reclamação 9.625/RN, DJe 24.03.2011). Desse modo, prevalece o entendimento de que "não se inserem na competência da Justiça do Trabalho as ações ajuizadas por Sindicatos, tendo como objeto a representatividade e/ou contribuição sindical, que digam respeito a trabalhadores submetidos ao regime estatutário ou àqueles cujo regime jurídico aplicável esteja em discussão" (TST, 4ª T., RR - 1724-62.2015.5.22.0103, Rel. Min. Maria de Assis Calsing, DEJT 19.12.2017).

Em posição divergente, destaca-se julgado no sentido de que a interpretação conferida pelo Suprem Tribunal Federal ao art. 114, inciso I, da Constituição Federal de 1988 "não pode ser aplicada na interpretação do inciso III do mesmo dispositivo, pois a ação sobre a representatividade sindical não traz qualquer pretensão capaz de impactar no vínculo jurídico entre a Administração e os servidores". Ao se ressaltar que "a relação estabelecida entre os servidores públicos e seu sindicato situa-se no âmbito do Direito Coletivo de Trabalho e independe da especificidade do liame administrativo", decidiu-se que "a discussão em torno de questões internas do sindicato, a exemplo das eleições, encontra-se abrangida pela competência da Justiça do Trabalho prevista no inciso III do art. 114 da Constituição Federal, mesmo na hipótese em que a entidade sindical represente servidores públicos estatutários" (TST, 1ª T., RR-207-67.2011.5.10.0015, Rel. Min. Luiz José Dezena da Silva, DEJT 13.09.2019).

O Supremo Tribunal Federal fixou a seguinte tese de repercussão geral: "Compete à Justiça comum processar e julgar demandas em que se discute o recolhimento e o repasse de contribuição sindical de servidores públicos regidos pelo regime estatutário" (STF, Pleno, RE 1.089.282/AM, Rel. Min. Gilmar Mendes, j. 07.12.2020, DJe 04.02.2021).

Nessa linha, as ações em que se discute a contribuição sindical de servidor público estatutário, mesmo depois da Emenda Constitucional 45/2004, devem continuar sendo ajuizadas na Justiça Comum. As ações em que se discute a contribuição sindical de servidor público celetista, depois da Emenda Constitucional 45/2004, devem ser ajuizadas na Justiça do Trabalho (STJ, 1ª Seção, CC 147.784/PR, 2016/0193111-2, Rel. Min. Mauro Campbell Marques, DJe 29.03.2021).

Os conselhos de fiscalização do exercício profissional não se confundem com entes sindicais, tendo natureza e função distintas. Desse modo, a Justiça do Trabalho não é competente para julgar ações em que os referidos órgãos postulem a cobrança de contribuições (mensalidades ou anuidades) dos profissionais abrangidos, ou mesmo em que se discuta eventual penalidade administrativa aplicada. Nesse caso, não se trata de relação entre trabalhador e sindicato, nem de vínculo de trabalho, mas sim de relação de natureza administrativa, entre o profissional e o órgão que fiscaliza o exercício da sua profissão (STJ, 1ª Seção, CC 54737/SP, Rel. Min. José Delgado, DJ 19.06.2006). Nos termos da Súmula 66 do STJ, compete à Justiça Federal processar e julgar execução fiscal promovida por conselho de fiscalização profissional.

A competência da Justiça do Trabalho também abrange a solução de conflitos entre sindicato patronal e empregador, bem como entre sindicato de categoria profissional e empregador. Por isso, tanto em ação de cumprimento ajuizada por sindicato de categoria profissional como naquela proposta por sindicato de categoria econômica, em face de empregador, para a cobrança de contribuição assistencial (art. 513, *e*, da CLT) ou confederativa (art. 8º, inciso IV, da Constituição Federal de 1988), fixada em assembleia, ou prevista em sentença normativa, acordo coletivo, convenção coletiva, verifica-se a competência da Justiça do Trabalho.

Não se inclui na competência da Justiça do Trabalho a solução de controvérsias entre centrais sindicais, entre centrais sindicais e trabalhadores e entre centrais sindicais e empregadores, uma vez que a Constituição Federal de 1988 regula o sistema sindical brasileiro com base na categoria e de forma confederativa, aspectos esses que a Lei 11.648/2008, por ser infraconstitucional, não alterou.

Da mesma forma, os conflitos entre associação civil, sem personalidade sindical, e seus associados não são da competência da Justiça do Trabalho, justamente por não se tratar de ente sindical (STJ, 2ª Seção, CC 81209/SP, Rel. Min. Nancy Andrighi, DJ 21.06.2007).

3.4.6 Mandado de segurança

De acordo com o art. 114, inciso IV, da Constituição da República, acrescentado pela Emenda Constitucional 45/2004, compete à Justiça do Trabalho processar e julgar os *mandados de segurança, quando o ato questionado envolver matéria sujeita à sua jurisdição.*

Assim, tratando-se de violação de direito líquido e certo por ato de autoridade sujeito à competência da Justiça do Trabalho, o mandado de segurança deve ser impetrado perante esse ramo do Poder Judiciário.

O art. 114, inciso VII, da Constituição Federal de 1988 prevê a competência da Justiça do Trabalho para processar e julgar as *ações relativas às penalidades administrativas impostas aos empregadores pelos órgãos de fiscalização das relações de trabalho.* Na imposição de penalidades administrativas aos empregadores, os órgãos de fiscalização das relações de trabalho figuram como autoridades públicas. Se esse ato de autoridade violar direito líquido e certo, é cabível o mandado de segurança, de competência da Justiça do Trabalho, mais especificamente da Vara do Trabalho.

3.4.7 *Habeas corpus*

O art. 114, inciso IV, da Constituição Federal de 1988 estabelece a competência da Justiça do Trabalho processar e julgar os *habeas corpus*, quando o ato questionado envolver matéria sujeita à sua jurisdição.

Logo, no caso de prisão ou ameaça de prisão civil, determinada pelo juiz do trabalho, por exemplo, em caso de depositário infiel, o *habeas corpus* que for impetrado é da competência da Justiça do Trabalho, mais especificamente do Tribunal Regional do Trabalho que abrange o juiz do trabalho apontado como autoridade coatora.

É ilícita a prisão civil de depositário infiel, qualquer que seja a modalidade do depósito (Súmula Vinculante 25 do STF).

Diversamente, em caso de *habeas corpus* em razão de prisão criminal, determinada pelo juiz do trabalho, em casos de flagrante delito, tendo em vista a sua natureza penal, não se verifica a competência da Justiça do Trabalho, pois esta não possui competência em matéria penal.

3.4.8 *Habeas data*

O art. 114, inciso IV, da Constituição Federal de 1988 estabelece a competência da Justiça do Trabalho para processar e julgar os *habeas data*, quando o ato questionado envolver matéria sujeita à sua jurisdição.

Portanto, se o ato questionado no *habeas data* envolver matéria sujeita à jurisdição trabalhista, a competência para o seu julgamento é da Justiça do Trabalho.

No caso de empregador que seja "entidade governamental", e que possua "registro ou banco de dados", o *habeas data* impetrado por servidor público (regido pela CLT), para assegurar o conhecimento de informações relativas à pessoa do impetrante, constantes de registros ou bancos de dados de entidades governamentais ou de caráter público, ou para a retificação de dados, quando não se prefira fazê-lo por processo sigiloso, judicial ou administrativo (art. 5º, inciso LXXII, da Constituição Federal de 1988, e Lei 9.507/1997), a rigor, seria de competência da Justiça do Trabalho.

3.4.9 Danos morais e materiais decorrentes da relação de trabalho

De acordo com o art. 114, inciso VI, da Constituição Federal de 1988, compete à Justiça do Trabalho processar e julgar as *ações de indenização por dano moral ou patrimonial, decorrentes da relação de trabalho*.

A referida competência é de ordem absoluta, em razão da matéria, ou seja, engloba as ações oriundas da *relação de trabalho*.

Nos termos do art. 114, inciso VI, da Constituição da República, a Justiça do Trabalho é competente para processar e julgar ações de indenização por dano moral e material, decorrentes da relação de trabalho, inclusive as oriundas de acidente de trabalho e doenças a ele equiparadas, ainda que propostas pelos dependentes ou sucessores do trabalhador falecido (Súmula 392 do TST).

Segundo a Súmula 642 do STJ: "O direito à indenização por danos morais transmite-se com o falecimento do titular, possuindo os herdeiros da vítima legitimidade ativa para ajuizar ou prosseguir a ação indenizatória".

Mesmo na fase pré-contratual, os conflitos envolvendo pedidos de danos morais e materiais são de competência da Justiça do Trabalho, tendo em vista que decorrem, ainda que indiretamente, do contrato de trabalho principal, que estava para se constituir.

As ações envolvendo conflitos ocorridos durante a relação de trabalho, bem como quando do seu término, dela decorrentes, são de competência da Justiça do Trabalho, na forma do art. 114, incisos I e VI, da Constituição da República. Mesmo que o contrato de trabalho já se encontre extinto, se o dano material ou moral dele decorre, a competência permanece da Justiça do Trabalho.

Apesar disso, se o pedido formulado na ação, na realidade, não decorre da relação de trabalho já extinta, não se verifica a competência da Justiça do Trabalho, justamente porque, nesse caso, o conflito não se originou da relação de trabalho em si.

Na ação ajuizada pelo trabalhador (ou, se já falecido, por seus dependentes ou sucessores), em face do tomador do serviço, postulando indenização por dano moral ou patrimonial, decorrente de acidente do trabalho ou doença ocupacional, a competência é da Justiça do Trabalho, na forma do art. 114, inciso VI, da Constituição da República.

Nesse sentido, conforme a Súmula Vinculante 22 do STF, a "Justiça do Trabalho é competente para processar e julgar as ações de indenização por danos morais e patrimoniais decorrentes de acidente de trabalho propostas por empregado contra empregador, inclusive aquelas que ainda não possuíam sentença de mérito em primeiro grau quando da promulgação da Emenda Constitucional nº 45/04".

A competência estabelecida pela Emenda Constitucional 45/2004 não alcança os processos já sentenciados (Súmula 367 do STJ).

O art. 109, inciso I, da Constituição Federal de 1988 dispõe sobre a competência da Justiça Federal para as causas em que a União, entidade autárquica ou empresa pública federal forem interessadas na condição de autoras, rés, assistentes ou opoentes. São excepcionadas as causas de acidentes de trabalho, ou seja, em que o INSS, que é autarquia federal, figure como parte, hipótese em que a competência não é da Justiça Federal, mas sim da Justiça Estadual.

Dessa forma, para as ações acidentárias ajuizadas em face do INSS, por exemplo, pleiteando prestação acidentária, a competência permanece da Justiça Comum Estadual (STF, 1ª T., RE-AgR 478472/DF, Rel. Min. Carlos Britto, DJ 01.06.2007).

Quanto à ação regressiva, prevista no art. 120 da Lei 8.213/1991, ajuizada pela Previdência Social em face dos responsáveis pelo acidente do trabalho ou doença ocupacional ou violência, nos casos de "negligência quanto às normas padrão de segurança e higiene do trabalho indicadas para a proteção individual e coletiva", bem como de "violência doméstica e familiar contra a mulher", nos termos da Lei 11.340/2006, a competência é da Justiça Federal (art. 109, inciso I, da Constituição da República), por não se tratar de ação que decorra de vínculo de trabalho propriamente, mas sim da relação que se forma entre a Previdência Social e o responsável pelo ocorrido, por ter aquela que arcar com as despesas decorrentes das prestações acidentárias ou previdenciárias.

3.4.10 Penalidades administrativas impostas pelos órgãos de fiscalização do trabalho

Conforme art. 114, inciso VII, da Constituição da República, é competente a Justiça do Trabalho para processar e julgar *as ações relativas às penalidades administrativas impostas aos empregadores pelos órgãos de fiscalização das relações de trabalho.*

Essa competência é de ordem absoluta e em razão da matéria, abrangendo as ações relativas às penalidades administrativas impostas aos empregadores pelos órgãos de fiscalização das relações de trabalho.

Por não se tratar de penalidade administrativa, compete à Justiça Federal ou aos juízes com competência delegada o julgamento das *execuções fiscais* de contribuições devidas pelo empregador ao FGTS (Súmula 349 do STJ).

3.4.11 Execução de contribuições sociais

De acordo com o art. 114, inciso VIII, da Constituição da República, incluído pela Emenda Constitucional 45/2004, compete à Justiça do Trabalho processar e julgar *a execução, de ofício, das contribuições sociais previstas no art. 195, I, a, e II, e seus acréscimos legais, decorrentes das sentenças que proferir.*

A competência da Justiça do Trabalho quanto à matéria em questão foi inicialmente prevista pela Emenda Constitucional 20/1998.

A respeito da eficácia no tempo, o Supremo Tribunal Federal fixou a seguinte tese de repercussão geral: "A Justiça do Trabalho é competente para executar, de ofício, as contribuições previstas no artigo 195, incisos I, alínea *a*, e II, da Carta da República, relativamente a títulos executivos judiciais por si formalizados em data anterior à promulgação da Emenda Constitucional nº 20/1998" (STF, Pleno, RE 595.326/PE, Rel. Min. Marco Aurélio, j. 24.08.2020). Sendo assim, ainda que a ação trabalhista tenha sido ajuizada na vigência da previsão anterior, se a execução das referidas contribuições sociais teve início após a promulgação da Emenda Constitucional 20/1998, a norma que prevê a competência da Justiça Trabalhista tem aplicação imediata.

Logo, compete à Justiça do Trabalho executar, de ofício, quando decorrentes das sentenças que proferir: as contribuições sociais do empregador, da empresa e da entidade a ela equiparada na forma da lei, incidentes sobre a folha de salários e demais rendimentos do trabalho pagos ou creditados, a qualquer título, à pessoa física que lhe preste serviço, mesmo sem vínculo empregatício; as contribuições sociais do trabalhador e dos demais segurados da previdência social (não incidindo contribuição sobre aposentadoria e pensão concedidas pelo Regime Geral de Previdência Social).

Compete à Justiça do Trabalho a execução, de ofício, da contribuição referente ao Seguro de Acidente de Trabalho (SAT), que tem natureza de contribuição para a seguridade social (arts. 114, inciso VIII, e 195, inciso I, *a*, da Constituição Federal de 1988), pois se destina ao financiamento de benefícios relativos à incapacidade do empregado decorrente de infortúnio no trabalho, conforme arts. 11 e 22 da Lei 8.212/1991 (Súmula 454 do TST).

No que se refere às contribuições sociais, o art. 876, parágrafo único, da CLT também determina, de forma imperativa, a execução *ex officio*.

Em conformidade com o parágrafo único do art. 831 da CLT, no caso de conciliação, o termo que for lavrado vale como decisão irrecorrível, salvo para a Previdência Social, quanto às contribuições que lhe forem devidas.

Consoante a Súmula 368, item I, do TST, a "Justiça do Trabalho é competente para determinar o recolhimento das contribuições fiscais. A competência da Justiça do Trabalho, quanto à execução das contribuições previdenciárias, limita-se às sentenças condenatórias em pecúnia que proferir e aos valores, objeto de acordo homologado, que integrem o salário de contribuição".

Cabe destacar que, segundo a atual redação do art. 876, parágrafo único, da CLT: "A Justiça do Trabalho executará, de ofício, as contribuições sociais previstas na alínea *a* do inciso I e no inciso II do *caput* do art. 195 da Constituição Federal, e seus acréscimos legais, relativas ao objeto da *condenação* constante das sentenças que proferir e dos acordos que homologar".

No mesmo sentido, de acordo com a Súmula Vinculante 53 do STF, a "competência da Justiça do Trabalho prevista no artigo 114, VIII, da Constituição Federal alcança a execução de ofício das contribuições previdenciárias relativas ao objeto da condenação constante das sentenças que proferir e acordos por ela homologados".

Com isso, entende-se que a execução das contribuições previdenciárias na Justiça do Trabalho exige a *condenação* de verbas que integrem a sua base de cálculo nas sentenças trabalhistas, bem como em acordos homologados pelo referido ramo do Poder Judiciário, não abrangendo, entretanto, a mera declaração (ou reconhecimento) do vínculo de emprego.

3.4.12 Dissídio coletivo

O conflito coletivo de trabalho é aquele em que os seus sujeitos são, de um lado, o grupo de trabalhadores e, do outro, o empregador ou grupo de empregadores, tendo como objeto o interesse coletivo, ou seja, comum a todos os integrantes do grupo. A solução ou pacificação dos conflitos coletivos de trabalho pode ocorrer, essencialmente, por meio de negociação coletiva, mediação, arbitragem, dissídio coletivo e greve.

Segundo o art. 114, § 1º, da Constituição Federal de 1988, frustrada a negociação coletiva, as partes podem eleger árbitros. Os §§ 2º e 3º desse mesmo dispositivo, por sua vez, versam sobre o dissídio coletivo de natureza econômica e de greve.

Nesse sentido, recusando-se qualquer das partes à negociação coletiva ou à arbitragem, é facultado a elas, de "comum acordo", ajuizar dissídio coletivo de natureza econômica, podendo a Justiça do Trabalho decidir o conflito, respeitadas as disposições mínimas legais de proteção ao trabalho, bem como as convencionadas anteriormente (art. 114, § 2º, da Constituição Federal de 1988).

Em caso de greve em atividade essencial, com possibilidade de lesão do interesse público, o Ministério Público do Trabalho pode ajuizar dissídio coletivo, competindo à Justiça do Trabalho decidir o conflito (art. 114, § 3º, da Constituição Federal de 1988).

A competência originária para conhecer e julgar os dissídios coletivos é dos Tribunais (art. 856 da CLT), e não das Varas do Trabalho.

Se o conflito coletivo estende-se à área abrangida pela competência de determinado Tribunal Regional do Trabalho, este é o competente (arts. 677, 678, inciso I, da CLT e art. 6º da Lei 7.701/1988).

No caso do Estado de São Paulo, se o conflito coletivo se estende à área relativa tanto ao TRT da 2ª Região (com sede em São Paulo) como ao TRT da 15ª Região (com sede em Campinas), de modo que a decisão a ser proferida deva produzir efeitos em área territorial alcançada pela competência de ambos os Tribunais, a competência originária é do Tribunal Regional do Trabalho da 2ª Região, conforme art. 12 da Lei 7.520/1986, com redação dada pela Lei 9.254/1996.

Os conflitos coletivos de trabalho que excedam à área alcançada pelos Tribunais Regionais do Trabalho são de competência originária do Tribunal Superior do Trabalho (art. 702, inciso I, *b*, da CLT), conforme Lei 7.701/1988, art. 2º, inciso I, *a*. Nesse caso, a competência funcional é da Seção de Dissídios Coletivos do TST.

Da decisão do Tribunal Regional do Trabalho em dissídio coletivo é cabível *recurso ordinário* (art. 895, inciso II, da CLT) à Seção de Dissídios Coletivos do Tribunal Superior do Trabalho (art. 2º, inciso II, *a*, da Lei 7.701/1988).

Da decisão não unânime proferida em dissídio coletivo de competência originária da SDC do TST são cabíveis *embargos infringentes* à própria Seção de Dissídios Coletivos do Tribunal Superior do Trabalho (art. 2º, inciso II, *c*, da Lei 7.701/1988).

Das causas decididas em última instância, mesmo em dissídios coletivos (no caso, pela SDC do TST), é cabível *recurso extraordinário* ao Supremo Tribunal Federal, nas hipóteses previstas no art. 102, inciso III, da Constituição Federal de 1988 (quando a decisão recorrida: contrariar dispositivo da Constituição da República; declarar a inconstitucionalidade de tratado ou lei federal; julgar válida lei ou ato de governo local contestado em face da Constituição da República; julgar válida lei local contestada em face de lei federal), devendo ser demonstrada a repercussão geral (art. 102, § 3º, da Constituição da República e art. 1.035 do CPC).

Ainda a respeito do tema, cf. Capítulo 13.

3.4.13 Conflitos de competência

De acordo com o art. 114, inciso V, da Constituição da República, compete à Justiça do Trabalho processar e julgar os *conflitos de competência entre órgãos com jurisdição trabalhista*, ressalvado o disposto no art. 102, inciso I, *o*, da Constituição Federal de 1988.

O conflito de competência positivo ocorre quando dois ou mais juízes ou juízos se declaram competentes. O conflito de competência negativo ocorre quando dois ou mais juízes ou juízos se consideram incompetentes (art. 804 da CLT). O art. 66, inciso III, do CPC menciona que também há conflito de competência quando "entre dois ou mais juízes surge controvérsia acerca da reunião ou separação de processos".

Não há conflito de competência se já existe sentença com trânsito em julgado, proferida por um dos juízos conflitantes (Súmula 59 do STJ).

Os conflitos de competência podem ser suscitados: pelos juízes e tribunais do trabalho; pelo Ministério Público do Trabalho; pela parte interessada, ou o seu representante (art. 805 da CLT).

É vedado à parte interessada suscitar conflitos de competência quando já houver oposto na causa exceção de incompetência (art. 806 da CLT). Entende-se haver, no caso, preclusão lógica. Entretanto, o conflito de competência não obsta a que a parte que não o arguiu suscite a incompetência (art. 952, parágrafo único, do CPC).

Ao suscitar o conflito, a parte deve produzir a prova de sua existência, juntando os documentos nesse sentido (art. 807 da CLT).

O relator pode, de ofício ou a requerimento de qualquer das partes, determinar, quando o conflito for positivo, o sobrestamento do processo. Nesse caso, bem como no de conflito negativo, deve designar um dos juízes para resolver, em caráter provisório, as medidas urgentes (art. 955 do CPC).

O relator pode julgar de plano o conflito de competência quando sua decisão se fundar em: súmula do Supremo Tribunal Federal, do Superior Tribunal de Justiça (no processo do trabalho, do TST) ou do próprio tribunal; tese firmada em julgamento de casos repetitivos ou em incidente de assunção de competência.

Decorrido o prazo designado pelo relator, deve ser ouvido o Ministério Público, ainda que as informações não tenham sido prestadas. Em seguida, o conflito deve ir a julgamento (art. 956 do CPC).

Embora o Código de Processo Civil preveja o prazo de cinco dias, pode-se dizer que, especificamente na Justiça do Trabalho, o prazo para a manifestação do Ministério Público do Trabalho é de oito dias, contados da data em que for distribuído o processo, nos termos do art. 5º da Lei 5.584/1970.

Ao decidir o conflito, o tribunal deve declarar qual o juízo competente, pronunciando-se também sobre a validade dos atos do juízo incompetente (art. 957 do CPC). Os autos do processo em que se manifestou o conflito devem ser remetidos ao juiz declarado competente.

No conflito que envolva órgãos fracionários dos tribunais, desembargadores e juízes em exercício no tribunal, deve-se observar o que dispuser a respeito o regimento interno do tribunal (art. 958 do CPC).

Compete ao Supremo Tribunal Federal processar e julgar, originariamente, os conflitos de competência entre o Superior Tribunal de Justiça e quaisquer tribunais, entre Tribunais Superiores, ou entre estes e qualquer outro tribunal (art. 102, inciso I, *o*, da Constituição Federal de 1988).

Compete ao Superior Tribunal de Justiça processar e julgar, originariamente, os conflitos de competência entre quaisquer tribunais (ressalvado o disposto no art. 102, inciso I, *o*, da Constituição da República), bem como entre tribunal e juízes a ele não vinculados e entre juízes vinculados a tribunais diversos (art. 105, inciso I, *d*, da Constituição Federal de 1988).

Na lide trabalhista, compete ao Tribunal Regional do Trabalho dirimir conflito de competência verificado, na respectiva região, entre Juiz Estadual e Vara do Trabalho (Súmula 180 do STJ).

Da mesma forma, cabe ao Tribunal Regional do Trabalho decidir o conflito de competência entre Varas do Trabalho (ou entre Vara do Trabalho e Juízo de Direito no exercício da jurisdição trabalhista) abrangidas pelo TRT (art. 808 da CLT).

Não compete ao Superior Tribunal de Justiça dirimir conflitos de competência entre juízos trabalhistas vinculados a Tribunais Regionais diversos (Súmula 236 do STJ).

A competência para decidir o conflito entre Tribunais Regionais do Trabalho, ou entre Varas do Trabalho (ou entre Vara do Trabalho e Juízo de Direito no exercício da jurisdição trabalhista) abrangidas por Tribunais Regionais diversos, é do TST.

Não se configura conflito de competência entre Tribunal Regional do Trabalho e Vara do Trabalho a ele vinculada (Súmula 420 do TST).

A Lei 7.701/1988, art. 2º, inciso I, *e*, prevê que compete à Seção de Dissídios Coletivos do TST julgar, originariamente, os conflitos de competência entre Tribunais Regionais do Trabalho em processos de dissídios coletivos.

O art. 3º, inciso II, *b*, da Lei 7.701/1988, por sua vez, dispõe competir à Seção de Dissídios Individuais do TST julgar, originariamente, os conflitos de competência entre Tribunais Regionais do Trabalho em processos de dissídios individuais. O Regimento Interno do TST, no art. 78, inciso III, *b*, II, no mesmo sentido, fixa essa competência para a Subseção II de Dissídios Individuais do TST.

3.4.14 Competência nos casos de falência e recuperação de empresa

A respeito do tema, remete-se o leitor ao Capítulo 12, item 12.30.

3.5 COMPETÊNCIA EM RAZÃO DO LUGAR

Definida a competência material da Justiça do Trabalho, há necessidade de saber a localidade onde deve ser ajuizada a ação. Cabe, assim, examinar a competência territorial para as ações ajuizadas na Justiça do Trabalho.

Como regra, a competência em razão do lugar é relativa (art. 63 do CPC), de modo que não pode ser reconhecida de ofício (Súmula 33 do STJ), o que também ocorre no processo do trabalho.

Não cabe declaração de ofício de incompetência territorial no caso do uso, pelo trabalhador, da faculdade prevista no art. 651, § 3º, da CLT. Nessa hipótese, resolve-se o conflito pelo reconhecimento da competência do juízo do local onde a ação foi proposta (Orientação Jurisprudencial 149 da SBDI-II do TST).

Por consequência, para o reconhecimento da incompetência territorial, a parte (no caso, o réu) tem o ônus de arguir a respectiva exceção (arts. 799 e 800 da CLT), sob pena de preclusão e prorrogação da competência. A exceção de incompetência territorial, na atualidade, deve ser apresentada no prazo de cinco dias a contar da notificação, antes da audiência e em peça que sinalize a sua existência (art. 800 da CLT, com redação dada pela Lei 13.467/2017).

O CPC estabelece que a incompetência, absoluta ou relativa, será alegada como preliminar de contestação (arts. 64, *caput*, e 337, inciso II). O art. 65 do CPC considera prorrogada a competência relativa, "se o réu não alegar a incompetência em preliminar de contestação". Entretanto, no processo do trabalho, a incompetência relativa é alegada por meio de exceção, conforme arts. 799 e 800 da CLT.

Ainda assim, o CPC mantém a previsão de que o juiz não conhecerá de ofício a incompetência relativa (art. 337, § 5º).

Como exceção à regra de que a competência em razão do local é relativa, o art. 2º, *caput*, da Lei 7.347/1985 fixa a competência territorial para a propositura da ação civil pública "no foro do local onde ocorrer o dano", indicando tratar-se de "competência funcional". Por isso, na realidade, entende-se que essa competência é absoluta,[17] certamente em razão da relevância social dos direitos tutelados, tratando-se de norma específica.

Cabe destacar que no processual do trabalho, em conflitos decorrentes de relação de emprego, não se admite o foro de eleição. Entretanto, a competência territorial, por ser de natureza relativa, pode ser prorrogada.

Se o foro de eleição, em princípio, não é válido no contrato de trabalho, objeto de discussão em processo trabalhista, caso o empregador ajuíze ação em face do empregado (por exemplo, consignação em pagamento ou inquérito judicial para apuração de falta grave), no local estipulado em cláusula do contrato individual de trabalho (foro de eleição), cabe ao juiz, de ofício, decidir a respeito da nulidade dessa previsão (art. 9º da CLT).

O art. 2º, inciso I, da Instrução Normativa 39/2016 do TST prevê que não se aplica ao processo do trabalho, em razão de inexistência de omissão ou por incompatibilidade, o art. 63 do CPC, sobre modificação da competência territorial e eleição de foro.

Entende-se também *inaplicável* aos conflitos decorrentes de contrato de trabalho o art. 25 do CPC de 2015, ao prever que não compete à autoridade judiciária brasileira o processamento e o julgamento da ação quando houver cláusula de eleição de foro exclusivo estrangeiro em contrato internacional, arguida pelo réu na contestação.

Conforme o art. 795, § 1º, da CLT: "Deverá, entretanto, ser declarada *ex officio* a nulidade fundada em incompetência de foro. Nesse caso, serão nulos os atos decisórios".

A interpretação quanto a essa previsão é no sentido de que o termo "foro" é empregado, impropriamente, como competência em razão da matéria ou da pessoa ("foro cível", "foro criminal", "foro trabalhista")[18].

Entretanto, pode-se entender que o art. 795, § 1º, da CLT também estabelece ao juiz o dever de declarar *ex officio* a nulidade da cláusula de eleição de foro, prevista em contrato individual de trabalho, quando ajuizada a ação, pelo empregador, nesse local, devendo remeter os autos ao juízo do foro competente, conforme as disposições do art. 651 da CLT (ou seja, em regra, ao juízo trabalhista do local da prestação dos serviços pelo empregado). Nesse caso, se o juiz não declarar a referida nulidade do foro de eleição, nem o réu arguir a incompetência territorial (do juízo do foro de eleição), ela será prorrogada, justamente por se tratar de *competência em razão do local*, ou seja, *de natureza relativa*.

Da mesma forma, se o próprio empregado preferir ajuizar a ação no foro de eleição, por lhe ser mais benéfico, não haveria motivo para a declaração de sua nulidade, não

---

17. Cf. GRINOVER, Ada Pellegrini. *Código brasileiro de Defesa do Consumidor*: comentado pelos autores do anteprojeto. 8. ed. Rio de Janeiro: Forense Universitária, 2005. p. 879.

18. Cf. CARRION, Valentin. *Comentários à Consolidação das Leis do Trabalho*. 31. ed. atualizada por Eduardo Carrion. São Paulo: Saraiva, 2006. p. 614.

se justificando, nesse caso específico, a remessa dos autos a juízo diverso, em prejuízo do próprio trabalhador[19].

3.5.1 Local da prestação do serviço

De acordo com o art. 651, *caput*, da CLT, a competência das Varas do Trabalho é determinada pela *localidade onde o empregado*, reclamante ou reclamado, *prestar serviços ao empregador*, ainda que tenha sido contratado em outro local ou no estrangeiro.

Portanto, a regra é no sentido de que a competência territorial é definida de acordo com o *local da prestação do serviço* pelo empregado, seja este autor ou réu na ação trabalhista, e não de acordo com o local da sua contratação.

No caso de outras modalidades de trabalhadores, abrangidos pela competência da Justiça do Trabalho, pode-se entender que essa regra também deve ser aplicada, mediante a sua interpretação extensiva.

3.5.2 Agentes ou viajantes comerciais

Em se tratando de agente ou viajante comercial, a competência é da Vara do Trabalho da *localidade em que a empresa tenha agência ou filial e a esta o empregado esteja subordinado* e, na falta, é competente a Vara do Trabalho da localização em que o empregado tenha domicílio ou a localidade mais próxima (art. 651, § 1º, da CLT).

Assim, no caso do empregado que é agente ou viajante comercial, justamente por se deslocar frequentemente em sua prestação de serviço, a competência territorial é definida conforme a localidade em que estiver situada a agência ou filial da empresa (no sentido de empregador, conforme art. 3º da CLT) a que o referido empregado esteja subordinado.

Na ausência dessa agência ou filial, a competência territorial passa a ser definida conforme o local em que o empregado em questão tenha o seu domicílio, ou mesmo a localidade mais próxima. Pode-se dizer que esse último critério, da localidade mais próxima, deve ser utilizado em último caso, ou seja, quando ausente agência ou filial a que o empregado esteja subordinado, bem como não se verifique Vara do Trabalho no domicílio do empregado. Nesse caso, a competência territorial seria da localidade mais próxima do domicílio do empregado agente ou viajante comercial.

Com a ampliação da competência material da Justiça do Trabalho decorrente da Emenda Constitucional 45/2004, que abrange outras modalidades de relação de trabalho, no caso de trabalhador autônomo incluído nessa competência, e que preste serviço como agente ou viajante comercial, pode-se entender aplicável a mesma regra de competência territorial prevista no art. 651, § 1º, da CLT.

3.5.3 Empresa que realize atividade fora do lugar do contrato

De acordo com o art. 651, § 3º, da CLT, em se tratando de *empregador que promova realização de atividades fora do lugar do contrato de trabalho*, é assegurado ao empregado apresentar reclamação no foro da celebração do contrato *ou* no da prestação dos respectivos serviços.

---

19. Cf. MALTA, Christovão Piragibe Tostes. *Prática do processo trabalhista*. 29. ed. São Paulo: LTr, 1999. p. 325-326.

Trata-se de regra que incide no caso de empregador que realize sua atividade em localidade diversa da contratação do empregado. Nesse caso, assegura-se ao empregado o ajuizamento da ação trabalhista no local da celebração do contrato ou naquele da prestação do serviço. Tem-se, assim, uma opção em favor do empregado, podendo ajuizar a demanda em um desses locais, com o fim de facilitar o seu acesso à Justiça.

Entretanto, há controvérsia a respeito do alcance da mencionada previsão. Há entendimento mais restritivo no sentido de que o § 3º do art. 651 da CLT não pode ser interpretado de forma a contrariar a regra relativa à competência territorial na Justiça do Trabalho, prevista no *caput* do mesmo dispositivo, ao fixar a competência de acordo com o local da prestação do serviço. Nessa linha, o § 3º do art. 651 apenas incidiria nos casos em que a atividade exercida pelo empregador, por sua natureza, envolva a mudança de localidade, como ocorre com a realização de feiras culturais e circos. Não sendo esse o caso, mas simplesmente tendo ocorrido a contratação do empregado em certa localidade, com o trabalho em outra, incidiria o *caput* do art. 651 da CLT, fixando-se a competência no último local da prestação do serviço.

O entendimento divergente, que vem prevalecendo na jurisprudência, interpreta o art. 651, § 3º, da CLT de forma mais ampla, assegurando ao empregado a faculdade de ajuizar a ação no local da contratação ou em qualquer dos locais em que ocorreu a prestação do serviço, sempre que ele tenha sido contratado em certa localidade, mas prestado serviço em outras.

Desse modo, se a prestação do serviço ocorrer em local diverso da celebração do contrato de trabalho, faculta-se ao empregado o ajuizamento da ação trabalhista em qualquer um dos foros, nos termos do art. 651, § 3º, da CLT (TST, 5ª T., ARR - 159000-19.2009.5.02.0041, Rel. Min. Guilherme Augusto Caputo Bastos, DEJT 24.11.2017).

3.6 COMPETÊNCIA INTERNACIONAL

De acordo com o art. 651, § 2º, da CLT, a competência das Varas do Trabalho, estabelecida no referido dispositivo, estende-se aos *dissídios ocorridos em agência ou filial no estrangeiro*, desde que o empregado seja brasileiro e não haja convenção internacional dispondo em contrário.

Portanto, mesmo tendo a prestação do serviço ocorrido em agência ou filial no exterior, é competente a Justiça do Trabalho brasileira, caso não haja previsão em convenção ou tratado internacional em sentido diverso. Nesse caso, a ação deve ser ajuizada no foro do local da contratação, ou da sede da empresa no Brasil. Logo, há necessidade de que a empresa em questão possua alguma unidade no Brasil.

O referido dispositivo da CLT exige que o empregado seja brasileiro, o que pode ser interpretado, na atualidade, em conformidade com o art. 5º, *caput*, da Constituição Federal de 1988, alcançando, assim, também o estrangeiro residente no Brasil.

Segundo o art. 21 do CPC, *compete à autoridade judiciária brasileira* processar e julgar as ações em que: o réu, qualquer que seja a sua nacionalidade, estiver domiciliado no Brasil; no Brasil tiver de ser cumprida a obrigação; o fundamento seja fato ocorrido ou ato praticado no Brasil. Considera-se domiciliada no Brasil a pessoa jurídica estrangeira que aqui tiver agência, filial ou sucursal.

Desse modo, se o réu for pessoa jurídica estrangeira, mas que tenha agência, filial ou sucursal no Brasil, a ação trabalhista pode ser aqui ajuizada, na forma do art. 651, § 2º, da CLT, c/c art. 21, inciso I, do CPC.

Compete, ainda, à autoridade judiciária brasileira processar e julgar as ações em que as partes, expressa ou tacitamente, submeterem-se à jurisdição nacional (art. 22, inciso III, do CPC).

3.7 COOPERAÇÃO JURÍDICA INTERNACIONAL

O Código de Processo Civil estabelece disposições relativas à *cooperação jurídica internacional*, regida por tratado de que o Brasil faz parte (art. 26).

Essa cooperação jurídica internacional deve observar: o respeito às garantias do devido processo legal no Estado requerente; a igualdade de tratamento entre nacionais e estrangeiros, residentes ou não no Brasil, em relação ao acesso à justiça e à tramitação dos processos, assegurando-se assistência judiciária aos necessitados; a publicidade processual, exceto nas hipóteses de sigilo previstas na legislação brasileira ou na do Estado requerente; a existência de autoridade central para recepção e transmissão dos pedidos de cooperação; a espontaneidade na transmissão de informações a autoridades estrangeiras.

Na ausência de tratado, a cooperação jurídica internacional pode realizar-se com base em *reciprocidade*, manifestada por via diplomática. Não se exige a reciprocidade para homologação de sentença estrangeira.

Na cooperação jurídica internacional, não deve ser admitida a prática de atos que contrariem ou que produzam resultados incompatíveis com as normas fundamentais que regem o Estado brasileiro. O Ministério da Justiça deve exercer as funções de *autoridade central* na ausência de designação específica.

A cooperação jurídica internacional tem por objeto: citação, intimação e notificação judicial e extrajudicial; colheita de provas e obtenção de informações; homologação e cumprimento de decisão; d) concessão de medida judicial de urgência; assistência jurídica internacional; qualquer outra medida judicial ou extrajudicial não proibida pela lei brasileira (art. 27 do CPC).

É cabível *auxílio direto* quando a medida não decorrer diretamente de decisão de autoridade jurisdicional estrangeira a ser submetida a juízo de delibação no Brasil (art. 28 do CPC).

A solicitação de auxílio direto deve ser encaminhada pelo órgão estrangeiro interessado à autoridade central, cabendo ao Estado requerente assegurar a autenticidade e a clareza do pedido (art. 29 do CPC).

Além dos casos previstos em tratados de que o Brasil faz parte, o auxílio direto tem os seguintes objetos: obtenção e prestação de informações sobre o ordenamento jurídico e sobre processos administrativos ou jurisdicionais findos ou em curso; colheita de provas, salvo se a medida for adotada em processo, em curso no estrangeiro, de competência exclusiva de autoridade judiciária brasileira; III – qualquer outra medida judicial ou extrajudicial não proibida pela lei brasileira (art. 30 do CPC).

Não obstante, deve-se esclarecer que *compete ao juízo federal* do lugar em que deva ser executada a medida apreciar pedido de auxílio direto passivo que demande prestação de atividade jurisdicional (art. 34 do CPC). Logo, a medida não é de competência da Justiça do Trabalho.

Cabe ressaltar que *compete ao Superior Tribunal de Justiça* processar e julgar, originariamente, não apenas a homologação de sentenças estrangeiras, mas também a concessão de *exequatur* às cartas rogatórias (art. 105, inciso I, *i*, da Constituição da República).

Nesse sentido, consoante o art. 36 do CPC, o procedimento da carta rogatória perante o Superior Tribunal de Justiça é de jurisdição contenciosa e deve assegurar às partes as garantias do devido processo legal. A defesa deve restringir-se à discussão quanto ao atendimento dos requisitos para que o pronunciamento judicial estrangeiro produza efeitos no Brasil. Em qualquer hipótese, é vedada a revisão do mérito do pronunciamento judicial estrangeiro pela autoridade judiciária brasileira.

Como se pode notar, não há competência da Justiça do Trabalho quanto a essa medida de cooperação jurídica internacional.

O art. 237, inciso II, do CPC dispõe que deve ser expedida *carta rogatória* para que o órgão jurisdicional estrangeiro pratique ato de cooperação jurídica internacional, relativo a processo em curso perante órgão jurisdicional brasileiro.

O pedido de cooperação jurídica internacional, oriundo de autoridade brasileira competente, por sua vez, deve ser encaminhado à autoridade central para posterior envio ao Estado requerido para lhe dar andamento (art. 37 do CPC).

O pedido de cooperação oriundo de autoridade brasileira competente e os documentos anexos que o instruem devem ser encaminhados à autoridade central, acompanhados de tradução para a língua oficial do Estado requerido (art. 38 do CPC).

O pedido *passivo* de cooperação jurídica internacional deve ser recusado (no caso, pela autoridade brasileira) se configurar manifesta ofensa à ordem pública (art. 39 do CPC).

3.8 COMPETÊNCIA DE JUÍZO E DISTRIBUIÇÃO

Havendo vários juízos na localidade, ou seja, diversas Varas do Trabalho, há necessidade de fixar a competência de uma delas, que, com isso, torna-se preventa.

Essa fixação da *competência de juízo* ocorre por meio da distribuição da ação, perante as Varas do Trabalho da localidade.

Nesse sentido, de acordo com o art. 713 da CLT, nas localidades em que existir mais de uma Vara do Trabalho, haverá um distribuidor, o qual realiza a distribuição, pela ordem rigorosa de entrada, e sucessivamente a cada Vara do Trabalho, dos feitos que, para esse fim, forem apresentados pelos interessados.

Conforme os arts. 284 e 285 do CPC, todos os processos estão sujeitos a registro, devendo ser distribuídos onde houver mais de um juiz. A distribuição, que pode ser eletrônica, deve ser alternada e aleatória, obedecendo-se rigorosa igualdade. A lista de distribuição deve ser publicada no *Diário de Justiça*.

O art. 286 do CPC, por sua vez, prevê as hipóteses em que devem ser distribuídas *por dependência* as causas de qualquer natureza, quais sejam: I – quando se relacionarem, por *conexão ou continência*, com outra já ajuizada; II – quando, tendo sido extinto o processo sem resolução de mérito, for *reiterado o pedido*, ainda que em litisconsórcio com outros autores ou que sejam parcialmente alterados os réus da demanda; III – quando houver ajuizamento de *ações* nos termos do art. 55, § 3º, do CPC[20], ao juízo prevento.

Se houver intervenção de terceiro, reconvenção ou outra hipótese de ampliação objetiva do processo, o juiz, de ofício, deve mandar proceder à respectiva anotação pelo distribuidor.

20. "§ 3º Serão reunidos para julgamento conjunto os processos que possam gerar risco de prolação de decisões conflitantes ou contraditórias caso decididos separadamente, mesmo sem conexão entre eles".

No caso de arquivamento da ação anterior (art. 844 da CLT), por se tratar, na realidade, de extinção do processo sem resolução do mérito, ocorrendo o ajuizamento de nova ação, com o mesmo pedido, há prevenção da Vara do Trabalho em que ajuizada a primeira demanda, na forma do art. 286, inciso II, do CPC, devendo ocorrer a distribuição por dependência.

No processo do trabalho, havendo conexão ou mais de um juízo competente para a causa, entende-se que a prevenção é do juízo a quem o processo foi primeiramente distribuído.

Quando houver *continência* e a ação continente (de maior abrangência) tiver sido proposta anteriormente, no processo relativo à ação contida (de menor objeto) deve ser proferida sentença sem resolução de mérito. Caso contrário, as ações devem ser necessariamente reunidas (art. 57 do CPC).

Além disso, a ação acessória deve ser proposta no juízo competente para a ação principal (art. 61 do CPC). Isso significa que, estando em curso a ação principal, a reconvenção, a oposição, o chamamento ao processo, a denunciação da lide devem ser ajuizados perante aquele mesmo juízo, uma vez já prevento.

3.9 COMPETÊNCIA FUNCIONAL

A *competência funcional* refere-se à fixação da competência interna de cada ramo do Poder Judiciário, conforme as funções exercidas pelo juízo ou tribunal. Trata-se de competência de natureza absoluta (art. 62 do CPC).

Nesse sentido, uma das modalidades de competência funcional é justamente a *competência hierárquica*. Assim, em regra, as ações são ajuizadas perante as Varas do Trabalho, que correspondem ao primeiro grau de jurisdição.

Compete às Varas do Trabalho decidir quanto à homologação de acordo extrajudicial em matéria de competência da Justiça do Trabalho (art. 652, *f*, da CLT).

Os tribunais apenas possuem *competência originária* quando existe expressa previsão nesse sentido, como ocorre nas ações rescisórias (art. 971 do CPC e Súmula 192 do TST), nos mandados de segurança contra ato judicial (art. 678, inciso I, 3, da CLT) e em dissídio coletivo de trabalho (art. 856 da CLT).

No âmbito do Tribunal Superior do Trabalho, compete à Seção Especializada em Dissídios Coletivos: I – originariamente: a) conciliar e julgar os dissídios coletivos que excedam a jurisdição dos Tribunais Regionais do Trabalho e estender ou rever suas próprias sentenças normativas, nos casos previstos em lei; b) homologar as conciliações celebradas nos dissídios coletivos de que trata a alínea anterior; c) julgar as ações rescisórias propostas contra suas sentenças normativas; d) julgar os mandados de segurança contra os atos praticados pelo Presidente do Tribunal ou por qualquer dos Ministros integrantes da seção especializada em processo de dissídio coletivo; e) julgar os conflitos de competência entre Tribunais Regionais do Trabalho em processos de dissídio coletivo; II – em última instância julgar: a) os recursos ordinários interpostos contra as decisões proferidas pelos Tribunais Regionais do Trabalho em dissídios coletivos de natureza econômica ou jurídica; b) os recursos ordinários interpostos contra as decisões proferidas pelos Tribunais Regionais do Trabalho em ações rescisórias e mandados de segurança pertinentes a dissídios coletivos; c) os embargos infringentes interpostos contra decisão não unânime proferida em processo de dissídio coletivo de sua competência originária, salvo se a decisão atacada estiver em consonância com procedente jurisprudencial do Tribunal Superior do Trabalho ou da Súmula de sua jurisprudência predominante; d) os embargos de declaração opostos aos seus acórdãos e os agravos regimentais pertinentes aos dissídios coletivos; e) as suspeições arguidas contra o Presidente e demais Ministros que integram a seção, nos feitos pendentes de sua decisão; f) os agravos de instrumento interpostos contra despacho denegatório de recurso ordinário nos processos de sua competência (art. 2º da Lei 7.701/1988).

Compete à Seção de Dissídios Individuais do TST julgar: I – originariamente: a) as ações rescisórias propostas contra decisões das Turmas do Tribunal Superior do Trabalho e suas próprias, inclusive as anteriores à especialização em seções; b) os mandados de segurança de sua competência originária, na forma da lei; II – em única instância: a) os agravos regimentais interpostos em dissídios individuais; b) os conflitos de competência entre Tribunais Regionais e aqueles que envolvem Juízes de Direito investidos da jurisdição trabalhista e Varas do Trabalho em processos de dissídio individual; III – em última instância: a) os recursos ordinários interpostos contra decisões dos Tribunais Regionais em processos de dissídio individual de sua competência originária; b) os embargos das decisões das Turmas que divergirem entre si, ou das decisões proferidas pela Seção de Dissídios Individuais; c) os agravos regimentais de despachos denegatórios dos Presidentes das Turmas, em matéria de embargos, na forma estabelecida no Regimento Interno; d) os embargos de declaração opostos aos seus acórdãos; e) as suspeições arguidas contra o Presidente e demais Ministros que integram a seção, nos feitos pendentes de julgamento; f) os agravos de instrumento interpostos contra despacho denegatório de recurso ordinário em processo de sua competência (art. 3º da Lei 7.701/1988).

É da competência do Tribunal Pleno do Tribunal Superior do Trabalho: a) a declaração de inconstitucionalidade ou não de lei ou de ato normativo do Poder Público; b) aprovar os enunciados da Súmula da jurisprudência predominante em dissídios individuais; c) julgar os incidentes de uniformização da jurisprudência em dissídios individuais; d) aprovar os precedentes da jurisprudência predominante em dissídios coletivos; e) aprovar as tabelas de custas e emolumentos, nos termos da lei; f) elaborar o Regimento Interno do Tribunal e exercer as atribuições administrativas previstas em lei ou na Constituição Federal (art. 4º da Lei 7.701/1988).

As Turmas do Tribunal Superior do Trabalho têm (cada uma) a seguinte competência: a) julgar os recursos de revista interpostos de decisões dos Tribunais Regionais do Trabalho, nos casos previstos em lei; b) julgar, em última instância, os agravos de instrumento dos despachos de Presidente de Tribunal Regional que denegarem seguimento a recurso de revista, explicitando em que efeito a revista deve ser processada, caso providos; c) julgar, em última instância, os agravos regimentais; d) julgar os embargos de declaração opostos aos seus acórdãos (art. 5º da Lei 7.701/1988).

Os Tribunais Regionais do Trabalho também possuem seus diversos órgãos, com as respectivas competências definidas em seus Regimentos Internos.

Antes da Emenda Constitucional 24/1999, quando havia representação classista nos órgãos da Justiça do Trabalho, aplicava-se a previsão do art. 659 da CLT, ao estabelecer a competência funcional do juiz presidente da Junta de Conciliação e Julgamento. No presente, não existe mais a representação classista, de modo que a competência nas Varas do Trabalho é exercida pelo juiz do trabalho titular ou substituto.

Capítulo 4

ATOS PROCESSUAIS E PRAZOS

4.1 PROCESSO, PROCEDIMENTO E ATO PROCESSUAL

O *processo* é o meio ou o instrumento para a solução jurisdicional do conflito.

O processo, em seu aspecto interno, tem a natureza de *relação jurídica processual*, tendo como sujeitos o Estado-juiz, o demandante e o demandado, que são titulares de situações jurídicas, sendo-lhes atribuídos poderes, direitos, faculdades, deveres, obrigações, sujeições e ônus. As partes dessa relação jurídica são o demandante e o demandado, sabendo-se que o juiz é o sujeito imparcial. O objeto do processo, por sua vez, é o pedido ou a pretensão formulada (mérito). Em sua manifestação extrínseca, o processo é visto como o *procedimento*, entendido como o conjunto de atos coordenados que se sucedem, o qual se realiza em contraditório[1].

Desse modo, o *procedimento* é o conjunto de atos processuais ordenados, praticados no curso do processo judicial, com a participação das partes, em contraditório[2].

Ato processual é cada unidade do procedimento, o qual, ao ser realizado em contraditório, corresponde ao processo, enfocado em seu aspecto extrínseco.

De acordo com o art. 770 da CLT, os atos processuais são públicos, salvo quando o contrário determinar o interesse social, e devem ser realizados nos dias úteis das seis às vinte horas.

Adota-se o *princípio da publicidade dos atos processuais*, como prevê o art. 5º, inciso LX, da Constituição Federal de 1988, no sentido de que a lei só pode restringir a publicidade dos atos processuais quando a defesa da intimidade ou o interesse social o exigirem.

O art. 93, inciso IX, da Constituição da República explicita que todos os julgamentos dos órgãos do Poder Judiciário devem ser públicos e todas as decisões devem ser fundamentadas, sob pena de nulidade, podendo a lei limitar a presença, em determinados atos, às próprias partes e a seus advogados, ou somente a estes, em casos nos quais a preservação do direito à intimidade do interessado no sigilo não prejudique o interesse público à informação.

O art. 11 do Código de Processo Civil dispõe que todos os julgamentos dos órgãos do Poder Judiciário devem ser públicos e todas as decisões devem ser fundamentadas,

1. Cf. CINTRA, Antonio Carlos de Araújo; GRINOVER, Ada Pellegrini; DINAMARCO, Cândido Rangel. *Teoria geral do processo*. 11. ed. São Paulo: Malheiros, 1995. p. 282-286.

2. Cf. BEDAQUE, José Roberto dos Santos. *Poderes instrutórios do juiz*. 3. ed. São Paulo: RT, 2001. p. 67.

sob pena de nulidade. Nos casos de segredo de justiça, pode ser autorizada a presença somente das partes, de seus advogados, de defensores públicos ou do Ministério Público.

O art. 189 do CPC reitera que os atos processuais são públicos. Tramitam, todavia, em segredo de justiça os processos: I – em que o exija o interesse público ou social; II – que versem sobre casamento, separação de corpos, divórcio, separação, união estável, filiação, alimentos e guarda de crianças e adolescentes; III – em que constem dados protegidos pelo direito constitucional à intimidade; IV – que versem sobre arbitragem, inclusive sobre cumprimento de carta arbitral, desde que a confidencialidade estipulada na arbitragem seja comprovada perante o juízo.

Tendo em vista a competência da Justiça do Trabalho, o art. 189, inciso II, do CPC não tem aplicabilidade no processo do trabalho. O interesse público, mencionado no art. 189, inciso I, do CPC, deve ser entendido como o interesse social.

O art. 779 da CLT estabelece que as partes, ou seus procuradores, podem consultar, com ampla liberdade, os autos dos processos nos Cartórios ou Secretarias. Além disso, as partes podem requerer certidões dos processos em curso ou arquivados, as quais devem ser lavradas pelos escrivães ou diretores de Secretaria (art. 781, *caput*, da CLT). Entretanto, as certidões dos processos que correrem em segredo de justiça dependem de decisão do juiz.

O art. 901 da CLT reitera que terão as partes vistas dos autos em cartório ou na secretaria. O direito de consultar os autos de processo que tramite em segredo de justiça e de pedir certidões de seus atos é restrito às partes e aos seus procuradores.

O terceiro que demonstrar interesse jurídico pode requerer ao juiz certidão do dispositivo da sentença (bem como de inventário e de partilha resultantes de divórcio ou separação), conforme art. 189, §§ 1º e 2º, do CPC.

Nos inquéritos ou nos processos judiciais que tenham como parte pessoa que vive com infecção pelos vírus da imunodeficiência humana (HIV) e das hepatites crônicas (HBV e HCV) e pessoa com hanseníase e com tuberculose, devem ser providos os meios necessários para garantir o sigilo da informação sobre essa condição (art. 5º da Lei 14.289/2022).

Qualquer divulgação a respeito de fato objeto de investigação ou de julgamento não poderá fornecer informações que permitam a identificação de pessoa que vive com infecção pelos vírus da imunodeficiência humana (HIV) e das hepatites crônicas (HBV e HCV) e de pessoa com hanseníase e com tuberculose.

Em julgamento que envolver pessoa que vive com infecção pelos vírus da imunodeficiência humana (HIV) e das hepatites crônicas (HBV e HCV) e pessoa com hanseníase e com tuberculose no qual não seja possível manter o sigilo sobre essa condição, o acesso às sessões somente será permitido às partes diretamente interessadas e aos respectivos advogados.

Em casos de outras doenças graves ou similares, que possam gerar estigma ou preconceito, defende-se a possibilidade de interpretação extensiva das referidas previsões da Lei 14.289/2022, por não se tratar de rol taxativo.

Segundo o art. 7º, inciso XIII, da Lei 8.906/1994, com redação dada pela Lei 13.793/2019, um dos direitos do advogado é examinar, em qualquer órgão dos Poderes Judiciário e Legislativo, ou da Administração Pública em geral, autos de processos findos ou em andamento, *mesmo sem procuração*, quando não estiverem sujeitos a sigilo ou segredo de justiça, sendo assegurada a obtenção de cópias, com possibilidade de tomar apontamentos.

O art. 107 do CPC prevê ainda que o advogado tem direito a: I – examinar, em cartório de fórum e secretaria de tribunal, mesmo sem procuração, autos de qualquer processo, independentemente da fase de tramitação, assegurados a obtenção de cópias e o registro de anotações, salvo na hipótese de segredo de justiça, nas quais apenas o advogado constituído terá acesso aos autos; II – requerer, como procurador, vista dos autos de qualquer processo, pelo prazo de cinco dias; III – retirar os autos do cartório ou da secretaria, pelo prazo legal, sempre que neles lhe couber falar por determinação do juiz, nos casos previstos em lei.

Ao receber os autos, o advogado deve assinar carga em livro ou documento próprio (art. 107, § 1º, do CPC).

O art. 901, parágrafo único, da CLT dispõe que salvo quando estiver correndo prazo comum, aos procuradores das partes deve ser permitido ter vista dos autos fora do cartório ou secretaria. Entretanto, de forma mais detalhada, nos termos do art. 107, § 2º, do CPC, sendo o *prazo comum às partes*, os procuradores podem retirar os autos somente em conjunto ou mediante prévio ajuste, por petição nos autos. Nessa hipótese (prazo comum às partes), é lícito ao procurador retirar os autos para obtenção de cópias, *pelo prazo de duas a seis horas*, independentemente de ajuste e sem prejuízo da continuidade do prazo (art. 107, § 3º, do CPC). O procurador perderá no mesmo processo o direito referido (ou seja, de retirar os autos para obtenção de cópias, pelo prazo de duas a seis horas, independentemente de ajuste e sem prejuízo da continuidade do prazo) se não devolver os autos tempestivamente, salvo se o prazo for prorrogado pelo juiz (art. 107, § 4º, do CPC).

O disposto no inciso I do art. 107 do CPC (examinar, em cartório de fórum e secretaria de tribunal, mesmo sem procuração, autos de qualquer processo, independentemente da fase de tramitação, assegurados a obtenção de cópias e o registro de anotações, salvo na hipótese de segredo de justiça, nas quais apenas o advogado constituído terá acesso aos autos) aplica-se integralmente a processos eletrônicos (art. 107, § 5º, do CPC, incluído pela Lei 13.793/2019).

Quanto aos dias e horários de realização dos atos processuais, o art. 770, *caput*, parte final, da CLT os fixa em dias úteis das seis às vinte horas. O art. 212, *caput*, do CPC também prevê que os atos processuais devem ser realizados em dias úteis, das seis às vinte horas. Como exceção, o § 1º do mesmo dispositivo estabelece que devem ser concluídos após as vinte horas os atos iniciados antes, quando o adiamento prejudicar a diligência ou causar grave dano, o que também é perfeitamente aplicável ao processo do trabalho. Ademais, independentemente de autorização judicial, as citações, intimações e penhoras podem ser realizadas no período de férias forenses, onde as houver, e nos feriados ou dias úteis fora do horário estabelecido no referido artigo, observado o disposto no art. 5º, inciso XI, da Constituição Federal de 1988, que assegura ser a casa asilo inviolável do indivíduo, ninguém nela podendo penetrar sem consentimento do morador, salvo em caso de flagrante delito ou desastre, ou para prestar socorro, ou, durante o dia, por determinação judicial.

Além disso, quando o ato tiver de ser praticado por meio de petição em autos não eletrônicos, esta deve ser protocolada no horário de funcionamento do fórum ou tribunal, conforme o disposto na lei de organização judiciária local (art. 212, § 3º, do CPC).

A prática eletrônica de ato processual pode ocorrer em qualquer horário até as vinte e quatro horas do último dia do prazo. O horário vigente no juízo perante o qual o ato deve ser praticado deve ser considerado para fins de atendimento do prazo (art. 213 do CPC).

Nos termos do art. 214 do CPC, durante as férias forenses e nos feriados, não se praticarão atos processuais, excetuando-se os atos previstos no art. 212, § 2º[3] e a tutela de urgência.

Especificamente quanto às *audiências* dos órgãos da Justiça do Trabalho, o art. 813 da CLT prevê que devem ser públicas e realizar-se na sede do Juízo ou Tribunal em dias úteis previamente fixados, entre oito e dezoito horas, não podendo ultrapassar cinco horas seguidas, salvo quando houver matéria urgente.

O art. 217 do CPC também prevê que os atos processuais devem ser realizados ordinariamente na sede do juízo ou, excepcionalmente, em outro lugar em razão de deferência, de interesse da justiça, da natureza do ato ou de obstáculo arguido pelo interessado e acolhido pelo juiz.

De acordo com o art. 813, § 1º, da CLT, em casos especiais, pode ser designado outro local para a realização das audiências, mediante edital afixado na sede do Juízo ou Tribunal, com a antecedência mínima de vinte e quatro horas.

4.2 FORMA DOS ATOS PROCESSUAIS

Os *autos do processo* correspondem ao volume contendo todas as petições, documentos e atos processuais relativos ao processo.

Nesse sentido, de acordo com o art. 777 da CLT, os requerimentos e documentos apresentados, os atos e termos processuais, as petições ou razões de recursos e quaisquer outros papéis referentes aos feitos formam os *autos dos processos*, os quais ficam sob a responsabilidade dos escrivães ou diretores de Secretaria.

Como prevê o art. 206 do CPC, ao receber a petição inicial de processo, o escrivão ou o chefe de secretaria (no caso do processo do trabalho, o diretor de Secretaria) a autuará, mencionando o juízo, a natureza do processo, o número de seu registro, os nomes das partes e a data de seu início, e procederá do mesmo modo em relação aos volumes em formação. O escrivão ou o chefe de secretaria deve numerar e rubricar todas as folhas dos autos.

À parte, ao procurador, ao membro do Ministério Público, ao defensor público e aos auxiliares da justiça é facultado rubricar as folhas correspondentes aos atos em que intervierem (art. 207 do CPC).

Em Direito Processual, *termo* pode ser entendido como o ato processual reduzido a escrito, ficando documentado nos autos, como ocorre com o termo de audiência. *Auto*, por sua vez, refere-se a ato processual normalmente realizado fora do juízo e certificado por oficial de justiça, como no caso do auto de penhora.

Em conformidade com o *princípio da liberdade das formas*, previsto no art. 188 do CPC, os atos e os termos processuais independem de forma determinada, salvo quando a lei expressamente a exigir, considerando-se válidos os que, realizados de outro modo, preencham a sua finalidade essencial.

Embora haja a previsão da liberdade de forma, há diversos casos nos quais a lei expressamente exige que o ato processual seja praticado atendendo a determinada forma.

3. "Art. 212. Os atos processuais serão realizados em dias úteis, das 6 (seis) às 20 (vinte) horas. [...] § 2º Independentemente de autorização judicial, as citações, intimações e penhoras poderão realizar-se no período de férias forenses, onde as houver, e nos feriados ou dias úteis fora do horário estabelecido neste artigo, observado o disposto no art. 5º, inciso XI, da Constituição Federal".

A *forma do ato processual* é um meio para se garantirem a segurança e a previsibilidade às partes no processo, no sentido de que os atos processuais, para serem válidos, devem estar de acordo com o sistema processual.

A forma, em si, é necessária para que o devido processo legal seja respeitado. Deve-se evitar o *formalismo*, entendido como a exacerbação da forma, passando a ser vista não mais como um meio, mas como um fim em si.

Além disso, aplica-se o *princípio da instrumentalidade da forma dos atos processuais*. Conforme o art. 188 do CPC, parte final, consideram-se válidos os atos e termos processuais que, realizados de outro modo, diverso do exigido expressamente pela lei, preencham a sua finalidade essencial.

O art. 771 da CLT dispõe que os atos e termos processuais podem ser escritos a tinta, datilografados ou a carimbo.

De acordo com o art. 772 da CLT, no caso de atos e termos processuais que devam ser assinados pelas partes interessadas, quando estas, por motivo justificado, não puderem fazê-lo, devem ser firmados a rogo, na presença de duas testemunhas, sempre que não houver procurador legalmente constituído.

Os termos relativos ao movimento dos processos constarão de simples notas, datadas e rubricadas pelos diretores de Secretaria ou escrivães (art. 773 da CLT).

Tendo em vista o avanço dos instrumentos idôneos à documentação dos atos processuais, pode-se aplicar ao processo do trabalho o art. 210 do CPC, no sentido de ser lícito o uso da taquigrafia, da estenotipia ou de outro método idôneo em qualquer juízo ou tribunal.

Com o objetivo de manter a integridade dos atos e termos processuais, o art. 211 do CPC estabelece que não são admitidos nos atos e termos processuais espaços em branco, salvo os que forem inutilizados, assim como entrelinhas, emendas ou rasuras, exceto quando expressamente ressalvadas.

É vedado lançar nos autos cotas marginais ou interlineares, as quais o juiz deve mandar riscar, impondo a quem as escrever multa correspondente à metade do salário mínimo (art. 202 do CPC).

Além disso, em todos os atos e termos do processo, é obrigatório o uso da língua portuguesa (art. 192 do CPC). O documento redigido em língua estrangeira somente pode ser juntado aos autos quando acompanhado de versão para a língua portuguesa tramitada por via diplomática ou pela autoridade central, ou firmada por tradutor juramentado.

Ainda a respeito da forma de realização dos atos processuais, estes podem ser total ou parcialmente digitais, de forma a permitir que sejam produzidos, comunicados, armazenados e validados por meio eletrônico, na forma da lei (art. 193 do CPC).

Os sistemas de automação processual devem respeitar a publicidade dos atos, o acesso e a participação das partes e de seus procuradores, inclusive nas audiências e sessões de julgamento, observadas as garantias da disponibilidade, independência da plataforma computacional, acessibilidade e interoperabilidade dos sistemas, serviços, dados e informações que o Poder Judiciário administre no exercício de suas funções (art. 194 do CPC).

O registro de ato processual eletrônico deve ser feito em padrões abertos, que atendam aos requisitos de autenticidade, integridade, temporalidade, não repúdio, conservação e, nos casos que tramitem em segredo de justiça, confidencialidade, observada a *infraestrutura de chaves públicas unificada nacionalmente*, nos termos da lei (art. 195 do CPC).

A Infraestrutura de Chaves Públicas Brasileira (ICP-Brasil) foi instituída pela Medida Provisória 2.200-2/2001 para garantir a autenticidade, a integralidade e a validade jurídica de documentos em forma eletrônica, bem como a realização de transações eletrônicas seguras (art. 1º).

A Lei 9.800/1999 permite às partes a utilização de sistema de transmissão de dados e imagens tipo *fac-símile ou outro similar*, para a prática de atos processuais que dependam de petição escrita (art. 1º). A utilização de sistema de transmissão de dados e imagens tipo fac-símile ou outro similar, para a prática de atos processuais que dependam de petição escrita, tem a desvantagem de, apesar de não prejudicar o cumprimento dos prazos, *exigir a entrega dos originais em juízo ou o encaminhamento por meio de protocolo integrado judicial nacional, necessariamente, em até cinco dias da data de seu término* (art. 2º). Nos atos não sujeitos a prazo, os originais devem ser entregues em juízo ou encaminhados por meio de protocolo integrado judicial nacional, necessariamente, em até cinco dias contados da data de recepção do material (art. 2º, parágrafo único, da Lei 9.800/1999, com redação dada pela Lei 14.318/2022, que entra em vigor após 730 dias de sua publicação oficial, ocorrida em 30.03.2022). Além disso, quem fizer uso do sistema de transmissão da Lei 9.800/1999 torna-se responsável pela qualidade e fidelidade do material transmitido, e por sua entrega ao órgão judiciário (art. 4º).

A Lei 11.419/2006 dispõe sobre a informatização do processo judicial, com aplicação também ao processo do trabalho.

Compete ao Conselho Nacional de Justiça e, supletivamente, aos tribunais, regulamentar a prática e a comunicação oficial de atos processuais por meio eletrônico e velar pela compatibilidade dos sistemas, disciplinando a incorporação progressiva de novos avanços tecnológicos e editando, para esse fim, os atos que forem necessários, respeitadas as normas fundamentais do Código de Processo Civil (art. 196 do CPC).

Os tribunais devem divulgar as informações constantes de seu sistema de automação em página própria na rede mundial de computadores, gozando a divulgação de presunção de veracidade e confiabilidade (art. 197 do CPC).

Nos casos de problema técnico do sistema e de erro ou omissão do auxiliar da justiça responsável pelo registro dos andamentos, pode ser configurada a justa causa prevista no art. 223, *caput* e § 1º, do CPC[4].

As unidades do Poder Judiciário devem manter gratuitamente, à disposição dos interessados, equipamentos necessários à prática de atos processuais e à consulta e ao acesso ao sistema e aos documentos dele constantes (art. 198 do CPC).

Deve ser admitida a prática de atos por meio não eletrônico no local onde não estiverem disponibilizados os equipamentos previstos acima.

As unidades do Poder Judiciário devem assegurar às pessoas com deficiência acessibilidade aos seus sítios na rede mundial de computadores, ao meio eletrônico de prática de atos judiciais, à comunicação eletrônica dos atos processuais e à assinatura eletrônica (art. 199 do CPC).

---

4. "Art. 223. Decorrido o prazo, extingue-se o direito de praticar ou emendar o ato processual, independentemente de declaração judicial, ficando assegurado, porém, à parte provar que o não realizou por justa causa. § 1º Considera-se justa causa o evento alheio à vontade da parte e que a impediu de praticar o ato por si ou por mandatário. § 2º Verificada a justa causa, o juiz permitirá à parte a prática do ato no prazo que lhe assinar".

O Código de Processo Civil, ao tratar do termo de audiência, também prevê que a audiência pode ser integralmente gravada em imagem e em áudio, em meio digital ou analógico, desde que assegure o rápido acesso das partes e dos órgãos julgadores, devendo ser observada a legislação específica. Essa gravação também pode ser realizada diretamente por qualquer das partes, independentemente de autorização judicial (art. 367, §§ 5º e 6º).

A Recomendação 94/2021 do Conselho Nacional de Justiça recomenda aos tribunais brasileiros a gravação de atos processuais, sejam presenciais ou virtuais, com vistas a alavancar a efetividade dos procedimentos judiciais, por meio do aperfeiçoamento das estruturas de governança, infraestrutura, gestão e uso de procedimentos cibernéticos (art. 1º). Cf. ainda Capítulo 4, item 4.7.2.

4.3 PRAZOS PROCESSUAIS

O *prazo processual* é o período no qual o ato processual deve ser realizado.

A não observância do prazo estabelecido pode acarretar consequências processuais desfavoráveis à parte, com destaque para a *preclusão temporal*.

Nesse sentido, a parte que não observa o prazo para realizar determinado ato processual não mais pode fazê-lo, impondo-se a ela as consequências processuais dessa sua inércia. Por exemplo, não interposto o recurso dentro do prazo legal, este é considerado intempestivo, o que acarreta o seu não processamento ou não conhecimento.

O art. 223 do CPC estabelece que, decorrido o prazo, extingue-se o direito de praticar ou de emendar o ato processual, independentemente de declaração judicial, ficando assegurado, porém, à parte provar que não o realizou por justa causa.

Considera-se justa causa o evento alheio à vontade da parte e que a impediu de praticar o ato por si ou por mandatário. Verificada a justa causa, o juiz deve permitir à parte a prática do ato no prazo que lhe assinar.

O vencimento dos prazos é certificado nos autos dos processos pelos escrivães ou diretores de Secretaria (art. 776 da CLT).

Ao juízo incumbe dilatar os prazos processuais e alterar a ordem de produção dos meios de prova, adequando-os às necessidades do conflito de modo a conferir maior efetividade à tutela do direito (art. 775, § 2º, da CLT).

O Código de Processo Civil, prevendo os poderes do juiz na direção do processo, também determina, de forma expressa, que lhe incumbe *dilatar os prazos processuais* e alterar a ordem de produção dos meios de prova, adequando-os às necessidades do conflito de modo a conferir maior efetividade à tutela do direito (art. 139, inciso VI). Essa dilação de prazo somente pode ser determinada antes de encerrado o prazo regular.

Os prazos particulares são aqueles que correm para apenas uma das partes, enquanto os prazos comuns correm, simultaneamente, para ambas as partes.

Os prazos legais, como o nome indica, são estabelecidos na lei. Os prazos judiciais são fixados pelo juiz.

De acordo com o art. 218 do CPC, aplicável ao processo do trabalho, os atos processuais devem ser realizados nos prazos prescritos em lei. Quando a lei for omissa, o juiz deve determinar os prazos em consideração à complexidade do ato. Quando a lei ou o juiz não determinar prazo, as intimações somente obrigarão a comparecimento depois de decorridas 48 horas.

Inexistindo preceito legal ou prazo determinado pelo juiz, será de cinco dias o prazo para a prática de ato processual a cargo da parte.

Deve ser considerado tempestivo o ato praticado antes do termo inicial do prazo.

Os *prazos peremptórios* são, em regra, improrrogáveis, ou seja, não podem ser alterados, gerando a preclusão temporal quando não respeitados. Os *prazos dilatórios*, por sua vez, podem ser objeto de prorrogação.

Na comarca, seção ou subseção judiciária onde for difícil o transporte, o juiz pode prorrogar os prazos por até dois meses (art. 222 do CPC).

Ao juiz é vedado reduzir prazos peremptórios sem anuência das partes.

Havendo calamidade pública, o limite previsto acima, para prorrogação de prazos (ou seja, até dois meses), pode ser excedido. A parte pode renunciar ao prazo estabelecido exclusivamente em seu favor, desde que o faça de maneira expressa (art. 225 do CPC).

O art. 219 do CPC dispõe que "na contagem de prazo em dias, estabelecido por lei ou pelo juiz, computar-se-ão somente os dias úteis". O disposto nesse artigo aplica-se somente aos prazos processuais.

O art. 775 da CLT, com redação dada pela Lei 13.467/2017, prevê que os prazos estabelecidos no Título X da CLT, sobre processo do trabalho, são contados *em dias úteis*, com exclusão do dia do começo e inclusão do dia do vencimento.

Trata-se de previsão em harmonia com o art. 219 do CPC.

Deve-se distinguir o *início do prazo* do *início da contagem do prazo*.

Quanto ao início do prazo, de acordo com o art. 774 da CLT, salvo disposição em contrário, os prazos contam-se, conforme o caso, a partir da data em que for feita pessoalmente, ou recebida a notificação, daquela em que for publicado o edital no jornal oficial ou no que publicar o expediente da Justiça do Trabalho, ou, ainda, daquela em que for afixado o edital na sede do Juízo ou Tribunal.

Da mesma forma, o art. 230 do CPC também prevê que o prazo para a parte, o procurador, a Advocacia Pública, a Defensoria Pública e o Ministério Público deve ser contado da citação, da intimação ou da notificação.

Tratando-se de notificação postal, no caso de não ser encontrado o destinatário ou no de recusa de recebimento, o Correio ficará obrigado, sob pena de responsabilidade do servidor, a devolvê-la, no prazo de 48 horas, ao Tribunal de origem (art. 774, parágrafo único, da CLT).

Em razão disso, no caso de notificação expedida por meio do correio, presume-se, de forma relativa, que tenha chegado a seu destinatário 48 horas depois da sua postagem. Entretanto, por se tratar de presunção meramente relativa, pode ser elidida por prova em contrário, como o comprovante de entrega ao destinatário, contendo a efetiva data de recebimento.

Presume-se recebida a notificação 48 horas depois de sua postagem. O seu não recebimento ou a entrega após o decurso desse prazo constitui ônus de prova do destinatário (Súmula 16 do TST).

Quanto ao início de *contagem* do prazo, no processo do trabalho, seguindo a mesma orientação do processo civil, os prazos são contados em dias úteis, *com exclusão do dia do começo e inclusão do dia do vencimento* (art. 775 da CLT).

Como prevê o art. 224 do CPC, salvo disposição em contrário, *os prazos devem ser contados excluindo o dia do começo e incluindo o do vencimento*.

Os prazos podem ser *prorrogados*, pelo tempo estritamente necessário, nas seguintes hipóteses: quando o juízo entender necessário; em virtude de força maior, devidamente comprovada (art. 775, § 1º, da CLT).

Ao juízo incumbe dilatar os prazos processuais e alterar a ordem de produção dos meios de prova, adequando-os às necessidades do conflito de modo a conferir maior *efetividade* à tutela do direito (art. 775, § 2º, da CLT).

Os dias do começo e do vencimento do prazo devem ser protraídos para o primeiro dia útil seguinte, se coincidirem com dia em que o expediente forense for encerrado antes ou iniciado depois da hora normal ou houver indisponibilidade da comunicação eletrônica (art. 224, § 1º, do CPC).

Considera-se como data de publicação o primeiro dia útil seguinte ao da disponibilização da informação no *Diário da Justiça* eletrônico (art. 224, § 2º, do CPC). A contagem do prazo deve ter início no primeiro dia útil que seguir ao da publicação (art. 224, § 3º, do CPC).

Quando a intimação tiver lugar na sexta-feira, ou a publicação com efeito de intimação for feita nesse dia, o prazo judicial será contado da segunda-feira imediata, inclusive, salvo se não houver expediente, caso em que fluirá no dia útil que se seguir (Súmula 1 do TST).

Além dos declarados em lei, são feriados, para efeito forense, os sábados, os domingos e os dias em que não haja expediente forense (art. 216 do CPC).

Intimada ou notificada a parte no sábado, o início do prazo se dará no primeiro dia útil imediato e a contagem, no subsequente (Súmula 262, item I, do TST).

Observa-se, portanto, a distinção entre início do prazo e início da contagem do prazo processual. Ocorrendo a intimação no sábado, por não ser este considerado dia útil no âmbito processual, o início do prazo ocorre no primeiro dia útil imediato (segunda-feira). Ainda nesse caso, o início da contagem do prazo ocorre no dia subsequente (terça-feira).

O *recesso* na Justiça do Trabalho ocorre no período de 20 de dezembro a 6 de janeiro de cada ano, conforme aplicação da Lei 5.010/1966, art. 62, inciso I.

O recesso forense e as férias coletivas dos Ministros do Tribunal Superior do Trabalho *suspendem* os prazos recursais (Súmula 262, item II, do TST).

Suspende-se o curso do prazo processual nos dias compreendidos entre 20 de dezembro e 20 de janeiro, inclusive (art. 775-A da CLT, incluído pela Lei 13.545/2017, e art. 220 do CPC).

Ressalvadas as férias individuais e os feriados instituídos por lei, os juízes, os membros do Ministério Público, da Defensoria Pública e da Advocacia Pública e os auxiliares da Justiça devem exercer suas atribuições durante o período previsto acima.

Durante a suspensão do prazo, não se realizarão audiências nem sessões de julgamento.

Suspende-se o curso do prazo por obstáculo criado em detrimento da parte ou ocorrendo qualquer das hipóteses do art. 313 do CPC, devendo o prazo ser restituído por tempo igual ao que faltava para sua complementação (art. 221 do CPC).

Os prazos se suspendem durante a execução de programa instituído pelo Poder Judiciário para promover a conciliação, incumbindo aos tribunais especificar, com antecedência, a duração dos trabalhos.

Nos termos do art. 7º-A, inciso IV, da Lei 8.906/1994, acrescentado pela Lei 13.363/2016, é direito da *advogada adotante ou que der à luz* a suspensão de prazos processuais quando for a única patrona da causa, desde que haja notificação por escrito ao cliente. O referido direito é concedido pelo prazo previsto no § 6º do art. 313 do CPC, isto é, de 30 dias, contado a partir da data do parto ou da concessão da adoção, mediante apresentação de certidão de nascimento ou documento similar que comprove a realização do parto, ou de termo judicial que tenha concedido a adoção, desde que haja notificação ao cliente (a respeito do tema, cf. Capítulo 5, item 5.6).

O art. 93, inciso XII, da Constituição Federal prevê que a atividade jurisdicional será ininterrupta, sendo *vedadas as férias coletivas nos juízos e tribunais de segundo grau*, funcionando, nos dias em que não houver expediente forense normal, juízes em plantão permanente. Logo, *a contrario sensu*, as férias coletivas são permitidas nos tribunais superiores, como ocorre no TST.

Além dos declarados em lei, são feriados, para efeito forense, os sábados, os domingos e os dias em que não haja expediente forense (art. 216 do CPC).

O prazo para interposição de recurso conta-se da data em que os advogados, a sociedade de advogados, a Advocacia Pública, a Defensoria Pública ou o Ministério Público são intimados da decisão (art. 1.003 do CPC). Os referidos sujeitos são considerados intimados em audiência quando nesta for proferida a decisão.

No prazo para interposição de recurso, a petição deve ser protocolada em cartório ou conforme as normas de organização judiciária, ressalvado o disposto em regra especial. Para aferição da tempestividade do recurso remetido pelo correio, deve ser considerada data de interposição a data de postagem. O recorrente deve comprovar a ocorrência de feriado local no ato de interposição do recurso.

No processo do trabalho, de acordo com o art. 852 da CLT, da decisão serão os litigantes notificados, pessoalmente, ou por seu representante, *na própria audiência*.

O prazo para recurso da parte que, intimada, não comparecer à audiência em prosseguimento para a prolação da sentença conta-se de sua publicação (Súmula 197 do TST).

A ata da audiência deve ser juntada ao processo, devidamente assinada, no prazo improrrogável de 48 horas, contado da audiência de julgamento (art. 851, § 2º, da CLT).

Quando não juntada a ata ao processo em 48 horas, contadas da audiência de julgamento (art. 851, § 2º, da CLT), o prazo para recurso será contado da data em que a parte receber a intimação da sentença (Súmula 30 do TST).

Um dos deveres precípuos dos juízes do trabalho é despachar e praticar todos os atos decorrentes de suas funções *dentro dos prazos estabelecidos* (art. 658, *d*, da CLT).

Em consonância com o art. 226 do CPC, o juiz deve proferir: os despachos no prazo de cinco dias; as decisões interlocutórias no prazo de dez dias; as sentenças no prazo de trinta dias.

Há entendimento de que a sentença, no processo do trabalho, não está sujeita ao referido prazo de 30 dias, pois a CLT possui disposição própria, no sentido de que a sentença é proferida em audiência (arts. 831 e 851).

Segundo o art. 227 do CPC, em qualquer grau de jurisdição, havendo motivo justificado, pode o juiz exceder, por igual tempo, os prazos a que está submetido. Qualquer parte, o Ministério Público ou a Defensoria Pública pode representar ao Corregedor do tribunal ou ao Conselho Nacional de Justiça contra juiz ou relator que injustificadamente exceder os prazos previstos em lei, regulamento ou regimento interno (art. 235 do CPC). Distribuída a representação ao órgão competente e ouvido previamente o juiz, não sendo caso de arquivamento liminar, deve ser instaurado procedimento para apuração da responsabilidade, com intimação do representado por meio eletrônico para, querendo, apresentar justificativa no prazo de 15 dias.

Sem prejuízo das sanções administrativas cabíveis, em até 48 horas após a apresentação ou não da justificativa acima mencionada, se for o caso, o corregedor do Tribunal ou o relator no Conselho Nacional de Justiça deve determinar a intimação do representado por meio eletrônico para que, em dez dias, pratique o ato. Mantida a inércia, os autos devem ser remetidos ao substituto legal do juiz ou relator contra o qual se representou para decisão em dez dias.

Os prazos para o juiz não são preclusivos, mas sim impróprios, pois não impedem a prática dos atos processuais sob sua responsabilidade. Entretanto, a sua inobservância, quando injustificada, pode acarretar consequências disciplinares e administrativas.

O art. 228 do CPC estabelece que incumbe ao serventuário remeter os autos conclusos no prazo de um dia e executar os atos processuais no prazo de cinco dias, contado da data em que: houver concluído o ato processual anterior, se lhe foi imposto pela lei; tiver ciência da ordem, quando determinada pelo juiz.

Ao receber os autos, o serventuário deve certificar o dia e a hora em que teve ciência da ordem referida. Nos processos em autos eletrônicos, a juntada de petições ou de manifestações em geral deve ocorrer de forma automática, independentemente de ato de serventuário da justiça.

Incumbe ao juiz verificar se o serventuário excedeu, sem motivo legítimo, os prazos estabelecidos em lei (art. 233 do CPC). Constatada a falta, o juiz deve ordenar a instauração de processo administrativo, na forma da lei. Trata-se, no caso, de processo administrativo de natureza disciplinar. Qualquer das partes, o Ministério Público ou a Defensoria Pública pode representar ao juiz contra o serventuário que injustificadamente exceder os prazos previstos em lei.

Recebida e protocolada a petição inicial da ação trabalhista, o escrivão ou secretário, dentro de 48 horas, deve remeter a segunda via da petição, ou do termo, ao réu, notificando-o ao mesmo tempo, para comparecer à audiência do julgamento, que será a primeira desimpedida, depois de cinco dias (art. 841, *caput*, da CLT).

Os advogados públicos ou privados, o defensor público e o membro do Ministério Público devem restituir os autos no prazo do ato a ser praticado (art. 234 do CPC). É lícito a qualquer interessado exigir os autos do advogado que exceder prazo legal. Se, intimado, o advogado não devolver os autos no prazo de três dias, perderá o direito à vista fora de cartório e incorrerá em multa correspondente à metade do salário mínimo. Verificada a falta, o juiz deve comunicar o fato à seção local da Ordem dos Advogados do Brasil para procedimento disciplinar e imposição de multa. Se a situação envolver membro do Ministério Público, da Defensoria Pública ou da Advocacia Pública, a multa, se for o caso, será aplicada ao agente público responsável pelo ato. Verificada a falta, o juiz deve comunicar o fato ao órgão competente responsável pela instauração de procedimento disciplinar contra o membro que atuou no feito.

Considera-se inaplicável ao processo do trabalho a norma contida no art. 229, *caput* e §§ 1º e 2º, do CPC de 2015 (art. 191 do CPC de 1973), em razão de incompatibilidade com a celeridade que lhe é inerente (Orientação Jurisprudencial 310 da SBDI-I do TST).

Nos processos em curso na Justiça do Trabalho, de acordo com o Decreto-lei 779/1969, a União, os Estados, o Distrito Federal, os Municípios e as autarquias ou fundações de direito público federais, estaduais ou municipais que não explorem atividade econômica, possuem, como prerrogativa: o quádruplo do prazo fixado no art. 841, parte final, da CLT; o prazo em dobro para recurso (art. 1º, incisos II e III).

O art. 841 da CLT dispõe que, uma vez recebida e protocolada a reclamação, o escrivão ou secretário, dentro de 48 horas, deve remeter a segunda via da petição, ou do termo, ao reclamado, notificando-o ao mesmo tempo, para comparecer à audiência do julgamento, que será a primeira desimpedida, depois de cinco dias.

O entendimento que prevalece é de que o mencionado prazo, de no mínimo cinco dias, inicia-se do recebimento da intimação para comparecimento à audiência, com a cópia da petição inicial, como forma de assegurar o direito à ampla defesa, permitindo que o réu tenha tempo hábil para preparar a sua defesa. Logo, em se tratando dos entes de direito público mencionados no Decreto-lei 779/1969, o referido prazo, entre o recebimento da intimação e a audiência, é de no mínimo 20 dias.

O Ministério Público do Trabalho goza de prazo em dobro *para se manifestar nos autos*, que terá início a partir de sua intimação pessoal (art. 180 do CPC). Essa intimação pessoal deve ser feita por carga, remessa ou meio eletrônico (art. 183, § 1º, do CPC). Findo o prazo para manifestação do Ministério Público sem o oferecimento de parecer, o juiz deve requisitar os autos e dar andamento ao processo. Não se aplica o benefício da contagem em dobro quando a lei estabelecer, de forma expressa, prazo próprio para o Ministério Público.

Os membros da Defensoria Pública da União têm a prerrogativa de "receber, inclusive quando necessário, mediante entrega dos autos com vista, intimação pessoal em qualquer processo e grau de jurisdição ou instância administrativa, contando-se-lhes em dobro todos os prazos" (art. 44, inciso I, da Lei Complementar 80/1994, com redação dada pela Lei Complementar 132/2009).

No mesmo sentido, o Código de Processo Civil prevê que a Defensoria Pública goza de prazo em dobro para todas as suas manifestações processuais (art. 186). O prazo tem início com a intimação pessoal do defensor público, a qual deve ser feita por carga, remessa ou meio eletrônico (art. 186, § 1º, do CPC). A requerimento da Defensoria Pública, o juiz deve determinar a intimação pessoal da parte patrocinada quando o ato processual depender de providência ou informação que somente por ela possa ser realizada ou prestada. Essa disposição, quanto ao prazo em dobro para a Defensoria se manifestar no processo, aplica-se também aos escritórios de prática jurídica das faculdades de Direito reconhecidas na forma da lei e às entidades que prestam assistência jurídica gratuita em razão de convênios firmados com a Defensoria Pública. Não se aplica o benefício da contagem em dobro quando a lei estabelecer, de forma expressa, prazo próprio para a Defensoria Pública.

4.4 COMUNICAÇÃO DOS ATOS PROCESSUAIS

A CLT utiliza o termo *notificação* abrangendo todas as modalidades de comunicação de atos processuais, ou seja, tanto a citação como a intimação, que apresentam conceitos distintos, conforme previsão no processo civil.

De acordo com o art. 238 do CPC, a *citação* é o ato pelo qual são convocados o réu, o executado ou o interessado para integrar a relação processual. Assim, a citação é o ato processual que informa o réu a respeito do ajuizamento da ação, permitindo que se defenda em juízo.

A *intimação*, por sua vez, é o ato pelo qual se dá ciência a alguém dos atos e dos termos do processo (art. 269 do CPC).

A *notificação*, em sentido mais técnico e estrito, seria o ato processual por meio do qual se comunica a respeito de algum ato ou fato relativo ao processo.

A citação no processo do trabalho é realizada automaticamente pela própria Secretaria da Vara do Trabalho. Nesse sentido, conforme o art. 841, *caput*, da CLT, recebida e protocolada a reclamação, o escrivão ou secretário, dentro de 48 horas, deve remeter a segunda via da petição, ou do termo, ao reclamado, notificando-o ao mesmo tempo, para comparecer à audiência do julgamento, que será a primeira desimpedida, depois de cinco dias.

No processo do trabalho, não há necessidade de requerimento formulado pelo autor, em sua petição inicial, de citação do réu. A realização desta não depende nem mesmo de despacho do juiz, por ser feita de forma automática, conforme determinação legal, pela Secretaria da Vara do Trabalho.

Para a validade do processo é indispensável a citação do réu ou do executado, ressalvadas as hipóteses de indeferimento da petição inicial ou de improcedência liminar do pedido (art. 239 do CPC).

O comparecimento espontâneo do réu ou do executado supre a falta ou a nulidade da citação, fluindo a partir desta data (ou seja, de comparecimento espontâneo do demandado) o prazo para apresentação de contestação ou de embargos à execução.

Rejeitada a alegação de nulidade, tratando-se de processo de: conhecimento, o réu será considerado revel; execução, o feito terá seguimento.

A citação e as intimações no processo do trabalho, em regra, são realizadas pelo correio. Entende-se que a citação é válida quando endereçada e recebida no endereço correto do réu, não se exigindo que seja recebida pessoalmente pelo réu, mas por qualquer pessoa presente no local. Nesse sentido, o art. 841, § 1º, da CLT prevê que a notificação deve ser feita *em registro postal com franquia.*

No caso de o reclamado criar embaraços ao recebimento da notificação, ou não for encontrado, deve ser feita a notificação por edital, publicado no jornal oficial ou no que publicar o expediente forense, ou, na falta, afixado na sede do Juízo (art. 841, § 1º, da CLT).

Apesar dessa previsão, antes de se realizar a citação por meio de edital, é comum a tentativa de citação por oficial de justiça, diligenciando nos possíveis endereços do réu. Com isso, procura-se evitar eventual nulidade por cerceamento de defesa, sabendo-se que na citação por edital o réu dificilmente fica efetivamente sabendo do ajuizamento da ação. A citação por edital, portanto, apenas deve ser utilizada em casos nos quais tenham se esgotado os meios de obter o atual endereço do réu para a sua citação por correio ou oficial de justiça.

Como a CLT regula a forma de citação, não se aplica ao processo do trabalho a citação por hora certa, prevista no art. 254 do CPC.

A citação deve ser feita preferencialmente por meio eletrônico, no prazo de até dois dias úteis, contado da decisão que a determinar, por meio dos endereços eletrônicos indicados pelo citando no banco de dados do Poder Judiciário, conforme regulamento do Conselho Nacional de Justiça (art. 246 do CPC, com redação dada pela Lei 14.195/2021).

As empresas públicas e privadas são obrigadas a manter cadastro nos sistemas de processo em autos eletrônicos, para efeito de recebimento de citações e intimações, as quais serão efetuadas preferencialmente por esse meio (art. 246, § 1º, do CPC). Isso também se aplica à União, aos Estados, ao Distrito Federal, aos Municípios e às entidades da administração indireta (art. 246, § 2º, do CPC). Aplica-se essa disposição, ainda, ao Ministério Público, à Defensoria Pública e à Advocacia Pública (art. 270, parágrafo único, do CPC).

As microempresas e as pequenas empresas somente se sujeitam ao disposto no art. 246, § 1º, do CPC quando não possuírem endereço eletrônico cadastrado no sistema integrado da Rede Nacional para a Simplificação do Registro e da Legalização de Empresas e Negócios – Redesim (art. 246, § 5º, do CPC, incluído pela Lei 14.195/2021). Para os fins dessa previsão, deve haver compartilhamento de cadastro com o órgão do Poder Judiciário, incluído o endereço eletrônico constante do sistema integrado da Rede Nacional para a Simplificação do Registro e da Legalização de Empresas e Negócios (Redesim), nos termos da legislação aplicável ao sigilo fiscal e ao tratamento de dados pessoais (art. 246, § 6º, do CPC, incluído pela Lei 14.195/2021).

A ausência de confirmação, em até três dias úteis, contados do recebimento da citação eletrônica, implicará a realização da citação: I – pelo correio; II – por oficial de justiça; III – pelo escrivão ou chefe de secretaria, se o citando comparecer em cartório; IV – por edital (art. 246, § 1º-A, do CPC, incluído pela Lei 14.195/2021).

Na primeira oportunidade de falar nos autos, o réu citado nas formas previstas nos incisos I, II, III e IV do § 1º-A do art. 246 do CPC deve apresentar justa causa para a ausência de confirmação do recebimento da citação enviada eletronicamente (art. 246, § 1º-B, do CPC, incluído pela Lei 14.195/2021).

Considera-se ato atentatório à dignidade da justiça, passível de multa de até 5% do valor da causa, deixar de confirmar no prazo legal, sem justa causa, o recebimento da citação recebida por meio eletrônico (art. 246, § 1º-C, do CPC, incluído pela Lei 14.195/2021).

As citações por correio eletrônico devem ser acompanhadas das orientações para realização da confirmação de recebimento e de código identificador que permita a sua identificação na página eletrônica do órgão judicial citante (art. 246, § 4º, do CPC, incluído pela Lei 14.195/2021).

A intimação pode ser feita pelo *Diário da Justiça* impresso ou eletrônico. Salvo disposição em sentido diverso, considera-se dia do começo do prazo, quando a intimação se der pelo *Diário da Justiça* impresso ou eletrônico, a data da publicação (art. 231, inciso VII, do CPC).

As intimações realizam-se, sempre que possível, por meio eletrônico, na forma da lei (art. 270 do CPC).

Quando não realizadas por meio eletrônico, consideram-se feitas as intimações pela publicação dos atos no órgão oficial (art. 272 do CPC).

Os advogados podem requerer que, na intimação a eles dirigida, figure apenas o nome da sociedade a que pertençam, desde que devidamente registrada na Ordem dos Advogados do Brasil. Sob pena de nulidade, é indispensável que da publicação constem os nomes das partes, de seus advogados, com o respectivo número da inscrição na Ordem dos Advogados do Brasil, ou, se assim requerido, da sociedade de advogados.

A grafia dos nomes das partes não deve conter abreviaturas. A grafia dos nomes dos advogados deve corresponder ao nome completo e ser a mesma que constar da procuração ou que estiver registrada junto à Ordem dos Advogados do Brasil.

Constando dos autos pedido expresso para que as comunicações dos atos processuais sejam feitas em nome dos advogados indicados, o seu desatendimento implicará nulidade (art. 272, § 5º, do CPC).

Nesse sentido, conforme a previsão da Súmula 427 do TST: "Intimação. Pluralidade de advogados. Publicação em nome de advogado diverso daquele expressamente indicado. Nulidade. Havendo pedido expresso de que as intimações e publicações sejam realizadas exclusivamente em nome de determinado advogado, a comunicação em nome de outro profissional constituído nos autos é nula, salvo se constatada a inexistência de prejuízo".

Como explicita o art. 16 da Instrução Normativa 39/2016 do TST, para efeito de aplicação do art. 272, § 5º, do CPC, não é causa de nulidade processual a intimação realizada na pessoa de advogado regularmente habilitado nos autos, ainda que conste pedido expresso para que as comunicações dos atos processuais sejam feitas em nome de outro advogado, se o profissional indicado não se encontra previamente cadastrado no Sistema de Processo Judicial Eletrônico, impedindo a serventia judicial de atender ao requerimento de envio da intimação direcionada. Isso porque a decretação de nulidade não pode ser acolhida em favor da parte que lhe deu causa (art. 276 do CPC).

A retirada dos autos do cartório ou da secretaria em carga pelo advogado, por pessoa credenciada a pedido do advogado ou da sociedade de advogados, pela Advocacia Pública, pela Defensoria Pública ou pelo Ministério Público implicará intimação de qualquer decisão contida no processo retirado, ainda que pendente de publicação. O advogado e a sociedade de advogados devem requerer o respectivo credenciamento para a retirada de autos por preposto.

A parte deve arguir a nulidade da intimação em capítulo preliminar do próprio ato que lhe caiba praticar, o qual será tido por tempestivo se o vício for reconhecido. Não sendo possível a prática imediata do ato diante da necessidade de acesso prévio aos autos, a parte deve limitar-se a arguir a nulidade da intimação, caso em que o prazo será contado da intimação da decisão que a reconheça.

Se for inviável a intimação por meio eletrônico e não houver na localidade publicação em órgão oficial, incumbirá ao escrivão ou chefe de secretaria intimar de todos os atos do processo os advogados das partes: pessoalmente, se tiverem domicílio na sede do juízo; por carta registrada, com aviso de recebimento, quando forem domiciliados fora do juízo (art. 273 do CPC).

Na realidade, não dispondo a lei de outro modo, as intimações devem ser feitas às partes, aos seus representantes legais, aos advogados e aos demais sujeitos do processo pelo correio ou, se presentes em cartório, diretamente pelo escrivão ou chefe de secretaria (art. 274 do CPC).

Presumem-se válidas as intimações dirigidas ao endereço constante dos autos, ainda que não recebidas pessoalmente pelo interessado, se a modificação temporária ou definitiva não tiver sido devidamente comunicada ao juízo.

A intimação deve ser feita por oficial de justiça quando frustrada a realização por meio eletrônico ou pelo correio (art. 275 do CPC). A certidão de intimação deve conter: a indicação do lugar e a descrição da pessoa intimada, mencionando, quando possível, o número de seu documento de identidade e o órgão que a expediu; a declaração de entrega da contrafé; a nota de ciente ou a certidão de que o interessado não a apôs no mandado.

Caso necessário, a intimação pode ser efetuada por edital. Entretanto, a intimação do Ministério Público, em qualquer caso, deve ser feita pessoalmente, com a remessa dos autos (Lei Complementar 75/1993, art. 18, inciso II, *h*).

O autor da ação é comunicado da data da audiência quando da apresentação da petição inicial ou por meio de intimação postal (art. 841, § 2º, da CLT).

Segundo o art. 244 do CPC, não se fará a citação, salvo para evitar o perecimento do direito: de quem estiver participando de ato de culto religioso; de cônjuge, companheiro ou a qualquer parente do morto, consanguíneo ou afim, em linha reta ou na linha colateral em segundo grau, no dia do falecimento e nos sete dias seguintes; de noivos, nos três primeiros dias seguintes ao casamento; de doente, enquanto grave o seu estado.

O art. 245 do CPC dispõe que não se fará citação quando se verificar que o citando é mentalmente incapaz ou está impossibilitado de recebê-la. O oficial de justiça deve descrever e certificar minuciosamente a ocorrência. Para examinar o citando, o juiz deve nomear médico, que apresentará laudo no prazo de cinco dias. Dispensa-se essa nomeação se pessoa da família apresentar declaração do médico do citando que ateste a incapacidade deste. Reconhecida a impossibilidade, o juiz deve nomear curador ao citando, observando, quanto à sua escolha, a preferência estabelecida na lei e restringindo a nomeação à causa. A citação deve ser feita na pessoa do curador, a quem incumbirá a defesa dos interesses do citando.

Conforme o art. 87 da Lei 13.146/2015, que instituiu a Lei Brasileira de Inclusão da Pessoa com Deficiência (Estatuto da Pessoa com Deficiência), nos casos de relevância e urgência e a fim de proteger os interesses da *pessoa com deficiência em situação de curatela*, é lícito ao juiz, ouvido o Ministério Público, de ofício ou a requerimento do interessado, nomear, desde logo, curador provisório, o qual está sujeito, no que couber, às disposições do Código de Processo Civil.

A Resolução 455/2022 do Conselho Nacional de Justiça (CNJ) institui o Portal de Serviços do Poder Judiciário, bem como regulamenta o Diário da Justiça Nacional e o Domicílio Judicial Eletrônico.

Para os fins da Resolução 455/2022 do CNJ, considera-se: I – meio eletrônico: qualquer forma de armazenamento, tráfego de documentos, arquivos digitais e dados; II – transmissão eletrônica: toda forma de comunicação a distância com a utilização de redes de comunicação, preferencialmente a rede mundial de computadores; III – endereço eletrônico: toda forma de identificação individualizada para recebimento e envio de comunicação/mensagem digital, tal como o correio eletrônico (e-mail), aplicativos de mensagens, perfis em redes sociais, e o Domicílio Judicial Eletrônico; IV – URL (uniform resource locator): conjunto de caracteres alfanuméricos que identifica um endereço na rede mundial de computadores; V – "gov.br": serviço de autenticação e provimento de identidade mantido pelo Poder Executivo Federal (art. 2º da Resolução 455/2022 do CNJ).

O Portal de Serviços do Poder Judiciário (PSPJ), solução a ser desenvolvida na Plataforma Digital do Poder Judiciário (PDPJ-Br), destinado aos usuários externos, permite, entre outras possíveis funcionalidades: I – a consulta unificada a todos os processos eletrônicos em andamento nos sistemas de tramitação processual conectados à PDPJ-Br; II – o peticionamento inicial e intercorrente em todos os processos eletrônicos em andamento nos sistemas de tramitação processual conectados à PDPJ-Br; III – a efetivação de citações, intimações e comunicações processuais em todos os sistemas de tramitação processual eletrônica conectados à PDPJ-Br; IV – acesso ao Diário de Justiça Eletrônico Nacional – DJEN (art. 3º da Resolução 455/2022 do CNJ).

Os tribunais devem empregar o Portal de Serviços do Poder Judiciário a partir de sua disponibilização na Plataforma Digital do Poder Judiciário (art. 4º da Resolução 455/2022 do CNJ).

Para acesso ao Portal de Serviços, é obrigatória a utilização do Sistema de Login Único (Single Sign On) da Plataforma Digital do Poder Judiciário (art. 5º da Resolução 455/2022 do CNJ). As citações, intimações e comunicações eletrônicas efetivadas por meio do Domicílio Judicial Eletrônico e do Diário de Justiça Eletrônico Nacional estarão disponibilizadas para consulta centralizada no Portal de Serviços.

O Diário de Justiça Eletrônico Nacional (DJEN) constitui a plataforma de editais do Conselho Nacional de Justiça e o instrumento de publicação dos atos judiciais dos órgãos do Poder Judiciário (art. 11 da Resolução 455/2022 do CNJ).

O Diário de Justiça Eletrônico Nacional pode ser utilizado como instrumento para publicação das decisões proferidas em processos administrativos de competência das corregedorias ou em processos administrativos disciplinares (PAD) instaurados contra magistrados, servidores ou agentes delegados do foro extrajudicial.

A publicação no Diário de Justiça Eletrônico Nacional substitui qualquer outro meio de publicação oficial, para fins de intimação, à exceção dos casos em que a lei exija vista ou intimação pessoal, que devem ser realizadas por meio do Domicílio Judicial Eletrônico, previsto no art. 15 da Resolução 455/2022 do CNJ, nos termos do art. 5º da Lei 11.419/2006.

Nos casos em que a lei não exigir vista ou intimação pessoal, os prazos processuais devem ser contados na forma do art. 224 do CPC, possuindo valor meramente informacional a eventual concomitância de intimação ou comunicação por outros meios.

O Diário de Justiça Eletrônico Nacional substitui os atuais diários de justiça eletrônicos mantidos pelos órgãos do Poder Judiciário e estará disponível no Portal de Serviços e no sítio do Conselho Nacional de Justiça na rede mundial de computadores (art. 12 da Resolução 455/2022 do CNJ).

Na intimação realizada pelo Diário de Justiça Eletrônico Nacional deve constar, obrigatoriamente, sob pena de nulidade, a indicação do tribunal, do órgão julgador, o número único do processo, os nomes das partes, de seus advogados e os respectivos números de inscrição na OAB ou, se assim requerido, da sociedade de advogados, nos termos do art. 272 do CPC.

A divulgação dos dados processuais no Diário de Justiça Eletrônico Nacional deve observar, nos processos sujeitos a sigilo ou segredo de justiça, o disposto na lei e na Resolução 121/2010 do CNJ.

Serão objeto de publicação no Diário de Justiça Eletrônico Nacional: I – o conteúdo dos despachos, das decisões interlocutórias, do dispositivo das sentenças e da ementa dos acórdãos, conforme previsão do art. 205, § 3º, do CPC; II – as intimações destinadas aos advogados nos sistemas de processo judicial eletrônico, cuja ciência não exija vista ou intimação pessoal; III – a lista de distribuição prevista no art. 285, parágrafo único, do CPC; IV – os atos destinados à plataforma de editais do Conselho Nacional de Justiça, nos termos do CPC; V – os demais atos, cuja publicação esteja prevista na lei processual, nos regimentos internos e nas disposições normativas dos tribunais e conselhos (art. 13 da Resolução 455/2022 do CNJ).

O conteúdo das publicações incluídas no Diário de Justiça Eletrônico Nacional deve ser assinado digitalmente (art. 14 da Resolução 455/2022 do CNJ).

O Domicílio Judicial Eletrônico constitui o ambiente digital integrado ao Portal de Serviços, para a comunicação processual entre os órgãos do Poder Judiciário e os destinatários que sejam ou não partes na relação processual (art. 15 da Resolução 455/2022 do CNJ). É obrigatória a utilização do Domicílio Judicial Eletrônico por todos os tribunais.

O cadastro no Domicílio Judicial Eletrônico é obrigatório para a União, para os Estados, para o Distrito Federal, para os Municípios, para as entidades da administração indireta e para as empresas públicas e privadas, para efeitos de recebimento de citações e intimações, conforme disposto no art. 246, *caput* e § 1º, do CPC, com a alteração realizada pela Lei 14.195/2021 (art. 16 da Resolução 455/2022 do CNJ). Para os fins desse dispositivo, deve haver compartilhamento de banco de dados cadastrais de órgãos governamentais com o órgão do Poder Judiciário, nos termos da legislação aplicável ao tratamento de dados pessoais (Lei 13.709/2018).

As pessoas físicas, nos termos do art. 77, inciso VII, do CPC, podem realizar cadastro no Domicílio Judicial Eletrônico para efetuar consultas públicas, bem como para o recebimento de citações e intimações, por meio: I – do Sistema de Login Único da Plataforma Digital do Poder Judiciário (PDPJ-Br), via autenticação no serviço "gov.br" do Poder Executivo Federal, com nível de conta prata ou ouro; II – de autenticação com uso de certificado digital.

O disposto no art. 16 da Resolução 455/2022 aplica-se ao Ministério Público, à Defensoria Pública e à Advocacia Pública, conforme disposições do art. 1.050 do CPC, inclusive para o recebimento de intimações, nos moldes do art. 270, *caput* e parágrafo único, do CPC.

O disposto no art. 16 da Resolução 455/2022 não se aplica às microempresas e às empresas de pequeno porte que possuírem endereço eletrônico cadastrado no sistema integrado da Rede Nacional para a Simplificação do Registro e da Legalização de Empresas e Negócios (Redesim), nos termos previstos no art. 246, § 5º, do CPC (art. 17 da Resolução 455/2022 do CNJ).

O endereço eletrônico previamente cadastrado na Rede Nacional para a Simplificação do Registro e da Legalização de Empresas e Negócios (Redesim) pelas microempresas e pelas empresas de pequeno porte deve ser aproveitado para os fins a que alude o art. 15 da Resolução 455/2022.

As microempresas e as empresas de pequeno porte que não possuírem cadastro no sistema integrado da Rede Nacional para a Simplificação do Registro e da Legalização de Empresas e Negócios (Redesim) ficam sujeitas ao cumprimento do disposto no art. 16 da Resolução 455/2022.

A citação por meio eletrônico deve ser realizada exclusivamente pelo Domicílio Judicial Eletrônico, nos termos do art. 246 do CPC, com exceção da citação por edital, a ser realizada via Diário de Justiça Eletrônico Nacional (art. 18 da Resolução 455/2022 do CNJ).

A identificação no Domicílio Judicial Eletrônico deve ser feita pelo número do CPF ou do CNPJ mantido junto à Secretaria da Receita Federal do Brasil (art. 19 da Resolução 455/2022 do CNJ).

O aperfeiçoamento da comunicação processual por meio eletrônico, com a correspondente abertura de prazo, se houver, ocorrerá no momento em que o destinatário, por meio do Portal de Serviços, ou por integração automatizada via consumo de interface de programação de aplicação (API), obtiver acesso ao conteúdo da comunicação (art. 20 da Resolução 455/2022 do CNJ).

Quando a consulta ocorrer em dia não útil, a comunicação processual será considerada realizada no primeiro dia útil subsequente. Efetuado esse acesso, o sistema deve registrar o fato.

Para os casos de citação por meio eletrônico, não havendo aperfeiçoamento em até três dias úteis, contados da data do envio da comunicação processual ao Domicílio Judicial Eletrônico, o sistema gerará automaticamente a informação da ausência de citação para os fins previstos no art. 246, § 1º-A, do CPC.

Para os demais casos, não havendo aperfeiçoamento da comunicação processual em até 10 dias corridos contados da data do envio da comunicação processual ao Domicílio Judicial Eletrônico, considerar-se-á automaticamente realizada na data do término desse prazo, nos termos do art. 5º, § 3º, da Lei 11.419/2006, não se aplicando o disposto no art. 219 do CPC a esse interstício.

As comunicações processuais devem indicar, no mínimo: I – o tribunal, o sistema de processo eletrônico, o órgão julgador e o número único do processo judicial, nos termos da Resolução 65/2008 do CNJ; II – a identificação do responsável pela produção da informação; III – o prazo para eventual cumprimento de ato processual decorrente da publicação; IV – o fornecimento de endereço virtual (URL), que permita acesso ao conteúdo integral dos documentos que compõem a comunicação processual (art. 21 da Resolução 455/2022 do CNJ).

As comunicações processuais devem permanecer disponíveis para consulta no Domicílio Judicial Eletrônico por período correspondente a 24 meses e podem ser excluídas após esse prazo (art. 22 da Resolução 455/2022 do CNJ).

Os atos processuais devem ser cumpridos por ordem judicial (art. 236 do CPC). Deve ser expedida *carta* para a prática de atos fora dos limites territoriais do tribunal, da comarca, da seção ou da subseção judiciárias (da Vara do Trabalho, no caso do processo trabalhista), ressalvadas as hipóteses previstas em lei. O tribunal pode expedir carta para juízo a ele vinculado, se o ato houver de se realizar fora dos limites territoriais do local de sua sede. Admite-se a prática de atos processuais por meio de videoconferência ou outro recurso tecnológico de transmissão de sons e imagens em tempo real.

A *cooperação nacional* é prevista no art. 67 do CPC, ao determinar que, aos órgãos do Poder Judiciário, estadual ou federal, especializado (como é o caso da Justiça do Trabalho) ou comum, em todas as instâncias e graus de jurisdição, inclusive aos tribunais superiores, incumbe o dever de recíproca cooperação, por meio de seus magistrados e servidores.

Os juízos podem formular, entre si, pedido de cooperação para prática de qualquer ato processual (art. 68 do CPC).

O pedido de cooperação jurisdicional deve ser prontamente atendido, prescinde de forma específica e pode ser executado como: auxílio direto; reunião ou apensamento de processos; prestação de informações; atos concertados entre os juízes cooperantes (art. 69 do CPC). As cartas de ordem, precatória e arbitral devem seguir o regime previsto no CPC.

Os atos concertados entre os juízes cooperantes podem consistir, além de outros, no estabelecimento de procedimento para: a prática de citação, intimação ou notificação de ato; a obtenção e apresentação de provas e a coleta de depoimentos; a efetivação de tutela antecipada; a efetivação de medidas e providências para recuperação e preservação de empresas; a facilitação de habilitação de créditos na falência e na recuperação judicial; a centralização de processos repetitivos; a execução de decisão jurisdicional.

O pedido de cooperação judiciária pode ser realizado entre órgãos jurisdicionais de diferentes ramos do Poder Judiciário.

Há três modalidades de carta na esfera processual trabalhista, quais sejam carta de ordem, carta rogatória e carta precatória.

A *carta de ordem* deve ser expedida se o juiz for subordinado ao tribunal de que ela emanar. A *carta rogatória* é dirigida à autoridade judiciária estrangeira. A *carta precatória* é expedida para a prática de atos processuais em localidade abrangida por outra Vara do Trabalho, como oitiva de testemunha.

Nesse sentido, deve ser expedida carta: *de ordem*, pelo tribunal, para juízo a ele vinculado, se o ato houver de se realizar fora dos limites territoriais do local de sua sede (art. 236, § 2º); *rogatória*, para que órgão jurisdicional estrangeiro pratique ato de cooperação jurídica internacional, relativo a processo em curso perante órgão jurisdicional brasileiro; *precatória*, para que órgão jurisdicional brasileiro pratique ou determine o cumprimento, na área de sua competência territorial, de ato relativo a pedido de cooperação judiciária que tiver sido formulado por órgão jurisdicional de competência territorial diversa; *arbitral*, para que órgão do Poder Judiciário pratique ou determine o cumprimento, na área de sua competência territorial, de ato objeto de pedido de cooperação judiciária formulado por juízo arbitral, inclusive os que importem efetivação de tutela provisória (art. 237 do CPC).

São requisitos das cartas de ordem, precatória e rogatória: a indicação dos juízes de origem e de cumprimento do ato; o inteiro teor da petição, do despacho judicial e do instrumento do mandato conferido ao advogado; a menção do ato processual que lhe constitui o objeto; o encerramento com a assinatura do juiz (art. 260 do CPC).

O juiz deve mandar trasladar para a carta quaisquer outras peças, bem como instruí-la com mapa, desenho ou gráfico, sempre que esses documentos devam ser examinados, na diligência, pelas partes, pelos peritos ou pelas testemunhas. Quando o objeto da carta for exame pericial sobre documento, este deve ser remetido em original, ficando nos autos reprodução fotográfica.

A carta arbitral deve atender, no que couber, aos requisitos acima indicados, devendo ser instruída com a convenção de arbitragem e com as provas da nomeação do árbitro e da sua aceitação da função.

Em todas as cartas, o juiz deve fixar o prazo para cumprimento, atendendo à facilidade das comunicações e à natureza da diligência (art. 261 do CPC). As partes devem ser intimadas pelo juiz do ato de expedição da carta. Expedida a carta, as partes devem acompanhar o cumprimento da diligência perante o juízo destinatário, ao qual compete a prática dos atos de comunicação. A parte a quem interessar o cumprimento da diligência deve cooperar para que o prazo acima mencionado seja cumprido.

A carta tem caráter itinerante, podendo, antes ou depois de lhe ser ordenado o cumprimento, ser encaminhada a juízo diverso do que dela consta, a fim de se praticar o ato (art. 262 do CPC). O encaminhamento da carta a outro juízo deve ser imediatamente comunicado ao órgão expedidor, que intimará as partes.

As cartas devem, preferencialmente, ser expedidas por meio eletrônico, caso em que a assinatura do juiz deverá ser eletrônica, na forma da lei (art. 263 do CPC).

A carta de ordem e a carta precatória por meio eletrônico, por telefone ou por telegrama devem conter, em resumo substancial, os requisitos mencionados no art. 250 do CPC[5], especialmente no que se refere à aferição da autenticidade (art. 264 do CPC).

Nos termos do art. 265 do CPC, o secretário do tribunal, o escrivão ou o chefe de secretaria do juízo (diretor de secretaria, no caso de Vara do Trabalho) deprecante deve transmitir, por telefone, a carta de ordem ou a carta precatória ao juízo em que

---

5. "Art. 250. O mandado que o oficial de justiça tiver de cumprir conterá: I – os nomes do autor e do citando, e seus respectivos domicílios ou residências; II – a finalidade da citação, com todas as especificações constantes da petição inicial, bem como a menção do prazo para contestar, sob pena de revelia, ou para embargar a execução; III – a aplicação de sanção para o caso de descumprimento da ordem, se houver; IV – se for o caso, a intimação do citando para comparecer, acompanhado de advogado ou de defensor público, à audiência de conciliação ou de mediação, com a menção do dia, da hora e do lugar do comparecimento; V – a cópia da petição inicial, do despacho ou da decisão que deferir tutela provisória; VI – a assinatura do escrivão ou do chefe de secretaria e a declaração de que o subscreve por ordem do juiz".

houver de se cumprir o ato, por intermédio do escrivão do primeiro ofício da primeira vara, se houver na comarca mais de um ofício ou de uma vara, observando-se, quanto aos requisitos, o disposto no art. 264 do CPC, acima indicado.

O escrivão ou o chefe de secretaria, no mesmo dia ou no dia útil imediato, deve telefonar ou enviar mensagem eletrônica ao secretário do tribunal, ao escrivão ou ao chefe de secretaria do juízo deprecante, lendo-lhe os termos da carta e solicitando-lhe que os confirme. Sendo confirmada, o escrivão ou o chefe de secretaria deve submeter a carta a despacho.

Devem ser praticados de ofício os atos requisitados por meio eletrônico e de telegrama, devendo a parte depositar, contudo, na secretaria do tribunal ou no cartório do juízo deprecante, a importância correspondente às despesas que serão feitas no juízo em que houver de praticar-se o ato (art. 266 do CPC).

O juiz deve recusar o cumprimento da carta precatória ou arbitral, devolvendo-a com decisão motivada quando: a carta não estiver revestida dos requisitos legais; faltar ao juiz competência em razão da matéria ou da hierarquia; o juiz tiver dúvida acerca de sua autenticidade (art. 267 do CPC). No caso de incompetência em razão da matéria ou da hierarquia, o juiz deprecado, conforme o ato a ser praticado, pode remeter a carta ao juiz ou ao tribunal competente.

Cumprida a carta, deve ser devolvida ao juízo de origem no prazo de dez dias, independentemente de traslado, pagas as custas pela parte (art. 268 do CPC).

Nos atos de comunicação por carta precatória, rogatória ou de ordem, a realização da citação ou da intimação deve ser imediatamente informada, por meio eletrônico, pelo juiz deprecado ao juiz deprecante (art. 232 do CPC).

4.5 PRECLUSÃO

A *preclusão* significa a extinção da faculdade da parte de praticar o ato processual, em razão da inobservância do prazo assim previsto, ou por já ter sido praticado o ato de outro modo, ou ainda em razão de se ter praticado ato processual anteriormente, incompatível com ato posterior.

O art. 507 do CPC dispõe ser vedado à parte discutir no curso do processo as questões já decididas a cujo respeito se operou a preclusão.

Consoante o art. 278 do CPC, a nulidade dos atos deve ser alegada na primeira oportunidade em que couber à parte falar nos autos, sob pena de preclusão. Entretanto, não se aplica essa disposição às nulidades que o juiz deva decretar de ofício (ou seja, nulidades absolutas), nem prevalece a preclusão provando a parte legítimo impedimento.

A atual redação do art. 879, § 2º, da CLT prevê que elaborada a conta e tornada líquida, o juízo *deve* abrir às partes *prazo comum de oito dias* para impugnação fundamentada com a indicação dos itens e valores objeto da discordância, *sob pena de preclusão*.

Da mesma forma, elaborada a conta pela parte ou pelos órgãos auxiliares da Justiça do Trabalho, o juiz deve proceder à intimação da União para manifestação, no prazo de 10 dias, *sob pena de preclusão* (art. 879, § 3º, da CLT).

A preclusão pode ser classificada em três espécies, ou seja, temporal, lógica e consumativa.

A *preclusão temporal* é a perda da faculdade de praticar o ato processual, por não ter sido observado o prazo estabelecido para tanto.

A *preclusão lógica* ocorre quando já foi praticado ato processual anterior, o qual é, em termos lógicos, incompatível com o ato realizado posteriormente. Nos termos do art. 801, parágrafo único, da CLT, na hipótese de exceção de suspeição, se o excipiente houver praticado algum ato pelo qual haja consentido na pessoa do juiz, não mais poderá alegar exceção de suspeição, salvo sobrevindo novo motivo. Trata-se, portanto, de hipótese em que se verifica a preclusão lógica, pois os atos processuais anteriores são incompatíveis com a posterior apresentação de exceção de suspeição. Da mesma forma, a suspeição não deve ser também admitida, se do processo constar que o excipiente deixou de alegá-la anteriormente, quando já a conhecia, ou que, depois de conhecida, aceitou o juiz recusado ou, finalmente, se procurou de propósito o motivo de que ela se originou.

A *preclusão consumativa* incide quando o ato processual já foi realizado, ou seja, consumado, não sendo admitida a sua nova prática, ainda que por forma diversa da anterior. Exemplificando, se a parte interpôs o recurso de forma principal, não se admite que, posteriormente, interponha o mesmo recurso, de forma adesiva, pois o ato processual em questão já foi praticado, ou seja, consumado.

4.6 PEREMPÇÃO

A preclusão não se confunde com a *perempção*.

Nos termos do art. 486, § 3º, do CPC, se o autor der causa, por três vezes, a sentença fundada em abandono da causa, não poderá propor nova ação em face do réu com o mesmo objeto, ficando-lhe ressalvada, entretanto, a possibilidade de alegar em defesa o seu direito. O art. 485, inciso III, do CPC prevê que o juiz não resolverá o mérito quando, por não promover os atos e as diligências que lhe incumbir, o autor abandonar a causa por mais de 30 dias. Cabe esclarecer que, nessa hipótese, a parte deve ser intimada pessoalmente para suprir a falta no prazo de cinco dias (art. 485, § 1º, do CPC). Oferecida a contestação, a extinção do processo, por abandono da causa pelo autor, depende de requerimento do réu (art. 485, § 6º, do CPC).

Logo, a perempção é a perda do direito de ação, em razão de o autor ter dado causa, por três vezes, à extinção do processo sem resolução de mérito, por abandono da causa por mais de 30 dias.

No processo do trabalho, de acordo com os arts. 731 e 732 da CLT, aquele que, tendo apresentado ao distribuidor reclamação trabalhista verbal, não se apresentar, no prazo de cinco dias, salvo motivo de força maior (art. 786, parágrafo único, da CLT), ao juízo para fazê-lo tomar por termo, deve incorrer na pena de perda, pelo prazo de seis meses, do direito de reclamar perante a Justiça do Trabalho. Nessa mesma pena deve incorrer o reclamante que, por duas vezes seguidas, der causa ao arquivamento decorrente do não comparecimento à audiência una ou inicial (art. 844 da CLT).

Há entendimento de que a perempção prevista no CPC não se aplica ao processo do trabalho, em razão das previsões constantes dos arts. 731 e 732 da CLT (TST, SBDI-I, E-RR 840400-70.2002.5.10.0900, Rel. Min. João Batista Brito Pereira, DEJT 24.04.2009). Entretanto, a rigor, as hipóteses previstas na CLT e no CPC não se confundem, contendo sanções distintas. Logo, como a CLT é omissa a respeito da perempção, prevista no art. 486, § 3º, do CPC, e não se verifica incompatibilidade com as normas do processo do trabalho, defende-se o entendimento de que o mencionado dispositivo é aplicável, na forma do art. 769 da CLT.

4.7 INFORMATIZAÇÃO DO PROCESSO

O uso de meios eletrônicos na *tramitação de processos judiciais, comunicação de atos* e *transmissão de peças processuais* é admitido nos termos da mencionada Lei 11.419/2006.

As disposições desse diploma legal são aplicáveis não apenas no processo civil e penal, mas também no processo trabalhista e nos Juizados Especiais, em qualquer grau de jurisdição (art. 1º, § 1º, da Lei 11.419/2006).

Meio eletrônico é considerado qualquer forma de armazenamento ou tráfego de documentos e arquivos digitais. *Transmissão eletrônica* é toda forma de comunicação a distância com a utilização de redes de comunicação, preferencialmente a rede mundial de computadores. *Assinatura eletrônica* é entendida como as seguintes formas de identificação inequívoca do signatário: assinatura digital baseada em certificado digital emitido por Autoridade Certificadora credenciada, na forma de lei específica; mediante cadastro de usuário no Poder Judiciário, conforme disciplinado pelos órgãos respectivos.

O envio de petições, de recursos e a prática de atos processuais em geral, por meio eletrônico, são admitidos mediante uso de assinatura eletrônica, sendo obrigatório o credenciamento prévio no Poder Judiciário, conforme disciplinado pelos órgãos respectivos (art. 2º da Lei 11.419/2006).

Consideram-se realizados os atos processuais por meio eletrônico no dia e hora do seu envio ao sistema do Poder Judiciário, do que deve ser fornecido protocolo eletrônico. Quando a petição eletrônica for enviada para atender a prazo processual, consideram-se tempestivas as transmitidas até as 24 horas do seu último dia (art. 3º, parágrafo único, da Lei 11.419/2006).

4.7.1 Comunicação eletrônica dos atos processuais

Os tribunais podem criar Diário da Justiça eletrônico, disponibilizado em sítio da rede mundial de computadores, para publicação de atos judiciais e administrativos próprios e dos órgãos a eles subordinados, bem como comunicações em geral (art. 4º da Lei 11.419/2006). O sítio e o conteúdo das publicações devem ser assinados digitalmente com base em certificado emitido por Autoridade Certificadora credenciada na forma da lei específica. A referida publicação eletrônica substitui qualquer outro meio de publicação oficial, para quaisquer efeitos legais, à exceção dos casos que, por lei, exigem intimação ou vista pessoal (art. 4º, § 2º, da Lei 11.419/2006). Considera-se data da publicação o primeiro dia útil seguinte ao da disponibilização da informação no *Diário da Justiça eletrônico*. Os prazos processuais têm início no primeiro dia útil que seguir ao considerado data da publicação. A criação do *Diário da Justiça eletrônico* deve ser acompanhada de ampla divulgação, e o ato administrativo correspondente será publicado durante 30 dias no diário oficial em uso.

As intimações devem ser feitas por meio eletrônico em portal próprio *aos que se cadastrarem* (na forma do art. 2º da Lei 11.419/2006), dispensando-se a publicação no órgão oficial, inclusive eletrônico (art. 5º da Lei 11.419/2006). Considera-se efetuada a intimação no dia em que o intimando efetivar a consulta eletrônica ao teor desta, certificando-se nos autos a sua realização. Nessa hipótese, nos casos em que a consulta se dê em dia não útil, a intimação será considerada realizada no primeiro dia útil seguinte. Essa consulta deve ser feita em até 10 dias corridos, contados da data do envio da intimação, sob pena de se considerar a intimação automaticamente realizada na data do término desse prazo. Em caráter informativo, pode ser efetivada remessa de correspondência eletrônica, comunicando o envio da intimação e a abertura automática do prazo processual aos que manifestarem interesse por esse serviço.

Nos casos urgentes em que a intimação feita por meio eletrônico possa causar prejuízo a quaisquer das partes, ou nos casos em que for evidenciada qualquer tentativa de burla ao sistema, o ato processual deve ser realizado por outro meio que atinja a sua finalidade, conforme determinado pelo juiz.

As intimações feitas por meio eletrônico em portal próprio, inclusive da Fazenda Pública, são consideradas pessoais para todos os efeitos legais (art. 5º, § 6º, da Lei 11.419/2006).

Sendo assim, a intimação das decisões proferidas em processo eletrônico pode se realizar por meio do Diário da Justiça eletrônico – DEJT (art. 4º da Lei 11.419/2006) ou pelo sistema do processo judicial eletrônico – PJe (art. 5º da Lei 11.419/2006)[6].

Observadas as formas e as cautelas do art. 5º da Lei 11.419/2006, as citações, inclusive da Fazenda Pública (excetuadas as dos Direitos Processuais Criminal e Infracional, esse último relativo a adolescentes), podem ser feitas por meio eletrônico, desde que a íntegra dos autos seja acessível ao citando (art. 6º da Lei 11.419/2006).

---

6. "A intimação das decisões proferidas em processo eletrônico pode se realizar por meio de Diário Eletrônico ou via sistema PJe. No primeiro caso, a ciência ocorre com o ato de publicação, que é o primeiro dia útil subsequente ao da disponibilização (artigo 4º da Lei nº 11.419/2006); já no caso de intimação diretamente no sistema PJe, dispensa-se a publicação no órgão oficial e a ciência ocorrerá no dia em que a parte consulta o teor da intimação e, se esta não o fizer em até dez dias, considera-se ciente a parte, independentemente da realização da consulta (artigo 5º da Lei nº 11.419/2006). Certo é, porém, que a publicação no DEJT se sobrepõe às demais. Precedentes" (TST, 7ª T., Ag-AIRR-10468-76.2014.5.01.0261, Rel. Min. Cláudio Mascarenhas Brandão, DEJT 28.10.2021). "Cumpre salientar que esta Corte Superior já firmou entendimento, com base no artigo 4º, § 2º, da Lei 11.419/06, de que a publicação feita por meio de Diário Eletrônico (DEJT) prevalece sobre a intimação realizada via PJE, não tendo esta o condão de invalidar os efeitos daquela" (TST, 6ª T., Ag-RR-1287-40.2016.5.06.0003, Rel. Min. Augusto César Leite de Carvalho, DEJT 14.05.2021). "Este Tribunal Superior tem firme entendimento no sentido de que a publicação por meio de Diário Eletrônico da Justiça do Trabalho (DEJT), nos termos do art. 4º, § 2º, da Lei nº 11.419/06, prevalece sobre a intimação realizada via Processo Judicial Eletrônico (PJE), de modo que a intimação realizada por meio do sistema PJE não torna sem efeito a publicação no DEJT" (TST, 1ª T., Ag-AIRR-1002218-42.2014.5.02.0606, Rel. Min. Walmir Oliveira da Costa, DEJT 30.11.2020). "Na hipótese, para fins de contagem de prazo recursal, à luz do disposto no art. 4º, § 2º, da Lei 11.419/2006, deve prevalecer a data da publicação no DEJT, porquanto, segundo o entendimento deste Tribunal Superior, a intimação mediante PJe não torna sem efeito a publicação realizada por meio do Diário Eletrônico da Justiça do Trabalho" (TST, 2ª T., Ag-AIRR-1000891-83.2016.5.02.0059, Rel. Min. Maria Helena Mallmann, DEJT 25.09.2020). "Segundo entendimento deste Tribunal Superior, a intimação mediante PJe não tem o condão de tornar sem efeito a publicação realizada por meio do Diário Eletrônico da Justiça do Trabalho" (TST, 8ª T., AIRR-11572-25.2016.5.15.0009, Rel. Min. Dora Maria da Costa, DEJT 28.08.2020). "Nos termos do art. 4º, § 2º, da Lei nº 11.419/2006, a publicação dos atos judiciais no Diário da Justiça eletrônico 'substitui qualquer outro meio e publicação oficial, para quaisquer efeitos legais, à exceção dos casos que, por lei, exigem intimação ou vista pessoal'. Nesse sentido, esta Corte Superior vem decidindo que a publicação feita por meio de Diário Eletrônico (DEJT) prevalece sobre a intimação realizada via sistema PJE" (TST, 3ª T., Ag-RR-1468-44.2017.5.19.0003, Rel. Min. Mauricio Godinho Delgado, DEJT 03.04.2020). Em sentido divergente, cf.: "III. Assim, havendo intimação em paralelo pelo Diário Oficial e pelo sistema do PJe, deve prevalecer, para efeito de contagem de prazo processual, a notificação feita por este último sistema (PJe), uma vez que, como dito, é dispensável a intimação feita pela publicação no meio oficial comum. IV. Ademais, a intimação da Reclamada pelo sistema do PJe, não obstante a intimação pelo Diário Eletrônico da Justiça do Trabalho, gerou legítima expectativa de que o prazo inicial para interposição de recurso fosse a data de sua ciência. Assim sendo, pelo princípio da boa-fé objetiva processual e pelo princípio da primazia da decisão de mérito, considera-se a intimação realizada pelo sistema do PJe para contagem do prazo processual. Cabe ao órgão jurisdicional intimar as partes dos atos processuais, cabendo-lhe eleger a via legal própria. Se emite duas vias de intimação e causa legítima dúvida quanto a qual delas deve atender, deve-se optar pela intimação que menos prejuízo cause à parte" (TST, 4ª T., RR-491-58.2017.5.19.0001, Rel. Min. Alexandre Luiz Ramos, DEJT 23.10.2020).

As cartas precatórias, rogatórias, de ordem e, de um modo geral, todas as comunicações oficiais que transitem entre órgãos do Poder Judiciário, bem como entre os deste e os dos demais Poderes, devem ser feitas preferentemente por meio eletrônico (art. 7º da Lei 11.419/2006).

A Resolução 455/2022 do Conselho Nacional de Justiça (CNJ) institui o Portal de Serviços do Poder Judiciário, bem como regulamenta o Diário da Justiça Nacional e o Domicílio Judicial Eletrônico.

4.7.2 Processo eletrônico

Os órgãos do Poder Judiciário podem desenvolver sistemas eletrônicos de processamento de ações judiciais, por meio de autos total ou parcialmente digitais, utilizando, preferencialmente, a rede mundial de computadores e o acesso mediante redes internas e externas (art. 8º da Lei 11.419/2006).

Todos os atos processuais do processo eletrônico devem ser assinados eletronicamente na forma estabelecida na Lei 11.419/2006.

No processo eletrônico, todas as citações, intimações e notificações, inclusive da Fazenda Pública, devem ser feitas por meio eletrônico, na forma da Lei 11.419/2006 (art. 9º). As citações, intimações, notificações e remessas que viabilizem o acesso à íntegra do processo correspondente são consideradas vista pessoal do interessado para todos os efeitos legais.

Quando, por motivo técnico, for inviável o uso do meio eletrônico para a realização de citação, intimação ou notificação, esses atos processuais podem ser praticados segundo as regras ordinárias, digitalizando-se o documento físico, que deve ser posteriormente destruído.

A distribuição da petição inicial e a juntada da contestação, dos recursos e das petições em geral, todos em formato digital, nos autos de processo eletrônico, podem ser feitas diretamente pelos advogados públicos e privados, sem a necessidade da intervenção do cartório ou secretaria judicial, situação em que a autuação deve ocorrer de forma automática, fornecendo-se recibo eletrônico de protocolo (art. 10 da Lei 11.419/2006).

Quando o ato processual tiver que ser praticado em determinado prazo, por meio de petição eletrônica, são considerados tempestivos os efetivados até as 24 horas do último dia. Nesse caso, se o sistema do Poder Judiciário se tornar indisponível por motivo técnico, o prazo fica automaticamente prorrogado para o primeiro dia útil seguinte à resolução do problema. Os órgãos do Poder Judiciário devem manter equipamentos de digitalização e de acesso à rede mundial de computadores à disposição dos interessados para distribuição de peças processuais.

A digitalização, o armazenamento em meio eletrônico, óptico ou equivalente e a reprodução de documentos públicos e privados são regulados pelo disposto na Lei 12.682/2012. Entende-se por digitalização a conversão da fiel imagem de um documento para código digital.

O processo de digitalização deve ser realizado de forma a manter a integridade, a autenticidade e, se necessário, a confidencialidade do documento digital, com o emprego de assinatura eletrônica (art. 3º da Lei 12.682/2012, com redação dada pela Lei 14.129/2021).

Os meios de armazenamento dos documentos digitais devem protegê-los de acesso, uso, alteração, reprodução e destruição não autorizados.

As empresas privadas ou os órgãos da Administração Pública direta ou indireta que utilizarem procedimentos de armazenamento de documentos em meio eletrônico, óptico ou equivalente devem adotar sistema de indexação que possibilite a sua precisa localização, permitindo a posterior conferência da regularidade das etapas do processo adotado (art. 4º da Lei 12.682/2012).

Os registros públicos originais, ainda que digitalizados, devem ser preservados de acordo com o disposto na legislação pertinente (art. 6º da Lei 12.682/2012).

Os documentos produzidos eletronicamente e juntados aos processos eletrônicos com garantia da origem e de seu signatário, na forma estabelecida na Lei 11.419/2006, são considerados originais para todos os efeitos legais (art. 11).

Os extratos digitais e os documentos digitalizados e juntados aos autos pelos órgãos da Justiça e seus auxiliares, pelo Ministério Público e seus auxiliares, pelas procuradorias, pelas autoridades policiais, pelas repartições públicas em geral e por advogados públicos e privados têm a mesma força probante dos originais, ressalvada a alegação motivada e fundamentada de adulteração antes ou durante o processo de digitalização (art. 11, § 1º, da Lei 11.419/2006).

A arguição de falsidade do documento original deve ser processada eletronicamente na forma da lei processual em vigor (art. 11, § 2º, da Lei 11.419/2006).

Os originais dos documentos digitalizados devem ser preservados pelo seu detentor até o trânsito em julgado da sentença ou, quando admitida, até o final do prazo para interposição de ação rescisória (art. 11, § 3º, da Lei 11.419/2006).

Os documentos cuja digitalização seja tecnicamente inviável devido ao grande volume ou por motivo de ilegibilidade devem ser apresentados ao cartório ou secretaria ou encaminhados por meio de protocolo integrado judicial nacional no prazo de 10 dias contado do envio de petição eletrônica comunicando o fato, os quais serão devolvidos à parte após o trânsito em julgado (art. 11, § 5º, da Lei 11.419/2006, com redação dada pela Lei 14.318/2022, que entra em vigor após 730 dias de sua publicação oficial, ocorrida em 30.03.2022).

Os documentos digitalizados juntados em processo eletrônico estarão disponíveis para acesso por meio da rede externa pelas respectivas partes processuais, pelos advogados, independentemente de procuração nos autos, pelos membros do Ministério Público e pelos magistrados, sem prejuízo da possibilidade de visualização nas secretarias dos órgãos julgadores, à exceção daqueles que tramitarem em segredo de justiça (art. 11, § 6º, da Lei 11.419/2006, com redação dada pela Lei 13.793/2019).

Trata-se de previsão que tem como fundamento o princípio da publicidade dos atos processuais (art. 5º, inciso LX, e art. 93, inciso IX, da Constituição Federal de 1988).

Os sistemas de informações pertinentes a processos eletrônicos devem possibilitar que advogados, procuradores e membros do Ministério Público cadastrados, mas não vinculados a processo previamente identificado, acessem automaticamente todos os atos e documentos processuais armazenados em meio eletrônico, desde que demonstrado interesse para fins apenas de registro, salvo nos casos de processos em segredo de justiça (art. 11, § 7º, da Lei 11.419/2006, incluído pela Lei 13.793/2019).

Cabe lembrar que, nos termos da Lei 8.906/1994, art. 7º, inciso XIII, com redação dada pela Lei 13.793/2019, um dos direitos do advogado é examinar, em qualquer órgão dos Poderes Judiciário e Legislativo, ou da Administração Pública em geral, autos de processos findos ou em andamento, mesmo sem procuração, quando não estiverem sujeitos a sigilo ou segredo de justiça, assegurada a obtenção de cópias, com possibilidade de tomar apontamentos.

Da mesma forma, o art. 107, inciso I, do CPC prevê que o advogado tem direito a examinar, em cartório de fórum e secretaria de tribunal, mesmo sem procuração, autos de qualquer processo, independentemente da fase de tramitação, assegurados a obtenção de cópias e o registro de anotações, salvo na hipótese de segredo de justiça, nas quais apenas o advogado constituído terá acesso aos autos. O disposto no inciso I do art. 107 do CPC aplica-se integralmente a processos eletrônicos (art. 107, § 5º, do CPC, incluído pela Lei 13.793/2019).

A conservação dos autos do processo pode ser efetuada total ou parcialmente por meio eletrônico (art. 12 da Lei 11.419/2006).

Os autos dos processos eletrônicos devem ser protegidos por intermédio de sistemas de segurança de acesso e armazenados em meio que garanta a preservação e a integridade dos dados, sendo dispensada a formação de autos suplementares.

Os autos de processos eletrônicos que tiverem de ser remetidos a outro juízo ou instância superior que não disponham de sistema compatível devem ser impressos em papel, autuados na forma dos arts. 206 a 208 do CPC, ainda que de natureza criminal ou trabalhista, ou mesmo que pertinentes a juizado especial. Nesse caso, o escrivão ou o chefe de secretaria deve certificar os autores ou a origem dos documentos produzidos nos autos, acrescentando, ressalvada a hipótese de existir segredo de justiça, a maneira pela qual o banco de dados pode ser acessado para aferir a autenticidade das peças e das respectivas assinaturas digitais. Feita a autuação na forma mencionada, o processo deve seguir a tramitação legalmente estabelecida para os processos físicos.

A digitalização de autos em mídia não digital, em tramitação ou já arquivados, deve ser precedida de publicação de editais de intimações ou da intimação pessoal das partes e de seus procuradores, para que, no prazo preclusivo de 30 dias, manifestem-se sobre o desejo de manterem pessoalmente a guarda de algum dos documentos originais.

O magistrado pode determinar que sejam realizados por meio eletrônico a exibição e o envio de dados e de documentos necessários à instrução do processo (art. 13 da Lei 11.419/2006).

Consideram-se cadastros públicos, entre outros existentes ou que venham a ser criados, ainda que mantidos por concessionárias de serviço público ou empresas privadas, os que contenham informações indispensáveis ao exercício da função judicante. O acesso deve ocorrer por qualquer meio tecnológico disponível, preferentemente o de menor custo, considerada sua eficiência.

Os sistemas a serem desenvolvidos pelos órgãos do Poder Judiciário devem usar, preferencialmente, programas com código aberto, acessíveis ininterruptamente por meio da rede mundial de computadores, priorizando a sua padronização. Os sistemas devem buscar identificar os casos de ocorrência de prevenção, litispendência e coisa julgada (art. 14 da Lei 11.419/2006).

Salvo impossibilidade que comprometa o acesso à justiça, a parte deve informar, ao distribuir a petição inicial de qualquer ação judicial, o número no cadastro de pessoas físicas ou jurídicas, conforme o caso, perante a Secretaria da Receita Federal (art. 15 da Lei 11.419/2006).

Os livros cartorários e demais repositórios dos órgãos do Poder Judiciário podem ser gerados e armazenados em meio totalmente eletrônico (art. 16 da Lei 11.419/2006).

Os órgãos do Poder Judiciário regulamentarão a Lei 11.419/2006, no que couber, no âmbito de suas respectivas competências (art. 18 da Lei 11.419/2006).

A Resolução 345/2020 do Conselho Nacional de Justiça autoriza a adoção, pelos tribunais, das medidas necessárias à implementação do "Juízo 100% Digital" no Poder Judiciário (art. 1º).

No âmbito do "Juízo 100% Digital", todos os atos processuais devem ser exclusivamente praticados por meio eletrônico e remoto por intermédio da rede mundial de computadores. Inviabilizada a produção de meios de prova ou de outros atos processuais de forma virtual, a sua realização de modo presencial não impede a tramitação do processo no âmbito do "Juízo 100% Digital". O "Juízo 100% Digital" pode se valer também de serviços prestados presencialmente por outros órgãos do tribunal, como os de solução adequada de conflitos, cumprimento de mandados, centrais de cálculos, tutoria, entre outros, desde que os atos processuais possam ser convertidos em eletrônicos.

Esclareça-se que as unidades jurisdicionais não terão a sua competência alterada em razão da adoção do "Juízo 100% Digital" (art. 2º da Resolução 345/2020 do CNJ). No ato do ajuizamento do feito, a parte e seu advogado devem fornecer endereço eletrônico e linha telefônica móvel celular, sendo admitida a citação, a notificação e a intimação por qualquer meio eletrônico, nos termos dos arts. 193 e 246, inciso V, do CPC.

A escolha pelo "Juízo 100% Digital" é facultativa e será exercida pela parte demandante no momento da distribuição da ação, podendo a parte demandada opor-se a essa opção até o momento da contestação (art. 3º da Resolução 345/2020 do CNJ).

A parte demandada pode se opor a essa escolha até sua primeira manifestação no processo, salvo no processo do trabalho, em que essa oposição deve ser deduzida em até cinco dias úteis contados do recebimento da primeira notificação.

Adotado o "Juízo 100% Digital", as partes podem retratar-se dessa escolha, por uma única vez, até a prolação da sentença, preservados todos os atos processuais já praticados. No processo do trabalho, ocorrida a aceitação tácita pelo decurso do prazo, a oposição à adoção do "Juízo 100% Digital" consignada na primeira manifestação escrita apresentada não inviabilizará a mencionada retratação. A retratação não ensejará a mudança do juízo natural do feito.

A qualquer tempo, o magistrado pode instar as partes a manifestarem o interesse na adoção do "Juízo 100% Digital", ainda que em relação a processos anteriores à entrada em vigor da Resolução 345/2020 do CNJ (09.10.2020), importando o silêncio, após duas intimações, aceitação tácita.

Havendo recusa expressa das partes à adoção do "Juízo 100% Digital", o magistrado pode propor às partes a realização de atos processuais isolados de forma digital, ainda que em relação a processos anteriores à entrada em vigor da Resolução 345/2020.

Os tribunais devem fornecer a infraestrutura de informática e telecomunicação necessárias ao funcionamento das unidades jurisdicionais incluídas no "Juízo 100% Digital" e regulamentar os critérios de utilização desses equipamentos e instalações (art. 4º da Resolução 345/2020 do CNJ). O "Juízo 100% Digital" deve prestar atendimento remoto durante o horário de atendimento ao público por telefone, por *e-mail*, por chamadas de vídeo, por aplicativos digitais ou por outros meios de comunicação que venham a ser definidos pelo tribunal, inclusive por intermédio do "Balcão Virtual", nos termos da Resolução 372/2021 do CNJ.

As audiências e sessões no "Juízo 100% Digital" devem ocorrer exclusivamente por videoconferência (art. 5º da Resolução 345/2020 do CNJ). As partes podem requerer ao juízo a participação na audiência por videoconferência em sala disponibilizada pelo Poder Judiciário.

O atendimento exclusivo de advogados pelos magistrados e servidores lotados no "Juízo 100% Digital" deve ocorrer durante o horário fixado para o atendimento ao público de forma eletrônica, observando-se a ordem de solicitação, os casos urgentes e as preferências legais (art. 6º da Resolução 345/2020 do CNJ). A demonstração de interesse do advogado de ser atendido pelo magistrado deve ser devidamente registrada, com dia e hora, por meio eletrônico indicado pelo tribunal. A resposta sobre o atendimento deve ocorrer no prazo de até 48 horas, ressalvadas as situações de urgência.

Os tribunais, à exceção do Supremo Tribunal Federal, devem disponibilizar, em seu sítio eletrônico, ferramenta de videoconferência que permita imediato contato com o setor de atendimento de cada unidade judiciária, popularmente denominado como balcão, durante o horário de atendimento ao público (art. 1º da Resolução 372/2021 do CNJ). Essa plataforma de videoconferência é denominada "Balcão Virtual".

O tribunal pode utilizar qualquer ferramenta tecnológica que se mostre adequada para o atendimento virtual, ainda que diversa da solução empregada para a realização das audiências, sessões de julgamento ou, ainda, para a prática dos demais atos judiciais (art. 2º da Resolução 372/2021 do CNJ).

O "Balcão Virtual" deve funcionar durante todo o horário de atendimento ao público, de forma similar à do balcão de atendimento presencial (art. 3º da Resolução 372/2021 do CNJ).

O servidor designado para atuar no "Balcão Virtual" deve prestar o primeiro atendimento aos advogados e às partes, podendo convocar outros servidores da unidade ou realizar agendamento, pelos meios eletrônicos disponíveis, para complementação do atendimento solicitado (art. 4º da Resolução 372/2021 do CNJ). O "Balcão Virtual" não substitui o sistema de peticionamento dos sistemas de processo eletrônico adotados pelos tribunais, sendo vedado o seu uso para o protocolo de petições, assim como não é aplicável aos gabinetes dos magistrados.

O link de acesso ao "Balcão Virtual" da unidade deve ser publicado no sítio eletrônico dos tribunais, preferencialmente junto aos telefones e endereços eletrônicos de cada unidade judiciária, com a expressa menção de que o atendimento por aquela via se dará apenas durante o horário de atendimento ao público estipulado por cada tribunal (art. 5º da Resolução 372/2021 do CNJ).

A Resolução 354/2020 do Conselho Nacional de Justiça regulamenta a realização de audiências e sessões por videoconferência e telepresenciais e a comunicação de atos processuais por meio eletrônico nas unidades jurisdicionais de primeira e segunda instâncias da Justiça dos Estados, Federal, Trabalhista, Militar e Eleitoral, bem como nos Tribunais Superiores, à exceção do Supremo Tribunal Federal (art. 1º).

Entende-se por videoconferência a comunicação a distância realizada em ambientes de unidades judiciárias. Entende-se por telepresenciais as audiências e sessões realizadas a partir de ambiente físico externo às unidades judiciárias (art. 2º da Resolução 354/2020 do CNJ). A participação por videoconferência, via rede mundial de computadores, ocorrerá: I – em unidade judiciária diversa da sede do juízo que preside a audiência ou sessão, na forma da Resolução 341/2020 do CNJ; II – em estabelecimento prisional.

As audiências só podem ser realizadas na forma telepresencial a pedido da parte, ressalvado o disposto no art. 3º, § 1º, da Resolução 354/2020, cabendo ao juiz decidir pela conveniência de sua realização no modo presencial. Em qualquer das hipóteses, o juiz deve estar presente na unidade judiciária (art. 3º da Resolução 354/2020 do CNJ).

O juiz pode determinar excepcionalmente, de ofício, a realização de audiências telepresenciais, nas seguintes hipóteses: I – urgência; II – substituição ou designação de magistrado com sede funcional diversa; III – mutirão ou projeto específico; IV – conciliação ou mediação no âmbito dos Centros Judiciários de Solução de Conflito e Cidadania (Cejusc); V – indisponibilidade temporária do foro, calamidade pública ou força maior (art. 3º, § 1º, da Resolução 354/2020 do CNJ).

A oposição à realização de audiência telepresencial deve ser fundamentada, submetendo-se ao controle judicial.

Salvo requerimento de apresentação espontânea, o ofendido, a testemunha e o perito residentes fora da sede do juízo serão inquiridos e prestarão esclarecimentos por videoconferência, na sede do foro de seu domicílio ou no estabelecimento prisional ao qual estiverem recolhidos (art. 4º da Resolução 354/2020 do CNJ).

No interesse da parte que residir distante da sede do juízo, o depoimento pessoal ou interrogatório será realizado por videoconferência, na sede do foro de seu domicílio.

Salvo impossibilidade técnica ou dificuldade de comunicação, deve-se evitar a expedição de carta precatória inquiritória.

Os advogados, públicos e privados, e os membros do Ministério Público podem requerer a participação própria ou de seus representados por videoconferência (art. 5º da Resolução 354/2020 do CNJ). No interesse de partes, advogados, públicos ou privados, ou membros do Ministério Público, que não atuarem frequentemente perante o juízo, o requerimento deve ser instruído por cópia do documento de identidade.

O deferimento da participação por videoconferência depende de viabilidade técnica e de juízo de conveniência pelo magistrado.

É ônus do requerente comparecer na sede do juízo, em caso de indeferimento ou de falta de análise do requerimento de participação por videoconferência.

A audiência telepresencial e a participação por videoconferência em audiência ou sessão deve observar as seguintes regras:

I – as oitivas telepresenciais ou por videoconferência são equiparadas às presenciais para todos os fins legais, asseguradas a publicidade dos atos praticados e as prerrogativas processuais de advogados, membros do Ministério Público, defensores públicos, partes e testemunhas;

II – as testemunhas devem ser inquiridas cada uma de per si (de forma individual, ou seja, isoladamente), de modo que umas não saibam nem ouçam os depoimentos umas das outras;

III – quando o ofendido ou testemunha manifestar desejo de depor sem a presença de uma das partes do processo, na forma da legislação pertinente, a imagem pode ser desfocada, desviada ou inabilitada, sem prejuízo da possibilidade de transferência para lobby ou ambiente virtual similar;

IV – as oitivas telepresenciais ou por videoconferência serão gravadas, devendo o arquivo audiovisual ser juntado aos autos ou disponibilizado em repositório oficial de mídias indicado pelo CNJ (PJe Mídia) ou pelo tribunal;

V – a publicidade deve ser assegurada, ressalvados os casos de segredo de justiça, por transmissão em tempo real ou por meio hábil que possibilite o acompanhamento por terceiros estranhos ao feito, ainda que mediante a exigência de prévio cadastro;

VI – a participação em audiência telepresencial ou por videoconferência exige que as partes e demais participantes sigam a mesma liturgia dos atos processuais presenciais, inclusive quanto às vestimentas;

VII – a critério do juiz e em decisão fundamentada, podem ser repetidos os atos processuais dos quais as partes, as testemunhas ou os advogados não tenham conseguido participar em virtude de obstáculos de natureza técnica, desde que devidamente justificados (art. 7º da Resolução 354/2020 do CNJ).

Nos casos em que cabível a citação e a intimação pelo correio, por oficial de justiça ou pelo escrivão ou chefe de secretaria, o ato pode ser cumprido por meio eletrônico que assegure ter o destinatário do ato tomado conhecimento do seu conteúdo (art. 8º da Resolução 354/2020 do CNJ). As citações e intimações por meio eletrônico devem ser realizadas na forma da lei (art. 246, inciso V, do CPC, combinado com arts. 6º e 9º da Lei 11.419/2006), não se lhes aplicando o disposto na Resolução 354/2020 do CNJ.

As partes e os terceiros interessados devem informar, por ocasião da primeira intervenção nos autos, endereços eletrônicos para receber notificações e intimações, mantendo-os atualizados durante todo o processo (art. 9º da Resolução 354/2020 do CNJ). Aquele que requerer a citação ou intimação deve fornecer, além dos dados de qualificação, os dados necessários para comunicação eletrônica por aplicativos de mensagens, redes sociais e correspondência eletrônica (e-mail), salvo impossibilidade de fazê-lo.

O cumprimento da citação e da intimação por meio eletrônico deve ser documentado por: I – comprovante do envio e do recebimento da comunicação processual, com os respectivos dia e hora de ocorrência; ou II – certidão detalhada de como o destinatário foi identificado e tomou conhecimento do teor da comunicação (art. 10 da Resolução 354/2020 do CNJ).

O cumprimento das citações e das intimações por meio eletrônico pode ser realizado pela secretaria do juízo ou pelos oficiais de justiça.

Salvo ocultação, é vedado o cumprimento eletrônico de atos processuais por meio de mensagens públicas.

A intimação e a requisição de servidor público, bem como a cientificação do chefe da repartição, devem ser realizadas preferencialmente por meio eletrônico (art. 11 da Resolução 354/2020 do CNJ).

Os tribunais devem disponibilizar salas para a realização de atos processuais, especialmente depoimentos de partes, testemunhas e outros colaboradores da justiça por sistema de videoconferência em todos os fóruns, garantindo a adequação dos meios tecnológicos aptos a dar efetividade ao disposto no art. 7º do Código de Processo Civil (art. 1º da Resolução 341/2020 do CNJ). Devem ser designados servidores para acompanhar a videoconferência na sede da unidade judiciária, que serão responsáveis pela verificação da regularidade do ato, pela identificação e garantia da incomunicabilidade entre as testemunhas, quando for o caso, entre outras medidas necessárias para realização válida do ato.

A secretaria do juízo ou do tribunal deve especificar nas intimações o endereço físico e a localização da referida sala para aqueles que forem prestar depoimentos (art. 2º da Resolução 341/2020 do CNJ). Os magistrados, advogados, representantes do Ministério Público e da Defensoria Pública, bem como as partes e demais participantes da audiência que não forem prestar depoimentos, podem participar da audiência por meio do link disponibilizado para o ato por meio de videoconferência.

O Conselho Nacional de Justiça desenvolverá e disponibilizará a todos os tribunais sistemas eletrônicos de gravação dos depoimentos, dos interrogatórios e de inquirição de testemunhas por videoconferência (art. 1º da Resolução 105/2010 do CNJ). Os tribunais e o Conselho Nacional de Justiça podem desenvolver repositórios de mídias para armazenamento de documentos de som e imagem, inclusive os decorrentes da instrução do processo.

Os documentos digitais inseridos no Repositório Nacional de Mídias para o Sistema PJe são considerados, para todos os efeitos, peças integrantes dos autos eletrônicos do processo judicial correspondente e devem observar: I – o número único do processo judicial; II – o localizador padrão permanente de acesso ao conteúdo da informação (URL), na rede mundial de computadores; III – os requisitos dispostos no art. 195 do Código de Processo Civil, de autenticidade, integridade, temporalidade, não repúdio, conservação e, nos casos dos que tramitem em segredo de justiça, confidencialidade, observada a infraestrutura de chaves públicas unificada nacionalmente, nos termos da lei (art. 1º, § 2º, da Resolução 105/2010 do CNJ).

Os depoimentos documentados por meio audiovisual não precisam de transcrição (art. 2º da Resolução 105/2010 do CNJ). O magistrado, quando for de sua preferência pessoal, pode determinar que os servidores que estão afetos a seu gabinete ou secretaria procedam à degravação, observando, nesse caso, as recomendações médicas quanto à prestação desse serviço.

A Resolução 313/2021 do Conselho Superior da Justiça do Trabalho dispõe sobre os procedimentos a serem observados na videogravação de audiências realizadas no âmbito da Justiça do Trabalho.

É dispensada a transcrição ou degravação dos depoimentos colhidos em audiências realizadas com gravação audiovisual (art. 1º da Resolução 313/2021 do CSJT). O magistrado, quando for de sua preferência pessoal, pode determinar que os servidores que estão afetos a seu gabinete ou secretaria procedam à degravação, observando, nesse caso, as recomendações médicas quanto à prestação desse serviço.

As audiências virtuais, telepresenciais ou semipresenciais devem ser realizadas pela plataforma de videoconferências oficial disponibilizada pela Justiça do Trabalho (art. 2º da Resolução 313/2021 do CSJT). A videogravação realizada deve ser armazenada no banco de dados da empresa contratada para este fim ou do próprio Tribunal Regional, na forma prevista para os sistemas em uso na Justiça do Trabalho, admitindo-se o livre acesso a qualquer interessado, ressalvados os casos de segredo de justiça, sigilo ou proteção de dados, na forma legal.

A gravação audiovisual dos depoimentos deve ser realizada de maneira organizada e propícia à plena compreensão e acesso à prova, gerando vídeo indexado com marcadores específicos de temas e indicação expressa do link de acesso na ata de audiência, de acordo com a plataforma de videogravação disponível (art. 3º da Resolução 313/2021 do CSJT).

O termo escrito de audiência no Sistema de Audiências da Justiça do Trabalho (Sistema AUD) continua obrigatório para fins de alimentação dos fluxos do Sistema PJe e para registro dos atos essenciais, devendo dele constar os seguintes dados: I – data da audiência; II – nome do juiz; III – unidade judiciária; IV – nomes das partes, do representante do Ministério Público do Trabalho e dos advogados presentes, com os respectivos números de inscrição na OAB; V – nomes das testemunhas, qualificação e compromisso legal; VI – presença ou ausência das partes, testemunhas ou advogados; VII – deliberações do juiz; VIII – termos e condições da conciliação; IX – incidentes e requerimentos das partes, se houver (art. 4º da Resolução 313/2021 do CSJT).

A videogravação indexada também pode ser utilizada em processos com segredo de justiça, devendo a unidade restringir o acesso aos registros às partes autorizadas. Parágrafo único. Na impossibilidade de resguardo do sigilo em processos com segredo de justiça, a videogravação não será realizada, devendo os depoimentos serem reduzidos a termo (art. 5º da Resolução 313/2021 do CSJT).

Os magistrados e servidores devem zelar pelo regular registro audiovisual da prova oral, para que não haja dificuldades de compreensão daqueles que tiverem acesso ao vídeo, seja na prolação da sentença e na elaboração de recurso, seja na revisão pela instância superior (art. 6º da Resolução 313/2021 do CSJT).

Os juízes do trabalho devem observar os seguintes procedimentos nas gravações das audiências: I – esclarecer às partes e seus advogados que os depoimentos serão gravados mediante sistema oficial de gravação audiovisual; II – delimitar ao máximo os pontos fáticos controvertidos sobre os quais incidirá a prova, preferencialmente após ouvir os advogados presentes, ou, na ausência destes, as próprias partes; III – refazer o ato que apresentar problemas sonoros ou de imagens e que dificultem ou impeçam o acesso à prova colhida, inclusive designando nova audiência para refazimento das inquirições, antes de enviar os autos ao tribunal, caso necessário; IV – permitir que todos os incidentes ocorridos em audiência sejam objeto de registro audiovisual (art. 8º da Resolução 313/2021 do CSJT).

O poder público deve assegurar o acesso da *pessoa com deficiência* à justiça, em igualdade de oportunidades com as demais pessoas, garantindo, sempre que requeridos, adaptações e recursos de tecnologia assistiva (art. 79 da Lei 13.146/2015, que instituiu a Lei Brasileira de Inclusão da Pessoa com Deficiência – Estatuto da Pessoa com Deficiência).

A fim de garantir a atuação da pessoa com deficiência em todo o processo judicial, o poder público deve capacitar os membros e os servidores que atuam no Poder Judiciário, no Ministério Público, na Defensoria Pública, nos órgãos de segurança pública e no sistema penitenciário dos direitos da pessoa com deficiência. A Defensoria Pública e o Ministério Público devem tomar as medidas necessárias à garantia dos direitos previstos na Lei Brasileira de Inclusão da Pessoa com Deficiência.

Devem ser oferecidos todos os recursos de tecnologia assistiva disponíveis[7] para que a pessoa com deficiência tenha garantido o acesso à justiça, sempre que figure em um dos polos da ação, ou atue como testemunha, partícipe da lide posta em juízo, advogado, defensor público, magistrado ou membro do Ministério Público (art. 80 da Lei 13.146/2015). A pessoa com deficiência tem garantido o acesso ao conteúdo de todos os atos processuais de seu interesse, inclusive no exercício da advocacia.

4.8 NULIDADES PROCESSUAIS

As formas dos atos processuais são relevantes para a segurança jurídica e ao devido processo legal. A violação das formas processuais, por sua vez, acarreta uma sanção, qual seja a nulidade do ato processual, tendo, como consequência, a ausência de produção de seus efeitos típicos.

As *nulidades processuais*, entretanto, não se confundem com as nulidades no Direito material, pois aquelas são relativas a atos processuais, ou seja, a atos praticados no curso do processo, pelas partes (em sentido amplo) ou mesmo pelo juiz.

No Direito Processual, as nulidades, para serem assim reconhecidas, exigem pronunciamento judicial. Vale dizer, a ineficácia do ato processual, decorrente de sua nulidade,

7. Consideram-se "tecnologia assistiva ou ajuda técnica: produtos, equipamentos, dispositivos, recursos, metodologias, estratégias, práticas e serviços que objetivem promover a funcionalidade, relacionada à atividade e à participação de pessoas com deficiência ou com mobilidade reduzida, visando à sua autonomia, independência, qualidade de vida e inclusão social" (art. 3º, inciso III, da 13.146/2015).

necessita de decisão que assim reconheça. Portanto, até que ocorra o pronunciamento judicial da nulidade, o ato processual produz efeitos.

Os vícios dos atos processuais, como gênero, podem ser classificados nas seguintes espécies: inexistência, nulidade absoluta, nulidade relativa, anulabilidade, irregularidades[8].

A *inexistência* do ato processual é o vício de maior gravidade. Significa que o ato processual, em termos jurídicos, não existe. Exemplificativamente, pode-se mencionar a sentença proferida por quem não é juiz, ou não assinada por este.

A rigor, o ato processual inexistente, justamente por não ser reconhecido pelo Direito, não tem como ser sanado ou convalidado. O que pode ser possível, em tese, é a prática de outro ato processual, desta vez existente.

A *nulidade absoluta* ocorre quando a forma é prevista por norma de ordem pública, ou seja, quando envolve interesse público. Em razão disso, cabe ao juiz declarar a nulidade processual de ofício, isto é, independentemente de requerimento das partes, as quais não têm como dispor a respeito.

A *incompetência absoluta* pode ser alegada em qualquer tempo e grau de jurisdição e *deve ser declarada de ofício* (art. 64, § 1º, do CPC).

A *nulidade relativa* decorre do descumprimento de norma voltada ao interesse da parte, de modo que o vício é considerado sanável. Ainda assim, as partes não têm como dispor a seu respeito, pois a previsão se dá por meio de norma cogente.

A *anulabilidade* ocorre quando a norma processual violada tem natureza dispositiva. Com isso, o ato processual só pode ser anulado em razão de requerimento do interessado. Se isso não ocorre, o ato processual é considerado válido.

Prorroga-se a *competência relativa* se o réu não a alegar (no caso do processo do trabalho, por meio de exceção, conforme arts. 799 e 800 da CLT). A incompetência relativa pode ser alegada pelo Ministério Público nas causas em que atuar (art. 65, parágrafo único, do CPC).

Parte da doutrina não faz distinção entre nulidade relativa e anulabilidade. Nesse sentido, quando o vício processual refere-se a interesse da parte, cabe a esta alegar no prazo legal, sob pena de preclusão, não podendo o juiz decretar essa nulidade relativa de ofício.

As *irregularidades*, por sua vez, são simples inexatidões que não geram consequências de relevância para o processo, como seria o caso de autos com folhas numeradas incorretamente ou meros erros materiais, que podem ser corrigidos pelo juiz.

Consoante o art. 494, inciso I, do CPC, uma vez publicada a sentença, o juiz pode alterá-la para corrigir, de ofício ou a requerimento da parte, inexatidões materiais ou erros de cálculo. De acordo com o art. 833 da CLT, existindo na decisão evidentes erros ou enganos de escrita, de datilografia ou de cálculo, estes podem, antes da execução, ser corrigidos de ofício ou a requerimento dos interessados ou do Ministério Público do Trabalho. O art. 897-A, § 1º, da CLT confirma que os erros materiais podem ser corrigidos de ofício ou a requerimento de qualquer das partes.

Nos termos do art. 104 do CPC, o advogado não deve ser admitido a postular em juízo sem procuração, salvo para evitar preclusão, decadência ou prescrição, ou para praticar ato considerado urgente. Nessas hipóteses, o advogado obriga-se, independentemente de caução, a exibir a procuração no prazo de 15 dias, prorrogável por

8. Cf. MARTINS, Sergio Pinto. *Direito processual do trabalho*. 30. ed. São Paulo: Atlas, 2010. p. 166-168.

igual período por despacho do juiz. O ato não ratificado deve ser considerado *ineficaz relativamente àquele em cujo nome foi praticado*, respondendo o advogado pelas despesas e por perdas e danos.

Há certos princípios incidentes quanto ao tema das nulidades processuais[9].

De acordo com o *princípio da legalidade*, as nulidades processuais decorrem do previsto na lei, no sentido de estabelecer as formas processuais a serem observadas.

O art. 279 do CPC prevê que é nulo o processo quando o membro do Ministério Público não for intimado a acompanhar o feito em que deva intervir. Se o processo tiver tramitado sem conhecimento do membro do Ministério Público, o juiz deve invalidar os atos praticados a partir do momento em que ele deveria ter sido intimado. A nulidade só pode ser decretada após a intimação do Ministério Público, que deve se manifestar sobre a existência ou a inexistência de prejuízo.

As citações e as intimações serão nulas quando feitas sem observância das prescrições legais (art. 280 do CPC).

Os atos de disposição de direitos, praticados pelas partes ou por outros participantes do processo e homologados pelo juízo, bem como os atos homologatórios praticados no curso da execução, estão sujeitos à anulação, nos termos da lei (art. 966, § 4º, do CPC).

O *princípio da instrumentalidade das formas* significa que estas não são fins em si mesmas, mas meios para alcançar o objetivo da prática dos atos processuais adequadamente. Portanto, se o fim foi alcançado, não há que se declarar a nulidade processual.

Segundo o art. 188 do CPC, os atos e os termos processuais independem de forma determinada, salvo quando a lei expressamente a exigir, *considerando-se válidos os que, realizados de outro modo, lhe preencham a finalidade essencial*.

O art. 277 do CPC, por sua vez, prevê que, quando a lei prescrever determinada forma, *o juiz considerará válido o ato se, realizado de outro modo, lhe alcançar a finalidade*. Logo, mesmo que a forma específica não tenha sido observada, se o ato processual foi praticado e atingiu a sua finalidade, é considerado válido.

Há entendimento no sentido de que o mencionado princípio apenas tem incidência quanto às nulidades relativas. Entretanto, mesmo no caso de vício de citação, que certamente envolve nulidade absoluta, por se tratar de questão de ordem pública, conforme o art. 239, § 1º, do CPC, o comparecimento espontâneo do réu supre a falta ou a nulidade da citação.

O *princípio da economia processual* faz com que se procure aproveitar os atos processuais, afastando-se a nulidade quando não se verifique prejuízo às partes.

O art. 796, *a*, da CLT dispõe que a nulidade não será pronunciada quando for possível suprir a falta ou repetir o ato.

Salvo decisão judicial em sentido contrário, conservam-se os efeitos de decisão proferida pelo juízo incompetente, até que outra seja proferida, se for o caso, pelo juízo competente (art. 64, § 4º, do CPC). Com isso, entende-se que os atos de natureza não decisória são mantidos.

Conforme o art. 281, parte final, do CPC, a nulidade de uma parte do ato não prejudicará as outras que dela sejam independentes.

---

9. Cf. GRECO FILHO, Vicente. *Direito processual civil brasileiro*. 20. ed. São Paulo: Saraiva, 2009. v. 2. p. 47-49.

Na fase recursal, de acordo com o art. 938, § 1º, do CPC, constatada a ocorrência de vício sanável, inclusive aquele que possa ser conhecido de ofício, o relator deve determinar a realização ou a renovação do ato processual, no próprio tribunal ou em primeiro grau de jurisdição, intimadas as partes.

Ao pronunciar a nulidade, o juiz deve declarar quais atos serão atingidos e ordenar as providências necessárias a fim de que sejam repetidos ou retificados. Não obstante, o ato não deve ser repetido, nem sua falta deve ser suprida, quando não prejudicar a parte (art. 282, *caput* e § 1º, do CPC).

O Código de Processo Civil, ao dispor sobre os poderes do juiz na condução do processo, prevê, de forma expressa e em termos genéricos, que lhe incumbe determinar o suprimento de pressupostos processuais e o *saneamento de outros vícios processuais* (art. 139, inciso IX).

O art. 352 do CPC reitera que ao se verificar a existência de irregularidades ou de vícios sanáveis, o juiz deve determinar sua correção em prazo nunca superior a trinta dias.

Em consonância com o *princípio do aproveitamento*, devem ser verificados quais atos praticados no processo podem ser aproveitados, evitando-se, quando possível, a nulidade de todo o processo.

Nesse sentido, anulado o ato, consideram-se de nenhum efeito todos os subsequentes que dele dependam. Entretanto, a nulidade de uma parte do ato não prejudicará as outras que dela sejam independentes (art. 281 do CPC).

Segundo o art. 283 do CPC, o erro de forma do processo acarreta unicamente a anulação dos atos que não possam ser aproveitados, devendo ser praticados os que forem necessários a fim de se observar as prescrições legais. Além disso, deve-se dar o aproveitamento dos atos praticados desde que não resulte prejuízo à defesa de qualquer parte.

O art. 797 da CLT prevê que o juiz ou tribunal que pronunciar a nulidade deve declarar os atos a que ela se estende. O art. 798 do mesmo diploma legal dispõe que a nulidade do ato não deve prejudicar senão os posteriores que dele dependam ou sejam consequência.

Consoante o *princípio do interesse de agir*, apenas a parte prejudicada pode arguir a nulidade, isto é, aquela que não lhe deu causa.

Conforme o art. 276 do CPC, quando a lei prescrever determinada forma, sob pena de nulidade, *a decretação desta não pode ser requerida pela parte que lhe deu causa*.

O art. 796, *b*, da CLT também prescreve que a nulidade não será pronunciada quando arguida por quem lhe tiver dado causa. Entretanto, esse princípio só pode ser aplicado quanto às hipóteses de nulidade relativa e anulabilidade, uma vez que, tratando-se de nulidade absoluta, cabe ao juiz decretá-la até mesmo de ofício, de modo que perde relevância quem a alegou.

Segundo o art. 16 da Instrução Normativa 39/2016 do TST, para efeito de aplicação do art. 272, § 5º, do CPC, não é causa de nulidade processual a intimação realizada na pessoa de advogado regularmente habilitado nos autos, ainda que conste pedido expresso para que as comunicações dos atos processuais sejam feitas em nome de outro advogado, se o profissional indicado não se encontra previamente cadastrado no Sistema de Processo Judicial Eletrônico, impedindo a serventia judicial de atender ao requerimento de envio da intimação direcionada. *A decretação de nulidade não pode ser acolhida em favor da parte que lhe deu causa* (art. 276 do CPC).

O *princípio da causalidade* determina que a nulidade de certo ato processual pode atingir outros, que sejam dele dependentes. De acordo com o art. 282 do CPC, ao pronunciar a nulidade, o juiz deve declarar quais atos serão atingidos e ordenar as providências necessárias a fim de que sejam repetidos ou retificados. Da mesma forma, uma vez anulado o ato, consideram-se de nenhum efeito todos os subsequentes que dele dependam (art. 281, primeira parte, do CPC).

O *princípio da transcendência ou prejuízo* estabelece que a nulidade do ato processual apenas deve ser decretada se houver prejuízo às partes. Por consequência, o ato não deve ser repetido, nem a sua falta suprida, quando não prejudicar a parte (art. 282, § 1º, do CPC).

Quando puder decidir o mérito a favor da parte a quem aproveite a decretação da nulidade, o juiz não a pronunciará, nem mandará repetir o ato ou suprir-lhe a falta (art. 282, § 2º, do CPC).

Devem ser aproveitados os atos praticados desde que não resulte prejuízo à defesa de qualquer parte (art. 283, parágrafo único, do CPC).

Desse modo, apesar de ser nulo o processo quando o membro do Ministério Público não for intimado a acompanhar o feito em que deva intervir, *a nulidade só pode ser decretada após a intimação do Ministério Público, que se manifestará sobre a existência ou a inexistência de prejuízo* (art. 279, § 2º, do CPC).

O art. 794 da CLT confirma que nos processos sujeitos à apreciação da Justiça do Trabalho só haverá nulidade quando resultar dos atos inquinados manifesto prejuízo às partes litigantes. Há entendimento no sentido de que esse princípio apenas é aplicável quanto à nulidade relativa e à anulabilidade, uma vez que, tratando-se de nulidade absoluta, o prejuízo seria presumido de forma absoluta.

O *princípio da convalidação ou da preclusão* indica que, se o ato for nulo, mas a parte interessada não arguir essa nulidade no prazo assim previsto, o ato se convalida.

Nos termos do art. 278 do CPC, a nulidade dos atos deve ser alegada na primeira oportunidade em que couber à parte falar nos autos, sob pena de preclusão. O art. 795, *caput*, da CLT confirma que as nulidades devem ser declaradas mediante provocação das partes, as quais devem argui-las na primeira vez em que tiverem de falar em audiência ou nos autos.

Trata-se de princípio aplicável apenas quanto à nulidade relativa e à anulabilidade. Conforme o art. 278, parágrafo único, do CPC, não se aplica a referida disposição, relativa à preclusão, às nulidades que o juiz deva decretar de ofício, nem prevalece a preclusão provando a parte legítimo impedimento.

O art. 795, § 1º, da CLT, ao estabelecer que deve ser declarada de ofício a nulidade fundada em "incompetência de foro", na realidade, refere-se à incompetência material, de natureza absoluta, no sentido de foro criminal, cível etc. Nesse caso, os atos decisórios devem ser considerados nulos.

O juiz ou tribunal que se julgar incompetente deve determinar, na mesma ocasião, que se faça remessa do processo, com urgência, à autoridade competente, fundamentando sua decisão (art. 795, § 2º, da CLT).

Capítulo 5

PARTES E TERCEIROS

5.1 CONCEITO

No processo do trabalho, de acordo com a terminologia da CLT, o autor da ação é chamado de reclamante; o réu, de reclamado. A ação é denominada reclamação ou reclamação trabalhista.

No caso de dissídio coletivo, costuma-se denominar o autor de suscitante; e o réu, de suscitado. No inquérito (judicial) para apuração de falta grave, por seu turno, é comum dizer requerente (significando o empregador, autor nessa demanda) e requerido (empregado, que figura como réu).

A terminologia mais adequada e científica, presente na Teoria Geral do Processo, é autor, réu e ação. Também podem ser utilizados os termos *demandante* e *demandado*. Na fase recursal, o recorrente é o que interpõe o recurso, e o recorrido a parte contrária. Na hipótese de agravo, tem-se o agravante e o agravado. Nos embargos à execução, embargante e embargado. Na execução, exequente e executado. Na exceção, excipiente e excepto.

As *partes no processo* são os "sujeitos interessados da relação processual"[1], ou seja, "os sujeitos do contraditório instituído perante o juiz"[2].

As *partes na demanda*, por sua vez, são "aquele que pede (autor), aquele em cujo nome se pede (autor representado) e aquele em face de quem se pede (réu) o provimento jurisdicional"[3].

5.2 SUCESSÃO DAS PARTES

A *sucessão das partes no processo* (ou sucessão processual) é a modificação subjetiva no curso da relação processual.

No curso do processo, somente é lícita a sucessão voluntária das partes nos casos expressos em lei (art. 108 do CPC). Desse modo, prevalece a regra da estabilidade subjetiva na relação processual, apenas se admitindo alterações, quanto às partes, quando a lei assim as prevê.

---

1. DINAMARCO, Cândido Rangel. *Instituições de direito processual civil*. São Paulo: Malheiros, 2001. v. 2. p. 246-247.

2. LIEBMAN, Enrico Tullio. *Manual de direito processual civil*. Tradução e notas: Cândido Rangel Dinamarco. 3. ed. São Paulo: Malheiros, 2005. v. 1. p. 123.

3. DINAMARCO, Cândido Rangel. *Execução civil*. 5. ed. São Paulo: Malheiros, 1997. p. 357, nota 24.

A alienação da coisa ou do direito litigioso por ato entre vivos, a título particular, não altera a legitimidade das partes (art. 109, *caput*, do CPC). O adquirente ou cessionário não pode ingressar em juízo, sucedendo o alienante ou cedente, sem que o consinta a parte contrária (art. 109, § 1º, do CPC).

Se a parte contrária concordar, o adquirente ou o cessionário pode passar a figurar na relação processual, ocupando o lugar do alienante ou do cedente. Não havendo essa anuência, o alienante ou o cedente permanecem como partes na demanda, tratando-se de hipótese de substituição processual, pois estarão defendendo direito alheio (ou seja, direito do adquirente ou do cessionário), em nome próprio. Tanto é assim que se estendem os efeitos da sentença proferida entre as partes originárias ao adquirente ou cessionário (art. 109, § 3º, do CPC).

Não obstante, o adquirente ou cessionário poderá intervir no processo como assistente litisconsorcial do alienante ou cedente (art. 109, § 2º, do CPC). Trata-se, portanto, de situação em que se admite a assistência litisconsorcial, justamente porque o direito material discutido no processo é de possível titularidade do assistente.

Na hipótese de morte de qualquer das partes, nos termos do art. 110 do CPC, deve ocorrer a sucessão pelo seu espólio ou seus sucessores, observado o disposto no art. 313, §§ 1º e 2º, do mesmo diploma legal, que trata da suspensão do processo.

Em se tratando de falecimento do empregado, há entendimento no sentido de que os dependentes podem assumir o polo ativo, apresentando certidão do INSS. Conforme a Lei 6.858/1980, os valores devidos pelos empregadores aos empregados, e os montantes das contas individuais do Fundo de Garantia do Tempo de Serviço e do Fundo de Participação PIS-PASEP, não recebidos em vida pelos respectivos titulares, devem ser pagos, em quotas iguais, "aos dependentes habilitados perante a Previdência Social ou na forma da legislação específica dos servidores civis e militares, e, na sua falta, aos sucessores previstos na lei civil, indicados em alvará judicial, independentemente de inventário ou arrolamento" (art. 1º). Nesse caso, as quotas atribuídas a menores devem ficar depositadas em caderneta de poupança, rendendo juros e correção monetária, e só devem ser disponibilizadas após o menor completar 18 anos, salvo autorização do juiz para aquisição de imóvel destinado à residência do menor e de sua família ou para dispêndio necessário à subsistência e educação do menor (art. 1º, § 1º).

Nos termos do art. 666 do CPC, independe de inventário ou de arrolamento o pagamento dos valores previstos na Lei 6.858/1980.

Segundo o art. 313, inciso I, do CPC, suspende-se o processo pela morte ou pela perda da capacidade processual de qualquer das partes, de seu representante legal ou de seu procurador. Na hipótese de morte ou pela perda da capacidade processual de qualquer das partes, de seu representante legal ou de seu procurador, o juiz deve suspender o processo, nos termos do art. 689 do CPC, que trata da habilitação nos autos do processo principal e na instância em que estiver.

Não ajuizada ação de habilitação, ao tomar conhecimento da morte ou da perda da capacidade de qualquer das partes, o juiz deve determinar a suspensão do processo e observar o seguinte: falecido o réu, deve ordenar a intimação do autor para que promova a citação do respectivo espólio, de quem for o sucessor ou, se for o caso, dos herdeiros, no prazo que designar, de no mínimo dois e no máximo seis meses; falecido o autor e sendo transmissível o direito em litígio, deve determinar a intimação de seu espólio, de quem for o sucessor ou, se for o caso, dos herdeiros, pelos meios de divulgação que reputar mais adequados, para que manifestem interesse na sucessão processual e promovam a respectiva habilitação no prazo designado, sob pena de extinção do processo sem resolução do mérito.

5.3 CAPACIDADE PROCESSUAL

A *capacidade de ser parte* corresponde à capacidade jurídica (ou capacidade de direito) do plano do Direito material, com o sentido de aptidão para ser sujeito de direito, a qual é atribuída a todas as pessoas, pois são titulares de personalidade jurídica.

Nesse sentido, segundo o art. 1º do Código Civil de 2002, toda pessoa é capaz de direitos e deveres na ordem civil. Ainda de acordo com o art. 2º do mesmo diploma legal, a personalidade civil da pessoa começa do nascimento com vida; mas a lei põe a salvo, desde a concepção, os direitos do nascituro.

Sendo assim, mesmo as pessoas jurídicas, os menores e incapazes são aptos para serem partes no processo, inclusive trabalhista, pois detêm capacidade jurídica.

A *capacidade de estar em juízo* corresponde à capacidade de exercício (ou capacidade de fato) do plano do Direito material, no sentido da aptidão para o exercício dos direitos.

Conforme o art. 70 do CPC, toda pessoa que se encontre no exercício de seus direitos tem capacidade para estar em juízo. O incapaz, por sua vez, deve ser representado ou assistido por seus pais, ou por tutor ou curador, na forma da lei (art. 71 do CPC).

A incapacidade de exercício pode ser absoluta ou relativa, o que reflete no campo processual, quanto à capacidade de estar em juízo. Na primeira hipótese, o incapaz é representado, enquanto na segunda o relativamente incapaz é assistido (art. 1.634, inciso VII, do Código Civil de 2002).

O relativamente incapaz, portanto, pode praticar atos jurídicos, mas é necessário que esteja assistido pelo representante legal (pais, tutor ou curador).

No âmbito processual, em face da ausência de capacidade de estar em juízo, o relativamente incapaz deve ser assistido, enquanto o absolutamente incapaz deve ser representado. Segundo o art. 71 do CPC, o incapaz deve ser representado ou assistido por seus pais, ou por tutor ou curador, na forma da lei.

Na esfera trabalhista, a maioridade é alcançada aos 18 anos. É proibido o trabalho ao menor de 16 anos, salvo na condição de aprendiz (a partir dos 14 anos). A partir dos 16 anos até 18 anos o trabalhador é considerado menor, sendo proibido o trabalho insalubre, perigoso, penoso e em horário noturno (art. 7º, inciso XXXIII, da Constituição da República de 1988).

Portanto, a capacidade de estar em juízo, no processo do trabalho, é verificada a partir dos 18 anos. A partir dos 16 até os 18 anos, por ser relativamente incapaz, a parte deve ser assistida. Da mesma forma, pode-se dizer que até 16 anos o absolutamente incapaz deve ser representado em juízo.

Nesse contexto, segundo o art. 793 da CLT, a reclamação trabalhista do menor de 18 anos será feita por seus representantes legais (pais ou tutores) e, na falta destes, pelo Ministério Público do Trabalho, pelo sindicato, pelo Ministério Público estadual ou curador nomeado em juízo.

Nos termos do art. 402, *caput*, da CLT, com redação dada pela Lei 10.097/2001, considera-se "menor" o trabalhador de quatorze até dezoito anos, frisando-se que é proibido o trabalho para menores de dezesseis anos, salvo na condição de aprendiz, a partir de quatorze anos (art. 7º, inciso XXXIII, da Constituição Federal de 1988).

O art. 72, inciso I, do CPC dispõe que o juiz deve nomear curador especial ao incapaz, se não tiver representante legal ou se os interesses deste colidirem com os daquele, enquanto durar a incapacidade. Nos termos do art. 72, parágrafo único, do CPC, a curatela especial deve ser exercida pela Defensoria Pública, nos termos da lei.

Prevalece o entendimento de que a intervenção do Ministério Público do Trabalho em primeira instância, nas ações trabalhistas em que figure como parte menor de 18 anos, faz-se necessária apenas nas hipóteses de incapaz sem representante legal (art. 793 da CLT e arts. 83, inciso V, e 112 da Lei Complementar 75/1993). Cf. TST, 1ª T., Ag-AIRR-550-86.2016.5.14.0141, Rel. Min. Hugo Carlos Scheuermann, DEJT 27.08.2021.

Segundo o art. 87 da Lei 13.146/2015 (Estatuto da Pessoa com Deficiência), em casos de relevância e urgência e a fim de proteger os interesses da *pessoa com deficiência em situação de curatela*, é lícito ao juiz, ouvido o Ministério Público, de ofício ou a requerimento do interessado, nomear, desde logo, curador provisório, o qual está sujeito, no que couber, às disposições do Código de Processo Civil.

A representação, ademais, pode ser legal, quando prevista em lei, ou convencional, quando estabelecida em contrato ou negócio jurídico.

Caso sejam verificadas a incapacidade processual ou a irregularidade da representação da parte, o juiz deve suspender o processo e designar prazo razoável para que seja sanado o vício (art. 76, *caput*, do CPC). Se for descumprida a determinação, caso o processo esteja na instância originária: o processo será extinto, se a providência couber ao autor; o réu será considerado revel, se a providência lhe couber; o terceiro será considerado revel ou excluído do processo, dependendo do polo em que se encontre (art. 76, § 1º, do CPC).

Se descumprida a determinação, caso o processo esteja em grau de recurso perante tribunal de justiça, tribunal regional federal (TRT, no processo do trabalho) ou tribunal superior, o relator: não conhecerá do recurso, se a providência couber ao recorrente; determinará o desentranhamento das contrarrazões, se a providência couber ao recorrido (art. 76, § 2º, do CPC).

Conforme o art. 3º, inciso I, da Instrução Normativa 39/2016 do TST, aplica-se ao processo do trabalho, em face de omissão e de compatibilidade, o art. 76, §§ 1º e 2º, do CPC, sobre saneamento de incapacidade processual ou de irregularidade de representação.

Nos termos do art. 75 do Código de Processo Civil, são representados em juízo, ativa e passivamente: I – a União, pela Advocacia-Geral da União, diretamente ou mediante órgão vinculado; II – o Estado e o Distrito Federal, por seus procuradores; III – o Município, por seu prefeito, procurador ou Associação de Representação de Municípios, quando expressamente autorizada; IV – a autarquia e a fundação de direito público, por quem a lei do ente federado designar; V – a massa falida, pelo administrador judicial; VI – a herança jacente ou vacante, por seu curador; VII – o espólio, pelo inventariante; VIII – a pessoa jurídica, por quem os respectivos atos constitutivos designarem ou, não havendo essa designação, por seus diretores; IX – a sociedade e a associação irregulares e outros entes organizados sem personalidade jurídica, pela pessoa a quem couber a administração de seus bens; X – a pessoa jurídica estrangeira, pelo gerente, representante ou administrador de sua filial, agência ou sucursal aberta ou instalada no Brasil; XI – o condomínio, pelo administrador ou síndico.

Quando o inventariante for dativo, os sucessores do falecido devem ser intimados no processo no qual o espólio seja parte.

A sociedade ou a associação sem personalidade jurídica não pode opor a irregularidade de sua constituição quando demandada.

O gerente de filial ou agência presume-se autorizado pela pessoa jurídica estrangeira a receber citação para qualquer processo.

Os Estados e o Distrito Federal podem ajustar compromisso recíproco para prática de ato processual por seus procuradores em favor de outro ente federado, mediante convênio firmado pelas respectivas procuradorias.

A representação judicial do Município pela Associação de Representação de Municípios somente pode ocorrer em questões de interesse comum dos Municípios associados e depende de autorização do respectivo chefe do Poder Executivo municipal, com indicação específica do direito ou da obrigação a ser objeto das medidas judiciais (art. 75, § 5º, do CPC, incluído pela Lei 14.341/2022).

Quanto à massa falida, deve ser representada pelo administrador judicial, conforme o art. 76, parágrafo único, da Lei 11.101/2005.

Frise-se ainda que, nos termos da Orientação Jurisprudencial 318 da SBDI-I do TST:

> "Autarquia. Fundação pública. Legitimidade para recorrer. Representação processual. I – Os Estados e os Municípios não têm legitimidade para recorrer em nome das autarquias e das fundações públicas. II – Os procuradores estaduais e municipais podem representar as respectivas autarquias e fundações públicas em juízo somente se designados pela lei da respectiva unidade da federação (art. 75, IV, do CPC de 2015) ou se investidos de instrumento de mandato válido".

Em relação ao condomínio, nos termos da Lei 2.757/1956, art. 2º, nas reclamações ou dissídios na Justiça do Trabalho, são considerados representantes dos empregadores os *síndicos eleitos entre os condôminos*. Em razão dessa previsão específica para o processo do trabalho, por não haver omissão, há entendimento no sentido de que estaria afastada a aplicação do art. 75, inciso XI, do CPC, o qual autoriza a representação do condomínio pelo administrador ou síndico.

Entretanto, consoante o art. 843, § 1º, da CLT, é facultado ao empregador fazer-se substituir pelo gerente, ou qualquer outro preposto que tenha conhecimento do fato, e cujas declarações obrigarão o proponente. Desse modo, o empregador pode nomear preposto para representá-lo na audiência.

Na hipótese do condomínio, embora a questão possa dar margem a controvérsia, é possível admitir que o preposto nomeado seja justamente o administrador.

O preposto a que se refere o § 1º do art. 843 da CLT não precisa ser empregado da parte reclamada (art. 843, § 3º, da CLT, acrescentado pela Lei 13.467/2017).

Consoante o art. 843 da CLT, na audiência devem estar presentes o reclamante e o reclamado, independentemente do comparecimento de seus representantes, salvo nos casos de "reclamatórias plúrimas" ou "ações de cumprimento", hipóteses em que os empregados podem fazer-se representar pelo sindicato de sua categoria.

A *capacidade postulatória*, por sua vez, é específica quanto à aptidão para postular em juízo.

No processo civil, consoante o art. 103 do CPC, a parte deve ser representada em juízo por advogado regularmente inscrito na Ordem dos Advogados do Brasil, ressalvadas as exceções previstas expressamente em lei. É lícito à parte postular em causa própria quando tiver habilitação legal.

No processo do trabalho, a previsão específica do art. 791 da CLT é no sentido de que os empregados e os empregadores podem "reclamar pessoalmente perante a Justiça do Trabalho e acompanhar as suas reclamações até o final". Nos dissídios individuais, os empregados e empregadores podem "fazer-se representar por intermédio do sindicato, advogado, solicitador, ou provisionado, inscrito na Ordem dos Advogados do Brasil" (art. 791, § 1º, da CLT). Nos dissídios coletivos, por sua vez, é facultada aos interessados a assistência por advogado (art. 791, § 2º, da CLT). O art. 839, *a*, da CLT, por seu turno, dispõe que a reclamação pode ser apresentada "pelos empregados e empregadores, pessoalmente, ou por seus representantes, e pelos sindicatos de classe".

Os membros do Ministério Público do Trabalho, da mesma forma, possuem capacidade postulatória (art. 839, *b*, da CLT), quanto às hipóteses assim admitidas em lei (Lei Complementar 75/1993, arts. 83 e 84).

Discute-se a respeito da compatibilidade do referido *jus postulandi* na Justiça do Trabalho em face do art. 133 da Constituição da República de 1988, ao estabelecer que o advogado é *indispensável à administração da justiça*, sendo inviolável por seus atos e manifestações no exercício da profissão, nos limites da lei.

O STF, examinando os dispositivos impugnados na Lei 8.906/1994, por unanimidade, "em relação ao inciso I do artigo 1º, julgou prejudicada a alegação de inconstitucionalidade relativamente à expressão 'juizados especiais', e, por maioria, quanto à expressão 'qualquer', julgou procedente a ação direta" (ADI 1.127/DF, Rel. p/ ac. Min. Ricardo Lewandowski, DJe 11.06.2010). Sendo assim, foi mantida a possibilidade do *jus postulandi* no processo trabalhista, por se entender que o mencionado art. 1º, inciso I, da Lei 8.906/1994 não se aplica à Justiça do Trabalho (conforme o STF já havia decidido em Medida Cautelar na ADI 1.127/DF, Rel. Min. Paulo Brossard, DJ 29.06.2001).

O *jus postulandi* das partes, estabelecido no art. 791 da CLT, limita-se às Varas do Trabalho e aos Tribunais Regionais do Trabalho, não alcançando a ação rescisória, a ação cautelar (tutela provisória de urgência cautelar), o mandado de segurança e os recursos de competência do Tribunal Superior do Trabalho (Súmula 425 do TST).

5.4 MANDATO

A representação da parte pelo advogado é conhecida como representação técnica. Para que o advogado possa atuar em juízo, exige-se o instrumento do mandato, isto é, a procuração *ad judicia*, por meio da qual a parte lhe outorga os poderes.

O mandato judicial fica subordinado às normas que lhe dizem respeito, constantes da legislação processual, e, supletivamente, às estabelecidas no Código Civil (art. 692).

Conforme a Súmula 456 do TST:

> "Representação. Pessoa jurídica. Procuração. Invalidade. Identificação do outorgante e de seu representante. I – É inválido o instrumento de mandato firmado em nome de pessoa jurídica que não contenha, pelo menos, o nome do outorgante e do signatário da procuração, pois estes dados constituem elementos que os individualizam. II – Verificada a irregularidade de representação da parte na instância originária, o juiz designará prazo de 5 (cinco) dias para que seja sanado o vício. Descumprida a determinação, extinguirá o processo, sem resolução de mérito, se a providência couber ao reclamante, ou considerará revel o reclamado, se a providência lhe couber (art. 76, § 1º, do CPC de 2015). III – Caso a irregularidade de representação da parte seja constatada em fase recursal, o relator designará prazo de 5 (cinco) dias para que seja sanado o vício. Descumprida a determinação, o relator não conhecerá do recurso, se a providência couber ao recorrente, ou determinará o desentranhamento das contrarrazões, se a providência couber ao recorrido (art. 76, § 2º, do CPC de 2015)".

O art. 5º, *caput*, da Lei 8.906/1994 prescreve que o advogado postula, em juízo ou fora dele, fazendo prova do mandato.

O advogado que renunciar ao mandato deve continuar, durante os dez dias seguintes à notificação da renúncia, a representar o mandante, salvo se for substituído antes do término desse prazo (art. 5º, § 3º, da Lei 8.906/1994).

O art. 112 do CPC dispõe que o advogado pode renunciar ao mandato a qualquer tempo, provando, na forma prevista neste Código, que comunicou a renúncia ao mandante, a fim de que este nomeie sucessor. Durante os dez dias seguintes, o advogado deve continuar a representar o mandante, desde que necessário para lhe evitar prejuízo. Dispensa-se a referida comunicação quando a procuração tiver sido outorgada a vários advogados e a parte continuar representada por outro, apesar da renúncia.

Segundo o art. 104 do CPC, ao advogado não é admitido postular em juízo sem procuração, salvo para evitar preclusão, decadência ou prescrição, ou para praticar ato considerado urgente. Nessas hipóteses, o advogado obriga-se, independentemente de caução, a exibir a procuração no prazo de 15 dias (no processo civil), prorrogável por igual período por despacho do juiz. Como mencionado anteriormente, o ato não ratificado deve ser considerado ineficaz relativamente àquele em cujo nome foi praticado, respondendo o advogado pelas despesas e perdas e danos.

Nos termos do art. 5º, § 1º, da Lei 8.906/1994, o "advogado, afirmando urgência, pode atuar sem procuração, obrigando-se a apresentá-la no prazo de quinze dias, prorrogável por igual período".

Segundo o art. 76 do CPC, verificada a incapacidade processual ou a irregularidade da representação da parte, o juiz deve suspender o processo e designar prazo razoável para que seja sanado o vício. Descumprida a determinação, caso o processo esteja na instância originária: o processo será extinto, se a providência couber ao autor; réu será considerado revel, se a providência lhe couber; o terceiro será considerado revel ou excluído do processo, dependendo do polo em que se encontre (art. 76, § 1º, do CPC).

Descumprida a determinação em fase recursal perante tribunal de justiça, tribunal regional federal (TRT, no caso do processo do trabalho) ou tribunal superior (TST), o relator: não conhecerá do recurso, se a providência couber ao recorrente; determinará o desentranhamento das contrarrazões, se a providência couber ao recorrido (art. 76, § 2º, do CPC).

Conforme o art. 3º, inciso I, da Instrução Normativa 39/2016 do TST, aplica-se ao processo do trabalho, em face de omissão e de compatibilidade, o art. 76, §§ 1º e 2º, do CPC, sobre saneamento de incapacidade processual ou de irregularidade de representação.

Nos termos do art. 105 do CPC, a procuração geral para o foro, outorgada por instrumento público ou particular assinado pela parte, habilita o advogado a praticar todos os atos do processo, *exceto receber citação, confessar, reconhecer a procedência do pedido, transigir, desistir, renunciar ao direito sobre o qual se funda a ação, receber, dar quitação, firmar compromisso e assinar declaração de hipossuficiência econômica*, que devem constar de cláusula específica.

A procuração pode ser assinada digitalmente, na forma da lei.

A procuração deve conter o nome do advogado, seu número de inscrição na Ordem dos Advogados do Brasil e endereço completo. Se o outorgado integrar sociedade de advogados, a procuração também deverá conter o nome desta, seu número de registro na Ordem dos Advogados do Brasil e endereço completo.

Salvo disposição expressa em sentido contrário constante do próprio instrumento, a procuração outorgada na fase de conhecimento é eficaz para todas as fases do processo, inclusive para o cumprimento de sentença.

Logo, para essas hipóteses excepcionadas, é necessária a outorga expressa de poderes específicos. Isso é confirmado pelo art. 5º, § 2º, da Lei 8.906/1994, ao prever que a "procuração para o foro em geral habilita o advogado a praticar todos os atos judiciais, em qualquer juízo ou instância, salvo os que exijam poderes especiais".

Em consonância com a Súmula 463 do TST:

> "Assistência judiciária gratuita. Comprovação. I – A partir de 26.06.2017, para a concessão da assistência judiciária gratuita à pessoa natural, basta a declaração de hipossuficiência econômica firmada pela parte ou por seu advogado, desde que munido de procuração com poderes específicos para esse fim (art. 105 do CPC de 2015); II – No caso de pessoa jurídica, não basta a mera declaração: é necessária a demonstração cabal de impossibilidade de a parte arcar com as despesas do processo".

No processo do trabalho, segundo o art. 790, § 4º, da CLT, com redação dada pela Lei 13.467/2017, o benefício da justiça gratuita será concedido à parte que *comprovar* insuficiência de recursos para o pagamento das custas do processo.

No caso de pessoa que não souber ler ou escrever, ou não puder assinar o nome, entende-se que a procuração deve ser outorgada por meio de instrumento público.

A juntada de nova procuração aos autos, sem ressalva de poderes conferidos ao antigo patrono, implica revogação tácita do mandato anterior (Orientação Jurisprudencial 349 da SBDI-I do TST).

Conforme a Súmula 395 do TST:

> "Mandato e substabelecimento. Condições de validade. I – Válido é o instrumento de mandato com prazo determinado que contém cláusula estabelecendo a prevalência dos poderes para atuar até o final da demanda (§ 4º do art. 105 do CPC de 2015). II – Se há previsão, no instrumento de mandato, de prazo para sua juntada, o mandato só tem validade se anexado ao processo o respectivo instrumento no aludido prazo. III – São válidos os atos praticados pelo substabelecido, ainda que não haja, no mandato, poderes expressos para substabelecer (art. 667, e parágrafos, do Código Civil de 2002). IV – Configura-se a irregularidade de representação se o substabelecimento é anterior à outorga passada ao substabelecente. V – Verificada a irregularidade de representação nas hipóteses dos itens II e IV, deve o juiz suspender o processo e designar prazo razoável para que seja sanado o vício, ainda que em instância recursal (art. 76 do CPC de 2015)".

O art. 105 do CPC de 2015, assim como o art. 38 do CPC de 1973, com redação dada pela Lei 8.952/1994, não exigem mais o reconhecimento de firma do outorgante na procuração judicial.

Admite-se, ainda, o chamado mandato *apud acta*, ou seja, outorgado expressamente pela parte, mas nos próprios autos do processo judicial, constado de termo ou, de forma mais comum, na ata de audiência.

De acordo com o art. 791, § 3º, da CLT, a constituição de procurador com poderes para o foro em geral pode ser efetivada, mediante simples registro em ata de audiência, a requerimento verbal do advogado interessado, com anuência da parte representada.

No processo do trabalho, a jurisprudência também admite o chamado *mandato tácito*, o qual se verifica quando o advogado, embora não havendo juntada de procuração nos autos, acompanha a parte à audiência, estando presente e praticando atos processuais em nome da parte. Logo, mesmo não havendo a juntada de procuração, admite-se o mandato tácito, conforme acima explicado.

Consoante a Orientação Jurisprudencial 286 da SBDI-I do TST:

> "Agravo de instrumento. Traslado. Mandato tácito. Ata de audiência. Configuração. I – A juntada da ata de audiência, em que consignada a presença do advogado, desde que não estivesse atuando com mandato expresso, torna dispensável a procuração deste, porque demonstrada a existência de mandato tácito. II – Configurada a existência de mandato tácito fica suprida a irregularidade detectada no mandato expresso".

O mandato tácito apenas confere os poderes da procuração geral para o foro, mas não autoriza a prática de atos aos quais sejam necessários poderes especiais, previstos no art. 105 do CPC.

É inválido o substabelecimento de advogado investido de mandato tácito (Orientação Jurisprudencial 200 da SBDI-I do TST).

Constitui crime violar direito ou prerrogativa de advogado previstos nos incisos II, III, IV e V do *caput* do art. 7º da Lei 8.906/1994[4], com previsão de pena de detenção, de dois a quatro anos, e multa (art. 7º-B da Lei 8.906/1994, com redação dada pela Lei 14.365, de 2022).

Esclareça-se que as atividades de consultoria e assessoria jurídicas podem ser exercidas de modo verbal ou por escrito, a critério do advogado e do cliente, e independem de outorga de mandato ou de formalização por contrato de honorários (art. 5º, § 4º, da Lei 8.906/1994, incluído pela Lei 14.365/2022).

5.5 ASSISTÊNCIA JUDICIÁRIA

Nos termos do art. 5º, inciso LXXIV, da Constituição da República de 1988, o Estado deve prestar *assistência jurídica* integral e gratuita aos que comprovarem insuficiência de recursos. Trata-se de direito fundamental, merecendo salientar que a assistência jurídica é mais ampla do que a de natureza estritamente judiciária.

A Lei 1.060/1950 estabelece normas para a concessão de assistência judiciária aos necessitados. Os seus arts. 2º, 3º, 4º, 6º, 7º, 11, 12 e 17 foram revogados pelo art. 1.072, inciso, III, da Lei 13.105/2015 (CPC de 2015), que passou a tratar da gratuidade da justiça nos arts. 98 a 102.

Segundo a Lei 5.584/1970, art. 14, na Justiça do Trabalho, "a assistência judiciária a que se refere a Lei nº 1.060, de 5 de fevereiro de 1950", deve ser prestada pelo sindicato da categoria profissional a que pertencer o trabalhador. Essa assistência judiciária específica, prestada pelo sindicato, é devida a todo aquele que perceber salário igual ou

4. "Art. 7º São direitos do advogado: [...] II - a inviolabilidade de seu escritório ou local de trabalho, bem como de seus instrumentos de trabalho, de sua correspondência escrita, eletrônica, telefônica e telemática, desde que relativas ao exercício da advocacia; III - comunicar-se com seus clientes, pessoal e reservadamente, mesmo sem procuração, quando estes se acharem presos, detidos ou recolhidos em estabelecimentos civis ou militares, ainda que considerados incomunicáveis; IV - ter a presença de representante da OAB, quando preso em flagrante, por motivo ligado ao exercício da advocacia, para lavratura do auto respectivo, sob pena de nulidade e, nos demais casos, a comunicação expressa à seccional da OAB; V - não ser recolhido preso, antes de sentença transitada em julgado, senão em sala de Estado Maior, com instalações e comodidades condignas, [STF, ADI 1.127/DF] e, na sua falta, em prisão domiciliar".

inferior ao dobro do mínimo legal, ficando assegurado igual benefício ao trabalhador de maior salário, uma vez provado que sua situação econômica não lhe permite demandar, sem prejuízo do sustento próprio ou da família (art. 14, § 1º, da Lei 5.584/1970).

A concessão da *assistência judiciária* abrange a *justiça gratuita*. Vale dizer, o trabalhador que goza da assistência judiciária (prestada pelo sindicato de sua categoria profissional) também usufrui dos benefícios da justiça gratuita, de modo que está isento do pagamento das custas e demais despesas processuais (art. 790-A da CLT).

No entanto, pode perfeitamente ocorrer a hipótese em que o trabalhador não usufrua da assistência judiciária prestada pelo sindicato da categoria profissional, mas goze, apenas, da justiça gratuita.

É facultado aos juízes, órgãos julgadores e presidentes dos tribunais do trabalho de qualquer instância conceder, a requerimento ou de ofício, o benefício da justiça gratuita, inclusive quanto a traslados e instrumentos, àqueles que perceberem salário igual ou inferior a 40% do limite máximo dos benefícios do Regime Geral de Previdência Social (art. 790, § 3º, da CLT, com redação dada pela Lei 13.467/2017).

A justiça gratuita, portanto, deve ser concedida pelo juiz, se presentes os requisitos legais, mesmo que o trabalhador tenha advogado constituído nos autos.

Defende-se o entendimento de que se a parte receber salário superior ao limite previsto no art. 790, § 3º, da CLT, ainda assim terá direito ao benefício da justiça gratuita se *comprovar* insuficiência de recursos para o pagamento das custas do processo (art. 790, § 4º, da CLT).

De acordo com a Orientação Jurisprudencial 269 da SBDI-I do TST:

> "Justiça gratuita. Requerimento de isenção de despesas processuais. Momento oportuno. I – O benefício da justiça gratuita pode ser requerido em qualquer tempo ou grau de jurisdição, desde que, na fase recursal, seja o requerimento formulado no prazo alusivo ao recurso; II – Indeferido o requerimento de justiça gratuita formulado na fase recursal, cumpre ao relator fixar prazo para que o recorrente efetue o preparo (art. 99, § 7º, do CPC de 2015)".

O art. 99, § 7º, do CPC prevê que se requerida a concessão de gratuidade da justiça em recurso, o recorrente está dispensado de comprovar o recolhimento do preparo. Nesse caso, incumbe ao relator apreciar o requerimento e, se indeferi-lo, fixar prazo para realização do recolhimento.

Como o art. 790, § 3º, da CLT faz menção a *salário*, conforme a interpretação mais literal, a justiça gratuita, no processo do trabalho, seria aplicável apenas ao trabalhador, independentemente do polo que figure na relação processual. Entretanto, diante do previsto no art. 5º, inciso LXXIV, da Constituição Federal de 1988, todos os que "comprovarem insuficiência de recursos" têm direito à "assistência jurídica integral e gratuita", prestada pelo Estado. Esta, sem dúvida, abrange a assistência judiciária, que, por sua vez, como já mencionado, engloba a justiça gratuita (isenção ou dispensa de despesas processuais). Logo, se o empregador demonstrar a insuficiência de recurso, conforme a previsão constitucional, esta deve ser aplicada, inclusive por ter eficácia imediata (art. 5º, § 1º, da Constituição da República).

Consoante o art. 99, *caput* e § 1º, do CPC, o pedido de gratuidade da justiça pode ser formulado na petição inicial, na contestação, na petição para ingresso de terceiro no processo ou em recurso. Se superveniente à primeira manifestação da parte na instância, o pedido pode ser formulado por petição simples, nos autos do próprio processo, e não suspenderá seu curso.

A declaração de hipossuficiência econômica, nos termos do art. 105, *caput*, parte final, do CPC, pode ser assinada pelo próprio advogado constituído pela parte, mas exige-se a existência de *cláusula específica* autorizando esse ato.

O juiz somente pode indeferir o pedido se houver nos autos elementos que evidenciem a falta dos pressupostos legais para concessão da gratuidade. Nesse caso, antes de indeferir o pedido, o juiz deve determinar à parte a comprovação do preenchimento dos pressupostos para a concessão da gratuidade (art. 99, § 2º, do CPC). Presume-se verdadeira a alegação de insuficiência deduzida exclusivamente por *pessoa natural* (art. 99, § 3º, do CPC).

No processo do trabalho, o benefício da justiça gratuita será concedido à parte que *comprovar* insuficiência de recursos para o pagamento das custas do processo (art. 790, § 4º, da CLT). Desse modo, pode não ser suficiente a mera declaração de hipossuficiência econômica. Ainda assim, cf. a Súmula 463 do TST (item 5.4).

Entretanto, há entendimento de que o art. 790, § 4º, da CLT deve ser interpretado de forma sistemática, em conjunto com o art. 99, § 3º, do CPC, entendendo-se que a mencionada comprovação pode ser feita por meio de declaração de hipossuficiência da parte (pessoa natural), a fim de viabilizar o acesso à justiça[5].

---

5. "Recurso de revista. Interposição sob a égide das Leis 13.015/2014 e 13.467/2017. Transcendência. A demanda oferece transcendência com relação aos reflexos gerais de natureza política e social, qual seja, o desrespeito da instância recorrida à jurisprudência do Tribunal Superior do Trabalho. Assistência judiciária gratuita. Declaração de hipossuficiência. Reclamação trabalhista ajuizada na vigência da Lei nº 13.467/2017. Necessidade de comprovação do estado de miserabilidade. Cinge-se a controvérsia a se saber se é necessária a comprovação do estado de miserabilidade no processo do trabalho para fins de concessão dos benefícios da assistência judiciária gratuita. A Lei nº 1.060/50, que estabelecia as normas para a concessão de assistência judiciária gratuita aos necessitados, previa no parágrafo único do art. 2º que 'Considera-se necessitado, para os fins legais, todo aquele cuja situação econômica não lhe permita pagar as custas do processo e os honorários de advogado, sem prejuízo do sustento próprio ou da família.' Por sua vez, o art. 4º estabelecia como requisito para concessão da gratuidade de justiça que 'A parte gozará dos benefícios da assistência judiciária, mediante simples afirmação, na própria petição inicial, de que não está em condições de pagar as custas do processo e os honorários de advogado, sem prejuízo próprio ou de sua família'. Dessa disposição, as partes começaram a apresentar nos autos a declaração de hipossuficiência. O art. 5º da referida lei dispunha expressamente que 'O juiz, se não tiver fundadas razões para indeferir o pedido, deverá julgá-lo de plano, motivando ou não o deferimento dentro do prazo de setenta e duas horas.' Portanto, surgiu para as partes requerentes do benefício da gratuidade da justiça a presunção de veracidade da declaração de hipossuficiência. A jurisprudência do TST havia se consolidado no sentido de que, para a concessão da assistência judiciária gratuita à pessoa natural, bastava a declaração de hipossuficiência econômica firmada pela parte ou por seu advogado. Na mesma linha, o art. 99 do CPC/2015, revogando as disposições da Lei nº 1.060/50 sobre gratuidade de justiça, trouxe em seu § 3º que 'Presume-se verdadeira a alegação de insuficiência deduzida exclusivamente por pessoa natural'. Nesse sentido, após a entrada em vigor do Código de Processo Civil de 2015, o TST converteu a Orientação Jurisprudencial nº 304 da SBDI-1 na Súmula nº 463. Logo, para a pessoa natural requerer os benefícios da justiça gratuita bastava a juntada de declaração de hipossuficiência, sendo ônus da parte adversa comprovar que o requerente não se enquadrava em nenhuma das situações de miserabilidade. No caso de pedido formulado pelo advogado da parte, este deveria ter procuração com poderes específicos para este fim. No entanto, em 11/11/2017, entrou em vigor a Lei nº 13.467/2017 (Reforma Trabalhista), que inseriu o parágrafo 4º ao art. 790 da CLT. Dessa forma, as ações ajuizadas a partir da entrada em vigor da reforma trabalhista estão submetidas ao que dispõe o § 4º do art. 790 da CLT, que exige a comprovação, pela parte requerente, da insuficiência de recursos para a concessão dos benefícios da justiça gratuita. Sem dúvida, o referido dispositivo inaugurou uma condição menos favorável à pessoa natural do que aquela prevista no Código de Processo Civil. No entanto, em se tratando de norma específica que rege o Processo do Trabalho, não há espaço, *a priori*, para se utilizar somente as disposições do CPC. Logo, o referido dispositivo implicaria, no ponto de vista do trabalhador, um retrocesso social, dificultando o acesso deste ao Poder Judiciário. Assim, a par da questão da constitucionalidade ou não do § 4º do art. 790 da CLT, a aplicação do referido dispositivo não pode ocorrer isoladamente, mas sim deve ser interpretado sistematicamente com as demais normas, quer aquelas constantes na própria

A assistência do requerente por advogado particular não impede a concessão de gratuidade da justiça (art. 99, § 4º, do CPC). Nessa hipótese, o recurso que verse exclusivamente sobre valor de honorários de sucumbência fixados em favor do advogado de beneficiário está sujeito a preparo, salvo se o próprio advogado demonstrar que tem direito à gratuidade (art. 99, § 5º, do CPC).

O direito à gratuidade da justiça é pessoal, não se estendendo ao litisconsorte ou a sucessor do beneficiário, salvo requerimento e deferimento expressos (art. 99, § 6º, do CPC).

Deferido o pedido, a parte contrária pode oferecer impugnação na contestação, na réplica, nas contrarrazões de recurso ou, nos casos de pedido superveniente ou formulado por terceiro, por meio de petição simples, a ser apresentada no prazo de 15 dias, nos autos do próprio processo, sem suspensão do seu curso (art. 100 do CPC).

Revogado o benefício, a parte deve arcar com as despesas processuais que, por conta dela, tiver deixado de adiantar, e pagar, em caso de má-fé, até o décuplo de seu valor a título de multa, que deve ser revertida em benefício da Fazenda Pública estadual ou federal e poderá ser inscrita em dívida ativa.

Sobrevindo o trânsito em julgado de decisão que revogue a gratuidade, a parte deve efetuar o recolhimento de todas as despesas de cujo adiantamento foi dispensada, inclusive as relativas ao recurso interposto, se houver, no prazo fixado pelo juiz, sem prejuízo de aplicação das sanções previstas em lei (art. 102 do CPC).

Não efetuado o recolhimento, o processo será extinto sem resolução de mérito, tratando-se do autor e, nos demais casos, não poderá ser deferida a realização de qualquer ato ou diligência requerida pela parte enquanto não efetuado o depósito.

A assistência judiciária, prevista na Lei 5.584/1970, deve ser prestada ao trabalhador ainda que não seja associado do respectivo sindicato (art. 18). Portanto, a assistência judiciária, quando o trabalhador preencha os requisitos legais (acima indicados) para ter esse direito, abrange todos os integrantes da categoria representada pelo sindicato, isto é, filiados e não filiados.

Anteriormente, o art. 16 da Lei 5.584/1970 previa que os honorários do advogado pagos pelo vencido deveriam reverter em favor do sindicato assistente. Esse dispositivo, entretanto, foi revogado pela Lei 13.725/2018.

CLT, quer aquelas previstas na Constituição Federal e no Código de Processo Civil. Dessa forma, à luz do que dispõe o próprio § 3º do art. 790 da CLT c/c com os arts. 15 e 99, § 3º, do CPC, entende-se que a comprovação a que alude o § 4º do art. 790 da CLT pode ser feita mediante a simples declaração da parte, a fim de viabilizar o pleno acesso do trabalhador ao Poder Judiciário, dando, assim, cumprimento ao art. 5º, XXXV e LXXIV da Constituição Federal. Isso porque não se pode atribuir ao trabalhador que postula, junto a esta Especializada, uma condição menos favorável àquela destinada aos cidadãos comuns que litigam na justiça comum, sob pena de afronta ao princípio da isonomia, previsto no caput do art. 5º da CF. Além disso, considerando que o Tribunal Regional registrou que 'o autor percebia salário superior a 40% do limite máximo dos benefícios do Regime Geral de Previdência Social (último salário indicado: R$ 3.400,00, id 5a9a516, p. 8)', e sendo incontroverso que ele exercia a profissão de encarregado de obras e que as custas foram fixadas em R$ 4.361,73, associados à existência de declaração de hipossuficiência, tais elementos, por si só, denotam que o reclamante não tem condições de arcar com as custas processuais sem prejuízo do sustento próprio ou de sua família. Não conceder ao autor, no caso dos autos, os benefícios da gratuidade de justiça, é o mesmo que impedir o amplo acesso ao Poder Judiciário (art. 5º, XXXV, da CF) e discriminar o trabalhador em relação às pessoas naturais que litigam na justiça comum (art. 5º, caput, da CF). Recurso de revista conhecido por violação do art. 5º, XXXV da CF e contrariedade à Súmula 463, I do TST e provido" (TST, 3ª T., RR-1002229-50.2017.5.02.0385, Rel. Min. Alexandre de Souza Agra Belmonte, DEJT 06.06.2019).

Na verdade, os honorários advocatícios devidos quando o sindicato da categoria profissional presta a assistência judiciária, com fundamento na Lei 5.584/1970, têm natureza de honorários de sucumbência, sendo devidos, portanto, ao advogado que atuou na causa, conforme art. 791-A da CLT e art. 23 da Lei 8.906/1994 (Cf. Capítulo 10, item 10.7). Isso é confirmado pelo art. 791-A, § 1º, da CLT, acrescentado pela Lei 13.467/2017, no sentido de que os honorários advocatícios de sucumbência são devidos também nas ações contra a Fazenda Pública e nas ações em que a parte estiver assistida ou substituída pelo sindicato de sua categoria.

Desse modo, incide o art. 22 da Lei 8.906/1994, ao estabelecer que a prestação de serviço profissional assegura aos inscritos na OAB (isto é, aos advogados) o direito aos honorários convencionados, aos fixados por arbitramento judicial e aos de sucumbência.

O disposto no art. 22 da Lei 8.906/1994 aplica-se aos honorários assistenciais, compreendidos como os fixados em ações coletivas propostas por entidades de classe em substituição processual, sem prejuízo aos honorários convencionais (art. 22, § 6º, da Lei 8.906/1994, incluído pela Lei 13.725/2018).

Os honorários convencionados com entidades de classe para atuação em substituição processual podem prever a faculdade de indicar os beneficiários que, ao optarem por adquirir os direitos, assumirão as obrigações decorrentes do contrato originário a partir do momento em que este foi celebrado, sem a necessidade de mais formalidades (art. 22, § 7º, da Lei 8.906/1994, acrescentado pela Lei 13.725/2018). Os titulares dos honorários advocatícios convencionados, nesse caso, são os advogados que prestarem serviço profissional nas ações coletivas ajuizadas por entidades de classe em substituição processual.

De acordo com o art. 17 da Lei 5.584/1970, quando, na localidade, não houver Vara do Trabalho, ou não existir sindicato da categoria profissional do trabalhador, é possível atribuir aos Defensores Públicos o encargo de prestar a assistência judiciária prevista na Lei 5.584/1970. Embora esse dispositivo acima também mencione a possibilidade de atribuição desse encargo aos "Promotores Públicos", pode-se entender que, com a Constituição Federal de 1988, essa atuação não se revela mais compatível com as funções institucionais do Ministério Público (art. 129), mesmo porque aos seus membros é vedado o exercício da advocacia (art. 128, § 5º, inciso II, *b*). Nesse enfoque, a Lei Complementar 75/1993, que dispõe sobre a organização, as atribuições e o estatuto do Ministério Público da União, no art. 15, § 2º, assim prevê: "Sempre que o titular do direito lesado não puder constituir advogado e a ação cabível não incumbir ao Ministério Público, o caso, com os elementos colhidos, será encaminhado à Defensoria Pública competente".

Segundo o art. 134 da Constituição Federal de 1988, com redação dada pela Emenda Constitucional 80/2014, a Defensoria Pública é instituição permanente, essencial à função jurisdicional do Estado, incumbindo-lhe, como expressão e instrumento do regime democrático, fundamentalmente, a orientação jurídica, a promoção dos direitos humanos e a defesa, em todos os graus, judicial e extrajudicial, dos direitos individuais e coletivos, de forma integral e gratuita, aos necessitados, na forma do inciso LXXIV do art. 5º desta Constituição Federal.

Cabe à Lei Complementar organizar a Defensoria Pública da União e do Distrito Federal e dos Territórios, prescrevendo normas gerais para sua organização nos Estados, em cargos de carreira, providos, na classe inicial, mediante concurso público de provas e títulos, sendo assegurada a seus integrantes a garantia da inamovibilidade e vedado o exercício da advocacia fora das atribuições institucionais (art. 134, § 1º, da Constituição da República).

A Defensoria Pública exercerá a orientação jurídica, a promoção dos direitos humanos e a defesa dos direitos individuais e coletivos dos necessitados, em todos os graus, de forma integral e gratuita (art. 185 do CPC).

Nesse sentido, a Lei Complementar 80/1994, alterada pela Lei Complementar 132/2009, organiza a Defensoria Pública da União, do Distrito Federal e dos Territórios, prescreve normas gerais para sua organização nos Estados e dá outras providências.

Cabe à Defensoria Pública da União atuar nos Estados, no Distrito Federal e nos Territórios, junto às Justiças Federal, *do Trabalho*, Eleitoral, Militar, Tribunais Superiores e instâncias administrativas da União (art. 14 da Lei Complementar 80/1994).

A Defensoria Pública da União deve firmar convênios com as Defensorias Públicas dos Estados e do Distrito Federal, para que estas, em seu nome, atuem junto aos órgãos de primeiro e segundo graus de jurisdição referidos acima, no desempenho das funções que lhe são cometidas pela Lei Complementar 80/1994 (art. 14, § 1º, incluído pela Lei Complementar 98/1999).

Não havendo na unidade federada Defensoria Pública constituída nos moldes da Lei Complementar 80/1994, é autorizado o convênio com a entidade pública que desempenhar essa função, até que seja criado o órgão próprio (art. 14, § 2º, incluído pela Lei Complementar 98/1999).

Portanto, além da assistência judiciária prestada pelo sindicato da categoria profissional, na forma da Lei 5.584/1970, cabe à Defensoria Pública da União prestar a assistência jurídica integral e gratuita aos que comprovarem insuficiência de recursos, nos órgãos da Justiça do Trabalho.

Ademais, como essa condição de insuficiência de recursos também pode ocorrer quanto ao empregador, especialmente se pessoa natural (mesmo porque o art. 5º, inciso LXXIV, da Constituição Federal de 1988 não faz restrição), este também pode ter direito à assistência jurídica, prestada, no caso, pela Defensoria Pública.

Nos termos do art. 98 do CPC, a pessoa natural ou jurídica, brasileira ou estrangeira, com insuficiência de recursos para pagar as custas, as despesas processuais e os honorários advocatícios, tem direito à gratuidade da justiça, na forma da lei.

A gratuidade da justiça compreende: I – as taxas ou custas judiciais; II – os selos postais; III – as despesas com publicação na imprensa oficial, dispensando-se a publicação em outros meios; IV – a indenização devida à testemunha que, quando empregada, receberá do empregador salário integral, como se em serviço estivesse; V – as despesas com a realização de exames considerados essenciais; VI – os honorários do advogado e do perito, e a remuneração do intérprete ou do tradutor nomeado para apresentação de versão em português de documento redigido em língua estrangeira; VII – o custo com a elaboração de memória de cálculo, quando exigida para instauração da execução; VIII – os depósitos previstos em lei para interposição de recurso, propositura de ação e para a prática de outros atos processuais inerentes ao exercício da ampla defesa e do contraditório; IX – os emolumentos devidos a notários ou registradores em decorrência da prática de registro, averbação ou qualquer outro ato notarial necessário à efetivação de decisão judicial ou à continuidade de processo judicial no qual o benefício tenha sido concedido (art. 98, § 1º, do CPC).

Na hipótese do art. 98, § 1º, inciso IX, do CPC, havendo dúvida fundada quanto ao preenchimento atual dos pressupostos para a concessão da gratuidade, o notário ou registrador, após praticar o ato, pode requerer, ao juízo competente para decidir questões notariais ou registrais, a revogação total ou parcial do benefício ou a sua substituição pelo parcelamento de que trata o § 6º do art. 98 do CPC. O beneficiário deve ser citado para, em 15 dias, manifestar-se sobre esse requerimento (art. 98, § 8º, do CPC).

A concessão da gratuidade não afasta a responsabilidade do beneficiário pelas despesas processuais e pelos honorários advocatícios decorrentes de sua sucumbência (art. 98, § 2º, do CPC).

Vencido o beneficiário, as obrigações decorrentes de sua sucumbência ficam sob condição suspensiva de exigibilidade e somente podem ser executadas se, nos cinco anos subsequentes ao trânsito em julgado da decisão que as certificou, o credor demonstrar que deixou de existir a situação de insuficiência de recursos que justificou a concessão de gratuidade, extinguindo-se, passado esse prazo, tais obrigações do beneficiário (art. 98, § 3º, do CPC).

No processo do trabalho, vencido o beneficiário da justiça gratuita, as obrigações decorrentes de sua sucumbência ficam sob condição suspensiva de exigibilidade e somente podem ser executadas se, nos dois anos subsequentes ao trânsito em julgado da decisão que as certificou, o credor demonstrar que deixou de existir a situação de insuficiência de recursos que justificou a concessão de gratuidade, extinguindo-se, passado esse prazo, tais obrigações do beneficiário (art. 791-A, § 4º, da CLT, incluído pela Lei 13.467/2017). Cf. STF, ADI 5.766. Cf. ainda Capítulo 10, item 10.7.

A concessão da gratuidade não afasta o dever de o beneficiário pagar, ao final, as multas processuais que lhe sejam impostas (art. 98, § 4º, do CPC).

A gratuidade pode ser concedida em relação a algum ou a todos os atos processuais, ou consistir na redução percentual de despesas processuais que o beneficiário tiver de adiantar no curso do procedimento (art. 98, § 5º, do CPC).

Conforme o caso, o juiz pode conceder direito ao parcelamento de despesas processuais que o beneficiário tiver de adiantar no curso do procedimento (art. 98, § 6º, do CPC).

5.6 DIREITOS E GARANTIAS DA ADVOGADA GESTANTE, LACTANTE, ADOTANTE OU QUE DER À LUZ E DO ADVOGADO QUE SE TORNA PAI

O Estatuto da Advocacia prevê que são direitos da *advogada*:

> I – *gestante*: a) entrada em tribunais sem ser submetida a detectores de metais e aparelhos de raios X; b) reserva de vaga em garagens dos fóruns dos tribunais;
>
> II – *lactante, adotante ou que der à luz*: acesso a creche, onde houver, ou a local adequado ao atendimento das necessidades do bebê;
>
> III – *gestante, lactante, adotante ou que der à luz*: preferência na ordem das sustentações orais e das audiências a serem realizadas a cada dia, mediante comprovação de sua condição;
>
> IV – *adotante ou que der à luz*: suspensão de prazos processuais quando for a única patrona da causa, desde que haja notificação por escrito ao cliente (art. 7º-A da Lei 8.906/1994, acrescentado pela Lei 13.363/2016).

Os direitos previstos à *advogada gestante ou lactante* aplicam-se enquanto perdurar, respectivamente, o estado gravídico ou o período de amamentação.

Os direitos assegurados nos incisos II e III do art. 7º-A da Lei 8.906/1994 à *advogada adotante ou que der à luz* são concedidos pelo prazo previsto no art. 392 da CLT, ou seja, de 120 dias.

O direito assegurado no inciso IV art. 7º-A da Lei 8.906/1994 à *advogada adotante ou que der à luz* é concedido pelo prazo previsto no § 6º do art. 313 do CPC, isto é, de 30 dias, contado a partir da data do parto ou da concessão da adoção, mediante apresentação de certidão de nascimento ou documento similar que comprove a realização do parto, ou de termo judicial que tenha concedido a adoção, desde que haja notificação ao cliente.

O art. 313 do CPC, nos incisos IX e X, incluídos pela Lei 13.363/2016, dispõe que o processo se suspende: IX – pelo parto ou pela concessão de adoção, quando a advogada responsável pelo processo constituir a única patrona da causa; X – quando o advogado responsável pelo processo constituir o único patrono da causa e tornar-se pai.

No caso do inciso IX do art. 313 do CPC, o período de suspensão é de 30 dias, contado a partir da data do parto ou da concessão da adoção, mediante apresentação de certidão de nascimento ou documento similar que comprove a realização do parto, ou de termo judicial que tenha concedido a adoção, desde que haja notificação ao cliente.

Na hipótese do inciso X do art. 313 do CPC, o período de suspensão é de oito dias, contado a partir da data do parto ou da concessão da adoção, mediante apresentação de certidão de nascimento ou documento similar que comprove a realização do parto, ou de termo judicial que tenha concedido a adoção, desde que haja notificação ao cliente.

Frise-se que os direitos e garantias em questão, por serem relativos ao exercício profissional, são assegurados à advogada (gestante, lactante, adotante ou que der à luz) e ao advogado (que se torna pai) em sentido amplo, e não apenas à advogada e ao advogado que sejam empregados.

5.7 DEVERES DAS PARTES E LITIGÂNCIA DE MÁ-FÉ

As partes devem atuar na relação processual com lealdade, respeitando os preceitos da ética e da boa-fé. Nos termos do art. 5º do CPC, aquele que, de qualquer forma, participa do processo deve comportar-se de acordo com a boa-fé. Os desvios de comportamento no curso do processo são sancionados pelo Direito, como forma de prevenir e punir a litigância de má-fé.

São deveres das partes, de seus procuradores e de todos aqueles que, de qualquer forma, participem do processo: I – expor os fatos em juízo conforme a verdade; II – não formular pretensão ou de apresentar defesa quando cientes de que são destituídas de fundamento; III – não produzir provas e não praticar atos inúteis ou desnecessários à declaração ou à defesa do direito; IV – cumprir com exatidão as decisões jurisdicionais, de natureza provisória ou final, e não criar embaraços à sua efetivação; V – declinar, no primeiro momento que lhes couber falar nos autos, o endereço residencial ou profissional onde receberão intimações, atualizando essa informação sempre que ocorrer qualquer modificação temporária ou definitiva; VI – não praticar inovação ilegal no estado de fato de bem ou direito litigioso; VII – informar e manter atualizados seus dados cadastrais perante os órgãos do Poder Judiciário e, no caso do art. 246, § 6º, do CPC (sobre compartilhamento de cadastro de microempresas e pequenas empresas no sistema integrado da Rede Nacional para a Simplificação do Registro e da Legalização de Empresas e Negócios com o órgão do Poder Judiciário, incluído o endereço eletrônico constante do mencionado sistema integrado da Redesim), da Administração Tributária, para recebimento de citações e intimações (art. 77 do CPC).

Nas hipóteses dos incisos IV e VI do art. 77 do CPC, o juiz advertirá qualquer das pessoas mencionadas no *caput* do art. 77 do CPC de que sua conduta poderá ser punida como ato atentatório à dignidade da justiça (art. 77, § 1º, do CPC). A violação ao disposto nos incisos IV e VI constitui *ato atentatório à dignidade da justiça*, devendo o juiz, sem prejuízo das sanções criminais, civis e processuais cabíveis, aplicar ao responsável multa de até vinte por cento do valor da causa, de acordo com a gravidade da conduta (art. 77, § 2º, do CPC).

Nos termos do art. 139, inciso III, do CPC, o juiz deve dirigir o processo conforme as disposições do Código de Processo Civil, incumbindo-lhe *prevenir ou reprimir qualquer ato contrário à dignidade da justiça e indeferir postulações meramente protelatórias*.

Não sendo paga no prazo a ser fixado pelo juiz, a multa prevista acima (art. 77, § 2º, do CPC) deve ser inscrita como dívida ativa da União ou do Estado após o trânsito em julgado da decisão que a fixou, e sua execução observará o procedimento da execução fiscal, revertendo-se ao fundo previsto no art. 97 do CPC[6]. Sendo a Justiça do Trabalho um ramo especializado do Poder Judiciário Federal, essa inscrição deve ser em favor da União.

A referida multa (art. 77, § 2º, do CPC) pode ser fixada independentemente da incidência das multas previstas nos arts. 523, § 1º[7] e 536, § 1º[8], do CPC. Quando o valor da causa for irrisório ou inestimável, essa multa pode ser fixada em até dez vezes o valor do salário mínimo (art. 77, § 5º, do CPC).

Aos *advogados públicos ou privados* e aos *membros da Defensoria Pública e do Ministério Público*, não se aplica o disposto nos §§ 2º a 5º do art. 77 do CPC, devendo eventual responsabilidade disciplinar ser apurada pelo respectivo órgão de classe ou corregedoria, ao qual o juiz oficiará (art. 77, § 6º, do CPC).

Reconhecida violação ao disposto no art. 77, inciso VI, do CPC, o juiz deve determinar o restabelecimento do estado anterior, podendo, ainda, proibir a parte de falar nos autos até a purgação do atentado, sem prejuízo da aplicação do § 2º do art. 77 do CPC.

O representante judicial da parte não pode ser compelido a cumprir decisão em seu lugar (art. 77, § 8º, do CPC).

Além dos deveres enumerados no art. 77 do CPC, nos termos do art. 379 do mesmo diploma legal, preservado o direito de não produzir prova contra si própria, incumbe à parte: comparecer em juízo, respondendo ao que lhe for interrogado; colaborar com o juízo na realização de inspeção judicial que for considerada necessária; praticar o ato que lhe for determinado.

6. "Art. 97. A União e os Estados podem criar fundos de modernização do Poder Judiciário, aos quais serão revertidos os valores das sanções pecuniárias processuais destinadas à União e aos Estados, e outras verbas previstas em lei".

7. "Art. 523. No caso de condenação em quantia certa, ou já fixada em liquidação, e no caso de decisão sobre parcela incontroversa, o cumprimento definitivo da sentença far-se-á a requerimento do exequente, sendo o executado intimado para pagar o débito, no prazo de quinze dias, acrescido de custas, se houver. § 1º Não ocorrendo pagamento voluntário no prazo do *caput*, o débito será acrescido de multa de dez por cento e, também, de honorários de advogado de dez por cento".

8. "Art. 536. No cumprimento da sentença que reconheça a exigibilidade de obrigação de fazer ou de não fazer, o juiz poderá, de ofício ou a requerimento, para a efetivação da tutela específica ou a obtenção de tutela pelo resultado prático equivalente, determinar as medidas necessárias à satisfação do exequente. § 1º Para atender ao disposto no *caput*, o juiz poderá determinar, entre outras medidas, a imposição de multa, a busca e apreensão, a remoção de pessoas e coisas, o desfazimento de obras e o impedimento de atividade nociva, podendo, caso necessário, requisitar o auxílio de força policial".

Incumbe ao terceiro, por sua vez, em relação a qualquer causa: informar ao juiz os fatos e as circunstâncias de que tenha conhecimento; exibir coisa ou documento que esteja em seu poder (art. 380 do CPC).

O juiz pode, em caso de descumprimento dos deveres referentes ao terceiro, acima indicados, determinar, além da imposição de multa, outras medidas indutivas, coercitivas, mandamentais ou sub-rogatórias.

É vedado às partes, a seus procuradores, aos juízes, aos membros do Ministério Público e da Defensoria Pública e a qualquer pessoa que participe do processo empregar expressões ofensivas nos escritos apresentados (art. 78 do CPC). Quando expressões ou condutas ofensivas forem manifestadas oral ou presencialmente, o juiz advertirá o ofensor de que não as deve usar ou repetir, sob pena de lhe ser cassada a palavra. De ofício ou a requerimento do ofendido, o juiz deve determinar que as expressões ofensivas sejam riscadas e, a requerimento do ofendido, determinará a expedição de certidão com inteiro teor das expressões ofensivas e a colocar à disposição da parte interessada.

Ainda quanto ao tema, o art. 793-A da CLT, acrescentado pela Lei 13.467/2017, dispõe que responde por perdas e danos aquele que *litigar de má-fé* como reclamante, reclamado ou interveniente.

A responsabilidade por dano processual, de acordo com a previsão legal, é da parte ou do interveniente, e não do advogado propriamente. O que pode ocorrer é eventual direito de regresso da parte, exercido em face do advogado que agiu com dolo ou culpa (Lei 8.906/1994, art. 32, *caput*), dando causa à responsabilidade daquela.

Consoante a Lei 8.906/1994, art. 32, parágrafo único, especificamente em "caso de lide temerária, o advogado será solidariamente responsável com seu cliente, desde que coligado com este para lesar a parte contrária, o que será apurado em ação própria". Logo, de acordo com o entendimento majoritário, essa responsabilidade solidária deve ser objeto de ação diversa, e não na mesma demanda em que houve a condenação da parte na litigância de má-fé.

Nos termos do art. 793-B da CLT, incluído pela Lei 13.467/2017, considera-se *litigante de má-fé* aquele que:

I – deduzir pretensão ou defesa contra texto expresso de lei ou fato incontroverso;

II – alterar a verdade dos fatos;

III – usar do processo para conseguir objetivo ilegal;

IV – opuser resistência injustificada ao andamento do processo;

V – proceder de modo temerário em qualquer incidente ou ato do processo;

VI – provocar incidente manifestamente infundado;

VII – interpuser recurso com intuito manifestamente protelatório.

Trata-se de previsão que corresponde ao art. 80 do CPC.

De ofício ou a requerimento, o juízo condenará o litigante de má-fé a pagar multa, que deve ser superior a 1% e inferior a 10% do valor corrigido da causa, a indenizar a parte contrária pelos prejuízos que esta sofreu e a arcar com os honorários advocatícios e com todas as despesas que efetuou (art. 793-C da CLT).

Quando forem dois ou mais os litigantes de má-fé, o juízo deve condenar cada um na proporção de seu respectivo interesse na causa ou solidariamente aqueles que se coligaram para lesar a parte contrária (art. 793-C, § 1º, da CLT).

Quando o valor da causa for irrisório ou inestimável, a multa pode ser fixada em até duas vezes o limite máximo dos benefícios do Regime Geral de Previdência Social (art. 793-C, § 2º, da CLT).

O valor da indenização deve ser fixado pelo juízo ou, caso não seja possível mensurá-lo, liquidado por arbitramento ou pelo procedimento comum, nos próprios autos (art. 793-C, § 3º, da CLT).

Aplica-se a multa prevista no art. 793-C da CLT à testemunha que intencionalmente alterar a verdade dos fatos ou omitir fatos essenciais ao julgamento da causa (art. 793-D da CLT).

Na esfera penal, cabe fazer menção ao crime de falso testemunho (art. 342 do Código Penal), o qual não se confunde com a mencionada multa estabelecida na esfera processual.

O disposto no caput do art. 793-D da CLT é aplicável às ações ajuizadas a partir de 11 de novembro de 2017, por ser a data da entrada em vigor da Lei 13.467/2017 (art. 10 da Instrução Normativa 41/2018 do TST).

Após a colheita da prova oral, a aplicação de multa à testemunha dar-se-á na sentença e deve ser precedida de instauração de incidente mediante o qual o juiz indicará o ponto ou os pontos controvertidos no depoimento, assegurados o contraditório, a defesa, com os meios a ela inerentes, além de possibilitar a retratação (art. 10, parágrafo único, da Instrução Normativa 41/2018 do TST).

Mesmo no crime de falso testemunho, o fato deixa de ser punível se, antes da sentença no processo em que ocorreu o ilícito, o agente se retrata ou declara a verdade (art. 342, § 2º, do Código Penal).

A execução da multa prevista no art. 793-D da CLT dar-se-á nos mesmos autos (art. 793-D, parágrafo único, da CLT).

O valor das sanções impostas ao litigante de má-fé deve reverter em benefício da parte contrária (art. 96 do CPC).

O recolhimento do valor da multa imposta como sanção por litigância de má-fé não é pressuposto objetivo para interposição dos recursos de natureza trabalhista (Orientação Jurisprudencial 409 da SBDI-I do TST).

Cabe às partes, em especial no processo do trabalho, respeitar os deveres previstos em lei, atuando com ética e boa-fé, e ao juiz, nas hipóteses de litigância de má-fé, aplicar, inclusive de ofício, as penalidades dela decorrentes, com finalidade sancionatória e também pedagógica, servindo como exemplo para evitar a repetição de condutas semelhantes, mesmo em outros feitos.

Mesmo se a parte tiver direito à justiça gratuita ou à assistência judiciária, se praticar atos atentatórios à dignidade da justiça, ou agir em litigância de má-fé, as respectivas sanções deverão ser aplicadas normalmente, pois o benefício da gratuidade processual, evidentemente, não afasta a necessidade de observância das mencionadas determinações processuais, nem isenta do pagamento das penalidades decorrentes. Nesse sentido, nos termos do art. 98, § 4º, do CPC, a concessão da gratuidade não afasta o dever de o beneficiário pagar, ao final, as multas processuais que lhe sejam impostas.

A doutrina e a jurisprudência também reconhecem o *assédio processual*, entendido como a prática reiterada de atos reprováveis no curso do processo, com o fim de prejudicar, desestabilizar, desestimular, pressionar, intimidar a outra parte, acarretando desgaste, protelação e tumulto processual[9], o que acaba gerando violação à dignidade da parte prejudicada.

O assédio processual, portanto, não se confunde com a litigância de má-fé ou com o ato atentatório à dignidade da justiça, os quais são disciplinados expressamente na lei processual, com sanções próprias específicas. O assédio processual, diversamente, pode acarretar danos morais à parte atingida, gerando direito à respectiva indenização, a qual pode ser fixada nos próprios autos, pelo juiz, conforme as peculiaridades do caso concreto[10].

5.8 LITISCONSÓRCIO

O *litisconsórcio* significa a pluralidade de partes no mesmo polo da relação jurídica processual[11].

Cada litisconsorte tem o direito de promover o andamento do processo e todos devem ser intimados dos respectivos atos (art. 118 do CPC).

A CLT permite o chamado "acúmulo de reclamações" no art. 842, mas essa previsão, na realidade, refere-se à hipótese de litisconsórcio ativo[12], ainda que exista o acúmulo de pedidos, o que é confirmado ao fazer menção a "empregados da mesma empresa ou estabelecimento". Exige-se que a causa de pedir e o pedido sejam os mesmos quanto aos litisconsortes ativos.

O art. 843, *caput*, da CLT faz referência às "reclamatórias plúrimas", significando ações em que há mais de um empregado no polo ativo, podendo "fazer-se representar pelo sindicato de sua categoria".

O art. 611-A, § 5º, da CLT dispõe que os sindicatos subscritores de convenção coletiva ou de acordo coletivo de trabalho devem participar, como *litisconsortes necessários*, em ação individual ou coletiva, que tenha como objeto a anulação de cláusulas desses instrumentos.

O art. 113, § 1º, do CPC prevê que o juiz pode limitar o *litisconsórcio facultativo* quanto ao número de litigantes na fase de conhecimento, na liquidação de sentença ou na execução, quando este comprometer a rápida solução do litígio ou dificultar a defesa ou o cumprimento da sentença. Trata-se do *litisconsórcio multitudinário*, ou seja, com muitas partes. Nesse caso, o requerimento de limitação interrompe o prazo para manifestação ou resposta, que recomeça da intimação da decisão que o solucionar.

---

9. "A definição de assédio processual vem se consolidando na jurisprudência do TST no fato de uma das partes se utilizar, de maneira reiterada e de forma abusiva, do mesmo ou de diversos tipos de mecanismos processuais com o propósito de incutir na parte adversa o sentimento de angustia e aflição no tocante ao almejado encerramento do processo. Em outras palavras, há que restar bem demonstrado o comportamento doloso da parte em se valer dos vários meios processuais para tumultuar a regular marcha do processo. A rigor, portanto, o assédio é tipificado pela interposição repetida e reiterada de incidentes ou de recursos infundados, com objetivo procrastinar o feito" (TST, 7ª T., RR-2004-23.2010.5.03.0043, Rel. Min. Renato de Lacerda Paiva, DEJT 12.03.2021).

10. Cf. LEITE, Carlos Henrique Bezerra. *Curso de direito processual do trabalho*. 9. ed. São Paulo: LTr, 2011. p. 439-441.

11. Cf. GARCIA, Gustavo Filipe Barbosa. *Intervenção de terceiros, litisconsórcio e integração à lide no processo do trabalho*. São Paulo: Método, 2008.

12. Cf. TEIXEIRA FILHO, Manoel Antonio. *Litisconsórcio, assistência e intervenção de terceiros no processo do trabalho*. 3. ed. São Paulo: LTr, 1995. p. 85.

O litisconsórcio pode ser *ativo* ou *passivo*, significando, respectivamente, a pluralidade de partes no polo ativo ou no polo passivo da relação processual[13]. A hipótese é frequente no processo do trabalho, com a possibilidade de mais de um autor ajuizar a ação, ou de a demanda ser ajuizada em face de dois réus (por exemplo, em face do empregador e do tomador dos serviços), ou, ainda, de ocorrerem ambas as situações (litisconsórcio ativo e passivo ou *misto*).

O litisconsórcio pode ser *inicial* ou *ulterior*, isto é, formado desde o início do ajuizamento da ação ou após a propositura da demanda, respectivamente. A primeira situação (litisconsórcio inicial) é a mais comum, inclusive no processo do trabalho, tanto no polo ativo como no passivo.

No caso de litisconsórcio passivo necessário, se a ação não foi ajuizada em face de um dos réus, deve haver a formação do litisconsórcio ulterior. Consoante o art. 115, parágrafo único, do CPC, nos casos de litisconsórcio passivo necessário, o juiz determinará ao autor que requeira a citação de todos que devam ser litisconsortes, dentro do prazo que assinar, sob pena de extinção do processo.

O litisconsórcio pode ainda ser *necessário* ou *facultativo*.

Nos termos do art. 113 do CPC, duas ou mais pessoas *podem* litigar, no mesmo processo, em conjunto, ativa ou passivamente, quando: entre elas houver comunhão de direitos ou obrigações relativamente à lide; entre as causas houver conexão pelo pedido ou causa de pedir; ocorrer afinidade de questões por ponto comum de fato ou de direito. Trata-se, portanto, de hipóteses em que se admite o litisconsórcio facultativo.

O art. 114 do Código de Processo Civil[14], por sua vez, estabelece que o litisconsórcio é necessário, em regra, em duas hipóteses: quando pela natureza da relação jurídica o juiz tiver de decidir a lide de modo uniforme (regra geral que comporta exceções, nos casos de litisconsórcio necessário e simples) ou por disposição de lei. Ou seja, o litisconsórcio necessário ocorre em duas situações: quando é incindível a relação jurídica discutida; e quando a lei expressamente o impõe[15].

Logo, na hipótese de litisconsórcio passivo necessário, há uma imposição de que a demanda se dirija em face dos réus. Ainda quanto ao litisconsórcio necessário, a sentença de mérito, quando proferida sem a integração do contraditório, será: nula, se a decisão deveria ser uniforme em relação a todos que deveriam ter integrado o processo (ou seja, no caso de litisconsórcio necessário e unitário); ineficaz, nos outros casos, apenas para os que não foram citados (art. 115 do CPC).

Sendo cabível a impetração de mandado de segurança na Justiça do Trabalho quanto a ato judicial, nessa ação em específico há formação de regime litisconsorcial necessário entre a autoridade apontada como coatora e a parte adversa no processo.

Segundo a Súmula 631 do Supremo Tribunal Federal, "extingue-se o processo de mandado de segurança se o impetrante não promove, no prazo assinado, a citação do litisconsorte passivo necessário".

Há litisconsórcio necessário no polo passivo da ação rescisória (Súmula 406 do TST).

Por fim, segundo outra classificação, o litisconsórcio pode ser *simples* (comum) ou *unitário*.

13. Cf. ALVIM, Arruda. *Manual de direito processual civil*. 7. ed. São Paulo: RT, 2000. v. 2. p. 86.

14. "Art. 114. O litisconsórcio será necessário por disposição de lei ou quando, pela natureza da relação jurídica controvertida, a eficácia da sentença depender da citação de todos que devam ser litisconsortes".

15. Cf. DINAMARCO, Cândido Rangel. *Litisconsórcio*. 5. ed. São Paulo: Malheiros, 1997. p. 159.

Os tipos de litisconsórcio, assim, são: facultativo e necessário. Os regimes de litisconsórcio, por sua vez, são: simples (comum) e unitário.

No regime litisconsorcial simples (comum ou não unitário) não existe prévia necessidade de decisão uniforme entre os litisconsortes. No litisconsórcio unitário exige-se, previamente, que a decisão seja idêntica para os litisconsortes.

Como regra geral, que comporta exceções, o litisconsórcio será necessário quando for unitário. Inversamente, nem todo litisconsórcio necessário é unitário, pois aquele pode decorrer de imposição legal. Quando a relação jurídica é incindível (litisconsórcio unitário), a tendência é existir a necessidade de participação das partes envolvidas na relação processual (litisconsórcio necessário).

Portanto, no litisconsórcio unitário, relação jurídica de direito material é incindível. Disso resulta a impossibilidade, no plano prático, de decisões diversas perante as partes que integram essa relação jurídica.

Nesse sentido, o litisconsórcio é unitário quando, pela natureza da relação jurídica, o juiz tiver de decidir o processo de modo uniforme para todos os litisconsortes (art. 116 do CPC).

O litisconsórcio unitário pode ser necessário ou facultativo. O litisconsórcio unitário está presente em algumas hipóteses de ações constitutivas e meramente declaratórias[16].

Salvo disposição em contrário, os litisconsortes devem ser considerados, em suas relações com a parte adversa, litigantes distintos, exceto no litisconsórcio unitário, caso em que os atos e as omissões de um não prejudicarão os outros, mas os poderão beneficiar (art. 117 do CPC).

Desse modo, especificamente no caso de litisconsórcio unitário, os atos e as omissões potencialmente lesivos aos interesses dos litisconsortes somente serão eficazes se todos consentirem. Ainda em se tratando de litisconsórcio unitário, os atos benéficos, mesmo que praticados por apenas um litisconsorte, aproveitam a todos os litisconsortes.

O Tribunal Superior do Trabalho, ao julgar incidente de recurso repetitivo sobre aspectos relativos a processos em que se discute a ilicitude da terceirização, aprovou a seguinte tese jurídica:

> "1) Nos casos de lides decorrentes da alegação de fraude, sob o fundamento de ilicitude da terceirização de atividade-fim, o litisconsórcio passivo é necessário e unitário. Necessário, porque é manifesto o interesse jurídico da empresa de terceirização em compor essas lides e defender seus interesses e posições, entre os quais a validade dos contratos de prestação de serviços terceirizados e, por conseguinte, dos próprios contratos de trabalho celebrados; unitário, pois o juiz terá que resolver a lide de maneira uniforme para ambas as empresas, pois incindíveis, para efeito de análise de sua validade jurídica, os vínculos materiais constituídos entre os atores da relação triangular de terceirização.
>
> 2) A renúncia à pretensão formulada na ação não depende de anuência da parte contrária e pode ser requerida a qualquer tempo e grau de jurisdição; cumpre apenas ao magistrado averiguar se o advogado signatário da renúncia possui poderes para tanto e se o objeto envolve direitos disponíveis. Assim, é plenamente possível o pedido de homologação, ressalvando-se, porém, ao magistrado o exame da situação concreta, quando necessário preservar, por isonomia e segurança jurídica, os efeitos das decisões vinculantes (CF, art. 102, § 2º; art. 10, § 3º, da Lei 9.882/99) e obrigatórias (CPC, art. 927, I a V) proferidas

16. Cf. DINAMARCO, Cândido Rangel. *Litisconsórcio*. 5. ed. São Paulo: Malheiros, 1997. p. 138.

pelos órgãos do Poder Judiciário, afastando-se manobras processuais lesivas ao postulado da boa-fé processual (CPC, art. 80, I, V e VI). 2.1) Depois da homologação, a parte autora não poderá deduzir pretensão contra quaisquer das empresas - prestadora-contratada e tomadora-contratante - com suporte na ilicitude da terceirização da atividade-fim (causa de pedir). 2.2) O ato homologatório, uma vez praticado, acarreta a extinção do processo e, por ficção legal, resolve o mérito da causa (artigo 487, III, 'c', do CPC), produz coisa julgada material, atinge a relação jurídica que deu origem ao processo, somente é passível de desconstituição por ação rescisória (CPC, arts. 525, § 15, 535, § 8º, e 966) ou ainda pela via da impugnação à execução (CPC, art. 525, § 12) ou dos embargos à execução (CPC, art. 535, § 5º) e acarretará a perda do interesse jurídico no exame do recurso pendente de julgamento.

3) Em sede de mudança de entendimento desta Corte, por força da unitariedade imposta pela decisão do STF ('superação abrupta'), a ausência de prejuízo decorrente da falta de sucumbência cede espaço para a impossibilidade de reconhecimento da ilicitude da terceirização. Sendo assim, como litisconsorte necessário, a empresa prestadora que, apesar de figurar no polo passivo, não sofreu condenação, possui interesse em recorrer da decisão que reconheceu o vínculo de emprego entre a parte autora e a empresa tomadora dos serviços.

4) Diante da existência de litisconsórcio necessário e unitário, a decisão obrigatoriamente produzirá idênticos efeitos para as empresas prestadora e tomadora dos serviços no plano do direito material. Logo, a decisão em sede de juízo de retratação, mesmo quando apenas uma das rés interpôs o recurso extraordinário, alcançará os litisconsortes de maneira idêntica.

5) Não modular os efeitos desta decisão" (TST, Pleno, IncJulgRREmbRep-1000-71.2012.5.06.0018, Redator Min. Douglas Alencar Rodrigues, j. 22.02.2022).

Mesmo no regime litisconsorcial comum, ou seja, não unitário, os fatos comuns aos litisconsortes, em regra, devem ser objeto do mesmo tratamento na decisão judicial. Seria contraditória a sentença que levasse em conta determinado fato jurídico para um dos réus e, ao mesmo tempo, o desconsiderasse perante o outro demandado, no caso de lhes ser comum o fato.

O mais frequente no processo do trabalho é o litisconsórcio comum, seja quanto ao polo ativo ou passivo, como se verifica na ação condenatória, ajuizada em face de empresas que integram o mesmo grupo econômico, ou do empregador e do tomador de serviços. Quanto ao polo ativo, exemplifica-se com a ação ajuizada por dois trabalhadores, em face do mesmo empregador, pleiteando verbas rescisórias, decorrentes da dispensa ocorrida nas mesmas circunstâncias de fato.

5.9 INTERVENÇÃO DE TERCEIROS

Intervenção de terceiros é gênero que tem por espécies, no CPC de 2015, a assistência, a denunciação da lide, o chamamento ao processo, o *amicus curiae* e o incidente de desconsideração da personalidade jurídica (o qual será estudado no Capítulo sobre execução). O CPC de 1973 também disciplinava a oposição e a nomeação à autoria. No CPC de 2015, a oposição passou a ser disciplinada no âmbito dos procedimentos especiais. O CPC de 1939 fazia menção ao chamamento à autoria. O chamamento à autoria previsto no art. 486, § 1º, da CLT, ao versar sobre o *factum principis*, não se identifica com as modalidades de intervenção de terceiros que são reguladas no Código de Processo Civil em vigor, nem com a figura de mesmo nome do CPC de 1939.

Antes do ingresso na relação jurídica processual, tem-se a figura do terceiro, justamente por não ser, ainda, *parte no processo*. O interveniente, ainda que não seja parte principal, é sujeito interessado no processo, detendo a titularidade de certas situações jurídicas. Em certas hipóteses de intervenção de terceiros é que o interveniente passa a figurar como *parte na demanda* propriamente (autor ou réu), o que não se verifica, por exemplo, na assistência simples e no *amicus curiae*. Em algumas modalidades de intervenção de terceiros, como no chamamento ao processo, observa-se a formação de litisconsórcio.

A intervenção de terceiros é apta a fazer com que o terceiro passe a figurar na relação processual. Trata-se de meio processual por meio do qual se possibilita o ingresso de terceiro em processo pendente. A intervenção de terceiros pode ser voluntária ou provocada[17].

A assistência é caso em que o terceiro intervém espontaneamente. Diversamente, a denunciação da lide, o chamamento ao processo e o incidente de desconsideração da personalidade jurídica são hipóteses de intervenção provocada por uma das partes.

O recurso de terceiro prejudicado (art. 996, parágrafo único, do CPC) é um caso de intervenção feita, após a sentença, por alguém que não foi parte[18].

Quanto aos embargos de terceiro, apresentam natureza de ação, com finalidades próprias, diferenciando-se das hipóteses de intervenção de terceiros.

O *amicus curiae* é figura processual prevista, por exemplo, na Lei 9.868/1999, que dispõe sobre o processo e o julgamento da ação direta de inconstitucionalidade e da ação declaratória de constitucionalidade perante o Supremo Tribunal Federal. De acordo com o art. 7º, § 2º, do referido diploma legal, o relator, considerando a relevância da matéria e a representatividade dos postulantes, pode, por decisão irrecorrível, admitir a manifestação de outros órgãos ou entidades. Embora possa ser considerada hipótese diferenciada de intervenção de terceiros, apresenta certas semelhanças com a assistência, com previsão também em diplomas legais específicos.

O art. 3º, inciso II, da Instrução Normativa 39/2016 do TST prevê que se aplicam ao processo do trabalho, em face de omissão e de compatibilidade, o art. 138 e parágrafos do CPC, sobre *amicus curiae*.

Conforme o art. 138 do CPC, o juiz ou o relator, considerando a relevância da matéria, a especificidade do tema objeto da demanda ou a repercussão social da controvérsia, pode, por decisão irrecorrível, de ofício ou a requerimento das partes ou de quem pretenda manifestar-se, solicitar ou admitir a participação de pessoa natural ou jurídica, órgão ou entidade especializada, com representatividade adequada, no prazo de 15 dias da sua intimação. Com isso, no processo do trabalho, o *amicus curiae* pode ser admitido até mesmo no primeiro grau de jurisdição, nas Varas do Trabalho, assim como no âmbito dos tribunais regionais do trabalho, do TST e do STF.

Entende-se que o *amicus curiae* representa certo interesse institucional em juízo[19], assim considerado o interesse que supera a esfera individual, pertencendo a grupo determinado ou indeterminado de pessoas, tendo conotação metaindividual[20].

---

17. Cf. CARNEIRO, Athos Gusmão. *Intervenção de terceiros*. 9. ed. São Paulo: Saraiva, 1997. p. 57.

18. Cf. GRECO FILHO, Vicente. *Da intervenção de terceiros*. 2. ed. com a colaboração de Antônio Cláudio da Costa Machado. São Paulo: Saraiva, 1986. p. 58.

19. Cf. GONÇALVES, Marcus Vinicius Rios. *Direito processual civil esquematizado*. 9. ed. São Paulo: Saraiva, 2018. p. 278.

20. Cf. BUENO, Cassio Scarpinella. *Manual de direito processual civil*. 4. ed. São Paulo: Saraiva, 2018. p. 202.

Essa intervenção não implica alteração de competência nem autoriza a interposição de recursos, ressalvados a oposição de embargos de declaração e o recurso da decisão que julgar o incidente de resolução de demandas repetitivas. Cabe ao juiz ou relator, na decisão que solicitar ou admitir a intervenção, definir os poderes do *amicus curiae*. O *amicus curiae* pode recorrer da decisão que julgar o incidente de resolução de demandas repetitivas.

Cabe destacar, ainda, a chamada *integração à lide*, a qual pode ser conceituada como o meio processual apto a incluir um terceiro na relação jurídica de direito processual, passando a figurar como litisconsorte, sem se identificar com as tradicionais figuras de intervenção de terceiros. Trata-se, portanto, de hipótese atípica de intervenção de terceiros, requerida pelo réu, mas com a anuência do autor, acarretando a formação de litisconsórcio passivo e ulterior, não se identificando com as modalidades de intervenção expressamente previstas na legislação processual[21].

A *assistência* pode ser simples (art. 121 do CPC) ou litisconsorcial (art. 124 do CPC). Em ambas, o terceiro é quem voluntariamente intervém em processo alheio, diante de seu interesse jurídico de que a sentença seja favorável ao assistido.

Na *assistência simples*, o assistente apresenta relação jurídica com o assistido, enquanto na *assistência litisconsorcial* o assistente mantém relação jurídica com o adversário do assistido.

O assistente simples atua como auxiliar da parte principal, exerce os mesmos poderes e está sujeito aos mesmos ônus processuais que o assistido (art. 121 do CPC). Sendo revel ou, de qualquer outro modo, omisso o assistido, o assistente é considerado seu substituto processual.

Considera-se litisconsorte da parte principal, por sua vez, o assistente sempre que a sentença influir na relação jurídica entre ele e o adversário do assistido (art. 124 do CPC).

A intervenção assistencial, simples ou adesiva (litisconsorcial), só é admissível se demonstrado o interesse jurídico e não meramente econômico (Súmula 82 do TST).

Como exemplo de assistência litisconsorcial, tem-se a intervenção do substituído processual (titular do direito material), em ação ajuizada pelo substituto processual.

Nos termos do art. 119, parágrafo único, do CPC, a assistência é admitida em qualquer procedimento e em todos os graus de jurisdição, recebendo o assistente o processo no estado em que se encontre.

Após o trânsito em julgado da decisão final na fase de conhecimento não mais se verifica a possibilidade de assistência, pois o assistente não terá mais como, por meio de auxílio ao assistido (arts. 119 e 121 do CPC), obter provimento favorável ao seu interesse.

Pendendo causa entre duas ou mais pessoas, o terceiro juridicamente interessado em que a sentença seja favorável a uma delas pode intervir no processo para assisti-la (art. 119 do CPC).

Não havendo impugnação no prazo de 15 dias, o pedido do assistente deve ser deferido, salvo se for caso de rejeição liminar (art. 120 do CPC). Se qualquer parte alegar que falta ao requerente interesse jurídico para intervir, o juiz deve decidir o incidente, sem suspensão do processo.

---

21. Cf. GARCIA, Gustavo Filipe Barbosa. *Intervenção de terceiros, litisconsórcio e integração à lide no processo do trabalho*. São Paulo: Método, 2008.

O pedido de assistência deve ser feito por escrito, tendo a parte contrária 15 dias para se manifestar a respeito. A admissão ou não da assistência ocorre por meio de decisão interlocutória, não sendo cabível recurso de imediato (art. 893, § 1º, da CLT e Súmula 214 do TST). Caso o assistido seja revel (art. 844 da CLT), o assistente será considerado seu substituto processual (parágrafo único do art. 121 do CPC).

O assistente simples atua como auxiliar da parte principal, exercendo os mesmos poderes e sujeitando-se aos mesmos ônus processuais que o assistido (art. 121 do CPC). O assistente simples não pode praticar atos processuais contrários ao posicionamento do assistido.

Especificamente quanto ao assistente litisconsorcial, "considera-se litisconsorte" (art. 124 do CPC), o que revela a existência de amplos poderes no processo, podendo transigir, até por ser titular do direito em discussão. Da mesma forma, a decisão no processo atingirá a esfera do assistente litisconsorcial, inclusive quanto à coisa julgada material daí advinda.

A disposição do art. 122 do CPC, no sentido de que a assistência "não obsta a que a parte principal reconheça a procedência do pedido, desista da ação, renuncie ao direito sobre o que se funda a ação ou transija sobre direitos controvertidos", é de aplicação restrita ao assistente simples. Como o direito deste não é objeto de decisão direta e específica na demanda, a coisa julgada material não atinge o assistente simples, embora seja alcançado pelos "efeitos reflexos" da decisão[22].

Ainda na assistência simples, transitada em julgado a sentença na causa em que interveio o assistente, este não poderá, em processo posterior, discutir a *justiça da decisão*, salvo se alegar e provar que: pelo estado em que recebeu o processo ou pelas declarações e atos do assistido, foi impedido de produzir provas suscetíveis de influir na sentença; desconhecia a existência de alegações ou de provas das quais o assistido, por dolo ou culpa, não se valeu (art. 123 do CPC).

Diversamente, na assistência litisconsorcial, por ser o assistente considerado litisconsorte, uma vez que possui relação jurídica (de direito material) com o adversário do assistido (art. 124 do CPC), entende-se que o assistente é abrangido pela própria coisa julgada material. É o que ocorre quando o substituído intervém como assistente litisconsorcial, em ação ajuizada por substituto processual, que defende direito material daquele. Nesse sentido, conforme o art. 18, parágrafo único, do CPC, havendo substituição processual, o substituído pode intervir como *assistente litisconsorcial*.

O art. 94 do CPC estabelece que se o assistido for vencido (art. 789, § 1º, da CLT), o assistente deve ser condenado ao pagamento das custas em proporção à atividade que houver exercido no processo.

A *oposição* era prevista no Código de Processo Civil de 1973 como intervenção voluntária de terceiro em processo alheio, por pretender, no todo ou em parte, a coisa ou o direito discutidos (arts. 56 a 61 do CPC de 1973). Entretanto, no Código de Processo Civil de 2015, a oposição é disciplinada como procedimento especial, conforme arts. 682 a 686. Assim, o tema será analisado no Capítulo específico sobre os procedimentos especiais.

A *nomeação à autoria* também era prevista, no Código de Processo Civil de 1973, como intervenção de terceiros, ocorrendo quando o réu era mero detentor da coisa (em nome alheio), sendo-lhe demandada em nome próprio, motivo pelo qual deveria nomear à autoria o terceiro, proprietário ou possuidor (art. 62 do CPC de 1973). O ins-

22. CARNEIRO, Athos Gusmão. *Intervenção de terceiros*. 9. ed. São Paulo: Saraiva, 1997. p. 57.

tituto também se aplicava à "ação de indenização, intentada pelo proprietário ou pelo titular de um direito sobre a coisa, toda vez que o responsável pelos prejuízos alegar que praticou o ato por ordem, ou em cumprimento de instruções de terceiro" (art. 63 do CPC de 1973). Essa modalidade de intervenção de terceiros tinha por objetivo a correção da ilegitimidade passiva nas situações descritas.

O CPC de 2015 deixou de prever, de forma expressa, a nomeação à autoria. Entretanto, com efeitos semelhantes, o art. 338 do CPC dispõe que, se o réu alegar, na contestação, que é parte ilegítima ou que não é o responsável pelo prejuízo invocado, o juiz deve facultar ao autor, em 15 dias, a alteração da petição inicial para substituição do réu. Conforme o parágrafo único do art. 338 do CPC, se for realizada a substituição, o autor deve reembolsar as despesas e pagar os honorários ao procurador do réu excluído, que devem ser fixados entre três e cinco por cento do valor da causa ou, sendo este irrisório, nos termos do art. 85, § 8º, do CPC; ou seja, fixados pelo juiz por apreciação equitativa.

Quando alegar a sua ilegitimidade, incumbe ao réu indicar o sujeito passivo da relação jurídica discutida sempre que tiver conhecimento, sob pena de arcar com as despesas processuais e de indenizar o autor pelos prejuízos decorrentes da falta da indicação (art. 339 do CPC). Aceita a indicação pelo autor, este, no prazo de 15 dias, deve proceder à alteração da petição inicial para a substituição do réu, observando-se, ainda, o parágrafo único do art. 338 do CPC, acima indicado. No prazo de 15 dias, o autor pode optar por alterar a petição inicial para incluir, como litisconsorte passivo, o sujeito indicado pelo réu. Como se pode notar, trata-se de previsão em consonância com a chamada *integração à lide*, a qual já era estudada pela doutrina[23].

A *denunciação da lide* é o ajuizamento de ação incidental, por uma das partes, perante terceiro, visando à condenação deste ao ressarcimento de prejuízos que o denunciante venha a sofrer (art. 125, incisos I e II, do CPC).

A ausência de denunciação da lide não implica a perda do direito material de indenização ou de regresso, que pode ser postulado por ação autônoma, impedindo apenas a formação, desde logo, do referido título executivo, e sujeitando o omisso aos riscos integrais de uma ação autônoma, em que poderá ser discutida amplamente toda a matéria de fato ou de direito relacionada ao mérito, versada ou não na ação originária. Nesse sentido, de acordo com o art. 125, § 1º, do CPC, o direito regressivo será exercido por ação autônoma quando a denunciação da lide for indeferida, deixar de ser promovida ou não for permitida.

É admitida *uma única denunciação sucessiva*, promovida pelo denunciado, contra seu antecessor imediato na cadeia dominial ou quem seja responsável por indenizá-lo. O denunciado sucessivo, por sua vez, não pode promover nova denunciação, hipótese em que eventual direito de regresso deve ser exercido por ação autônoma (art. 125, § 2º, do CPC).

É admissível a denunciação da lide, promovida por qualquer das partes: ao alienante imediato, no processo relativo à coisa cujo domínio foi transferido ao denunciante, a fim de que possa exercer os direitos que da evicção lhe resultam; àquele que estiver obrigado, por lei ou pelo contrato, a indenizar, em ação regressiva, o prejuízo de quem for vencido no processo (art. 125 do CPC).

23. Cf. GARCIA, Gustavo Filipe Barbosa. *Intervenção de terceiros, litisconsórcio e integração à lide no processo do trabalho*. São Paulo: Método, 2008.

Com a denunciação da lide, observam-se duas ações, a principal e a de regresso. Nessa última, o denunciado é réu quanto à pretensão aduzida pelo denunciante por meio da denunciação. Quanto à ação principal, o denunciado assume a posição de litisconsorte do denunciante (arts. 127 e 128, inciso I, do CPC).

De acordo com o art. 128, parágrafo único, do CPC, se a denunciação da lide for feita pelo réu, caso seja procedente o pedido da ação principal, pode o autor, se for o caso, requerer o cumprimento da sentença *também contra o denunciado*, nos limites da condenação deste na ação regressiva.

Diante da competência da Justiça do Trabalho, delimitada pelo art. 114 da Constituição Federal de 1988, entende-se que é inaplicável a denunciação da lide no Direito Processual do Trabalho, tese essa que foi adotada pela Orientação Jurisprudencial 227 da SBDI-I do TST, inserida em 20.06.2001, mas cancelada em novembro de 2005 (DJ 22.11.2005). À Justiça do Trabalho não foi atribuída competência para processar e julgar, de forma principal, controvérsias entre duas empresas, decidindo a respeito de relação jurídica que possuam (art. 114 da Constituição da República).

Na denunciação da lide, sendo vencido o denunciante na pretensão formulada na ação principal, a sentença tem que julgar, de forma específica, e não meramente incidental, a controvérsia entre o denunciante e o denunciado, estando tal decisão sujeita à coisa julgada material. Tanto é assim que, nos termos do art. 129, *caput*, do CPC, se o denunciante for vencido na ação principal, o juiz deve passar ao julgamento da denunciação da lide. Portanto, a sentença, decidindo a respeito dessa controvérsia, pode valer como *título executivo*, decorrente de sentença condenatória. Se o denunciante for vencedor, por sua vez, a ação de denunciação não terá o seu pedido examinado, sem prejuízo da condenação do denunciante ao pagamento das verbas de sucumbência em favor do denunciado.

A Justiça do Trabalho, no entanto, não possui competência para proferir sentença condenando uma empresa em face da outra, nem para apreciar lide estabelecida entre o denunciante e o denunciado[24].

Não há como se admitir na Justiça do Trabalho a denunciação da lide requerida pelo empregador, visando exercer o seu direito de regresso em face de empresa responsável por seguro de acidentes de trabalho que tenha eventualmente contratado, por se tratar de evidente controvérsia entre duas empresas, e não relação de trabalho. Desse modo, essa pretensão do empregador, objetivando a condenação (regressiva) da empresa seguradora a reembolsá-lo do valor que pagar ao empregado acidentado, deve ser objeto de ação própria, na Justiça Comum.

Importante analisar, ainda, a possibilidade de denunciação da lide pelo empregador, ao empregado que praticou o ato ou omissão, em ação ajuizada por outro empregado que teve seu direito lesado, em controvérsia decorrente da relação de emprego. Nos termos do art. 932, inciso III, do Código Civil de 2002, o empregador também é responsável pela reparação civil de danos causados "por seus empregados, serviçais e prepostos, no exercício do trabalho que lhes competir, ou em razão dele". O art. 933 do Código Civil de 2002 estabelece que o empregador, ainda que não haja culpa de sua parte, responde pelos atos praticados pelos referidos terceiros. Essa última regra, no entanto, não versa sobre a culpa específica daquele que praticou o ato lesivo em si, que, por sua vez, só

24. Cf. TEIXEIRA FILHO, Manoel Antonio. *Litisconsórcio, assistência e intervenção de terceiros no processo do trabalho*. 3. ed. São Paulo: LTr, 1995. p. 244.

pode ser afastada nas hipóteses excepcionais de responsabilidade objetiva (art. 927, parágrafo único, do Código Civil de 2002).

Assim, por exemplo, é lícito o ajuizamento de ação pelo empregado que teve seu direito material ou moral lesado por ato de outro empregado ou preposto, diretamente em face do empregador. O art. 934 do Código Civil de 2002 assegura o direito de regresso, no caso, do empregador em face do empregado culpado. A questão é saber se esse direito de ressarcimento pode ser exercido por intermédio da denunciação da lide (art. 125, inciso II, do CPC). Deve-se reconhecer que a pretensão em questão é do empregador em face de empregado que praticou a lesão, com o que se trata de controvérsia, em tese, abrangida pelo art. 114, inciso I, da Constituição Federal de 1988.

Como o denunciado passa a figurar como litisconsorte do denunciante quanto à ação originária (arts. 127 e 128, inciso I, do CPC), observa-se a possibilidade de o empregador (denunciante) e certo empregado (denunciado) figurarem como litisconsortes, em ação ajuizada por outro empregado, o que indica a presença de controvérsia entre dois empregados, levando à exclusão da competência da Justiça do Trabalho.

Além disso, na denunciação da lide, não se admite a alegação de novo fundamento jurídico, que não constava na demanda originária, diverso da responsabilidade direta decorrente de lei e de contrato[25].

Como o direito de regresso do empregador perante o empregado culpado envolve fundamento novo, distinto da ação originária, não pode ser exercido por meio da denunciação da lide, inclusive sob pena de ofensa ao princípio da celeridade, previsto no art. 5º, inciso LXXVIII, da Constituição da República. Ademais, essa modalidade de intervenção de terceiros, por tornar a relação jurídica processual complexa, é incompatível com os princípios da simplicidade e da celeridade no processo do trabalho.

Registre-se que, mesmo após o cancelamento da Orientação Jurisprudencial 227 da SBDI-I, o Tribunal Superior do Trabalho tem decidido que a denunciação da lide deve ter a sua pertinência analisada "considerados os interesses do trabalhador, notadamente o rápido desfecho da causa" (TST, 2ª T., RR 1.944/2001-018-09-40.7, Rel. Juiz Conv. Horácio Senna Pires, DJ 28.04.2006).

Segundo a atual jurisprudência do Tribunal Superior do Trabalho: "Muito embora a Emenda Constitucional nº 45/2004 admita a aplicação da denunciação da lide no processo do trabalho, tem-se como imprescindível a análise do caso concreto, a fim de evitar prejuízos aos princípios norteadores da celeridade, efetividade e simplicidade, bem como à competência desta Justiça Especializada" (TST, 2ª T., AIRR-20536-61.2013.5.04.0124, Rel. Min. Maria Helena Mallmann, DEJT 04.09.2020).

Cabe fazer referência à hipótese de ação ajuizada por sindicato de categoria profissional em face de empresa, alegando ser o representante dos seus empregados, com o consequente pedido de recebimento das contribuições sindicais dos trabalhadores. Nesse caso, discute-se o cabimento da denunciação da lide requerida pela empresa (ré) contra sindicato distinto, que tem recebido as referidas contribuições sindicais, com o objetivo de resguardar a empresa (denunciante) de eventuais prejuízos decorrentes do recolhimento das contribuições sindicais a esse outro sindicato (denunciado). A competência material para decidir a respeito seria da Justiça do Trabalho, conforme art. 114, inciso III, da Constituição da República. Sendo assim, há julgado do Tribunal Superior do Trabalho que admitiu a denunciação da lide, determinando a citação do outro sindicato

25. Cf. GRECO FILHO, Vicente. *Direito processual civil brasileiro*. 21. ed. São Paulo: Saraiva, 2009. v. 1. p. 157.

(denunciado), com fundamento no art. 125, inciso II, do CPC, tendo em vista os princípios da economia processual, da eficiência e da razoável duração do processo[26].

A rigor, seria possível argumentar que a situação mencionada não se amolda à previsão do art. 125, inciso II, do CPC, sobre ação de regresso (em sentido próprio e estrito), por envolver fundamento jurídico novo, não se tratando de responsabilidade direta decorrente da lei ou do contrato, mas sim de possível conflito paralelo entre denunciante e denunciado. Na realidade, no caso em questão, o outro sindicato é que poderia oferecer *oposição* contra autor e réu da ação originária, nos termos do art. 682 do CPC. Cf. Capítulo 16, item 16.5, parte final.

O *chamamento ao processo*, por sua vez, é o ato pelo qual o réu pede que terceiro, coobrigado, passe a integrar a relação jurídica processual como litisconsorte, para que, caso seja proferida decisão procedente quanto ao pedido do autor, aquele seja alcançado pela condenação, possibilitando ao que saldar a dívida receber dos demais a parcela que cada um deve (art. 130, incisos I a III, do CPC).

É admissível o chamamento ao processo, requerido pelo réu: do afiançado, na ação em que o fiador for réu; dos demais fiadores, na ação proposta contra um ou alguns deles; dos demais devedores solidários, quando o credor exigir de um ou de alguns o pagamento da dívida comum.

A citação daqueles que devam figurar em litisconsórcio passivo será requerida pelo réu na contestação e deve ser promovida no prazo de 30 dias, sob pena de ficar sem efeito o chamamento (art. 131 do CPC). Se o chamado residir em outra comarca, seção ou subseção judiciárias, ou em lugar incerto, o prazo será de dois meses.

A sentença de procedência valerá como título executivo em favor do réu que satisfizer a dívida, a fim de que possa exigi-la, por inteiro, do devedor principal, ou de cada um dos codevedores a sua cota, na proporção que lhes tocar (art. 132 do CPC).

No chamamento ao processo, existe relação jurídica de direito material entre o autor da ação e os chamados, autorizando a condenação destes perante o primeiro. Por consequência, a posição jurídica que o chamado passa a ocupar é de litisconsorte passivo do réu originário.

Apesar da controvérsia sobre o tema, entende-se que o mencionado instituto é incompatível com o processo do trabalho, em razão da incompetência absoluta da Justiça do Trabalho para decidir a respeito de controvérsia entre duas empresas. Não se pode afastar esse óbice com a assertiva de que a questão pode ser decidida apenas incidentalmente, pois não é isso o que se verifica na figura mencionada.

No chamamento ao processo, a sentença de procedência vale como título executivo em favor do réu que satisfizer a dívida, a fim de que possa exigi-la, por inteiro, do devedor principal, ou de cada um dos codevedores a sua cota, na proporção que lhes tocar (art. 132 do CPC). Ou seja, observa-se a formação de título executivo judicial, em

26. "Recurso de revista. Acórdão publicado na vigência da Lei nº 13.015/2014. Denunciação da lide de sindicato destinatário de prévio recolhimento da contribuição sindical. Controvérsia sobre o enquadramento sindical. Possibilidade. Da subsunção do art. 125, II, do CPC à controvérsia dos autos – cuja dicção insculpe postulado da economia processual, assentado nos princípios constitucionais da razoável duração dos processos e da eficiência –, tem-se que o instituto da denunciação da lide é admissível para resguardar o denunciante do prejuízo advindo do alegado recolhimento da contribuição sindical a outro sindicato que não o autor, inserindo-se tal debate na competência da Justiça do Trabalho a justificar a excepcionalidade do seu cabimento. Recurso de revista conhecido e provido" (TST, 5ª T., RRAg-289-06.2016.5.07.0016, Rel. Min. Breno Medeiros, DEJT 14.08.2020).

favor do autor, contra o réu originário e o chamado ao processo. Vale dizer, em uma lide trabalhista, pelo chamamento ao processo, ter-se-ia título executivo judicial em favor da empresa que pagou o débito por inteiro contra outra coobrigada. Entretanto, à Justiça Laboral não foi atribuída competência material para proferir decisão, com valor de título executivo, envolvendo duas empresas, uma favorecida e outra condenada (art. 114 da Constituição Federal de 1988).

Além disso, o chamamento ao processo, impondo ao autor a formação de litisconsórcio passivo, não se mostra compatível com o procedimento oral trabalhista, que busca os ideais de celeridade e simplificação (art. 769 da CLT). O objetivo central do processo do trabalho é resolver, de forma eficaz, o conflito trazido em juízo pelo autor da ação, concentrando os atos em audiência, e não discussões que interessam somente ao demandado. Ao autorizar o chamamento ao processo, obrigando o demandante a litigar com alguém indicado pelo réu, a regra trabalhista de que a audiência, em tese, deve ser una (arts. 849 e 852-C da CLT), passaria a ser uma exceção, principalmente em razão do aumento da prática de terceirização entre empresas, dando origem a adiamentos injustificáveis.

O art. 486 da CLT versa sobre a ocorrência de *factum principis* no âmbito trabalhista. Para sua caracterização é necessária a impossibilidade de continuação da atividade empresarial, em razão de lei ou ato administrativo. Ocorrendo a cessação de contrato de trabalho, o comando legal estabelece que a *indenização* trabalhista é devida, mas fica a cargo do ente público responsável pelo ocorrido. A mencionada indenização é a prevista nos arts. 477, *caput*, 478, 496, 497 e 498 da CLT (por tempo de serviço), atualmente substituída pelo sistema do FGTS, que se tornou obrigatório com a Constituição Federal de 1988 (art. 7º, inciso III). Com isso, na atualidade, o art. 486 da CLT abrange a indenização compensatória de 40% sobre os depósitos do FGTS e a indenização do art. 479 da CLT (art. 14 do Decreto 99.684/1990).

O *chamamento à autoria*, desse modo, é previsto no art. 486, § 1º, da CLT. Segundo esse dispositivo, sempre que o empregador invocar, em sua defesa, o mencionado *fato do príncipe*, "o tribunal do trabalho competente notificará a pessoa de direito público apontada como responsável pela paralisação do trabalho, para que, no prazo de 30 (trinta) dias, alegue o que entender devido, passando a figurar no processo como chamada à autoria". De acordo com o art. 486, § 2º, da CLT, sempre que a parte interessada, firmada em documento hábil, invocar defesa baseada na disposição deste artigo, e indicar qual o juiz competente, será ouvida a parte contrária, para, dentro de três dias, falar sobre essa alegação. Por fim, o art. 486, § 3º, da CLT estabelece que, verificada qual a autoridade responsável, o juízo trabalhista dar-se-á por incompetente, "remetendo os autos ao Juiz Privativo da Fazenda, perante o qual correrá o feito nos termos previstos no processo comum".

Apenas se devidamente caracterizado o *factum principis* é que o chamamento à autoria deve ocorrer, não bastando a sua mera alegação pelo réu. A rejeição do mencionado requerimento do réu é decisão interlocutória, pois não é apta a pôr termo ao processo, nem resolve o mérito em seu todo, mas apenas decide questão incidente (art. 203, § 2º, do CPC), impedindo o cabimento de recurso de imediato.

Caso o *factum principis* esteja caracterizado, a pessoa jurídica de direito público é notificada para se manifestar no prazo de 30 dias, o que significa o seu chamamento à autoria. É possível que, após essa manifestação, fique demonstrada a ausência de responsabilidade do Poder Público, autorizando a sua exclusão da relação processual, também por decisão interlocutória, pois o processo ainda prossegue com o réu. Diversamente, se mantido o chamamento, os autos devem ser remetidos à Justiça Comum

(Federal ou estadual, conforme a natureza do ente público), cuja competência decorre de responder a Administração Pública pela indenização em razão do *factum principis* em específico, sem figurar na relação jurídica de trabalho, que foi prestado pelo autor, mas não em benefício do ente estatal. Como essa sentença põe fim ao processo no âmbito da Justiça do Trabalho, cabível o recurso ordinário, nos termos do art. 799, § 2º, da CLT.

O art. 114 da Constituição da República, mesmo com redação dada pela Emenda Constitucional 45/2004, não altera a conclusão exposta, pois, no caso, o Poder Público não figura como sujeito na relação de trabalho propriamente, uma vez que não tomou qualquer serviço, mas apenas causou a impossibilidade de continuação da atividade empresarial.

Havendo outros pedidos, além do pertinente à "indenização" trabalhista, deve-se operar o desmembramento das pretensões, com a formação de autos apartados, para possibilitar a remessa à Justiça Comum e o prosseguimento quanto aos demais pleitos na Justiça do Trabalho.

A remessa à Justiça competente revela que, a partir de então, o processo tem como autor o ex-empregado, e como réu o ente público, ausente o ex-empregador nessa demanda específica. Caso a Justiça Comum confirme a responsabilidade do Poder Público, este é diretamente condenado ao pagamento da indenização ao autor. Pode haver, inclusive, retorno do feito à Justiça do Trabalho, se não ficar demonstrada a responsabilidade do Poder Público, no juízo fazendário[27]. Da sentença da referida Justiça é cabível o recurso de apelação (art. 1.009 do CPC).

Entretanto, na jurisprudência trabalhista, tem prevalecido o entendimento de que, com a Constituição Federal de 1988, compete à Justiça do Trabalho decidir a respeito do pedido de indenização pela extinção do contrato de trabalho, em decorrência de fato do príncipe, a cargo do ente público responsável, por ser o mencionado ramo do Poder Judiciário competente para pacificar os conflitos oriundos da relação entre trabalhadores e entes da administração pública (art. 114, inciso I, da Constituição da República)[28].

O chamamento à autoria, previsto no art. 486 da CLT, não se identifica com a denunciação da lide (arts. 125 a 129 do CPC) nem com o chamamento ao processo (arts. 130 a 132 do CPC). Naquele caso, a Administração Pública passa a figurar como ré no processo relativo à indenização trabalhista, podendo ser condenada de forma direta e isolada com a exclusão do ex-empregador. Não se trata, portanto, de meio para o exercício de direito de regresso, nem se verifica a formação de título executivo em favor de

27. Cf. MALLET, Estêvão. *Factum principis* no direito do trabalho. In: MALLET, Estêvão. *Temas de direito do trabalho*. São Paulo: LTr, 1998. p. 85.

28. "Recurso de revista. Competência da Justiça do Trabalho. Indenização por *factum principis*. O artigo 486, § 3º, da CLT (atual redação) foi introduzido no ordenamento jurídico nacional no contexto da Carta Magna de 1946, quando ainda não era reconhecida, constitucionalmente, a competência desta Justiça Especializada para examinar causas em que figurassem como partes os entes da Administração Pública. Todavia, a análise da evolução constitucional das atribuições da Justiça do Trabalho conduz ao entendimento de que a CF/88 retirou os fundamentos de validade daquele dispositivo celetário, na medida em que lhe foi atribuída, pelo artigo 114, a competência para dirimir controvérsias decorrentes da relação de trabalho entre entidade de Direito Público e trabalhadores. Restando configurado que o fundamento do pedido está assente na relação de emprego – já que o ente público, na ocorrência do *factum principis*, se estabelece na relação processual como litisconsorte necessário, participando efetivamente da relação processual – e diante da natureza trabalhista da indenização perseguida, é de se concluir que compete à Justiça Obreira apreciar tanto a questão relativa à caracterização do *factum principis*, como ao pleito de indenização, a cargo do governo responsável pelo ato que originou a rescisão contratual. Violação do artigo 114 da Constituição Federal de 1988. Recurso de revista conhecido e provido" (TST, 2ª T., RR-594124-81.1999.5.06.5555, Rel. Min. Renato de Lacerda Paiva, DEJT 27.11.2009).

devedor que pagar a dívida. O chamamento à autoria do art. 486 da CLT também não se confunde com a figura de mesmo nome, prevista no CPC de 1939. Nesse diploma legal, o referido instituto ligava-se apenas à demanda "acerca de coisa ou direito real", cujo objetivo restrito era "resguardar-se dos riscos da evicção" (art. 95).

5.10 SUBSTITUIÇÃO PROCESSUAL

As condições da ação são requisitos para que o mérito (pedido ou pretensão) seja apreciado. De acordo com o Código de Processo Civil, para postular em juízo é necessário ter interesse e legitimidade (art. 17). Quando não concorrer qualquer das condições da ação, isto é, a legitimidade e o interesse processual, deve-se extinguir o processo sem resolução de mérito (art. 485, inciso VI, do CPC). A rigor, a petição inicial deve ser indeferida quando a parte for manifestamente ilegítima (art. 330, inciso II, do CPC), o que também acarreta a extinção do processo sem resolução do mérito (art. 485, inciso I, do CPC). Incumbe ao réu, antes de discutir o mérito, alegar ausência de legitimidade ou de interesse processual (art. 337, inciso XI, do CPC).

A legitimação é ativa ou passiva, conforme o polo da relação processual, correspondendo, respectivamente, ao autor e ao réu. A legitimação pode ser ordinária ou extraordinária, sendo essa última conhecida, justamente, como substituição processual.

Quanto à legitimidade ordinária, normalmente tem legitimidade para a causa quem é titular ou sujeito da relação jurídica objeto do processo e sofreu a ameaça ou lesão ao direito. Ordinariamente, a qualidade de parte legítima é atribuída àqueles que figuram, em tese, na relação jurídica de direito material em discussão no processo. Essa legitimidade ordinária é a regra no sistema jurídico processual, conforme dispõe o art. 18 do CPC.

Na legitimidade extraordinária ou substituição processual, por sua vez, o demandante ajuíza ação *em nome próprio*, porém *em defesa de direito material alheio*. Isso somente é possível mediante autorização expressa no ordenamento jurídico, consoante o art. 18 do CPC, ao prever que ninguém pode pleitear direito alheio em nome próprio, salvo quando autorizado pelo ordenamento jurídico. Vale dizer, em casos especiais e expressos, a lei estabelece a possibilidade de alguém que não seja o titular da relação jurídica de direito material propor, em nome próprio, ações em defesa de direito de outrem.

Havendo *substituição processual*, o substituído pode intervir como assistente litisconsorcial (art. 18, parágrafo único, do CPC).

A *legitimação extraordinária*, ou substituição processual, ocorre quando alguém, em virtude de autorização legal, tem legitimidade para pleitear, em nome próprio, direito alheio.

Quando não houver coincidência entre sujeitos da relação processual e da relação jurídica material controvertida, tem-se a hipótese de substituição processual. O substituto processual é parte, isto é, sujeito da relação jurídica processual, atua em nome próprio, embora o direito material pertença a terceiro.

A substituição processual pode existir tanto em ações individuais (por exemplo, o gestor de negócios tem legitimidade para defender em juízo os negócios do gerido, com fundamento no art. 861 do Código Civil de 2002) como em ações coletivas.

Na esfera do mandado de segurança, segundo a Lei 12.016/2009, art. 3º, o titular de direito líquido e certo decorrente de direito, em condições idênticas, de terceiro poderá impetrar mandado de segurança a favor do direito originário, se o seu titular não o fizer, no prazo de 30 dias, quando notificado judicialmente. Trata-se de hipótese na qual se pode verificar a substituição processual, ou seja, a defesa de direito alheio em nome próprio.

A substituição processual pode ser conceituada como a legitimação extraordinária, autorizada pela lei, para que alguém pleiteie, em nome próprio, direito alheio, em processo judicial. Há uma legitimação anômala, extraordinária, *ad causam*, para que o substituto processual proponha a ação. O direito de agir não é exercido pelo titular do direito material, mas pelo substituto processual, que tem legitimidade para esse fim.

A substituição processual se distingue da *representação processual*, pois nessa última ocorre a defesa de direito alheio, porém em nome alheio. Na representação processual o representante não é parte, apenas atua em nome do representado. Vale dizer, defende direito de outrem, em nome alheio. O representado demanda por intermédio de outrem, isto é, do representante.

A substituição processual não se confunde com a *sucessão processual*. O sucessor atua em nome próprio, direito seu (e não alheio). Na sucessão, quem é sucedido deixa de ser parte; passa a ser parte o sucessor. A sucessão processual, na realidade, ocorre quando a parte vem a falecer, sendo sucedida pelo espólio ou herdeiros.

No processo do trabalho, a substituição processual é exercida essencialmente pelo sindicato, entendido como pessoa jurídica de natureza privada.

No dissídio coletivo de trabalho, pode-se dizer que a legitimação é ordinária, na qual o sindicato figura como o representante dos interesses da categoria. Trata-se, portanto, de representação da categoria em juízo (art. 857 da CLT), mesmo porque uma das funções do sindicato é justamente representar a categoria em juízo (art. 513, *a*, CLT).

No caso de direitos individuais homogêneos, pode-se ter o ajuizamento da ação civil coletiva pelo sindicato, com fundamento na Lei 7.347/1985, art. 21, c/c a Lei 8.078/1990, art. 82, inciso IV.

Segundo a doutrina, a substituição processual no âmbito trabalhista se caracteriza por ser autônoma. Nesse sentido, o substituído pode integrar a lide, como assistente litisconsorcial, desistir da ação, transacionar e renunciar ao direito, independentemente da anuência do sindicato, uma vez que o direito material é do substituído, e não do substituto (sindicato). Ademais, o sindicato (substituto processual) não pode acordar ou renunciar direito alheio, isto é, de terceiro[29].

O substituído, por seu turno, não é parte. Portanto, não pode praticar atos processuais, mas pode intervir no processo como assistente (litisconsorcial) do substituto, uma vez que tem interesse jurídico, por ser o titular do direito material (art. 18, parágrafo único, do CPC).

Os arts. 94 e 103, § 2º, do Código de Defesa do Consumidor autorizam a intervenção dos substituídos nos processos em defesa de direitos individuais homogêneos (intervenção litisconsorcial). Nos termos do art. 124 do CPC, considera-se litisconsorte da parte principal o assistente sempre que a sentença influir na relação jurídica entre ele e o adversário do assistido.

A titularidade do interesse é do substituído, de modo que ele ainda pode, por meio da sua intervenção no processo, acordar e transigir a respeito do seu direito, bem como, em tese, desistir da ação. O substituído, ademais, ainda tem legitimação ordinária, por ser titular do direito material.

29. Cf. MARTINS, Sergio Pinto. *Direito processual do trabalho*. 30. ed. São Paulo: Atlas, 2010. p. 207.

É desnecessária a juntada de procuração dos substituídos na ação em que o sindicato atua como substituto processual, justamente porque a hipótese não se confunde com a representação.

Apesar da previsão do art. 524, *e*, da CLT, conforme o STF, ao interpretar o art. 8º, inciso III, da Constituição da República, na hipótese de substituição processual, não há necessidade de o sindicato apresentar autorização da assembleia-geral para postular em juízo (STF, Pleno, RE 210.029/RS, Rel. p/ ac. Min. Joaquim Barbosa, DJ 17.08.2007).

A ação movida por sindicato, na qualidade de substituto processual, interrompe a prescrição, ainda que tenha sido considerado parte ilegítima *ad causam* (Orientação Jurisprudencial 359 SBDI-I do TST).

Os sindicatos têm legitimidade para defender direitos individuais homogêneos (de origem comum), independentemente de outorga de poderes. O sindicato é legitimado para a defesa dos direitos coletivos relacionados à categoria.

O art. 5º, inciso V, da Lei da Ação Civil Pública (Lei 7.347/1985) prevê as associações como entes legitimados para o ajuizamento de ações civis públicas. No mesmo sentido, o art. 82, inciso IV, do Código de Defesa do Consumidor (Lei 8.078/1990) dispõe sobre as associações como entes legitimados para o ajuizamento de ações coletivas. O sindicato é associação especial, com natureza jurídica de direito privado. Logo, é um dos entes legitimados para o ajuizamento de ação em defesa de direitos metaindividuais trabalhistas.

Trata-se de substituição processual ampla (não restrita aos associados) e genérica (abrangendo quaisquer direitos trabalhistas homogêneos dos membros da categoria) a ser exercida pelo sindicato, e com previsão em lei.

Consoante o art. 129, inciso III, da Constituição da República, são funções institucionais do Ministério Público, entre outras, promover o inquérito civil e a ação civil pública, para a proteção do patrimônio público e social, do meio ambiente e de outros interesses difusos e coletivos. Nesse contexto, o Ministério Público do Trabalho é legitimado para o ajuizamento de ação civil pública na Justiça do Trabalho (art. 83, inciso III, da Lei Complementar 75/1993).

Os direitos metaindividuais (como gênero) podem ser das seguintes espécies: direitos difusos: de natureza indivisível e com titulares indeterminados; direitos coletivos em sentido estrito: de natureza indivisível e titulares determináveis (ou seja, de titularidade de grupo, categoria ou classe de pessoas ligadas entre si ou com a parte contrária por uma relação jurídica base); interesses individuais homogêneos: decorrentes de origem comum, de natureza divisível e com titulares determinados.

A legitimidade para o ajuizamento de ações civis públicas e ações coletivas não é exclusiva do Ministério Público do Trabalho, sabendo-se que os entes sindicais (dotados de natureza de associações privadas) também a detêm (arts. 8º, inciso III, 129, § 1º, da Constituição Federal de 1988, art. 5º, inciso V, da Lei 7.347/1985 e art. 82, inciso IV, da Lei 8.078/1990).

No tocante aos direitos difusos e coletivos em sentido estrito, como os titulares são, respectivamente, indetermináveis e indeterminados, há entendimento no sentido de que, quanto à natureza jurídica da legitimidade para a sua tutela, tem-se a chamada *legitimação autônoma para condução do processo*[30].

30. Cf. NERY JUNIOR, Nelson; NERY, Rosa Maria de Andrade. *Código de Processo Civil comentado e legislação processual civil extravagante em vigor*. 5. ed. São Paulo: RT, 2001. p. 363 (destaques do original).

Na realidade, verifica-se autorização legal para que determinadas entidades defendam em juízo os direitos difusos e coletivos. Como o ente legitimado não é o titular do direito material que está defendendo, a legitimação é extraordinária, tratando-se, portanto, de substituição processual.

De acordo com o artigo 8º, inciso III, da Constituição da República, ao sindicato cabe a defesa dos direitos e interesses coletivos ou individuais da categoria, inclusive em questões judiciais ou administrativas.

Diversamente, segundo o art. 513, *a*, da CLT, uma das prerrogativas dos sindicatos é a de representar, perante as autoridades administrativas e judiciárias, os interesses gerais da respectiva categoria ou profissão liberal ou interesses individuais dos associados relativos à atividade ou profissão exercida.

Prevalece o entendimento no sentido de que o art. 8º, inciso III, da Constituição Federal de 1988 assegura a substituição processual ampla do sindicato[31], distinguindo-se do art. 5º, inciso XXI, da Constituição da República, ao prever que as entidades associativas, quando expressamente autorizadas, têm legitimidade para *representar* seus filiados judicial ou extrajudicialmente[32].

O Supremo Tribunal Federal fixou a seguinte tese de repercussão geral: "I – A previsão estatutária genérica não é suficiente para legitimar a atuação, em Juízo, de associações na defesa de direitos dos filiados, sendo indispensável autorização expressa, ainda que deliberada em assembleia, nos termos do artigo 5º, inciso XXI, da Constituição Federal; II – As balizas subjetivas do título judicial, formalizado em ação proposta por associação, são definidas pela representação no processo de conhecimento, limitada a execução aos associados apontados na inicial" (STF, Pleno, RE 573.232/SC, Rel. p/ ac. Min. Marco Aurélio, DJe 19.09.2014).

Sendo assim, o art. 8º, inciso III, da Constituição Federal de 1988 prevê a substituição processual ampla, ao assegurar ao sindicato a legitimidade para pleitear, em nome próprio, direitos individuais e coletivos da categoria, em benefício dos trabalhadores substituídos[33].

---

31. "Substituição processual. Artigo 8º, inciso III, da Constituição Federal. A teor do disposto no artigo 8º, inciso III, da Carta da República, os sindicatos detêm a substituição processual dos titulares do direito substancial. Precedentes: Recursos Extraordinários nº 210.029, 211.152, 211.303, 211.874, 213.111, 214.668 e 214.830, Pleno, relator ministro Carlos Velloso" (STF, 1ª T., AgR-RE 818.561/RN, Rel. Min. Marco Aurélio, DJe 18.12.2014).

32. "Representação. Associados. Artigo 5º, inciso XXI, da Constituição Federal. Alcance. O disposto no artigo 5º, inciso XXI, da Carta da República encerra representação específica, não alcançando previsão genérica do estatuto da associação a revelar a defesa dos interesses dos associados. Título executivo judicial. Associação. Beneficiários. As balizas subjetivas do título judicial, formalizado em ação proposta por associação, é definida pela representação no processo de conhecimento, presente a autorização expressa dos associados e a lista destes juntada à inicial" (STF, Pleno, RE 573.232/SC, Rel. p/ ac. Min. Marco Aurélio, DJe 19.09.2014).

33. "Embargos interpostos na vigência da Lei nº 11.496/2007. Legitimidade ativa *ad causam*. Sindicato. Substituição processual. Direitos individuais homogêneos. Não provimento. 1. Depreende-se do v. acórdão proferido no julgamento do RE 210.029-3/RS que, para o Supremo Tribunal Federal, a legitimidade sindical posta no artigo 8º, III, da Constituição Federal é ampla e alcança não apenas os direitos coletivos *amplo sensu* (direitos difusos, direitos coletivos *stricto sensu* e individuais homogêneos), mas, ainda, os direitos individuais subjetivos dos trabalhadores integrantes da categoria. Precedentes do STF e desta Corte. 2. Assim, é forçoso reconhecer que a substituição processual não se restringe às hipóteses em que se discutam direitos e interesses coletivos, podendo a entidade sindical defender, inclusive, direitos individuais subjetivos da categoria que representa. 3. Recurso de embargos de que se conhece e a que se nega provimento" (TST, SBDI-I, E-RR-1386-15.2010.5.03.0064, Rel. Min. Guilherme Augusto Caputo Bastos, DEJT 07.12.2017).

O STF entende que o art. 8º, inciso III, da Constituição contém hipótese de substituição processual ampla, abrangendo liquidação e execução. O sindicato, nesse contexto, tem o direito de atuar na defesa dos direitos individuais e coletivos dos integrantes da categoria (STF, Pleno, RE 193.503-1/SP, Rel. originário Min. Carlos Velloso, Rel. p/ ac. Min. Joaquim Barbosa, DJ 24.08.2007).

Como o art. 8º, inciso III, da Constituição da República não faz restrição, a jurisprudência tem admitido a substituição processual pelo sindicato até mesmo em favor de um único empregado (TST, 7ª T., RR 272-87.2011.5.03.0102, Rel. Min. Cláudio Mascarenhas Brandão, DEJT 15.08.2014).

Entende-se ser ampla a legitimidade dos sindicatos para atuar na defesa de todos e quaisquer direitos subjetivos individuais e coletivos dos integrantes da categoria representada (TST, 8ª T., RR – 10195-52.2015.5.03.0085, Rel. Min. Márcio Eurico Vitral Amaro, DEJT 28.10.2016).

Desse modo, prevalece o entendimento que "os sindicatos podem atuar como substitutos processuais de forma ampla e irrestrita, seja para postular interesses e direitos coletivos, difusos, heterogêneos ou individuais homogêneos, seja para atuar em favor de não associados, grupos limitados ou mesmo para um único substituído" (TST, SBDI-I, E-RR – 25300-81.2009.5.09.0095, Rel. Min. Hugo Carlos Scheuermann, DEJT 29.05.2015).

Mesmo na CLT, conforme o art. 195, § 2º, arguida em juízo insalubridade ou periculosidade, seja por empregado, seja por sindicato em favor de grupo de associado, o juiz deve designar perito habilitado, e, onde não houver, requisitará perícia ao órgão competente do Ministério do Trabalho. Trata-se de hipótese em que se verifica a substituição processual pelo sindicato, que vai discutir em juízo a insalubridade ou periculosidade. No presente, tendo em vista o art. 8º, inciso III, da Constituição Federal de 1988, entende-se que a referida substituição processual é ampla, isto é, alcança todos os integrantes da categoria (no caso, que trabalhem na empresa), e não apenas os associados.

O sindicato tem legitimidade para atuar na qualidade de substituto processual para pleitear diferença de adicional de insalubridade (Orientação Jurisprudencial 121 da SBDI-I do TST).

Nos termos do art. 872, parágrafo único, da CLT, quando os empregadores deixarem de satisfazer o pagamento de salários, na conformidade da decisão proferida, podem os empregados *ou seus sindicatos*, independentes de outorga de poderes de seus associados, juntando certidão de tal decisão, apresentar reclamação ou Juízo competente, sendo vedado, porém, questionar sobre a matéria de fato e de direito já apreciada na decisão.

Trata-se de hipótese de substituição processual, em que a propositura da ação independe de outorga de procuração ao sindicato. A ação de cumprimento, na realidade, não se restringe a salários, mas pode ter como objeto quaisquer condições de trabalho previstas apenas em dissídio coletivo. É admitida não apenas quanto à sentença normativa, mas também nas hipóteses de convenção e acordo coletivo de trabalho.

Ainda a respeito do tema, de acordo com a Súmula 286 do TST: "Sindicato. Substituição processual. Convenção e acordo coletivos. A legitimidade do sindicato para propor ação de cumprimento estende-se também à observância de acordo ou de convenção coletivos".

A Lei 8.036/1990, no art. 25, por sua vez, dispõe que pode o próprio trabalhador, seus dependentes e sucessores, ou ainda o Sindicato a que estiver vinculado, acionar diretamente a empresa por intermédio da Justiça do Trabalho, para compeli-la a efetuar o depósito das importâncias devidas nos termos desse diploma legal sobre o FGTS. Tem-se, portanto, hipótese de substituição processual, quando a ação é ajuizada pelo sindicato em favor não apenas dos associados, mas dos integrantes da categoria profissional.

A Lei 8.112/1990, no art. 240, também prescreve que ao servidor público civil é assegurado, nos termos da Constituição Federal, o direito à livre associação sindical e, entre outros, o direito (dela decorrente) de ser representado pelo sindicato, *inclusive como substituto processual*.

A Lei 8.073/1990, no art. 3º, dispõe que as *entidades sindicais* podem atuar como substitutos processuais dos integrantes da categoria. Essa previsão abrange os sindicatos, federações, confederações, como legitimados para propor a ação como substitutos processuais (TST, 8ª T., RR - 183300-24.2007.5.12.0013, Rel. Min. Dora Maria da Costa, DEJT 29.08.2014). As centrais sindicais, no entanto, de acordo com o sistema constitucional em vigor, ainda não integram o sistema sindical confederativo.

De acordo com a posição atualmente majoritária, especialmente após o cancelamento da Súmula 310 do TST, não se exige a apresentação do rol dos substituídos, pois a individualização ocorre na fase de liquidação de sentença, oportunidade em que o contraditório, a respeito dessa questão, deve ser observado.

Os depósitos para a quitação devem ser levantados por meio de guias expedidas em nome do substituído ou do procurador com poderes especiais para esse fim, inclusive nas ações de cumprimento[34]. Cabe lembrar que, consoante o art. 105 do CPC, a "procuração geral para o foro, outorgada por instrumento público ou particular assinado pela parte, habilita o advogado a praticar todos os atos do processo, exceto receber citação, confessar, reconhecer a procedência do pedido, transigir, desistir, renunciar ao direito sobre o qual se funda a ação, receber, dar quitação, firmar compromisso e assinar declaração de hipossuficiência econômica, que devem constar de cláusula específica".

A liquidação e a execução, de acordo com o entendimento firmado pelo STF, podem ser realizadas pelo próprio sindicato, como exequente, tendo em vista a sua condição de substituto processual, decorrente do art. 8º, inciso III, da Constituição da República, não se exigindo a autorização dos substituídos (STF, Pleno, RE 883.642/AL, Rel. Min. Ricardo Lewandowski, DJE 26.06.2015).

---

34. Cf. MARTINS, Sergio Pinto. *Direito processual do trabalho*. 30. ed. São Paulo: Atlas, 2010. p. 210.

Capítulo 6

AÇÃO TRABALHISTA

6.1 DIREITO DE AÇÃO

A *ação* é o poder ou o direito de exigir o exercício da jurisdição, por meio do qual aquele que entende ser titular de um direito subjetivo pleiteia ao Poder Judiciário um provimento que lhe conceda ou assegure o bem jurídico pretendido.

A ação é ajuizada perante o Poder Judiciário, contendo a pretensão, e dá origem ao processo. O art. 5º, inciso XXXV, da Constituição Federal de 1988 assegura o direito fundamental de inafastabilidade do controle jurisdicional. A ação provoca a jurisdição (atividade jurisdicional), a qual é exercida no processo judicial[1].

Há autonomia do direito de ação perante o direito subjetivo material, pois mesmo sendo exercido o direito de ação, pode ocorrer de ser o pedido rejeitado, significando a ausência do direito material postulado.

A ação tem natureza de direito público subjetivo, exercido contra o Estado, embora possa produzir efeitos na esfera jurídica do demandado.

Ao exercer o direito de ação, a parte tem o direito de receber a *tutela jurisdicional*, entendida como "a proteção que se dá a determinado interesse, por via jurisdicional, assegurando direitos ou a integridade da esfera jurídica de alguém"[2].

O direito de ação, portanto, não se resume ao simples acesso ao Poder Judiciário, mas abrange o direito de ter satisfeita a pretensão, ou seja, de receber o provimento jurisdicional que ampare e proteja aquele que é o efetivo titular do direito subjetivo pleiteado. O art. 4º do CPC prevê que as partes têm o direito de obter em prazo razoável a solução integral do mérito, *incluída a atividade satisfativa*.

No plano constitucional, o direito de ação é enfocado de forma ampla, genérica e incondicionada, como garantia constitucional do direito de ação. Diversamente, no plano processual, o direito de ação está relacionado a uma pretensão, sendo o seu exercício condicionado a certos requisitos, com destaque às condições da ação.

6.2 ELEMENTOS DA AÇÃO

A ação é identificada por meio de três elementos essenciais: as partes, a causa de pedir e o pedido.

---

1. Cf. CINTRA, Antonio Carlos de Araújo; GRINOVER, Ada Pellegrini; DINAMARCO, Cândido Rangel. *Teoria geral do processo*. 11. ed. São Paulo: Malheiros, 1995. p. 247.

2. BEDAQUE, José Roberto dos Santos. *Direito e processo*: influência do direito material sobre o processo. 2. ed. São Paulo: Malheiros, 2001. p. 30.

Esses elementos são relevantes para se verificar a existência de litispendência e de coisa julgada entre duas ações (art. 337, §§ 1º a 4º, do CPC), bem como a conexão e a continência entre demandas, para fins de competência (arts. 55 e 56 do CPC).

As *partes* na demanda são o autor e o réu, isto é, quem pede e em face de quem se pede.

A *causa de pedir* engloba os fatos e fundamentos jurídicos, dos quais decorre o pedido. A causa de pedir pode ser próxima (fundamentos jurídicos) e remota (fatos)[3].

O *pedido* é o objeto do processo, ou seja, a pretensão formulada. O pedido pode ser imediato (o provimento jurisdicional pleiteado) e mediato (o bem jurídico postulado).

O art. 337, § 2º, do CPC estabelece que uma ação é idêntica a outra quando possui as mesmas partes, a mesma causa de pedir e o mesmo pedido.

A ação, inclusive trabalhista (isto é, proposta na Justiça do Trabalho), conforme o tipo de provimento jurisdicional pleiteado, pode ser classificada em ação de conhecimento, ação cautelar (tutela provisória de urgência de natureza cautelar) e ação de execução. Parte da doutrina faz menção, ainda, às ações mandamentais e executivas *lato sensu*.

A ação de conhecimento é aquela na qual se pleiteia que o mérito da pretensão seja julgado, por meio da atuação do Direito objetivo no caso concreto. A ação de conhecimento se subdivide em ação declaratória, constitutiva e condenatória.

A ação declaratória tem como objetivo declarar a existência ou inexistência de relação jurídica, bem como a autenticidade ou falsidade de documento (art. 19 do CPC). É admissível a ação meramente declaratória, ainda que tenha ocorrido a violação do direito (art. 20 do CPC).

É incabível ação declaratória visando a declarar direito à complementação de aposentadoria, se ainda não atendidos os requisitos necessários à aquisição do direito, seja por via regulamentar, ou por acordo coletivo (Orientação Jurisprudencial 276 da SBDI-I do TST).

A ação constitutiva, que pode ser positiva ou negativa, visa a constituir ou desconstituir (extinguir) uma relação jurídica.

A ação condenatória é aquela em que o pedido se volta à condenação do réu à obrigação de pagar, entregar coisa, fazer ou não fazer. Objetiva-se a imposição de sanção ou determinação ao réu, a ser cumprida sob pena de execução.

A ação cautelar, na atualidade prevista como tutela provisória de urgência de natureza cautelar (arts. 294 e 301 do CPC), tem natureza instrumental, pois visa a assegurar o resultado útil do processo (quanto ao pedido principal), quando houver perigo em razão da demora deste, e probabilidade do direito material alegado (art. 300 do CPC).

A ação de execução tem como objetivo a satisfação concreta do direito reconhecido no título executivo, isto é, a efetivação do direito constante do título executivo.

A ação mandamental é a que dá origem a uma decisão com natureza de ordem judicial, a ser cumprida pelo réu. É o que ocorre no mandado de segurança, no qual a decisão judicial, com natureza de ordem (mandamento), deve ser cumprida pela autoridade coatora ou pelo demandado, independentemente de instauração de novo processo de execução.

A ação executiva *lato sensu* é aquela em que, após a condenação, no mesmo processo (de natureza sincrética), prossegue-se com a satisfação do direito reconhecido na sentença, isto é, o seu cumprimento, evitando-se a formação de processo autônomo de execução.

---

3. Cf. GRECO FILHO, Vicente. *Direito processual civil brasileiro*. 21. ed. São Paulo: Saraiva, 2009. v. 1. p. 98.

6.3 CONDIÇÕES DA AÇÃO

As *condições da ação* são requisitos necessários para que o mérito ou pedido seja apreciado. As condições da ação atualmente previstas no Código de Processo Civil e aplicáveis ao processo do trabalho são a legitimidade de parte e o interesse processual.

Nesse sentido, para postular em juízo é necessário ter interesse e legitimidade (art. 17 do CPC).

Anteriormente, o CPC de 1973 também previa a possibilidade jurídica do pedido como condição da ação (arts. 267, inciso VI e 301, inciso X), significando a ausência de prévia proibição no ordenamento jurídico quanto à pretensão formulada. Com o CPC de 2015, as hipóteses de impossibilidade jurídica do pedido podem acarretar a rejeição do pedido (art. 487, inciso I), pois dizem respeito ao mérito do processo.

A *legitimidade de parte* (legitimidade *ad causam*) é a pertinência subjetiva da ação. Devem figurar na relação jurídica processual aqueles que foram sujeitos da relação jurídica material discutida no processo. Logo, cuidando-se de ação de condenação de quantia, o credor deve figurar no polo ativo; o devedor, no passivo. Trata-se da legitimação ordinária. Na legitimidade extraordinária, o autor não figura na relação de direito material, pois defende direito alheio, em nome próprio, o que só pode ocorrer se houver autorização legal (art. 18 do CPC).

Frise-se que, de acordo com a chamada *teoria da asserção*, as condições da ação somente se examinam de plano, a partir das afirmações do autor na petição inicial.

Em demanda na qual se discute a manutenção de plano de saúde a ex-empregado aposentado (beneficiário), o Superior Tribunal de Justiça firmou o entendimento de que a legitimidade passiva *ad causam* é da operadora do plano de saúde coletivo, por ser o sujeito responsável pela manutenção das mesmas condições de cobertura (cabendo ao autor assumir o seu pagamento integral, conforme art. 31 da Lei 9.656/1998), e não do ex-empregador, que figura apenas como pessoa jurídica contratante do plano coletivo de assistência à saúde (Cf. STJ, 3ª T., REsp 1.756.121/SP, 2018/0186576-2, Rel. Min. Nancy Andrighi, DJe 30.08.2019).

O *interesse processual* é a necessidade da tutela jurisdicional postulada, a adequação do provimento pleiteado, em face da situação de fato apresentada, e a utilidade que possa trazer ao demandante. O interesse processual, assim, normalmente surge quando o direito do autor não é observado pela outra parte. Por ser, em princípio, vedada a autotutela, nessa hipótese, surgem a necessidade e a utilidade da tutela jurisdicional, a qual deve ser adequada para satisfazer a pretensão do demandante.

Se alguma condição da ação não estiver presente quando do ajuizamento da demanda, mas passar a existir no momento do julgamento, o juiz não deve extinguir o processo sem resolução do mérito, pois, nesse caso, a condição da ação passou a existir de forma superveniente.

Segundo o art. 488 do CPC, desde que possível, o juiz resolverá o mérito sempre que a decisão for favorável à parte a quem aproveitaria eventual pronunciamento nos termos do art. 485 do CPC (que prevê as hipóteses de ausência de resolução do mérito).

Incumbe ao réu, antes de discutir o mérito, alegar ausência de legitimidade ou de interesse processual (art. 337, inciso XI, do CPC). Ainda assim, o juiz deve conhecer de ofício dessa matéria (art. 337, § 5º, do CPC).

Observando-se a ausência de uma ou mais das condições da ação, o processo deve ser extinto sem resolução do mérito (art. 485, inciso VI, do CPC). A ausência das condições da ação, se verificada logo no início pelo juiz, deve acarretar o indeferimento da petição inicial (art. 330, *caput*, incisos II e III, do CPC), o que também gera a extinção do processo sem resolução do mérito (art. 485, inciso I, do CPC). Nesse sentido, a petição inicial deve ser indeferida quando a parte for manifestamente ilegítima ou o autor carecer de interesse processual.

Por se tratar de extinção do processo sem resolução do mérito, admite-se novo ajuizamento da ação (art. 486 do CPC), desta vez com a correção do vício anterior, isto é, com o preenchimento das condições da ação. Conforme o art. 486 do CPC, o pronunciamento judicial que não resolve o mérito não obsta a que a parte proponha de novo a ação. No caso de extinção em razão de litispendência e das hipóteses dos incisos I (indeferimento da petição inicial), IV (ausência de pressupostos de constituição e de desenvolvimento válido e regular do processo), VI (ausência de legitimidade ou de interesse processual) e VII (existência de convenção de arbitragem ou quando o juízo arbitral reconhecer sua competência) do art. 485, a propositura da nova ação depende da correção do vício que levou à extinção do processo sem resolução do mérito (art. 486, § 1º, do CPC).

Nos termos do art. 486, § 2º, do CPC, a petição inicial não será despachada sem a prova do pagamento ou do depósito das custas e dos honorários de advogado. Entretanto, há entendimento de que essa exigência não é aplicável ao processo do trabalho, por haver previsão específica na CLT (art. 790, § 2º) de que as custas que não forem pagas devem ser objeto de execução quanto à respectiva quantia (TST, 1ª T., RR 67000-46.2003.5.01.0038, Rel. Min. Lelio Bentes Corrêa, DEJT 12.11.2010).

6.4 PRESSUPOSTOS PROCESSUAIS

A relação jurídica de direito processual para se formar e se desenvolver validamente, exige a presença de certos requisitos, conhecidos como *pressupostos processuais*, os quais devem estar presentes para que o mérito (ou seja, o pedido ou a pretensão) seja apreciado.

Os pressupostos processuais podem ser classificados em subjetivos e objetivos.

Os *pressupostos processuais subjetivos* se subdividem quanto às partes e ao juiz. Os pressupostos processuais subjetivos relativos ao juiz são a jurisdição, a competência e a capacidade subjetiva (imparcialidade). Os pressupostos processuais subjetivos relativos às partes são a capacidade de ser parte, a capacidade de estar em juízo e a capacidade postulatória. Os *pressupostos processuais objetivos* são o pedido (formulado ao juiz, por meio da petição inicial), a citação (do réu), a inexistência de fato impeditivo (como a litispendência e a coisa julgada)[4].

Segundo outra classificação, os pressupostos processuais são de existência e de validade do processo.

Os *pressupostos processuais de existência* do processo são a jurisdição (isto é, o juiz deve ser investido do poder jurisdicional), o pedido (ou pretensão) e as partes (sujeitos interessados da relação processual). Os *pressupostos processuais de validade* do processo são a competência, a imparcialidade do juiz, a inexistência de coisa julgada e de litispendência, a capacidade processual dos litigantes (isto é, para a prática dos atos processuais), a regularidade da petição inicial e da citação[5].

4. Cf. GRECO FILHO, Vicente. *Direito processual civil brasileiro*. 20. ed. São Paulo: Saraiva, 2009. v. 2. p. 60.
5. Cf. MARTINS, Sergio Pinto. *Direito processual do trabalho*. 30. ed. São Paulo: Atlas, 2010. p. 230-231.

A submissão prévia de demanda à comissão paritária, constituída nos termos do art. 37 da Lei 12.815/2013 (sobre portos), não é pressuposto de constituição e desenvolvimento válido e regular do processo, ante a ausência de previsão em lei (Orientação Jurisprudencial 391 da SBDI-I do TST).

De acordo com o CPC, o juiz não resolverá o mérito quando verificar a ausência de pressupostos de constituição e de desenvolvimento válido e regular do processo (art. 485, inciso IV), bem como quando reconhecer a existência de perempção, de litispendência ou de coisa julgada (art. 485, inciso V).

O pronunciamento judicial que não resolve o mérito não obsta a que a parte proponha de novo a ação (art. 486 do CPC). No caso de extinção em razão de litispendência e nas hipóteses de ausência de pressupostos de constituição e de desenvolvimento válido e regular do processo, a propositura da nova ação depende da correção do vício que levou à extinção do processo sem resolução do mérito.

6.5 PETIÇÃO INICIAL

A *petição inicial* é o ato processual por meio do qual a ação é ajuizada, dando início ao processo. A demanda é apresentada por meio da petição inicial, que contém a pretensão a ser objeto de decisão pelo juiz.

O art. 840 da CLT estabelece os requisitos da petição inicial trabalhista, a qual pode ser escrita ou verbal. Nessa última modalidade, "a reclamação" deve ser "reduzida a termo", em duas vias datadas e assinadas pelo escrivão ou secretário, devendo-se observar, no que couber, os requisitos da petição inicial escrita (art. 840, § 2º, da CLT).

Sendo distribuída reclamação trabalhista verbal, o reclamante deve se apresentar, no prazo de cinco dias, salvo motivo de força maior, ao juízo, para fazê-lo tomar por termo (art. 786, parágrafo único, da CLT). Na prática, costuma haver um setor no qual as reclamações verbais já são tomadas a termo pelo servidor responsável, tornando desnecessário o comparecimento do autor à Vara do Trabalho, com esse objetivo.

Vejamos, assim, os requisitos da petição inicial escrita trabalhista (art. 840, § 1º, da CLT, com redação dada pela Lei 13.467/2017).

1. Designação do juízo, ou seja, normalmente da Vara do Trabalho a que se dirige (ou da Vara relativa ao juiz de direito, na rara hipótese em que esse último exerça a jurisdição trabalhista, por não haver Vara do Trabalho que abranja a localidade).

De acordo com o art. 319, inciso I, do CPC, a petição inicial deve indicar "o juízo a que é dirigida".

Em se tratando de ação de competência originária do TRT, a petição inicial deve ser endereçada ao Tribunal Regional do Trabalho. Da mesma forma, se a ação for de competência originária do TST, a petição inicial deve ser dirigida ao Tribunal Superior do Trabalho.

2. Qualificação das partes, ou seja, do reclamante e do reclamado, isto é, nome completo, nacionalidade, profissão, estado civil, endereço, bem como documentos de identificação (como números de RG, CTPS, CPF, CNPJ).

Conforme o art. 319, inciso II, do CPC, a petição inicial deve indicar "os nomes, os prenomes, o estado civil, a existência de união estável, a profissão, o número de inscrição no Cadastro de Pessoas Físicas ou no Cadastro Nacional da Pessoa Jurídica, o endereço eletrônico, o domicílio e a residência do autor e do réu". Caso não disponha das informações previstas no inciso II do art. 319 do CPC, o autor pode, na petição inicial, requerer ao juiz diligências necessárias a sua obtenção (art. 319, § 1º, do CPC).

A petição inicial não deve ser indeferida se, a despeito da falta de informações a que se refere o inciso II do art. 319 do CPC, for possível a citação do réu (art. 319, § 2º, do CPC). A petição inicial não deve ser indeferida, pelo não atendimento ao disposto no inciso II do art. 319 do CPC, se a obtenção de tais informações tornar impossível ou excessivamente oneroso o acesso à justiça (art. 319, § 3º, do CPC).

Conforme a Súmula 558 do STJ, em "ações de execução fiscal, a petição inicial não pode ser indeferida sob o argumento da falta de indicação do CPF e/ou RG ou CNPJ da parte executada".

3. Breve exposição dos fatos de que resulte o dissídio, o que corresponde à causa de pedir da petição inicial trabalhista.

No Código de Processo Civil, o art. 319, inciso III, exige que a petição inicial contenha "o fato e os fundamentos jurídicos do pedido".

Segundo parte da doutrina, a "causa de pedir próxima" corresponde aos fundamentos jurídicos, enquanto a "causa de pedir remota" é formada pelos fatos alegados na petição inicial[6].

De acordo com a regra específica do processo do trabalho, é suficiente a breve exposição dos fatos de que resulte o conflito, o que indica a adoção da chamada *teoria da substanciação*. Ainda assim, é comum também constarem da petição inicial trabalhista os fundamentos jurídicos, ou seja, a qualificação (ou enquadramento) jurídica dos fatos narrados pelo autor.

O fundamento jurídico não se confunde com o fundamento legal, isto é, o dispositivo legal a ser aplicado ao caso. A indicação desse último é apenas facultativa ao autor, inclusive no processo do trabalho, pois cabe ao juiz conhecer o Direito. As petições iniciais trabalhistas bem elaboradas costumam indicar não apenas os fatos e fundamentos jurídicos, mas os dispositivos legais aplicáveis ao caso.

4. Pedido, o qual decorre da causa de pedir.

O pedido deve ser certo, determinado e com indicação de seu valor (art. 840, § 1º, da CLT). Os pedidos que não atendam a essa disposição devem ser julgados extintos sem resolução do mérito (art. 840, § 3º, da CLT, incluído pela Lei 13.467/2017).

Conforme o art. 319, inciso IV, do CPC, a petição inicial deve indicar o pedido com as suas especificações.

O pedido pode ser classificado em *imediato*, ou seja, o provimento jurisdicional (condenação, declaração, constituição ou desconstituição de relação jurídica), e *mediato*, isto é, o bem jurídico postulado (valor a ser pago, bem a ser entregue, conduta a ser tomada).

Pode-se dizer que o objeto do processo é o pedido. O mérito, na atualidade, é entendido justamente como o pedido ou a pretensão formulada pelo autor, por meio da petição inicial. Na atualidade, até mesmo a lide, em termos científicos, é compreendida como o objeto do processo e, assim, mérito da causa[7].

---

6. Cf. GRECO FILHO, Vicente. *Direito processual civil brasileiro*. 20. ed. São Paulo: Saraiva, 2009. v. 2. p. 107.
7. Cf. DINAMARCO, Cândido Rangel. *Intervenção de terceiros*. São Paulo: Malheiros, 1997. p. 22.

Para fim do que dispõe o art. 840, §§ 1º e 2º, da CLT, o valor da causa será estimado, observando-se, no que couber, o disposto nos arts. 291 a 293 do Código de Processo Civil (art. 12, § 2º, da Instrução Normativa 41/2018 do TST). Logo, não se exige a apresentação de planilha de cálculo para a indicação de exato valor da causa, o qual deve ser apenas estimado, isto é, indicado de forma aproximada.

5. Data e assinatura do reclamante ou de seu representante.

No caso de ação trabalhista ajuizada por advogado que represente (tecnicamente) o autor, o que é o mais frequente, cabe àquele assinar a petição inicial.

Não sendo hipótese de *jus postulandi*, segundo o art. 287 do CPC, a petição deve vir acompanhada de procuração, que conterá os endereços do advogado, eletrônico e não eletrônico, para recebimento de intimações.

A procuração, assim, deve conter o nome do advogado, seu número de inscrição na Ordem dos Advogados do Brasil e endereço completo (art. 105, § 2º, do CPC). Se o outorgado integrar sociedade de advogados, a procuração também deve conter o nome desta, seu número de registro na Ordem dos Advogados do Brasil e endereço completo (art. 105, § 3º, do CPC).

Nesse sentido, é dever das partes, de seus procuradores e de todos aqueles que de qualquer forma participem do processo declinar o endereço, residencial ou profissional, onde receberão intimações no primeiro momento que lhes couber falar nos autos, atualizando essa informação sempre que ocorrer qualquer modificação temporária ou definitiva (art. 77, inciso V, do CPC).

Presumem-se válidas as intimações dirigidas ao endereço constante dos autos, ainda que não recebidas pessoalmente pelo interessado, se a modificação temporária ou definitiva não tiver sido devidamente comunicada ao juízo (art. 274, parágrafo único, do CPC).

Quando postular em causa própria, incumbe ao advogado: I – declarar, na petição inicial ou na contestação, o endereço, seu número de inscrição na Ordem dos Advogados do Brasil e o nome da sociedade de advogados da qual participa, para o recebimento de intimações; II – comunicar ao juízo qualquer mudança de endereço (art. 106 do CPC). Na realidade, esses deveres são aplicáveis não apenas ao advogado que postular em causa própria, mas também ao advogado que representa tecnicamente a parte (arts. 105, §§ 2º e 3º, 274, parágrafo único, e 287 do CPC).

Se o advogado descumprir o disposto no inciso I do art. 106 do CPC, o juiz deve ordenar que se supra a omissão, no prazo de cinco dias, antes de determinar a citação do réu, sob pena de indeferimento da petição. Se o advogado infringir o previsto no inciso II do art. 106 do CPC, devem ser consideradas válidas as intimações enviadas por carta registrada ou meio eletrônico ao endereço constante dos autos.

O art. 852-B, § 2º, da CLT prevê que as partes e advogados devem comunicar ao juízo as mudanças de endereço ocorridas no curso do processo, reputando-se eficazes as intimações enviadas ao local anteriormente indicado, na ausência de comunicação.

6. Valor da causa.

O art. 319, inciso V, do CPC exige que a petição inicial indique o *valor da causa*. O art. 291 do CPC reitera que a toda causa deve ser atribuído valor certo, ainda que não tenha conteúdo econômico imediatamente aferível.

Segundo a atual redação do art. 840, § 1º, da CLT, decorrente da Lei 13.467/2017, a petição inicial trabalhista deve conter o pedido, que deve ser certo, determinado e com *indicação de seu valor*. Os pedidos que não atendam a essa disposição devem ser julgados extintos sem resolução do mérito (art. 840, § 3º, da CLT).

Portanto, entende-se que há necessidade de indicação do valor da causa na petição inicial trabalhista, inclusive para que o réu possa ter conhecimento de quanto o autor pretende receber, para se defender, bem como para facilitar a conciliação. Mesmo porque o valor da causa corresponde ao valor do pedido (art. 292 do CPC), o qual é exigido no processo do trabalho (art. 840, § 1º, da CLT).

Ademais, com a Lei 9.957/2000, o valor da causa é relevante para definir se o procedimento é ordinário ou sumaríssimo[8].

Como já mencionado, para fim do que dispõe o art. 840, §§ 1º e 2º, da CLT, o valor da causa deve ser estimado, observando-se, no que couber, o disposto nos arts. 291 a 293 do Código de Processo Civil (art. 12, § 2º, da Instrução Normativa 41/2018 do TST).

Conforme o art. 2º, *caput*, da Lei 5.584/1970, nos dissídios individuais, uma vez proposta a conciliação, e não havendo acordo, cabe ao juiz, antes de passar à instrução da causa, fixar-lhe "o valor para a determinação da alçada, se este for indeterminado no pedido".

Logo, se na petição inicial trabalhista não constar o valor da causa, cabe ao juiz a sua fixação de ofício, após a tentativa de acordo, e antes do início da instrução[9]. Nesse caso, em audiência, ao apresentar as razões finais, qualquer das partes pode impugnar o valor fixado. Se esse valor for mantido pelo juiz, a parte que o impugnou pode pedir a revisão da decisão, no prazo de 48 horas, ao presidente do Tribunal Regional do Trabalho (art. 2º, § 1º, da Lei 5.584/1970). Esse pedido de revisão não tem efeito suspensivo, devendo ser instruído com a petição inicial e a ata da audiência, em cópia autenticada pela Secretaria da Vara. O seu julgamento deve ocorrer em 48 horas, a partir do recebimento pelo Presidente do Tribunal Regional do Trabalho (art. 2º, § 2º, da Lei 5.584/1970).

A impugnação do valor da causa pode feita pelo réu, em preliminar da contestação (art. 293 do CPC). É importante que o valor da causa conste da petição inicial trabalhista, inclusive para que se possa definir o procedimento a ser aplicado ao caso. Segundo o art. 852-A da CLT, os dissídios individuais cujo valor não exceda a 40 vezes o salário mínimo (vigente na data do ajuizamento da reclamação) "ficam submetidos ao procedimento sumaríssimo". Quando o valor fixado para a causa não excede de duas vezes o salário mínimo (hipótese em que se aplica o procedimento sumário), é dispensável o resumo dos depoimentos, devendo constar da ata a conclusão do juiz quanto à matéria de fato (art. 2º, § 3º, da Lei 5.584/1970). Nessa hipótese de procedimento de alçada, não é cabível recurso da sentença, salvo se versar sobre matéria constitucional. Deve-se considerar, para esse fim, o valor do salário mínimo à data do ajuizamento da ação (art. 2º, § 4º, da Lei 5.584/1970).

De acordo com os parâmetros do art. 292 do CPC, o valor da causa, constante da petição inicial ou da reconvenção, deve ser: I – na ação de cobrança de dívida, a soma monetariamente corrigida do principal, dos juros de mora vencidos e de outras penalidades, se houver, até a data de propositura da ação; II – na ação que tiver por objeto a existência, a validade, o cumprimento, a modificação, a resolução, a resilição ou a rescisão de ato jurídico, o valor do ato ou o de sua parte controvertida; III – na ação

8. Cf. MARTINS, Sergio Pinto. *Direito processual do trabalho*. 30. ed. São Paulo: Atlas, 2010. p. 242-243.

9. Cf. TEIXEIRA FILHO, Manoel Antonio. *O procedimento sumaríssimo no processo do trabalho*. São Paulo: LTr, 2000. p. 37.

de alimentos, a soma de 12 (doze) prestações mensais pedidas pelo autor; IV – na ação de divisão, de demarcação e de reivindicação, o valor de avaliação da área ou do bem objeto do pedido; V – na ação indenizatória, inclusive a fundada em dano moral, o valor pretendido; VI – na ação em que há cumulação de pedidos, a quantia correspondente à soma dos valores de todos eles; VII – na ação em que os pedidos são alternativos, o de maior valor; VIII – na ação em que houver pedido subsidiário, o valor do pedido principal.

Quando se pedirem prestações vencidas e vincendas, deve-se levar em consideração o valor de umas e outras. O valor das prestações vincendas deve ser igual a uma prestação anual, se a obrigação for por tempo indeterminado ou por tempo superior a um ano. O valor das prestações vincendas, se a obrigação for por tempo inferior a um ano, deve ser igual à soma das prestações.

O art. 3º, inciso IV, da Instrução Normativa 39/2016 do TST prevê que se aplica ao processo do trabalho, em face de omissão e compatibilidade, o art. 292, inciso V, do CPC, sobre o valor pretendido na ação indenizatória, inclusive a fundada em dano moral.

É incabível a impetração de mandado de segurança contra ato judicial que, de ofício, arbitrou novo valor à causa, acarretando a majoração das custas processuais, uma vez que cabia à parte, após recolher as custas, calculadas com base no valor dado à causa na inicial, interpor recurso ordinário e, posteriormente, agravo de instrumento no caso de o recurso ser considerado deserto (Orientação Jurisprudencial 88 da SBDI-II do TST).

O art. 292, § 3º, do CPC determina que o juiz deve corrigir, de ofício e por arbitramento, o valor da causa quando verificar que não corresponde ao conteúdo patrimonial em discussão ou ao proveito econômico perseguido pelo autor, caso em que se procederá ao recolhimento das custas correspondentes.

O art. 3º, inciso V, da Instrução Normativa 39/2016 do TST prevê que se aplica ao processo do trabalho, em face de omissão e compatibilidade, o art. 292, § 3º, do CPC, sobre correção de ofício do valor da causa. Trata-se, portanto, de questão de ordem pública, e não de interesse restrito às partes, por gerar desdobramentos processuais diversos.

No processo do trabalho, contra essa decisão, por ter natureza interlocutória, não é cabível recurso de imediato (art. 893, § 1º, da CLT).

7. Provas.

O art. 319, inciso VI, do CPC prevê que a petição inicial deve indicar as provas com que o autor pretende demonstrar a verdade dos fatos alegados. Entende-se que esse requisito não é obrigatório na petição inicial trabalhista, uma vez que as provas, no processo trabalhista, são apresentadas em audiência.

Nos termos do art. 845 da CLT, o reclamante e o reclamado devem comparecer à audiência acompanhados das suas testemunhas, apresentando, nessa ocasião, as demais provas.

Quanto à prova documental, deve ser juntada com a petição inicial trabalhista, em respeito ao art. 787 da CLT, ao prever que a "reclamação escrita" deve ser formulada em duas vias (evidentemente, havendo mais de um réu, devem ser fornecidas pelo autor as correspondentes vias necessárias para serem enviadas a cada réu, sabendo-se que uma via é a que deve ser juntada aos autos do processo), e desde logo acompanhada dos documentos em que se fundar.

A mesma exigência de apresentação dos documentos deve ser aplicada à reclamação verbal, mesmo porque, em consonância com o art. 320 do CPC, a petição inicial deve ser instruída com os documentos indispensáveis à propositura da ação.

8. Requerimento de citação.

No Código de Processo Civil de 1973, o art. 282, inciso VII, do CPC estabelecia o dever de constar na petição inicial "o requerimento para a citação do réu". Não obstante, esse requisito também não é considerado obrigatório na petição inicial trabalhista, uma vez que a citação é realizada de forma automática pela Secretaria da Vara do Trabalho.

Conforme o art. 841 da CLT, uma vez recebida e protocolada a reclamação, o escrivão ou secretário, dentro de 48 horas, deve remeter a segunda via da petição inicial, ou do respectivo termo (na hipótese de reclamação verbal), ao reclamado, notificando-o para comparecer à audiência, que será a primeira desimpedida, depois de cinco dias.

9. Opção pela realização de conciliação ou de mediação.

De acordo com o art. 319, inciso VII, do CPC, a petição inicial deve indicar a opção do autor pela realização ou não de audiência de conciliação ou de mediação.

O art. 334 do CPC dispõe que, se a petição inicial preencher os requisitos essenciais e não for o caso de improcedência liminar do pedido, o juiz deve designar audiência de conciliação ou de mediação (com antecedência mínima de 30 dias, devendo ser citado o réu com pelo menos 20 dias de antecedência).

Especificamente no processo do trabalho, a conciliação deve ser tentada, *de forma imperativa*, pelo próprio juiz, na audiência una ou inaugural, independentemente de opção do autor, como se observa nos arts. 831, 846, 850 e 852-E da CLT. O art. 2º, inciso IV, da Instrução Normativa 39/2016 do TST prevê que não se aplica ao processo do trabalho, em razão de inexistência de omissão ou por incompatibilidade, o art. 334 do CPC, sobre audiência de conciliação ou de mediação.

6.6 PEDIDO

O pedido corresponde ao núcleo da petição inicial, a ser objeto de decisão pelo juiz.

O autor pode, até a citação, aditar ou alterar o pedido ou a causa de pedir, independentemente do consentimento do réu (art. 329, inciso I, do CPC).

O autor pode, até o saneamento do processo, aditar ou alterar o pedido e a causa de pedir, com o consentimento do réu, assegurado o contraditório mediante a possibilidade de manifestação deste no prazo mínimo de 15 dias, facultado o requerimento de prova suplementar (art. 329, inciso II, do CPC). Aplica-se o disposto no art. 329 do CPC à reconvenção e à respectiva causa de pedir.

No processo do trabalho, há entendimento de que o aditamento do pedido, a modificação do pedido ou da causa de pedir, quando requeridos na audiência, antes da apresentação e recebimento da defesa, devem ser deferidos pelo juiz, mas deve ser devolvido ao réu o prazo de resposta (mínimo de cinco dias, conforme o art. 841, *caput*, da CLT, salvo ente de direito público, que tem prazo em quádruplo para a defesa, nos termos do Decreto-lei 779/1969, art. 1º, inciso II), o que exigiria a designação de nova audiência.

É possível ser postulado pedido com natureza cominatória, no sentido de que seja imposta ao réu a abstenção da prática de algum ato, tolerar alguma atividade, prestar ato ou entregar coisa, podendo o autor requerer a cominação de pena pecuniária para o caso de descumprimento da sentença ou da decisão que conceda tutela antecipada. Trata-se da chamada *ação cominatória* (ou de preceito cominatório) voltada a obrigações de fazer, não fazer, entrega de coisa, na qual se pleiteia a cominação de multa para o caso de descumprimento da sentença. Admite-se, ainda, o requerimento de tutela de urgência de natureza antecipada.

A cominação de pena pecuniária para o caso de descumprimento da decisão é típica dessa modalidade de tutela. Trata-se de *astreintes*, por meio das quais se exerce pressão sobre o devedor, para que observe o direito do demandante, caso vencedor, o que é considerado forma de execução indireta[10]. Essa imposição judicial de multa pode ocorrer visando ao cumprimento da sentença ou da decisão que antecipou os efeitos da tutela.

De acordo com o art. 497 do CPC, na ação que tenha por objeto a prestação de fazer ou de não fazer, o juiz, se procedente o pedido, concederá a tutela específica ou determinará providências que assegurem a obtenção de tutela pelo resultado prático equivalente.

Da mesma forma, na ação que tenha por objeto a entrega de coisa, o juiz, ao conceder a tutela específica, deve fixar o prazo para o cumprimento da obrigação (art. 498 do CPC).

A obrigação somente será convertida em perdas e danos se o autor o requerer ou se impossível a tutela específica ou a obtenção de tutela pelo resultado prático equivalente (art. 499 do CPC).

Frise-se que a indenização por perdas e danos deve ser feita sem prejuízo da multa fixada periodicamente para compelir o réu ao cumprimento específico da obrigação (art. 500 do CPC).

O pedido de preceito cominatório pode existir no processo do trabalho, por exemplo, quando a pretensão refere-se a abster-se de praticar certo ato (não transferir o empregado, conforme arts. 469 e 659, inciso IX, da CLT), prestar determinado ato (alterar a função de empregada gestante para atividade não prejudicial ao seu estado de gravidez, nos termos do art. 392, § 4º, inciso I, da CLT), entregar coisa (devolver instrumento de trabalho do empregado retido na empresa).

Na obrigação indivisível com pluralidade de credores, aquele que não participou do processo deve receber sua parte, deduzidas as despesas na proporção de seu crédito (art. 328 do CPC).

O pedido deve ser certo, determinado e com indicação de seu valor (art. 840, § 1º, da CLT, com redação dada pela Lei 13.467/2017). Os pedidos que não atendam ao disposto no art. 840, § 1º, da CLT devem ser julgados extintos sem resolução do mérito (art. 840, § 3º, da CLT).

Portanto, os pedidos que não forem certos, determinados e com indicação dos seus valores não serão julgados no mérito.

De todo modo, cabe ressaltar que, nos termos da Súmula 263 do TST:

> "Petição inicial. Indeferimento. Instrução obrigatória deficiente. Salvo nas hipóteses do art. 330 do CPC de 2015 (art. 295 do CPC de 1973), o indeferimento da petição inicial, por encontrar-se desacompanhada de documento indispensável à propositura da ação *ou não preencher outro requisito legal*, somente é cabível se, após intimada para suprir a irregularidade em 15 (quinze) dias, mediante indicação precisa do que deve ser corrigido ou completado, a parte não o fizer (art. 321 do CPC de 2015)" (destaquei).

Para fim do que dispõe o art. 840, §§ 1º e 2º, da CLT, o valor da causa deve ser estimado, observando-se, no que couber, o disposto nos arts. 291 a 293 do Código de

10. Cf. DINAMARCO, Cândido Rangel. *Execução civil*. 5. ed. São Paulo: Malheiros, 1997. p. 100-101.

Processo Civil (art. 12, § 2º, da Instrução Normativa 41/2018 do TST). Não se exige, assim, a apresentação de planilha de cálculo para a indicação de exato valor da causa, o qual deve ser apenas mencionado de forma aproximada[11].

Frise-se que a indicação do valor correspondente ao pedido já era necessária no procedimento sumaríssimo (art. 852-B, inciso I, da CLT), passando a ser exigida de forma ampla no processo do trabalho, inclusive no procedimento ordinário.

Assim, entende-se que tanto a certeza como a determinação são exigidas quanto ao pedido.

O pedido *certo* é aquele explícito (art. 322 do CPC). Evita-se, com isso, o julgamento *ultra petita* (além do pedido) e *extra petita* (fora do pedido).

Isso é confirmado pelo art. 141 do CPC, ao prever que o juiz deve decidir o mérito nos limites propostos pelas partes, sendo-lhe vedado conhecer de questões não suscitadas a cujo respeito a lei exige iniciativa da parte. Trata-se de desdobramento do chamado *princípio da demanda* ou da *inércia da jurisdição*.

Especificamente quanto ao pedido de adicional de insalubridade, por envolver questões de ordem técnica, nem sempre o autor tem condições de, na causa de pedir, apontar o agente insalubre correto, o que muitas vezes é verificado somente após a realização da perícia.

Nos termos da Súmula 293 do TST: "Adicional de insalubridade. Causa de pedir. Agente nocivo diverso do apontado na inicial. A verificação mediante perícia de prestação de serviços em condições nocivas, considerado agente insalubre diverso do apontado na inicial, não prejudica o pedido de adicional de insalubridade".

Conforme o art. 322, § 1º, do CPC, compreendem-se no principal os juros legais, a correção monetária[12] e as verbas de sucumbência, inclusive os respectivos honorários advocatícios.

A interpretação do pedido deve considerar, portanto, o conjunto da postulação e observar o princípio da boa-fé (art. 322, § 2º, do CPC).

Na ação que tiver por objeto cumprimento de obrigação em prestações sucessivas, estas serão consideradas incluídas no pedido, independentemente de declaração expressa do autor, e serão incluídas na condenação, enquanto durar a obrigação, se o devedor, no curso do processo, deixar de pagá-las ou de consigná-las (art. 323 do CPC).

O pedido também dever ser *determinado*, isto é, definido no que se refere à quantidade e qualidade. O pedido delimitado, assim, é aquele com liquidez, que se contrapõe ao pedido genérico.

---

11. "19. Assim, a Instrução Normativa 41/2018 ao se referir ao 'valor estimado da causa' acaba por delimitar que o pedido apresentado na petição inicial 'com indicação de seu valor' a que se refere o art. 840, § 1º, da CLT deve ser considerado de forma estimada, eis que inexiste nos dispositivos do CPC a que faz remissão a Instrução Normativa qualquer delimitação em sentido contrário. O art. 291 do CPC, pertinente à análise ora empreendida apenas se refere à necessidade de indicação de 'valor certo' da causa, inexistindo, portanto, qualquer obrigação de liquidação do valor da causa, tampouco do pedido, com efeito vinculativo à condenação. Ainda, considerando-se a necessária aplicação supletiva do CPC à hipótese, a ausência de indicação de valores na petição inicial não deve ter como consequência a extinção do feito sem resolução do mérito, devendo-se oportunizar à parte a possibilidade de saneamento do defeito, no prazo de 15 dias, por aplicação analógica da Súmula 263 deste TST c/c arts. 4º, 6º e 317 do CPC" (TST, SBDI-I, Emb-RR-555-36.2021.5.09.0024, Rel. Min. Alberto Bastos Balazeiro, DEJT 07.12.2023).

12. Cf. Súmula 211 do TST: "Juros de mora e correção monetária. Independência do pedido inicial e do título executivo judicial. Os juros de mora e a correção monetária incluem-se na liquidação, ainda que omisso o pedido inicial ou a condenação".

Em conformidade com o art. 324 do CPC, o pedido deve ser determinado, sendo lícito, porém, formular pedido genérico quando: não for possível determinar, desde logo, as consequências do ato ou do fato; quando a determinação do objeto ou do valor da condenação depender de ato que deva ser praticado pelo réu. O disposto no art. 324 do CPC aplica-se também à reconvenção.

É lícita a cumulação, em um único processo, contra o mesmo réu, de vários pedidos, ainda que entre eles não haja conexão (art. 327 do CPC). Para a admissibilidade da cumulação de pedidos, exige-se que: os pedidos sejam compatíveis entre si; seja competente para conhecer deles o mesmo juízo; seja adequado para todos os pedidos o tipo de procedimento (art. 327, § 1º, do CPC).

É possível, ainda, cumular pedidos de multas por descumprimento de cláusulas de normas coletivas na mesma ação. Conforme a Súmula 384 do TST:

> "Multa convencional. Cobrança. I – O descumprimento de qualquer cláusula constante de instrumentos normativos diversos não submete o empregado a ajuizar várias ações, pleiteando em cada uma o pagamento da multa referente ao descumprimento de obrigações previstas nas cláusulas respectivas. II – É aplicável multa prevista em instrumento normativo (sentença normativa, convenção ou acordo coletivo) em caso de descumprimento de obrigação prevista em lei, mesmo que a norma coletiva seja mera repetição de texto legal".

Quando, para cada pedido, corresponder tipo diverso de procedimento, deve ser admitida a cumulação se o autor empregar o procedimento comum, sem prejuízo do emprego das técnicas processuais diferenciadas previstas nos procedimentos especiais a que se sujeitam um ou mais pedidos cumulados, que não forem incompatíveis com as disposições sobre o procedimento comum.

O pedido é alternativo quando, pela natureza da obrigação, o devedor puder cumprir a prestação de mais de um modo (art. 325 do CPC). Quando, pela lei ou pelo contrato, a escolha couber ao devedor, o juiz deve lhe assegurar o direito de cumprir a prestação de um ou de outro modo, ainda que o autor não tenha formulado pedido alternativo.

Ademais, também é permitido formular mais de um pedido, alternativamente, para que o juiz acolha um deles (art. 326, parágrafo único, do CPC).

É lícito formular mais de um pedido *em ordem subsidiária*, a fim de que o juiz conheça do posterior, quando não acolher o anterior (art. 326, *caput*, do CPC).

Nos termos do art. 327, § 3º, do CPC, a necessidade de compatibilidade dos pedidos (prevista no inciso I do § 1º do art. 327 do CPC) não se aplica à cumulação de pedidos em ordem subsidiária nem à formulação de mais de um pedido, alternativamente, para que o juiz acolha um deles, conforme art. 326 do CPC.

6.7 EMENDA DA PETIÇÃO INICIAL

Ajuizada a ação, se o juiz verificar que a petição inicial não preenche os requisitos exigidos, ou não foi instruída com os documentos indispensáveis à propositura da ação, ou que apresenta defeitos e irregularidades capazes de dificultar o julgamento de mérito, deve determinar que o autor a emende, ou a complete, no prazo de 15 dias, indicando com precisão o que deve ser corrigido ou completado, nos termos do art. 321 do CPC. Portanto, somente se o autor não cumprir a diligência é que o juiz deve indeferir a petição inicial (art. 321, parágrafo único, do CPC).

Salvo nas hipóteses do art. 330 do CPC, o indeferimento da petição inicial, por encontrar-se desacompanhada de documento indispensável à propositura da ação ou não preencher outro requisito legal, somente é cabível se, após intimada para suprir a irregularidade em 15 dias, mediante indicação precisa do que deve ser corrigido ou completado, a parte não o fizer, conforme art. 321 do CPC (Súmula 263 do TST).

As hipóteses em que se deve conceder prazo ao autor para emendar a petição inicial referem-se a situações em que o defeito em questão é sanável.

O art. 320 do CPC prevê a necessidade de instrução da petição inicial com os documentos indispensáveis à propositura da ação. No processo do trabalho, o art. 787 da CLT dispõe expressamente quanto à necessidade de a petição inicial vir acompanhada desde logo com os documentos em que se fundar. No entanto, apenas os documentos havidos como *indispensáveis* é que devem ser objeto de saneamento, na forma do art. 320 do CPC. Quanto aos demais, a sua juntada é ônus processual do autor, relativo à atividade probatória.

6.8 INDEFERIMENTO DA PETIÇÃO INICIAL

Há situações em que a petição inicial apresenta defeitos que acarretam a necessidade do seu indeferimento liminar, com a consequente extinção do processo sem resolução do mérito (art. 485, inciso I, do CPC).

O art. 330 do CPC dispõe que a petição inicial deve ser indeferida quando: I – for inepta; II – a parte for manifestamente ilegítima; III – o autor carecer de interesse processual; IV – não atendidas as prescrições dos arts. 106 e 321 do CPC.

A *inépcia da petição inicial*, portanto, é uma das hipóteses de seu indeferimento liminar (art. 330, inciso I, do CPC).

Considera-se inepta a petição inicial quando: I – lhe faltar pedido ou causa de pedir; II – o pedido for indeterminado, ressalvadas as hipóteses legais em que se permite o pedido genérico; III – da narração dos fatos não decorrer logicamente a conclusão; IV – contiver pedidos incompatíveis entre si (art. 330, § 1º, do CPC).

É possível argumentar que a petição inicial só deve ser indeferida de plano se não for possível ser sanado o defeito ou a irregularidade. De acordo com a parte inicial da Súmula 263 do TST, entende-se que nas hipóteses do art. 330 do CPC, inclusive na hipótese de inépcia da petição inicial (art. 330, *caput*, inciso I, e § 1º, do CPC), não há obrigatoriedade de o juiz conceder prazo para a correção da irregularidade.

Cabe ao réu, na contestação, antes de discutir o mérito, alegar a inépcia da petição inicial (art. 337, inciso IV, do CPC). O juiz também deve conhecer de ofício a inépcia da petição inicial (art. 337, § 5º, do CPC).

No processo do trabalho, como o juiz, muitas vezes, somente tem o primeiro contato com a petição inicial na audiência, nela é possível o seu indeferimento, antes da contestação e do início da instrução.

Cabe ainda salientar que a *adequação* entre o procedimento e o fim buscado por meio da ação ajuizada corresponde a um dos aspectos do interesse de agir, o qual é uma das condições da ação (art. 337, inciso XI, do CPC). Portanto, caso a mencionada adequação não exista, o processo deve ser extinto sem resolução do mérito (art. 485, inciso VI, do CPC).

Se o autor, na petição inicial, tiver mencionado o procedimento sumaríssimo, mas este não for aplicável, por exemplo, em razão do valor da causa (correspondente ao pedido), caberá ao juiz adaptar o feito ao procedimento correto, por se tratar de questão de ordem pública.

De acordo com o art. 106 do CPC, quando postular em causa própria, incumbe ao advogado declarar, na petição inicial ou na contestação, o endereço, seu número de inscrição na Ordem dos Advogados do Brasil e o nome da sociedade de advogados da qual participa, para o recebimento de intimações. Se o advogado descumprir esse dever, o juiz deve ordenar que se supra a omissão, no prazo de cinco dias, antes de determinar a citação do réu, sob pena de indeferimento da petição. Ainda quando postular em causa própria, incumbe ao advogado comunicar ao juízo qualquer mudança de endereço. Se o advogado infringir esse dever, devem ser consideradas válidas as intimações enviadas por carta registrada ou meio eletrônico ao endereço constante dos autos.

A procuração também deve conter o nome do advogado, seu número de inscrição na Ordem dos Advogados do Brasil e endereço completo (art. 105, § 2º, do CPC). Não sendo caso de *jus postulandi*, a petição inicial deve vir acompanhada de procuração, que conterá os endereços do advogado, eletrônico e não eletrônico, para recebimento de intimações (art. 287 do CPC). Presumem-se válidas as intimações dirigidas ao endereço constante dos autos, ainda que não recebidas pessoalmente pelo interessado, *se a modificação temporária ou definitiva não tiver sido devidamente comunicada ao juízo*, fluindo os prazos a partir da juntada aos autos do comprovante de entrega da correspondência no primitivo endereço (art. 274, parágrafo único, do CPC). Logo, os deveres previstos no art. 106 do CPC não se aplicam apenas ao advogado que postular em causa própria, mas também ao advogado que representa, tecnicamente, a parte, devendo fazer constar essas informações na procuração.

Se o juiz verificar que a petição inicial não preenche os requisitos exigidos, ou que apresenta defeitos e irregularidades capazes de dificultar o julgamento de mérito, deve determinar que o autor a emende, ou a complete, no prazo de 15 dias, indicando com precisão o que deve ser corrigido ou completado (art. 321 do CPC). Entretanto, se o autor não cumprir essa diligência, cabe ao juiz indeferir a petição inicial (art. 321, parágrafo único, do CPC).

Se a petição inicial for indeferida, o autor pode apelar (no processo do trabalho, interpor recurso ordinário), facultado ao juiz, no prazo de cinco dias, retratar-se (art. 331 do CPC). Se não houver retratação, o juiz deve mandar citar o réu para responder ao recurso. Havendo retratação, o juiz deve retomar o andamento processual. Logo, nesse caso, em regra, o réu deverá ser citado. Sendo a sentença reformada pelo tribunal, o prazo para a contestação começará a contar da intimação do retorno dos autos. Não interposto o recurso, o réu deve ser intimado do trânsito em julgado da sentença. Nos termos do art. 241 do CPC, uma vez transitada em julgado a sentença de mérito proferida em favor do réu *antes da citação*, incumbe ao escrivão ou ao chefe de secretaria comunicar-lhe o resultado do julgamento.

6.9 IMPROCEDÊNCIA LIMINAR DO PEDIDO

Tendo em vista os princípios da economia e da celeridade processual, nas causas que dispensem a fase instrutória, o juiz, independentemente da citação do réu, deve *julgar liminarmente improcedente o pedido* que contrariar: I – enunciado de súmula do Supremo Tribunal Federal ou do Superior Tribunal de Justiça (no processo do trabalho, súmula do TST); II – acórdão proferido pelo Supremo Tribunal Federal ou pelo Superior Tribunal de Justiça (no processo do trabalho, pelo TST) em julgamento de recursos repetitivos; III – entendimento firmado em incidente de resolução de demandas repetitivas ou de assunção de competência; IV – enunciado de súmula de tribunal de justiça (no processo do trabalho, de TRT) sobre direito local (art. 332 do CPC).

Segundo o art. 239 do CPC, para a validade do processo é indispensável a citação do réu ou do executado, *ressalvadas as hipóteses de indeferimento da petição inicial ou de improcedência liminar do pedido*.

O art. 7º da Instrução Normativa 39/2016 do TST dispõe que se aplicam ao processo do trabalho as normas do art. 332 do CPC, com as necessárias adaptações à legislação processual trabalhista, cumprindo ao juiz do trabalho *julgar liminarmente improcedente o pedido* que contrariar: I – enunciado de súmula do Supremo Tribunal Federal ou do Tribunal Superior do Trabalho (art. 927, inciso V, do CPC); II – acórdão proferido pelo Supremo Tribunal Federal ou pelo Tribunal Superior do Trabalho em julgamento de recursos repetitivos (art. 896-B, da CLT e art. 1.046, § 4º, do CPC); III – entendimento firmado em incidente de resolução de demandas repetitivas ou de assunção de competência; IV – enunciado de súmula de Tribunal Regional do Trabalho sobre direito local, convenção coletiva de trabalho, acordo coletivo de trabalho, sentença normativa ou regulamento empresarial de observância obrigatória em área territorial que não exceda à jurisdição do respectivo Tribunal (CLT, art. 896, *b*, a *contrario sensu*).

Conforme o art. 332, § 1º, do CPC, o juiz também pode julgar liminarmente improcedente o pedido se verificar, desde logo, a ocorrência de decadência (art. 332, § 1º, do CPC).

O Código de Processo Civil prevê que, ressalvada a hipótese do § 1º do art. 332 (que trata da improcedência liminar do pedido em razão de decadência ou de prescrição), a prescrição e a decadência não devem ser reconhecidas sem que antes seja dada às partes oportunidade de manifestar-se (art. 487, parágrafo único, do CPC). No mesmo sentido, o art. 9º do CPC determina que não se deve proferir decisão contra uma das partes sem que esta seja previamente ouvida.

Prevalece no processo do trabalho o entendimento de que o juiz não é autorizado a reconhecer, de ofício, a prescrição na fase de conhecimento (TST, SBDI-I, E-RR-82841-64.2004.5.10.0016, Rel. Min. Dora Maria da Costa, DEJT 07.03.2014), por ser matéria de defesa, que deve ser arguida pelo réu na instância ordinária[13], o que impede julgar liminarmente improcedente o pedido com esse fundamento.

Entretanto, a *prescrição intercorrente* pode ser requerida ou declarada de ofício em qualquer grau de jurisdição (art. 11-A, § 2º, da CLT).

Quanto à decadência, o art. 210 do Código Civil de 2002 prevê que o juiz deve, de ofício, conhecer da decadência, *quando estabelecida em lei*.

Desse modo, no processo do trabalho, o juiz também pode julgar liminarmente improcedente o pedido se verificar, desde logo, a ocorrência de *decadência* (art. 7º, parágrafo único, da Instrução Normativa 39/2016 do TST).

Não interposta a apelação (no processo do trabalho, o recurso ordinário), o réu deve ser intimado do trânsito em julgado da sentença, nos termos do art. 241 do CPC, ao dispor que, transitada em julgado a sentença de mérito proferida em favor do réu antes da citação, incumbe ao escrivão ou ao chefe de secretaria (diretor de secretaria, no processo do trabalho) comunicar-lhe o resultado do julgamento. Interposta a apelação (no processo trabalhista, o recurso ordinário), o juiz pode se retratar em cinco dias. Se houver retratação, o juiz deve determinar o prosseguimento do processo, com a citação do réu. Se *não* houver retratação, o juiz deve determinar a citação do réu para apresentar contrarrazões, no prazo de oito dias, no caso do processo do trabalho.

---

13. Cf. Súmula 153 do TST: "Prescrição. Não se conhece de prescrição não arguida na instância ordinária".

6.10 DISTRIBUIÇÃO DA AÇÃO

Se na localidade houver apenas uma Vara do Trabalho (ou Juízo de Direito no exercício da jurisdição trabalhista), a ação é ajuizada, protocolando-se diretamente a petição inicial, não havendo falar em distribuição.

Consoante o art. 837 da CLT, nas localidades em que houver apenas uma Vara do Trabalho, ou um Juízo de Direito, a reclamação deve ser apresentada diretamente à Secretaria da Vara, ou ao cartório do Juízo. Entretanto, nas localidades em que houver mais de uma Vara ou mais de um Juízo, a reclamação deve ser, preliminarmente, sujeita à distribuição (art. 838 da CLT).

As reclamações devem ser registradas em livro próprio, rubricado em todas as folhas pela autoridade a que estiver subordinado o distribuidor (art. 784 da CLT).

A distribuição das reclamações deve ser feita entre as Varas do Trabalho (ou os Juízos de Direito do Cível que exerçam a jurisdição trabalhista), pela ordem rigorosa de sua apresentação ao distribuidor, quando o houver (art. 783 da CLT). Segundo o art. 284 do CPC, todos os processos estão sujeitos a registro, devendo ser distribuídos onde houver mais de um juiz.

A distribuição pode ser eletrônica, devendo ser alternada, aleatória e obedecer a *rigorosa igualdade* (art. 285, *caput*, do CPC). A lista de distribuição deve ser publicada no Diário de Justiça.

Cabe esclarecer que a *distribuição da petição inicial* e a juntada da contestação, dos recursos e das petições em geral, todos em formato digital, *nos autos de processo eletrônico*, podem ser feitas diretamente pelos advogados públicos e privados, sem necessidade da intervenção do cartório ou secretaria judicial, situação em que a autuação deve se dar de forma automática, fornecendo-se recibo eletrônico de protocolo (art. 10 da Lei 11.419/2006).

Quando o ato processual tiver que ser praticado em determinado prazo, por meio de petição eletrônica, são considerados tempestivos os efetivados até as 24 horas do último dia. Nesse caso, se o Sistema do Poder Judiciário se tornar indisponível por motivo técnico, o prazo fica automaticamente prorrogado para o primeiro dia útil seguinte à resolução do problema. Os órgãos do Poder Judiciário devem manter equipamentos de digitalização e de acesso à rede mundial de computadores à disposição dos interessados para distribuição de peças processuais.

Cabe ao distribuidor fornecer ao interessado um recibo do qual devem constar, essencialmente, o nome do reclamante e do reclamado, a data da distribuição, o objeto da reclamação e a Vara ou o Juízo a que coube a distribuição (art. 785 da CLT).

Uma vez feita a distribuição, a reclamação deve ser remetida pelo distribuidor à Vara ou ao Juízo competente, acompanhada do bilhete de distribuição (art. 788 da CLT).

Conforme o art. 93, inciso XV, da Constituição da República, acrescentado pela Emenda Constitucional 45/2004, a distribuição de processos deve ser imediata, em todos os graus de jurisdição.

Capítulo **7**

PROCEDIMENTO

7.1 PROCESSO E PROCEDIMENTO

O processo, em sua manifestação extrínseca, pode ser entendido como *procedimento*, isto é, o conjunto de atos coordenados que se sucedem, e que se realizam em contraditório[1]. O rito é a forma como o procedimento se desenvolve no processo.

Os atos processuais são praticados pelos sujeitos da relação processual trabalhista, com o fim de que a decisão seja proferida, pacificando-se o conflito de trabalho.

O procedimento no processo trabalhista se caracteriza por enfatizar a simplicidade, a oralidade e a concentração dos atos processuais em audiência, evitando-se formalismos desnecessários. Observa-se, ainda, a tentativa de conciliação, procurando fazer com que as próprias partes cheguem a um consenso, no caso, dando origem a acordo a ser homologado pelo juiz, por se tratar de conflito que foi encaminhado ao Poder Judiciário para ser solucionado. O procedimento trabalhista também se destaca pelo objetivo de ser célere, tendo em vista a natureza do direito material normalmente ali discutido, muitas vezes de caráter alimentar.

Em se tratando de processo ou fase de conhecimento, o procedimento pode ser classificado em comum e especial. O procedimento comum se subdivide em procedimento ordinário, sumaríssimo e sumário.

Pode-se dizer que há três procedimentos distintos, ou seja, o ordinário, o sumaríssimo (quando o valor da causa é de até 40 salários mínimos) e o sumário (quando o valor da causa é de até dois salários mínimos, conforme previsão da Lei 5.584/1970).

O juiz deve dirigir o processo conforme as disposições legais, isto é, em conformidade com o procedimento previsto em lei, incumbindo-lhe dilatar os prazos processuais e, ainda, *alterar a ordem de produção dos meios de prova, adequando-os às necessidades do conflito de modo a conferir maior efetividade à tutela do direito* (art. 139, inciso VI, do CPC). Essa dilação de prazo somente pode ser determinada antes de encerrado o prazo regular.

O art. 775, § 2º, da CLT também prevê que ao juízo incumbe dilatar os prazos processuais e alterar a ordem de produção dos meios de prova, adequando-os às necessidades do conflito de modo a conferir maior efetividade à tutela do direito.

---

1. Cf. CINTRA, Antonio Carlos de Araújo; GRINOVER, Ada Pellegrini; DINAMARCO, Cândido Rangel. *Teoria geral do processo*. 11. ed. São Paulo: Malheiros, 1995. p. 285-286.

Em princípio, os procedimentos não são livremente escolhidos pelas partes. Mesmo o autor pretendendo que se adote procedimento em desacordo com a lei, cabe ao juiz proceder à adaptação àquele que for o correto.

Conforme o art. 2º, inciso II, da Instrução Normativa 39/2016 do TST, não se aplicam ao processo do trabalho, em razão de inexistência de omissão ou por incompatibilidade, o art. 190 e parágrafo único do CPC, sobre negociação processual. Prevaleceu, assim, o entendimento de que as normas processuais que fixam o procedimento trabalhista são de ordem pública, bem como indisponíveis, o que afasta a possibilidade de sua modificação por meio de convenção entre as partes.

De comum acordo, o juiz e as partes podem fixar *calendário para a prática dos atos processuais*, quando for o caso (art. 191 do CPC). Esse calendário vincula as partes e o juiz, e os prazos nele previstos somente devem ser modificados em casos excepcionais, devidamente justificados. Dispensa-se a intimação das partes para a prática de ato processual ou a realização de audiência cujas datas tiverem sido designadas no calendário.

7.2 PROCEDIMENTO ORDINÁRIO

O *procedimento ordinário* é aplicado quando não incidem no caso os outros tipos de procedimento, isto é, sumário, sumaríssimo nem especial.

Ajuizada e distribuída a ação trabalhista, o secretário da Vara do Trabalho, dentro de 48 horas, deve remeter a segunda via da petição, ou do termo, ao reclamado, notificando-o (em registro postal com franquia) para comparecer à audiência, que será a primeira desimpedida, depois de cinco dias (art. 841, *caput*, da CLT). Se o reclamado criar embaraços ao seu recebimento ou não for encontrado, a notificação deve ser feita por edital, inserto no jornal oficial ou no que publicar o expediente forense, ou, na falta, afixado na sede do Juízo (art. 841, § 1º, da CLT).

O reclamante, por sua vez, é notificado quanto à audiência no ato da apresentação da reclamação, ou por meio de notificação pela via postal (art. 841, § 2º, da CLT). No processo eletrônico, todas as citações, intimações e notificações, inclusive as destinadas à Fazenda Pública, devem ser feitas por meio eletrônico, na forma da Lei 11.419/2006.

Às audiências devem estar presentes, comparecendo com a necessária antecedência, os escrivães ou secretários (art. 814 da CLT).

À hora marcada, o juiz deve declarar aberta a audiência, sendo feita pelo secretário ou escrivão a chamada das partes, testemunhas e demais pessoas que devam comparecer (art. 815 da CLT). Se, até 15 minutos após a hora marcada, o juiz não houver comparecido, os presentes podem se retirar, devendo o ocorrido constar do livro de registro das audiências (art. 815, § 1º, da CLT).

Conforme o art. 2º, inciso VI, da Instrução Normativa 39/2016 do TST, não se aplica ao processo do trabalho, em razão de inexistência de omissão ou por incompatibilidade, o art. 362, inciso III, do CPC, sobre adiamento da audiência em razão de atraso injustificado superior a 30 minutos.

Na atualidade, de acordo com o art. 815, § 2º, da CLT, incluído pela Lei 14.657/2023, se, até 30 minutos após a hora marcada, a audiência, *injustificadamente*, não houver sido iniciada, as partes e os advogados podem se retirar, consignando seus nomes, devendo o ocorrido constar do livro de registro das audiências. Nessa hipótese, a audiência deve ser remarcada pelo juiz para a data mais próxima possível, vedada a aplicação de qualquer penalidade às partes (art. 815, § 3º, da CLT, incluído pela Lei 14.657/2023).

O juiz deve manter a ordem nas audiências, podendo mandar retirar do recinto os assistentes que a perturbarem (art. 816 da CLT). O juiz exerce o poder de polícia e incumbe-lhe: manter a ordem e o decoro na audiência; ordenar que se retirem da sala de audiência os que se comportarem inconvenientemente; requisitar, quando necessário, a força policial; tratar com urbanidade as partes, os advogados, os membros do Ministério Público e da Defensoria Pública e qualquer pessoa que participe do processo; registrar em ata, com exatidão, todos os requerimentos apresentados em audiência (art. 360 do CPC).

Nos termos do art. 139 do CPC, o juiz deve dirigir o processo conforme as disposições ali previstas, incumbindo-lhe: I – assegurar às partes igualdade de tratamento; II – velar pela duração razoável do processo; III – prevenir ou reprimir qualquer ato contrário à dignidade da justiça e indeferir postulações meramente protelatórias; IV – determinar todas as medidas indutivas, coercitivas, mandamentais ou sub-rogatórias necessárias para assegurar o cumprimento de ordem judicial, inclusive nas ações que tenham por objeto prestação pecuniária; V – promover, a qualquer tempo, a autocomposição; VI – dilatar os prazos processuais e alterar a ordem de produção dos meios de prova, adequando-os às necessidades do conflito de modo a conferir maior efetividade à tutela do direito; VII – exercer o poder de polícia, requisitando, quando necessário, força policial, além da segurança interna dos fóruns e tribunais; VIII – determinar, a qualquer tempo, o comparecimento pessoal das partes, para inquiri-las sobre os fatos da causa, hipótese em que não incidirá a pena de confesso; IX – determinar o suprimento de pressupostos processuais e o saneamento de outros vícios processuais; X – quando se deparar com diversas demandas individuais repetitivas, oficiar o Ministério Público, a Defensoria Pública e, na medida do possível, outros legitimados a que se referem o art. 5º da Lei 7.347, de 24 de julho de 1985, e o art. 82 da Lei 8.078, de 11 de setembro de 1990, para, se for o caso, promover a propositura da ação coletiva respectiva.

A dilação de prazo, prevista no inciso VI do art. 139 somente pode ser determinada antes de encerrado o prazo regular.

Entende-se que não se aplica ao processo do trabalho a parte final do art. 139, inciso V, do CPC, no sentido de que a autocomposição deve ser feita "preferencialmente com auxílio de conciliadores e mediadores judiciais". O art. 3º, inciso III, da Instrução Normativa 39/2016 do TST prevê que se aplica ao processo do trabalho, em face de omissão e compatibilidade, o art. 139 do CPC, *exceto a parte final do inciso V* (sobre poderes, deveres e responsabilidades do juiz). Isso porque a conciliação, na Justiça do Trabalho, é realizada pelo próprio juiz na audiência (arts. 764, 831, 846, 850, 852-E e 860 da CLT).

Segundo o art. 7º da Lei 13.146/2015 (Estatuto da Pessoa com Deficiência), é dever de todos comunicar à autoridade competente qualquer forma de ameaça ou de violação aos direitos da pessoa com deficiência. Se, no exercício de suas funções, os juízes e os tribunais tiverem conhecimento de fatos que caracterizem as violações previstas no referido diploma legal, devem remeter peças ao Ministério Público para as providências cabíveis.

O registro das audiências deve ser feito em livro próprio, constando de cada registro os processos apreciados e a respectiva solução, bem como as ocorrências eventuais (art. 817 da CLT). Do registro das audiências podem ser fornecidas certidões às pessoas que o requererem.

Terminada a instrução, as partes podem aduzir razões finais, em prazo não excedente de 10 minutos para cada uma. Em seguida, o juiz deve renovar a proposta de conciliação, e, não se realizando esta, deve proferir a decisão (art. 850 da CLT).

No procedimento ordinário, a tentativa de conciliação deve ocorrer, obrigatoriamente, antes da apresentação da defesa (art. 846 da CLT) e depois das razões finais (art. 850 da CLT).

Na audiência devem estar presentes o reclamante e o reclamado, independentemente do comparecimento de seus representantes, salvo, nos casos de "reclamações plúrimas" ou "ações de cumprimento", quando os empregados podem se fazer representar pelo sindicato de sua categoria (art. 843 da CLT). O empregador pode se fazer substituir pelo gerente, ou qualquer outro preposto que tenha conhecimento do fato (art. 843, § 1º, da CLT). Se por doença ou qualquer outro motivo ponderoso, devidamente comprovado, não for possível ao empregado comparecer pessoalmente, poderá fazer-se representar por outro empregado que pertença à mesma profissão, ou pelo seu sindicato (art. 843, § 2º, da CLT). O preposto não precisa ser empregado da parte reclamada (art. 843, § 3º, da CLT).

O não comparecimento do reclamante à audiência importa o arquivamento da reclamação. O não comparecimento do reclamado acarreta revelia, além de confissão quanto à matéria de fato (art. 844 da CLT).

Se ambas as partes não comparecerem à audiência (una ou inaugural), defende-se o entendimento de que também incide o arquivamento dos autos, com a extinção do processo sem exame do mérito, uma vez que o próprio autor, o qual seria o interessado no prosseguimento do feito, não compareceu ao ato processual.

Ocorrendo motivo relevante, pode o juiz suspender o julgamento, designando nova audiência (art. 844, § 1º, da CLT).

Na hipótese de ausência do reclamante, este deve ser condenado ao pagamento das custas calculadas na forma do art. 789 da CLT, *ainda que beneficiário da justiça gratuita*, salvo se comprovar, no prazo de 15 dias, que a ausência ocorreu por motivo legalmente justificável (art. 844, § 2º, da CLT, incluído pela Lei 13.467/2017).

O pagamento das custas a que se refere o § 2º do art. 844 da CLT é condição para a propositura de nova demanda (art. 844, § 3º, da CLT, acrescentado pela Lei 13.467/2017).

Como regra geral, o art. 790-A, *caput*, da CLT estabelece que os beneficiários de justiça gratuita são *isentos* do pagamento de custas.

A previsão especial de que o autor deve ser condenado ao pagamento das custas em caso de arquivamento da ação trabalhista, mesmo sendo beneficiário da justiça gratuita (art. 844, § 2º, da CLT), deve ser interpretada em consonância com o direito fundamental de assistência jurídica integral e gratuita aos que comprovarem insuficiência de recursos (art. 5º, inciso LXXIV, da Constituição da República). Desse modo, a interpretação conforme a Constituição deve ser no sentido de que o reclamante beneficiário de justiça gratuita somente será obrigado a pagar custas caso passe a ter condições econômicas para tanto, sem prejudicar a subsistência própria e de sua família. Da mesma forma, a exigência de pagamento das custas em caso de arquivamento para o ajuizamento de nova ação trabalhista (art. 844, § 3º, da CLT) só pode incidir caso o demandante tenha condições econômicas para isso, sob pena de violação ao direito fundamental de acesso à justiça (art. 5º, inciso XXXV, da Constituição Federal de 1988).

A Ação Direta de Inconstitucionalidade 5.766/DF tem como objeto, entre outros dispositivos decorrentes da Lei 13.467/2017, a expressão "ainda que beneficiário da justiça gratuita", prevista no § 2º do art. 844 da CLT.

O Supremo Tribunal Federal declarou constitucional o art. 844, § 2º, da CLT (STF, Pleno, ADI 5.766/DF, Red. p/ ac. Min. Alexandre de Moraes, j. 20.10.2021). Prevaleceu o entendimento no sentido da validade da condenação do reclamante ao pagamento das custas, caso não compareça à audiência inicial (ou una), sem comprovar, no prazo de 15 dias, que a ausência ocorreu por motivo legalmente justificável, por se tratar apenas de mais um requisito para a justiça gratuita[2].

O reclamante e o reclamado devem comparecer à audiência acompanhados das suas testemunhas, bem como apresentar, nessa ocasião, as demais provas (art. 845 da CLT).

Aberta a audiência, o juiz deve propor a conciliação (art. 846 da CLT). Se houver acordo, deve-se lavrar o respectivo termo, assinado pelo juiz e pelos litigantes, consignando-se o prazo e demais condições para seu cumprimento (art. 846, § 1º, da CLT).

Embora o art. 764, § 2º, da CLT mencione que, se não houver acordo, "o juízo conciliatório converter-se-á obrigatoriamente em arbitral", proferindo-se decisão, na realidade, não se trata de arbitragem, mas sim de ato jurisdicional, praticado pelo Estado-juiz, ao decidir o conflito.

Não havendo acordo, o reclamado tem 20 minutos para aduzir a sua defesa, após a leitura da reclamação, quando esta não for dispensada por ambas as partes (art. 847 da CLT). Apesar da previsão de apresentação de defesa verbal, na prática, normalmente é exposta na forma escrita.

A parte pode apresentar defesa escrita pelo sistema de processo judicial eletrônico até a audiência (art. 847, parágrafo único, da CLT).

A respeito do tema, o art. 22 da Resolução 185/2017 do Conselho Superior da Justiça do Trabalho prevê que a contestação ou a reconvenção e seus respectivos documentos devem ser protocolados no PJe até a realização da proposta de conciliação infrutífera, com a utilização de equipamento próprio, sendo automaticamente juntados, facultada a apresentação de defesa oral, na forma do art. 847 da CLT (redação dada pela Resolução CSJT 241/2019).

Entretanto, no expediente de notificação inicial ou de citação constará recomendação para que a contestação ou a reconvenção e os documentos que as acompanham sejam protocolados no PJe com pelo menos 48 horas de antecedência da audiência (art. 22, § 1º, da Resolução CSJT 185/2017).

O autor pode atribuir segredo de justiça ao processo no momento da propositura da ação, cabendo ao magistrado, após a distribuição, decidir sobre a manutenção ou exclusão dessa situação, nos termos do art. 189 do CPC e art. 770, *caput*, da CLT (art. 22, § 2º, da Resolução CSJT 185/2017).

Com exceção da petição inicial, as partes podem atribuir sigilo às petições e documentos, nos termos do parágrafo único do art. 773 do CPC (art. 22, § 3º, da Resolução CSJT 185/2017).

Com exceção da defesa, da reconvenção e dos documentos que os acompanham, o magistrado pode determinar a exclusão de petições e documentos indevidamente

2. "Constitucional. Ação direta de inconstitucionalidade. Lei 13.467/2017. Reforma trabalhista. Regras sobre gratuidade de justiça. Responsabilidade pelo pagamento de ônus sucumbenciais em hipóteses específicas. Alegações de violação aos princípios da isonomia, inafastabilidade da jurisdição, acesso à justiça, solidariedade social e direito social à assistência jurídica gratuita. Margem de conformação do legislador. Critérios de racionalização da prestação jurisdicional. Ação direta julgada parcialmente procedente. [...] 2. A ausência injustificada à audiência de julgamento frustra o exercício da jurisdição e acarreta prejuízos materiais para o órgão judiciário e para a parte reclamada, o que não se coaduna com deveres mínimos de boa-fé, cooperação e lealdade processual, mostrando-se proporcional a restrição do benefício de gratuidade de justiça nessa hipótese. 3. Ação Direta julgada parcialmente procedente" (STF, Pleno, ADI 5.766/DF, Red. p/ ac. Min. Alexandre de Moraes, DJe 03.05.2022).

protocolados sob sigilo, observado o art. 15 da mencionada Resolução (art. 22, § 4º, da Resolução CSJT 185/2017).

O réu pode atribuir sigilo à contestação e à reconvenção, bem como aos documentos que as acompanham, devendo o magistrado retirar o sigilo caso frustrada a tentativa conciliatória (art. 22, § 5º, da Resolução CSJT 185/2017).

Terminada a defesa, segue-se com a instrução do processo, podendo o juiz, de ofício, interrogar os litigantes (art. 848 da CLT). Terminado o interrogatório, qualquer dos litigantes pode se retirar, prosseguindo a instrução com o seu representante (art. 848, § 1º). A seguir, são ouvidos as testemunhas, os peritos e os técnicos, se houver (art. 848, § 2º). Aplica-se, portanto, o *princípio da imediatidade*, por meio do qual o juiz tem contato direto com as provas produzidas.

A audiência deve ser contínua. Não obstante, se não for possível, por motivo de força maior, concluí-la no mesmo dia, o juiz deve marcar a sua continuação para a primeira desimpedida, independentemente de nova notificação (art. 849 da CLT). Observa-se, portanto, a concentração dos atos processuais em audiência.

Terminada a instrução, as partes podem aduzir razões finais, em prazo não excedente de 10 minutos para cada uma. Não há previsão de prorrogação desse prazo. Em seguida, o juiz deve renovar a proposta de conciliação, e, não se realizando esta, deve proferir a decisão (art. 850 da CLT).

Na hipótese de litisconsórcio ativo e facultativo, isto é, mais de um autor, entende-se que o prazo de 10 minutos para razões finais é comum para todo o polo ativo, pois os próprios demandantes preferiram ajuizar a ação em litisconsórcio, além do que a matéria normalmente é a mesma. No processo civil, o CPC, ao tratar das razões finais, especificamente quanto ao "debate oral", prevê que, se houver "litisconsorte ou terceiro interveniente, o prazo, que formará com o da prorrogação um só todo, dividir-se-á entre os do mesmo grupo, se não convencionarem de modo diverso" (art. 364, § 1º). Não obstante, tratando-se de litisconsórcio passivo, o mais adequado e justo seria conceder o prazo de 10 minutos para cada réu, pois, diferentemente da primeira hipótese, não foi opção deles figurar no polo passivo, em litisconsórcio.

Nas razões finais, cabe à parte apresentar, resumidamente, os principais pontos favoráveis à tese defendida, inclusive as provas produzidas, que demonstrem as suas alegações.

Os trâmites da instrução e julgamento da reclamação devem ser resumidos em ata, da qual deve constar, na íntegra, a decisão (art. 851 da CLT). A ata deve ser juntada ao processo, devidamente assinada pelo juiz, no prazo improrrogável de 48 horas, contado da audiência de julgamento (art. 851, § 2º, da CLT). Os litigantes devem ser notificados da decisão, pessoalmente, ou por seu representante, na própria audiência. No caso de revelia, a notificação deve ser feita pela forma estabelecida no § 1º do art. 841 (art. 852 da CLT), isto é, em registro postal com franquia. Se o reclamado criar embaraços ao seu recebimento ou não for encontrado, a notificação deve ser feita por edital, inserto no jornal oficial ou no que publicar o expediente forense, ou, na falta, afixado na sede do Juízo.

Apesar de a CLT prever a audiência de forma una, mesmo no procedimento ordinário, na prática, há Varas do Trabalho que desmembram as audiências em três. Vale dizer, realiza-se a audiência inicial ou de conciliação. Se a conciliação não for possível, a defesa é recebida, designando-se audiência de instrução.

Na hipótese de se ter designado audiência de instrução, cabe ressaltar que, nos termos da Súmula 74, item I, do TST, "aplica-se a confissão à parte que, expressamente intimada com aquela cominação, não comparecer à audiência em prosseguimento, na qual deveria depor".

Logo, mesmo no caso do autor (reclamante), se ele não comparecer à audiência de instrução, ou seja, em prosseguimento, não ocorre o arquivamento da reclamação trabalhista (art. 844 da CLT), mas incide a referida confissão ficta, se preenchidos os requisitos acima indicados. O arquivamento da ação, nos termos do art. 844 da CLT, ocorre quando o autor não comparece à audiência una ou inicial.

A ausência do reclamante, quando adiada a instrução após contestada a ação em audiência, não importa arquivamento do processo (Súmula 9 do TST).

Após a instrução e razões finais, designa-se audiência de julgamento para ser proferida a sentença.

Mesmo quando se designa audiência una, muitas vezes o julgamento não é possível de ser proferido na mesma audiência, em razão da complexidade das questões a serem examinadas e da existência de outras audiências na pauta aguardando. Com isso, também se designa audiência de julgamento para ser proferida a sentença. Nessa hipótese, as partes devem ser intimadas da audiência de julgamento. Se o julgamento constar como *sine die* (o que, entretanto, deve ser evitado pelo juiz), isto é, sem data fixada, as partes devem ser intimadas da designação do julgamento.

No processo laboral, a conciliação, da qual pode decorrer a transação, em tese, sempre deve ser tentada; não se verifica, em princípio, decisão específica de saneamento e determinação de provas, o que, se necessário, ocorre em audiência (princípios da oralidade e da concentração dos atos processuais em audiência).

7.3 PROCEDIMENTO SUMARÍSSIMO

O procedimento sumaríssimo foi instituído na CLT pela Lei 9.957/2000, com o objetivo de estabelecer rito mais concentrado e célere para causas trabalhistas de menor complexidade.

O procedimento sumaríssimo é aplicado aos dissídios individuais cujo valor não exceda a 40 vezes o salário mínimo vigente na data do ajuizamento da reclamação (art. 852-A da CLT). Estão excluídas do procedimento sumaríssimo as demandas em que é parte a Administração Pública direta, autárquica e fundacional (art. 852-A, parágrafo único, da CLT).

Nas ações submetidas ao procedimento sumaríssimo, de acordo com o art. 852-B, inciso I, da CLT, "o pedido deverá ser certo ou determinado e indicará o valor correspondente". Na verdade, o pedido deve ser certo e determinado, isto é, explícito e definido no que se refere à quantidade e qualidade. Ademais, cabe ao autor, na petição inicial, apresentar cada um dos pedidos com os valores correspondentes, o que facilita a tentativa de conciliação e até mesmo a decisão.

O art. 840, § 1º, da CLT, com redação dada pela Lei 13.467/2017, ao tratar dos requisitos da petição inicial trabalhista, prevê que o pedido deve ser certo, determinado e com indicação de seu valor.

No processo civil, segundo a previsão do art. 491 do CPC, na ação relativa à obrigação de pagar quantia, ainda que formulado pedido genérico, *a decisão deve definir desde logo a extensão da obrigação*, o índice de correção monetária, a taxa de juros, o termo inicial de ambos e a periodicidade da capitalização dos juros, se for o caso, salvo quando: não for possível determinar, de modo definitivo, o montante devido; a apuração do valor devido depender da produção de prova de realização demorada ou excessivamente dispendiosa, assim reconhecida na sentença. Nos casos previstos acima, deve-se seguir a apuração do valor devido por liquidação. O disposto no art. 491 do CPC também se aplica quando o acórdão alterar a sentença.

Em razão disso, há entendimento de que, no procedimento sumaríssimo, como o autor deve formular pedido certo e determinado, a sentença condenatória deve ser líquida, já indicando os valores objeto de condenação, o que evitaria a fase de liquidação. Não obstante, o dispositivo que exigia a liquidez da sentença no procedimento sumaríssimo foi *vetado* (art. 852-I, § 2º, da CLT). Ademais, nem sempre o juiz tem condições de elaborar cálculos mais complexos, tornando necessária a posterior liquidação da sentença. Além disso, pode-se dizer que a sentença, ao delimitar a quantia devida, objeto de condenação, é, em sentido técnico, líquida. Essa delimitação, no entanto, existe ainda que não esteja expresso o valor nominal da condenação. Vale dizer, se a sentença apresentar os parâmetros necessários para chegar a esse valor, por meio de contas aritméticas, considera-se líquida, pois o seu objeto será determinado. De todo modo, cf. ainda Capítulo 10, item 10.6.

No procedimento sumaríssimo, segundo o art. 852-B, inciso II, da CLT, "não se fará citação por edital, incumbindo ao autor a correta indicação do nome e endereço do reclamado". Discute-se, assim, se essa disposição seria inconstitucional, ao vedar a citação por edital quando o réu estiver em local incerto e não sabido, o que resultaria em afronta ao direito fundamental de acesso à jurisdição (art. 5º, inciso XXXV, da Constituição Federal de 1988). Pode-se entender que a proibição de citação por edital no procedimento sumaríssimo revela que, na hipótese de o réu criar embaraços ao seu recebimento ou não for encontrado (art. 841, § 1º, da CLT), tornando necessária a notificação por edital, inserto no jornal oficial ou no que publicar o expediente forense, ou, na falta, afixado na sede do Juízo, deve-se converter o feito para o procedimento ordinário. Vale dizer, por ser o procedimento sumaríssimo mais célere, o seu rito não seria compatível com a citação por edital, tornando necessária essa conversão. A citação no procedimento sumaríssimo, portanto, só pode ser por correio ou por oficial de justiça.

O Supremo Tribunal Federal decidiu manter hígido o inciso II do art. 852-B da CLT, no sentido de se considerar legítima a citação nos termos estabelecidos na norma (STF, Pleno, ADI 2.139/DF, ADI 2.160/DF e ADI 2.237/DF, Rel. Min. Cármen Lúcia, j. 01.08.2018).

Em conformidade com o art. 852-B, inciso III, da CLT, a apreciação da reclamação deve ocorrer no prazo máximo de quinze dias do seu ajuizamento, podendo constar de pauta especial, se necessário, de acordo com o movimento judiciário da Vara do Trabalho. Trata-se, no caso, de prazo impróprio, e que muitas vezes, por excesso de processos em andamento na Vara do Trabalho, principalmente em grandes centros, acaba não tendo como ser cumprido. Para que os casos em que se aplique o procedimento sumaríssimo sejam julgados com maior celeridade, admite-se a formação de pauta especial de audiências, concentrando os processos submetidos a esse rito mais abreviado.

Se o reclamante não cumprir o disposto nos incisos I e II do art. 852-B da CLT, a reclamação trabalhista deve ser arquivada, com a sua condenação ao pagamento de custas sobre o valor da causa (§ 1º do art. 852-B da CLT), embora possa ser concedida, se presentes os requisitos legais, a justiça gratuita (art. 790, §§ 3º e 4º, da CLT), gerando a sua isenção (art. 790-A da CLT). Vale dizer, se o autor não apresentar o pedido certo e determinado, ou não indicar, na petição inicial, o valor correspondente, ou se o reclamante não informar corretamente o nome e endereço do réu, o processo deve ser extinto sem resolução do mérito. Trata-se de arquivamento da ação que não se confunde com a hipótese do art. 844 da CLT, a qual trata de arquivamento decorrente da ausência do autor na audiência una ou inicial. Logo, no caso de arquivamento decorrente do art.

852-B, § 1º, da CLT, não se aplica a sanção prevista no art. 732 da CLT, a qual, por ser penalidade, deve ser interpretada de forma restritiva.

As partes e os advogados devem comunicar ao juízo as mudanças de endereço ocorridas no curso do processo, reputando-se eficazes as intimações enviadas ao local anteriormente indicado, na ausência de comunicação (art. 852-B, § 2º).

As demandas sujeitas ao rito sumaríssimo devem ser instruídas e julgadas em audiência única, sob a direção de juiz titular ou substituto, que pode ser convocado para atuar simultaneamente com o titular (art. 852-C da CLT). Não obstante, nem sempre essa concentração de todos os atos na mesma audiência é possível, como se observa na hipótese de necessidade de realização de perícia.

O juiz deve dirigir "o processo com liberdade para determinar as provas a serem produzidas, considerado o ônus probatório de cada litigante, podendo limitar ou excluir as que considerar excessivas, impertinentes ou protelatórias", bem como "apreciá-las e dar especial valor às regras de experiência comum ou técnica" (art. 852-D da CLT). Essa previsão está em harmonia com o art. 765 da CLT, ao prever que os juízos e tribunais do trabalho têm ampla liberdade na direção do processo e devem velar pelo andamento rápido das causas, "podendo determinar qualquer diligência necessária ao esclarecimento delas". Fica nítido o poder instrutório do juiz, enfatizado no processo do trabalho, visando à busca da verdade real, em aplicação do princípio da primazia da realidade, presente no Direito do Trabalho.

Nos termos do art. 852-E da CLT, ao ser aberta a sessão, o juiz deve esclarecer as partes presentes sobre as vantagens da conciliação, bem como usar os meios adequados de persuasão para a solução conciliatória do litígio, em qualquer fase da audiência. Trata-se de reiteração do previsto no art. 764 da CLT, ao dispor que os dissídios individuais ou coletivos submetidos à apreciação da Justiça do Trabalho devem ser sempre sujeitos à conciliação. Com esse objetivo, os juízes e tribunais do trabalho devem empregar sempre os seus bons ofícios e persuasão no sentido de uma solução conciliatória dos conflitos (art. 764, § 1º, da CLT). Ademais, é lícito às partes celebrar acordo que ponha termo ao processo, ainda mesmo depois de encerrado o juízo conciliatório (art. 764, § 3º, da CLT).

No procedimento sumaríssimo, portanto, diferentemente do procedimento ordinário, não é obrigatória a tentativa de conciliação após razões finais, mas apenas no início da audiência (art. 852-E da CLT), embora o juiz possa tentar a conciliação também naquele momento.

Na ata de audiência devem ser registrados resumidamente os atos essenciais, as afirmações fundamentais das partes e as informações úteis à solução da causa trazidas pela prova testemunhal (art. 852-F da CLT).

Devem ser decididos, de plano, todos os incidentes e exceções que possam interferir no prosseguimento da audiência e do processo. As demais questões devem ser decididas na sentença (art. 852-G da CLT).

Todas as provas devem ser produzidas na audiência de instrução e julgamento, ainda que não requeridas previamente (art. 852-H da CLT). Observa-se, assim, a concentração dos atos processuais em audiência.

Sobre os documentos apresentados por uma das partes, deve-se manifestar imediatamente a parte contrária, sem interrupção da audiência, salvo absoluta impossibilidade, a critério do juiz (§ 1º do art. 852-H).

As testemunhas, até o máximo de duas para cada parte, devem comparecer à audiência de instrução e julgamento independentemente de intimação (§ 2º do art. 852-H). No procedimento ordinário, diversamente, o número máximo de testemunhas é três para cada parte. Por sua vez, no inquérito (judicial) para apuração de falta grave, cada uma das partes pode indicar até seis testemunhas (art. 821 da CLT).

Só deve ser deferida intimação de testemunha que, comprovadamente convidada, deixar de comparecer. No procedimento ordinário, de forma distinta, o art. 845 da CLT não exige que a parte comprove que convidou as testemunhas. Com isso, no rito ordinário, alegando a parte que a testemunha foi convidada, mas não compareceu, presume-se a boa-fé da parte, isto é, que esteja dizendo a verdade, cabendo ao juiz, assim, deferir a intimação. Efetivamente, nos termos do art. 825 da CLT, as testemunhas devem estar presentes à audiência "independentemente de notificação ou intimação". As que não comparecerem devem ser intimadas, de ofício ou a requerimento da parte, ficando sujeitas à condução coercitiva. No procedimento sumaríssimo, não comparecendo a testemunha intimada, o juiz pode determinar a "sua imediata condução coercitiva" (§ 3º do art. 852-H). Apesar dessa previsão final, havendo necessidade de condução coercitiva da testemunha, normalmente a audiência precisa ser adiada, com nova designação.

Somente quando a prova do fato o exigir, ou for legalmente imposta, será deferida prova técnica, incumbindo ao juiz, desde logo, fixar o prazo, o objeto da perícia e nomear perito (§ 4º do art. 852-H). As partes devem ser intimadas a manifestar-se sobre o laudo, no prazo comum de cinco dias (§ 6º do art. 852-H).

Interrompida a audiência, o seu prosseguimento e a solução do processo devem ocorrer no prazo máximo de 30 dias, salvo motivo relevante justificado nos autos pelo juiz da causa (§ 7º do art. 852-H).

A sentença deve mencionar os elementos de convicção do juízo, com resumo dos fatos relevantes ocorridos em audiência, sendo dispensado o relatório no procedimento sumaríssimo (art. 852-I da CLT). O juiz deve adotar em cada caso a decisão que reputar mais justa e equânime, atendendo aos fins sociais da lei e às exigências do bem comum (art. 852-I, § 1º). Essa previsão reitera o disposto no art. 5º da Lei de Introdução às Normas do Direito Brasileiro, ao estabelecer que, na aplicação da lei, o juiz atenderá aos fins sociais a que ela se dirige e às exigências do bem comum. As partes devem ser intimadas da sentença na própria audiência em que prolatada (art. 852-I, § 3º, da CLT).

7.4 PROCEDIMENTO DE ALÇADA

O procedimento de alçada é aquele em que o valor da causa é de até dois salários mínimos, conforme o art. 2º, § 3º, da Lei 5.584/1970.

Em razão da Lei 9.957/2000, que institui o procedimento sumaríssimo, para procedimentos até 40 salários mínimos, discute-se a respeito da revogação (tácita) do procedimento de alçada. Defende-se o entendimento de que, como a norma geral não revoga a especial (art. 2º, § 2º, da Lei de Introdução às Normas do Direito Brasileiro), o procedimento de alçada, por ser mais específico, permanece em vigor.

Sendo assim, nos termos do art. 2º, § 3º, da Lei 5.584/1970, quando o valor da causa for de até duas vezes o salário mínimo (devendo-se considerar, para esse fim, o valor do salário mínimo à data do ajuizamento da ação), é dispensável o resumo dos depoimentos, devendo constar da ata a conclusão do juiz quanto à matéria de fato.

Isso é confirmado pelo art. 851 § 1º, da CLT, ao estabelecer que nos "processos de exclusiva alçada" das Varas do Trabalho é dispensável, de acordo com o entender do juiz, "o resumo dos depoimentos, devendo constar da ata a conclusão do juízo quanto à matéria de fato". Trata-se dos chamados *dissídios de alçada*, em que, salvo se versarem sobre matéria constitucional, nenhum recurso é cabível das sentenças neles proferidas (art. 2º, § 4º, da Lei 5.584/1970).

Portanto, da sentença proferida no procedimento de alçada, havendo violação de dispositivo constitucional (art. 102, inciso III, da Constituição Federal de 1988), e demonstrada a repercussão geral (art. 102, § 3º, da Constituição da República), admite-se o cabimento de recurso extraordinário, de competência do STF. Além disso, naturalmente, entende-se que são cabíveis os embargos de declaração.

É cabível recurso extraordinário contra decisão proferida por juiz de primeiro grau nas causas de alçada, ou por turma recursal de juizado especial cível e criminal (Súmula 640 do STF).

Entretanto, cabe registrar o entendimento divergente de que nas causas de valor de alçada não excedente a dois salários mínimos, quando presente matéria constitucional, é cabível recurso ordinário (TST, 1ª T., RR - 267-73.2012.5.09.0325, Rel. Min. Hugo Carlos Scheuermann, DEJT 17.08.2018).

Nessa linha, conforme as referências legislativas da Súmula 640 do STF, as causas de alçada nela indicadas dizem respeito ao art. 34 da Lei 6.830/1980, sobre execução fiscal, e não ao processo do trabalho. Logo, nas causas de alçada do art. 2º, § 4º, da Lei 5.584/1970, aplica-se a Súmula 281 do STF, ao prever ser inadmissível o recurso extraordinário, quando couber, na Justiça de origem, recurso da decisão impugnada[3]. Nesse sentido, destaca-se o seguinte julgado:

> "Recurso extraordinário. Justiça do Trabalho. Causa de alçada (Lei nº 5.584/70, art. 2º, § 4º). Ausência de esgotamento das vias recursais ordinárias. Descabimento do apelo extremo. Súmula 281/STF. Diretriz jurisprudencial firmada pelo Supremo Tribunal Federal. Recurso improvido. O prévio esgotamento das instâncias recursais ordinárias constitui pressuposto de admissibilidade do recurso extraordinário. Súmula 281/STF. No âmbito do processo trabalhista, somente decisões emanadas do Tribunal Superior do Trabalho revelam-se passíveis de impugnação mediante recurso extraordinário. Mesmo que haja discussão de matéria constitucional em sede de dis-sídios individuais, e ainda que se trate de causa de alçada (Lei nº 5.584/70, art. 2º, § 4º), não se mostra lícito interpor recurso extraordinário 'per saltum', incumbindo, a quem recorre, exaurir, previamente, perante os órgãos competentes da Justiça do Trabalho, as vias recursais definidas pela legislação processual trabalhista, sob pena de a inobservância desse pressuposto recursal específico tornar insuscetível de conhecimento o apelo extremo deduzido. Precedentes (STF)" (STF, 2ª T., AgR-RE 638.224/SP, Rel. Min. Celso de Mello, DJe 21.06.2011).

Em termos práticos, mesmo quando o valor da causa da ação trabalhista é de até dois salários mínimos, o feito é formalmente registrado como procedimento sumaríssimo, seguindo o rito deste, mesmo porque se trata de dissídio individual cujo valor não excede a 40 vezes o salário mínimo vigente na data do ajuizamento da ação (art. 852-A da CLT), devendo, entretanto, observar a mencionada restrição quanto ao cabimento de recursos no dissídio de alçada.

---

3. "Agravo regimental no recurso extraordinário. Direito do trabalho. Causa de alçada. Não esgotadas as instâncias ordinárias. Súmula nº 281/STF. Precedentes. 1. O recurso extraordinário é inadmissível quando não foi esgotada a prestação jurisdicional pelo Tribunal de origem. Incidência da Súmula nº 281/STF. 2. Agravo regimental não provido" (STF, 1ª T., AgR-RE 632.365/RJ, Rel. Min. Dias Toffoli, DJe 11.11.2011).

7.5 PROCEDIMENTO NAS AÇÕES DECORRENTES DA AMPLIAÇÃO DA COMPETÊNCIA DA JUSTIÇA DO TRABALHO

Em razão da Emenda Constitucional 45/2004, cabe verificar qual o procedimento a ser aplicado às ações que passaram para a competência da Justiça do Trabalho.

Segundo o art. 643 da CLT, com redação dada pela Lei 7.494/1986, os dissídios oriundos das relações entre empregados e empregadores, bem como de trabalhadores avulsos e seus tomadores de serviços, em atividades reguladas na legislação social, devem ser dirimidos pela Justiça do Trabalho, de acordo com o Título VIII da CLT, e na forma estabelecida pelo processo judiciário do trabalho.

Conforme Instrução Normativa 27/2005 do TST, as ações ajuizadas na Justiça do Trabalho devem tramitar pelo rito previsto na CLT, excepcionando-se, apenas, as ações que, por disciplina legal expressa, estejam sujeitas a rito especial, tais como mandado de segurança, *habeas corpus*, *habeas data*, ação rescisória, ação cautelar e ação de consignação em pagamento.

Essa previsão leva em conta o art. 763 da CLT, ao dispor que o "processo da Justiça do Trabalho, no que concerne aos dissídios individuais e coletivos e à aplicação de penalidades, reger-se-á, em todo o território nacional, pelas normas estabelecidas" no Título X.

A sistemática recursal a ser observada, por seu turno, é a prevista na Consolidação das Leis do Trabalho, inclusive no tocante à nomenclatura, à alçada, aos prazos e às competências. O depósito recursal (a que se refere o art. 899 da CLT) é sempre exigível como requisito extrínseco do recurso, quando houver condenação em pecúnia (art. 2º da Instrução Normativa 27/2005 do TST).

7.6 SUSPENSÃO DO PROCESSO

O curso do processo pode ser suspenso em certas situações excepcionais.

Consoante o art. 799 da CLT, nas causas da competência da Justiça do Trabalho, somente podem ser opostas, *com suspensão do feito*, as exceções de suspeição ou incompetência.

Designada audiência, caso o autor ou o réu não tenham comparecido, mas se tiver ocorrido "motivo relevante", o juiz pode suspender o julgamento, "designando nova audiência" (art. 844, § 1º, da CLT).

É possível ocorrer, ainda, o adiamento da audiência, na hipótese prevista no art. 815, parágrafo único, da CLT, isto é, em razão de ausência do juiz, após 15 minutos do horário marcado. Embora a audiência deva ser, em regra, contínua, se não for possível, por motivo de força maior, concluí-la no mesmo dia, o juiz marcará a sua continuação para a primeira desimpedida, independentemente de nova notificação (art. 849 da CLT). Esses casos, entretanto, a rigor, não se referem à suspensão do processo propriamente, mas a simples adiamento (ou nova designação) de audiência, uma vez que o procedimento segue o seu curso.

O art. 313 do CPC, por seu turno, estabelece a disciplina relativa à suspensão do processo. Desse modo, suspende-se o processo nas hipóteses a seguir descritas:

I. pela morte ou pela perda da capacidade processual de qualquer das partes, de seu representante legal ou de seu procurador;

Nessa hipótese, o juiz deve suspender o processo, nos termos do art. 689 do CPC. Deve-se proceder à habilitação nos autos do processo principal, na instância em que estiver, suspendendo-se, a partir de então, o processo.

Se não for ajuizada ação de habilitação, ao tomar conhecimento da morte, o juiz deve determinar a suspensão do processo e observar o seguinte: falecido o réu, deve ordenar a intimação do autor para que promova a citação do respectivo espólio, de quem for o sucessor ou, se for o caso, dos herdeiros, no prazo que designar, de no mínimo dois e no máximo seis meses; falecido o autor e sendo transmissível o direito em litígio, deve determinar a intimação de seu espólio, de quem for o sucessor ou, se for o caso, dos herdeiros, pelos meios de divulgação que reputar mais adequados, para que manifestem interesse na sucessão processual e promovam a respectiva habilitação no prazo designado, sob pena de extinção do processo sem resolução do mérito (art. 313, § 2º, do CPC).

Em se tratando de pessoa jurídica, a morte de seu sócio não acarreta, em princípio, a suspensão processual. No caso de empregador, pode inclusive se fazer presente por gerente ou preposto na audiência (art. 843, § 1º, da CLT).

No caso de morte do procurador de qualquer das partes, ainda que iniciada a audiência de instrução e julgamento, "o juiz determinará que a parte constitua novo mandatário, no prazo de quinze dias, ao final do qual extinguirá o processo sem resolução de mérito, se o autor não nomear novo mandatário, ou ordenará o prosseguimento do processo à revelia do réu, se falecido o procurador deste" (art. 313, § 3º, do CPC).

Apesar de ainda se admitir, em regra, o *jus postulandi* na Justiça do Trabalho, por ser este uma faculdade, se a parte preferiu outorgar procuração a advogado, ela tem o direito à suspensão do feito, para constituir novo mandatário. Ainda assim, quanto à parte final do art. 313, § 3º, do CPC, se a parte preferir não constituir novo advogado, e possuir capacidade postulatória na Justiça do Trabalho, o processo não deve ser extinto sem exame do mérito (no caso do autor) nem ser declarada a revelia (no caso do réu), mas sim prosseguir com as partes, ainda que no exercício do *jus postulandi*.

II. pela convenção das partes.

A suspensão do processo por convenção das partes nunca pode exceder seis meses (art. 313, § 4º, parte final, do CPC). Esgotado esse prazo, o juiz deve ordenar o prosseguimento do processo (art. 313, § 5º, do CPC).

III. pela arguição de impedimento ou suspeição.

Nesse caso, o que se suspende é somente o procedimento quanto ao mérito da demanda, uma vez que o processo, em si, prossegue para fins de decisão da exceção de incompetência, impedimento ou suspeição.

IV. pela admissão de incidente de resolução de demandas repetitivas.

O incidente de resolução de demandas repetitivas é cabível quando houver, simultaneamente: efetiva repetição de processos que contenham controvérsia sobre a mesma questão unicamente de direito; risco de ofensa à isonomia e à segurança jurídica (art. 976 do CPC). Segundo o art. 8º da Instrução Normativa 39/2016 do TST, aplicam-se ao processo do trabalho as normas dos arts. 976 a 986 do CPC que regem o *incidente de resolução de demandas repetitivas* (IRDR).

V. quando a sentença de mérito: a) depender do julgamento de outra causa ou da declaração da existência ou da inexistência da relação jurídica que constitua o objeto principal de outro processo pendente; b) tiver de ser proferida somente após a verificação de determinado fato ou a produção de certa prova, requisitada a outro juízo.

O prazo de suspensão do processo não pode exceder um ano nessas hipóteses (art. 313, § 4º, do CPC). O juiz deve determinar o prosseguimento do processo assim que esgotado esse prazo máximo de suspensão (art. 313, § 5º, do CPC).

A carta precatória, a carta rogatória e o auxílio direto suspendem o julgamento da causa na hipótese prevista no art. 313, inciso V, *b*, do CPC, quando, tendo sido requeridos antes da decisão de saneamento, a prova neles solicitada apresentar-se imprescindível (art. 377 do CPC). A carta precatória e a carta rogatória que não forem devolvidas no prazo ou concedidas sem efeito suspensivo podem ser juntadas aos autos a qualquer momento.

VI. por motivo de força maior.

A força maior pode ser entendida, no caso, como o evento inevitável em relação à vontade das partes, e que inviabilize a prática dos atos processuais, por exemplo, um incêndio no prédio do órgão jurisdicional, impossibilitando o acesso ao local.

VII. quando se discutir em juízo questão decorrente de acidentes e fatos da navegação de competência do Tribunal Marítimo.

O Tribunal Marítimo, com atuação em todo o território nacional, é órgão autônomo, auxiliar do Poder Judiciário, vinculado ao Ministério da Marinha no que se refere ao provimento de pessoal militar e de recursos orçamentários para pessoal e material destinados ao seu funcionamento.

O Tribunal Marítimo tem como atribuição julgar os acidentes e fatos da navegação marítima, fluvial e lacustre, bem como as questões relacionadas com tais atividades, especificadas na Lei 2.180/1954. As decisões do Tribunal Marítimo quanto à matéria técnica referente aos acidentes e fatos da navegação têm valor probatório e se presumem certas, sendo, porém, suscetíveis de reexame pelo Poder Judiciário (art. 18 da Lei 2.180/1954). Trata-se, portanto, de presunção relativa, sendo garantido o acesso à jurisdição (art. 5º, inciso XXXV, da Constituição da República). Sempre que se discutir em juízo uma questão decorrente de matéria da competência do Tribunal Marítimo, cuja parte técnica ou técnico-administrativa couber em suas atribuições, deve ser juntada aos autos a sua decisão definitiva (art. 19 da Lei 2.180/1954).

VIII. nos demais casos que o Código de Processo Civil regula.

Conforme o art. 315 do CPC, se o conhecimento do mérito depender da verificação da existência de fato delituoso, o juiz pode determinar a suspensão do processo até que se pronuncie a justiça criminal. Se a ação penal não for proposta no prazo de três meses, contado da intimação do ato de suspensão, cessa o efeito deste, incumbindo ao juiz examinar incidentalmente a questão prévia (art. 315, § 1º, do CPC). Proposta a ação penal, o processo deve ficar suspenso pelo prazo máximo de um ano, ao final do qual cessa a suspensão, cabendo ao juiz examinar incidentalmente a questão prévia (art. 315, § 2º, do CPC).

Durante a suspensão, é vedado praticar qualquer ato processual. Todavia, o juiz pode determinar a realização de atos urgentes a fim de evitar dano irreparável, salvo no caso de arguição de impedimento e suspeição (art. 314 do CPC).

> IX. pelo parto ou pela concessão de adoção, quando a advogada responsável pelo processo constituir a única patrona da causa.

Nesse caso, o período de suspensão é de 30 dias, contado a partir da data do parto ou da concessão da adoção, mediante apresentação de certidão de nascimento ou documento similar que comprove a realização do parto, ou de termo judicial que tenha concedido a adoção, desde que haja notificação ao cliente (art. 313, § 6º, do CPC, acrescentado pela Lei 13.363/2016).

> X. quando o advogado responsável pelo processo constituir o único patrono da causa e tornar-se pai.

Nessa hipótese, o período de suspensão é de oito dias, contado a partir da data do parto ou da concessão da adoção, mediante apresentação de certidão de nascimento ou documento similar que comprove a realização do parto, ou de termo judicial que tenha concedido a adoção, desde que haja notificação ao cliente (art. 313, § 7º, do CPC, acrescentado pela Lei 13.363/2016).

Suspende-se o curso do prazo quando ocorre qualquer das hipóteses do art. 313 do CPC, devendo o prazo ser restituído por tempo igual ao que faltava para sua complementação (art. 221 do CPC).

Capítulo 8

DEFESA

8.1 RESPOSTAS DO RÉU

Ao ser ajuizada a ação, o réu tem o direito de se defender, em respeito às garantias do devido processo legal, bem como do contraditório e da ampla defesa (art. 5º, incisos LIV e LV, da Constituição da República).

De forma mais ampla, as *respostas* que o réu pode apresentar englobam, essencialmente, a contestação e a exceção (como modalidades de defesa), bem como a reconvenção.

8.2 EXCEÇÕES

As *exceções* são defesas indiretas de natureza processual. De acordo com o art. 799 da CLT, nas causas de competência da Justiça do Trabalho, somente podem ser opostas, *com suspensão do feito*, as exceções de suspeição ou incompetência. As demais exceções devem ser alegadas como matéria de defesa. Isso significa que preliminares, e mesmo defesas indiretas de mérito (prescrição e a decadência), devem ser alegadas na contestação.

Na atualidade, são admitidas as exceções de impedimento, suspeição e incompetência. A imparcialidade do juiz é afetada não apenas pelos casos de suspeição, como menciona a CLT, mas também pelas hipóteses de impedimento (arts. 144 e 145 do CPC).

Das decisões sobre exceções de suspeição e incompetência, salvo, quanto a estas, se terminativas do feito, não cabe recurso de imediato, podendo as partes, no entanto, alegá-las novamente no recurso que couber da decisão final (art. 799, § 2º, da CLT). Trata-se de previsão que adota o princípio da irrecorribilidade imediata das decisões interlocutórias. Entretanto, se a decisão reconhecer a incompetência da Justiça do Trabalho, determinando a remessa dos autos a outro ramo do Poder Judiciário, por ser terminativa do feito no âmbito da Justiça do Trabalho, é cabível recurso de imediato, no caso, o ordinário.

Conforme a Súmula 214 do TST:

> "Decisão interlocutória. Irrecorribilidade. Na Justiça do Trabalho, nos termos do art. 893, § 1º, da CLT, as decisões interlocutórias não ensejam recurso imediato, salvo nas hipóteses de decisão: a) de Tribunal Regional do Trabalho contrária à Súmula ou Orientação Jurisprudencial do Tribunal Superior do Trabalho; b) suscetível de impugnação mediante recurso para o mesmo Tribunal; c) *que acolhe exceção de incompetência territorial, com a remessa dos autos para Tribunal Regional distinto daquele a que se vincula o juízo excepcionado, consoante o disposto no art. 799, § 2º, da CLT*" (destaquei).

A exceção de impedimento ou de suspeição pode ser apresentada de forma verbal ou escrita, tal como a contestação (art. 847 da CLT), sendo mais comum essa última. No processo do trabalho, a exceção é juntada nos próprios autos principais, e não autuada em apenso. Se a exceção de impedimento ou de suspeição for por escrito, o correto é ser apresentada em peça separada. Ainda assim, se a exceção de impedimento ou de suspeição for apresentada como preliminar na contestação, cabe ao juiz apreciar a matéria, considerando o princípio da instrumentalidade das formas.

O momento para a apresentação da exceção de impedimento ou de suspeição, em regra, é na audiência, antes mesmo de se apresentar a contestação. Com a apresentação da exceção, ocorre a suspensão do processo, até que aquela seja decidida (art. 799, *caput*, da CLT).

Se o fato que fundamenta a exceção ocorrer posteriormente, ou mesmo se a ciência a respeito desse fato acontecer depois da audiência, cabe à parte apresentar a exceção na primeira oportunidade em que tiver de falar nos autos, na forma do art. 795 da CLT.

A exceção de incompetência deve ser apresentada no caso de incompetência territorial (em razão do lugar), a qual é de natureza relativa.

A incompetência absoluta deve ser alegada como preliminar na contestação, mesmo porque também deve ser conhecida de ofício pelo juiz (art. 64, § 1º, do CPC). A incompetência absoluta, diversamente da incompetência relativa, pode ser alegada em qualquer tempo e grau de jurisdição. Contudo, se for apresentada exceção de incompetência envolvendo incompetência de natureza absoluta (como em razão da matéria, da pessoa ou funcional), em face do princípio da instrumentalidade das formas, cabe ao juiz examinar a alegação, conhecendo-a como preliminar de contestação.

Segundo a previsão atual, apresentada *exceção de incompetência territorial* no prazo de cinco dias a contar da notificação, antes da audiência e em peça que sinalize a existência desta exceção, deve-se seguir o procedimento estabelecido no art. 800 da CLT, com redação dada pela Lei 13.467/2017.

Logo, a exceção de incompetência em razão do lugar passa a ser apresentada no prazo de cinco dias a partir da notificação (citação), antes da audiência una ou inaugural, em peça específica.

Entende-se que o prazo previsto no art. 800 da CLT tem natureza preclusiva. Desse modo, caso não apresentada a exceção de incompetência territorial na forma e no prazo indicados no referido dispositivo legal, prorroga-se a competência territorial do juízo em que ajuizada a ação. Cf. TST, SBDI-II, CC-10467-93.2019.5.15.0013, Rel. Min. Luiz José Dezena da Silva, DEJT 25.09.2020.

Protocolada a petição, deve ser suspenso o processo e não se realizará a audiência a que se refere o art. 843 da CLT até que se decida a exceção (art. 800, § 1º, da CLT).

Os autos devem ser imediatamente conclusos ao juiz, que intimará o reclamante e, se existentes, os litisconsortes, para manifestação no prazo comum de cinco dias (art. 800, § 2º, da CLT).

Se entender necessária a produção de prova oral, o juízo deve designar audiência, garantindo o direito de o excipiente e de suas testemunhas serem ouvidos, *por carta precatória*, no juízo que este houver indicado como competente (art. 800, § 3º, da CLT).

Decidida a exceção de incompetência territorial, o processo deve retomar seu curso, com a designação de audiência, a apresentação de defesa e a instrução processual perante o juízo competente (art. 800, § 4º, da CLT).

A decisão quanto à exceção de incompetência deve ser proferida pelo próprio juiz da Vara do Trabalho (art. 653, *d*, da CLT). Se a exceção de incompetência for acolhida, os autos devem ser remetidos ao juiz competente (art. 64, § 3º, do CPC). Salvo decisão judicial em sentido contrário, devem ser conservados os efeitos de decisão proferida pelo juízo incompetente, até que outra seja proferida, se for o caso, pelo juízo competente (art. 64, § 4º, do CPC). Como se pode notar, os atos sem natureza decisória, mesmo que tenham sido proferidos por juiz incompetente, devem ser mantidos.

No caso de incompetência absoluta (alegada como preliminar de contestação, em qualquer tempo e grau de jurisdição, ou reconhecida de ofício), os autos também devem ser remetidos ao juiz competente (art. 64, § 3º, do CPC).

Embora a CLT, no art. 801, apenas faça menção à suspeição, é entendimento já pacificado que as hipóteses de impedimento também podem ser arguidas por meio de exceção.

O *impedimento* envolve situação objetiva de gravidade mais elevada, o que acarreta a imparcialidade absoluta do juiz. Isso é confirmado pelo art. 966, inciso II, do CPC, o qual prevê até mesmo o cabimento da ação rescisória no caso de decisão de mérito, transitada em julgado, "proferida por juiz impedido ou por juízo absolutamente incompetente". Logo, o impedimento gera a nulidade absoluta, estando o juiz proibido de atuar no feito. Isso revela que o impedimento do juiz, por envolver questão de ordem pública, pode ser alegado a qualquer momento, não incidindo, a seu respeito, a preclusão.

As hipóteses de impedimento são previstas no art. 144 do CPC, sendo proibido ao juiz exercer as suas funções no processo: I – em que interveio como mandatário da parte, oficiou como perito, funcionou como membro do Ministério Público ou prestou depoimento como testemunha; II – de que conheceu em outro grau de jurisdição, tendo proferido decisão; III – quando nele estiver postulando, como defensor público, advogado ou membro do Ministério Público, seu cônjuge ou companheiro, ou qualquer parente, consanguíneo ou afim, em linha reta ou colateral, até o terceiro grau, inclusive; IV – quando for parte no processo ele próprio, seu cônjuge ou companheiro, ou parente, consanguíneo ou afim, em linha reta ou colateral, até o terceiro grau, inclusive; V – quando for sócio ou membro de direção ou de administração de pessoa jurídica parte no processo; VI – quando for herdeiro presuntivo, donatário ou empregador de qualquer das partes; VII – em que figure como parte instituição de ensino com a qual tenha relação de emprego ou decorrente de contrato de prestação de serviços; [VIII – em que figure como parte cliente do escritório de advocacia de seu cônjuge, companheiro ou parente, consanguíneo ou afim, em linha reta ou colateral, até o terceiro grau, inclusive, mesmo que patrocinado por advogado de outro escritório;] IX – quando promover ação contra a parte ou seu advogado.

Na hipótese do inciso III do art. 144 do CPC, o impedimento só se verifica quando o advogado, defensor público ou membro do Ministério Público já integrava a causa antes do início da atividade judicante do juiz.

É vedada a criação de fato superveniente a fim de caracterizar impedimento do juiz.

O impedimento previsto no inciso III do art. 144 do CPC também se verifica no caso de mandato conferido a membro de escritório de advocacia que tenha em seus quadros advogado que individualmente ostente a condição nele prevista, mesmo que não intervenha diretamente no processo.

O Supremo Tribunal Federal declarou a inconstitucionalidade do inciso VIII do art. 144 do CPC (STF, Pleno, ADI 5.953/DF, Red. p/ ac. Min. Gilmar Mendes, j. 22.08.2023).

Quando dois ou mais juízes forem parentes, consanguíneos ou afins, em linha reta ou colateral, até o terceiro grau, inclusive, o primeiro que conhecer do processo impede que o outro nele atue, caso em que o segundo se escusará, remetendo os autos ao seu substituto legal (art. 147 do CPC).

A *suspeição*, por sua vez, apenas revela haver dúvida quanto à imparcialidade do juiz. Se ela não for arguida por meio de exceção, na época própria, ocorre a preclusão. Não é cabível ação rescisória, tal como no impedimento. Por isso, a suspeição do juiz acarreta a nulidade relativa do processo, sendo ônus da parte a sua arguição por meio da exceção.

O art. 801 da CLT prevê que o juiz é obrigado a dar-se por suspeito, e pode ser recusado, por algum dos seguintes motivos, em relação à pessoa dos litigantes: inimizade pessoal; amizade íntima; parentesco por consanguinidade ou afinidade até o terceiro grau civil; interesse particular na causa.

Essa previsão, entretanto, não exaure toda a temática, sendo aplicável o art. 145 do CPC, ao dispor que há suspeição do juiz: I – amigo íntimo ou inimigo de qualquer das partes ou de seus advogados; II – que receber presentes de pessoas que tiverem interesse na causa antes ou depois de iniciado o processo, que aconselhar alguma das partes acerca do objeto da causa ou que subministrar meios para atender às despesas do litígio; III – quando qualquer das partes for sua credora ou devedora, de seu cônjuge ou companheiro ou de parentes destes, em linha reta até o terceiro grau, inclusive; IV – interessado no julgamento do processo em favor de qualquer das partes.

O juiz pode declarar-se suspeito por motivo de foro íntimo, sem necessidade de declarar suas razões.

Será ilegítima a alegação de suspeição quando: houver sido provocada por quem a alega; a parte que a alega houver praticado ato que signifique manifesta aceitação do arguido.

Se o recusante houver praticado algum ato pelo qual haja consentido na pessoa do juiz, não mais poderá alegar exceção de suspeição, salvo sobrevindo novo motivo. A suspeição também não será admitida se do processo constar que o recusante deixou de alegá-la anteriormente, quando já a conhecia, ou que, depois de conhecida, aceitou o juiz recusado ou, finalmente, se procurou de propósito o motivo de que ela se originou (art. 801, parágrafo único, da CLT).

Quanto ao procedimento, uma vez apresentada a exceção de impedimento ou de suspeição, o juiz ou tribunal deve designar audiência dentro de 48 horas, para instrução e julgamento da exceção (art. 802 da CLT).

De acordo com a sistemática original da CLT, cabia à antiga Junta de Conciliação e Julgamento julgar a exceção de suspeição contra os seus membros, por se tratar de órgão colegiado (art. 653, *c*). Com a extinção da representação classista (decorrente da Emenda Constitucional 24/1999), e como as Varas do Trabalho passaram a ser juízos monocráticos, discute-se a respeito do órgão competente para julgar a exceção de impedimento e suspeição.

Há entendimento no sentido de que deve ser aplicado o Código de Processo Civil, ao prever, no art. 146, § 1º, que, se reconhecer o impedimento ou a suspeição ao receber a petição, o juiz ordenará imediatamente a remessa dos autos a seu substituto legal. Caso contrário, determinará a autuação em apartado da petição e, no prazo de 15 dias, apresentará suas razões, acompanhadas de documentos e de rol de testemunhas, se houver, ordenando a remessa do incidente ao tribunal. Vale dizer, segundo essa corrente de entendimento, cabe ao respectivo Tribunal Regional do Trabalho julgar a exceção de impedimento ou suspeição contra juiz da Vara do Trabalho abrangida pela competência daquele[1]. Nessa hipótese, se o TRT verificar que a alegação de impedimento ou de suspeição é improcedente, o tribunal deve rejeitá-la. Acolhida a alegação, tratando-se de impedimento ou de manifesta suspeição, o tribunal deve condenar o juiz nas custas e remeter os autos ao seu substituto legal; nesse caso, pode o juiz recorrer da decisão (art. 146, §§ 4º e 5º, do CPC).

Segundo o entendimento divergente, aqui adotado, cabe ao *juízo* decidir a exceção de impedimento ou suspeição. Desse modo, se a exceção é apresentada contra o juiz titular, a instrução e o julgamento devem ser efetuados pelo juiz substituto. Inversamente, se a exceção é apresentada contra o juiz substituto, a instrução e a decisão devem ser realizadas pelo juiz titular.

Nas Varas do Trabalho e nos Tribunais Regionais, sendo julgada procedente a exceção de suspeição, deve ser logo convocado para a mesma audiência ou sessão, ou para a seguinte, o suplente do membro suspeito, o qual deve continuar a atuar no feito até decisão final. Deve-se proceder da mesma maneira quando o próprio magistrado se declarar impedido ou suspeito (art. 802, § 1º, da CLT).

No caso de suspeição do juiz de direito, este deve ser substituído na forma da organização judiciária local (art. 802, § 2º, da CLT). Na realidade, sendo arguida exceção de impedimento ou de suspeição do juiz de direito que exerce a jurisdição trabalhista, por se tratar de questão processual, a competência para o seu julgamento é do Tribunal Regional do Trabalho, que abrange a localidade do Juízo, aplicando-se o art. 146 do CPC.

Segundo o art. 148 do CPC, aplicam-se os motivos de impedimento e de suspeição ao membro do Ministério Público, aos auxiliares da justiça e aos demais sujeitos imparciais do processo, como o perito e o intérprete. Nessas hipóteses, a parte interessada deve arguir o impedimento ou a suspeição, em petição fundamentada e devidamente instruída, na primeira oportunidade em que lhe couber falar nos autos. O juiz deve mandar processar o incidente em separado e sem suspensão do processo, ouvindo o arguido no prazo de 15 dias e facultando a produção de prova, quando necessária (art. 148, §§ 1º e 2º, do CPC). Nos tribunais, essa arguição deve ser disciplinada pelo regimento interno. O disposto no art. 148, §§ 1º e 2º, do CPC não se aplica à arguição de impedimento ou de suspeição de testemunha, que possuem previsão específica, conforme art. 457, § 1º, do mesmo diploma legal.

8.3 CONTESTAÇÃO

A *contestação* é a principal modalidade de defesa do réu. Trata-se de direito, bem como de ônus, uma vez que o réu, se não apresentar a contestação, pode sofrer consequências negativas em razão de sua inércia.

Na contestação, incumbe ao réu alegar toda a matéria de defesa, expondo as razões de fato e de direito com que impugna o pedido do autor (art. 336 do CPC). Incide, assim, o chamado *princípio da eventualidade*. Mesmo que o réu esteja seguro quanto a certa preliminar, deve alegar toda a matéria de defesa na contestação, sob pena de preclusão, não podendo mais mencioná-la, assim, posteriormente.

Nesse sentido, depois da contestação, só é lícito ao réu deduzir novas alegações quando: relativas a direito ou a fato superveniente; competir ao juiz conhecer delas de

1. Cf. MARTINS, Sergio Pinto. *Direito processual do trabalho*. 30. ed. São Paulo: Atlas, 2010. p. 285.

ofício; por expressa autorização legal, puderem ser formuladas em qualquer tempo e grau de jurisdição (art. 342 do CPC).

Embora o art. 336, parte final, do CPC disponha que cabe ao réu, na contestação, especificar as provas que pretende produzir, essa previsão não é obrigatória no processo do trabalho, pois as partes apresentam as suas provas em audiência (art. 845 da CLT). Ainda assim, as contestações bem elaboradas costumam fazer menção às provas que o réu pretende produzir. Especificamente quanto à prova documental, incumbe à parte instruir a petição inicial ou a contestação com os documentos destinados a provar-lhe as alegações (art. 434 do CPC).

O art. 2º, inciso V, da Instrução Normativa 39/2016 do TST prevê que não se aplica ao processo do trabalho, em razão de inexistência de omissão ou por incompatibilidade, o art. 335 do CPC, sobre prazo para contestação.

Cabe ao réu, no entanto, antes de discutir o mérito, ou seja, de forma preliminar, alegar as seguintes questões processuais:

I. inexistência ou nulidade da citação;
II. incompetência absoluta e relativa;
III. incorreção do valor da causa;
IV. inépcia da petição inicial;
V. perempção;
VI. litispendência;
VII. coisa julgada;
VIII. conexão;
IX. incapacidade da parte, defeito de representação ou falta de autorização;
X. convenção de arbitragem;
XI. ausência de legitimidade ou de interesse processual;
XII. falta de caução ou de outra prestação que a lei exige como preliminar;
XIII. indevida concessão do benefício de gratuidade de justiça (art. 337 do CPC).

A existência de convenção de arbitragem não pode ser conhecida de ofício pelo juiz (art. 337, § 5º, do CPC). Por isso, a ausência de alegação da existência de convenção de arbitragem implica aceitação da jurisdição estatal e renúncia ao juízo arbitral (art. 337, § 6º, do CPC).

A convenção de arbitragem (art. 337, inciso X, do CPC), embora possa ser alegada pelo réu, nem sempre produzirá efeitos no âmbito das relações individuais de emprego, pois a arbitragem só é admitida nas hipóteses do art. 507-A da CLT, bem como nas relações coletivas de trabalho (art. 114, §§ 1º e 2º, da Constituição da República). De todo modo, se for acolhida a alegação de existência de convenção de arbitragem ou quando o juízo arbitral reconhecer sua competência, o processo deve ser extinto sem resolução de mérito (art. 485, inciso VII, do CPC).

Verifica-se a litispendência ou a coisa julgada, quando se reproduz ação anteriormente ajuizada (art. 337, § 1º, do CPC). Uma ação é idêntica à outra quando tem as mesmas partes, a mesma causa de pedir e o mesmo pedido (art. 337, § 2º, do CPC). Há litispendência quando se repete ação que está em curso (art. 337, § 3º, do CPC). Há coisa julgada quando se repete ação que já foi decidida por decisão transitada em julgado (art. 337, § 4º, do CPC).

Se o réu alegar, na contestação, que é parte ilegítima ou que não é o responsável pelo prejuízo invocado, o juiz facultará ao autor, em 15 dias, a alteração da petição inicial para substituição do réu (art. 338 do CPC).

Uma vez sendo realizada essa substituição, o autor deve reembolsar as despesas e pagar honorários (se cabíveis) ao procurador do réu excluído, que devem ser fixados entre três e cinco por cento do valor da causa ou, sendo este irrisório, nos termos do art. 85, § 8º, do CPC, que prevê a fixação do valor dos honorários, pelo juiz, por apreciação equitativa (art. 338, parágrafo único, do CPC).

Quando alegar sua ilegitimidade, incumbe ao réu indicar o sujeito passivo da relação jurídica discutida sempre que tiver conhecimento, sob pena de arcar com as despesas processuais e de indenizar o autor pelos prejuízos decorrentes da falta da indicação (art. 339 do CPC). Se for aceita a indicação pelo autor, este, no prazo de 15 dias, deve proceder à alteração da petição inicial para a substituição do réu, observando-se, ainda, o parágrafo único do art. 338 do CPC, acima indicado. No prazo de 15 dias, o autor pode optar por alterar a petição inicial para incluir, como litisconsorte passivo, o sujeito indicado pelo réu.

Excetuadas a convenção de arbitragem e a incompetência relativa, o juiz deve conhecer de ofício das matérias acima arroladas (art. 337, § 5º, do CPC). Por se tratar de matérias de defesa que o juiz deve conhecer de ofício, podem ser chamadas de *objeções*.

Após a alegação das preliminares, cabe ao réu alegar, se for o caso, a prescrição e a decadência, bem como matérias relativas à defesa do mérito propriamente, abrangendo questões de fato e de direito.

Sendo assim, quanto ao mérito, o réu pode negar os fatos alegados pelo autor (defesa direta de mérito); admiti-los, mas alegar fatos impeditivos, modificativos ou extintivos (defesa indireta de mérito); admiti-los, mas alegar que o Direito não assegura a consequência postulada pelo autor (defesa direta de mérito quanto ao direito)[2].

Cabe ainda ressaltar que, conforme o art. 767 da CLT, a compensação e a retenção só podem ser arguidas como matérias de defesa.

A *compensação* é forma indireta de extinção da obrigação. Segundo o art. 368 do Código Civil de 2002, se duas pessoas forem, ao mesmo tempo, credor e devedor uma da outra, as duas obrigações se extinguem, até onde se compensarem. Ocorre quando o devedor também possui crédito em face do credor, havendo reciprocidade de dívidas, as quais devem ser líquidas, vencidas e de coisas fungíveis (isto é, podem ser substituídas por outras da mesma espécie, qualidade e quantidade, nos termos do art. 85 do Código Civil de 2002, indicando que as dívidas devem ser homogêneas, da mesma natureza), nos termos do art. 369 do Código Civil de 2002. Mesmo se forem do mesmo gênero as coisas fungíveis, objeto das duas prestações, não se compensarão, caso se verifique que diferem na qualidade, quando especificada no contrato (art. 370 do Código Civil de 2002).

De acordo com a Súmula 18 do TST, a compensação, na Justiça do Trabalho, está restrita a dívidas de natureza trabalhista. Logo, o empregador não pode alegar a compensação a respeito de eventual crédito de natureza civil que possua em face do empregado.

A compensação, entretanto, não se confunde com a mera dedução de valor pago, a qual deve ser determinada até mesmo de ofício pelo juiz, para que não ocorra o enriquecimento indevido da parte.

2. Cf. GRECO FILHO, Vicente. *Direito processual civil brasileiro*. 20. ed. São Paulo: Saraiva, 2009. v. 2. p. 128.

Nos termos da Orientação Jurisprudencial 415 da SBDI-I do TST: "Horas extras. Reconhecimento em juízo. Critério de dedução/abatimento dos valores comprovadamente pagos no curso do contrato de trabalho. A dedução das horas extras comprovadamente pagas daquelas reconhecidas em juízo não pode ser limitada ao mês de apuração, devendo ser integral e aferida pelo total das horas extraordinárias quitadas durante o período imprescrito do contrato de trabalho".

A *retenção*, por seu turno, também só pode ser alegada como matéria de defesa, ou seja, na contestação, sob pena de preclusão. Na retenção, quem retém a coisa também deve ser credor. Além disso, deve deter a coisa de forma legítima, sendo necessária uma relação de conexão entre o crédito e a coisa retida, não devendo haver impedimento legal ou contratual ao seu exercício[3]. A retenção tem como objetivo garantir o crédito que o detentor possui.

Além do princípio da eventualidade, também se aplica à contestação o *ônus da impugnação especificada dos fatos*[4]. Portanto, incumbe também ao réu manifestar-se precisamente sobre as alegações de fato constantes da petição inicial (art. 341 do CPC). Presumem-se verdadeiras as alegações de fato não impugnadas. Trata-se de presunção relativa, a qual pode ser elidida por prova em contrário, constante dos autos.

Essa presunção de veracidade das alegações de fato não impugnadas, entretanto, não se aplica se: não for admissível, a seu respeito, a confissão; a petição inicial não estiver acompanhada de instrumento que a lei considerar da substância do ato; estiverem em contradição com a defesa, considerada em seu conjunto.

Esse ônus da impugnação especificada dos fatos não se aplica ao defensor público, ao advogado dativo e ao curador especial (art. 341, parágrafo único, do CPC).

Sendo assim, interpretando-se o art. 793 da CLT, de forma extensiva, ou seja, também quanto ao polo passivo, se o menor de 18 anos é réu na ação trabalhista (ou em ação de consignação em pagamento), não tendo representantes legais, o ônus de impugnação especificada dos fatos não se aplicaria ao Ministério Público do Trabalho, ao Ministério Público estadual nem ao curador nomeado em juízo.

8.4 RECONVENÇÃO

A *reconvenção*, embora seja uma das possíveis respostas do réu (art. 343 do CPC), tem natureza de ação por este ajuizada em face do autor originário da demanda.

Por meio da reconvenção o réu passa a ser autor nessa nova ação (réu reconvinte), formulando pedido em face do autor original, o qual passa a ser réu na reconvenção (autor reconvindo). Embora a reconvenção seja ação judicial, é ajuizada de forma incidental no processo já existente.

É cabível a reconvenção no processo do trabalho, pois a CLT é omissa a respeito do tema, havendo compatibilidade com os preceitos daquele. A reconvenção está em harmonia com o princípio da economia processual, permitindo a solução do conflito de forma mais célere e eficaz, isto é, no mesmo processo, o que evita a necessidade de instauração de nova relação processual.

3. Cf. MARTINS, Sergio Pinto. *Direito processual do trabalho*. 30 ed. São Paulo: Atlas, 2010. p. 300.
4. GRECO FILHO, Vicente. *Direito processual civil brasileiro*. 20. ed. São Paulo: Saraiva, 2009. v. 2. p. 129.

A reconvenção deve ser apresentada na contestação (art. 343 do CPC). Desse modo, no processo do trabalho, a reconvenção deve ser oferecida na audiência, na própria contestação (art. 847 da CLT).

A reconvenção pode ser apresentada até mesmo de forma oral, em audiência, dentro do mesmo prazo de 20 minutos de defesa, previsto no art. 847 da CLT. Entretanto, normalmente é apresentada por escrito. Por se tratar de ação, a reconvenção deve observar os requisitos da petição inicial.

Não é imprescindível à reconvenção a existência de contestação. Nesse sentido, o art. 343, § 6º, do CPC dispõe que o réu pode propor reconvenção independentemente de oferecer contestação.

Para que a reconvenção seja admitida, é necessário que o juiz seja competente, de forma absoluta, para o seu julgamento. Entretanto, mesmo que o juiz da ação principal seja relativamente incompetente para a reconvenção (em especial na competência em razão do lugar), prorroga-se, no caso, a competência. Segundo o art. 61 do CPC, a ação acessória deve ser proposta no juízo competente para a ação principal.

Sendo a Justiça do Trabalho competente para decidir o conflito, a reconvenção pode ser proposta contra o autor e terceiro (art. 343, § 3º, do CPC). A reconvenção também pode ser proposta pelo réu em litisconsórcio com terceiro (art. 343, § 4º, do CPC).

Na contestação, é lícito ao réu propor reconvenção para manifestar pretensão própria, *conexa com a ação principal ou com o fundamento da defesa* (art. 343 do CPC).

Se a alegação do réu puder ser apresentada como matéria de contestação, não se verifica interesse processual para a reconvenção. Nesse sentido, a compensação, por exemplo, deve ser arguida como matéria de defesa, pois não envolve pedido de condenação do autor. Se o procedimento aplicado na ação principal tiver natureza dúplice, ou for admitido o pedido contraposto, como se verifica na ação de consignação em pagamento (arts. 544, inciso IV, e 545, § 2º, do CPC), ação de exigir contas (art. 552 do CPC), ação possessória (art. 556 do CPC), não há interesse processual, no aspecto da necessidade, para a reconvenção.

Discute-se, ainda, a respeito do cabimento da reconvenção no procedimento sumaríssimo. No processo civil, no procedimento (sumaríssimo) do Juizado Especial Cível, a Lei 9.099/1995, no art. 31, prevê que não se admite a reconvenção. Entretanto, permite-se ao réu, na contestação, formular pedido em seu favor, nos limites da competência do Juizado Especial Cível, *desde que fundado nos mesmos fatos que constituem objeto da controvérsia*. Ou seja, admite-se apenas o pedido contraposto. Havendo pedidos contrapostos, a contestação formal pode ser dispensada, e ambos devem ser apreciados na mesma sentença (art. 17, parágrafo único, da Lei 9.099/1995). Com isso, há entendimento de que no procedimento sumaríssimo trabalhista, em razão do mesmo objetivo de celeridade, também não se admite a reconvenção, mas apenas o pedido contraposto.

O art. 343, § 5º, do CPC prevê que, se o autor for substituto processual, o reconvinte deve afirmar ser titular de direito em face do substituído, e a reconvenção deve ser proposta em face do autor, também na qualidade de substituto processual.

No processo civil, de acordo com o art. 343, § 1º, do CPC, proposta a reconvenção, o autor deve ser intimado, na pessoa de seu advogado, para apresentar resposta no prazo de 15 dias. Entretanto, no processo do trabalho, sendo a reconvenção apresentada na audiência, na própria contestação, deve-se designar nova audiência, para que o autor reconvindo possa oferecer resposta à reconvenção na próxima audiência. A instrução processual será comum, tanto para a ação como para a reconvenção. Se o autor reconvindo não apresentar contestação à reconvenção, será considerado revel e confesso quanto à matéria de fato alegada na reconvenção.

A desistência da ação principal ou a ocorrência de causa extintiva que impeça o exame de seu mérito não obsta ao prosseguimento do processo quanto à reconvenção (art. 343, § 2º, do CPC).

É possível, por meio de decisão interlocutória, o indeferimento liminar da reconvenção, quando esta não seja cabível, e mesmo o julgamento liminar de improcedência do pedido nela formulado. Como a reconvenção tem natureza de ação, aplica-se o art. 332 do CPC, sobre a improcedência liminar do pedido.

Não ocorrendo o indeferimento liminar da reconvenção ou a improcedência liminar do pedido formulado na reconvenção, com o objetivo de evitar decisões contraditórias, entende-se que devem ser julgadas na mesma sentença a ação e a reconvenção. Como a reconvenção não se confunde com a ação principal, a sentença deve conter fundamentação e conclusão para cada uma delas, inclusive a respeito de condenação em custas e despesas processuais de forma separada.

O recurso cabível da sentença que julga a ação principal e a reconvenção é o ordinário. Se a reconvenção for indeferida liminarmente, ou o seu pedido for julgado improcedente de forma liminar, por se tratar de decisão interlocutória, não é cabível recurso de imediato (art. 893, § 1º, da CLT), podendo a questão ser objeto de recurso quando da decisão final.

8.5 QUESTÃO PREJUDICIAL

A *questão prejudicial* é a relação jurídica controvertida da qual depende o julgamento do mérito, ou seja, o pressuposto lógico para a decisão do mérito ou pedido.

Segundo o art. 503 do CPC, a decisão que julgar total ou parcialmente o mérito tem força de lei nos limites da questão principal expressamente decidida. Essa disposição se aplica à resolução de *questão prejudicial*, decidida expressa e incidentemente no processo, se: dessa resolução depender o julgamento do mérito; a seu respeito tiver havido contraditório prévio e efetivo, não se aplicando no caso de revelia; o juízo tiver competência em razão da matéria e da pessoa para resolvê-la como questão principal (art. 503, § 1º, do CPC).

A hipótese do § 1º do art. 503 do CPC não se aplica se no processo houver restrições probatórias ou limitações à cognição que impeçam o aprofundamento da análise da questão prejudicial.

Portanto, mesmo havendo questão prejudicial, não é mais previsto o cabimento de ação declaratória incidental, pois, uma vez presentes os requisitos legais acima indicados, o juiz, automaticamente, deve decidir a questão prejudicial, a qual fica abrangida pela coisa julgada material. Logo, não há mais interesse processual, no aspecto da necessidade, para o ajuizamento de ação declaratória incidental. A coisa julgada, assim, passa a se estender também às questões prejudiciais decididas.

Isso é confirmado pelo art. 1.054 do CPC, ao prever que o disposto no art. 503, § 1º, do mesmo diploma legal (que dispõe sobre a extensão da coisa julgada às questões prejudiciais) somente se aplica aos processos iniciados após a vigência deste, aplicando-se aos anteriores o disposto nos arts. 5º, 325 e 470 da Lei 5.869, de 11 de janeiro de 1973.

8.6 REVELIA

A *revelia* significa a ausência de apresentação de defesa pelo réu, o qual, mesmo citado, permanece inerte.

Conforme o art. 344 do CPC, se o réu não contestar a ação, deve ser considerado revel e presumem-se verdadeiras as alegações de fato formuladas pelo autor.

No processo do trabalho, conforme o art. 844, *caput*, da CLT, o não comparecimento do reclamante à audiência importa o arquivamento da reclamação, e *o não comparecimento do reclamado importa revelia, além de confissão quanto à matéria de fato*.

O § 1º do art. 844 da CLT, por seu turno, prevê que se ocorrer motivo relevante, o juiz pode suspender o julgamento e designar nova audiência.

Logo, de acordo com a expressa previsão legal, exige-se que o réu compareça à audiência, não sendo suficiente para afastar a revelia a presença do advogado, mesmo que com procuração e defesa.

O que se admite é que o empregador se faça "substituir pelo gerente, ou qualquer outro preposto que tenha conhecimento do fato, e cujas declarações obrigarão o proponente" (art. 843, § 1º, da CLT). O preposto, não obstante, não se confunde com o advogado do empregador. Frise-se que o preposto não precisa ser empregado da parte reclamada (art. 843, § 3º, da CLT).

O Regulamento Geral do Estatuto da Advocacia e da OAB (Regulamento Geral previsto na Lei 8.906/1994), no art. 3º, prevê ser "defeso ao advogado funcionar no mesmo processo, simultaneamente, como patrono e preposto do empregador ou cliente".

Dessa forma, nos termos do art. 843, § 3º, e do art. 844, § 5º, da CLT, não se admite a cumulação das condições de advogado e preposto (art. 12, § 3º, da Instrução Normativa 41/2018 do TST).

Entende-se inaplicável ao processo do trabalho a previsão do art. 72, inciso II, do CPC, a respeito da nomeação de curador especial ao revel citado por edital ou com hora certa. O art. 793, parte final, da CLT faz referência à nomeação de curador, mas não a prevê para o caso mencionado.

Os principais efeitos da revelia são a presunção de veracidade das alegações de fato formuladas pelo autor (art. 344 do CPC) e a dispensa de se intimar o réu quanto aos atos processuais (art. 346 do CPC). Entretanto, no processo do trabalho, o revel é intimado da sentença, conforme art. 852 da CLT.

O art. 346 do CPC dispõe que os prazos contra o revel *que não tenha patrono nos autos* fluem da data de publicação do ato decisório no órgão oficial. Mesmo sendo o réu revel, se tiver procurador constituído nos autos, deve ser intimado dos atos processuais que se seguem, inclusive da sentença. Ademais, contra o revel, sem patrono nos autos, os prazos correm (independentemente de intimação) a partir da publicação de cada ato decisório no órgão oficial.

O revel pode intervir no processo em qualquer fase, recebendo-o no estado em que se encontrar.

Ao réu revel será lícita a produção de provas, contrapostas às alegações do autor, desde que se faça representar nos autos a tempo de praticar os atos processuais indispensáveis a essa produção (art. 349).

O principal efeito da revelia é o da presunção de veracidade das alegações de fato formuladas pelo autor (art. 344 do CPC). Com a ausência de contestação, os fatos alegados pelo autor presumem-se verdadeiros, pois se tornam incontroversos. Conforme o art. 844, *caput*, da CLT, o não comparecimento do réu importa revelia, além de confissão quanto à matéria de fato. Trata-se de presunção relativa, e não absoluta.

A revelia não produz o efeito mencionado no *caput* do art. 844 da CLT (ou seja, confissão quanto à matéria de fato) se:

I – havendo pluralidade de reclamados, algum deles contestar a ação;

II – o litígio versar sobre direitos indisponíveis;

III – a petição inicial não estiver acompanhada de instrumento que a lei considere indispensável à prova do ato;

IV – as alegações de fato formuladas pelo reclamante forem inverossímeis ou estiverem em contradição com prova constante dos autos (art. 844, § 4º, da CLT).

Essa previsão corresponde ao art. 345 do CPC.

Nos termos do art. 844, § 5º, da CLT, com redação dada pela Lei 13.467/2017, ainda que ausente o reclamado, presente o advogado na audiência, devem ser aceitos a contestação e os documentos eventualmente apresentados.

A contestação e os mencionados documentos, ao serem aceitos e juntados aos autos, podem elidir, ainda que em parte, a presunção relativa de veracidade das alegações feitas pelo autor (confissão quanto à matéria de fato) decorrente da revelia, o que deve ser analisado em cada caso.

Com isso, entende-se que fica parcialmente afetada a Súmula 122 do TST, com a seguinte redação: "Revelia. Atestado médico. A reclamada, ausente à audiência em que deveria apresentar defesa, é revel, ainda que presente seu advogado munido de procuração, podendo ser ilidida a revelia mediante a apresentação de atestado médico, que deverá declarar, expressamente, a impossibilidade de locomoção do empregador ou do seu preposto no dia da audiência".

Tendo em vista a previsão do art. 844, § 4º, inciso I, da CLT, mesmo havendo litisconsórcio passivo e simples (não unitário), os fatos comuns aos litisconsortes devem ser objeto do mesmo tratamento na decisão judicial.

A pessoa jurídica de direito público também se sujeita à revelia prevista no artigo 844 da CLT (Orientação Jurisprudencial 152 da SBDI-I do TST).

Os fatos (as alegações de fatos) são o objeto da prova (com as exceções previstas no art. 374 do CPC). No entanto, apenas os fatos controvertidos é que estão sujeitos à prova (art. 374, incisos II e III, do CPC). Havendo revelia, em face da ausência de controvérsia dos fatos alegados pelo autor, torna-se desnecessária a sua comprovação em juízo. Logo, nessa hipótese, o julgamento da demanda não terá como fundamento as regras de ônus da prova. A análise do ônus da prova pressupõe seja o fato controvertido, quer dizer, sujeito à prova. Diante da presunção de veracidade dos fatos indicados na petição inicial, o autor não terá que se desincumbir de qualquer ônus probatório, isto é, não precisará provar os fatos, por ele alegados, constitutivos do direito postulado (arts. 818, inciso I, da CLT e 373, inciso I, do CPC). Quanto ao réu, não apresentando contestação, por não ter alegado quaisquer fatos, não há ônus de provar fatos extintivos, impeditivos ou modificativos do direito do autor (arts. 818, inciso II, da CLT e 373, inciso II, do CPC).

Entretanto, o juiz, titular do poder instrutório, pode determinar a instrução processual, com o fim de obter esclarecimentos a respeito de fatos afirmados pelo demandante, com o intuito de alcançar a verdade real, de modo a solucionar o conflito, por meio da aplicação do Direito com justiça. Com isso, é possível ocorrer o afastamento da presunção de veracidade, pois ela é relativa (*juris tantum*). Essa iniciativa do juiz tem fundamento nos arts. 765 e 852-D da CLT. Conforme o art. 370 do CPC, cabe ao juiz, de ofício ou a requerimento da parte, determinar as provas necessárias ao julgamento do mérito.

Como a presunção de veracidade incide apenas sobre os *fatos* alegados pelo autor, as questões de direito não são por ela alcançadas. Logo, mesmo havendo os efeitos da revelia, cabe ao juiz aplicar o direito ao caso concreto.

Em caso de pedido de adicional de insalubridade ou de periculosidade, entende-se ser necessária a realização de perícia, por se tratar de questão técnica, na forma do art. 195, § 2º, da CLT.

Os fatos inverossímeis, manifestamente inverídicos, que se afastam do razoável, ainda que não contestados em decorrência da revelia, certamente não devem ser admitidos como verdadeiros pelo juiz. Cabe a este, utilizando as *regras de experiência* (arts. 375 do CPC e 852-D da CLT), distinguir essas hipóteses, não considerando a sua veracidade quando em afronta ao possível no mundo dos fatos.

Portanto, nem sempre o efeito da revelia acarreta o acolhimento da pretensão. Pode ocorrer, por exemplo, que do fato afirmado pelo autor não decorra o direito postulado, segundo a norma aplicável; que os fatos sejam manifestamente inverossímeis, não podendo ser aceitos como verdadeiros pelo juiz.

A presunção relativa de veracidade dos fatos alegados pela parte contrária significa justamente a existência de confissão *ficta* quanto à matéria fática.

Aplicam-se ao processo trabalhista a revelia e seus efeitos. A revelia pode ter como consequência, portanto, a *confissão ficta*.

Não obstante, a *confissão ficta* também pode decorrer da ausência da parte na audiência para prestar depoimento pessoal (Súmula 74 do TST).

Inexiste previsão legal tolerando atraso no horário de comparecimento da parte na audiência (Orientação Jurisprudencial 245 da SBDI-I do TST). Por consequência, incidem nesse caso os efeitos da revelia, com destaque à presunção de veracidade dos fatos alegados pelo autor.

Ainda assim, segundo a jurisprudência do Tribunal Superior do Trabalho, admite-se a mitigação do posicionamento da Orientação Jurisprudencial 245 da SBDI-I, no sentido de se tolerar atrasos de poucos minutos no comparecimento das partes à audiência, quando não houver prejuízo ao rito procedimental. Nesse sentido, admite-se que a revelia e a confissão não sejam aplicadas quando o atraso da parte à audiência ocorrer por tempo ínfimo (poucos minutos) e não configurar prejuízo para o andamento da audiência e para a realização dos atos processuais, com fundamento nos princípios da simplicidade, da razoabilidade, da instrumentalidade, do contraditório e da ampla defesa. Cf. TST, 2ª T., RR-1001084-02.2018.5.02.0521, Rel. Min. Liana Chaib, DEJT 26.05.2023. TST, 8ª T., RRAg-1001211-06.2016.5.02.0263, Rel. Min. Alexandre de Souza Agra Belmonte, DEJT 24.10.2022. TST, 3ª T., Ag-RRAg-1000217-90.2019.5.02.0612, Rel. Min. Mauricio Godinho Delgado, DEJT 30.09.2022.

Capítulo 9

PROVAS

9.1 OBJETO DA PROVA

As *provas* incidem sobre os fatos alegados pelas partes, isto é, constantes da causa de pedir e da defesa e são produzidas para que o juiz possa formar o seu convencimento.

O objeto das provas corresponde aos fatos ou, mais precisamente, às alegações de fatos. Logo, as questões, isto é, os pontos controvertidos de fato é que são solucionados pelas provas. Como exceção, nos termos do art. 376 do CPC, a parte que alegar direito municipal, estadual, estrangeiro ou consuetudinário provar-lhe-á o teor e a vigência, se assim o juiz determinar. É possível aplicar essa previsão de forma extensiva também para as normas jurídicas decorrentes de negociação coletiva de trabalho.

Não são todos os fatos que dependem de prova, mas apenas os fatos pertinentes, relevantes, controvertidos, não notórios, não presumidos pela lei[1].

Os *fatos pertinentes* são os que têm relação com a causa. Os *fatos relevantes* são os que têm importância para a decisão do feito. Os *fatos controvertidos* são os alegados por uma das partes, mas negados pela outra, o que impõe a necessidade de sua comprovação.

O pagamento de adicional de periculosidade efetuado por mera liberalidade da empresa, ainda que de forma proporcional ao tempo de exposição ao risco ou em percentual inferior ao máximo legalmente previsto, dispensa a realização da prova técnica exigida pelo art. 195 da CLT, pois torna incontroversa a existência do trabalho em condições perigosas (Súmula 453 do TST).

Os *fatos notórios* são os de conhecimento geral, ou mesmo na localidade em que o processo tem o seu curso, perante o juiz. Os *fatos presumidos* pela lei, justamente em razão dessa condição, não dependem de prova.

O art. 374 do CPC prevê que não dependem de prova os fatos notórios; afirmados por uma parte e confessados pela parte contrária; admitidos, no processo, como incontroversos; em cujo favor milita presunção legal de existência ou de veracidade.

Ninguém se exime do dever de colaborar com o Poder Judiciário para o descobrimento da verdade (art. 378 do CPC).

Preservado o direito de não produzir prova contra si própria, incumbe à parte: comparecer em juízo, respondendo ao que lhe for interrogado; colaborar com o juízo na realização de inspeção judicial que for considerada necessária; praticar o ato que lhe for determinado (art. 379 do CPC).

1. Cf. GRECO FILHO, Vicente. *Direito processual civil brasileiro*. 20. ed. São Paulo: Saraiva, 2009. v. 2. p. 197-198.

Incumbe ao terceiro, em relação a qualquer causa: informar ao juiz os fatos e as circunstâncias de que tenha conhecimento; exibir coisa ou documento que esteja em seu poder (art. 380 do CPC). O juiz pode, em caso de descumprimento, determinar, além da imposição de multa, outras medidas indutivas, coercitivas, mandamentais ou sub-rogatórias.

A prova direta é relativa ao fato principal, enquanto a prova indireta é voltada ao fato secundário, isto é, ao indício. A prova pode ser classificada, ainda, em pessoal (como o depoimento pessoal, a prova testemunhal) ou real (como a prova documental). A prova casual é aquela produzida no curso do processo, enquanto a prova pré-constituída é aquela existente previamente, produzida para fim de utilização no processo[2].

9.2 ÔNUS DA PROVA

As regras de *ônus da prova* são direcionadas, primeiramente, às partes, as quais têm necessidade de provar para possivelmente vencerem a causa.

Quando há uma questão incerta no processo, sem provas suficientes para a formação do convencimento, tendo em vista a regra da indeclinabilidade da jurisdição, cabe ao juiz julgar conforme o ônus da prova.

Parte da doutrina faz menção, assim, ao chamado "ônus objetivo" da prova, no sentido de que se não houver provas nos autos a respeito dos fatos em discussão, o juiz deve julgar a causa (por ser vedado o non liquet) utilizando as regras de ônus da prova[3].

Além disso, conforme o princípio da aquisição da prova (ou da comunhão da prova), se a prova foi produzida, e consta dos autos, cabe ao juiz levar em conta, independentemente de qual parte a produziu[4].

O juiz deve apreciar a prova constante dos autos, independentemente do sujeito que a tiver promovido, e indicar na decisão as razões da formação de seu convencimento (art. 371 do CPC).

O juiz tem o poder instrutório, o qual pode ser exercido para a busca da verdade real, com o objetivo de se decidir de forma mais justa. O art. 765 da CLT prevê que os juízes e tribunais do trabalho têm ampla liberdade na direção do processo, devendo velar pelo andamento rápido das causas, *podendo determinar qualquer diligência necessária ao esclarecimento delas*.

O art. 852-D da CLT, voltado ao procedimento sumaríssimo, reitera que cabe ao juiz dirigir o processo com liberdade para determinar as provas a serem produzidas, considerado o ônus probatório de cada litigante, podendo limitar ou excluir as que considerar excessivas, impertinentes ou protelatórias, bem como apreciá-las e dar especial valor às regras de experiência comum ou técnica.

Cabe ao juiz, de ofício ou a requerimento da parte, determinar as provas necessárias ao julgamento do mérito. O juiz deve indeferir, em decisão fundamentada, as diligências inúteis ou meramente protelatórias (art. 370 do CPC).

Em consonância com a atual redação do art. 818 da CLT, o *ônus da prova* incumbe: I – ao reclamante, quanto ao fato constitutivo de seu direito; II – ao reclamado, quanto à existência de fato impeditivo, modificativo ou extintivo do direito do reclamante.

---

2. Cf. GRECO FILHO, Vicente. *Direito processual civil brasileiro*. 20. ed. São Paulo: Saraiva, 2009. v. 2. p. 196.
3. Cf. NEVES, Daniel Amorim Assumpção. *Manual de direito processual civil*. 9. ed. Salvador: Juspodivm, 2017. p. 734.
4. Cf. GRECO FILHO, Vicente. *Direito processual civil brasileiro*. 20. ed. São Paulo: Saraiva, 2009. v. 2. p. 204.

A previsão corresponde ao art. 373 do CPC e tem como fundamento o interesse da parte no sentido de que o fato seja considerado verdadeiro pelo juiz ao decidir.

Dessa forma, o ônus da prova incumbe ao autor, quanto ao fato constitutivo do seu direito.

O termo inicial do direito ao salário-família coincide com a prova da filiação. Se feita em juízo, corresponde à data de ajuizamento do pedido, salvo se comprovado que anteriormente o empregador se recusara a receber a respectiva certidão (Súmula 254 do TST).

O ônus da prova incumbe ao réu, quanto à existência de fatos impeditivo, modificativo ou extintivo do direito do autor.

O fato extintivo seria, por exemplo, o pagamento do direito postulado, cabendo ao réu juntar os recibos que demonstrem essa alegação. O fato modificativo é aquele que altera o direito pretendido, como no caso de acordo de compensação de jornada de trabalho, o qual afastaria o direito de receber as horas extras, pois estas já teriam sido compensadas com folgas em outros dias. O fato impeditivo obsta a concretização do direito, como seria o caso do quadro de carreira ou do plano de cargos e salários adotado por meio de norma interna da empresa ou de negociação coletiva, o que afasta o direito à equiparação salarial, na forma do art. 461, §§ 2º e 3º, da CLT.

É do empregador o ônus da prova do fato impeditivo, modificativo ou extintivo da equiparação salarial (Súmula 6, item VIII, do TST).

É do empregador o ônus da prova em relação à regularidade dos depósitos do FGTS, pois o pagamento é fato extintivo do direito do autor, conforme art. 818, inciso II, da CLT (Súmula 461 do TST).

Em se tratando de terceirização no setor público, o Tribunal Superior do Trabalho decidiu, com fundamento no *princípio da aptidão para a prova* (ao vincular o ônus da prova a quem tem melhores condições de produzi-la), que nos casos em que o prestador de serviços não cumpre suas obrigações trabalhistas, cabe ao ente público tomador dos serviços demonstrar que fiscalizou de forma adequada o contrato de prestação de serviços, para que não seja responsabilizado de forma subsidiária (TST, SBDI-I, E-RR – 925-07.2016.5.05.0281, Rel. Min. Cláudio Mascarenhas Brandão j. 12.12.2019). A respeito do tema, cf. STF, Pleno, RE 1.298.647/SP.

Discute-se, ainda, a respeito da possibilidade de inversão do ônus da prova no processo do trabalho.

O Código de Defesa do Consumidor (Lei 8.078/1990), no art. 6º, inciso VIII, prevê, como um dos direitos básicos do consumidor, a facilitação da defesa de seus direitos, inclusive com a inversão do ônus da prova, a seu favor, no processo civil, quando, a critério do juiz, for verossímil a alegação ou quando for ele hipossuficiente, segundo as regras ordinárias de experiências.

Segundo a *distribuição dinâmica do ônus da prova*, cabe ao juiz o exame da questão em cada caso concreto, fazendo incidir o ônus da prova sobre a parte que tem melhores condições, especialmente técnicas, de demonstrar o fato, o que muitas vezes resultaria na inversão do ônus da prova, passando a incidir sobre o empregador.

Nos casos previstos em lei ou diante de peculiaridades da causa relacionadas à impossibilidade ou à excessiva dificuldade de cumprir o encargo nos termos do art. 818 da CLT ou à maior facilidade de obtenção da prova do fato contrário, pode o juízo atribuir o ônus da prova de modo diverso, desde que o faça por decisão fundamentada, caso em que deve dar à parte a oportunidade de se desincumbir do ônus que lhe foi atribuído (art. 818, § 1º, da CLT, acrescentado pela Lei 13.467/2017).

A decisão referida no art. 818, § 1º, da CLT deve ser proferida antes da abertura da instrução e, a requerimento da parte, implicará o adiamento da audiência e possibilitará provar os fatos por qualquer meio em direito admitido (art. 818, § 2º, da CLT).

Evita-se a chamada *decisão surpresa*, no caso, quanto à atribuição do ônus da prova. Além disso, nota-se que devem ser preservados os princípios do contraditório e da ampla defesa (art. 5º, inciso LV, da Constituição da República).

A decisão referida no § 1º do art. 818 da CLT não pode gerar situação em que a desincumbência do encargo pela parte seja impossível ou excessivamente difícil (art. 818, § 3º, da CLT).

O art. 2º, inciso VII, da Instrução Normativa 39/2016 do TST prevê que não se aplica ao processo do trabalho, em razão de inexistência de omissão ou por incompatibilidade, o art. 373, §§ 3º e 4º, do CPC, sobre distribuição diversa do ônus da prova por convenção das partes.

Logo, prevalece o entendimento de que as regras sobre o ônus da prova no processo do trabalho não são disponíveis, impossibilitando a sua modificação por meio de convenção das partes. Isso, entretanto, não se confunde com a mencionada inversão do ônus da prova, a qual, em certos casos, pode ser aplicada pelo juiz, considerando a parte com maior aptidão na sua produção, com fundamento na distribuição dinâmica do ônus da prova e no art. 818, § 1º, da CLT.

Observa-se no Direito Processual do Trabalho a incidência de presunções legais e, principalmente, judiciais, as quais têm como consequência a inversão do ônus da prova ou a incidência do ônus da prova para o empregador.

Presume-se recebida a notificação 48 horas depois de sua postagem. O seu não recebimento ou a entrega após o decurso desse prazo constitui ônus de prova do destinatário (Súmula 16 do TST).

Vejamos, ainda, outras presunções reconhecidas na jurisprudência:

Presume-se abusiva a transferência de que trata o § 1º do art. 469 da CLT, sem comprovação da necessidade do serviço (Súmula 43 do TST).

O ônus de provar o término do contrato de trabalho, quando negados a prestação de serviço e o despedimento, é do empregador, pois o princípio da continuidade da relação de emprego constitui presunção favorável ao empregado (Súmula 212 do TST).

É do empregador o ônus de comprovar que o empregado não satisfaz os requisitos indispensáveis para a concessão do vale-transporte ou não pretenda fazer uso do benefício (Súmula 460 do TST).

Em conformidade com a Súmula 338 do TST:

> "Jornada de trabalho. Registro. Ônus da prova. I – É ônus do empregador que conta com mais de 10 (dez) empregados [20, cf. Lei 13.874/2019] o registro da jornada de trabalho na forma do art. 74, § 2º, da CLT. A não apresentação injustificada dos controles de frequência gera presunção relativa de veracidade da jornada de trabalho, a qual pode ser elidida por prova em contrário. II – A presunção de veracidade da jornada de trabalho, ainda que prevista em instrumento normativo, pode ser elidida por prova em contrário. III – Os cartões de ponto que demonstram horários de entrada e saída uniformes são inválidos como meio de prova, invertendo-se o ônus da prova, relativo às horas extras, que passa a ser do empregador, prevalecendo a jornada da inicial se dele não se desincumbir".

Esclareça-se que o art. 74, § 2º, da CLT, com redação dada pela Lei 13.874/2019, dispõe que para os estabelecimentos com *mais de 20 trabalhadores* é obrigatória a anotação da hora de entrada e de saída, em registro manual, mecânico ou eletrônico, conforme instruções expedidas pela Secretaria Especial de Previdência e Trabalho do Ministério da Economia (Ministério do Trabalho), permitida a pré-assinalação do período de repouso.

Em razão desse dispositivo, cabe ao empregador, quando o estabelecimento tiver mais de 20 empregados, juntar os controles de jornada de trabalho. Se assim não fizer, presume-se verdadeira a jornada de trabalho alegada pelo autor na petição inicial. Entretanto, por se tratar de presunção relativa, pode ser elidida por prova em contrário, por exemplo, testemunhal (Súmula 338, inciso I, do TST).

Se o trabalho for executado fora do estabelecimento, o horário dos empregados deve constar do registro manual, mecânico ou eletrônico em seu poder, sem prejuízo do que dispõe o caput do art. 74 da CLT (art. 74, § 3º, da CLT, com redação dada pela Lei 13.874/2019).

Permite-se a utilização de registro de ponto por exceção à jornada regular de trabalho, mediante acordo individual escrito, convenção coletiva ou acordo coletivo de trabalho (art. 74, § 4º, da CLT, incluído pela Lei 13.874/2019). Pode-se dizer que nesse sistema o entendimento constante no inciso III da Súmula 338 do TST (sobre cartões de ponto com horários de entrada e saída uniformes serem inválidos como meio de prova) não seria aplicável, pois os horários de entrada e de saída do empregado são registrados apenas quando diferentes do pactuado ou estabelecido, isto é, se houver situações como horas extras, atrasos, saídas antecipadas e ausências.

A presunção pode ser absoluta, a qual não pode ser elidida por prova em contrário, e relativa, que é passível de ser elidida por prova em sentido diverso.

A presunção pode ser em legal e humana (judicial).

As regras de experiência, comum (subministradas pela observação do que ordinariamente acontece) ou técnica, também podem ser utilizadas pelo juiz (arts. 375 do CPC e 852-D da CLT).

9.3 VALORAÇÃO DA PROVA

A valoração da prova produzida e constante dos autos do processo é feita de acordo com o princípio da persuasão racional do juiz ou do livre convencimento motivado[5].

Não há, portanto, uma regra fixa de hierarquia quanto às provas, cabendo ao juiz formar livremente o seu convencimento, mas devendo sempre fundamentar a decisão, avaliando as provas produzidas e apresentando os motivos para se chegar a certa conclusão[6].

O art. 371 do CPC estabelece que o juiz deve apreciar a prova constante dos autos, independentemente do sujeito que a tiver promovido, e indicará na decisão as razões da formação de seu convencimento.

O art. 832, *caput*, da CLT, ao disciplinar os requisitos da sentença, prescreve que da decisão devem constar, além do nome das partes, do resumo do pedido e da defesa, *a apreciação das provas, os fundamentos da decisão* e a respectiva conclusão.

5. Cf. NEVES, Daniel Amorim Assumpção. *Manual de direito processual civil*. 9. ed. Salvador: Juspodivm, 2017. p. 745-746.

6. Cf. GRECO FILHO, Vicente. *Direito processual civil brasileiro*. 20. ed. São Paulo: Saraiva, 2009. v. 2. p. 214-215.

O art. 852-I, *caput*, da CLT, específico quanto ao procedimento sumaríssimo, reitera que a sentença deve mencionar os elementos de convicção do juízo, com resumo dos fatos relevantes ocorridos em audiência, embora seja dispensado o relatório.

O dever de fundamentação nas decisões judiciais, ademais, é exigência constitucional, consoante o art. 93, inciso IX, da Constituição da República.

9.4 PRODUÇÃO ANTECIPADA DA PROVA

A *produção antecipada da prova* é admitida nos casos em que: haja fundado receio de que venha a tornar-se impossível ou muito difícil a verificação de certos fatos na pendência da ação; a prova a ser produzida seja suscetível de viabilizar a autocomposição ou outro meio adequado de solução de conflito; o prévio conhecimento dos fatos possa justificar ou evitar o ajuizamento de ação (art. 381 do CPC).

Trata-se de *ação autônoma*, podendo ter natureza preparatória (quando ainda não ajuizada a ação principal) ou incidental (na hipótese em que a ação principal foi ajuizada, mas ainda não está na fase de instrução)[7].

A produção antecipada da prova é aplicável ao processo do trabalho, conforme art. 769 da CLT e art. 15 do CPC[8].

O arrolamento de bens deve observar o disposto nos arts. 381 a 383 do CPC quando tiver por finalidade apenas a realização de documentação e não a prática de atos de apreensão.

A produção antecipada da prova é da competência do juízo do foro onde esta deva ser produzida ou do foro de domicílio do réu (sendo aplicáveis no processo do trabalho as previsões do art. 651 da CLT). A produção antecipada da prova não previne a competência do juízo para a ação que venha a ser proposta.

A produção antecipada de provas, por si só, não previne a competência para a ação principal (Súmula 263 do extinto Tribunal Federal de Recursos).

---

7. Cf. GONÇALVES, Marcus Vinicius Rios. *Direito processual civil esquematizado*. 9. ed. São Paulo: Saraiva, 2018. p. 510-512.

8. "Produção antecipada de provas. Art. 381, III, do CPC. Transcendência social e jurídica. Atendimen-to dos requisitos do art. 896, § 1º-A, da CLT. O inciso III do art. 381 do CPC autoriza a produção antecipada de prova, mesmo nas hipóteses em que não há urgência na sua colheita, mas quando o prévio conhecimento dos fatos possa justificar ou obstar o ajuizamento da ação principal. Ou seja, a necessidade de a parte aferir a viabilidade de sua pretensão já configura, *per se*, motivo apto a legitimar a ação de produção antecipada de provas. Por sua vez, a Lei n. 13.467/2017 introduziu os arts. 790-B e 791-A à CLT, os quais alteraram a sistemática anterior e impuseram ao trabalhador o pagamento de honorários advocatícios e periciais de sucumbência, mesmo se beneficiário da justiça gratuita. Por esse motivo, têm sido frequentes, na Justiça do Trabalho, os pedidos de produção antecipada de provas por empregados, com esteio no art. 381, II e III, do CPC, como uma forma de eles avaliarem antecipadamente a viabilidade da pretensão e de evitar o ajuizamento de reclamações trabalhistas cujos pedidos poderão ser rejeitados e assim gerarão despesas processuais. Salienta-se ser o aludido dispositivo perfeitamente aplicável ao direito processual do trabalho, ante o que dispõe o art. 769 da CLT e recomenda o princípio da aptidão para a prova. Nesse viés, em razão do ônus atribuído ao trabalhador pelas despesas sucumbenciais, inegavelmente legítimo o seu interesse processual de postular em juízo, sem o ônus financeiro que sua vulnerabilidade econômica poderia tornar insustentável, a produção antecipada de provas. E tal se dá, sobretudo, quando o trabalhador não detém consigo a prova que, estando virtualmente em poder do empregador como prova pré-constituída ou referindo-se a algo incerto que repute verossímil, revelar-se prova necessária para que estime a futura viabilidade de sua pretensão" (TST, 6ª T., ARR-10610-81.2018.5.15.0057, Rel. Min. Augusto César Leite de Carvalho, DEJT 12.03.2021).

Aplica-se o disposto nos arts. 381 a 383 do CPC àquele que pretender justificar a existência de algum fato ou relação jurídica, para simples documento e sem caráter contencioso, que exporá, em petição circunstanciada, a sua intenção. Trata-se da chamada *justificação*, que é medida judicial sem natureza contenciosa, pois ausente o conflito de interesses e a pretensão resistida, com natureza, assim, de procedimento de jurisdição voluntária.

Na petição da produção antecipada da prova, o requerente deve apresentar as razões que justificam a necessidade de antecipação da prova e mencionar com precisão os fatos sobre os quais a prova há de recair (art. 382 do CPC). O juiz deve determinar, de ofício ou a requerimento da parte, a citação de interessados na produção da prova ou no fato a ser provado, salvo se inexistente caráter contencioso. O juiz não deve se pronunciar acerca da ocorrência ou da inocorrência do fato, nem sobre as respectivas consequências jurídicas.

Os interessados podem requerer a produção de qualquer prova no mesmo procedimento, desde que relacionada ao mesmo fato, salvo se a sua produção conjunta acarretar excessiva demora.

No procedimento de produção antecipada da prova não se admite defesa ou recurso, salvo contra decisão que indeferir totalmente a produção da prova pleiteada pelo requerente originário.

Em respeito ao contraditório e ao devido processo legal, entende-se admissível a alegação de que não estão presentes os requisitos legais para a produção antecipada da prova, assim como a arguição de incompetência do juízo, de impedimento ou suspeição do juiz, embora não se admita defesa quanto ao mérito de futura demanda principal a ser eventualmente ajuizada, por não ser o momento adequado para isso[9].

Quando a produção antecipada de provas é requerida por meio de procedimento autônomo, a referida decisão que indeferir totalmente o pedido de produção da prova tem natureza de sentença, a qual pode ser objeto de recurso ordinário.

Os autos devem permanecer em cartório durante um mês para extração de cópias e certidões pelos interessados (art. 383 do CPC). Findo o prazo, os autos devem ser entregues ao promovente da medida.

Na ação de produção antecipada de provas, não havendo resistência do requerido, entende-se aplicável a regra de que, nos procedimentos de jurisdição voluntária, as despesas devem ser rateadas entre os interessados (art. 88 do CPC). Na referida ação, se não houver resistência do requerido, não são cabíveis honorários advocatícios de sucumbência, por não haver vencido e vencedor.

9.5 MEIOS DE PROVA

Os *meios de prova* são os instrumentos materiais ou pessoais trazidos ao processo para revelar a verdade dos fatos[10].

Não há um rol taxativo de meios de prova admitidos no processo do trabalho. O art. 369 do CPC prevê que as partes têm o direito de empregar todos os meios legais, bem como os moralmente legítimos, ainda que não especificados nesse Código, para

9. Cf. GONÇALVES, Marcus Vinicius Rios. *Direito processual civil esquematizado*. 9. ed. São Paulo: Saraiva, 2018. p. 514.

10. Cf. GRECO FILHO, Vicente. *Direito processual civil brasileiro*. 20. ed. São Paulo: Saraiva, 2009. v. 2. p. 199.

provar a verdade dos fatos em que se funda o pedido ou a defesa e influir eficazmente na convicção do juiz.

A prova ilegal é considerada a que afronta norma legal em sentido amplo, abrangendo a prova ilegítima (quando viola norma processual, ou seja, quanto à forma como a prova foi obtida) e a prova ilícita (quando viola norma de Direito material). De todo modo, todas essas modalidades de provas são contrárias ao direito e não devem ser admitidas no processo[11].

Em consonância com o art. 5º, inciso LVI, da Constituição da República, são inadmissíveis, no processo, as provas obtidas por meios ilícitos.

Nos termos do art. 25 da Lei 13.869/2019, considera-se crime (de abuso de autoridade) proceder à obtenção de prova, em procedimento de investigação ou fiscalização, por meio manifestamente ilícito, com previsão de pena de detenção, de um a quatro anos, e multa. Incorre na mesma pena quem faz uso de prova, em desfavor do investigado ou fiscalizado, com prévio conhecimento de sua ilicitude (art. 25, parágrafo único, da Lei 13.869/2019).

Logo, não seria admissível no processo do trabalho, por exemplo, a prova obtida por meio de interceptação telefônica realizada de forma ilícita.

Conforme o art. 5º, inciso XII, da Constituição Federal de 1988, "é inviolável o sigilo da correspondência e das comunicações telegráficas, de dados e das comunicações telefônicas, salvo, no último caso, por ordem judicial, nas hipóteses e na forma que a lei estabelecer para fins de investigação criminal ou instrução processual penal"[12].

A respeito do tema, o Supremo Tribunal Federal fixou a seguinte tese de repercussão geral: "1 – Sem autorização judicial ou fora das hipóteses legais, é ilícita a prova obtida mediante abertura de carta, telegrama, pacote ou meio análogo, salvo se ocorrida em estabelecimento penitenciário, quando houver fundados indícios da prática de atividades ilícitas; 2 – Em relação a abertura de encomenda postada nos Correios, a prova obtida somente será lícita quando houver fundados indícios da prática de atividade ilícita, formalizando-se as providências adotadas para fins de controle administrativo ou judicial" (STF, Pleno, ED-RE 1.116.949/PR, Rel. p/ ac. Min. Edson Fachin, j. 30.11.2023).

Constitui crime realizar interceptação de comunicações telefônicas, de informática ou telemática, promover escuta ambiental ou quebrar segredo da Justiça, sem autorização judicial ou com objetivos não autorizados em lei, com previsão de pena de reclusão, de dois a quatro anos, e multa (art. 10 da Lei 9.296/1996, com redação dada pela Lei 13.869/2019). Incorre na mesma pena a autoridade judicial que determina a execução de conduta prevista no caput art. 10 da Lei 9.296/1996 com objetivo não autorizado em lei (art. 10, parágrafo único, da Lei 9.296/1996).

De acordo com o art. 28 da Lei 13.869/2019, considera-se crime (de abuso de autoridade) divulgar gravação ou trecho de gravação sem relação com a prova que se pretenda

---

11. Cf. NEVES, Daniel Amorim Assumpção. *Manual de direito processual civil*. 9. ed. Salvador: Juspodivm, 2017. p. 751-752.

12. "Juntada de documentos novos. *E-mails*. Prova ilícita. Violação à garantia constitucional do sigilo de correspondência. O acesso ao conteúdo de *e-mails* da diretoria da empresa, obtido de forma anônima, sem prévia autorização judicial, configura quebra do sigilo de correspondência, garantia assegurada pela Constituição Federal e pela legislação de regência. Trata-se, a toda evidência, de prova contaminada, ilegítima e ilegal, impossível de ser usada para a formação do convencimento do Julgador. Não se conhece dos documentos juntados, impondo-se o desentranhamento dos mesmos dos autos" (TST, 2ª T., RR-44900-19.2012.5.17.0012, Rel. Min. Delaíde Miranda Arantes, DEJT 23.08.2019).

produzir, expondo a intimidade ou à vida privada ou ferindo a honra ou a imagem do investigado ou acusado, com previsão de pena de detenção, de um a quatro anos, e multa.

A interceptação de comunicações telefônicas e mesmo a escuta ambiental feita por terceiro alheio ao diálogo, entretanto, não se confundem com a gravação de conversa telefônica feita por um dos interlocutores sem o conhecimento do outro, prova esta considerada válida pela jurisprudência (Cf. STF, 1ª T., AgR-RE 685.764/SC, Rel. Min. Roberto Barroso, DJe 23.04.2015).

Nesse sentido, o Supremo Tribunal Federal fixou a seguinte tese de repercussão geral: "É lícita a prova consistente em gravação ambiental realizada por um dos interlocutores sem conhecimento do outro" (STF, Pleno, QO-RG-RE 583.937/RJ, Rel. Min. Cezar Peluso, DJe 18.12.2009).

Quanto ao *e-mail* corporativo, por se tratar de instrumento de trabalho, prevalece o entendimento de ser admitido o acesso pelo empregador, não configurando prova ilícita, embora seja recomendável que as regras relativas à utilização e verificação sejam previamente informadas. Cf. TST, 4ª T., RR-1347-42.2014.5.12.0059, Rel. Min. Alexandre Luiz Ramos, DEJT 26.06.2020.

A prova emprestada é aquela produzida em outro processo. É admitida apenas como exceção, isto é, quando não for possível a produção da prova no próprio processo em curso.

Se for necessária a utilização de prova emprestada, esta somente pode ser considerada válida em face de quem participou do processo anterior e pôde contraditá-la. O valor da prova emprestada deve ser reapreciado pelo juiz do processo em que foi juntada, não estando vinculado pela valoração realizada anteriormente, em feito diverso.

O art. 372 do CPC prevê que o juiz pode admitir a utilização de prova produzida em outro processo, atribuindo-lhe o valor que considerar adequado, observado o contraditório.

Quanto aos momentos da prova, verificam-se o requerimento (pela parte interessada), o deferimento (pelo juiz), a produção e a valoração (pelo juiz ou tribunal).

9.5.1 Depoimento pessoal

Cabe distinguir o interrogatório do depoimento pessoal propriamente.

O *interrogatório* tem como objetivo obter esclarecimento de fatos relativos à causa, sendo determinado pelo juiz. Nesse sentido, o juiz deve dirigir o processo conforme as disposições legais, incumbindo-lhe *determinar, a qualquer tempo, o comparecimento pessoal das partes, para inquiri-las sobre os fatos da causa, hipótese em que não incidirá a pena de confesso* (art. 139, inciso VIII, do CPC). A finalidade do interrogatório, portanto, não é a obtenção de confissão judicial.

O *depoimento pessoal* visa à confissão, sendo requerido pela parte contrária, embora também possa ser determinado de ofício pelo juiz. Desse modo, cabe à parte requerer o depoimento pessoal da outra, a fim de ser interrogada na audiência de instrução e julgamento, sem prejuízo do poder do juiz de ordená-lo de ofício (art. 385 do CPC).

Se a parte, pessoalmente intimada para prestar depoimento pessoal e advertida da pena de confesso, não comparecer ou, comparecendo, recusar-se a depor, o juiz aplicar-lhe-á essa pena.

Tendo em vista os avanços da tecnologia, o depoimento pessoal da parte que residir em comarca, seção ou subseção judiciária diversa daquela onde tramita o processo pode ser colhido por meio de videoconferência ou outro recurso tecnológico de transmissão de sons e imagens em tempo real, o que pode ocorrer, inclusive, durante a realização da audiência de instrução e julgamento (art. 385, § 3º, do CPC).

Frise-se que o poder público deve assegurar o acesso da pessoa com deficiência à justiça, em igualdade de oportunidades com as demais pessoas, garantindo, sempre que requeridos, adaptações e recursos de tecnologia assistiva (art. 79 da Lei 13.146/2015)[13]. A fim de garantir a atuação da pessoa com deficiência em todo o processo judicial, o poder público deve capacitar os membros e os servidores que atuam no Poder Judiciário, no Ministério Público, na Defensoria Pública, nos órgãos de segurança pública e no sistema penitenciário quanto aos direitos da pessoa com deficiência.

Devem ser oferecidos todos os recursos de tecnologia assistiva disponíveis para que a pessoa com deficiência tenha garantido o acesso à justiça, sempre que figure em um dos polos da ação ou atue como testemunha, *partícipe da lide posta em juízo*, advogado, defensor público, magistrado ou membro do Ministério Público (art. 80 da Lei 13.146/2015). A pessoa com deficiência tem garantido o acesso ao conteúdo de todos os atos processuais de seu interesse, inclusive no exercício da advocacia.

O art. 820 da CLT dispõe que as partes (e testemunhas) são inquiridas pelo juiz, podendo ser reinquiridas, por seu intermédio, a requerimento das partes, seus representantes ou advogados.

O art. 848 da CLT prevê que, uma vez terminada a defesa, deve-se seguir a instrução do processo, podendo o juiz, de ofício, interrogar os litigantes.

Prevalece o entendimento de que as partes têm o direito de requerer o depoimento pessoal, visando à confissão da parte contrária, em respeito ao direito à prova e à ampla defesa.

Conforme a Súmula 74 do TST:

> "I – Aplica-se a confissão à parte que, expressamente intimada com aquela cominação, não comparecer à audiência em prosseguimento, na qual deveria depor. II – A prova pré-constituída nos autos pode ser levada em conta para confronto com a confissão ficta (arts. 442 e 443, do CPC de 2015 – art. 400, I, do CPC de 1973), não implicando cerceamento de defesa o indeferimento de provas posteriores. III – A vedação à produção de prova posterior pela parte confessa somente a ela se aplica, não afetando o exercício, pelo magistrado, do poder/dever de conduzir o processo".

O preposto deve ter conhecimento dos fatos, ainda que por via indireta, consoante o art. 843, § 1º, da CLT. Não se exige, assim, que tenha presenciado pessoalmente os fatos discutidos, mesmo porque não se confunde com a testemunha. Se o preposto não souber a respeito dos fatos em discussão no processo, aplica-se o art. 386 do CPC, ao prever que, quando a parte, sem motivo justificado, deixar de responder ao que lhe for perguntado ou empregar evasivas, o juiz, apreciando as demais circunstâncias e os elementos de prova, deve declarar, na sentença, se houve recusa de depor.

Conforme o art. 385, § 2º, do CPC, é vedado a quem ainda não depôs assistir ao interrogatório da outra parte. Não obstante, no processo do trabalho, nas hipóteses em que se admite o *jus postulandi*, se a parte estiver sem advogado, não há como aplicar o mencionado preceito, pois, se deixasse a sala de audiência, não teria como formular perguntas, a serem feitas pelo juiz.

13. Cf. art. 3º, inciso III, da Lei 13.146/2015.

A parte deve responder pessoalmente sobre os fatos articulados, não podendo servir-se de escritos anteriormente preparados. O juiz deve permitir, todavia, a consulta a notas breves, desde que objetivem completar esclarecimentos (art. 387 do CPC).

A parte não é obrigada a depor sobre fatos: I – criminosos ou torpes que lhe forem imputados; II – a cujo respeito, por estado ou profissão, deva guardar sigilo; III – acerca dos quais não possa responder sem desonra própria, de seu cônjuge, de seu companheiro ou de parente em grau sucessível; IV – que coloquem em perigo a vida do depoente ou das pessoas referidas no inciso III (art. 388 do CPC).

De acordo com o art. 15 da Lei 13.869/2019, considera-se crime (de abuso de autoridade) constranger a depor, sob ameaça de prisão, pessoa que, em razão de função, ministério, ofício ou profissão, deva guardar segredo ou resguardar sigilo, com previsão de pena de detenção, de um a quatro anos, e multa.

9.5.2 Confissão

A *confissão* é a admissão, pela parte, da verdade de um fato contrário ao seu interesse, mas favorável ao adversário (art. 389 do CPC).

É considerada prova de valor importante, muitas vezes chamada de "rainha das provas", pois normalmente a parte não reconheceria um fato contrário ao seu próprio interesse.

A confissão real é o expresso reconhecimento, pela parte, de fato contrário ao seu interesse. A confissão ficta gera a presunção relativa de veracidade dos fatos alegados pela parte contrária. Ocorre quando a parte, embora tenha sido intimada a comparecer à audiência, para prestar depoimento pessoal, sob pena de confissão, não comparece (Súmula 74 do TST).

Em consonância com o art. 385 do CPC, cabe à parte requerer o depoimento pessoal da outra, a fim de ser interrogada na audiência de instrução e julgamento, sem prejuízo do poder do juiz de ordená-lo de ofício. Se a parte, pessoalmente intimada para prestar depoimento pessoal e advertida da pena de confesso, não comparecer ou, comparecendo, recusar-se a depor, o juiz deve aplicar-lhe a pena de confissão.

No caso de revelia, como principal consequência, há a presunção relativa de veracidade dos fatos alegados pelo autor, o que também corresponde à confissão ficta (art. 844, *caput*, da CLT).

A confissão ficta também pode ocorrer quando a parte, sem motivo justificado, deixar de responder ao que lhe for perguntado ou empregar evasivas. Nesse caso, o juiz, apreciando as demais circunstâncias e os elementos de prova, deve declarar, na sentença, se houve recusa de depor (art. 386 do CPC).

A confissão judicial é obtida em juízo, por meio do depoimento pessoal. Pode-se dizer que, mesmo no caso de interrogatório, determinado pelo juiz, se a parte reconhece expressamente algum fato contrário ao seu interesse, mas favorável ao adversário, também se observa confissão judicial e real.

A confissão extrajudicial, principalmente se feita pelo empregado, durante o contrato de trabalho, deve ser objeto de verificação quanto à sua validade, em especial quanto à higidez da manifestação da vontade.

O art. 394 do CPC dispõe que a confissão extrajudicial, quando feita oralmente, só terá eficácia nos casos em que a lei não exija prova literal. No processo do trabalho, pode-se dizer que a confissão extrajudicial não tem o mesmo valor da confissão realizada judicialmente, cabendo ao juiz valorar aquela com cautela, em cada caso concreto.

Ademais, não é válida como confissão a admissão, em juízo, de fatos relativos a direitos indisponíveis (art. 392 do CPC), como ocorre, em regra, com os direitos da personalidade (art. 11 do Código Civil de 2002). Essa previsão pode ser interpretada, de forma extensiva, também quanto à confissão extrajudicial.

A confissão será ineficaz se feita por quem não for capaz de dispor do direito a que se referem os fatos confessados. Se feita a confissão por um representante, somente é eficaz nos limites em que este pode vincular o representado (art. 392, §§ 1º e 2º, do CPC).

Pode-se defender que, no caso de conflito decorrente de relação de emprego, o maior de 16 anos, e menor de 18 anos, se assistido pelo representante legal, pode confessar, uma vez que pode firmar contrato de trabalho e assinar recibo de salário (art. 439 da CLT).

A confissão pode ser espontânea ou provocada. A confissão provocada é obtida por meio das respostas da parte, no depoimento pessoal. De acordo com o art. 390, § 2º, do CPC, a confissão provocada deve constar do termo de depoimento pessoal.

A consequência da confissão é o reconhecimento de serem verdadeiros os fatos narrados pela parte contrária.

A confissão ficta gera apenas a presunção relativa de veracidade dos fatos alegados pela parte contrária, conforme a Súmula 74 do TST.

Havendo confissão (real ou ficta), é cabível o indeferimento de prova testemunhal, nos termos do art. 374, inciso II, do CPC.

A confissão é irrevogável, mas pode ser anulada se decorreu de erro de fato ou de coação. A legitimidade para essa ação de anulação é exclusiva do confitente e pode ser transferida a seus herdeiros se ele falecer após a propositura (art. 393 do CPC).

A confissão é, em regra, indivisível, não podendo a parte que a quiser invocar como prova aceitá-la no tópico que a beneficiar e rejeitá-la no que lhe for desfavorável. A confissão, entretanto, deve ser cindida quando o confitente a ela aduzir fatos novos, capazes de constituir fundamento de defesa de direito material ou de reconvenção (art. 395 do CPC).

9.5.3 Documentos

Os *documentos* são objetos dos quais se extraem fatos. O instrumento é a prova pré-constituída, ou seja, o documento preparado para a prova do ato ou negócio jurídico.

Os documentos podem ser originais ou em cópias.

Nos termos do art. 830 da CLT, o documento em cópia oferecido para prova pode ser declarado autêntico pelo próprio advogado, sob sua responsabilidade pessoal. Se a autenticidade da cópia for impugnada, a parte que a produziu deve ser intimada para apresentar cópias devidamente autenticadas ou o original, cabendo ao serventuário competente proceder à conferência e certificar a conformidade entre esses documentos.

A Lei 10.522/2002, no art. 24, prevê que as pessoas jurídicas de direito público são dispensadas de autenticar as cópias reprográficas de quaisquer documentos que apresentem em juízo. São válidos os documentos apresentados, por pessoa jurídica de direito público, em fotocópia não autenticada, posteriormente à edição da Medida Provisória 1.360/1996 e suas reedições (Orientação Jurisprudencial 134 da SBDI-I do TST).

O instrumento normativo em cópia não autenticada possui valor probante, desde que não haja impugnação ao seu conteúdo, eis que se trata de documento comum às partes (Orientação Jurisprudencial 36 da SBDI-I do TST).

A autenticidade do documento é a sua integridade formal. A veracidade refere-se ao conteúdo do documento.

O art. 219 do Código Civil prevê que as declarações constantes de documentos assinados presumem-se verdadeiras em relação aos signatários. Não tendo relação direta, porém, com as disposições principais ou com a legitimidade das partes, as declarações enunciativas não eximem os interessados em sua veracidade do ônus de prová-las.

O art. 408 do CPC dispõe que as declarações constantes do documento particular escrito e assinado ou somente assinado presumem-se verdadeiras em relação ao signatário. Entretanto, quando contiver declaração de ciência de determinado fato, o documento particular prova a ciência, *mas não o fato em si*, incumbindo o ônus de prová-lo ao interessado em sua veracidade.

O documento público faz prova não só da sua formação, mas também dos fatos que o escrivão, o chefe de secretaria, o tabelião ou o servidor declarar que ocorreram em sua presença (art. 405 do CPC).

Fazem a mesma prova que os originais: as certidões textuais de qualquer peça dos autos, do protocolo das audiências ou de outro livro a cargo do escrivão ou do chefe de secretaria, se extraídas por ele ou sob sua vigilância e por ele subscritas; os traslados e as certidões extraídas por oficial público de instrumentos ou documentos lançados em suas notas; as reproduções dos documentos públicos, desde que autenticadas por oficial público ou conferidas em cartório com os respectivos originais; as cópias reprográficas de peças do próprio processo judicial que forem declaradas autênticas pelo advogado, sob sua responsabilidade pessoal, se não lhes for impugnada a autenticidade; os extratos digitais de bancos de dados públicos e privados, desde que atestado pelo seu emitente, sob as penas da lei, que as informações conferem com o que consta na origem; as reproduções digitalizadas de qualquer documento público ou particular, quando juntadas aos autos pelos órgãos da justiça e seus auxiliares, pelo Ministério Público e seus auxiliares, pela Defensoria Pública e seus auxiliares, pelas procuradorias, pelas repartições públicas em geral e por advogados, sendo ressalvada a alegação motivada e fundamentada de adulteração (art. 425 do CPC).

Os originais dos documentos digitalizados devem ser preservados pelo seu detentor até o final do prazo para propositura de ação rescisória. Tratando-se de cópia digital de título executivo extrajudicial ou de documento relevante à instrução do processo, o juiz pode determinar seu depósito em cartório ou secretaria.

Quanto à sua origem, os documentos podem ser públicos ou particulares.

Quando a lei exigir instrumento público como da substância do ato, nenhuma outra prova, por mais especial que seja, pode suprir-lhe a falta (art. 406 do CPC).

O documento feito por oficial público incompetente ou sem a observância das formalidades legais, sendo subscrito pelas partes, tem a mesma eficácia probatória do documento particular (art. 407 do CPC).

As reproduções dos documentos particulares, fotográficas ou obtidas por outros processos de repetição valem como certidões sempre que o escrivão ou o chefe de secretaria certificar sua conformidade com o original (art. 423 do CPC).

A cópia de documento particular tem o mesmo valor probante que o original, cabendo ao escrivão, intimadas as partes, proceder à conferência e certificar a conformidade entre a cópia e o original (art. 424 do CPC).

Considera-se autêntico o documento quando: o tabelião reconhecer a firma do signatário; a autoria estiver identificada por qualquer outro meio legal de certificação, inclusive eletrônico, nos termos da lei; não houver impugnação da parte contra quem foi produzido o documento (art. 411 do CPC).

A data do documento particular, quando a seu respeito surgir dúvida ou impugnação entre os litigantes, prova-se por todos os meios de direito.

Em relação a terceiros, considera-se datado o documento particular: no dia em que foi registrado; desde a morte de algum dos signatários; a partir da impossibilidade física que sobreveio a qualquer dos signatários; da sua apresentação em repartição pública ou em juízo; do ato ou do fato que estabeleça, de modo certo, a anterioridade da formação do documento (art. 409 do CPC).

Considera-se autor do documento particular: aquele que o fez e o assinou; aquele por conta de quem foi feito, estando assinado; aquele que, mandando compô-lo, não o firmou, porque, conforme a experiência comum, não se costuma assinar, como livros empresariais e assentos domésticos (art. 410 do CPC).

O documento particular de cuja autenticidade não se duvida prova que o seu autor fez a declaração que lhe é atribuída (art. 412 do CPC). O documento particular admitido expressa ou tacitamente é indivisível, sendo vedado à parte que pretende utilizar-se dele aceitar os fatos que lhe são favoráveis e recusar os que são contrários ao seu interesse, salvo se provar que estes não ocorreram.

O telegrama, o radiograma ou qualquer outro meio de transmissão tem a mesma força probatória do documento particular, se o original constante da estação expedidora tiver sido assinado pelo remetente (art. 413 do CPC). A firma do remetente pode ser reconhecida pelo tabelião, declarando-se essa circunstância no original depositado na estação expedidora.

O telegrama ou o radiograma presume-se conforme com o original, provando as datas de sua expedição e do recebimento pelo destinatário (art. 414 do CPC). O telegrama, quando lhe for contestada a autenticidade, faz prova mediante conferência com o original assinado (art. 222 do Código Civil de 2002).

As cartas e os registros domésticos provam contra quem os escreveu quando: enunciam o recebimento de um crédito; contêm anotação que visa suprir a falta de título em favor de quem é apontado como credor; expressam conhecimento de fatos para os quais não se exija determinada prova (art. 415 do CPC).

A nota escrita pelo credor em qualquer parte de documento representativo de obrigação, ainda que não assinada, faz prova em benefício do devedor. Aplica-se essa regra tanto para o documento que o credor conservar em seu poder como para aquele que se achar em poder do devedor ou de terceiro (art. 416 do CPC).

Os livros empresariais provam contra seu autor. É lícito ao empresário, todavia, demonstrar, por todos os meios permitidos em direito, que os lançamentos não correspondem à verdade dos fatos (art. 417 do CPC).

Os livros empresariais que preencham os requisitos exigidos por lei provam a favor do seu autor no litígio entre empresários (art. 418 do CPC).

Os livros e fichas dos empresários e sociedades provam contra as pessoas a que pertencem, e, em seu favor, quando, se escriturados sem vício extrínseco ou intrínseco, forem confirmados por outros subsídios. A prova resultante dos livros e fichas não é bastante nos casos em que a lei exige escritura pública ou escrito particular revestido de requisitos especiais, e pode ser ilidida pela comprovação da falsidade ou inexatidão dos lançamentos (art. 226 do Código Civil de 2002).

A escrituração contábil é indivisível; se, dos fatos que resultam dos lançamentos, uns são favoráveis ao interesse de seu autor e outros lhe são contrários, ambos serão considerados em conjunto, como unidade (art. 419 do CPC).

O juiz pode ordenar, *a requerimento da parte*, a exibição *integral* dos livros empresariais e dos documentos do arquivo na liquidação de sociedade, na sucessão por morte de sócio e quando e como determinar a lei (art. 420 do CPC).

O juiz pode, *de ofício*, ordenar à parte a exibição *parcial* dos livros e dos documentos, extraindo-se deles a suma que interessar ao litígio, bem como reproduções autenticadas (art. 421 do CPC).

Qualquer reprodução mecânica, como a fotográfica, a cinematográfica, a fonográfica ou de outra espécie, tem aptidão para fazer prova dos fatos ou das coisas representadas, se a sua conformidade com o documento original não for impugnada por aquele contra quem foi produzida (art. 422 do CPC). As fotografias digitais e as extraídas da rede mundial de computadores fazem prova das imagens que reproduzem. Se impugnadas, deve ser apresentada a respectiva autenticação eletrônica ou, não sendo possível, deve ser realizada perícia. Caso se trate de fotografia publicada em jornal ou revista, será exigido um exemplar original do periódico, caso impugnada a veracidade pela outra parte. Aplica-se o disposto no art. 422 do CPC à *forma impressa de mensagem eletrônica*.

As reproduções dos documentos particulares, fotográficas ou obtidas por outros processos de repetição, valem como certidões sempre que o escrivão ou o chefe de secretaria certificar sua conformidade com o original (art. 423 do CPC).

A cópia de documento particular tem o mesmo valor probante que o original, cabendo ao escrivão, intimadas as partes, proceder à conferência e certificar a conformidade entre a cópia e o original (art. 424 do CPC).

O art. 225 do Código Civil de 2002 prevê que as reproduções fotográficas, cinematográficas, os registros fonográficos e, em geral, quaisquer outras reproduções mecânicas ou eletrônicas de fatos ou de coisas fazem prova plena destes, se a parte contra quem forem exibidos não lhes impugnar a exatidão.

A cópia fotográfica de documento, conferida por tabelião de notas, vale como prova de declaração da vontade, mas, impugnada sua autenticidade, deverá ser exibido o original. A prova não supre a ausência do título de crédito, ou do original, nos casos em que a lei ou as circunstâncias condicionarem o exercício do direito à sua exibição (art. 223 do Código Civil de 2002).

O juiz deve apreciar fundamentadamente a fé que deva merecer o documento, quando em ponto substancial e sem ressalva contiver entrelinha, emenda, borrão ou cancelamento (art. 426 do CPC).

Cessa a fé do documento público ou particular sendo-lhe declarada judicialmente a falsidade (art. 427 do CPC). A falsidade consiste: em formar documento não verdadeiro; em alterar documento verdadeiro.

Cessa a fé do documento particular quando: for impugnada a sua autenticidade e enquanto não se comprovar a sua veracidade; assinado em branco, for impugnado o seu conteúdo, por preenchimento abusivo (art. 428 do CPC). Ocorre abuso quando aquele que recebeu documento assinado com texto não escrito no todo ou em parte o formar ou o completar por si ou por meio de outrem, violando o pacto feito com o signatário.

Incumbe o ônus da prova quando: tratar-se de falsidade de documento ou de preenchimento abusivo, à parte que a arguir; tratar-se de impugnação da autenticidade, à parte que produziu o documento (art. 429 do CPC).

Quanto ao momento, cabe ao autor juntar os documentos com a petição inicial (art. 787 da CLT e arts. 320 e 434 do CPC), e, ao réu, com a contestação (art. 434 do CPC). Não obstante, é lícito às partes, em qualquer tempo, juntar aos autos *documentos novos*, quando destinados a fazer prova de fatos ocorridos depois dos articulados, ou para contrapô-los aos que foram produzidos nos autos (art. 435 do CPC).

Admite-se também a juntada posterior de documentos formados após a petição inicial ou a contestação, bem como dos que se tornaram conhecidos, acessíveis ou disponíveis após esses atos, cabendo à parte que os produzir comprovar o motivo que a impediu de juntá-los anteriormente. Em qualquer caso, cabe ao juiz avaliar a conduta da parte de acordo com o art. 5º do CPC, ao prever o dever de se comportar de acordo com a boa-fé.

A Súmula 8 do TST dispõe que a juntada de documentos na fase recursal só se justifica quando provado o justo impedimento para sua oportuna apresentação ou se referir a fato posterior à sentença.

A parte intimada a falar sobre documento constante dos autos pode: I – impugnar a admissibilidade da prova documental; II – impugnar sua autenticidade; III – suscitar sua falsidade, com ou sem deflagração do incidente de arguição de falsidade; IV – manifestar-se sobre seu conteúdo (art. 436 do CPC). Nas hipóteses dos incisos II e III do art. 436 do CPC, a impugnação deve se basear em argumentação específica, não se admitindo alegação genérica de falsidade.

Conforme o art. 437 do CPC, o réu deve se manifestar na contestação sobre os documentos anexados à inicial (o que também se aplica ao processo trabalhista), e o autor deve se manifestar na réplica sobre os documentos anexados à contestação. No processo do trabalho, entretanto, por ser a audiência, a rigor, una, a manifestação a respeito dos documentos juntados pelo réu, na contestação, em princípio, ocorre de forma imediata, na própria audiência.

O art. 852-H, § 1º, da CLT prevê que sobre os documentos apresentados por uma das partes deve-se manifestar imediatamente a parte contrária, sem interrupção da audiência, salvo absoluta impossibilidade, a critério do juiz.

Entretanto, se o juiz recebe a defesa, com documentos, e designa nova audiência, de instrução, é comum a concessão de prazo de cinco ou dez dias para a parte contrária se manifestar. Conforme o art. 437, § 1º, do CPC, sempre que uma das partes requerer a juntada de documento aos autos, o juiz deve ouvir, a seu respeito, a outra parte, que disporá do prazo de quinze dias para adotar qualquer das posturas indicadas no art. 436 do CPC. O juiz pode, a requerimento da parte, dilatar o prazo para manifestação sobre a prova documental produzida, levando em consideração a quantidade e a complexidade da documentação.

O juiz deve requisitar às repartições públicas em qualquer tempo ou grau de jurisdição: as certidões necessárias à prova das alegações das partes; os procedimentos administrativos nas causas em que forem interessados a União, os Estados, o Distrito Federal, os Municípios ou entidades da administração indireta (art. 438 do CPC). Recebidos os autos, o juiz mandará extrair, no prazo máximo e improrrogável de um mês, certidões ou reproduções fotográficas das peças que indicar e das que forem indicadas pelas partes e, em seguida, deve devolver os autos à repartição de origem. As repartições públicas podem fornecer todos os documentos em meio eletrônico, conforme disposto em lei, certificando, pelo mesmo meio, que se trata de extrato fiel do que consta em seu banco de dados ou do documento digitalizado.

A utilização de documentos eletrônicos no processo convencional depende de sua conversão à forma impressa e de verificação de sua autenticidade, nos termos da lei (art. 439 do CPC).

O juiz deve apreciar o valor probante do documento eletrônico não convertido, assegurado às partes o acesso ao seu teor (art. 440 do CPC).

São admitidos documentos eletrônicos produzidos e conservados com a observância da legislação específica (art. 441 do CPC).

Os documentos produzidos eletronicamente e juntados aos processos eletrônicos com garantia da origem e de seu signatário, na forma estabelecida na Lei 11.419/2006, devem ser considerados originais para todos os efeitos legais (art. 11 da Lei 11.419/2006).

Os extratos digitais e os documentos digitalizados e juntados aos autos pelos órgãos da Justiça e seus auxiliares, pelo Ministério Público e seus auxiliares, pelas procuradorias, pelas autoridades policiais, pelas repartições públicas em geral e por advogados públicos e privados têm a mesma força probante dos originais, ressalvada a alegação motivada e fundamentada de adulteração antes ou durante o processo de digitalização.

A arguição de falsidade do documento original deve ser processada eletronicamente na forma da lei processual em vigor.

Os originais dos documentos digitalizados devem ser preservados pelo seu detentor até o trânsito em julgado da sentença ou, quando admitida, até o final do prazo para interposição de ação rescisória.

Os documentos cuja digitalização seja tecnicamente inviável devido ao grande volume ou por motivo de ilegibilidade devem ser apresentados ao cartório ou secretaria ou encaminhados por meio de protocolo integrado judicial nacional no prazo de 10 dias contado do envio de petição eletrônica comunicando o fato, os quais serão devolvidos à parte após o trânsito em julgado (art. 11, § 5º, da Lei 11.419/2006, com redação dada pela Lei 14.318/2022, que entra em vigor após 730 dias de sua publicação oficial, ocorrida em 30.03.2022).

Os documentos digitalizados juntados em processo eletrônico devem estar disponíveis para acesso por meio da rede externa pelas respectivas partes processuais, pelos advogados, independentemente de procuração nos autos, pelos membros do Ministério Público e pelos magistrados, sem prejuízo da possibilidade de visualização nas secretarias dos órgãos julgadores, à exceção daqueles que tramitarem em segredo de justiça (art. 11, § 6º, da Lei 11.419/2006, com redação dada pela Lei 13.793/2019).

Os sistemas de informações pertinentes a processos eletrônicos devem possibilitar que advogados, procuradores e membros do Ministério Público cadastrados, mas não vinculados a processo previamente identificado, acessem automaticamente todos os atos e documentos processuais armazenados em meio eletrônico, desde que demonstrado interesse para fins apenas de registro, salvo nos casos de processos em segredo de justiça (art. 11, § 7º, da Lei 11.419/2006, incluído pela Lei 13.793/2019).

O juiz pode ordenar que a parte exiba documento ou coisa que se encontre em seu poder (art. 396 do CPC).

O pedido formulado pela parte deve conter: I – a descrição, tão completa quanto possível, do documento ou da coisa, ou das categorias de documentos ou de coisas buscados; II – a finalidade da prova, com indicação dos fatos que se relacionam com o documento ou com a coisa, ou com suas categorias; III – as circunstâncias em que se funda o requerente para afirmar que o documento ou a coisa existe, ainda que a referência seja a categoria de documentos ou de coisas, e se acha em poder da parte contrária (art. 397 do CPC, com redação dada pela Lei 14.195/2021).

O pedido formulado pela parte deve conter: a individuação, tão completa quanto possível, do documento ou da coisa; a finalidade da prova, indicando os fatos que se relacionam com o documento ou a coisa; as circunstâncias em que se funda o requerente para afirmar que o documento ou a coisa existe e se acha em poder da parte contrária (art. 397 do CPC, na redação original).

O requerido deve dar a sua resposta nos cinco dias subsequentes à sua intimação. Se afirmar que não possui o documento ou a coisa, o juiz deve permitir que o requerente prove, por qualquer meio, que a declaração não corresponde à verdade (art. 398 do CPC).

O juiz não deve admitir a recusa se: o requerido tiver obrigação legal de exibir; o requerido tiver aludido ao documento ou à coisa, no processo, com o intuito de constituir prova; o documento, por seu conteúdo, for comum às partes (art. 399 do CPC).

Ao decidir o pedido, o juiz deve admitir como verdadeiros os fatos que, por meio do documento ou da coisa, a parte pretendia provar se: o requerido não efetuar a exibição, nem fizer qualquer declaração no prazo do art. 398 do CPC, ou seja, de cinco dias; a recusa for havida por ilegítima (art. 400 do CPC). Sendo necessário, pode o juiz adotar medidas indutivas, coercitivas, mandamentais ou sub-rogatórias para que o documento seja exibido.

No processo do trabalho, contra a decisão que resolver o incidente antes da sentença não cabe recurso de imediato, por se tratar de decisão interlocutória, podendo ser impugnada, assim, no recurso contra a decisão definitiva proferida no processo (art. 893, § 1º, da CLT).

Quando o documento ou a coisa estiver em poder de terceiro, o juiz ordenará sua citação para responder no prazo de 15 dias (art. 401 do CPC). Se o terceiro negar a obrigação de exibir ou a posse do documento ou da coisa, o juiz deve designar audiência especial, tomando-lhe o depoimento, bem como o das partes e, se necessário, de testemunhas. Em seguida, deve proferir decisão (art. 402 do CPC). No processo do trabalho, contra essa decisão, por ter natureza interlocutória, não é cabível recurso de imediato, podendo ser impugnada no recurso contra a decisão definitiva, ou seja, a sentença (art. 893, § 1º, da CLT).

Se o terceiro, sem justo motivo, recusar-se a efetuar a exibição, o juiz deve ordenar-lhe que proceda ao respectivo depósito em cartório ou em outro lugar designado, no prazo de cinco dias, impondo ao requerente que o ressarça pelas despesas que tiver. Se o terceiro descumprir a ordem, o juiz deve expedir mandado de apreensão, requisitando, se necessário, força policial, tudo sem prejuízo da responsabilidade por crime de desobediência, pagamento de multa e outras medidas indutivas, coercitivas, mandamentais ou sub-rogatórias necessárias para assegurar a efetivação da decisão (art. 403 do CPC). Por se tratar de decisão interlocutória, no processo do trabalho, contra ela não é cabível recurso de imediato, mas pode ser impugnada no recurso contra a decisão definitiva de sentença (art. 893, § 1º, da CLT).

A parte e o terceiro se escusam de exibir, em juízo, o documento ou a coisa, se: I – concernente a negócios da própria vida da família; II – sua apresentação puder violar dever de honra; III – sua publicidade redundar em desonra à parte ou ao terceiro, bem como a seus parentes consanguíneos ou afins até o terceiro grau, ou lhes representar perigo de ação penal; IV – sua exibição acarretar a divulgação de fatos a cujo respeito, por estado ou profissão, devam guardar segredo; V – subsistirem outros motivos graves que, segundo o prudente arbítrio do juiz, justifiquem a recusa da exibição; VI – houver disposição legal que justifique a recusa da exibição (art. 404 do CPC).

Se os motivos de que tratam os incisos I a VI do art. 404 do CPC disserem respeito a apenas uma parcela do documento, a parte ou o terceiro deve exibir a outra em cartório (no processo trabalhista, na secretaria da Vara do Trabalho), para dela ser extraída cópia reprográfica, de tudo sendo lavrado auto circunstanciado.

A falsidade do documento pode ser material e ideológica.

A *falsidade material* envolve a parte física do documento, devendo, geralmente, ser objeto de perícia (art. 432 do CPC).

Nos termos do art. 430 do CPC, a falsidade deve ser suscitada na contestação, na réplica (no processo do trabalho, na manifestação do autor sobre os documentos juntados na contestação, o que, em regra, ocorre de forma imediata, na própria audiência) ou no prazo de 15 dias, contado a partir da intimação da juntada do documento aos autos.

Sempre que uma das partes requerer a juntada de documento aos autos, o juiz deve ouvir, a seu respeito, a outra parte, que dispõe do prazo de 15 dias para adotar qualquer das posturas indicadas no art. 436 do CPC, quais sejam: I – impugnar a admissibilidade da prova documental; II – impugnar sua autenticidade; III – suscitar sua falsidade, com ou sem deflagração do incidente de arguição de falsidade; e IV – manifestar-se sobre seu conteúdo. Nas hipóteses dos incisos II e III do art. 436 do CPC, a impugnação deve se basear em argumentação específica, não se admitindo alegação genérica de falsidade.

Uma vez arguida, a falsidade deve ser resolvida como questão incidental, salvo se a parte requerer que o juiz a decida como questão principal, nos termos do inciso II do art. 19 do CPC, no sentido de que o interesse do autor pode se limitar à declaração da autenticidade ou da falsidade de documento (art. 430, parágrafo único, do CPC).

A *falsidade ideológica*, diversamente, refere-se ao conteúdo do documento. Por isso, deve ser provada no curso da ação, por exemplo, por meio de testemunhas.

Nesse contexto, cessa a fé do documento público ou particular, sendo-lhe declarada judicialmente a falsidade (art. 427 do CPC). A falsidade consiste em formar documento não verdadeiro ou em alterar documento verdadeiro.

Cessa a fé do documento particular quando: for impugnada a sua autenticidade e enquanto não se comprovar a sua veracidade; assinado em branco, for impugnado o conteúdo, por preenchimento abusivo. Ocorre abuso quando aquele que recebeu documento assinado com texto não escrito no todo ou em parte o formar ou o completar por si ou por meio de outrem, violando o pacto feito com o signatário (art. 428 do CPC).

A parte deve arguir a falsidade expondo os motivos em que funda a sua pretensão e os meios com que provará o alegado (art. 431 do CPC).

Depois de ouvida a outra parte no prazo de 15 dias, deve ser realizada a prova pericial (art. 432 do CPC). Entretanto, não se procederá ao exame pericial, se a parte que produziu o documento concordar em retirá-lo.

A declaração sobre a falsidade do documento, *quando suscitada como questão principal*, deve constar da parte dispositiva da sentença, e sobre ela incide também a autoridade de coisa julgada (art. 433 do CPC). Nesse caso, a sentença (contendo a decisão, de forma principal, sobre a falsidade do documento) pode ser impugnada por meio do recurso ordinário.

No processo do trabalho, quando a arguição da falsidade é resolvida apenas como *questão incidental*, por meio de decisão interlocutória, não é cabível recurso de imediato (art. 893, § 1º, da CLT).

Quanto ao ônus da prova no incidente de falsidade, o art. 429 do CPC estabelece, de forma específica, que, em se tratando de falsidade de documento ou de preenchimento abusivo, o ônus é da parte que a arguir. Entretanto, caso se trate de impugnação da autenticidade, o ônus é da parte que produziu o documento (art. 429 do CPC).

9.5.4 Ata notarial

A ata notarial é o documento lavrado por tabelião, que atesta a existência ou o modo de existir de algum fato. Trata-se de meio de prova produzido extrajudicialmente, a respeito de fato verificado, presenciado ou acompanhado pelo tabelião, que tem fé pública. Desse modo, presume-se verdadeiro o que o tabelião, por meios dos sentidos, constatou sobre a existência ou o modo de existir da algum fato, fazendo constar na ata notarial[14].

Nesse sentido, a existência e o modo de existir de algum fato podem ser atestados ou documentados, a requerimento do interessado, mediante ata lavrada por tabelião (art. 384 do CPC). Dados representados por imagem ou som gravados em arquivos eletrônicos também podem constar da ata notarial.

9.5.5 Testemunhas

A *testemunha* é um terceiro em relação ao processo, que presta depoimento em juízo, por ter conhecimento dos fatos.

De acordo com o art. 442 do CPC, a prova testemunhal é sempre admissível, não dispondo a lei de modo diverso.

O juiz indeferirá a inquirição de testemunhas sobre fatos: I – já provados por documento ou confissão da parte; II – que só por documento ou por exame pericial puderem ser provados (art. 443 do CPC).

No entanto, a parte inicial do inciso I do art. 443 do CPC é incompatível com o processo do trabalho, tendo em vista que, em razão do princípio da primazia da realidade, muitas vezes somente por meio de testemunhas é que se pode demonstrar a verdade dos fatos, a qual pode divergir do constante em documentos.

Entretanto, se já houve confissão judicial, o juiz pode indeferir a prova testemunhal. Há situações em que a prova pericial é obrigatória, como ocorre nos casos de insalubridade e periculosidade (art. 195, § 2º, da CLT), não havendo como esse fato ser provado por meio de simples prova testemunhal.

É lícito à parte provar com testemunhas: nos contratos simulados, a divergência entre a vontade real e a vontade declarada; nos contratos em geral, os vícios de consentimento (art. 446 do CPC).

Mesmo nos casos em que a lei exigir prova escrita da obrigação, é admissível a prova testemunhal, quando houver começo de prova por escrito, emanado da parte contra a qual se pretende produzir a prova (art. 444 do CPC).

Também se admite a prova testemunhal quando o credor não pode (ou não podia), moral ou materialmente, obter a prova escrita da obrigação, em casos como o de paren-

---

14. Cf. GONÇALVES, Marcus Vinicius Rios. *Direito processual civil esquematizado*. 9. ed. São Paulo: Saraiva, 2018. p. 526.

tesco, depósito necessário, hospedagem em hotel ou em razão das práticas comerciais do local onde contraída a obrigação (art. 445 do CPC).

O número máximo de testemunhas no procedimento ordinário é de três para cada parte (art. 821 da CLT). No procedimento sumaríssimo esse limite é de duas testemunhas para cada parte (art. 852-H, § 2º, da CLT). No inquérito (judicial) para apuração de falta grave, o número máximo é de seis testemunhas para cada parte (art. 821).

Havendo litisconsórcio ativo e facultativo, entende-se que o número máximo de testemunhas não se altera (isto é, não é contado para cada autor, mas sim de forma global), pois foram os autores quem optaram pelo ajuizamento da ação em litisconsórcio. Nesse caso, o polo ativo tem direito de ouvir até três testemunhas quando se tratar de procedimento ordinário, ou até duas testemunhas no sumaríssimo. Entretanto, no polo passivo, é mais adequado o entendimento de que o número-limite deve ser aplicado para cada réu, pois não escolheram figurar em litisconsórcio no processo.

As testemunhas devem estar acompanhadas das partes. A rigor, não há previsão de rol de testemunhas na CLT.

Nos termos do art. 825 da CLT, as testemunhas devem comparecer à audiência independentemente de notificação ou intimação. As que não comparecerem devem ser intimadas, de ofício ou a requerimento da parte, ficando sujeitas à condução coercitiva, além das penalidades do art. 730 da CLT (multa prevista para aqueles que se recusarem a depor como testemunhas, sem motivo justificado), caso, sem motivo justificado, não atendam à intimação (parágrafo único do art. 825).

Nos termos do art. 10 da Lei 13.869/2019, considera-se crime (de abuso de autoridade) decretar a condução coercitiva de testemunha ou investigado manifestamente descabida ou sem prévia intimação de comparecimento ao juízo, com previsão de pena de detenção, de um a quatro anos, e multa.

O art. 845 da CLT estabelece que o reclamante e o reclamado devem comparecer à audiência acompanhados das suas testemunhas, apresentando, nessa ocasião, as demais provas.

No procedimento sumaríssimo, as testemunhas, até o máximo de duas para cada parte, devem comparecer à audiência de instrução e julgamento independentemente de intimação (art. 852-H, § 2º, da CLT). Só deve ser deferida intimação de testemunha que, comprovadamente convidada, deixar de comparecer. Não comparecendo a testemunha intimada, o juiz poderá determinar sua imediata condução coercitiva (art. 852-H, § 3º, da CLT).

No procedimento sumaríssimo, para que a testemunha seja intimada, a parte deve comprovar que convidou aquela, exigência essa que não é prevista para o procedimento ordinário. O mencionado convite da testemunha para comparecer à audiência pode ser provado pelos meios de prova admitidos em direito, em especial o documental (como, por exemplo, aviso de recebimento de carta ou telegrama contendo o convite) e mesmo o testemunhal.

O art. 455 do CPC dispõe que cabe ao advogado da parte informar ou intimar a testemunha do local, do dia e do horário da audiência designada, dispensando-se a intimação do juízo. A intimação deve ser realizada por carta com aviso de recebimento, cumprindo ao advogado juntar aos autos, com antecedência de pelo menos três dias da data da audiência, cópia da correspondência de intimação e do comprovante de recebimento (art. 455, § 1º, do CPC).

A inércia na realização dessa intimação importa desistência da inquirição da testemunha. Entretanto, a intimação deve ser feita pela via judicial quando: frustrada a intimação prevista no § 1º do art. 455 do CPC (ou seja, providenciada pelo advogado) ou quando a sua necessidade for devidamente demonstrada pelo juiz; quando figurar no rol de testemunhas servidor público ou militar, hipótese em que o juiz o deve requisitar ao chefe da repartição ou ao comando do corpo em que servir; a testemunha houver sido arrolada pelo Ministério Público ou pela Defensoria Pública; a testemunha for uma daquelas previstas no art. 454 do CPC.

A testemunha que, intimada na forma do § 1º do art. 455 do CPC (ou seja, por carta com aviso de recebimento, cumprindo ao advogado juntar aos autos cópia da correspondência de intimação e do comprovante de recebimento) ou do § 4º do mesmo dispositivo legal (pela via judicial), deixar de comparecer sem motivo justificado deve ser *conduzida* e responderá pelas despesas do adiamento (art. 455, § 5º, do CPC).

Na hipótese de adiamento da audiência ou designação de audiência de instrução, é comum as testemunhas presentes saírem cientes da necessidade de comparecimento ou, em aplicação do art. 455, § 2º, do CPC, a parte pode se comprometer a levar à audiência a testemunha, independentemente de intimação (presumindo-se, caso não compareça, que desistiu de sua inquirição).

Na prática, há Varas do Trabalho que intimam as partes a arrolar testemunhas, no prazo de cinco ou dez dias, com fundamento no art. 450 do CPC. Embora essa sistemática não seja prevista na CLT, para evitar prejuízos, questionamentos e preclusões, muitas vezes as partes acabam apresentando o respectivo rol.

Se houver essa apresentação de rol, a parte só pode substituir a testemunha: que falecer; que, por enfermidade, não estiver em condições de depor; que, tendo mudado de residência ou de local de trabalho, não for encontrada (art. 451 do CPC).

As testemunhas não podem sofrer qualquer desconto pelas faltas ao serviço, ocasionadas pelo seu comparecimento para depor, quando devidamente arroladas ou convocadas (art. 822 da CLT). De forma mais ampla (isto é, não apenas como testemunha), consoante o art. 473, inciso VIII, da CLT, o empregado pode deixar de comparecer ao serviço sem prejuízo do salário pelo tempo que se fizer necessário, quando tiver que comparecer a juízo.

Se as faltas já são justificadas pela lei, consideram-se como ausências legais e não serão descontadas para o cálculo do período de férias (Súmula 89 do TST). As horas em que o empregado falta ao serviço para comparecimento necessário, como parte, à Justiça do Trabalho não serão descontadas de seus salários (Súmula 155 do TST).

Conforme o art. 463 do CPC, o depoimento prestado em juízo é considerado serviço público. A testemunha, quando sujeita ao regime da legislação trabalhista, não sofre, por comparecer à audiência, perda de salário nem desconto no tempo de serviço.

Se a testemunha for funcionário civil ou militar e tiver de depor em hora de serviço, deve ser requisitada ao chefe da repartição para comparecer à audiência marcada (art. 823 da CLT).

As testemunhas depõem na audiência de instrução e julgamento perante o juiz da causa, exceto: as que prestam depoimento antecipadamente; as que são inquiridas por carta (art. 453 do CPC).

A oitiva de testemunha que residir em comarca, seção ou subseção judiciária diversa daquela onde tramita o processo pode ser realizada por meio de videoconferência ou de outro recurso tecnológico de transmissão e recepção de sons e imagens em tempo real, o que poderá ocorrer, inclusive, durante a realização da audiência de instrução e julgamento. Os juízos devem manter equipamento para a transmissão e recepção dos sons e imagens.

Salvo disposição especial em contrário, as testemunhas devem ser ouvidas na sede do juízo (art. 449 do CPC). Quando a parte ou a testemunha, por enfermidade ou por outro motivo relevante, estiver impossibilitada de comparecer, mas não de prestar depoimento, o juiz deve designar, conforme as circunstâncias, dia, hora e lugar para inquiri-la.

São inquiridos em sua residência ou onde exercem sua função: o Presidente e o Vice-Presidente da República; os ministros de Estado; os Ministros do Supremo Tribunal Federal, os Conselheiros do Conselho Nacional de Justiça e os Ministros do Superior Tribunal de Justiça, do Superior Tribunal Militar, do Tribunal Superior Eleitoral, do Tribunal Superior do Trabalho e do Tribunal de Contas da União; o Procurador-Geral da República e os Conselheiros do Conselho Nacional do Ministério Público; o Advogado-Geral da União, o Procurador-Geral do Estado, o Procurador-Geral do Município, o Defensor Público-Geral Federal e o Defensor Público-Geral do Estado; os Senadores e os Deputados Federais; os Governadores dos Estados e do Distrito Federal; o Prefeito; os Deputados Estaduais e Distritais; os Desembargadores dos Tribunais de Justiça, dos Tribunais Regionais Federais, dos Tribunais Regionais do Trabalho e dos Tribunais Regionais Eleitorais e os conselheiros dos Tribunais de Contas dos Estados e do Distrito Federal; o Procurador-Geral de Justiça; e o Embaixador de país que, por lei ou tratado, concede idêntica prerrogativa a agente diplomático do Brasil (art. 454 do CPC).

Nos casos mencionados, o juiz deve solicitar à autoridade que indique dia, hora e local a fim de ser inquirida, remetendo-lhe cópia da petição inicial ou da defesa oferecida pela parte que a arrolou como testemunha. Passado um mês sem manifestação da autoridade, o juiz deve designar dia, hora e local para o depoimento, preferencialmente na sede do juízo. O juiz também deve designar dia, hora e local para o depoimento, quando a autoridade não comparecer, injustificadamente, à sessão agendada para a colheita do seu testemunho, no dia, na hora e no local por ela indicados.

Quanto ao procedimento de oitiva da testemunha, esta deve ser primeiramente qualificada, nos termos do art. 828 da CLT, informando os seus dados pessoais, como nome, nacionalidade, profissão, idade, residência e, quando empregada, tempo de serviço prestado ao empregador.

Nos termos do art. 457 do CPC, antes de depor, a testemunha deve ser qualificada, bem como deve declarar ou confirmar seus dados e informar se tem relações de parentesco com a parte ou interesse no objeto do processo.

Após a qualificação, mas antes de prestar o compromisso de dizer a verdade, a testemunha pode ser contraditada, nos termos do art. 457, § 1º, do CPC, por motivo de incapacidade, impedimento ou suspeição (art. 829 da CLT e art. 447, §§ 1º, 2º, 3º, do CPC).

Como o art. 829 da CLT não arrola, de forma completa, as hipóteses de incapacidade, impedimento e suspeição da testemunha, aplica-se ao processo do trabalho o disposto no art. 447, §§ 1º, 2º e 3º, do CPC.

Consoante o art. 447, *caput*, do CPC, podem depor como testemunhas todas as pessoas, exceto as incapazes, impedidas ou suspeitas.

São *incapazes*: o interdito por enfermidade ou deficiência mental; o que, acometido por enfermidade ou retardamento mental, ao tempo em que ocorreram os fatos, não podia discerni-los, ou, ao tempo em que deve depor, não está habilitado a transmitir as percepções; aquele que tenha menos de 16 anos; o cego e o surdo, quando a ciência do fato depender dos sentidos que lhes faltam (art. 447, § 1º, do CPC).

Entretanto, na atualidade, de acordo com o art. 228, § 2º, do Código Civil, a pessoa com deficiência pode testemunhar, em igualdade de condições com os demais, sendo-lhe assegurados todos os recursos de tecnologia assistiva[15]. A Lei 13.146/2015 (Estatuto da Pessoa com Deficiência) *revogou* os incisos II e III do art. 228 do Código Civil de 2002, passando a admitir como testemunhas também aqueles que, por enfermidade ou retardamento mental, não tiverem discernimento para a prática dos atos da vida civil, bem como os cegos e surdos, quando a ciência do fato que se quer provar dependa dos sentidos que lhes faltam.

São *impedidos*: o cônjuge, o companheiro, bem como o ascendente e o descendente em qualquer grau e o colateral, até o terceiro grau, de alguma das partes, por consanguinidade ou afinidade, salvo se o exigir o interesse público ou, tratando-se de causa relativa ao estado da pessoa, não se puder obter de outro modo a prova que o juiz repute necessária ao julgamento do mérito; o que é parte na causa; o que intervém em nome de uma parte, como o tutor na causa do menor, o representante legal da pessoa jurídica, o juiz, o advogado e outros que assistam ou tenham assistido as partes (art. 447, § 2º, do CPC).

Quando for arrolado como testemunha, o juiz da causa: deve se declarar impedido, se tiver conhecimento de fatos que possam influir na decisão, caso em que será vedado à parte que o incluiu no rol desistir de seu depoimento; se nada souber, deve mandar excluir o seu nome (art. 452 do CPC).

Entende-se que o preposto, se não for o representante legal da pessoa jurídica (conforme estatuto ou contrato social), pode ser testemunha *em processo distinto*, em face da mesma empresa. Portanto, aquele que tiver figurado como preposto em outro processo, se não incidir nas hipóteses de impedimento ou suspeição, em tese, pode depor como testemunha em processo posterior e distinto. Não obstante, se for representante legal da pessoa jurídica (art. 447, § 2º, inciso III, do CPC), é considerado impedido.

São *suspeitos*: o inimigo da parte ou o seu amigo íntimo; o que tiver interesse no litígio (art. 447, § 3º, do CPC).

Segundo o art. 829 da CLT, a testemunha que for parente até o terceiro grau civil, amigo íntimo ou inimigo de qualquer das partes, não prestará compromisso, e seu depoimento valerá como simples informação. Logo, nas referidas hipóteses, a testemunha deve ser ouvida, mas apenas como informante.

Por seu turno, na sistemática do processo civil, o art. 447, §§ 4º e 5º, do CPC prevê que, *sendo necessário*, pode o juiz admitir o depoimento das testemunhas menores, impedidas ou suspeitas. Os referidos depoimentos serão prestados independentemente de compromisso, e o juiz lhes atribuirá o valor que possam merecer.

O art. 228, § 1º, do Código Civil de 2002 dispõe que, para a prova de fatos que só elas conheçam, pode o juiz admitir o depoimento das pessoas que, segundo o mesmo diploma legal, não poderiam ser aceitas como testemunhas, entre as quais estão os incapazes.

É lícito à parte contraditar a testemunha, arguindo-lhe a incapacidade, o impedimento ou a suspeição (art. 457, § 1º, do CPC). Nesse caso, se a testemunha negar os fatos que lhe são imputados, a parte pode provar a contradita com documentos ou com testemunhas, até três, apresentadas no ato e inquiridas em separado. Se os fatos forem provados ou confessados, o juiz deve dispensar a testemunha ou tomar o seu depoimento como informante (art. 457, § 2º, do CPC).

15. Cf. art. 3º, inciso III, da Lei 13.146/2015.

Se a contradita for deferida, a testemunha é ouvida como informante, sem prestar compromisso (art. 829 da CLT), ou não depõe (art. 457, § 2º, parte final, do CPC).

Não torna suspeita a testemunha o simples fato de estar litigando ou de ter litigado contra o mesmo empregador (Súmula 357 do TST).

A testemunha pode requerer ao juiz que a escuse de depor, alegando os motivos previstos em lei. Nesse caso, após serem ouvidas as partes, o juiz deve decidir de plano (art. 457, § 3º, do CPC).

A testemunha não é obrigada a depor sobre fatos: que lhe acarretem grave dano, bem como ao seu cônjuge ou companheiro e aos seus parentes consanguíneos ou afins, em linha reta ou na colateral até o terceiro grau; a cujo respeito, por estado ou profissão, deva guardar sigilo (art. 448 do CPC).

Constitui crime (de abuso de autoridade) constranger a depor, sob ameaça de prisão, pessoa que, em razão de função, ministério, ofício ou profissão, deva guardar segredo ou resguardar sigilo, com previsão de pena de detenção, de um a quatro anos, e multa (art. 15 da Lei 13.869/2019).

Após a qualificação da testemunha, não havendo a contradita, ou sendo ela rejeitada, o juiz deve advertir à testemunha que incorre em sanção penal quem faz afirmação falsa, cala ou oculta a verdade, segundo o art. 458, parágrafo único, do CPC.

Em seguida, a testemunha deve prestar o compromisso legal de dizer a verdade, ficando sujeita, em caso de falsidade, às leis penais (art. 828 da CLT). O art. 458 do CPC dispõe que, ao início da inquirição, a testemunha deve prestar o compromisso de dizer a verdade do que souber e lhe for perguntado.

De acordo com o art. 342 do Código Penal, fazer afirmação falsa, ou negar ou calar a verdade como testemunha, perito, contador, tradutor ou intérprete em processo judicial, ou administrativo, inquérito policial, ou em juízo arbitral, é crime previsto com pena de reclusão, de dois a quatro anos, e multa. As penas aumentam-se de um sexto a um terço se o crime é praticado mediante suborno ou se cometido com o fim de obter prova destinada a produzir efeito em processo penal, ou em processo civil em que for parte entidade da administração pública direta ou indireta. O fato deixa de ser punível se, antes da sentença no processo em que ocorreu o ilícito, o agente se retrata ou declara a verdade.

Compete à Justiça Federal processar e julgar crime de falso testemunho cometido no processo trabalhista (Súmula 165 do STJ).

Aplica-se a multa prevista no art. 793-C da CLT (sobre litigância de má-fé) à testemunha que intencionalmente alterar a verdade dos fatos ou omitir fatos essenciais ao julgamento da causa (art. 793-D da CLT).

Quanto à ordem e à forma de oitiva, o juiz deve inquirir as testemunhas separada e sucessivamente, sendo primeiro as do autor e depois as do réu, e providenciará para que uma não ouça o depoimento das outras (art. 456 do CPC).

Conforme o art. 456, parágrafo único, do CPC, o juiz pode alterar essa ordem para a inquirição das testemunhas se as partes concordarem.

Há entendimento no sentido de que, no processo do trabalho, o juiz pode inverter a ordem dessa oitiva de testemunhas, considerando, especialmente, o ônus da prova. Cabe lembrar que o juiz deve dirigir o processo conforme as disposições legais, incumbindo-lhe dilatar os prazos processuais e *alterar a ordem de produção dos meios de prova*, adequando-os às necessidades do conflito de modo a conferir maior efetividade à tutela do direito (art. 139, inciso VI, do CPC e art. 775, § 2º, da CLT). Sendo possível alterar a ordem dos próprios meios de prova, com muito mais razão seria admissível inverter apenas a ordem de inquirição das testemunhas.

O juiz deve providenciar para que o depoimento de uma testemunha não seja ouvido pelas demais que tenham de depor no processo (art. 824 da CLT e art. 456, parte final, do CPC).

O art. 459 do CPC prevê que as perguntas devem ser formuladas pelas partes *diretamente* à testemunha, começando pela que a arrolou, não admitindo o juiz aquelas que puderem induzir a resposta, não tiverem relação com as questões de fato objeto da atividade probatória ou importarem repetição de outra já respondida. Entretanto, no processo do trabalho, as testemunhas, assim como as partes, devem ser inquiridas pelo juiz, podendo ser reinquiridas, *por seu intermédio*, a requerimento das partes, seus representantes ou advogados (art. 820 da CLT). Logo, cabe ao juiz intermediar a inquirição das testemunhas pelas partes. O art. 11 da Instrução Normativa 39/2016 do TST prevê que não se aplica ao processo do trabalho a norma do art. 459 do CPC, no que permite a inquirição direta das testemunhas pela parte (art. 820 da CLT).

O depoimento das partes e testemunhas que não souberem falar a língua nacional deve ser feito por meio de intérprete nomeado pelo juiz (art. 819 da CLT). Deve-se proceder dessa mesma forma quando se tratar de surdo-mudo ou de mudo que não saiba escrever (art. 819, § 1º, da CLT). Nos casos em questão, as despesas decorrentes correm por conta da parte sucumbente, salvo se beneficiária de justiça gratuita (art. 819, § 2º, da CLT, com redação dada pela Lei 13.660/2018).

Entende-se que essa sucumbência deve ser verificada quanto à pretensão objeto da prova em questão, ou seja, do depoimento das partes e testemunhas em que houve a nomeação de intérprete pelo juiz, da mesma forma como prevê o art. 790-B da CLT, sobre prova pericial, inclusive por meio de interpretação extensiva.

Havendo sucumbência parcial, ou seja, de ambas as partes, nas pretensões a respeito da referida prova, entende-se que as despesas decorrentes devem ser atribuídas de modo proporcional às partes sucumbentes de forma recíproca. Não se admite a compensação entre os honorários, pois estes são devidos ao intérprete judicial, tal como estabelece o art. 791-A, § 3º, da CLT, sobre honorários advocatícios.

Na hipótese específica do art. 819, § 2º, da CLT, a concessão de justiça gratuita (art. 790, §§ 3º e 4º, da CLT) à parte sucumbente exclui a exigência de pagamento dos honorários de intérprete judicial. Embora não haja previsão legal expressa de que, nesse caso, a União irá responder pelo mencionado encargo, como o intérprete nomeado pelo juiz não pode ficar sem receber pela atividade realizada em juízo, é possível defender a aplicação dessa responsabilidade da União, como dispõe, em situação similar, a Súmula 457 do TST, relativamente aos honorários periciais.

Frise-se que especificamente quanto aos honorários de intérprete judicial, o art. 819, § 2º, da CLT, com redação dada pela Lei 13.660/2018, exclui a parte sucumbente beneficiária da justiça gratuita do seu pagamento.

O art. 459, § 1º, do CPC dispõe que o juiz pode inquirir a testemunha *tanto antes quanto depois da inquirição feita pelas partes*. Não obstante, no processo do trabalho, como visto acima, as testemunhas devem ser inquiridas pelo juiz, podendo ser reinquiridas a requerimento das partes (art. 820 da CLT). Portanto, cabe ao juiz, primeiramente, inquirir as testemunhas.

As testemunhas devem ser tratadas com urbanidade, não se lhes fazendo perguntas ou considerações impertinentes, capciosas ou vexatórias. As perguntas que o juiz indeferir devem ser obrigatoriamente transcritas no termo de audiência, se a parte o requerer (art. 459, §§ 2º e 3º, do CPC).

O depoimento pode ser documentado por meio de gravação (art. 460 do CPC). Quando digitado ou registrado por taquigrafia, estenotipia ou outro método idôneo de documentação, o depoimento deve ser assinado pelo juiz, pelo depoente e pelos procuradores. Se houver recurso em processo em autos não eletrônicos, o depoimento somente deve ser digitado quando for impossível o envio de sua documentação eletrônica. Tratando-se de autos eletrônicos, deve-se observar o disposto no Código de Processo Civil e na legislação específica sobre a prática eletrônica de atos processuais.

O art. 461, inciso, I, do CPC prevê que o juiz pode ordenar, de ofício ou a requerimento da parte, a inquirição de testemunhas referidas nas declarações da parte ou das testemunhas.

Existe a possibilidade de acareação de duas ou mais testemunhas, ou de alguma delas com a parte, quando, sobre fato determinado que possa influir na decisão da causa, divergirem as suas declarações (art. 461, inciso II, do CPC). Os acareados devem ser reperguntados para que expliquem os pontos de divergência, reduzindo-se a termo o ato de acareação. A acareação pode ser realizada por videoconferência ou outro recurso tecnológico de transmissão de sons e imagens em tempo real.

9.5.6 Perícia

A *perícia* é um meio de prova essencialmente técnico. É necessário quando o fato a ser demonstrado exigir conhecimento especializado (por exemplo, de engenharia, medicina, contabilidade) que falte ao juiz. Nesse caso, deve-se indicar um técnico no assunto em discussão, isto é, um perito, que passa a atuar como auxiliar do juízo.

O perito é considerado um auxiliar da Justiça (art. 149 do CPC).

Quando a prova do fato depender de conhecimento técnico ou científico, o juiz deve ser assistido por perito (art. 156 do CPC).

Os peritos devem ser nomeados entre os profissionais legalmente habilitados e os órgãos técnicos ou científicos devidamente inscritos em cadastro mantido pelo tribunal ao qual o juiz está vinculado. Para formação do cadastro, os tribunais devem realizar consulta pública, por meio de divulgação na rede mundial de computadores ou em jornais de grande circulação, além de consulta direta a universidades, a conselhos de classe, ao Ministério Público, à Defensoria Pública e à Ordem dos Advogados do Brasil, para a indicação de profissionais ou órgãos técnicos interessados. Os tribunais devem realizar avaliações e reavaliações periódicas para manutenção do cadastro, considerando a formação profissional, a atualização do conhecimento e a experiência dos peritos interessados.

Para verificação de eventual impedimento ou motivo de suspeição, nos termos dos arts. 148 e 467 do CPC, o órgão técnico ou científico nomeado para realização da perícia deve informar ao juiz os nomes e dados de qualificação dos profissionais que participarão da atividade.

Na localidade onde não houver inscrito no cadastro disponibilizado pelo tribunal, a nomeação do perito é de livre escolha pelo juiz e deve recair sobre profissional ou órgão técnico ou científico comprovadamente detentor do conhecimento necessário à realização da perícia.

Quando o exame tiver por objeto a autenticidade ou a falsidade de documento ou for de natureza médico-legal, o perito deve ser escolhido, de preferência, entre os técnicos dos estabelecimentos oficiais especializados. O juiz deve autorizar a remessa dos autos, bem como do material sujeito a exame ao diretor do estabelecimento (art. 478 do CPC). Nas hipóteses de gratuidade de justiça, os órgãos e as repartições oficiais devem cumprir a determinação judicial com preferência, no prazo estabelecido. A prorrogação desse prazo pode ser requerida motivadamente. Quando o exame tiver por objeto a autenticidade da letra e da firma, o perito pode requisitar, para efeito de comparação, documentos existentes em repartições públicas. Na falta destes, pode requerer ao juiz que a pessoa a quem se atribuir a autoria do documento lance em folha de papel, por cópia ou sob ditado, dizeres diferentes, para fins de comparação.

A prova pericial pode consistir em exame (de pessoa), vistoria (de bem imóvel) ou avaliação (de bem móvel), segundo prevê o art. 464 do CPC.

O juiz deve indeferir a perícia quando: a prova do fato não depender de conhecimento especial de técnico; for desnecessária em vista de outras provas produzidas; a verificação for impraticável.

A Lei 5.584/1970, que dispõe sobre normas no processo do trabalho, no art. 3º, *caput*, estabelece que os exames periciais devem ser realizados por perito único, designado pelo juiz, que deve fixar o prazo para entrega do laudo.

Sendo assim, foi tacitamente revogada a previsão anterior, no sentido de que as partes também podiam nomear peritos (art. 826 da CLT). O que se admite é que cada parte indique um assistente técnico, cujo laudo deve ser apresentado no mesmo prazo assinado para o perito, "sob pena de ser desentranhado dos autos" (art. 3º, parágrafo único, da Lei 5.584/1970).

Os assistentes técnicos são de confiança da parte e não estão sujeitos a impedimento ou suspeição. O perito deve assegurar aos assistentes das partes o acesso e o acompanhamento das diligências e dos exames que realizar, com prévia comunicação, comprovada nos autos, com antecedência mínima de cinco dias (art. 466, §§ 1º e 2º, do CPC).

A Súmula 341 do TST esclarece que a "indicação do perito assistente é faculdade da parte, a qual deve responder pelos respectivos honorários, ainda que vencedora no objeto da perícia". Entretanto, no processo civil, o art. 82, § 2º, do CPC dispõe que a sentença deve condenar o vencido a pagar ao vencedor as despesas que antecipou. As despesas abrangem as custas dos atos do processo, a indenização de viagem, *a remuneração do assistente técnico* e a diária de testemunha (art. 84 do CPC).

O perito tem o dever de cumprir o ofício no prazo que lhe designar o juiz, empregando toda sua diligência. Pode, todavia, escusar-se do encargo alegando motivo legítimo (art. 157 do CPC). A escusa deve ser apresentada no prazo de 15 dias, contado da intimação, da suspeição ou do impedimento supervenientes, sob pena de se considerar renunciado o direito a alegá-la. Deve ser organizada lista de peritos na vara ou na secretaria, com disponibilização dos documentos exigidos para habilitação à consulta de interessados, para que a nomeação seja distribuída de modo equitativo, observadas a capacidade técnica e a área de conhecimento.

O perito pode escusar-se ou ser recusado por impedimento ou suspeição. Ao aceitar a escusa ou julgar procedente a impugnação, o juiz deve nomear novo perito (art. 467 do CPC).

O perito pode ser substituído quando: I – faltar-lhe conhecimento técnico ou científico; II – sem motivo legítimo, deixar de cumprir o encargo no prazo que lhe foi assinado (art. 468 do CPC). No caso previsto no art. 468, inciso II, do CPC, o juiz deve comunicar a ocorrência à corporação profissional respectiva, podendo, ainda, impor multa ao perito, fixada tendo em vista o valor da causa e o possível prejuízo decorrente do atraso no processo.

O perito substituído deve restituir, no prazo de 15 dias, os valores recebidos pelo trabalho não realizado, sob pena de ficar impedido de atuar como perito judicial pelo prazo de cinco anos, assim como de execução desse valor.

Segundo o art. 827 da CLT, o juiz "rubricará, para ser junto ao processo", o laudo que o perito tiver apresentado. Entretanto, na prática, essa rubrica do laudo pelo juiz normalmente não é feita, o que, de todo modo, não acarreta qualquer nulidade nem prejuízo.

Nos termos do art. 475 do CPC, em se tratando de perícia complexa, que abranja mais de uma área de conhecimento especializado, o juiz pode nomear mais de um perito e a parte indicar mais de um assistente técnico. Pode-se dizer que, embora o perito deva ser único, na hipótese específica indicada, admite-se a nomeação de um perito para cada especialidade. Vale dizer, deve haver um único perito, mas em cada área de conhecimento especializado.

O art. 466 do Código de Processo Civil prevê que o perito deve cumprir "escrupulosamente o encargo que lhe foi cometido, independentemente de termo de compromisso". Entretanto, no processo do trabalho, o art. 827 da CLT continua fazendo menção a perito compromissado. Na prática, as Varas do Trabalho costumam possuir um rol dos peritos de confiança, que firmam compromisso, válido para todos os feitos em que são nomeados pelo juiz.

O perito que, por dolo ou culpa, prestar informações inverídicas deve responder pelos prejuízos que causar à parte e ficará inabilitado para atuar em outras perícias no prazo de dois a cinco anos, independentemente das demais sanções previstas em lei, devendo o juiz comunicar o fato ao respectivo órgão de classe para adoção das medidas que entender cabíveis (art. 158 do CPC).

O juiz deve indeferir a perícia quando: a prova do fato não depender de conhecimento especial de técnico; for desnecessária em vista de outras provas produzidas; a verificação for impraticável (art. 464, § 1º, do CPC).

Nos termos do art. 464, §§ 2º a 4º, do CPC, o juiz pode, de ofício ou a requerimento das partes, em substituição à prova pericial, determinar a produção de *prova técnica simplificada*, quando o ponto controvertido for de menor complexidade. A prova técnica simplificada deve consistir apenas na inquirição pelo juiz de especialista sobre ponto controvertido da causa, o qual demande especial conhecimento científico ou técnico. Durante a arguição, o especialista, que deve ter formação acadêmica específica na área objeto de seu depoimento, poderá valer-se de qualquer recurso tecnológico de transmissão de sons e imagens com o fim de esclarecer os pontos controvertidos da causa.

O juiz pode dispensar prova pericial quando as partes, na inicial e na contestação, apresentarem sobre as questões de fato pareceres técnicos ou documentos elucidativos que considerar suficientes (art. 472 do CPC).

No processo do trabalho, havendo pedido de adicionais de insalubridade e periculosidade, a realização da perícia, em regra, é obrigatória, como se observa no art. 195, § 2º, da CLT. Mesmo em caso de revelia, entende-se que a prova técnica é necessária para o eventual acolhimento do pedido, justamente por se tratar de questão técnica, que não pode ser abrangida pela presunção relativa de fatos alegados pelo autor na petição inicial.

O art. 195, *caput*, da CLT estabelece que a caracterização e a classificação da insalubridade e da periculosidade, segundo as normas do Ministério do Trabalho, devem ser feitas por meio de perícia a cargo de médico do trabalho ou engenheiro do trabalho, registrados no Ministério do Trabalho.

O art. 195 da CLT não faz qualquer distinção entre o médico e o engenheiro para efeito de caracterização e classificação da insalubridade e periculosidade, bastando para a elaboração do laudo seja o profissional devidamente qualificado (Orientação Jurisprudencial 165 da SBDI-I do TST).

A realização de perícia é obrigatória para a verificação de insalubridade. Quando não for possível sua realização, como em caso de fechamento da empresa, poderá o julgador utilizar-se de outros meios de prova (Orientação Jurisprudencial 278 da SBDI-I do TST). O mesmo entendimento pode ser aplicado para o adicional de periculosidade, com fundamento no art. 195, § 2º, da CLT. Com isso, admite-se a produção de prova emprestada, isto é, a juntada de laudo pericial produzido em outro processo anterior, em face do mesmo empregador.

Segundo o art. 473, § 3º, do CPC, para o desempenho de suas funções, o perito e os assistentes técnicos podem se valer de todos os meios necessários, ouvindo testemunhas, obtendo informações, solicitando documentos que estejam em poder da parte, de terceiros ou em repartições públicas, bem como instruir o laudo com planilhas, mapas, plantas, desenhos, fotografias ou outros elementos necessários ao esclarecimento do objeto da perícia.

Além disso, consoante o art. 372 do CPC, o juiz pode admitir a utilização de prova produzida em outro processo, atribuindo-lhe o valor que considerar adequado, observado o contraditório.

De acordo com o art. 790-B da CLT, com redação dada pela Lei 13.467/2017, a responsabilidade pelo pagamento dos honorários periciais é da parte sucumbente na pretensão objeto da perícia, *ainda que beneficiária da justiça gratuita*.

A rigor, a gratuidade da justiça deve abranger os honorários do perito, como prevê o art. 98, § 1º, inciso VI, do CPC. Desse modo, considerando a garantia constitucional de assistência jurídica integral e gratuita aos que comprovarem insuficiência de recursos, inserida no rol de direitos fundamentais (art. 5º, inciso LXXIV, da Constituição da República) entende-se que o dispositivo deve ser interpretado no sentido de que o beneficiário de justiça gratuita somente será obrigado ao efetivo pagamento de honorários periciais caso passe a ter condições econômicas para isso.

Ao fixar o valor dos honorários periciais, o juízo deve respeitar o limite máximo estabelecido pelo Conselho Superior da Justiça do Trabalho (art. 790-B, § 1º, da CLT).

O juízo pode deferir parcelamento dos honorários periciais (art. 790-B, § 2º, da CLT).

O juízo não pode exigir adiantamento de valores para realização de perícias (art. 790-B, § 3º, da CLT).

A União é responsável pelo pagamento dos honorários de perito quando a parte sucumbente no objeto da perícia for beneficiária da assistência judiciária gratuita, observado o procedimento disposto nos arts. 1º, 2º e 5º da Resolução nº 66/2010 do Conselho Superior da Justiça do Trabalho – CSJT (Súmula 457 do TST).

Nos termos do art. 790-B, § 4º, da CLT, incluído pela Lei 13.467/2017, somente no caso em que o beneficiário da justiça gratuita não tenha obtido em juízo créditos capazes de suportar a despesa relativa ao pagamento dos honorários periciais, *ainda que em outro processo*, a União responderá pelo encargo.

A interpretação conforme a Constituição do art. 790-B, *caput* e § 4º, da CLT deve ser no sentido de que apenas quando os mencionados créditos obtidos em juízo não forem necessários à subsistência do beneficiário da justiça gratuita e de sua família (art. 5º, inciso LXXIV, da Constituição da República) é que podem ser destinados ao pagamento dos honorários periciais.

A Ação Direta de Inconstitucionalidade 5.766/DF tem como objeto, entre outros dispositivos decorrentes da Lei 13.467/2017, a expressão "ainda que beneficiária da justiça gratuita", prevista no *caput* do art. 790-B da CLT, e o § 4º do art. 790-B da CLT.

O Supremo Tribunal Federal julgou parcialmente procedente o pedido formulado na ação direta e declarou inconstitucional o art. 790-B, caput e § 4º, da CLT (STF, Pleno, ADI 5.766/DF, Red. p/ ac. Min. Alexandre de Moraes, j. 20.10.2021). Prevaleceu o entendimento de que essas normas estabelecem condições inconstitucionais para a gratuidade da justiça e apresentam obstáculos à efetiva aplicação da previsão constitucional de que o Estado deve prestar assistência jurídica integral e gratuita às pessoas que comprovarem insuficiência de recursos (art. 5º, inciso LXXIV, da Constituição Federal de 1988)[16].

Nos termos do art. 790-B, caput, da CLT, na redação decorrente da Lei 10.537/2002, a responsabilidade pelo pagamento dos honorários periciais é da parte sucumbente na pretensão objeto da perícia, salvo se beneficiária de justiça gratuita.

Foi instituído, no âmbito da Justiça do Trabalho, o Sistema Eletrônico de Assistência Judiciária (Sistema AJ/JT), destinado ao cadastro e gerenciamento de peritos, órgãos técnicos ou científicos, tradutores e intérpretes, e ao pagamento dos profissionais nos casos dos processos que envolvam beneficiários da justiça gratuita (art. 1º da Resolução 247/2019 do Conselho Superior da Justiça do Trabalho). O cadastro e o pagamento daqueles que atuaram a favor da parte amparada pelos benefícios da justiça gratuita e sucumbente na pretensão devem ser feitos exclusivamente por meio do Sistema Eletrônico de Assistência Judiciária (Sistema AJ/JT).

O Sistema Eletrônico de Assistência Judiciária (Sistema AJ/JT) deve conter cadastro eletrônico de peritos, órgãos técnicos ou científicos, tradutores e intérpretes, formado por interessados em prestar serviços de perícia, de exame técnico, de tradução e de interpretação nos processos judiciais, inclusive aqueles que envolvam assistência judiciária gratuita (art. 2º da Resolução 247/2019 do CSJT).

Em caso de pagamento com recursos vinculados à gratuidade judiciária, o valor dos honorários periciais, observado o limite máximo de R$ 1.000,00, deve ser fixado pelo juiz, atendidos: I – a complexidade da matéria; II – o nível de especialização e o grau de zelo profissional ou do órgão; III – o lugar e o tempo exigidos para prestação do serviço; IV – as peculiaridades regionais (art. 21 da Resolução 247/2019 do CSJT).

Os Tribunais Regionais do Trabalho podem fixar, por meio de atos regulamentares, os valores passíveis de pagamento pela União, a título de honorários periciais, até o limite estabelecido no art. 21 da Resolução 247/2019 do CSJT. A fixação dos honorários periciais

16. "Constitucional. Ação direta de inconstitucionalidade. Lei 13.467/2017. Reforma trabalhista. Regras sobre gratuidade de justiça. Responsabilidade pelo pagamento de ônus sucumbenciais em hipóteses específicas. Alegações de violação aos princípios da isonomia, inafastabilidade da jurisdição, acesso à justiça, solidariedade social e direito social à assistência jurídica gratuita. Margem de conformação do legislador. Critérios de racionalização da prestação jurisdicional. Ação direta julgada parcialmente procedente. 1. É inconstitucional a legislação que presume a perda da condição de hipossuficiência econômica para efeito de aplicação do benefício de gratuidade de justiça, apenas em razão da apuração de créditos em favor do trabalhador em outra relação processual, dispensado o empregador do ônus processual de comprovar eventual modificação na capacidade econômica do beneficiário. [...] 3. Ação Direta julgada parcialmente procedente" (STF, Pleno, ADI 5.766/DF, Red. p/ ac. Min. Alexandre de Moraes, DJe 03.05.2022).

em valor superior ao limite estabelecido pelo Tribunal Regional do Trabalho, até o limite disposto no art. 21 da Resolução 247/2019 do CSJT, deve ser devidamente fundamentada e submetida ao Presidente do Tribunal para análise e autorização.

Os limites estabelecidos nos arts. 21 a 26 da Resolução 247/2019 do CSJT não se aplicam às perícias, traduções e interpretações custeadas pelas partes, nas quais os honorários devem ser arbitrados e pagos nos termos da legislação vigente e em consonância com os critérios avaliados pelo magistrado responsável. O mencionado custeio dos honorários pelas partes não isenta o profissional de proceder ao regular cadastro no Sistema Eletrônico de Assistência Judiciária (Sistema AJ/JT).

A solicitação de valores vinculados ao custeio da gratuidade da justiça dar-se-á quando ocorrerem, cumulativamente, os seguintes requisitos: I – concessão do benefício da justiça gratuita; II – fixação judicial de honorários; III – sucumbência da parte beneficiária na pretensão objeto da perícia; IV – trânsito em julgado da decisão que arbitrar os honorários (art. 22 da Resolução 247/2019 do CSJT).

A solicitação de pagamento dos valores devidos aos tradutores e intérpretes a serem pa-gos com recursos vinculados ao custeio da gratuidade da justiça somente pode ser realizada após atestada a prestação dos serviços pelo juízo processante, de acordo com a Tabela constante do Anexo I da Resolução 247/2019 do CSJT (art. 23). O juiz pode ultrapassar em até três vezes os valores fixados na tabela constante do Anexo I da Resolução 247/2019 do CSJT, observados o grau de especialização do tradutor ou intérprete e a complexidade do trabalho, comunicando-se ao Presidente do Tribunal, para análise e autorização.

O pagamento dos valores a que se referem os arts. 21 a 26 da Resolução 247/2019 do CSJT devem ser efetuados mediante determinação do Presidente do Tribunal respectivo, após requisição expedida pelo juiz do feito, observando-se, rigorosamente, a ordem cronológica de apresentação no Sistema Eletrônico de Assistência Judiciária (Sistema AJ/JT), apurada a partir da data em que o magistrado competente lançar sua assinatura eletrônica (art. 24 da Resolução 247/2019 do CSJT).

O valor dos honorários deve ser atualizado pelo IPCA-E ou outro índice que o substitua, a partir da data da decisão de arbitramento até o seu efetivo pagamento.

A quantia devida, após a retenção e recolhimento dos tributos, deve ser depositada em conta indicada pelo perito, órgão técnico ou científico, tradutor ou intérprete ou, na sua impossibilidade, mediante depósito judicial vinculado ao processo no qual ocorreu a prestação de serviços.

O pagamento de honorários com recursos vinculados ao custeio da gratuidade da justi-ça, nos casos de processos extintos com resolução de mérito por conciliação, só pode ocorrer mediante justificativa do magistrado responsável ao Presidente de cada Tribunal, a quem caberá analisar e autorizar a respectiva quitação (art. 25 da Resolução 247/2019 do CSJT).

As solicitações de pagamento com recursos vinculados ao custeio da gratuidade da justiça que estiverem em desacordo com as normas ou valores estabelecidos na Resolução 247/2019 do CSJT, bem assim aquelas não autorizadas pelo Presidente do respectivo Tribunal, nos casos previstos nos arts. 21 e 25, devem ser devolvidas ao juiz responsável para adequação. A requisição ajustada deve retornar ao status quo ante na ordem cronológica (art. 26 da Resolução 247/2019 do CSJT).

Nos termos da Orientação Jurisprudencial 98 da SBDI-II do TST, "é ilegal a exigência de depósito prévio para custeio dos honorários periciais, dada a incompatibilidade com o processo do trabalho, sendo cabível o mandado de segurança visando à realização da perícia, independentemente do depósito".

Não obstante, em face da ampliação da competência da Justiça do Trabalho, decorrente da Emenda Constitucional 45/2004, nas ações derivadas de outras modalidades de relações jurídicas, esse depósito prévio de honorários periciais era admitido com fundamento no art. 95 do CPC.

Isso era confirmado pelo art. 6º da Instrução Normativa 27/2005 do TST, ao facultar ao juiz, em relação à perícia, exigir depósito prévio dos honorários, ficando ressalvadas as lides decorrentes da relação de emprego.

Portanto, nos casos acima indicados, aplicava-se o art. 465, § 4º, do CPC, ao prever que o juiz pode autorizar o pagamento de até cinquenta por cento dos honorários arbitrados a favor do perito no início dos trabalhos. O valor que remanescer deve ser pago apenas ao final, depois de entregue o laudo e prestados todos os esclarecimentos necessários.

Na atualidade, o art. 790-B, § 3º, da CLT, ao vedar a exigência de adiantamento de valores para realização de perícias, não distingue a modalidade de conflito em julgamento na Justiça do Trabalho.

O juiz deve nomear perito especializado no objeto da perícia e fixar de imediato o prazo para a entrega do laudo (art. 465, *caput*, do CPC).

Conforme o art. 471 do CPC, as partes podem, de comum acordo, escolher o perito, indicando-o mediante requerimento, desde que sejam plenamente capazes e a causa possa ser resolvida por autocomposição. As partes, ao escolherem o perito, já devem indicar seus assistentes técnicos para acompanharem a realização da perícia, que se realizará em data e local previamente anunciados. O perito e os assistentes técnicos devem entregar respectivamente seu laudo e seus pareceres em prazo fixado pelo juiz. A perícia consensual substitui, para todos os efeitos, a que seria realizada por perito nomeado pelo juiz.

No procedimento sumaríssimo, o art. 852-H, § 4º, da CLT prevê que somente quando a prova do fato o exigir ou for legalmente imposta, será deferida prova técnica, incumbindo ao juiz, desde logo, fixar o prazo, o objeto da perícia e nomear perito.

Incumbe às partes, dentro de 15 dias, contados da intimação do despacho de nomeação do perito: arguir o impedimento ou a suspeição do perito, se for o caso; indicar o assistente técnico; apresentar quesitos (art. 465, § 1º, do CPC).

O prazo para a entrega do laudo pelo perito pode variar de acordo com a complexidade do fato objeto da prova, sendo normalmente concedidos 30 dias.

Entretanto, se o perito, por motivo justificado, não puder apresentar o laudo dentro do prazo, o juiz pode lhe conceder, por uma vez, prorrogação pela metade do prazo originalmente fixado (art. 476 do CPC).

O art. 477 do CPC determina que o perito deve protocolar o laudo em juízo, no prazo fixado pelo juiz, pelo menos 20 dias antes da audiência de instrução e julgamento.

Uma vez ciente da nomeação, o perito deve apresentar em cinco dias: sua proposta de honorários; seu currículo, com a comprovação de sua especialização; seus contatos profissionais, em especial o endereço eletrônico, para onde serão dirigidas as intimações pessoais (art. 465, § 2º, do CPC).

As partes devem ser intimadas da proposta de honorários, para, querendo, manifestar-se no prazo comum de cinco dias. Depois disso, conforme o art. 465, § 3º, do CPC, o juiz deve arbitrar o valor, intimando as partes para os fins do art. 95 do CPC, que trata (quando cabível na Justiça do Trabalho, na forma acima exposta) do adiantamento da remuneração do perito pela parte que houver requerido a perícia (ou rateada quando a perícia for determinada de ofício ou requerida por ambas as partes).

Quando a perícia for inconclusiva ou deficiente, o juiz pode reduzir a remuneração inicialmente arbitrada para o trabalho (art. 465, § 5º, do CPC).

Quando tiver de realizar-se por carta, pode proceder-se à nomeação de perito e indicação de assistentes técnicos no juízo ao qual se requisitar a perícia (art. 465, § 6º, do CPC).

As partes devem ser cientificadas da data e do local designados pelo juiz ou indicados pelo perito para ter início a produção da prova (art. 474 do CPC).

A inovação artificiosa, na pendência de processo civil ou administrativo, do estado de lugar, de coisa ou de pessoa, com o fim de induzir a erro o juiz ou o perito, é conduta tipificada como crime contra a administração da Justiça (fraude processual) pelo art. 347 do Código Penal.

Além disso, nos termos do art. 77, inciso VI, do CPC, é dever das partes, de seus procuradores e de todos aqueles que de qualquer forma participem do processo *não praticar inovação ilegal no estado de fato de bem ou direito litigioso*. Nessa hipótese, o juiz deve advertir qualquer das pessoas mencionadas de que sua conduta pode ser punida como ato atentatório à dignidade da justiça. A violação do referido dever constitui *ato atentatório à dignidade da justiça*, devendo o juiz, sem prejuízo das sanções criminais, civis e processuais cabíveis, aplicar ao responsável multa de até vinte por cento do valor da causa, de acordo com a gravidade da conduta (art. 77, § 2º, do CPC), cabendo observar, ainda, as previsões do art. 77, §§ 3º a 6º, do CPC.

Reconhecida violação ao dever aqui mencionado (art. 77, inciso VI, do CPC), o juiz deve determinar o restabelecimento do estado anterior, podendo, ainda, proibir a parte de falar nos autos até a purgação do atentado, sem prejuízo da aplicação do art. 77, § 2º, do CPC.

O laudo pericial deve conter: a exposição do objeto da perícia; a análise técnica ou científica realizada pelo perito; a indicação do método utilizado, esclarecendo-o e demonstrando ser predominantemente aceito pelos especialistas da área do conhecimento da qual se originou; resposta conclusiva a todos os quesitos apresentados pelo juiz, pelas partes e pelo órgão do Ministério Público (art. 473 do CPC). No laudo, o perito deve apresentar sua fundamentação em linguagem simples e com coerência lógica, indicando como alcançou suas conclusões. É vedado ao perito ultrapassar os limites de sua designação, bem assim emitir opiniões pessoais que excedam o exame técnico ou científico do objeto da perícia.

As partes podem apresentar *quesitos suplementares* durante a diligência, que poderão ser respondidos pelo perito previamente ou na audiência de instrução e julgamento (art. 469 do CPC). Cabe ao escrivão (no processo do trabalho, ao diretor de secretaria) dar à parte contrária ciência da juntada dos quesitos aos autos.

Incumbe ao juiz não apenas indeferir quesitos impertinentes, mas formular os quesitos que entender necessários ao esclarecimento da causa (art. 470 do CPC). Após apresentado o laudo pericial, as partes devem ser intimadas para se manifestar sobre ele, no prazo a ser concedido pelo juiz, conforme a complexidade do caso.

Nos termos do art. 477, § 1º, do CPC, as partes devem ser intimadas para, querendo, manifestar-se sobre o laudo do perito do juízo *no prazo comum de 15 dias*. Especificamente quanto ao procedimento sumaríssimo, as partes devem ser intimadas a se manifestarem sobre o laudo, no prazo comum de cinco dias (art. 852-H, § 6º, da CLT).

Após a apresentação do laudo e a manifestação das partes, é frequente a concessão de prazo para o perito responder às alegações, aos questionamentos e às considerações feitos pelas partes, as quais devem ser cientificadas quanto a essa resposta ou manifestação do perito. Conforme o caso concreto, é possível ao juiz arguir o perito (e mesmo os assistentes técnicos) em audiência (art. 827 da CLT).

O art. 848, § 2º, da CLT dispõe que, após o interrogatório das partes, devem ser ouvidas as testemunhas, o perito e os assistentes técnicos, se houver.

O perito do juízo tem o dever de, no prazo de 15 dias, bem esclarecer ponto: sobre o qual exista divergência ou dúvida de qualquer das partes, do juiz ou do órgão do Ministério Público; divergente apresentado no parecer do assistente técnico da parte (art. 477, § 2º, do CPC). Se ainda houver necessidade de esclarecimentos, a parte deve requerer ao juiz que mande intimar o perito ou o assistente técnico a comparecer à audiência de instrução e julgamento, formulando, desde logo, as perguntas, sob forma de quesitos (art. 477, § 3º, do CPC). O perito ou o assistente técnico deve ser intimado por meio eletrônico, com pelo menos dez dias de antecedência da audiência (art. 477, § 4º, do CPC).

Conforme o art. 361 do CPC, as provas orais devem ser produzidas em audiência, preferencialmente na seguinte ordem: o perito e os assistentes técnicos responderão aos quesitos de esclarecimentos requeridos no prazo e na forma do art. 477 do CPC, caso não tenham sido respondidos anteriormente por escrito; prestarão depoimentos pessoais o autor e depois o réu; devem ser inquiridas as testemunhas arroladas pelo autor e pelo réu. Na audiência, durante a instrução, enquanto depuserem as partes, o perito, os assistentes técnicos e as testemunhas, os advogados e o Ministério Público não podem intervir ou apartear, sem licença do juiz.

O Código de Processo Civil, ao fortalecer os poderes do juiz na direção do processo, passa a determinar, no art. 139, inciso VI, que lhe incumbe dilatar os prazos processuais e *alterar a ordem de produção dos meios de prova, adequando-os às necessidades do conflito de modo a conferir maior efetividade à tutela do direito.*

Da mesma forma, o art. 775, § 2º, da CLT prevê que ao juízo incumbe dilatar os prazos processuais e alterar a ordem de produção dos meios de prova, adequando-os às necessidades do conflito de modo a conferir maior efetividade à tutela do direito.

Em consonância com o princípio da persuasão racional do juiz, este deve apreciar a prova pericial de acordo com o disposto no art. 371 do CPC, ou seja, de modo fundamentado, indicando na sentença os motivos que o levaram a considerar ou a deixar de considerar as conclusões do laudo, levando em conta o método utilizado pelo perito (art. 479 do CPC).

O juiz também pode determinar, de ofício ou a requerimento da parte, a realização de nova perícia, quando a matéria não estiver suficientemente esclarecida (art. 480 do CPC). Essa segunda perícia tem por objeto os mesmos fatos sobre que recaiu a primeira, destinando-se a corrigir eventual omissão ou inexatidão dos resultados a que esta conduziu. A segunda perícia, evidentemente, é regida pelas disposições estabelecidas para a primeira. A segunda perícia não substitui a primeira, cabendo ao juiz apreciar o valor de uma e de outra.

9.5.7 Inspeção judicial

A *inspeção judicial* é meio de prova que permitindo ao juiz o contato direto com a pessoa ou coisa relativas ao fato discutido no processo.

O juiz, de ofício ou a requerimento da parte, pode, em qualquer fase do processo, inspecionar pessoas ou coisas, a fim de se esclarecer sobre fato que interesse à decisão da causa (art. 481 do CPC).

Ao realizar a inspeção, o juiz pode ser assistido por um ou mais peritos (art. 482 do CPC).

O juiz deve ir ao local onde se encontre a pessoa ou coisa quando: julgar necessário para a melhor verificação ou interpretação dos fatos que deva observar; a coisa não puder ser apresentada em juízo sem consideráveis despesas ou graves dificuldades; determinar a reconstituição dos fatos (art. 483 do CPC).

As partes têm sempre direito a assistir à inspeção judicial, prestando esclarecimentos e fazendo observações que considerem de interesse para a causa.

Uma vez concluída a diligência, o juiz deve determinar que seja lavrado auto circunstanciado, mencionando nele tudo quanto for útil ao julgamento da causa (art. 484 do CPC).

O auto (circunstanciado) pode ser instruído com desenho, gráfico ou fotografia.

Tendo em vista o princípio do contraditório, é possível entender que cabe ao juiz conceder vista do auto circunstanciado, decorrente da inspeção judicial, às partes, para manifestação no prazo assim concedido.

Capítulo **10**

SENTENÇA

10.1 PRONUNCIAMENTOS DO JUIZ

Os *pronunciamentos do juiz* consistem em sentenças, decisões interlocutórias e despachos (art. 203 do CPC).

Ressalvadas as disposições expressas dos procedimentos especiais, *sentença* é o pronunciamento por meio do qual o juiz, com fundamento nos arts. 485 e 487 do CPC, põe fim à fase cognitiva do procedimento comum, bem como extingue a execução.

A extinção do processo é feita por sentença (art. 316 do CPC). Entretanto, nem sempre a sentença extingue o processo, uma vez que depois da fase de conhecimento é possível que aquele continue na fase de cumprimento da sentença (execução). Além disso, após a sentença é possível que haja a interposição de recurso, prosseguindo no mesmo processo.

Portanto, a sentença é o ato decisório do juiz, apto a pôr fim à fase de conhecimento (na primeira instância), resolvendo ou não o mérito, ou a extinguir a execução.

Decisão interlocutória é todo pronunciamento judicial de natureza decisória que não se enquadre na descrição de sentença (art. 203, § 2º, do CPC).

A decisão interlocutória, assim, não põe fim à fase cognitiva do procedimento comum, nem extingue a execução, não decidindo o pedido ou a pretensão em seu todo, mas apenas algum ponto controvertido ou questão incidente no curso do processo.

Despachos, por sua vez, são todos os demais pronunciamentos do juiz praticados no processo, de ofício ou a requerimento da parte (art. 203, § 3º, do CPC).

Os despachos, portanto, são atos processuais sem conteúdo decisório, e que apenas dão andamento ao processo. Segundo o art. 1.001 do CPC, dos despachos não cabe recurso.

Frise-se que os atos meramente ordinatórios, como a juntada e a vista obrigatória, independem de despacho, devendo ser praticados de ofício pelo servidor e revistos pelo juiz quando necessário (art. 203, § 4º, do CPC).

Acórdão é o julgamento colegiado proferido pelos tribunais (art. 204 do CPC).

Os despachos, as decisões, as sentenças e os acórdãos devem ser redigidos, datados e assinados pelos juízes (art. 205 do CPC). Quando esses pronunciamentos forem proferidos oralmente, o servidor os documentará, submetendo-os aos juízes para revisão e assinatura. A assinatura dos juízes, em todos os graus de jurisdição, pode ser feita eletronicamente, na forma da Lei 11.419/2006. Os despachos, as decisões interlocutórias, o dispositivo das sentenças e a ementa dos acórdãos serão publicados no *Diário de Justiça Eletrônico*.

Todas as decisões proferidas pelos órgãos do Poder Judiciário devem ser fundamentadas, sob pena de nulidade (art. 11 do CPC), em observância ao art. 93, inciso IX, da Constituição da República.

O juiz não se exime de decidir sob a alegação de lacuna ou obscuridade do ordenamento jurídico (art. 140 do CPC). Quando a lei for omissa, o juiz deve decidir o caso de acordo com a analogia, os costumes e os princípios gerais de direito (art. 4º da Lei de Introdução às Normas do Direito Brasileiro).

O juiz só pode decidir por equidade nos casos previstos em lei (art. 140, parágrafo único, do CPC). Nos termos do art. 766 da CLT, nos dissídios coletivos sobre estipulação de salários, devem ser estabelecidas condições que, assegurando justos salários aos trabalhadores, permitam também justa retribuição às empresas interessadas.

Se o juiz se convencer, pelas circunstâncias da causa, de que autor e réu se serviram do processo para praticar ato simulado, ou conseguir fim proibido por lei, o juiz deve proferir sentença que impeça os objetivos das partes, aplicando, de ofício, as penalidades da litigância de má-fé (art. 142 do CPC). Nesse caso, cabe ao juiz extinguir o processo sem resolução do mérito, por ausência de interesse processual.

10.2 TIPOS DE SENTENÇA

A *sentença definitiva* é a que acolhe ou rejeita o pedido[1]. O mérito significa, justamente, o pedido formulado, ou seja, a pretensão.

Nos termos do art. 487 do Código de Processo Civil, haverá resolução de mérito quando o juiz: I – acolher ou rejeitar o pedido formulado na ação ou na reconvenção; II – decidir, de ofício ou a requerimento, sobre a ocorrência de decadência ou prescrição; III – homologar: a) o reconhecimento da procedência do pedido formulado na ação ou na reconvenção; b) a transação; c) a renúncia à pretensão formulada na ação ou na reconvenção.

Ressalvada a hipótese do art. 332, § 1º, do CPC (que trata da improcedência liminar do pedido), a prescrição e a decadência não serão reconhecidas sem que antes seja dada às partes oportunidade de se manifestarem.

No processo do trabalho, em se tratando de relação de emprego, tendo em vista o princípio da irrenunciabilidade, há entendimento no sentido de que não seria aplicável, conforme o direito material em discussão, a renúncia pelo empregado.

Ao transitar em julgado a sentença de mérito proferida em favor do réu antes da citação, incumbe ao escrivão ou ao chefe de secretaria comunicar-lhe o resultado do julgamento (art. 241 do CPC).

O juiz resolve o mérito acolhendo ou rejeitando, no todo ou em parte, os pedidos formulados pelas partes (art. 490 do CPC).

A *sentença terminativa* é a que não julga o mérito. Essa modalidade de sentença, além de pôr fim à fase cognitiva, normalmente extingue o processo sem exame do mérito, pois em regra não haverá, nesse caso, fase de cumprimento da sentença (execução). Ainda assim, é possível a interposição de recurso contra a sentença terminativa. Nesse sentido, a extinção do processo dar-se-á por sentença (art. 316 do CPC).

1. Cf. SANTOS, Moacyr Amaral. *Primeiras linhas de direito processual civil*. 15. ed. São Paulo: Saraiva, 1992. v. 1. p. 282.

Antes de proferir decisão sem resolução de mérito, o juiz deve conceder à parte oportunidade para, se possível, corrigir o vício (art. 317 do CPC).

De acordo com o art. 485 do CPC, o juiz não resolverá o mérito quando: I – indeferir a petição inicial; II – o processo ficar parado durante mais de um ano por negligência das partes; III – por não promover os atos e as diligências que lhe incumbir, o autor abandonar a causa por mais de trinta dias; IV – verificar a ausência de pressupostos de constituição e de desenvolvimento válido e regular do processo; V – reconhecer a existência de perempção, de litispendência ou de coisa julgada; VI – verificar ausência de legitimidade ou de interesse processual; VII – acolher a alegação de existência de convenção de arbitragem ou quando o juízo arbitral reconhecer sua competência; VIII – homologar a desistência da ação; IX – em caso de morte da parte, a ação for considerada intransmissível por disposição legal; X – nos demais casos prescritos no Código de Processo Civil.

Cabe ressaltar que, no processo do trabalho, no caso de contrato individual de emprego, a arbitragem é admitida nas hipóteses no art. 507-A da CLT.

Nas hipóteses descritas nos incisos II e III do art. 485 do CPC (quando o processo ficar parado durante mais de um ano por negligência das partes e quando, por não promover os atos e as diligências que lhe competir, o autor abandonar a causa por mais de 30 dias), a parte deve ser intimada pessoalmente para suprir a falta no prazo de cinco dias (art. 485, § 1º, do CPC). No caso do § 1º, quanto ao inciso II do art. 485 do CPC, as partes devem pagar proporcionalmente as custas, e, na hipótese do inciso III, o autor deve ser condenado ao pagamento das despesas e dos honorários de advogado (art. 485, § 2º, do CPC).

Por se tratar de questões de ordem pública, conforme o art. 485, § 3º, do CPC, o juiz deve conhecer de ofício da matéria constante dos incisos IV, V, VI e IX do art. 485 do CPC (ausência de pressupostos processuais; perempção, litispendência e coisa julgada; ausência de condições da ação; morte da parte, sendo a ação intransmissível por disposição legal), em qualquer tempo e grau de jurisdição, enquanto não ocorrer o trânsito em julgado.

Oferecida a contestação, a extinção do processo, por abandono da causa pelo autor, depende de requerimento do réu (art. 485, § 6º, do CPC).

O art. 486, § 3º, do CPC dispõe que, se o autor der causa, por três vezes, a sentença fundada em abandono da causa, não pode propor nova ação contra o réu com o mesmo objeto, ficando-lhe ressalvada, entretanto, a possibilidade de alegar em defesa o seu direito. Quanto à perempção, cf. Capítulo 4, item 4.6.

O art. 317 do CPC determina que, antes de proferir decisão sem resolução de mérito, o juiz deve conceder à parte oportunidade para, se possível, corrigir o vício.

Interposta a apelação (no processo do trabalho, o recurso ordinário) em qualquer dos casos de que tratam os incisos do art. 485 do CPC, o juiz tem cinco dias para se retratar (art. 485, § 7º, do CPC).

O art. 3º, inciso VIII, da Instrução Normativa 39/2016 do TST prevê que se aplica ao processo do trabalho, em face de omissão e de compatibilidade, o art. 485, § 7º, do CPC, sobre juízo de retratação no recurso ordinário.

Oferecida a contestação, ainda que eletronicamente, o reclamante não pode, sem o consentimento do reclamado, desistir da ação (art. 841, § 3º, da CLT, acrescentado pela Lei 13.467/2017).

A desistência da ação pode ser apresentada até a sentença (art. 485, § 5º, do CPC).

O pronunciamento judicial que não resolve o mérito não obsta a que a parte proponha de novo a ação (art. 486 do CPC). No caso de extinção em razão de litispendência e nos casos dos incisos I, IV, VI e VII do art. 485 do CPC (indeferimento da petição inicial, ausência de pressupostos processuais, ausência de legitimidade ou de interesse processual, acolhimento da alegação de existência de convenção de arbitragem ou quando o juízo arbitral reconhecer sua competência), a propositura da nova ação depende da correção do vício que levou à extinção do processo sem resolução do mérito.

Conforme o art. 488 do CPC, desde que possível, o juiz deve resolver o mérito sempre que a decisão for favorável à parte a quem aproveitaria eventual pronunciamento nos termos do art. 485 do CPC (que prevê as hipóteses de ausência de resolução do mérito).

A *sentença individual* é proferida no dissídio individual, isto é, na ação trabalhista individual, envolvendo interesses individualizados e partes determinadas.

A *sentença normativa*, por seu turno, é proferida no dissídio coletivo (arts. 864 e 867 da CLT), o qual tem como objeto interesses gerais e abstratos das categorias envolvidas ou grupos de trabalhadores e empregador ou empregadores. Como os dissídios coletivos são de competência originária dos tribunais do trabalho, a rigor, a denominação deveria ser "acórdão normativo".

A sentença, conforme os seus efeitos preponderantes, pode ser: meramente declaratória, constitutiva, condenatória, mandamental ou executiva *lato sensu*.

A *sentença declaratória* reconhece a existência ou inexistência de relação jurídica, bem como a autenticidade ou falsidade de documento. A sentença que rejeita todo o pedido também tem natureza meramente declaratória, o mesmo ocorrendo, por exemplo, com a sentença que reconhece a existência da relação de emprego.

A *sentença constitutiva* é a que constitui ou desconstitui a relação jurídica. A sentença que acolhe o pedido rescindente na ação rescisória tem natureza constitutiva negativa. Da mesma forma, a sentença que acolhe o pedido de extinção do contrato de trabalho no inquérito (judicial) para apuração de falta grave também tem natureza constitutiva negativa.

A *sentença condenatória* impõe ao réu o cumprimento de obrigação de pagar, entregar coisa, fazer ou não fazer. Se não for cumprido o comando condenatório, autoriza-se a execução do julgado.

A decisão que *condenar* o réu ao pagamento de prestação consistente em dinheiro e a que *determinar* a conversão de prestação de fazer, de não fazer ou de dar coisa em prestação pecuniária valerão como título constitutivo de *hipoteca judiciária* (art. 495 do CPC)[2]. Cf. Capítulo 12, item 12.3.

A *sentença mandamental*, admitida por parte da doutrina, contém ordem ou determinação judicial, a ser cumprida pelo réu, como se observa no mandado de segurança.

O art. 536, § 3º, do CPC, ao tratar do cumprimento da sentença que reconhece a exigibilidade de obrigação de fazer ou de não fazer, prevê que o executado incide nas

---

2. "Hipoteca judiciária. Aplicação ao processo do trabalho. A hipoteca judiciária é efeito da sentença condenatória proferida, estatuída em lei, não havendo que se falar em impossibilidade de sua aplicação na Justiça do Trabalho, ainda quando concedida de ofício pelo julgador. Assim, esse instituto é plenamente aplicável ao Processo Trabalhista, à luz do art. 769 da CLT, ante a compatibilidade com as regras do Texto Consolidado. Precedentes. Óbice da Súmula 333/TST. Recurso de revista não conhecido" (TST, 2ª T., RR-10486-76.2015.5.08.0129, Rel. Min. Maria Helena Mallmann, DEJT 26.02.2021).

penas de litigância de má-fé quando injustificadamente descumprir a ordem judicial, sem prejuízo de sua responsabilização por crime de desobediência.

A sentença executiva *lato sensu*, também admitida por parte da doutrina, além de condenar o réu, admite que o cumprimento da obrigação, com a satisfação do direito do autor, ocorra no mesmo processo, o qual possui natureza sincrética.

10.3 ORDEM CRONOLÓGICA PREFERENCIAL PARA PROFERIR SENTENÇAS E ACÓRDÃOS

As sentenças e os acórdãos devem ser proferidos segundo uma ordem própria, para que nenhum processo, sem motivo justificável, demore mais do que os demais para ser solucionado.

O art. 12 do CPC, com redação dada pela Lei 13.256/2016, determina que os juízes e os tribunais devem atender, *preferencialmente*, à *ordem cronológica de conclusão para proferir sentença ou acórdão*.

A lista de processos aptos a julgamento deve estar permanentemente à disposição para consulta pública em cartório e na rede mundial de computadores (art. 12, § 1º, do CPC).

Estão excluídos dessa regra de obediência à ordem cronológica: I – as sentenças proferidas em audiência, homologatórias de acordo ou de improcedência liminar do pedido; II – o julgamento de processos em bloco para aplicação de tese jurídica firmada em julgamento de casos repetitivos; III – o julgamento de recursos repetitivos ou de incidente de resolução de demandas repetitivas; IV – as decisões proferidas com base nos arts. 485 (que trata da sentença que extingue o processo sem resolução do mérito) e 932 (que trata das atribuições do relator) do CPC; V – o julgamento de embargos de declaração; VI – o julgamento de agravo interno; VII – *as preferências legais* e as metas estabelecidas pelo Conselho Nacional de Justiça; VIII – os processos criminais, nos órgãos jurisdicionais que tenham competência penal; IX – a causa que exija urgência no julgamento, assim reconhecida por decisão fundamentada (art. 12, § 2º, do CPC).

A respeito das preferências legais, devem ter prioridade de tramitação em qualquer juízo ou tribunal os procedimentos judiciais: I – em que figure como parte ou interessado *pessoa com idade igual ou superior a sessenta anos ou portadora de doença grave*, assim compreendida qualquer das enumeradas no art. 6º, inciso XIV, da Lei 7.713/1988[3]; II – regulados pela Lei 8.069/1990, que dispõe sobre a proteção integral à criança e ao adolescente; III – em que figure como parte a vítima de violência doméstica e familiar, nos termos da Lei 11.340/2006; IV – em que se discuta a aplicação do disposto nas normas gerais de licitação e contratação a que se refere o art. 22, inciso XXVII, da Constituição Federal de 1988 (art. 1.048 do CPC).

A Lei 13.146/2015 (Estatuto da Pessoa com Deficiência), no art. 9º, inciso VII, prevê que a *pessoa com deficiência* tem direito a receber *atendimento prioritário*, sobretudo com a finalidade de *tramitação processual e procedimentos judiciais e administrativos em que for parte ou interessada, em todos os atos e diligências.*

---

3. "[...] portadores de moléstia profissional, tuberculose ativa, alienação mental, esclerose múltipla, neoplasia maligna, cegueira, hanseníase, paralisia irreversível e incapacitante, cardiopatia grave, doença de Parkinson, espondiloartrose anquilosante, nefropatia grave, hepatopatia grave, estados avançados da doença de *Paget* (osteíte deformante), contaminação por radiação, síndrome da imunodeficiência adquirida [...]".

O *incidente de resolução de demandas repetitivas* deve ser julgado no prazo de um ano e ter preferência sobre os demais feitos, ressalvados os que envolvam réu preso e os pedidos de *habeas corpus* (art. 980 do CPC).

O recurso extraordinário, de competência do STF, que tiver a *repercussão geral* reconhecida, deve ser julgado no prazo de um ano e terá preferência sobre os demais feitos, ressalvados os que envolvam réu preso e os pedidos de *habeas corpus* (art. 1.035, § 9º, do CPC).

No julgamento dos recursos extraordinário e especial (no processo do trabalho, recurso de revista) *repetitivos*, os recursos afetados devem ser julgados no prazo de um ano e devem ter preferência sobre os demais feitos, ressalvados os que envolvam réu preso e os pedidos de *habeas corpus* (art. 1.037, § 4º, do CPC).

Ainda a respeito do julgamento dos recursos extraordinário e especial (no processo do trabalho, recurso de revista) *repetitivos*, quanto ao recurso representativo da controvérsia, transcorrido o prazo para o Ministério Público e remetida cópia do relatório aos demais ministros, haverá inclusão em pauta, devendo ocorrer o julgamento com preferência sobre os demais feitos, ressalvados os que envolvam réu preso e os pedidos de *habeas corpus* (art. 1.038, § 2º, do CPC).

Após a elaboração de lista própria, deve-se respeitar a ordem cronológica das conclusões entre as preferências legais (art. 12, § 3º, do CPC).

Depois da inclusão do processo na lista de que trata o § 1º do art. 12 do CPC, o requerimento formulado pela parte não altera a ordem cronológica para a decisão, exceto quando implicar a reabertura da instrução ou a conversão do julgamento em diligência (art. 12, § 4º, do CPC). Decidido esse requerimento, o processo deve retornar à mesma posição em que anteriormente se encontrava na lista (art. 12, § 5º, do CPC).

Deve ocupar o primeiro lugar na lista prevista no § 1º do art. 12 do CPC ou, conforme o caso, no § 3º do art. 12 do CPC o processo: I – que tiver sua sentença ou acórdão anulado, salvo quando houver necessidade de realização de diligência ou de complementação da instrução; II – que se enquadrar na hipótese do art. 1.040, inciso II, do CPC, sobre recursos extraordinário e especial (no processo do trabalho, recurso de revista) repetitivos[4].

Em harmonia com o exposto, o art. 153 do CPC, com redação dada pela Lei 13.256/2016, determina que o escrivão ou o chefe de secretaria (no processo do trabalho, o diretor de secretaria) também deve atender, *preferencialmente*, à *ordem cronológica de recebimento* para publicação e efetivação dos pronunciamentos judiciais.

A lista de processos recebidos deve ser disponibilizada, de forma permanente, para consulta pública.

Estão excluídos da regra de ordem cronológica de recebimento para publicação e efetivação dos pronunciamentos judiciais: I – os atos urgentes, assim reconhecidos pelo juiz no pronunciamento judicial a ser efetivado; II – as preferências legais.

Depois da elaboração de lista própria, deve-se respeitar a ordem cronológica de recebimento entre os atos urgentes e as preferências legais.

4. "Art. 1.040. Publicado o acórdão paradigma: [...] II – o órgão que proferiu o acórdão recorrido, na origem, reexaminará o processo de competência originária, a remessa necessária ou o recurso anteriormente julgado, se o acórdão recorrido contrariar a orientação do tribunal superior".

A parte que se considerar preterida na ordem cronológica pode reclamar, nos próprios autos, ao juiz do processo, que deve requisitar informações ao servidor, a serem prestadas no prazo de dois dias.

Constatada a preterição, o juiz deve determinar o imediato cumprimento do ato e a instauração de processo administrativo disciplinar contra o servidor.

10.4 JULGAMENTO ANTECIPADO DO MÉRITO

Nos termos do art. 355 do CPC, o juiz deve julgar antecipadamente o pedido, proferindo sentença com resolução de mérito, quando: não houver necessidade de produção de outras provas; o réu for revel, ocorrer o efeito previsto no art. 344 do CPC (presunção de veracidade das alegações de fato formuladas pelo autor) e não houver requerimento de prova, na forma do art. 349 do CPC (que trata da produção de provas pelo réu revel, contrapostas às alegações do autor, desde que se faça representar nos autos a tempo de praticar os atos processuais indispensáveis a essa produção).

Além disso, o juiz deve decidir *parcialmente* o mérito quando um ou mais dos pedidos formulados ou parcela deles: mostrar-se incontroverso; estiver em condições de imediato julgamento, nos termos do art. 355 do CPC, que trata do julgamento antecipado do mérito (art. 356 do CPC).

A decisão que julgar parcialmente o mérito pode reconhecer a existência de obrigação líquida ou ilíquida (art. 356, § 1º, do CPC).

A parte pode liquidar ou executar, desde logo, a obrigação reconhecida na decisão que julgar parcialmente o mérito, independentemente de caução, ainda que haja recurso contra ela interposto (art. 356, § 2º, do CPC). Se houver trânsito em julgado da decisão, a execução deve ser definitiva (art. 356, § 3º, do CPC). A liquidação e o cumprimento da decisão que julgar parcialmente o mérito podem ser processados em autos suplementares, a requerimento da parte ou a critério do juiz (art. 356, § 4º, do CPC).

No processo do trabalho, seria possível entender que o julgamento antecipado parcial do mérito, por ter natureza de decisão interlocutória, não seria impugnável de forma imediata por meio de recurso, o qual é cabível apenas contra a decisão definitiva, ou seja, a sentença (art. 893, § 1º, da CLT). Não obstante, o art. 5º da Instrução Normativa 39/2016 do TST dispõe que se aplicam ao processo do trabalho as normas do art. 356, §§ 1º a 4º, do CPC, que regem o julgamento antecipado parcial do mérito, *cabendo recurso ordinário de imediato da sentença.*

O Ato Conjunto 3/2020 da Presidência do Tribunal Superior do Trabalho e do Conselho Superior da Justiça do Trabalho e da Corregedoria-Geral da Justiça do Trabalho dispõe sobre o processamento dos feitos, no primeiro grau de jurisdição, nos casos de decisão parcial de mérito e dá outras providências.

O juiz decidirá parcialmente o mérito nas hipóteses do art. 356 do CPC (art. 1º do Ato Conjunto 3/2020). Cabe recurso ordinário da decisão que julgar parcialmente o mérito, aplicando-se as regras relativas ao depósito recursal e ao pagamento das custas processuais (art. 2º). Além disso, cabe agravo de instrumento da decisão que denegar seguimento ao recurso ordinário (art. 3º).

Em caso de reforma ou anulação da decisão parcial de mérito, com determinação de novo julgamento, o juiz deve proferir a nova decisão no prazo de 10 dias, nos termos do art. 226, inciso II, do CPC (art. 6º).

Interposto recurso contra a decisão parcial de mérito, a parte pode promover a execução provisória, na forma do art. 356, § 2º, do CPC, nos limites do art. 899, *caput*, da CLT, ou seja, até a penhora (art. 9º). Não havendo recurso da decisão que julgou parcialmente o mérito, a execução será definitiva e pode ser promovida em autos suplementares, nos termos do art. 356, §§ 3º e 4º, do CPC (art. 11). Esclareça-se que é competente para promover a execução, tanto provisória quanto definitiva, oriunda de decisão parcial de mérito, o juízo prolator da decisão exequenda (art. 12 do Ato Conjunto 3/2020).

10.5 IMPROCEDÊNCIA LIMINAR DO PEDIDO

A respeito do tema, remete-se o leitor ao Capítulo 6, item 6.9.

10.6 REQUISITOS DA SENTENÇA

O art. 832 da CLT dispõe que na decisão devem constar o nome das partes, o resumo do pedido e da defesa, a apreciação das provas, os fundamentos da decisão e a respectiva conclusão.

O art. 489 do CPC estabelece que são elementos essenciais da sentença: o relatório, que conterá os nomes das partes, a identificação do caso, com a suma do pedido e da contestação, bem como o registro das principais ocorrências havidas no andamento do processo; os fundamentos, em que o juiz analisará as questões de fato e de direito; o dispositivo, em que o juiz resolverá as questões principais que as partes lhe submeterem.

No procedimento sumaríssimo, o relatório é dispensado (art. 852-I, *caput*, da CLT).

A fundamentação deve conter a apreciação das provas produzidas, os fundamentos de fato e de direito adotados pelo juiz, por meio de argumentação e motivação, a análise das questões de fato e de direito, inclusive as preliminares, as prejudiciais e as questões de mérito.

É importante destacar que *não se considera fundamentada qualquer decisão judicial, seja ela interlocutória, sentença ou acórdão*, que: I – limitar-se à indicação, à reprodução ou à paráfrase de ato normativo, sem explicar sua relação com a causa ou a questão decidida; II – empregar conceitos jurídicos indeterminados, sem explicar o motivo concreto de sua incidência no caso; III – invocar motivos que se prestariam a justificar qualquer outra decisão; IV – não enfrentar todos os argumentos deduzidos no processo capazes de, em tese, infirmar a conclusão adotada pelo julgador; V – limitar-se a invocar precedente ou enunciado de súmula, sem identificar seus fundamentos determinantes nem demonstrar que o caso sob julgamento se ajusta àqueles fundamentos; VI – deixar de seguir enunciado de súmula, jurisprudência ou precedente invocado pela parte, sem demonstrar a existência de distinção no caso em julgamento ou a superação do entendimento (art. 489, § 1º, do CPC).

O art. 15 da Instrução Normativa 39/2016 do TST explicita que o atendimento à exigência legal de fundamentação das decisões judiciais (CPC, art. 489, § 1º, do CPC) no processo do trabalho deve observar o seguinte: I – por força dos arts. 332 e 927 do CPC, adaptados ao processo do trabalho, para efeito dos incisos V e VI do § 1º do art. 489 considera-se "precedente" apenas: a) acórdão proferido pelo Supremo Tribunal Federal ou pelo Tribunal Superior do Trabalho em julgamento de recursos repetitivos (CLT, art. 896-B; CPC, art. 1046, § 4º); b) entendimento firmado em incidente de resolução de demandas repetitivas ou de assunção de competência; c) decisão do Supremo Tribunal Federal em controle concentrado de constitucionalidade; d) tese jurídica prevalecente em Tribunal Regional do Trabalho e não conflitante com súmula ou orientação jurisprudencial do Tribunal Superior do Trabalho; e) decisão do plenário, do órgão especial ou de seção especializada competente para uniformizar a jurisprudência do tribunal a que o juiz estiver vinculado ou do Tribunal Superior do Trabalho. II – para os fins do art. 489, § 1º, incisos V e VI do CPC, considerar-se-ão unicamente os precedentes referidos no item anterior, súmulas do Supremo Tribunal Federal, orientação jurisprudencial e súmula do Tribunal Superior do Trabalho, súmula de Tribunal Regional do Trabalho não conflitante com súmula ou orientação jurisprudencial do TST, que contenham explícita referência aos fundamentos determinantes da decisão (*ratio decidendi*). III – não ofende o art. 489, § 1º, inciso IV do CPC a decisão que deixar de apreciar questões cujo exame haja ficado prejudicado em razão da análise anterior de questão subordinante. IV – o art. 489, § 1º, IV, do CPC não obriga o juiz ou o Tribunal a enfrentar os fundamentos jurídicos invocados pela parte, quando já tenham sido examinados na formação dos precedentes obrigatórios ou nos fundamentos determinantes de enunciado de súmula. V – decisão que aplica a tese jurídica firmada em precedente, nos termos do item I, não precisa enfrentar os fundamentos já analisados na decisão paradigma, sendo suficiente, para fins de atendimento das exigências constantes no art. 489, § 1º, do CPC, a correlação fática e jurídica entre o caso concreto e aquele apreciado no incidente de solução concentrada. VI – é ônus da parte, para os fins do disposto no art. 489, § 1º, V e VI, do CPC, identificar os fundamentos determinantes ou demonstrar a existência de distinção no caso em julgamento ou a superação do entendimento, sempre que invocar precedente ou enunciado de súmula.

No caso de colisão entre normas (princípios), o juiz deve justificar o objeto e os critérios gerais da ponderação efetuada, enunciando as razões que autorizam a interferência na norma afastada e as premissas fáticas que fundamentam a conclusão (art. 489, § 2º, do CPC).

O art. 3º, inciso IX, da Instrução Normativa 39/2016 do TST prevê que se aplica ao processo do trabalho, em face de omissão e de compatibilidade, o art. 489 do CPC, sobre fundamentação da sentença.

Ressalte-se que todas as decisões do Poder Judiciário devem ser fundamentadas, sob pena de nulidade (art. 93, inciso IX, da Constituição da República e art. 11 do CPC).

Nos termos do art. 20 da Lei de Introdução às Normas do Direito Brasileiro, incluído pela Lei 13.655/2018, nas esferas administrativa, controladora e judicial, não se deve decidir com base em valores jurídicos abstratos sem que sejam consideradas as consequências práticas da decisão.

Consideram-se *valores jurídicos abstratos* aqueles previstos em normas jurídicas com alto grau de indeterminação e abstração (art. 3º, § 1º, do Decreto 9.830/2019).

A motivação deve demonstrar a necessidade e a adequação da medida imposta ou da invalidação de ato, contrato, ajuste, processo ou norma administrativa, inclusive em face das possíveis alternativas (art. 20, parágrafo único, da Lei de Introdução às Normas do Direito Brasileiro).

A decisão deve ser *motivada* com a contextualização dos fatos, quando cabível, e com a indicação dos fundamentos de mérito e jurídicos (art. 2º do Decreto 9.830/2019).

A *motivação da decisão* deve conter os seus fundamentos e apresentará a congruência entre as normas e os fatos que a embasaram, de forma argumentativa. A motivação indicará as normas, a interpretação jurídica, a jurisprudência ou a doutrina que a embasaram. A motivação pode ser constituída por declaração de concordância com o conteúdo de notas técnicas, pareceres, informações, decisões ou propostas que precederam a decisão (art. 2º, §§ 1º a 3º, do Decreto 9.830/2019).

A decisão que, nas esferas administrativa, controladora ou judicial, decretar a invalidação de ato, contrato, ajuste, processo ou norma administrativa deve indicar de modo expresso suas consequências jurídicas e administrativas (art. 21 da Lei de Introdução às Normas do Direito Brasileiro, acrescentado pela Lei 13.655/2018). A decisão mencionada deve, quando for o caso, indicar as condições para que a regularização ocorra de modo proporcional e equânime e sem prejuízo aos interesses gerais, não se podendo impor aos sujeitos atingidos ônus ou perdas que, em função das peculiaridades do caso, sejam anormais ou excessivos.

A decisão do processo, nas esferas administrativa, controladora ou judicial, pode impor compensação por benefícios indevidos ou prejuízos anormais ou injustos resultantes do processo ou da conduta dos envolvidos (art. 27 da Lei de Introdução às Normas do Direito Brasileiro, incluído pela Lei 13.655/2018). A decisão sobre a compensação deve ser motivada, ouvidas previamente as partes sobre seu cabimento, sua forma e, se for o caso, seu valor. Para prevenir ou regular a compensação, pode ser celebrado compromisso processual entre os envolvidos.

O dispositivo ou conclusão deve ser direto e especificar os pedidos acolhidos, a eventual prescrição reconhecida, a compensação que tiver sido deferida, os juros e correção monetária, o valor da condenação, a forma de liquidação, a fixação e condenação em custas, honorários advocatícios e despesas processuais, o eventual deferimento de justiça gratuita, os descontos de imposto de renda e de contribuição previdenciária, outras determinações, como a expedição de ofícios, a forma de ciência ou de intimação das partes.

De acordo com o art. 1º da Recomendação 4/2018 da Corregedoria-Geral da Justiça do Trabalho, os juízes do trabalho, sempre que possível, proferirão sentenças condenatórias líquidas, fixando os valores relativos a cada um dos pedidos acolhidos, indicando o termo inicial e os critérios para correção monetária e juros de mora, além de determinar o prazo e as condições para o seu cumprimento (art. 832, § 1º, da CLT).

Sendo líquida a sentença, eventual interposição de recursos devolve à instância recursal a apreciação integral de seu conteúdo, inclusive os valores fixados pela decisão, observados os limites e pressupostos de admissibilidade do recurso interposto.

Transitada em julgado a sentença líquida, não pode haver modificação ou inovação nas fases subsequentes do processo, não sendo possível discutir qualquer matéria, inclusive os cálculos. Verificado o trânsito em julgado de decisão condenatória proferida contra a Fazenda Pública, a prolação de sentença líquida não dispensa a necessidade de intimação da reclamada, para os fins do art. 535 do CPC.

Conforme o art. 2º da Recomendação 4/2018 da Corregedoria-Geral da Justiça do Trabalho, no exame dos recursos interpostos a sentenças líquidas, o relator, sempre que possível, deve adotar o mesmo procedimento previsto no art. 1º da Recomendação 4/2018. Havendo modificação de sentença proferida de forma líquida na origem, o relator deve determinar o ajuste das contas.

Quando necessário, o juiz atribuirá a elaboração dos cálculos da sentença, preferencialmente, aos calculistas das unidades jurisdicionais correspondentes (art. 3º da Recomendação 4/2018 da Corregedoria-Geral da Justiça do Trabalho). Havendo instituição de contadoria centralizada, os processos destinados à liquidação para prolação da sentença serão a ela remetidos, nos termos de regulamentação própria, expedida pelo órgão competente do TRT.

Em caráter estritamente excepcional, na hipótese de inexistência ou impossibilidade da utilização dos serviços de calculista em atividade na unidade ou contadoria centralizada ou, ainda, em casos de excesso de demanda ou complexidade dos cálculos, o juiz pode nomear perito judicial, nos termos do art. 156 do CPC, fixando os honorários a cargo da parte reclamada (art. 4º da Recomendação 4/2018 da Corregedoria-Geral da Justiça do Trabalho). Na hipótese do ajuste de contas, o auxiliar designado para a liquidação da sentença promoverá a adequação dos cálculos, sem fixação de honorários complementares.

Os cálculos dos títulos condenatórios das sentenças integrarão a decisão, para todos os fins, de modo que as partes e julgadores possam ter amplo acesso às fórmulas empregadas na liquidação, sem prejuízo de apontamentos e notas explicativas (art. 6º da Recomendação 4/2018 da Corregedoria-Geral da Justiça do Trabalho).

A decisão judicial deve ser interpretada a partir da conjugação de todos os seus elementos e em conformidade com o princípio da boa-fé (art. 489, § 3º, do CPC). A boa-fé, no caso, é a de natureza objetiva, considerando-se a lealdade e a probidade, as quais devem nortear as condutas nas relações em sociedade.

Especificamente quanto às contribuições previdenciárias, o art. 832, § 3º, da CLT estabelece que as decisões cognitivas (ou homologatórias) devem sempre indicar a natureza jurídica das parcelas constantes da condenação (ou do acordo homologado), inclusive o limite de responsabilidade de cada parte pelo recolhimento da contribuição previdenciária, se for o caso.

A Lei 8.212/1991, no art. 43, § 1º, com redação dada pela Lei 11.941/2009, determina que nas sentenças judiciais (ou nos acordos homologados) em que não figurarem, discriminadamente, as parcelas legais relativas às contribuições sociais, estas incidirão sobre o valor total apurado em liquidação de sentença ou sobre o valor do acordo homologado.

A respeito dos descontos de contribuições previdenciárias decorrentes de sentenças judiciais ou nos acordos homologados, a Lei 8.212/1991, no art. 43, § 2º, prevê que se considera ocorrido o fato gerador das contribuições sociais na data da prestação do serviço.

O TST decidiu que a correção monetária e os juros de mora das contribuições previdenciárias, mesmo se decorrentes de decisão judicial trabalhista, devem incidir a partir da data da prestação de serviços, em razão do previsto no art. 43, § 2º, da Lei 8.212/1991. A multa, não obstante, só é devida a partir da citação para o pagamento, após a liquidação dos créditos previdenciários (Pleno, E-RR 1125-36.2010.5.06.0171, Rel. Min. Alexandre de Souza Agra Belmonte, DEJT 15.12.2015).

A Lei 8.212/1991, no art. 43, § 3º, estabelece ainda que as "contribuições sociais serão apuradas mês a mês, com referência ao período da prestação de serviços, mediante a aplicação de alíquotas, limites máximos do salário de contribuição e acréscimos legais moratórios vigentes relativamente a cada uma das competências abrangidas, devendo o recolhimento ser efetuado no mesmo prazo em que devam ser pagos os créditos encontrados em liquidação de sentença ou em acordo homologado, sendo que nesse último caso o recolhimento será feito em tantas parcelas quantas as previstas no acordo, nas mesmas datas em que sejam exigíveis e proporcionalmente a cada uma delas".

No caso de reconhecimento judicial da prestação de serviços em condições que permitam a aposentadoria especial após 15, 20 ou 25 anos de contribuição, serão devidos os acréscimos de contribuição de que trata o § 6º do art. 57 da Lei 8.213/1991 (Lei 8.212/1991, art. 43, § 4º).

Ainda quanto ao tema, conforme a Súmula 368 do TST:

> "Descontos previdenciários. Imposto de renda. Competência. Responsabilidade pelo recolhimento. Forma de cálculo. Fato gerador. I – A Justiça do Trabalho é competente para

determinar o recolhimento das contribuições fiscais. A competência da Justiça do Trabalho, quanto à execução das contribuições previdenciárias, limita-se às sentenças condenatórias em pecúnia que proferir e aos valores, objeto de acordo homologado, que integrem o salário de contribuição. II – É do empregador a responsabilidade pelo recolhimento das contribuições previdenciárias e fiscais, resultantes de crédito do empregado oriundo de condenação judicial. A culpa do empregador pelo inadimplemento das verbas remuneratórias, contudo, não exime a responsabilidade do empregado pelos pagamentos do imposto de renda devido e da contribuição previdenciária que recaia sobre sua quota-parte. III – Os descontos previdenciários relativos à contribuição do empregado, no caso de ações trabalhistas, devem ser calculados mês a mês, de conformidade com o art. 276, § 4º, do Decreto nº 3.048/1999 que regulamentou a Lei nº 8.212/1991, aplicando-se as alíquotas previstas no art. 198, observado o limite máximo do salário de contribuição. IV – Considera-se fato gerador das contribuições previdenciárias decorrentes de créditos trabalhistas reconhecidos ou homologados em juízo, para os serviços prestados até 4.3.2009, inclusive, o efetivo pagamento das verbas, configurando-se a mora a partir do dia dois do mês seguinte ao da liquidação (art. 276, 'caput', do Decreto nº 3.048/1999). Eficácia não retroativa da alteração legislativa promovida pela Medida Provisória nº 449/2008, posteriormente convertida na Lei nº 11.941/2009, que deu nova redação ao art. 43 da Lei nº 8.212/91. V – Para o labor realizado a partir de 5.3.2009, considera-se fato gerador das contribuições previdenciárias decorrentes de créditos trabalhistas reconhecidos ou homologados em juízo a data da efetiva prestação dos serviços. Sobre as contribuições previdenciárias não recolhidas a partir da prestação dos serviços incidem juros de mora e, uma vez apurados os créditos previdenciários, aplica-se multa a partir do exaurimento do prazo de citação para pagamento, se descumprida a obrigação, observado o limite legal de 20% (art. 61, § 2º, da Lei nº 9.460/96). VI – O imposto de renda decorrente de crédito do empregado recebido acumuladamente deve ser calculado sobre o montante dos rendimentos pagos, mediante a utilização de tabela progressiva resultante da multiplicação da quantidade de meses a que se refiram os rendimentos pelos valores constantes da tabela progressiva mensal correspondente ao mês do recebimento ou crédito, nos termos do art. 12-A da Lei nº 7.713, de 22/12/1988, com a redação conferida pela Lei nº 13.149/2015, observado o procedimento previsto nas Instruções Normativas da Receita Federal do Brasil".

Especificamente quanto à forma de desconto do imposto de renda, nos termos do art. 12-A da Lei 7.713/1988, com redação dada pela Lei 13.149/2015: "Os rendimentos recebidos acumuladamente e submetidos à incidência do imposto sobre a renda com base na tabela progressiva, quando correspondentes a anos-calendário anteriores ao do recebimento, serão tributados exclusivamente na fonte, no mês do recebimento ou crédito, em separado dos demais rendimentos recebidos no mês".

O imposto será retido pela pessoa física ou jurídica obrigada ao pagamento ou pela instituição financeira depositária do crédito e calculado sobre o montante dos rendimentos pagos, *mediante a utilização de tabela progressiva resultante da multiplicação da quantidade de meses a que se refiram os rendimentos pelos valores constantes da tabela progressiva mensal correspondente ao mês do recebimento ou crédito*. Podem ser excluídas as despesas, relativas ao montante dos rendimentos tributáveis, com ação judicial necessárias ao seu recebimento, inclusive de advogados, se tiverem sido pagas pelo contribuinte, sem indenização. A base de cálculo será determinada mediante a dedução das seguintes despesas relativas ao montante dos rendimentos tributáveis: I – importâncias pagas em dinheiro a título de pensão alimentícia em face das normas do Direito de Família, quando em cumprimento de decisão judicial, de acordo homologado judicialmente ou de separação ou divórcio consensual realizado por escritura pública; e II – contribuições para a Previdência Social da União, dos Estados, do Distrito Federal e dos Municípios (art. 12-A, §§ 1º, 2º e 3º, da Lei 7.713/1988).

Quando a decisão concluir pelo acolhimento do pedido, também deve determinar o prazo e as condições para o seu cumprimento (art. 832, § 1º, da CLT).

A decisão sempre deve mencionar as custas a serem pagas pela parte vencida (art. 832, § 2º, da CLT), exceto se estiver isenta do seu pagamento, como em razão de justiça gratuita (art. 790-A da CLT).

O juiz deve decidir o mérito nos limites propostos pelas partes, sendo-lhe vedado conhecer de questões não suscitadas a cujo respeito a lei exige iniciativa da parte (art. 141 do CPC).

O juiz deve observar, assim, o que o autor alegou na petição inicial e o réu na contestação, a qual pode abranger defesa e reconvenção (art. 334 do CPC). Há matérias, entretanto, que o juiz deve conhecer de ofício, por serem consideradas de ordem pública, como as condições da ação e os pressupostos processuais (arts. 337, § 5º, e 485, § 3º, do CPC).

Na ação relativa à obrigação de pagar quantia, ainda que formulado pedido genérico, a decisão deve definir desde logo a extensão da obrigação, o índice de correção monetária, a taxa de juros, o termo inicial de ambos e a periodicidade da capitalização dos juros, se for o caso, salvo quando: não for possível determinar, de modo definitivo, o montante devido; a apuração do valor devido depender da produção de prova de realização demorada ou excessivamente dispendiosa, assim reconhecida na sentença (art. 491 do CPC). Nesses casos excepcionais, portanto, deve-se seguir a apuração do valor devido por liquidação. Frise-se que essa previsão do art. 491 do CPC também se aplica quando o acórdão alterar a sentença.

É vedado ao juiz proferir decisão de natureza diversa da pedida, bem como condenar a parte em quantidade superior ou em objeto diverso do que lhe foi demandado (art. 492 do CPC). A decisão deve ser certa, ainda que resolva relação jurídica condicional.

Portanto, se não houver a postulação de tutela jurisdicional pelo autor, ao juiz é proibido concedê-la de ofício, a não ser em hipóteses excepcionais, previstas em lei. É vedado, portanto, o julgamento *extra petita*, ou seja, de pedido que não foi formulado pelo autor, bem como *ultra petita*, decidindo além do que foi postulado.

A sentença *citra petita*, isto é, que não decide todos os pedidos formulados, também é considerada nula, mas o vício pode ser corrigido por meio da oposição de embargos de declaração.

Registre-se o entendimento "no sentido de que a parte autora, ao formular pedidos com valores líquidos na petição inicial, sem registrar qualquer ressalva, limita a condenação a tais parâmetros, por expressa dicção do art. 492 do CPC" (TST, SBDI-I, E-ARR-10472-61.2015.5.18.0211, Rel. Min. Walmir Oliveira da Costa, DEJT 29.05.2020).

Com as alterações decorrentes da Lei 13.467/2017, entende-se que os valores constantes nos pedidos apresentados de forma líquida na petição inicial da ação trabalhista devem ser considerados como mera estimativa, não limitando a condenação, conforme Instrução Normativa 41/2018 do TST e art. 840, § 1º, da CLT, com fundamento nos princípios constitucionais que regem o processo do trabalho, em especial nos princípios do amplo acesso à jurisdição (art. 5º, inciso XXXV, da CF/1988), da dignidade da pessoa humana (art. 1º, inciso III, da CF/1988) e da proteção social do trabalho (art. 1º, inciso IV, da CF/1988). Cf. TST, SBDI-I, Emb-RR-555-36.2021.5.09.0024, Rel. Min. Alberto Bastos Balazeiro, DEJT 07.12.2023.

Se, depois da propositura da ação, algum fato constitutivo, modificativo ou extintivo do direito influir no julgamento do mérito, cabe ao juiz tomá-lo em consideração, de ofício ou a requerimento da parte, no momento de proferir a decisão (art. 493 do

CPC). Em respeito ao contraditório, para que sejam evitados *julgamentos surpresa*, se constatar de ofício o fato novo, o juiz deve ouvir as partes sobre ele antes de decidir.

O art. 493 do CPC, que admite a invocação de fato constitutivo, modificativo ou extintivo do direito, superveniente à propositura da ação, é aplicável de ofício aos processos em curso em qualquer instância trabalhista. Cumpre ao juiz ou tribunal ouvir as partes sobre o fato novo antes de decidir (Súmula 394 do TST).

Publicada a sentença, o juiz só pode alterá-la: para lhe corrigir, de ofício ou a requerimento da parte, inexatidões materiais ou erros de cálculo; por meio de embargos de declaração (art. 494 do CPC). Com a sentença, assim, o juiz, em regra, encerra o seu ofício jurisdicional quanto à fase de conhecimento na primeira instância.

No processo do trabalho, a sentença é ato processual proferido em audiência, una ou de julgamento.

O art. 834 da CLT dispõe que a publicação das decisões e sua notificação aos litigantes, ou a seus patronos, consideram-se realizadas nas próprias audiências em que forem proferidas. Isso é confirmado pelo art. 851, *caput*, da CLT, ao prever que os trâmites da instrução e do julgamento devem ser resumidos em ata, da qual deve constar, na íntegra, a decisão.

O art. 851, § 2º, da CLT dispõe que a ata deve ser juntada aos autos do processo, devidamente assinada pelo juiz, no prazo improrrogável de 48 horas, contado da audiência de julgamento.

No sistema de audiência una, adotado pela CLT, se o juiz proferir a sentença na própria audiência, a respectiva ata deve ser juntada aos autos no prazo máximo de 48 horas. Segundo o art. 852 da CLT, da decisão os litigantes devem ser notificados, pessoalmente, ou por seu representante, na própria audiência. No procedimento sumaríssimo, o art. 852-I, § 3º, da CLT reitera que as partes devem ser intimadas da sentença *na própria audiência em que proferida*.

No processo do trabalho, em caso de revelia (art. 852, segunda parte, da CLT), a notificação do réu, quanto à sentença, deve ser feita na forma do § 1º do art. 841 da CLT, isto é, por meio de registro postal com franquia. Se o reclamado criar embaraços ao seu recebimento ou não for encontrado, a intimação deve ser feita por edital, inserido no jornal oficial ou no que publicar o expediente forense, ou, na falta, afixado na sede do Juízo.

Não obstante, nem sempre a sentença é proferida na própria audiência (una ou de instrução), sendo comum a designação de audiência de julgamento, mesmo em caso de procedimento sumaríssimo, em razão da complexidade das questões a serem examinadas, ou para evitar atraso na realização das audiências seguintes, constantes da pauta do dia. Nesse caso, deve-se verificar a forma em que se definiu a respeito da ciência das partes quanto à sentença a ser proferida.

A Súmula 197 do TST prevê que o "prazo para recurso da parte que, intimada, não comparecer à audiência em prosseguimento para a prolação da sentença conta-se de sua publicação".

Cabe ressaltar que o Ministério Público do Trabalho tem a prerrogativa da intimação pessoal dos atos processuais, inclusive da sentença, mediante a remessa dos autos (Lei Complementar 75/1993, art. 18, inciso II, *h*).

No processo eletrônico, as citações, intimações, notificações e remessas que viabilizem o acesso à íntegra do processo correspondente são consideradas vista pessoal do interessado para todos os efeitos legais (art. 9º, § 1º, da Lei 11.419/2006). A intimação pessoal, assim, deve ser feita por carga, remessa ou meio eletrônico (art. 180, *caput*, c/c art. 183, § 1º, do CPC).

Outra situação possível é aquela em que o juiz designa a audiência de julgamento, mas faz constar expressamente que as partes serão intimadas da sentença a ser proferida. Nesse caso, a ciência das partes quanto à sentença apenas ocorre quando dessa intimação. Se as partes estão representadas por advogados, e há jornal oficial na localidade, essa intimação pode ocorrer por meio dessa publicação.

Quando não tiver constado da ata de audiência a data de julgamento (*sine die*, prática essa que, a rigor, deveria ser evitada), quando a sentença for proferida, as partes devem ser regularmente intimadas, de modo que a ciência é considerada apenas a partir dessa intimação.

10.7 HONORÁRIOS ADVOCATÍCIOS

Anteriormente, prevalecia o entendimento de que no processo do trabalho, em se tratando de conflito decorrente da relação de emprego, como regra, os honorários advocatícios apenas eram devidos na hipótese do art. 16 da Lei 5.584/1970 (revogado pela Lei 13.725/2018), isto é, em favor do sindicato que presta assistência judiciária.

Nessa época, mesmo em caso de recurso extraordinário em processo de natureza trabalhista, a Súmula 633 do STF assim estabelecia: "É incabível a condenação em verba honorária nos recursos extraordinários interpostos em processo trabalhista, exceto nas hipóteses previstas na Lei 5.584/1970".

A respeito do tema, a Súmula 219 do TST previa do seguinte modo:

> "Honorários advocatícios. Cabimento. I – Na Justiça do Trabalho, a condenação ao pagamento de honorários advocatícios não decorre pura e simplesmente da sucumbência, devendo a parte, concomitantemente: a) estar assistida por sindicato da categoria profissional; b) comprovar a percepção de salário inferior ao dobro do salário mínimo ou encontrar-se em situação econômica que não lhe permita demandar sem prejuízo do próprio sustento ou da respectiva família (art. 14, § 1º, da Lei nº 5.584/1970). II – É cabível a condenação ao pagamento de honorários advocatícios em ação rescisória no processo trabalhista. III – São devidos os honorários advocatícios nas causas em que o ente sindical figure como substituto processual e nas lides que não derivem da relação de emprego. IV – Na ação rescisória e nas lides que não derivem de relação de emprego, a responsabilidade pelo pagamento dos honorários advocatícios da sucumbência submete-se à disciplina do Código de Processo Civil (arts. 85, 86, 87 e 90). V – Em caso de assistência judiciária sindical ou de substituição processual sindical, excetuados os processos em que a Fazenda Pública for parte, os honorários advocatícios são devidos entre o mínimo de dez e o máximo de vinte por cento sobre o valor da condenação, do proveito econômico obtido ou, não sendo possível mensurá-lo, sobre o valor atualizado da causa (CPC de 2015, art. 85, § 2º). VI – Nas causas em que a Fazenda Pública for parte, aplicar-se-ão os percentuais específicos de honorários advocatícios contemplados no Código de Processo Civil".

Ainda de acordo com a Súmula 329 do TST: "Honorários advocatícios. Art. 133 da CF/1988. Mesmo após a promulgação da CF/1988, permanece válido o entendimento consubstanciado na Súmula 219 do Tribunal Superior do Trabalho".

O Tribunal Superior do Trabalho aprovou as seguintes teses jurídicas em incidente de recurso repetitivo: "1) Nas lides decorrentes da relação de emprego, os honorários advocatícios, com relação às ações ajuizadas no período anterior ao início de vigência da Lei nº 13.467/2017, somente são cabíveis na hipótese prevista no artigo 14 da Lei nº 5.584/70 e na Súmula nº 219, item I, do TST, tendo por destinatário o sindicato assistente, conforme disposto no artigo 16 do referido diploma legal, até então vigente (revogado expressamente pela Lei nº 13.725/2018) e no caso de assistência judiciária prestada pela Defensoria Pública da União ao beneficiário da justiça gratuita, consoante os artigos 17 da Lei nº 5.584/70 e 14 da Lei Complementar nº 80/94, revelando-se incabível a condenação da parte vencida ao pagamento dessa verba honorária seja pela mera sucumbência, seja a título de indenização por perdas e danos, seja pela simples circunstância de a parte ser beneficiária da justiça gratuita; 2) A ampliação da competência da Justiça do Trabalho pela Emenda Constitucional nº 45/2004 acarretou o pagamento de honorários advocatícios com base unicamente no critério da sucumbência apenas com relação às lides não decorrentes da relação de emprego, conforme sedimentado nos itens III e IV da Súmula nº 219 do TST, por meio, respectivamente, das Resoluções nºs 174, de 24 de maio de 2011, e 204, de 15 de março de 2016, e no item 5 da Instrução Normativa nº 27, de 16 de fevereiro de 2005; 3) Às demandas não decorrentes da relação de emprego, mas que já tramitavam na Justiça do Trabalho por força de norma legal expressa, relativas aos trabalhadores avulsos e portuários, *ex vi* dos artigos 643, *caput*, e 652, alínea 'a', inciso V, da CLT, são inaplicáveis o item 5 da Instrução Normativa nº 27/2005 do Tribunal Superior do Trabalho e o item III da Súmula nº 219 desta Corte, porquanto a Constituição Federal, em seu artigo 7º, inciso XXXIV, equipara o avulso ao trabalhador com vínculo empregatício, sendo-lhe aplicável, portanto, o entendimento previsto no item I da Súmula nº 219 desta Corte; 4) Às lides decorrentes da relação de emprego, objeto de ações propostas antes do início da vigência da Lei nº 13.467/2017, não se aplica a Súmula nº 234 do STF, segundo a qual 'são devidos honorários de advogado em ação de acidente de trabalho julgada procedente'; 5) Não houve derrogação tácita do artigo 14 da Lei nº 5.584/1970 em virtude do advento da Lei nº 10.288/2001, que adicionou o § 10 ao artigo 789 da CLT, reportando-se à assistência judiciária gratuita prestada pelos sindicatos, e a superveniente revogação expressa desse dispositivo da CLT pela Lei nº 10.537/2002 sem que esta disciplinasse novamente a matéria, pelo que a assistência judiciária prestada pela entidade sindical no âmbito da Justiça do Trabalho ainda permanece regulamentada pela referida lei especial; 6) São inaplicáveis os artigos 389, 395 e 404 do Código Civil ao Processo do Trabalho para fins de condenação ao pagamento de honorários advocatícios, nas lides decorrentes da relação de emprego, objeto de ações ajuizadas antes do início da vigência da Lei nº 13.467/2017, visto que, no âmbito da Justiça do Trabalho, essa condenação não se resolve pela ótica da responsabilidade civil, mas sim da sua legislação específica, notadamente a Lei nº 5.584/70; 7) A condenação em honorários advocatícios sucumbenciais prevista no artigo 791-A, *caput* e parágrafos, da CLT será aplicável apenas às ações propostas na Justiça do Trabalho a partir de 11 de novembro de 2017, data do início da vigência da Lei nº 13.467/2017, promulgada em 13 de julho de 2017, conforme já decidiu este Pleno, de forma unânime, por ocasião da aprovação do artigo 6º da Instrução Normativa nº 41/2018; 8) A deliberação neste incidente a respeito da Lei nº 13.467/2017 limita-se estritamente aos efeitos de direito intertemporal decorrentes das alterações introduzidas pela citada lei, que generalizou a aplicação do princípio da sucumbência em tema de honorários advocatícios no âmbito da Justiça do Trabalho, não havendo emissão de tese jurídica sobre o conteúdo em si e as demais peculiaridades da nova disposição legislativa, tampouco acerca da inconstitucionalidade do artigo 791-A, *caput* e § 4º, da CLT" (TST, Pleno, IRR - 341-06.2013.5.04.0011, Rel. Min. José Roberto Freire Pimenta, j. 23.08.2021, DEJT 01.10.2021).

A condenação em honorários advocatícios nos autos de ação de indenização por danos morais e materiais decorrentes de acidente de trabalho ou de doença profissional, remetida à Justiça do Trabalho após ajuizamento na Justiça Comum, antes da vigência da Emenda Constitucional nº 45/2004, decorre da mera sucumbência, nos termos do art. 85 do CPC de 2015, não se sujeitando aos requisitos da Lei 5.584/1970 (Orientação Jurisprudencial 421 da SBDI-I do TST).

Nos termos do art. 85 do CPC, a sentença deve condenar o vencido a pagar honorários ao advogado do vencedor.

São devidos honorários advocatícios na reconvenção, no cumprimento de sentença, provisório ou definitivo, na execução, resistida ou não, e nos recursos interpostos, cumulativamente (art. 85, § 1º, do CPC).

No processo civil, os honorários devem ser fixados entre o mínimo de dez e o máximo de vinte por cento sobre o valor da condenação, do proveito econômico obtido ou, não sendo possível mensurá-lo, sobre o valor atualizado da causa, atendidos: I – o grau de zelo do profissional; II – o lugar de prestação do serviço; III – a natureza e a importância da causa; IV – o trabalho realizado pelo advogado e o tempo exigido para o seu serviço (art. 85, § 2º, do CPC).

Segundo o Código de Processo Civil, nas causas em que a Fazenda Pública for parte, a fixação dos honorários deve observar os critérios estabelecidos nos incisos I a IV do § 2º do art. 85 do CPC e os seguintes percentuais: I – mínimo de dez e máximo de vinte por cento sobre o valor da condenação ou do proveito econômico obtido até duzentos salários mínimos; II – mínimo de oito e máximo de dez por cento sobre o valor da condenação ou do proveito econômico obtido acima de duzentos salários mínimos até dois mil salários mínimos; III – mínimo de cinco e máximo de oito por cento sobre o valor da condenação ou do proveito econômico obtido acima de dois mil salários mínimos até vinte mil salários mínimos; IV – mínimo de três e máximo de cinco por cento sobre o valor da condenação ou do proveito econômico obtido acima de vinte mil salários mínimos até cem mil salários mínimos; V – mínimo de um e máximo de três por cento sobre o valor da condenação ou do proveito econômico obtido acima de cem mil salários mínimos (art. 85, § 3º, do CPC).

Em qualquer das hipóteses do § 3º do art. 85 do CPC, ou seja, nas causas em que a Fazenda Pública for parte: I – os percentuais previstos nos incisos I a V do art. 85 do CPC, acima indicados, devem ser aplicados desde logo quando for líquida a sentença; II – não sendo líquida a sentença, a definição do percentual, nos termos dos referidos incisos I a V, somente deve ocorrer quando liquidado o julgado; III – não havendo condenação principal ou não sendo possível mensurar o proveito econômico obtido, a condenação em honorários deve se dar sobre o valor atualizado da causa; IV – deve ser considerado o salário mínimo vigente quando prolatada sentença líquida ou o que estiver em vigor na data da decisão de liquidação (art. 85, § 4º, do CPC).

Quando, conforme o caso, a condenação contra a Fazenda Pública ou o benefício econômico obtido pelo vencedor ou o valor da causa for superior ao valor previsto no inciso I do § 3º do art. 85 do CPC, a fixação do percentual de honorários deve observar a faixa inicial e, naquilo que a exceder, a faixa subsequente, e assim sucessivamente (art. 85, § 5º, do CPC).

Os limites e critérios previstos nos §§ 2º e 3º do art. 85 do CPC aplicam-se independentemente de qual seja o conteúdo da decisão, inclusive aos casos de improcedência ou extinção do processo sem resolução do mérito (art. 85, § 6º, do CPC).

Não são devidos honorários no cumprimento de sentença (execução fundada em título judicial) contra a Fazenda Pública que enseje expedição de precatório, desde que não tenha sido impugnada (embargada, no caso do processo do trabalho), conforme art. 85, § 7º, do CPC.

Logo, na execução de quantia certa contra a Fazenda Pública, que exija a expedição de precatório (ou seja, que não se trate de pequeno valor), se houver a apresentação de impugnação (embargos) à execução (art. 535 do CPC), os honorários advocatícios de sucumbência são devidos, quando preenchidos os requisitos legais de seu cabimento. Da mesma forma, os honorários advocatícios são devidos na execução fundada em título executivo extrajudicial contra a Fazenda Pública (art. 910 do CPC), bem como no cumprimento (execução) da sentença de obrigação de pequeno valor (art. 535, § 3º, inciso II, do CPC), quando apresentados os embargos à execução.

Nas causas em que for inestimável ou irrisório o proveito econômico ou, ainda, quando o valor da causa for muito baixo, o juiz deve fixar o valor dos honorários por apreciação equitativa, observando o disposto nos incisos do § 2º do art. 85 do CPC, acima referido (art. 85, § 8º, do CPC).

Quando o valor da condenação ou do proveito econômico obtido ou o valor atualizado da causa for líquido ou liquidável, para fins de fixação dos honorários advocatícios, nos termos dos §§ 2º e 3º do art. 85 do CPC, é proibida a apreciação equitativa, salvo nas hipóteses expressamente previstas no § 8º do art. 85 do CPC (art. 85, § 6º-A, do CPC, incluído pela Lei 14.365/2022).

Na hipótese do § 8º do art. 85 do CPC, para fins de fixação equitativa de honorários sucumbenciais, o juiz deve observar os valores recomendados pelo Conselho Seccional da Ordem dos Advogados do Brasil a título de honorários advocatícios ou o limite mínimo de 10% estabelecido no § 2º do art. 85 do CPC, aplicando-se o que for maior (art. 85, § 8º-A, do CPC, incluído pela Lei 14.365/2022).

Na ação de indenização por ato ilícito contra pessoa, o percentual de honorários deve incidir sobre a soma das prestações vencidas com mais doze prestações vincendas (art. 85, § 9º, do CPC).

Nos casos de perda do objeto, os honorários são devidos por quem deu causa ao processo (art. 85, § 10, do CPC). Logo, a condenação em honorários advocatícios deve observar o princípio da causalidade, em complementação ao princípio da sucumbência (art. 85, *caput*, do CPC).

O tribunal, ao julgar recurso, majorará os honorários fixados anteriormente levando em conta o trabalho adicional realizado em grau recursal, observando, conforme o caso, o disposto no art. 85, §§ 2º a 6º, sendo vedado ao tribunal, no cômputo geral da fixação de honorários devidos ao advogado do vencedor, ultrapassar os respectivos limites estabelecidos no art. 85, §§ 2º e 3º do CPC para a fase de conhecimento (art. 85, § 11, do CPC).

Os honorários referidos no § 11 do art. 85 do CPC são cumuláveis com multas e outras sanções processuais, inclusive as previstas no art. 77 do CPC (art. 85, § 12, do CPC).

As verbas de sucumbência arbitradas em embargos à execução rejeitados ou julgados improcedentes e em fase de cumprimento de sentença devem ser acrescidas no valor do débito principal, para todos os efeitos legais (art. 85, § 13, do CPC).

Os honorários constituem direito do advogado e têm *natureza alimentar*, com os mesmos privilégios dos créditos oriundos da legislação do trabalho, sendo vedada a compensação em caso de sucumbência parcial (art. 85, § 14, do CPC).

O advogado pode requerer que o pagamento dos honorários que lhe caibam seja efetuado em favor da sociedade de advogados que integra na qualidade de sócio, aplicando-se à hipótese o disposto no § 14 do art. 85 do CPC (art. 85, § 15, do CPC).

Quando os honorários forem fixados em quantia certa, os juros moratórios devem incidir a partir da data do trânsito em julgado da decisão (art. 85, § 16, do CPC).

Os honorários são devidos quando o advogado atuar em causa própria (art. 85, § 17, do CPC).

Caso a decisão transitada em julgado seja omissa quanto ao direito aos honorários ou ao seu valor, é cabível ação autônoma para sua definição e cobrança (art. 85, § 18, do CPC).

Os advogados públicos devem perceber honorários de sucumbência, nos termos da lei (art. 85, § 19, do CPC), como se observa nos arts. 27 e seguintes da Lei 13.327/2016, ao dispor sobre os honorários advocatícios de sucumbência das causas em que forem parte a União, as autarquias e as fundações públicas federais (art. 29).

O Supremo Tribunal Federal declarou a constitucionalidade da percepção de honorários de sucumbência pelos advogados públicos e julgou parcialmente procedente o pedido formulado em ação direta de inconstitucionalidade para, conferindo interpretação conforme à Constituição ao art. 23 da Lei 8.906/1994, ao art. 85, § 19, da Lei 13.105/2015 (CPC), e aos arts. 27 e 29 a 36 da Lei 13.327/2016, estabelecer que a somatória dos subsídios e honorários de sucumbência percebidos mensalmente pelos advogados públicos não poderá exceder ao teto dos Ministros do Supremo Tribunal Federal, conforme o que dispõe o art. 37, inciso XI, da Constituição Federal de 1988 (STF, Pleno, ADI 6.053/DF, Red. p/ ac. Min. Alexandre de Moraes, j. 22.06.2020, DJe 17.07.2020)[5].

Atualmente, o art. 791-A da CLT, acrescentado pela Lei 13.467/2017, dispõe que ao advogado, ainda que atue em causa própria, são devidos *honorários de sucumbência*, fixados entre o mínimo de 5% e o máximo de 15% sobre o valor que resultar da liquidação da sentença, do proveito econômico obtido ou, não sendo possível mensurá-lo, sobre o valor atualizado da causa.

Os referidos percentuais dos honorários advocatícios de sucumbência são inferiores aos previstos no art. 85, § 2º, do CPC[6], sem justificativa lógica e razoável, o que se revela injusto e contrário ao princípio da igualdade, ao estabelecer tratamento prejudicial ao advogado que atua na Justiça do Trabalho, quando comparado com a esfera cível.

---

5. "Constitucional e Administrativo. Interdependência e complementaridade das normas constitucionais previstas nos artigos 37, *caput*, XI, e 39, §§ 4º e 8º, e das previsões estabelecidas no Título IV, Capítulo IV, Seções II e IV, do texto constitucional. Possibilidade do recebimento de verba de honorários de sucumbência por advogados públicos cumulada com subsídio. Necessidade de absoluto respeito ao teto constitucional do funcionalismo público. 1. A natureza constitucional dos serviços prestados pelos advogados públicos possibilita o recebimento da verba de honorários sucumbenciais, nos termos da lei. A Corte, recentemente, assentou que 'o artigo 39, § 4º, da Constituição Federal, não constitui vedação absoluta de pagamento de outras verbas além do subsídio' (ADI 4.941, Rel. Min. Teori Zavascki, Relator p/ acórdão, Min. Luiz Fux, DJe de 7/2/2020). 2. Nada obstante compatível com o regime de subsídio, sobretudo quando estruturado como um modelo de remuneração por performance, com vistas à eficiência do serviço público, a possibilidade de advogados públicos perceberem verbas honorárias sucumbenciais não afasta a incidência do teto remuneratório estabelecido pelo art. 37, XI, da Constituição Federal. 3. Ação parcialmente procedente" (STF, Pleno, ADI 6.053/DF, Red. p/ ac. Min. Alexandre de Moraes, DJe 17.07.2020).

6. "§ 2º Os honorários serão fixados entre o mínimo de dez e o máximo de vinte por cento sobre o valor da condenação, do proveito econômico obtido ou, não sendo possível mensurá-lo, sobre o valor atualizado da causa, atendidos: I – o grau de zelo do profissional; II – o lugar de prestação do serviço; III – a natureza e a importância da causa; IV – o trabalho realizado pelo advogado e o tempo exigido para o seu serviço".

Na realidade, com a ampliação da competência da Justiça do Trabalho, decorrente da Emenda Constitucional 45/2004, nas ações oriundas de outras relações de trabalho, que não a de emprego, bem como de outras relações jurídicas (como nos conflitos sobre representação sindical), os honorários advocatícios decorrentes da sucumbência já eram devidos na forma dos arts. 85 e seguintes do CPC.

Isso era confirmado pelo art. 5º da Instrução Normativa 27/2005 do TST, ao prever que "exceto nas lides decorrentes da relação de emprego, os honorários advocatícios são devidos pela mera sucumbência".

Os honorários advocatícios de sucumbência passaram a ser devidos de forma ampla no processo do trabalho, ainda que o advogado atue em causa própria.

Os honorários advocatícios no processo do trabalho devem ser fixados entre 5% e 15% sobre o valor que resultar da liquidação da sentença, do proveito econômico obtido ou, não sendo possível mensurá-lo, sobre o valor atualizado da causa (art. 791-A da CLT).

Cabe lembrar que, tendo em vista a vedação prevista na parte final do art. 7º, inciso IV, da Constituição da República, nos termos da Súmula 201 do STJ, "os honorários advocatícios não podem ser fixados em salários mínimos".

Os honorários são devidos também nas ações contra a Fazenda Pública e nas ações em que a parte estiver assistida ou substituída pelo sindicato de sua categoria (art. 791-A, § 1º, da CLT).

Ao fixar os honorários, o juízo deve observar: I – o grau de zelo do profissional; II – o lugar de prestação do serviço; III – a natureza e a importância da causa; IV – o trabalho realizado pelo advogado e o tempo exigido para o seu serviço (art. 791-A, § 2º, da CLT).

Na hipótese de procedência parcial, o juízo deve arbitrar honorários de sucumbência recíproca, vedada a compensação entre os honorários (art. 791-A, § 3º, da CLT).

Na ação de indenização por dano moral, a condenação em montante inferior ao postulado na inicial não implica sucumbência recíproca (Súmula 326 do STJ).

Se cada litigante for, em parte, vencedor e vencido, devem ser proporcionalmente distribuídas entre eles as despesas (art. 86 do CPC). Se um litigante sucumbir em parte mínima do pedido, o outro responde, por inteiro, pelas despesas e pelos honorários.

Concorrendo diversos autores ou diversos réus, os vencidos respondem proporcionalmente pelas despesas e pelos honorários (art. 87 do CPC). A sentença deve distribuir entre os litisconsortes, de forma expressa, a responsabilidade proporcional pelo pagamento das verbas mencionadas. Se essa distribuição não for feita, os vencidos respondem solidariamente pelas despesas e pelos honorários.

Proferida sentença com fundamento em desistência, em renúncia ou em reconhecimento do pedido, as despesas e os honorários devem ser pagos pela parte que desistiu, renunciou ou reconheceu (art. 90 do CPC). Sendo parcial a desistência, a renúncia ou o reconhecimento, a responsabilidade pelas despesas e pelos honorários deve ser proporcional à parcela reconhecida, à qual se renunciou ou da qual se desistiu.

Havendo transação e nada tendo as partes disposto quanto às despesas, estas devem ser divididas igualmente (art. 90, § 2º, do CPC). Se a transação ocorrer antes da sentença, as partes ficam dispensadas do pagamento das custas processuais remanescentes, se houver.

Se o réu reconhecer a procedência do pedido e, simultaneamente, cumprir integralmente a prestação reconhecida, os honorários devem ser reduzidos pela metade (art. 90, § 4º, do CPC).

Quanto aos honorários advocatícios, portanto, passa a haver sucumbência recíproca no processo do trabalho.

Não se admite a compensação entre os honorários advocatícios devidos, pois pertencem aos advogados e não às partes.

Como prevê o art. 23 da Lei 8.906/1994, os honorários incluídos na condenação, por arbitramento ou sucumbência, pertencem ao advogado, tendo este direito autônomo para executar a sentença nesta parte, podendo requerer que o precatório, quando necessário, seja expedido em seu favor.

Os honorários advocatícios incluídos na condenação ou destacados do montante principal devido ao credor consubstanciam verba de natureza alimentar cuja satisfação ocorrerá com a expedição de precatório ou requisição de pequeno valor, observada ordem especial restrita aos créditos dessa natureza (Súmula Vinculante 47 do STF).

Deve-se observar, portanto, a preferência para o pagamento dos honorários advocatícios, por exemplo, nas hipóteses de falência (Lei 11.101/2005, art. 83, inciso I) e de precatório (art. 100, § 1º, da Constituição da República).

O Superior Tribunal de Justiça fixou as seguintes teses em recurso especial repetitivo: "I – os créditos resultantes de honorários advocatícios têm natureza alimentar e equiparam-se aos trabalhistas para efeito de habilitação em falência, seja pela regência do Decreto-Lei n. 7.661/1945, seja pela forma prevista na Lei n. 11.101/2005, observado o limite de valor previsto no artigo 83, inciso I, do referido diploma legal. II – são créditos extraconcursais os honorários de advogado resultantes de trabalhos prestados à massa falida, depois do decreto de falência, nos termos dos arts. 84 e 149 da Lei n. 11.101/2005" (STJ, Corte Especial, REsp 1.152.218/RS, 2009/0156374-4, Rel. Min. Luis Felipe Salomão, DJe 09.10.2014).

Conforme o art. 322 do CPC, o pedido deve ser certo. Compreendem-se no principal os juros legais, a correção monetária e as verbas de sucumbência, inclusive os honorários advocatícios. Desse modo, entende-se que é dispensável pedido expresso para condenação do réu em honorários advocatícios (Súmula 256 do STF).

Evidentemente, além dos honorários advocatícios de sucumbência, existem os honorários contratuais.

Nesse sentido, o art. 22 da Lei 8.906/1994 dispõe que a prestação de serviço profissional assegura aos inscritos na OAB o direito aos honorários convencionados, aos fixados por arbitramento judicial e aos de sucumbência.

O disposto nos §§ 2º, 3º, 4º, 5º, 6º, 6º-A, 8º, 8º-A, 9º e 10 do art. 85 do CPC aplica-se aos honorários fixados por arbitramento judicial (art. 85, § 20, do CPC, incluído pela Lei 14.365/2022).

O disposto no art. 22 da Lei 8.906/1994 aplica-se aos honorários assistenciais, compreendidos como os fixados em ações coletivas propostas por entidades de classe em substituição processual, sem prejuízo aos honorários convencionais (art. 22, § 6º, da Lei 8.906/1994, incluído pela Lei 13.725/2018).

Os honorários convencionados com entidades de classe para atuação em substituição processual podem prever a faculdade de indicar os beneficiários que, ao optarem por adquirir os direitos, assumirão as obrigações decorrentes do contrato originário a partir do momento em que este foi celebrado, sem a necessidade de mais formalidades (art. 22, § 7º, da Lei 8.906/1994, acrescentado pela Lei 13.725/2018). Os titulares dos honorários advocatícios convencionados, nesse caso, são os advogados que prestarem serviço profissional nas ações coletivas ajuizadas por entidades de classe em substituição processual.

Os honorários advocatícios devidos quando o sindicato da categoria profissional presta a assistência judiciária, com fundamento na Lei 5.584/1970, têm natureza de honorários de sucumbência, sendo devidos, portanto, ao advogado que atuou na causa, conforme art. 791-A, § 1º, da CLT e art. 23 da Lei 8.906/1994. Isso é confirmado pela revogação do art. 16 da Lei 5.584/1970 pela Lei 13.725/2018 (art. 3º).

Consideram-se também honorários convencionados aqueles decorrentes da indicação de cliente entre advogados ou sociedade de advogados (art. 22, § 8º, da Lei 8.906/1994, incluído pela Lei 14.365/2022).

Nos termos do art. 791-A, § 4º, da CLT, incluído pela Lei 13.467/2017, vencido o beneficiário da justiça gratuita, desde que não tenha obtido em juízo, ainda que em outro processo, créditos capazes de suportar a despesa, as obrigações decorrentes de sua sucumbência ficam sob *condição suspensiva de exigibilidade* e somente podem ser executadas se, nos dois anos subsequentes ao trânsito em julgado da decisão que as certificou, o credor demonstrar que deixou de existir a situação de insuficiência de recursos que justificou a concessão de gratuidade, extinguindo-se, passado esse prazo, tais obrigações do beneficiário.

A interpretação conforme a Constituição desse dispositivo deveria ser no sentido de que apenas quando os créditos obtidos em juízo (ainda que em outro processo) não forem imprescindíveis à subsistência do beneficiário da justiça gratuita e de sua família (art. 5º, inciso LXXIV, da CRFB/1988) é que podem ser destinados ao pagamento dos honorários advocatícios.

A Ação Direta de Inconstitucionalidade 5.766/DF tem como objeto, entre outros dispositivos decorrentes da Lei 13.467/2017, a expressão "desde que não tenha obtido em juízo, ainda que em outro processo, créditos capazes de suportar a despesa", prevista no § 4º do art. 791-A da CLT.

O Supremo Tribunal Federal julgou parcialmente procedente o pedido formulado na ação direta e declarou *inconstitucional* o 791-A, § 4º, da CLT (STF, Pleno, ADI 5.766/DF, Red. p/ ac. Min. Alexandre de Moraes, j. 20.10.2021). Prevaleceu o entendimento de que essa norma estabelece condições inconstitucionais para a gratuidade da justiça e apresenta obstáculo à efetiva aplicação da previsão constitucional de que o Estado deve prestar assistência jurídica integral e gratuita às pessoas que comprovarem insuficiência de recursos (art. 5º, inciso LXXIV, da Constituição Federal de 1988)[7].

Para a melhor compreensão do alcance da referida decisão, cabe destacar o seguinte julgado:

> "Recurso de revista. Rito sumaríssimo. Honorários advocatícios sucumbenciais. Beneficiário da justiça gratuita. Artigo 791-A, § 4º, da CLT. Ação proposta após 11 de novembro de 2017. Ação Direta de Inconstitucionalidade nº 5.766/DF. Transcendência política reconhecida.

---

7. "Constitucional. Ação direta de inconstitucionalidade. Lei 13.467/2017. Reforma trabalhista. Regras sobre gratuidade de justiça. Responsabilidade pelo pagamento de ônus sucumbenciais em hipóteses específicas. Alegações de violação aos princípios da isonomia, inafastabilidade da jurisdição, acesso à justiça, solidariedade social e direito social à assistência jurídica gratuita. Margem de conformação do legislador. Critérios de racionalização da prestação jurisdicional. Ação direta julgada parcialmente procedente. 1. É inconstitucional a legislação que presume a perda da condição de hipossuficiência econômica para efeito de aplicação do benefício de gratuidade de justiça, apenas em razão da apuração de créditos em favor do trabalhador em outra relação processual, dispensado o empregador do ônus processual de comprovar eventual modificação na capacidade econômica do beneficiário. [...] 3. Ação Direta julgada parcialmente procedente" (STF, Pleno, ADI 5.766/DF, Red. p/ ac. Min. Alexandre de Moraes, DJe 03.05.2022).

1. Este Relator vinha entendendo pela inconstitucionalidade integral dos dispositivos relativos à cobrança de honorários advocatícios do beneficiário da gratuidade judiciária, com base na certidão de julgamento da ADI 5.766/DF, julgada em 20/10/2021. 2. Contudo, advinda a publicação do acórdão, em 03/05/2022, restou claro que o Supremo Tribunal Federal, no julgamento da referida ação, declarou a inconstitucionalidade do trecho 'desde que não tenha obtido em juízo, ainda que em outro processo' do art. 791-A, § 4º, e do trecho 'ainda que beneficiária da justiça gratuita', constante do *caput* do art. 790-B, e da integralidade do § 4º do mesmo dispositivo, todos da CLT. 3. Em sede de embargos de declaração o Supremo Tribunal Federal reafirmou a extensão da declaração de inconstitucionalidade desses dispositivos, nos termos em que fixada no acórdão embargado, em razão da existência de congruência com o pedido formulado pelo Procurador-Geral da República. 4. A inteligência do precedente firmado pelo Supremo Tribunal Federal não autoriza a exclusão da possibilidade de que, na Justiça do Trabalho, com o advento da Lei nº 13.467/2017, o beneficiário da justiça gratuita tenha obrigações decorrentes da sucumbência que restem sob condição suspensiva de exigibilidade; o que o Supremo Tribunal Federal reputou inconstitucional foi a presunção legal, *iure et de iure*, de que a obtenção de créditos na mesma ou em outra ação, por si só, exclua a condição de hipossuficiente do devedor. 5. Vedada, pois, é a compensação automática insculpida na redação original dos dispositivos; prevalece, contudo, a possibilidade de que, no prazo de suspensão de exigibilidade, o credor demonstre a alteração do estado de insuficiência de recursos do devedor, por qualquer meio lícito, circunstância que autorizará a execução das obrigações decorrentes da sucumbência. 6. Assim, os honorários advocatícios sucumbenciais devidos pela parte reclamante ficam sob condição suspensiva de exigibilidade e somente poderão ser executados se, nos dois anos subsequentes ao trânsito em julgado da decisão que os certificou, o credor demonstrar que deixou de existir a situação de insuficiência de recursos do devedor, que, contudo, não poderá decorrer da mera obtenção de outros créditos na presente ação ou em outras. Passado esse prazo, extingue-se essa obrigação do beneficiário. 7. A Corte de origem, ao aplicar a literalidade do art. 791-A, § 4º, da CLT decidiu em desconformidade com o entendimento firmado pelo Supremo Tribunal Federal. Recurso de revista de que se conhece e a que se dá parcial provimento" (TST, 5ª T., RRAg-414-91.2020.5.12.0016, Rel. Min. Alberto Bastos Balazeiro, DEJT 01.07.2022).

Confirmando o exposto, faz-se referência ao seguinte julgado do Supremo Tribunal Federal: "1. Embora não tenha ocorrido a discussão pela Corte reclamada sobre a presença da condição de hipossuficiência do trabalhador, adotou-se em outro extremo a premissa equivocada de que o beneficiário da gratuidade judiciária goza de isenção absoluta ou definitiva. No julgamento da ADI 5.766, declarou-se a inconstitucionalidade de dispositivos da Lei 13.467/2017, reconhecendo-se legítima a responsabilidade do beneficiário pelo pagamento de ônus sucumbenciais em situações específicas. Destaque-se: o que esta Corte vedou foi o automático afastamento da condição de hipossuficiência da parte como consequência lógica da obtenção de valores em juízo, e não a possibilidade de haver condenação em honorários advocatícios (os quais podem ser arbitrados, ficando sob condição suspensiva de exigibilidade). O Tribunal reclamado, ao afastar em caráter absoluto a responsabilidade do beneficiário da gratuidade pelas despesas sucumbenciais, contrariou as balizas fixadas na ADI 5.766" (STF, 1ª T., ED-Rcl 57.892/SP, Rel. Min. Alexandre de Moraes, DJe 21.03.2023).

São devidos honorários de sucumbência na *reconvenção* (art. 791-A, § 5º, da CLT).

Os honorários advocatícios devem incidir sobre o valor líquido da condenação, apurado na fase de liquidação de sentença, sem a dedução dos descontos fiscais e previdenciários (Orientação Jurisprudencial 348 da SBDI-I do TST).

Na ação de produção antecipada de provas (arts. 381 a 383 do CPC), se não houver resistência do requerido, não são cabíveis honorários advocatícios de sucumbência, por não haver vencido e vencedor.

10.8 CUSTAS E DESPESAS PROCESSUAIS

O art. 84 do CPC prevê que as *despesas* abrangem as custas dos atos do processo, a indenização de viagem, a remuneração do assistente técnico e a diária de testemunha.

As custas possuem natureza tributária, mais especificamente de taxa, por se referirem a serviço estatal prestado, no caso, a atividade jurisdicional (art. 145, inciso II, da Constituição Federal de 1988)[8].

Nos dissídios individuais e nos dissídios coletivos do trabalho, nas ações e procedimentos de competência da Justiça do Trabalho, bem como nas demandas propostas perante a Justiça Estadual, no exercício da jurisdição trabalhista, as custas relativas ao processo de conhecimento devem incidir à base de 2%, observado o mínimo de R$ 10,64 e o máximo de quatro vezes o limite máximo dos benefícios do Regime Geral de Previdência Social, e serão calculadas: quando houver acordo ou condenação, sobre o respectivo valor; quando houver extinção do processo, sem julgamento do mérito, ou julgado totalmente improcedente o pedido, sobre o valor da causa; no caso de procedência do pedido formulado em ação declaratória e em ação constitutiva, sobre o valor da causa; quando o valor for indeterminado, sobre o que o juiz fixar (art. 789 da CLT).

As custas serão pagas pelo vencido, após o trânsito em julgado da decisão (art. 789, § 1º, da CLT). Entende-se que não há custas proporcionais (sucumbência parcial quanto a custas) no processo trabalhista.

No caso de recurso, as custas serão pagas e comprovado o recolhimento dentro do prazo recursal (art. 789, § 2º, da CLT).

Não sendo líquida a condenação, o juízo arbitrar-lhe-á o valor e fixará o montante das custas processuais.

Sempre que houver acordo, se de outra forma não for convencionado, o pagamento das custas caberá em partes iguais aos litigantes.

Nos dissídios coletivos, as partes vencidas responderão solidariamente pelo pagamento das custas, calculadas sobre o valor arbitrado na decisão, ou pelo Presidente do Tribunal.

O art. 832, § 2º, da CLT prescreve que a sentença deve sempre mencionar as custas que devem ser pagas pela parte vencida.

Conforme a Súmula 36 do TST, nas "ações plúrimas, as custas incidem sobre o respectivo valor global".

Tratando-se de processo na fase de conhecimento, decorrente de ação de competência da Justiça do Trabalho (ou ajuizada perante os Juízos de Direito, conforme arts. 668 e 669 da CLT), as custas devem ser calculadas no percentual de 2%, incidente sobre: a) o valor do acordo, se houver conciliação, ou seja, transação judicial (arts. 831, parágrafo único, e 846, § 1º, da CLT); b) o valor da condenação, o que ocorre quando o pedido contido em demanda condenatória é julgado (total ou parcialmente) procedente (art. 487, inciso I, do CPC); c) o valor da causa, quando o processo for extinto sem julgamento do

8. Cf. Orientação Jurisprudencial Transitória 74 da SBDI-I do TST.

mérito (art. 485 do CPC, sendo a desistência da ação uma de suas espécies, conforme inciso VIII daquele dispositivo do CPC) ou o pedido for julgado totalmente improcedente (art. 487, inciso I, do CPC); d) o valor da causa, quando o pedido em ação declaratória ou constitutiva for julgado procedente (CPC, art. 487, inciso I, do CPC); e) o valor fixado pelo juiz, quando for indeterminado.

Embora a CLT não mencione, de forma expressa, as outras hipóteses de resolução do mérito (art. 487, incisos II e III, *a* e *c*, do CPC), a interpretação lógico-sistemática indica que nesses casos as custas são calculadas, também, à base de 2%, sobre: a) o valor do pedido, no caso de reconhecimento da procedência do pedido formulado na ação ou na reconvenção; b) o valor da causa, nas hipóteses de renúncia à pretensão formulada na ação ou na reconvenção e de reconhecimento de decadência ou prescrição.

O arquivamento da reclamação, previsto nos arts. 844, *caput*, e 852-B, § 1º, da CLT, em termos técnicos, significa a extinção do processo sem resolução do mérito, aplicando-se, assim, o inciso II do art. 789 da CLT.

O prazo para pagamento das custas, no caso de recurso, é contado da intimação do cálculo (Súmula 53 do TST).

No inquérito (judicial) para apuração de falta grave (arts. 853 a 855 da CLT), sendo o processo julgado extinto sem apreciação do mérito, as custas devem ser calculadas sobre o valor da causa. Caso o pedido seja acolhido, aplica-se o inciso III do art. 789 da CLT, por se tratar de ação constitutiva (negativa, eis que visa a extinguir o contrato de trabalho do empregado estável decenal ou do dirigente sindical).

Nas Varas do Trabalho, nos Juízos de Direito, nos Tribunais e no Tribunal Superior do Trabalho, a forma de pagamento das custas e emolumentos obedecerá às instruções que serão expedidas pelo Tribunal Superior do Trabalho (art. 790 da CLT).

Tratando-se de empregado que não tenha obtido o benefício da justiça gratuita, ou isenção de custas, o sindicato que houver intervindo no processo responderá solidariamente pelo pagamento das custas devidas.

No caso de não pagamento das custas, far-se-á execução da respectiva importância, segundo o procedimento estabelecido nos arts. 876 a 892 da CLT.

É facultado aos juízes, órgãos julgadores e presidentes dos tribunais do trabalho de qualquer instância conceder, a requerimento ou de ofício, o benefício da *justiça gratuita*, inclusive quanto a traslados e instrumentos, àqueles que perceberem salário igual ou inferior a 40% do limite máximo dos benefícios do Regime Geral de Previdência Social (art. 790, § 3º, da CLT).

O benefício da justiça gratuita será concedido à parte que *comprovar* insuficiência de recursos para o pagamento das custas do processo (art. 790, § 4º, da CLT).

Os emolumentos são despesas judiciais decorrentes de autenticações, fotocópias, traslado e instrumentos[9].

Os *emolumentos* devem ser suportados pelo requerente, nos valores fixados na seguinte tabela: autenticação de traslado de peças mediante cópia reprográfica apresentada pelas partes – por folha: R$ 0,55; fotocópia de peças – por folha: R$ 0,28; autenticação de peças – por folha: R$ 0,55; cartas de sentença, de adjudicação, de remição e de arrematação – por folha: R$ 0,55; certidões – por folha: R$ 5,53 (art. 789-B da CLT).

9. Cf. MALTA, Christovão Piragibe Tostes. *Prática do processo trabalhista*. 29. ed. São Paulo: LTr, 1999. p. 519.

O art. 98, § 1º, inciso IX, do CPC, ao dispor sobre a gratuidade da justiça, determina que esta compreende os emolumentos devidos a notários ou registradores em decorrência da prática de registro, averbação ou qualquer outro ato notarial necessário à efetivação de decisão judicial ou à continuidade de processo judicial no qual o benefício tenha sido concedido.

São isentos do pagamento de custas, além dos beneficiários de justiça gratuita: I – a União, os Estados, o Distrito Federal, os Municípios e respectivas autarquias e fundações públicas federais, estaduais ou municipais que não explorem atividade econômica; II – o Ministério Público do Trabalho (art. 790-A da CLT). Essa isenção prevista não alcança as entidades fiscalizadoras do exercício profissional, nem exime as pessoas jurídicas referidas no inciso I da obrigação de reembolsar as despesas judiciais realizadas pela parte vencedora.

A Instrução Normativa 27/2005 do TST, sobre normas procedimentais aplicáveis ao processo do trabalho, em decorrência da ampliação da competência da Justiça do Trabalho pela Emenda Constitucional 45/2004, no art. 4º, dispõe que aos emolumentos aplicam-se as regras previstas na Consolidação das Leis do Trabalho, conforme previsão dos artigos 789-B e 790 da CLT. Os entes públicos mencionados no art. 790-A da CLT são isentos do pagamento de emolumentos.

10.9 CONCILIAÇÃO, DESISTÊNCIA DA AÇÃO E HOMOLOGAÇÃO JUDICIAL

Os dissídios individuais ou coletivos submetidos à apreciação da Justiça do Trabalho devem ser sempre sujeitos à conciliação (art. 764 da CLT). Com esse objetivo, os juízes e tribunais do trabalho devem empregar os seus bons ofícios e persuasão no sentido de uma solução conciliatória dos conflitos. A Justiça do Trabalho só passa a decidir quando o consenso entre as partes não é obtido.

No procedimento ordinário, a conciliação deve ser tentada pelo juiz, de forma obrigatória, antes do recebimento da defesa (arts. 846 e 847 da CLT), e após as razões finais (art. 850 da CLT).

No procedimento sumaríssimo, a conciliação deve ser tentada logo que iniciada a audiência, cabendo ao juiz usar os meios adequados de persuasão para a solução conciliatória do litígio, em qualquer fase da audiência (art. 852-E da CLT).

Cabe ressaltar ser lícito às partes celebrar acordo que ponha termo ao processo mesmo depois de encerrada a fase conciliatória (art. 764, § 3º, da CLT). Com isso, admite-se até mesmo a conciliação na fase de liquidação e de execução do julgado.

Consoante o art. 14 da Instrução Normativa 39/2016 do TST, não se aplica ao processo do trabalho o art. 165 do CPC, *salvo nos conflitos coletivos de natureza econômica* (art. 114, §§ 1º e 2º, da Constituição Federal de 1988).

Prevalece, assim, o entendimento de que não se aplica aos dissídios individuais trabalhistas a atuação dos centros judiciários de solução consensual de conflitos, os quais são responsáveis pela realização de sessões e audiências de conciliação e mediação e pelo desenvolvimento de programas destinados a auxiliar, orientar e estimular a autocomposição. No processo do trabalho, na esfera judicial, a conciliação deve ser tentada, de forma imperativa, pelo próprio juiz, na audiência, independentemente de opção do autor, como se observa nos arts. 831, 846, 850, 852-E e 860 da CLT. No plano extrajudicial, por sua vez, as Comissões de Conciliação Prévia têm a atribuição de tentar conciliar os conflitos individuais do trabalho (art. 625-A da CLT).

A Resolução 174 do Conselho Superior da Justiça do Trabalho, de 30 de setembro de 2016, dispõe sobre a política judiciária nacional de tratamento adequado das disputas de interesses no âmbito do Poder Judiciário Trabalhista (cf. Capítulo 1, item 1.15).

Quanto aos conflitos coletivos de natureza econômica, aplica-se à Justiça do Trabalho a previsão do art. 165 do CPC, ao prever que os tribunais devem criar centros judiciários de solução consensual de conflitos, responsáveis pela realização de sessões e audiências de conciliação e mediação e pelo desenvolvimento de programas destinados a auxiliar, orientar e estimular a autocomposição. A composição e a organização dos centros devem ser definidas pelo respectivo tribunal, observadas as normas do Conselho Nacional de Justiça.

O *conciliador*, que deve atuar preferencialmente nos casos em que não houver vínculo anterior entre as partes, poderá sugerir soluções para o litígio, sendo vedada a utilização de qualquer tipo de constrangimento ou intimidação para que as partes conciliem. O *mediador*, que deve atuar preferencialmente nos casos em que houver vínculo anterior entre as partes, auxiliará aos interessados a compreender as questões e os interesses em conflito, de modo que eles possam, pelo restabelecimento da comunicação, identificar, por si próprios, soluções consensuais que gerem benefícios mútuos.

Nos termos do art. 166 do CPC, a conciliação e a mediação são informadas pelos princípios da independência, da imparcialidade, da autonomia da vontade, da confidencialidade, da oralidade, da informalidade e da decisão informada. A confidencialidade estende-se a todas as informações produzidas no curso do procedimento, cujo teor não pode ser utilizado para fim diverso daquele previsto por expressa deliberação das partes. Em razão do dever de sigilo, inerente às suas funções, o conciliador e o mediador, assim como os membros de suas equipes, não podem divulgar ou depor acerca de fatos ou elementos oriundos da conciliação ou da mediação.

No processo do trabalho, a conciliação, especificamente quanto à modalidade judicial, é tentada na própria audiência, a qual é *pública*, por envolver a prática de atos judiciais, salvo nos casos de segredo de justiça. Logo, na hipótese de conciliação realizada em audiência judicial, presidida pelo juiz do trabalho, em princípio, não haveria como aplicar a mencionada "confidencialidade", nem mesmo o "sigilo" propriamente, previstos no art. 166, §§ 1º e 2º, do CPC, que dispõe sobre a conciliação e a mediação.

Admite-se a aplicação de técnicas negociais, com o objetivo de proporcionar ambiente favorável à autocomposição (art. 166, § 3º, do CPC).

O art. 166, § 4º, do CPC dispõe que a mediação e a conciliação devem ser regidas conforme a livre autonomia dos interessados, inclusive no que diz respeito à definição das regras procedimentais.

Ainda segundo o art. 168 do CPC, as partes podem escolher, de comum acordo, o conciliador, o mediador ou a câmara privada de conciliação e de mediação. O conciliador ou mediador escolhido pelas partes pode ou não estar cadastrado junto ao tribunal. Inexistindo acordo na escolha do mediador ou conciliador, deve haver distribuição entre aqueles cadastrados no registro do tribunal, observada a respectiva formação. Sempre que recomendável, deve haver a designação de mais de um mediador ou conciliador.

Havendo conciliação (na esfera judicial trabalhista), o termo que for lavrado vale como "decisão irrecorrível, salvo para a Previdência Social quanto às contribuições que lhe forem devidas" (art. 831, parágrafo único, da CLT).

Nos termos da Súmula 259 do TST, "só por ação rescisória é impugnável o termo de conciliação previsto no parágrafo único do art. 831 da CLT".

Entretanto, o art. 966, § 4º, do Código de Processo Civil de 2015 prevê que os *atos de disposição de direitos*, praticados pelas partes ou por outros participantes do processo e *homologados pelo juízo*, bem como os *atos homologatórios praticados no curso da execução*, estão sujeitos à *anulação*, nos termos da lei. Nos casos indicados, portanto, ficou expresso não ser cabível ação rescisória, mas *ação anulatória*.

Ademais, o CPC de 1973, no art. 485, inciso VIII, previa o cabimento da ação rescisória quando houvesse "fundamento para invalidar confissão, desistência ou transação, em que se baseou a sentença", o que não é mais previsto no art. 966 do CPC de 2015.

Cabe reiterar que as decisões cognitivas ou homologatórias devem sempre indicar a natureza jurídica das parcelas constantes da condenação ou do acordo homologado, inclusive o limite de responsabilidade de cada parte pelo recolhimento da contribuição previdenciária, se for o caso (art. 832, § 3º, da CLT).

Para os fins do § 3º do art. 832 da CLT, salvo na hipótese de o pedido da ação limitar-se expressamente ao reconhecimento de verbas de natureza exclusivamente indenizatória, a parcela referente às verbas de natureza remuneratória não poderá ter como base de cálculo valor inferior: I – ao salário mínimo, para as competências que integram o vínculo empregatício reconhecido na decisão cognitiva ou homologatória; ou II – à diferença entre a remuneração reconhecida como devida na decisão cognitiva ou homologatória e a efetivamente paga pelo empregador, cujo valor total referente a cada competência não será inferior ao salário mínimo (art. 832, § 3º-A, da CLT, incluído pela Lei 13.876/2019).

Caso haja piso salarial da categoria definido por acordo ou convenção coletiva de trabalho, o seu valor deverá ser utilizado como base de cálculo para os fins do § 3º-A do art. 832 da CLT (art. 832, § 3º-B, da CLT, incluído pela Lei 13.876/2019).

Procura-se, assim, estabelecer *parâmetros mínimos* quanto à base de cálculo da contribuição previdenciária e tributos devidos à União (imposto de renda), incidentes sobre as parcelas (constantes da condenação ou do acordo homologado) de natureza remuneratória, no âmbito das decisões de conhecimento ou homologatórias da Justiça do Trabalho.

Cabe lembrar que há os valores mensal, diário e horário do salário mínimo.

De todo modo, ressalte-se que segundo a Súmula Vinculante 53 do STF: "A competência da Justiça do Trabalho prevista no art. 114, VIII, da Constituição Federal alcança a execução de ofício das contribuições previdenciárias relativas ao objeto da *condenação* constante das sentenças que proferir e acordos por ela homologados" (destaquei). Cf. ainda Capítulo 3, item 3.4.11 e Capítulo 12, item 12.28.

O art. 43, § 1º, da Lei 8.212/1991 determina que nas "sentenças judiciais ou nos acordos homologados em que não figurarem, discriminadamente, as parcelas legais relativas às contribuições sociais, estas incidirão sobre o valor total apurado em liquidação de sentença ou sobre o valor do acordo homologado".

É devida a incidência das contribuições para a Previdência Social sobre o valor total do acordo homologado em juízo, independentemente do reconhecimento de vínculo de emprego, desde que não haja discriminação das parcelas sujeitas à incidência da contribuição previdenciária, conforme art. 43, § 1º, da Lei 8.212/1991, e do art. 195, inciso I, *a*, da Constituição Federal de 1988 (Orientação Jurisprudencial 368 da SBDI-I do TST).

Nos acordos homologados em juízo em que não haja o reconhecimento de vínculo empregatício, é devido o recolhimento da contribuição previdenciária, mediante a alíquota de 20% a cargo do tomador de serviços e de 11% por parte do prestador de serviços, na qualidade de contribuinte individual, sobre o valor total do acordo, respeitado o teto de contribuição, conforme art. 30, § 4º e art. 22, inciso III, da Lei 8.212/1991 (Orientação Jurisprudencial 398 da SBDI-I do TST).

Cabe esclarecer que é aplicável o disposto no art. 43 da Lei 8.212/1991, sobre descontos de contribuições previdenciárias, "aos valores devidos ou pagos nas Comissões de Conciliação Prévia de que trata a Lei nº 9.958, de 12 de janeiro de 2000" (art. 43, § 6º, da Lei 8.212/1991).

A União deve ser intimada das decisões homologatórias de acordos que contenham parcela indenizatória, na forma do art. 20 da Lei 11.033/2004 (isto é, pessoalmente, mediante a entrega dos autos com vista), facultada a interposição de recurso relativo aos tributos que lhe forem devidos (art. 832, § 4º, da CLT, com redação dada pela Lei 11.457/2007). Intimada da sentença, a União pode interpor recurso relativo à discriminação de que trata o § 3º do art. 832 da CLT. Entende-se que, nesse caso, o recurso cabível é o ordinário, quando se tratar de decisão homologatória de acordo, na fase de conhecimento (art. 895, inciso I, da CLT). Entretanto, se a decisão for proferida na fase ou processo de execução, entende-se que o recurso cabível é o agravo de petição (art. 897, *a*, e § 8º, da CLT). Pode-se dizer que o prazo para o recurso da União é de 16 dias, isto é, em dobro, em razão do art. 1º, inciso III, do Decreto-lei 779/1969.

Nos termos do art. 832, § 6º, da CLT, o "acordo celebrado após o trânsito em julgado da sentença ou após a elaboração dos cálculos de liquidação de sentença não prejudicará os créditos da União".

A Lei 8.212/1991, no art. 43, § 5º, determina que, na "hipótese de acordo celebrado após ter sido proferida decisão de mérito, a contribuição será calculada com base no valor do acordo".

É devida a contribuição previdenciária sobre o valor do acordo celebrado e homologado após o trânsito em julgado de decisão judicial, respeitada a proporcionalidade de valores entre as parcelas de natureza salarial e indenizatória deferidas na decisão condenatória e as parcelas objeto do acordo (Orientação Jurisprudencial 376 da SBDI-I do TST).

O Ministro de Estado da Fazenda pode, mediante ato fundamentado, dispensar a manifestação da União nas decisões homologatórias de acordos em que o montante da parcela indenizatória envolvida ocasionar perda de escala decorrente da atuação do órgão jurídico (art. 832, § 7º, da CLT, incluído pela Lei 11.457/2007).

O art. 515, § 2º, do CPC, ao arrolar os títulos executivos judiciais, prevê que a autocomposição judicial pode envolver *sujeito estranho ao processo* e versar sobre *relação jurídica que não tenha sido deduzida em juízo*.

Portanto, admite-se que se inclua no acordo homologado em juízo até mesmo matéria que não constava originalmente na causa, como forma de integral pacificação do conflito entre as partes.

O art. 846, § 1º, da CLT estabelece que se houver acordo, deve-se lavrar termo, assinado pelo juiz e pelas partes litigantes, consignando-se o prazo e as demais condições para seu cumprimento.

Entre as condições que podem ser previstas no acordo, pode ser estabelecida a de ficar a parte que não cumprir o acordo obrigada a satisfazer integralmente o pedido ou pagar uma indenização convencionada, sem prejuízo do cumprimento do acordo (art. 846, § 2º, da CLT).

Embora a CLT não utilize o termo homologação, ao tratar do acordo judicial, normalmente é assim que se procede. Não obstante, o juiz pode se negar a homologar acordo, quando este apresente algum vício de forma ou de conteúdo.

A homologação de acordo constitui faculdade do juiz, inexistindo direito líquido e certo tutelável pela via do mandado de segurança (Súmula 418 do TST).

Cabe fazer menção, ainda, à desistência da ação, a qual não se confunde com renúncia à pretensão formulada (hipótese em que ocorre resolução do mérito, consoante o art. 487, inciso III, *c*, do CPC, mas nem sempre admitida no processo do trabalho, conforme a natureza do direito material em discussão).

Segundo o art. 485, inciso VIII, do CPC, extingue-se o processo, sem resolução de mérito, quando o juiz homologar a desistência da ação. Portanto, a desistência da ação só produz efeitos depois da homologação judicial (art. 200, parágrafo único, do CPC).

Oferecida a contestação, ainda que eletronicamente, o reclamante não pode, sem o consentimento do reclamado, desistir da ação (art. 841, § 3º, da CLT).

A desistência da ação pode ser apresentada até a sentença (art. 485, § 5º, do CPC).

A CLT, no art. 500, prevê que o "pedido de demissão do empregado estável" só é válido quando feito com a assistência do respectivo sindicato e, se não o houver, perante autoridade local competente do Ministério do Trabalho, *ou da Justiça do Trabalho*.

Trata-se, no caso, de atuação atípica da Justiça do Trabalho, com natureza preponderantemente administrativa, semelhante às hipóteses de jurisdição voluntária (art. 719 do CPC).

10.10 COISA JULGADA

A estabilidade das relações jurídicas exige que a decisão judicial de mérito, ao transitar em julgado, seja observada e respeitada, como forma de permitir a segurança jurídica na vida em sociedade. Por isso, *coisa julgada* é garantia prevista no art. 5º, inciso XXXVI, da Constituição da República.

O provimento jurisdicional que resolve o mérito produz certos efeitos preponderantes, que podem ser o meramente declaratório, o constitutivo e o condenatório (salientando-se que parte da doutrina também acrescenta o mandamental e o executivo *lato sensu*).

A coisa julgada material é justamente a *imutabilidade* desses efeitos[10], não se confundindo, entretanto, com eles.

Com isso, apenas a decisão judicial que resolve o mérito (art. 487 do CPC) pode fazer coisa julgada material, o que ocorre justamente com o seu trânsito em julgado (art. 508 do CPC).

O art. 502 do CPC define coisa julgada material como a *autoridade* que torna imutável e indiscutível a decisão de mérito não mais sujeita a recurso.

Prevalece na doutrina o entendimento de que a coisa julgada não é propriamente um efeito da sentença, mas sim uma qualidade dos efeitos, qual seja, a imutabilidade.

A coisa julgada formal, diversamente, é a preclusão máxima, no sentido da inalterabilidade da decisão dentro do processo, após o trânsito em julgado, ou seja, quando não caiba mais recurso (Lei de Introdução às Normas do Direito Brasileiro, Decreto-lei 4.657/1942, art. 6º, § 3º).

10. Cf. LIEBMAN, Enrico Tullio. *Eficácia e autoridade da sentença e outros escritos sobre a coisa julgada*. 4. ed. atualizada por Ada Pellegrini Grinover. Tradução de Alfredo Buzaid e Benvindo Aires, tradução dos textos posteriores à edição de 1945 de Ada Pellegrini Grinover. Rio de Janeiro: Forense, 2006. p. 6.

A decisão que extingue o processo sem resolução do mérito (art. 485 do CPC) apenas produz coisa julgada formal, pois não há a produção dos efeitos, acima indicados, fora dos limites da relação processual. Por consequência, não há sobre o que incidir imutabilidade, inexistindo coisa julgada material.

No caso de recurso, certificado o trânsito em julgado, com menção expressa da data de sua ocorrência, o escrivão ou o chefe de secretaria, independentemente de despacho, deve providenciar a baixa dos autos ao juízo de origem, no prazo de cinco dias (art. 1.006 do CPC).

Conforme o art. 503 do CPC, a decisão que julgar total ou parcialmente o mérito tem força de lei nos limites da questão principal expressamente decidida.

A coisa julgada material abrange o dispositivo da sentença.

Segundo o art. 504 do CPC, não fazem coisa julgada: os motivos, ainda que importantes para determinar o alcance da parte dispositiva da sentença; a verdade dos fatos, estabelecida como fundamento da sentença.

Entretanto, a coisa julgada material aplica-se à resolução de questão prejudicial, decidida expressa e incidentemente no processo, se: dessa resolução depender o julgamento do mérito; a seu respeito tiver havido contraditório prévio e efetivo, não se aplicando no caso de revelia; o juízo tiver competência em razão da matéria e da pessoa para resolvê-la como questão principal (art. 503, § 1º, do CPC).

Essa hipótese não se aplica se no processo houver restrições probatórias ou limitações à cognição que impeçam o aprofundamento da análise da questão prejudicial.

A causa de pedir, contida na petição inicial, é constituída dos fatos e fundamentos jurídicos do pedido (art. 319, inciso III, do CPC). Esses fatos e fundamentos, ao lado daqueles trazidos com a defesa, são analisados justamente na fundamentação do provimento jurisdicional. Mesmo que a sentença de mérito tenha transitado em julgado, o autor pode ajuizar demanda distinta, em face do réu, com a mesma causa de pedir, *cujo pedido seja diverso*. Inexistindo tríplice identidade dos elementos da ação, não se verifica a coisa julgada material. Nessa segunda demanda, a sentença pode concluir de forma diversa a respeito dos fatos e fundamentos jurídicos alegados pelo demandante e pelo demandado, ainda que já analisados pela decisão anterior na fundamentação.

Apenas o pedido é objeto de decisão de mérito, sendo acolhido ou rejeitado (art. 490 do CPC), e deve constar de seu dispositivo, de modo a integrar a coisa julgada material. Pode-se dizer, assim, que os limites objetivos da coisa julgada são estabelecidos pelo pedido ou pretensão, que constitui o mérito, correspondendo ao dispositivo da sentença.

Quanto aos limites subjetivos da coisa julgada, esta alcança, em regra, apenas as partes, ou seja, aqueles que participam do contraditório perante o juiz. Nesse sentido, segundo o art. 506 do CPC, a sentença faz coisa julgada às partes entre as quais é dada, não prejudicando terceiros. Com isso, admite-se que a imutabilidade inerente à coisa julgada material apenas beneficie os que não tenham figurado na relação processual (terceiros), mas não que os prejudique, mesmo porque não participaram do contraditório.

Os terceiros, que não participaram do processo, em certos casos, podem sofrer efeitos reflexos da decisão. Entretanto, a imutabilidade dos efeitos substanciais (coisa julgada material), em princípio, fica limitada às partes.

Frise-se que, em se tratando de substituição processual, nas hipóteses admitidas pelo sistema jurídico, o substituído, por ser o titular do direito, é alcançado pelos efeitos da decisão, bem como, em princípio, pela coisa julgada. Entretanto, as ações de natureza coletiva, em defesa de direitos metaindividuais, possuem disciplina própria quanto à coisa julgada (cf. Capítulo 14, item 14.8).

Nenhum juiz decidirá novamente as questões já decididas relativas à mesma lide, salvo: I – se, tratando-se de *relação jurídica de trato continuado*, sobreveio *modificação no estado de fato ou de direito*, caso em que poderá a parte pedir a *revisão* do que foi estatuído na sentença; II – nos demais casos prescritos em lei (art. 505 do CPC).

Desse modo, no caso de relação jurídica que prossegue no tempo, se depois da sentença, mesmo que de mérito e transitada em julgado, ocorrer a modificação no estado de fato ou de direito, a parte pode pedir a revisão do que foi decidido. Nesse caso, a *ação de revisão* não viola a coisa julgada material, por se tratar de demanda distinta, com causa de pedir e pedido diversos. Não há, portanto, a tríplice identidade dos elementos da ação (art. 337, §§ 1º, 2º e 4º, do CPC).

A respeito de relação jurídica de trato continuado, cabe salientar que o Supremo Tribunal Federal fixou a seguinte tese de repercussão geral (Tema 494): "A sentença que reconhece ao trabalhador ou ao servidor o direito a determinado percentual de acréscimo remuneratório deixa de ter eficácia a partir da superveniente incorporação definitiva do referido percentual nos seus ganhos" (STF, Pleno, RE 596.663/RJ, Red. p/ ac. Min. Teori Zavascki, DJe 26.11.2014)[11].

De acordo com o art. 508 do CPC, transitada em julgado a decisão de mérito, considerar-se-ão deduzidas e repelidas todas as alegações e as defesas que a parte poderia opor assim ao acolhimento como à rejeição do pedido.

Trata-se da *eficácia preclusiva da coisa julgada*, entendida como o efeito decorrente da coisa julgada material, que a protege de violação, obstando alegações das partes com esse objetivo, posteriores ao trânsito em julgado, já deduzidas ou anteriormente dedutíveis.

Embora não se confunda com a preclusão consumada no curso da relação processual (tal como prevista nos arts. 223, *caput*, 278, *caput*, e 507 do CPC), a eficácia preclusiva da coisa julgada tem natureza temporal, no sentido de que, após o trânsito em julgado, as partes não podem mais fazer alegações de direito e de fato, visando à obtenção de provimento jurisdicional que acolha ou rejeite a pretensão.

Logo, com o trânsito em julgado da decisão final de mérito, agrega-se à coisa julgada esse efeito de natureza preclusiva. Por meio dele, salvo a hipótese de ação rescisória, fica obstada a rediscussão dos efeitos tornados imutáveis pela coisa julgada material. Vale dizer, torna-se preclusa a possibilidade de apresentar alegações e defesas que poderiam

---

11. "Constitucional. Processual civil. Sentença afirmando direito à diferença de percentual remuneratório, inclusive para o futuro. Relação jurídica de trato continuado. Eficácia temporal. Cláusula *rebus sic stantibus*. Superveniente incorporação definitiva nos vencimentos por força de dissídio coletivo. Exaurimento da eficácia da sentença. 1. A força vinculativa das sentenças sobre relações jurídicas de trato continuado atua *rebus sic stantibus*: sua eficácia permanece enquanto se mantiverem inalterados os pressupostos fáticos e jurídicos adotados para o juízo de certeza estabelecido pelo provimento sentencial. A superveniente alteração de qualquer desses pressupostos (a) determina a imediata cessação da eficácia executiva do julgado, independentemente de ação rescisória ou, salvo em estritas hipóteses previstas em lei, de ação revisional, razão pela qual (b) a matéria pode ser alegada como matéria de defesa em impugnação ou em embargos do executado. 2. Afirma-se, nessa linha de entendimento, que a sentença que reconhece ao trabalhador ou servidor o direito a determinado percentual de acréscimo remuneratório deixa de ter eficácia a partir da superveniente incorporação definitiva do referido percentual nos seus ganhos. 3. Recurso extraordinário improvido" (STF, Pleno, RE 596.663/RJ, Red. p/ ac. Min. Teori Zavascki, DJe 26.11.2014).

ter sido opostas, durante o já extinto processo, objetivando o acolhimento ou a rejeição do pedido (art. 508 do CPC).

Com isso, transitando em julgado o primeiro *decisum*, nenhum outro fundamento anteriormente dedutível poderá ser objeto de alegação pelas partes, com o fim de alterar o seu efeito, que se tornou imutável.

Se a sentença referente à demanda com determinadas partes, causa de pedir e pedido transita em julgado, é vedada a propositura de outra ação com tríplice identidade de elementos, em face da objeção de coisa julgada (art. 337, inciso VII, e §§ 1º, 2º e 4º, c/c o art. 485, inciso V, do CPC).

Ausente essa identidade, não há, em princípio, óbice para o ajuizamento de nova demanda, eis que distinta. Os pontos e as questões de direito e de fato, contidos na fundamentação da decisão anterior (art. 504, inciso II, do CPC), podem ser objeto de alegação em nova demanda, inclusive pelas mesmas partes, desde que a causa de pedir e/ou o pedido sejam distintos. Ainda assim, não se admite a modificação do que estiver coberto pela coisa julgada material, diante de sua eficácia preclusiva. Com isso, o que for decidido nessa segunda ação não pode afetar o dispositivo já transitado em julgado.

10.11 COISA JULGADA CRIMINAL E EFEITOS NO PROCESSO DO TRABALHO

Nos termos do art. 935 do Código Civil de 2002, a responsabilidade civil é independente da criminal, não se podendo questionar mais sobre a existência do fato, ou sobre quem seja o seu autor, quando estas questões se acharem decididas no juízo criminal.

Esse dispositivo pode ser aplicado às relações trabalhistas, nos termos do art. 8º, § 1º, da CLT, por exemplo, quando se discute justa causa aplicada ao empregado, envolvendo fato com repercussão criminal[12].

Portanto, apesar da relativa independência entre as esferas criminal e civil (inclusive trabalhista), a decisão na Justiça Criminal pode gerar repercussões quanto à responsabilidade civil, bem como no âmbito da relação de trabalho.

O art. 315 do Código de Processo Civil prevê que, se o conhecimento do mérito depender da verificação da existência de fato delituoso, o juiz pode determinar a suspensão do processo até que se pronuncie a justiça criminal. Não obstante, se a ação penal não for proposta no prazo de três meses, contado da intimação do ato de suspensão, deve cessar o efeito deste, incumbindo ao juiz examinar incidentalmente a questão prévia (art. 315, § 1º, do CPC). Se a ação penal for proposta, o processo deve ficar suspenso pelo prazo máximo de um ano, ao final do qual deve ser aplicado o disposto na parte final do § 1º do art. 315 do CPC.

Aplica-se, ainda, o art. 91, inciso I, do Código Penal, ao determinar como um dos efeitos da condenação criminal o de *tornar certa a obrigação de indenizar o dano causado pelo crime*.

O art. 65 do Código de Processo Penal estabelece que faz coisa julgada no cível a sentença penal que reconhecer ter sido o ato praticado em estado de necessidade, em legítima defesa, em estrito cumprimento de dever legal ou no exercício regular de direito. Logo, se essas questões já tiverem sido decididas na esfera criminal, por meio de sentença transitada em julgado, não cabe mais a sua discussão no processo do tra-

12. Cf. MARTINS, Sergio Pinto. *Direito processual do trabalho*. 30. ed. São Paulo: Atlas, 2010. p. 388.

balho, o que pode afastar o reconhecimento de eventual justa causa envolvendo fato que teve repercussão penal.

O art. 66 do Código de Processo Penal, por sua vez, dispõe que não obstante a sentença absolutória no juízo criminal, a ação civil pode ser proposta quando não tiver sido, categoricamente, reconhecida a inexistência material do fato.

O art. 67 do mesmo diploma legal estabelece ainda que não impedem a propositura da ação civil: o despacho de arquivamento do inquérito ou das peças de informação, a decisão que julgar extinta a punibilidade e a sentença absolutória que decidir que o fato imputado não constitui crime.

Efetivamente, ainda que o fato não seja crime, pode ter natureza de ilícito trabalhista. O mesmo ocorre nas hipóteses de ter sido arquivado o inquérito policial e de extinção da punibilidade (art. 107 do Código Penal).

As responsabilidades civil e administrativa são independentes da criminal, não se podendo mais questionar sobre a existência ou a autoria do fato quando essas questões tenham sido decididas no juízo criminal (art. 7º da Lei 13.869/2019, que dispõe sobre os crimes de abuso de autoridade).

Faz coisa julgada em âmbito cível, assim como no administrativo-disciplinar, a sentença penal que reconhecer ter sido o ato praticado em estado de necessidade, em legítima defesa, em estrito cumprimento de dever legal ou no exercício regular de direito (art. 8º da Lei 13.869/2019).

Entende-se que essas disposições também podem ser aplicadas ao processo do trabalho, com fundamento no art. 769 da CLT.

Capítulo 11

RECURSOS

11.1 CONCEITO

Os remédios contra as decisões judiciais, como gênero, podem ser classificados, como espécies, em recursos e ações autônomas de impugnação[1].

Os recursos, por não terem a natureza de ação autônoma, são interpostos e dão continuidade ao processo já existente. A ação rescisória e o mandado de segurança contra ato judicial têm natureza de ação autônoma de impugnação, pois dão origem a processo distinto.

O *recurso* pode ser conceituado como o remédio processual voluntário, apto a operar, dentro do mesmo processo, a reforma, a invalidação, o esclarecimento ou a integração de decisão judicial impugnada[2].

O recurso integra o gênero relativo ao remédio contra decisão judicial, não tendo natureza de ação, por ser interposto dentro do processo em curso. Trata-se de ato voluntário da parte, e que pode ter como objetivo, conforme o caso, a reforma, a invalidação, bem como o esclarecimento ou a integração da decisão judicial.

O reexame necessário, ou remessa de ofício (duplo grau de jurisdição obrigatório), por não ser voluntário, não tem natureza recursal propriamente, mas sim de condição para a eficácia da sentença.

O recurso tem natureza jurídica de extensão do direito de ação exercido no processo[3]. O recurso também tem natureza de ônus processual, no sentido de que cabe à parte exercê-lo, para que possa afastar uma situação contrária ao seu interesse, ou para obter um benefício em sua condição jurídica[4].

11.2 PRINCÍPIOS

Cabe examinar os principais princípios dos recursos[5].

---

1. Cf. BARBOSA MOREIRA, José Carlos. *Comentários ao Código de Processo Civil*. 8. ed. Rio de Janeiro: Forense, 1999. v. 5. p. 227-230.

2. Cf. BARBOSA MOREIRA, José Carlos. *Comentários ao Código de Processo Civil*. 8. ed. Rio de Janeiro: Forense, 1999. v. 5. p. 231.

3. Cf. BARBOSA MOREIRA, José Carlos. *Comentários ao Código de Processo Civil*. 8. ed. Rio de Janeiro: Forense, 1999. v. 5. p. 234.

4. Cf. NERY JUNIOR, Nelson. *Princípios fundamentais*: teoria geral dos recursos. São Paulo: RT, 1990. p. 35-37.

5. Cf. NERY JUNIOR, Nelson. *Princípios fundamentais*: teoria geral dos recursos. São Paulo: RT, 1990. p. 120-207.

O *princípio do duplo grau de jurisdição* significa a possibilidade de impugnar a decisão judicial. Não se trata de princípio absoluto ou de incidência ilimitada[6], podendo a lei restringir o cabimento de recursos[7].

A Lei 5.584/1970, ao tratar do procedimento de alçada, aplicável quando o valor da causa é inferior a dois salários mínimos (Súmulas 71 e 356 do TST), estabelece que, salvo se versar sobre matéria constitucional, nenhum recurso é cabível das sentenças proferidas nos dissídios da alçada, considerado, para esse fim, o valor do salário mínimo à data do ajuizamento da ação (art. 2º, § 4º).

A Súmula 640 do STF esclarece ainda ser "cabível recurso extraordinário contra decisão proferida por juiz de primeiro grau nas causas de alçada, ou por turma recursal de juizado especial cível e criminal".

Logo, no procedimento de alçada, em se tratando de matéria constitucional e presente a repercussão geral, seria imediatamente cabível o recurso extraordinário, de competência do STF. Entretanto, em sentido divergente, há entendimento de que nas causas de valor de alçada não excedente a dois salários mínimos, quando versarem sobre matéria constitucional, é cabível recurso ordinário[8].

Na verdade, as referências legislativas da Súmula 640 do STF revelam que as causas de alçada indicadas dizem respeito ao art. 34 da Lei 6.830/1980, sobre execução fiscal, e não ao processo do trabalho. Sendo assim, nas causas de alçada do art. 2º, § 4º, da Lei 5.584/1970, aplica-se a Súmula 281 do STF, ao prever ao prever ser inadmissível o recurso extraordinário, quando couber, na Justiça de origem, recurso da decisão impugnada. Cf. STF, 2ª T., AgR-RE 638.224/SP, Rel. Min. Celso de Mello, DJe 21.06.2011. STF, 1ª T., AgR-RE 632.365/RJ, Rel. Min. Dias Toffoli, DJe 11.11.2011. Cf. ainda Capítulo 11, item 11.2.

O *princípio da taxatividade* significa que os recursos são enumerados pela lei, em rol exaustivo. No processo do trabalho, o art. 893, *caput*, da CLT prevê que das decisões são admissíveis os seguintes recursos: embargos, recurso ordinário, recurso de revista e agravo.

---

6. Cf. NERY JUNIOR, Nelson. *Princípios fundamentais*: teoria geral dos recursos. São Paulo: RT, 1990. p. 125.

7. Cf. NERY JUNIOR, Nelson. *Princípios do processo na Constituição Federal*. 10. ed. São Paulo: RT, 2010. p. 288: "a garantia expressa no tratado [art. 8º, 2, *h*, da Convenção Interamericana de Direitos Humanos – Pacto de São José da Costa Rica, de 22.11.1969] parece não alcançar o direito processual como um todo, donde é lícito concluir que o duplo grau de jurisdição, como garantia constitucional absoluta, existe no âmbito do direito processual penal, mas não no do direito processual civil ou do trabalho".

8. "Recurso de revista. Não conhecimento do recurso ordinário. Alçada recursal. Valor da causa inferior a dois salários mínimos. Ação de nulidade de cláusulas de convenção coletiva que vedam o trabalho aos domingos no comércio. Discussão que envolve o reconhecimento de norma coletiva. Matéria disciplinada em dispositivo constitucional (art. 7º, XXVI). Recurso ordinário cabível. 1. A Corte de origem não conheceu do recurso ordinário do Ministério Público do Trabalho ao entendimento de que, 'nas causas de valor de alçada não excedente a dois salários mínimos na data do ajuizamento da ação e que envolvam matéria de natureza constitucional, a parte deverá recorrer apenas via recurso extraordinário, de competência funcional do Supremo Tribunal Federal'. 2. Conforme dispõe o art. 2º, § 4º, da Lei nº 5.584/70 ('Salvo se versarem sobre matéria constitucional, nenhum recurso caberá das sentenças proferidas nos dissídios da alçada a que se refere o parágrafo anterior, considerado, para esse fim, o valor do salário mínimo à data do ajuizamento da ação') é incabível a apresentação de recurso contra a decisão que julga processos sujeitos ao procedimento sumário, de alçada inferior a dois salários mínimos, salvo na hipótese em que a insurgência verse a respeito de matéria constitucional. 3. Na hipótese dos autos, o recurso ordinário interposto pelo Ministério Público do Trabalho à sentença que suspendera os efeitos jurídicos de cláusulas coletivas de vedam o trabalho aos domingos no comércio, versa sobre matéria constitucional, uma vez que, além de invocar o direito fundamental ao lazer (art. 6º, *caput*), articula com o reconhecimento das convenções e acordos coletivos de trabalho (art. 7º, XXVI). 4. Aplicável, pois, a exceção prevista no § 4º do art. 2º da Lei 5.584/70. Recurso de revista conhecido e provido" (TST, 1ª T., RR - 267-73.2012.5.09.0325, Rel. Min. Hugo Carlos Scheuermann, DEJT 17.08.2018).

O art. 2º, inciso XII, da Instrução Normativa 39/2016 do TST estabelece que não se aplicam ao processo do trabalho, em razão de inexistência de omissão ou por incompatibilidade, os arts. 1.043 e 1.044 do CPC, sobre embargos de divergência.

O que se observa no processo do trabalho, na esfera do TST, são os embargos previstos no art. 894 da CLT.

O princípio da singularidade ou da unirrecorribilidade revela ser normalmente cabível um único tipo de recurso para cada decisão recorrível. Não se admite, em regra, a interposição de mais de um recurso contra a mesma decisão, ao mesmo tempo, para se alcançar idêntica finalidade[9].

O *princípio da fungibilidade* indica que havendo dúvida objetiva sobre qual o recurso cabível, e inexistindo erro grosseiro, pode-se conhecer o recurso erroneamente interposto, como se observa na Súmula 421 do TST[10] e na Orientação Jurisprudencial 69 da SBDI-II do TST[11].

Tratando de caso em que *não* se aplica o princípio da fungibilidade, em razão da existência de erro grosseiro, destacam-se a Orientação Jurisprudencial 152 da SBDI-II do TST e a Orientação Jurisprudencial 412 da SBDI-I do TST.

O princípio da dialeticidade estabelece que o recurso deve ser dialético, ou seja, discursivo. Desse modo, o recorrente deve apresentar as razões do recurso, contendo os motivos da impugnação da decisão, permitindo que a parte contrária ofereça as contrarrazões, em respeito ao contraditório[12].

O princípio da voluntariedade significa que a vontade de recorrer deve ser manifestada pelo recorrente, expressando a insatisfação com a decisão impugnada[13].

O *princípio da complementariedade* indica que o recurso deve ser interposto no prazo legal juntamente com as razões que fundamentam o inconformismo. Entretanto, o recorrente poderá complementar a fundamentação do recurso anteriormente interposto se houver modificação ou integração da decisão em razão de acolhimento de embargos de declaração[14].

---

9. Cf. BUENO, Cassio Scarpinella. *Manual de direito processual civil*. 4. ed. São Paulo: Saraiva, 2018. p. 787.

10. Cf. Súmula 421 do TST: "Embargos de declaração. Cabimento. Decisão monocrática do relator calcada no art. 932 do CPC de 2015. Art. 557 do CPC de 1973. I – Cabem embargos de declaração da decisão monocrática do relator prevista no art. 932 do CPC de 2015 (art. 557 do CPC de 1973), se a parte pretende tão somente juízo integrativo retificador da decisão, e não modificação do julgado. II – Se a parte postular a revisão no mérito da decisão monocrática, cumpre ao relator converter os embargos de declaração em agravo, em face dos princípios da fungibilidade e celeridade processual, submetendo-o ao pronunciamento do Colegiado, após a intimação do recorrente para, no prazo de 5 (cinco) dias, complementar as razões recursais, de modo a ajustá-las às exigências do art. 1.021, § 1º, do CPC de 2015".

11. Cf. Orientação Jurisprudencial 69 da SBDI-II do TST: "Fungibilidade recursal. Indeferimento liminar de ação rescisória ou mandado de segurança. Recurso para o TST. Recebimento como agravo regimental e devolução dos autos ao TRT. Recurso ordinário interposto contra despacho monocrático indeferitório da petição inicial de ação rescisória ou de mandado de segurança pode, pelo princípio de fungibilidade recursal, ser recebido como agravo regimental. Hipótese de não conhecimento do recurso pelo TST e devolução dos autos ao TRT, para que aprecie o apelo como agravo regimental".

12. Cf. NERY JUNIOR, Nelson. *Princípios fundamentais*: teoria geral dos recursos. São Paulo: RT, 1990. p. 194-195.

13. Cf. NERY JUNIOR, Nelson. *Princípios fundamentais*: teoria geral dos recursos. São Paulo: RT, 1990. p. 196-197.

14. Cf. NERY JUNIOR, Nelson. *Princípios fundamentais*: teoria geral dos recursos. São Paulo: RT, 1990. p. 198-199. Nos termos do art. 1.024, § 4º, do CPC: "Caso o acolhimento dos embargos de declaração implique modificação da decisão embargada, o embargado que já tiver interposto outro recurso contra a decisão ori-

O *princípio da proibição da reforma para pior* (*reformatio in pejus*) é no sentido de ser vedado proferir decisão mais desfavorável ao único recorrente.

A Súmula 45 do STJ entende aplicável esse princípio também para a remessa de ofício, ao assim estabelecer: "No reexame necessário, é defeso, ao Tribunal, agravar a condenação imposta à Fazenda Pública".

O princípio da consumação é no sentido de que se o recurso já foi interposto, ou seja, se o direito de recorrer já foi exercido, consumou-se a oportunidade de impugnar a decisão, de modo que o recorrente não pode apresentar novo recurso contra a mesma decisão[15].

Cabe fazer menção, ainda, ao *princípio da irrecorribilidade em separado (ou de imediato) das decisões interlocutórias*, adotado no art. 893, § 1º, da CLT (Súmula 214 do TST)[16].

Em se tratando de decisão que reconhece a incompetência da Justiça do Trabalho, determinando a remessa dos autos a outro ramo do Poder Judiciário, é cabível recurso ordinário, por se tratar de decisão terminativa do feito na Justiça do Trabalho (art. 799, § 2º, da CLT). No caso de decisão interlocutória, em regra, não é cabível recurso de imediato no processo do trabalho, mas ela pode ser impugnada quando da decisão final. O art. 1.001 do CPC prescreve que dos despachos não cabe recurso.

O *princípio do contraditório* também deve ser observado na fase recursal. Nesse sentido, uma vez interposto o recurso, a parte contrária (recorrido) tem direito de apresentar as suas contrarrazões.

No processo do trabalho, o art. 6º da Lei 5.584/1970 estabelece o prazo de oito dias "para interpor e contra-arrazoar qualquer recurso" (CLT, art. 893).

No mesmo sentido, o art. 900 da CLT determina que, uma vez interposto o recurso, "será notificado o recorrido para oferecer as suas razões, em prazo igual ao que tiver tido o recorrente".

11.3 CLASSIFICAÇÃO

Cabe analisar as principais classificações dos recursos[17].

Quanto ao alcance ou abrangência das matérias impugnadas, o recurso pode ser parcial ou total. Nesse sentido, segundo o art. 1.002 do CPC, a decisão pode ser impugnada no todo ou em parte.

O recurso, relativamente à forma de interposição, pode ser principal ou adesivo. Vale dizer, o recurso pode ser interposto de forma principal ou adesivamente, nesta última hipótese quando assim admitido pela lei.

---

ginária tem o direito de complementar ou alterar suas razões, nos exatos limites da modificação, no prazo de 15 (quinze) dias, contado da intimação da decisão dos embargos de declaração". No processo do trabalho, entende-se que o referido prazo de complementação, em regra, é de oito dias (exceto no caso de recurso extraordinário, em que o prazo é de 15 dias).

15. Cf. NERY JUNIOR, Nelson. *Princípios fundamentais*: teoria geral dos recursos. São Paulo: RT, 1990. p. 204-205.

16. Cf. Súmula 214 do TST: "Decisão interlocutória. Irrecorribilidade. Na Justiça do Trabalho, nos termos do art. 893, § 1º, da CLT, as decisões interlocutórias não ensejam recurso imediato, salvo nas hipóteses de decisão: a) de Tribunal Regional do Trabalho contrária à Súmula ou Orientação Jurisprudencial do Tribunal Superior do Trabalho; b) suscetível de impugnação mediante recurso para o mesmo Tribunal; c) que acolhe exceção de incompetência territorial, com a remessa dos autos para Tribunal Regional distinto daquele a que se vincula o juízo excepcionado, consoante o disposto no art. 799, § 2º, da CLT".

17. Cf. BARBOSA MOREIRA, José Carlos. *Comentários ao Código de Processo Civil*. 8. ed. Rio de Janeiro: Forense, 1999. v. 5. p. 249-254.

O recurso pode ser de fundamentação livre ou de fundamentação vinculada. O recurso ordinário, por exemplo, é de fundamentação livre, ao admitir alegações de fato e de direito. O recurso de revista e o recurso extraordinário, diversamente, são admitidos apenas nas hipóteses especificamente previstas na lei e na Constituição.

O recurso também pode ser classificado em ordinário e extraordinário (em sentido amplo). São recursos de natureza ordinária os mais comuns, julgados pelas instâncias ordinárias, normalmente de fundamentação livre, como o recurso ordinário e o agravo de petição. São recursos de natureza extraordinária, voltados a questões de direito, de competência de tribunais superiores, o recurso de revista, os embargos em recurso de revista e o próprio recurso extraordinário.

11.4 PRESSUPOSTOS RECURSAIS

O juízo de admissibilidade dos recursos refere-se ao conhecimento ou ao não conhecimento do recurso pelo juízo *ad quem* (isto é, competente para julgar o recurso)[18].

Os *pressupostos recursais* normalmente também são verificados pelo juízo *a quo* (isto é, que proferiu a decisão impugnada), acarretando o processamento ou não do recurso.

No juízo de admissibilidade são examinados os requisitos ou pressupostos para que se possa apreciar o *mérito do recurso*. Cabe, assim, distinguir o mérito do recurso e mérito da causa, tema pertinente ao juízo de admissibilidade dos recursos[19].

Antes de examinar o mérito do recurso, é necessário verificar se estão presentes os pressupostos recursais ou requisitos de admissibilidade dos recursos. Nos termos do art. 938 do CPC, a questão preliminar suscitada no julgamento deve ser decidida antes do mérito, deste não se conhecendo caso seja incompatível com a decisão.

Constatada a ocorrência de vício sanável, inclusive aquele que possa ser conhecido de ofício, o relator deve determinar a realização ou a renovação do ato processual, no próprio tribunal ou em primeiro grau de jurisdição, intimadas as partes. Cumprida essa diligência, o relator, sempre que possível, prosseguirá no julgamento do recurso.

Reconhecida a necessidade de produção de prova, o relator deve converter o julgamento em diligência, que se realizará no tribunal ou em primeiro grau de jurisdição, decidindo-se o recurso após a conclusão da instrução.

Quando não determinadas pelo relator, as providências indicadas acima podem ser definidas pelo órgão competente para julgamento do recurso.

Se a preliminar for rejeitada ou se a apreciação do mérito for com ela compatível, seguir-se-ão a discussão e o julgamento da matéria principal, sobre a qual devem se pronunciar os juízes vencidos na preliminar (art. 939 do CPC).

Os pressupostos recursais podem ser classificados em subjetivos e objetivos[20].

Os *pressupostos recursais subjetivos* são a legitimidade (ou legitimação), a capacidade e o interesse.

Os pressupostos recursais objetivos são a recorribilidade, a previsão legal do recurso, a adequação (cabimento), a inexistência de fato extintivo ou impeditivo do direito

18. Cf. BARBOSA MOREIRA, José Carlos. *Comentários ao Código de Processo Civil*. 8. ed. Rio de Janeiro: Forense, 1999. v. 5. p. 258-265.

19. Cf. BARBOSA MOREIRA, José Carlos. *Comentários ao Código de Processo Civil*. 8. ed. Rio de Janeiro: Forense, 1999. v. 5. p. 259-260.

20. Cf. GRECO FILHO, Vicente. *Direito processual civil brasileiro*. 20. ed. São Paulo: Saraiva, 2009. v. 2. p. 303.

de recorrer, a tempestividade, a regularidade formal, a regularidade de representação e o preparo.

Cabe esclarecer que são normalmente considerados pressupostos recursais *intrínsecos* o cabimento, a legitimação, o interesse e a inexistência de fato impeditivo ou extintivo do direito de recorrer. São pressupostos recursais *extrínsecos*, por sua vez, a tempestividade, a regularidade formal e o preparo[21].

Vejamos, assim, cada um dos pressupostos recursais ou requisitos de admissibilidade dos recursos[22].

A *legitimação* é a pertinência subjetiva para a interposição do recurso, que se estende às partes, aos terceiros e ao Ministério Público do Trabalho (art. 83, inciso VI, da Lei Complementar 75/1993).

Nos termos do art. 996 do CPC, o recurso pode ser interposto pela parte vencida, pelo terceiro prejudicado e pelo Ministério Público, como parte ou fiscal da ordem jurídica.

O terceiro deve demonstrar a possibilidade de a decisão sobre a relação jurídica submetida à apreciação judicial atingir direito de que se afirme titular ou que possa discutir em juízo como substituto processual (art. 996, parágrafo único, do CPC). Na realidade, deve demonstrar a interdependência entre a relação jurídica em que é parte e aquela em discussão no processo.

Aquele que poderia ter intervindo no processo na fase de conhecimento, por exemplo, como assistente, por ter interesse jurídico, figurando em relação jurídica com o assistido ou com seu adversário, mas não o fez, tem legitimidade para interpor recurso como terceiro prejudicado.

Entende-se que o perito não tem legitimidade para recorrer quanto ao valor de honorários periciais arbitrados pelo juiz na sentença, pois não possui relação jurídica interdependente com aquela que é objeto do processo, sendo, na realidade, auxiliar do juízo.

O Ministério Público tem legitimidade para recorrer tanto no processo em que é parte como naqueles em que oficiou como fiscal da ordem jurídica (art. 996, *caput*, do CPC).

O Ministério Público do Trabalho, assim, pode interpor recurso, impugnando a sentença, em razão de nulidade processual, decorrente da ausência de intimação para intervir durante a instrução processual, como *custos legis*.

Conforme a Orientação Jurisprudencial 237 da SBDI-I do TST:

> "Ministério Público do Trabalho. Legitimidade para recorrer. Sociedade de economia mista. Empresa pública. I – O Ministério Público do Trabalho não tem legitimidade para recorrer na defesa de interesse patrimonial privado, ainda que de empresas públicas e sociedades de economia mista. II – Há legitimidade do Ministério Público do Trabalho para recorrer de decisão que declara a existência de vínculo empregatício com sociedade de economia mista ou empresa pública, após a Constituição Federal de 1988, sem a prévia aprovação em concurso público, pois é matéria de ordem pública".

A *capacidade* significa que o recorrente, além da legitimidade, deve ter capacidade para estar em juízo, que corresponde à capacidade de exercício dos direitos. Não tendo capacidade para estar em juízo, o recorrente deve estar representado ou assistido.

21. Cf. BARBOSA MOREIRA, José Carlos. *Comentários ao Código de Processo Civil*. 8. ed. Rio de Janeiro: Forense, 1999. v. 5. p. 260.

22. Cf. NERY JUNIOR, Nelson. *Princípios fundamentais*: teoria geral dos recursos. São Paulo: RT, 1990. p. 55-119.

O *interesse* recursal significa a necessidade e a utilidade do recurso interposto. Com esse objetivo, deve-se verificar o dispositivo da decisão impugnada. Há interesse na interposição do recurso quando a decisão não proporcionou tudo o que a parte poderia obter.

Logo, se a sentença extinguiu o processo sem resolução do mérito, mas o réu também havia sustentado, na contestação, quanto ao mérito, a rejeição do pedido, ele tem interesse recursal, para que essa rejeição, no mérito, seja reconhecida pelo órgão *ad quem*. Isso se confirma ao lembrar que a extinção do processo sem resolução do mérito normalmente autoriza a nova propositura da ação.

O *cabimento*, de forma mais ampla, pode ser entendido como englobando a *recorribilidade do ato*, a *previsão do recurso em lei*, bem como a *adequação* do recurso[23].

Deve-se verificar se o ato impugnado pode ser objeto de recurso. Exemplificando, o mero despacho não é passível de recurso. Além disso, o recurso deve ser previsto em lei (previsão legal). Por fim, o recurso utilizado deve ser adequado em face do ato judicial impugnado no caso concreto. Por exemplo, o recurso ordinário é o recurso adequado para a impugnação de sentença.

A *inexistência de fato impeditivo ou extintivo* é pressuposto recursal negativo. Vale dizer, para que o recurso possa ser apreciado no mérito, não podem existir certos fatos impeditivos ou extintivos do direito ao recurso, quais sejam: a desistência, a renúncia e aquiescência quanto à decisão.

Não pode ter havido a *desistência* do recurso. Essa desistência ocorre quando o recurso já foi interposto. Efetivamente, segundo o art. 998 do CPC, o recorrente pode, a qualquer tempo, sem a anuência do recorrido ou dos litisconsortes, desistir do recurso.

A desistência do recurso não impede a análise de questão cuja repercussão geral já tenha sido reconhecida e daquela objeto de julgamento de recursos extraordinários ou especiais (no processo do trabalho, recursos de revista) repetitivos.

A *renúncia* ao direito de recorrer, por sua vez, é manifestada quando o recurso ainda não foi interposto. Nos termos do art. 999 do CPC, a renúncia ao direito de recorrer independe da aceitação da outra parte.

A *aquiescência* à decisão pode ser total ou parcial, bem como expressa ou tácita. Conforme o art. 1.000 do CPC, a parte que aceitar expressa ou tacitamente a decisão não pode recorrer. Considera-se aceitação tácita a prática, sem nenhuma reserva, de ato incompatível com a vontade de recorrer.

A *tempestividade* significa a interposição do recurso dentro do respectivo prazo previsto em lei. Quando o prazo recursal não é observado, ocorre a preclusão temporal, isto é, no caso, a intempestividade do recurso.

No processo do trabalho, segundo o art. 6º da Lei 5.584/1970, é de oito dias "o prazo para interpor e contra-arrazoar qualquer recurso" (art. 893 da CLT).

O recurso extraordinário e os embargos de divergência no STF (art. 994, incisos VII e IX, do CPC) devem ser interpostos no prazo de 15 dias (art. 1.003, § 5º, do CPC). O agravo em recurso extraordinário, previsto no art. 1.042 do CPC, também deve ser interposto no prazo de 15 dias (art. 1.003, § 5º, do CPC).

O prazo dos embargos de declaração é de cinco dias (arts. 897-A da CLT e 1.023 do CPC).

---

23. Cf. NERY JUNIOR, Nelson. *Princípios fundamentais*: teoria geral dos recursos. São Paulo: RT, 1990. p. 56-58.

No prazo para interposição do recurso, a petição deve ser protocolada em cartório ou conforme as normas de organização judiciária, ressalvado o disposto em regra especial (art. 1.003, § 3º, do CPC). Para aferição da tempestividade do recurso remetido pelo correio, deve ser considerada como data da interposição a data da postagem (art. 1.003, § 4º, do CPC).

O CPC passou a estabelecer que deve ser considerado tempestivo o ato praticado antes do termo inicial do prazo (art. 218, § 4º). Logo, o recurso interposto antes de publicado o acórdão impugnado deve ser considerado tempestivo, inclusive em razão do princípio da instrumentalidade.

Nos termos do Decreto-lei 779/1969, art. 1º, inciso III, nos processos perante a Justiça do Trabalho, constituem prerrogativa da União, dos Estados, do Distrito Federal, dos Municípios e das autarquias ou fundações de direito público federais, estaduais ou municipais que não explorem atividade econômica, o prazo em dobro para recurso.

Em consonância com o art. 180 do CPC, o Ministério Público goza de prazo em dobro para se manifestar nos autos, que terá início a partir da sua intimação pessoal, a ser feita por carga, remessa ou meio eletrônico (art. 183, § 1º). Essa mesma previsão é aplicada à Defensoria Pública, aos escritórios de prática jurídica das faculdades de Direito reconhecidas na forma da lei e às entidades que prestam assistência jurídica gratuita em razão de convênios firmados com a Defensoria Pública conforme art. 186 do CPC.

Nos termos do art. 1.003 do CPC, o prazo para interposição de recurso conta-se da data em que os advogados, a sociedade de advogados, a Advocacia Pública, a Defensoria Pública ou o Ministério Público são intimados da decisão. Esses sujeitos do processo consideram-se intimados em audiência quando nela for proferida a decisão.

Se, durante o prazo para a interposição do recurso, sobrevier o falecimento da parte ou de seu advogado ou ocorrer motivo de força maior que suspenda o curso do processo, deve ser tal prazo restituído em proveito da parte, do herdeiro ou do sucessor, contra quem começará a correr novamente depois da intimação (art. 1.004 do CPC).

Da decisão de Tribunal Regional do Trabalho em mandado de segurança cabe recurso ordinário, no prazo de oito dias, para o Tribunal Superior do Trabalho, e igual dilação para o recorrido e os interessados apresentarem razões de contrariedade (Súmula 201 do TST).

Registre-se, ainda, a seguinte previsão da Súmula 385 do TST:

> "Feriado local ou forense. Ausência de expediente. Prazo recursal. Prorrogação. Comprovação. Necessidade. I – Incumbe à parte o ônus de provar, quando da interposição do recurso, a existência de feriado local que autorize a prorrogação do prazo recursal (art. 1.003, § 6º, do CPC de 2015). No caso de o recorrente alegar a existência de feriado local e não o comprovar no momento da interposição do recurso, cumpre ao relator conceder o prazo de 5 (cinco) dias para que seja sanado o vício (art. 932, parágrafo único, do CPC de 2015), sob pena de não conhecimento se da comprovação depender a tempestividade recursal. II – Na hipótese de feriado forense, incumbirá à autoridade que proferir a decisão de admissibilidade certificar o expediente nos autos. III – Admite-se a reconsideração da análise da tempestividade do recurso, mediante prova documental superveniente, em agravo de instrumento, agravo interno, agravo regimental, ou embargos de declaração, desde que, em momento anterior, não tenha havido a concessão de prazo para a comprovação da ausência de expediente forense".

No mesmo sentido, conforme o art. 1.003, § 6º, do CPC, o recorrente deve comprovar a ocorrência de feriado local no ato de interposição do recurso.

No caso de interposição do recurso por meio de fac-símile (Lei 9.800/1999), conforme a Súmula 387 do TST:

> "Recurso. Fac-símile. Lei nº 9.800/1999. I – A Lei nº 9.800, de 26.05.1999, é aplicável somente a recursos interpostos após o início de sua vigência. II – A contagem do quinquídio para apresentação dos originais de recurso interposto por intermédio de fac-símile começa a fluir do dia subsequente ao término do prazo recursal, nos termos do art. 2º da Lei nº 9.800, de 26.05.1999, e não do dia seguinte à interposição do recurso, se esta se deu antes do termo final do prazo. III – Não se tratando a juntada dos originais de ato que dependa de notificação, pois a parte, ao interpor o recurso, já tem ciência de seu ônus processual, não se aplica a regra do art. 224 do CPC de 2015 (art. 184 do CPC de 1973) quanto ao 'dies a quo', podendo coincidir com sábado, domingo ou feriado. IV – A autorização para utilização do fac-símile, constante do art. 1º da Lei nº 9.800, de 26.05.1999, somente alcança as hipóteses em que o documento é dirigido diretamente ao órgão jurisdicional, não se aplicando à transmissão ocorrida entre particulares".

A *regularidade formal*, por seu turno, exige que o recurso seja interposto por meio de petição escrita, contendo as razões.

O art. 1.010 do CPC, apesar de mencionar a apelação, pode ser aplicado ao recurso ordinário, bem como interpretado, de forma extensiva, às demais modalidades de recursos. Segundo esse dispositivo, a apelação, interposta por petição dirigida ao juízo de primeiro grau, deve conter: os nomes e a qualificação das partes; a exposição do fato e do direito; as razões do pedido de reforma ou de decretação de nulidade; o pedido de nova decisão.

O art. 899 da CLT prevê que os "recursos serão interpostos por simples petição e terão efeito meramente devolutivo, salvo as exceções previstas neste Título, permitida a execução provisória até a penhora". Em razão disso, há entendimento no sentido de que, se o recorrente estiver no exercício do *jus postulandi*, poderia simplesmente manifestar, por escrito, o intuito de recorrer. Entretanto, em caso de recurso ao TST, o entendimento majoritário exige que o recorrente apresente os fundamentos do apelo, isto é, as razões pelas quais impugna a decisão recorrida, inclusive para que a parte contrária possa se manifestar, em respeito ao contraditório. Ademais, essa exigência também seria necessária para que se possa saber o limite do recurso, ou seja, da matéria que foi objeto de impugnação, uma vez que, se parte da decisão não foi recorrida, pode já transitar em julgado.

A Súmula 422 do TST esclarece que:

> "Recurso. Fundamento ausente ou deficiente. Não conhecimento. I – Não se conhece de recurso para o Tribunal Superior do Trabalho se as razões do recorrente não impugnam os fundamentos da decisão recorrida, nos termos em que proferida. II – O entendimento referido no item anterior não se aplica em relação à motivação secundária e impertinente, consubstanciada em despacho de admissibilidade de recurso ou em decisão monocrática. III – Inaplicável a exigência do item I relativamente ao recurso ordinário da competência de Tribunal Regional do Trabalho, exceto em caso de recurso cuja motivação é inteiramente dissociada dos fundamentos da sentença".

Antes de considerar inadmissível o recurso, o relator deve conceder o prazo de cinco dias ao recorrente para que seja sanado vício ou complementada a documentação exigível (art. 932, parágrafo único, do CPC). Desse modo, segundo a Orientação Jurisprudencial 120 da SBDI-I do TST:

> "Recurso. Assinatura da petição ou das razões recursais. Art. 932, parágrafo único, do CPC de 2015. I – Verificada a total ausência de assinatura no recurso, o juiz ou o relator concederá prazo de 5 (cinco) dias para que seja sanado o vício. Descumprida a determinação, o recurso será reputado inadmissível (art. 932, parágrafo único, do CPC de 2015). II – É válido o recurso assinado, ao menos, na petição de apresentação ou nas razões recursais".

A *regularidade de representação*, por sua vez, está ligada a questões relativas ao exercício do *jus postulandi*, ao mandato (inclusive tácito e *apud acta*) e à juntada de procuração.

A respeito da irregularidade de representação processual na fase recursal, assim determina a Súmula 383 do TST:

> "Recurso. Mandato. Irregularidade de representação. CPC de 2015, arts. 104 e 76, § 2º. I – É inadmissível recurso firmado por advogado sem procuração juntada aos autos até o momento da sua interposição, salvo mandato tácito. Em caráter excepcional (art. 104 do CPC de 2015), admite-se que o advogado, independentemente de intimação, exiba a procuração no prazo de 5 (cinco) dias após a interposição do recurso, prorrogável por igual período mediante despacho do juiz. Caso não a exiba, considera-se ineficaz o ato praticado e não se conhece do recurso. II – Verificada a irregularidade de representação da parte em fase recursal, em procuração ou substabelecimento já constante dos autos, o relator ou o órgão competente para julgamento do recurso designará prazo de 5 (cinco) dias para que seja sanado o vício. Descumprida a determinação, o relator não conhecerá do recurso, se a providência couber ao recorrente, ou determinará o desentranhamento das contrarrazões, se a providência couber ao recorrido (art. 76, § 2º, do CPC de 2015)".

O art. 3º, inciso I, da Instrução Normativa 39/2016 do TST prevê que se aplica ao processo do trabalho, em face de omissão e de compatibilidade, o art. 76, §§ 1º e 2º, do CPC, sobre saneamento de incapacidade processual ou de irregularidade de representação.

É regular a representação processual do subscritor do agravo de instrumento ou do recurso de revista que detém mandato com poderes de representação limitados ao âmbito do Tribunal Regional do Trabalho, pois, embora a apreciação desse recurso seja realizada pelo Tribunal Superior do Trabalho, a sua interposição é ato praticado perante o Tribunal Regional do Trabalho, circunstância que legitima a atuação do advogado no feito (Orientação Jurisprudencial 374 da SBDI-I do TST).

O *preparo* é pressuposto recursal voltado a exigir que o recorrente recolha e comprove as custas e despesas processuais relativas ao recurso interposto, sob pena de deserção. No processo do trabalho, quanto ao preparo, merecem destaque as custas e o depósito recursal.

Conforme o art. 10 da Instrução Normativa 39/2016 do TST, aplicam-se ao processo do trabalho as normas do parágrafo único do art. 932 do CPC, §§ 1º a 4º do art. 938 e §§ 2º e 7º do art. 1.007 do mesmo diploma legal.

Desse modo, antes de considerar inadmissível o recurso, o relator deve conceder o prazo de cinco dias ao recorrente para que seja sanado vício ou complementada a documentação exigível (art. 932, parágrafo único, do CPC).

Constatada a ocorrência de vício sanável, inclusive aquele que possa ser conhecido de ofício, o relator deve determinar a realização ou a renovação do ato processual, no próprio tribunal ou em primeiro grau de jurisdição, intimadas as partes (art. 938, § 1º, do CPC). Cumprida essa diligência, o relator, sempre que possível, deve prosseguir no julgamento do recurso (art. 938, § 2º, do CPC).

Reconhecida a necessidade de produção de prova, o relator deve converter o julgamento em diligência, que se realizará no tribunal ou em primeiro grau de jurisdição, decidindo-se o recurso após a conclusão da instrução (art. 938, § 3º, do CPC).

Quando não determinadas pelo relator, as providências indicadas nos §§ 1º e 3º do art. 938 do CPC podem ser determinadas pelo órgão competente para julgamento do recurso (art. 938, § 4º, do CPC).

As medidas em questão concretizam os princípios da instrumentalidade das formas, da cooperação e da celeridade processual.

Ainda quanto ao tema, cabe ressaltar que a insuficiência no valor do preparo, inclusive porte de remessa e de retorno, implicará deserção se o recorrente, intimado na pessoa de seu advogado, não vier a supri-lo no prazo de cinco dias (art. 1.007, § 2º, do CPC).

Em caso de recolhimento insuficiente das custas processuais ou do depósito recursal, somente haverá deserção do recurso se, concedido o prazo de cinco dias previsto no § 2º do art. 1.007 do CPC de 2015, o recorrente não complementar e comprovar o valor devido (Orientação Jurisprudencial 140 da SBDI-I do TST).

O equívoco no preenchimento da guia de custas, por sua vez, não implicará a aplicação da pena de deserção, cabendo ao relator, na hipótese de dúvida quanto ao recolhimento, intimar o recorrente para sanar o vício no prazo de cinco dias (art. 1.007, § 7º, do CPC).

Nos termos do art. 1.007, § 4º, do CPC, o recorrente que não comprovar, no ato de interposição do recurso, o recolhimento do preparo, deve ser intimado, na pessoa de seu advogado, para realizar o recolhimento em dobro, sob pena de deserção. Há entendimento (minoritário) de que esse dispositivo também é aplicável ao processo do trabalho, conforme arts. 769 da CLT e 15 do CPC (TST, 5ª T., RR - 10007-80.2014.5.15.0046, Rel. Min. Douglas Alencar Rodrigues, DEJT 06.04.2018). No entanto, prevalece a posição de que "não se aplica ao Processo do Trabalho, por haver norma específica na CLT (art. 789, § 1º) quanto ao momento de comprovação do recolhimento do tributo, a hipótese prevista no § 4º do art. 1.007 do CPC/2015" (TST, SBDI-II, RO-148-24.2016.5.11.0000, Rel. Min. Evandro Pereira Valadão Lopes, DEJT 28.05.2021). Cf. ainda TST, SBDI-I, E-ED-ARR-2876-24.2015.5.10.0801, Rel. Min. Cláudio Mascarenhas Brandão, DEJT 13.12.2019.

No âmbito do recurso de revista, segundo o art. 896, § 11, da CLT, quando o recurso tempestivo contiver defeito formal que não se repute grave, o Tribunal Superior do Trabalho pode desconsiderar o vício ou mandar saná-lo, julgando o mérito.

Segundo o art. 789, § 1º, da CLT, as custas devem ser pagas pelo vencido, após o trânsito em julgado da decisão. No entanto, em caso de recurso, as custas devem ser "pagas e comprovado o recolhimento dentro do prazo recursal".

É responsabilidade da parte, para interpor recurso ordinário em mandado de segurança, a comprovação do recolhimento das custas processuais no prazo recursal, sob pena de deserção (Orientação Jurisprudencial 148 da SBDI-II do TST).

A Súmula 25 do TST é no seguinte sentido:

> "Custas processuais. Inversão do ônus da sucumbência. I – A parte vencedora na primeira instância, se vencida na segunda, está obrigada, independentemente de intimação, a pagar as custas fixadas na sentença originária, das quais ficara isenta a parte então vencida. II – No caso de inversão do ônus da sucumbência em segundo grau, sem acréscimo ou atualização do valor das custas e se estas já foram devidamente recolhidas, descabe um novo pagamento pela parte vencida, ao recorrer. Deverá ao final, se sucumbente, reembolsar a quantia. III –

Não caracteriza deserção a hipótese em que, acrescido o valor da condenação, não houve fixação ou cálculo do valor devido a título de custas e tampouco intimação da parte para o preparo do recurso, devendo ser as custas pagas ao final. IV – O reembolso das custas à parte vencedora faz-se necessário mesmo na hipótese em que a parte vencida for pessoa isenta do seu pagamento, nos termos do art. 790-A, parágrafo único, da CLT".

O art. 790-A da CLT dispõe que são isentos do pagamento de custas, além dos beneficiários de justiça gratuita: a União, os Estados, o Distrito Federal, os Municípios e as respectivas autarquias e fundações públicas federais, estaduais ou municipais que não explorem atividade econômica (inciso I) e o Ministério Público do Trabalho (inciso II).

Essa isenção não alcança as entidades fiscalizadoras do exercício profissional, nem exime as pessoas jurídicas referidas no inciso I da obrigação de reembolsar as despesas judiciais realizadas pela parte vencedora (art. 790-A, parágrafo único, da CLT).

Os privilégios e isenções no foro da Justiça do Trabalho não abrangem as sociedades de economia mista, ainda que gozassem desses benefícios anteriormente ao Decreto-Lei nº 779, de 21.08.1969 (Súmula 170 do TST).

A Empresa Brasileira de Correios e Telégrafos (ECT) goza do mesmo tratamento destinado à Fazenda Pública em relação à imunidade tributária e à execução por precatório, além das prerrogativas de foro, prazos e custas processuais (Orientação Jurisprudencial 247, item II, parte final, da SBDI-I do TST).

Sobre o requerimento de justiça gratuita no prazo do recurso, cabe registrar que, segundo a Orientação Jurisprudencial 269 da SBDI-I do TST: "Justiça gratuita. Requerimento de isenção de despesas processuais. Momento oportuno. I – O benefício da justiça gratuita pode ser requerido em qualquer tempo ou grau de jurisdição, desde que, na fase recursal, seja o requerimento formulado no prazo alusivo ao recurso; II – Indeferido o requerimento de justiça gratuita formulado na fase recursal, cumpre ao relator fixar prazo para que o recorrente efetue o preparo (art. 99, § 7º, do CPC de 2015)".

O recolhimento das custas deve ser comprovado por meio de guia própria (Orientação Jurisprudencial 33 e 158 da SBDI-I do TST e Instrução Normativa 20/2002, item I, do TST).

A Instrução Normativa 27/2005 do TST, sobre normas procedimentais aplicáveis ao processo do trabalho, em decorrência da ampliação da competência da Justiça do Trabalho pela Emenda Constitucional 45/2004, no art. 2º, dispõe que a sistemática recursal a ser observada é a prevista na Consolidação das Leis do Trabalho, inclusive no tocante à nomenclatura, à alçada, aos prazos e às competências. O depósito recursal a que se refere o art. 899 da CLT, por sua vez, é sempre exigível como requisito extrínseco do recurso, quando houver condenação em pecúnia.

O art. 3º da Instrução Normativa 27/2005 estabelece que são aplicáveis, quanto às custas, as disposições da Consolidação das Leis do Trabalho. As custas devem ser pagas pelo vencido, após o trânsito em julgado da decisão (art. 3º, § 1º). Na hipótese de interposição de recurso, as custas devem ser pagas e comprovado seu recolhimento no prazo recursal (arts. 789, 789-A, 790 e 790-A da CLT). Salvo nas lides decorrentes da relação de emprego, é aplicável o princípio da sucumbência recíproca, relativamente às custas (art. 3º, § 3º).

O *depósito recursal* tem natureza de garantia do juízo, isto é, da execução. Não se trata, portanto, de taxa recursal (art. 899, §§ 1º e 2º, da CLT).

O art. 899, § 4º, da CLT, com redação dada pela Lei 13.467/2017, dispõe que o depósito recursal deve ser feito em conta vinculada ao juízo e corrigido com os mesmos índices da poupança. Com isso, o depósito recursal deixou de ser feito na conta vinculada do empregado do FGTS.

Essa previsão decorrente da Lei 13.467/2017, quanto aos índices de correção, foi objeto de ações de controle concentrado de constitucionalidade (STF, ADC 58/DF, ADC 59/DF, ADI 5.867/DF e ADI 6.021/DF).

O Supremo Tribunal Federal conferiu interpretação conforme à Constituição ao art. 879, § 7º, e ao art. 899, § 4º, da CLT, na redação dada pela Lei 13.467/2017, definindo-se que, até que sobrevenha solução legislativa, devem ser aplicados à atualização dos créditos decorrentes de condenação judicial e à correção dos depósitos recursais em contas judiciais na Justiça do Trabalho os mesmos índices de correção monetária e de juros vigentes para as hipóteses de condenações cíveis em geral (art. 406 do Código Civil), à exceção das dívidas da Fazenda Pública que possui regramento específico (art. 1º-F da Lei 9.494/1997, com a redação dada pela Lei 11.960/2009), com a interpretação conferida pelo STF na ADI 4.357, ADI 4.425, ADI 5.348 e no RE 870.947-RG (tema 810). Sendo assim, em relação à fase extrajudicial, ou seja, a que antecede o ajuizamento das ações trabalhistas, deve ser utilizado como indexador o IPCA-E acumulado no período de janeiro a dezembro de 2000. A partir de janeiro de 2001, deve ser utilizado o IPCA-E mensal (IPCA-15/IBGE), em razão da extinção da UFIR como indexador, nos termos do art. 29, § 3º, da Medida Provisória 1.973-67/2000. Além da indexação, devem ser aplicados os juros legais (art. 39, *caput*, da Lei 8.177/1991). Em relação à fase judicial (a partir do ajuizamento da ação), a atualização dos débitos judiciais deve ser efetuada pela taxa referencial do Sistema Especial de Liquidação e Custódia (SELIC), considerando que ela incide como juros moratórios dos tributos federais (art. 13 da Lei 9.065/1995, art. 84 da Lei 8.981/1995, art. 39, § 4º, da Lei 9.250/1995, art. 61, § 3º, da Lei 9.430/1996 e art. 30 da Lei 10.522/2002). A incidência de juros moratórios com base na variação da taxa SELIC não pode ser cumulada com a aplicação de outros índices de atualização monetária, cumulação que representaria *bis in idem* (STF, Pleno, ADC 58/DF, Rel. Min. Gilmar Mendes, DJe 07.04.2021).

Sendo assim, no caso de depósito recursal feito na Justiça do Trabalho, por não dizer respeito à fase extrajudicial, mas sim judicial, passa a incidir a taxa SELIC (Sistema Especial de Liquidação e Custódia). Cf. Capítulo 12, item 12.1. A mencionada decisão do STF é passível de crítica, pois a SELIC engloba juros moratórios e correção monetária, mas o art. 899, § 4º, da CLT prevê que o depósito recursal feito em conta vinculada ao juízo deve ser *corrigido*, ou seja, estabelece apenas a correção monetária, e não a incidência de juros.

O art. 899, § 9º, da CLT, incluído pela Lei 13.467/2017 prevê que o valor do depósito recursal deve ser reduzido pela metade para entidades sem fins lucrativos, empregadores domésticos, microempreendedores individuais, microempresas e empresas de pequeno porte.

A Lei Complementar 123/2006 estabelece normas gerais relativas ao tratamento diferenciado e favorecido a ser dispensado às microempresas e empresas de pequeno porte (art. 1º). O microempreendedor individual é previsto no art. 18-A da Lei Complementar 123/2006.

Havendo recurso ordinário em sede de rescisória, o depósito recursal só é exigível quando for julgado procedente o pedido e imposta condenação em pecúnia, devendo este ser efetuado no prazo recursal, no limite e nos termos da legislação vigente, sob pena de deserção (Súmula 99 do TST).

O depósito recursal, segundo os arts. 899, § 1º, da CLT e 40 da Lei 8.177/1991 (com a redação determinada pelo art. 8º da Lei 8.542/1992), é exigido nos processos de dissídios individuais[24], na hipótese de condenação em pecúnia.

Se não há condenação a pagamento em pecúnia, descabe o depósito de que tratam os §§ 1º e 2º do art. 899 da CLT (Súmula 161 do TST).

A sua natureza é de garantia da futura execução, e não de taxa judiciária. Logo, diferencia-se das custas e dos emolumentos. Tanto é assim que a expedição de Mandado de Citação, Penhora e Avaliação em fase definitiva ou provisória de execução deverá levar em conta a dedução dos valores já depositados nos autos, em especial o depósito recursal. Com o trânsito em julgado da decisão que absolver o demandado da condenação, deve-se autorizar o levantamento do valor depositado e seus acréscimos (Instrução Normativa 3/1993 do TST, item II, *g*, *h*).

Nesse sentido, a Instrução Normativa 3 do TST, item I, ressalta que o depósito recursal não tem natureza jurídica de taxa de recurso, mas de garantia do juízo recursal, que pressupõe decisão condenatória ou executória de obrigação de pagamento em pecúnia, com valor líquido ou arbitrado.

O art. 899, § 10, da CLT, acrescentado pela Lei 13.467/2017, dispõe que são isentos do depósito recursal os beneficiários da justiça gratuita, as entidades filantrópicas e as empresas em recuperação judicial.

A Instrução Normativa 3, em seu item X, dispõe não ser exigido depósito recursal, em qualquer fase do processo ou grau de jurisdição, dos entes de direito público externo e das pessoas de direito público contempladas no Decreto-Lei 779, de 21.08.1969, bem assim da massa falida e da herança jacente.

O CPC de 2015, no art. 98, § 1º, inciso VIII, prevê que a gratuidade da justiça compreende "os depósitos previstos em lei para interposição de recurso, para propositura de ação e para a prática de outros atos processuais inerentes ao exercício da ampla defesa e do contraditório".

Não ocorre deserção de recurso da massa falida por falta de pagamento de custas ou de depósito do valor da condenação. Esse privilégio, todavia, não se aplica à empresa em liquidação extrajudicial (Súmula 86 do TST).

O Decreto-lei 779/1969, no art. 1º, inciso IV, prevê que, nos processos perante a Justiça do Trabalho, constituem prerrogativa da União, dos Estados, do Distrito Federal, dos Municípios e das autarquias ou fundações de direito público federais, estaduais ou municipais que não explorem atividade econômica a dispensa de depósito para interposição de recurso.

O depósito recursal pode ser substituído por fiança bancária ou seguro garantia judicial (art. 899, § 11, da CLT, acrescentado pela Lei 13.467/2017).

O depósito recursal deve ser feito e comprovado no prazo alusivo ao recurso. A interposição antecipada deste não prejudica a dilação legal (Súmula 245 do TST). Especificamente quanto ao agravo de instrumento, a comprovação do depósito recursal deve ser feita no ato de interposição deste recurso (art. 899, § 7º, da CLT).

Atualmente, no processo ou fase de conhecimento dos dissídios individuais trabalhistas, o depósito recursal é limitado ao valor divulgado pelo TST (valor corrigido) para

24. Conforme a Instrução Normativa 3 do TST, item V: "Nos termos do § 3º do art. 40 da Lei nº 8.177/1991, não é exigido depósito para recurso ordinário interposto em dissídio coletivo, uma vez que a regra aludida atribui apenas valor ao recurso, com efeitos limitados, portanto, ao cálculo das custas processuais".

o *recurso ordinário*, e a outro valor, também divulgado pelo TST (valor corrigido)[25] para cada um dos recursos subsequentes, isto é, *de revista* e *de embargos, bem como para recurso em ação rescisória (Instrução Normativa 3 do TST, item II).*

Para o recurso de agravo de instrumento, o valor do depósito recursal corresponde a 50% do valor do depósito do recurso ao qual se pretende destrancar (Instrução Normativa 3 do TST, item II, *a*).

Para que se possa saber o valor a ser objeto de depósito recursal, toda decisão condenatória ilíquida deve conter o arbitramento do valor da condenação. Da mesma forma, o acréscimo de condenação, em grau recursal, quando ilíquido, deve ser arbitrado também para fins de depósito (Instrução Normativa 3 do TST, item VII).

Justamente por se tratar de garantia do juízo, visando à futura execução da condenação em obrigação de pagar, uma vez tendo sido depositado o valor total da condenação, nenhum outro depósito deve ser exigido nos recursos das decisões posteriores, salvo se o valor da condenação vier a ser ampliado (Instrução Normativa 3 do TST, item II, *b*).

Nesse sentido, cabe fazer menção à Súmula 128 do TST:

> "Depósito recursal. I – É ônus da parte recorrente efetuar o depósito legal, integralmente, em relação a cada novo recurso interposto, sob pena de deserção. Atingido o valor da condenação, nenhum depósito mais é exigido para qualquer recurso. II – Garantido o juízo, na fase executória, a exigência de depósito para recorrer de qualquer decisão viola os incisos II e LV do art. 5º da CF/1988. Havendo, porém, elevação do valor do débito, exige-se a complementação da garantia do juízo. III – Havendo condenação solidária de duas ou mais empresas, o depósito recursal efetuado por uma delas aproveita as demais, quando a empresa que efetuou o depósito não pleiteia sua exclusão da lide".

Entretanto, se o valor constante do primeiro depósito recursal, efetuado no limite legal, for inferior ao valor da condenação, torna-se devida a complementação de depósito em recurso posterior, observado o valor nominal remanescente da condenação, bem como os limites legais para cada novo recurso (Instrução Normativa 3 do TST, item II, *c*).

No caso de acréscimo ou redução da condenação em grau recursal, cabe ao juízo prolator da decisão arbitrar novo valor à condenação. Trata-se de medida necessária para a exigibilidade de depósito ou complementação do já depositado, na hipótese de recurso posterior, ou mesmo para a liberação do valor excedente decorrente da redução da condenação (Instrução Normativa 3 do TST, item II, *d*).

Registre-se o entendimento de que o depósito recursal só seria devido no caso de condenação de *empregador* a obrigação de pagar[26]. Na atualidade, o depósito recursal deve ser feito em conta vinculada ao juízo (art. 899, § 4º, da CLT, com redação dada pela Lei 13.467/2017), e não mais em conta vinculada do empregado do FGTS. Ainda assim, são isentos do depósito recursal os beneficiários da justiça gratuita (art. 899, § 10, da CLT, incluído pela Lei 13.467/2017), o que pode ser aplicável em recurso de empregado contra decisão que o condenou a obrigação de pagar.

---

25. Cf. Instrução Normativa 3 do TST, item VI: "Os valores alusivos aos limites de depósito recursal serão reajustados anualmente pela variação acumulada do INPC do IBGE dos doze meses imediatamente anteriores, e serão calculados e publicados no Diário Eletrônico da Justiça do Trabalho por ato do Presidente do Tribunal Superior do Trabalho, tornando-se obrigatória a sua observância a partir do quinto dia seguinte ao da publicação".

26. Cf. LEITE, Carlos Henrique Bezerra. *Curso de direito processual do trabalho*. 9. ed. São Paulo: LTr, 2011. p. 755.

No caso de reclamações trabalhistas plúrimas e nas em que houver substituição processual, deve ser arbitrado o valor total da condenação, para o atendimento da exigência legal do depósito recursal (Instrução Normativa 3 do TST, item II, *f*).

O Supremo Tribunal Federal decidiu que não é necessário o depósito recursal para a admissibilidade de recurso extraordinário, tendo fixado a seguinte tese de repercussão geral: "Surge incompatível com a Constituição Federal exigência de depósito prévio como condição de admissibilidade do recurso extraordinário, no que não recepcionada a previsão constante do § 1º do artigo 899 da Consolidação das Leis do Trabalho, sendo inconstitucional a contida na cabeça do artigo 40 da Lei nº 8.177 e, por arrastamento, no inciso II da Instrução Normativa nº 3/1993 do Tribunal Superior do Trabalho" (STF, Pleno, RE 607.447/PR, Rel. Min. Marco Aurélio, j. 22.05.2020).

O art. 1.007, § 1º, do CPC confirma que são dispensados de preparo os recursos interpostos pelo Ministério Público, pela União, pelo Distrito Federal, pelos Estados, pelos Municípios, e respectivas autarquias, e pelos que gozam de isenção legal.

Em caso de equívoco no preenchimento da guia de recolhimento do depósito recursal, o relator deve conceder o prazo de cinco dias previsto no § 7º do art. 1.007 do CPC para o recorrente sanar o vício, sob pena de deserção (Instrução Normativa 3/1993 do TST, item XIV).

No juízo de mérito do recurso, o qual só ocorre quando presentes os pressupostos recursais (ou requisitos de admissibilidade), o juízo *ad quem* dá provimento ou nega provimento. Em caso de *error in judicando*, reforma-se a decisão. Se a hipótese for de *error in procedendo*, ocorre a invalidação da decisão[27].

11.5 EFEITOS

Os recursos possuem certos efeitos[28].

O primeiro efeito dos recursos é o de *obstar o trânsito em julgado*[29].

O *efeito devolutivo* significa submeter a matéria impugnada ao órgão *ad quem*, para reexame. O efeito devolutivo pode ser analisado na extensão e na profundidade.

A *extensão* do efeito devolutivo é prevista no art. 1.013, *caput*, do CPC, referindo-se ao objeto da decisão, isto é, ao limite da matéria impugnada.

O recurso ordinário devolve ao tribunal o conhecimento da matéria impugnada. A decisão, assim, pode ser impugnada no todo ou em parte (art. 1.002 do CPC).

A referida previsão pode ser aplicada, em tese, não apenas ao recurso ordinário, mas também a outros recursos, por conter regra inerente ao sistema recursal[30].

Apesar disso, o art. 1.014 do CPC possibilita que as questões de fato não propostas no juízo inferior sejam suscitadas na apelação (ou seja, no recurso ordinário, no caso do processo do trabalho), *se a parte provar que deixou de fazê-lo por motivo de força maior*.

27. Cf. BARBOSA MOREIRA, José Carlos. *Comentários ao Código de Processo Civil*. 8. ed. Rio de Janeiro: Forense, 1999. v. 5. p. 265-266.

28. Cf. BARBOSA MOREIRA, José Carlos. *Comentários ao Código de Processo Civil*. 8. ed. Rio de Janeiro: Forense, 1999. v. 5. p. 254-258.

29. Cf. BARBOSA MOREIRA, José Carlos. *Comentários ao Código de Processo Civil*. 8. ed. Rio de Janeiro: Forense, 1999. v. 5. p. 254.

30. Cf. DINAMARCO, Cândido Rangel. *Nova era do processo civil*. São Paulo: Malheiros, 2003. p. 119.

O art. 3º, inciso XXVIII, da Instrução Normativa 39/2016 do TST prevê que se aplicam ao processo do trabalho, em face de omissão e de compatibilidade, os arts. 1.013 a 1.014 do CPC, sobre efeito devolutivo do recurso ordinário e força maior.

A *profundidade* do efeito devolutivo, por sua vez, é disciplinada no art. 1.013, §§ 1º e 2º, do CPC, também aplicável ao processo trabalhista, ao disciplinar os fundamentos que podem ser utilizados para julgar o recurso, ou seja, a matéria que pode ser considerada para a decisão na esfera recursal.

Serão, porém, objeto de apreciação e julgamento pelo tribunal todas as questões suscitadas e discutidas no processo, ainda que não tenham sido solucionadas, desde que relativas ao capítulo impugnado (art. 1.013, § 1º, do CPC).

Quando o pedido ou a defesa tiver mais de um fundamento e o juiz acolher apenas um deles, o recurso ordinário devolverá ao tribunal o conhecimento dos demais (art. 1.013, § 2º, do CPC).

O efeito devolutivo, na profundidade, de certa forma, é bastante amplo.

Conforme a Súmula 393 do TST:

> "Recurso ordinário. Efeito devolutivo em profundidade. Art. 1.013, § 1º, do CPC de 2015. Art. 515, § 1º, do CPC de 1973. I – O efeito devolutivo em profundidade do recurso ordinário, que se extrai do § 1º do art. 1.013 do CPC de 2015 (art. 515, § 1º, do CPC de 1973), transfere ao Tribunal a apreciação dos fundamentos da inicial ou da defesa, não examinados pela sentença, ainda que não renovados em contrarrazões, desde que relativos ao capítulo impugnado. II – Se o processo estiver em condições, o tribunal, ao julgar o recurso ordinário, deverá decidir desde logo o mérito da causa, nos termos do § 3º do art. 1.013 do CPC de 2015, inclusive quando constatar a omissão da sentença no exame de um dos pedidos".

Se apenas um dos capítulos da sentença for impugnado, somente essa matéria será devolvida ao tribunal (art. 1.013, *caput*, do CPC). Dentro desse limite horizontal, o órgão *ad quem* possui liberdade para apreciar todas as questões suscitadas e discutidas no processo, ainda que não tenham sido solucionadas (art. 1.013, § 1º, do CPC); além disso, ficam "devolvidos" ao tribunal, unicamente nos limites horizontais mencionados, os diversos fundamentos do pedido e da defesa, ainda que o juiz tenha acolhido apenas um deles (art. 1.013, § 2º, do CPC).

Observe-se que a diferenciação das duas dimensões do efeito devolutivo do recurso está em consonância justamente com a garantia da coisa julgada. Além disso, evita a *reformatio in pejus*.

O efeito *translativo* do recurso, que permite ao órgão *ad quem* conhecer de questões não objeto de impugnação[31], não possibilita desconstituir a coisa julgada material de capítulos autônomos da sentença. Trata-se, na realidade, do conhecido efeito devolutivo, especificamente quanto à sua profundidade. Ou seja, apenas nos limites do capítulo da decisão remetido ao tribunal por meio do recurso, este pode conhecer de questões de ordem pública.

Ainda que a ausência das condições da ação possa ser reconhecida "em qualquer tempo e grau de jurisdição" (art. 485, inciso VI e § 3º, do CPC), a coisa julgada material deve ser respeitada, tratando-se de garantia constitucional.

---

31. Cf. NERY JUNIOR, Nelson; NERY, Rosa Maria de Andrade. *Código de Processo Civil comentado e legislação processual civil extravagante em vigor*. 5. ed. São Paulo: RT, 2001. p. 957-958.

Tanto é assim que o art. 485, § 3º, do CPC expressamente dispõe que o juiz deve conhecer de ofício da matéria constante dos incisos IV (ausência de pressupostos processuais), V (perempção, de litispendência ou de coisa julgada), VI (ausência de legitimidade ou de interesse processual) e IX (morte da parte, sendo a ação considerada intransmissível por disposição legal) do mesmo dispositivo legal, em qualquer tempo e grau de jurisdição, mas *enquanto não ocorrer o trânsito em julgado*.

Da mesma forma, o art. 1.013, § 1º, do CPC determina que devem ser objeto de apreciação e julgamento pelo tribunal todas as questões suscitadas e discutidas no processo, ainda que não tenham sido solucionadas, mas *desde que relativas ao capítulo impugnado*.

A Súmula 100 do TST, em seu item II apresenta expressa ressalva quanto ao trânsito em julgado em momentos distintos na hipótese de o recurso ser parcial. Trata-se da hipótese de o recurso dizer respeito a preliminar ou prejudicial que possa tornar insubsistente a decisão recorrida.

Segundo o art. 1.013, § 4º, do CPC, quando reformar sentença que reconheça a decadência ou a prescrição, o tribunal, se possível, julgará o mérito, *examinando as demais questões, sem determinar o retorno do processo ao juízo de primeiro grau*.

Situação semelhante ocorre quando a sentença não reconhece a existência da relação de emprego, acarretando a rejeição de todos os pedidos dela decorrentes, mas o TRT, ao apreciar o recurso ordinário, considera presente o vínculo empregatício. Sabendo que o reconhecimento ou não da relação de emprego integra o mérito, pois a consequência é a rejeição dos pedidos (art. 487, inciso I, do CPC), caberia ao TRT prosseguir no julgamento, acolhendo ou rejeitando os pedidos decorrentes, inclusive em face dos §§ 1º e 2º do art. 1.013 do CPC.

Se o processo estiver em condições de imediato julgamento, o tribunal deve decidir desde logo o mérito quando: reformar sentença fundada no art. 485 do CPC; decretar a nulidade da sentença por não ser ela congruente com os limites do pedido ou da causa de pedir; constatar a omissão no exame de um dos pedidos, hipótese em que poderá julgá-lo; decretar a nulidade de sentença por falta de fundamentação (art. 1.013, § 3º, do CPC).

Constatada a ocorrência de vício sanável, inclusive aquele que possa ser conhecido de ofício, o relator determinará a realização ou a renovação do ato processual, no próprio tribunal ou em primeiro grau de jurisdição, intimadas as partes (art. 938, § 1º, do CPC). Cumprida essa diligência, o relator, sempre que possível, prosseguirá no julgamento do recurso (art. 938, § 2º, do CPC).

Essa previsão é aplicável não apenas ao recurso ordinário, mas também em outros recursos, seja porque a disposição é inerente à teoria geral das nulidades processuais, seja porque o próprio art. 938 do CPC está inserido no âmbito das disposições gerais relativas à ordem dos processos no tribunal.

De acordo com o art. 938, § 3º, do CPC, reconhecida a necessidade de produção de prova, o relator deve *converter o julgamento em diligência*, que se realizará no tribunal ou em primeiro grau de jurisdição, decidindo-se o recurso após a conclusão da instrução.

Frise-se, ainda, que as providências indicadas nos §§ 1º e 3º do art. 938 do CPC, quando não tiverem sido determinadas pelo relator, podem ser definidas pelo órgão competente para julgamento do recurso (art. 938, § 4º, do CPC).

O *efeito suspensivo* do recurso, por sua vez, adia (isto é, prolonga) o impedimento da produção imediata dos efeitos da decisão.

No processo do trabalho, o art. 899, *caput*, da CLT estabelece o efeito meramente devolutivo dos recursos.

Logo, no processo do trabalho, o recurso, em regra, não tem efeito suspensivo, o que só pode ser obtido, em tese, por meio de "requerimento dirigido ao tribunal, ao relator ou ao presidente ou ao vice-presidente do tribunal recorrido, por aplicação subsidiária ao processo do trabalho do artigo 1.029, § 5º, do CPC de 2015" (Súmula 414, item I, do TST).

Mesmo no processo civil, o art. 995 do CPC dispõe que os recursos *não impedem a eficácia da decisão*, salvo disposição legal ou decisão judicial em sentido diverso. Além disso, a eficácia da decisão recorrida pode ser suspensa por decisão do relator, se da imediata produção de seus efeitos houver risco de dano grave, de difícil ou impossível reparação, e ficar demonstrada a probabilidade de provimento do recurso.

A Lei 10.192/2001, no art. 14, prevê que o recurso interposto de decisão normativa da Justiça do Trabalho terá efeito suspensivo, na medida e extensão conferidas em despacho do Presidente do Tribunal Superior do Trabalho.

O *efeito expansivo*, quando aplicável, refere-se ao julgamento do recurso que enseja decisão mais abrangente do que o reexame da matéria especificamente impugnada.

Nesse sentido, quanto ao aspecto *subjetivo*, segundo o art. 1.005 do CPC, o recurso interposto por um dos litisconsortes a todos aproveita, salvo se distintos ou opostos os seus interesses.

Havendo solidariedade passiva, o recurso interposto por um devedor aproveitará aos outros, quando as defesas opostas ao credor lhes forem comuns (art. 1.005, parágrafo único, do CPC).

A condenação de réu que responda de forma subsidiária também pode ser abrangida pela regra em questão, em razão da nítida semelhança apresentada, como forma de manutenção da coerência lógica da decisão. A defesa do devedor principal aproveita ao responsável subsidiário, pois essa responsabilidade não subsiste sem a principal.

Entende-se que nas hipóteses do art. 1.013, § 3º, do CPC ocorre o efeito expansivo no aspecto objetivo, pois a consequência do julgamento do recurso alcança outros atos do processo, de forma mais abrangentes do que a matéria especificamente impugnada[32].

O *efeito translativo*, mencionado por parte da doutrina, indica que o sistema processual, quanto a certas matérias, autoriza a julgar fora das razões do recurso, quando presentes *questões de ordem pública*[33], previstas no art. 485, § 3º, do CPC, relativas às condições da ação e aos pressupostos processuais.

O *efeito regressivo*, indicado por parte da doutrina, significa que em certas hipóteses excepcionais (arts. 331, *caput*, 332, § 3º, 485, § 7º, 1.021, § 2º, 1.030, inciso II, 1.041, § 1º, 1.042, §§ 2º e 4º, do CPC), admite-se ao juízo *a quo* se retratar, ou seja, rever a decisão que proferiu e foi impugnada por meio do recurso[34].

O *efeito substitutivo*, por fim, significa que a decisão sobre o mérito do recurso substitui a decisão recorrida. Nos termos do art. 1.008 do CPC, o julgamento proferido pelo tribunal substituirá a decisão impugnada no que tiver sido objeto de recurso.

---

32. Cf. BUENO, Cassio Scarpinella. *Manual de direito processual civil*. 4. ed. São Paulo: Saraiva, 2018. p. 792.

33. Cf. NERY JUNIOR, Nelson; NERY, Rosa Maria de Andrade. *Código de Processo Civil comentado e legislação processual civil extravagante em vigor*. 5. ed. São Paulo: RT, 2001. p. 958.

34. Cf. GONÇALVES, Marcus Vinicius Rios. *Direito processual civil esquematizado*. 9. ed. São Paulo: Saraiva, 2018. p. 954.

11.6 RECURSO ORDINÁRIO

O *recurso ordinário* é cabível, no prazo de oito dias, para impugnar sentenças definitivas (de mérito) e terminativas, proferidas pelas Varas do Trabalho (ou Juízos de Direito no exercício da jurisdição trabalhista), nos termos do art. 895, inciso I, da CLT. Nesse caso, o julgamento do recurso é de competência do TRT.

Se a decisão da Vara do Trabalho reconhece a incompetência da Justiça do Trabalho, remetendo os autos a outro ramo do Poder Judiciário, também se entende cabível o recurso, no caso, ordinário (art. 799, § 2º, da CLT). A Súmula 214, c, do TST, admite o recurso de imediato também nas hipóteses de decisão "que acolhe exceção de incompetência territorial, com a remessa dos autos para Tribunal Regional distinto daquele a que se vincula o juízo excepcionado, consoante o disposto no art. 799, § 2º, da CLT".

O recurso ordinário é interposto perante o juízo *a quo*, de primeiro grau (art. 1.010, *caput*, do CPC), no caso, a Vara do Trabalho. Interposto o recurso ordinário, o juiz deve dar vista ao recorrido para responder, isto é, para apresentar contrarrazões (art. 1.010, § 1º, do CPC).

Se o recorrido interpuser recurso ordinário adesivo, o juiz deve intimar o recorrente para apresentar contrarrazões (art. 1.010, § 2º, do CPC).

Mesmo com a subida dos autos ao TRT, os pressupostos recursais são examinados pelo juízo *ad quem*, que conhece ou não do recurso ordinário.

De acordo com o art. 2º, inciso XI, da Instrução Normativa 39/2016 do TST, não se aplica ao processo do trabalho, em razão de inexistência de omissão ou por incompatibilidade, o art. 1.010, § 3º, do CPC, sobre a desnecessidade de o juízo *a quo* exercer controle de admissibilidade na apelação. Com isso, prevalece o entendimento de que o juízo *a quo* continua verificando, inicialmente, os pressupostos de admissibilidade do recurso ordinário no processo do trabalho.

As questões de fato não propostas no juízo inferior podem ser suscitadas no recurso ordinário, se a parte provar que deixou de fazê-lo por motivo de força maior (art. 1.014 do CPC).

O art. 5º da Instrução Normativa 39/2016 do TST dispõe que se aplicam ao processo do trabalho as normas do art. 356, §§ 1º a 4º, do CPC, que regem o julgamento antecipado parcial do mérito, cabendo recurso ordinário de imediato da sentença.

Além disso, o art. 895, inciso II, da CLT prevê o cabimento do recurso ordinário, também no prazo de oito dias, das decisões definitivas ou terminativas dos Tribunais Regionais, em processos de sua competência originária, nos dissídios individuais e nos dissídios coletivos. Nesse caso, o recurso é interposto perante o TRT, que efetua o seu processamento e posterior remessa ao TST.

A Lei 7.701/1988, no art. 2º, inciso II, *a* e *b*, prevê que compete à Seção Especializada em Dissídios Coletivos do TST, em última instância, julgar: a) os recursos ordinários interpostos contra as decisões proferidas pelos Tribunais Regionais do Trabalho em dissídios coletivos de natureza econômica ou jurídica; b) os recursos ordinários interpostos contra as decisões proferidas pelos Tribunais Regionais do Trabalho em ações rescisórias e mandados de segurança pertinentes a dissídios coletivos (Súmulas 158 e 201 do TST).

O art. 3º, inciso III, *a*, da Lei 7.701/1988 também estabelece que compete à Seção de Dissídios Individuais julgar, em última instância, os recursos ordinários interpostos contra decisões dos Tribunais Regionais em processos de dissídio individual de sua competência originária.

Nas ações sujeitas ao procedimento sumaríssimo, o recurso ordinário deve ser imediatamente distribuído, uma vez recebido no Tribunal, devendo o relator liberá-lo no prazo máximo de dez dias, e a Secretaria do Tribunal ou Turma colocá-lo imediatamente em pauta para julgamento, sem revisor (art. 895, § 1º, inciso II, da CLT).

Ainda no procedimento sumaríssimo, se o representante do Ministério Público presente à sessão de julgamento entender necessário o parecer, este deve ser oral, com registro na certidão (art. 895, § 1º, inciso III, da CLT).

O julgamento do recurso ordinário no procedimento sumaríssimo "terá acórdão consistente unicamente na certidão de julgamento, com a indicação suficiente do processo e parte dispositiva, e das razões de decidir do voto prevalente". Se a sentença for confirmada pelos seus próprios fundamentos, "a certidão de julgamento, registrando tal circunstância, servirá de acórdão" (art. 895, § 1º, inciso IV, da CLT). Nesse caso, o TRT adotaria, como fundamentação, a qual é exigência constitucional (art. 93, inciso IX, da Constituição da República), aquela constante da sentença, o que não é comum na prática.

Esclareça-se que, segundo a jurisprudência, revela-se "legítima, e plenamente compatível com a exigência imposta pelo art. 93, inciso IX, da Constituição da República, a utilização, por magistrados, da técnica da motivação 'per relationem', que se caracteriza pela remissão que o ato judicial expressamente faz a outras manifestações ou peças processuais existentes nos autos, mesmo as produzidas pelas partes, pelo Ministério Público ou por autoridades públicas, cujo teor indique os fundamentos de fato e/ou de direito que justifiquem a decisão emanada do Poder Judiciário" (STF, Pleno, ED-MS 25.936/DF, Rel. Min. Celso de Mello, DJe 18.09.2009)[35].

Os Tribunais Regionais, divididos em Turmas, podem designar Turma para o julgamento dos recursos ordinários interpostos das sentenças prolatadas nas demandas sujeitas ao procedimento sumaríssimo (art. 895, § 2º, da CLT).

O art. 1.011 do CPC dispõe que, recebido o recurso de apelação (no processo do trabalho, o recurso ordinário) no tribunal e distribuído imediatamente, o relator: deve decidi-lo monocraticamente apenas nas hipóteses do art. 932, incisos III a V, do CPC; se não for o caso de decisão monocrática, deve elaborar seu voto para julgamento do recurso pelo órgão colegiado.

Antes de considerar inadmissível o recurso, o relator deve conceder o prazo de cinco dias ao recorrente para que seja sanado vício ou complementada a documentação exigível (art. 932, parágrafo único, do CPC).

O capítulo da sentença que confirma, concede ou revoga a tutela provisória é impugnável no recurso ordinário no processo do trabalho (art. 1.013, § 5º, do CPC).

11.7 AGRAVO DE INSTRUMENTO

O *agravo de instrumento*, no processo do trabalho, tem como finalidade impugnar decisão que nega seguimento a outro recurso.

---

35. "Agravo. Agravo de instrumento. Recurso de revista. Negativa de prestação jurisdicional. Despacho. Não se configura negativa de prestação jurisdicional a adoção, como razões de decidir, dos próprios fundamentos constantes da decisão da instância recorrida, em acolhimento à técnica da motivação *per relationem*, uma vez que atendida a exigência constitucional e legal da motivação das decisões emanadas do Poder Judiciário (artigos 93, inciso IX, da Constituição Federal, 489 do CPC, e 832 da CLT). Agravo não provido" (TST, 2ª T., Ag-AIRR-3040-51.2013.5.02.0002, Rel. Min. Maria Helena Mallmann, DEJT 24.05.2019).

O art. 897, *b*, da CLT prevê o cabimento do agravo de instrumento, no prazo de oito dias, dos "despachos que denegarem a interposição de recursos". O agravo de instrumento é interposto contra decisão que nega seguimento a recurso, e não despacho propriamente, justamente porque não se trata de ato com conteúdo de mero andamento processual.

Conforme indicado anteriormente, o art. 2º, inciso XI, da Instrução Normativa 39/2016 do TST prevê que não se aplica ao processo do trabalho, em razão de inexistência de omissão ou por incompatibilidade, o art. 1.010, § 3º, do CPC, sobre a desnecessidade de o juízo *a quo* exercer controle de admissibilidade na apelação. Logo, no âmbito trabalhista, o juízo de primeiro grau deve examinar os pressupostos recursais do recurso ordinário, podendo, com isso, negar seguimento a esse apelo.

O prazo do agravo de instrumento é de oito dias, de acordo com a previsão do art. 897, *caput*, da CLT.

O agravo de instrumento, no âmbito da Justiça do Trabalho, não é cabível em face de outras decisões interlocutórias (arroladas no art. 1.015 do CPC), mas apenas no caso acima destacado.

No âmbito trabalhista prevalece a regra da irrecorribilidade de imediato das decisões interlocutórias (Súmula 214 do TST), conforme art. 893, § 1º, da CLT.

O art. 1.042 do CPC, com redação dada pela Lei 13.256/2016, prevê o cabimento de agravo contra decisão do presidente ou do vice-presidente do tribunal recorrido que inadmitir recurso extraordinário ou recurso especial (de revista, no processo do trabalho), salvo quando fundada na aplicação de entendimento firmado em regime de repercussão geral ou em julgamento de recursos repetitivos.

Na hipótese em que os embargos no TST tiverem seguimento denegado, o recurso será cabível o agravo regimental, conforme o art. 3º, III, *c*, da Lei 7.701/1988.

O art. 897, § 2º, da CLT explicita que o agravo de instrumento interposto contra a decisão que não recebe agravo de petição (isto é, que nega seguimento a esse recurso) não suspende a execução da sentença.

No processo do trabalho, entende-se que o agravo de instrumento deve ser dirigido à autoridade judiciária prolatora da decisão agravada, no prazo de oito dias de sua intimação, e processado em autos apartados (Instrução Normativa 16/1999 do TST).

O agravo de instrumento, protocolado e autuado, deve ser concluso ao juiz prolator da decisão agravada, para reforma ou confirmação da decisão impugnada, observada a competência estabelecida nos arts. 659, inciso VI, e 682, inciso IX, da CLT. Devem ser certificadas nos autos principais a interposição do agravo de instrumento e a decisão que determina o seu processamento ou a decisão que reconsidera a decisão agravada.

Mantida a decisão agravada, deve ser intimado o agravado a apresentar contrarrazões relativas ao agravo e, simultaneamente, ao recurso principal, juntando as peças que entender necessárias para o julgamento de ambos, encaminhando-se, após, os autos do agravo de instrumento ao juízo competente.

O agravo de instrumento é julgado pelo Tribunal que seria competente para conhecer o recurso cuja interposição foi denegada (art. 897, § 4º, da CLT).

Nos termos do art. 897, § 5º, da CLT, sob pena de não conhecimento, as partes devem promover a formação do instrumento do agravo, de modo a possibilitar, caso provido, o imediato julgamento do recurso denegado, instruindo a petição de interposição: I – obrigatoriamente, com cópias da decisão agravada, da certidão da respectiva intimação, das procurações outorgadas aos advogados do agravante e do agravado, da petição inicial, da contestação, da decisão originária, do depósito recursal referente ao recurso que se pretende destrancar, da comprovação do recolhimento das custas e do depósito recursal a que se refere o § 7º do art. 899 da CLT; II – facultativamente, com outras peças que o agravante reputar úteis ao deslinde da matéria de mérito controvertida.

Conforme a Resolução Administrativa 1.418/2010 do Tribunal Superior do Trabalho, a qual regulamenta o processamento do agravo de instrumento interposto contra decisão que nega seguimento a recurso de competência do TST (por exemplo, recurso de revista), o agravo de instrumento interposto contra decisão (no âmbito do TRT) que nega seguimento a recurso para o Tribunal Superior do Trabalho "deve ser processado nos autos do recurso denegado" (art. 1º)[36].

Com a generalização e a efetivação do processo eletrônico, a tendência é não haver mais autos físicos e, por consequência, tornar-se desnecessária a formação de autos de agravo de instrumento (art. 1.017, § 5º, do CPC).

Quanto às contrarrazões, o agravado deve ser intimado para oferecer resposta ao agravo e ao recurso principal, instruindo-a com as peças que considerar necessárias ao julgamento de ambos os recursos (art. 897, § 6º, da CLT).

Provido o agravo, a Turma deliberará sobre o julgamento do recurso principal (como o recurso ordinário, o agravo de petição, o recurso de revista), observando, se for o caso, daí em diante, o procedimento relativo a esse recurso (art. 897, § 7º, da CLT).

De acordo com a Lei 7.701/1988, art. 2º, inciso II, *f*, compete à Seção Especializada em Dissídios Coletivos, em última instância, julgar os agravos de instrumento interpostos contra decisão denegatória de recurso ordinário nos processos de sua competência.

Ainda segundo o art. 3º, inciso III, *f*, do mesmo diploma legal, compete à Seção de Dissídios Individuais julgar, em última instância, os agravos de instrumento interpostos contra decisão denegatória de recurso ordinário em processo de sua competência.

O art. 5º, *b*, da mesma Lei 7.701/1988 prevê que as Turmas do Tribunal Superior do Trabalho têm, cada uma, competência para julgar, em última instância, os agravos de instrumento das decisões de Presidente de Tribunal Regional que denegarem seguimento a recurso de revista, explicitando em que efeito a revista deve ser processada, caso providos.

Como compete ao TST julgar agravo de instrumento contra decisão que nega seguimento a recurso de revista, a decisão de TRT que nega processamento ao agravo de instrumento avança sobre matéria de competência exclusiva do TST, sendo cabível reclamação (art. 988, inciso I, do CPC). Cf. TST, 8ª T., Rcl-1000513-96.2018.5.00.0000, Rel. Min. Maria Cristina Irigoyen Peduzzi, DEJT 25.10.2019.

De acordo com o art. 897, § 5º, inciso I, da CLT, cabe ao agravante, sob pena de não conhecimento, promover a formação do instrumento do agravo, de modo a possibilitar, caso provido, o imediato julgamento do recurso denegado (ou seja, do recurso principal), instruindo a petição de interposição, obrigatoriamente, com cópias da decisão

36. "1 - O art. 897, § 5º, da CLT, que atribui às partes, e não apenas ao agravante, o ônus de juntar as peças para a formação do agravo de instrumento, foi editado em 1998, quando tramitavam na Justiça do Trabalho somente processos físicos. 2 - Essa sistemática ficou superada após a adoção do sistema de processo eletrônico, por força da Lei nº 11.419, de 19 de dezembro de 2006, pois passou o agravo de instrumento a ser processado nos autos principais digitalizados pelo TRT de origem, quando evidentemente ficou sem sentido exigir das partes que juntem cópias de peças. 3 - No caso, tendo sido o agravo de instrumento sido interposto após a vigência da mencionada lei e da Resolução Administrativa nº 1.418/2010, aprovada pelo Órgão Especial do TST, não há a irregularidade mencionada. 4 - Preliminar rejeitada" (TST, 6ª T., ARR-24490-91.2015.5.24.0091, Rel. Min. Kátia Magalhães Arruda, DEJT 02.03.2018).

agravada, da certidão da respectiva intimação, das procurações outorgadas aos advogados do agravante e do agravado, da petição inicial, da contestação, da decisão originária, do depósito recursal referente ao recurso que se pretende destrancar, da comprovação do recolhimento das custas *e do depósito recursal a que se refere o § 7º do art. 899 desta Consolidação*.

Além disso, facultativamente, o instrumento do agravo pode ser instruído com outras peças que o agravante reputar úteis ao deslinde da matéria de mérito controvertida (art. 897, § 5º, inciso II, da CLT).

Conforme o art. 899, § 7º, da CLT, no ato de interposição do agravo de instrumento, o depósito recursal corresponderá a 50% do valor do depósito do recurso ao qual se pretende destrancar.

Conforme o § 8º do art. 899 da CLT, quando o agravo de instrumento tem a finalidade de destrancar recurso de revista que se insurge contra decisão que contraria a jurisprudência uniforme do TST, consubstanciada nas suas súmulas ou em orientação jurisprudencial, não há obrigatoriedade de efetuar o depósito mencionado, previsto no art. 899, § 7º, da CLT.

É da responsabilidade da parte providenciar a exatidão dos valores depositados. O depósito recursal deve ser comprovado nos autos, pelo recorrente, no prazo do recurso a que se refere, independentemente da sua antecipada interposição, observado o limite do valor vigente na data da efetivação do depósito. No caso de agravo de instrumento, o depósito recursal deve ser comprovado no ato de interposição do recurso, nos ternos do art. 899, § 7º, da CLT, com a redação da Lei 12.275/2010 (Instrução Normativa 3 do TST, item VIII).

Julgado procedente o pedido em ação rescisória e imposta condenação em pecúnia, será exigido apenas um depósito recursal, com valor máximo equivalente ao valor do depósito em recurso de revista, dispensado novo depósito para os recursos subsequentes, salvo o depósito do agravo de instrumento, previsto no § 7º do art. 899 da CLT (Instrução Normativa 3 do TST, item III).

11.8 RECURSO DE REVISTA

O *recurso de revista* é cabível, essencialmente, nas hipóteses de divergência jurisprudencial (art. 896, *a*, da CLT), divergência de interpretação (art. 896, *b*, da CLT) e violação de lei ou da Constituição Federal (art. 896, *c*, da CLT).

Por se tratar de recurso de natureza extraordinária, exige-se o prequestionamento, como ainda será analisado a seguir.

O seu efeito é meramente devolutivo. O recurso de revista deve ser interposto perante o Presidente do Tribunal Regional do Trabalho, que, por decisão fundamentada, pode recebê-lo ou denegá-lo (art. 896, § 1º, da CLT).

Portanto, a análise inicial dos requisitos de admissibilidade do recurso de revista é realizada pelo Tribunal Regional do Trabalho. Caso o recurso de revista tenha o seguimento negado pelo TRT, é cabível agravo de instrumento ao TST (art. 897, *b*, da CLT), com o objetivo de que o recurso de revista seja processado e julgado (art. 897, §§ 4º a 7º, da CLT).

O Tribunal Superior do Trabalho fixou a seguinte tese jurídica: "o agravo de instrumento que impugna óbice processual eleito no despacho denegatório do recurso de revista não necessita renovar as razões do mérito do recurso, as quais não foram examinadas no despacho agravado" (TST, Pleno, E-ED-ED-RR - 291-13.2016.5.08.0124, Red. Min. Luiz Philippe Vieira de Mello Filho, j. 19.04.2021).

Nos termos do art. 896 da CLT, o recurso de revista, para Turma do Tribunal Superior do Trabalho, é cabível das decisões proferidas em grau de recurso ordinário, em dissídio individual, pelos Tribunais Regionais do Trabalho, nas seguintes hipóteses:

a) derem ao mesmo dispositivo de lei federal interpretação diversa da que lhe houver dado outro Tribunal Regional do Trabalho, no seu Pleno ou Turma, ou a Seção de Dissídios Individuais do Tribunal Superior do Trabalho, ou contrariarem súmula de jurisprudência uniforme dessa Corte ou súmula vinculante do Supremo Tribunal Federal;

A Lei 11.417/2006, no art. 7º, esclarece que da decisão judicial ou do ato administrativo que contrariar enunciado de súmula vinculante, negar-lhe vigência ou aplicá-lo indevidamente cabe reclamação ao Supremo Tribunal Federal, mas *sem prejuízo dos recursos* ou outros meios *admissíveis de impugnação*.

Não é servível ao conhecimento de recurso de revista aresto oriundo de mesmo Tribunal Regional do Trabalho, salvo se o recurso houver sido interposto anteriormente à vigência da Lei nº 9.756/1998 (Orientação Jurisprudencial 111 da SBDI-I do TST).

É válida, para efeito de conhecimento do recurso de revista ou de embargos, a invocação de Orientação Jurisprudencial do Tribunal Superior do Trabalho, desde que, das razões recursais, conste o seu número ou conteúdo (Orientação Jurisprudencial 219 da SBDI-I do TST).

Não se conhece de recurso de revista ou de embargos, se a decisão recorrida resolver determinado item do pedido por diversos fundamentos e a jurisprudência transcrita não abranger a todos (Súmula 23 do TST).

A divergência jurisprudencial ensejadora da admissibilidade, do prosseguimento e do conhecimento do recurso há de ser específica, revelando a existência de teses diversas na interpretação de um mesmo dispositivo legal, embora idênticos os fatos que as ensejaram (Súmula 296 do TST).

Não ensejam recurso de revista decisões superadas por iterativa, notória e atual jurisprudência do Tribunal Superior do Trabalho (Súmula 333 do TST).

A divergência apta a ensejar o recurso de revista deve ser atual, não se considerando como tal a ultrapassada por súmula do Tribunal Superior do Trabalho ou do Supremo Tribunal Federal, ou superada por iterativa e notória jurisprudência do Tribunal Superior do Trabalho (art. 896, § 7º, da CLT).

O art. 896, § 8º, da CLT dispõe que, quando o recurso de revista fundar-se em dissenso de julgados, incumbe ao recorrente o ônus de produzir prova da divergência jurisprudencial, por meio de certidão, cópia ou citação do repertório de jurisprudência, oficial ou credenciado, inclusive em mídia eletrônica, em que houver sido publicada a decisão divergente, ou ainda pela reprodução de julgado disponível na *internet*, com indicação da respectiva fonte, devendo mencionar, em qualquer caso, as circunstâncias que identifiquem ou assemelhem os casos confrontados.

Ainda quanto à forma de demonstração da divergência jurisprudencial, a Súmula 337 do TST assim explicita:

> "Comprovação de divergência jurisprudencial. Recursos de revista e de embargos. I – Para comprovação da divergência justificadora do recurso, é necessário que o recorrente: a) Junte certidão ou cópia autenticada do acórdão paradigma ou cite a fonte oficial ou o repositório autorizado em que foi publicado; e b) Transcreva, nas razões recursais, as ementas e/ou

trechos dos acórdãos trazidos à configuração do dissídio, demonstrando o conflito de teses que justifique o conhecimento do recurso, ainda que os acórdãos já se encontrem nos autos ou venham a ser juntados com o recurso. II – A concessão de registro de publicação como repositório autorizado de jurisprudência do TST torna válidas todas as suas edições anteriores.. III – A mera indicação da data de publicação, em fonte oficial, de aresto paradigma é inválida para comprovação de divergência jurisprudencial, nos termos do item I, 'a', desta súmula, quando a parte pretende demonstrar o conflito de teses mediante a transcrição de trechos que integram a fundamentação do acórdão divergente, uma vez que só se publicam o dispositivo e a ementa dos acórdãos. IV – É válida para a comprovação da divergência jurisprudencial justificadora do recurso a indicação de aresto extraído de repositório oficial na internet, desde que o recorrente: a) transcreva o trecho divergente; b) aponte o sítio de onde foi extraído; e c) decline o número do processo, o órgão prolator do acórdão e a data da respectiva publicação no Diário Eletrônico da Justiça do Trabalho. V – A existência do código de autenticidade na cópia, em formato *pdf*, do inteiro teor do aresto paradigma, juntada aos autos, torna-a equivalente ao documento original e também supre a ausência de indicação da fonte oficial de publicação".

b) derem ao mesmo dispositivo de lei estadual, Convenção Coletiva de Trabalho, Acordo Coletivo, sentença normativa ou regulamento empresarial de observância obrigatória em área territorial que exceda a jurisdição do Tribunal Regional prolator da decisão recorrida, interpretação divergente, na forma da alínea *a*;

É constitucional a alínea *b* do art. 896 da CLT, com a redação dada pela Lei 7.701/1988 (Súmula 312 do TST).

De acordo com a Orientação Jurisprudencial 147 da SBDI-I do TST:

"Lei estadual, norma coletiva ou norma regulamentar. Conhecimento indevido do recurso de revista por divergência jurisprudencial. I – É inadmissível o recurso de revista fundado tão somente em divergência jurisprudencial, se a parte não comprovar que a lei estadual, a norma coletiva ou o regulamento da empresa extrapolam o âmbito do TRT prolator da decisão recorrida. II – É imprescindível a arguição de afronta ao art. 896 da CLT para o conhecimento de embargos interpostos em face de acórdão de Turma que conhece indevidamente de recurso de revista, por divergência jurisprudencial, quanto a tema regulado por lei estadual, norma coletiva ou norma regulamentar de âmbito restrito ao Regional prolator da decisão".

c) proferidas com violação literal de disposição de lei federal ou afronta direta e literal à Constituição Federal.

A admissibilidade de recurso de revista por violação tem como pressuposto a indicação expressa do dispositivo de lei ou da Constituição tido como violado (Súmula 221 do TST).

Exige-se, ainda, o *prequestionamento*, isto é, deve constar da decisão impugnada a adoção de tese explícita a respeito.

Nesse sentido, a Súmula 297 do TST determina que:

"Prequestionamento. Oportunidade. Configuração. I – Diz-se prequestionada a matéria ou questão quando na decisão impugnada haja sido adotada, explicitamente, tese a respeito. II – Incumbe à parte interessada, desde que a matéria haja sido invocada no recurso principal, opor embargos declaratórios objetivando o pronunciamento sobre o tema, sob pena de preclusão. III – Considera-se prequestionada a questão jurídica invocada no recurso principal sobre a qual se omite o Tribunal de pronunciar tese, não obstante opostos embargos de declaração".

Quanto ao tema, conforme o art. 1.025 do CPC, consideram-se incluídos no acórdão os elementos que o embargante pleiteou, para fins de prequestionamento, *ainda que os embargos de declaração sejam inadmitidos ou rejeitados*, caso o tribunal superior considere existentes erro, omissão, contradição ou obscuridade.

Conforme o art. 9º, parágrafo único, da Instrução Normativa 39/2016 do TST, a omissão para fins do prequestionamento ficto a que alude o art. 1.025 do CPC dá-se no caso de o Tribunal Regional do Trabalho, mesmo instado mediante embargos de declaração, recusar-se a emitir tese sobre questão jurídica pertinente, na forma da Súmula 297, item III, do Tribunal Superior do Trabalho.

O prequestionamento deve ser explícito (Orientação Jurisprudencial 118, 151 e 256 da SBDI-I do TST).

É inexigível o prequestionamento quando a violação indicada houver nascido na própria decisão recorrida (Orientação Jurisprudencial 119 da SBDI-I do TST).

Mesmo no caso de questão que deva ser conhecida de ofício, como incompetência absoluta, exige-se o prequestionamento (Orientação Jurisprudencial 62 da SBDI-I do TST).

Tendo em vista que o art. 896, *caput*, da CLT estabelece o cabimento do recurso de revista das decisões proferidas *em grau de recurso ordinário*, em dissídio individual, pelos Tribunais Regionais do Trabalho, é incabível recurso de revista interposto de acórdão regional prolatado em agravo de instrumento (Súmula 218 do TST).

O recurso de revista, como mencionado, é dotado de efeito apenas devolutivo, e deve ser interposto perante o Presidente do Tribunal Regional do Trabalho recorrido, que, por meio de decisão fundamentada, pode recebê-lo ou denegá-lo (art. 896, § 1º, da CLT).

É ônus da parte (recorrente), sob pena de não conhecimento do recurso de revista: a) indicar o trecho da decisão recorrida que consubstancia o *prequestionamento* da controvérsia objeto do recurso de revista; b) indicar, de forma explícita e fundamentada, contrariedade a dispositivo de lei, súmula ou orientação jurisprudencial do Tribunal Superior do Trabalho que conflite com a decisão regional (ou seja, proferida pelo TRT); c) expor as razões do pedido de reforma, impugnando todos os fundamentos jurídicos da decisão recorrida, inclusive mediante demonstração analítica de cada dispositivo de lei, da Constituição Federal, de súmula ou orientação jurisprudencial cuja contrariedade aponte; d) transcrever na peça recursal, no caso de suscitar preliminar de nulidade de julgado por negativa de prestação jurisdicional, o trecho dos embargos declaratórios em que foi pedido o pronunciamento do tribunal sobre questão veiculada no recurso ordinário e o trecho da decisão regional que rejeitou os embargos quanto ao pedido, para cotejo e verificação, de plano, da ocorrência da omissão (art. 896, § 1º-A, da CLT).

A preliminar de negativa de prestação jurisdicional diz respeito a omissão na decisão proferida em grau de recurso ordinário, em dissídio individual, pelo Tribunal Regional do Trabalho. Logo, nesse caso, cabe à parte opor *embargos de declaração*, com o objetivo de sanar essa omissão (art. 897-A da CLT e art. 1.022 do CPC). Se mesmo assim o TRT persistir na omissão, configura-se a nulidade processual do julgado decorrente da negativa de prestação jurisdicional.

O conhecimento do recurso de revista, quanto à preliminar de nulidade, por negativa de prestação jurisdicional, supõe indicação de violação do art. 832 da CLT, do art. 489 do CPC de 2015 (art. 458 do CPC de 1973) ou do art. 93, inciso IX, da Constituição Federal de 1988 (Súmula 459 do TST).

Das decisões proferidas pelos Tribunais Regionais do Trabalho ou por suas Turmas, em execução de sentença, inclusive em processo incidente de embargos de terceiro, não é cabível recurso de revista, salvo na hipótese de ofensa direta e literal de norma da Constituição Federal (art. 896, § 2º, da CLT).

A admissibilidade do recurso de revista interposto de acórdão proferido em agravo de petição, na liquidação de sentença ou em processo incidente na execução, inclusive os embargos de terceiro, depende de demonstração inequívoca de violência direta à Constituição Federal (Súmula 266 do TST).

Entretanto, de forma mais ampla, cabe salientar que, nos termos do atual art. 896, § 10, da CLT, é cabível recurso de revista por violação a lei federal, por divergência jurisprudencial e por ofensa à Constituição Federal nas execuções fiscais e nas controvérsias da fase de execução que envolvam a Certidão de Débitos Trabalhistas, criada pela Lei 12.440/2011.

O recurso de revista é interposto perante o TRT, mas, se admitido, deve ser enviado ao TST, que é competente para o seu julgamento.

De acordo com o art. 12 da Instrução Normativa 39/2016 do TST, aplica-se ao processo do trabalho o parágrafo único do art. 1.034 do CPC. Assim, admitido o recurso de revista por um fundamento, devolve-se ao Tribunal Superior do Trabalho o conhecimento dos demais fundamentos para a solução *apenas do capítulo impugnado*.

Ainda quanto ao tema, a Instrução Normativa 40/2016 do TST dispõe sobre o cabimento de agravo de instrumento em caso de admissibilidade parcial de recurso de revista no Tribunal Regional do Trabalho e dá outras providências.

De acordo com o seu art. 1º, em vigor a partir de 15 de abril de 2016, admitido apenas parcialmente o recurso de revista, constitui ônus da parte impugnar, mediante agravo de instrumento, o capítulo denegatório da decisão, sob pena de preclusão.

Se houver omissão no juízo de admissibilidade do recurso de revista quanto a um ou mais temas, é ônus da parte interpor embargos de declaração para o órgão prolator da decisão embargada supri-la (art. 1.024, § 2º, do CPC), sob pena de preclusão.

Incorre em nulidade a decisão regional que se abstiver de exercer controle de admissibilidade sobre qualquer tema objeto de recurso de revista, não obstante interpostos embargos de declaração (art. 93, inciso IX, da Constituição Federal de 1988 e § 1º do art. 489 do CPC). Nesse caso, sem prejuízo da nulidade, a recusa do Presidente do Tribunal Regional do Trabalho a emitir juízo de admissibilidade sobre qualquer tema equivale à decisão denegatória. É ônus da parte, assim, após a intimação da decisão dos embargos de declaração, impugná-la mediante agravo de instrumento (art. 896, § 12, da CLT), sob pena de preclusão.

Faculta-se ao Ministro Relator, por decisão irrecorrível, determinar a restituição do agravo de instrumento ao Presidente do Tribunal Regional do Trabalho de origem para que complemente o juízo de admissibilidade, desde que interpostos embargos de declaração.

Quando o recurso de revista for tempestivo, mas contiver algum defeito formal que não se repute grave, o Tribunal Superior do Trabalho pode desconsiderar o vício, ou mandar saná-lo, julgando o mérito (art. 896, § 11, da CLT).

O relator do recurso de revista pode denegar-lhe seguimento, em *decisão monocrática*, nas hipóteses de intempestividade, deserção, irregularidade de representação ou de ausência de qualquer outro pressuposto extrínseco ou intrínseco de admissibilidade (art. 896, § 14, da CLT, acrescentado pela Lei 13.467/2017).

A decisão denegatória (monocrática, no âmbito do TST) do recurso de revista pode ser recorrida por meio de *agravo*, no prazo de oito dias (art. 896, § 12, da CLT).

Nas causas sujeitas ao procedimento sumaríssimo, somente é admitido recurso de revista por contrariedade a súmula de jurisprudência uniforme do Tribunal Superior do Trabalho ou a súmula vinculante do Supremo Tribunal Federal e por violação direta da Constituição Federal (art. 896, § 9º, da CLT, Súmula 442 do TST e Orientação Jurisprudencial 260 da SBDI-I do TST).

O art. 896-A da CLT, incluído pela Medida Provisória 2.226/2001, estabelece que o Tribunal Superior do Trabalho, no recurso de revista, examinará *previamente* se a causa oferece transcendência em relação aos reflexos gerais de natureza econômica, política, social ou jurídica.

O art. 896-A, § 1º, da CLT, acrescentado pela Lei 13.467/2017, dispõe que são indicadores de *transcendência*, entre outros:

I – econômica, o elevado valor da causa;

II – política, o desrespeito da instância recorrida à jurisprudência sumulada do Tribunal Superior do Trabalho ou do Supremo Tribunal Federal;

III – social, a postulação, por reclamante-recorrente, de direito social constitucionalmente assegurado;

IV – jurídica, a existência de questão nova em torno da interpretação da legislação trabalhista.

A transcendência, assim, é semelhante à repercussão geral no recurso extraordinário (art. 102, § 3º, da Constituição da República, acrescentado pela Emenda Constitucional 45/2004 e art. 1.035 do CPC).

Com isso, conseguir o exame do mérito do recurso de revista pelo TST certamente se torna tarefa ainda mais difícil.

Pode o relator, monocraticamente, denegar seguimento ao recurso de revista que não demonstrar transcendência, cabendo agravo dessa decisão para o colegiado (art. 896-A, § 2º, da CLT).

Em relação ao recurso que o relator considerou não ter transcendência, o recorrente pode realizar sustentação oral sobre a questão da transcendência, durante cinco minutos em sessão (art. 896-A, § 3º, da CLT).

Mantido o voto do relator quanto à não transcendência do recurso, deve ser lavrado acórdão com fundamentação sucinta, que constituirá decisão irrecorrível no âmbito do tribunal (art. 896-A, § 4º, da CLT).

É irrecorrível a decisão monocrática do relator que, em agravo de instrumento em recurso de revista, considerar ausente a transcendência da matéria (art. 896-A, § 5º, da CLT).

Essa previsão de irrecorribilidade da decisão monocrática é passível de crítica, pois impede que a questão seja decidida pelo órgão colegiado competente do Tribunal. Com fundamento nas garantias fundamentais do devido processo legal e da ampla defesa (art. 5º, incisos LIV e LV, da Constituição da República), deve ser aplicado o art. 1.021 do CPC, ao dispor que contra decisão proferida pelo relator cabe agravo interno para o respectivo órgão colegiado.

O Tribunal Superior do Trabalho, em arguição de inconstitucionalidade, decidiu ser inconstitucional o art. 896-A, § 5º, da CLT, ao prever a irrecorribilidade da decisão monocrática do relator que considera ausente a transcendência da matéria no agravo de instrumento em recurso de revista, entre outros fundamentos, por violação dos princípios da colegialidade, do juiz natural, do devido processo legal, da segurança jurídica, da proteção da confiança e da isonomia (TST, Pleno, ArgInc-1000845-52.2016.5.02.0461,

Rel. Min. Cláudio Mascarenhas Brandão, DEJT 17.12.2020)[37]. Admite-se, assim, a interposição de agravo interno contra a decisão monocrática do relator que nega seguimento a agravo de instrumento em recurso de revista por ausência de transcendência da matéria.

O juízo de admissibilidade do recurso de revista exercido pela Presidência dos Tribunais Regionais do Trabalho limita-se à análise dos pressupostos intrínsecos e extrínsecos do apelo, não abrangendo o critério da transcendência das questões nele veiculadas (art. 896-A, § 6º, da CLT).

A Lei 7.701/1988, no art. 5º, *a*, prevê que as Turmas do Tribunal Superior do Trabalho têm, cada uma, competência para julgar os recursos de revista interpostos de decisões dos Tribunais Regionais do Trabalho, nos casos previstos em lei.

Por se tratar de recurso de natureza extraordinária, é incabível o recurso de revista ou de embargos no TST para reexame de fatos e provas (Súmula 126 do TST).

Os §§ 3º, 4º, 5º e 6º do art. 896 da CLT foram revogados pela Lei 13.467/2017. Os referidos dispositivos tratavam dos deveres dos Tribunais Regionais do Trabalho de proceder, obrigatoriamente, à uniformização de sua jurisprudência, bem como de aplicar, nas causas da competência da Justiça do Trabalho, no que couber, o incidente de uniformização de jurisprudência.

Desse modo, a previsão expressa sobre o incidente de uniformização de jurisprudência no âmbito dos Tribunais Regionais do Trabalho deixou de existir.

Ainda assim, segundo o art. 926 do CPC, os tribunais devem *uniformizar sua jurisprudência* e mantê-la estável, íntegra e coerente.

Conforme o art. 896-B da CLT são aplicáveis ao recurso de revista, no que couber, as normas do Código de Processo Civil relativas ao julgamento dos recursos extraordinário e especial repetitivos. Com isso, passa a ser aplicável ao recurso de revista o disposto nos arts. 1.036 a 1.041 do Código de Processo Civil.

Em regra, o recurso de revista é julgado pelas Turmas do Tribunal Superior do Trabalho (art. 896, *caput*, da CLT). Entretanto, quando houver *multiplicidade de recursos de revista fundados em idêntica questão de direito*, a questão pode ser afetada à Seção Especializada em Dissídios Individuais ou ao Tribunal Pleno, do TST, por decisão da

---

37. "Arguição de inconstitucionalidade. Artigo 896-A, § 5º, da CLT. Norma que disciplina a irrecorribilidade de decisão unipessoal proferida pelo relator em recurso de competência do colegiado. Afronta aos princípios do juiz natural (artigos 5º, LIII, e 111, II, CF/88); do devido processo legal (artigo 5º, LIV e LV, CF/88) da isonomia (artigo 5º, *caput*, CF/88); da colegialidade (de acordo com o STF, integrante da formação histórica da organização judiciária nacional, portanto, princípio constitucional implícito); das garantias da segurança jurídica e da proteção da confiança (artigo 5º, *caput*, CF/88). Óbice ao exame da matéria objeto do apelo pelo Supremo Tribunal Federal. Incongruência dos procedimentos adotados pela Lei no julgamento dos recursos de revista e de agravos de instrumento. Falta de razoabilidade da interpretação literal do dispositivo (STF, ADI nº 1.511-MC). É inconstitucional a regra inserida no artigo 896-A, § 5º, da CLT, ao prever a irrecorribilidade da decisão monocrática proferida pelo relator que rejeita a transcendência da questão jurídica versada no agravo de instrumento em recurso de revista. Tal prática viola os princípios da colegialidade, do juiz natural, do devido processo legal, da segurança jurídica, da proteção da confiança e da isonomia; impede o exame futuro da controvérsia pelo Supremo Tribunal Federal; revela a incongruência de procedimentos adotados no julgamento de recursos de revista e de agravos de instrumento, o que viola o princípio da razoabilidade; obstaculiza o exercício da competência reservada, por lei, às Turmas deste Tribunal; dificulta a fixação de precedentes por este Tribunal, considerando a ausência de parâmetros objetivos fixados para o reconhecimento da transcendência e a atribuição de elevado grau de subjetividade por cada relator - que não constitui órgão julgador, mas, sim, instância de julgamento, cuja atuação decorre de delegação do Colegiado. Arguição acolhida, para se declarar a inconstitucionalidade do dispositivo, no caso concreto" (TST, Pleno, ArgInc-1000845-52.2016.5.02.0461, Rel. Min. Cláudio Mascarenhas Brandão, DEJT 17.12.2020).

maioria simples de seus membros, por meio de requerimento de um dos Ministros que compõem a Seção Especializada, considerando a relevância da matéria ou a existência de entendimentos divergentes entre Ministros dessa Seção ou das Turmas do Tribunal Superior do Trabalho (art. 896-C, *caput*, da CLT).

Trata-se, no caso, de *incidente de recursos de revista repetitivos*, no âmbito do Tribunal Superior do Trabalho.

Desse modo, nos termos do art. 2º da Instrução Normativa 38/2015 do TST, havendo multiplicidade de recursos de revista ou de embargos para a Subseção de Dissídios Individuais I (SBDI-I) fundados em idêntica questão de direito, a questão pode ser afetada a essa Subseção ou ao Tribunal Pleno, por decisão da maioria simples de seus membros, mediante requerimento de um dos Ministros que a compõem, considerando a relevância da matéria ou a existência de entendimentos divergentes entre os Ministros dessa Subseção ou das Turmas do Tribunal.

O Ministro Presidente da Turma ou da Seção Especializada do TST, por indicação dos relatores, deve *afetar* um ou mais recursos (de revista) representativos da controvérsia, para julgamento pela Seção Especializada em Dissídios Individuais ou pelo Tribunal Pleno, sob o rito dos recursos repetitivos (art. 896-C, § 1º, da CLT).

O Ministro Presidente da Turma ou da Seção Especializada do TST que afetar um processo para julgamento sob o rito do recurso repetitivo deve expedir comunicação aos demais Presidentes de Turmas ou Seção Especializada, que *podem afetar outros processos sobre a questão*, para julgamento conjunto, a fim de conferir ao órgão julgador no TST (isto é, à Seção Especializada em Dissídios Individuais ou ao Tribunal Pleno) uma visão global da questão (art. 896-C, § 2º, da CLT).

O Presidente do Tribunal Superior do Trabalho deve expedir ofícios aos Presidentes dos Tribunais Regionais do Trabalho para que *suspendam os recursos interpostos em casos idênticos aos afetados como recursos repetitivos*, até o pronunciamento definitivo do TST (art. 896-C, § 3º, da CLT).

Cabe ao Presidente do Tribunal de origem (TRT) admitir um ou mais recursos representativos da controvérsia, os quais devem ser encaminhados ao Tribunal Superior do Trabalho, *ficando suspensos os demais recursos de revista até o pronunciamento definitivo do TST* (art. 896-C, § 4º, da CLT).

O ministro relator do Tribunal Superior do Trabalho *pode* determinar a *suspensão dos recursos de revista ou de embargos no TST que tenham, como objeto, controvérsia idêntica à do recurso afetado como repetitivo* (art. 896-C, § 5º, da CLT).

O recurso repetitivo deve ser distribuído entre um dos ministros membros da Seção Especializada ou do Tribunal Pleno e a um ministro revisor (art. 896-C, § 6º, da CLT).

O ministro relator pode solicitar informações, a serem prestadas no prazo de 15 dias, aos Tribunais Regionais do Trabalho a respeito da controvérsia (art. 896-C, § 7º, da CLT).

O ministro relator pode admitir manifestações de pessoas, órgãos ou entidades com interesse na controvérsia, inclusive como assistente simples, na forma do Código de Processo Civil (art. 896-C, § 8º, da CLT).

Segundo o art. 10 da Instrução Normativa 38/2015 do TST, para instruir o procedimento, pode o relator fixar data para, em audiência pública, ouvir depoimentos de pessoas com experiência e conhecimento na matéria, sempre que entender necessário o esclarecimento de questões ou circunstâncias de fato subjacentes à controvérsia objeto do incidente de recursos repetitivos. O relator pode também admitir, tanto na audiência pública quanto no curso do procedimento, a manifestação, como *amici curiae*, de pessoas, órgãos ou entidades com interesse na controvérsia, considerando a relevância da matéria e assegurando o contraditório e a isonomia de tratamento. Entretanto, essa manifestação somente será admitida até a inclusão do processo em pauta.

Recebidas as informações e, se for o caso, depois de cumprido o disposto no art. 896-C, § 7º, da CLT, o Ministério Público do Trabalho deve ter vista pelo prazo de 15 dias (art. 896-C, § 9º, da CLT).

Transcorrido o prazo para o Ministério Público se manifestar e remetida cópia do relatório aos demais ministros, o processo deve ser incluído em pauta na Seção Especializada ou no Pleno do TST, devendo ser julgado com preferência em face dos demais feitos (art. 896-C, § 10, da CLT).

Publicado o acórdão do Tribunal Superior do Trabalho, os recursos sobrestados na origem: I – devem ter o *seguimento denegado* na hipótese de o acórdão recorrido coincidir com a orientação a respeito da matéria no TST; II – ou devem ser *novamente examinados* pelo Tribunal de origem (TRT) na hipótese de o acórdão recorrido divergir da orientação do TST a respeito da matéria (art. 896-C, § 11, da CLT).

Na hipótese do art. 896, § 11, inciso II, da CLT, se for mantida a decisão divergente pelo Tribunal de origem (TRT), deve ser feito o exame de admissibilidade do recurso de revista (art. 896-C, § 12, da CLT).

Caso a questão afetada e julgada sob o rito do recurso repetitivo também contenha questão constitucional, a decisão proferida pelo Tribunal Pleno (do TST) não deve obstar o conhecimento de eventuais recursos extraordinários sobre a questão constitucional (art. 896-C, § 13, da CLT).

A decisão proferida em recurso repetitivo não deve ser aplicada em casos em que se demonstrar que a situação de fato ou de direito é distinta das presentes no processo julgado sob o rito dos recursos repetitivos (art. 896-C, § 16, da CLT).

É cabível a revisão da decisão proferida em julgamento de recursos repetitivos, quando se alterar a situação econômica, social ou jurídica, caso em que deve ser respeitada a segurança jurídica das relações firmadas sob a égide da decisão anterior, podendo o Tribunal Superior do Trabalho modular os efeitos da decisão que a tenha alterado (art. 896-C, § 17, da CLT).

Nos termos do art. 21 da Instrução Normativa 38/2015, o Tribunal Superior do Trabalho deve manter e dar publicidade às questões de direito objeto dos recursos repetitivos já julgados, pendentes de julgamento ou já reputadas sem relevância, bem como daquelas objeto das decisões proferidas por sua composição plenária, nos termos do art. 896, § 13, da CLT.

11.9 EMBARGOS NO TST

No âmbito do Tribunal Superior do Trabalho, são cabíveis *embargos*, no prazo de oito dias (art. 894 da CLT, com redação dada pelas Leis 11.496/2007 e 13.015/2014):

I. de decisão não unânime de julgamento que: a) conciliar, julgar ou homologar conciliação em dissídios coletivos que excedam a competência territorial dos Tribunais Regionais do Trabalho e estender ou rever as sentenças normativas do Tribunal Superior do Trabalho, nos casos previstos em lei; e

II. das decisões das Turmas que divergirem entre si ou das decisões proferidas pela Seção de Dissídios Individuais, ou contrárias a súmula ou orientação jurisprudencial do Tribunal Superior do Trabalho ou súmula vinculante do Supremo Tribunal Federal.

Portanto, na atualidade, os embargos no TST podem ser das seguintes modalidades: *infringentes*, de competência da Seção de Dissídios Coletivos, e *de divergência*, de competência da Seção de Dissídios Individuais (SBDI-I).

No caso dos embargos de divergência, essa divergência não pode ser oriunda da mesma Turma do TST (Orientação Jurisprudencial 95 da SBDI-I do TST).

A Lei 7.701/1988, no art. 2º, inciso II, *c*, prevê que compete à Seção especializada em Dissídios Coletivos do TST, em última instância, julgar os embargos infringentes interpostos contra decisão não unânime proferida em processo de dissídio coletivo de sua competência originária, salvo se a decisão atacada estiver em consonância com procedente jurisprudencial do Tribunal Superior do Trabalho ou da Súmula de sua jurisprudência predominante.

O mesmo diploma legal, no art. 3º, inciso III, *b*, com redação dada pela Lei 11.496/2007, estabelece que compete à Seção de Dissídios Individuais julgar, em última instância, os embargos das decisões das Turmas que divergirem entre si ou das decisões proferidas pela Seção de Dissídios Individuais.

Logo, não são mais cabíveis embargos de nulidade no TST, que tinham como fundamento violação de preceitos da lei federal ou da Constituição República.

Conforme o art. 894, § 2º, da CLT a divergência apta a ensejar o recurso de embargos ao TST deve ser atual, assim não sendo considerada aquela que for ultrapassada por súmula do Tribunal Superior do Trabalho ou do Supremo Tribunal Federal, ou superada por iterativa e notória jurisprudência do TST.

Especificamente quanto aos embargos no TST, merece destaque a Súmula 353 do TST:

> "Embargos. Agravo. Cabimento. Não cabem embargos para a Seção de Dissídios Individuais de decisão de Turma proferida em agravo, salvo: a) da decisão que não conhece de agravo de instrumento ou de agravo pela ausência de pressupostos extrínsecos; b) da decisão que nega provimento a agravo contra decisão monocrática do Relator, em que se proclamou a ausência de pressupostos extrínsecos de agravo de instrumento; c) para revisão dos pressupostos extrínsecos de admissibilidade do recurso de revista, cuja ausência haja sido declarada originariamente pela Turma no julgamento do agravo; d) para impugnar o conhecimento de agravo de instrumento; e) para impugnar a imposição de multas previstas nos arts. 1.021, § 4º, do CPC de 2015 ou 1.026, § 2º, do CPC de 2015 (art. 538, parágrafo único, do CPC de 1973, ou art. 557, § 2º, do CPC de 1973); f) contra decisão de Turma proferida em agravo em recurso de revista, nos termos do art. 894, II, da CLT".

Não são cabíveis embargos no TST no caso de decisão monocrática exarada nos moldes do art. 932 do CPC de 2015, pois o art. 894 da CLT restringe seu cabimento à pretensão de reforma de decisão colegiada proferida por Turma do Tribunal Superior do Trabalho (Orientação Jurisprudencial 378 da SBDI-I do TST).

Em causas sujeitas ao procedimento sumaríssimo, em que pese a limitação imposta no art. 896, § 9º, da CLT à interposição de recurso de revista, admitem-se os embargos interpostos na vigência da Lei nº 11.496, de 22.06.2007, que conferiu nova redação ao art. 894 da CLT, quando demonstrada a divergência jurisprudencial entre Turmas do TST, fundada em interpretações diversas acerca da aplicação de mesmo dispositivo constitucional ou de matéria sumulada (Súmula 458 do TST).

A admissibilidade do recurso de embargos contra acórdão de Turma em recurso de revista em fase de execução, publicado na vigência da Lei nº 11.496, de 26.06.2007, condiciona-se à demonstração de divergência jurisprudencial entre Turmas ou destas e a

Seção Especializada em Dissídios Individuais do Tribunal Superior do Trabalho em relação à interpretação de dispositivo constitucional (Súmula 433 do TST).

Os embargos no TST, com a Lei 11.496/2007, passaram a ter o papel, essencialmente, de unificação da jurisprudência, internamente, do TST.

O art. 894, § 3º, da CLT dispõe que o ministro relator deve negar seguimento aos embargos nas seguintes hipóteses: a) se a decisão recorrida estiver em consonância com súmula da jurisprudência do Tribunal Superior do Trabalho ou do Supremo Tribunal Federal, ou com iterativa, notória e atual jurisprudência do TST, cumprindo-lhe indicá-la; b) nas hipóteses de intempestividade, deserção, irregularidade de representação ou de ausência de qualquer outro pressuposto recursal extrínseco de admissibilidade.

Proferida essa decisão pelo ministro relator, que denega seguimento aos embargos no TST, é cabível agravo, no prazo de oito dias (art. 894, § 4º, da CLT).

11.10 AGRAVO REGIMENTAL OU AGRAVO INTERNO

O *agravo regimental* também é conhecido como *agravo interno*. O recurso em questão normalmente é cabível para impugnar decisão monocrática, proferida pelo relator, isto é, juiz (desembargador), no âmbito do Tribunal Regional do Trabalho, ou por ministro do TST.

É incabível agravo interno (art. 1.021 do CPC) ou agravo regimental (art. 265 do Regimento Interno do TST) contra decisão proferida por Órgão colegiado. Tais recursos destinam-se, exclusivamente, a impugnar decisão monocrática nas hipóteses previstas. Inaplicável, no caso, o princípio da fungibilidade ante a configuração de erro grosseiro (Orientação Jurisprudencial 412 da SBDI-I do TST).

O julgamento do agravo interno é da competência do respectivo órgão colegiado no tribunal (Orientação Jurisprudencial 69 da SBDI-II do TST e Súmula 411 do TST).

Na CLT, o recurso em estudo é previsto no art. 709, § 1º, ao estabelecer que das decisões proferidas pelo Corregedor, no âmbito do TST, é cabível agravo regimental, para o Tribunal Pleno.

Não cabe recurso ordinário contra decisão em agravo regimental interposto em reclamação correicional ou em pedido de providência (Orientação Jurisprudencial 5 do Pleno do TST).

Da decisão interlocutória que acolher ou rejeitar o incidente de desconsideração da personalidade jurídica, cabe agravo interno se proferida pelo relator em incidente instaurado originariamente no tribunal (art. 855-A, § 1º, inciso III, da CLT).

O efeito do recurso em estudo é meramente devolutivo.

Quanto ao prazo, deve-se observar a previsão constante no regimento interno, sendo normalmente de oito dias (art. 6º da Lei 5.584/1970).

O art. 2º, inciso XIII, da Instrução Normativa 39/2016 do TST prevê que não se aplica ao processo do trabalho, em razão de inexistência de omissão ou por incompatibilidade, o art. 1.070 do CPC, sobre prazo para interposição de agravo.

A Lei 7.701/1988, no art. 2º, inciso II, *d*, estabelece que compete à Seção especializada em Dissídios Coletivos do TST, em última instância, julgar os embargos de declaração opostos aos seus acórdãos e os *agravos regimentais pertinentes aos dissídios coletivos*.

O mesmo diploma legal, no art. 3º, inciso III, *c*, estabelece que compete à Seção de Dissídios Individuais julgar, em última instância, os *agravos regimentais de decisões denegatórias dos Presidentes das Turmas, em matéria de embargos*, na forma estabelecida no Regimento Interno.

As Turmas do Tribunal Superior do Trabalho têm, cada uma, a competência para julgar, em última instância, os agravos regimentais (art. 5º, *c*, da Lei 7.701/1988).

No agravo regimental ou agravo interno é normalmente previsto o juízo de retratação (*efeito regressivo* do recurso), isto é, a possibilidade de reconsideração pelo magistrado que proferiu, no âmbito do Tribunal, a decisão (monocrática) impugnada. Não havendo a reconsideração, o agravo é julgado pelo órgão colegiado.

O art. 1.021 do CPC prevê o cabimento do agravo interno *contra decisão proferida pelo relator*, para o respectivo órgão colegiado, observadas, quanto ao processamento, as regras do regimento interno do tribunal.

Na petição de agravo interno, o recorrente deve impugnar especificadamente os fundamentos da decisão agravada. O agravo deve ser dirigido ao relator, que intimará o agravado para manifestar-se sobre recurso. Se não houver retratação, o relator deve levá-lo a julgamento pelo órgão colegiado, com inclusão em pauta.

É vedado ao relator se limitar à reprodução dos fundamentos da decisão agravada para julgar improcedente o agravo interno.

Quando o agravo interno for declarado manifestamente inadmissível ou improcedente em votação unânime, o órgão colegiado, em decisão fundamentada, deve condenar o agravante a pagar ao agravado multa fixada entre um e cinco por cento do valor da causa atualizado (art. 1.021, § 4º, do CPC)[38].

A interposição de qualquer outro recurso está condicionada ao depósito prévio do valor da multa referida acima, com exceção do beneficiário de gratuidade da justiça e da Fazenda Pública, que devem fazer o pagamento ao final.

O art. 3º, inciso XXIX, da Instrução Normativa 39/2016 do TST prevê que se aplica ao processo do trabalho, em face de omissão e de compatibilidade, o art. 1.021 do CPC, salvo quanto ao prazo do agravo interno. No processo do trabalho, entende-se que o prazo de interposição do recurso e de contrarrazões é de oito dias (art. 6º da Lei 5.584/1970 e art. 900 da CLT).

38. "Recurso de embargos em agravo de instrumento. Multa aplicada pela C. Turma. Art. 1.021, § 4º, do CPC. Agravo manifestamente improcedente. Aplicação automática de multa no âmbito da Turma. Acesso à jurisdição. Ampla defesa. A aplicação de multa pela interposição de agravo manifestamente infundado ou improcedente tem fundamento no art. 1.021, § 4º, do CPC. Contudo, não é a mera interposição de agravo ou o fato de a decisão ser unânime que autoriza a imposição de multa à parte que se utiliza do recurso previsto em lei. Insta uma reflexão mais abrangente sobre o tema, em face do princípio do acesso à jurisdição e tendo em vista a jurisprudência atual e reiterada do c. STJ, no sentido de que a multa prevista no § 4º do art. 1.021 do CPC não é decorrência lógica e automática do não provimento do agravo interno em votação unânime, sendo necessário que sua oposição ocorra de forma abusiva ou protelatória. O fundamento da decisão embargada, de se tratar de recurso infundado ou improcedente, não tem *per se* indicação de má-fé da parte ao recorrer, de intuito procrastinatório ou abuso no ato de recorrer, sob pena de se afastar do princípio que assegura o acesso à jurisdição. Não fora isso, a necessidade de esgotamento dos recursos para alçar a matéria à instância recursal impõe à parte a interposição do recurso adequado, sob pena de inviabilizar o acesso à jurisdição, em ofensa aos princípios que regem a ampla defesa e o contraditório, nos termos dos arts. 5º, XXXV, LIV e LV, da Constituição Federal. Cabe, assim, que o julgador, na aplicação da multa, o faça levando em consideração o teor das alegações da parte e da matéria recursal trazida, não sendo suficiente a afirmação de improcedência do recurso ou de ser infundado ou improcedente, aplicando multa à parte de forma automática, sem definir as razões pelas quais, na interposição de recurso, se portou com abuso ou interesse protelatório. Em especial quando o art. 1.021, § 3º, do CPC, veda ao relator limitar-se à reprodução dos fundamentos da decisão agravada para julgar improcedente o agravo interno, torna-se relevante uma reflexão crítica do julgador na aplicação da multa. Embargos conhecidos e providos" (TST, SBDI-I, E-Ag-AIRR-101425-23.2016.5.01.0013, Rel. Min. Aloysio Correa da Veiga, DEJT 03.03.2023).

11.11 EMBARGOS DE DECLARAÇÃO

Os *embargos de declaração* são previstos como modalidade específica de recurso (arts. 994, inciso IV, e 1.022 do CPC).

O art. 9º da Instrução Normativa 39/2016 do TST dispõe que o cabimento dos embargos de declaração no processo do trabalho, para impugnar qualquer decisão judicial, rege-se pelo art. 897-A da CLT e, supletivamente, pelo Código de Processo Civil (arts. 1.022 a 1.025; §§ 2º, 3º e 4º do art. 1026), excetuada a garantia de prazo em dobro para litisconsortes (art. 1.023, § 1º, do CPC), a qual é inaplicável à esfera trabalhista, como se observa na Orientação jurisprudencial 310 da SBDI-I do TST.

No processo do trabalho, o art. 897-A da CLT estabelece que são cabíveis embargos de declaração da sentença ou acórdão, no prazo de cinco dias, devendo seu julgamento ocorrer na primeira audiência ou sessão subsequente à sua apresentação, registrado na certidão. Admite-se o *efeito modificativo* da decisão nos casos de omissão e contradição no julgado, bem como manifesto equívoco no exame dos pressupostos extrínsecos do recurso.

Eventual efeito modificativo dos embargos de declaração somente pode ocorrer em virtude de correção de vício na decisão embargada e desde que ouvida a parte contrária, no prazo de cinco dias (art. 897-A, § 2º, da CLT).

A respeito do tema, a Orientação Jurisprudencial 142 da SBDI-I do TST assim dispõe:

> "Embargos de declaração. Efeito modificativo. Vista prévia à parte contrária. É passível de nulidade decisão que acolhe embargos de declaração com efeito modificativo sem que seja concedida oportunidade de manifestação prévia à parte contrária".

O art. 1.023, § 2º, do CPC também determina que o juiz deve intimar o embargado para, querendo, manifestar-se sobre os embargos opostos, no prazo de cinco dias, caso seu eventual acolhimento implique a modificação da decisão embargada.

Os erros materiais podem ser corrigidos de ofício ou a requerimento de qualquer das partes (art. 897-A, § 1º, da CLT). O art. 833 da CLT explicita que, se na decisão houver evidentes erros ou enganos de escrita, de datilografia (atualmente, de digitação) ou de cálculo, podem ser corrigidos, antes da execução, de ofício ou a requerimento dos interessados ou do Ministério Público do Trabalho.

Os embargos de declaração são cabíveis nas hipóteses de obscuridade, omissão ou contradição.

Nesse sentido, o art. 1.022 do CPC prevê o cabimento dos embargos de declaração contra *qualquer decisão judicial* para: esclarecer obscuridade ou eliminar contradição; suprir omissão de ponto ou questão sobre o qual devia se pronunciar o juiz de ofício ou a requerimento; corrigir erro material.

Considera-se omissa a decisão que: deixe de se manifestar sobre tese firmada em julgamento de casos repetitivos[39] ou em incidente de assunção de competência (art. 947 do CPC) aplicável ao caso sob julgamento; incorra em qualquer das condutas descritas

---

39. De acordo com o art. 928 do CPC, para os fins do Código de Processo Civil, considera-se julgamento de casos repetitivos a decisão proferida em: I – incidente de resolução de demandas repetitivas; II – recursos especial (de revista, no processo do trabalho) e extraordinário repetitivos. O julgamento de casos repetitivos tem por objeto questão de direito material ou processual.

no art. 489, § 1º, do CPC[40], que prevê hipóteses em que não se considera fundamentada a decisão (art. 1.022, parágrafo único, do CPC).

Os embargos de declaração devem ser opostos, no prazo de cinco dias, em petição dirigida ao juiz, com indicação do erro, obscuridade, contradição ou omissão, e não se sujeitam a preparo (art. 1.023 do CPC).

Conforme o Decreto-lei nº 779/69. É em dobro o prazo para a interposição de embargos declaratórios por pessoa jurídica de direito público (Orientação Jurisprudencial 192 da SBDI-I do TST).

O juiz deve julgar os embargos em cinco dias (art. 1.024 do CPC). Nos tribunais, o relator deve apresentar os embargos de declaração em mesa na sessão subsequente, proferindo voto. Não havendo julgamento nessa sessão, deve ser o recurso incluído em pauta automaticamente (art. 1.024, § 1º, do CPC).

Quando os embargos de declaração forem opostos contra decisão de relator ou outra decisão unipessoal proferida em tribunal, o órgão prolator da decisão embargada decidi-los-á monocraticamente (art. 1.024, § 2º, do CPC).

O art. 1.024, § 3º, do CPC dispõe que o órgão julgador deve conhecer dos embargos de declaração como agravo interno se entender ser este o recurso cabível, desde que determine previamente a intimação do recorrente para, no prazo de cinco dias, complementar as razões recursais, de modo a ajustá-las às exigências do art. 1.021, § 1º, do CPC, ao prever que, na petição de agravo interno, o recorrente deve impugnar especificadamente os fundamentos da decisão agravada. Cf. ainda Súmula 421 do TST.

Os embargos de declaração *não possuem efeito suspensivo e interrompem o prazo para a interposição de recurso* (art. 1.026 do CPC).

Conforme o art. 897-A, § 3º, da CLT, os embargos de declaração interrompem o prazo para a interposição de outros recursos, por qualquer das partes, *salvo quando eles forem intempestivos, irregular a representação da parte ou ausente a sua assinatura.*

Se os embargos de declaração forem rejeitados ou não alterarem a conclusão do julgamento anterior, o recurso interposto pela outra parte, antes da publicação do julgamento dos embargos de declaração, deve ser processado e julgado independentemente de ratificação (art. 1.024, § 5º, do CPC).

Caso o acolhimento dos embargos de declaração implique modificação da decisão embargada, o embargado que já tiver interposto outro recurso contra a decisão originária tem o direito de *complementar ou alterar suas razões, nos exatos limites da modificação,* no prazo de oito dias (no processo do trabalho), contados da intimação da decisão dos embargos de declaração (art. 1.024, § 4º, do CPC).

De acordo com o art. 1º da Instrução Normativa 40/2016 do TST, admitido apenas parcialmente o recurso de revista, constitui ônus da parte impugnar, mediante agravo de instrumento, o capítulo denegatório da decisão, sob pena de preclusão.

---

40. "§ 1º Não se considera fundamentada qualquer decisão judicial, seja ela interlocutória, sentença ou acórdão, que: I – se limitar à indicação, à reprodução ou à paráfrase de ato normativo, sem explicar sua relação com a causa ou a questão decidida; II – empregar conceitos jurídicos indeterminados, sem explicar o motivo concreto de sua incidência no caso; III – invocar motivos que se prestariam a justificar qualquer outra decisão; IV – não enfrentar todos os argumentos deduzidos no processo capazes de, em tese, infirmar a conclusão adotada pelo julgador; V – se limitar a invocar precedente ou enunciado de súmula, sem identificar seus fundamentos determinantes nem demonstrar que o caso sob julgamento se ajusta àqueles fundamentos; VI – deixar de seguir enunciado de súmula, jurisprudência ou precedente invocado pela parte, sem demonstrar a existência de distinção no caso em julgamento ou a superação do entendimento".

Desse modo, se houver omissão no juízo de admissibilidade do recurso de revista quanto a um ou mais temas, é ônus da parte interpor embargos de declaração para o órgão prolator da decisão embargada supri-la (art. 1.024, § 2º, do CPC), sob pena de preclusão.

Incorre em nulidade a decisão regional que se abstiver de exercer controle de admissibilidade sobre qualquer tema objeto de recurso de revista, não obstante interpostos embargos de declaração (art. 93, inciso IX, da CRFB/1988 e art. 489, § 1º, do CPC).

No caso do parágrafo anterior, sem prejuízo da nulidade, a recusa do Presidente do Tribunal Regional do Trabalho a emitir juízo de admissibilidade sobre qualquer tema equivale à decisão denegatória. É ônus da parte, assim, após a intimação da decisão dos embargos de declaração, impugná-la mediante agravo de instrumento (art. 896, § 12, da CLT), sob pena de preclusão.

Faculta-se ao Ministro Relator, por decisão irrecorrível, determinar a restituição do agravo de instrumento ao Presidente do Tribunal Regional do Trabalho de origem para que complemente o juízo de admissibilidade, desde que interpostos embargos de declaração.

Quando manifestamente protelatórios os embargos de declaração, o juiz ou o tribunal, em decisão fundamentada, deve condenar o embargante a pagar ao embargado *multa não excedente a dois por cento sobre o valor atualizado da causa* (art. 1.026, § 2º, do CPC).

Na *reiteração de embargos de declaração manifestamente protelatórios*, a multa deve ser *elevada a até dez por cento sobre o valor atualizado da causa*, e a interposição de qualquer recurso fica condicionada ao depósito prévio do valor da multa, à exceção do beneficiário de gratuidade da justiça e da Fazenda Pública, que a devem recolher ao final (art. 1.026, § 3º, do CPC).

Prevalece na jurisprudência do Tribunal Superior do Trabalho "o entendimento de que, verificado o intuito protelatório dos embargos declaratórios, é aplicável a penalidade específica a ele cominada no art. 1.026, § 2º, do CPC/2015, não sendo possível a aplicação simultânea da indenização por litigância de má-fé em decorrência do mesmo fato gerador (interposição de embargos de declaração protelatórios)" (TST, 2ª T., RR-10486-76.2015.5.08.0129, Rel. Min. Maria Helena Mallmann, DEJT 26.02.2021).

Embargos de declaração manifestados com notório propósito de prequestionamento não têm caráter protelatório (Súmula 98 do STJ).

Consideram-se incluídos no acórdão os elementos que o embargante pleiteou, para fins de prequestionamento, ainda que os embargos de declaração sejam inadmitidos ou rejeitados, caso o tribunal superior considere existentes erro, omissão, contradição ou obscuridade (art. 1.025 do CPC).

Conforme o art. 9º, parágrafo único, da Instrução Normativa 39/2016 do TST, a omissão para fins do prequestionamento ficto a que alude o art. 1.025 do CPC dá-se no caso de o Tribunal Regional do Trabalho, mesmo instado mediante embargos de declaração, recusar-se a emitir tese sobre questão jurídica pertinente, na forma da Súmula 297, item III, do Tribunal Superior do Trabalho.

Entretanto, *não devem ser admitidos novos embargos de declaração se os dois anteriores houverem sido considerados protelatórios* (art. 1.026, § 4º, do CPC).

11.12 AGRAVO DE PETIÇÃO

No processo do trabalho, o *agravo de petição* é o recurso cabível na execução.

Nos termos do art. 897, *a*, da CLT, cabe agravo de petição, no prazo de oito dias, das decisões do juiz, nas execuções. Pode-se exemplificar o cabimento do agravo de petição em face da sentença de embargos à execução, à arrematação, à adjudicação, bem como sentença em ação de embargos de terceiro, incidente à execução.

No processo do trabalho, da decisão interlocutória que acolher ou rejeitar o incidente de desconsideração da personalidade jurídica na fase de execução, cabe agravo de petição, independentemente de garantia do juízo (art. 855-A, § 1º, inciso II, da CLT).

Como pressuposto recursal específico do agravo de petição, exige-se a delimitação de matérias e valores impugnados. O art. 897, § 1º, da CLT prevê que o agravo de petição só será recebido quando o agravante delimitar, justificadamente, as matérias e os valores impugnados, permitida a execução imediata da parte remanescente até o final, nos próprios autos ou por carta de sentença.

Devendo o agravo de petição delimitar justificadamente a matéria e os valores objeto de discordância, não fere direito líquido e certo o prosseguimento da execução quanto aos tópicos e valores não especificados no agravo (Súmula 416 do TST).

A exigência de delimitação de valores tem como objetivo possibilitar a execução imediata da parte incontroversa. Desse modo, prevalece o entendimento de que o mencionado pressuposto de admissibilidade do agravo de petição (art. 897, § 1º, da CLT) somente é exigível em recurso interposto pelo executado, não sendo destinado ao exequente, pois este, em regra, tem como objetivo obter acréscimo ao valor apurado, para fins de execução. Cf. TST, SBDI-I, E-RR-143500-80.2004.5.01.0342, Rel. Min. Hugo Carlos Scheuermann, DEJT 11.05.2018.

Se a decisão recorrida for do juiz de 1º grau, o julgamento do agravo de petição compete a uma das Turmas do Tribunal Regional a que estiver subordinado o prolator da sentença (ou ao Tribunal Pleno, se não houver divisão em Turmas), a quem este deve remeter as peças necessárias para o exame da matéria controvertida, em autos apartados, ou nos próprios autos, se tiver sido determinada a extração de carta de sentença (art. 897, § 3º, da CLT).

Quando o agravo de petição versar apenas sobre as contribuições sociais, o juiz da execução deve determinar a extração de cópias das peças necessárias, que serão autuadas em apartado (conforme o § 3º do art. 897, parte final), e remetidas à instância superior para apreciação, após contraminuta (art. 897, § 8º, da CLT).

11.13 RECURSO EXTRAORDINÁRIO

Compete ao Supremo Tribunal Federal, precipuamente, a guarda da Constituição, cabendo-lhe julgar, mediante *recurso extraordinário*, as causas decididas em única ou última instância, quando a decisão recorrida (art. 102, inciso III, da Constituição da República): a) contrariar dispositivo da Constituição Federal de 1988; b) declarar a inconstitucionalidade de tratado ou lei federal; c) julgar válida lei ou ato de governo local contestado em face da Constituição Federal de 1988; d) julgar válida lei local contestada em face de lei federal.

Portanto, o recurso extraordinário só é cabível de decisão de única ou última instância. É inadmissível o recurso extraordinário, quando couber na justiça de origem, recurso ordinário da decisão impugnada (Súmula 281 do STF).

Dessa forma, também no âmbito trabalhista, apenas da decisão proferida pela única ou última instância é que o recurso extraordinário é cabível.

Por se tratar de decisão de única instância, segundo a Súmula 640 do STF, é "cabível recurso extraordinário contra decisão proferida por juiz de primeiro grau nas causas de alçada, ou por turma recursal de Juizado Especial Cível e Criminal". Prevalece o entendimento de que as causas de alçada indicadas na Súmula 640 do STF dizem respeito ao art. 34 da Lei 6.830/1980, sobre execução fiscal, e não ao processo do trabalho (art. 2º, § 4º, da Lei 5.584/1970). Cf. Capítulo 11, item 11.2.

Por se tratar de recurso de evidente caráter extraordinário, para simples reexame de prova não cabe recurso extraordinário (Súmula 279 do STF).

No recurso extraordinário, é necessário que a violação à norma constitucional seja direta. Não cabe recurso extraordinário por contrariedade ao princípio constitucional da legalidade, quando a sua verificação pressuponha rever a interpretação dada a normas infraconstitucionais pela decisão recorrida (Súmula 636 do STF).

Exige-se, ainda, o prequestionamento. Vale dizer, deve constar, na decisão recorrida, tese explícita a respeito da questão (constitucional) suscitada no recurso extraordinário (Súmula 282 do STF).

Se a decisão recorrida é omissa quanto à tese explícita, cabe à parte opor embargos de declaração, com o fim de prequestionamento (Súmula 356 do STF).

É inadmissível o recurso extraordinário, quando a decisão recorrida assenta em mais de um fundamento suficiente e o recurso não abrange todos eles (Súmula 283 do STF).

O art. 102, § 3º, da Constituição da República estabelece que no recurso extraordinário o recorrente deve demonstrar a *repercussão geral das questões constitucionais discutidas no caso*, nos termos da lei, a fim de que o Tribunal examine a admissão do recurso, somente podendo recusá-lo pela manifestação de dois terços de seus membros.

No âmbito trabalhista, o recurso extraordinário é interposto no TST, o qual examina os pressupostos recursais, processando ou negando seguimento ao recurso. Nesse último caso, é cabível agravo, visando processar o recurso.

A disciplina relativa ao recurso extraordinário é prevista no Código de Processo Civil, nos arts. 1.029 a 1.041.

O recurso extraordinário tem efeito meramente devolutivo. Portanto, admite-se a execução provisória da condenação pendente de recurso extraordinário.

Nesse contexto, não há direito líquido e certo à execução definitiva na pendência de recurso extraordinário, ou de agravo de instrumento visando a destrancá-lo (Orientação Jurisprudencial 56 da SBDI-II do TST).

Exige-se a repercussão geral para a admissão do recurso extraordinário (art. 102, § 3º, da Constituição Federal de 1988). Para efeito da repercussão geral, deve ser considerada a existência, ou não, de questões relevantes do ponto de vista econômico, político, social ou jurídico, que ultrapassem os interesses subjetivos da causa (art. 1.035, § 1º, do CPC). O recorrente deve demonstrar a existência de repercussão geral para apreciação exclusiva pelo Supremo Tribunal Federal (art. 1.035, § 2º, do CPC).

Nos termos do art. 1.035, § 3º, do CPC, haverá repercussão geral sempre que o recurso impugnar acórdão que: I – contrarie súmula ou jurisprudência dominante do Supremo Tribunal Federal; II – (revogado pela Lei 13.256/2016); III – tenha reconhecido a inconstitucionalidade de tratado ou de lei federal, nos termos do art. 97 da Constituição Federal.

Aos *recursos extraordinários interpostos perante o Tribunal Superior do Trabalho*, cabe ao Presidente do TST selecionar um ou mais recursos representativos da controvérsia e encaminhá-los ao Supremo Tribunal Federal, *sobrestando os demais até o pronunciamento definitivo da Corte* (art. 896-C, § 14, da CLT).

O Presidente do Tribunal Superior do Trabalho pode expedir ofícios aos Tribunais Regionais do Trabalho e aos Presidentes das Turmas e da Seção Especializada do TST para que *suspendam os processos idênticos aos selecionados como recursos representativos da controvérsia e encaminhados ao Supremo Tribunal Federal*, até o seu pronunciamento definitivo (art. 896-C, § 15, da CLT).

O Supremo Tribunal Federal, conhecendo do recurso extraordinário, julgará a causa, aplicando o direito à espécie (Súmula 456 do STF).

Sempre que houver multiplicidade de recursos extraordinários com fundamento em idêntica questão de direito, deve haver afetação para julgamento de acordo com as disposições dos arts. 1.036 a 1.041 do CPC, observado o disposto no Regimento Interno do Supremo Tribunal Federal.

Cabe agravo contra decisão do presidente ou do vice-presidente do tribunal recorrido (TST) que inadmitir recurso extraordinário, salvo quando fundada na aplicação de entendimento firmado em regime de repercussão geral ou em julgamento de recursos repetitivos (art. 1.042 do CPC). Trata-se do agravo em recurso extraordinário.

É *embargável* o acórdão de órgão fracionário (no caso, turma do STF) que: I – em recurso extraordinário, divergir do julgamento de qualquer outro órgão do mesmo tribunal (STF), sendo os acórdãos, embargado e paradigma, de mérito; II – (revogado pela Lei 13.256/2016); III – em recurso extraordinário, divergir do julgamento de qualquer outro órgão do mesmo tribunal (STF), sendo um acórdão de mérito e outro que não tenha conhecido do recurso, embora tenha apreciado a controvérsia; IV – (revogado pela Lei 13.256/2016) (art. 1.043 do CPC). Trata-se dos embargos de divergência em recurso extraordinário.

Podem ser confrontadas teses jurídicas contidas em julgamentos de recursos e de ações de competência originária. A divergência que autoriza a interposição de embargos de divergência pode verificar-se na aplicação do direito material ou do direito processual.

No recurso de embargos de divergência deve ser observado o procedimento estabelecido no regimento interno do respectivo tribunal superior, no caso, do STF (art. 1.044 do CPC).

11.14 RECURSO ADESIVO

O *recurso adesivo* não é espécie de recurso, mas forma de interposição do recurso. Nos termos do art. 997 do CPC, cada parte deve interpor o recurso independentemente, no prazo e observadas as exigências legais. Sendo, porém, vencidos autor e réu, ao recurso interposto por qualquer deles pode aderir o outro.

Para que o recurso possa ser interposto adesivamente, exige-se a existência de sucumbência recíproca, bem como que o recorrido, que se torna recorrente adesivo, não tenha interposto recurso principal.

O recurso adesivo fica subordinado ao recurso independente, sendo-lhe aplicáveis as mesmas regras deste quanto aos requisitos de admissibilidade e julgamento no tribunal, salvo disposição legal diversa (art. 997, § 2º, do CPC).

O recurso adesivo deve ser dirigido ao órgão perante o qual o recurso independente fora interposto, no prazo de que a parte dispõe para responder. O recurso adesivo não será conhecido se houver desistência do recurso principal ou se ele for considerado inadmissível.

No processo do trabalho, o recurso adesivo é cabível nas hipóteses de recurso ordinário, agravo de petição, revista e embargos. Admite-se o recurso adesivo, ainda, no recurso extraordinário.

O recurso adesivo é compatível com o processo do trabalho e cabe, no prazo de oito dias, nas hipóteses de interposição de recurso ordinário, de agravo de petição, de revista e de embargos, sendo desnecessário que a matéria nele veiculada esteja relacionada com a do recurso interposto pela parte contrária (Súmula 283 do TST).

11.15 CORREIÇÃO PARCIAL

A *correição parcial*, ou reclamação correicional, é cabível contra ato judicial atentatório à boa ordem processual (*error in procedendo*), que cause prejuízo, quando não for cabível recurso específico.

Nesse sentido, o atentado à fórmula legal do processo praticado pelo juiz, contra o qual inexista recurso específico, torna cabível a correição parcial, no prazo de cinco dias, a contar da ciência do ato, conforme previsão no regimento interno dos Tribunais.

A sua natureza jurídica é de incidente processual, fundado no direito de petição. Trata-se de providência muitas vezes com teor preponderantemente administrativo, podendo haver repercussão na esfera disciplinar. Entretanto, há entendimento, minoritário, no sentido de que se trataria de recurso *sui generis*.

O art. 678, inciso I, *d*, 2, da CLT prevê que aos Tribunais Regionais, quando divididos em Turmas, compete, ao Tribunal Pleno (ou ao órgão especial), especialmente, julgar, em única ou última instâncias, "as reclamações contra atos administrativos de seu presidente ou de qualquer de seus membros, assim como dos juízes de primeira instância e de seus funcionários".

Há Tribunais Regionais do Trabalho, como na 2ª Região, em que a petição de correição parcial, acompanhada dos documentos indispensáveis ao seu processamento, sob pena de não conhecimento, deve ser dirigida ao juiz da causa (que pode reconsiderar o ato, hipótese em que ocorre a perda de objeto), e este deve encaminhá-la à Corregedoria Regional em autos apartados, acompanhada das informações. Nesse caso, à Corregedoria Regional compete julgar o incidente em questão. Cabe agravo regimental contra as decisões monocráticas do Corregedor Regional proferidas em correição parcial.

Não cabe recurso ordinário contra decisão em agravo regimental interposto em reclamação correicional ou em pedido de providência (Orientação Jurisprudencial 5 do Pleno do TST).

Compete ao Corregedor, eleito entre os Ministros do Tribunal Superior do Trabalho, decidir reclamações contra os atos atentatórios da boa ordem processual praticados pelos Tribunais Regionais e seus presidentes, quando inexistir recurso específico (art. 709, inciso II, da CLT).

Das decisões proferidas pelo Corregedor, no caso acima indicado, cabe agravo regimental, para o Tribunal Pleno (art. 709, § 1º, da CLT).

De modo mais específico, no âmbito do TST, a correição parcial é cabível para corrigir erros, abusos e atos contrários à boa ordem processual e que importem em atentado a fórmulas legais de processo, quando para o caso não haja recurso ou outro meio processual específico. Em situação extrema ou excepcional, pode o Corregedor-Geral da Justiça do Trabalho adotar as medidas necessárias a impedir lesão de difícil reparação, assegurando, dessa forma, eventual resultado útil do processo, até que ocorra o exame da matéria pelo órgão jurisdicional competente.

O prazo para a apresentação da correição parcial é de cinco dias, contados da publicação do ato ou despacho no órgão oficial, ou da ciência inequívoca pela parte dos fatos relativos à impugnação.

11.16 PEDIDO DE REVISÃO

No processo do trabalho, proposta a conciliação, e não havendo acordo, antes de passar à instrução do feito, cabe ao juiz fixar o valor da causa, quando este for indeterminado (Lei 5.584/1970, art. 2º, *caput*).

Esse valor fixado pelo juiz pode ser impugnado pelas partes em audiência, nas razões finais. Se o juiz mantiver o valor, cabe *pedido de revisão* ao Presidente do TRT, no prazo de 48 horas (Lei 5.584/1970, art. 2º, § 1º).

O pedido de revisão não tem efeito suspensivo, devendo ser instruído com a petição inicial e a ata da audiência, em cópia autenticada pela Secretaria da Vara, e deve ser julgado em 48 horas, a partir do seu recebimento pelo Presidente do Tribunal Regional (Lei 5.584/1970, art. 2º, § 2º).

Discute-se, assim, se a hipótese é de recurso *sui generis* ou exercício do direito de petição. Pode-se dizer que se trata de modalidade recursal específica, que tem como objetivo a impugnação da decisão do juiz, de natureza interlocutória, que mantém o valor da causa fixado.

11.17 REMESSA DE OFÍCIO

A *remessa de ofício*, ou reexame necessário, por não ser ato voluntário, não tem natureza jurídica de recurso, mas sim de condição de eficácia da sentença[41].

O Decreto-lei 779/1969, no art. 1º, inciso V, prevê que nos processos perante a Justiça do Trabalho, constituem prerrogativa da União, dos Estados, do Distrito Federal, dos Municípios e das autarquias ou fundações de direito público federais, estaduais ou municipais que não explorem atividade econômica, "o recurso ordinário 'ex officio' das decisões que lhe sejam total ou parcialmente contrárias".

Apesar da terminologia adotada pelo Decreto-lei 779, por ser de 1969, como acima destacado, na atualidade é pacífico o entendimento de que não se trata de recurso propriamente.

O art. 496 do Código de Processo Civil assim dispõe:

> "Está sujeita ao duplo grau de jurisdição, não produzindo efeito senão depois de confirmada pelo tribunal, a sentença:
>
> I – proferida contra a União, os Estados, o Distrito Federal, os Municípios e suas respectivas autarquias e fundações de direito público;
>
> II – que julgar procedentes, no todo ou em parte, os embargos à execução fiscal.
>
> § 1º Nos casos previstos neste artigo, não interposta a apelação no prazo legal, o juiz ordenará a remessa dos autos ao tribunal, e, se não o fizer, o presidente do respectivo tribunal avocá-los-á.
>
> § 2º Em qualquer dos casos referidos no § 1º, o tribunal julgará a remessa necessária.
>
> § 3º Não se aplica o disposto neste artigo quando a condenação ou o proveito econômico obtido na causa for de valor certo e líquido inferior a:
>
> I – 1.000 (mil) salários mínimos para a União e as respectivas autarquias e fundações de direito público;

41. Cf. NERY JUNIOR, Nelson. *Princípios fundamentais*: teoria geral dos recursos. São Paulo: RT, 1990. p. 135-137.

> II - 500 (quinhentos) salários mínimos para os Estados, o Distrito Federal, as respectivas autarquias e fundações de direito público e os Municípios que constituam capitais dos Estados;
>
> III - 100 (cem) salários mínimos para todos os demais Municípios e respectivas autarquias e fundações de direito público.
>
> § 4º Também não se aplica o disposto neste artigo quando a sentença estiver fundada em:
>
> I - súmula de tribunal superior;
>
> II - acórdão proferido pelo Supremo Tribunal Federal ou pelo Superior Tribunal de Justiça [pelo TST, no âmbito trabalhista] em julgamento de recursos repetitivos;
>
> III - entendimento firmado em incidente de resolução de demandas repetitivas ou de assunção de competência;
>
> IV - entendimento coincidente com orientação vinculante firmada no âmbito administrativo do próprio ente público, consolidada em manifestação, parecer ou súmula administrativa".

O art. 3º, inciso X, da Instrução Normativa 39/2016 do TST prevê que se aplicam ao processo do trabalho, em face de omissão e de compatibilidade, o art. 496 e parágrafos do CPC, sobre remessa necessária.

Não transita em julgado a sentença por haver omitido a remessa de ofício (Súmula 423 do STF).

A respeito do tema, cabe destacar a Súmula 303 do TST em sua atual redação:

> "Fazenda Pública. Reexame necessário.
>
> I - Em dissídio individual, está sujeita ao reexame necessário, mesmo na vigência da Constituição Federal de 1988, decisão contrária à Fazenda Pública, salvo quando a condenação não ultrapassar o valor correspondente a: a) 1.000 (mil) salários mínimos para a União e as respectivas autarquias e fundações de direito público; b) 500 (quinhentos) salários mínimos para os Estados, o Distrito Federal, as respectivas autarquias e fundações de direito público e os Municípios que constituam capitais dos Estados; c) 100 (cem) salários mínimos para todos os demais Municípios e respectivas autarquias e fundações de direito público.
>
> II - Também não se sujeita ao duplo grau de jurisdição a decisão fundada em: a) súmula ou orientação jurisprudencial do Tribunal Superior do Trabalho; b) acórdão proferido pelo Supremo Tribunal Federal ou pelo Tribunal Superior do Trabalho em julgamento de recursos repetitivos; c) entendimento firmado em incidente de resolução de demandas repetitivas ou de assunção de competência; d) entendimento coincidente com orientação vinculante firmada no âmbito administrativo do próprio ente público, consolidada em manifestação, parecer ou súmula administrativa.
>
> III - Em ação rescisória, a decisão proferida pelo Tribunal Regional do Trabalho está sujeita ao duplo grau de jurisdição obrigatório quando desfavorável ao ente público, exceto nas hipóteses dos incisos anteriores.
>
> IV - Em mandado de segurança, somente cabe reexame necessário se, na relação processual, figurar pessoa jurídica de direito público como parte prejudicada pela concessão da ordem. Tal situação não ocorre na hipótese de figurar no feito como impetrante e terceiro interessado pessoa de direito privado, ressalvada a hipótese de matéria administrativa".

Nos termos da Súmula 490 do STJ, a dispensa de reexame necessário não se aplica a sentenças ilíquidas.

No caso de execução de dívida ativa de competência da Justiça do Trabalho (art. 114, inciso VIII, da Constituição da República), também é possível afastar a incidência do reexame obrigatório no caso de embargos à execução julgados procedentes quando o proveito econômico obtido na causa (valor do crédito executado) for de valor certo e líquido inferior a: mil salários mínimos para União e as respectivas autarquias e fundações de direito público; quinhentos salários mínimos para os Estados, o Distrito Federal, as respectivas autarquias e fundações de direito público e os Municípios que constituam capitais dos Estados; cem salários mínimos para todos os demais municípios e respectivas autarquias e fundações de direito público (art. 496, § 2º, do CPC).

Apesar de não se tratar de recurso, de acordo com a Súmula 45 do STJ, no "reexame necessário, é defeso, ao Tribunal, agravar a condenação imposta à Fazenda Pública".

É incabível recurso de revista de ente público que não interpôs recurso ordinário voluntário da decisão de primeira instância, ressalvada a hipótese de ter sido agravada, na segunda instância, a condenação imposta (Orientação Jurisprudencial 334 da SBDI-I do TST).

11.18 INCUMBÊNCIAS DO RELATOR

O Código de Processo Civil, no art. 932, estabelece relevantes disposições pertinentes às incumbências do relator no julgamento dos recursos e processos no tribunal. Nesse sentido, incumbe ao relator:

I. dirigir e ordenar o processo no tribunal, inclusive em relação à produção de prova, bem como, quando for o caso, homologar autocomposição das partes;

II. apreciar o pedido de tutela provisória nos recursos e nos processos de competência originária do tribunal;

III. não conhecer de recurso inadmissível, prejudicado ou que não tenha impugnado especificamente os fundamentos da decisão recorrida;

IV. negar provimento a recurso que for contrário a:

a) súmula do Supremo Tribunal Federal, do Superior Tribunal de Justiça (no processo do trabalho, do TST) ou do próprio tribunal (em caso de tribunal regional do trabalho);

b) acórdão proferido pelo Supremo Tribunal Federal ou pelo Superior Tribunal de Justiça (no processo do trabalho, pelo TST) em julgamento de recursos repetitivos;

c) entendimento firmado em incidente de resolução de demandas repetitivas ou de assunção de competência;

V. depois de facultada a apresentação de contrarrazões, dar provimento ao recurso se a decisão recorrida for contrária a:

a) súmula do Supremo Tribunal Federal, do Superior Tribunal de Justiça (no processo trabalhista, do Tribunal Superior do Trabalho) ou do próprio tribunal;

b) acórdão proferido pelo Supremo Tribunal Federal ou pelo Superior Tribunal de Justiça (no processo do trabalho, pelo TST) em julgamento de recursos repetitivos;

c) entendimento firmado em incidente de resolução de demandas repetitivas ou de assunção de competência;

VI. decidir o incidente de desconsideração da personalidade jurídica, quando este for instaurado originariamente perante o tribunal;

VII. determinar a intimação do Ministério Público (do Trabalho), quando for o caso;

VIII. exercer outras atribuições estabelecidas no regimento interno do tribunal.

Tendo em vista a necessidade de concretizar os princípios da cooperação e da instrumentalidade das formas, antes de considerar inadmissível o recurso, o relator deve conceder o prazo de cinco dias ao recorrente para que seja sanado vício ou complementada a documentação exigível.

Se o relator constatar a ocorrência de fato superveniente à decisão recorrida ou a existência de questão apreciável de ofício ainda não examinada que devam ser considerados no julgamento do recurso, deve intimar as partes para que se manifestem no prazo de cinco dias (art. 933 do CPC).

Se a constatação ocorrer durante a sessão de julgamento, este deve ser imediatamente suspenso a fim de que as partes se manifestem especificamente.

Se a constatação se der em vista dos autos, deve o juiz que a solicitou encaminhá-los ao relator, que tomará as providências previstas no *caput* do art. 933 do CPC, acima indicado, e, em seguida, solicitará a inclusão do feito em pauta para prosseguimento do julgamento, com submissão integral da nova questão aos julgadores.

Ainda a respeito do tema acima versado, deve-se lembrar que, nos termos do art. 1.021 do CPC, contra decisão proferida pelo relator cabe *agravo interno* (também chamado de *agravo regimental* que, no processo do trabalho, em regra, é cabível no prazo de oito dias) para o respectivo órgão colegiado, observadas, quanto ao processamento, as regras do regimento interno do tribunal.

Na petição de agravo interno, o recorrente deve impugnar especificadamente os fundamentos da decisão agravada.

O agravo deve ser dirigido ao relator, que intimará o agravado para manifestar-se sobre recurso no prazo de quinze dias (no processo do trabalho, oito dias), ao final do qual, não havendo retratação, o relator deve levá-lo a julgamento pelo órgão colegiado, com inclusão em pauta.

É vedado ao relator se limitar à reprodução dos fundamentos da decisão agravada para julgar improcedente o agravo interno.

É importante frisar que, segundo o art. 1.021, § 4º, do CPC, quando o agravo interno (ou seja, o agravo regimental) for declarado *manifestamente inadmissível ou improcedente em votação unânime*, o órgão colegiado, em decisão fundamentada, deve condenar o agravante a pagar ao agravado *multa fixada entre um e cinco por cento do valor da causa atualizado*.

Constitui ônus da parte recorrente, sob pena de deserção, depositar previamente a multa aplicada com fundamento nos §§ 4º e 5º, do art. 1.021, do CPC, à exceção da Fazenda Pública e do beneficiário de justiça gratuita, que farão o pagamento ao final (Orientação Jurisprudencial 389 da SBDI-I do TST).

O art. 1.021, § 5º, do CPC dispõe que a interposição de qualquer outro recurso está condicionada ao depósito prévio do valor da multa prevista acima, *à exceção do beneficiário de gratuidade da justiça e da Fazenda Pública, que devem fazer o pagamento ao final*.

Aplica-se subsidiariamente ao processo do trabalho o art. 932 do CPC de 2015 (Súmula 435 do TST).

11.19 UNIFORMIZAÇÃO DA JURISPRUDÊNCIA

A jurisprudência é o conjunto de decisões uniformes e constantes dos tribunais, proferidas para a solução judicial de conflitos, envolvendo casos semelhantes.

Registre-se que os tribunais aprovam súmulas, enunciando de forma resumida o entendimento já firmado sobre certas matérias, após terem sido objeto de decisões reiteradas no mesmo sentido. As súmulas proporcionam maior estabilidade à jurisprudência, constituindo forma de expressão jurídica.

Ainda sobre o tema, dignas de nota são as *súmulas vinculantes* do Supremo Tribunal Federal, previstas no art. 103-A da Constituição Federal de 1988 (acrescentado pela Emenda Constitucional 45/2004), regulamentado pela Lei 11.417/2006. No caso das súmulas vinculantes, além de normalmente se apresentarem sob a forma de disposições genéricas e abstratas, têm caráter nitidamente obrigatório.

Além disso, no controle concentrado de constitucionalidade, as decisões definitivas de mérito, proferidas pelo Supremo Tribunal Federal, nas ações diretas de inconstitucionalidade e nas ações declaratórias de constitucionalidade, produzem eficácia contra todos e efeito vinculante, relativamente aos demais órgãos do Poder Judiciário e à administração pública direta e indireta, nas esferas federal, estadual e municipal (art. 102, § 2º, da Constituição da República).

Tendo em vista a importância da jurisprudência, o Código de Processo Civil de 1973 disciplinava o incidente de *uniformização da jurisprudência*, aplicável ao processo do trabalho (art. 769 da CLT).

O art. 3º, inciso XXIII, da Instrução Normativa 39/2016 do TST prevê que se aplicam ao processo do trabalho, em face de omissão e de compatibilidade, os arts. 926 a 928 do CPC, sobre jurisprudência dos tribunais.

No presente, o art. 926 do CPC dispõe que os tribunais devem uniformizar sua jurisprudência e mantê-la estável, íntegra e coerente.

Exige-se, assim, que a jurisprudência tenha certa *estabilidade*, evitando mudanças repentinas e injustificadas, para que seja respeitada a segurança jurídica. Exige-se da jurisprudência a *integridade*, de modo que as decisões dos juízes e tribunais estejam em consonância com o sistema jurídico, integrado, de forma harmônica, por regras e princípios, inclusive constitucionais. A jurisprudência deve atender à necessidade de *coerência*, ou seja, questões iguais devem ser tratadas e decididas com isonomia, aplicando-se a mesma tese aos casos que envolvam idêntica questão jurídica, concretizando-se a justiça.

Na forma estabelecida e segundo os pressupostos fixados no regimento interno, os tribunais devem editar *enunciados de súmula correspondentes a sua jurisprudência dominante* (art. 926, § 1º, do CPC).

Ao editar enunciados de súmula, os tribunais devem se ater às circunstâncias fáticas dos precedentes que motivaram sua criação (art. 926, § 2º, do CPC).

Conforme a Lei Complementar 75/1993, art. 83, incisos VI e VII, compete ao Ministério Público do Trabalho "pedir revisão dos Enunciados da Súmula de Jurisprudência do Tribunal Superior do Trabalho" (inciso VI, parte final), bem como "funcionar nas sessões dos Tribunais Trabalhistas, manifestando-se verbalmente sobre a matéria em debate, sempre que entender necessário, sendo-lhe assegurado o direito de vista dos processos em julgamento, podendo solicitar as requisições e diligências que julgar convenientes" (inciso VII).

Cf. Capítulo 1, item 1.9.

A Súmula em questão, no entanto, não se confunde com a já mencionada Súmula vinculante, aprovada pelo STF, nos termos do art. 103-A da Constituição da República.

Visando à segurança e estabilidade nas relações jurídicas, o art. 927 do CPC prevê que os juízes e os tribunais devem observar: as *decisões do Supremo Tribunal Federal em controle concentrado de constitucionalidade*; os *enunciados de súmula vinculante*; os *acórdãos em incidente de assunção de competência ou de resolução de demandas repetitivas e em julgamento de recursos extraordinário e especial (recurso de revista no processo do trabalho) repetitivos*; os *enunciados das súmulas do Supremo Tribunal Federal em matéria constitucional e do Superior Tribunal de Justiça (TST no processo do trabalho) em matéria infraconstitucional*; a *orientação do plenário ou do órgão especial aos quais estiverem vinculados*.

Os juízes e os tribunais devem observar o disposto no art. 10 e no art. 489, § 1º, ambos do Código de Processo Civil, quando decidirem com fundamento no art. 927.

Frise-se, ainda, que os tribunais devem dar *publicidade a seus precedentes*, organizando-os por questão jurídica decidida e divulgando-os, preferencialmente, na rede mundial de computadores (art. 927, § 5º, do CPC).

A jurisprudência, de todo modo, não é estática, devendo evoluir conforme as mudanças normativas e a dialética das relações sociais. A *alteração* de tese jurídica adotada em enunciado de súmula ou em julgamento de casos repetitivos pode ser precedida de audiências públicas e da participação de pessoas, órgãos ou entidades que possam contribuir para a rediscussão da tese.

Na hipótese de alteração de jurisprudência dominante do Supremo Tribunal Federal e dos tribunais superiores ou daquela oriunda de julgamento de casos repetitivos, pode haver *modulação dos efeitos da alteração* no interesse social e no da segurança jurídica.

A modificação de enunciado de súmula, de jurisprudência pacificada ou da tese adotada em julgamento de casos repetitivos deve observar a necessidade de fundamentação adequada e específica, considerando os princípios da segurança jurídica, da proteção da confiança e da isonomia.

Esclareça-se que, para os fins do Código de Processo Civil, considera-se *julgamento de casos repetitivos* a decisão proferida em: incidente de resolução de demandas repetitivas; recursos especial (recurso de revista, no caso do processo do trabalho) e extraordinário repetitivos (art. 928 do CPC). O *julgamento de casos repetitivos* tem por objeto *questão de direito material ou processual*.

11.20 ORDEM DOS PROCESSOS NO TRIBUNAL

Nos tribunais, as ações de competência originária, as remessas de ofício e os recursos devem ser processados e julgados conforme regras próprias de organização, em consonância com o princípio do devido processo legal.

Conforme o art. 929 do CPC, aplicável ao processo do trabalho, os autos devem ser registrados no protocolo do tribunal no dia de sua entrada, cabendo à secretaria ordená-los, com imediata distribuição.

A critério do tribunal, os serviços de protocolo podem ser descentralizados, mediante delegação a ofícios de justiça de primeiro grau (no caso do processo trabalhista, Varas do Trabalho).

A distribuição deve ser feita de acordo com o *regimento interno* do tribunal, observando-se a alternatividade, o sorteio eletrônico e a publicidade (art. 930 do CPC).

Frise-se que a distribuição de processos deve ser imediata, em todos os graus de jurisdição (art. 93, inciso XV, da Constituição da República, incluído pela Emenda Constitucional 45/2004).

O primeiro recurso protocolado no tribunal torna prevento o relator para eventual recurso subsequente interposto no mesmo processo ou em processo conexo.

Distribuídos, os autos devem ser de imediato conclusos ao relator, que, em trinta dias, depois de elaborar o voto, restitui-los-á, com relatório, à secretaria (art. 931 do CPC).

Incumbe ao relator adotar as providências previstas no art. 932 do CPC.

Se o relator constatar a ocorrência de fato superveniente à decisão recorrida ou a existência de questão apreciável de ofício ainda não examinada que devam ser considerados no julgamento do recurso, deve intimar as partes para que se manifestem no prazo de cinco dias (art. 933 do CPC). Se a constatação ocorrer durante a sessão de julgamento, este deve ser imediatamente suspenso a fim de que as partes se manifestem especificamente. Se a constatação se der em vista dos autos, deve o juiz que a solicitou encaminhá-los ao relator, que tomará as providências previstas no *caput* do art. 933 do CPC e, em seguida, solicitará a inclusão do feito em pauta para prosseguimento do julgamento, com submissão integral da nova questão aos julgadores.

Em seguida, os autos devem ser apresentados ao presidente, que designará dia para julgamento, ordenando, em todas as hipóteses previstas no Livro III da Parte Especial do CPC, *sobre os processos nos tribunais e dos meios de impugnação das decisões judiciais*, a publicação da pauta no órgão oficial (art. 934 do CPC).

Entre a data de publicação da pauta e da sessão de julgamento deve decorrer, pelo menos, o prazo de cinco dias, incluindo-se em nova pauta as causas que não tenham sido julgadas, salvo aquelas cujo julgamento tiver sido expressamente adiado para a primeira sessão seguinte (art. 935 do CPC).

Às partes deve ser permitida vista dos autos em cartório após a publicação da pauta de julgamento. Deve-se afixar a pauta na entrada da sala em que se realizar a sessão de julgamento.

Ressalvadas as preferências legais e regimentais, os recursos, a remessa necessária e os processos de competência originária devem ser julgados na seguinte ordem: aqueles nos quais houver sustentação oral, observada a ordem dos requerimentos; os requerimentos de preferência apresentados até o início da sessão de julgamento; aqueles cujo julgamento tenha iniciado em sessão anterior; e, por último, os demais casos (art. 936 do CPC).

Na sessão de julgamento, depois da exposição da causa pelo relator, o presidente deve dar a palavra, sucessivamente, ao recorrente e ao recorrido, e ao membro do Ministério Público, nos casos de sua intervenção, pelo prazo improrrogável de 15 minutos para cada um, a fim de sustentarem suas razões nas seguintes hipóteses (observadas as regras do regimento interno do tribunal): no recurso de apelação (no recurso ordinário, no processo do trabalho); no recurso ordinário (julgado pelo STF e pelo STJ, conforme art. 1.027 do CPC); no recurso especial (no recurso de revista, no processo do trabalho); no recurso extraordinário; nos embargos de divergência; na ação rescisória, no mandado de segurança e na reclamação; no agravo de instrumento interposto de decisões interlocutórias que versem sobre tutelas provisórias de urgência ou da evidência (apenas no processo civil); em outras hipóteses previstas em lei ou no regimento interno do tribunal (art. 937 do CPC).

A sustentação oral no incidente de resolução de demandas repetitivas deve observar o disposto no art. 984, *caput*, e § 1º, do CPC[42].

42. "Art. 984. No julgamento do incidente, observar-se-á a seguinte ordem: I – o relator fará a exposição do objeto do incidente; II – poderão sustentar suas razões, sucessivamente: a) o autor e o réu do processo originário, e o Ministério Público, pelo prazo de 30 (trinta) minutos; b) os demais interessados, no prazo de

O procurador que desejar proferir sustentação oral pode requerer, até o início da sessão, que seja o feito julgado em primeiro lugar, sem prejuízo das preferências legais (art. 937, § 2º, do CPC).

Cabe sustentação oral no agravo interno interposto contra decisão de relator que extingue o processo nas causas de competência originária relativas à ação rescisória, ao mandado de segurança e à reclamação (art. 937, § 3º, do CPC).

Na atualidade, o advogado pode realizar a sustentação oral no recurso interposto contra a decisão monocrática de relator que julgar o mérito ou não conhecer dos seguintes recursos ou ações: I – recurso de apelação (recurso ordinário, no processo do trabalho); II – recurso ordinário (julgado pelo STF e pelo STJ, conforme art. 1.027 do CPC); III – recurso especial (recurso de revista, no processo do trabalho); IV – recurso extraordinário; V – embargos de divergência; VI – ação rescisória, mandado de segurança, reclamação, *habeas corpus* e outras ações de competência originária (art. 7º, § 2º-B, da Lei 8.906/1994, incluído pela Lei 14.365/2022). O recurso cabível contra decisão monocrática proferida pelo relator é o agravo interno (agravo regimental), conforme art. 1.021 do CPC.

É permitido ao advogado com domicílio profissional situado em cidade diversa daquela onde está sediado o tribunal realizar sustentação oral por meio de videoconferência ou outro recurso tecnológico de transmissão de sons e imagens em tempo real, desde que o requeira até o dia anterior ao da sessão (art. 937, § 4º, do CPC).

É comum a previsão, nos regimentos internos dos tribunais, de requerimento prévio do advogado, para o exercício do direito de sustentar oralmente.

A ausência de inscrição prévia pelo advogado, em consonância com os regimentos internos dos tribunais, apenas acarreta a ausência de preferência na ordem dos julgamentos na sessão. O indeferimento do requerimento de sustentação oral, formulado pelo advogado devidamente habilitado, mesmo no momento em que o processo é apregoado em sessão, acarreta manifesto cerceamento do direito de defesa, violação direta ao devido processo legal e, portanto, nulidade do julgamento pelo órgão colegiado do tribunal (TST, SBDI-I, Ag-ED-E-ED-RR 131000-35.2005.5.03.0004, Redator Min. João Oreste Dalazen, DEJT 01.07.2013).

Evidentemente, se o julgamento for favorável justamente à parte prejudicada, pode deixar de ser declarada, em razão do princípio da instrumentalidade das formas.

Segundo o art. 938 do CPC, a questão preliminar suscitada no julgamento deve ser decidida antes do mérito, deste não se conhecendo caso seja incompatível com a decisão.

Constatada a ocorrência de vício sanável, inclusive aquele que possa ser conhecido de ofício, o relator deve determinar a realização ou a renovação do ato processual, no próprio tribunal ou em primeiro grau de jurisdição, intimadas as partes. Cumprida a diligência, sempre que possível deve prosseguir no julgamento do recurso.

Reconhecida a necessidade de produção de prova, o relator deve converter o julgamento em diligência, que se realizará no tribunal ou em primeiro grau de jurisdição, decidindo-se o recurso após a conclusão da instrução.

Quando não determinadas pelo relator, as providências indicadas acima podem ser determinadas pelo órgão competente para julgamento do recurso.

30 (trinta) minutos, divididos entre todos, sendo exigida inscrição com dois 2 (dias) de antecedência. § 1º Considerando o número de inscritos, o prazo poderá ser ampliado".

Conforme o art. 10 da Instrução Normativa 39/2016 do TST, aplicam-se ao processo do trabalho as normas do parágrafo único do art. 932 do CPC, §§ 1º a 4º do art. 938 e §§ 2º e 7º do art. 1.007 do mesmo diploma legal.

Se a preliminar for rejeitada ou se a apreciação do mérito for com ela compatível, deve-se seguir com a discussão e o julgamento da matéria principal, sobre a qual devem se pronunciar os juízes (desembargadores ou ministros, conforme o caso) vencidos na preliminar (art. 939 do CPC).

Nos termos do art. 3º, inciso XXIV, da Instrução Normativa 39/2016 do TST, aplica-se ao processo do trabalho, em face de omissão e de compatibilidade, o art. 940 do CPC, sobre vista regimental.

O relator ou outro juiz que não se considerar habilitado a proferir imediatamente seu voto pode *solicitar vista* pelo prazo máximo de dez dias, após o qual o recurso deve ser reincluído em pauta para julgamento na sessão seguinte à data da devolução (art. 940 do CPC).

Se os autos não forem devolvidos tempestivamente ou se não for solicitada pelo juiz prorrogação de prazo de no máximo mais dez dias, o presidente do órgão fracionário deve requisitá-los para julgamento do recurso na sessão ordinária subsequente, com publicação da pauta em que for incluído. Quando requisitar os autos nessa forma, se aquele que fez o pedido de vista ainda não se sentir habilitado a votar, o presidente deve convocar substituto para proferir voto, na forma estabelecida no regimento interno do tribunal.

Nos termos do art. 37 da Lei 13.869/2019, constitui crime (de abuso de autoridade) demorar demasiada e injustificadamente no exame de processo de que tenha requerido vista em órgão colegiado, com o intuito de procrastinar seu andamento ou retardar o julgamento, com previsão de pena de detenção, de seis meses a dois anos, e multa.

Proferidos os votos, o presidente deve anunciar o resultado do julgamento, designando para redigir o acórdão o relator ou, se vencido este, o autor do primeiro voto vencedor (art. 941 do CPC).

O voto pode ser alterado até o momento da proclamação do resultado pelo presidente, salvo aquele já proferido por juiz afastado ou substituído (art. 941, § 1º, do CPC).

No julgamento de apelação (ou seja, de recurso ordinário, no caso do processo do trabalho) ou de agravo de instrumento, a decisão deve ser tomada, no órgão colegiado, pelo voto de três juízes (art. 941, § 2º, do CPC).

Nos Tribunais Regionais do Trabalho divididos em Turmas, cada uma delas é normalmente formada por cinco desembargadores, funcionando com a presença de três. O julgamento nas Turmas, assim, é feito com o voto de três magistrados.

O voto vencido deve ser necessariamente declarado e considerado parte integrante do acórdão para todos os fins legais, inclusive de prequestionamento (art. 941, § 3º, do CPC).

A ausência de juntada do voto vencido, em contrariedade a essa determinação legal, gera a nulidade do acórdão[43]. Sendo assim, ao se reconhecer a nulidade do processo a

43. "I - Recurso de revista. Nulidade. Ausência de juntada das razões de voto vencido no acórdão recorrido. Art. 941, § 3º, CPC. A previsão do art. 941, § 3º, do CPC/2015, sem dispositivo correspondente no CPC/1973, é clara no sentido de que, com a sistemática inaugurada pela lei nova, exige-se a juntada do voto vencido como parte integrante do acórdão, inclusive para a finalidade de prequestionamento. Assim, se os fundamentos do voto vencido não forem juntados ao voto vencedor, haverá defeito no ato, tendo em vista a

partir da publicação do acórdão, deve-se determinar o retorno dos autos ao tribunal de origem para a juntada das razões do voto vencido, com a restituição do prazo para interposição do recurso e regular prosseguimento do feito[44].

Conforme o art. 2º, inciso IX, da Instrução Normativa 39/2016 do TST, não se aplicam ao processo do trabalho, em razão de inexistência de omissão ou por incompatibilidade, o art. 942 e parágrafos do CPC, sobre o prosseguimento de julgamento não unânime de apelação.

Como a mencionada previsão substituiu os antigos embargos infringentes previstos nos arts. 530 a 534 CPC de 1973, os quais não eram cabíveis no processo do trabalho, prevaleceu o entendimento de que a medida prevista no art. 942 do CPC, embora não tenha mais natureza de recurso, por não ser voluntária, da mesma forma, permanece incompatível com o sistema recursal trabalhista, inclusive por acarretar desdobramentos procedimentais que contrariam a celeridade exigida na Justiça do Trabalho.

Os votos, os acórdãos e os demais atos processuais podem ser registrados em documento eletrônico inviolável e assinados eletronicamente, na forma da lei, devendo ser impressos para juntada aos autos do processo, quando este não for eletrônico (art. 943 do CPC).

Todo acórdão deve conter *ementa*. Lavrado o acórdão, sua ementa deve ser publicada no órgão oficial no prazo de dez dias.

No processo civil, não publicado o acórdão no prazo de trinta dias, contado da data da sessão de julgamento, as notas taquigráficas o substituirão, para todos os fins legais, independentemente de revisão. Nesse caso, o presidente do tribunal deve lavrar, de imediato, as conclusões e a ementa e mandar publicar o acórdão (art. 944 do CPC). Entretanto, de acordo com o art. 2º, inciso X, da Instrução Normativa 39/2016 do TST, não se aplica ao processo do trabalho, em razão de inexistência de omissão ou por incompatibilidade, o art. 944 do CPC, sobre notas taquigráficas para substituir acórdão. Prevaleceu, assim, o entendimento de que a publicação do acórdão é imprescindível no processo do trabalho, não podendo ser substituído por notas taquigráficas, como

---

expressa determinação legal. Precedentes. Recurso de revista conhecido e provido. II – Agravo de instrumento. Prejudicada a análise do agravo de instrumento, em razão do provimento do recurso de revista, com retorno dos autos ao Tribunal Regional do Trabalho" (TST, 3ª T., RRAg-1001560-96.2018.5.02.0082, Rel. Min. Alberto Luiz Bresciani de Fontan Pereira, DEJT 19.11.2021).

44. "Recurso de revista interposto em face de acórdão publicado após a vigência da Lei nº 13.467/2017. Negativa de prestação jurisdicional. Ausência da juntada das razões do voto vencido. Transcendência política evidenciada. Tratando-se de recurso de revista interposto em face de decisão regional que se mostra contrária à jurisprudência desta Corte, revela-se presente a transcendência política da causa, a justificar o prosseguimento do exame do apelo. No mérito, tem-se que esta Corte, por meio da sua SBDI-2, consolidou entendimento no sentido de que, nos termos do art. 941, § 3º, do CPC/2015, 'Independentemente da demonstração de prejuízo ou da circunstância de ser inaplicável o instituto do prequestionamento em se tratando de recurso ordinário, padece de nulidade a decisão colegiada tomada por maioria quando ausente a publicação das razões de voto vencido' (RO-7956-69.2016.5.15.0000, Subseção II Especializada em Dissídios Individuais, Relatora Ministra Maria Helena Mallmann, DEJT 04/10/2019). Na mesma linha, esta 7ª Turma já pacificou o posicionamento de que há transcendência da causa na matéria em discussão (ARR-1000952-15.2017.5.02.0606, 7ª Turma, Relator Ministro Cláudio Mascarenhas Brandão, DEJT 05/06/2020). Na hipótese dos autos, verifica-se que o TRT se recursou em reproduzir, nos fundamentos do acórdão, as razões do voto vencido, evidenciando a nulidade do processo a partir da publicação do acórdão, razão pela qual se faz necessário determinar o retorno do processo àquela Corte a fim de que complemente os fundamentos da decisão com as razões do voto vencido, inclusive com a restituição do prazo para interposição do recurso de revista e regular prosseguimento do feito (Precedentes). Prejudicada a análise dos demais temas do recurso de revista. Recurso de revista conhecido e provido" (TST, 7ª T., RR-1001434-49.2018.5.02.0372, Rel. Min. Renato de Lacerda Paiva, DEJT 19.11.2021).

se observa nos arts. 678, inciso I, *c*, 2, 746, *d*, 748, *c*, 750, *g*, 836, parágrafo único, 895, § 1º, inciso IV, 896-C, § 11 e 897-A da CLT, bem como arts. 2º, inciso II, *d*, 3º, inciso III, *d*, 5º, *d* e 7º da Lei 7.701/1988.

Conforme o art. 895, § 1º, inciso IV, da CLT, nas reclamações sujeitas ao procedimento sumaríssimo, o recurso ordinário terá acórdão consistente unicamente na certidão de julgamento, com a indicação suficiente do processo e parte dispositiva, e das razões de decidir do voto prevalente. Se a sentença for confirmada pelos próprios fundamentos, a certidão de julgamento, registrando tal circunstância, servirá de acórdão.

11.21 INCIDENTE DE ASSUNÇÃO DE COMPETÊNCIA

É admissível a *assunção de competência* quando o julgamento de recurso, da remessa necessária ou de processo de competência originária envolver *relevante questão de direito, com grande repercussão social, sem repetição em diversos processos* (art. 947 do CPC).

O art. 3º, inciso XXV, da Instrução Normativa 39/2016 do TST prevê que se aplicam ao processo do trabalho, em face de omissão e de compatibilidade, o art. 947 e parágrafos do CPC, sobre incidente de assunção de competência.

Sendo assim, conforme o art. 20 da Instrução Normativa 38/2015 do TST, quando o julgamento dos embargos à SBDI-I envolver relevante questão de direito, com grande repercussão social, sem repetição em múltiplos processos, mas a respeito da qual seja *conveniente a prevenção ou a composição de divergência entre as turmas ou os demais órgãos fracionários do Tribunal Superior do Trabalho*, pode a SBDI-I, por iniciativa de um de seus membros e após a aprovação da maioria de seus integrantes, afetar o seu julgamento ao Tribunal Pleno.

Ocorrendo a hipótese de assunção de competência, o relator deve propor, de ofício ou a requerimento da parte, do Ministério Público ou da Defensoria Pública, seja o recurso, a remessa necessária ou o processo de competência originária julgado pelo órgão colegiado que o regimento indicar (art. 947, § 1º, do CPC).

O órgão colegiado deve julgar o recurso, a remessa necessária ou o processo de competência originária se reconhecer interesse público na assunção de competência.

O acórdão proferido em assunção de competência vincula todos os juízes e órgãos fracionários, exceto se houver revisão de tese.

O disposto no art. 947 do CPC é aplicável quando ocorrer *relevante questão de direito a respeito da qual seja conveniente a prevenção ou a composição de divergência entre câmaras ou turmas do tribunal*.

Segundo o art. 988, inciso IV, do CPC, com redação dada pela Lei 13.256/2016, cabe *reclamação* da parte interessada ou do Ministério Público para garantir a observância de acórdão proferido em julgamento de incidente de resolução de demandas repetitivas ou de *incidente de assunção de competência*.

11.22 INCIDENTE DE ARGUIÇÃO DE INCONSTITUCIONALIDADE

Nos termos do art. 97 da Constituição da República, *somente pelo voto da maioria absoluta de seus membros ou dos membros do respectivo órgão especial poderão os tribunais declarar a inconstitucionalidade de lei ou ato normativo do Poder Público*.

Viola a cláusula de reserva de plenário (art. 97 da Constituição Federal de 1988) a decisão de órgão fracionário de tribunal que, embora não declare expressamente a inconstitucionalidade de lei ou ato normativo do poder público, afasta sua incidência, no todo ou em parte (Súmula Vinculante 10 do STF).

Em razão disso, o Código de Processo Civil disciplina o *incidente de arguição de inconstitucionalidade*.

Nesse sentido, conforme o art. 948 do CPC, arguida, *em controle difuso*, a inconstitucionalidade de lei ou de ato normativo do poder público, o relator, após ouvir o Ministério Público e as partes, deve submeter a questão à turma ou à câmara à qual competir o conhecimento do processo.

Se a arguição for rejeitada, deve-se prosseguir o julgamento. Se acolhida, a questão deve ser submetida ao plenário do tribunal ou ao seu órgão especial, onde houver (art. 949 do CPC).

Os órgãos fracionários dos tribunais não devem submeter ao plenário ou ao órgão especial a arguição de inconstitucionalidade, quando já houver pronunciamento destes ou do plenário do Supremo Tribunal Federal sobre a questão.

Remetida cópia do acórdão a todos os juízes, o presidente do tribunal deve designar a sessão de julgamento (art. 950 do CPC).

As pessoas jurídicas de direito público responsáveis pela edição do ato questionado podem se manifestar no incidente de inconstitucionalidade, se assim o requererem, observados os prazos e as condições previstos no regimento interno do tribunal.

A parte legitimada à propositura das ações previstas no art. 103 da Constituição Federal (ação direta de inconstitucionalidade e a ação declaratória de constitucionalidade) pode se manifestar, por escrito, sobre a questão constitucional objeto de apreciação, no prazo previsto pelo regimento interno, sendo-lhe assegurado o direito de apresentar memoriais ou de requerer a juntada de documentos.

Considerando a relevância da matéria e a representatividade dos postulantes, o relator pode admitir, por "despacho" irrecorrível, a manifestação de outros órgãos ou entidades.

Cabe esclarecer que após a decisão proferida pelo plenário ou órgão especial do tribunal no incidente de arguição de inconstitucionalidade, retoma-se o julgamento do recurso ou da ação de competência originária à turma ou à câmara à qual compete o conhecimento do processo. Ocorre, assim, um desdobramento no seu julgamento. A referida decisão do plenário ou órgão especial sobre a constitucionalidade ou inconstitucionalidade da lei ou do ato normativo vincula a decisão a ser proferida pelo órgão fracionário ao julgar o recurso ou a ação de competência originária[45].

Salvo embargos de declaração, a decisão que enseja a interposição de recurso em seguida não é a do plenário ou do órgão especial do tribunal, que resolve apenas o incidente de inconstitucionalidade, mas sim a decisão do órgão fracionário (câmara ou turmas) que completa o julgamento do feito (Cf. Súmula 513 do STF).

11.23 INCIDENTE DE RESOLUÇÃO DE DEMANDAS REPETITIVAS

O Código de Processo Civil prevê o *incidente de resolução de demandas repetitivas*, com o objetivo de evitar decisões conflitantes, as quais podem causar insegurança jurídica, nos casos de demandas repetitivas que envolvam idêntica questão de direito.

45. Cf. GONÇALVES, Marcus Vinicius Rios. *Direito processual civil esquematizado*. 9. ed. São Paulo: Saraiva, 2018. p. 915.

Conforme o art. 8º da Instrução Normativa 39/2016 do TST, aplicam-se ao processo do trabalho as normas dos arts. 976 a 986 do CPC que regem o incidente de resolução de demandas repetitivas (IRDR).

É cabível a instauração do incidente de resolução de demandas repetitivas quando houver, simultaneamente: efetiva repetição de processos que contenham controvérsia sobre a mesma questão unicamente de direito; risco de ofensa à isonomia e à segurança jurídica (art. 976 do CPC).

Entende-se que o incidente de resolução de demandas repetitivas pode ser suscitado *na pendência de processo* que esteja no respectivo tribunal (TRT no caso do processo do trabalho).

Tendo em vista a importância do referido incidente no sentido de uniformizar a jurisprudência, trazendo maior segurança jurídica a outros feitos sobre a mesma matéria, a desistência ou o abandono da causa não impede o exame do mérito do incidente.

Se não for o requerente, o Ministério Público intervirá obrigatoriamente no incidente e deverá assumir sua titularidade em caso de desistência ou de abandono.

A inadmissão do incidente de resolução de demandas repetitivas por ausência de qualquer de seus pressupostos de admissibilidade não impede que, uma vez satisfeito o requisito, seja o incidente novamente suscitado.

Entretanto, é incabível o incidente de resolução de demandas repetitivas quando um dos tribunais superiores (STF e TST, no processo do trabalho), no âmbito de sua respectiva competência, já tiver afetado recurso para definição de tese sobre questão de direito material ou processual repetitiva.

Sendo assim, se houver multiplicidade de recursos com fundamento em idêntica questão de direito (material ou processual), e o recurso extraordinário ou o recurso de revista (no processo do trabalho) já tiver sido afetado (representativo da controvérsia) para julgamento pelo Supremo Tribunal Federal ou pelo Tribunal Superior do Trabalho, o incidente de resolução de demandas repetitivas não será admitido, justamente porque, nesse caso, já cabe ao tribunal superior em questão, ao decidir o recurso extraordinário ou de revista, definir a tese jurídica a ser aplicada aos demais recursos versando sobre idêntica controvérsia.

Não são exigidas custas processuais no incidente de resolução de demandas repetitivas.

O pedido de instauração do incidente deve ser dirigido ao Presidente do Tribunal: pelo juiz ou relator, por ofício; pelas partes, por petição; pelo Ministério Público ou pela Defensoria Pública, por petição (art. 977 do CPC).

O ofício ou a petição acima referida devem ser instruídos com os documentos necessários à demonstração do preenchimento dos pressupostos para a instauração do incidente.

A respeito da competência funcional, o julgamento do incidente cabe ao órgão indicado pelo regimento interno entre aqueles responsáveis pela uniformização de jurisprudência do tribunal (art. 978 do CPC).

O órgão colegiado, incumbido de julgar o incidente e de fixar a tese jurídica, deve julgar igualmente o recurso, a remessa necessária ou o processo de competência originária de onde se originou o incidente.

A instauração e o julgamento do incidente devem ser sucedidos da mais ampla e específica divulgação e publicidade, por meio de registro eletrônico no Conselho Nacional de Justiça (art. 979 do CPC).

Os tribunais devem manter banco eletrônico de dados atualizados com informações específicas sobre questões de direito submetidas ao incidente, comunicando-o imediatamente ao Conselho Nacional de Justiça para inclusão no cadastro.

Para possibilitar a identificação das causas abrangidas pela decisão do incidente, o registro eletrônico das teses jurídicas constantes do cadastro conterá, no mínimo, os fundamentos determinantes da decisão e os dispositivos normativos a ela relacionados.

Aplica-se o disposto no art. 979 do CPC, acima indicado, ao julgamento de recursos repetitivos e da repercussão geral em recurso extraordinário.

Nos termos do art. 980 do CPC, o incidente deve ser julgado no prazo de um ano e terá preferência sobre os demais feitos, ressalvados os que envolvam réu preso e os pedidos de *habeas corpus*.

Superado o referido prazo, cessa a suspensão dos processos prevista no art. 982 do CPC, salvo decisão fundamentada do relator em sentido contrário.

Após a distribuição, o órgão colegiado competente para julgar o incidente deve proceder ao seu juízo de admissibilidade, considerando a presença dos pressupostos do art. 976 do CPC, acima indicados (efetiva repetição de processos que contenham controvérsia sobre a mesma questão unicamente de direito e risco de ofensa à isonomia e à segurança jurídica).

Admitido o incidente, o relator: I – suspenderá os processos pendentes, individuais ou coletivos, que tramitam no estado ou na região, conforme o caso; II – poderá requisitar informações a órgãos em cujo juízo tramita processo no qual se discute o objeto do incidente, que as prestarão no prazo de quinze dias; III – intimará o Ministério Público para, querendo, manifestar-se no prazo de quinze dias (art. 982 do CPC).

A suspensão deve ser comunicada aos órgãos jurisdicionais competentes. Durante a suspensão, o pedido de *tutela de urgência* deve ser dirigido ao juízo onde tramita o processo suspenso.

Visando à garantia da segurança jurídica, qualquer legitimado mencionado no art. 977, incisos II e III, do CPC pode requerer ao tribunal competente para conhecer do recurso extraordinário (STF) ou especial (de revista, no processo do trabalho, de competência do TST) a suspensão de *todos os processos individuais ou coletivos em curso no território nacional* que versem sobre a questão objeto do incidente já instaurado (art. 982, § 3º, do CPC).

Independentemente dos limites da competência territorial, a parte no processo em curso no qual se discuta a mesma questão objeto do incidente é legitimada para requerer a providência prevista acima.

Cessa a suspensão a que se refere o inciso I do *caput* do art. 982 do CPC se não for interposto recurso especial (recurso de revista no processo do trabalho) ou recurso extraordinário contra a decisão proferida no incidente.

Admitido o incidente, o relator deve suspender o julgamento dos processos pendentes, individuais ou coletivos, que tramitam na Região, no tocante ao tema objeto de IRDR, sem prejuízo da instrução integral das causas e do julgamento dos eventuais pedidos distintos e cumulativos igualmente deduzidos em tais processos, inclusive, se for o caso, do julgamento antecipado parcial do mérito (art. 8º, § 1º, da Instrução Normativa 39/2016 do TST).

O relator deve ouvir as partes e os demais interessados, inclusive pessoas, órgãos e entidades com interesse na controvérsia, que, no prazo comum de quinze dias, podem requerer a juntada de documentos, bem como as diligências necessárias para a elucidação da questão de direito controvertida; em seguida, no mesmo prazo, deve se manifestar o Ministério Público (art. 983 do CPC).

Para instruir o incidente, o relator pode designar data para, em *audiência pública, ouvir depoimentos de pessoas com experiência e conhecimento na matéria*. Concluídas as diligências, o relator deve solicitar dia para o julgamento do incidente.

No julgamento do incidente, deve-se observar a seguinte ordem: o relator fará a exposição do objeto do incidente; poderão sustentar suas razões, sucessivamente: a) o autor e o réu do processo originário e o Ministério Público, pelo prazo de trinta minutos; b) os demais interessados, no prazo de trinta minutos, divididos entre todos, sendo exigida inscrição com dois dias de antecedência (art. 984 do CPC). Entretanto, considerando o número de inscritos, o prazo pode ser ampliado.

O conteúdo do acórdão deve abranger a análise de todos os fundamentos suscitados concernentes à tese jurídica discutida, sejam favoráveis ou contrários.

Julgado o incidente, a *tese jurídica* deve ser aplicada: a todos os processos individuais ou coletivos que versem sobre idêntica questão de direito e que tramitem na área de jurisdição do respectivo tribunal, inclusive àqueles que tramitem nos juizados especiais do respectivo Estado ou região; aos casos futuros que versem idêntica questão de direito e que venham a tramitar no território de competência do tribunal, salvo revisão na forma do art. 986 do CPC.

A eficácia vinculante, no caso, é nítida, pois, se não for observada a tese adotada no incidente, cabe *reclamação* (art. 985, § 1º, do CPC).

Efetivamente, nos termos do art. 988, inciso IV, do CPC, com redação dada pela Lei 13.256/2016, cabe reclamação da parte interessada ou do Ministério Público para garantir a observância de acórdão proferido em julgamento de *incidente de resolução de demandas repetitivas* ou de incidente de assunção de competência. O art. 3º, inciso XXVII, da Instrução Normativa 39/2016 do TST prevê que se aplicam ao processo do trabalho, em face de omissão e de compatibilidade, os arts. 988 a 993 do CPC, sobre reclamação.

Nos termos do art. 986 do CPC, a *revisão* da tese jurídica firmada no incidente deve ser feita pelo mesmo tribunal, de ofício ou mediante requerimento dos legitimados mencionados no art. 977, inciso III, do mesmo diploma legal.

Do julgamento do *mérito* do incidente cabe recurso extraordinário (STF) ou recurso especial (de revista, no processo do trabalho), conforme o caso (art. 987 do CPC).

O recurso em questão, de acordo com o CPC, tem efeito suspensivo, presumindo-se a *repercussão geral* de questão constitucional eventualmente discutida.

Uma vez apreciado o mérito do recurso, a tese jurídica adotada pelo Supremo Tribunal Federal ou pelo Superior Tribunal de Justiça (no caso, pelo TST) deve ser aplicada no território nacional a todos os processos individuais ou coletivos que versem sobre idêntica questão de direito.

No processo do trabalho, do julgamento do mérito do incidente cabe recurso de revista para o Tribunal Superior do Trabalho, dotado de efeito meramente devolutivo, nos termos dos arts. 896 e 899 da CLT (art. 8º, § 2º, da Instrução Normativa 39/2016 do TST). Apreciado o mérito do recurso, a tese jurídica adotada pelo Tribunal Superior do Trabalho deve ser aplicada no território nacional a todos os processos, individuais ou coletivos, que versem sobre idêntica questão de direito (art. 8º, § 3º, da Instrução Normativa 39/2016 do TST).

11.24 RECLAMAÇÃO

A Constituição da República prevê, no art. 102, inciso I, *l*, que compete ao Supremo Tribunal Federal, precipuamente, a guarda da Constituição, cabendo-lhe processar e julgar, originariamente, a *reclamação* para a preservação de sua competência e garantia da autoridade de suas decisões.

O seu art. 103-A, acrescentado pela Emenda Constitucional 45/2004, ao tratar da súmula com efeito vinculante, aprovada pelo STF, no § 3º, dispõe que do ato administrativo ou decisão judicial que contrariar a súmula aplicável ou que indevidamente a aplicar é cabível *reclamação* ao Supremo Tribunal Federal que, julgando-a procedente, anulará o ato administrativo ou cassará a decisão judicial reclamada, e determinará que outra seja proferida com ou sem a aplicação da súmula, conforme o caso.

O art. 111-A, § 3º, da Constituição da República, acrescentado pela Emenda Constitucional 92/2016, dispõe que compete ao Tribunal Superior do Trabalho processar e julgar, originariamente, a reclamação para a preservação de sua competência e garantia da autoridade de suas decisões.

O Código de Processo Civil trata do tema de forma genérica, podendo, assim, ser aplicado ao processo do trabalho (art. 769 da CLT), inclusive quanto aos tribunais regionais do trabalho.

O art. 3º, inciso XXVII, da Instrução Normativa 39/2016 do TST prevê que se aplicam ao processo do trabalho, em face de omissão e de compatibilidade, os arts. 988 a 993 do CPC, sobre reclamação.

Nesse sentido, o art. 988 do CPC, com redação dada pela Lei 13.256/2016, dispõe que cabe reclamação da parte interessada ou do Ministério Público para: I – preservar a competência do tribunal; II – garantir a autoridade das decisões do tribunal; III – garantir a observância de enunciado de súmula vinculante e de decisão do Supremo Tribunal Federal em controle concentrado de constitucionalidade; IV – garantir a observância de acórdão proferido em julgamento de incidente de resolução de demandas repetitivas ou de incidente de assunção de competência.

A reclamação pode ser proposta perante qualquer tribunal, e seu julgamento compete ao órgão jurisdicional cuja competência se busca preservar ou autoridade se pretenda garantir. A reclamação deve ser instruída com prova documental e dirigida ao presidente do tribunal. Assim que recebida, a reclamação deve ser autuada e distribuída ao relator do processo principal, sempre que possível.

As hipóteses dos incisos III e IV do art. 988 do CPC compreendem a aplicação indevida da tese jurídica e sua não aplicação aos casos que a ela correspondam.

É inadmissível a reclamação: I – proposta após o trânsito em julgado da decisão reclamada; II – proposta para garantir a observância de acórdão de recurso extraordinário com repercussão geral reconhecida ou de acórdão proferido em julgamento de recursos extraordinário ou especial (recurso de revista no processo do trabalho) repetitivos, quando não esgotadas as instâncias ordinárias (art. 988, § 5º, do CPC, com redação dada pela Lei 13.256/2016)[46]. No primeiro caso indicado, se presentes os requisitos legais, é cabível ação rescisória.

46. "Reclamação. Repercussão geral. Acórdão. Observância. Instâncias ordinárias. Esgotamento. Ausência. A parte final do artigo 988, § 5º, inciso II, do Código de Processo Civil revela estar condicionada a admissibilidade da reclamação, visando a observância de acórdão alusivo a extraordinário submetido ao regime da repercussão geral, ao esgotamento prévio das instâncias ordinárias" (STF, 1ª T., AgR-Rcl 40.493/RJ, Rel. Min.

Não cabe reclamação quando já houver transitado em julgado o ato judicial que se alega tenha desrespeitado decisão do Supremo Tribunal Federal (Súmula 734 do STF).

A inadmissibilidade ou o julgamento do recurso interposto contra a decisão proferida pelo órgão reclamado não prejudica a reclamação.

Ao despachar a reclamação, o relator: requisitará informações da autoridade a quem for imputada a prática do ato impugnado, que as prestará no prazo de dez dias; se necessário, ordenará a suspensão do processo ou do ato impugnado para evitar dano irreparável; determinará a citação do beneficiário da decisão impugnada, que terá prazo de quinze dias para apresentar a sua contestação (art. 989 do CPC).

Qualquer interessado pode impugnar o pedido do reclamante (art. 990 do CPC).

Na reclamação que não houver formulado, o Ministério Público deve ter vista do processo por cinco dias, após o decurso do prazo para informações e para o oferecimento da contestação pelo beneficiário do ato impugnado (art. 991 do CPC).

Julgando procedente a reclamação, o tribunal deve cassar a decisão exorbitante de seu julgado ou determinar medida adequada à solução da controvérsia (art. 992 do CPC).

O presidente do tribunal deve determinar o imediato cumprimento da decisão, lavrando-se o acórdão posteriormente (art. 993 do CPC).

Marco Aurélio, DJe 02.06.2021). "Agravo interno. Reclamação constitucional. Alegação de descumprimento de decisão proferida em sede de repercussão geral. RE 583.955-RG (Tema 90). Ausência de esgotamento das instâncias ordinárias. Não cabimento. Agravo não provido. 1. O art. 988, § 5º, inciso II, do Código de Processo Civil condiciona a admissibilidade da reclamação, nos casos em que se busca assegurar a observância de entendimento firmado em sede de repercussão geral, ao esgotamento das instâncias ordinárias. 2. O esgotamento da instância ordinária somente se concretiza após o julgamento de agravo interno manejado contra a decisão da Presidência ou Vice-Presidência da Corte que, no exame de admissibilidade do recurso extraordinário, aplica a sistemática da repercussão geral, nos termos do art. 1.030 e § 2º, do CPC/2015. Precedentes" (STF, 1ª T., AgR-Rcl 46.515/SP, Rel. Min. Rosa Weber, DJe 20.08.2021). "Agravo regimental em reclamação. Tema 671. Ausência de esgotamento das instâncias ordinárias. Reclamação inviável. Agravo a que se nega provimento. 1. O esgotamento das instâncias ordinárias, previsto no art. 988, § 5º, II, do CPC, exige a impossibilidade de reforma da decisão reclamada por nenhum tribunal, inclusive por tribunal superior. 2. É manifesta a inadmissibilidade da reclamação por ofensa a tema de repercussão geral quando sequer houve interposição de recurso extraordinário na origem. 3. Agravo regimental a que se nega provimento" (STF, 2ª T., AgR-Rcl 43.813/SP, Rel. Min. Edson Fachin, DJe 10.09.2021).

Capítulo 12

EXECUÇÃO

12.1 LIQUIDAÇÃO

A *liquidação* tem como objetivo estabelecer a quantia da dívida (art. 509 do CPC).

Se o título executivo não indicar o valor devido, faz-se necessária a prévia liquidação, pois a execução pressupõe o título, o qual deve conter obrigação líquida, certa e exigível (art. 783 do CPC). A liquidação, assim, é fase que antecede a execução.

O art. 879, *caput*, da CLT estabelece que, se a sentença exequenda for ilíquida, deve-se ordenar, previamente, a sua liquidação.

A natureza da liquidação é essencialmente declaratória, pois a respectiva decisão apenas reconhece o valor que já era devido, objeto de condenação na sentença a ser executada.

A liquidação tem natureza jurídica de mero incidente processual ou, como acima mencionado, fase que antecede a execução (arts. 509 a 512 do CPC).

A liquidação apenas é aplicável na hipótese de título executivo judicial, por exemplo, quando a sentença não especificou o valor devido. Em se tratando de título executivo extrajudicial, este necessariamente deve conter uma obrigação líquida, embora seja admissível a mera atualização monetária e o acréscimo de eventuais juros, o que não afeta a sua liquidez.

Segundo o art. 509, § 1º, do CPC, quando na sentença houver uma parte líquida e outra ilíquida, ao credor é lícito promover simultaneamente a execução daquela e, em autos apartados, a liquidação desta.

Se a sentença condenatória for proferida, mas houver recurso pendente, sem efeito suspensivo (como é a regra no processo do trabalho), admite-se a execução provisória e, portanto, a liquidação da sentença.

O *cumprimento provisório da sentença* deve ser requerido por petição dirigida ao juízo competente. Não sendo eletrônicos os autos, a referida petição deve ser acompanhada de cópias das seguintes peças do processo, cuja autenticidade poderá ser certificada pelo próprio advogado, sob sua responsabilidade pessoal: decisão exequenda; certidão de interposição do recurso não dotado de efeito suspensivo; procurações outorgadas pelas partes; decisão de habilitação, se for o caso; facultativamente, outras peças processuais consideradas necessárias para demonstrar a existência do crédito (art. 522 do CPC).

Mesmo havendo recurso com efeito suspensivo, admite-se a liquidação da sentença, com fundamento no art. 512 do CPC, ao prever que a liquidação pode ser realizada na pendência de recurso, processando-se em autos apartados no juízo de origem, cumprindo ao liquidante instruir o pedido com cópias das peças processuais pertinentes.

A liquidação, por anteceder a execução, pode ser requerida pelas partes, permitida a atuação de ofício pelo juiz ou pelo Presidente do Tribunal apenas nos casos em que as partes não estiverem representadas por advogado (art. 878 da CLT, com redação dada pela Lei 13.467/2017).

Se a sentença já tiver transitado em julgado, na liquidação, deve-se ter o cuidado para que seja respeitada a coisa julgada material[47]. Mesmo em se tratando de execução provisória, a liquidação também deve observar os limites estabelecidos na sentença.

De acordo com o art. 879, § 1º, da CLT, na liquidação, não se pode modificar ou inovar a sentença liquidanda nem discutir matéria pertinente à causa principal.

Os juros de mora e a correção monetária incluem-se na liquidação, ainda que omisso o pedido inicial ou a condenação (Súmula 211 do TST).

Os descontos previdenciários e fiscais devem ser efetuados pelo juízo executório, ainda que a sentença exequenda tenha sido omissa sobre a questão, dado o caráter de ordem pública ostentado pela norma que os disciplina. A ofensa à coisa julgada somente poderá ser caracterizada na hipótese de o título exequendo, expressamente, afastar a dedução dos valores a título de imposto de renda e de contribuição previdenciária (Súmula 401 do TST).

Portanto, observadas as exceções acima, na liquidação é proibido discutir de novo a lide ou modificar a sentença que a julgou (art. 509, § 4º, do CPC).

Deve-se esclarecer que a conta de liquidação não se confunde com a decisão de liquidação.

A conta é apresentada pelas partes, por perito contábil ou por órgão da Justiça do Trabalho (art. 879, §§ 3º e 6º, da CLT).

Após ser elaborada a conta e tornada líquida, o juízo deve abrir às partes prazo comum de oito dias para impugnação fundamentada com a indicação dos itens e valores objeto da discordância, sob pena de preclusão, decidindo em seguida (art. 879, § 2º, da CLT). A decisão de liquidação pode ser impugnada pelas partes quando dos embargos à execução (art. 884, §§ 3º e 4º, da CLT).

A decisão de liquidação tem natureza interlocutória, pois apenas decide questão incidente relativa à fixação do valor devido. Embora a CLT utilize o termo *sentença*, não se trata de decisão definitiva, por não ser apta a pôr fim ao processo. Logo, não é cabível recurso imediato contra essa decisão interlocutória de liquidação (art. 893, § 1º, da CLT).

A decisão homologatória de cálculos apenas comporta rescisão quando enfrentar as questões envolvidas na elaboração da conta de liquidação, quer solvendo a controvérsia das partes quer explicitando, de ofício, os motivos pelos quais acolheu os cálculos oferecidos por uma das partes ou pelo setor de cálculos, e não contestados pela outra (Súmula 399, item II, do TST).

A sentença meramente homologatória que silencia sobre os motivos de convencimento do juiz não se mostra rescindível, por ausência de pronunciamento explícito (Súmula 298, inciso IV, do TST).

A sentença definitiva, na realidade, será a decisão que for proferida quando do julgamento dos embargos à execução, juntamente com as impugnações à decisão de liquidação (art. 884, § 4º, da CLT). Somente contra essa sentença é que o recurso de agravo de petição é admitido (art. 897, *a*, da CLT).

47. Cf. Orientação Jurisprudencial 262 da SBDI-I do TST e Orientação Jurisprudencial 6 do Pleno do TST.

Na liquidação do valor devido, a ser objeto de execução, também devem ser acrescidos juros e correção monetária. A correção monetária, como o nome indica, tem como objetivo a mera atualização do valor em razão do tempo transcorrido. Os juros, no caso, decorrem do atraso no pagamento da obrigação.

No âmbito trabalhista, a correção monetária, em regra, é devida a partir do vencimento da obrigação.

A correção monetária do valor da indenização do dano moral incide desde a data do arbitramento (Súmula 362 do STJ).

Os juros, por sua vez, seriam devidos a partir do ajuizamento da ação trabalhista. O art. 883 da CLT prevê que a importância da condenação deve ser acrescida de custas e juros de mora, sendo estes, em qualquer caso, devidos a partir da data em que for ajuizada a reclamação inicial.

Nas condenações por dano moral, a atualização monetária é devida a partir da data da decisão de arbitramento ou de alteração do valor. Os juros incidem desde o ajuizamento da ação, nos termos do art. 883 da CLT (Súmula 439 do TST).

Para a elaboração dos cálculos de liquidação, deve-se observar a Súmula 381 do TST, ao prever que o "pagamento dos salários até o 5º dia útil do mês subsequente ao vencido não está sujeito à correção monetária. Se essa data limite for ultrapassada, incidirá o índice da correção monetária do mês subsequente ao da prestação dos serviços, a partir do dia 1º".

O valor das comissões deve ser corrigido monetariamente para em seguida obter-se a média para efeito de cálculo de férias, 13º salário e verbas rescisórias (Orientação Jurisprudencial 181 da SBDI-I do TST).

Os créditos referentes ao FGTS, decorrentes de condenação judicial, serão corrigidos pelos mesmos índices aplicáveis aos débitos trabalhistas (Orientação Jurisprudencial 302 da SBDI-I do TST).

Os juros de mora incidem sobre a importância da condenação já corrigida monetariamente (Súmula 200 do TST).

O art. 39, *caput*, da Lei 8.177/1991 prevê que os "débitos trabalhistas de qualquer natureza, quando não satisfeitos pelo empregador nas épocas próprias assim definidas em lei, acordo ou convenção coletiva, sentença normativa ou cláusula contratual sofrerão juros de mora equivalentes à TRD acumulada no período compreendido entre a data de vencimento da obrigação e o seu efetivo pagamento".

Anteriormente, entendia-se que o dispositivo em questão dispõe sobre correção monetária, e não juros propriamente.

Os juros são disciplinados no art. 39, § 1º, da Lei 8.177/1991, ao prescrever que aos "débitos trabalhistas constantes de condenação pela Justiça do Trabalho ou decorrentes dos acordos feitos em reclamatória trabalhista, quando não cumpridos nas condições homologadas ou constantes do termo de conciliação, serão acrescidos, nos juros de mora previstos no *caput*, juros de um por cento ao mês, contados do ajuizamento da reclamatória e aplicados *pro rata die*, ainda que não explicitados na sentença ou no termo de conciliação".

O art. 15 da Lei 10.192/2001 estabelece que permanecem "em vigor as disposições legais relativas à correção monetária de débitos trabalhistas, de débitos resultantes de decisão judicial, de débitos relativos a ressarcimento em virtude de inadimplemento de obrigações contratuais e do passivo de empresas e instituições sob os regimes de concordata, falência, intervenção e liquidação extrajudicial".

O acima exposto era confirmado pela Orientação Jurisprudencial 300 da SBDI-I do TST: "Execução trabalhista. Correção monetária. Juros. Lei 8.177/1991, art. 39, e Lei 10.192/2001, art. 15. Não viola norma constitucional (art. 5º, II e XXXVI) a determinação de aplicação da TRD, como fator de correção monetária dos débitos trabalhistas, cumulada com juros de mora, previstos no artigo 39 da Lei 8.177/1991 e convalidados pelo artigo 15 da Lei 10.192/2001".

A TRD (Taxa Referencial Diária) foi extinta pela Lei 8.660/1993 (art. 2º). Com isso, os débitos trabalhistas passaram a ser corrigidos monetariamente pelo índice da TR (Taxa Referencial), previsto no art. 1º da Lei 8.660/1993, que é aplicado aos depósitos de poupança (art. 7º da Lei 8.660/1993).

O Tribunal Superior do Trabalho, em arguição de inconstitucionalidade, chegou a decidir que os créditos trabalhistas devem ser atualizados com base na variação do Índice de Preços ao Consumidor Amplo Especial (IPCA-E) do Instituto Brasileiro de Geografia e Estatística (IBGE). Decidiu-se ser inconstitucional a expressão "equivalentes à TRD", prevista no art. 39, *caput*, da Lei 8.177/1991, dando interpretação conforme a Constituição para o restante do dispositivo, com o objetivo de assegurar o direito à atualização monetária dos créditos trabalhistas (TST, Pleno, ArgInc 479-60.2011.5.04.0231, Rel. Min. Cláudio Mascarenhas Brandão, DEJT 14.08.2015).

De acordo com o art. 879, § 7º, da CLT, incluído pela Lei 13.467/2017, a atualização dos créditos decorrentes de condenação judicial deve ser feita pela Taxa Referencial (TR), divulgada pelo Banco Central do Brasil, conforme a Lei 8.177/1991.

Essa previsão decorrente da Lei 13.467/2017 foi objeto de ações de controle concentrado de constitucionalidade (STF, ADC 58/DF, ADC 59/DF, ADI 5.867/DF e ADI 6.021/DF)[48].

O Supremo Tribunal Federal conferiu interpretação conforme à Constituição ao art. 879, § 7º, e ao art. 899, § 4º, da CLT, na redação dada pela Lei 13.467/2017, definindo-se que, até que sobrevenha solução legislativa, devem ser aplicados à atualização dos créditos decorrentes de condenação judicial e à correção dos depósitos recursais em contas judiciais na Justiça do Trabalho os mesmos índices de correção monetária e de juros vigentes para as hipóteses de condenações cíveis em geral (art. 406 do Código Civil), à exceção das dívidas da Fazenda Pública que possui regramento específico (art. 1º-F da Lei 9.494/1997, com a redação dada pela Lei 11.960/2009), com a interpretação conferida pelo STF na ADI 4.357, ADI 4.425, ADI 5.348 e no RE 870.947-RG (tema 810). Sendo assim, em relação à fase extrajudicial, ou seja, a que antecede o ajuizamento das ações trabalhistas, deve ser utilizado como indexador o IPCA-E acumulado no período

48. "Ações diretas de inconstitucionalidade e ações declaratórias de constitucionalidade. 2. Art. 879, § 7º, e art. 899, § 4º, da CLT, na redação dada pela Lei 13.467, de 2017. Art. 39, *caput* e § 1º, da Lei 8.177 de 1991. 3. Constitucionalidade dos índices de correção dos depósitos recursais e dos débitos trabalhistas na justiça do trabalho. 4. Política de correção monetária e tabelamento de juros. Institucionalização da Taxa Referencial – TR como política de desindexação da economia. Combate histórico a processos inflacionários. Risco de constitucionalização de normas financeiras e do sistema monetário nacional. 5. TR como índice de correção monetária. Inconstitucionalidade. Precedentes do STF. 6. Apelo ao legislador. Aplicação, até que sobrevenha solução legislativa, dos mesmos índices de correção monetária e de juros vigentes para as hipóteses de condenações cíveis em geral: IPCA-E na fase pré-judicial e SELIC a partir da citação. 7. Ações diretas de inconstitucionalidade e ações declaratórias de constitucionalidade julgadas parcialmente procedentes, para conferir interpretação conforme à Constituição ao art. 879, § 7º, e ao art. 899, § 4º, da CLT, na redação dada pela Lei 13.467, de 2017. 8. Modulação de efeitos" (STF, Pleno, ADI 5.867/DF, Rel. Min. Gilmar Mendes, DJe 07.04.2021). Foram parcialmente acolhidos embargos de declaração para sanar erro material, de modo a estabelecer "a incidência do IPCA-E na fase pré-judicial e, a partir do ajuizamento da ação, a incidência da taxa SELIC (art. 406 do Código Civil)" (STF, Pleno, ED-ADI 5.867/DF, Rel. Min. Gilmar Mendes, j. 25.10.2021, DJe 09.12.2021).

de janeiro a dezembro de 2000. A partir de janeiro de 2001, deve ser utilizado o IPCA-E mensal (IPCA-15/IBGE), em razão da extinção da UFIR como indexador, nos termos do art. 29, § 3º, da Medida Provisória 1.973-67/2000. Além da indexação, devem ser aplicados os juros legais (art. 39, *caput*, da Lei 8.177/1991). Em relação à fase judicial (a partir do ajuizamento da ação), a atualização dos débitos judiciais deve ser efetuada pela taxa referencial do Sistema Especial de Liquidação e Custódia (SELIC), considerando que ela incide como juros moratórios dos tributos federais (art. 13 da Lei 9.065/1995, art. 84 da Lei 8.981/1995, art. 39, § 4º, da Lei 9.250/1995, art. 61, § 3º, da Lei 9.430/1996 e art. 30 da Lei 10.522/2002). A incidência de juros moratórios com base na variação da taxa SELIC não pode ser cumulada com a aplicação de outros índices de atualização monetária, cumulação que representaria *bis in idem* (STF, Pleno, ADC 58/DF, Rel. Min. Gilmar Mendes, DJe 07.04.2021)[49].

---

49. "Direito Constitucional. Direito do Trabalho. Ações diretas de inconstitucionalidade e ações declaratórias de constitucionalidade. Índices de correção dos depósitos recursais e dos débitos judiciais na Justiça do Trabalho. Art. 879, § 7º, e art. 899, § 4º, da CLT, na redação dada pela Lei 13.467, de 2017. Art. 39, *caput* e § 1º, da Lei 8.177 de 1991. Política de correção monetária e tabelamento de juros. Institucionalização da Taxa Referencial (TR) como política de desindexação da economia. TR como índice de correção monetária. Inconstitucionalidade. Precedentes do STF. Apelo ao legislador. Ações diretas de inconstitucionalidade e ações declaratórias de constitucionalidade julgadas parcialmente procedentes, para conferir interpretação conforme à Constituição ao art. 879, § 7º, e ao art. 899, § 4º, da CLT, na redação dada pela Lei 13.467, de 2017. Modulação de efeitos. 1. A exigência quanto à configuração de controvérsia judicial ou de controvérsia jurídica para conhecimento das Ações Declaratórias de Constitucionalidade (ADC) associa-se não só à ameaça ao princípio da presunção de constitucionalidade – esta independe de um número quantitativamente relevante de decisões de um e de outro lado –, mas também, e sobretudo, à invalidação prévia de uma decisão tomada por segmentos expressivos do modelo representativo. 2. O Supremo Tribunal Federal declarou a inconstitucionalidade do art. 1º-F da Lei 9.494/1997, com a redação dada pela Lei 11.960/2009, decidindo que a TR seria insuficiente para a atualização monetária das dívidas do Poder Público, pois sua utilização violaria o direito de propriedade. Em relação aos débitos de natureza tributária, a quantificação dos juros moratórios segundo o índice de remuneração da caderneta de poupança foi reputada ofensiva à isonomia, pela discriminação em detrimento da parte processual privada (ADI 4.357, ADI 4.425, ADI 5.348 e RE 870.947-RG – tema 810). 3. A indevida utilização do IPCA-E pela jurisprudência do Tribunal Superior do Trabalho (TST) tornou-se confusa ao ponto de se imaginar que, diante da inaplicabilidade da TR, o uso daquele índice seria a única consequência possível. A solução da Corte Superior Trabalhista, todavia, lastreia-se em uma indevida equiparação da natureza do crédito trabalhista com o crédito assumido em face da Fazenda Pública, o qual está submetido a regime jurídico próprio da Lei 9.494/1997, com as alterações promovidas pela Lei 11.960/2009. 4. A aplicação da TR na Justiça do Trabalho demanda análise específica, a partir das normas em vigor para a relação trabalhista. A partir da análise das repercussões econômicas da aplicação da lei, verifica-se que a TR se mostra inadequada, pelo menos no contexto da Consolidação das Leis Trabalhistas (CLT), como índice de atualização dos débitos trabalhistas. 5. Confere-se interpretação conforme à Constituição ao art. 879, § 7º, e ao art. 899, § 4º, da CLT, na redação dada pela Lei 13.467, de 2017, definindo-se que, até que sobrevenha solução legislativa, deverão ser aplicados à atualização dos créditos decorrentes de condenação judicial e à correção dos depósitos recursais em contas judiciais na Justiça do Trabalho os mesmos índices de correção monetária e de juros vigentes para as hipóteses de condenações cíveis em geral (art. 406 do Código Civil), à exceção das dívidas da Fazenda Pública que possui regramento específico (art. 1º-F da Lei 9.494/1997, com a redação dada pela Lei 11.960/2009), com a exegese conferida por esta Corte na ADI 4.357, ADI 4.425, ADI 5.348 e no RE 870.947-RG (tema 810). 6. Em relação à fase extrajudicial, ou seja, a que antecede o ajuizamento das ações trabalhistas, deverá ser utilizado como indexador o IPCA-E acumulado no período de janeiro a dezembro de 2000. A partir de janeiro de 2001, deverá ser utilizado o IPCA-E mensal (IPCA-15/IBGE), em razão da extinção da UFIR como indexador, nos termos do art. 29, § 3º, da MP 1.973-67/2000. Além da indexação, serão aplicados os juros legais (art. 39, *caput*, da Lei 8.177, de 1991). 7. Em relação à fase judicial, a atualização dos débitos judiciais deve ser efetuada pela taxa referencial do Sistema Especial de Liquidação e Custódia – SELIC, considerando que ela incide como juros moratórios dos tributos federais (arts. 13 da Lei 9.065/95; 84 da Lei 8.981/95; 39, § 4º, da Lei 9.250/95; 61, § 3º, da Lei 9.430/96; e 30 da Lei 10.522/02). A incidência de juros moratórios com base na variação da taxa SELIC não pode ser cumulada com a aplicação de outros índices de atualização

Registre-se que antes do ajuizamento da ação trabalhista, em que se decidiu pela aplicação do IPCA-E, o art. 883 da CLT não estabelece a incidência de juros. No entanto, o Supremo Tribunal Federal decidiu que "em relação à fase extrajudicial, ou seja, a que antecede o ajuizamento das ações trabalhistas", "além da indexação [IPCA-E], serão aplicados os juros legais (art. 39, *caput*, da Lei 8.177, de 1991)" (STF, Pleno, ADC 58/DF, Rel. Min. Gilmar Mendes, DJe 07.04.2021)[50]. O art. 39, *caput*, da Lei 8.177/1991 prevê "juros de mora equivalentes à TRD acumulada no período compreendido entre a data de vencimento da obrigação e o seu efetivo pagamento".

Sendo assim, quanto aos créditos trabalhistas, na fase extrajudicial (antes do ajuizamento da ação), a correção monetária deve ser calculada de acordo com o IPCA-E, e os juros de mora devem ser calculados de acordo com a TR (Taxa Referencial). Na fase judicial (a partir do ajuizamento da ação), a atualização dos créditos trabalhistas deve ser feita pela SELIC, a qual engloba juros moratórios e correção monetária, ficando vedada a cumulação com outros índices.

A fim de garantir segurança jurídica e isonomia na aplicação do novo entendimento, o Supremo Tribunal Federal fixou os seguintes marcos para modulação dos efeitos da decisão: (i) são reputados válidos e não ensejarão qualquer rediscussão, em ação em curso ou em nova demanda, incluindo ação rescisória, todos os pagamentos realizados

---

monetária, cumulação que representaria *bis in idem*. 8. A fim de garantir segurança jurídica e isonomia na aplicação do novo entendimento, fixam-se os seguintes marcos para modulação dos efeitos da decisão: (i) são reputados válidos e não ensejarão qualquer rediscussão, em ação em curso ou em nova demanda, incluindo ação rescisória, todos os pagamentos realizados utilizando a TR (IPCA-E ou qualquer outro índice), no tempo e modo oportunos (de forma extrajudicial ou judicial, inclusive depósitos judiciais) e os juros de mora de 1% ao mês, assim como devem ser mantidas e executadas as sentenças transitadas em julgado que expressamente adotaram, na sua fundamentação ou no dispositivo, a TR (ou o IPCA-E) e os juros de mora de 1% ao mês; (ii) os processos em curso que estejam sobrestados na fase de conhecimento, independentemente de estarem com ou sem sentença, inclusive na fase recursal, devem ter aplicação, de forma retroativa, da taxa Selic (juros e correção monetária), sob pena de alegação futura de inexigibilidade de título judicial fundado em interpretação contrária ao posicionamento do STF (art. 525, §§ 12 e 14, ou art. 535, §§ 5º e 7º, do CPC. 9. Os parâmetros fixados neste julgamento aplicam-se aos processos, ainda que transitados em julgado, em que a sentença não tenha consignado manifestação expressa quanto aos índices de correção monetária e taxa de juros (omissão expressa ou simples consideração de seguir os critérios legais). 10. Ação Declaratória de Constitucionalidade e Ações Diretas de Inconstitucionalidade julgadas parcialmente procedentes" (STF, Pleno, ADC 58/DF, Rel. Min. Gilmar Mendes, *DJe* 07.04.2021).

50. "Desse modo, fica estabelecido que, em relação à fase extrajudicial, ou seja, a que antecede o ajuizamento das ações trabalhistas, deverá ser utilizado como indexador o IPCA-E acumulado no período de janeiro a dezembro de 2000. A partir de janeiro de 2001, deverá ser utilizado o IPCA-E mensal (IPCA-15/IBGE), em razão da extinção da UFIR como indexador, nos termos do art. 29, § 3º, da MP 1.973-67/2000. Ainda quanto à fase extrajudicial, salienta-se que, além da indexação, devem ser aplicados os juros legais definidos no art. 39, *caput*, da Lei 8.177, de 1991, ou seja, a TRD acumulada no período compreendido entre a data de vencimento da obrigação e o seu efetivo pagamento. Note-se que a discussão em torno do referido dispositivo dizia respeito à sua aplicação analógica como disciplinadora da correção monetária, à míngua de dispositivo legal específico trabalhista antes do art. 879, § 7º, da CLT. Por outro lado, diante da clareza vocabular do art. 39, *caput*, da Lei 8.177/91, não há como afastar sua aplicação, louvando-se na menção aos juros no art. 883 da CLT, na medida em que este último dispositivo consolidado refere-se exclusivamente à fase processual, sem definir índice ou percentual dos juros, até porque o objeto do comando é a penhora como fase da execução. Em relação à fase judicial, a atualização dos débitos judiciais deve ser efetuada pela taxa referencial do Sistema Especial de Liquidação e Custódia – SELIC, considerando que ela incide como juros moratórios dos tributos federais (arts. 13 da Lei 9.065/95; 84 da Lei 8.981/95; 39, § 4º, da Lei 9.250/95; 61, § 3º, da Lei 9.430/96; e 30 da Lei 10.522/02). A incidência de juros moratórios com base na variação da taxa SELIC não pode ser cumulada com a aplicação de outros índices de atualização monetária, cumulação que representaria *bis in idem*" (STF, Pleno, ADC 58/DF, Rel. Min. Gilmar Mendes, j. 18.12.2020, DJe 07.04.2021, voto do Relator).

utilizando a TR (IPCA-E ou qualquer outro índice), no tempo e modo oportunos (de forma extrajudicial ou judicial, inclusive depósitos judiciais) e os juros de mora de 1% ao mês, assim como devem ser mantidas e executadas as sentenças transitadas em julgado que expressamente adotaram, na sua fundamentação ou no dispositivo, a TR (ou o IPCA-E) e os juros de mora de 1% ao mês; (ii) os processos em curso que estejam sobrestados na fase de conhecimento, independentemente de estarem com ou sem sentença, inclusive na fase recursal, devem ter aplicação, de forma retroativa, da taxa SELIC (juros e correção monetária), sob pena de alegação futura de inexigibilidade de título judicial fundado em interpretação contrária ao posicionamento do STF (art. 525, §§ 12 e 14, ou art. 535, §§ 5º e 7º, do CPC. Os parâmetros fixados nesse julgamento do STF aplicam-se aos processos, ainda que transitados em julgado, em que a sentença não tenha consignado manifestação expressa quanto aos índices de correção monetária e taxa de juros (omissão expressa ou simples consideração de seguir os critérios legais) (STF, Pleno, ADC 58/DF, Rel. Min. Gilmar Mendes, DJe 07.04.2021)[51].

A mencionada decisão é passível de crítica, pois as referidas ações de controle abstrato de constitucionalidade tinham como objeto a incidência da Taxa Referencial (TR) para a *atualização* dos créditos decorrentes de condenação na Justiça do Trabalho, conforme previsão da Lei 13.467/2017, e não tratavam de juros propriamente. Ao estabelecer a aplicação da SELIC a partir da citação, foi excluída a incidência dos juros expressamente previstos no art. 39, § 1º, da Lei 8.177/1991, matéria que não era objeto de discussão nas referidas ações[52]. Além disso, em razão dessa previsão legal específica quanto a créditos trabalhistas, nos termos do art. 8º, § 1º, da CLT, com redação dada pela Lei 13.467/2017, não seria cabível a aplicação subsidiária do art. 406 do Código Civil.

Como consequência prática, a referida decisão do STF acabou por afastar a aplicação do dispositivo a respeito de juros quanto a créditos trabalhistas (art. 39, § 1º, da

51. O Supremo Tribunal Federal reafirmou a jurisprudência dominante sobre a matéria e fixou a seguinte tese de repercussão geral: "I - É inconstitucional a utilização da Taxa Referencial (TR) como índice de atualização dos débitos trabalhistas, devendo ser aplicados, até que sobrevenha solução legislativa, os mesmos índices de correção monetária e de juros vigentes para as condenações cíveis em geral, quais sejam a incidência do IPCA-E na fase pré-judicial e, a partir do ajuizamento da ação, a incidência da taxa Selic (art. 406 do Código Civil), à exceção das dívidas da Fazenda Pública, que possuem regramento específico. A incidência de juros moratórios com base na variação da taxa Selic não pode ser cumulada com a aplicação de outros índices de atualização monetária, cumulação que representaria *bis in idem*. II - A fim de garantir segurança jurídica e isonomia na aplicação desta tese, devem ser observados os marcos para modulação dos efeitos da decisão fixados no julgamento conjunto da ADI 5.867, ADI 6.021, ADC 58 e ADC 59, como segue: (i) são reputados válidos e não ensejarão qualquer rediscussão, em ação em curso ou em nova demanda, incluindo ação rescisória, todos os pagamentos realizados utilizando a TR (IPCA-E ou qualquer outro índice), no tempo e modo oportunos (de forma extrajudicial ou judicial, inclusive depósitos judiciais) e os juros de mora de 1% ao mês, assim como devem ser mantidas e executadas as sentenças transitadas em julgado que expressamente adotaram, na sua fundamentação ou no dispositivo, a TR (ou o IPCA-E) e os juros de mora de 1% ao mês; (ii) os processos em curso que estejam sobrestados na fase de conhecimento, independentemente de estarem com ou sem sentença, inclusive na fase recursal, devem ter aplicação, de forma retroativa, da taxa Selic (juros e correção monetária), sob pena de alegação futura de inexigibilidade de título judicial fundado em interpretação contrária ao posicionamento do STF (art. 525, §§ 12 e 14, ou art. 535, §§ 5º e 7º, do CPC); e (iii) os parâmetros fixados neste julgamento aplicam-se aos processos, ainda que transitados em julgado, em que a sentença não tenha consignado manifestação expressa quanto aos índices de correção monetária e taxa de juros (omissão expressa ou simples consideração de seguir os critérios legais)" (STF, Pleno, RG-RE 1.269.353/DF, Rel. Min. Luiz Fux, j. 17.12.2021).

52. "2. Embora no controle abstrato de constitucionalidade a causa de pedir seja aberta, o pedido da inicial deve ser certo e determinado. Impossibilidade de o julgador ampliar o objeto da demanda de ofício" (STF, Pleno, ADPF 347 TPI-Ref/DF, Red. p/ ac. Min. Alexandre de Moraes, DJe 01.07.2020).

Lei 8.177/1991). A jurisdição, entretanto, não é o meio legitimamente adequado para se excluir a eficácia de norma legal em vigor, não declarada inconstitucional (art. 2º da Constituição da República).

Diante da atual sistemática, cabe ressaltar que nos termos do parágrafo único do art. 404 do Código Civil, provado que os juros da mora não cobrem o prejuízo, e não havendo pena convencional, pode o juiz conceder ao credor indenização suplementar.

Diferentemente da correção aplicada aos débitos trabalhistas, que têm caráter alimentar, a atualização monetária dos honorários periciais é fixada pelo art. 1º da Lei 6.899/1981, aplicável a débitos resultantes de decisões judiciais (Orientação Jurisprudencial 198 da SBDI-I do TST).

O cálculo da correção monetária incidente sobre débitos relativos a benefícios previdenciários devidos a dependentes de ex-empregado pelo empregador, ou por entidade de previdência privada a ele vinculada, será o previsto na Lei 6.899, de 08.04.1981 (Súmula 311 do TST).

O art. 39, § 2º, da Lei 8.177/1991 esclarece que, se a data de vencimento das obrigações trabalhistas for "anterior a 1º de fevereiro de 1991, os juros de mora serão calculados pela composição entre a variação acumulada do BTN Fiscal no período compreendido entre a data de vencimento da obrigação e 31 de janeiro de 1991, e a TRD acumulada entre 1º de fevereiro de 1991 e seu efetivo pagamento". Esse dispositivo, na realidade, trata de atualização de débitos trabalhistas. Entretanto, o Supremo Tribunal Federal julgou procedente o pedido formulado em ação direta para declarar a inconstitucionalidade material do art. 39, § 2º, da Lei 8.177/1991, com modulação temporal dos efeitos da decisão, a fim de que esta somente se aplique aos pagamentos de cálculos homologados a partir da data de publicação da ata de julgamento, o que ocorreu no DJe de 20.02.2020 (STF, Pleno, ADI 1.220/DF, Rel. Min. Roberto Barroso, j. 19.12.2019). Segundo a decisão: "Lei que estipula índices de correção monetária a serem aplicados a períodos aquisitivos anteriores à sua entrada em vigor viola a garantia do direito adquirido" (STF, Pleno, ADI 1.220/DF, Rel. Min. Roberto Barroso, DJe 13.03.2020).

A fórmula de cálculo de juros prevista no Decreto-Lei 2.322, de 26.02.1987, somente é aplicável a partir de 27.02.1987. Quanto ao período anterior, deve-se observar a legislação então vigente (Súmula 307 do TST).

O art. 46, *caput*, do Ato das Disposições Constitucionais Transitórias dispõe que são sujeitos à correção monetária desde o vencimento, até seu efetivo pagamento, sem interrupção ou suspensão, os créditos junto a entidades submetidas aos regimes de intervenção ou liquidação extrajudicial, mesmo quando esses regimes forem convertidos em falência. Sendo assim, os débitos trabalhistas das entidades submetidas aos regimes de intervenção ou liquidação extrajudicial estão sujeitos à correção monetária desde o respectivo vencimento até seu efetivo pagamento, sem interrupção ou suspensão, não incidindo, entretanto, sobre tais débitos, juros de mora (Súmula 304 do TST).

É devida a incidência de juros de mora em relação aos débitos trabalhistas de empresa em liquidação extrajudicial sucedida nos moldes dos arts. 10 e 448 da CLT. O sucessor responde pela obrigação do sucedido, não se beneficiando de qualquer privilégio a este destinado (Orientação Jurisprudencial 408 da SBDI-I do TST).

A correção monetária não incide sobre o débito do trabalhador reclamante (Súmula 187 do TST). A justificativa seria a ausência de lei específica determinando essa correção monetária na hipótese em que o trabalhador é o autor, mas tem algum débito reconhecido, em favor do empregador, que figura como réu, por exemplo, para fins de compensação, requerida na contestação.

Os juros de mora decorrentes do inadimplemento de obrigação de pagamento em dinheiro não integram a base de cálculo do imposto de renda, independentemente da natureza jurídica da obrigação inadimplida, ante o cunho indenizatório conferido pelo art. 404 do Código Civil de 2002 aos juros de mora (Orientação Jurisprudencial 400 da SBDI-I do TST).

Entende-se que como os juros de mora têm como objetivo recompor o prejuízo, não há acréscimo patrimonial para fins de incidência do imposto de renda. Nesse sentido, o Supremo Tribunal Federal fixou a seguinte tese de repercussão geral: "Não incide imposto de renda sobre os juros de mora devidos pelo atraso no pagamento de remuneração por exercício de emprego, cargo ou função" (STF, Pleno, RE 855.091/RS, Rel. Min. Dias Toffoli, j. 15.03.2021, DJe 08.04.2021)[53].

A Orientação Jurisprudencial 7 do Pleno do TST assim previa:

> "Juros de mora. Condenação da Fazenda Pública. I – Nas condenações impostas à Fazenda Pública, incidem juros de mora segundo os seguintes critérios: a) 1% (um por cento) ao mês, até agosto de 2001, nos termos do § 1º do art. 39 da Lei 8.177, de 01.03.1991; b) 0,5% (meio por cento) ao mês, de setembro de 2001 a junho de 2009, conforme determina o art. 1º-F da Lei 9.494, de 10.09.1997, introduzido pela Medida Provisória 2.180-35, de 24.08.2001. II – A partir de 30 de junho de 2009, atualizam-se os débitos trabalhistas da Fazenda Pública, mediante a incidência dos índices oficiais de remuneração básica e juros aplicados à caderneta de poupança, por força do art. 5º da Lei 11.960, de 29.06.2009. III – A adequação do montante da condenação deve observar essa limitação legal, ainda que em sede de precatório".

A Fazenda Pública, quando condenada subsidiariamente pelas obrigações trabalhistas devidas pela empregadora principal, não se beneficia da limitação dos juros, prevista no art. 1º-F da Lei 9.494/1997 (Orientação Jurisprudencial 382 da SBDI-I do TST).

Nas discussões e nas condenações que envolvam a Fazenda Pública, independentemente de sua natureza e para fins de atualização monetária, de remuneração do capital e de compensação da mora, inclusive do precatório, haverá a incidência, uma única vez, até o efetivo pagamento, do índice da taxa referencial do Sistema Especial de Liquidação e de Custódia (Selic), acumulado mensalmente (art. 3º da Emenda Constitucional 113/2021, com entrada em vigor em 09.12.2021). Cf. Capítulo 12, item 12.29.

A impugnação à decisão de liquidação pelo executado, de acordo com a sistemática da CLT, é apresentada quando dos embargos à execução, isto é, juntamente com estes.

---

53. "Recurso extraordinário. Repercussão geral. Direito Tributário. Imposto de renda. Juros moratórios devidos em razão do atraso no pagamento de remuneração por exercício de emprego, cargo ou função. Caráter indenizatório. Danos emergentes. Não incidência. 1. A materialidade do imposto de renda está relacionada com a existência de acréscimo patrimonial. Precedentes. 2. A palavra indenização abrange os valores relativos a danos emergentes e os concernentes a lucros cessantes. Os primeiros, correspondendo ao que efetivamente se perdeu, não incrementam o patrimônio de quem os recebe e, assim, não se amoldam ao conteúdo mínimo da materialidade do imposto de renda prevista no art. 153, III, da Constituição Federal. Os segundos, desde que caracterizado o acréscimo patrimonial, podem, em tese, ser tributados pelo imposto de renda. 3. Os juros de mora devidos em razão do atraso no pagamento de remuneração por exercício de emprego, cargo ou função visam, precipuamente, a recompor efetivas perdas (danos emergentes). Esse atraso faz com que o credor busque meios alternativos ou mesmo heterodoxos, que atraem juros, multas e outros passivos ou outras despesas ou mesmo preços mais elevados, para atender a suas necessidades básicas e às de sua família. 4. Fixa-se a seguinte tese para o Tema nº 808 da Repercussão Geral: 'Não incide imposto de renda sobre os juros de mora devidos pelo atraso no pagamento de remuneração por exercício de emprego, cargo ou função'. 5. Recurso extraordinário não provido" (STF, Pleno, RE 855.091/RS, Rel. Min. Dias Toffoli, DJe 08.04.2021).

Nesse sentido, o art. 884, § 3º, da CLT prevê que somente nos embargos à penhora pode o executado impugnar a sentença de liquidação, cabendo ao exequente igual direito e no mesmo prazo.

Admite-se, ainda, a impugnação à decisão de liquidação pelo exequente e pela União, no mesmo prazo dos embargos à execução. Isso é confirmado pelo art. 884, § 4º, da CLT, ao prever que serão julgados na mesma sentença os embargos e as impugnações à liquidação apresentadas pelos credores trabalhista e previdenciário.

A liquidação também deve abranger o cálculo das contribuições previdenciárias devidas (art. 879, § 1º-A, da CLT).

De acordo com o art. 879, § 1º-B, da CLT, as partes devem ser previamente intimadas para a apresentação do cálculo de liquidação, inclusive da contribuição previdenciária incidente.

O art. 879, § 2º, da CLT, com redação dada pela Lei 13.467/2017, prevê que elaborada a conta e tornada líquida, o juízo *deve* abrir às partes prazo comum de oito dias para impugnação fundamentada com a indicação dos itens e valores objeto da discordância, sob pena de preclusão.

Logo, a vista às partes da conta de liquidação passou a ser um dever do juízo.

Assim que elaborada a conta pela parte ou pelos órgãos auxiliares da Justiça do Trabalho, o juiz deve proceder à intimação da União para manifestação, no prazo de 10 dias, sob pena de preclusão (art. 879, § 3º, da CLT).

O art. 879, § 5º, da CLT dispõe que o Ministro de Estado da Fazenda pode, mediante ato fundamentado, dispensar a manifestação da União quando o valor total das verbas que integram o salário de contribuição, na forma do art. 28 da Lei 8.212, de 24 de julho de 1991, ocasionar perda de escala decorrente da atuação do órgão jurídico.

A liquidação no processo do trabalho pode ser feita por cálculo, por arbitramento ou por artigos (art. 879, *caput*, da CLT).

A *liquidação por cálculos* envolve operações aritméticas, sendo a mais frequente no processo do trabalho.

A rigor, a sentença que apenas dependa de simples cálculos matemáticos não necessitaria, em termos técnicos, ser liquidada. O art. 786, parágrafo único, do CPC explicita que a necessidade de simples operações aritméticas para apurar o crédito exequendo não retira a liquidez da obrigação constante do título.

Os cálculos podem ser elaborados pelo contador do juízo, isto é, pelos órgãos auxiliares da Justiça do Trabalho, como prevê o art. 879, § 3º, da CLT.

Os cálculos de liquidação também podem ser elaborados por perito contábil, nomeado pelo juiz.

O art. 879, § 6º, da CLT prevê que em se tratando de cálculos de liquidação complexos, o juiz pode nomear perito para a elaboração e fixará, depois da conclusão do trabalho, o valor dos respectivos honorários com observância, entre outros, dos critérios de razoabilidade e proporcionalidade.

Além disso, os cálculos podem ser apresentados pela parte, segundo prevê o art. 879, § 3º, da CLT. O art. 879, § 1º-B, da CLT estabelece que as partes devem ser previamente intimadas para a apresentação do cálculo de liquidação, inclusive da contribuição previdenciária incidente.

Logo, a conta de liquidação pode ser elaborada pela parte ou pelos órgãos auxiliares da Justiça do Trabalho (art. 879, § 3º, da CLT) ou, ainda, pelo perito nomeado pelo juiz (art. 879, § 6º, da CLT).

Na prática de muitas Varas do Trabalho, adota-se a apresentação de cálculos pelo próprio exequente, como estabelece o art. 524 do CPC (demonstrativo discriminado e atualizado do crédito), com fundamento no art. 879, § 3º, da CLT.

Quando a elaboração do demonstrativo depender de dados em poder de terceiros ou do executado, o juiz pode requisitá-los, sob cominação do crime de desobediência. Quando a complementação do demonstrativo depender de dados adicionais em poder do executado, o juiz pode, a requerimento do exequente, requisitá-los, fixando prazo de até trinta dias para o cumprimento da diligência. Se os dados adicionais não forem apresentados pelo executado, sem justificativa, no prazo designado, devem ser reputados corretos os cálculos apresentados pelo exequente apenas com base nos dados de que dispõe (art. 524, §§ 3º e 4º, do CPC).

Quando o valor apontado no demonstrativo aparentemente exceder os limites da condenação, a execução deve ser iniciada pelo valor pretendido, mas a penhora deve ter por base a importância que o juiz entender adequada. Para verificação dos cálculos, o juiz pode se auxiliar de contabilista do juízo, que tem o prazo máximo de trinta dias para efetuá-la, exceto se outro lhe for determinado (art. 524, §§ 1º e 2º, do CPC).

Em ações de execução fiscal, é desnecessária a instrução da petição inicial com o demonstrativo de cálculo do débito, por tratar-se de requisito não previsto no art. 6º da Lei 6.830/1980 (Súmula 559 do STJ).

O art. 879, § 2º, da CLT prevê que elaborada a conta e tornada líquida, o juízo deve abrir às partes prazo comum de oito dias para impugnação fundamentada com a indicação dos itens e valores objeto da discordância, sob pena de preclusão.

Apesar dessa previsão de preclusão, não se admite ofensa à coisa julgada, por se tratar de matéria de ordem pública, a qual o juiz deve até mesmo conhecer de ofício. Sendo assim, se a conta de liquidação violar a coisa julgada, mesmo a parte que não tiver se manifestado no momento oportuno pode alegar a matéria, por meio de simples petição.

Se a parte tiver apresentado, no prazo legal, impugnação fundamentada da conta de liquidação com a indicação dos itens e valores objeto da discordância, afasta-se a preclusão. Com isso, a parte que não concordar com a decisão de liquidação que o juiz proferir, e tiver se manifestado anteriormente quanto aos cálculos, nos termos do art. 884, § 4º, da CLT, pode renovar a alegação no momento dos embargos à execução e impugnação à decisão de liquidação.

O agravo de petição somente é cabível contra a sentença de embargos à execução e de impugnação à liquidação (art. 884, § 4º, da CLT), e não da decisão de liquidação. Esta, na realidade, tem natureza interlocutória, pois apenas decide a questão incidental, relativa à liquidação. Portanto, não é cabível recurso imediato contra a decisão (interlocutória) de liquidação (art. 893, § 1º, da CLT), mas a matéria pode ser impugnada quando do recurso contra a sentença definitiva, por meio de agravo de petição (art. 897, *a*, da CLT).

A *liquidação por arbitramento*, por sua vez, ocorre quando há necessidade de conhecimento especializado de perito.

O art. 509, inciso I, do CPC estabelece que a liquidação por arbitramento deve ser feita quando determinado pela sentença, convencionado pelas partes ou exigido pela natureza do objeto da liquidação.

Na liquidação por arbitramento, o juiz deve intimar as partes para a apresentação de pareceres ou documentos elucidativos, no prazo que fixar. Caso não possa decidir de plano, deve nomear perito, observando-se, no que couber, o procedimento da prova pericial (art. 510 do CPC).

A *liquidação por artigos* é aplicada quando há "fatos novos" para *quantificar* o valor da condenação.

O art. 509, inciso II, do CPC prevê que a liquidação deve ser feita "pelo procedimento comum, quando houver necessidade de alegar e provar fato novo".

Na liquidação por artigos, denominada no CPC liquidação "pelo procedimento comum", conforme o seu art. 511, o juiz deve determinar a intimação do requerido, na pessoa de seu advogado ou da sociedade de advogados a que estiver vinculado, para, querendo, apresentar contestação no prazo de quinze dias, observando-se, a seguir, no que couber, o disposto nos arts. 318 e seguintes do CPC. Na liquidação por artigos, observa-se, portanto, o procedimento comum, uma vez que pode haver necessidade de instrução processual.

Frise-se que fatos novos, no caso, não são aqueles posteriores à sentença condenatória, mas sim fatos que a sentença não pôde precisar, pois ausentes elementos nos autos.

Discute-se, ainda, a respeito das consequências de artigos não provados. Embora haja entendimento que defenda a possibilidade de nova liquidação, o mais adequado é entender pelo cabimento de recurso contra essa decisão, no caso, o agravo de petição (art. 897, *a*, da CLT).

Além da liquidação relativa ao crédito de natureza trabalhista ou principal, também devem ser apurados os valores devidos relativos às contribuições previdenciárias, a serem executadas pela Justiça do Trabalho, decorrentes da sentença proferida (art. 114, inciso VIII, da Constituição da República).

A liquidação, no caso, deve ser feita por meio de cálculos. Nos termos do art. 879, § 1º-A, a liquidação também deve abranger "o cálculo das contribuições previdenciárias devidas".

Os cálculos de liquidação podem ser apresentados pelas partes, pelos órgãos auxiliares da Justiça do Trabalho ou pelo perito nomeado pelo juiz (art. 879, §§ 1º-B, 3º e 6º, da CLT), devendo sempre incluir as contribuições previdenciárias devidas.

A atualização do crédito devido à Previdência Social deve observar os critérios próprios, estabelecidos na legislação previdenciária (art. 879, § 4º, da CLT).

Especificamente quanto ao cálculo das contribuições previdenciárias, o art. 879, § 3º, da CLT prevê que, uma vez elaborada a conta (pela parte ou pelos órgãos auxiliares da Justiça do Trabalho, ou, ainda, pelo perito nomeado), o juiz procederá à intimação da União para manifestação, no prazo de dez dias, sob pena de preclusão.

Após esse prazo, com ou sem a apresentação de manifestação pela União, o juiz profere a decisão de liquidação, com natureza interlocutória.

Se houver a manifestação da União quanto ao cálculo das contribuições previdenciárias, com a discussão da questão, afasta-se a preclusão. Com isso, a União pode renovar a discussão na impugnação à decisão de liquidação, no momento processual dos embargos à execução (art. 884, § 3º, da CLT).

O prazo da impugnação à decisão de liquidação apresentada pela União é o mesmo prazo dos embargos do executado para a União, ou seja, de 30 dias, nos termos do art. 884, *caput*, da CLT, c/c art. 1º-B da Lei 9.494/1997, acrescentado pelo art. 4º da Medida Provisória 2.180-35/2001.

Da sentença proferida pelo juiz, julgando os embargos à execução e as impugnações à decisão de liquidação, é cabível o agravo de petição (art. 897, *a*, da CLT).

Segundo o art. 884, § 4º, da CLT, devem ser julgados na mesma sentença os embargos e as impugnações à liquidação apresentadas pelos credores trabalhista e previdenciário.

O exequente também pode impugnar a decisão de liquidação. O prazo para a medida ser apresentada deve ser contado a partir da ciência quanto à decisão de liquidação. Na prática, muitas vezes isso só ocorre com a intimação do exequente quanto à penhora. Nesse caso, o credor tem o mesmo prazo que o executado tem para opor embargos à execução. Isso é confirmado pelo art. 884, § 3º, da CLT, ao prever que somente nos embargos à penhora poderá o executado impugnar a sentença de liquidação, cabendo ao exequente igual direito e no mesmo prazo.

O prazo para o exequente apresentar a impugnação (à decisão de liquidação) é o mesmo prazo dos embargos à execução. Sendo assim, cabe lembrar que o art. 884, *caput*, da CLT, previa o prazo de cinco dias. Entretanto, o art. 1º-B da Lei 9.494/1997, acrescentado pelo art. 4º da Medida Provisória 2.180-35/2001, prevê que o prazo a que se refere o *caput* do art. 884 da Consolidação das Leis do Trabalho "passa a ser de trinta dias".

Como a Lei 9.494/1997 trata da antecipação da tutela contra a Fazenda Pública, defende-se que apenas para os embargos à execução apresentados pela Fazenda Pública é que se aplica o prazo de 30 dias. Como o prazo da impugnação é o mesmo prazo dos embargos, apenas se o exequente for a Fazenda Pública é que o prazo é de 30 dias. Se o exequente não for a Fazenda Pública, entende-se que o prazo para a apresentação da impugnação à decisão de liquidação é de cinco dias.

O Supremo Tribunal Federal decidiu ser constitucional o prazo de 30 dias para a Fazenda Pública embargar a execução (STF, Pleno, ADI 2.418/DF, Rel. Min. Teori Zavascki j. 04.05.2016).

Se o exequente apresenta essa impugnação à decisão de liquidação, o réu deve ser intimado, para apresentar a respectiva defesa, no mesmo prazo que aquele teve.

Como o juiz deve abrir às partes prazo comum de oito dias para impugnação fundamentada da conta de liquidação, com indicação dos itens e valores objeto da discordância, o exequente (assim como o executado) só pode impugnar essa decisão se não tiver incorrido em preclusão (art. 879, § 2º, da CLT). Vale dizer, somente se o exequente tiver se manifestado no referido prazo sobre a conta de liquidação, é que pode impugnar a decisão de liquidação, conforme aqui analisado (art. 884, § 3º, da CLT).

Da sentença proferida pelo juiz, decidindo a respeito dos embargos à execução e das impugnações à decisão de liquidação (art. 884, § 4º, da CLT), por sua vez, é cabível o agravo de petição (art. 897, *a*, da CLT).

12.2 EXECUÇÃO

A execução é atividade jurisdicional essencialmente coercitiva, que visa à *satisfação* do direito reconhecido em título executivo.

A execução, portanto, tem como objetivo satisfazer, de forma concreta e efetiva, o direito do exequente, recebendo aquilo a que faz jus e é reconhecido no título executivo.

Entende-se que a execução trabalhista fundada em título judicial constitui mera *fase processual*, e não processo autônomo, inclusive por ser iniciada de ofício pelo juiz em certas hipóteses (arts. 876, parágrafo único, e 878, *caput*, da CLT).

Na execução são realizadas, em essência, a constrição, a expropriação e a satisfação do direito.

Se o devedor não cumpre a obrigação constante do título executivo, os bens que integram o seu patrimônio respondem pela dívida, os quais são objeto de constrição judicial e posterior expropriação, isto é, alienação em juízo, visando justamente satisfazer o direito do exequente por meio do numerário assim obtido.

Não dispondo a lei de modo diverso, o juiz determinará os atos executivos, e o oficial de justiça os cumprirá (art. 782 do CPC). O oficial de justiça pode cumprir os atos executivos determinados pelo juiz também nas comarcas contíguas, de fácil comunicação, e nas que se situem na mesma região metropolitana. Sempre que, para efetivar a execução, for necessário o emprego da força policial, o juiz deve requisitá-la.

Mediante requerimento da parte, o juiz também pode determinar a inclusão do nome do executado em cadastros de inadimplentes (art. 782, § 3º, do CPC).

A inscrição deve ser cancelada imediatamente se for efetuado o pagamento, garantida a execução ou se a execução for extinta por qualquer outro motivo.

O disposto acima, sobre a inclusão do nome do executado em cadastros de inadimplentes, aplica-se à execução definitiva de título judicial.

Na *execução por sub-rogação*, mais tradicional, o Estado substitui a vontade do executado, realizando, independentemente da concordância ou resistência deste, atos materiais de constrição judicial de seus bens e sua expropriação para satisfazer o direito do exequente. Na *execução indireta*, por seu turno, o Estado-juiz atua de forma a pressionar psicologicamente o executado a cumprir a obrigação e satisfazer, de forma voluntária, embora não espontânea, o direito do exequente. Trata-se dos *meios de coerção*[54]. São exemplos de execução indireta a imposição de multa (*astreintes*), o protesto da decisão judicial (art. 517 do CPC) e a inclusão do nome do executado em cadastros de inadimplentes (art. 782, § 3º, do CPC)[55].

Nessa linha, cabe ressaltar que o juiz deve dirigir o processo conforme as disposições legais, incumbindo-lhe determinar todas as *medidas indutivas, coercitivas, mandamentais ou sub-rogatórias* necessárias para assegurar o cumprimento de ordem judicial, inclusive nas ações que tenham por objeto prestação pecuniária (art. 139, inciso IV, do CPC).

Admite-se, assim, a determinação de *medidas executivas atípicas*, como, segundo parte da jurisprudência, a suspensão da carteira nacional de habilitação e a apreensão do passaporte do executado, de forma subsidiária e excepcional, desde que, no caso concreto, sejam adequadas para a efetividade da tutela jurisdicional, como meio de se alcançar a satisfação do direito, devendo-se observar os princípios da proporcionalidade, razoabilidade, legalidade, publicidade e eficiência (art. 8º do CPC)[56].

---

54. Cf. DINAMARCO, Cândido Rangel. *Instituições de direito processual civil*. 4. ed. São Paulo: Malheiros, 2019. v. 4, p. 42.

55. Cf. NEVES, Daniel Amorim Assumpção. *Manual de direito processual civil*. 9. ed. Salvador: Juspodivm, 2017. p. 1057.

56. "Recurso ordinário em mandado de segurança. Ato coator que determina a apreensão da carteira nacional de habilitação como providência executiva. Aplicação do art. 139, IV, do CPC/15. Poder geral de efetivação da tutela jurisdicional. Subsidiariedade e excepcionalidade da medida. Inexistência de elementos no caso concreto que comprovem utilidade e adequação da medida. Direito líquido e certo. Segurança concedida. 1. Trata-se de mandado de segurança impetrado contra ato jurisdicional proferido na fase de cumprimento de sentença em que se ordenou a suspensão da CNH dos impetrantes, uma vez que 'foram realizadas várias tentativas de localização de bens dos executados, sem êxito'. 2. É admissível a imposição de medidas aflitivas na execução de pagar quantia certa, contanto que seja demonstrada a sua utilidade para a satisfação do crédito exequendo. A aplicação do art. 139, IV, do CPC/15 será balizada pela observância dos postulados da proporcionalidade e razoabilidade, do contraditório e da ampla defesa, e da adequada fundamentação das decisões judiciais. 3. No caso concreto, a apreensão da Carteira Nacional de Habilitação não se revela medida útil para a satisfação do crédito alimentar, porque decorreu apenas da constatação da autoridade coatora de que não há bens do devedor capazes de suportar a execução. 4. Com efeito, não há elementos que indiquem a oposição injustificada dos devedores ao cumprimento da sentença, tais como prova da ocultação de bens ou gozo de estilo de vida incompatível com a dívida objeto da execução. 5. A mera insolvência, em si mesma, não

Nesse sentido, cabe fazer referência ao seguinte julgado: "6. Entretanto, a aplicação das medidas executivas atípicas não é irrestrita e absoluta. Se o executado, efetiva e realmente, não possui bens para saldar a execução, a utilização das medidas atípicas contra ele passa a ter caráter apenas punitivo, e não alcança a sua finalidade de satisfazer o crédito. 7. As medidas executivas atípicas têm lugar principalmente quando o devedor possui patrimônio capaz de suportar a execução, mas injustificadamente se opõe ao pagamento da dívida, postergando ardilosamente a execução e frustrando a satisfação do crédito. A ordem executiva tem que ser realmente necessária para garantir o cumprimento da decisão judicial, devendo ser adequada, proporcional e razoável no caso concreto" (TST, SBDI-II, RO-8790-04.2018.5.15.0000, Redator Min. Luiz Philippe Vieira de Mello Filho, DEJT 26.03.2021).

O Supremo Tribunal Federal decidiu ser constitucional o art. 139, inciso IV, do CPC, que autoriza o juiz a determinar medidas atípicas (coercitivas) necessárias para assegurar o cumprimento de ordem judicial, inclusive nas ações que tenham por objeto prestação pecuniária, como a apreensão da carteira nacional de habilitação (CNH) e do passaporte, a suspensão do direito de dirigir e a proibição de participação em concurso e licitação pública. Prevaleceu o entendimento de que a aplicação de medidas atípicas para a efetivação das decisões judiciais é válida, desde que observe os direitos fundamentais e o princípio da proporcionalidade (STF, Pleno, ADI 5.941/DF, Rel. Min. Luiz Fux, j. 09.02.2023)[57].

---

enseja a automática adoção de medidas limitadoras da liberdade individual do devedor, porquanto a execução civil não possui o caráter punitivo verificado na execução penal. Mesmo sob a égide do CPC de 2015, é sempre patrimonial a responsabilidade do devedor (art. 789 do CPC de 2015). Precedentes do e. Superior Tribunal de Justiça. 6. Há, portanto, direito líquido e certo a ser protegido. Recurso ordinário de que se conhece e a que se dá provimento para conceder a segurança" (TST, SBDI-II, RO-1615-35.2018.5.05.0000, Rel. Min. Maria Helena Mallmann, DEJT 04.12.2020).

57. "Ação direta de inconstitucionalidade. Os artigos 139, IV; 380, parágrafo único; 400, parágrafo único; 403, parágrafo único; 536, *caput* e § 1º e 773, todos do Código de Processo Civil. Medidas coercitivas, indutivas ou sub-rogatórias. Atipicidade dos meios executivos. Pedido de declaração de inconstitucionalidade, sem redução de texto, para afastar, em qualquer hipótese, a possibilidade de imposição judicial de medidas coercitivas, indutivas ou sub-rogatórias consistentes em suspensão do direito de dirigir, apreensão de passaporte e proibição de participação em concursos públicos ou em licitações. Ausência de violação à proporcionalidade. Medidas que visam a tutelar as garantias de acesso à justiça e de efetividade e razoável duração do processo. Inexistência de violação abstrata e apriorística da dignidade do devedor. Ação conhecida e julgada improcedente. 1. O acesso à justiça reclama tutela judicial tempestiva, específica e efetiva sob o ângulo da sua realização prática. 2. A morosidade e inefetividade das decisões judiciais são lesivas a toda a sociedade, porquanto, para além dos efeitos diretos sobre as partes do processo, são repartidos pela coletividade os custos decorrentes da manutenção da estrutura institucional do Poder Judiciário, da movimentação da sua máquina e da prestação de assistência jurídica integral e gratuita aos que comprovarem insuficiência de recursos. 3. A efetividade e celeridade das decisões judiciais constitui uma das linhas mestras do processo civil contemporâneo, como se infere da inclusão, no texto constitucional, da garantia expressa da razoável duração do processo (artigo 5º, LXXVIII, após a Emenda Constitucional nº 45/2004) e da positivação, pelo Novo Código de Processo Civil, do direito das partes 'de obter em prazo razoável a solução integral do mérito, incluída a atividade satisfativa'. 4. A execução ou satisfação daquilo que devido representa verdadeiro gargalo na prestação jurisdicional brasileira, mercê de os estímulos gerados pela legislação não terem logrado suplantar o cenário prevalente, marcado pela desconformidade geral e pela busca por medidas protelatórias e subterfúgios que permitem ao devedor se evadir de suas obrigações. 5. Os poderes do juiz no processo, por conseguinte, incluem 'determinar todas as medidas indutivas, coercitivas, mandamentais ou sub-rogatórias necessárias para assegurar o cumprimento de ordem judicial, inclusive nas ações que tenham por objeto prestação pecuniária' (artigo 139, IV), obedecidos o devido processo legal, a proporcionalidade, a eficiência, e, notadamente, a sistemática positivada no próprio NCPC, cuja leitura deve ser contextualizada e razoável à luz do texto legal. 6. A amplitude semântica das cláusulas gerais permite ao intérprete/aplicador maior liberdade na concretização da *fattispecie* – o que, evi-

Nos termos do art. 805 do CPC, quando por vários meios o exequente puder promover a execução, o juiz mandará que se faça pelo modo menos gravoso para o executado. Ao executado que alegar ser a medida executiva mais gravosa incumbe indicar outros meios mais eficazes e menos onerosos, sob pena de manutenção dos atos executivos já determinados (art. 805, parágrafo único, do CPC).

A execução se realiza no interesse do exequente (art. 797 do CPC). A execução por quantia certa se realiza pela expropriação de bens do executado, ressalvadas as execuções especiais, visando, assim, a satisfazer o direito do credor (art. 824 do CPC).

O art. 3º, inciso XIV, da Instrução Normativa 39/2016 do TST prevê que se aplicam ao processo do trabalho, em face de omissão e de compatibilidade, o art. 805 e pará-

---

dentemente, não o isenta do dever de motivação e de observar os direitos fundamentais e as demais normas do ordenamento jurídico e, em especial, o princípio da proporcionalidade. 7. A significação de um mandamento normativo é alcançada quando se agrega, à filtragem constitucional, a interpretação sistemática da legislação infraconstitucional – do contrário, de nada aproveitaria a edição de códigos, microssistemas, leis interpretativas, meta-normas e cláusulas gerais. Essa assertiva assume ainda maior relevância diante do Direito codificado: o intérprete não pode permanecer indiferente ao esforço sistematizador inerente à elaboração de um código, mercê de se exigir do Legislador a repetição, *ad nauseam*, de preceitos normativos já explanados em títulos, capítulos e seções anteriores. 8. A correção da proporcionalidade das medidas executivas impostas pelo Poder Judiciário reside no sistema recursal consagrado pelo NCPC. 9. A flexibilização da tipicidade dos meios executivos visa a dar concreção à dimensão dialética do processo, porquanto o dever de buscar efetividade e razoável duração do processo é imputável não apenas ao Estado-juiz, mas, igualmente, às partes. 10. O Poder Judiciário deve gozar de instrumentos de *enforcement* e *accountability* do comportamento esperado das partes, evitando que situações antijurídicas sejam perpetuadas a despeito da existência de ordens judiciais e em razão da violação dos deveres de cooperação e boa-fé das partes – o que não se confunde com a punição a devedores que não detêm meios de adimplir suas obrigações. 11. A variabilidade e dinamicidade dos cenários com os quais as Cortes podem se deparar (*e.g.* tutelas ao meio ambiente, à probidade administrativa, à dignidade do credor que demanda prestação essencial à sua subsistência, ao erário e patrimônio públicos), torna impossível dizer, *a priori*, qual o valor jurídico a ter precedência, de modo que se impõe estabelecer o emprego do raciocínio ponderativo para verificar, no caso concreto, o escopo e a proporcionalidade da medida executiva, *vis-à-vis* a liberdade e autonomia da parte devedora. 12. *In casu*, o argumento da eventual possibilidade teórica de restrição irrazoável da liberdade do cidadão, por meio da aplicação das medidas de apreensão de carteira nacional de habilitação e/ou suspensão do direito de dirigir, apreensão de passaporte, proibição de participação em concurso público e proibição de participação em licitação pública, é imprestável a sustentar, só por si, a inconstitucionalidade desses meios executivos, máxime porque a sua adequação, necessidade e proporcionalidade em sentido estrito apenas ficará clara à luz das peculiaridades e provas existentes nos autos. 13. A excessiva demora e ineficiência do cumprimento das decisões judiciais, sob a perspectiva da análise econômica do direito, é um dos fatores integrantes do processo decisório de escolha racional realizado pelo agente quando deparado com os incentivos atinentes à propositura de uma ação, à interposição de um recurso, à celebração de um acordo e à resistência a uma execução. Num cenário de inefetividade generalizada das decisões judiciais, é possível que o devedor não tenha incentivos para colaborar na relação processual, mas, ao contrário, seja motivado a adotar medidas protelatórias, contexto em que, longe de apresentar estímulos para a atuação proba, célere e cooperativa das partes no processo, a legislação (e sua respectiva aplicação pelos julgadores) estará promovendo incentivos perversos, com maiores *payoffs* apontando para o descumprimento das determinações exaradas pelo Poder Judiciário. 14. A efetividade no cumprimento das ordens judiciais, destarte, não serve apenas para beneficiar o credor que logra obter seu pagamento ao fim do processo, mas incentiva, adicionalmente, uma postura cooperativa dos litigantes durante todas as fases processuais, contribuindo, inclusive, para a redução da quantidade e duração dos litígios. 15. *In casu*, não se pode concluir pela inconstitucionalidade de toda e qualquer hipótese de aplicação dos meios atípicos indicados na inicial, mercê de este entendimento, levado ao extremo, rechaçar quaisquer espaços de discricionariedade judicial e inviabilizar, inclusive, o exercício da jurisdição, enquanto atividade eminentemente criativa que é. Inviável, pois, pretender, apriorística e abstratamente, retirar determinadas medidas do leque de ferramentas disponíveis ao magistrado para fazer valer o provimento jurisdicional. 16. Ação direta de inconstitucionalidade conhecida e, no mérito, julgada improcedente" (STF, Pleno, ADI 5.941/DF, Rel. Min. Luiz Fux, DJe 28.04.2023).

grafo único do CPC, sobre obrigação de o executado indicar outros meios mais eficazes e menos onerosos para promover a execução.

A Emenda Constitucional 45/2004, no art. 3º, prevê que a "lei criará o Fundo de Garantia das Execuções Trabalhistas, integrado pelas multas decorrentes de condenações trabalhistas e administrativas oriundas da fiscalização do trabalho, além de outras receitas". O dispositivo constitucional, entretanto, ainda não foi regulamentado.

O Supremo Tribunal Federal, ao julgar procedente o pedido em ação direta de inconstitucionalidade por omissão: a) declarou a mora do Congresso Nacional em editar a lei pela qual se institui o Fundo de Garantia das Execuções Trabalhistas, nos termos determinados pelo art. 3º da Emenda Constitucional 45/2004; b) fixou o prazo de 24 meses, a contar da data da publicação do acórdão, para que a omissão inconstitucional seja sanada (STF, Pleno, ADO 27/DF, Rel. Min. Cármen Lúcia, j. 04.07.2023).

12.3 HIPOTECA JUDICIÁRIA E EXECUÇÃO INDIRETA

O art. 17 da Instrução Normativa 39/2016 do TST prevê que sem prejuízo da inclusão do devedor no Banco Nacional de Devedores Trabalhistas (art. 642-A da CLT), aplicam-se à execução trabalhista as normas dos arts. 495, 517 e 782, §§ 3º, 4º e 5º do CPC, que tratam respectivamente da hipoteca judiciária, do protesto de decisão judicial e da inclusão do nome do executado em cadastros de inadimplentes.

Nos termos do art. 495 do CPC, a decisão que condenar o réu ao pagamento de prestação consistente em dinheiro e a que determinar a conversão de prestação de fazer, de não fazer ou de dar coisa em prestação pecuniária valem como título constitutivo de *hipoteca judiciária*.

A decisão produz a hipoteca judiciária: embora a condenação seja genérica; ainda que o credor possa promover o cumprimento provisório da sentença ou esteja pendente arresto sobre bem do devedor; mesmo que impugnada por recurso dotado de efeito suspensivo.

A hipoteca judiciária pode ser realizada mediante apresentação de cópia da sentença perante o cartório de registro imobiliário, independentemente de ordem judicial, de declaração expressa do juiz ou de demonstração de urgência.

No prazo de até 15 dias da data de realização da hipoteca, a parte deve informá-la ao juízo da causa, que determinará a intimação da outra parte para que tome ciência do ato.

A hipoteca judiciária, uma vez constituída, implica, para o credor hipotecário, o direito de preferência, quanto ao pagamento, em relação a outros credores, observada a prioridade no registro.

Sobrevindo a reforma ou a invalidação da decisão que impôs o pagamento de quantia, a parte responde, independentemente de culpa, pelos danos que a outra parte tiver sofrido em razão da constituição da garantia, devendo o valor da indenização ser liquidado e executado nos próprios autos.

O Código de Processo Civil, concretizando a chamada *execução indireta*, por meio da qual se busca o cumprimento voluntário da obrigação pelo devedor, utilizando-se de meios de pressão para que assim ocorra, dispõe, no art. 517, que *a decisão judicial transitada em julgado pode ser levada a protesto*, nos termos da lei, depois de transcorrido o prazo para pagamento voluntário (previsto no art. 523 do CPC).

Para efetivar o protesto, incumbe ao exequente apresentar *certidão de teor da decisão*.

Essa certidão de teor da decisão deve ser fornecida no prazo de três dias e indicará o nome e a qualificação do exequente e do executado, o número do processo, o valor da dívida e a data de decurso do prazo para pagamento voluntário.

O executado que tiver proposto ação rescisória para impugnar a decisão exequenda pode requerer, a suas expensas e sob sua responsabilidade, a anotação da propositura da ação à margem do título protestado.

A requerimento do executado, o protesto deve ser cancelado por determinação do juiz, mediante ofício a ser expedido ao cartório, no prazo de três dias, contado da data de protocolo do requerimento, desde que comprovada a satisfação integral da obrigação.

Protesto é o ato formal e solene pelo qual se prova a inadimplência e o descumprimento de obrigação originada em títulos e outros documentos de dívida (art. 1º da Lei 9.492/1997).

Incluem-se entre os títulos sujeitos a protesto as certidões de dívida ativa da União, dos Estados, do Distrito Federal, dos Municípios e das respectivas autarquias e fundações públicas (art. 1º, parágrafo único, da Lei 9.492/1997, incluído pela Lei 12.767/2012).

Além disso, ainda como medida de *execução indireta*, o art. 782, § 3º, do CPC prevê que, a requerimento da parte, o juiz pode determinar a *inclusão do nome do executado em cadastros de inadimplentes*.

Entretanto, essa inscrição deve ser cancelada imediatamente se for efetuado o pagamento, garantida a execução ou se a execução for extinta por qualquer outro motivo.

Essa possibilidade de determinar a inclusão do nome do executado em cadastros de inadimplentes aplica-se não apenas à *execução de título extrajudicial*, mas também à *execução definitiva de título judicial* (art. 782, § 5º, do CPC).

O art. 883-A da CLT, acrescentado pela Lei 13.467/2017, estabelece que a decisão judicial transitada em julgado somente pode ser levada a protesto, gerar inscrição do nome do executado em órgãos de proteção ao crédito ou no Banco Nacional de Devedores Trabalhistas (BNDT), nos termos da lei, *depois de transcorrido o prazo de 45 dias a contar da citação do executado*, se não houver garantia do juízo.

Desse modo, cabe ressaltar que, nos termos do art. 880 da CLT, requerida a execução, o juiz ou presidente do tribunal mandará expedir *mandado de citação do executado*, a fim de que cumpra a decisão ou o acordo no prazo, pelo modo e sob as cominações estabelecidas ou, quando se tratar de pagamento em dinheiro, inclusive de contribuições sociais devidas à União, para que o faça em 48 horas ou garanta a execução, sob pena de penhora.

O mandado de citação deve conter a decisão exequenda ou o termo de acordo não cumprido. A citação deve ser feita pelos oficiais de diligência. Se o executado, procurado por duas vezes no espaço de 48 horas, não for encontrado, deve ser feita a citação por edital, publicado no jornal oficial ou, na falta deste, afixado na sede do Juízo, durante cinco dias.

12.4 NORMAS APLICÁVEIS NA EXECUÇÃO

Na execução na Justiça do Trabalho, primeiramente, devem ser aplicadas a CLT e outras leis esparsas de natureza processual trabalhista (como a Lei 5.584/1970).

Havendo omissão das leis sobre processo do trabalho, deve-se aplicar a Lei 6.830/1980, que atualmente disciplina a execução fiscal, nos termos do art. 889 da CLT. Se mesmo assim persistir a omissão, devem ser aplicadas as normas relativas ao processo civil, com destaque para o CPC, com fundamento no art. 769 da CLT.

Entretanto, especificamente quanto à ordem preferencial de nomeação de bens à penhora, deve-se aplicar o art. 835 do Código de Processo Civil, conforme a previsão do art. 882 da CLT.

Segundo o art. 771, parágrafo único, do CPC, aplicam-se *subsidiariamente* à execução as disposições que regem o processo (ou fase) de conhecimento.

Cabe registrar que se aplicam as disposições relativas ao cumprimento da sentença (isto é, referentes à execução de título judicial), provisório ou definitivo, e à liquidação, no que couber, às decisões que concederem tutela provisória (art. 519 do CPC).

12.5 COMPETÊNCIA NA EXECUÇÃO

Nos termos do art. 877 da CLT, é competente para a execução das decisões o juiz ou presidente do Tribunal que tiver conciliado ou julgado originariamente o dissídio.

No processo civil, o art. 516, inciso II, do CPC prevê que o cumprimento da sentença deve se efetuar perante o juízo que decidiu a causa no primeiro grau de jurisdição.

Portanto, em se tratando de título executivo judicial, a competência para a execução é do juízo que conheceu, originalmente, o caso, proferindo sentença, decisão ou no qual houve conciliação judicial. Trata-se de competência funcional e originária, de natureza absoluta.

Em regra, a competência originária para conhecer e processar as ações é da Vara do Trabalho (ou Juízo de Direito no exercício da jurisdição trabalhista). Logo, a competência para a execução é dos mencionados juízos, que tiverem conciliado ou julgado o feito em primeiro grau de jurisdição. Mesmo havendo recurso contra a sentença, essa competência para a execução não é alterada.

Nas hipóteses excepcionais, em que a competência é originária de tribunal (como ocorre, exemplificativamente, na ação rescisória), a execução da decisão por ele proferida é da sua competência (funcional, hierárquica e absoluta), ainda que haja recurso para alguma instância superior.

No mesmo sentido, o art. 516, inciso I, do CPC estabelece que a execução, fundada em título judicial (cumprimento da sentença), deve se processar perante os tribunais, nas causas de sua competência originária.

Segundo o art. 877-A da CLT, é competente para a execução de título executivo extrajudicial o juiz que teria competência para o processo de conhecimento relativo à matéria.

Sendo assim, no caso de execução fundada em título extrajudicial, deve-se verificar quem teria competência para conhecer de eventual ação de conhecimento sobre a matéria. Nessa hipótese, portanto, torna-se necessário realizar um raciocínio hipotético, de projeção, quanto a uma possível ação de conhecimento a respeito da competência. Pode-se dizer que eventual incompetência em razão do lugar é de natureza relativa, podendo ser prorrogada, se não for alegada por meio da respectiva exceção. O art. 781 do CPC também dispõe que a execução fundada em título extrajudicial deve ser processada perante o juízo competente.

12.6 LEGITIMIDADE NA EXECUÇÃO

No processo do trabalho, a execução deve ser promovida pelas partes, permitida a execução de ofício pelo juiz ou pelo Presidente do Tribunal apenas nos casos em que as partes não estiverem representadas por advogado (art. 878, *caput*, da CLT, com redação dada pela Lei 13.467/2017). Quanto a essa parte final, trata-se de permissão conferida ao juiz. Já quanto ao crédito previdenciário (relativo às contribuições previdenciárias), a execução de ofício pelo juiz é um dever (art. 876, parágrafo único, da CLT).

A partir da vigência da Lei 13.467/2017, a *iniciativa do juiz* na execução de que trata o art. 878 da CLT e no incidente de desconsideração da personalidade jurídica a que alude o art. 855-A da CLT fica limitada aos casos em que as partes não estiverem representadas por advogado (art. 13 da Instrução Normativa 41/2018 do TST).

A *legitimidade ativa*, segundo o art. 878 da CLT, é das partes. O credor, em regra, é quem dá início à execução, figurando no polo ativo da relação processual, com o objetivo de receber o seu direito.

Na hipótese de execução fundada em título judicial, é legitimado ativo o autor da ação ajuizada, a qual deu origem à sentença condenatória.

Se o autor da ação de conhecimento é o Ministério Público do Trabalho, este detém legitimidade ativa para a execução de condenação dela decorrente (art. 778, § 1º, inciso I, do CPC).

O art. 778 do CPC dispõe que pode promover a execução forçada o credor a quem a lei confere título executivo. Podem promover a execução forçada ou nela prosseguir, em *sucessão* ao exequente originário: o Ministério Público, nos casos previstos em lei; o espólio, os herdeiros ou os sucessores do credor, sempre que, por morte deste, lhes for transmitido o direito resultante do título executivo; o cessionário, quando o direito resultante do título executivo lhe foi transferido por ato entre vivos; o sub-rogado, nos casos de sub-rogação legal ou convencional.

A sucessão independe de consentimento do executado. Logo, se o credor trabalhista, normalmente o trabalhador, falecer, o espólio ou os sucessores passam a ser legitimados ativos para dar início ou prosseguir na execução.

Nos termos da Lei 6.858/1980, os valores devidos pelos empregadores aos empregados e os montantes das contas individuais do Fundo de Garantia do Tempo de Serviço e do Fundo de Participação PIS-PASEP não recebidos em vida pelos respectivos titulares devem ser pagos, em quotas iguais, "aos dependentes habilitados perante a Previdência Social ou na forma da legislação específica dos servidores civis e militares, e, na sua falta, aos sucessores previstos na lei civil, indicados em alvará judicial, independentemente de inventário ou arrolamento" (art. 1º). Nesse caso, as quotas atribuídas a menores devem ficar depositadas em caderneta de poupança, rendendo juros e correção monetária, e só devem ser disponibilizadas após o menor completar 18 anos, salvo autorização do juiz para aquisição de imóvel destinado à residência do menor e de sua família ou para dispêndio necessário à subsistência e educação do menor (art. 1º, § 1º, da Lei 6.858/1980).

O exequente pode cumular várias execuções, ainda que fundadas em títulos diferentes, quando o executado for o mesmo e desde que para todas elas seja competente o mesmo juízo e idêntico o procedimento (art. 780 do CPC). Na verdade, é possível a cumulação de execução por quantia certa com execução por obrigação de fazer (ou não fazer), ou mesmo com execução por entrega de coisa, em face do mesmo executado, quando o juiz for competente de forma absoluta, pois não há incompatibilidade dos respectivos procedimentos.

Pode a execução fundar-se em mais de um título extrajudicial relativo ao mesmo negócio (Súmula 27 do STJ).

O credor não pode iniciar a execução ou nela prosseguir se o devedor cumprir a obrigação. Contudo, o credor pode recusar o recebimento da prestação se ela não corresponder ao direito ou à obrigação estabelecidos no título executivo, caso em que pode requerer a execução forçada, ressalvado ao devedor o direito de embargá-la (art. 788 do CPC).

Se o devedor não for obrigado a satisfazer a sua prestação senão mediante a contraprestação do credor, este deve provar que a adimpliu ao requerer a execução, sob pena de extinção do processo (art. 787 do CPC). O executado pode se eximir da obrigação, depositando em juízo a prestação ou a coisa, caso em que o juiz não deve permitir que o credor a receba sem cumprir a contraprestação que lhe tocar.

A *legitimidade passiva* na execução, em regra, é do devedor.

O devedor responde com todos os seus bens presentes e futuros para o cumprimento de suas obrigações, salvo as restrições estabelecidas em lei (art. 789 do CPC). Na execução, o devedor responde com os seus bens, mesmo que adquiridos no curso do processo de conhecimento ou mesmo da execução. Não obstante, certos bens são considerados, de acordo com a lei, impenhoráveis, não podendo ser objeto de constrição para a satisfação do crédito objeto da execução.

No caso de devedores solidários, como ocorre no grupo de empresas (art. 2º, § 2º, da CLT), que constem do título executivo, na execução, o credor tem o direito de exigir e receber de um ou de alguns dos devedores, parcial ou totalmente, a dívida comum. Se o pagamento tiver sido parcial, todos os demais devedores continuam obrigados solidariamente pelo resto (art. 275 do Código Civil de 2002). Não importa renúncia da solidariedade a propositura de ação pelo credor contra um ou alguns dos devedores (art. 275, parágrafo único, do Código Civil de 2002).

Conforme o art. 513, § 5º, do CPC, o cumprimento da sentença (execução) não pode ser promovido em face do fiador, do coobrigado ou do corresponsável que não tiver participado da fase de conhecimento. Segundo o art. 506 do CPC, a sentença faz coisa julgada às partes entre as quais é dada, *não prejudicando terceiros*. Cf. STF, ARE 1.160.361/SP, Rel. Min. Gilmar Mendes, DJe 14.09.2021.

No caso de grupo de empresas, se presentes os requisitos legais, é possível defender a incidência da desconsideração da personalidade jurídica, primeiramente alcançando o sócio da pessoa jurídica executada e, em seguida, por meio da chamada *desconsideração inversa*, alcançar a outra pessoa jurídica, integrante do grupo, que tem o mesmo sócio comum. Nesse caso, a desconsideração da personalidade jurídica pode ocorrer, respeitando-se o contraditório e a ampla defesa, como incidente na própria execução (art. 855-A da CLT e arts. 133 a 137 do CPC).

12.7 RESPONSABILIDADE PATRIMONIAL

Há hipóteses em que se observa a *responsabilidade patrimonial* de terceiros.

Segundo o art. 790 do CPC, ficam sujeitos à execução os bens: do sucessor a título singular, tratando-se de execução fundada em direito real ou obrigação reipersecutória; do sócio, nos termos da lei; do devedor, ainda que em poder de terceiros; do cônjuge ou companheiro, nos casos em que seus bens próprios ou de sua meação respondem pela dívida; alienados ou gravados com ônus real em fraude à execução; cuja alienação ou gravação com ônus real tenha sido anulada em razão do reconhecimento, em ação própria, de fraude contra credores; do responsável, nos casos de desconsideração da personalidade jurídica.

O espólio responde pelas dívidas do falecido, mas, feita a partilha, cada herdeiro responde por elas dentro das forças da herança e na proporção da parte que lhe coube (art. 796 do CPC).

O exequente que estiver, por direito de retenção (art. 767 da CLT), na posse de coisa pertencente ao devedor não poderá promover a execução sobre outros bens senão depois de excutida a coisa que se achar em seu poder (art. 793 do CPC).

No processo civil, o fiador, quando executado, tem o direito de exigir que primeiro sejam executados os bens do devedor situados na mesma comarca, livres e desembargados, indicando-os pormenorizadamente à penhora (art. 794, *caput*, do CPC). Os bens do fiador ficam sujeitos à execução se os do devedor, situados na mesma comarca que os seus, forem insuficientes à satisfação do direito do credor. Trata-se da hipótese em que o fiador não é devedor principal, tendo direito ao benefício de ordem. Há casos, entretanto, em que o fiador responde solidariamente, não tendo direito ao acima exposto. O fiador que pagar a dívida pode executar o afiançado nos autos do mesmo processo. O disposto no art. 794, *caput*, do CPC, entretanto, não se aplica se o fiador houver renunciado ao benefício de ordem.

O art. 3º, inciso XIII, da Instrução Normativa 39/2016 do TST prevê que se aplicam ao processo do trabalho, em face de omissão e de compatibilidade, os arts. 789 a 796 do CPC, sobre responsabilidade patrimonial.

Na hipótese de sucessão de empresas (arts. 10 e 448 da CLT), a execução pode ser direcionada em face do sucessor, mesmo porque aquela pode ser reconhecida na execução. Ocorrendo a sucessão trabalhista, o sucessor responde pelos direitos trabalhistas do empregado, ainda que referentes a período anterior à sucessão, e mesmo que o contrato de trabalho tenha cessado anteriormente a ela.

Caracterizada a sucessão empresarial ou de empregadores prevista nos arts. 10 e 448 da Consolidação das Leis do Trabalho, as obrigações trabalhistas, inclusive as contraídas à época em que os empregados trabalhavam para a empresa sucedida, são de responsabilidade do sucessor (art. 448-A da CLT).

A empresa sucedida responde solidariamente com a sucessora quando ficar comprovada fraude na transferência (art. 448-A, parágrafo único, da CLT).

No caso de responsabilidade subsidiária do tomador de serviço (envolvendo terceirização, trabalho temporário, empreitada), para que a execução passe a se dirigir em face dele, há necessidade de que isso conste do título executivo judicial, em respeito ao contraditório e à coisa julgada.

Conforme o art. 10, § 7º, da Lei 6.019/1974, acrescentado pela Lei 13.429/2017, a contratante (tomadora) é *subsidiariamente* responsável pelas obrigações trabalhistas referentes ao período em que ocorrer o trabalho temporário, e o recolhimento das contribuições previdenciárias deve observar o disposto no art. 31 da Lei 8.212/1991.

No caso de *falência da empresa de trabalho temporário*, a empresa tomadora ou cliente é *solidariamente* responsável pelo recolhimento das contribuições previdenciárias, no tocante ao tempo em que o trabalhador esteve sob suas ordens, assim como em referência ao mesmo período, pela remuneração e indenização previstas na Lei 6.019/1974 (art. 16).

Em consonância com o art. 5º-A, § 5º, da Lei 6.019/1974, acrescentado pela Lei 13.429/2017, a empresa contratante (tomadora) é *subsidiariamente* responsável pelas obrigações trabalhistas referentes ao período em que ocorrer a prestação de serviços, e o recolhimento das contribuições previdenciárias observará o disposto no art. 31 da Lei 8.212/1991.

Frise-se que a "responsabilização subsidiária da tomadora dos serviços pressupõe a sua participação no processo judicial, bem como a sua inclusão no título executivo judicial" (STF, Pleno, ADPF 324/DF, Rel. Min. Roberto Barroso, DJe 06.09.2019). Cf. ainda STF, Pleno, RE 958.252/MG, Rel. Min. Luiz Fux, DJe 13.09.2019.

Por ser a responsabilidade do tomador dos serviços *subsidiária*, a execução deve ser direcionada, primeiramente, contra o devedor principal, voltando-se àquele caso resulte infrutífera, mas sem a necessidade de se alcançar previamente os sócios do devedor principal. Desse modo, prevalece o entendimento de que a execução em face do responsável subsidiário deve respeitar o benefício de ordem em relação ao devedor principal, mas não quanto aos seus sócios (TST, 1ª T., RR – 99-62.2012.5.01.0012, Rel. Des. Conv. Marcelo Lamego Pertence, DEJT 05.08.2016).

12.8 DESCONSIDERAÇÃO DA PERSONALIDADE JURÍDICA

Os bens particulares dos sócios não respondem pelas dívidas da sociedade, senão nos casos previstos em lei (art. 795 do CPC). O sócio réu, quando responsável pelo pagamento da dívida da sociedade, tem o direito de exigir que primeiro sejam excutidos os bens da sociedade. Incumbe ao sócio que alegar o benefício nomear quantos bens da sociedade situados na mesma comarca, livres e desembargados, bastem para pagar o débito. O sócio que pagar a dívida poderá executar a sociedade nos autos do mesmo processo.

De acordo com o art. 795, § 4º, do CPC, para a desconsideração da personalidade jurídica, é obrigatória a observância do incidente previsto no Código de Processo Civil (arts. 133 a 137).

A pessoa jurídica tem existência autônoma daqueles que a integram.

Nesse sentido, a pessoa jurídica não se confunde com os seus sócios, associados, instituidores ou administradores (art. 49-A do Código Civil, incluído pela Lei 13.874/2019).

Consequentemente, os bens da pessoa jurídica, em princípio, não se confundem com aqueles de seus componentes.

A *autonomia patrimonial das pessoas jurídicas* é um instrumento lícito de alocação e segregação de riscos, estabelecido pela lei com a finalidade de estimular empreendimentos, para a geração de empregos, tributo, renda e inovação em benefício de todos (art. 49-A, parágrafo único, do Código Civil, incluído pela Lei 13.874/2019).

Não é absoluto o princípio de que a pessoa jurídica não se confunde com seus membros. É possível superar os efeitos da personalidade jurídica em casos concretos, impedindo desvios na utilização de sua finalidade ou confusão entre o patrimônio da pessoa jurídica e o de seus componentes, de forma a alcançar a responsabilidade de seus membros e bens pessoais. Nesse contexto de relativização da autonomia entre a pessoa jurídica e seus integrantes é que se situa a desconsideração da personalidade jurídica[58].

Conforme o art. 28 do Código de Defesa do Consumidor:

> "Art. 28. O juiz poderá desconsiderar a personalidade jurídica da sociedade quando, em detrimento do consumidor, houver abuso de direito, excesso de poder, infração da lei, fato ou ato ilícito ou violação dos estatutos ou contrato social. A desconsideração também será efetivada quando houver falência, estado de insolvência, encerramento ou inatividade da pessoa jurídica provocados por má administração.

58. Cf. REQUIÃO, Rubens. Abuso de direito e fraude através da personalidade jurídica. *Revista dos Tribunais*, São Paulo, RT, ano 58, v. 410, p. 12-24, dez. 1969.

§ 1º (vetado).

§ 2º As sociedades integrantes dos grupos societários e as sociedades controladas são subsidiariamente responsáveis pelas obrigações decorrentes deste Código.

§ 3º As sociedades consorciadas são solidariamente responsáveis pelas obrigações decorrentes deste Código.

§ 4º As sociedades coligadas só responderão por culpa.

§ 5º Também poderá ser desconsiderada a pessoa jurídica sempre que sua personalidade for, de alguma forma, obstáculo ao ressarcimento de prejuízos causados aos consumidores".

Em caso de *abuso da personalidade jurídica*, caracterizado pelo desvio de finalidade ou pela confusão patrimonial, pode o juiz, a requerimento da parte, ou do Ministério Público quando lhe couber intervir no processo, desconsiderá-la para que os efeitos de certas e determinadas relações de obrigações sejam estendidos aos bens particulares de administradores ou de sócios da pessoa jurídica beneficiados direta ou indiretamente pelo abuso (art. 50 do Código Civil, com redação dada pela Lei 13.874/2019).

Portanto, o abuso de personalidade jurídica é gênero que abrange o desvio de finalidade e a confusão patrimonial, os quais autorizam a desconsideração da personalidade jurídica. Por meio desta, os efeitos de certas obrigações da pessoa jurídica podem alcançar os bens particulares de seus administradores ou sócios que tenham sido beneficiados, direta ou indiretamente, pelo abuso.

Para os fins do disposto no art. 50 do Código Civil, *desvio de finalidade* é a utilização da pessoa jurídica com o propósito de lesar credores e para a prática de atos ilícitos de qualquer natureza (art. 50, § 1º, do Código Civil, incluído pela Lei 13.874/2019).

Entende-se por *confusão patrimonial* a ausência de separação de fato entre os patrimônios, caracterizada por: I – cumprimento repetitivo pela sociedade de obrigações do sócio ou do administrador ou vice-versa; II – transferência de ativos ou de passivos sem efetivas contraprestações, exceto os de valor proporcionalmente insignificante; III – outros atos de descumprimento da autonomia patrimonial (art. 50, § 2º, do Código Civil, incluído pela Lei 13.874/2019).

O disposto no art. 50, *caput* e §§ 1º e 2º, do Código Civil também se aplica à extensão das obrigações de sócios ou de administradores à pessoa jurídica (art. 50, § 3º, do Código Civil, incluído pela Lei 13.874/2019). Trata-se da chamada *desconsideração inversa da personalidade jurídica*, em que os efeitos de certas obrigações de pessoas que são administradores ou sócios podem alcançar os bens da pessoa jurídica que tenha sido beneficiada direta ou indiretamente pelo abuso.

Ressalte-se que a mera existência de grupo econômico sem a presença dos requisitos de que trata o art. 50 do Código Civil não autoriza a desconsideração da personalidade da pessoa jurídica (art. 50, § 4º, do Código Civil, incluído pela Lei 13.874/2019).

Além disso, não constitui desvio de finalidade a mera expansão ou a alteração da finalidade original da atividade econômica específica da pessoa jurídica (art. 50, § 5º, do Código Civil, incluído pela Lei 13.874/2019). Nessas hipóteses, portanto, não há abuso da personalidade jurídica que justifique a mencionada desconsideração.

O Código de Processo Civil disciplina o incidente de desconsideração da personalidade jurídica como modalidade de intervenção de terceiros (arts. 133 a 137), no caso, provocada (e não voluntária), tendo em vista a necessidade de se respeitar o contraditório e a ampla defesa.

Aplica-se ao processo do trabalho o incidente de desconsideração da personalidade jurídica previsto nos arts. 133 a 137 do Código de Processo Civil (art. 855-A da CLT, acrescentado pela Lei 13.467/2017).

De acordo com o art. 6º da Instrução Normativa 39/2016 do TST, aplica-se ao processo do trabalho o incidente de desconsideração da personalidade jurídica regulado no Código de Processo Civil de 2015 (arts. 133 a 137), assegurada a iniciativa também do juiz do trabalho na fase de execução (art. 878 da CLT).

Entretanto, segundo a atual redação do art. 878 da CLT, decorrente da Lei 13.467/2017, a execução deve ser promovida pelas partes, permitida a execução de ofício pelo juiz ou pelo Presidente do Tribunal *apenas nos casos em que as partes não estiverem representadas por advogado*.

Logo, pode-se dizer que a iniciativa do juiz do trabalho na fase de execução, inclusive quanto à instauração (de ofício) do incidente de desconsideração da personalidade jurídica, é restrita às hipóteses em que as partes estiverem exercendo o *jus postulandi*, ou seja, quando não estiverem representadas por advogado.

Em razão da Lei 13.467/2017, o art. 6º da Instrução Normativa 39/2016 do TST foi revogado pela Instrução Normativa 41/2018 do TST.

A partir da vigência da Lei 13.467/2017, a iniciativa do juiz na execução de que trata o art. 878 da CLT e no incidente de desconsideração da personalidade jurídica a que alude o art. 855-A da CLT fica limitada aos casos em que as partes não estiverem representadas por advogado (art. 13 da Instrução Normativa 41/2018 do TST).

O art. 133 do CPC dispõe que o incidente de desconsideração da personalidade jurídica será instaurado a pedido da parte ou do Ministério Público, quando lhe couber intervir no processo.

O pedido de desconsideração da personalidade jurídica deve observar os pressupostos previstos em lei.

Aplica-se o disposto nos arts. 133 a 137 do CPC à hipótese de *desconsideração inversa da personalidade jurídica*.

O incidente de desconsideração é cabível em todas as fases do processo de conhecimento, no cumprimento de sentença e na execução fundada em título executivo extrajudicial (art. 134 do CPC).

A instauração do incidente deve ser imediatamente comunicada ao distribuidor para as anotações devidas.

Dispensa-se a instauração do incidente se a desconsideração da personalidade jurídica for requerida na petição inicial, hipótese em que deve ser citado o sócio ou a pessoa jurídica. Ressalvada essa hipótese, a instauração do incidente suspende o processo.

O requerimento deve demonstrar o preenchimento dos pressupostos legais específicos para desconsideração da personalidade jurídica.

Instaurado o incidente, o sócio ou a pessoa jurídica deve ser citado para manifestar-se e requerer as provas cabíveis no prazo de 15 dias (art. 135 do CPC).

Concluída a instrução, se necessária, o incidente deve ser resolvido por decisão interlocutória (art. 136 do CPC). No processo do trabalho, assim, não é cabível recurso de imediato contra essa decisão na fase de conhecimento, nos termos do art. 893, § 1º, da CLT, podendo-se admitir, em tese, a impetração de mandado de segurança, quando violado direito líquido e certo. Entretanto, se a decisão for proferida pelo relator, cabe agravo regimental (agravo interno).

Acolhido o pedido de desconsideração, a alienação ou a oneração de bens, havida em fraude de execução, deve ser *ineficaz* em relação ao requerente (art. 137 do CPC).

No processo do trabalho, da decisão interlocutória que acolher ou rejeitar o incidente: na fase de cognição, não cabe recurso de imediato, na forma do § 1º do art. 893 da CLT; na fase de execução, cabe agravo de petição, independentemente de garantia do juízo; cabe agravo interno se proferida pelo relator em incidente instaurado originariamente no tribunal (art. 855-A, § 1º, da CLT).

A instauração do incidente suspende o processo, sem prejuízo de concessão da tutela de urgência de natureza cautelar de que trata o art. 301 do CPC (art. 855-A, § 2º, da CLT).

A Lei Complementar 182/2021 institui o marco legal das *startups* e do empreendedorismo inovador.

São enquadradas como *startups* as organizações empresariais ou societárias, nascentes ou em operação recente, cuja atuação caracteriza-se pela inovação aplicada a modelo de negócios ou a produtos ou serviços ofertados (art. 4º da Lei Complementar 182/2021).

As *startups* podem admitir aporte de capital por pessoa física ou jurídica, que pode resultar ou não em participação no capital social da *startup*, a depender da modalidade de investimento escolhida pelas partes (art. 5º da Lei Complementar 182/2021).

Considera-se "investidor-anjo" o investidor (pessoa física ou jurídica) que não é considerado sócio nem tem qualquer direito a gerência ou a voto na administração da empresa, não responde por qualquer obrigação da empresa e é remunerado por seus aportes (art. 2º, inciso I, da Lei Complementar 182/2021).

O investidor que realizar o aporte de capital a que se refere o art. 5º da Lei Complementar 182/2021: I – não será considerado sócio ou acionista nem possuirá direito a gerência ou a voto na administração da empresa, conforme pactuação contratual; II – não responderá por qualquer dívida da empresa, inclusive em recuperação judicial, e a ele não se estenderá o disposto no art. 50 do Código Civil, no art. 855-A da CLT, nos arts. 124, 134 e 135 do Código Tributário Nacional, e em outras disposições atinentes à desconsideração da personalidade jurídica existentes na legislação vigente (art. 8º da Lei Complementar 182/2021).

As disposições do inciso II do art. 5º da Lei Complementar 182/2021 não se aplicam às hipóteses de dolo, de fraude ou de simulação com o envolvimento do investidor. Logo, nessas situações excepcionais, aplicam-se as previsões relativas à desconsideração da personalidade jurídica.

Em consonância com o art. 10-A da CLT, o *sócio retirante* responde *subsidiariamente* pelas obrigações trabalhistas da sociedade relativas ao período em que figurou como sócio, somente em ações ajuizadas até dois anos depois de averbada a modificação do contrato, observada a seguinte *ordem de preferência*: I – a empresa devedora; II – os sócios atuais; e III – os sócios retirantes.

Trata-se, no caso, de regra específica de *responsabilidade patrimonial* na esfera trabalhista, estabelecida na CLT.

Em termos processuais, entende-se necessária a instauração do *incidente de desconsideração da personalidade jurídica* (art. 855-A da CLT e arts. 133 a 137 do CPC), em respeito ao contraditório, à ampla defesa e ao devido processo legal (art. 5º, incisos LIV e LV, da Constituição Federal de 1988).

A responsabilidade *subsidiária* do sócio retirante apenas incide no prazo de dois anos depois da averbação da modificação do contrato social. Essa limitação temporal leva em consideração o disposto nos arts. 1.003, parágrafo único, e 1.032 do Código Civil[59].

O referido prazo de dois anos deve ser contado a partir da averbação da modificação do contrato social até o ajuizamento da ação trabalhista.

O sócio retirante responde *solidariamente* com os demais quando ficar comprovada *fraude* na alteração societária decorrente da modificação do contrato (art. 10-A, parágrafo único, da CLT).

12.9 FRAUDE À EXECUÇÃO

A alienação ou a oneração de bem é considerada *fraude à execução* (art. 792 do CPC): I – quando sobre o bem pender ação fundada em direito real ou com pretensão reipersecutória, desde que a pendência do processo tenha sido averbada no respectivo registro público, se houver; II – quando tiver sido averbada, no registro do bem, a pendência do processo de execução, na forma do art. 828 do CPC; III – quando tiver sido averbado, no registro do bem, hipoteca judiciária ou outro ato de constrição judicial originário do processo onde foi arguida a fraude; IV – quando, ao tempo da alienação ou da oneração, tramitava contra o devedor ação capaz de reduzi-lo à insolvência; V – nos demais casos expressos em lei[60].

Portanto, para que ocorra a fraude à execução, basta que a alienação ou a oneração do bem tenha ocorrido quando corria em face do devedor demanda capaz de torná-lo insolvente (art. 792, inciso IV, do CPC). A alienação ou a oneração do bem pode ocorrer na fase de conhecimento, não se exigindo que ocorra durante a execução. É suficiente a existência de ação capaz de conduzir o devedor à insolvência. A insolvência ocorre quando as dívidas superam a importância dos bens do devedor.

Discute-se a respeito da necessidade de citação do réu, no processo de conhecimento, ou se basta o ajuizamento da ação.

No processo civil, de acordo com o art. 240 do CPC, a citação válida, ainda quando ordenada por juízo incompetente, torna eficaz a litispendência para o réu, faz litigiosa a coisa e constitui em mora o devedor, ressalvado o disposto nos arts. 397 e 398 do Código Civil. O art. 312 do CPC esclarece ainda que se considera proposta a ação quando a petição inicial for protocolada. A propositura da ação, todavia, só produz quanto ao réu os efeitos mencionados no art. 240 depois que for validamente citado.

Entretanto, no processo do trabalho, como a citação é realizada automaticamente pela Secretaria do juízo, defende-se o entendimento de que a propositura da ação é que deve ser considerada para os fins da fraude de execução.

---

59. "Retirada dos sócios. Responsabilidade inexistente. Inexiste na hipótese a responsabilidade pelos créditos do exequente da parte incluída na execução na condição de ex-sócio da empresa executada, pois a sua retirada formal e regular da sociedade ocorreu mais de dois anos antes do ajuizamento da ação. Nos termos do artigo 1.032 do Código Civil, o ex-sócio só pode ser chamado a responder por débitos da sociedade, a depender de sua natureza, até dois anos após retirar-se do empreendimento ou da formalização de sua saída com averbação na Junta Comercial" (TRT da 3ª Região, 9ª T., AP-010413-97.2014.5.03.0026, Rel. Des. João Bosco Pinto Lara, DJE 19.04.2016).

60. Como no caso do art. 856 do CPC sobre "penhora de crédito representado por letra de câmbio, nota promissória, duplicata, cheque ou outros títulos", feita "pela apreensão do documento, esteja ou não este em poder do executado". Nessa hipótese, "se o terceiro negar o débito em conluio com o executado, a quitação que este lhe der caracterizará fraude de execução" (§ 3º do art. 856 do CPC).

É importante destacar que, nos casos de desconsideração da personalidade jurídica, a fraude à execução verifica-se a partir da citação da parte cuja personalidade se pretende desconsiderar (art. 792, § 3º, do CPC).

Para que sejam respeitados os princípios do contraditório e da ampla defesa, antes de declarar a fraude à execução, o juiz deve intimar o terceiro adquirente, que, se quiser, poderá opor embargos de terceiro, no prazo de 15 dias (art. 792, § 4º, do CPC).

Como consequência, a fraude de execução acarreta a ineficácia do negócio jurídico para o processo, isto é, para a execução. Logo, pode ser reconhecida incidentalmente, seja no processo ou na fase de execução, seja em embargos de terceiro.

A alienação em fraude à execução, portanto, é considerada *ineficaz* em relação ao exequente (art. 792, § 1º, do CPC).

O reconhecimento da fraude à execução depende do registro da penhora do bem alienado ou da prova de má-fé do terceiro adquirente (Súmula 375 do STJ).

O art. 828 do CPC prevê que o exequente pode obter certidão de que a execução foi admitida pelo juiz, com identificação das partes e do valor da causa, para fins de averbação no registro de imóveis, de veículos ou de outros bens sujeitos a penhora, arresto ou indisponibilidade. No prazo de dez dias de sua concretização, o exequente deve comunicar ao juízo as averbações efetivadas.

Formalizada penhora sobre bens suficientes para cobrir o valor da dívida, o exequente deve providenciar, no prazo de dez dias, o cancelamento das averbações relativas àqueles não penhorados. O juiz deve determinar o cancelamento das averbações, de ofício ou a requerimento, caso o exequente não o faça no prazo.

O exequente que promover averbação manifestamente indevida ou não cancelar as averbações, conforme acima indicado, deve indenizar a parte contrária, processando-se o incidente em autos apartados.

O art. 828, § 4º, do CPC dispõe que se presume em fraude à execução a alienação ou a oneração de bens efetuada após a averbação, o que está em consonância com o art. 792, inciso II, do CPC.

Quanto ao art. 792, inciso III, do CPC, para presunção absoluta de conhecimento por terceiros, cabe ao exequente providenciar a averbação do arresto ou da penhora no registro competente, mediante apresentação de cópia do auto ou do termo, independentemente de mandado judicial (art. 844 do CPC). Obedecidas as normas de segurança instituídas sob critérios uniformes pelo Conselho Nacional de Justiça, as averbações de penhoras de bens imóveis e móveis podem ser realizadas por meio eletrônico (art. 837 do CPC).

No caso de aquisição de *bem não sujeito a registro*, o terceiro adquirente tem o ônus de provar que adotou as cautelas necessárias para a aquisição, mediante a exibição das certidões pertinentes, obtidas no domicílio do vendedor e no local onde se encontra o bem (art. 792, § 2º, do CPC). Logo, na hipótese de bem que não esteja sujeito a registro, cabe ao terceiro adquirente provar que agiu de boa-fé, tomando os cuidados necessários para a aquisição, por meio da exibição de certidões obtidas no domicílio do devedor e no local do bem.

Em sentido inverso, pode-se dizer que, na hipótese de bem sujeito a registro (como imóveis), exige-se a existência do registro da penhora ou da averbação da execução (no registro de imóveis, de veículos ou de outros bens sujeitos a registro), ou a prova, que cabe ao exequente, da má-fé do terceiro adquirente.

Ainda quanto ao tema, conforme o art. 54 da Lei 13.097/2015, os negócios jurídicos que tenham por fim constituir, transferir ou modificar direitos reais sobre imóveis são *eficazes* em relação a atos jurídicos precedentes (ou seja, anteriores), nas hipóteses em que não tenham sido registradas ou averbadas na *matrícula do imóvel* as seguintes informações: registro de citação de ações reais ou pessoais reipersecutórias; averbação, por solicitação do interessado, de constrição judicial, de que a execução foi admitida pelo juiz ou de fase de cumprimento de sentença, procedendo-se nos termos previstos no art. 828 do CPC; averbação de restrição administrativa ou convencional ao gozo de direitos registrados, de indisponibilidade ou de outros ônus quando previstos em lei; averbação, mediante decisão judicial, da existência de outro tipo de ação cujos resultados ou responsabilidade patrimonial possam reduzir seu proprietário à insolvência, nos termos do art. 792, inciso IV, do CPC, que dispõe sobre fraude à execução.

Além disso, não podem ser opostas situações jurídicas não constantes da matrícula no registro de imóveis, inclusive para fins de evicção, ao terceiro de boa-fé que adquirir ou receber em garantia direitos reais sobre o imóvel, ressalvados o disposto nos arts. 129 e 130 da Lei 11.101/2005 (que dispõem sobre a ineficácia e a revogação de atos praticados antes da falência), e as hipóteses de aquisição e extinção da propriedade que independam de registro de título de imóvel (art. 54, § 1º, da Lei 13.097/2015).

Para a validade ou eficácia dos negócios jurídicos a que se refere o art. 54 da Lei 13.097/2015 ou para a caracterização da boa-fé do terceiro adquirente de imóvel ou beneficiário de direito real, *não* são exigidas: I – a obtenção prévia de quaisquer documentos ou certidões além daqueles requeridos nos termos do art. 1º, § 2º, da Lei 7.433/1985 (sobre lavratura de atos notariais, inclusive os relativos a imóveis)[61]; II – a apresentação de certidões forenses ou de distribuidores judiciais (art. 54, § 2º, da Lei 13.097/2015, incluído pela Lei 14.382/2022).

A alienação ou a oneração de unidades autônomas integrantes de incorporação imobiliária, parcelamento do solo ou condomínio edilício, se devidamente registradas, não podem ser objeto de evicção ou de decretação de ineficácia, mas eventuais credores do alienante ficam sub-rogados no preço ou no eventual crédito imobiliário, sem prejuízo das perdas e danos imputáveis ao incorporador ou empreendedor, decorrentes de seu dolo ou culpa, bem como da aplicação das disposições constantes da Lei 8.078/1990, que dispõe sobre a proteção do consumidor (art. 55 da Lei 13.097/2015).

A fraude de execução, por acarretar a mera ineficácia do negócio jurídico para o processo (ou fase) de execução, difere da fraude contra credores, que é considerada vício do negócio jurídico, mais especificamente hipótese de anulabilidade (arts. 106 a 113 do Código Civil de 2002).

Para o reconhecimento da fraude contra credores, é necessário o ajuizamento de ação própria ("ação pauliana"), com natureza constitutiva negativa, com o objetivo de anular o negócio jurídico, conforme art. 790, inciso VI, do CPC.

Em embargos de terceiro não se anula ato jurídico por fraude contra credores (Súmula 195 do STJ).

12.10 ATO ATENTATÓRIO À DIGNIDADE DA JUSTIÇA

A lealdade, a boa-fé e a probidade também devem ser observadas na execução.

Nesse contexto, a legislação proíbe e sanciona os atos atentatórios à dignidade da Justiça.

---

61. "§ 2º O Tabelião consignará no ato notarial a apresentação do documento comprobatório do pagamento do Imposto de Transmissão *inter vivos*, as certidões fiscais e as certidões de propriedade e de ônus reais, ficando dispensada sua transcrição".

O art. 139, inciso III, do CPC determina que o juiz deve dirigir o processo conforme as disposições legais, incumbindo-lhe prevenir ou reprimir qualquer ato contrário à dignidade da justiça e indeferir postulações meramente protelatórias.

O juiz pode, em qualquer momento do processo: I – ordenar o comparecimento das partes; II – *advertir o executado de que seu procedimento constitui ato atentatório à dignidade da justiça*; III – determinar que sujeitos indicados pelo exequente forneçam informações em geral relacionadas ao objeto da execução, tais como documentos e dados que tenham em seu poder, assinando-lhes prazo razoável (art. 772 do CPC).

O juiz pode, de ofício ou a requerimento, determinar as medidas necessárias ao cumprimento da ordem de entrega de documentos e dados (art. 773 do CPC).

Quando, em decorrência do disposto acima, o juízo receber dados sigilosos aos fins da execução, deve adotar as medidas necessárias para assegurar sua confidencialidade.

Considera-se *atentatória à dignidade da justiça* a conduta comissiva ou omissiva do executado que: I – frauda a execução; II – se opõe maliciosamente à execução, empregando ardis e meios artificiosos; III – dificulta ou embaraça a realização da penhora; IV – resiste injustificadamente às ordens judiciais; V – intimado, não indica ao juiz quais são e onde estão os bens sujeitos à penhora e os respectivos valores, nem exibe prova de sua propriedade e, se for o caso, certidão negativa de ônus (art. 774 do CPC).

Nesses casos, o juiz deve fixar multa ao executado em montante não superior a vinte por cento do valor atualizado do débito em execução, a qual deve ser revertida em proveito do exequente, exigível nos próprios autos do processo, sem prejuízo de outras sanções de natureza processual ou material.

Considera-se *ato atentatório à dignidade da justiça* a suscitação infundada de vício na arrematação com o objetivo de ensejar a desistência do arrematante, devendo o suscitante ser condenado, sem prejuízo da responsabilidade por perdas e danos, ao pagamento de multa, a ser fixada pelo juiz e devida ao exequente, em montante não superior a vinte por cento do valor atualizado do bem (art. 903, § 6º, do CPC).

Também se considera *conduta atentatória à dignidade da justiça* o oferecimento de embargos à execução manifestamente protelatórios (art. 918, parágrafo único, do CPC).

Se, além do ato atentatório à dignidade da Justiça, o executado pratica outra conduta prevista como litigância de má-fé (art. 80 do CPC), ambas as sanções podem ser aplicadas, pois os fatos são diversos.

A cobrança de multa ou de indenizações decorrentes de litigância de má-fé ou de prática de ato atentatório à dignidade da justiça deve ser promovida nos próprios autos do processo (art. 777 do CPC).

Na execução trabalhista, se a penalidade por ato atentatório à dignidade da jurisdição for aplicada por meio de decisão interlocutória, por não ser cabível recurso de imediato (art. 893, § 1º, da CLT), o executado pode impugná-la quando dos embargos à execução. Uma vez proferida a sentença de embargos à execução, é cabível o recurso de agravo de petição (art. 897, *a*, da CLT).

12.11 TÍTULO EXECUTIVO

O *título executivo* é o documento ou ato (negócio) jurídico no qual a obrigação se materializa, permitindo e tornando adequado o processo (ou fase) de execução[62].

62. Cf. GRECO FILHO, Vicente. *Direito processual civil brasileiro*. 20. ed. São Paulo: Saraiva, 2009. v. 3. p. 25.

O título executivo é essencial para que a execução possa ser processada. A execução pode ser instaurada caso o devedor não satisfaça a *obrigação certa, líquida e exigível consubstanciada em título executivo* (art. 786 do CPC). O art. 783 do CPC determina que a execução para cobrança de crédito deve se fundar sempre em *título de obrigação certa, líquida e exigível*.

O título executivo faz com que haja o interesse processual, no aspecto da adequação, quanto à tutela jurisdicional de natureza executiva e seu procedimento.

No processo do trabalho, de acordo com o art. 876 da CLT, os títulos executivos são: as decisões transitadas em julgado ou das quais não tenha havido recurso com efeito suspensivo; os acordos judiciais, quando não cumpridos; os termos de ajuste de conduta firmados perante o Ministério Público do Trabalho; os termos de conciliação firmados perante as Comissões de Conciliação Prévia.

As sentenças (ou acórdãos) e os acordos judiciais são títulos executivos judiciais.

De acordo com o art. 515, inciso I, do CPC, são títulos executivos judiciais as decisões proferidas no processo civil que *reconheçam* a exigibilidade de obrigação de pagar quantia, de fazer, de não fazer ou de entregar coisa.

Portanto, prevalece o entendimento de que certas sentenças meramente declaratórias também passaram a ser título executivo judicial, autorizando a respectiva execução ou cumprimento.

A execução de título judicial, em regra, decorre de sentença *condenatória*, a qual autoriza a aplicação da sanção, viabilizando o acesso à respectiva execução (ou fase de cumprimento), com a satisfação do objeto da condenação.

Ainda assim, a "sentença, qualquer que seja sua natureza [ainda que declaratória], de procedência ou improcedência do pedido, constitui título executivo judicial, desde que estabeleça obrigação de pagar quantia, de fazer, não fazer ou entregar coisa, admitida sua prévia liquidação e execução nos próprios autos" (STJ, Corte Especial, REsp 1.324.152/SP (2012/0099874-4), Rel. Min. Luis Felipe Salomão, DJe 15.06.2016).

A decisão homologatória de autocomposição judicial, a decisão homologatória de autocomposição extrajudicial (arts. 855-B a 855-E da CLT) e a sentença arbitral também são títulos executivos judiciais (art. 515, incisos II, III e VII, do CPC).

O termo de ajuste de conduta firmado perante o Ministério Público do Trabalho (art. 5º, § 6º, da Lei 7.347/1985) e o termo de conciliação perante Comissão de Conciliação Prévia (art. 625-E, parágrafo único, da CLT) são títulos executivos extrajudiciais.

A certidão da dívida ativa da União Federal, decorrente de penalidade imposta ao empregador, pelos órgãos de fiscalização das relações de trabalho (art. 114, inciso VII, da Constituição da República), também é título executivo extrajudicial, que pode ser objeto de execução na Justiça do Trabalho.

O art. 13 da Instrução Normativa 39/2016 dispõe que por aplicação supletiva do art. 784, inciso I (art. 15 do CPC), o cheque e a nota promissória emitidos em reconhecimento de dívida inequivocamente de natureza trabalhista também são títulos extrajudiciais para efeito de execução perante a Justiça do Trabalho, na forma do art. 876 e segs. da CLT.

12.12 EXECUÇÃO DEFINITIVA E PROVISÓRIA

A execução pode ser definitiva ou provisória.

A *execução definitiva* é que decorre de sentença transitada em julgado. Nesse caso, a execução pode prosseguir até os seus termos finais, visando à integral satisfação do exequente.

A execução fundada em título extrajudicial, em regra, é definitiva. O que pode ocorrer é a concessão de efeito suspensivo aos embargos à execução, conforme art. 919, § 1º, do CPC.

A *execução provisória* se funda em sentença impugnada mediante recurso ao qual não foi atribuído efeito suspensivo (art. 520 do CPC). A eficácia do provimento jurisdicional, assim, não se confunde com o seu trânsito em julgado.

Portanto, é perfeitamente possível que a decisão de mérito, mesmo não tendo transitado em julgado, produza seus efeitos externamente ao processo. Nesse caso, essa eficácia apenas não será dotada do qualificativo da imutabilidade. Caso a tutela jurisdicional seja concedida e o recurso cabível não possua efeito suspensivo, mas meramente devolutivo, sua eficácia será imediata, independentemente do trânsito em julgado.

No processo do trabalho, o art. 899, *caput*, da CLT prescreve que os recursos terão efeito meramente devolutivo, sendo "permitida a execução provisória até a penhora". Logo, na Justiça do Trabalho, mesmo havendo recurso pendente na fase de conhecimento, como o efeito, em regra, é meramente devolutivo (arts. 896, § 1º e 897, § 2º, da CLT), autoriza-se a execução provisória.

O art. 893, § 2º, da CLT prevê que a "interposição de recurso para o Supremo Tribunal Federal não prejudicará a execução do julgado".

No âmbito trabalhista, de acordo com a Súmula 414, item I, parte final, do TST: "É admissível a obtenção de efeito suspensivo ao recurso ordinário mediante requerimento dirigido ao tribunal, ao relator ou ao presidente ou ao vice-presidente do tribunal recorrido, por aplicação subsidiária ao processo do trabalho do artigo 1.029, § 5º, do CPC de 2015".

Com fundamento no art. 1.029, § 5º, do CPC, o pedido de concessão de efeito suspensivo a recurso extraordinário pode ser formulado por requerimento dirigido ao: STF, no período compreendido entre a publicação da decisão de admissão do recurso e sua distribuição, ficando o relator designado para seu exame prevento para julgá-lo; ministro relator do STF, se já distribuído o recurso extraordinário; presidente ou vice-presidente do TST, no período compreendido entre a interposição do recurso e a publicação da decisão de admissão do recurso, assim como no caso de o recurso ter sido sobrestado, nos termos do art. 1.037 do CPC, que trata do julgamento do recurso extraordinário repetitivo.

O recurso extraordinário, assim, em regra, não suspende os efeitos da decisão, admitindo, em princípio, a *execução provisória*.

Conforme a previsão do art. 995 do CPC, os recursos não impedem a eficácia da decisão, salvo disposição legal ou decisão judicial em sentido diverso. A eficácia da decisão recorrida pode ser suspensa por decisão do relator, se da imediata produção de seus efeitos houver risco de dano grave, de difícil ou impossível reparação, e ficar demonstrada a probabilidade de provimento do recurso.

Consoante o art. 520 do CPC, o cumprimento provisório da sentença (ou seja, a execução provisória de título judicial) ocorre quando esta é "impugnada por recurso desprovido de efeito suspensivo".

Havendo recurso extraordinário pendente, a execução é de natureza provisória (STF, Recursos Extraordinários 84.334, 82.926 e 85.761).

Prevalece o entendimento de que na pendência de recurso extraordinário, admite-se a *execução provisória* da sentença condenatória trabalhista, e não definitiva, justamente porque ainda não há trânsito em julgado.

Nesse sentido, não há direito líquido e certo à execução definitiva na pendência de recurso extraordinário, ou de agravo de instrumento visando a destrancá-lo (Orientação Jurisprudencial 56 da SBDI-II do TST).

Não compete ao Supremo Tribunal Federal conceder medida cautelar para dar efeito suspensivo a recurso extraordinário que ainda não foi objeto de juízo de admissibilidade na origem (Súmula 634 do STF). Cabe ao presidente do tribunal de origem decidir o pedido de medida cautelar em recurso extraordinário ainda pendente do seu juízo de admissibilidade (Súmula 635 do STF). Na sistemática em vigor, aplica-se o mencionado art. 1.029, § 5º, do CPC.

O art. 520 do CPC dispõe que o cumprimento provisório da sentença (execução provisória) deve ser realizado da mesma forma que a execução definitiva.

Anteriormente, a Súmula 417, item III, do TST previa que em "se tratando de execução provisória, fere direito líquido e certo do impetrante a determinação de penhora em dinheiro, quando nomeados outros bens à penhora, pois o executado tem direito a que a execução se processe da forma que lhe seja menos gravosa, nos termos do art. 620 do CPC [de 1973]". Entretanto, esse item III foi *cancelado* pela Resolução 212/2016 do TST, ou seja, não mais prevalece, modulando-se os efeitos da atual redação de forma a atingir unicamente as penhoras em dinheiro em execução provisória que tiverem sido efetivadas a partir de 18.03.2016, data de vigência do CPC de 2015.

A execução provisória corre por iniciativa e responsabilidade do exequente, que se obriga, se a sentença for reformada, a reparar os danos que o executado haja sofrido. A execução provisória fica sem efeito se sobrevier decisão que modifique ou anule a sentença objeto da execução, restituindo-se as partes ao estado anterior e liquidados eventuais prejuízos nos mesmos autos. Se a sentença objeto de cumprimento provisório (execução provisória) for modificada ou anulada apenas em parte, somente nesta deve ficar sem efeito a execução (art. 520, incisos I, II e III, do CPC).

O exequente deve ressarcir ao executado os danos que este sofreu, quando a sentença, transitada em julgado, declarar inexistente, no todo ou em parte, a obrigação que ensejou a execução (art. 776 do CPC).

O art. 520, inciso IV, do CPC prevê que o levantamento de depósito em dinheiro e a prática de atos que importem transferência de posse ou alienação de propriedade ou de outro direito real, ou dos quais possa resultar grave dano ao executado, dependem de caução suficiente e idônea, arbitrada de plano pelo juiz e prestada nos próprios autos.

Não obstante, como o art. 899 da CLT estabelece que a execução provisória é permitida "até a penhora", segundo a jurisprudência do TST, esse levantamento do depósito em execução provisória é inaplicável ao processo do trabalho (TST, SBDI-I, E-ED-RR 34500-47.2007.5.03.0064, Rel. Min. Maria Cristina Irigoyen Peduzzi, DEJT 01.07.2011).

Nos termos do art. 519 do CPC, aplicam-se as disposições relativas ao cumprimento da sentença (ou seja, execução da sentença), provisório ou definitivo, e à liquidação, no que couber, às decisões que concederem tutela provisória.

Na execução provisória, a caução prevista no art. 520, inciso IV, deve ser dispensada se: I – o crédito for de natureza alimentar, independentemente de sua origem; II – o credor demonstrar situação de necessidade; III – pender o agravo do art. 1.042 do CPC[63]; IV – a sentença a ser provisoriamente cumprida estiver em consonância com súmula da

63. "Art. 1.042. Cabe agravo contra decisão do presidente ou do vice-presidente do tribunal recorrido que inadmitir recurso extraordinário ou recurso especial, salvo quando fundada na aplicação de entendimento firmado em regime de repercussão geral ou em julgamento de recursos repetitivos".

jurisprudência do Supremo Tribunal Federal ou do Superior Tribunal de Justiça (no caso do processo do trabalho, do TST) ou em conformidade com acórdão proferido no julgamento de casos repetitivos (art. 521 do CPC). A exigência de caução deve ser mantida quando da dispensa possa manifestamente resultar risco de grave dano de difícil ou incerta reparação.

A execução provisória (cumprimento provisório da sentença) deve ser requerida por petição dirigida ao juízo competente.

Não sendo eletrônicos os autos, essa petição deve ser acompanhada de cópias das seguintes peças do processo, cuja autenticidade pode ser certificada pelo próprio advogado, sob sua responsabilidade pessoal: decisão exequenda; certidão de interposição do recurso não dotado de efeito suspensivo; procurações outorgadas pelas partes; decisão de habilitação, se for o caso; facultativamente, outras peças processuais consideradas necessárias para demonstrar a existência do crédito (art. 522, parágrafo único, do CPC).

Como no processo do trabalho os recursos são dotados de efeito meramente devolutivo, se for concedida tutela específica referente a obrigações de fazer ou não fazer, e de entregar coisa, os seus efeitos são produzidos desde logo, inclusive por meio da atuação das medidas previstas nos arts. 536 e 538 do CPC, ainda que não tenha transitado em julgado a sentença (execução provisória).

O art. 520, § 5º, do CPC esclarece que, ao cumprimento provisório de sentença que reconhece obrigação de fazer, não fazer ou dar coisa, aplica-se, no que couber, o disposto nos arts. 520 a 522 do CPC.

É possível defender a utilidade de concessão da tutela provisória de urgência de natureza antecipada (específica) na própria sentença, como forma de obtenção de sua eficácia imediata, mesmo no processo do trabalho. A esse respeito, a Súmula 414, item I, do TST faz referência à "tutela provisória concedida na sentença", confirmando a sua admissibilidade.

12.13 EXECUÇÃO DE PRESTAÇÕES SUCESSIVAS

A *execução de prestações sucessivas* é prevista nos arts. 890 a 892 da CLT. As prestações sucessivas podem ser por tempo determinado ou por tempo indeterminado.

Nas prestações sucessivas por tempo determinado, a execução pelo não pagamento de uma prestação deve compreender, também, as que lhe sucederem (art. 891 da CLT).

Tratando-se de prestações sucessivas por tempo indeterminado, a execução deve compreender, inicialmente, as prestações devidas até a data do ingresso na execução (art. 892 da CLT).

As prestações vencidas após o início da execução podem ser cobradas posteriormente, nos mesmos autos (isto é, em prosseguimento à execução já existente), inclusive em razão do art. 323 do CPC, sempre observando o procedimento legal da fase de execução e o contraditório.

Condenada ao pagamento do adicional de insalubridade ou periculosidade, a empresa deverá inserir, mês a mês e enquanto o trabalho for executado sob essas condições, o valor correspondente em folha de pagamento (Orientação Jurisprudencial 172 da SBDI-I do TST).

12.14 EXECUÇÃO DE OBRIGAÇÃO ALTERNATIVA

Em se tratando de execução fundada em título judicial, a obrigação alternativa normalmente decorre de pedido alternativo, formulado na fase de conhecimento (art. 325 do CPC).

Nas obrigações alternativas, quando a escolha couber ao devedor, este deve ser citado para exercer a opção e realizar a prestação dentro de dez dias, se outro prazo não lhe foi determinado em lei ou no contrato (art. 800 do CPC). Devolve-se ao credor a opção, se o devedor não a tiver exercido no prazo determinado. A escolha deve ser indicada na petição inicial da execução quando couber ao credor exercê-la.

12.15 EXECUÇÃO DE OBRIGAÇÃO DE FAZER OU DE NÃO FAZER

A *execução das obrigações de fazer ou de não fazer* pode ser fundada em título judicial (art. 536 do CPC) ou em título extrajudicial (art. 814 do CPC).

Na ação que tenha por objeto a prestação de fazer ou de não fazer, o juiz, se procedente o pedido, deve conceder a tutela específica ou determinar providências que assegurem a obtenção de tutela pelo resultado prático equivalente (art. 497 do CPC).

Para a concessão da tutela específica destinada a inibir a prática, a reiteração ou a continuação de um ilícito, ou a sua remoção, é irrelevante a demonstração da ocorrência de dano ou da existência de culpa ou dolo (art. 497, parágrafo único, do CPC).

É possível obter, assim, tutela jurisdicional inibitória, com o fim de impedir a prática, a reiteração ou a continuação do ato ilícito, ou tutela jurisdicional de remoção do ato ilícito, as quais não se confundem com a tutela jurisdicional ressarcitória, destinada à indenização de danos e à condenação em obrigação de pagar[64]. A tutela inibitória é essencialmente preventiva e voltada ao futuro[65], tendo como objeto obrigação de fazer (positiva) e obrigação de não fazer (negativa).

A obrigação de fazer ou de não fazer somente é convertida em perdas e danos se o autor assim requerer ou se impossível a tutela específica ou a obtenção de tutela pelo resultado prático equivalente (art. 499 do CPC).

A indenização por perdas e danos se dá sem prejuízo da multa fixada periodicamente para compelir o réu ao cumprimento específico da obrigação de fazer ou não fazer (art. 500 do CPC).

O art. 536 do CPC dispõe sobre o cumprimento (execução) da sentença que reconheça a exigibilidade de obrigação de fazer ou de não fazer.

O art. 3º, inciso XII, da Instrução Normativa 39/2016 do TST prevê que se aplicam ao processo do trabalho, em face de omissão e de compatibilidade, os arts. 536 a 538 do CPC, sobre cumprimento de sentença que reconheça a exigibilidade de obrigação de fazer, de não fazer ou de entregar coisa.

O art. 814 do CPC, por sua vez, prevê que, na execução de obrigação de fazer ou não fazer *fundada em título extrajudicial*, ao despachar a inicial, o juiz deve fixar multa

64. "5. Cumpre distinguir a tutela inibitória da tradicional tutela ressarcitória/condenatória, pois esta última volta-se à reparação de um dano e, dessa forma, tem por enfoque o passado; a tutela inibitória, por seu turno, volta-se de modo específico para o ilícito, possuindo viés prospectivo (tendo em vista a prevenção, assim como o impedimento à continuação ou à repetição do ilícito)" (TST, 2ª T., RRAg-10331-46.2014.5.04.0541, Rel. Min. Maria Helena Mallmann, DEJT 11.06.2021).

65. "Sobre a questão de fundo, cabe destacar que a jurisprudência deste Tribunal, com a ressalva de entendimento pessoal deste relator, consolidou o entendimento de que, ante a constatação da ocorrência do ato ilícito, é cabível a concessão da tutela inibitória prevista no parágrafo único do artigo 497 do CPC, ainda que tenha havido o ajustamento da atividade nociva. Isso porque a referida tutela possui caráter preventivo, voltando-se para o futuro, na medida em que visa coibir a reiteração de atos ilícitos ou danosos" (TST, 7ª T., RR-565-39.2015.5.05.0271, Rel. Min. Renato de Lacerda Paiva, DEJT 25.06.2021).

por período de atraso no cumprimento da obrigação e a data a partir da qual será devida. Se o valor da multa estiver previsto no título, o juiz poderá reduzi-lo, se excessivo.

No cumprimento da sentença que reconhece a exigibilidade de obrigação de fazer ou de não fazer, o juiz pode, de ofício ou a requerimento, para a *efetivação da tutela específica ou a obtenção de tutela pelo resultado prático equivalente*, determinar as medidas necessárias à satisfação do exequente (art. 536 do CPC).

Para atender a essa disposição, o juiz pode determinar, entre outras medidas, *a imposição de multa, a busca e apreensão, a remoção de pessoas e coisas, o desfazimento de obras e o impedimento de atividade nociva, podendo, caso necessário, requisitar o auxílio de força policial.*

O mandado de busca e apreensão de pessoas e coisas deve ser cumprido por dois oficiais de justiça. Se houver necessidade de arrombamento, observar-se-á o disposto no art. 846, §§ 1º a 4º, do CPC, que versa sobre o lugar de realização da penhora.

O executado incide nas penas de *litigância de má-fé* quando injustificadamente descumprir a ordem judicial, sem prejuízo de sua responsabilização por *crime de desobediência*.

No cumprimento da sentença que reconheça a exigibilidade de obrigação de fazer ou de não fazer, aplica-se o art. 525 do CPC, sobre a defesa do executado no cumprimento definitivo da sentença que reconheça a exigibilidade de obrigação de pagar quantia certa, no que couber.

O disposto no art. 536 do CPC também se aplica, no que couber, ao cumprimento de sentença que reconheça deveres de fazer e de não fazer de natureza não obrigacional.

A multa independe de requerimento da parte e pode ser concedida na fase de conhecimento, em tutela provisória ou na sentença, ou na execução, desde que seja suficiente e compatível com a obrigação e que se determine prazo razoável para cumprimento do preceito (art. 537 do CPC).

O juiz pode, de ofício ou a requerimento, modificar o valor ou a periodicidade da multa vincenda ou excluí-la, caso verifique que: tornou-se insuficiente ou excessiva; o obrigado demonstrou cumprimento parcial superveniente da obrigação ou justa causa para o descumprimento.

O valor da multa é devido ao exequente.

A decisão que fixa a multa é passível de cumprimento provisório, devendo ser depositada em juízo, permitido o levantamento do valor após o trânsito em julgado da sentença favorável à parte (art. 537, § 3º, do CPC, com redação dada pela Lei 13.256/2016).

A multa é devida desde o dia em que configurado o descumprimento da decisão e incidirá enquanto não for cumprida a decisão que a tiver cominado.

O disposto no art. 537 do CPC também se aplica, no que couber, ao cumprimento de sentença que reconheça deveres de fazer e de não fazer de natureza não obrigacional.

Ressalte-se que segundo o art. 33 da Lei 13.869/2019, constitui crime (de abuso de autoridade) exigir informação ou cumprimento de obrigação, inclusive o dever de fazer ou de não fazer, sem expresso amparo legal, com previsão de pena de detenção, de seis meses a dois anos, e multa. Incorre na mesma pena quem se utiliza de cargo ou função pública ou invoca a condição de agente público para se eximir de obrigação legal ou para obter vantagem ou privilégio indevido (art. 33, parágrafo único, da Lei 13.869/2019).

Na execução de obrigação de fazer ou não fazer fundada em *título extrajudicial*, ao despachar a inicial, o juiz deve fixar *multa* por período de atraso no cumprimento da obrigação e a data a partir da qual é devida (art. 814 do CPC). Se o valor da multa estiver previsto no título, o juiz pode reduzi-lo, se excessivo.

Quando o objeto da execução for obrigação de fazer, o executado deve ser citado para satisfazê-la no prazo que o juiz lhe designar, se outro não estiver determinado no título executivo (art. 815 do CPC).

Se o executado não satisfizer a obrigação no prazo designado, é lícito ao exequente, nos próprios autos do processo, requerer a satisfação da obrigação à custa do executado ou perdas e danos, hipótese em que se converterá em indenização (art. 816 do CPC). O valor das perdas e danos deve ser apurado em liquidação, seguindo-se a execução para cobrança de quantia certa.

Se a obrigação puder ser satisfeita por terceiro, é lícito ao juiz autorizar, a requerimento do exequente, que aquele a satisfaça à custa do executado (art. 817 do CPC). O exequente deve adiantar as quantias previstas na proposta que, ouvidas as partes, o juiz houver aprovado.

Realizada a prestação, o juiz deve ouvir as partes no prazo de dez dias e, não havendo impugnação (ou seja, no processo do trabalho, os embargos à execução), considerará satisfeita a obrigação. Em caso contrário, deve decidir a impugnação, isto é, os embargos à execução, em se tratando de processo trabalhista (art. 818 do CPC).

Se o terceiro contratado não realizar a prestação no prazo ou se o fizer de modo incompleto ou defeituoso, pode o exequente requerer ao juiz, no prazo de 15 dias, que o autorize a concluí-la ou a repará-la à custa do contratante (art. 819 do CPC). Ouvido o contratante no prazo de 15 dias, o juiz deve mandar avaliar o custo das despesas necessárias e o condenará a pagá-lo.

Se o exequente quiser executar ou mandar executar, sob sua direção e vigilância, as obras e os trabalhos necessários à prestação do fato, tem preferência, em igualdade de condições de oferta, ao terceiro (art. 820 do CPC). O direito de preferência deve ser exercido no prazo de cinco dias, depois de aprovada a proposta do terceiro.

Na obrigação de fazer, quando se convencionar que o executado a satisfaça pessoalmente, o exequente pode requerer ao juiz que lhe assine prazo para cumpri-la (art. 821 do CPC). Havendo recusa ou mora do executado, a sua obrigação pessoal deve ser convertida em perdas e danos, caso em que se observará o procedimento de execução por quantia certa.

Quanto à obrigação de não fazer, se o executado praticou ato a cuja abstenção estava obrigado pela lei ou pelo contrato, o exequente deve requerer ao juiz que assine prazo ao executado para desfazê-lo (art. 822 do CPC).

Havendo recusa ou mora do executado, o exequente deve requerer ao juiz que mande desfazer o ato à custa daquele, que responde por perdas e danos (art. 823 do CPC). Não sendo possível desfazer-se o ato, a obrigação resolve-se em perdas e danos, caso em que, após a liquidação, deve-se observar o procedimento de execução por quantia certa.

12.16 EXECUÇÃO DE OBRIGAÇÃO DE ENTREGAR COISA

A *execução da obrigação de entregar coisa* pode se fundar em título executivo judicial (art. 538 do CPC) ou em título executivo extrajudicial (arts. 806 a 813 do CPC).

O art. 3º, inciso XII, da Instrução Normativa 39/2016 do TST prevê que se aplicam ao processo do trabalho, em face de omissão e de compatibilidade, os arts. 536 a 538 do CPC, sobre cumprimento de sentença que reconheça a exigibilidade de obrigação de fazer, de não fazer ou de entregar coisa.

O art. 880, *caput*, primeira parte, da CLT apenas estabelece que, uma vez requerida a execução (ou iniciada de ofício, conforme o art. 876), o juiz ou presidente do tribunal mandará expedir mandado de citação do executado, a fim de que cumpra a decisão ou o acordo no prazo, pelo modo e sob as cominações estabelecidas. O restante do dispositivo disciplina a execução por quantia certa, isto é, o pagamento em dinheiro.

Logo, são aplicáveis os preceitos estabelecidos pelo Código de Processo Civil, quanto à execução (cumprimento) das obrigações de entrega de coisa, bem como de fazer ou não fazer.

Na ação que tenha por objeto a entrega de coisa, o juiz, ao conceder a tutela específica, fixará o prazo para o cumprimento da obrigação (art. 498 do CPC). Tratando-se de entrega de coisa determinada pelo gênero e pela quantidade, o autor individualizá-la-á na petição inicial, se lhe couber a escolha, ou, se a escolha couber ao réu, este a entregará individualizada, no prazo fixado pelo juiz.

A obrigação de entregar coisa somente deve ser convertida em perdas e danos se o autor o requerer ou se impossível a tutela específica ou a obtenção de tutela pelo resultado prático equivalente (art. 499 do CPC).

A indenização por perdas e danos deve se dar sem prejuízo da multa fixada periodicamente para compelir o réu ao cumprimento específico da obrigação de entrega de coisa (art. 500 do CPC).

O cumprimento da obrigação de entrega de coisa, objeto de decisão judicial, passou a ser regulado pelo art. 538 do CPC.

Com isso, também quanto às obrigações de entrega de coisa, há preferência pela tutela específica, entendida como a que "proporciona ao sujeito o próprio bem a que tinha direito"[66].

Não cumprida a obrigação de entregar coisa no prazo estabelecido na sentença, será expedido mandado de busca e apreensão ou de imissão na posse em favor do credor, conforme se tratar de coisa móvel ou imóvel (art. 538 do CPC).

A existência de benfeitorias deve ser alegada na fase de conhecimento, em contestação, discriminando-as e atribuindo, sempre que possível e justificadamente, o seu valor. O direito de retenção por benfeitorias deve ser exercido na contestação, na fase de conhecimento.

Aplicam-se ao procedimento previsto no art. 538 do CPC, no que couber, as disposições sobre o cumprimento de obrigação de fazer e não fazer, acima estudadas.

Em se tratando de execução para a entrega de coisa fundada em título *extrajudicial*, aplicam-se os arts. 806 e seguintes do CPC.

O devedor de obrigação de entrega de coisa certa, constante de título executivo extrajudicial, deve ser citado para, em 15 dias, satisfazer a obrigação (art. 806 do CPC).

Ao despachar a inicial, o juiz pode fixar *multa* por dia de atraso no cumprimento da obrigação, ficando o respectivo valor sujeito a alteração, caso se revele insuficiente ou excessivo. Do mandado de citação deve constar ordem para imissão na posse ou busca e apreensão, conforme se tratar de bem imóvel ou móvel, cujo cumprimento se dará de imediato, se o executado não satisfizer a obrigação no prazo que lhe foi designado.

Se o executado entregar a coisa, deve ser lavrado o termo respectivo e considerada satisfeita a obrigação, prosseguindo-se a execução para o pagamento de frutos ou o ressarcimento de prejuízos, se houver (art. 807 do CPC).

---

66. DINAMARCO, Cândido Rangel. *Instituições de direito processual civil*. São Paulo: Malheiros, 2001. v. 1. p. 154.

Alienada a coisa quando já litigiosa, deve ser expedido mandado contra o terceiro adquirente, que somente deve ser ouvido após depositá-la (art. 808 do CPC).

O exequente tem direito a receber, além de perdas e danos, o valor da coisa, quando esta se deteriorar, não lhe for entregue, não for encontrada ou não for reclamada do poder de terceiro adquirente (art. 809 do CPC).

Não constando do título o valor da coisa ou sendo impossível sua avaliação, o exequente deve fazer-lhe a estimativa, sujeitando-se ao arbitramento judicial. Devem ser apurados em liquidação o valor da coisa e os prejuízos.

Havendo benfeitorias indenizáveis feitas na coisa pelo executado ou por terceiros de cujo poder ela houver sido tirada, a liquidação prévia é obrigatória (art. 810 do CPC). Havendo saldo em favor do executado ou de terceiros, o exequente o depositará ao requerer a entrega da coisa. Havendo saldo em favor do exequente, este poderá cobrá-lo nos autos do mesmo processo.

No caso de entrega de coisa incerta, quando a execução recair sobre coisa determinada pelo gênero e pela quantidade, o executado deve ser citado para entregá-la individualizada, se lhe couber a escolha. Se a escolha couber ao exequente, este deve indicá-la na petição inicial (art. 811 do CPC).

Qualquer das partes pode, no prazo de 15 dias, impugnar a escolha feita pela outra, e o juiz decidirá de plano ou, se necessário, ouvindo perito de sua nomeação (art. 812 do CPC).

Aplicam-se à execução para entrega de coisa incerta, no que couber, as disposições dos arts. 806 a 810 do CPC.

12.17 EXECUÇÃO DE OBRIGAÇÃO DE PAGAR QUANTIA CERTA

A *execução de obrigação de pagar quantia certa* tem como objetivo o pagamento de valor em dinheiro. A execução por quantia certa se realiza pela expropriação de bens do executado, ressalvadas execuções especiais (art. 824 do CPC).

Requerida a execução (ou iniciada de ofício), cabe ao juiz ou presidente do tribunal determinar a expedição de mandado de citação do executado, a fim de que, quando se tratar de pagamento em dinheiro, inclusive de contribuições sociais devidas à União, o faça em 48 horas, ou garanta a execução, sob pena de penhora (art. 880, *caput*, da CLT).

Conforme a Instrução Normativa 3/1993 do TST, item II, *g*, a expedição de Mandado de Citação, Penhora e Avaliação em fase definitiva ou provisória de execução deverá levar em conta a dedução dos valores já depositados nos autos, em especial o depósito recursal.

O mandado de citação deve conter a decisão exequenda ou o termo de acordo não cumprido (art. 880, § 1º, da CLT).

Nos termos do art. 880, § 2º, da CLT, a citação deve ser feita pelos oficiais de justiça (ou de diligência). Não obstante, o dispositivo não exige que a citação seja entregue apenas pessoalmente ao executado, mesmo porque este pode ser uma pessoa jurídica.

Se o executado, procurado por duas vezes no espaço de 48 horas, não for encontrado, a citação deve ser feita por edital, publicado no jornal oficial ou, na falta deste, afixado na sede da Vara do Trabalho ou Juízo, durante cinco dias (art. 880, § 3º, da CLT).

Se o oficial de justiça não encontrar o executado, deve lhe arrestar tantos bens quantos bastem para garantir a execução (art. 830 do CPC). Nos dez dias seguintes à efetivação do arresto, o oficial de justiça deve procurar o executado duas vezes em dias distintos. Se houver suspeita de ocultação, deve realizar a citação com hora certa, certificando pormenorizadamente o ocorrido. Incumbe ao exequente requerer a citação por edital, uma vez frustradas a pessoal e a com hora certa. Aperfeiçoada a citação e transcorrido o prazo de pagamento, o arresto deve ser convertido em penhora, independentemente de termo.

No caso de pagamento da importância reclamada, este deve ser feito perante o escrivão ou secretário, lavrando-se termo de quitação, em duas vias, assinadas pelo exequente, pelo executado e pelo escrivão ou secretário, entregando-se a segunda via ao executado e juntando-se a outra ao processo (art. 881 da CLT). Se o exequente não estiver presente, a importância deve ser depositada, mediante guia, em estabelecimento oficial de crédito ou, em falta deste, em estabelecimento bancário idôneo.

O executado que não pagar a importância reclamada pode garantir a execução mediante depósito da quantia correspondente, atualizada e acrescida das despesas processuais, apresentação de seguro garantia judicial ou nomeação de bens à penhora, observada a ordem preferencial estabelecida no art. 835 do Código de Processo Civil (art. 882 da CLT, com redação dada pela Lei 13.467/2017).

Nos termos do art. 835 do CPC, a penhora deve observar, preferencialmente, a seguinte ordem: I – dinheiro, em espécie ou em depósito ou aplicação em instituição financeira; II – títulos da dívida pública da União, dos Estados e do Distrito Federal com cotação em mercado; III – títulos e valores mobiliários com cotação em mercado; IV – veículos de via terrestre; V – bens imóveis; VI – bens móveis em geral; VII – semoventes; VIII – navios e aeronaves; IX – ações e quotas de sociedades simples e empresárias; X – percentual do faturamento de empresa devedora; XI – pedras e metais preciosos; XII – direitos aquisitivos derivados de promessa de compra e venda e de alienação fiduciária em garantia; XIII – outros direitos.

É prioritária a penhora em dinheiro. Nas demais hipóteses, o juiz pode alterar a ordem prevista acima de acordo com as circunstâncias do caso concreto (art. 835, § 1º, do CPC).

Para fins de substituição da penhora, equiparam-se a dinheiro a fiança bancária e o seguro garantia judicial, desde que em valor não inferior ao do débito constante da inicial, acrescido de trinta por cento (art. 835, § 2º, do CPC).

Na execução de crédito com garantia real, a penhora deve recair sobre a coisa dada em garantia. Se a coisa pertencer a terceiro garantidor, este também deve ser intimado da penhora (art. 835, § 3º, do CPC).

O art. 3º, inciso XVI, da Instrução Normativa 39/2016 do TST prevê que se aplicam ao processo do trabalho, em face de omissão e de compatibilidade, o art. 835, incisos e §§ 1º e 2º, do CPC, sobre ordem preferencial de penhora.

A carta de fiança bancária e o seguro garantia judicial, desde que em valor não inferior ao do débito em execução, acrescido de trinta por cento, equivalem a dinheiro para efeito da gradação dos bens penhoráveis, estabelecida no art. 835 do CPC de 2015 (Orientação Jurisprudencial 59 da SBDI-II do TST).

Se o executado não pagar nem garantir a execução, deve-se seguir com a *penhora dos bens*, tantos quantos bastem ao pagamento da importância da condenação, acrescida de custas e juros de mora, sendo estes, em qualquer caso, devidos a partir da data em que for ajuizada a reclamação inicial (art. 883 da CLT).

Portanto, cabe ao executado pagar a quantia devida, ou garantir a execução (art. 882 da CLT), mediante depósito da quantia correspondente (atualizada e acrescida das despesas processuais), apresentação de seguro garantia judicial ou nomeação de bens à penhora (devendo observar a ordem preferencial do art. 835 do CPC). Nesse caso, deve-se ouvir o exequente sobre os bens nomeados à penhora, lavrando-se o respectivo auto ou termo de penhora (arts. 837 a 839 do CPC). Entretanto, se o executado não realizar nenhuma dessas condutas (isto é, não pagar nem garantir a execução), devem ser penhorados os seus bens (art. 883 da CLT), lavrando-se auto ou termo de penhora.

A respeito dos embargos à execução, a exigência da garantia ou penhora não se aplica às entidades filantrópicas e/ou àqueles que compõem ou compuseram a diretoria dessas instituições (art. 884, § 6º, da CLT, acrescentado pela Lei 13.467/2017). As entidades filantrópicas podem ser entendidas como pessoas jurídicas que prestam assistência a pessoas necessitadas, não tendo fins lucrativos.

Conforme a Súmula 417 do TST:

> "Mandado de segurança. Penhora em dinheiro. I – Não fere direito líquido e certo do impetrante o ato judicial que determina penhora em dinheiro do executado para garantir crédito exequendo, pois é prioritária e obedece à gradação prevista no art. 835 do CPC de 2015 (art. 655 do CPC de 1973). II – Havendo discordância do credor, em execução definitiva, não tem o executado direito líquido e certo a que os valores penhorados em dinheiro fiquem depositados no próprio banco, ainda que atenda aos requisitos do art. 840, I, do CPC de 2015 (art. 666, I, do CPC de 1973)".

Nos termos do art. 866 do CPC, é admissível a penhora sobre a renda mensal ou faturamento de empresa, limitada a percentual, que não comprometa o desenvolvimento regular de suas atividades, desde que não haja outros bens penhoráveis ou, havendo outros bens, eles sejam de difícil alienação ou insuficientes para satisfazer o crédito executado (Orientação Jurisprudencial 93 da SBDI-II do TST).

Nos termos do art. 854 do CPC, para possibilitar a penhora de dinheiro em depósito ou em aplicação financeira, o juiz, a requerimento do exequente, sem dar ciência prévia do ato ao executado, deve determinar às instituições financeiras, por meio de sistema eletrônico gerido pela autoridade supervisora do sistema financeiro nacional, que torne indisponíveis ativos financeiros existentes em nome do executado, limitando-se a indisponibilidade ao valor indicado na execução. No prazo de 24 horas a contar da resposta, de ofício, o juiz determinará o cancelamento de eventual indisponibilidade excessiva, o que deve ser cumprido pela instituição financeira em igual prazo. Tornados indisponíveis os ativos financeiros do executado, este deve ser intimado na pessoa de seu advogado ou, não o tendo, pessoalmente.

Incumbe ao executado, no prazo de cinco dias, comprovar que: as quantias tornadas indisponíveis são impenhoráveis; ainda remanesce indisponibilidade excessiva de ativos financeiros. Acolhida qualquer dessas arguições, o juiz deve determinar o cancelamento de eventual indisponibilidade irregular ou excessiva, a ser cumprido pela instituição financeira em 24 horas.

Rejeitada ou não apresentada a manifestação do executado, deve-se converter a indisponibilidade em penhora, sem necessidade de lavratura de termo, devendo o juiz da execução determinar à instituição financeira depositária que, no prazo de 24 horas, transfira o montante indisponível para conta vinculada ao juízo da execução.

Realizado o pagamento da dívida por outro meio, o juiz determinará, imediatamente, por meio de sistema eletrônico gerido pela autoridade supervisora do sistema financeiro nacional, a notificação da instituição financeira para que, em até 24 horas, cancele a indisponibilidade.

As transmissões das ordens de indisponibilidade, de seu cancelamento e de determinação de penhora, previstas no art. 854 do CPC, devem ser feitas por meio de *sistema eletrônico* gerido pela autoridade supervisora do sistema financeiro nacional. A instituição financeira é responsável pelos prejuízos causados ao executado em decorrência da indisponibilidade de ativos financeiros em valor superior ao indicado na execução ou pelo juiz, bem como na hipótese de não cancelamento da indisponibilidade no prazo de 24 horas, quando assim determinar o juiz.

Quando se tratar de execução contra partido político, o juiz, a requerimento do exequente, deve determinar às instituições financeiras, por meio de sistema eletrônico gerido por autoridade supervisora do sistema bancário, que tornem indisponíveis ativos financeiros somente em nome do órgão partidário que tenha contraído a dívida executada ou que tenha dado causa à violação de direito ou ao dano, ao qual cabe exclusivamente a responsabilidade pelos atos praticados, na forma da lei.

O art. 3º, inciso XIX, da Instrução Normativa 39/2016 do TST prevê que se aplicam ao processo do trabalho, em face de omissão e de compatibilidade, o art. 854 e parágrafos do CPC, sobre o BacenJUD (Sistema de Solicitações do Poder Judiciário ao Banco Central), atualmente SISBAJUD (Sistema de Busca de Ativos do Poder Judiciário).

Frise-se que constitui crime (de abuso de autoridade) decretar, em processo judicial, a indisponibilidade de ativos financeiros em quantia que extrapole exacerbadamente o valor estimado para a satisfação da dívida da parte e, ante a demonstração, pela parte, da excessividade da medida, deixar de corrigi-la, com previsão de pena de detenção, de um a quatro anos, e multa (art. 36 da Lei 13.869/2019).

No processo civil, na fase de cumprimento da sentença, em se tratando de execução de obrigação de pagar quantia certa, fundada em título judicial, o art. 523, § 1º, do CPC dispõe que se não ocorrer o pagamento voluntário no prazo de quinze dias da intimação do executado, o débito será acrescido de multa de dez por cento e, também, de honorários de advogado de dez por cento. Efetuado o pagamento parcial no prazo mencionado, a multa e os honorários incidirão sobre o restante.

A multa em questão não se aplica à Fazenda Pública (art. 534, § 2º, do CPC).

Prevalece na jurisprudência do TST o entendimento de que o art. 523, § 1º, do CPC não é aplicável ao processo do trabalho, pois este não é omisso quanto ao tema, havendo disciplina própria, prevista nos arts. 880 a 883 da CLT (TST, SBDI-I, E-RR 348000-24.2005.5.09.0513, Rel. Min. Aloysio Corrêa da Veiga, DEJT 17.12.2010).

A Consolidação das Leis do Trabalho, entretanto, não possui previsão específica de acréscimo de multa na hipótese de o executado não efetuar pagamento da condenação. Além dessa omissão, por haver lacuna ontológica e axiológica, bem como por ser a disciplina do CPC mais efetiva do que a constante na CLT, parte da doutrina defende a aplicabilidade ao processo do trabalho da multa prevista no art. 523, § 1º, do CPC, uma vez que plenamente compatível com a celeridade e a efetividade da tutela jurisdicional na satisfação do direito.

Se a incidência da multa constar da sentença ou do acórdão, na fase de conhecimento, e essa determinação transitar em julgado, deve ser aplicada, não podendo ser modificada na liquidação ou na execução, em respeito à coisa julgada.

Para que a multa em questão seja aplicada, exige-se que a condenação seja em quantia certa ou já fixada em liquidação ou decisão sobre parcela incontroversa. No processo do trabalho, embora o tema seja controvertido, defende-se que o prazo em questão deve ser de 48 horas, nos termos do art. 880 da CLT, por ser este específico, na execução trabalhista, para que o executado pague o valor devido.

Sendo assim, no processo do trabalho, o executado é citado para pagar o valor devido, no prazo de 48 horas (art. 880 da CLT). Se o devedor, condenado ao pagamento de quantia certa, ou já fixada em liquidação, não o efetuar nesse prazo, o débito deve ser acrescido de multa de dez por cento e, também, de honorários de advogado de dez por cento (art. 523, § 1º, do CPC). Se o devedor efetuar o pagamento parcial no prazo mencionado, a multa e os honorários incidirão sobre o restante, conforme o art. 523, § 2º, do CPC.

O art. 520, § 2º, do CPC prevê que a multa e os honorários a que se refere o § 1º do art. 523 do CPC são devidos no cumprimento provisório de sentença condenatória ao pagamento de quantia certa (execução provisória de obrigação de pagar quantia certa). Se o executado comparecer tempestivamente e depositar o valor, com a finalidade de isentar-se da multa, o ato não será havido como incompatível com o recurso por ele interposto.

Cabe ressaltar que o Tribunal Superior do Trabalho, em julgamento de recurso repetitivo, fixou a seguinte tese jurídica: "A multa coercitiva do artigo 523, § 1º, do CPC (antigo artigo 475-J do CPC de 1973) não é compatível com as normas vigentes da CLT por que se rege o processo do trabalho, ao qual não se aplica" (TST, Pleno, IRR-1786-24.2015.5.04.0000, Redator Min. João Oreste Dalazen, j. 21.08.2017).

O art. 526 do CPC dispõe ainda ser lícito ao réu, antes de ser intimado para o cumprimento da sentença (no processo do trabalho, antes de ser citado para a execução), comparecer em juízo e oferecer em pagamento o valor que entender devido, apresentando memória discriminada do cálculo.

Nesse caso, o autor deve ser ouvido no prazo de cinco dias, podendo impugnar o valor depositado, sem prejuízo do levantamento do depósito a título de parcela incontroversa. No processo civil, concluindo o juiz pela insuficiência do depósito, sobre a diferença incidirão a referida multa de 10% e os honorários advocatícios (também fixados em 10%), seguindo-se a execução com penhora e atos subsequentes. Se o autor não se opuser, cabe ao juiz declarar satisfeita a obrigação e extinguir o processo, conforme art. 924, inciso II, do CPC, por se tratar de satisfação da obrigação.

12.18 EMBARGOS À EXECUÇÃO

Os *embargos à execução* têm natureza de ação do executado, com o objetivo de extinguir a execução, mais especificamente de desconstituir o título executivo, declarar a inexigibilidade da obrigação ou mesmo a nulidade da execução.

No processo do trabalho, em razão do art. 884 da CLT, os embargos à execução permanecem aplicáveis. Os embargos à execução no processo do trabalho, apesar da natureza de ação, são incidentes ao processo existente, não dando origem a processo autônomo.

Os embargos à execução devem ser distribuídos por dependência (art. 914, § 1º, do CPC). Na Justiça do Trabalho, os embargos não são autuados em apartado, mas nos próprios autos principais, justamente porque não dão origem a processo diverso, tratando-se de ação incidental à execução.

Quanto à competência, por se tratar de ação incidente ao processo (ou fase) de execução, em regra, os embargos à execução devem ser ajuizados perante o próprio juízo da execução, nos termos do art. 877 da CLT.

De acordo com o art. 914, § 2º, do CPC, na execução por carta, os embargos devem ser oferecidos no juízo deprecante ou no juízo deprecado, mas a competência para julgá-los é do juízo deprecante, salvo se versarem unicamente sobre vícios ou defeitos da penhora, da avaliação ou da alienação dos bens efetuadas no juízo deprecado.

A Lei 6.830/1980, no art. 20, estabelece que, na execução por carta, os embargos do executado devem ser oferecidos no juízo deprecado, que os remeterá ao juízo deprecante, para instrução e julgamento. Quando os embargos tiverem por objeto vícios ou irregularidades de atos do próprio juízo deprecado, caber-lhe-á unicamente o julgamento dessa matéria.

No processo do trabalho, em razão do art. 889 da CLT, deve prevalecer a previsão da Lei de Execução Fiscal.

Na execução por carta, os embargos do devedor serão decididos no juízo deprecante, salvo se versarem unicamente vícios ou defeitos da penhora, avaliação ou alienação dos bens (Súmula 46 do STJ).

O prazo para a oposição dos embargos à execução deve ser contado da intimação da penhora (art. 774 da CLT) ou do depósito (pelo executado) para a garantia da execução (art. 884 da CLT).

De acordo com o art. 884, *caput*, da CLT, uma vez garantida a execução ou penhorados os bens, "terá o executado 5 (cinco) dias para apresentar embargos, cabendo igual prazo ao exequente para impugnação". O art. 1º-B da Lei 9.494/1997, acrescentado pelo art. 4º da Medida Provisória 2.180-35/2001, prevê que: "O prazo a que se refere o *caput* dos arts. 730 do Código de Processo Civil [de 1973], e 884 da Consolidação das Leis do Trabalho, aprovada pelo Decreto-Lei 5.452, de 1º de maio de 1943, passa a ser de trinta dias".

Como a referida disposição foi acrescentada à Lei 9.494/1997, que trata da antecipação da tutela contra a Fazenda Pública, a interpretação mais adequada é no sentido de que apenas para os embargos à execução apresentados pela Fazenda Pública é que se aplica o prazo de 30 dias.

Cabe ressalvar que, no caso específico de execução fiscal de dívida ativa da Fazenda Pública, decorrente de multa imposta ao empregador pelo órgão de fiscalização das relações de trabalho (art. 114, inciso VII, da Constituição Federal de 1988), por se aplicar a Lei 6.830/1980, entende-se que o prazo do executado para opor embargos à execução (na execução fiscal) é de 30 dias, a partir da garantia do juízo, nos termos do art. 16 desse diploma legal (TST, 1ª T., RR 30900-35.2008.5.15.0036, Rel. Min. Walmir Oliveira da Costa, DEJT 19.12.2011).

O prazo para a apresentação de defesa nos embargos à execução é o mesmo destes. Entendendo-se que o prazo de embargos à execução no processo do trabalho, em regra, é de cinco dias (sendo de 30 dias no caso de embargos apresentados pela Fazenda Pública), esse mesmo prazo é aplicado à defesa nos embargos à execução.

Por se tratar de ação, o embargado (exequente) deve ser notificado para apresentar resposta aos embargos à execução. Não sendo apresentada essa contestação no prazo acima indicado, o embargado é considerado revel. Entretanto, nem sempre ocorrerá o efeito da revelia relativo à presunção (relativa) de veracidade dos fatos alegados pelo autor (embargante), pois essa presunção pode ser elidida em razão de outros elementos já constantes dos autos.

No processo do trabalho, defende-se o entendimento de que para a admissão dos embargos à execução há necessidade de garantia do juízo, conforme art. 884, *caput*, da CLT. Diversamente, no processo civil, a impugnação à execução e os embargos à execução não exigem a garantia do juízo (arts. 525 e 914 do CPC).

De todo modo, a exigência da garantia ou penhora não se aplica às entidades filantrópicas e/ou àqueles que compõem ou compuseram a diretoria dessas instituições (art. 884, § 6º, da CLT).

O juiz deve rejeitar *liminarmente* os embargos: quando intempestivos; nos casos de indeferimento da petição inicial e de improcedência liminar do pedido; manifestamente protelatórios (art. 918 do CPC). Considera-se conduta atentatória à dignidade da justiça o oferecimento de embargos manifestamente protelatórios (art. 918, parágrafo único, do CPC).

O art. 3º, inciso XXII, da Instrução Normativa 39/2016 do TST prevê que se aplicam ao processo do trabalho, em face de omissão e de compatibilidade, o art. 918 e parágrafo único do CPC, sobre rejeição liminar dos embargos à execução.

A matéria que pode ser alegada nos embargos à execução, nos termos do art. 884, § 1º, da CLT, restringe-se às alegações de cumprimento da decisão ou do acordo, quitação ou prescrição da dívida. Entende-se que essa regra é aplicável apenas na execução de título executivo judicial.

Ainda assim, prevalece o entendimento de que o mencionado dispositivo não esgota todo o rol de matérias que podem ser alegadas em embargos à execução, aplicando-se o atual art. 525, § 1º, do CPC, ao prever que a impugnação (no caso do processo do trabalho, os embargos à execução) somente pode versar sobre: I – falta ou nulidade da citação se, na fase de conhecimento, o processo correu à revelia; II – ilegitimidade de parte; III – inexequibilidade do título ou inexigibilidade da obrigação; IV – penhora incorreta ou avaliação errônea; V – excesso de execução ou cumulação indevida de execuções; VI – incompetência absoluta ou relativa do juízo da execução; VII – qualquer causa modificativa ou extintiva da obrigação, como pagamento, novação, compensação, transação ou prescrição, desde que supervenientes ao trânsito em julgado da sentença.

Nos termos do art. 16, § 3º, da Lei 6.830/1980, nos embargos do executado não se admite reconvenção nem compensação, e as exceções, salvo as de suspeição, incompetência e impedimentos, devem ser arguidas como matéria preliminar, sendo processadas e julgadas com os embargos.

Na verdade, a compensação que não se admite é apenas aquela que poderia ter sido alegada na fase anterior, de conhecimento.

A prescrição é entendida como a perda da exigibilidade da pretensão, decorrente da violação do direito (art. 189 do Código Civil de 2002).

A prescrição alegada em embargos à execução fundada em título judicial é apenas a ocorrida posteriormente à sentença condenatória. Não se conhece de prescrição não arguida na instância ordinária (Súmula 153 do TST).

Cabe ressaltar que prescreve a execução no mesmo prazo de prescrição da ação (Súmula 150 do STF).

O art. 11-A da CLT, acrescentado pela Lei 13.467/2017, dispõe que ocorre a *prescrição intercorrente* no processo do trabalho no prazo de dois anos.

Adota-se o prazo bienal no caso da prescrição intercorrente, independentemente de o contrato de trabalho estar extinto ou não. Cabe registrar que o art. 7º, inciso XXIX, da Constituição da República não trata especificamente de prescrição intercorrente.

Na esfera cível, a prescrição intercorrente observará o mesmo prazo de prescrição da pretensão, observadas as causas de impedimento, de suspensão e de interrupção da prescrição previstas no Código Civil e observado o disposto no art. 921 do Código de Processo Civil (art. 206-A do Código Civil, com redação dada pela Lei 14.382/2022).

A fluência do prazo prescricional intercorrente inicia-se quando o exequente deixa de cumprir determinação judicial no curso da execução (art. 11-A, § 1º, da CLT).

O fluxo da prescrição intercorrente conta-se a partir do descumprimento da determinação judicial a que alude o § 1º do art. 11-A da CLT, desde que feita após 11 de novembro de 2017, por ser a data da entrada em vigor da Lei 13.467/2017 (art. 2º da Instrução Normativa 41/2018 do TST).

A declaração da prescrição intercorrente pode ser requerida ou declarada de ofício em qualquer grau de jurisdição (art. 11-A, § 2º, da CLT).

Foi adotada a posição da Súmula 327 do STF, com a seguinte redação: "O direito trabalhista admite a prescrição intercorrente".

Deixou de prevalecer, assim, o entendimento firmado na Súmula 114 do TST, a qual previa ser "inaplicável na Justiça do Trabalho a prescrição intercorrente".

Desse modo, extingue-se a execução quando ocorrer a prescrição intercorrente (art. 924, inciso V, do CPC). A extinção só produz efeito quando declarada por sentença (art. 925 do CPC).

No caso da prescrição intercorrente, a sua declaração pode decorrer de requerimento da parte ou ser feita de ofício pelo juiz.

A prescrição intercorrente prevista no art. 11-A da CLT somente deve ser reconhecida após expressa intimação do exequente para cumprimento de determinação judicial no curso da execução (art. 1º da Recomendação 3/2018 da Corregedoria-Geral da Justiça do Trabalho).

O juiz ou relator deve indicar, com precisão, qual a determinação deve ser cumprida pelo exequente, com expressa cominação das consequências do descumprimento (art. 2º da Recomendação 3/2018 da Corregedoria-Geral da Justiça do Trabalho).

Antes de decidir sobre a ocorrência da prescrição intercorrente, o juiz ou o relator deve conceder prazo à parte interessada para se manifestar sobre o tema, nos termos dos arts. 9º, 10 e 921, § 5º, do Código de Processo Civil (art. 4º da Recomendação 3/2018 da Corregedoria-Geral da Justiça do Trabalho).

Não correrá o prazo de prescrição intercorrente nas hipóteses em que não for localizado o devedor ou encontrados bens sobre os quais possa recair a penhora, devendo o juiz, nesses casos, suspender o processo (art. 40 da Lei 6.830/1980). Nessa hipótese, os autos podem ser remetidos ao arquivo provisório, assegurando-se ao credor o desarquivamento oportuno com vistas a dar seguimento à execução (art. 40, § 3º, da Lei 6.830/1980). Decidindo o juízo da execução pelo arquivamento definitivo do feito, deve expedir certidão de crédito trabalhista, sem extinção da execução. Não se determinará o arquivamento dos autos, provisório ou definitivo, antes da realização dos atos de pesquisa patrimonial, com uso dos sistemas eletrônicos (como o BACENJUD, atualmente o SISBAJUD, o INFOJUD, o RENAJUD e o SIMBA, entre outros disponíveis aos órgãos do Poder Judiciário), e da desconsideração da personalidade jurídica da sociedade reclamada, quando pertinente. Antes do arquivamento, provisório ou definitivo, o juízo da execução determinará a inclusão do nome do(s) executado(s) no Banco Nacional dos Devedores Trabalhistas (BNDT) e nos cadastros de inadimplentes, e promoverá o protesto extrajudicial da decisão judicial, observado o disposto no art. 883-A da CLT. Uma vez incluído(s) o(s) nome(s) do(s) executado(s) no BNDT e nos cadastros de inadimplentes, sua exclusão só ocorrerá em caso de extinção da execução (art. 5º da Recomendação 3/2018 da Corregedoria-Geral da Justiça do Trabalho).

Reconhecida a prescrição intercorrente, deve ser promovida a extinção da execução, consoante dispõe o art. 924, inciso V, do CPC (art. 6º da Recomendação 3/2018 da Corregedoria-Geral da Justiça do Trabalho).

Em se tratando de *execução fiscal*, o art. 40 da Lei 6.830/1980 prevê que o juiz suspenderá o curso da execução enquanto não for localizado o devedor ou encontrados bens sobre os quais possa recair a penhora, e, nesses casos, não correrá o prazo de prescrição. Uma vez suspenso o curso da execução, deve ser aberta vista dos autos ao exequente. Decorrido o prazo máximo de um ano, sem que seja localizado o devedor ou encontrados bens penhoráveis, o juiz ordenará o arquivamento dos autos. Encontrados que sejam, a qualquer tempo, o devedor ou os bens, os autos devem ser desarquivados para prosseguimento da execução (art. 40, §§ 1º, 2º e 3º, da Lei 6.830/1980).

O art. 40, § 4º, da Lei 6.830/1980 dispõe que se da decisão que ordenar o arquivamento tiver decorrido o prazo prescricional, o juiz, depois de ouvido o exequente, poderá, de ofício, reconhecer a prescrição intercorrente e decretá-la de imediato. A manifestação prévia da Fazenda Pública será dispensada no caso de cobranças judiciais cujo valor seja inferior ao mínimo fixado por ato do Ministro de Estado da Fazenda (art. 40, § 5º).

Em execução fiscal, não localizados bens penhoráveis, suspende-se o processo por um ano, findo o qual se inicia o prazo da prescrição quinquenal intercorrente (Súmula 314 do STJ).

Em execução fiscal de crédito tributário, o Supremo Tribunal Federal fixou a seguinte tese de repercussão geral (Tema 390): "É constitucional o art. 40 da Lei nº 6.830/1980 (Lei de Execuções Fiscais – LEF), tendo natureza processual o prazo de 1 (um) ano de suspensão da execução fiscal. Após o decurso desse prazo, inicia-se automaticamente a contagem do prazo prescricional tributário de 5 (cinco) anos" (STF, Pleno, RE 636.562/SC, Rel. Min. Roberto Barroso, j. 22.02.2023).

Em execução fiscal, a prescrição ocorrida antes da propositura da ação pode ser decretada de ofício (Súmula 409 do STJ).

Sendo assim, aplica-se o disposto no art. 40, §§ 4º e 5º, da Lei 6.830/1980, em execução fiscal, decorrente de penalidade administrativa imposta ao empregador pelo órgão de fiscalização das relações de trabalho, de competência da Justiça do Trabalho, segundo o art. 114, inciso VII, da Constituição da República (TST, 8ª T., AIRR – 3900-68.2005.5.05.0028, Rel. Min. Dora Maria da Costa, DEJT 11.03.2016).

No que se refere à alegação de inexigibilidade do título (art. 525, § 1º, inciso III, do CPC), o exequente, ao propor a execução, deve juntar prova de que se verificou a condição ou ocorreu o termo, se for o caso (art. 798, inciso I, c, do CPC).

Quando o juiz decidir relação jurídica sujeita a condição ou termo, o cumprimento da sentença (execução de título judicial) depende de demonstração de que se realizou a condição ou de que ocorreu o termo (art. 514 do CPC).

Nesse sentido, é nula a execução se instaurada antes de se verificar a condição ou de ter ocorrido o termo (art. 803, inciso III, do CPC).

Se o devedor não for obrigado a satisfazer sua prestação senão mediante a contraprestação do credor, este deve provar que a adimpliu ao requerer a execução, sob pena de extinção do processo. O executado pode se eximir da obrigação, depositando em juízo a prestação ou a coisa, caso em que o juiz não deve permitir que o credor a receba sem cumprir a contraprestação que lhe tocar (art. 787 do CPC).

Para efeito do disposto no art. 525, § 1º, inciso III, do CPC, considera-se também *inexigível* a obrigação reconhecida em título executivo judicial fundado em lei ou ato normativo considerado inconstitucional pelo Supremo Tribunal Federal, ou fundado em aplicação ou interpretação da lei ou do ato normativo tido pelo Supremo Tribunal Federal como incompatíveis com a Constituição Federal, em controle de constitucionalidade concentrado ou difuso (art. 525, § 12, do CPC).

Nesse caso, os efeitos da decisão do Supremo Tribunal Federal podem ser modulados no tempo, em atenção à segurança jurídica (art. 525, § 13, do CPC).

A decisão do Supremo Tribunal Federal referida no art. 525, § 12, do CPC deve ser anterior ao trânsito em julgado da decisão exequenda (art. 525, § 14, do CPC). Se a mencionada decisão do STF for proferida após o trânsito em julgado da decisão exequenda, cabe ação rescisória, cujo prazo deve ser contado do trânsito em julgado da decisão proferida pelo Supremo Tribunal Federal (art. 525, § 15, do CPC).

Essas mesmas previsões constam no art. 535, §§ 5º a 8º, do CPC, ao tratar da impugnação (ou seja, no processo do trabalho, dos embargos à execução) na execução contra a Fazenda Pública.

De forma semelhante, segundo o art. 884, § 5º, da CLT, incluído pela Medida Provisória 2.180-35/2001, considera-se "inexigível o título judicial fundado em lei ou ato normativo declarados inconstitucionais pelo Supremo Tribunal Federal ou em aplicação ou interpretação tidas por incompatíveis com a Constituição Federal".

O Supremo Tribunal Federal julgou ser válida (ou seja, constitucional) a previsão legal no sentido da inexigibilidade de título executivo judicial fundado em lei ou ato normativo que tiverem sido declarados inconstitucionais pelo STF (Pleno, ADI 2.418/DF, Rel. Min. Teori Zavascki, j. 04.05.2016).

A respeito do tema, transcreve-se a seguinte ementa:

> "Constitucional. Legitimidade das normas estabelecendo prazo de trinta dias para embargos à execução contra a Fazenda Pública (art. 1º-B da Lei 9.494/97) e prazo prescricional de cinco anos para ações de indenização contra pessoas de direito público e prestadoras de serviços públicos (art. 1º-C da Lei 9.494/97). Legitimidade da norma processual que institui hipótese de inexigibilidade de título executivo judicial eivado de inconstitucionalidade qualificada (art. 741, parágrafo único e art. 475-L, § 1º do CPC/73; art. 525, § 1º, III e §§ 12 e 14 e art. 535, III, § 5º do CPC/15). 1. É constitucional a norma decorrente do art. 1º-B da Lei 9.494/97, que fixa em trinta dias o prazo para a propositura de embargos à execução de título judicial contra a Fazenda Pública. 2. É constitucional a norma decorrente do art. 1º-C da Lei 9.494/97, que fixa em cinco anos o prazo prescricional para as ações de indenização por danos causados por agentes de pessoas jurídicas de direito público e de pessoas jurídicas de direito privado prestadoras de serviços públicos, reproduzindo a regra já estabelecida, para a União, os Estados e os Municípios, no art. 1º do Decreto 20.910/32. 3. São constitucionais as disposições normativas do parágrafo único do art. 741 do CPC, do § 1º do art. 475-L, ambos do CPC/73, bem como os correspondentes dispositivos do CPC/15, o art. 525, § 1º, III e §§ 12 e 14, o art. 535, § 5º. São dispositivos que, buscando harmonizar a garantia da coisa julgada com o primado da Constituição, vieram agregar ao sistema processual brasileiro um mecanismo com eficácia rescisória de sentenças revestidas de vício de inconstitucionalidade qualificado, assim caracterizado nas hipóteses em que (a) a sentença exequenda esteja fundada em norma reconhecidamente inconstitucional – seja por aplicar norma inconstitucional, seja por aplicar norma em situação ou com um sentido inconstitucionais; ou (b) a sentença exequenda tenha deixado de aplicar norma reconhecidamente constitucional; e (c) desde que, em qualquer dos casos, o reconhecimento dessa constitucionalidade ou a inconstitucionalidade tenha decorrido de julgamento do STF realizado em data anterior ao trânsito em julgado da sentença exequenda. 4. Ação julgada improcedente" (STF, Pleno, ADI 2.418/DF, Rel. Min. Teori Zavascki, DJe 17.11.2016).

O Supremo Tribunal Federal, ao julgar recurso extraordinário com repercussão geral, em demanda ajuizada por servidores públicos, declarou a incompetência da Justiça do Trabalho em relação ao período posterior à instituição do regime jurídico único (Lei

8.112/1990) e, em relação ao período anterior, declarou a insubsistência do título executivo judicial, conforme previsão do art. 884, § 5º, da CLT (STF, Pleno, RE 590.880/CE, Red. p/ ac. Min. Cármen Lúcia, j. 21.08.2020).

Entende-se que as previsões do art. 525, §§ 12 a 15, do CPC (e do art. 535, §§ 5º a 8º, do CPC) não afastam o cabimento da ação rescisória após o trânsito em julgado da decisão rescindenda (art. 975 do CPC), com fundamento no art. 966, inciso V, do CPC (violação manifesta de norma jurídica), na hipótese em que a decisão rescindenda deixa de aplicar ou contraria decisão vinculante do Supremo Tribunal Federal proferida antes do trânsito em julgado da decisão que se objetiva rescindir[67].

Quando o executado alegar que o exequente, em excesso de execução, pleiteia quantia superior à resultante da sentença, cumpre-lhe declarar de imediato o valor que entende correto, apresentando demonstrativo discriminado e atualizado de seu cálculo. Não apontado o valor correto ou não apresentado o demonstrativo, a impugnação (ou seja, os embargos à execução, no processo do trabalho) deve ser liminarmente rejeitada, se o excesso de execução for o seu único fundamento. Se houver outro fundamento, a impugnação (embargos à execução) deve ser processada, mas o juiz não examinará a alegação de excesso de execução (art. 525, §§ 4º e 5º, do CPC).

Admite-se, ainda, a apresentação da chamada *exceção* (ou objeção) *de pré-executividade*, para alegar, por exemplo, questões de ordem pública, como as previstas no art. 803 do CPC. Nos termos desse dispositivo legal, é nula a execução se o título executivo extrajudicial não corresponder a obrigação certa, líquida e exigível; o executado não for regularmente citado; ela for instaurada antes de se verificar a condição ou de ter ocorrido o termo.

A nulidade em questão deve ser pronunciada pelo juiz, de ofício ou a requerimento da parte, independentemente de embargos à execução.

---

67. "Recurso ordinário em ação rescisória. Julgamento conjunto da ADPF nº 324 e do RE nº 958.252. Decisão vinculante do STF anterior ao trânsito em julgado da decisão rescindenda. Norma jurídica. Ação rescisória ajuizada com lastro no artigo 966, V, do CPC. Cabimento. 1. O Tribunal Regional, após indeferir o pedido de tutela provisória consistente na suspensão da execução que se processa nos autos da reclamação trabalhista subjacente, afastou o cabimento da ação rescisória, julgando extinto o processo sem resolução de mérito, nos termos do art. 485, IV, do CPC, ao fundamento de que a decisão rescindenda transitou em julgado em momento posterior ao julgamento conjunto da ADPF nº 324, de relatoria do Ministro Luís Roberto Barroso, e do RE nº 958.252 (Tema 725 da Repercussão Geral), de relatoria do Ministro Luiz Fux. 2. Ocorre que a Suprema Corte no julgamento da ADPF nº 324 e do RE nº 958.252 externou o conteúdo de norma jurídica vinculante e de aplicação imediata consubstanciada na licitude da terceirização ou de qualquer outra forma de divisão de trabalho entre pessoas jurídicas distintas, restando insubsistente a Súmula 331 do TST. 3. Portanto, considerando a ocorrência do trânsito em julgado do acórdão rescindendo em momento posterior à decisão vinculante do Supremo Tribunal Federal, admite-se o cabimento da ação rescisória, nos termos do art. 966, V, do CPC, pois, do contrário, estar-se-ia impondo obstáculo injustificável ao exercício do direito de ação consubstanciado na pretensão de corte rescisório sob a perspectiva do padrão decisório vinculante materializado no julgamento conjunto da ADPF nº 324 e do RE nº 958.252. 4. Nesse sentir, a previsão de impugnação à execução com base na inexigibilidade de título executivo judicial fundado em lei ou ato normativo considerado inconstitucional pelo Supremo Tribunal Federal, ou fundado em aplicação ou interpretação da lei ou do ato normativo tido pelo STF como incompatível com a Constituição Federal, em controle de constitucionalidade concentrado ou difuso (CPC, art. 525, § 1º, III, e §§ 12 e 14), não afasta o manejo de ação rescisória após o trânsito em julgado da decisão rescindenda (art. 975, 'caput', do CPC). 5. Com efeito, impõe-se o cabimento de ação rescisória, nos termos do disposto no art. 966, V, do CPC, nas hipóteses em que a decisão rescindenda deixa de aplicar ou aplica equivocadamente padrão decisório vinculante do Supremo Tribunal Federal proferido antes do trânsito em julgado da decisão que se objetiva rescindir. Recurso ordinário conhecido e provido" (TST, SBDI-II, ROT-11492-19.2019.5.03.0000, Rel. Min. Morgana de Almeida Richa, DEJT 10.03.2023).

De acordo com a jurisprudência, não procede ação rescisória calcada em ofensa à coisa julgada perpetrada por decisão proferida em ação de cumprimento, em face de a sentença normativa, na qual se louvava, ter sido modificada em grau de recurso, porque em dissídio coletivo somente se consubstancia coisa julgada formal. Assim, os meios processuais aptos a atacarem a execução da cláusula reformada são a exceção de pré-executividade e o mandado de segurança, no caso de descumprimento do art. 514 do CPC de 2015 (Súmula 397 do TST).

Na exceção de pré-executividade não se exige a prévia garantia do juízo, sendo admitida em situações excepcionais, a respeito de questões que o juiz deve conhecer de ofício e que possam ser demonstradas por meio de prova pré-constituída.

A exceção de pré-executividade é admissível na execução fiscal relativamente às matérias conhecíveis de ofício que não demandem dilação probatória (Súmula 393 do STJ).

Se a exceção de pré-executividade for admitida, e o juiz extinguir a execução, é cabível agravo de petição, por se tratar de decisão final (art. 897, *a*, da CLT). Entretanto, se o juiz rejeitar a alegação ou não conhecer da exceção de pré-executividade, por se tratar de decisão interlocutória, não é cabível recurso de imediato (art. 893, § 1º, da CLT).

Em se tratando de título extrajudicial, as matérias que podem ser alegadas em embargos à execução não sofrem a mencionada limitação, pois não se trata de fase seguinte no processo de conhecimento.

Deve-se aplicar, assim, o art. 917 do CPC, ao prever que, nos embargos, pode o executado alegar: I – inexequibilidade do título ou inexigibilidade da obrigação; II – penhora incorreta ou avaliação errônea; III – excesso de execução ou cumulação indevida de execuções; IV – retenção por benfeitorias necessárias ou úteis, nos casos de execução para entrega de coisa certa; V – incompetência absoluta ou relativa do juízo da execução; VI – qualquer matéria que lhe seria lícito deduzir como defesa em processo de conhecimento.

A incorreção da penhora ou da avaliação pode ser impugnada por simples petição, no prazo de 15 dias, contados da ciência do ato.

Há *excesso de execução* quando: o exequente pleiteia quantia superior à do título; recai sobre coisa diversa daquela declarada no título; esta se processa de modo diferente do que foi determinado no título; o exequente, sem cumprir a prestação que lhe corresponde, exige o adimplemento da prestação do executado; o exequente não prova que a condição se realizou.

Quando alegar que o exequente, em excesso de execução, pleiteia quantia superior à do título, o embargante deve declarar na petição inicial o valor que entende correto, apresentando demonstrativo discriminado e atualizado de seu cálculo. Não apontado o valor correto ou não apresentado o demonstrativo, os embargos à execução devem ser liminarmente rejeitados, com extinção do processo sem resolução de mérito, se o excesso de execução for o seu único fundamento. Se houver outro fundamento, os embargos à execução devem ser processados, mas o juiz não examinará a alegação de excesso de execução.

Nos embargos de retenção por benfeitorias, o exequente pode requerer a compensação de seu valor com o dos frutos ou dos danos considerados devidos pelo executado, cumprindo ao juiz, para a apuração dos respectivos valores, nomear perito, observando-se, então, o art. 464 do CPC, que dispõe sobre a prova pericial.

O exequente pode a qualquer tempo ser imitido na posse da coisa, prestando caução ou depositando o valor devido pelas benfeitorias ou resultante da compensação.

Quanto aos efeitos, anteriormente, os embargos do executado, quando admitidos, sempre suspendiam a execução.

O art. 919 do CPC prevê que os embargos à execução não terão efeito suspensivo. Entretanto, o juiz pode, a requerimento do embargante, atribuir efeito suspensivo aos embargos quando verificados os requisitos para a concessão da tutela antecipada, e desde que a execução já esteja garantida por penhora, depósito ou caução suficientes.

A decisão relativa aos efeitos dos embargos pode, a requerimento da parte, ser modificada ou revogada a qualquer tempo, em decisão fundamentada, cessando as circunstâncias que a motivaram.

Quando o efeito suspensivo atribuído aos embargos disser respeito apenas a parte do objeto da execução, esta prosseguirá quanto à parte restante.

A concessão de efeito suspensivo aos embargos oferecidos por um dos executados não suspende a execução contra os que não embargaram, quando o respectivo fundamento disser respeito exclusivamente ao embargante. A concessão de efeito suspensivo não impede a efetivação dos atos de substituição, de reforço ou redução da penhora e de avaliação dos bens.

No processo do trabalho, contra a decisão sobre concessão, modificação ou revogação do efeito suspensivo não cabe recurso de imediato, por se tratar de decisão com natureza interlocutória (art. 893, § 1º, da CLT).

Se não tiverem sido arroladas testemunhas na defesa, o juiz, uma vez conclusos os autos, deve proferir a sentença relativa aos embargos dentro de cinco dias, julgando subsistente ou insubsistente a penhora (art. 885 da CLT).

Se a parte tiver arrolado testemunhas, e o juiz entender que os seus depoimentos são necessários, marcará audiência para a produção das provas, a qual deverá realizar-se dentro de cinco dias (art. 884, § 2º, da CLT).

Como a CLT é omissa quanto ao número de testemunhas nos embargos à execução, aplicando-se o art. 16, § 2º, da Lei 6.830/1980, no prazo dos embargos, o executado deve alegar toda matéria útil à defesa, requerer provas e juntar aos autos os documentos e rol de testemunhas, até três, ou, a critério do juiz, até o dobro desse limite.

Se tiverem sido arroladas testemunhas, após a sua oitiva em audiência, o escrivão ou secretário deve fazer os autos conclusos ao juiz em 48 horas, que proferirá a sentença no já mencionado prazo de cinco dias (art. 886 da CLT). Trata-se, entretanto, de prazo impróprio, em razão do elevado número de processos na fase de execução. Proferida essa decisão, as partes devem ser notificadas em registrado postal, com franquia.

Se os embargos à execução forem rejeitados, a penhora é julgada subsistente, prosseguindo-se a execução.

Proferida a sentença que julga os embargos à execução, inclusive na hipótese de indeferimento liminar (art. 918 do CPC), é cabível o recurso de agravo de petição (art. 897, *a*, da CLT).

A propositura da ação rescisória não impede o cumprimento da decisão rescindenda, ressalvada a concessão de tutela provisória (art. 969 do CPC).

Em face do que dispõem a Medida Provisória 1.984-22/2000 e o art. 969 do CPC de 2015, é cabível o pedido de tutela provisória formulado na petição inicial de ação rescisória ou na fase recursal, visando a suspender a execução da decisão rescindenda (Súmula 405 do TST).

É indispensável a instrução da ação cautelar proposta sob a vigência do CPC de 1973 com as provas documentais necessárias à aferição da plausibilidade de êxito na rescisão do julgado. Assim sendo, devem vir junto com a inicial da cautelar as cópias da petição inicial da ação rescisória principal, da decisão rescindenda, da certidão do trânsito em julgado da decisão rescindenda e informação do andamento atualizado da execução (Orientação Jurisprudencial 76 da SBDI-II do TST).

A ação cautelar (tutela provisória de urgência de natureza cautelar) não perde o objeto enquanto ainda estiver pendente o trânsito em julgado da ação rescisória principal, devendo o pedido cautelar ser julgado procedente, mantendo-se os efeitos da liminar eventualmente deferida, no caso de procedência do pedido rescisório ou, por outro lado, improcedente, se o pedido da ação rescisória principal tiver sido julgado improcedente (Orientação Jurisprudencial 131 da SBDI-II do TST).

Além disso, em se tratando de invalidade da citação no processo (ou fase) de conhecimento, admite-se a chamada *querela nullitatis*, ainda que depois de transcorrido o biênio decadencial da rescisória, defendendo parte da doutrina que é *inexistente* a sentença assim proferida[68]. Essa ação autônoma não é dotada de efeito suspensivo em relação à execução, o que pode ser obtido, excepcionalmente, por meio de tutela provisória de urgência de natureza cautelar e incidental (art. 294 do CPC).

As questões relativas a fato superveniente ao término do prazo para apresentação da impugnação à execução (embargos à execução no processo do trabalho), assim como aquelas relativas à validade e à adequação da penhora, da avaliação e dos atos executivos subsequentes, podem ser arguidas por simples petição, tendo o executado, em qualquer dos casos, o prazo de 15 dias para formular esta arguição, contado da comprovada ciência do fato ou da intimação do ato (art. 525, § 11, do CPC).

Após a expedição da carta de arrematação ou da ordem de entrega, a invalidação da arrematação pode ser pleiteada por ação autônoma, em cujo processo o arrematante figurará como litisconsorte necessário (art. 903, § 4º, do CPC).

12.19 IMPUGNAÇÃO DO EXEQUENTE

O exequente também pode apresentar *impugnação à decisão de liquidação*, se não tiver incorrido na preclusão prevista no art. 879, § 2º, da CLT. O prazo, que deve ser contado da intimação do exequente quanto à penhora, é o mesmo dos embargos à execução, nos termos do art. 884, § 3º, parte final, da CLT.

Se o exequente apresentar essa impugnação, o executado deve ser intimado para apresentar defesa, também no mesmo prazo.

A impugnação da decisão de liquidação pelo executado, por sua vez, deve ser apresentada juntamente com os embargos à execução (art. 884, § 3º, parte inicial, da CLT).

Devem ser julgados na mesma sentença os embargos e as impugnações à liquidação apresentadas pelos credores trabalhista e previdenciário (art. 884, § 4º, da CLT). Da sentença que julga os embargos à execução e/ou a impugnação (quanto à decisão de liquidação) é cabível o recurso de agravo de petição (art. 897, *a*, da CLT).

12.20 EMBARGOS DE TERCEIRO

Os *embargos de terceiro* têm natureza de ação com eficácia constitutiva negativa (arts. 674 a 681 do CPC).

68. Cf. GRECO FILHO, Vicente. *Direito processual civil brasileiro*. 20. ed. São Paulo: Saraiva, 2009. v. 3. p. 131.

Os embargos de terceiro podem ter como fundamento a posse ou a propriedade (o domínio), como se observa nos seus arts. 674, 677, 678 e 681 do CPC.

Na Justiça do Trabalho, o ajuizamento de embargos de terceiro é mais frequente na execução. Por se tratar de ação, os embargos de terceiro dão origem a processo incidente ao processo principal (na fase) de execução.

Os embargos de terceiros também podem ser opostos em razão de constrição judicial do bem em tutela provisória urgente, de natureza cautelar, por exemplo, de arresto.

Os embargos de terceiro são cabíveis quando ocorre apreensão judicial de bem de terceiro. Quem, não sendo parte no processo, sofrer constrição ou ameaça de constrição sobre bens que possua *ou sobre os quais tenha direito incompatível com o ato constritivo*, pode requerer o seu desfazimento ou a sua inibição por meio de embargos de terceiro (art. 674, *caput*, do CPC). Terceiro é justamente aquele que não é parte na relação processual.

Os embargos podem ser de terceiro proprietário, inclusive fiduciário, ou possuidor (art. 674, § 1º, do CPC). A posse, no caso, pode ser apenas a indireta, como ocorre com o proprietário de bem objeto de locação, que figura como locador, permanecendo com a posse indireta (art. 1.197 do Código Civil de 2002).

De acordo com o art. 674, § 2º, do CPC, considera-se terceiro, para ajuizamento dos embargos: I – o cônjuge ou companheiro quando defende a posse de bens próprios ou de sua meação, ressalvado o disposto no art. 843 do CPC[69]; II – o adquirente de bens que foram constritos em razão de decisão que declara a ineficácia da alienação em fraude à execução; III – quem sofre constrição judicial de seus bens por força de desconsideração da personalidade jurídica, de cujo incidente não fez parte; IV – o credor com garantia real para obstar expropriação judicial do objeto de direito real de garantia, caso não tenha sido intimado, nos termos legais dos atos expropriatórios respectivos.

Se os bens objeto de constrição judicial abrangem a meação do cônjuge, este tem legitimidade para o ajuizamento dos embargos de terceiro. De acordo com a Súmula 134 do STJ, embora "intimado da penhora em imóvel do casal, o cônjuge do executado pode opor embargos de terceiro para defesa de sua meação". Entretanto, quanto ao mérito em si, há entendimento de que, se o cônjuge também se beneficiou do trabalho prestado pelo exequente, os seus bens podem responder pela dívida, com fundamento no art. 790, inciso IV, do CPC.

Defende-se o entendimento de que se o sócio foi citado na execução, a sua legitimidade é para opor embargos à execução, pois já figura como parte. Entretanto, se o sócio não foi citado, e não participa do processo, pode-se defender a legitimidade para opor embargos de terceiro, caso o seu bem tenha sido objeto de constrição judicial.

Em execução movida contra sociedade por quotas, o sócio, citado em nome próprio, não tem legitimidade para opor embargos de terceiro, visando livrar da constrição judicial seus bens particulares (Súmula 184 do extinto Tribunal Federal de Recursos).

69. "Art. 843. Tratando-se de penhora de bem indivisível, o equivalente à quota-parte do coproprietário ou do cônjuge alheio à execução recairá sobre o produto da alienação do bem. § 1º É reservada ao coproprietário ou ao cônjuge não executado a preferência na arrematação do bem em igualdade de condições. § 2º Não será levada a efeito expropriação por preço inferior ao da avaliação na qual o valor auferido seja incapaz de garantir, ao coproprietário ou ao cônjuge alheio à execução, o correspondente à sua quota-parte calculado sobre o valor da avaliação".

O art. 674, § 2º, inciso III, do CPC considera terceiro, para ajuizamento dos embargos, quem sofre constrição judicial de seus bens por força de desconsideração da personalidade jurídica, de cujo incidente não fez parte.

A respeito da capacidade postulatória, não sendo o embargante empregado ou empregador (a quem se aplica o *jus postulandi* na Justiça do Trabalho, conforme art. 791 da CLT), exige-se que seja representado por advogado para o ajuizamento dessa ação específica.

Como os embargos de terceiro, em regra, têm como objetivo a manutenção ou restituição da *posse* (art. 674, *caput*, do CPC), a Súmula 84 do STJ explicita ser "admissível a oposição de embargos de terceiro fundados em alegação de posse advinda do compromisso de compra e venda de imóvel, ainda que desprovido do registro"[70].

Não obstante, o CPC também admite os embargos de terceiro *com fundamento no domínio*, ou seja, na propriedade (arts. 674, 677, 678 e 681).

Os embargos de terceiro também são admitidos para o credor com garantia real, caso não tenha sido intimado da constrição judicial (arts. 799, inciso I, e 889, inciso V, do CPC), obstar alienação judicial do objeto da hipoteca, penhor ou anticrese (art. 674, § 2º, inciso IV, do CPC). Portanto, se o bem penhorado já é objeto de hipoteca ou penhor, o credor titular dessa garantia real que não foi intimado da penhora tem legitimidade para opor embargos de terceiro.

Os embargos de terceiro podem ter natureza repressiva (isto é, quando já ocorrida a lesão à posse ou ao direito incompatível com o ato constritivo) ou preventiva (quando a lesão à posse ou ao direito incompatível com o ato constritivo é iminente).

O art. 674, *caput*, do CPC admite a oposição de embargos de terceiro nos casos de ameaça de constrição ou efetiva constrição sobre bens que o embargante possua ou sobre os quais tenha direito incompatível com o ato constritivo, podendo, assim, requerer a sua inibição ou o seu desfazimento por meio de embargos de terceiro. Logo, tanto a turbação (visando à manutenção) como o esbulho (visando à restituição) na posse do bem, por ato de apreensão judicial, autorizam a propositura de embargos de terceiro, com pedido de manutenção ou restituição da posse.

Ajuizados embargos de terceiro (art. 674 do CPC de 2015) para pleitear a desconstituição da penhora, é incabível mandado de segurança com a mesma finalidade (Orientação Jurisprudencial 54 da SBDI-II do TST).

A competência para processar e julgar os embargos de terceiro é do juízo que ordenou a apreensão do bem. Por terem natureza de ação, o art. 676 do CPC estabelece que os embargos de terceiro devem ser distribuídos por dependência ao juízo que ordenou a constrição e autuados em apartado.

No caso de apreensão judicial decorrente de carta precatória, a Súmula 419 do TST assim dispõe: "Competência. Embargos de terceiro. Execução por carta precatória. Juízo deprecado. Na execução por carta precatória, os embargos de terceiro serão oferecidos no juízo deprecado, salvo se indicado pelo juízo deprecante o bem constrito ou se já devolvida a carta (art. 676, parágrafo único, do CPC de 2015)".

---

70. Para os fins do direito real à aquisição, de acordo com o art. 1.417 do Código Civil de 2002: "Mediante promessa de compra e venda, em que se não pactuou arrependimento, celebrada por instrumento público ou particular, e registrada no Cartório de Registro de Imóveis, adquire o promitente comprador direito real à aquisição do imóvel".

Desse modo, nos termos do art. 676, parágrafo único, do CPC, nos casos de *ato de constrição realizado por carta, os embargos de terceiro devem ser oferecidos no juízo deprecado, salvo se o bem constrito tiver sido determinado pelo juízo deprecante ou se a carta já tiver sido devolvida.*

O prazo para a oposição dos embargos de terceiro é de natureza decadencial.

Os embargos de terceiro podem ser opostos a qualquer tempo no processo de conhecimento enquanto não transitada em julgado a sentença e, no cumprimento de sentença ou no processo de execução, até cinco dias depois da adjudicação, da alienação por iniciativa particular ou da arrematação, mas sempre antes da assinatura da respectiva carta (art. 675 do CPC).

Caso identifique a existência de terceiro titular de interesse em embargar o ato, o juiz deve mandar intimá-lo pessoalmente.

Tendo natureza de ação, os embargos de terceiro devem ser opostos por meio de petição inicial, a ser elaborada pelo embargante, de acordo os requisitos dessa peça processual na Justiça do Trabalho.

Na petição inicial, o embargante deve fazer a prova sumária de sua posse ou domínio e a qualidade de terceiro, oferecendo documentos e rol de testemunhas (art. 677 do CPC). É facultada a prova da posse em audiência preliminar designada pelo juiz. O possuidor direto pode alegar, além da sua posse, o domínio alheio.

A citação deve ser pessoal, se o embargado não tiver procurador constituído nos autos da ação principal.

É legitimado passivo o sujeito a quem o ato de constrição aproveita (ou seja, o exequente). Também o é seu adversário no processo principal (o executado), quando for sua a indicação do bem para a constrição judicial.

A decisão que reconhecer suficientemente provado o domínio ou a posse deve determinar a suspensão das medidas constritivas sobre os bens litigiosos objeto dos embargos, bem como a manutenção ou a reintegração provisória da posse, se o embargante a houver requerido (art. 678 do CPC).

O juiz pode condicionar a ordem de manutenção ou de reintegração provisória de posse à prestação de caução pelo requerente, ressalvada a impossibilidade da parte economicamente hipossuficiente.

Como a liminar é deferida por meio de decisão interlocutória, não é cabível recurso de imediato (art. 893, § 1º, da CLT).

Os embargos podem ser contestados no prazo de 15 dias, findo o qual se deve seguir o procedimento comum (art. 679 do CPC).

Na contestação, o embargado (que normalmente é o exequente na ação principal) pode alegar a existência de fraude à execução. Entretanto, a anulação do negócio jurídico, em razão de fraude contra credores, exige o ajuizamento de ação própria, de natureza constitutiva negativa. Em embargos de terceiro não se anula ato jurídico, por fraude contra credores (Súmula 195 do STJ).

Contra os embargos do credor com garantia real, o embargado somente pode alegar que: o devedor comum é insolvente; o título é nulo ou não obriga a terceiro; outra é a coisa dada em garantia (art. 680 do CPC).

Acolhido o pedido inicial, o ato de constrição judicial indevida deve ser cancelado, com o reconhecimento do domínio, da manutenção da posse ou da reintegração definitiva do bem ou do direito ao embargante (art. 681 do CPC).

A sentença nos embargos de terceiro é impugnável por meio de agravo de petição (art. 897, *a*, da CLT).

A admissibilidade do recurso de revista interposto de acórdão proferido em agravo de petição, na liquidação de sentença ou em processo incidente na execução, inclusive os embargos de terceiro, depende de demonstração inequívoca de violência direta à Constituição Federal (Súmula 266 do TST).

Quanto às custas decorrentes de embargos de terceiro ajuizados incidentalmente à execução, devem ser pagas ao final do processo (fase) de execução, nos termos do art. 789-A da CLT, inciso V, no valor de R$ 44,26.

O *caput* do art. 789-A da CLT estabelece que no "processo de execução são devidas custas, sempre de responsabilidade do executado e pagas ao final". Entretanto, como os embargos de terceiro dão origem a processo diverso (ainda que incidente à execução), a interpretação teleológica é no sentido de que as custas, especificamente quantos aos embargos de terceiro, são devidas pelo vencido nessa ação, mesmo porque o embargante (de terceiro) normalmente não é o executado, além do que pode ter o pedido acolhido na sentença.

12.21 PENHORA

A *penhora* é ato processual de execução, mais especificamente de constrição judicial do bem, visando à satisfação do direito do exequente.

A penhora deve incidir em tantos bens quantos bastem para o pagamento do principal atualizado, dos juros, das custas e dos honorários advocatícios (art. 831 do CPC).

Deve-se efetuar a penhora onde se encontrem os bens, ainda que sob a posse, a detenção ou a guarda de terceiros (art. 845 do CPC).

A penhora de imóveis (independentemente de onde se localizem, quando apresentada certidão da respectiva matrícula) e a penhora de veículos automotores (quando apresentada certidão que ateste a sua existência) devem ser realizadas por termo nos autos. Se o executado não tiver bens no foro da causa, não sendo possível a realização da penhora na forma indicada, a execução deve ser feita por carta, penhorando-se, avaliando-se e alienando-se os bens no foro da situação.

Ocorre, assim, a individualização ou separação dos bens do devedor ou responsável patrimonial, reservando-os à execução. Mesmo com a penhora, o devedor conserva a propriedade do bem até a expropriação. Entretanto, a alienação do bem penhorado é considerada ineficaz à execução.

Não se levará a efeito a penhora quando evidente que o produto da execução dos bens encontrados será totalmente absorvido pelo pagamento das custas da execução (art. 836 do CPC). Quando não encontrar bens penhoráveis, independentemente de determinação judicial expressa, o oficial de justiça deve descrever na certidão os que guarnecem a residência ou o estabelecimento do executado, quando este for pessoa jurídica. Elaborada a lista, o executado ou seu representante legal deve ser nomeado depositário provisório de tais bens até ulterior determinação do juiz (art. 836, §§ 1º e 2º, do CPC).

O art. 3º, inciso XVII, da Instrução Normativa 39/2016 do TST prevê que se aplicam ao processo do trabalho, em face de omissão e de compatibilidade, o art. 836, §§ 1º e 2º, do CPC, sobre procedimento quando não encontrados bens penhoráveis.

Para presunção absoluta de conhecimento por terceiros, cabe ao exequente providenciar a *averbação do arresto ou da penhora no registro competente*, mediante a apresentação de cópia do auto ou do termo, independentemente de mandado judicial (art. 844 do CPC).

A penhora é realizada mediante auto ou termo nos autos (arts. 838, 841 e 845, § 1º, do CPC). O mencionado registro, não sendo requisito de validade do ato constritivo, tem a função de gerar a presunção legal e *absoluta* de conhecimento por terceiros, o que é vantajoso ao credor, em discussões envolvendo a alienação de bem penhorado.

O art. 240 da Lei 6.015/1973 estabelece que o registro da penhora faz prova quanto à fraude de qualquer transação posterior.

Quanto a esse registro da penhora, nos termos do art. 889 da CLT, aplicam-se ao processo do trabalho as regras específicas dos arts. 7º, inciso IV, e 14 da Lei 6.830/1980. Portanto, uma vez iniciada a execução, entende-se que existe ordem do juiz para registro da penhora, independentemente do pagamento de custas ou outras despesas, o que é realizado pelo oficial de justiça, que deve entregar contrafé e cópia do termo ou do auto de penhora, com essa ordem judicial de registro, no ofício próprio. Logo, na execução trabalhista não se pode impor ao exequente a incumbência de registrar a penhora do bem imóvel.

Obedecidas as normas de segurança instituídas sob critérios uniformes pelo Conselho Nacional de Justiça, a penhora de dinheiro e as averbações de penhoras de bens imóveis e móveis podem ser realizadas por meios eletrônicos (art. 837 do CPC).

Se o executado fechar as portas da casa a fim de obstar a penhora dos bens, o oficial de justiça deve comunicar o fato ao juiz, solicitando-lhe ordem de arrombamento (art. 846 do CPC).

Deferido o pedido, dois oficiais de justiça devem cumprir o mandado, arrombando cômodos e móveis em que se presuma estarem os bens, e lavrarão de tudo auto circunstanciado, que deve ser assinado por duas testemunhas presentes à diligência. Sempre que necessário, o juiz deve requisitar força policial, a fim de auxiliar os oficiais de justiça na penhora dos bens. Os oficiais de justiça devem lavrar em duplicata o auto da ocorrência, entregando uma via ao escrivão ou ao chefe de secretaria, para ser juntada aos autos, e a outra à autoridade policial a quem couber a apuração criminal dos eventuais delitos de desobediência ou resistência. Do auto da ocorrência constará o rol de testemunhas, com sua qualificação.

Considera-se feita a penhora mediante a apreensão e o depósito dos bens, lavrando-se um só auto se as diligências forem concluídas no mesmo dia (art. 839 do CPC). Havendo mais de uma penhora, serão lavrados autos individuais.

A investidura no encargo de depositário depende da aceitação do nomeado que deve assinar termo de compromisso no auto de penhora (Orientação Jurisprudencial 89 da SBDI-II do TST).

É ilícita a prisão civil de depositário infiel, qualquer que seja a modalidade do depósito (Súmula Vinculante 25 do STF).

A Súmula 419 do STJ também esclarece que "descabe a prisão civil do depositário judicial infiel".

A guarda e a conservação de bens penhorados, arrestados, sequestrados ou arrecadados devem ser confiadas a depositário ou a administrador, não dispondo a lei de outro modo (art. 159 do CPC).

Por seu trabalho, o depositário ou o administrador deve perceber remuneração que o juiz fixará em consideração à situação dos bens, ao tempo do serviço e às dificuldades de sua execução (art. 160 do CPC). O juiz pode nomear um ou mais prepostos por indicação do depositário ou do administrador.

O depositário ou o administrador responde pelos prejuízos que, por dolo ou culpa, causar à parte, perdendo a remuneração que lhe foi arbitrada, mas tem o direito a haver o que legitimamente despendeu no exercício do encargo (art. 161 do CPC).

O depositário infiel responde civilmente pelos prejuízos causados, sem prejuízo de sua responsabilidade penal e da imposição de sanção por ato atentatório à dignidade da justiça.

A penhora será realizada mediante auto ou termo, que deve conter: a indicação do dia, mês, ano e lugar em que foi feita; os nomes do exequente e do executado; a descrição dos bens penhorados, com as suas características; a nomeação do depositário dos bens (art. 838 do CPC).

Devem ser preferencialmente depositados: I – as quantias em dinheiro, os papéis de crédito, as pedras e os metais preciosos, no Banco do Brasil, na Caixa Econômica Federal ou em banco do qual o Estado ou o Distrito Federal possua mais da metade do capital social integralizado ou, na falta desses estabelecimentos, em qualquer instituição de crédito designada pelo juiz; II – os móveis, os semoventes, os imóveis urbanos e os direitos aquisitivos sobre imóveis urbanos, em poder do depositário judicial; III – os imóveis rurais, os direitos aquisitivos sobre imóveis rurais, as máquinas, os utensílios e os instrumentos necessários ou úteis à atividade agrícola, mediante caução idônea, em poder do executado (art. 840 do CPC).

O Supremo Tribunal Federal julgou parcialmente procedente o pedido em ADI, para declarar a inconstitucionalidade da expressão "na falta desses estabelecimentos" do art. 840, inciso I, do CPC e conferir interpretação conforme a Constituição ao preceito, para que se entenda que poderá a administração do tribunal efetuar os depósitos judiciais (a) no Banco do Brasil, na Caixa Econômica Federal ou em banco do qual o Estado ou o Distrito Federal possua mais da metade do capital social integralizado, ou, (b) não aceitando o critério preferencial proposto pelo legislador e observada a realidade do caso concreto, os regramentos legais e os princípios constitucionais aplicáveis, realizar procedimento licitatório visando à escolha da proposta mais adequada para a administração dos recursos dos particulares (STF, Pleno, ADI 5.492/DF, Rel. Min. Dias Toffoli, j. 27.04.2023).

No caso do inciso II, se não houver depositário judicial, os bens devem ficar em poder do exequente. Os bens podem ser depositados em poder do executado nos casos de difícil remoção ou quando anuir o exequente. As joias, as pedras e os objetos preciosos devem ser depositados com registro do valor estimado de resgate.

Havendo discordância do credor, em execução definitiva, não tem o executado direito líquido e certo a que os valores penhorados em dinheiro fiquem depositados no próprio banco, ainda que atenda aos requisitos do art. 840, inciso I, do CPC (Súmula 417, item II, do TST).

Formalizada a penhora por qualquer dos meios legais, dela deve ser imediatamente intimado o executado (art. 841 do CPC).

A intimação da penhora deve ser feita ao advogado do executado ou à sociedade de advogados a que este pertença. Se não houver constituído advogado nos autos, o executado deve ser intimado pessoalmente, de preferência por via postal. Essa previsão, entretanto, não se aplica nos casos em que a penhora se tiver realizado na presença do executado, que se reputa intimado. Considera-se realizada a intimação pessoal do executado quando este houver mudado de endereço sem prévia comunicação ao juízo, observado o disposto no parágrafo único do art. 274 do CPC, ao prever que se presumem válidas as intimações dirigidas ao endereço constante dos autos, ainda que não recebidas pessoalmente pelo interessado, se a modificação temporária ou definitiva não tiver sido devidamente comunicada ao juízo.

Recaindo a penhora sobre bem imóvel ou direito real sobre imóvel, deve ser intimado também o cônjuge do executado, salvo se forem casados em regime de separação absoluta de bens (art. 842 do CPC).

Tratando-se de penhora de bem indivisível, o equivalente à quota-parte do coproprietário ou do cônjuge alheio à execução deve recair sobre o produto da alienação do bem (art. 843 do CPC).

Fica reservada ao coproprietário ou ao cônjuge não executado a preferência na arrematação do bem em igualdade de condições. Não deve ser levada a efeito expropriação por preço inferior ao da avaliação na qual o valor auferido seja incapaz de garantir, ao coproprietário ou ao cônjuge alheio à execução, o correspondente à sua quota-parte calculado sobre o valor da avaliação.

O executado pode, no prazo de dez dias contados da intimação da penhora, requerer a *substituição do bem penhorado*, desde que comprove que lhe será menos onerosa e não trará prejuízo ao exequente (art. 847 do CPC).

O juiz só deve autorizar a substituição se o executado: comprovar as respectivas matrículas e registros, por certidão do correspondente ofício, quanto aos bens imóveis; descrever os bens móveis, com todas as suas propriedades e características, bem como seu estado e o lugar onde se encontram; descrever os semoventes, com indicação de espécie, número, marca ou sinal e local onde se encontram; identificar os créditos, indicando quem seja o devedor, qual a origem da dívida, o título que a representa e a data do vencimento; e atribuir, em qualquer caso, valor aos bens indicados à penhora, além de especificar os ônus e os encargos a que estejam sujeitos.

Requerida a substituição do bem penhorado, o executado deve indicar onde se encontram os bens sujeitos à execução, exibir a prova de sua propriedade e a certidão negativa ou positiva de ônus, bem como abster-se de qualquer atitude que dificulte ou embarace a realização da penhora.

O executado somente pode oferecer bem imóvel em substituição caso o requeira com a expressa anuência do cônjuge, salvo se o regime de casamento for o de separação absoluta de bens.

O juiz deve intimar o exequente para se manifestar sobre o requerimento de substituição do bem penhorado.

As partes podem requerer a substituição da penhora se: não obedecer à ordem legal; não incidir sobre os bens designados em lei, contrato ou ato judicial para o pagamento; havendo bens no foro da execução, outros tiverem sido penhorados; havendo bens livres, tiver recaído sobre bens já penhorados ou objeto de gravame; incidir sobre bens de baixa liquidez; fracassar a tentativa de alienação judicial do bem; ou o executado não indicar o valor dos bens ou omitir qualquer das indicações previstas na lei (art. 848 do CPC).

A penhora pode ser substituída por fiança bancária ou seguro garantia judicial, em valor não inferior ao do débito constante da inicial, acrescido de trinta por cento.

Sempre que ocorrer a substituição dos bens inicialmente penhorados, será lavrado novo termo (art. 849 do CPC).

Deve ser admitida a redução ou a ampliação da penhora, bem como sua transferência para outros bens, se, no curso do processo, o valor de mercado dos bens penhorados sofrer alteração significativa (art. 850 do CPC).

Segundo o art. 15, inciso I, da Lei 6.830/1980, em qualquer fase do processo, será deferida pelo juiz, ao executado, a substituição da penhora por depósito em dinheiro ou fiança bancária.

A carta de fiança bancária e o seguro garantia judicial, desde que em valor não inferior ao do débito em execução, acrescido de trinta por cento, equivalem a dinheiro para efeito da gradação dos bens penhoráveis, estabelecida no art. 835 do CPC de 2015 (Orientação Jurisprudencial 59 da SBDI-II do TST).

Não se procede à *segunda penhora*, salvo se: a primeira for anulada; executados os bens, o produto da alienação não bastar para o pagamento do exequente; o exequente desistir da primeira penhora, por serem litigiosos os bens ou por estarem submetidos a constrição judicial (art. 851 do CPC).

O juiz deve determinar a *alienação antecipada dos bens penhorados* quando: tratar-se de veículos automotores, de pedras e metais preciosos e de outros bens móveis sujeitos à depreciação ou à deterioração; houver manifesta vantagem (art. 852 do CPC).

Quando uma das partes requerer alguma das medidas de substituição do bem penhorado, de redução ou ampliação da penhora, de segunda penhora e de alienação antecipada dos bens, o juiz deve ouvir sempre a outra, no prazo de três dias, antes de decidir. O juiz deve decidir de plano qualquer questão suscitada (art. 853 do CPC).

É legítima a penhora da sede do estabelecimento comercial (Súmula 451 do STJ).

Nos termos do art. 866 do CPC, é admissível a penhora sobre a renda mensal ou faturamento de empresa, limitada a percentual, que não comprometa o desenvolvimento regular de suas atividades, desde que não haja outros bens penhoráveis ou, havendo outros bens, eles sejam de difícil alienação ou insuficientes para satisfazer o crédito executado (Orientação Jurisprudencial 93 da SBDI-II do TST).

Segundo o art. 1.501 do Código Civil de 2002, não extinguirá a hipoteca, devidamente registrada, a arrematação ou adjudicação, sem que tenham sido notificados judicialmente os respectivos credores hipotecários, que não forem de qualquer modo partes na execução.

De modo mais preciso, a alienação de bem gravado por penhor, hipoteca ou anticrese será *ineficaz* em relação ao credor pignoratício, hipotecário ou anticrético *não intimado* (art. 804 do CPC).

O arrematante pode desistir da arrematação, sendo-lhe imediatamente devolvido o depósito que tiver feito, quando ausente a intimação do credor pignoratício, hipotecário ou anticrético (art. 903, § 5º, inciso II, do CPC).

12.22 BENS PENHORÁVEIS E BENS IMPENHORÁVEIS

O devedor responde com todos seus bens presentes e futuros para o cumprimento de suas obrigações, salvo as restrições estabelecidas em lei (art. 789 do CPC).

Ficam sujeitos à execução os bens: do sucessor a título singular, tratando-se de execução fundada em direito real ou obrigação reipersecutória; do sócio, nos termos da lei; do devedor, ainda que em poder de terceiros; do cônjuge ou companheiro, nos casos em que seus bens próprios ou de sua meação respondem pela dívida; alienados ou gravados com ônus real em fraude à execução; cuja alienação ou gravação com ônus real tenha sido anulada em razão do reconhecimento, em ação própria, de fraude contra credores; do responsável, nos casos de desconsideração da personalidade jurídica (art. 790 do CPC).

O art. 3º, inciso XIII, da Instrução Normativa 39/2016 do TST prevê que se aplicam ao processo do trabalho, em face de omissão e de compatibilidade, os arts. 789 a 796 do CPC, sobre responsabilidade patrimonial.

Não estão sujeitos à execução os bens que a lei considera impenhoráveis ou inalienáveis (art. 832 do CPC).

Segundo o art. 100 do Código Civil de 2002, os bens públicos de uso comum do povo e os de uso especial são inalienáveis, enquanto conservarem a sua qualificação, na forma que a lei determinar.

Os bens podem ser absolutamente impenhoráveis (art. 833 do CPC) ou relativamente impenhoráveis (art. 834 do CPC).

São *impenhoráveis*: I – os bens inalienáveis e os declarados, por ato voluntário, não sujeitos à execução; II – os móveis, os pertences e as utilidades domésticas que guarnecem a residência do executado, salvo os de elevado valor ou que ultrapassem as necessidades comuns correspondentes a um médio padrão de vida; III – os vestuários, bem como os pertences de uso pessoal do executado, salvo se de elevado valor; IV – os vencimentos, os subsídios, os soldos, os salários, as remunerações, os proventos de aposentadoria, as pensões, os pecúlios e os montepios, bem como as quantias recebidas por liberalidade de terceiro e destinadas ao sustento do devedor e de sua família, os ganhos de trabalhador autônomo e os honorários de profissional liberal, ressalvado o § 2º do art. 833; V – os livros, as máquinas, as ferramentas, os utensílios, os instrumentos ou outros bens móveis necessários ou úteis ao exercício da profissão do executado; VI – o seguro de vida; VII – os materiais necessários para obras em andamento, salvo se estas forem penhoradas; VIII – a pequena propriedade rural, assim definida em lei, desde que trabalhada pela família; IX – os recursos públicos recebidos por instituições privadas para aplicação compulsória em educação, saúde ou assistência social; X – a quantia depositada em caderneta de poupança, até o limite de quarenta salários mínimos; XI – os recursos públicos do fundo partidário recebidos por partido político, nos termos da lei; XII – os créditos oriundos de alienação de unidades imobiliárias, sob regime de incorporação imobiliária, vinculados à execução da obra (art. 833 do CPC).

A impenhorabilidade não é oponível à execução de dívida relativa ao próprio bem, inclusive àquela contraída para sua aquisição.

Nos termos do art. 833, § 2º, do CPC, o disposto nos incisos IV e X não se aplica à hipótese de penhora para pagamento de prestação alimentícia, independentemente de sua origem, *bem como relativamente às importâncias excedentes a cinquenta salários mínimos mensais*, devendo a constrição observar o disposto nos arts. 528, § 8º[71], e 529, § 3º[72], ambos do CPC, que tratam do cumprimento de sentença que condena ao pagamento de prestação alimentícia.

Portanto, além da hipótese de prestação alimentícia, "independentemente de sua origem", como é o caso do crédito trabalhista, conforme a atual jurisprudência do TST (SBDI-II, RO - 21601-36.2017.5.04.0000, Rel. Min. Maria Helena Mallmann, DEJT 07.12.2017),

71. "§ 8º O exequente pode optar por promover o cumprimento da sentença ou decisão desde logo, nos termos do disposto neste Livro, Título II, Capítulo III, caso em que não será admissível a prisão do executado, e, recaindo a penhora em dinheiro, a concessão de efeito suspensivo à impugnação não obsta a que o exequente levante mensalmente a importância da prestação".

72. "§ 3º Sem prejuízo do pagamento dos alimentos vincendos, o débito objeto de execução pode ser descontado dos rendimentos ou rendas do executado, de forma parcelada, nos termos do *caput* deste artigo, contanto que, somado à parcela devida, não ultrapasse cinquenta por cento de seus ganhos líquidos".

passou-se a admitir a penhora dos chamados rendimentos elevados, ou seja, do valor superior a 50 salários mínimos de verbas com natureza salarial ou remuneratória.

Desse modo, é penhorável o valor superior a 50 salários mínimos mensais dos vencimentos, subsídios, soldos, salários, remunerações, proventos de aposentadoria, pensões, pecúlios e montepios, bem como quantias recebidas por liberalidade de terceiro e destinadas ao sustento do devedor e de sua família, ganhos de trabalhador autônomo e honorários de profissional liberal.

Além disso, a quantia depositada em caderneta de poupança, mesmo que até o limite de quarenta salários mínimos, excepcionalmente, pode ser penhorada para pagamento de prestação alimentícia, independentemente de sua origem.

Incluem-se na impenhorabilidade prevista no inciso V do art. 833 do CPC os equipamentos, implementos e máquinas agrícolas pertencentes a pessoa física ou a empresa individual produtora rural, exceto quando tais bens tenham sido objeto de financiamento e estejam vinculados em garantia a negócio jurídico, ou quando respondam por dívida de natureza alimentar, trabalhista ou previdenciária.

O art. 3º, inciso XV, da Instrução Normativa 39/2016 do TST prevê que se aplicam ao processo do trabalho, em face de omissão e de compatibilidade, o art. 833, incisos e parágrafos do CPC, sobre bens impenhoráveis.

Quanto aos bens gravados com cláusulas de inalienabilidade ou impenhorabilidade, é possível defender que, em se tratando de crédito trabalhista, dotado de privilégio e preferência, podem ser objeto de penhora na execução trabalhista, com fundamento no art. 30 da Lei 6.830/1980, aplicável nos termos do art. 889 da CLT. O referido dispositivo da Lei 6.830/1980 prevê que o executado responde pelo pagamento da dívida com a totalidade dos bens e das rendas, de qualquer origem ou natureza, do sujeito passivo, seu espólio ou sua massa, *inclusive os gravados por ônus real ou cláusula de inalienabilidade ou impenhorabilidade*, seja qual for a data da constituição do ônus ou da cláusula, excetuados unicamente os bens e rendas que a lei declara absolutamente impenhoráveis.

Conforme a Orientação Jurisprudencial 153 da SBDI-II do TST:

> "Mandado de segurança. Execução. Ordem de penhora sobre valores existentes em conta salário. Art. 649, IV, do CPC de 1973. Ilegalidade. Ofende direito líquido e certo decisão que determina o bloqueio de numerário existente em conta salário, para satisfação de crédito trabalhista, ainda que seja limitado a determinado percentual dos valores recebidos ou a valor revertido para fundo de aplicação ou poupança, visto que o art. 649, IV, do CPC de 1973 contém norma imperativa que não admite interpretação ampliativa, sendo a exceção prevista no art. 649, § 2º, do CPC de 1973 espécie e não gênero de crédito de natureza alimentícia, não englobando o crédito trabalhista".

Nos termos do art. 5º, inciso XXVI, da Constituição Federal de 1988, a pequena propriedade rural, assim definida em lei, desde que trabalhada pela família, não será objeto de penhora para pagamento de débitos decorrentes de sua atividade produtiva, dispondo a lei sobre os meios de financiar o seu desenvolvimento.

Imóvel rural é considerado o prédio rústico de área contínua, qualquer que seja a sua localização, que se destine ou possa se destinar à exploração agrícola, pecuária, extrativa vegetal, florestal ou agroindustrial (art. 4º, inciso I, da Lei 8.629/1993). Pequena propriedade é o imóvel rural de área até quatro módulos fiscais, respeitada a fração mínima de parcelamento (art. 4º, inciso II, da Lei 8.629/1993, com redação dada pela Lei 13.465/2017).

A respeito do tema, o Supremo Tribunal Federal fixou a seguinte tese de repercussão geral: "É impenhorável a pequena propriedade rural familiar constituída de mais de 01 (um) terreno, desde que contínuos e com área total inferior a 04 (quatro) módulos fiscais do município de localização" (STF, Pleno, ARE 1.038.507/PR, Rel. Min. Edson Fachin, j. 21.12.2020).

A Lei 8.009/1990 dispõe sobre a *impenhorabilidade do bem de família*. A Lei 8.009/1990 aplica-se a penhora realizada antes de sua vigência (Súmula 205 do STJ).

O imóvel residencial próprio do casal, ou da entidade familiar, é impenhorável e não responde por qualquer tipo de dívida civil, comercial, fiscal, previdenciária ou de outra natureza, contraída pelos cônjuges ou pelos pais ou filhos que sejam seus proprietários e nele residam, salvo nas hipóteses previstas na Lei 8.009/1990 (art. 1º).

Tendo em vista que o *direito à moradia* é considerado direito social, de natureza fundamental (art. 6º da Constituição da República), segundo a Súmula 364 do STJ, o "conceito de impenhorabilidade de bem de família abrange também o imóvel pertencente a pessoas solteiras, separadas e viúvas".

A impenhorabilidade compreende o imóvel sobre o qual se assentam a construção, as plantações, as benfeitorias de qualquer natureza e todos os equipamentos, inclusive os de uso profissional, ou móveis que guarnecem a casa, desde que quitados (art. 1º, parágrafo único, da Lei 8.009/1990).

A vaga de garagem que possui matrícula própria no registro de imóveis não constitui bem de família para efeito de penhora (Súmula 449 do STJ).

Excluem-se da impenhorabilidade os veículos de transporte, obras de arte e adornos suntuosos (art. 2º da Lei 8.009/1990).

No caso de imóvel locado, a impenhorabilidade aplica-se aos bens móveis quitados que guarneçam a residência e que sejam de propriedade do locatário.

É impenhorável o único imóvel residencial do devedor que esteja locado a terceiros, desde que a renda obtida com a locação seja revertida para a subsistência ou a moradia da sua família (Súmula 486 do STJ).

Nos termos do art. 3º da Lei 8.009/1990, a impenhorabilidade é oponível em qualquer processo de execução civil, fiscal, previdenciária, trabalhista ou de outra natureza.

Não se beneficia do disposto na Lei 8.009/1990 aquele que, sabendo-se insolvente, adquire de má-fé imóvel mais valioso para transferir a residência familiar, desfazendo-se ou não da moradia antiga (art. 4º). Nesse caso, pode o juiz, na respectiva ação do credor, transferir a impenhorabilidade para a moradia familiar anterior ou anular a venda, liberando a mais valiosa para execução ou concurso, conforme a hipótese (art. 4º, § 1º).

Quando a residência familiar constituir-se em imóvel rural, a impenhorabilidade restringir-se-á à sede de moradia, com os respectivos bens móveis, e, nos casos do art. 5º, inciso XXVI, da Constituição da República, à área limitada como pequena propriedade rural (art. 4º, § 2º, da Lei 8.009/1990).

Para os efeitos de impenhorabilidade de que trata a Lei 8.009/1990, considera-se residência um único imóvel utilizado pelo casal ou pela entidade familiar para moradia permanente (art. 5º).

Na hipótese de o casal, ou entidade familiar, ser possuidor de vários imóveis utilizados como residência, a impenhorabilidade recai sobre o de menor valor, salvo se outro tiver sido registrado, para esse fim, no Registro de Imóveis e na forma do Código Civil (art. 1.711 do Código Civil de 2002).

Ressalte-se ainda que o Supremo Tribunal Federal fixou a seguinte tese de julgamento: "Verbas estaduais não podem ser objeto de bloqueio, penhora e/ou sequestro para pagamento de valores devidos em ações trabalhistas, ainda que as empresas reclamadas detenham créditos a receber da administração pública estadual, em virtude do disposto no art. 167, VI e X, da CF, e do princípio da separação de poderes (art. 2º da CF)" (STF, Pleno, ADPF 485/AP, Rel. Min. Roberto Barroso, j. 07.12.2020).

Se o bem é alienado fiduciariamente, o devedor é mero possuidor direto da coisa. Nesse caso, o credor na alienação fiduciária é o titular da propriedade resolúvel e da posse indireta (art. 1.361, *caput* e § 2º, do Código Civil de 2002, c/c art. 66-B da Lei 4.728/1965, incluído pela Lei 10.931/2004, e art. 22 da Lei 9.514/1997).

Em execução na qual figure algum outro exequente, como o bem alienado fiduciariamente não é de propriedade do devedor (executado), entendia-se que não poderia ser penhorado. A Súmula 242 do extinto Tribunal Federal de Recursos assim previa: "Bem Alienado Fiduciariamente. Objeto de Penhora. Execuções Contra o Devedor Fiduciário. O bem alienado fiduciariamente não pode ser objeto de penhora nas execuções ajuizadas contra o devedor fiduciário".

Entretanto, o art. 799, inciso I, do CPC expressamente dispõe que incumbe ao exequente requerer a intimação do credor fiduciário, quando a penhora recair sobre bens gravados por alienação fiduciária. A penhora, portanto, pode incidir sobre os *direitos aquisitivos derivados de alienação fiduciária em garantia*, o que é confirmado pelo art. 835, inciso XII, do CPC. A alienação de direito aquisitivo de bem objeto de alienação fiduciária será ineficaz em relação ao proprietário fiduciário que não houver sido intimado (art. 804, § 3º, do CPC).

O contrato de alienação fiduciária em garantia pode ter por objeto bem que já integrava o patrimônio do devedor (Súmula 28 do STJ).

Diferentemente da cédula de crédito industrial garantida por alienação fiduciária, na cédula rural pignoratícia ou hipotecária o bem permanece sob o domínio do devedor (executado), não constituindo óbice à penhora na esfera trabalhista, conforme art. 69 do Decreto-Lei 167/1967 e arts. 10 e 30 e Lei 6.830/1980 (Orientação Jurisprudencial 226 da SBDI-I do TST).

A respeito da impenhorabilidade relativa, o art. 834 do CPC dispõe que podem ser penhorados, à falta de outros bens, os frutos e os rendimentos dos bens inalienáveis.

12.23 AVALIAÇÃO

A *avaliação do bem penhorado* é realizada pelo oficial de justiça, quando da apreensão do bem, inclusive para que se possa verificar a garantia do juízo, com fundamento no art. 7º, inciso V, da Lei 6.830/1980.

O art. 13 da Lei 6.830/1980 confirma que o termo ou auto de penhora também deve conter a avaliação dos bens penhorados, efetuada por quem o lavrar.

Entende-se que o art. 887 da CLT, que previa a avaliação dos bens penhorados "por avaliador escolhido de comum acordo pelas partes", ou designado pelo juiz, foi tacitamente revogado pela Lei 5.442/1968, que deu nova redação ao art. 721 da CLT.

Essa avaliação, assim, deve ser feita pelo oficial de justiça, no prazo de dez dias (arts. 721, § 3º, e 888, *caput*, da CLT).

De acordo com o art. 523, § 3º, do CPC, uma vez não efetuado tempestivamente o pagamento voluntário, deve ser expedido, desde logo, *mandado de penhora e avaliação*, seguindo-se os atos de expropriação. Com isso, observa-se que a avaliação é feita pelo oficial de justiça. O art. 870 do CPC também prevê que a avaliação deve ser feita pelo oficial de justiça.

Se forem necessários conhecimentos especializados e o valor da execução o comportar, o juiz deve nomear avaliador, fixando-lhe prazo não superior a dez dias para entrega do laudo.

A avaliação realizada pelo oficial de justiça deve constar de vistoria e de laudo anexados ao auto de penhora ou, em caso de perícia realizada por avaliador, de laudo apresentado no prazo fixado pelo juiz, devendo-se, em qualquer hipótese, especificar: os bens, com as suas características, e o estado em que se encontram; o valor dos bens (art. 872 do CPC).

Quando o imóvel for suscetível de cômoda divisão, a avaliação, tendo em conta o crédito reclamado, deve ser realizada em partes, sugerindo-se, com a apresentação de memorial descritivo, os possíveis desmembramentos para alienação.

Realizada a avaliação e, sendo o caso, apresentada a proposta de desmembramento, as partes devem ser ouvidas no prazo de cinco dias.

Cabe esclarecer que não se deve proceder à avaliação quando: I – uma das partes aceitar a estimativa feita pela outra; II – se tratar de títulos ou de mercadorias que tenham cotação em bolsa, comprovada por certidão ou publicação oficial; III – se tratar de títulos da dívida pública, de ações das sociedades e de títulos de crédito negociáveis em bolsa, cujo valor será o da cotação oficial do dia, comprovada por certidão ou publicação no órgão oficial; IV – se tratar de veículos automotores ou de outros bens cujo preço médio de mercado possa ser conhecido por meio de pesquisas realizadas por órgãos oficiais ou de anúncios de venda divulgados em meios de comunicação, caso em que caberá a quem fizer a nomeação o encargo de comprovar a cotação do mercado (art. 871 do CPC).

Ocorrendo a hipótese do inciso I, a avaliação pode ser realizada quando houver fundada dúvida do juiz quanto ao real valor do bem.

Se a avaliação for impugnada pelo executado ou pelo exequente, antes de publicado o edital para expropriação do bem, o juiz, após ouvir a outra parte, deve nomear avaliador oficial para proceder à nova avaliação dos bens penhorados (art. 13, § 1º, da Lei 6.830/1980).

Se não houver, na circunscrição ou comarca, avaliador oficial, ou este não puder apresentar o laudo de avaliação no prazo de 15 dias, deve ser nomeada pessoa ou entidade habilitada a critério do juiz (art. 13, § 2º, da Lei 6.830/1980).

Apresentado o laudo, o juiz deve decidir de plano sobre a avaliação (art. 13, § 3º, da Lei 6.830/1980).

Além disso, admite-se nova avaliação se, após penhora, houver necessidade de reavaliação do bem, com fundamento nos arts. 886, § 2º, e 888, *caput*, da CLT.

É admitida *nova avaliação* quando: I – qualquer das partes arguir, fundamentadamente, a ocorrência de erro na avaliação ou dolo do avaliador; II – se verificar, posteriormente à avaliação, que houve majoração ou diminuição no valor do bem; III – quando o juiz tiver fundada dúvida sobre o valor atribuído ao bem na primeira avaliação (art. 873 do CPC).

Aplica-se o art. 480 do CPC (que versa sobre a realização de nova perícia quando a matéria não estiver suficientemente esclarecida) à nova avaliação prevista no inciso III.

Após a avaliação, a requerimento do interessado e ouvida a parte contrária, o juiz pode mandar: reduzir a penhora aos bens suficientes ou transferi-la para outros, se o valor dos bens penhorados for consideravelmente superior ao crédito do exequente e dos acessórios; ampliar a penhora ou transferi-la para outros bens mais valiosos, se o valor dos bens penhorados for inferior ao crédito do exequente (art. 874 do CPC).

Uma vez realizadas a penhora e a avaliação, o juiz deve dar início aos atos de expropriação do bem (art. 875 do CPC).

12.24 ARREMATAÇÃO

A execução por quantia certa tem por objeto expropriar bens do devedor (executado), a fim de satisfazer o direito do credor (art. 824 do CPC).

A *arrematação* é ato público de execução, sendo modalidade de expropriação do bem para a satisfação do direito do credor (arts. 888 da CLT e 825, inciso II, do CPC).

Uma das modalidades de expropriação é justamente a alienação em hasta pública.

No processo civil, o art. 879 do CPC dispõe que a alienação deve ser feita: por iniciativa particular; em leilão judicial eletrônico ou presencial. Sendo assim, nos termos do art. 880 do CPC, não efetivada a adjudicação, o exequente pode requerer a alienação por sua própria iniciativa ou por intermédio de corretor ou leiloeiro público credenciado perante o órgão judiciário.

Hasta pública é um termo mais genérico, englobando a praça e o leilão.

A arrematação deve ser anunciada por edital afixado na sede do juízo ou tribunal, e publicado no jornal local, se houver, com a antecedência de 20 dias (art. 888, *caput*, da CLT). Na realidade, o edital deve anunciar a hasta pública, isto é, praça ou leilão, que é o ato processual público de execução, quando a arrematação pode ocorrer.

A arrematação, em si, é o ato de alienação pública ou estatal do bem penhorado, por meio do qual se concretiza a expropriação, com a aquisição do bem pelo arrematante.

O referido edital normalmente é publicado no Diário Oficial, o que também é previsto no art. 22, *caput*, da Lei 6.830/1980. A publicação do edital deve ocorrer no mínimo 20 dias antes da realização da praça ou leilão.

Nos termos do art. 886 do CPC, o leilão (na execução trabalhista, também a praça) deve ser precedido de publicação de edital, que conterá: I – a descrição do bem penhorado, com suas características, e, tratando-se de imóvel, sua situação e suas divisas, com remissão à matrícula e aos registros; II – o valor pelo qual o bem foi avaliado, o preço mínimo pelo qual poderá ser alienado, as condições de pagamento e, se for o caso, a comissão do leiloeiro designado; III – o lugar onde estiverem os móveis, os veículos e os semoventes; e, em se tratando de créditos ou direitos, a identificação dos autos do processo em que foram penhorados; IV – o sítio, na rede mundial de computadores, e o período em que se realizará o leilão, salvo se este se der de modo presencial, hipótese em que se indicarão o local, o dia e a hora de sua realização; V – a indicação de local, dia e hora de segundo leilão presencial, para a hipótese de não haver interessado no primeiro; VI – menção da existência de ônus, recurso ou causa pendente sobre os bens a serem leiloados.

No caso de títulos da dívida pública e títulos com cotação em bolsa, constará do edital o valor da última cotação.

Na execução trabalhista, prevalece o disposto no art. 888, § 1º, da CLT, no sentido de que os bens serão arrematados pelo maior lance. Logo, é possível entender que, mesmo na primeira praça, o bem pode ser arrematado por valor inferior à avaliação, desde que este não seja vil.

Devem ser adotadas providências para a ampla divulgação da alienação (art. 887 do CPC).

O art. 887, § 1º, do CPC prevê que a publicação do edital deve ocorrer pelo menos cinco dias antes da data marcada para o leilão. Entretanto, na execução trabalhista, como mencionado anteriormente, a publicação do edital deve ocorrer no mínimo 20 dias antes da realização da praça ou leilão (art. 888, *caput*, da CLT).

O edital deve ser publicado na rede mundial de computadores, em sítio designado pelo juízo da execução, e conter descrição detalhada e, sempre que possível, ilustrada dos bens, informando expressamente se o leilão se realizará de forma eletrônica ou presencial (art. 887, § 2º, do CPC).

Não sendo possível a publicação na rede mundial de computadores, ou considerando o juiz, em atenção às condições da sede do juízo, que esse modo de divulgação é insuficiente ou inadequado, o edital deve ser afixado em local de costume e publicado, em resumo, pelo menos uma vez em jornal de ampla circulação local (art. 887, § 3º, do CPC).

Atendendo ao valor dos bens e às condições da sede do juízo, o juiz pode alterar a forma e a frequência da publicidade na imprensa, mandar publicar o edital em local de ampla circulação de pessoas e divulgar avisos em emissora de rádio ou televisão local, bem como em sítios distintos do indicado no § 2º do art. 887 do CPC.

Os editais de leilão de imóveis e de veículos automotores devem ser publicados pela imprensa ou por outros meios de divulgação, preferencialmente na seção ou no local reservados à publicidade dos respectivos negócios (art. 887, § 5º, do CPC).

O juiz pode determinar a reunião de publicações em listas referentes a mais de uma execução (art. 887, § 6º, do CPC).

A arrematação é feita em dia, hora e lugar anunciados, e os bens devem ser alienados pelo maior lance, tendo o exequente a preferência para a adjudicação (art. 888, § 1º, da CLT).

Entende-se ser necessária a comunicação às partes, isto é, a intimação quanto à data da praça ou leilão.

Quanto ao exequente, essa intimação decorre do próprio art. 22, § 2º, da Lei 6.830/1980. Para que sejam observados os princípios da igualdade e do contraditório, e como as partes têm o direito de participar dos atos processuais, essa intimação também deve ser feita quanto ao executado.

Isso é confirmado pela Súmula 121 do STJ, ao prever que na "execução fiscal o devedor deverá ser intimado, pessoalmente, do dia e hora da realização do leilão".

O art. 889 do CPC prevê que devem ser cientificados da alienação judicial, com pelo menos cinco dias de antecedência: o executado, por meio de seu advogado ou, se não tiver procurador constituído nos autos, por carta registrada, mandado, edital ou outro meio idôneo; o coproprietário de bem indivisível do qual tenha sido penhorada fração ideal; o titular de usufruto, uso, habitação, enfiteuse, direito de superfície, concessão de uso especial para fins de moradia ou concessão de direito real de uso, quando a penhora recair sobre bem gravado com tais direitos reais; o proprietário do terreno submetido ao regime de direito de superfície, enfiteuse, concessão de uso especial para fins de moradia ou concessão de direito real de uso, quando a penhora recair sobre tais direitos reais; o credor pignoratício, hipotecário, anticrético, fiduciário ou com penhora anteriormente averbada, quando a penhora recair sobre bens com tais gravames, caso não seja o credor, de qualquer modo, parte na execução; o promitente comprador, quando a penhora recair sobre bem em relação ao qual haja promessa de compra e venda registrada;

o promitente vendedor, quando a penhora recair sobre direito aquisitivo derivado de promessa de compra e venda registrada; a União, o Estado e o Município, no caso de alienação de bem tombado.

Se o executado for revel e não tiver advogado constituído, não constando dos autos seu endereço atual ou, ainda, não sendo ele encontrado no endereço constante do processo, a intimação considerar-se-á feita por meio do próprio edital de leilão.

Nos termos do art. 804 do CPC, a alienação de bem gravado por penhor, hipoteca ou anticrese será ineficaz em relação ao credor pignoratício, hipotecário ou anticrético que não houver sido intimado.

A alienação de bem objeto de promessa de compra e venda ou cessão registrada será ineficaz em relação ao promitente comprador ou cessionário que não houver sido intimado.

A alienação de bem sobre o qual tenha sido instituído direito de superfície, seja do solo, da plantação ou da construção, será ineficaz em relação ao concedente ou ao concessionário que não houver sido intimado.

A alienação de direito aquisitivo de bem objeto de promessa de venda, de promessa de cessão ou de alienação fiduciária será ineficaz em relação ao promitente vendedor, ao promitente cedente ou ao proprietário fiduciário que não houver sido intimado.

A alienação de imóvel sobre o qual tenha sido instituída enfiteuse, concessão de uso especial para fins de moradia ou concessão de direito real de uso, será ineficaz em relação ao enfiteuta ou ao concessionário que não houver sido intimado.

A alienação de direitos do enfiteuta, do concessionário de direito real de uso ou do concessionário de uso especial para fins de moradia será ineficaz em relação ao proprietário do respectivo imóvel que não houver sido intimado.

A alienação de bem sobre o qual tenha sido instituído usufruto, uso ou habitação será ineficaz em relação ao titular desses direitos reais que não houver sido intimado.

Frise-se que a arrematação pode ser considerada ineficaz, se não observado o disposto no art. 804 do CPC (art. 903, § 1º, inciso II, do CPC).

O arrematante deve garantir o lance com o sinal correspondente a 20% do seu valor (art. 888, § 2º, da CLT). O sinal, portanto, é de 20% do valor do lance.

Se o arrematante, ou seu fiador, não pagar dentro de 24 horas o preço da arrematação, perderá, em benefício da execução, o sinal acima referido, voltando à praça os bens executados (art. 888, § 4º, da CLT).

Portanto, o bem deve ser alienado pelo maior lance (art. 888, § 1º, da CLT), e o arrematante deve garantir o lance com o sinal de 20% (art. 888, § 2º, da CLT). O pagamento do valor da arrematação deve ocorrer em 24 horas, sob pena de o arrematante perder o sinal e o bem retornar à praça, a ser novamente designada pelo juiz, com a prévia publicação de edital.

Pode oferecer lance quem estiver na livre administração de seus bens, com exceção: dos tutores, dos curadores, dos testamenteiros, dos administradores ou dos liquidantes, quanto aos bens confiados à sua guarda e à sua responsabilidade; dos mandatários, quanto aos bens de cuja administração ou alienação estejam encarregados; do juiz, do membro do Ministério Público e da Defensoria Pública, do escrivão, do chefe de secretaria e dos demais servidores e auxiliares da justiça, em relação aos bens e direitos objeto de alienação na localidade onde servirem ou a que se estender a sua autoridade; dos servidores públicos em geral, quanto aos bens ou aos direitos da pessoa jurídica a que servirem ou que estejam sob sua administração direta ou indireta; dos leiloeiros e seus prepostos, quanto aos bens de cuja venda estejam encarregados; dos advogados de qualquer das partes (art. 890 do CPC).

Entende-se que o exequente, pessoalmente, pode participar da praça e ser arrematante, pois a arrematação não se confunde com a adjudicação.

Nesse sentido, o art. 892, § 1º, do CPC é expresso ao prever que, *se o exequente arrematar os bens* e for o único credor, não está obrigado a exibir o preço. Entretanto, se o valor dos bens exceder ao seu crédito, deve depositar, dentro de três dias, a diferença, sob pena de tornar-se sem efeito a arrematação, e, nesse caso, os bens serão levados a novo leilão, à custa do exequente.

Se não houver licitante, e se o exequente não requerer a adjudicação dos bens penhorados, podem estes ser vendidos por leiloeiro nomeado pelo juiz (art. 888, § 3º, da CLT).

No processo do trabalho, em vez de leilão propriamente, muita vezes o que se designa é a segunda praça.

O art. 891 do CPC determina que não deve ser aceito lance que ofereça preço vil.

Defende-se a aplicabilidade da proibição da arrematação por preço vil na execução trabalhista (isto é, quando o valor for comprovadamente vil, podendo, com isso, acarretar manifesto e desproporcional prejuízo ao executado), tendo em vista, inclusive, a incidência do mandamento da execução menos gravosa ao executado (art. 805 do CPC).

Considera-se vil o preço inferior ao mínimo estipulado pelo juiz e constante do edital. Não tendo sido fixado preço mínimo, considera-se vil o preço inferior a cinquenta por cento do valor da avaliação (art. 891, parágrafo único, do CPC).

O art. 3º, inciso XX, da Instrução Normativa 39/2016 do TST prevê que se aplica ao processo do trabalho, em face de omissão e compatibilidade, o art. 895 do CPC, sobre *pagamento parcelado do lanço*.

Em conformidade com o art. 895 do CPC, o interessado em adquirir o bem penhorado em prestações pode apresentar, por escrito: até o início do primeiro leilão, proposta de aquisição do bem por valor não inferior ao da avaliação; até o início do segundo leilão, proposta de aquisição do bem por valor que não seja considerado vil.

A proposta deve conter, em qualquer hipótese, oferta de pagamento de pelo menos vinte e cinco por cento do valor do lance à vista e o restante parcelado em até 30 meses, garantido por caução idônea, quando se tratar de móveis, e por hipoteca do próprio bem, quando se tratar de imóveis.

As propostas para aquisição em prestações devem indicar o prazo, a modalidade, o indexador de correção monetária e as condições de pagamento do saldo. No caso de atraso no pagamento de qualquer das prestações, deve incidir multa de dez por cento sobre a soma da parcela inadimplida com as parcelas vincendas. O inadimplemento autoriza o exequente a pedir a resolução da arrematação ou promover, em face do arrematante, a execução do valor devido, devendo ambos os pedidos ser formulados nos autos da execução em que se deu a arrematação.

A apresentação da proposta prevista no art. 895 do CPC não suspende o leilão. A proposta de pagamento do lance à vista sempre prevalecerá sobre as propostas de pagamento parcelado.

Havendo mais de uma proposta de pagamento parcelado: em diferentes condições, o juiz deve decidir pela mais vantajosa, assim compreendida, sempre, a de maior valor; em iguais condições, o juiz deve decidir pela formulada em primeiro lugar.

No caso de arrematação a prazo, os pagamentos feitos pelo arrematante pertencerão ao exequente até o limite de seu crédito, e os subsequentes, ao executado.

A arrematação deve constar de *auto* que será lavrado de imediato e pode abranger bens penhorados em mais de uma execução, nele mencionadas as condições pelas quais foi alienado o bem (art. 901 do CPC).

A ordem de entrega do bem móvel ou a *carta de arrematação do bem imóvel*, com o respectivo mandado de imissão na posse, deve ser expedida depois de efetuado o depósito ou prestadas as garantias pelo arrematante, bem como realizado o pagamento da comissão do leiloeiro (se for o caso) e das demais despesas da execução.

A carta de arrematação deve conter a descrição do imóvel, com remissão à sua matrícula ou individuação e aos seus registros, a cópia do auto de arrematação e a prova de pagamento do imposto de transmissão, além da indicação da existência de eventual ônus real ou gravame.

Qualquer que seja a modalidade de leilão (e de praça, na execução trabalhista), assinado o auto pelo juiz, pelo arrematante e pelo leiloeiro, a arrematação deve ser considerada perfeita, acabada e irretratável, ainda que venham a ser julgados procedentes os embargos do executado ou a ação autônoma de que trata o § 4º do art. 903, ressalvada a possibilidade de reparação pelos prejuízos sofridos (art. 903 do CPC).

Entretanto, ressalvadas outras situações previstas no Código de Processo Civil, a arrematação pode ser: I – invalidada, quando realizada por preço vil ou com outro vício; II – considerada ineficaz, se não observado o disposto no art. 804 do CPC; III – resolvida, se não for pago o preço ou se não for prestada a caução (art. 903, § 1º, do CPC).

O juiz deve decidir acerca das situações referidas acima, se for provocado em até dez dias após o aperfeiçoamento da arrematação (o que ocorre com a assinatura do auto de arrematação, conforme art. 903, *caput*, do CPC).

Passado esse prazo de dez dias sem que tenha havido alegação de qualquer das situações previstas no § 1º do art. 903 do CPC, deve ser expedida a carta de arrematação e, conforme o caso, a ordem de entrega ou mandado de imissão na posse.

Após a expedição da carta de arrematação ou da ordem de entrega, a invalidação da arrematação pode ser pleiteada por *ação autônoma*, em cujo processo o arrematante deve figurar como litisconsorte necessário (art. 903, § 4º, do CPC).

O arrematante pode *desistir da arrematação*, sendo-lhe imediatamente devolvido o depósito que tiver feito: I – se provar, nos dez dias seguintes, a existência de ônus real ou gravame não mencionado no edital; II – se, antes de expedida a carta de arrematação ou a ordem de entrega, o executado alegar alguma das situações previstas no § 1º do art. 903 do CPC, acima indicado; III – uma vez citado para responder a *ação autônoma* de que trata o § 4º do art. 903, desde que apresente a desistência no prazo de que dispõe para responder a essa ação (art. 903, § 5º, do CPC).

Considera-se *ato atentatório à dignidade da justiça* a suscitação infundada de vício com o objetivo de ensejar a desistência do arrematante, devendo o suscitante ser condenado, sem prejuízo da responsabilidade por perdas e danos, ao pagamento de multa, a ser fixada pelo juiz e devida ao exequente, em montante não superior a vinte por cento do valor atualizado do bem (art. 903, § 6º, do CPC).

Na hipótese de bem imóvel, também deve ser lavrada a carta de arrematação (art. 901, §§ 1º e 2º, do CPC).

A transferência do domínio, em se tratando de bem móvel, ocorre por meio da tradição (art. 1.267 do Código Civil de 2002). No caso de bem imóvel, a transmissão da propriedade entre vivos ocorre com o registro do título de aquisição (art. 1.245 do Código Civil de 2002), no caso, a carta de arrematação.

Nos termos da Súmula 399, item I, do TST, é "incabível ação rescisória para impugnar decisão homologatória de adjudicação ou arrematação".

Por se tratar de decisão meramente homologatória, entende-se que não tem natureza de decisão de mérito. O meio adequado para a impugnação, assim, seria a ação (autônoma) anulatória ou declaratória de nulidade, nos termos do art. 966, § 4º, do CPC.

Em se tratando de ação anulatória, a competência originária se dá no mesmo juízo em que praticado o ato supostamente eivado de vício (Orientação Jurisprudencial 129 da SBDI-II do TST).

Da sentença que julgar a ação autônoma com pedido de invalidação da arrematação, por se tratar de demanda que tem por objeto ato praticado na execução trabalhista, entende-se cabível o agravo de petição (art. 897, *a*, da CLT). Nesse caso, havendo decisão de mérito, é possível sustentar o cabimento da ação rescisória.

12.25 ADJUDICAÇÃO

A *adjudicação* é o ato processual pelo qual se transfere a propriedade do bem penhorado ao patrimônio do exequente (credor).

Uma das modalidades de expropriação é justamente a adjudicação (art. 825, inciso I, do CPC). Trata-se de forma de satisfação do direito do exequente.

Nos termos do art. 904 do CPC, a satisfação do crédito exequendo é feita: pela entrega do dinheiro; pela adjudicação dos bens penhorados.

A adjudicação é admitida para bens móveis e imóveis, com fundamento no art. 888, §§ 1º e 3º, da CLT.

O exequente tem preferência para a adjudicação, em face do arrematante (art. 888, § 1º, da CLT). Desse modo, se o arrematante oferecer certo lance, e o exequente oferecer o mesmo valor para a adjudicação, esse último tem preferência. Portanto, a preferência apenas ocorre em sendo os valores iguais.

Se não comparecer ninguém à praça, ou não houver nenhum lance, a adjudicação só pode ser deferida pelo valor da avaliação (art. 24, inciso II, *a*, da Lei 6.830/1980).

O art. 876 do CPC prevê ser lícito ao exequente, oferecendo preço não inferior ao da avaliação, requerer lhe sejam adjudicados os bens penhorados. Entretanto, embora a questão possa gerar controvérsia, entende-se que o exequente também pode participar da praça, como arrematante, oferecendo lance (art. 890 do CPC), o que não se confunde com a adjudicação.

Tanto é assim que o art. 892, § 1º, do CPC expressamente dispõe que, *se o exequente arrematar os bens* e for o único credor, não está obrigado a exibir o preço. Entretanto, se o valor dos bens exceder ao seu crédito, deve depositar, dentro de três dias, a diferença, sob pena de tornar-se sem efeito a arrematação, e, nesse caso, os bens serão levados a novo leilão, à custa do exequente.

Se houver licitantes, a adjudicação deve ser deferida pelo valor do maior lance. Ou seja, havendo licitantes, a adjudicação deve ser deferida, com preferência, em igualdade de condições com a melhor oferta (art. 24, inciso II, *b*, da Lei 6.830/1980).

Se o preço da avaliação ou o valor da melhor oferta (lance) for superior ao dos créditos do exequente, a adjudicação somente será deferida pelo juiz se a diferença for depositada, pela exequente, à ordem do juízo, no prazo de 30 dias (art. 24, parágrafo único, da Lei 6.830/1980). Exige-se, portanto, o depósito de diferença do preço.

O art. 876, § 1º, do CPC prevê que, uma vez requerida a adjudicação, o executado deve ser intimado do pedido: pelo Diário da Justiça, na pessoa do seu advogado constituído nos autos; por carta com aviso de recebimento, quando representado pela Defensoria Pública ou não tiver procurador constituído nos autos; por meio eletrônico, quando, sendo caso do § 1º do art. 246 do CPC[73], não tiver procurador constituído nos autos.

Considera-se realizada a intimação quando o executado houver mudado de endereço sem prévia comunicação ao juízo, observado o disposto no art. 274, parágrafo único, do CPC[74].

Se o executado, citado por edital, não tiver procurador constituído nos autos, é dispensável a intimação prevista no § 1º do art. 876 do CPC.

Frise-se que, se o valor do crédito for inferior ao dos bens, o requerente da adjudicação deve depositar de imediato a diferença, que ficará à disposição do executado. Se o valor do crédito for superior ao dos bens, a execução deve prosseguir pelo saldo remanescente (art. 876, § 4º, do CPC).

Quanto ao prazo, entende-se que a adjudicação só pode ocorrer antes da *assinatura* do auto de arrematação, o que não se confunde com a sua lavratura, sabendo-se que o auto de arrematação deve ser lavrado de imediato, ou seja, após a arrematação, conforme art. 901 do CPC. Efetivamente, *assinado o auto de arrematação* pelo juiz, pelo arrematante e (se for o caso) pelo leiloeiro, a arrematação é considerada perfeita, acabada e irretratável (art. 903 do CPC).

Ademais, prevalece o entendimento de que a adjudicação, na execução trabalhista, só pode ocorrer depois da praça ou do leilão, ou mesmo durante a hasta pública, e não de forma antecipada.

Idêntico direito, ou seja, de adjudicação, pode ser exercido por aqueles indicados no art. 889, incisos II a VIII, do CPC[75], pelos credores concorrentes que hajam penhorado o mesmo bem, pelo cônjuge, pelo companheiro, pelos descendentes ou pelos ascendentes do executado (art. 876, § 5º, do CPC).

73. "§ 1º Com exceção das microempresas e das empresas de pequeno porte, as empresas públicas e privadas são obrigadas a manter cadastro junto aos sistemas de processo em autos eletrônicos, para efeito de recebimento de citações e intimações, as quais serão efetuadas preferencialmente por esse meio".

74. "Presumem-se válidas as intimações dirigidas ao endereço constante dos autos, ainda que não recebidas pessoalmente pelo interessado, se a modificação temporária ou definitiva não tiver sido devidamente comunicada ao juízo, fluindo os prazos a partir da juntada aos autos do comprovante de entrega da correspondência no primitivo endereço".

75. "Art. 889. Serão cientificados da alienação judicial, com pelo menos 5 (cinco) dias de antecedência: [...] II – o coproprietário de bem indivisível do qual tenha sido penhorada fração ideal; III – o titular de usufruto, uso, habitação, enfiteuse, direito de superfície, concessão de uso especial para fins de moradia ou concessão de direito real de uso, quando a penhora recair sobre bem gravado com tais direitos reais; IV – o proprietário do terreno submetido ao regime de direito de superfície, enfiteuse, concessão de uso especial para fins de moradia ou concessão de direito real de uso, quando a penhora recair sobre tais direitos reais; V – o credor pignoratício, hipotecário, anticrético, fiduciário ou com penhora anteriormente averbada, quando a penhora recair sobre bens com tais gravames, caso não seja o credor, de qualquer modo, parte na execução; VI – o promitente comprador, quando a penhora recair sobre bem em relação ao qual haja promessa de compra e venda registrada; VII – o promitente vendedor, quando a penhora recair sobre direito aquisitivo derivado de promessa de compra e venda registrada; VIII – a União, o Estado e o Município, no caso de alienação de bem tombado".

Apesar da previsão do art. 888, § 3º, da CLT, é possível defender a aplicabilidade do mencionado dispositivo ao processo do trabalho, argumentando-se que a CLT não é exaustiva quanto à legitimidade para requerer a adjudicação.

Se houver mais de um pretendente, deve-se proceder entre eles a licitação, tendo preferência, em caso de igualdade de oferta, o cônjuge, o companheiro, o descendente ou o ascendente, nesta ordem.

No caso de penhora de quota social ou de ação de sociedade anônima fechada realizada em favor de exequente alheio à sociedade, esta deve ser intimada, ficando responsável por informar aos sócios a ocorrência da penhora, assegurando-se a estes a preferência.

Transcorrido o prazo de cinco dias, contado da última intimação, e decididas eventuais questões, o juiz deve ordenar a lavratura do *auto de adjudicação* (art. 877 do CPC).

Considera-se perfeita e acabada a adjudicação com a lavratura e a assinatura do auto pelo juiz, pelo adjudicatário, pelo escrivão ou chefe de secretaria, e, se estiver presente, pelo executado, expedindo-se: a carta de adjudicação e o mandado de imissão na posse, quando se tratar de bem imóvel; a ordem de entrega ao adjudicatário, quando se tratar de bem móvel.

Portanto, na adjudicação, tal como ocorre na arrematação, deve ser lavrado o respectivo auto e, em se tratando de imóvel, também a carta.

A carta de adjudicação deve conter a descrição do imóvel, com remissão à sua matrícula e registros, a cópia do auto de adjudicação e a prova de quitação do imposto de transmissão.

No caso de bem móvel, a transferência do domínio ocorre por meio da tradição (art. 1.267 do Código Civil de 2002). Em se tratando de bem imóvel, a transmissão da propriedade decorre do registro do título de aquisição (art. 1.245 do Código Civil de 2002), isto é, da carta de adjudicação.

Como já mencionado, segundo a Súmula 399, inciso I, do TST, é "incabível ação rescisória para impugnar decisão homologatória de adjudicação ou arrematação".

Por se tratar de decisão meramente homologatória, é cabível a ação (autônoma) anulatória ou declaratória de nulidade, nos termos do art. 966, § 4º, do CPC.

Frustradas as tentativas de alienação do bem, deve ser reaberta oportunidade para requerimento de adjudicação, caso em que também se pode pleitear a realização de nova avaliação (art. 878 do CPC).

Anteriormente, na vigência do CPC de 1973, mesmo na execução trabalhista, admitia-se a oposição de embargos à adjudicação, no prazo de cinco dias (contados da adjudicação), nas hipóteses de nulidade ou causa extintiva da obrigação, desde que posteriores à penhora (art. 746 do CPC de 1973).

Por isso, a Orientação Jurisprudencial 66 da SBDI-II do TST assim prevê:

> "Mandado de segurança. Sentença homologatória de adjudicação. Incabível. I – Sob a égide do CPC de 1973 é incabível o mandado de segurança contra sentença homologatória de adjudicação, uma vez que existe meio próprio para impugnar o ato judicial, consistente nos embargos à adjudicação (CPC de 1973, art. 746). II – Na vigência do CPC de 2015 também não cabe mandado de segurança, pois o ato judicial pode ser impugnado por simples petição, na forma do artigo 877, *caput*, do CPC de 2015".

Como se pode notar, na atualidade, o ato judicial que homologa a adjudicação pode ser impugnado por simples petição, com fundamento no art. 877, *caput*, do CPC, ao prever que depois de transcorrido o prazo de cinco dias, contado da última intimação, *e decididas eventuais questões*, o juiz ordenará a lavratura do auto de adjudicação.

Ainda assim, após a expedição da carta de adjudicação (em se tratando de bens imóveis) ou da ordem de entrega (no caso de bens móveis), entende-se cabível *ação autônoma* (como na hipótese de arrematação, conforme art. 903, § 4º, do CPC), com pedido de invalidação da adjudicação.

A sentença que julga essa ação autônoma, por ter como objeto ato praticado na execução trabalhista, pode ser impugnada por meio do agravo de petição (art. 897, *a*, da CLT).

12.26 REMIÇÃO

A *remição da execução* significa o resgate dos bens penhorados pelo executado, com o pagamento do valor devido.

Na execução trabalhista, consoante o art. 13 da Lei 5.584/1970, em qualquer hipótese, a remição só pode ser deferida ao executado se este oferecer preço igual ao valor da condenação.

O art. 826 do CPC dispõe que, antes de adjudicados ou alienados os bens, o executado pode, a todo tempo, remir a execução, pagando ou consignando a importância atualizada da dívida, acrescida de juros, custas e honorários advocatícios.

Portanto, o prazo para a remição é até a assinatura do auto de arrematação ou de adjudicação (arts. 901 e 877 do CPC).

Entende-se que a remição da execução tem preferência em face da adjudicação e da arrematação (arts. 13 da Lei 5.584/1970 e 902 do CPC). A adjudicação tem preferência em face da arrematação (art. 888, § 1º, da CLT).

No caso de penhora de bem hipotecado, o executado pode remi-lo até a assinatura do auto de adjudicação, oferecendo preço igual ao da avaliação, se não tiver havido licitantes, ou ao do maior lance oferecido (art. 877, § 3º, do CPC).

Mesmo não se tratando de execução fundada em crédito hipotecário, se o bem penhorado não foi objeto de lance, é regra de bom senso possibilitar ao executado oferecer o valor da avaliação. Caso isso fosse obstado, o próprio exequente seria prejudicado, pois não teria acesso ao valor da remição para satisfazer seu crédito.

Tendo o bem penhorado sido objeto de lance, não se verifica, em princípio, razão para impedir que o executado ofereça o mesmo valor, remindo-o, e permaneça como o seu proprietário. Essa remição pode favorecer o próprio interesse do exequente (art. 797 do CPC), ao adotar a seguinte interpretação: havendo ainda crédito não satisfeito, permanece o bem na titularidade do executado, com o que ele continua respondendo, em princípio, pela execução (art. 789 do CPC). Essa aplicação ampla da remição pelo devedor concretiza o mandamento de que a execução deve fazer-se pelo modo menos gravoso ao executado (art. 805 do CPC).

Na hipótese de falência ou de insolvência do devedor hipotecário, esse direito de remição deve ser deferido à massa ou aos credores em concurso, não podendo o exequente recusar o preço da avaliação do imóvel (art. 877, § 4º, do CPC).

12.27 ALIENAÇÃO POR INICIATIVA PARTICULAR

O art. 879 do CPC prevê que a *alienação* deve ser feita *por iniciativa particular*; em leilão judicial eletrônico ou presencial.

Tendo em vista que a CLT não versa a respeito desse tema, e há compatibilidade com o processo do trabalho, entende-se aplicável o dispositivo sobre a alienação por iniciativa particular na execução trabalhista.

Desse modo, se não for efetivada a adjudicação (do bem penhorado), o exequente pode requerer a alienação por sua própria iniciativa ou por intermédio de corretor ou leiloeiro público credenciado perante o órgão judiciário (art. 880 do CPC).

O juiz deve fixar o prazo em que a alienação deve ser efetivada, a forma de publicidade, o preço mínimo, as condições de pagamento e as garantias e, se for o caso, a comissão de corretagem.

A alienação deve ser formalizada por termo nos autos, com a assinatura do juiz, do exequente, do adquirente e, se estiver presente, do executado, expedindo-se: a carta de alienação e o mandado de imissão na posse, quando se tratar de bem imóvel; a ordem de entrega ao adquirente, quando se tratar de bem móvel.

Os tribunais podem detalhar o procedimento da alienação por iniciativa particular, admitindo inclusive o concurso de meios eletrônicos, e dispor sobre o credenciamento dos corretores e leiloeiros públicos, os quais devem estar em exercício profissional por não menos que três anos. Nas localidades em que não houver corretor ou leiloeiro público credenciado, a indicação deve ser de livre escolha do exequente.

12.28 EXECUÇÃO DE CONTRIBUIÇÕES PREVIDENCIÁRIAS

Compete à Justiça do Trabalho executar, de ofício, as contribuições sociais previstas no art. 195, incisos I, *a*, e II, e seus acréscimos legais, decorrentes das sentenças que proferir (art. 114, inciso VIII, da Constituição Federal de 1988). Cf. Capítulo 3, item 3.4.11.

O art. 195 da Constituição da República dispõe que a Seguridade Social será financiada por toda a sociedade, de forma direta e indireta, nos termos da lei, mediante recursos provenientes dos orçamentos da União, dos Estados, do Distrito Federal e dos Municípios, e das seguintes *contribuições sociais*: I – do empregador, da empresa e da entidade a ela equiparada na forma da lei, incidentes sobre: a) a folha de salários e demais rendimentos do trabalho pagos ou creditados, a qualquer título, à pessoa física que lhe preste serviço, mesmo sem vínculo empregatício; [...] II – do trabalhador e dos demais segurados da previdência social, não incidindo contribuição sobre aposentadoria e pensão concedidas pelo Regime Geral de Previdência Social.

Compete à Justiça do Trabalho a execução, de ofício, da contribuição referente ao Seguro de Acidente de Trabalho (SAT), que tem natureza de contribuição para a seguridade social (arts. 114, inciso VIII, e 195, inciso I, *a*, da Constituição Federal de 1988), pois se destina ao financiamento de benefícios relativos à incapacidade do empregado decorrente de infortúnio no trabalho (arts. 11 e 22 da Lei nº 8.212/1991 (Súmula 454 do TST).

Prevalece o entendimento de que a Justiça do Trabalho também é competente para a execução das contribuições sociais (previdenciárias) decorrentes de acordos firmados em Comissões de Conciliação Prévia, com fundamento no art. 114, inciso IX, da Constituição da República, no art. 43, § 6º, da Lei 8.212/1991 e nos arts. 876 e 877-A da CLT (TST, SBDI-I, E-RR – 22200-18.2009.5.09.0096, Rel. Min. José Roberto Freire Pimenta, DEJT 24.10.2014).

A competência da Justiça do Trabalho prevista no art. 114, inciso VIII, da Constituição Federal alcança a execução de ofício das contribuições previdenciárias relativas ao objeto da condenação constante das sentenças que proferir e acordos por ela homologados (Súmula Vinculante 53 do STF).

As decisões cognitivas ou homologatórias devem sempre indicar a natureza jurídica das parcelas constantes da condenação ou do acordo homologado, inclusive o limite de responsabilidade de cada parte pelo recolhimento da contribuição previdenciária, se for o caso (art. 832, § 3º, da CLT).

A intimação da União (art. 832, § 4º, da CLT), a possibilidade de interposição de recurso (art. 832, § 5º, da CLT), o acordo celebrado posteriormente (art. 832, § 6º, da CLT), a dispensa de manifestação da União por ato fundamentado do Ministro de Estado da Fazenda (art. 832, § 7º, da CLT), por não se referirem a atos de execução propriamente, já foram examinados nos itens próprios, relativos à sentença e à conciliação.

A Lei 11.457, de 16 de março de 2007, no art. 16, § 3º, inciso II, estabelece que compete à Procuradoria-Geral Federal representar judicial e extrajudicialmente a União, nos processos da Justiça do Trabalho relacionados com a cobrança de contribuições previdenciárias, de imposto de renda retido na fonte e de multas impostas aos empregadores pelos órgãos de fiscalização das relações do trabalho, mediante delegação da Procuradoria-Geral da Fazenda Nacional.

O art. 43, *caput*, da Lei 8.212/1991 dispõe que nas ações trabalhistas de que resultar o pagamento de direitos sujeitos à incidência de contribuição previdenciária, o juiz, sob pena de responsabilidade, deve determinar o imediato recolhimento das importâncias devidas à Seguridade Social.

O art. 876, parágrafo único, da CLT reitera que a Justiça do Trabalho deve executar, de ofício, as contribuições sociais previstas na alínea *a* do inciso I e no inciso II do *caput* do art. 195 da Constituição Federal, e seus acréscimos legais, relativas ao objeto da condenação constante das sentenças que proferir e dos acordos que homologar.

A execução das contribuições previdenciárias decorrentes de decisões e acordos homologados pela Justiça do Trabalho, portanto, segue o procedimento da execução trabalhista, previsto na CLT, não havendo a inscrição em dívida ativa. A Lei 6.830/1980 apenas é aplicada de forma subsidiária, nos termos do art. 889 da CLT.

É facultado ao devedor o pagamento imediato da parte que entender devida à Previdência Social, sem prejuízo da cobrança de eventuais diferenças encontradas na execução de ofício (art. 878-A da CLT).

Quando se tratar de execução por quantia certa, o juiz ou presidente do tribunal deve mandar expedir mandado de citação do executado, para que efetue o pagamento, inclusive de contribuições sociais devidas à União, em 48 horas, ou garanta a execução, sob pena de penhora (art. 880 da CLT).

O executado que não pagar a importância reclamada pode garantir a execução mediante depósito da quantia correspondente, atualizada e acrescida das despesas processuais, apresentação de seguro garantia judicial ou nomeação de bens à penhora, observada a ordem preferencial estabelecida no art. 835 do Código de Processo Civil (art. 882 da CLT).

Os recolhimentos das importâncias devidas, referentes às contribuições sociais, serão efetuados nas agências locais da Caixa Econômica Federal ou do Banco do Brasil S.A., por intermédio de documento de arrecadação da Previdência Social, dele se fazendo constar o número do processo (art. 889-A da CLT).

Se for concedido parcelamento pela Secretaria da Receita Federal do Brasil, cabe ao devedor juntar aos autos a comprovação do ajuste, ficando a execução da contribuição social correspondente suspensa até a quitação de todas as parcelas (art. 889-A, § 1º, da CLT). As Varas do Trabalho devem encaminhar mensalmente à Secretaria da Receita Federal do Brasil informações sobre os recolhimentos efetivados nos autos, salvo se outro prazo for estabelecido em regulamento (art. 889-A, § 2º, da CLT).

12.29 EXECUÇÃO CONTRA A FAZENDA PÚBLICA

A *execução de obrigação de pagar quantia certa contra a Fazenda Pública* apresenta disciplina própria, por conter diversas peculiaridades.

Os bens públicos são, em regra, inalienáveis e, portanto, impenhoráveis. Por isso, a Fazenda Pública não é citada para pagar a dívida ou garantir a execução, sob pena de penhora de seus bens.

Nos termos do art. 100, *caput*, da Constituição da República, os pagamentos devidos pelas Fazendas Públicas Federal, Estaduais, Distrital e Municipais, em virtude de sentença judiciária, far-se-ão exclusivamente na ordem cronológica de apresentação dos precatórios e à conta dos créditos respectivos, proibida a designação de casos ou de pessoas nas dotações orçamentárias e nos créditos adicionais abertos para este fim.

É cabível execução por título extrajudicial contra a Fazenda Pública (Súmula 279 do STJ). O CPC disciplina a execução fundada em título extrajudicial contra a Fazenda Pública no art. 910.

A Fazenda Pública abrange os entes estatais de direito público, quais sejam: a União, os Estados, o Distrito Federal, os Municípios (compondo a administração pública direta), as autarquias e as fundações públicas (estas, quando criadas e dotadas de personalidade jurídica de Direito público, podendo as duas últimas ser federais, estaduais, distritais e municipais, integrando a Administração Pública Indireta)[76].

Em princípio, não integram a Fazenda Pública os entes estatais com personalidade jurídica de direito privado (art. 173, § 1º, inciso II, da Constituição da República)[77], quais sejam: as empresas públicas, as sociedades de economia mista, as fundações instituídas pelo poder público com natureza jurídica de direito privado (embora integrem a administração pública indireta)[78], os serviços sociais autônomos e os entes de cooperação.

O art. 100, § 5º, da Constituição Federal de 1988, com redação dada pela Emenda Constitucional 114/2021, estabelece ser obrigatória a inclusão no orçamento das *entidades de direito público* de verba necessária ao pagamento de seus débitos oriundos de sentenças transitadas em julgado constantes de precatórios judiciários apresentados até 2 de abril, fazendo-se o pagamento até o final do exercício seguinte, quando terão seus valores atualizados monetariamente.

É válida a penhora em bens de pessoa jurídica de direito privado, realizada anteriormente à sucessão pela União ou por Estado-membro, não podendo a execução prosseguir mediante precatório. A decisão que a mantém não viola o art. 100 da Constituição Federal de 1988 (Orientação Jurisprudencial 343 da SBDI-I do TST).

O Supremo Tribunal Federal aprovou a seguinte tese em recurso extraordinário com repercussão geral: "Sociedades de economia mista que desenvolvem atividade econômica em regime concorrencial não se beneficiam do regime de precatórios, previsto no art. 100 da Constituição da República" (STF, Pleno, RE 599.628/DF, Rel. p/ ac. Min. Joaquim Barbosa, DJe 17.10.2011)[79].

---

76. Cf. Decreto-Lei 200/1969, art. 4º, inciso II, *a* e *d*.

77. Cf. Orientação Jurisprudencial 87 da SBDI-I do TST: "Entidade pública. Exploração de atividade eminentemente econômica. Execução. Art. 883 da CLT. É direta a execução contra a APPA e MINASCAIXA (§ 1º do art. 173, da CF/1988)".

78. Cf. Decreto-Lei 200/1969, art. 4º, inciso II, *b*, *c* e *d*.

79. "Financeiro. Sociedade de economia mista. Pagamento de valores por força de decisão judicial. Inaplicabilidade do regime de precatório. Art. 100 da Constituição. Constitucional e processual civil. Matéria

Desse modo, em se tratando de sociedade de economia mista e empresa pública *prestadoras de serviço público*, com atuação em regime não concorrencial, entende-se que a execução deve ser feita pelo regime de precatório (Cf. STF, 2ª T., AgR-RE 1.067.478/RJ, Rel. Min. Dias Toffoli, DJe 03.12.2018; STF, 1ª T., AgR-RE 1009828/RJ, Rel. Min. Roberto Barroso, DJe 06.09.2018).

A respeito do tema, cabe destacar o seguinte julgado: "2. É firme a jurisprudência desta Suprema Corte no sentido de que, para se submeterem ao regime constitucional dos precatórios (CF, art. 100), as empresas públicas e sociedades de economia mista devem preencher três requisitos cumulativos, quais sejam: (i) prestar, exclusivamente, serviços públicos de caráter essencial, (ii) em regime não concorrencial e (iii) não ter a finalidade primária de distribuir lucros. Precedentes. 3. As empresas estatais (empresas públicas e as sociedades de economia mista), ao atuarem em atividades econômicas em sentido estrito, a teor do art. 173, § 1º, II, e § 2º, da Constituição da República, sujeitam-se ao regime jurídico próprio das empresas privadas, não podendo gozar de benefícios e prerrogativas da Fazenda Pública inextensíveis ao setor privado" (STF, Pleno, MC-ADPF 896/MG, Rel. Min. Rosa Weber, DJe 25.04.2023).

O Supremo Tribunal Federal fixou a seguinte tese de julgamento: "Os recursos públicos vinculados ao orçamento de estatais prestadoras de serviço público essencial, em regime não concorrencial e sem intuito lucrativo primário, não podem ser bloqueados ou sequestrados por decisão judicial para pagamento de suas dívidas, em virtude do disposto no art. 100 da CF/1988, e dos princípios da legalidade orçamentária (art. 167, VI, da CF/1988), da separação dos poderes (arts. 2º, 60, § 4º, III, da CF/1988) e da eficiência da administração pública (art. 37, *caput*, da CF/1988)" (STF, Pleno, ADPF 789/MA, Rel. Min. Roberto Barroso, j. 23.08.2021, DJe 08.09.2021).

O Supremo Tribunal Federal fixou ainda a seguinte tese de repercussão geral: "Os pagamentos devidos, em razão de pronunciamento judicial, pelos Conselhos de Fiscalização não se submetem ao regime de precatórios" (STF, Pleno, RE 938.837/SP, Red. p/ ac. Min. Marco Aurélio, j. 19.04.2017).

Não obstante, a exigência do precatório também se aplica no caso específico da Empresa Brasileira de Correios e Telégrafos (STF, 2ª T., RE 228.484-6, Rel. Min. Carlos Velloso, DJ 31.08.2001).

A Empresa Brasileira de Correios e Telégrafos (ECT) goza do mesmo tratamento destinado à Fazenda Pública em relação à imunidade tributária e à *execução por precatório*, além das prerrogativas de foro, prazos e custas processuais (Orientação Jurisprudencial 247, inciso II, parte final, da SBDI-I do TST).

Por se exigir o trânsito em julgado, a jurisprudência "firmou-se no sentido da inaplicabilidade ao Poder Público do regime jurídico da execução provisória de prestação de pagar quantia certa, após o advento da Emenda Constitucional 30/2000" (STF, Pleno, RE 573.872/RS, Rel. Min. Edson Fachin, DJe 11.09.2017).

O Supremo Tribunal Federal fixou ainda a seguinte tese de repercussão geral: "A execução provisória de obrigação de fazer em face da Fazenda Pública não atrai o regi-

---

constitucional cuja repercussão geral foi reconhecida. Os privilégios da Fazenda Pública são inextensíveis às sociedades de economia mista que executam atividades em regime de concorrência ou que tenham como objetivo distribuir lucros aos seus acionistas. Portanto, a empresa Centrais Elétricas do Norte do Brasil S.A. - Eletronorte não pode se beneficiar do sistema de pagamento por precatório de dívidas decorrentes de decisões judiciais (art. 100 da Constituição). Recurso extraordinário ao qual se nega provimento" (STF, Pleno, RE 599.628/DF, Rel. p/ ac. Min. Joaquim Barbosa, DJe 17.10.2011).

me constitucional dos precatórios" (STF, Pleno, RE 573.872/RS, Rel. Min. Edson Fachin, j. 24.05.2017).

Entende-se, assim, haver "compatibilidade material entre o regime de cumprimento integral de decisão provisória e a sistemática dos precatórios, haja vista que este apenas se refere às obrigações de pagar quantia certa" (STF, Pleno, RE 573.872/RS, Rel. Min. Edson Fachin, DJe 11.09.2017).

Nos termos do art. 535 do CPC, a Fazenda Pública deve ser intimada na pessoa de seu representante judicial, mediante carga, remessa ou por meio eletrônico, para, querendo, no prazo de 30 dias e nos próprios autos, impugnar a execução, ou seja, opor embargos à execução, no caso do processo do trabalho.

Se os embargos à execução não forem opostos no prazo legal, ou se forem rejeitadas as arguições da executada (Fazenda Pública), observam-se as seguintes regras: I – deve-se expedir, por intermédio do presidente do tribunal competente, precatório em favor do exequente, observando-se o disposto na Constituição Federal; II – por ordem do juiz, dirigida à autoridade na pessoa de quem o ente público foi citado para a causa, o pagamento de obrigação de pequeno valor deve ser realizado no prazo de dois meses contados da entrega da requisição, mediante depósito na agência de banco oficial mais próxima da residência do exequente (art. 535, § 3º, do CPC).

O Supremo Tribunal Federal julgou parcialmente procedente o pedido em ADI, para declarar a inconstitucionalidade da expressão "de banco oficial", constante do art. 535, § 3º, inciso II, do CPC, e conferir interpretação conforme a Constituição ao dispositivo, para que se entenda que a "agência" nele referida pode ser de instituição financeira pública ou privada. Para dar cumprimento ao disposto na norma, poderá a administração do tribunal contratar banco oficial ou, caso assim opte, banco privado, hipótese em que serão observadas a realidade do caso concreto, os regramentos legais e princípios constitucionais aplicáveis e as normas do procedimento licitatório, visando à escolha da proposta mais adequada para a administração de tais recursos (STF, Pleno, ADI 5.492/DF, Rel. Min. Dias Toffoli, j. 27.04.2023).

No caso de embargos à execução parciais (impugnação parcial), a parte não questionada pela executada será, desde logo, objeto de cumprimento (art. 535, § 4º, do CPC).

O Supremo Tribunal Federal declarou a constitucionalidade do art. 535, § 3º, inciso II, do Código de Processo Civil e conferiu interpretação conforme à Constituição ao art. 535, § 4º, do CPC, no sentido de que, para efeito de determinação do regime de pagamento do valor incontroverso, deve ser observado o valor total da condenação, conforme tese firmada no recurso extraordinário com repercussão geral nº 1.205.530 (STF, Pleno, ADI 5.534/DF, Rel. Min. Dias Toffoli, j. 21.12.2020).

O Supremo Tribunal Federal fixou a seguinte tese de repercussão geral: "Surge constitucional expedição de precatório ou requisição de pequeno valor para pagamento da parte incontroversa e autônoma do pronunciamento judicial transitada em julgado observada a importância total executada para efeitos de dimensionamento como obrigação de pequeno valor" (STF, Pleno, RE 1.205.530/SP, Rel. Min. Marco Aurélio, DJe 01.07.2020).

Para a Fazenda Pública, o prazo dos embargos à execução é de 30 dias, nos termos do art. 884, *caput*, da CLT, c/c o art. 1º-B da Lei 9.494/1997, acrescentado pela Medida Provisória 2.180-35/2001, e arts. 535 e 910 do CPC.

Os pagamentos devidos pela Fazenda Pública devem ser feitos exclusivamente na ordem cronológica de apresentação dos *precatórios* (art. 100, *caput*, da Constituição Federal de 1988).

Precatório significa requisição judicial, no caso, a requisição de pagamento feita pelo juiz da execução, por intermédio do presidente do tribunal (art. 535, § 3º, inciso I, do CPC).

Com esse objetivo, é obrigatória a inclusão no orçamento das entidades de direito público de verba necessária ao pagamento de seus débitos oriundos de sentenças transitadas em julgado constantes de precatórios judiciários apresentados até 2 de abril, fazendo-se o pagamento até o final do exercício seguinte, quando terão seus valores atualizados monetariamente (art. 100, § 5º, da Constituição da República, com redação dada pela Emenda Constitucional 114/2021).

O § 6º do art. 100 da Constituição da República determina que as dotações orçamentárias e os créditos abertos serão consignados diretamente ao Poder Judiciário, cabendo ao Presidente do Tribunal que proferir a decisão exequenda determinar o pagamento integral e autorizar, a requerimento do credor e exclusivamente para os casos de preterimento de seu direito de precedência ou de não alocação orçamentária do valor necessário à satisfação do seu débito, o sequestro da quantia respectiva.

O *sequestro* da quantia, portanto, é "exclusivamente" para as situações de preterir, isto é, descumprir o direito de precedência do credor, "ou de não alocação orçamentária do valor necessário à satisfação do seu débito". O sequestro depende de requerimento do credor, não podendo ser determinado de ofício pelo Presidente do Tribunal.

O Supremo Tribunal Federal fixou a seguinte tese de repercussão geral (Tema 598): "O deferimento de sequestro de rendas públicas para pagamento de precatório deve se restringir às hipóteses enumeradas taxativamente na Constituição Federal de 1988" (STF, Pleno, RE 840.435/RS, Rel. Min. Dias Toffoli, j. 25.09.2023).

Frise-se ainda que, em conformidade com a Súmula Vinculante 17 do STF, durante o período previsto no art. 100 da Constituição Federal de 1988 não incidem juros de mora sobre os precatórios que nele sejam pagos. Ou seja, não há incidência de juros moratórios sobre os precatórios durante o prazo, previsto constitucionalmente, entre a sua expedição e o efetivo pagamento.

Nesse sentido, o Supremo Tribunal Federal fixou a seguinte tese de repercussão geral: "O enunciado da Súmula Vinculante 17 não foi afetado pela superveniência da Emenda Constitucional 62/2009, de modo que não incidem juros de mora no período de que trata o § 5º do art. 100 da Constituição. Havendo o inadimplemento pelo ente público devedor, a fluência dos juros inicia-se após o 'período de graça'" (STF, Pleno, RE 1.169.289/SC, Red. p/ ac. Min. Alexandre de Moraes, j. 16.06.2020). Esclareça-se que "período de graça" para pagamento, no caso, diz respeito ao final do exercício seguinte.

O Supremo Tribunal Federal fixou a seguinte tese de repercussão geral: "Incidem os juros da mora no período compreendido entre a data da realização dos cálculos e a da requisição ou do precatório" (STF, Pleno, RE 579.431/RS, Rel. Min. Marco Aurélio, j. 19.04.2017).

É indevido o sequestro de verbas públicas quando o exequente/requerente não se encontra em primeiro lugar na lista de ordem cronológica para pagamento de precatórios ou quando não demonstrada essa condição (Orientação Jurisprudencial 13 do Pleno do TST).

O não pagamento, sem preterir direito de precedência, em tese, pode ser fundamento para a intervenção da União (no Estado ou Distrito Federal) ou do Estado (em Município), para prover a execução de decisão judicial, conforme o caso, nos termos dos arts. 34, inciso VI, e 35, inciso IV, da Constituição Federal de 1988.

O Presidente do Tribunal competente que, por ato comissivo ou omissivo, retardar ou tentar frustrar a liquidação regular de precatórios, incorrerá em crime de responsabilidade e responderá, também, perante o Conselho Nacional de Justiça (art. 100, § 7º, da Constituição Federal, incluído pela Emenda Constitucional 62/2009).

Cabe destacar, ainda, a Orientação Jurisprudencial 2 do Pleno do TST:

> "Precatório. Revisão de cálculos. Limites da competência do Presidente do TRT. O pedido de revisão dos cálculos, em fase de precatório, previsto no art. 1º-E da Lei nº 9.494/97, apenas poderá ser acolhido desde que: a) o requerente aponte e especifique claramente quais são as incorreções existentes nos cálculos, discriminando o montante que seria correto, pois do contrário a incorreção torna-se abstrata; b) o defeito nos cálculos esteja ligado à incorreção material ou à utilização de critério em descompasso com a lei ou com o título executivo judicial; e c) o critério legal aplicável ao débito não tenha sido objeto de debate nem na fase de conhecimento, nem na fase de execução".

Em sede de precatório, por se tratar de decisão de natureza administrativa, não se aplica o disposto no art. 1º, inciso V, do Decreto-Lei 779, de 21.08.1969, em que se determina a remessa necessária em caso de decisão judicial desfavorável a ente público (Orientação Jurisprudencial 8 do Pleno do TST).

É cabível mandado de segurança contra atos praticados pela Presidência dos Tribunais Regionais em precatório em razão de sua natureza administrativa, não se aplicando o disposto no inciso II do art. 5º da Lei 12.016/2009 (Orientação Jurisprudencial 10 do Pleno do TST).

O julgamento do requerimento (do credor) de sequestro do valor necessário à satisfação do seu crédito, formulado ao presidente do tribunal, possui natureza administrativa, por se referir a processamento de precatório. Por isso, desse julgamento não é cabível recurso extraordinário. Nesse sentido, segundo a Súmula 733 do STF, "não cabe recurso extraordinário contra decisão proferida no processamento de precatórios".

O Presidente do TRT, em sede de precatório, não tem competência funcional para declarar a inexigibilidade do título judicial exequendo, com fundamento no art. 884, § 5º, da CLT, ante a natureza meramente administrativa do procedimento (Orientação Jurisprudencial 12 do Pleno do TST).

Os créditos de natureza alimentícia também estão sujeitos ao regime do precatório. Entretanto, é assegurado o direito de preferência aos credores de obrigação de natureza alimentícia, obedecida, entre eles, a ordem cronológica de apresentação dos respectivos precatórios judiciários (art. 6º, § 1º, da Lei 9.469/1997).

A Súmula 655 do STF já dispunha que a "exceção prevista no art. 100, 'caput', da Constituição, em favor dos créditos de natureza alimentícia, não dispensa a expedição de precatório, limitando-se a isentá-los da observância da ordem cronológica dos precatórios decorrentes de condenações de outra natureza".

No mesmo sentido, a Súmula 144 do STJ prevê que os "créditos de natureza alimentícia gozam de preferência, desvinculados os precatórios da ordem cronológica dos créditos de natureza diversa".

O art. 100, § 1º, da Constituição Federal de 1988 determina que os débitos de natureza alimentícia compreendem aqueles decorrentes de salários, vencimentos, proventos, pensões e suas complementações, benefícios previdenciários e indenizações por morte ou por invalidez, fundadas em responsabilidade civil, em virtude de sentença judicial transitada em julgado, e serão pagos com preferência sobre todos os demais débitos, exceto sobre aqueles referidos no § 2º do art. 100.

Portanto, são considerados débitos de natureza alimentícia os decorrentes de salários, vencimentos, proventos, pensões e suas complementações, benefícios previdenciários e indenizações por morte ou por invalidez, fundadas em responsabilidade civil.

Os honorários advocatícios incluídos na condenação ou destacados do montante principal devido ao credor consubstanciam verba de natureza alimentar cuja satisfação ocorrerá com a expedição de precatório ou requisição de pequeno valor, observada ordem especial restrita aos créditos dessa natureza (Súmula Vinculante 47 do STF).

Em sede de precatório, não configura ofensa à coisa julgada a limitação dos efeitos pecuniários da sentença condenatória ao período anterior ao advento da Lei 8.112/1990, em que o exequente submetia-se à legislação trabalhista, salvo disposição expressa em contrário na decisão exequenda (Orientação Jurisprudencial 6 do Pleno do TST).

O art. 100, § 3º, da Constituição Federal estabelece que o disposto no *caput* do art. 100, relativamente à expedição de precatórios, não se aplica aos pagamentos de obrigações definidas em leis como de pequeno valor que as Fazendas referidas devam fazer em virtude de sentença judicial transitada em julgado.

Para os fins do disposto no § 3º do art. 100 da Constituição Federal, poderão ser fixados, por leis próprias, valores distintos às entidades de direito público, segundo as diferentes capacidades econômicas, sendo o mínimo igual ao valor do maior benefício do regime geral de previdência social (art. 100, § 4º).

Nos termos do art. 87 do Ato das Disposições Constitucionais Transitórias, incluído pela Emenda Constitucional 37/2002, para efeito do que dispõem o § 3º do art. 100 da Constituição Federal e o art. 78 do Ato das Disposições Constitucionais Transitórias, são considerados de pequeno valor, até que se dê a publicação oficial das respectivas leis definidoras pelos entes da Federação, observado o disposto no § 4º do art. 100 da Constituição Federal, os débitos ou obrigações consignados em precatório judiciário, que tenham valor igual ou inferior a: quarenta salários mínimos, perante a Fazenda dos Estados e do Distrito Federal; trinta salários mínimos, perante a Fazenda dos Municípios.

Há dispensa da expedição de precatório, na forma do art. 100, § 3º, da Constituição Federal de 1988, quando a execução contra a Fazenda Pública não exceder os valores definidos, provisoriamente, pela Emenda Constitucional 37/2002, como obrigações de pequeno valor, inexistindo ilegalidade, sob esse prisma, na determinação de sequestro da quantia devida pelo ente público (Orientação Jurisprudencial 1 do Pleno do TST).

Tratando-se de reclamações trabalhistas plúrimas, a aferição do que vem a ser obrigação de pequeno valor, para efeito de dispensa de formação de precatório e aplicação do disposto no § 3º do art. 100 da Constituição Federal de 1988, deve ser realizada considerando-se os créditos de cada reclamante (Orientação Jurisprudencial 9 do Pleno do TST).

O § 11 do art. 97 do Ato das Disposições Constitucionais Transitórias, incluído pela Emenda Constitucional 62/2009, também prevê que no "caso de precatórios relativos a diversos credores, em litisconsórcio, admite-se o desmembramento do valor, realizado pelo Tribunal de origem do precatório, por credor, e, por este, a habilitação do valor total a que tem direito, não se aplicando, neste caso, a regra do § 3º do art. 100 da Constituição Federal".

Defende-se o entendimento de que o pequeno valor, com o fim de se dispensar a exigência de precatório, deve ser verificado segundo cada litisconsorte (credor). Vale dizer, não se aplica o limite do pequeno valor (§ 3º do art. 100) para o crédito global de todos os litisconsortes (credores), mas sim para cada um deles.

Se o valor da execução ultrapassar o indicado acima, o pagamento deve ser feito, sempre, por meio de precatório, sendo facultada à parte exequente a renúncia ao crédito do valor excedente, para que possa optar pelo pagamento do saldo sem o precatório, da forma prevista no § 3º do art. 100 da Constituição Federal (art. 87, parágrafo único, do Ato das Disposições Constitucionais Transitórias).

O art. 97, § 12, do Ato das Disposições Constitucionais Transitórias, incluído pela Emenda Constitucional 62/2009, reitera que se a lei a que se refere o § 4º do art. 100 da Constituição Federal não estiver publicada em até 180 dias, contados da data de publicação dessa Emenda Constitucional, será considerado, para os fins referidos, em relação a Estados, Distrito Federal e Municípios devedores, omissos na regulamentação, o valor de: 40 salários mínimos para Estados e para o Distrito Federal; 30 salários mínimos para Municípios.

Para a União, a Lei 10.259/2001, no art. 17, § 1º, dispõe que, para os efeitos do § 3º do art. 100 da Constituição Federal, as obrigações ali definidas como de pequeno valor, a serem pagas independentemente de precatório, terão como limite o mesmo valor estabelecido para a competência do Juizado Especial Federal Cível (art. 3º, *caput*), isto é, até 60 salários mínimos.

Tratando-se de obrigação de pagar quantia certa, após o trânsito em julgado da decisão, o pagamento deve ser efetuado no prazo de 60 dias, contados da entrega da requisição, por ordem do juiz, à autoridade citada para a causa, na agência mais próxima da Caixa Econômica Federal ou do Banco do Brasil, independentemente de precatório (art. 17, *caput*, da Lei 10.259/2001). Desatendida a requisição judicial, o juiz deve determinar o sequestro do numerário suficiente ao cumprimento da decisão (art. 17, § 2º, da Lei 10.259/2001).

São vedados o fracionamento, repartição ou quebra do valor da execução, de modo que o pagamento se faça, em parte, na forma estabelecida no § 1º do art. 17 da Lei 10.259/2001, e, em parte, mediante expedição do precatório, e a expedição de precatório complementar ou suplementar do valor pago (art. 17, § 3º, da Lei 10.259/2001). Se o valor da execução ultrapassar o estabelecido no § 1º do art. 17, o pagamento deve ser feito, sempre, por meio do precatório, sendo facultada à parte exequente a renúncia ao crédito do valor excedente, para que possa optar pelo pagamento do saldo sem o precatório, da forma lá prevista (art. 17, § 4º, da Lei 10.259/2001).

O cumprimento do acordo ou da sentença, com trânsito em julgado, que imponham obrigação de fazer, não fazer ou entrega de coisa certa, é efetuado mediante ofício do juiz à autoridade citada para a causa, com cópia da sentença ou do acordo (art. 16 da Lei 10.259/2001).

É vedada a expedição de precatórios complementares ou suplementares de valor pago, bem como o fracionamento, repartição ou quebra do valor da execução para fins de enquadramento de parcela do total ao que dispõe o § 3º do art. 100 da Constituição Federal de 1988, relativo à dispensa da exigência de precatório a pagamentos de obrigações definidas como de pequeno valor (art. 100, § 8º, da Constituição da República)[80].

80. "Repercussão geral. Direito constitucional e processual civil. Vedação constitucional de fracionamento de execução para fraudar o pagamento por precatório. Art. 100, § 8º (originariamente § 4º), da Constituição da República. Litisconsórcio facultativo simples. Consideração individual dos litisconsortes: constitucionalidade.

Conforme o entendimento que prevaleceu no Supremo Tribunal Federal: "1. Uma vez que o crédito do advogado se origina de uma relação de direito processual, sendo devido em função de atos únicos praticados no curso do processo, em proveito de todos os litisconsortes e independentemente de quantos eles sejam, fixados os honorários de forma global sobre o valor da condenação, o crédito constituído é uno, indivisível e guarda total autonomia no que concerne ao crédito dos litisconsortes. 2. Nas causas em que a Fazenda Pública for condenada ao pagamento da verba honorária de forma global, é vedado o fracionamento de crédito único, consistente no valor total dos honorários advocatícios devidos, proporcionalmente à fração de cada litisconsorte, sob pena de afronta ao art. 100, § 8º, da Constituição. 3. Embargos de divergência providos para determinar que a execução dos honorários advocatícios se dê de forma una e indivisa" (STF, Pleno, AgR-ED-EDv-RE 919.793/RS, Rel. Min. Dias Toffoli, DJe 26.06.2019).

O § 2º do art. 100 da Constituição da República estabelece que os "débitos de natureza alimentícia cujos titulares, originários ou por sucessão hereditária, tenham 60 (sessenta) anos de idade, ou sejam portadores de doença grave, ou pessoas com deficiência, assim definidos na forma da lei, serão pagos com preferência sobre todos os demais débitos, até o valor equivalente ao triplo fixado em lei para os fins do disposto no § 3º deste artigo, admitido o fracionamento para essa finalidade, sendo que o restante será pago na ordem cronológica de apresentação do precatório".

Logo, dentro dos débitos de natureza alimentícia, há uma classe com preferência superior, isto é, cujos titulares tenham 60 anos de idade, ou sejam portadores de doença grave, ou pessoas com deficiência, definidos na forma da lei. Esse pagamento com preferência é até o valor equivalente ao triplo do fixado em lei para pagamentos de obrigações definidas como de pequeno valor. Admite-se o fracionamento para esse pagamento preferencial, sendo o restante pago na ordem cronológica de apresentação do precatório. Entende-se que o valor restante, previsto na parte final do art. 100, § 2º, da Constituição Federal de 1988, deve ser pago na ordem cronológica específica dos créditos de natureza alimentícia, justamente por ser essa a natureza do crédito.

Cabe salientar que o STF, no julgamento das Ações Diretas de Inconstitucionalidade 4.357 e 4.425, considerou inconstitucional a expressão "na data de expedição do precatório", prevista na redação anterior do § 2º do art. 100 da Constituição da República, que restringia o pagamento preferencial àqueles que já tinham 60 anos completos quando da expedição do precatório, restrição esta que deixou de constar na atual redação do mencionado dispositivo, decorrente da Emenda Constitucional 94/2016. Isso porque, por

---

Recurso extraordinário ao qual se nega provimento. 1. Ausência de prequestionamento quanto à alegação de inconstitucionalidade da Resolução n. 199/2005 do Tribunal de Justiça de São Paulo e quanto ao fracionamento dos honorários advocatícios. Incidência das Súmulas 282 e 356. 2. A execução ou o pagamento singularizado dos valores devidos a partes integrantes de litisconsórcio facultativo simples não contrariam o § 8º (originariamente § 4º) do art. 100 da Constituição da República. A forma de pagamento, por requisição de pequeno valor ou precatório, dependerá dos valores isoladamente considerados. 3. Recurso extraordinário ao qual se nega provimento" (STF, Pleno, RE 568.645/SP, Rel. Min. Cármen Lúcia, DJe 13.11.2014). "Administrativo e processual civil. Recurso extraordinário com Agravo. Execução individual de sentença proferida em ação coletiva proposta contra a Fazenda Pública. Pagamento por meio de requisição de pequeno valor – RPV. Inexistência do fracionamento de que trata o § 8º do art. 100 da Constituição. Repercussão geral configurada. Reafirmação da jurisprudência. 1. Não viola o art. 100, § 8º, da Constituição Federal a execução individual de sentença condenatória genérica proferida contra a Fazenda Pública em ação coletiva visando à tutela de direitos individuais homogêneos. 2. Agravo conhecido para negar provimento ao recurso extraordinário, com o reconhecimento da repercussão geral do tema e a reafirmação da jurisprudência sobre a matéria" (STF, Pleno, ARE 925.754 RG/PR, Rel. Min. Teori Zavascki, DJe 03.02.2016).

exemplo, um credor com 80 anos poderia ficar sem preferência, enquanto outro, com 60 anos completados de forma mais recente, poderia ser beneficiado mais rapidamente.

Sem que haja interrupção no pagamento do precatório e mediante comunicação da Fazenda Pública ao Tribunal, o valor correspondente aos eventuais débitos inscritos em dívida ativa contra o credor do requisitório e seus substituídos deve ser depositado à conta do juízo responsável pela ação de cobrança, que decidirá pelo seu destino definitivo (art. 100, § 9º, da Constituição Federal de 1988, com redação dada pela Emenda Constitucional 113/2021).

Antes da expedição dos precatórios, o Tribunal solicitará à Fazenda Pública devedora, para resposta em até 30 dias, sob pena de perda do direito de abatimento, informação sobre os débitos que preencham as condições estabelecidas no § 9º, para os fins nele previstos (art. 100, § 10, da Constituição da República, incluído pela Emenda Constitucional 62/2009).

No julgamento das referidas Ações Diretas de Inconstitucionalidade 4.357 e 4.425 pelo STF, os §§ 9º e 10 do art. 100 da Constituição Federal de 1988, incluídos pela Emenda Constitucional 62/2009, foram declarados inconstitucionais, por maioria de votos, sob a alegação de ofensa ao princípio da isonomia. Os referidos dispositivos estabeleciam, conforme visto acima, a regra da compensação, no momento do pagamento dos precatórios, dos débitos que o credor privado tem com o poder público. Essa previsão foi considerada inconstitucional, uma vez que acrescentava uma prerrogativa ao Estado de *encontro de contas entre créditos e débitos que não é assegurada ao ente privado*. Posteriormente, o § 9º do art. 100 da Constituição Federal de 1988 foi modificado pela Emenda Constitucional 113/2021, conforme acima indicado.

É facultada ao credor, conforme estabelecido em lei do ente federativo devedor, com auto aplicabilidade para a União, a oferta de créditos líquidos e certos que originalmente lhe são próprios ou adquiridos de terceiros reconhecidos pelo ente federativo ou por decisão judicial transitada em julgado para: I – quitação de débitos parcelados ou débitos inscritos em dívida ativa do ente federativo devedor, inclusive em transação resolutiva de litígio, e, subsidiariamente, débitos com a administração autárquica e fundacional do mesmo ente; II – compra de imóveis públicos de propriedade do mesmo ente disponibilizados para venda; III – pagamento de outorga de delegações de serviços públicos e demais espécies de concessão negocial promovidas pelo mesmo ente; IV – aquisição, inclusive minoritária, de participação societária, disponibilizada para venda, do respectivo ente federativo; ou V – compra de direitos, disponibilizados para cessão, do respectivo ente federativo, inclusive, no caso da União, da antecipação de valores a serem recebidos a título do excedente em óleo em contratos de partilha de petróleo (art. 100, § 11, da Constituição da República, com redação dada pela Emenda Constitucional 113/2021).

A partir da promulgação da Emenda Constitucional 62/2009, "a atualização de valores de requisitórios, após sua expedição, até o efetivo pagamento, independentemente de sua natureza, será feita pelo índice oficial de remuneração básica da caderneta de poupança, e, para fins de compensação da mora, incidirão juros simples no mesmo percentual de juros incidentes sobre a caderneta de poupança, ficando excluída a incidência de juros compensatórios" (art. 100, § 12, da Constituição da República).

Entretanto, quanto ao § 12 do art. 100 da Constituição da República, o Pleno do STF, nas Ações Diretas de Inconstitucionalidade 4.357 e 4.425, considerou inconstitucional a expressão que estabelece o índice da caderneta de poupança como taxa de correção monetária dos precatórios, por se ter entendido que ele não é suficiente para recompor as perdas inflacionárias.

A atualização monetária dos precatórios, estabelecida no § 12 do art. 100 da Constituição Federal de 1988, e das requisições de pequeno valor (RPVs) expedidas no ano de 2021, inclusive em relação às causas trabalhistas, previdenciárias e de acidente do trabalho, observará, no exercício de 2021, a variação do Índice Nacional de Preços ao Consumidor Amplo – Especial (IPCA-E) da Fundação Instituto Brasileiro de Geografia e Estatística (IBGE), a partir da data do cálculo exequendo até o seu efetivo depósito, exceto se houver disposição superveniente que estabeleça outro índice de correção (art. 31 da Lei 14.116/2020).

Nos casos de condenação da Fazenda Pública, o Supremo Tribunal Federal fixou as seguintes teses de repercussão geral:

> "1) O art. 1º-F da Lei nº 9.494/97, com a redação dada pela Lei nº 11.960/09, na parte em que disciplina os juros moratórios aplicáveis a condenações da Fazenda Pública, é inconstitucional ao incidir sobre débitos oriundos de relação jurídico-tributária, aos quais devem ser aplicados os mesmos juros de mora pelos quais a Fazenda Pública remunera seu crédito tributário, em respeito ao princípio constitucional da isonomia (CRFB, art. 5º, *caput*); quanto às condenações oriundas de relação jurídica não-tributária, a fixação dos juros moratórios segundo o índice de remuneração da caderneta de poupança é constitucional, permanecendo hígido, nesta extensão, o disposto no art. 1º-F da Lei nº 9.494/97 com a redação dada pela Lei nº 11.960/09; e
>
> 2) O art. 1º-F da Lei nº 9.494/97, com a redação dada pela Lei nº 11.960/09, na parte em que disciplina a atualização monetária das condenações impostas à Fazenda Pública segundo a remuneração oficial da caderneta de poupança, revela-se inconstitucional ao impor restrição desproporcional ao direito de propriedade (CRFB, art. 5º, XXII), uma vez que não se qualifica como medida adequada a capturar a variação de preços da economia, sendo inidônea a promover os fins a que se destina" (STF, Pleno, RE 870.947/SE, Rel. Min. Luiz Fux, j. 20.09.2017).

Portanto, em se tratando de condenação imposta à Fazenda Pública, envolvendo direitos sem natureza tributária: os *juros moratórios* devem observar o índice de remuneração da caderneta de poupança (art. 1º-F da Lei nº 9.494/1997, com redação dada pela Lei 11.960/2009); a *atualização monetária* deve seguir o Índice Nacional de Preços ao Consumidor Amplo – Especial (IPCA-E), inclusive no período da dívida anterior à expedição do precatório (ou da requisição de pequeno valor), bem como para a atualização monetária do precatório ou da requisição de pequeno valor (ou seja, após a sua expedição).

O Supremo Tribunal Federal rejeitou todos os embargos de declaração opostos e não modulou os efeitos da decisão anteriormente proferida (STF, Pleno, ED-RE 870.947/SE, Red. p/ ac. Min. Alexandre de Moraes, j. 03.10.2019). Com isso, decidiu-se que o Índice Nacional de Preços ao Consumidor Amplo – Especial (IPCA-E) para a atualização monetária das condenações impostas à Fazenda Pública aplica-se de 30 de junho de 2009 (data da publicação da Lei 11.960/2009) em diante.

O Supremo Tribunal Federal julgou procedente o pedido formulado em ação direta para declarar a inconstitucionalidade do art. 1º-F da Lei 9.494/1997, alterado pela Lei 11.960/2009, na parte em que se estabelece a aplicação dos índices da caderneta de poupança como critério de atualização monetária nas condenações da Fazenda Pública (STF, Pleno, ADI 5.348/DF, Rel. Min. Cármen Lúcia, j. 11.11.2019).

Ainda quanto à *correção monetária* e aos *juros moratórios* incidentes sobre as condenações impostas à Fazenda Pública, o Superior Tribunal de Justiça fixou as seguintes teses jurídicas no âmbito de recursos repetitivos:

"1. Correção monetária: o art. 1º-F da Lei 9.494/97 (com redação dada pela Lei 11.960/2009), para fins de correção monetária, não é aplicável nas condenações judiciais impostas à Fazenda Pública, independentemente de sua natureza.

1.1 Impossibilidade de fixação apriorística da taxa de correção monetária.

No presente julgamento, o estabelecimento de índices que devem ser aplicados a título de correção monetária não implica pré-fixação (ou fixação apriorística) de taxa de atualização monetária. Do contrário, a decisão baseia-se em índices que, atualmente, refletem a correção monetária ocorrida no período correspondente. Nesse contexto, em relação às situações futuras, a aplicação dos índices em comento, sobretudo o INPC e o IPCA-E, é legítima enquanto tais índices sejam capazes de captar o fenômeno inflacionário.

1.2 Não cabimento de modulação dos efeitos da decisão.

A modulação dos efeitos da decisão que declarou inconstitucional a atualização monetária dos débitos da Fazenda Pública com base no índice oficial de remuneração da caderneta de poupança, no âmbito do Supremo Tribunal Federal, objetivou reconhecer a validade dos precatórios expedidos ou pagos até 25 de março de 2015, impedindo, desse modo, a rediscussão do débito baseada na aplicação de índices diversos. Assim, mostra-se descabida a modulação em relação aos casos em que não ocorreu expedição ou pagamento de precatório.

2. Juros de mora: o art. 1º-F da Lei 9.494/97 (com redação dada pela Lei 11.960/2009), na parte em que estabelece a incidência de juros de mora nos débitos da Fazenda Pública com base no índice oficial de remuneração da caderneta de poupança, aplica-se às condenações impostas à Fazenda Pública, excepcionadas as condenações oriundas de relação jurídico-tributária.

3. Índices aplicáveis a depender da natureza da condenação.

3.1 Condenações judiciais de natureza administrativa em geral.

As condenações judiciais de natureza administrativa em geral, sujeitam-se aos seguintes encargos: (a) até dezembro/2002: juros de mora de 0,5% ao mês; correção monetária de acordo com os índices previstos no Manual de Cálculos da Justiça Federal, com destaque para a incidência do IPCA-E a partir de janeiro/2001; (b) no período posterior à vigência do CC/2002 e anterior à vigência da Lei 11.960/2009: juros de mora correspondentes à taxa Selic, vedada a cumulação com qualquer outro índice; (c) período posterior à vigência da Lei 11.960/2009: juros de mora segundo o índice de remuneração da caderneta de poupança; correção monetária com base no IPCA-E.

3.1.1 Condenações judiciais referentes a servidores e empregados públicos.

As condenações judiciais referentes a servidores e empregados públicos, sujeitam-se aos seguintes encargos: (a) até julho/2001: juros de mora: 1% ao mês (capitalização simples); correção monetária: índices previstos no Manual de Cálculos da Justiça Federal, com destaque para a incidência do IPCA-E a partir de janeiro/2001; (b) agosto/2001 a junho/2009: juros de mora: 0,5% ao mês; correção monetária: IPCA-E; (c) a partir de julho/2009: juros de mora: remuneração oficial da caderneta de poupança; correção monetária: IPCA-E.

3.1.2 Condenações judiciais referentes a desapropriações diretas e indiretas.

No âmbito das condenações judiciais referentes a desapropriações diretas e indiretas existem regras específicas, no que concerne aos juros moratórios e compensatórios, razão pela qual não se justifica a incidência do art. 1º-F da Lei 9.494/97 (com redação dada pela Lei 11.960/2009), nem para compensação da mora nem para remuneração do capital.

3.2 Condenações judiciais de natureza previdenciária.

As condenações impostas à Fazenda Pública de natureza previdenciária sujeitam-se à incidência do INPC, para fins de correção monetária, no que se refere ao período posterior à vigência da Lei 11.430/2006, que incluiu o art. 41-A na Lei 8.213/91. Quanto aos juros de mora, incidem segundo a remuneração oficial da caderneta de poupança (art. 1º-F da Lei 9.494/97, com redação dada pela Lei n. 11.960/2009).

3.3 Condenações judiciais de natureza tributária.

A correção monetária e a taxa de juros de mora incidentes na repetição de indébitos tributários devem corresponder às utilizadas na cobrança de tributo pago em atraso. Não havendo disposição legal específica, os juros de mora são calculados à taxa de 1% ao mês (art. 161, § 1º, do CTN). Observada a regra isonômica e havendo previsão na legislação da entidade tributante, é legítima a utilização da taxa Selic, sendo vedada sua cumulação com quaisquer outros índices.

4. Preservação da coisa julgada.

Não obstante os índices estabelecidos para atualização monetária e compensação da mora, de acordo com a natureza da condenação imposta à Fazenda Pública, cumpre ressalvar eventual coisa julgada que tenha determinado a aplicação de índices diversos, cuja constitucionalidade/legalidade há de ser aferida no caso concreto" (STJ, 1ª Seção, REsp 1.495.146/MG, REsp 1.492.221/PR, REsp 1.495.144/RS, Rel. Min. Mauro Campbell Marques, j. 22.02.2018, DJe 20.03.2018).

O Supremo Tribunal Federal esclareceu que a decisão em controle concentrado de constitucionalidade a respeito dos art. 879, § 7º, e art. 899, § 4º, da CLT, na redação dada pela Lei 13.467/2017 (ADC 58/DF, ADC 59/DF ADI 5.867/DF e ADI 6.021/DF) não se aplica às dívidas da Fazenda Pública: "5. Confere-se interpretação conforme à Constituição ao art. 879, § 7º, e ao art. 899, § 4º, da CLT, na redação dada pela Lei 13.467, de 2017, definindo-se que, até que sobrevenha solução legislativa, deverão ser aplicados à atualização dos créditos decorrentes de condenação judicial e à correção dos depósitos recursais em contas judiciais na Justiça do Trabalho os mesmos índices de correção monetária e de juros vigentes para as hipóteses de condenações cíveis em geral (art. 406 do Código Civil), à exceção das dívidas da Fazenda Pública que possui regramento específico (art. 1º-F da Lei 9.494/1997, com a redação dada pela Lei 11.960/2009), com a exegese conferida por esta Corte na ADI 4.357, ADI 4.425, ADI 5.348 e no RE 870.947-RG (tema 810)" (STF, Pleno, ADC 58/DF, Rel. Min. Gilmar Mendes, DJe 07.04.2021). Cf. Capítulo 12, item 12.1.

O Supremo Tribunal Federal fixou a seguinte tese de repercussão geral (Tema 1.170): "É aplicável às condenações da Fazenda Pública envolvendo relações jurídicas não tributárias o índice de juros moratórios estabelecido no art. 1º-F da Lei 9.494/1997, na redação dada pela Lei 11.960/2009, a partir da vigência da referida legislação, mesmo havendo previsão diversa em título executivo judicial transitado em julgado" (STF, Pleno, RE 1.317.982/ES, Rel. Min. Nunes Marques, j. 12.12.2023).

De acordo com o art. 3º da Emenda Constitucional 113/2021, com entrada em vigor em 09.12.2021, nas discussões e nas condenações que envolvam a Fazenda Pública, independentemente de sua natureza e para fins de atualização monetária, de remuneração do capital e de compensação da mora, inclusive do precatório, haverá a incidência, uma única vez, até o efetivo pagamento, do índice da taxa referencial do Sistema Especial de Liquidação e de Custódia (Selic), acumulado mensalmente.

Nos termos do § 13 do art. 100 da Constituição da República, o "credor poderá ceder, total ou parcialmente, seus créditos em precatórios a terceiros, independentemente da concordância do devedor, não se aplicando ao cessionário o disposto nos §§ 2º e 3º do art. 100" da Constituição Federal de 1988. Portanto, na hipótese de cessão de crédito em precatório, ao cessionário não se aplicam as disposições relativas à preferência especial dos débitos de natureza alimentícia cujos titulares, originários ou por sucessão hereditária, tenham 60 anos de idade, ou sejam portadores de doença grave, ou pessoas com deficiência, assim definidos na forma da lei (art. 100, § 2º), nem sobre a dispensa de precatório quanto aos pagamentos de obrigações definidas em leis como de pequeno valor (art. 100, § 3º, da Constituição da República).

A respeito de precatório, o Supremo Tribunal Federal fixou a seguinte tese de repercussão geral: "A cessão de crédito alimentício não implica a alteração da natureza" (STF, Pleno, RE 631.537/RS, Rel. Min. Marco Aurélio, DJe 03.06.2020). Os créditos de natureza alimentícia devidos pela Fazenda Pública são previstos no art. 100, § 1º, da Constituição Federal de 1988.

A cessão de precatórios, observado o disposto no § 9º do art. 100 da Constituição Federal de 1988, somente produzirá efeitos após comunicação, por meio de petição protocolizada, ao Tribunal de origem e ao ente federativo devedor (art. 100, § 14, da Constituição da República, com redação dada pela Emenda Constitucional 113/2021).

Sem prejuízo do disposto no art. 100 da Constituição Federal, lei complementar poderá estabelecer regime especial para pagamento de crédito de precatórios de Estados, Distrito Federal e Municípios, dispondo sobre vinculações à receita corrente líquida e forma e prazo de liquidação (art. 100, § 15, da Constituição da República).

A seu critério exclusivo e na forma de lei, a União poderá assumir débitos, oriundos de precatórios, de Estados, Distrito Federal e Municípios, refinanciando-os diretamente (art. 100, § 16, da Constituição da República).

12.29.1 Comprometimento de receitas correntes líquidas

De acordo com o art. 100, § 17, da Constituição da República, incluído pela Emenda Constitucional 94/2016, a União, os Estados, o Distrito Federal e os Municípios devem aferir mensalmente, em base anual, o comprometimento de suas respectivas receitas correntes líquidas com o pagamento de precatórios e obrigações de pequeno valor.

A previsão tem como objetivo evitar que os entes da Federação fiquem sem os recursos financeiros indispensáveis para arcar com suas despesas, em razão da necessidade de pagamento de precatórios e obrigações de pequeno valor, que no conjunto podem alcançar montantes elevados e, com isso, comprometer parcela considerável das receitas da União, dos Estados, do Distrito Federal e dos Municípios.

Entende-se como *receita corrente líquida*, para os fins de que trata o § 17 do art. 100 da Constituição Federal de 1988, o somatório das receitas tributárias, patrimoniais, industriais, agropecuárias, de contribuições e de serviços, de transferências correntes e outras receitas correntes, incluindo as oriundas do § 1º do art. 20 da Constituição Federal de 1988, verificado no período compreendido pelo segundo mês imediatamente anterior ao de referência e os 11 meses precedentes, excluídas as duplicidades, e deduzidas: I – na União, as parcelas entregues aos Estados, ao Distrito Federal e aos Municípios por determinação constitucional; II – nos Estados, as parcelas entregues aos Municípios por determinação constitucional; III – na União, nos Estados, no Distrito Federal e nos Municípios, a contribuição dos servidores para custeio de seu sistema de previdência e assistência social e as receitas provenientes da compensação financeira referida no § 9º do art. 201 da Constituição Federal de 1988 (art. 100, § 18, da Constituição da República).

Caso o montante total de débitos decorrentes de condenações judiciais em precatórios e obrigações de pequeno valor, em período de 12 meses, ultrapasse a média do comprometimento percentual da receita corrente líquida nos cinco anos imediatamente anteriores, a parcela que exceder esse percentual pode ser *financiada*, excetuada dos limites de endividamento de que tratam os incisos VI e VII do art. 52 da Constituição Federal de 1988 e de quaisquer outros limites de endividamento previstos, não se aplicando a esse financiamento a vedação de vinculação de receita prevista no inciso IV do art. 167 da Constituição Federal de 1988 (art. 100, § 19, da Constituição da República).

Na hipótese em questão, admite-se o financiamento pela União, pelos Estados, pelo Distrito Federal e pelos Municípios de parte de suas dívidas decorrentes de precatórios e obrigações de pequeno valor, com o objetivo de viabilizar o pagamento sem comprometer ainda mais as receitas correntes líquidas do ente da Federação.

Caso haja precatório com valor superior a 15% do montante dos precatórios apresentados nos termos do § 5º do art. 100 da Constituição Federal de 1988, 15% do valor deste precatório serão pagos até o final do exercício seguinte e o restante em parcelas iguais nos cinco exercícios subsequentes, acrescidas de juros de mora e correção monetária, ou mediante acordos diretos, perante Juízos Auxiliares de Conciliação de Precatórios, com redução máxima de 40% do valor do crédito atualizado, desde que em relação ao crédito não penda recurso ou defesa judicial e que sejam observados os requisitos definidos na regulamentação editada pelo ente federado (art. 100, § 20, da Constituição da República).

12.29.2 Acordo direto para pagamento de precatório de grande valor

A Lei 14.057/2020 disciplina, no âmbito da União, de suas autarquias e de suas fundações, acordos diretos para pagamento de precatórios de grande valor, nos termos do § 20 do art. 100 da Constituição Federal de 1988, e acordos terminativos de litígios contra a Fazenda Pública, nos termos do art. 1º da Lei 9.469/1997 e do § 12 do art. 19 da Lei 10.522/2002 (art. 1º da Lei 14.057/2020).

Entende-se que a sistemática em questão é aplicável na Justiça do Trabalho, pois a previsão é genérica, não fazendo exclusão quanto a débitos trabalhistas da União, suas autarquias e fundações públicas federais.

As propostas de acordo direto para pagamento de precatório nos termos do § 20 do art. 100 da Constituição Federal de 1988 serão apresentadas pelo credor ou pela entidade devedora perante o Juízo Auxiliar de Conciliação de Precatórios vinculado ao presidente do tribunal que proferiu a decisão exequenda (art. 2º da Lei 14.057/2020).

As mencionadas propostas podem ser apresentadas até a quitação integral do valor do precatório e não suspendem o pagamento de suas parcelas, nos termos da primeira parte do § 20 do art. 100 da Constituição Federal de 1988.

Em nenhuma hipótese a proposta de acordo implicará o afastamento de atualização monetária ou dos juros moratórios previstos no § 12 do art. 100 da Constituição Federal de 1988.

Recebida a proposta de acordo direto, o Juízo Auxiliar de Conciliação de Precatórios deve intimar o credor ou a entidade devedora para aceitar ou recusar a proposta ou apresentar-lhe contraproposta, observado o limite máximo de desconto de 40% do valor do crédito atualizado nos termos legais.

Aceita a proposta de acordo feita nos termos do art. 2º da Lei 14.057/2020, o Juízo Auxiliar de Conciliação de Precatórios homologará o acordo e dará conhecimento dele ao Presidente do Tribunal para que sejam adotadas as medidas cabíveis.

Entende-se que essa homologação judicial do acordo apenas deve ocorrer se presentes os requisitos legais, a serem verificados pelo Juízo Auxiliar de Conciliação de Precatórios.

12.29.3 Acordo terminativo de litígio contra a Fazenda Pública

É atribuição do Advogado-Geral da União desistir, transigir, acordar e firmar compromisso nas ações de interesse da União, nos termos da legislação vigente (art. 4º, inciso VI, da Lei Complementar 73/1993).

Essa previsão confirma a possibilidade de acordo judicial para pacificar conflitos sobre direitos patrimoniais, mesmo envolvendo, em certos casos, a administração pública.

O Advogado-Geral da União, diretamente ou mediante delegação, e os dirigentes máximos das empresas públicas federais, em conjunto com o dirigente estatutário da área afeta ao assunto, podem autorizar a realização de *acordos ou transações* para prevenir ou terminar litígios, inclusive os judiciais (art. 1º da Lei 9.469/1997, com redação dada pela Lei 13.140/2015).

Nesse contexto, os *acordos terminativos de litígio* de que tratam o art. 1º da Lei 9.469/1997 e o § 12 do art. 19 da Lei 10.522/2002 podem ser propostos pela entidade pública ou pelos titulares do direito creditório e podem abranger condições diferenciadas de deságio e de parcelamento para o pagamento do crédito deles resultante (art. 3º da Lei 14.057/2020).

Trata-se de acordos judiciais para terminar litígios em que a Fazenda Pública federal seja devedora. A previsão é aplicável na Justiça do Trabalho, pois não há exclusão a respeito.

Em nenhuma hipótese as propostas de que trata o art. 3º da Lei 14.057/2020 veicularão parcelamento superior a: oito parcelas anuais e sucessivas, se houver título executivo judicial transitado em julgado; doze parcelas anuais e sucessivas, se não houver título executivo judicial transitado em julgado (art. 3º, § 1º, da Lei 14.057/2020).

Recebida a proposta, o juízo competente para o processamento da ação deve intimar o credor ou a entidade pública, conforme o caso, para aceitar ou recusar a proposta ou apresentar-lhe contraproposta (art. 3º, § 2º, da Lei 14.057/2020).

Aceito o valor proposto, esse montante deve ser consolidado como principal e parcelado em tantas quantas forem as parcelas avençadas, observado o disposto nos §§ 5º e 12 do art. 100 da Constituição Federal de 1988 quanto à atualização monetária e aos juros de mora (art. 3º, § 3º, da Lei 14.057/2020).

Ato do Poder Executivo deve regulamentar o disposto na Lei 14.057/2020, inclusive em relação à competência do Advogado-Geral da União para assinar os acordos firmados, diretamente ou por delegação (art. 4º da Lei 14.057/2020). A referida delegação pode ser subdelegada e prever valores de alçada.

O disposto no art. 40 da Lei 13.140/2015 (sobre responsabilização civil, administrativa ou criminalmente) aplica-se aos servidores e aos agentes públicos, inclusive ocupantes de cargo em comissão, que participarem do processo de composição judicial disciplinado pela Lei 14.057/2020 (art. 5º).

12.30 EXECUÇÃO CONTRA A MASSA FALIDA

Nos casos de *falência da empresa*, disciplinadas na Lei 11.101/2005, entende-se que a ação trabalhista em face da massa falida deve prosseguir na Justiça do Trabalho somente até a conclusão da liquidação do crédito trabalhista.

O processo trabalhista não se suspende com a decretação da falência, mas, de acordo com o entendimento acima, após a liquidação, *a execução do crédito deve ser processada no juízo universal da falência.*

Após a liquidação do crédito na Justiça do Trabalho, ele deve ser habilitado na falência, inclusive para que possa integrar o quadro-geral de credores (arts. 6º, § 2º, parte final, e 18 da Lei 11.101/2005).

O art. 768 da CLT prescreve ainda que deve ter preferência em todas as fases processuais o dissídio cuja decisão tiver de ser executada perante o Juízo da falência.

Como já decidido pelo Supremo Tribunal Federal, "a natureza privilegiada do crédito trabalhista, conferida por força de lei, somente pode ser concebida no próprio âmbito do concurso dos credores habilitados na falência. O processo falimentar é uma execução coletiva, abarcando, inclusive, credores de mesma hierarquia, que não podem ser preteridos, uns pelos outros, pelo exaurimento do patrimônio da massa falida nas execuções individuais, impedindo-se, assim, o justo rateio entre seus pares, na execução falimentar" (STF, Pleno, CC 7.116/SP, Rel. Min. Ellen Gracie, DJ 23.08.2002).

Os §§ 1º e 2º do art. 6º da Lei 11.101/2005, além de excepcionarem as ações de natureza trabalhista da suspensão decorrente da decretação da falência, determinam o seu prosseguimento na Justiça do Trabalho até a liquidação do crédito trabalhista (art. 76 da Lei 11.101/2005).

Após isso, entende-se que a execução desse crédito deve ocorrer perante o juízo universal da falência (STF, 2ª T., AI-AgR 690.609/RS, Rel. Min. Joaquim Barbosa, DJe 28.11.2008), com a sua inclusão na classe própria (art. 6º, § 3º, parte final, da Lei 11.101/2005)[81].

É possível a reserva de valor no juízo falimentar, para futuro pagamento do crédito trabalhista, quando da sua execução. Efetivamente, o art. 6º, § 3º, do mesmo diploma legal, prevê que o juiz do trabalho pode determinar a "reserva" da importância que estimar devida na falência.

Conforme a jurisprudência do Superior Tribunal de Justiça: "É do juízo falimentar a competência para decidir sobre o destino dos depósitos recursais feitos no curso de reclamação trabalhista movida contra a falida, ainda que anteriores à decretação da falência" (STJ, 2ª Seção, AgInt nos EDcl no CC 165.415/SP, 2019/0119785-9, Rel. Min. Luis Felipe Salomão, DJe 02.12.2019).

Na hipótese específica em que a praça já tiver sido designada na Justiça do Trabalho, de acordo com Sergio Pinto Martins: "Se os bens estiverem em praça, com dia definitivo para arrematação, fixado por editais, far-se-á esta, entrando o produto para a massa. Se, porém, os bens já tiverem sido arrematados ao tempo da declaração da falência, somente entrará para a massa a sobra, depois de pago o exequente"[82].

Se o bem foi penhorado, levado à praça e arrematado antes de ser decretada a falência, ou seja, quando ainda não havia sido instaurado o juízo universal, consideram-se válidos e eficazes os atos realizados na Justiça do Trabalho (STJ, 2ª Seção, EDcl no CC 137.239/DF, 2014/0315548-8, Rel. Min. Raul Araújo, DJe 14.03.2017). Ainda segundo a jurisprudência do Superior Tribunal de Justiça, se a adjudicação na Justiça do Trabalho ocorreu antes da decretação da falência, considera-se válida. Entretanto, caso a adjudicação ocorra depois da decretação da falência, "o ato deve ser desfeito, com a integração do bem à massa falida" (STJ, 2ª Seção, EDcl nos EDcl nos EDcl no AgRg no CC 109.541/

---

81. Cf. MAUAD, Marcelo. *Os direitos dos trabalhadores na lei de recuperação e de falência de empresas*. São Paulo: LTr, 2007. p. 191.

82. MARTINS, Sergio Pinto. *Direito processual do trabalho*. 30. ed. São Paulo: Atlas, 2010. p. 780.

PE, 2009/0248961-0, Rel. p/ ac. Min. Raul Araújo, DJe 23.04.2013). Cf. ainda STJ, 2ª Seção, AgInt no CC 144.387/SP, 2015/0302536-9, Rel. Min. Antonio Carlos Ferreira, DJe 20.05.2019.

Prevalece o entendimento de que mesmo em caso de insolvência civil, o juízo universal da insolvência é competente para a execução do crédito trabalhista[83].

No caso de *recuperação judicial da empresa*, conforme a exceção prevista no art. 52, inciso III, parte final, da Lei 11.101/2005, as ações de conhecimento de natureza trabalhista não são suspensas em razão do deferimento do seu processamento[84].

As ações de competência da Justiça do Trabalho em face de empresa em recuperação judicial nela prosseguem até se concluir a liquidação da sentença (art. 6º, §§ 1º e 2º, da Lei 11.101/2005)[85].

Admite-se que o juiz do trabalho determine a "reserva" da importância que estimar devida na recuperação judicial. Após ser reconhecido líquido o direito na Justiça do Trabalho, "será o crédito incluído na classe própria" (art. 6º, § 3º, da Lei 11.101/2005), com o seu pagamento no âmbito do plano de recuperação judicial.

O § 5º do art. 6º da Lei 11.101/2005, ao fazer remissão ao § 2º do mesmo dispositivo, confirma que a ação de competência da Justiça do Trabalho, em face de empresa em recuperação judicial, ali prossegue até a conclusão da liquidação.

A decretação da falência ou o deferimento do processamento da recuperação judicial implica: I – suspensão do curso da prescrição das obrigações do devedor sujeitas ao regime da Lei 11.101/2005; II – suspensão das execuções ajuizadas contra o devedor, inclusive daquelas dos credores particulares do sócio solidário, relativas a créditos ou obrigações sujeitos à recuperação judicial ou à falência; III – proibição de qualquer forma de retenção, arresto, penhora, sequestro, busca e apreensão e constrição judicial ou extrajudicial sobre os bens do devedor, oriunda de demandas judiciais ou extrajudiciais cujos créditos ou obrigações sujeitem-se à recuperação judicial ou à falência (art. 6º da Lei 11.101/2005, com redação dada pela Lei 14.112/2020).

Na recuperação judicial, as referidas suspensões e proibição devem perdurar pelo prazo de 180 dias, contado do deferimento do processamento da recuperação, prorrogável por igual período, uma única vez, em caráter excepcional, desde que o devedor não haja concorrido com a superação do lapso temporal (art. 6º, § 4º, da Lei 11.101/2005, com redação dada pela Lei 14.112/2020).

---

83. "1. A jurisprudência desta Corte consolidou-se no sentido de que o juízo onde se processa o pedido insolvência civil é o competente para deliberar acerca atos de natureza constritiva dos bens do insolvente, incluindo-se os créditos apurados por outros juízos, como o trabalhista. Precedentes" (STJ, 2ª Seção, AgInt no CC 165.083/PR, 2019/0103706-3, Rel. Min. Nancy Andrighi, DJe 21.08.2020). "1. Na linha dos precedentes desta Corte Superior de Justiça, compete ao Juízo universal da insolvência, em que se processa a liquidação de sociedade cooperativa, proceder à reunião e ao julgamento dos créditos advindos de execuções individuais, inclusive de crédito de natureza trabalhista, salvo se designado dia para praça ou leilão, caso em que a remessa será do produto dos bens. Precedentes" (STJ, 2ª Seção, AgInt nos EDcl na PET no CC 158.595/RS, 2018/0119126-2, Rel. Min. Marco Aurélio Bellizze, DJe 01.07.2019).

84. Cf. COELHO, Fábio Ulhoa. *Manual de direito comercial*. 16. ed. São Paulo: Saraiva, 2005. p. 381.

85. "1. É iterativo o entendimento do STJ, no sentido de que compete à Justiça do Trabalho apreciar e julgar os pedidos formulados em ações versando sobre apuração dos créditos individuais trabalhistas promovidos contra empresas falidas ou em recuperação judicial – Lei 11.101/2005. Ultrapassada, no entanto, a fase de apuração e liquidação dos referidos créditos trabalhistas, os montantes apurados deverão ser habilitados nos autos da falência ou da recuperação judicial para posterior pagamento. Precedentes" (STJ, 2ª Seção, AgInt no RCD no CC 155.496/RJ, 2017/0297900-3, Rel. Min. Marco Aurélio Bellizze, DJe 06.04.2020).

Entende-se que o prosseguimento da execução trabalhista após os 180 dias do deferimento do processamento da recuperação, prorrogável por igual período, uma única vez, apenas pode ocorrer se não houver plano de recuperação judicial aprovado (arts. 53 e 58 da Lei 11.101/2005)[86]. Ou seja, havendo plano de recuperação judicial aprovado, o crédito trabalhista deve ser satisfeito na forma ali prevista (e não com o prosseguimento da execução trabalhista)[87].

Portanto, a satisfação dos créditos trabalhistas deve ocorrer na forma do plano de recuperação judicial, mesmo depois do prazo de 180 dias do seu deferimento, o qual passou a ser prorrogável por igual período, uma única vez, em caráter excepcional, desde que o devedor não haja concorrido com a superação do lapso temporal (art. 6º, § 4º, da Lei 11.101/2005, com redação dada pela Lei 14.112/2020). Cf. STJ, 2ª Seção, CC 68.173/SP, Rel. Min. Luis Felipe Salomão, DJe 04.12.2008.

De acordo com a atual sistemática, o decurso do prazo previsto no art. 6º, § 4º, da Lei 11.101/2005 sem a deliberação a respeito do plano de recuperação judicial proposto pelo devedor faculta aos credores a propositura de plano alternativo, na forma do art. 56, §§ 4º, 5º, 6º e 7º, da Lei 11.101/2005, observado o seguinte:

I – as suspensões e a proibição de que tratam os incisos I, II e III do art. 6º da Lei 11.101/2005 *não serão aplicáveis caso os credores não apresentem plano alternativo de recuperação judicial* no prazo de 30 dias, contado do final do prazo referido no art. 6º, § 4º, da Lei 11.101/2005 ou no art. 56, § 4º, da Lei 11.101/2005[88];

II – as suspensões e a proibição de que tratam os incisos I, II e III do art. 6º da Lei 11.101/2005 *perdurarão por 180 dias* contados do final do prazo referido no art. 6º, § 4º, da Lei 11.101/2005 ou da realização da assembleia-geral de credores referida no art. 56, § 4º, da Lei 11.101/2005, *caso os credores apresentem plano alternativo de recuperação judicial* no prazo referido no inciso I acima ou no prazo referido no art. 56, § 4º, da Lei 11.101/2005 (art. 6º, § 4º-A, da Lei 11.101/2005, incluído pela Lei 14.112/2020).

O plano de recuperação judicial não pode prever prazo superior a um ano para pagamento dos créditos derivados da legislação do trabalho ou decorrentes de acidentes de trabalho vencidos até a data do pedido de recuperação judicial (art. 54 da Lei 11.101/2005). Esse prazo pode ser estendido em até dois anos, se o plano de recuperação judicial atender aos seguintes requisitos, cumulativamente: apresentação de garantias julgadas suficientes pelo juiz; aprovação pelos credores titulares de créditos derivados da legislação trabalhista ou decorrentes de acidentes de trabalho; garantia da integralidade do pagamento dos créditos trabalhistas (art. 54, § 2º, da Lei 11.101/2005, incluído pela Lei 14.112/2020). O plano de recuperação judicial não pode, ainda, prever prazo superior a 30 dias para o pagamento, até o limite de cinco salários mínimos por trabalhador, dos créditos de natureza estritamente salarial vencidos nos três meses anteriores ao pedido de recuperação judicial (art. 54, § 1º, da Lei 11.101/2005).

---

86. Cf. SOUZA, Marcelo Papaléo de. *A nova Lei de Recuperação e Falência e suas consequências no direito e no processo do trabalho*. 2. ed. São Paulo: LTr, 2006. p. 202-203.

87. "O entendimento desta Corte preconiza que, via de regra, deferido o processamento ou, posteriormente, aprovado o plano de recuperação judicial, é incabível a retomada automática das execuções individuais, mesmo após decorrido o prazo de 180 dias previsto no art. 6º, § 4º, da Lei 11.101/2005" (STJ, 2ª Seção, RCD no CC 131.894/SP, 2013/0414833-7, Rel. Min. Raul Araújo, DJe 31.03.2014).

88. "§ 4º Rejeitado o plano de recuperação judicial, o administrador judicial submeterá, no ato, à votação da assembleia-geral de credores a concessão de prazo de 30 (trinta) dias para que seja apresentado plano de recuperação judicial pelos credores".

Prevalece o entendimento de que o mencionado prazo para pagamento dos credores trabalhistas se inicia com a concessão da recuperação judicial (arts. 58 e 61 da Lei 11.101/2005). Cf. STJ, 3ª T., REsp 1.924.164/SP, 2021/0054433-3, Rel. Min. Nancy Andrighi, DJe 17.06.2021.

O Supremo Tribunal Federal fixou a seguinte tese de repercussão geral: "Compete ao juízo comum falimentar processar e julgar a execução dos créditos trabalhistas no caso de empresa em fase de recuperação judicial" (STF, Pleno, RE 583.955/RJ, Rel. Min. Ricardo Lewandowski, DJe 28.08.2009).

Segundo a jurisprudência do Superior Tribunal de Justiça: "É da competência do juízo da recuperação a execução de créditos líquidos apurados em outros órgãos judiciais, inclusive a destinação dos depósitos recursais feitos no âmbito do processo do trabalho" (STJ, 2ª Seção, CC 162.769/SP, 2018/0330658-8, Rel. Min. Maria Isabel Gallotti, DJe 30.06.2020).

O disposto nos incisos I, II e III do art. 6º da Lei 11.101/2005 não se aplica às execuções fiscais, admitida, todavia, a competência do juízo da recuperação judicial para determinar a substituição dos atos de constrição que recaiam sobre bens de capital essenciais à manutenção da atividade empresarial até o encerramento da recuperação judicial, a qual deve ser implementada mediante a cooperação jurisdicional, na forma do art. 69 do Código de Processo Civil, observado o disposto no art. 805 do CPC[89] (art. 6º, § 7º-B, da Lei 11.101/2005, incluído pela Lei 14.112/2020). O disposto no art. 6º, § 7º-B, da Lei 11.101/2005 aplica-se, no que couber, às execuções fiscais e às execuções de ofício que se enquadrem respectivamente nos incisos VII e VIII do art. 114 da Constituição Federal de 1988[90], vedados a expedição de certidão de crédito e o arquivamento das execuções para efeito de habilitação na recuperação judicial ou na falência (art. 6º, § 11, da Lei 11.101/2005, incluído pela Lei 14.112/2020).

Logo, as execuções fiscais não se suspendem com a decretação da falência ou o deferimento da recuperação judicial, permitindo-se a prática de atos constritivos em face da empresa. Cabe ao juízo da recuperação judicial analisar e decidir sobre os atos constritivos realizados em execuções fiscais, para que não fique inviabilizado o plano de recuperação judicial[91].

A cobrança judicial do crédito tributário não é sujeita a concurso de credores ou habilitação em falência, recuperação judicial, concordata, inventário ou arrolamento (art. 187 do Código Tributário Nacional). A competência para processar e julgar a execução da dívida ativa da Fazenda Pública exclui a de qualquer outro juízo, inclusive o da falência, da concordata, da liquidação, da insolvência ou do inventário (art. 5º da

89. "Art. 805. Quando por vários meios o exequente puder promover a execução, o juiz mandará que se faça pelo modo menos gravoso para o executado. Parágrafo único. Ao executado que alegar ser a medida executiva mais gravosa incumbe indicar outros meios mais eficazes e menos onerosos, sob pena de manutenção dos atos executivos já determinados".

90. "Art. 114. Compete à Justiça do Trabalho processar e julgar: [...] VII – as ações relativas às penalidades administrativas impostas aos empregadores pelos órgãos de fiscalização das relações de trabalho; VIII – a execução, de ofício, das contribuições sociais previstas no art. 195, I, *a*, e II, e seus acréscimos legais, decorrentes das sentenças que proferir".

91. "2. De acordo com a pacífica jurisprudência do STJ, as execuções fiscais não se suspendem com o deferimento da recuperação judicial, ficando, todavia, definida a competência do juízo universal [juízo da recuperação judicial] para analisar e deliberar os atos constritivos ou de alienação, ainda quando em sede de execução fiscal, desde que deferido o pedido de recuperação judicial" (STJ, 2ª Seção, AgRg no CC 120.642/RS, 2012/0003349-9, Rel. Min. João Otávio de Noronha, DJe 18.11.2014).

Lei 6.830/1980). A cobrança judicial da dívida ativa da Fazenda Pública não é sujeita a concurso de credores ou habilitação em falência, concordata, liquidação, inventário ou arrolamento (art. 29 da Lei 6.830/1980).

Esclareça-se que constitui dívida ativa da Fazenda Pública aquela definida como tributária ou não tributária na Lei 4.320/1964, com as alterações posteriores, que estatui normas gerais de Direito Financeiro para elaboração e controle dos orçamentos e balanços da União, dos Estados, dos Municípios e do Distrito Federal (art. 2º da Lei 6.830/1980). Qualquer valor cuja cobrança seja atribuída por lei às referidas entidades será considerado dívida ativa da Fazenda Pública (art. 2º, § 1º, da Lei 6.830/1980). A dívida ativa da Fazenda Pública, compreendendo a tributária e a não tributária, abrange atualização monetária, juros e multa de mora e demais encargos previstos em lei ou contrato (art. 2º, § 2º, da Lei 6.830/1980).

Portanto, a cobrança judicial de créditos tributários e não tributários da Fazenda Pública não é sujeita a concurso de credores ou habilitação em falência, recuperação judicial, inventário ou arrolamento. Cf. STJ, 3ª T., REsp 1.931.633/GO, 2020/0200214-3, Rel. Min. Nancy Andrighi, DJe 09.08.2021.

De acordo com a atual sistemática, na falência, após realizadas as intimações (para tomar conhecimento da falência) e publicado o edital (com a íntegra da decisão que decreta a falência e a relação de credores apresentada pelo falido), o juiz instaurará, de ofício, para cada Fazenda Pública credora, *incidente de classificação de crédito público* e determinará a sua intimação eletrônica para que, no prazo de 30 dias, apresente diretamente ao administrador judicial ou em juízo, a depender do momento processual, a relação completa de seus créditos inscritos em dívida ativa, acompanhada dos cálculos, da classificação e das informações sobre a situação atual (art. 7º-A da Lei 11.101/2005, incluído pela Lei 14.112/2020).

Nesse caso, as execuções fiscais permanecerão suspensas até o encerramento da falência, sem prejuízo da possibilidade de prosseguimento contra os corresponsáveis (art. 7º-A, § 4º, inciso V, da Lei 11.101/2005, incluído pela Lei 14.112/2020).

Logo, tem-se a possibilidade da Fazenda Pública habilitar os créditos públicos no juízo da falência, ainda que pendentes as execuções fiscais desses créditos, as quais ficarão suspensas (Cf. STJ, 1ª Seção, REsp 1.872.759/SP, 2020/0103921-2, Rel. Min. Gurgel de Faria, j. 18.11.2021, DJe 25.11.2021, voto do relator).

Ressalte-se que o Superior Tribunal de Justiça fixou a seguinte tese em recurso repetitivo: "É possível a Fazenda Pública habilitar em processo de falência crédito objeto de execução fiscal em curso, mesmo antes da vigência da Lei n. 14.112/2020 e desde que não haja pedido de constrição no juízo executivo" (STJ, 1ª Seção, REsp 1.872.759/SP, 2020/0103921-2, Rel. Min. Gurgel de Faria, DJe 25.11.2021)[92].

---

92. "Processual Civil e Tributário. Recurso especial representativo da controvérsia. Execução fiscal. Falência. Fazenda Pública. Pedido de habilitação de crédito. Possibilidade. 1. A questão jurídica submetida ao Superior Tribunal de Justiça cinge-se à possibilidade da Fazenda Pública apresentar pedido de habilitação de crédito no juízo falimentar objeto de execução fiscal em curso, antes da alteração legislativa da Lei n. 11.101/2005 pela Lei n. 14.112/2020. 2. A execução fiscal é o procedimento pelo qual a Fazenda Pública cobra dívida tributária ou não tributária, sendo o juízo da execução o competente para decidir a respeito do tema. 3. O juízo falimentar, nos termos do que estabelece a Lei 11.101/2005, é 'indivisível e competente para conhecer todas as ações sobre bens, interesses e negócios do falido, ressalvadas as causas trabalhistas, fiscais e aquelas não reguladas nesta Lei em que o falido figurar como autor ou litisconsorte ativo'. 4. A interpretação sistemática dos arts. 5º, 29 e 38 da Lei n. 6.830/1980, do art. 187 do CTN e do art. 76 da Lei n. 11.101/2005 revela que a execução fiscal e o pedido de habilitação de crédito no juízo falimentar coexistem, a fim de preservar o interesse maior, que é

Estão sujeitos à recuperação judicial todos os créditos existentes na data do pedido, ainda que não vencidos (art. 49 da Lei 11.101/2005). A respeito do tema, o Superior Tribunal de Justiça fixou a seguinte tese em recurso especial repetitivo: "Para o fim de submissão aos efeitos da recuperação judicial, considera-se que a existência do crédito é determinada pela data em que ocorreu o seu fato gerador" (STJ, 2ª Seção, REsp 1.840.531/RS, 2019/0290623-2, Rel. Min. Ricardo Villas Bôas Cueva, DJe 17.12.2020)[93].

A recuperação judicial do devedor principal não impede o prosseguimento das ações e execuções ajuizadas contra terceiros que sejam devedores solidários ou coobrigados em geral, por garantia cambial, real ou fidejussória (isto é, pessoal), conforme Súmula 581 do STJ.

Cabe esclarecer que segundo a jurisprudência do Tribunal Superior do Trabalho: "o redirecionamento da execução contra os sócios ou integrantes do mesmo grupo econômico da empresa falida, ou em recuperação judicial, não afasta a competência da Justiça do Trabalho, eis que a execução está voltada contra o patrimônio dos próprios responsáveis solidários reconhecidos pelo Juízo da execução" (TST, 5ª T., Ag-AIRR-159-14.2010.5.02.0065, Rel. Min. Douglas Alencar Rodrigues, DEJT 20.09.2019).

A jurisprudência do Superior Tribunal de Justiça é no mesmo sentido: "Processual Civil. Agravo interno nos embargos de declaração no conflito de competência. Competência do juízo trabalhista para reconhecimento da desconsideração da personalidade jurídica. Decisão mantida. 1. A jurisprudência do STJ consolidou-se no sentido de que 'não traduz violação ao juízo atrativo da falência e da recuperação judicial o prosseguimento, perante a Justiça do Trabalho, de execuções contra sócios não atingidos pelo plano de recuperação ou pela decretação da falência' (AgRg no CC 136.779/MT, Relator Ministro Marco Aurélio Bellizze, Segunda Seção, julgado em 26/11/2014, DJe 02/12/2014). 2. Agravo interno a que se nega provimento" (STJ, 2ª Seção, AgInt nos EDcl no CC 161.953/GO, 2018/0288307-1, Rel. Min. Antonio Carlos Ferreira, DJe 22.08.2019).

O juízo da recuperação judicial não é competente para decidir sobre a constrição de bens não abrangidos pelo plano de recuperação da empresa (Súmula 480 do STJ).

Esclareça-se que o art. 82-A, parágrafo único, da Lei 11.101/2005[94] não estabelece a exclusividade do juízo falimentar para a desconsideração da personalidade jurídica da

---

a satisfação do crédito, não podendo a prejudicialidade do processo falimentar ser confundida com falta de interesse de agir do ente público. 5. Para os fins do art. 1.039 do CPC, firma-se a seguinte tese: 'É possível a Fazenda Pública habilitar em processo de falência crédito objeto de execução fiscal em curso, mesmo antes da vigência da Lei n. 14.112/2020 e desde que não haja pedido de constrição no juízo executivo'. 6. Recurso especial provido" (STJ, 1ª Seção, REsp 1.872.759/SP, 2020/0103921-2, Rel. Min. Gurgel de Faria, DJe 25.11.2021).

93. "Recurso especial repetitivo. Direito Empresarial. Recuperação judicial. Crédito. Existência. Sujeição aos efeitos da recuperação judicial. Art. 49, *caput*, da Lei nº 11.101/2005. Data do fato gerador. [...] 4. A existência do crédito está diretamente ligada à relação jurídica que se estabelece entre o devedor e o credor, o liame entre as partes, pois é com base nela que, ocorrido o fato gerador, surge o direito de exigir a prestação (direito de crédito). 5. Os créditos submetidos aos efeitos da recuperação judicial são aqueles decorrentes da atividade do empresário antes do pedido de soerguimento, isto é, de fatos praticados ou de negócios celebrados pelo devedor em momento anterior ao pedido de recuperação judicial, excetuados aqueles expressamente apontados na lei de regência. [...] 7. Recurso especial provido" (STJ, 2ª Seção, REsp 1.840.531/RS, 2019/0290623-2, Rel. Min. Ricardo Villas Bôas Cueva, DJe 17.12.2020).

94. "Art. 82-A. É vedada a extensão da falência ou de seus efeitos, no todo ou em parte, aos sócios de responsabilidade limitada, aos controladores e aos administradores da sociedade falida, admitida, contudo, a desconsideração da personalidade jurídica. Parágrafo único. A desconsideração da personalidade jurídica da sociedade falida, para fins de responsabilização de terceiros, grupo, sócio ou administrador por obrigação desta, somente pode ser decretada pelo juízo falimentar com a observância do art. 50 da Lei nº 10.406, de 10

sociedade falida[95], mas os requisitos exigidos para a sua decretação pelo referido juízo. O mesmo entendimento pode ser aplicado quanto à recuperação judicial[96].

Na representação comercial autônoma, os créditos devidos ao representante comercial reconhecidos em título executivo judicial transitado em julgado após o deferimento do processamento da recuperação judicial, e a sua respectiva execução, inclusive quanto aos honorários advocatícios, não se sujeitarão à recuperação judicial, aos seus efeitos e à competência do juízo da recuperação, ainda que existentes na data do pedido (art. 44, parágrafo único, da Lei 4.886/1965, com redação dada pela Lei 14.195/2021). O dispositivo em questão, como norma especial, não é aplicável aos créditos trabalhistas devidos ao empregado (art. 2º, § 2º, da Lei de Introdução às Normas do Direito Brasileiro).

Conforme a mencionada previsão específica, não se sujeitam à competência do juízo da recuperação judicial os créditos do representante comercial autônomo reconhecidos em título executivo judicial transitado em julgado *após* o deferimento do processamento da recuperação judicial. Nesse caso, mesmo a execução dos referidos créditos (inclusive quanto aos honorários advocatícios) deve ser processada na Justiça Comum (art. 39 da Lei 4.886/1965 e STF, RE 606.003). Diversamente, os créditos do representante comercial reconhecidos em título executivo judicial transitado em julgado antes (ou até) o deferimento do processamento da recuperação judicial sujeitam-se à competência do juízo da recuperação judicial.

O devedor que preencher os requisitos do art. 48 da Lei 11.101/2005 pode propor e negociar com credores *plano de recuperação extrajudicial* (art. 161 da Lei 11.101/2005).

A sujeição dos créditos de natureza trabalhista e por acidentes de trabalho à recuperação extrajudicial exige *negociação coletiva* com o sindicato da respectiva categoria profissional (art. 161, § 1º, da Lei 11.101/2005, com redação dada pela Lei 14.112/2020).

O pedido de homologação do plano de recuperação extrajudicial não acarretará suspensão de direitos, ações ou execuções, nem a impossibilidade do pedido de decretação de falência pelos credores não sujeitos ao plano de recuperação extrajudicial (art. 161, § 4º, da Lei 11.101/2005).

O devedor pode também requerer a homologação de plano de recuperação extrajudicial que obriga todos os credores por ele abrangidos, desde que assinado por credores que representem mais da metade dos créditos de cada espécie abrangidos

---

de janeiro de 2002 (Código Civil) e dos arts. 133, 134, 135, 136 e 137 da Lei nº 13.105, de 16 de março de 2015 (Código de Processo Civil), não aplicada a suspensão de que trata o § 3º do art. 134 da Lei nº 13.105, de 16 de março de 2015 (Código de Processo Civil)" (incluído pela Lei 14.112/2020).

95. "2. A mera decisão de desconstituição da personalidade jurídica pela Justiça trabalhista, por si só, não enseja o reconhecimento de usurpação da competência do juízo falimentar, porque não atinge direta e concretamente os bens da massa falida. Ao contrário, é medida secundária que se limita a estender a responsabilidade trabalhista aos sócios e/ou outras empresas do grupo. 3. A Lei de Falências não retira de outros juízos a possibilidade de instauração de incidentes de desconsideração da personalidade jurídica ou de reconhecimento da existência de grupo econômico" (STJ, 2ª Seção, AgInt no CC 190.942/GO, 2022/0258759-4, Rel. Min. João Otávio de Noronha, DJe 05.06.2023).

96. "Agravo interno no conflito de competência. Recuperação judicial. Desconsideração da personalidade jurídica pela Justiça do Trabalho. Competência indistinta de qualquer ramo da Justiça brasileira. Ausência de invasão de atribuições judiciais. Agravo interno desprovido. 1. Nos termos da iterativa jurisprudência desta Corte, a Justiça do Trabalho tem competência para decidir acerca da desconsideração da personalidade jurídica da sociedade em recuperação judicial, pois tal mister não é atribuído com exclusividade a um determinado Juízo ou ramo da Justiça. 2. Agravo interno desprovido" (STJ, 2ª Seção, AgInt nos EDcl no CC 190.431/SP, 2022/0234676-0, Rel. Min. Raul Araújo, DJe 06.03.2023).

pelo plano de recuperação extrajudicial (art. 163 da Lei 11.101/2005, com redação dada pela Lei 14.112/2020).

Aplica-se à recuperação extrajudicial, desde o respectivo pedido, a *suspensão* de que trata o art. 6º da Lei 11.101/2005, exclusivamente em relação às espécies de crédito por ele abrangidas (art. 163, § 8º, da Lei 11.101/2005, incluído pela Lei 14.112/2020). A suspensão decorrente da recuperação extrajudicial somente deve ser ratificada pelo juiz se comprovado o quórum inicial exigido pelo § 7º do art. 163 da Lei 11.101/2005[97].

Logo, entende-se que os créditos de natureza trabalhista e por acidentes de trabalho que estiverem sujeitos ao plano de recuperação extrajudicial homologado pelo juiz (art. 165 da Lei 11.101/2005), por ter havido autorização em negociação coletiva (art. 161, § 1º, da Lei 11.101/2005), devem ser satisfeitos na forma nele prevista, e não por meio de execução na Justiça do Trabalho.

12.31 EXECUÇÃO CONTRA EMPRESA EM LIQUIDAÇÃO EXTRAJUDICIAL

Há certas instituições, como bancos e instituições financeiras (arts. 46 e 47 do Ato das Disposições Constitucionais Transitórias), que estão sujeitas à liquidação extrajudicial, e não à falência.

A Lei 6.024, de 13 de março de 1974, dispõe sobre a intervenção e a liquidação extrajudicial de instituições financeiras. O art. 1º desse diploma legal estabelece que as instituições financeiras privadas e as públicas não federais, assim como as cooperativas de crédito, estão sujeitas à intervenção ou à liquidação extrajudicial, as quais, em ambos os casos, são efetuadas e decretadas pelo Banco Central do Brasil.

Isso é confirmado pela Lei 11.101/2005, que regula a recuperação judicial, a extrajudicial e a falência do empresário e da sociedade empresária, mas não se aplica às empresas públicas e sociedades de economia mista, bem como às instituições financeiras públicas ou privadas, cooperativas de crédito, consórcios, entidades de previdência complementar, sociedades operadoras de plano de assistência à saúde, sociedades seguradoras, sociedades de capitalização e outras entidades legalmente equiparadas às anteriores (art. 2º).

Diferentemente da hipótese de falência (e da recuperação extrajudicial), em se tratando de liquidação extrajudicial, a execução prossegue normalmente na Justiça do Trabalho, segundo aplicação dos arts. 5º e 29 da Lei 6.830/1980, autorizada pelo art. 889 da CLT.

A execução trabalhista deve prosseguir diretamente na Justiça do Trabalho mesmo após a decretação da liquidação extrajudicial, conforme arts. 5º e 29 da Lei 6.830/1980, aplicados supletivamente nos termos do art. 889 da CLT e art. 114 da Constituição Federal de 1988 (Orientação Jurisprudencial 143 da SBDI-I do TST).

A liquidação extrajudicial de sociedade cooperativa não suspende a execução dos créditos trabalhistas existentes contra ela (Orientação Jurisprudencial 53 da SBDI-II do TST).

Confirma-se, assim, o prosseguimento da execução na Justiça do Trabalho, mesmo havendo liquidação extrajudicial.

97. "§ 7º O pedido previsto no *caput* deste artigo poderá ser apresentado com comprovação da anuência de credores que representem pelo menos 1/3 (um terço) de todos os créditos de cada espécie por ele abrangidos e com o compromisso de, no prazo improrrogável de 90 (noventa) dias, contado da data do pedido, atingir o quórum previsto no *caput* deste artigo, por meio de adesão expressa, facultada a conversão do procedimento em recuperação judicial a pedido do devedor".

12.32 REUNIÃO DE EXECUÇÕES

No âmbito da execução fiscal, o juiz, a requerimento das partes, pode, por conveniência da unidade da garantia da execução, ordenar a reunião de processos contra o mesmo devedor (art. 28 da Lei 6.830/1980). Nessa hipótese, os processos devem ser redistribuídos ao juízo da primeira distribuição (art. 28, parágrafo único, da Lei 6.830/1980).

Essa previsão é subsidiariamente aplicável ao processo do trabalho, conforme art. 889 da CLT, objetivando-se a efetividade e a celeridade na execução, bem como a economia processual. A reunião de execuções contra o mesmo devedor é faculdade do juiz (Súmula 515 do STJ).

O procedimento de reunião de execuções (PRE), destinado às obrigações de pagar e regulado pela Consolidação dos Provimentos da Corregedoria-Geral no âmbito da Justiça do Trabalho (arts. 148 a 160), é constituído pelo: I – plano especial de pagamento trabalhista (PEPT), cujo objetivo é o pagamento parcelado do débito reunido; II – regime centralizado de execução (RCE), instituído pela Lei 14.193/2021 (Lei da Sociedade Anônima do Futebol – SAF); III – regime especial de execução forçada (REEF), voltado para os atos de execução forçada, inclusive de expropriação do patrimônio dos devedores em prol da coletividade dos credores.

O procedimento de reunião de execuções (PRE), em todas as suas modalidades, deve observar, entre outros princípios e diretrizes: I – a cooperação judiciária; II – a essência conciliatória da Justiça do Trabalho como instrumento de pacificação social; III – o direito fundamental à razoável duração do processo (art. 5º, LXXVIII, da Constituição da República) em benefício do credor; IV – os princípios da eficiência administrativa (art. 37 da Constituição da República), bem como da economia processual; V – o pagamento equânime dos créditos, observadas as particularidades do caso concreto; VI – a premência do crédito trabalhista, haja vista seu caráter alimentar; VII – a necessidade da preservação da função social da empresa e das entidades de prática desportiva; VIII – a estrita observância da Lei 14.193/2021, em relação às entidades de prática desportiva indicadas no art. 2º da Lei da Sociedade Anônima do Futebol (art. 148-A da Consolidação dos Provimentos da Corregedoria-Geral da Justiça do Trabalho).

A reunião de processos em fase de execução definitiva, em relação ao mesmo devedor (ou aos mesmos devedores), pode ser processada em órgãos de centralização de execuções (juízos centralizadores de execução), criados conforme organização de cada Tribunal Regional e observados os parâmetros estabelecidos na Consolidação dos Provimentos da Corregedoria-Geral da Justiça do Trabalho (art. 149). Ressalvados os casos de plano especial de pagamento trabalhista (PEPT), regime centralizado de execução (RCE) e regime especial de execução forçada (REEF), que obrigatoriamente devem ser processados perante o juízo centralizador de execução, a mencionada previsão não prejudica a reunião de processos em fase de execução definitiva em Varas do Trabalho, mediante cooperação judiciária.

São atribuições do juízo centralizador de execução do procedimento de reunião de execuções (PRE): I – acompanhar e exarar parecer relativo ao processamento do procedimento de reunião de execuções (PRE), mantendo comunicação com os demais órgãos partícipes da gestão do procedimento, conforme definido pela organização administrativa do Tribunal Regional do Trabalho ou pela Lei 14.193/2021; II – promover, de ofício, a identificação dos grandes devedores e, se for o caso, dos respectivos grupos econômicos, no âmbito do Tribunal Regional do Trabalho, cujas execuções podem ser reunidas para processamento conjunto por meio da instauração do regime especial de execução forçada (REEF), utilizando-se de todas as ferramentas eletrônicas de investigação patrimonial disponíveis por meio de processo piloto indicado pelo juízo centralizador de execução; III – coordenar ações e programas que visem à efetividade da execução (art. 150 da Consolidação dos Provimentos da Corregedoria-Geral da Justiça do Trabalho).

No procedimento de reunião de execuções (PRE), todos os esforços devem ser envidados no sentido de solver as execuções por pagamento integral ou com o uso das técnicas da mediação e da conciliação, observando-se, em cada modalidade de pagamento, a atenção às preferências legais, conforme disciplinado pelo Tribunal Regional do Trabalho, ressalvada a ordem de preferência para o regime centralizado de execução (RCE) instituído pela Lei 14.193/2021, que deve observar os termos estabelecidos no art. 17 da Lei 14.193/2021, sobre credores preferenciais para ordenação do pagamento (art. 150-A da Consolidação dos Provimentos da Corregedoria-Geral da Justiça do Trabalho).

Nas hipóteses de plano especial de pagamento trabalhista (PEPT) e de regime especial de execução forçada (REEF), havendo omissão do Tribunal Regional do Trabalho em disciplinar a matéria relativa à ordem de pagamento, e desde que observados os princípios da razoabilidade, equidade e proporcionalidade, o juízo centralizador de execução, após ouvidos os credores, pode limitar, inverter referida ordem de pagamento dentro da mesma classe, incluir preferências definidas na Consolidação dos Provimentos da Corregedoria-Geral da Justiça do Trabalho ou fixar teto de valores para os credores preferenciais, visando possibilitar o pagamento, ainda que parcial, de um maior número de credores.

Para a apreciação preliminar do pedido de instauração do plano especial de pagamento trabalhista (PEPT), o interessado dever atender aos requisitos indicados no art. 151 da Consolidação dos Provimentos da Corregedoria-Geral da Justiça do Trabalho.

O plano especial de pagamento trabalhista (PEPT) alcançará todos os processos em fase de execução definitiva relacionados no ato de apresentação do requerimento, devendo englobar a dívida total consolidada do devedor naquela data (art. 151-A da Consolidação dos Provimentos da Corregedoria-Geral da Justiça do Trabalho).

O pedido de instauração do plano especial de pagamento trabalhista (PEPT) com o objetivo de parcelamento de débito referente a processos em fase de execução definitiva, em curso no âmbito de um único Tribunal Regional do Trabalho, deve ser apresentado ao Corregedor Regional respectivo, em classe processual própria (art. 152 da Consolidação dos Provimentos da Corregedoria-Geral da Justiça do Trabalho).

O pedido de instauração do plano especial de pagamento trabalhista (PEPT) com o objetivo de parcelamento do débito referente a processos em fase de execução definitiva, no âmbito de mais de um Tribunal Regional do Trabalho, deve ser apresentado ao Corregedor do Tribunal Regional do Trabalho com maior número de processos em fase de execução definitiva desse devedor (art. 152-A da Consolidação dos Provimentos da Corregedoria-Geral da Justiça do Trabalho).

O regime especial de execução forçada (REEF) consiste no procedimento unificado de busca, constrição e expropriação, com vistas ao adimplemento da dívida consolidada de devedor com relevante número de processos em fase de execução definitiva, como medida de otimização das diligências executórias, que passam a ser realizadas de forma convergente, mediante a utilização de processo piloto (art. 154 da Consolidação dos Provimentos da Corregedoria-Geral da Justiça do Trabalho).

O regime especial de execução forçada (REEF) pode originar-se: I – do insucesso do plano especial de pagamento trabalhista (PEPT); II – do insucesso do regime centralizado de execução (RCE) previsto na Lei 14.193/2021, observado o disposto no art. 24 da Lei 14.193/2021 (sobre responsabilidade subsidiária da sociedade anônima do futebol pelo pagamento das obrigações civis e trabalhistas anteriores à sua constituição); III – por meio de requisição das unidades judiciárias de 1º e 2º graus do Tribunal Regional do Trabalho; IV – por iniciativa do órgão centralizador de execuções no Tribunal Regional do Trabalho.

12.33 REGIME CENTRALIZADO DE EXECUÇÕES CONTRA ENTIDADES DE PRÁTICA DESPORTIVA

Segundo prevê o art. 50 da Lei 13.155/2015, os Tribunais Regionais do Trabalho, ou outro órgão definido por determinação dos próprios Tribunais, ficam autorizados a instaurar o regime centralizado de execução (Ato Trabalhista) para as entidades desportivas profissionais de que trata o art. 27, § 10, da Lei 9.615/1998, assim consideradas as entidades de prática desportiva envolvidas em competições de atletas profissionais, as ligas em que se organizarem e as entidades de administração de desporto profissional.

A Lei 14.193/2021, que institui a sociedade anônima do futebol, ao dispor sobre o tratamento dos passivos das entidades de prática desportiva, prevê a possibilidade de concurso de credores do clube ou pessoa jurídica original, por meio de regime centralizado de execuções.

Constitui sociedade anônima do futebol a companhia cuja atividade principal consiste na prática do futebol, feminino e masculino, em competição profissional, sujeita às regras específicas da Lei 14.193/2021 e, subsidiariamente, às disposições da Lei 6.404/1976 e da Lei 9.615/1998. À sociedade anônima do futebol, regida pela Lei 14.193/2021, aplica-se subsidiariamente a Lei 14.597/2023 (Lei Geral do Esporte), no que com aquela não for conflitante (art. 214).

A sociedade anônima do futebol é uma entidade de prática desportiva, ou seja, organização de prática esportiva (art. 1º, § 4º, da Lei 14.193/2021).

Clube é a associação civil, regida pelo Código Civil, dedicada ao fomento e à prática do futebol. Pessoa jurídica original é a sociedade empresarial dedicada ao fomento e à prática do futebol (art. 1º, § 1º, incisos I e II, da Lei 14.193/2021).

Esclareça-se que a sociedade anônima do futebol pode ser constituída: I – pela transformação do clube ou pessoa jurídica original em sociedade anônima do futebol; II – pela cisão do departamento de futebol do clube ou pessoa jurídica original e transferência do seu patrimônio relacionado à atividade futebol; III – pela iniciativa de pessoa natural ou jurídica ou de fundo de investimento (art. 2º da Lei 14.193/2021).

Nos casos em que a sociedade anônima do futebol é constituída pela transformação do clube ou pessoa jurídica original, ou pela cisão do departamento de futebol do clube ou pessoa jurídica original e transferência do seu patrimônio relacionado à atividade futebol, a sociedade anônima do futebol sucede o clube ou pessoa jurídica original nas relações contratuais com atletas profissionais do futebol (art. 2º, § 1º, inciso I, da Lei 14.193/2021).

Tendo em vista a referida sucessão, a sociedade anônima do futebol, como sucessora, passa a ser a empregadora nos contratos de trabalho dos atletas profissionais.

De acordo com o art. 9º da Lei 14.193/2021, a sociedade anônima do futebol não responde pelas obrigações do clube ou pessoa jurídica original que a constituiu, anteriores ou posteriores à data de sua constituição, exceto quanto às atividades específicas do seu objeto social[98], e responde pelas obrigações que lhe forem transferidas conforme

98. O objeto social da sociedade anônima do futebol pode compreender as seguintes atividades: I – o fomento e o desenvolvimento de atividades relacionadas com a prática do futebol, obrigatoriamente nas

disposto no art. 2º, § 2º, da Lei 14.193/2021[99], cujo pagamento aos credores deve se limitar à forma estabelecida no art. 10 da Lei 14.193/2021. Em relação à dívida trabalhista, integram o rol dos mencionados credores os atletas, membros da comissão técnica e funcionários cuja atividade principal seja vinculada diretamente ao departamento de futebol (art. 9º, parágrafo único, da Lei 14.193/2021).

Segundo a disciplina própria da Lei 14.193/2021, a responsabilidade da sociedade anônima do futebol (sucessora) pelos débitos trabalhistas do clube ou pessoa jurídica original que a constituiu (sucedido), anteriores à data da constituição daquela, limita-se às receitas a serem transferidas pela sociedade anônima do futebol ao clube ou pessoa jurídica original, ou seja, aos repasses financeiros estabelecidos no art. 10 da Lei 14.193/2021. Por se tratar de regra especial, afasta-se a aplicação da norma geral prevista no art. 448-A da CLT.

O clube ou pessoa jurídica original é responsável pelo pagamento das obrigações anteriores à constituição da sociedade anônima do futebol, por meio de receitas próprias e das seguintes receitas que lhe serão transferidas pela sociedade anônima do futebol, quando constituída, exclusivamente: I – por destinação de 20% das receitas correntes mensais auferidas pela sociedade anônima do futebol, conforme plano aprovado pelos credores, nos termos do inciso I do art. 13 da Lei 14.193/2021 (sobre concurso de credores e regime centralizado de execuções); II – por destinação de 50% dos dividendos, dos juros sobre o capital próprio ou de outra remuneração recebida desta, na condição de acionista (art. 10 da Lei 14.193/2021).

Sem prejuízo das disposições relativas à responsabilidade dos dirigentes previstas no art. 18-B da Lei 9.615/1998 (atualmente, art. 66 da Lei 14.597/2023)[100], os administradores da sociedade anônima do futebol respondem pessoal e solidariamente pelas obrigações relativas aos repasses financeiros definidos no art. 10 da Lei 14.193/2021, assim como respondem, pessoal e solidariamente, o presidente do clube ou os sócios

---

suas modalidades feminino e masculino; II – a formação de atleta profissional de futebol, nas modalidades feminino e masculino, e a obtenção de receitas decorrentes da transação dos seus direitos desportivos; III – a exploração, sob qualquer forma, dos direitos de propriedade intelectual de sua titularidade ou dos quais seja cessionária, incluídos os cedidos pelo clube ou pessoa jurídica original que a constituiu; IV – a exploração de direitos de propriedade intelectual de terceiros, relacionados ao futebol; V – a exploração econômica de ativos, inclusive imobiliários, sobre os quais detenha direitos; VI – quaisquer outras atividades conexas ao futebol e ao patrimônio da sociedade anônima do futebol, incluída a organização de espetáculos esportivos, sociais ou culturais; VII – a participação em outra sociedade, como sócio ou acionista, no território nacional, cujo objeto seja uma ou mais das atividades mencionadas nos incisos acima, com exceção do inciso II (art. 1º, § 2º, da Lei 14.193/2021).

99. Na hipótese do inciso II do art. 2º da Lei 14.193/2021 (sociedade anônima do futebol constituída pela cisão do departamento de futebol do clube ou pessoa jurídica original e transferência do seu patrimônio relacionado à atividade futebol), os direitos e deveres decorrentes de relações, de qualquer natureza, estabelecidos com o clube, pessoa jurídica original e entidades de administração, inclusive direitos de participação em competições profissionais, bem como contratos de trabalho, de uso de imagem ou quaisquer outros contratos vinculados à atividade do futebol serão obrigatoriamente transferidos à sociedade anônima do futebol (art. 2º, § 2º, inciso I, da Lei 14.193/2021).

100. "Art. 66. Os dirigentes das organizações esportivas, independentemente da forma jurídica adotada, têm seus bens particulares sujeitos ao disposto no art. 50 da Lei nº 10.406, de 10 de janeiro de 2002 (Código Civil). § 1º Para os fins do disposto nesta Lei, dirigente é aquele que exerce, de fato ou de direito, poder de decisão na gestão da entidade, inclusive seus administradores. § 2º Os dirigentes de organizações esportivas respondem solidária e ilimitadamente pelos atos ilícitos praticados e pelos atos de gestão irregular ou temerária ou contrários ao previsto no contrato social ou estatuto. § 3º O dirigente que tiver conhecimento do não cumprimento dos deveres estatutários ou contratuais por seu predecessor ou pelo administrador competente e deixar de comunicar o fato ao órgão estatutário competente será responsabilizado solidariamente".

administradores da pessoa jurídica original pelo pagamento aos credores dos valores que forem transferidos pela sociedade anônima do futebol, conforme estabelecido na Lei 14.193/2021 (art. 11 da Lei 14.193/2021).

Enquanto a sociedade anônima do futebol cumprir os pagamentos previstos nos arts. 9º a 11 da Lei 14.193/2021, é vedada qualquer forma de constrição ao patrimônio ou às receitas, por penhora ou ordem de bloqueio de valores de qualquer natureza ou espécie sobre as suas receitas, em relação às obrigações anteriores à constituição da sociedade anônima do futebol (art. 12 da Lei 14.193/2021).

O clube ou pessoa jurídica original pode efetuar o pagamento das obrigações diretamente aos seus credores, ou a seu exclusivo critério: I – pelo concurso de credores, por intermédio do regime centralizado de execuções previsto na Lei 14.193/2021; ou II – por meio de recuperação judicial ou extrajudicial, nos termos da Lei 11.101/2005 (art. 13 da Lei 14.193/2021).

Depreende-se que o clube ou pessoa jurídica original tem a faculdade de realizar o pagamento das suas obrigações (nas quais se incluem os débitos trabalhistas anteriores à constituição da sociedade anônima do futebol) de três modos alternativos, podendo optar por um deles: diretamente aos seus credores (nos quais se incluem os credores trabalhistas); pelo concurso de credores no regime centralizado de execuções; por meio de recuperação judicial ou extrajudicial.

O regime centralizado de execução (RCE) disciplinado pela Lei 14.193/2021 destina-se única e exclusivamente às entidades de prática desportiva definidas no art. 1º, § 1º, incisos I e II, da Lei 14.193/2021 (clube e pessoa jurídica original), e que tenham dado origem à constituição de sociedade anônima de futebol na forma do art. 2º, inciso II, da Lei 14.193/2021, ou seja, pela cisão do departamento de futebol do clube ou pessoa jurídica original e transferência do seu patrimônio relacionado à atividade futebol (art. 153 da Consolidação dos Provimentos da Corregedoria-Geral da Justiça do Trabalho).

O regime centralizado de execução (RCE) é incompatível com o regime de recuperação judicial ou extrajudicial, sendo que, constatado requerimento nesse sentido, anterior ou posterior ao regime centralizado de execução (RCE) trabalhista, este último não será deferido ou será extinto perante o respectivo Tribunal Regional do Trabalho (art. 153-A da Consolidação dos Provimentos da Corregedoria-Geral da Justiça do Trabalho).

O clube ou pessoa jurídica original que optar pela alternativa do inciso I do art. 13 da Lei 14.193/2021 deve ser submetido ao concurso de credores por meio do regime centralizado de execuções, que consiste em concentrar no juízo centralizador as execuções, as suas receitas e os valores arrecadados na forma do art. 10 da Lei 14.193/2021, bem como a distribuição desses valores aos credores em concurso e de forma ordenada (art. 14 da Lei 14.193/2021).

Na hipótese de inexistência de órgão de centralização de execuções no âmbito do Judiciário, o juízo centralizador deve ser aquele que tiver ordenado o pagamento da dívida em primeiro lugar (art. 14, § 1º, da Lei 14.193/2021).

O requerimento deve ser apresentado pelo clube ou pessoa jurídica original e será concedido pelo Presidente do Tribunal Regional do Trabalho, quanto às dívidas trabalhistas, e pelo Presidente do Tribunal de Justiça, quanto às dívidas de natureza civil, observados os requisitos de apresentação do plano de credores, conforme disposto no art. 16 da Lei 14.193/2021.

Quanto às dívidas trabalhistas do clube ou pessoa jurídica original, o concurso de credores por meio do regime centralizado de execuções é de competência da Justiça do Trabalho (art. 114 da Constituição Federal de 1988), devendo ser processado no órgão de centralização de execuções ou juízo centralizador no âmbito do Tribunal Regional do Trabalho.

Cabe ao Poder Judiciário disciplinar o regime centralizado de execuções, por meio de ato próprio dos seus tribunais, e conferir o prazo de seis anos para pagamento dos credores (art. 15 da Lei 14.193/2021). Na ausência da mencionada regulamentação, compete ao Tribunal Superior respectivo suprir a omissão (art. 15, § 1º, da Lei 14.193/2021).

Na esfera trabalhista, cabe aos Tribunais Regionais do Trabalho disciplinar o regime centralizado de execuções, por meio de atos normativos próprios de caráter administrativo, respeitando as previsões legais sobre a matéria. Na ausência da mencionada regulamentação, compete ao Tribunal Superior do Trabalho suprir a omissão. Como o Conselho Nacional de Justiça é órgão do Poder Judiciário (art. 92, inciso I-A, da Constituição da República) e tem competência para expedir atos regulamentares (art. 103-B, § 4º, inciso I, da Constituição Federal de 1988), pode estabelecer a disciplina geral do regime centralizado de execuções por meio de ato normativo próprio, observando as disposições da Lei 14.193/2021.

Se o clube ou pessoa jurídica original comprovar a adimplência de ao menos 60% do seu passivo original ao final do prazo previsto no art. 15 da Lei 14.193/2021, será permitida a prorrogação do regime centralizado de execuções por mais quatro anos, período em que o percentual a que se refere o inciso I do art. 10 da Lei 14.193/2021 (20% das receitas correntes mensais auferidas pela sociedade anônima do futebol) poderá, a pedido do interessado, ser reduzido pelo juízo centralizador das execuções a 15% das suas receitas correntes mensais (art. 15, § 2º, da Lei 14.193/2021).

Portanto, o regime centralizado de execuções para pagamento dos credores pode ter duração de seis anos, prorrogáveis por mais quatro anos (se preenchidos os requisitos legais acima indicados), resultando no total de 10 anos. Após esse prazo, aplica-se o art. 24 da Lei 14.193/2021, sobre a responsabilidade subsidiária da sociedade anônima do futebol pelo pagamento das obrigações civis e trabalhistas anteriores à sua constituição, salvo, quanto às dívidas trabalhistas do clube ou pessoa jurídica original, se houver sido estabelecido plano de pagamento de forma diversa, por meio de negociação coletiva (art. 19 da Lei 14.193/2021).

Ao clube ou pessoa jurídica original que requerer a centralização das suas execuções será concedido o prazo de até 60 dias para apresentação do seu plano de credores, que deve conter obrigatoriamente os seguintes documentos: I – o balanço patrimonial; II – as demonstrações contábeis relativas aos três últimos exercícios sociais; III – as obrigações consolidadas em execução e a estimativa auditada das suas dívidas ainda em fase de conhecimento; IV – o fluxo de caixa e a sua projeção de três anos; V – o termo de compromisso de controle orçamentário (art. 16 da Lei 14.193/2021).

Os clubes e as pessoas jurídicas originais devem fornecer ao juízo centralizador e publicar em sítio eletrônico próprio as seguintes informações: I – os documentos exigidos nos incisos III, IV e V do 16 da Lei 14.193/2021; II – a ordem da fila de credores com seus respectivos valores individualizados e atualizados; III – os pagamentos efetuados no período.

No regime centralizado de execuções, consideram-se credores preferenciais, para ordenação do pagamento: I – idosos, nos termos da Lei 10.741/2003 (Estatuto da Pessoa Idosa); II – pessoas com doenças graves; III – pessoas cujos créditos de natureza salarial sejam inferiores a 60 salários mínimos; IV – gestantes; V – pessoas vítimas de acidente de trabalho oriundo da relação de trabalho com o clube ou pessoa jurídica original; VI – credores com os quais haja acordo que preveja redução da dívida original em pelo menos 30% (art. 17 da Lei 14.193/2021). Na hipótese de concorrência entre os créditos, os processos mais antigos têm preferência.

O pagamento das obrigações do clube ou pessoa jurídica original anteriores à constituição da sociedade anônima do futebol, previstas no art. 10 da Lei 14.193/2021, deve privilegiar os créditos trabalhistas, e cumprirá ao plano de pagamento dos credores, apresentado pelo clube ou pessoa jurídica original, definir a sua destinação (art. 18 da Lei 14.193/2021).

A partir da centralização das execuções, as dívidas de natureza cível e trabalhista devem ser corrigidas somente pela taxa referencial do Sistema Especial de Liquidação e de Custódia (Selic), ou outra taxa de mercado que vier a substituí-la (art. 18, parágrafo único, da Lei 14.193/2021). Aplica-se o índice adotado pelo Supremo Tribunal Federal para a atualização dos créditos trabalhistas na fase judicial, cabendo ressaltar que a Selic engloba juros moratórios e correção monetária, sendo vedada a cumulação com outros índices (STF, Pleno, ADC 58/DF, ADC 59/DF, ADI 5.867/DF e ADI 6.021/DF, Rel. Min. Gilmar Mendes, DJe 07.04.2021).

É facultado às partes, por meio de negociação coletiva, estabelecer o plano de pagamento de forma diversa (art. 19 da Lei 14.193/2021). Sendo assim, quanto aos créditos trabalhistas devidos pelo clube ou pessoa jurídica original, o plano de pagamento dos credores pode ser estabelecido em convenção coletiva ou acordo coletivo de trabalho (art. 7º, inciso XXVI, da Constituição Federal de 1988) de forma diversa das previsões da Lei 14.193/2021.

Ao credor, titular do crédito, é facultada a conversão, no todo ou em parte, da dívida do clube ou pessoa jurídica original em ações da sociedade anônima do futebol ou em títulos por ela emitidos, desde que assim previsto em seu estatuto (art. 20 da Lei 14.193/2021).

Ao credor de dívida trabalhista e ao credor de dívida cível, de qualquer valor, é facultado anuir, a seu critério exclusivo, a deságio sobre o valor do débito (art. 21 da Lei 14.193/2021).

Ao credor de dívida trabalhista, como titular do crédito, a seu exclusivo critério, é facultada a cessão do crédito a terceiro, que ficará sub-rogado em todos os direitos e em todas as obrigações do credor e ocupará a mesma posição do titular do crédito original na fila de credores, devendo ser dada ciência ao clube ou pessoa jurídica original, bem como ao juízo centralizador da dívida para que promova a anotação (art. 22 da Lei 14.193/2021). Logo, permite-se a cessão do crédito trabalhista, na linha do art. 83, § 5º, da Lei 11.101/2005.

Enquanto o clube ou pessoa jurídica original cumprir os pagamentos previstos no regime centralizado de execuções, é vedada qualquer forma de constrição ao patrimônio ou às receitas, por penhora ou ordem de bloqueio de valores de qualquer natureza ou espécie sobre as suas receitas (art. 23 da Lei 14.193/2021).

Uma vez superado o prazo estabelecido no art. 15 da Lei 14.193/2021 (seis anos, permitida a prorrogação por mais quatro anos), a sociedade anônima do futebol responderá, nos limites estabelecidos no art. 9º da Lei 14.193/2021, subsidiariamente, pelo pagamento das obrigações civis e trabalhistas anteriores à sua constituição, salvo o disposto no art. 19 da Lei 14.193/2021, que faculta às partes estabelecer o plano de pagamento de forma diversa, por meio de negociação coletiva (art. 24 da Lei 14.193/2021).

Confirma-se, assim, que a disciplina legal específica em questão afasta a incidência das previsões gerais do art. 448-A da CLT, sobre responsabilidade na sucessão.

O clube, ao optar pela alternativa do inciso II do art. 13 da Lei 14.193/2021, e por exercer atividade econômica, é admitido como parte legítima para requerer a recuperação judicial ou extrajudicial, submetendo-se à Lei 11.101/2005 (art. 25 da Lei 14.193/2021).

A pessoa jurídica original, por ser sociedade empresarial dedicada ao fomento e à prática do futebol (art. 1º, § 1º, inciso II, da Lei 14.193/2021), também pode requerer a recuperação judicial ou extrajudicial, nos termos da Lei 11.101/2005.

Frise-se que a sujeição dos créditos de natureza trabalhista e por acidentes de trabalho à *recuperação extrajudicial* exige negociação coletiva com o sindicato da respectiva categoria profissional (art. 161, § 1º, da Lei 11.101/2005, com redação dada pela Lei 14.112/2020).

Os contratos bilaterais, bem como os contratos de atletas profissionais vinculados ao clube ou pessoa jurídica original não se resolvem em razão do pedido de recuperação judicial e extrajudicial e podem ser transferidos à sociedade anônima do futebol no momento de sua constituição (art. 25, parágrafo único, da Lei 14.193/2021).

Mesmo em caso de decretação da falência, os contratos bilaterais não se resolvem pela falência e podem ser cumpridos pelo administrador judicial se o cumprimento reduzir ou evitar o aumento do passivo da massa falida ou for necessário à manutenção e preservação de seus ativos, mediante autorização do Comitê de Credores (art. 117 da Lei 11.101/2005).

12.34 CUSTAS E EMOLUMENTOS NA EXECUÇÃO

No processo (ou fase) de execução são devidas *custas*, sempre de responsabilidade do executado e *pagas ao final*, de conformidade com a seguinte tabela: I – autos de arrematação, de adjudicação e de remição: 5% sobre o respectivo valor, até o máximo de R$ 1.915,38; II – atos dos oficiais de justiça, por diligência certificada: a) em zona urbana: R$ 11,06; b) em zona rural: R$ 22,13; III – agravo de instrumento: R$ 44,26; IV – agravo de petição: R$ 44,26; V – embargos à execução, embargos de terceiro e embargos à arrematação: R$ 44,26; VI – recurso de revista: R$ 55,35; VII – impugnação à sentença de liquidação: R$ 55,35; VIII – despesa de armazenagem em depósito judicial – por dia: 0,1% do valor da avaliação; IX – cálculos de liquidação realizados pelo contador do juízo – sobre o valor liquidado: 0,5% até o limite de R$ 638,46 (art. 789-A da CLT).

As custas possuem natureza tributária, mais especificamente de taxa, por se tratar de serviço estatal prestado, isto é, no caso, a atividade jurisdicional (art. 145, inciso II, da Constituição Federal de 1988).

As custas na execução trabalhista são devidas pelo executado, e pagas somente ao final. Portanto, não se exige o recolhimento e a comprovação de pagamento das custas para o recurso na execução.

Além dos autos de arrematação, adjudicação e remição, os atos dos oficiais de justiça, em diligências durante a execução, também geram o dever de pagar custas, em valores diferenciados conforme se trate de zona urbana ou rural. A quantia é fixada em valor mais elevado na zona rural, certamente, em razão das condições mais difíceis de acesso e de locomoção.

A interposição de certos recursos na execução (agravo de petição, agravo de instrumento e recurso de revista) também gera o dever de pagar custas. Entretanto, como as custas, na execução trabalhista, são pagas somente ao final (art. 789-A, *caput*, da CLT), não há exigência de se comprovar o recolhimento quando da interposição do recurso.

As custas também são devidas em razão dos embargos à execução (art. 884 da CLT), embargos de terceiro (arts. 674 a 681 do CPC) e embargos à arrematação (atualmente previstos como ação autônoma, conforme art. 903, § 4º, do CPC), que possuem natureza de ação.

Embora o art. 789-A, *caput*, da CLT mencione que as custas na execução trabalhista são "sempre de responsabilidade do executado", este só tem como responder pelas custas se for vencido em alguma questão. Se os embargos à execução são acolhidos, e o embargante (executado) tinha razão na sua alegação, seria contrário à lógica e ao bom-senso condená-lo a pagar custas.

Da mesma forma, se os embargos de terceiro forem opostos por terceiro (embargante), e o executado não participar dessa relação processual, por não ter nomeado o bem à penhora, esse último não tem como ser responsabilizado pelas custas.

Somente na hipótese de o executado figurar na relação processual dos embargos de terceiro, e ser vencido, é que se visualiza a exigência de pagamento das custas.

A impugnação à "sentença" de liquidação, na realidade, é apresentada no mesmo momento processual dos embargos à execução, nos termos do art. 884, § 3º, da CLT. Se o executado, na mesma peça processual, apresenta embargos à execução e impugnação à decisão de liquidação, devem incidir respectivas custas (incisos V e VII do art. 789-A da CLT), o que não configura *bis in idem*, pois os fatos geradores são distintos.

A cobrança de custas diária pela despesa de armazenagem em depósito judicial também serve para incentivar o executado a satisfazer o crédito de forma mais célere.

Os cálculos de liquidação, em algumas Varas, são realizados por servidor ou órgão da Justiça do Trabalho, com fundamento no art. 879, § 3º, da CLT. Nesse caso, as respectivas custas são devidas pelo executado, ao final. Entretanto, especificamente para efeitos de incidência de custas, não podem ser considerados cálculos de liquidação os efetuados por perito contábil, nomeado pelo juiz, pois, nesse caso, são devidos os respectivos honorários periciais.

O art. 790-B da CLT, com redação dada pela Lei 13.467/2017, estabelece que a "responsabilidade pelo pagamento dos honorários periciais é da parte sucumbente na pretensão objeto da perícia, salvo se beneficiária de justiça gratuita".

A Ação Direta de Inconstitucionalidade 5.766/DF tem como objeto, entre outros dispositivos decorrentes da Lei 13.467/2017, a expressão "ainda que beneficiária da justiça gratuita", prevista no *caput* do art. 790-B da CLT, e o § 4º do art. 790-B da CLT.

O Supremo Tribunal Federal julgou parcialmente procedente o pedido formulado na ação direta e declarou *inconstitucional* o art. 790-B, *caput* e § 4º, da CLT (STF, Pleno, ADI 5.766/DF, Red. p/ ac. Min. Alexandre de Moraes, j. 20.10.2021). Prevaleceu o entendimento de que essas normas estabelecem condições inconstitucionais para a gratuidade da justiça e apresentam obstáculos à efetiva aplicação da previsão constitucional de que o Estado deve prestar assistência jurídica integral e gratuita às pessoas que comprovarem insuficiência de recursos (art. 5º, inciso LXXIV, da Constituição Federal de 1988)[101].

---

101. "Constitucional. Ação direta de inconstitucionalidade. Lei 13.467/2017. Reforma trabalhista. Regras sobre gratuidade de justiça. Responsabilidade pelo pagamento de ônus sucumbenciais em hipóteses específicas. Alegações de violação aos princípios da isonomia, inafastabilidade da jurisdição, acesso à justiça, solidariedade social e direito social à assistência jurídica gratuita. Margem de conformação do legislador. Critérios de racionalização da prestação jurisdicional. Ação direta julgada parcialmente procedente. 1. É inconstitucional a legislação que presume a perda da condição de hipossuficiência econômica para efeito de aplicação do benefício de gratuidade de justiça, apenas em razão da apuração de créditos em favor do trabalhador em outra relação

Nos termos do art. 790-B, *caput*, da CLT, na redação decorrente da Lei 10.537/2002, a responsabilidade pelo pagamento dos honorários periciais é da parte sucumbente na pretensão objeto da perícia, salvo se beneficiária de justiça gratuita.

Os *emolumentos* também podem ser devidos na execução trabalhista, conforme o art. 789-B da CLT.

Desse modo, os emolumentos serão suportados pelo requerente, nos valores fixados na seguinte tabela: I – autenticação de traslado de peças mediante cópia reprográfica apresentada pelas partes – por folha: R$ 0,55; II – fotocópia de peças – por folha: R$ 0,28; III – autenticação de peças – por folha: R$ 0,55; IV – cartas de sentença, de adjudicação, de remição e de arrematação – por folha: R$ 0,55; V – certidões – por folha: R$ 5,53.

No âmbito trabalhista, a autenticação de traslado de peças, a fotocópia e a autenticação de peças, a formação de cartas de sentença, de adjudicação, de remição e de arrematação, são, em regra, de incumbência das próprias partes. São frequentes, ainda, os requerimentos de certidões. Cabe ao requerente o recolhimento dos emolumentos decorrentes.

Conforme art. 790-A, incisos I e II, da CLT, são isentos do pagamento de custas, além dos beneficiários de justiça gratuita: a União, os Estados, o Distrito Federal, os Municípios e respectivas autarquias e fundações públicas federais, estaduais ou municipais que não explorem atividade econômica; o Ministério Público do Trabalho. Essa isenção não alcança as entidades fiscalizadoras do exercício profissional, nem exime as pessoas jurídicas de direito público (referidas no inciso I do art. 790-A da CLT) da obrigação de reembolsar as despesas judiciais realizadas pela parte vencedora (art. 790-A, parágrafo único, da CLT).

Nos termos do art. 4º, parágrafo único, da Instrução Normativa 27/2005 do TST, os entes públicos mencionados no art. 790-A da CLT também são isentos do pagamento de emolumentos.

Ademais, se o requerente for beneficiário de justiça gratuita, pode-se dizer que os emolumentos também não são devidos, nos termos do art. 98, § 1º, inciso IX, do CPC.

12.35 SUSPENSÃO DA EXECUÇÃO

Na execução trabalhista, nos termos do art. 889 da CLT, aplica-se o disposto no art. 40, *caput*, da Lei 6.830/1980, no sentido de que o juiz suspenderá o curso da execução enquanto não for localizado o devedor ou encontrados bens sobre os quais possa recair a penhora, e, nesses casos, não correrá o prazo de prescrição. Suspenso o curso da execução, deve ser aberta vista dos autos ao exequente (art. 40, § 1º, da Lei 6.830/1980).

Decorrido o prazo máximo de um ano sem que seja localizado o devedor ou encontrados bens penhoráveis, o juiz ordenará o arquivamento dos autos (art. 40, § 2º, da Lei 6.830/1980). Desse modo, após suspenso o curso da execução pelo juiz, se tiver decorrido o prazo máximo de um ano, sem que seja localizado o devedor ou encontrados bens penhoráveis, os autos devem ser arquivados provisoriamente. Encontrados que

---

processual, dispensado o empregador do ônus processual de comprovar eventual modificação na capacidade econômica do beneficiário. 2. A ausência injustificada à audiência de julgamento frustra o exercício da jurisdição e acarreta prejuízos materiais para o órgão judiciário e para a parte reclamada, o que não se coaduna com deveres mínimos de boa-fé, cooperação e lealdade processual, mostrando-se proporcional a restrição do benefício de gratuidade de justiça nessa hipótese. 3. Ação Direta julgada parcialmente procedente" (STF, Pleno, ADI 5.766/DF, Red. p/ ac. Min. Alexandre de Moraes, DJe 03.05.2022).

sejam, a qualquer tempo, o devedor ou os bens, os autos devem ser desarquivados para o prosseguimento da execução (art. 40, § 3º, da Lei 6.830/1980).

De forma mais abrangente, conforme o art. 921 do CPC, a execução deve ser suspensa: I – nas hipóteses dos arts. 313 e 315 do CPC, que versam sobre a suspensão do processo, no que couber; II – no todo ou em parte, quando recebidos com efeito suspensivo os embargos à execução; III – quando não for localizado o executado ou bens penhoráveis (redação dada pela Lei 14.195/2021); III – quando o executado não possuir bens penhoráveis (redação original); IV – se a alienação dos bens penhorados não se realizar por falta de licitantes e o exequente, em quinze dias, não requerer a adjudicação nem indicar outros bens penhoráveis; V – quando concedido o parcelamento de que trata o art. 916 do CPC.

De acordo com o art. 916 do CPC, no prazo para embargos à execução, reconhecendo o crédito do exequente e comprovando o depósito de trinta por cento do valor em execução, acrescidos de custas e de honorários de advogado, o executado pode requerer que lhe seja permitido pagar o restante em até seis parcelas mensais, acrescidas de correção monetária e juros de um por cento ao mês.

A concessão desse parcelamento, conforme visto acima, também acarreta a suspensão da execução, conforme art. 921, inciso V, do CPC.

O exequente deve ser intimado para se manifestar sobre o preenchimento dos pressupostos do referido parcelamento ou apresentar qualquer fundamento relevante para a não concessão do parcelamento. O juiz, com isso, deve decidir o requerimento em cinco dias. Enquanto não apreciado o requerimento, o executado terá de depositar as parcelas vincendas, facultado ao exequente seu levantamento.

Deferida a proposta, o exequente levantará a quantia depositada e serão suspensos os atos executivos; caso seja indeferida, seguir-se-ão os atos executivos, mantido o depósito, que será convertido em penhora.

O não pagamento de qualquer das prestações acarreta cumulativamente: o vencimento das prestações subsequentes e o prosseguimento do processo, com o imediato início dos atos executivos; a imposição ao executado de multa de dez por cento sobre o valor das prestações não pagas. Frise-se que a opção pelo parcelamento de que trata o art. 916 do CPC importa *renúncia ao direito de opor embargos à execução*.

A decisão do juiz que acolhe ou rejeita o parcelamento tem natureza interlocutória. Por isso, no processo trabalhista, não é cabível recurso de imediato, na forma do art. 893, § 1º, da CLT.

Cabe salientar que o art. 916, § 7º, do CPC determina que o parcelamento em questão "não se aplica ao cumprimento da sentença", ou seja, à execução de título judicial.

Conforme o art. 3º, inciso XXI, da Instrução Normativa 39/2016 do TST, prevaleceu o entendimento de que se aplicam ao processo do trabalho o art. 916 e parágrafos do CPC, sobre parcelamento do crédito exequendo.

Convindo as partes, o juiz deve declarar suspensa a execução durante o prazo concedido pelo exequente para que o executado cumpra voluntariamente a obrigação (art. 922 do CPC). Findo esse prazo sem cumprimento da obrigação, o processo deve retomar o seu curso.

Suspensa a execução, não devem ser praticados atos processuais. O juiz pode, entretanto, salvo no caso de arguição de impedimento ou de suspeição, ordenar providências urgentes (art. 923 do CPC).

12.36 DESISTÊNCIA DA EXECUÇÃO

A desistência, em tese, é admitida também na execução. O exequente tem o direito de desistir de toda a execução ou de apenas alguma medida executiva (art. 775 do CPC).

Na *desistência da execução*, observar-se-á o seguinte: devem ser extintos a impugnação e os embargos que versarem apenas sobre questões processuais, pagando o exequente as custas processuais e os honorários advocatícios; nos demais casos, a extinção depende da concordância do impugnante ou embargante.

Na execução trabalhista, havendo requerimento de desistência da execução, é prudente que o juiz seja cauteloso, no sentido de verificar se não existe vício na manifestação de vontade, como dolo ou coação, casos em que a execução deve prosseguir até a efetiva satisfação do direito.

12.37 EXTINÇÃO DA EXECUÇÃO

Extingue-se a execução quando: a petição inicial for indeferida; a obrigação for satisfeita; o executado obtiver, por qualquer outro meio, a extinção total da dívida; o exequente renunciar ao crédito; ocorrer a prescrição intercorrente (art. 924 do CPC).

Não obstante, a renúncia de crédito trabalhista, sem justificativa fundada, em princípio, não seria admitida, ainda mais na fase de execução (em que o direito deve ser líquido, certo e exigível, por constar do título executivo), pois não se confunde com a conciliação, fundada em transação, na qual se verificam concessões recíprocas em face de divergências entre as partes.

Cabe esclarecer ainda que, no processo do trabalho, em se tratando de execução relativa à relação de emprego, a transação admitida, no curso da execução, para a sua extinção é aquela de natureza judicial, isto é, a conciliação homologada em juízo, na forma do art. 764, § 3º, da CLT.

Ocorre a prescrição intercorrente no processo do trabalho no prazo de dois anos (art. 11-A da CLT). A fluência do prazo prescricional intercorrente inicia-se quando o exequente deixa de cumprir determinação judicial no curso da execução (art. 11-A, § 1º, da CLT). O fluxo da prescrição intercorrente conta-se a partir do descumprimento da determinação judicial a que alude o § 1º do art. 11-A da CLT, desde que feita após 11 de novembro de 2017, por ser a data da entrada em vigor da Lei 13.467/2017 (art. 2º da Instrução Normativa 41/2018 do TST). A declaração da prescrição intercorrente pode ser requerida ou declarada de ofício em qualquer grau de jurisdição (art. 11-A, § 2º, da CLT).

Nos termos do art. 925 do CPC, a extinção da execução só produz efeito quando declarada por sentença.

O Supremo Tribunal Federal fixou a seguinte tese de repercussão geral (Tema 1.184): "1. É legítima a extinção de execução fiscal de baixo valor pela ausência de interesse de agir tendo em vista o princípio constitucional da eficiência administrativa, respeitada a competência constitucional de cada ente federado. 2. O ajuizamento da execução fiscal dependerá da prévia adoção das seguintes providências: a) tentativa de conciliação ou adoção de solução administrativa; e b) protesto do título, salvo por motivo de eficiência administrativa, comprovando-se a inadequação da medida. 3. O trâmite de ações de execução fiscal não impede os entes federados de pedirem a suspensão do processo para a adoção das medidas previstas no item 2, devendo, nesse caso, o juiz ser comunicado do prazo para as providências cabíveis" (STF, Pleno, RE 1.355.208/SC, Rel. Min. Cármen Lúcia, j. 19.12.2023).

12.38 CERTIDÃO NEGATIVA DE DÉBITOS TRABALHISTAS

A Lei 12.440/2011 acrescentou o Título VII-A à CLT (sobre *prova de inexistência de débitos trabalhistas*), instituindo a Certidão Negativa de Débitos Trabalhistas.

A Lei 14.133/2021 estabelece normas gerais de licitação e contratação para as Administrações Públicas diretas, autárquicas e fundacionais da União, dos Estados, do Distrito Federal e dos Municípios, e abrange: os órgãos dos Poderes Legislativo e Judiciário da União, dos Estados e do Distrito Federal e os órgãos do Poder Legislativo dos Municípios, quando no desempenho de função administrativa; os fundos especiais e as demais entidades controladas direta ou indiretamente pela Administração Pública.

A habilitação é a fase da licitação em que se verifica o conjunto de informações e documentos necessários e suficientes para demonstrar a capacidade do licitante de realizar o objeto da licitação, dividindo-se em: jurídica; técnica; fiscal, social e trabalhista; econômico-financeira (art. 62 da Lei 14.133/2021). As habilitações fiscal, social e trabalhista devem ser aferidas mediante a verificação, entre outros requisitos, da regularidade perante a Justiça do Trabalho (art. 68, inciso V, da Lei 14.133/2021).

Nos termos do art. 37, inciso XXI, da Constituição da República, ressalvados os casos especificados na legislação, as obras, serviços, compras e alienações serão contratados mediante processo de licitação pública que assegure igualdade de condições a todos os concorrentes, com cláusulas que estabeleçam obrigações de pagamento, mantidas as condições efetivas da proposta, nos termos da lei, o qual somente permitirá as *exigências de qualificação técnica e econômica indispensáveis à garantia do cumprimento das obrigações*.

Embora a Lei 12.440/2011 exija a Certidão Negativa de Débitos Trabalhistas (CNDT) para a habilitação em processos de licitação com o poder público (Lei 14.133/2021), a consequência que também se busca é no sentido da *efetividade e celeridade na execução trabalhista*, objetivando-se a justa satisfação do direito do credor. Trata-se, assim, de importante mecanismo de *execução indireta*.

A Certidão Negativa de Débitos Trabalhistas (CNDT), por ser expedida de forma gratuita (e eletrônica) e servir para comprovar a inexistência de débitos inadimplidos perante a Justiça do Trabalho, pode ser requerida, em tese, por quaisquer interessados, em negociações privadas, inclusive, por exemplo, em compras e vendas de imóveis e de veículos, financiamentos, empréstimos e outros contratos privados, para se certificar quanto à idoneidade econômico-financeira da outra parte com quem pretende contratar[102].

A Constituição da República, no art. 5º, inciso XXXIV, *b*, determina que é a todos assegurada, independentemente do pagamento de taxas, a obtenção de certidões em repartições públicas, para defesa de direitos e esclarecimento de situações de interesse pessoal.

Conforme o art. 642-A, *caput*, da CLT, acrescentado pela Lei 12.440/2011, é instituída a Certidão Negativa de Débitos Trabalhistas (CNDT), expedida gratuita e eletronicamente, para comprovar a inexistência de débitos inadimplidos perante a Justiça do Trabalho.

O interessado não obterá a certidão quando em seu nome constar: o *inadimplemento* de obrigações estabelecidas em sentença condenatória *transitada em julgado* proferida

102. Cf. art. 10, § 2º, da Resolução Administrativa 1.470/2011 do TST: "A CNDT pode ser exigida para fins de transação imobiliária, mas não exclui a emissão, pelos Tribunais e Varas do Trabalho, de certidão específica para esse fim".

pela Justiça do Trabalho ou em *acordos judiciais trabalhistas*, inclusive no concernente aos recolhimentos previdenciários, a honorários, a custas, a emolumentos ou a recolhimentos determinados em lei; ou o *inadimplemento* de obrigações decorrentes de *execução* de acordos firmados perante o Ministério Público do Trabalho ou Comissão de Conciliação Prévia (art. 642-A, § 1º, da CLT).

Verificada a existência de débitos garantidos por penhora suficiente ou com exigibilidade suspensa, será expedida Certidão Positiva de Débitos Trabalhistas em nome do interessado com os mesmos efeitos da CNDT (art. 642-A, § 2º, da CLT).

A Certidão Negativa de Débitos Trabalhistas (CNDT) certificará a empresa em relação a todos os seus estabelecimentos, agências e filiais (art. 642-A, § 3º, da CLT).

O prazo de validade da Certidão Negativa de Débitos Trabalhistas (CNDT) é de 180 dias, contados da data de sua emissão (art. 642-A, § 4º, da CLT).

A Resolução Administrativa 1.470/2011 do TST regulamenta a expedição da Certidão Negativa de Débitos Trabalhistas (CNDT) e dá outras providências, uma vez que a expedição da CNDT, eletrônica e gratuita, pressupõe a existência de base de dados integrada, de âmbito nacional, com informações sobre as pessoas físicas e jurídicas inadimplentes perante a Justiça do Trabalho.

É instituído, assim, o Banco Nacional de Devedores Trabalhistas (BNDT), composto dos dados necessários à identificação das pessoas naturais e jurídicas, de direito público e privado, inadimplentes perante a Justiça do Trabalho quanto às obrigações: estabelecidas em sentença condenatória transitada em julgado ou em acordos judiciais trabalhistas; ou decorrentes de execução de acordos firmados perante o Ministério Público do Trabalho ou Comissão de Conciliação Prévia (art. 1º da Resolução Administrativa 1.470/2011 do TST).

Nos termos do art. 1º, § 1º, da Resolução Administrativa 1.470/2011 do TST, é obrigatória a inclusão no BNDT do devedor que, devidamente cientificado, não pagar o débito ou descumprir obrigação de fazer ou não fazer, no prazo previsto em lei.

Antes de efetivar a ordem de inclusão do devedor no BNDT, em caso de execução por quantia certa, o Juízo da execução deve determinar o bloqueio eletrônico de numerário por meio do sistema BACENJUD, atualmente SISBAJUD (art. 835, inciso I, do CPC) e também registrar no sistema, quando for o caso, a informação sobre a existência de garantia total da execução (art. 1º, § 1º-A, da Resolução Administrativa 1.470/2011 do TST). Essa medida decorre do fato de a garantia total da execução por depósito, bloqueio de numerário ou penhora de bens suficientes, devidamente formalizada, ensejar a expedição de Certidão Positiva de Débitos Trabalhistas, com os mesmos efeitos da CNDT (art. 1º, § 2º, da Resolução Administrativa 1.470/2011 do TST).

Não será inscrito no Banco Nacional de Devedores Trabalhistas o devedor cujo débito é objeto de execução provisória (art. 1º, § 3º, da Resolução Administrativa 1.470/2011 do TST).

Uma vez inscrito, o devedor passa a compor pré-cadastro para a emissão da CNDT, dispondo do prazo improrrogável de 30 dias para cumprir a obrigação ou regularizar a situação, a fim de evitar a positivação de seus registros junto ao BNDT (art. 1º, § 4º, da Resolução Administrativa 1.470/2011 do TST). Transcorrido esse prazo de 30 dias, a inclusão do devedor inadimplente acarretará, conforme o caso, a emissão de Certidão Positiva ou de Certidão Positiva com efeito de negativa (art. 1º, § 5º, da Resolução Administrativa 1.470/2011 do TST).

Se a Certidão Negativa de Débitos Trabalhistas (CNDT) não for fornecida, e o interessado entender que existe ilegalidade ou inconstitucionalidade quanto a esse não fornecimento, poderá questionar o ato na esfera jurisdicional (art. 5º, inciso XXXV, da

Constituição Federal de 1988), inclusive, se presentes os requisitos próprios, por meio de mandado de segurança (art. 5º, inciso LXIX, da Constituição da República).

O art. 17 da Instrução Normativa 39/2016 do TST prevê que sem prejuízo da inclusão do devedor no Banco Nacional de Devedores Trabalhistas (art. 642-A da CLT), aplicam-se à execução trabalhista as normas dos arts. 495, 517 e 782, §§ 3º, 4º e 5º do CPC, que tratam respectivamente da hipoteca judiciária, do protesto de decisão judicial e da inclusão do nome do executado em cadastros de inadimplentes.

Capítulo 13

DISSÍDIO COLETIVO

13.1 CONCEITO E CLASSIFICAÇÃO

O *dissídio coletivo de trabalho* é o meio de solução jurisdicional do conflito coletivo de trabalho.

O conflito coletivo de trabalho tem como objeto o interesse coletivo, isto é, comum a todos os integrantes do grupo, e, como sujeitos, um número indeterminado de trabalhadores, representados pela entidade sindical profissional, e um ou vários empregadores, representados ou não pela entidade sindical econômica.

O dissídio coletivo, assim, é o processo judicial que tem como objetivo a pacificação social do conflito coletivo de trabalho, o qual é objeto de decisão pelo Poder Judiciário, sendo caso de heterocomposição.

O *dissídio coletivo de natureza econômica* (de interesse ou de natureza constitutiva) tem como objeto a fixação de condições de trabalho, por meio do poder normativo da Justiça do Trabalho (art. 114, § 2º, da Constituição da República).

O *dissídio coletivo de natureza jurídica* (ou declaratória) visa a interpretar norma específica que se aplique à categoria.

Não se presta o dissídio coletivo de natureza jurídica à interpretação de normas de caráter genérico, a teor do disposto no Regimento Interno do TST (Orientação Jurisprudencial 7 da SDC do TST).

Prevalece o entendimento de que o art. 114 da Constituição da República apenas disciplina o dissídio coletivo de natureza econômica, mas não proíbe ou exclui o de natureza jurídica, o qual é cabível e previsto no art. 1º da Lei 7.701/1988.

O art. 241, inciso II, do Regimento Interno do Tribunal Superior do Trabalho, aprovado pela Resolução Administrativa 1.937/2017, prevê o dissídio coletivo de natureza jurídica, para interpretação de cláusulas de sentenças normativas, de instrumentos de negociação coletiva, acordos e convenções coletivas, de disposições legais particulares de categoria profissional ou econômica e de atos normativos.

Trata-se de ação de natureza declaratória (art. 19, inciso I, do CPC), tendo como objeto a interpretação de cláusula de instrumento normativo ou disposição legal de determinada categoria profissional ou econômica.

O *dissídio coletivo de greve* é um processo coletivo com peculiaridades, no qual a decisão, em parte, tem natureza declaratória, no que se refere ao exercício regular ou abusivo desse direito, mas também constitutiva, pois a sentença normativa decide sobre o estabelecimento de condições de trabalho. Logo, distingue-se do dissídio coletivo de natureza econômica em sentido próprio, o qual é referido no art. 114, § 2º, da Constituição da República, pois normalmente envolve maior quantidade de questões a serem decididas. Os dissídios coletivos de greve possuem disciplina específica, conforme o art. 114, inciso II, e § 3º, da Constituição Federal de 1988.

São incompatíveis com a natureza e finalidade do dissídio coletivo as pretensões de provimento judicial de arresto, apreensão ou depósito (Orientação Jurisprudencial 3 da SDC do TST).

O *dissídio coletivo originário* ocorre quando inexistentes ou em vigor normas e condições especiais de trabalho, decretadas em sentença normativa. O *dissídio coletivo de revisão* é destinado a reavaliar normas e condições coletivas de trabalho preexistentes, que se hajam tornado injustas ou ineficazes pela modificação das circunstâncias que as ditaram.

O dissídio coletivo de trabalho, para ser ajuizado, bem como ter o seu mérito apreciado, exige a prévia tentativa de solução do conflito por meio da negociação coletiva (art. 114, § 2º, da Constituição Federal de 1988).

Não sendo possível a solução do conflito coletivo por meio da negociação coletiva, o § 1º do art. 114 da Constituição Federal de 1988 também admite a utilização da arbitragem, ao prever que as partes podem eleger árbitros.

Assim, as partes podem, por meio de compromisso arbitral, submeter o conflito coletivo à arbitragem e nomear como árbitro, por exemplo, membro do Ministério Público do Trabalho (art. 83, inciso XI, da Lei Complementar 75/1993).

O dissídio coletivo, portanto, apenas pode ser ajuizado se não obtida a solução do conflito pela negociação coletiva e houver recusa de qualquer das partes à arbitragem facultativa.

A tentativa de primeiramente ser buscada a autocomposição, por meio da negociação coletiva de trabalho, é condição da ação específica no dissídio coletivo, ligada ao interesse processual, no que se refere à necessidade do provimento e da tutela jurisdicional postulada.

O art. 10 da Lei 10.192/2001 dispõe que os salários e as demais condições referentes ao trabalho continuam a ser fixados e revistos, na respectiva data-base anual, por intermédio da livre negociação coletiva. Se frustrada a negociação entre as partes, promovida diretamente ou por meio de mediador, pode ser ajuizada a ação de dissídio coletivo (art. 11 da Lei 10.192/2001). Não sendo alcançado o entendimento entre as partes, ou recusando-se qualquer delas à mediação, deve-se lavrar ata contendo as causas motivadoras do conflito e as reivindicações de natureza econômica, documento este que deve instruir a representação para o ajuizamento do dissídio coletivo.

Somente para o dissídio coletivo de natureza econômica é que se exige a recusa da negociação coletiva ou da arbitragem (art. 114, § 2º, da Constituição Federal de 1988).

No dissídio de natureza jurídica, a tentativa de negociação coletiva não é prevista como condição ou pressuposto processual[1]. De acordo com o art. 616, § 4º, da CLT, nenhum processo de "dissídio coletivo de natureza econômica" deve ser admitido sem antes se esgotarem as medidas relativas à formalização da convenção ou acordo coletivo correspondente.

---

1. Cf. GIGLIO, Wagner D.; CORRÊA, Claudia Giglio Veltri. *Direito processual do trabalho*. 16. ed. São Paulo: Saraiva, 2007. p. 415-416.

O Ato 168/2016 da Presidência do TST instituiu o procedimento de *mediação e conciliação pré-processual em dissídios coletivos*, a ser conduzido e processado no âmbito da Vice-Presidência do Tribunal Superior do Trabalho (art. 1º). Podem ser submetidos ao procedimento de mediação e conciliação pré-processual as relações jurídicas passíveis e submissão a dissídio coletivo de natureza econômica, jurídica ou de greve (art. 2º). A mediação e conciliação pré-processual pode ser requerida por iniciativa de qualquer das partes potenciais de dissídios coletivos (art. 3º).

Conforme o art. 114, § 2º, da Constituição da República, com redação dada pela Emenda Constitucional 45/2004, recusando-se "qualquer das partes à negociação coletiva ou à arbitragem, é facultado às mesmas, de comum acordo, ajuizar dissídio coletivo de natureza econômica, podendo a Justiça do Trabalho decidir o conflito, respeitadas as disposições mínimas legais de proteção ao trabalho, bem como as convencionadas anteriormente".

O dispositivo prevê o *poder normativo da Justiça do Trabalho*, ao possibilitar o estabelecimento de normas e condições de trabalho. A sentença normativa tem como fundamento a equidade, conforme art. 766 da CLT, ao prever que nos dissídios sobre estipulação de salários, serão estabelecidas condições que, assegurando justos salários aos trabalhadores, permitam também justa retribuição às empresas interessadas.

O poder normativo da Justiça do Trabalho apenas pode incidir no somente suscetível de operar no *vazio legislativo, como regra subsidiária ou supletiva, subordinada à supremacia da lei* (STF, 1ª T., RE 197.911/PE, Rel. Min. Octavio Gallotti, DJ 07.11.1997).

Ao julgar ou homologar ação coletiva ou acordo nela havido, o Tribunal Superior do Trabalho exerce o poder normativo constitucional, não podendo criar ou homologar condições de trabalho que o Supremo Tribunal Federal julgue iterativamente inconstitucionais (Súmula 190 do TST).

Devem ser respeitadas as disposições mínimas legais de proteção ao trabalho, bem como as convencionadas anteriormente. Assim, os preceitos mínimos contidos na legislação trabalhista e nas normas coletivas negociadas em vigor devem ser observados. Entretanto, quando já existe disposição legal específica regulando o tema, sem razões que justifiquem a sua ampliação, bem como quando a Constituição Federal exige a regulamentação do direito por meio da lei, entende-se que não pode haver a incidência do poder normativo.

Exige-se o consenso entre as partes envolvidas no conflito coletivo de trabalho para a instauração do dissídio coletivo de natureza econômica, como sua condição da ação especial. Diversamente, no dissídio coletivo de natureza jurídica não há necessidade de "comum acordo" para o ajuizamento.

A necessidade de consenso pode ser expressa ou tácita, podendo-se verificar tanto previamente como no curso do processo.

Prevalece o entendimento no sentido da constitucionalidade dessa exigência instituída pela Emenda Constitucional 45/2004, que resulta no incentivo à negociação coletiva, por não se tratar de previsão decorrente de simples lei, bem como porque no conflito coletivo de natureza econômica a pretensão é voltada à fixação de novas condições de trabalho, a serem criadas para aplicação a todos os integrantes da categoria, ou aos empregados das empresas envolvidas. Logo, nos conflitos coletivos de trabalho não se visualiza lesão ou ameaça a direito propriamente, mas contraposição de interesses sobre a constituição de normas e condições a serem aplicadas, normalmente com efeitos futuros, nas relações de trabalho.

Confirmando o exposto, o Supremo Tribunal Federal julgou improcedente o pedido formulado em ação direta de inconstitucionalidade a respeito do tema, com o que foram consideradas válidas as previsões dos §§ 2º e 3º do art. 114 da Constituição Federal de 1988, decorrentes da Emenda Constitucional 45/2004, decidindo que a exigência de "comum acordo" entre as partes para o ajuizamento do dissídio coletivo de natureza econômica é condição da ação, em estímulo à autocomposição, e não obstáculo à atuação da jurisdição (STF, Pleno, ADI 3.423/DF, Rel. Min. Gilmar Mendes, DJe 18.06.2020).

13.2 COMPETÊNCIA

A competência originária para conhecer e julgar os dissídios coletivos é dos Tribunais (art. 856 da CLT), e não das Varas do Trabalho.

Se o conflito coletivo se estende à área abrangida pela competência de determinado Tribunal Regional do Trabalho, este é o competente (arts. 677, 678, inciso I, *a*, da CLT e art. 6º da Lei 7.701/1988).

No caso do Estado de São Paulo, se o conflito coletivo se estende à área relativa tanto ao TRT da 2ª Região (com sede em São Paulo) como ao TRT da 15ª Região (com sede em Campinas), de modo que a decisão a ser proferida deva produzir efeitos em área territorial alcançada pela competência de ambos os Tribunais, a competência originária é do Tribunal Regional do Trabalho da 2ª Região, conforme o art. 12 da Lei 7.520/1986, com redação dada pela Lei 9.254/1996.

Os conflitos coletivos de trabalho que excedam à área alcançada pelos Tribunais Regionais do Trabalho são de competência originária do Tribunal Superior do Trabalho (art. 702, inciso I, *b*, da CLT), conforme a Lei 7.701/1988, art. 2º, inciso I, *a*. Nesse caso, a competência funcional é da Seção de Dissídios Coletivos do TST.

13.3 LEGITIMIDADE

Os sindicatos que representam as categorias em conflito são legitimados para a instauração de dissídio coletivo de trabalho.

A representação sindical abrange toda a categoria, não comportando separação fundada na maior ou menor dimensão de cada ramo ou empresa (Orientação Jurisprudencial 23 da SDC do TST).

No dissídio coletivo, entende-se que o sindicato atua em nome da categoria e em defesa de interesse dela, conforme autorização em assembleia geral (art. 859 da CLT), tratando-se de *representação legal*, e não de substituição processual[2], sem se confundir com ação civil pública e coletiva em defesa de direitos metaindividuais.

Não havendo sindicato representativo da categoria econômica ou profissional, o dissídio coletivo pode ser instaurado pelas federações correspondentes e, na falta destas, pelas confederações respectivas, no âmbito de sua representação (art. 857, parágrafo único, da CLT).

O art. 1º da Lei 7.316/1985 dispõe que nas ações individuais e coletivas de competência da Justiça do Trabalho, as entidades sindicais que integram a Confederação Nacional das Profissões Liberais terão o mesmo poder de representação dos trabalha-

2. Cf. LEITE, Carlos Henrique Bezerra. *Curso de direito processual do trabalho*. 9. ed. São Paulo: LTr, 2011. p. 1.181.

dores empregados atribuído, pela legislação em vigor, aos sindicatos representativos das categorias profissionais diferenciadas.

Empregado integrante de *categoria profissional diferenciada* não tem o direito de haver de seu empregador vantagens previstas em instrumento coletivo no qual a empresa não foi representada por órgão de classe de sua categoria (Súmula 374 do TST).

O dissídio coletivo não é meio próprio para o sindicato vir a obter o reconhecimento de que a categoria que representa é diferenciada, pois a matéria sobre enquadramento sindical envolve a interpretação de norma genérica, notadamente do art. 577 da CLT (Orientação Jurisprudencial 9 da SDC do TST).

É por lei e não por decisão judicial, que as categorias diferenciadas são reconhecidas como tais. De outra parte, no que tange aos profissionais da informática, o trabalho que desempenham sofre alterações, de acordo com a atividade econômica exercida pelo empregador (Orientação Jurisprudencial 36 da SDC do TST).

A comprovação da legitimidade *ad processum* da entidade sindical se faz por seu registro no órgão competente do Ministério do Trabalho, mesmo após a promulgação da Constituição Federal de 1988 (Orientação Jurisprudencial 15 da SDC do TST).

É necessária a correspondência entre as atividades exercidas pelos setores profissional e econômico, a fim de legitimar os envolvidos no conflito a ser solucionado pela via do dissídio coletivo (Orientação Jurisprudencial 22 da SDC do TST).

Em caso de conflito coletivo de trabalho envolvendo apenas os empregados de uma ou mais empresas (art. 611, § 1º, da CLT), estas são legitimadas para figurar no dissídio coletivo de trabalho. O art. 874 da CLT, versando sobre o dissídio coletivo de revisão, assegura a legitimidade de ajuizamento ao empregador ou empregadores interessados no cumprimento da decisão.

A legitimidade da entidade sindical para a instauração da instância contra determinada empresa está condicionada à prévia autorização dos trabalhadores da suscitada diretamente envolvidos no conflito (Orientação Jurisprudencial 19 da SDC do TST).

Pode-se dizer que nas hipóteses do art. 617, § 1º, da CLT e do art. 4º, § 2º, da Lei 7.783/1989, a *comissão dos trabalhadores interessados* é parte legitimada para o dissídio coletivo.

O entendimento majoritário é no sentido de não ser possível a criação de novas condições de trabalho por meio de decisão normativa proferida em dissídio coletivo, quando envolve entes de direito público, por incidirem os óbices decorrentes da aplicação do princípio da legalidade estrita (arts. 37, *caput*, 61, § 1º, inciso II, *a*, da Constituição da República), da necessidade de previsão orçamentária para despesas públicas e da aplicação dos preceitos da Lei de Responsabilidade Fiscal.

Em face de pessoa jurídica de direito público que mantenha empregados, cabe dissídio coletivo exclusivamente para apreciação de cláusulas de natureza social, conforme Convenção 151 da OIT, promulgada pelo Decreto 7.944/2013, atualmente Decreto 10.088/2019 (Orientação Jurisprudencial 5 da SDC do TST).

Portanto, não se admite o dissídio coletivo envolvendo pessoa jurídica de direito público quanto a cláusulas de natureza econômica, ou seja, voltadas a reivindicações de vantagem ou aumento da remuneração, em razão dos arts. 37, inciso X, 39 e 169 da Constituição Federal de 1988.

A Súmula 679 do Supremo Tribunal Federal prevê que a "fixação de vencimentos dos servidores públicos não pode ser objeto de convenção coletiva".

A iniciativa para a instauração do dissídio coletivo de greve é de qualquer das partes ou do Ministério Público do Trabalho (art. 8º da Lei 7.783/1989).

O dissídio coletivo de greve é processo coletivo diferenciado, em que se observam tanto o aspecto declaratório, em decisão a respeito da abusividade ou não do exercício desse direito, como o aspecto econômico, pois a sentença normativa decide a respeito de novas condições de trabalho almejadas, com a incidência do poder normativo. Além disso, disciplina questões relativas ao período de greve, como o pagamento ou não dos salários (art. 7º da Lei 7.783/1989).

A Justiça do Trabalho é competente para declarar a abusividade, ou não, da greve (Súmula 189 do TST).

Entretanto, registre-se que o Supremo Tribunal Federal fixou a seguinte tese de repercussão geral: "A justiça comum, federal ou estadual, é competente para julgar a abusividade de greve de servidores públicos celetistas da Administração pública direta, autarquias e fundações públicas" (STF, Pleno, RE 846.854/SP, Red. p/ ac. Min. Alexandre de Moraes, j. 01.08.2017).

É abusiva a greve levada a efeito sem que as partes hajam tentado, direta e pacificamente, solucionar o conflito que lhe constitui o objeto (Orientação Jurisprudencial 11 da SDC do TST).

É incompatível com a declaração de abusividade de movimento grevista o estabelecimento de quaisquer vantagens ou garantias a seus partícipes, que assumiram os riscos inerentes à utilização do instrumento de pressão máximo (Orientação Jurisprudencial 10 da SDC do TST).

Portanto, o dissídio coletivo de greve não se confunde com o dissídio coletivo de natureza econômica. Como o art. 114, § 2º, da Constituição Federal de 1988 apenas dispõe sobre o dissídio coletivo de natureza econômica, entende-se que não há exigência de consenso para o ajuizamento de dissídio coletivo de greve[3].

Conforme o art. 114, § 3º, da Constituição da República, com redação dada pela Emenda Constitucional 45/2004, em caso de *greve em atividade essencial, com possibilidade de lesão do interesse público*, o Ministério Público do Trabalho pode ajuizar dissídio coletivo, competindo à Justiça do Trabalho decidir o conflito.

O art. 83, inciso VIII, da Lei Complementar 75/1983, ao tratar da instauração do dissídio coletivo pelo Ministério Público do Trabalho em caso de greve, "quando a defesa da ordem jurídica ou o interesse público assim o exigir", deve ser interpretado de acordo com a disposição constitucional em vigor, ou seja, no sentido de se tratar de greve em atividade essencial.

---

3. "3) Ausência de comum acordo para a instauração da instância. Alegação de incompatibilidade do dissídio coletivo de greve com o dissídio coletivo de natureza econômica. Segundo o entendimento prevalente nesta Seção Especializada, não se exige o pressuposto do comum acordo para o ajuizamento de dissídio coletivo de greve, em face do que dispõe o art. 114, § 3º, da Constituição Federal, bem como os arts. 7º, *in fine*, e 8º, da Lei 7.783/89, que estabelecem a competência da Justiça do Trabalho para, quando instada, decidir o conflito coletivo de greve, apreciando a procedência ou não das reivindicações motivadoras do movimento paredista. No caso, trata-se de dissídio coletivo de greve cumulado com reinvindicações de ordem econômica, ou seja, a demanda coletiva possui natureza mista. Nessa condição, na esteira da jurisprudência desta Corte, deve ser mantida a decisão do Tribunal Regional, que não acolheu a preliminar de extinção do processo, por falta de mútuo acordo para o ajuizamento deste dissídio coletivo, uma vez que a natureza deste dissídio coletivo (greve) torna dispensável a observância do referido pressuposto processual constitucional. Recurso ordinário a que se nega provimento quanto ao tópico" (TST, SDC, RO-1147-87.2018.5.08.0000, Rel. Min. Katia Magalhaes Arruda, DEJT 20.04.2023).

Não mais se admite a instauração de ofício do dissídio coletivo de greve, ou seja, pelo presidente do tribunal, o que confirma a derrogação dessa previsão que havia no art. 856 da CLT.

A mencionada legitimidade de ajuizamento do dissídio coletivo de greve pelo Ministério Público do Trabalho não é exclusiva, de modo que não exclui a legitimidade dos entes sindicais (art. 8º da Lei 7.783/1989).

O art. 9º, § 1º, da Constituição Federal de 1988 remete à lei a definição dos serviços ou atividades essenciais, bem como a disposição sobre o atendimento das necessidades inadiáveis da comunidade. A Lei 7.783/1989, no art. 10, arrola os serviços ou atividades essenciais. O art. 11 do mesmo diploma legal estabelece regra para garantir, quanto aos mencionados serviços ou atividades essenciais, durante a greve, a prestação dos serviços indispensáveis ao atendimento das necessidades inadiáveis da comunidade.

É abusiva a greve que se realiza em setores que a lei define como sendo essenciais à comunidade, se não é assegurado o atendimento básico das necessidades inadiáveis dos usuários do serviço, na forma prevista na Lei 7.783/1989 (Orientação Jurisprudencial 38 da SDC do TST).

Mesmo não tendo ajuizado o dissídio coletivo, o Ministério Público do Trabalho sempre participa do respectivo processo, conforme o art. 864 da CLT, o art. 11 da Lei 7.701/1988 e o art. 83, inciso IX, da Lei Complementar 75/1993.

Ainda quanto ao dissídio coletivo de greve, na falta de entidade sindical, cabe à assembleia-geral dos trabalhadores interessados deliberar a respeito da definição das reivindicações da categoria e sobre a paralisação coletiva da prestação dos serviços, constituindo *comissão de negociação*, em consonância com a Lei 7.783/1989, art. 4º, § 2º. Cabe à entidade sindical ou à comissão especialmente eleita representar os interesses dos trabalhadores nas negociações ou na Justiça do Trabalho (art. 5º da Lei 7.783/1989).

13.4 PROCEDIMENTO

Para a instauração ou ajuizamento do dissídio coletivo, a petição inicial (representação) deve ser escrita e dirigida ao presidente do tribunal competente (art. 856 da CLT).

A petição inicial do dissídio coletivo deve ser apresentada em tantas vias quantos forem os reclamados, devendo conter: designação e qualificação dos reclamantes e dos reclamados e a natureza do estabelecimento ou do serviço; os motivos do dissídio e as bases da conciliação (art. 858 da CLT).

Nos termos do art. 859 da CLT, a representação dos sindicatos para instauração da instância fica subordinada à aprovação de assembleia, da qual participem os associados interessados na solução do dissídio coletivo, em primeira convocação, por maioria de 2/3 dos associados, ou, em segunda convocação, por 2/3 dos presentes.

Entretanto, há entendimento de que o quórum exigido para a instauração do dissídio coletivo, em consonância com o princípio da liberdade sindical, deve ser o previsto no estatuto da entidade sindical.

Se os estatutos da entidade sindical contam com norma específica que estabeleça prazo mínimo entre a data de publicação do edital convocatório e a realização da assembleia correspondente, então a validade desta última depende da observância desse interregno (Orientação Jurisprudencial 35 da SDC do TST).

De forma mais completa, pode-se dizer que a petição inicial no dissídio coletivo deve conter: a designação e a qualificação das entidades suscitantes e suscitadas; a indicação e a delimitação territorial de representação das entidades sindicais e das categorias envolvidas; o quórum estatutário para deliberação; a exposição das causas do conflito e das pretensões aprovadas; a comprovação da tentativa de negociação; a apresentação dos pedidos, com os respectivos fundamentos; e data e assinatura.

É pressuposto indispensável à constituição válida e regular da ação coletiva a apresentação em forma clausulada e fundamentada das reivindicações da categoria (Orientação Jurisprudencial 32 da SDC do TST).

Ademais, devem ser juntados, entre outros, os seguintes documentos: demonstração de que a negociação coletiva foi tentada ou realizada; norma coletiva anterior; edital de convocação e ata da assembleia que aprovou reivindicações e concedeu poderes para a negociação coletiva, instauração de dissídio coletivo e eventual acordo judicial; e lista de presença dos participantes da assembleia deliberativa.

O edital de convocação da categoria e a respectiva ata da AGT constituem peças essenciais à instauração do processo de dissídio coletivo (Orientação Jurisprudencial 29 da SDC do TST).

Na linha do exposto anteriormente, frise-se que o Supremo Tribunal Federal fixou a seguinte tese de repercussão geral: "É constitucional a exigência de comum acordo entre as partes para ajuizamento de dissídio coletivo de natureza econômica, conforme o artigo 114, § 2º, da Constituição Federal, na redação dada pela Emenda Constitucional 45/2004" (STF, Pleno, RE 1.002.295/RJ, Red. p/ ac. Min. Alexandre de Moraes, j. 22.09.2020).

Sendo a petição inicial subscrita por advogado, deve-se juntar a respectiva procuração.

A ata da assembleia de trabalhadores que legitima a atuação da entidade sindical respectiva em favor de seus interesses deve registrar, obrigatoriamente, a pauta reivindicatória, produto da vontade expressa da categoria (Orientação Jurisprudencial 8 da SDC do TST).

O edital de convocação para a AGT deve ser publicado em jornal que circule em cada um dos municípios componentes da base territorial (Orientação Jurisprudencial 28 da SDC do TST).

Estando a petição inicial (representação) em termos, designa-se audiência de conciliação e instrução (arts. 860 a 866 da CLT).

Efetivamente, segundo o art. 860 da CLT, uma vez recebida e protocolada a representação, e estando na devida forma, o presidente do tribunal deve designar a audiência de conciliação, dentro do prazo de 10 dias, determinando a notificação dos dissidentes, com observância do art. 841 do mesmo diploma legal, isto é, em registro postal com franquia. Quando se tratar de dissídio coletivo de greve, a audiência deve ser realizada dentro do prazo mais breve possível, após o reconhecimento do dissídio.

É facultado ao empregador fazer-se representar na audiência pelo gerente, ou por qualquer outro preposto que tenha conhecimento do dissídio, e por cujas declarações será sempre responsável (art. 861 da CLT).

Consoante o art. 843, § 3º, da CLT, acrescentado pela Lei 13.467/2017, o preposto não precisa ser empregado da parte reclamada.

Na audiência designada, comparecendo ambas as partes ou seus representantes, o presidente do tribunal as convidará para se pronunciarem sobre as bases da conciliação (art. 862, primeira parte, da CLT).

O art. 12 da Lei 10.192/2001 determina que, no ajuizamento do dissídio coletivo, as partes devem apresentar, fundamentadamente, suas propostas finais, que serão objeto de conciliação ou deliberação do Tribunal, na sentença normativa.

Caso não sejam aceitas as bases propostas, o presidente submeterá aos interessados a solução que lhe pareça capaz de resolver o dissídio (art. 862, segunda parte, da CLT).

Havendo acordo, cabe ao presidente o submeter à homologação do tribunal na primeira sessão (art. 863 da CLT).

Em dissídio coletivo, em consonância com o art. 7º, § 5º, da Lei 7.701/1988, uma vez formalizado o acordo pelas partes e homologado pelo Tribunal, não cabe qualquer recurso, salvo por parte do Ministério Público do Trabalho.

O acordo em dissídio coletivo, entretanto, não se confunde com o acordo coletivo nem com a convenção coletiva de trabalho, pois estes decorrem da negociação coletiva, tendo natureza autocompositiva (art. 7º, inciso XXVI, da Constituição Federal de 1988).

É desnecessária a homologação, por Tribunal Trabalhista, do acordo extrajudicialmente celebrado, sendo suficiente, para que surta efeitos, a sua formalização perante o Ministério do Trabalho, conforme art. 614 da CLT e art. 7º, inciso XXVI, da Constituição Federal de 1988 (Orientação Jurisprudencial 34 da SDC do TST).

Se não houver acordo, ou não comparecerem ambas as partes, ou uma delas, o presidente deve submeter o processo a julgamento, depois de realizadas as diligências que entender necessárias, e ouvido o Ministério Público do Trabalho (art. 864 da CLT). As referidas diligências são aquelas necessárias ao julgamento, como, por exemplo, a determinação de apresentação de relatórios ou informações sobre as condições econômicas dos setores envolvidos no dissídio.

Mesmo quando o Ministério Público do Trabalho não instaurou o dissídio coletivo, deve participar do dissídio coletivo (de natureza econômica, jurídica ou de greve) como órgão interveniente, isto é, fiscal da ordem jurídica. O art. 11 da Lei 7.701/1988 prevê que nos processos de dissídio coletivo o Ministério Público deve emitir parecer escrito ou protestar pelo pronunciamento oral na audiência ou sessão de julgamento.

Cabe ao reclamado (suscitado) apresentar a defesa em audiência, acompanhada de proposta de conciliação. A contestação pode abranger, de acordo com o princípio da eventualidade, preliminares de natureza processual e matérias relativas ao mérito.

No dissídio coletivo, em razão das peculiaridades de seu objeto, voltado à criação de novas condições de trabalho, de forma genérica, ou à declaração do sentido e alcance de norma aplicada à categoria, entende-se que não há a incidência da revelia, de seus efeitos, como a presunção de veracidade dos fatos alegados pelo autor, nem a confissão ficta. A CLT, ao disciplinar o dissídio coletivo, não estabelece a mesma previsão do art. 844 da CLT, relativa ao arquivamento, à revelia e à confissão quanto à matéria de fato.

Discute-se a respeito do cabimento da reconvenção no dissídio coletivo. Como o dissídio coletivo normalmente apresenta natureza dúplice, a rigor, afasta-se o interesse processual quanto à reconvenção.

13.5 JULGAMENTO

Mesmo no dissídio coletivo de greve, instaurado pelo Ministério Público do Trabalho ou por uma das partes em conflito, cabe ao tribunal não apenas decidir a respeito do seu exercício regular ou abusivo, como também as pretensões sobre condições de trabalho pretendidas, as quais deram origem à greve como instrumento de pressão para alcançá-las. Nesse sentido, consoante o art. 8º da Lei 7.783/1989, a Justiça do Trabalho, por iniciativa de qualquer das partes ou do Ministério Público do Trabalho, decidirá sobre a procedência, total ou parcial, ou improcedência das reivindicações, cumprindo ao Tribunal publicar, de imediato, o competente acórdão.

Sempre que, no decorrer do dissídio, houver ameaça de perturbação da ordem, cabe ao presidente requisitar à autoridade competente as providências que forem necessárias (art. 865 da CLT).

Quando o dissídio ocorrer fora da sede do tribunal, pode o presidente, se julgar conveniente, delegar à autoridade local (ou seja, da Vara do Trabalho ou do Juízo de Direito no exercício da jurisdição trabalhista) as atribuições de que tratam os arts. 860 e 862, isto é, realização da audiência de conciliação, convite às partes para se pronunciarem sobre as bases da conciliação, e, caso não sejam aceitas as bases propostas, o juiz local deve submeter aos interessados a solução que lhe pareça capaz de resolver o dissídio. Nessa hipótese, não havendo conciliação, a autoridade delegada deve encaminhar o processo ao tribunal, fazendo exposição circunstanciada dos fatos e indicando a solução que lhe parecer conveniente (art. 866 da CLT). É possível sustentar que esse mesmo magistrado local também pode realizar atos de instrução, para ter conhecimento a respeito do conflito.

Em se tratando de dissídio coletivo ajuizado após a vigência da Lei 13.467/2017, entende-se que são cabíveis honorários advocatícios sucumbenciais, na forma do art. 791-A da CLT. Cf. TST, SDC, RO-314-31.2018.5.13.0000, Rel. Min. Dora Maria da Costa, DEJT 30.11.2020.

Da decisão do Tribunal devem ser notificadas as partes, ou seus representantes, em registrado postal, com franquia, fazendo-se a sua publicação no jornal oficial, para ciência dos demais interessados (art. 867 da CLT).

O art. 12 da Lei 10.192/2001 determina que a decisão que puser fim ao dissídio deve ser fundamentada, sob pena de nulidade, devendo traduzir, em seu conjunto, a justa composição do conflito de interesse das partes, e guardar adequação com o interesse da coletividade. Por se tratar de decisão judicial, a exigência de fundamentação (bem como de publicidade) decorre de mandamento constitucional (art. 93, inciso IX, da Constituição Federal de 1988).

A sentença normativa deve apreciar cláusula a cláusula, de forma fundamentada, acolhendo ou rejeitando as pretensões, de modo a traduzir, no seu conjunto, a justa composição do conflito. A sentença normativa deve ser publicada no prazo de quinze dias da decisão do tribunal.

Nos dissídios coletivos, as partes vencidas respondem solidariamente pelo pagamento das custas, calculadas sobre o valor arbitrado na decisão, ou pelo presidente do tribunal (art. 789, § 4º, da CLT).

A Lei 10.192/2001, que dispõe sobre medidas complementares ao Plano Real, no art. 13, determina que, no acordo ou convenção, e no dissídio coletivo, é vedada a estipulação ou fixação de cláusula de reajuste ou correção salarial automática vinculada a índice de preços. Nas revisões salariais na data-base anual, serão deduzidas as antecipações concedidas no período anterior à revisão. Qualquer concessão de aumento salarial a título de produtividade deverá estar amparada em indicadores objetivos, aspecto que também deve ser observado pela sentença normativa.

A sentença normativa produz efeitos não apenas em face das entidades sindicais que participaram do dissídio coletivo, mas dos integrantes das categorias profissionais e econômicas representadas. O efeito subjetivo, portanto, não se restringe aos associados das organizações sindicais que participaram do dissídio coletivo, pois alcança todos os membros das categorias representadas.

A sentença normativa tem vigência limitada no tempo, mesmo porque as condições sociais e econômicas também se alteram.

O art. 616, § 3º, da CLT prevê que, se houver convenção, acordo ou sentença normativa em vigor, o dissídio coletivo deve ser instaurado dentro dos 60 dias anteriores ao respectivo termo final, para que o novo instrumento possa ter vigência no dia imediato a esse termo.

Sendo assim, o início da vigência da sentença normativa, nos termos do art. 867, parágrafo único, da CLT, ocorre: a partir da data de sua publicação, quando ajuizado o dissídio após o prazo do art. 616, § 3º, da CLT (após o prazo de 60 dias anteriores ao término da vigência da convenção, acordo ou sentença normativa) ou, quando não existir acordo, convenção ou sentença normativa em vigor, da data do ajuizamento; ou a partir do dia imediato ao termo final de vigência do acordo, convenção ou sentença normativa, quando ajuizado o dissídio no prazo do art. 616, § 3º, da CLT (dentro do prazo de 60 dias anteriores ao término da vigência da convenção, acordo ou sentença normativa).

Entende-se admissível o requerimento de medida com o efeito de *protesto judicial*, nos casos de impossibilidade real de encerramento da negociação coletiva em curso, antes do termo final do art. 616, § 3º, da CLT, com o objetivo de se preservar a data-base da categoria, concedendo-se o prazo de 30 dias para se ajuizar o dissídio coletivo, com fundamento no art. 726 do CPC, que trata da notificação e da interpelação como procedimento de jurisdição voluntária. Caso se entenda que essa previsão não é específica quanto à hipótese mencionada, relativa ao dissídio coletivo, os arts. 294 e 297 do CPC também admitem medidas de urgência, inclusive de natureza cautelar atípica, com base no poder geral de cautela do juiz (ou seja, no poder de conceder tutela provisória de urgência, no caso, de natureza cautelar atípica).

O prazo máximo de vigência da sentença normativa, por sua vez, é de quatro anos, nos termos do art. 868, parágrafo único, da CLT. Não obstante, na prática, é mais comum a vigência pelo prazo de um ano.

Em razão da vigência limitada no tempo da sentença normativa, entende-se que as condições de trabalho nela previstas, em regra, não integram os contratos individuais de trabalho.

A sentença normativa vigora, desde seu termo inicial até que sentença normativa, convenção coletiva de trabalho ou acordo coletivo de trabalho superveniente produza sua revogação, expressa ou tácita, respeitado, porém, o prazo máximo legal de quatro anos de vigência (Precedente Normativo 120 da SDC do TST).

O art. 114, § 2º, da Constituição Federal de 1988 dispõe que cabe à Justiça do Trabalho decidir o conflito, respeitadas as disposições mínimas legais de proteção ao trabalho, bem como as convencionadas anteriormente.

Logo, as disposições convencionadas anteriormente devem ser observadas pela Justiça do Trabalho, ao decidir o conflito coletivo de natureza econômica. Existindo norma coletiva decorrente de negociação coletiva anterior (convenção ou acordo coletivo de trabalho), que regia as relações de trabalho, as suas disposições devem ser observadas no julgamento do dissídio coletivo de natureza econômica, ou seja, mantidas pela sentença normativa.

A referida disposição constitucional é voltada principalmente ao julgador do dissídio coletivo de natureza econômica, tendo aplicação para nortear a respectiva decisão. Trata-se de regra de julgamento, estabelecendo limites ao poder normativo da Justiça do Trabalho. Como o art. 114, § 2º, da Constituição da República faz menção às disposições *convencionadas* anteriormente, não são abrangidas as disposições de sentença normativa anterior.

Entretanto, especificamente quanto às normas coletivas decorrentes de negociação coletiva, de acordo com a posterior redação da Súmula 277 do TST (decorrente da Resolução 185/2012), as "cláusulas normativas dos acordos coletivos ou convenções coletivas integram os contratos individuais de trabalho e somente poderão ser modificadas ou suprimidas mediante negociação coletiva de trabalho".

Frise-se que, no âmbito do Supremo Tribunal Federal, em medida cautelar em arguição de descumprimento de preceito fundamental, foi determinada *ad referendum* do Pleno "a suspensão de todos os processos em curso e dos efeitos de decisões judiciais proferidas no âmbito da Justiça do Trabalho que versem sobre a aplicação da ultratividade de normas de acordos e de convenções coletivas, sem prejuízo do término de sua fase instrutória, bem como das execuções já iniciadas" (STF, ADPF-MC 323/DF, Rel. Min. Gilmar Mendes, decisão monocrática, j. 14.10.2016).

O Supremo Tribunal Federal julgou procedente o pedido formulado em arguição de descumprimento de preceito fundamental, de modo a declarar a inconstitucionalidade da Súmula 277 do Tribunal Superior do Trabalho, na versão atribuída pela Resolução 185, de 27 de setembro de 2012, assim como a inconstitucionalidade de interpretações e de decisões judiciais que entendem que o art. 114, § 2º, da Constituição Federal de 1988, na redação dada pela Emenda Constitucional 45/2004, autoriza a aplicação do princípio da ultratividade de normas de acordos coletivos e de convenções coletivas (STF, Pleno, ADPF 323/DF, Rel. Min. Gilmar Mendes, j. 30.05.2022).

Na atualidade, conforme o art. 614, § 3º, da CLT, com redação dada pela Lei 13.467/2017, não será permitido estipular duração de convenção coletiva ou acordo coletivo de trabalho superior a dois anos, *sendo vedada a ultratividade*.

13.6 RECURSOS

A decisão do Tribunal Regional do Trabalho em dissídio coletivo pode ser objeto de *recurso ordinário* (art. 895, inciso II, da CLT), no prazo de oito dias, a ser julgado pela Seção de Dissídios Coletivos do Tribunal Superior do Trabalho (art. 2º, inciso II, *a*, da Lei 7.701/1988).

A decisão não unânime proferida em dissídio coletivo de competência originária da SDC do TST pode ser recorrida por meio de *embargos infringentes*, no prazo de oito dias, à própria Seção de Dissídios Coletivos do Tribunal Superior do Trabalho (art. 2º, inciso II, *c*, da Lei 7.701/1988).

As causas decididas em última instância, inclusive em dissídios coletivos (no caso, pela SDC do TST), podem ser objeto de *recurso extraordinário* ao Supremo Tribunal Federal, nas hipóteses previstas no art. 102, inciso III, da Constituição Federal de 1988 (quando a decisão recorrida: contrariar dispositivo da Constituição da República; declarar a inconstitucionalidade de tratado ou lei federal; julgar válida lei ou ato de governo local contestado em face da Constituição da República; julgar válida lei local contestada em face de lei federal), desde que demonstrada a presença de repercussão geral (art. 102, § 3º, da Constituição Federal de 1998).

O recurso ordinário em dissídio coletivo, em regra, não tem efeito suspensivo, mas meramente devolutivo (art. 6º da Lei 4.725/1965). O efeito suspensivo, entretanto, pode ser obtido por meio de requerimento formulado ao Presidente do TST, a quem cabe decidir a respeito.

De acordo com o art. 14 da Lei 10.192/2001, o recurso interposto de decisão normativa da Justiça do Trabalho terá efeito suspensivo, na medida e extensão conferidas em decisão do Presidente do Tribunal Superior do Trabalho.

Trata-se de requerimento com natureza cautelar (tutela provisória de urgência cautelar). Assim, cabe à parte demonstrar que a ausência do efeito suspensivo pode acarretar prejuízo irreparável, ou de difícil reparação, bem como a probabilidade do direito que alega, no sentido da provável modificação da decisão recorrida, por meio do recurso.

O art. 6º, § 3º, da Lei 4.725/1965 determina que o provimento do recurso não importará na restituição dos salários ou vantagens pagos, em execução do julgado.

Portanto, no processo do trabalho, os recursos são dotados de efeito meramente devolutivo (art. 899 da CLT) e no dissídio coletivo os efeitos da sentença normativa são produzidos desde logo, independentemente do trânsito em julgado do acórdão (Súmula 246 do TST e art. 6º da Lei 4.725/1965). O efeito suspensivo do recurso somente pode ser obtido por meio de decisão do Presidente do TST (art. 14 da Lei 10.192/2001).

A cassação de efeito suspensivo concedido a recurso interposto de sentença normativa retroage à data do despacho que o deferiu (Súmula 279 do TST).

13.7 EXTENSÃO E REVISÃO

Em caso de dissídio coletivo que tenha por motivo novas condições de trabalho, e no qual figure como parte apenas uma fração de empregados de uma empresa, pode o tribunal competente, na própria decisão, estender tais condições de trabalho, se julgar justo e conveniente, aos demais empregados da empresa que forem da mesma profissão dos dissidentes (art. 868 da CLT).

Cabe ao tribunal fixar a data em que a decisão deve entrar em execução, bem como o prazo de sua vigência, o qual não poderá ser superior a quatro anos (parágrafo único do art. 868 da CLT).

A extensão da sentença normativa é aplicável apenas ao dissídio de natureza econômica, que tenha como parte somente uma parcela dos empregados da empresa. Nessa hipótese, o tribunal, de ofício, pode estender as condições de trabalho estabelecidas na sentença aos demais empregados da mesma profissão, com fundamento no princípio da igualdade.

É inviável aplicar condições constantes de acordo homologado nos autos de dissídio coletivo, extensivamente, às partes que não o subscreveram, exceto se observado o procedimento previsto no art. 868 e seguintes, da CLT (Orientação Jurisprudencial 2 da SDC do TST).

O art. 869 da CLT, por sua vez, estabelece que a decisão sobre novas condições de trabalho pode também ser estendida a todos os empregados da mesma categoria profissional compreendida na competência do tribunal.

Essa extensão pode ocorrer: a) por solicitação de um ou mais empregadores, ou de qualquer sindicato destes; b) por solicitação de um ou mais sindicatos de empregados; c) de ofício, pelo tribunal que houver proferido a decisão; d) por solicitação do Ministério Público do Trabalho.

Para que a decisão possa ser estendida, é preciso que 3/4 dos empregadores e 3/4 dos empregados, ou os respectivos sindicatos, concordem com a extensão da decisão (art. 870 da CLT). O tribunal competente deve marcar prazo, não inferior a 30 nem superior a 60 dias, a fim de que se manifestem os interessados. Ouvidos os interessados e o Ministério Público do Trabalho, o processo deve ser submetido ao julgamento do tribunal.

Sempre que o tribunal estender a decisão, definirá a data em que a extensão deva entrar em vigor (art. 871 da CLT).

É possível a revisão da sentença normativa com fundamento na modificação das circunstâncias que serviram de fundamento à decisão (art. 873 da CLT).

O dissídio coletivo de revisão é uma nova ação, com causa de pedir e pedidos distintos daqueles do dissídio anterior, com base em novos fatos, posteriores à decisão que se revisa, de forma semelhante à previsão do art. 505, inciso I, do CPC[4]. A sentença que decide relação jurídica continuativa pode ser revista se sobrevier modificação no estado de fato ou de direito.

Nos termos do art. 873 da CLT, decorrido mais de um ano de sua vigência, caberá revisão das decisões que fixem condições de trabalho, quando se tiverem modificado as circunstâncias que as ditaram, de modo que tais condições se hajam tornado injustas ou inaplicáveis.

A revisão pode ser promovida por iniciativa do tribunal prolator, do Ministério Público do Trabalho, das organizações sindicais ou de empregador ou empregadores interessados no cumprimento da decisão (art. 874 da CLT).

Quando a revisão for promovida por iniciativa do Tribunal prolator ou do Ministério Público do Trabalho, as associações sindicais e o empregador ou empregadores interessados devem ser ouvidos no prazo de 30 dias. Quando promovida por uma das partes interessadas, serão as outras ouvidas também por igual prazo (art. 874, parágrafo único, da CLT).

A revisão deve ser julgada pelo tribunal que tiver proferido a decisão, depois de ouvido o Ministério Público do Trabalho (art. 875 da CLT).

Se a revisão for requerida pelas entidades sindicais ou pelos empregadores, entende-se que o "comum acordo" não é exigido no dissídio coletivo de revisão, pois ele não é disciplinado pelo art. 114, § 2º, da Constituição Federal de 1988, que trata apenas do dissídio coletivo de natureza econômica original.

Após a manifestação do MPT, o tribunal julga o pedido de revisão, proferindo, se for o caso, nova sentença normativa.

13.8 AÇÃO DE CUMPRIMENTO

Proferida a sentença normativa, esta deve ser observada pelos empregadores abrangidos e representados pelas entidades sindicais que participaram do dissídio coletivo.

A sentença normativa, entretanto, estabelece condições de trabalho de forma genérica e abstrata, alcançando as diversas relações individuais de trabalho. Por isso, é considerada fonte formal do Direito do Trabalho.

Em razão dessa peculiaridade, a sentença normativa descumprida não é objeto de ação de execução propriamente, mas sim da *ação de cumprimento*.

A ação de cumprimento dá origem a processo de conhecimento, tendo natureza de ação condenatória, de competência das Varas do Trabalho.

4. "Art. 505. Nenhum juiz decidirá novamente as questões já decididas relativas à mesma lide, salvo: I – se, tratando-se de relação jurídica de trato continuado, sobreveio modificação no estado de fato ou de direito; caso em que poderá a parte pedir a revisão do que foi estatuído na sentença; II – nos demais casos prescritos em lei".

O art. 872 da CLT prevê que celebrado o acordo, ou proferida a decisão no dissídio coletivo, deve-se seguir com o seu cumprimento.

Na atualidade, não se exige o trânsito em julgado para a produção de efeitos da sentença normativa, nem para o ajuizamento da ação de cumprimento. O recurso em dissídio coletivo, em regra, não tem efeito suspensivo, salvo se este for deferido pelo Presidente do TST (art. 14 da Lei 10.192/2001).

Desse modo, é dispensável o trânsito em julgado da sentença normativa para a propositura da ação de cumprimento (Súmula 246 do TST).

O art. 872, parágrafo único, da CLT, por sua vez, assim prevê: "Quando os empregadores deixarem de satisfazer o pagamento de salários, na conformidade da decisão proferida, poderão os empregados ou seus sindicatos, independentes de outorga de poderes de seus associados, juntando certidão de tal decisão, apresentar reclamação à Junta ou Juízo competente, observado o processo previsto no Capítulo II deste Título, sendo vedado, porém, questionar sôbre a matéria de fato e de direito já apreciada na decisão".

Além dos empregados, os sindicados das categorias profissionais abrangidos pela sentença normativa têm legitimidade para propor a ação de cumprimento, como substituto processual, por se tratar de ajuizamento de demanda em nome próprio, mas em defesa de direito alheio.

Tendo em vista o art. 8º, inciso III, da Constituição Federal de 1988, o sindicato pode ajuizar a ação de cumprimento, como substituto processual, em defesa dos direitos de todos os integrantes da categoria, e não apenas dos associados. Além disso, todas as condições de trabalho estabelecidas na sentença normativa podem ser objeto da ação de cumprimento, e não apenas o pagamento de salário.

A legitimidade do sindicato para propor ação de cumprimento estende-se também à observância de acordo ou de convenção coletivos (Súmula 286 do TST).

Nos dissídios coletivos de natureza econômica ou jurídica de competência originária ou recursal do Tribunal Superior do Trabalho, a sentença pode ser objeto de ação de cumprimento com a publicação da certidão de julgamento (art. 10 da Lei 7.701/1988).

Entende-se que falta interesse de agir para a ação individual, singular ou plúrima, quando o direito já foi reconhecido por meio de decisão normativa, cabendo, no caso, ação de cumprimento (Orientação Jurisprudencial 188 da SBDI-I do TST).

Apesar de ser possível o ajuizamento da ação de cumprimento, mesmo se ainda pendente o julgamento de recurso sem efeito suspensivo, prevalece o entendimento de que, quanto ao respectivo prazo prescricional, apenas tem início com o trânsito em julgado. A propositura da ação antes do trânsito em julgado é apenas uma faculdade (Súmula 246 do TST) e não imposição.

O prazo de prescrição em relação à ação de cumprimento de decisão normativa flui apenas da data de seu trânsito em julgado (Súmula 350 do TST).

Se o pedido da ação de cumprimento for acolhido, a sentença condenatória, como título judicial, pode ser executada.

Mesmo que a sentença normativa ainda não tenha transitado em julgado, essa execução da sentença condenatória proferida na ação de cumprimento é admitida, se não houver recurso com efeito suspensivo quanto à sentença normativa (bem como se não houver recurso com efeito suspensivo quanto à sentença condenatória proferida na ação de cumprimento).

Ademais, conforme o art. 6º, § 3º, da Lei 4.725/1965, o provimento do recurso não importará na restituição dos salários ou vantagens pagos, em execução do julgado.

Logo, ainda que a sentença normativa seja posteriormente modificada, ou mesmo extinto o dissídio coletivo sem exame do mérito, os valores já recebidos pelos empregados, com fundamento na sentença normativa em vigor à época, não terão de ser devolvidos.

Entretanto, se a execução ainda estiver em andamento, os valores ainda não tiverem sido pagos e a sentença normativa for reformada, com a extinção do dissídio coletivo sem exame do mérito, deve-se extinguir a execução, por perda de objeto.

A coisa julgada produzida na ação de cumprimento é atípica, pois dependente de condição resolutiva, ou seja, da não modificação da decisão normativa por eventual recurso. Assim, modificada a sentença normativa pelo TST, com a consequente extinção do processo, sem julgamento do mérito, deve-se extinguir a execução em andamento, uma vez que a norma sobre a qual se apoiava o título exequendo deixou de existir no mundo jurídico (Orientação Jurisprudencial 277 da SBDI-I do TST).

De acordo com a Súmula 397 do TST, "não procede ação rescisória calcada em ofensa à coisa julgada perpetrada por decisão proferida em ação de cumprimento, em face de a sentença normativa, na qual se louvava, ter sido modificada em grau de recurso, porque em dissídio coletivo somente se consubstancia coisa julgada formal. Assim, os meios processuais aptos a atacarem a execução da cláusula reformada são a exceção de pré-executividade e o mandado de segurança, no caso de descumprimento do art. 514 do CPC de 2015".

Quando o juiz decidir relação jurídica sujeita a condição ou termo, o cumprimento da sentença dependerá de demonstração de que se realizou a condição ou de que ocorreu o termo (art. 514 do CPC).

Cabe ressaltar que a Lei 7.701/1988, no art. 2º, inciso I, *c*, e inciso II, *b*, dispõe sobre a competência da Seção Especializada em Dissídios Coletivos do Tribunal Superior do Trabalho para as "ações rescisórias propostas contra suas sentenças normativas" e as "ações rescisórias [...] pertinentes a dissídios coletivos".

Como a decisão de mérito transitada em julgado é que pode ser objeto de ação rescisória (art. 966, *caput*, do CPC e art. 836 da CLT), nota-se a presença de coisa julgada *limitada no tempo* em caso de sentença normativa.

Capítulo 14

AÇÃO CIVIL PÚBLICA

14.1 TUTELA JURISDICIONAL METAINDIVIDUAL

A tutela jurisdicional coletiva é forma eficaz de solucionar os diversos conflitos de natureza metaindividual frequentemente observados nas relações sociais.

Pode-se dizer que o sistema jurídico brasileiro, ao prever e regular as ações coletivas, inspirou-se nas *class actions* norte-americanas[1].

Há um *sistema de tutela jurisdicional metaindividual*, com fundamento na Constituição da República, no qual merecem destaque o Código de Defesa do Consumidor, a Lei da Ação Civil Pública e a Lei Orgânica do Ministério Público da União.

A ação civil pública tem fundamento no art. 129, inciso III, da Constituição Federal de 1988, ao prever entre as funções institucionais do Ministério Público promover o inquérito civil e a ação civil pública, para a proteção do patrimônio público e social, do meio ambiente e de outros interesses difusos e coletivos.

O art. 129, inciso IX, da Constituição da República prevê a possibilidade de o Ministério Público exercer outras funções que lhe forem conferidas, desde que compatíveis com sua finalidade, sendo-lhe vedada a representação judicial e a consultoria jurídica de entidades públicas.

A legitimação do Ministério Público para as ações civis previstas no art. 129 não impede a de terceiros, nas mesmas hipóteses, segundo o disposto na Constituição Federal de 1988 e na lei (art. 129, § 1º).

O art. 21 da Lei da Ação Civil Pública (Lei 7.347/1985), acrescentado pela Lei 8.078/1990 (Código de Defesa do Consumidor), determina que para a defesa dos direitos e interesses difusos, coletivos e individuais é aplicável o Título III da Lei que instituiu o Código de Defesa do Consumidor, ao tratar da Defesa do Consumidor em Juízo. Essa remissão revela que os arts. 81 a 104 da Lei 8.078/1990 abrangem a defesa de quaisquer direitos difusos, coletivos e individuais homogêneos, inclusive trabalhistas, e não apenas de consumidores.

Além disso, o art. 90 do Código de Defesa do Consumidor faz remissão à Lei da Ação Civil Pública, dispondo que, às ações previstas no mesmo Título III, aplica-se a Lei 7.347/1985.

Admite-se, ainda, a concessão de tutelas provisórias em ação civil pública e ação coletiva, nos termos do art. 84, § 3º, do Código de Defesa do Consumidor, do art. 4º da

1. Cf. ALMEIDA, Gregório Assagra de. *Direito processual coletivo brasileiro*: um novo ramo do direito processual. São Paulo: Saraiva, 2003. p. 119.

Lei 7.347/1985, bem como dos arts. 294 e seguintes do CPC, o qual também é aplicado subsidiariamente (art. 19 da Lei 7.347/1985 e o art. 90 da Lei 8.078/1990).

A ação civil pode ter por objeto a condenação em dinheiro ou o cumprimento de obrigação de fazer ou não fazer (art. 3º da Lei 7.347/1985). Admite-se na ação civil pública a cumulação de pedidos[2]. Nesse contexto, quanto ao dano ambiental, é admitida a condenação do réu à obrigação de fazer ou à de não fazer cumulada com a de indenizar (Súmula 629 do STJ).

Para a defesa dos direitos e interesses metaindividuais são admissíveis todas as espécies de ações capazes de propiciar sua adequada e efetiva tutela (art. 83 da Lei 8.078/1990).

O art. 139, inciso X, do CPC prevê que o juiz deve dirigir o processo conforme as disposições legais, incumbindo-lhe, *quando se deparar com diversas demandas individuais repetitivas*, oficiar o Ministério Público, a Defensoria Pública e, na medida do possível, outros legitimados a que se referem os arts. 5º da Lei 7.347/1985 e 82 da Lei 8.078/1990, para, se for o caso, promover a propositura da *ação coletiva respectiva*.

Nos termos do art. 7º, parágrafo único, da Lei 13.146/2015 (Estatuto da Pessoa com Deficiência), se, no exercício de suas funções, os juízes e os tribunais tiverem conhecimento de fatos que caracterizem as violações previstas no referido diploma legal, devem remeter peças ao Ministério Público para as providências cabíveis.

14.2 DIREITOS METAINDIVIDUAIS

Os direitos metaindividuais (ou coletivos em sentido amplo) são entendidos como gênero, do qual fazem parte os direitos difusos, os coletivos em sentido estrito e os individuais homogêneos.

As ações civis públicas e coletivas são os instrumentos processuais para a tutela dos mencionados direitos transindividuais.

Os *direitos difusos* são conceituados como os transindividuais, de natureza indivisível, de que sejam titulares pessoas indeterminadas e ligadas por circunstância de fato (art. 81, parágrafo único, inciso I, da Lei 8.078/1990). Os seus titulares são pessoas indeterminadas e o objeto é indivisível. Um mesmo fato dá origem ao direito difuso, com as referidas características.

Os *direitos coletivos* (em sentido estrito) são os transindividuais de natureza indivisível de que seja titular grupo, categoria ou classe de pessoas ligadas entre si ou com a parte contrária por uma relação jurídica base (art. 81, parágrafo único, inciso II, da Lei 8.078/1990). O objeto é indivisível, tendo como titular um agrupamento de pessoas, as quais são determináveis, pois são todas as que integram o grupo, categoria ou classe e são ligados por relação jurídica base.

Os *direitos individuais homogêneos* são os decorrentes de origem comum (art. 81, parágrafo único, inciso III, da Lei 8.078/1990). Esses direitos são, em essência, individuais.

2. "A jurisprudência desta Corte, interpretando o art. 3º da Lei nº 7.347/85, em sentido análogo ao que lhe confere o STJ, firmou o entendimento de que o referido dispositivo permite a cumulação de pretensão ressarcitória por dano moral coletivo com tutela inibitória ou removedora do ilícito (obrigação de fazer ou não fazer). Precedentes de Turmas do TST e do STJ. Nesse contexto, a imposição de multa pelo descumprimento da obrigação de não fazer somada à condenação por dano moral coletivo encontra amparo no referido dispositivo legal, e na jurisprudência acima descrita, o que impede o processamento da revista, no particular" (TST, 5ª T., Ag-AIRR-1621-40.2010.5.10.0014, Rel. Min. Breno Medeiros, DEJT 30.04.2021).

Os titulares são determinados e o objeto é divisível. A particularidade está em que muitas pessoas são detentoras, cada uma delas, de direitos individuais substancialmente iguais (embora cada titular possa ter determinadas particularidades), justificando a possibilidade de tutela de forma metaindividual, ou seja, por meio de ação coletiva.

Essa homogeneidade de direitos decorre da *origem comum*. Assim, os direitos homogêneos são direitos subjetivos que decorrem dos mesmos fatos. Há situações em que, a partir de um mesmo fato, várias são as pessoas atingidas de maneira uniforme, homogênea, passando a ser titulares de direitos subjetivos substancialmente iguais, ou seja, homogêneos. Tendo em vista essa particularidade, o sistema processual prevê a aplicabilidade dos instrumentos pertinentes à tutela jurisdicional metaindividual, com o objetivo de defendê-los de maneira mais célere e eficiente.

Cabe fazer referência ao entendimento no sentido de que, quando o caso envolve questões nitidamente individuais, que dependem do exame de cada uma das hipóteses concretas, com ausência de possíveis questões comuns, ou mesmo quando as questões particulares prevalecem sobre as comuns, na realidade, não se observa a presença de direito individual homogêneo (TRT/SP 2ª R., 6ª T., RO, Processo 00114-2007-081-02-00-8, Rel. Des. Salvador Franco de Lima Laurino, DOE/SP 02.05.2008). A prevalência de questões individuais, desse modo, afastaria a possibilidade da tutela dos mencionados direitos de forma metaindividual, inclusive por ser inviável e inadequado o tratamento de direito individual puro, ou nitidamente heterogêneo, de modo coletivo[3].

14.3 DANOS MATERIAIS E MORAIS COLETIVOS

A violação de direitos metaindividuais pode gerar danos de natureza não apenas patrimonial, mas também de natureza moral (extrapatrimonial), que devem ser objeto da devida indenização.

A indenização por *danos materiais coletivos* tem como objetivo a reparação do prejuízo causado à coletividade. A indenização por danos morais coletivos, por sua vez, visa obter compensação em razão da lesão metaindividual da dignidade coletiva ou de direitos da personalidade que atinjam o grupo social como um todo[4].

O *dano moral*, assim, pode ser *individual ou coletivo*, conforme a violação de direitos da personalidade, ou de direitos humanos e fundamentais, que preservem a dignidade da pessoa humana, seja de ordem individual ou se trate de lesão de natureza metaindividual (de direitos difusos e coletivos em sentido estrito).

A Lei da Ação Civil Pública (Lei 7.347/1985), no art. 1º, *caput*, prevê a possibilidade de responsabilização por *danos morais e patrimoniais* causados a *interesses difusos ou coletivos*, em consonância com o art. 129, inciso III, da Constituição da República.

A indenização dos referidos danos coletivos pode ser pleiteada por meio de ações civis públicas e coletivas, ajuizadas pelos entes legitimados, entre os quais cabe destacar justamente o Ministério Público do Trabalho e os sindicatos.

No âmbito trabalhista, os valores decorrentes de indenizações por danos morais e materiais coletivos, bem como de multas fixadas por obrigações de fazer e não fazer, ou entrega de coisa (art. 83 da Lei 8.078/1990 e arts. 19 e 21 da Lei 7.347/1985), são

3. Cf. VIGLIAR, José Marcelo Menezes. *Interesses individuais homogêneos e seus aspectos polêmicos*. 2. ed. São Paulo: Saraiva, 2008. p. 21-22.

4. Cf. MEDEIROS NETO, Xisto Tiago de. *Dano moral coletivo*. 2. ed. São Paulo: LTr, 2007. p. 137.

normalmente sido revertidos ao Fundo de Amparo ao Trabalhador (FAT), havendo entendimento de que o ideal seria a criação, por lei, de um fundo específico e próprio, sendo seus recursos destinados à reconstituição dos bens lesados (art. 13 da Lei 7.347/1985 e art. 100, parágrafo único, da Lei 8.078/1990).

Se decorridos 60 dias do trânsito em julgado da sentença condenatória a associação autora (ou o sindicato autor) não iniciar a execução, deve fazê-lo o Ministério Público, facultada igual iniciativa aos demais legitimados (art. 15 da Lei 7.347/1985).

14.4 LEGITIMIDADE

A *legitimidade* para o ajuizamento das ações civis públicas e coletivas trabalhistas não é exclusiva do Ministério Público do Trabalho.

Os entes sindicais, com natureza jurídica de associações privadas, também a detêm, conforme o art. 8º, inciso III, 129, § 1º, da Constituição Federal de 1988, art. 5º, inciso V, da Lei 7.347/1985 e art. 82, inciso IV, da Lei 8.078/1990.

O art. 82, inciso IV, da Lei 8.078/1990 arrola as associações como entes legitimados para o ajuizamento de ações coletivas, o que também é indicado no art. 5º da Lei da Ação Civil Pública.

É necessário que a associação seja legalmente constituída há pelo menos um ano e que inclua entre seus fins institucionais a defesa dos direitos e interesses que visa proteger. O § 1º do art. 82 do Código de Defesa do Consumidor e o § 4º do art. 5º da Lei da Ação Civil Pública dispõem que o requisito da pré-constituição pode ser dispensado pelo juiz quando haja manifesto interesse social evidenciado pela dimensão ou característica do dano, ou pela relevância do bem jurídico a ser protegido.

Entende-se que as associações civis (sem natureza sindical) também são legitimadas para o ajuizamento de ação civil pública e coletiva na Justiça do Trabalho, quando preenchidos os requisitos legais indicados (TST, 1ª T., RR 2282900-85.2002.5.02.0902, Redator Min. Luiz Philippe Vieira de Mello Filho, DEJT 02.12.2011)[5].

Até que lei venha a dispor a respeito, incumbe ao Ministério do Trabalho proceder ao registro das entidades sindicais e zelar pela observância do princípio da unicidade (Súmula 677 do STF).

Os fins institucionais do sindicato envolvem a defesa dos direitos coletivos e individuais da categoria como um todo (art. 8º, inciso III, da Constituição Federal de 1988 e art. 513, *a*, da CLT).

Essa legitimação não se restringe aos associados, mas abrange todos os integrantes da categoria, pois a pertinência temática, quanto ao sindicato, refere-se à defesa de direitos relativos à categoria e de todos os seus integrantes, e não somente de quem se filiou.

5. Em se tratando de ação coletiva ajuizada por associação civil, o Supremo Tribunal Federal fixou a seguinte tese de repercussão geral: "A eficácia subjetiva da coisa julgada formada a partir de ação coletiva, de rito ordinário, ajuizada por associação civil na defesa de interesses dos associados, somente alcança os filiados, residentes no âmbito da jurisdição do órgão julgador, que o fossem em momento anterior ou até a data da propositura da demanda, constantes da relação jurídica juntada à inicial do processo de conhecimento" (STF, Pleno, RE 612.043/PR, Min. Marco Aurélio, j. 10.05.2017). Em embargos de declaração, foram prestados esclarecimentos quanto ao alcance da referida tese, no sentido de ser restrita às ações coletivas de rito ordinário, não alcançando as ações civis públicas (STF, Pleno, ED-RE 612.043/PR, Rel. Min. Marco Aurélio, voto, j. 06.06.2018, DJe 06.08.2018).

Prevalece o entendimento de que o art. 8º, inciso III, da Constituição da República prevê a ampla legitimidade extraordinária (substituição processual) dos sindicatos para defender em juízo os direitos e interesses coletivos ou individuais dos integrantes da categoria, abrangendo a liquidação e a execução, sendo desnecessária a autorização dos substituídos (STF, Pleno, RE 210.029/RS, Rel. p/ ac. Min. Joaquim Barbosa, DJ 17.08.2007).

O Supremo Tribunal Federal fixou a seguinte tese de repercussão geral: "Em ação civil pública proposta pelo Ministério Público do Trabalho em face de empresa estatal, com o propósito de invalidar a contratação irregular de pessoal, não é cabível o ingresso, no polo passivo da causa, de todos os empregados atingidos, mas é indispensável sua representação pelo sindicato da categoria" (STF, Pleno, RE 629.647/RR, Rel. p/ ac. Min. Alexandre de Moraes, j. 03.11.2022). Conforme o voto do redator do acórdão, "no âmbito do processo coletivo, os interesses dos empregados devem ser defendidos pelo sindicato laboral que representa a categoria".

A mencionada hipótese revela a admissibilidade não apenas de ação coletiva ativa, mas também de ação coletiva passiva, ou seja, no polo passivo do processo coletivo, em que a defesa dos direitos coletivos e individuais homogêneos dos trabalhadores envolvidos é realizada pelo sindicato da respectiva categoria profissional.

O Ministério Público, se não intervier no processo como parte, deve atuar obrigatoriamente como fiscal da ordem jurídica (art. 5º, § 1º, da Lei 7.347/1985).

Fica facultado ao Poder Público e a outras associações legitimadas habilitar-se como litisconsortes de qualquer das partes (art. 5º, § 2º, da Lei 7.347/1985).

Em caso de desistência infundada ou abandono da ação por associação legitimada, o Ministério Público ou outro legitimado assumirá a titularidade ativa (art. 5º, § 3º, da Lei 7.347/1985).

Se, no exercício de suas funções, os juízes e tribunais tiverem conhecimento de fatos que possam ensejar a propositura da ação civil pública, devem remeter peças ao Ministério Público para as providências cabíveis (art. 7º da Lei 7.347/1985). Qualquer pessoa pode e o servidor público deve provocar a iniciativa do Ministério Público, ministrando-lhe informações sobre fatos que constituam objeto da ação civil pública e indicando-lhe os elementos de convicção (art. 6º da Lei 7.347/1985).

Conforme a atual previsão do art. 3º da Lei 7.853/1989, com redação dada pela Lei 13.146/2015, as medidas judiciais destinadas à proteção de interesses coletivos, difusos, individuais homogêneos e individuais indisponíveis das pessoas com deficiência podem ser propostas pelo Ministério Público, pela Defensoria Pública, pela União, pelos Estados, pelos Municípios, pelo Distrito Federal, por associação constituída há mais de um ano, nos termos da lei civil, por autarquia, por empresa pública e por fundação ou sociedade de economia mista que inclua, entre suas finalidades institucionais, a proteção dos interesses e promoção de direitos das pessoas com deficiência.

14.5 COMPETÊNCIA

As ações que tiverem por objetivo a tutela de direitos metaindividuais trabalhistas devem ser processadas e julgadas pela Justiça do Trabalho, de acordo com o art. 114, inciso I, da Constituição Federal de 1988.

Compete à Justiça do Trabalho julgar as ações que tenham como causa de pedir o descumprimento de normas trabalhistas relativas à segurança, higiene e saúde dos trabalhadores (Súmula 736 do STF).

As ações civis públicas e coletivas não se confundem com o dissídio coletivo, não se aplicando a regra da competência originária dos Tribunais do Trabalho. Desse modo, quanto à competência funcional e hierárquica, incide a regra geral de que a competência originária para processá-las e julgá-las é das Varas do Trabalho.

A competência territorial, nas ações coletivas, é disciplinada pelos arts. 2º da Lei da Ação Civil Pública e 93 do Código de Defesa do Consumidor.

As ações civis públicas devem ser propostas no *foro do local onde ocorrer o dano*, cujo juízo tem competência *funcional* para processar e julgar a causa (art. 2º da Lei 7.347/1985). Entende-se, assim, que a competência territorial especificamente nas ações civis públicas e coletivas é absoluta, em razão da relevância social dos direitos tutelados.

A propositura da ação previne a jurisdição do juízo para todas as ações posteriormente intentadas que possuam a mesma causa de pedir ou o mesmo objeto.

A ação civil pública ou coletiva deve ser ajuizada no foro do lugar onde ocorreu ou deva ocorrer o dano, quando de âmbito local (art. 93, inciso I, da Lei 8.078/1990).

Nos casos de danos de âmbito nacional ou regional, a competência territorial é do foro da Capital do Estado ou do Distrito Federal, aplicando-se as regras do Código de Processo Civil aos casos de competência concorrente (art. 93, inciso II, da Lei 8.078/1990).

A respeito do tema, conforme a Orientação Jurisprudencial 130 da SBDI-II do TST:

> "Ação civil pública. Competência. Local do dano. Lei 7.347/1985, art. 2º, Código de Defesa do Consumidor, artigo 93. I – A competência para a Ação Civil Pública fixa-se pela extensão do dano. II – Em caso de dano de abrangência regional, que atinge cidades sujeitas à jurisdição de mais de uma Vara do Trabalho, a competência será de qualquer das varas das localidades atingidas, ainda que vinculadas a Tribunais Regionais do Trabalho distintos. III – Em caso de dano de abrangência suprarregional ou nacional, há competência concorrente para a ação civil pública das varas do trabalho das sedes dos Tribunais Regionais do Trabalho. IV – Estará prevento o juízo a que a primeira ação houver sido distribuída".

O Supremo Tribunal Federal fixou a seguinte tese de repercussão geral: "I - É inconstitucional a redação do art. 16 da Lei 7.347/1985, alterada pela Lei 9.494/1997, sendo repristinada sua redação original. II - Em se tratando de ação civil pública de efeitos nacionais ou regionais, a competência deve observar o art. 93, II, da Lei 8.078/1990 (Código de Defesa do Consumidor). III - Ajuizadas múltiplas ações civis públicas de âmbito nacional ou regional e fixada a competência nos termos do item II, firma-se a prevenção do juízo que primeiro conheceu de uma delas, para o julgamento de todas as demandas conexas" (STF, Pleno, RE 1.101.937/SP, Rel. Min. Alexandre de Moraes, DJe 14.06.2021).

14.6 ROL DOS SUBSTITUÍDOS

Prevalece o entendimento de que nas ações coletivas em defesa de direitos individuais homogêneos não há exigência de apresentação de rol dos substituídos.

O art. 95 da Lei 8.078/1990, ao versar sobre as ações coletivas para a defesa de interesses individuais homogêneos, dispõe que em caso de procedência do pedido *a condenação será genérica*, fixando a responsabilidade do réu pelos danos causados. Conforme os arts. 97 e 98 do mesmo diploma legal, a individualização relativa aos titulares do direito ocorre somente em momento posterior, quando da liquidação da sentença.

Na sistemática das ações coletivas, até a liquidação, não há exigência de especificação de quem são, individualmente, os substituídos. Por consequência, o referido rol não precisa constar da petição inicial, não sendo documento essencial ou necessário para o ajuizamento da demanda. Não há lesão aos princípios da ampla defesa e do devido processo legal, uma vez que na liquidação a individualização dos substituídos e a determinação de valores são realizadas em contraditório.

14.7 LITISPENDÊNCIA

Segundo o art. 104 da Lei 8.078/1990, as ações coletivas previstas no art. 81, parágrafo único, incisos I e II, do Código de Defesa do Consumidor, não induzem litispendência para as ações individuais, mas os efeitos da coisa julgada *erga omnes* ou *ultra partes* a que aludem os incisos II e III do art. 103 não beneficiarão os autores das ações individuais, se não for requerida sua suspensão no prazo de trinta dias, a contar da ciência nos autos do ajuizamento da ação coletiva.

Entre uma ação coletiva sobre direito difuso (art. 81, parágrafo único, inciso I, do CDC) e uma ação individual, ou seja, em defesa de direito subjetivo individual, não há identidade de pedido (objeto do processo). Assim, não há litispendência (art. 337, inciso VI, e §§ 1º, 2º e 3º, do CPC).

Da mesma forma, entre uma ação em defesa de direito coletivo *stricto sensu* (art. 81, parágrafo único, inciso II, do CDC) e uma demanda sobre direito individual também não há identidade de pedido, pois naquelas o interesse tutelado não é individual nem divisível, mas sim do grupo ou da categoria, não havendo litispendência entre essas ações.

Prevalece o entendimento de que "a ação coletiva movida pelo sindicato da categoria, na condição de substituto processual, não induz litispendência em relação à ação individual, com o mesmo pedido e a mesma causa de pedir, pois os legitimados ativos são diversos, além de o sindicato, na ação coletiva, exercer a legitimidade extraordinária para atuar como substituto processual na defesa dos direitos e interesses coletivos ou individuais da categoria, ao passo que na ação individual a parte busca o seu próprio direito individualmente" (TST, SBDI-I, E-RR – 72000-77.2008.5.22.0002, Rel. Min. Dora Maria da Costa, DEJT 01.07.2013).

O art. 104 da Lei 8.078/1990 assegura ao autor da ação individual duas opções: ele pode, no prazo de trinta dias da ciência do ajuizamento da ação coletiva, pedir a suspensão do seu processo e aguardar a coisa julgada coletiva; ou, se preferir, ele pode prosseguir com a sua ação individual. Nessa última hipótese, o autor assume o risco da demanda individual, não se beneficiando da coisa julgada coletiva[6].

Desse modo, conforme a jurisprudência, "a existência de ação coletiva não obsta o ajuizamento e regular prosseguimento de ação individual proposta pelo titular do direito material, ainda que idêntico o objeto (pedido) das referidas ações, visto que tal situação jurídica, nos termos do artigo 104 do Código de Defesa do Consumidor, não induz litispendência, na medida em que os efeitos dessa decisão, na eventual procedência da ação coletiva, não se estenderão ao autor da ação individual que, inequivocamente cientificado do ajuizamento da ação coletiva, não houver optado, anteriormente, pela suspensão do curso da sua ação individual, nos termos do preceito legal em referência" (TST, SBDI-I, E-RR – 4937000-10.2002.5.02.0900, Rel. Min. Renato de Lacerda Paiva, DEJT 15.10.2012).

14.8 COISA JULGADA

No caso de direitos difusos, a sentença faz coisa julgada *erga omnes*, ou seja, em face de todos, exceto se o pedido for julgado improcedente por insuficiência de provas, hipótese em que qualquer legitimado pode ajuizar outra ação, com idêntico fundamento, valendo-se de nova prova (art. 103, inciso I, da Lei 8.078/1990).

6. Cf. MELO, Raimundo Simão de. *Ação civil pública na Justiça do Trabalho*. 3. ed. São Paulo: LTr, 2008. p. 190.

Há, portanto, mitigação, pela lei, da coisa julgada, a qual varia conforme a decisão (coisa julgada *secundum eventum litis*).

Segundo dispõe o art. 103, § 1º, da Lei 8.078/1990, a coisa julgada prevista nos termos descritos não prejudica os interesses e direitos *individuais* dos integrantes da coletividade. Vale dizer, independentemente da ação coletiva, eventual titular de interesse individual, relacionado ao mesmo fato que gerou o direito difuso, não é prejudicado.

Esclareça-se que um mesmo fato pode originar direitos difusos e, ao mesmo tempo, individuais, conforme o ângulo pelo qual é analisado.

O art. 103, inciso II, da Lei 8.078/1990, versando sobre a coisa julgada quanto aos direitos coletivos em sentido estrito, estabelece que a sentença faz coisa julgada *ultra partes*, mas limitadamente ao grupo, categoria ou classe. A coisa julgada, portanto, atinge todos os integrantes do agrupamento e, no caso do processo do trabalho, pode alcançar todos os integrantes da categoria.

As mesmas exceções feitas quanto aos direitos difusos são aplicáveis nas ações coletivas aqui analisadas. Assim, a coisa julgada *ultra partes* não ocorre se o pedido for julgado improcedente por ausência de provas, podendo ser ajuizada, novamente, a mesma ação, pelos legitimados, valendo-se de nova prova.

Também os direitos individuais dos integrantes do grupo ou categoria não são prejudicados pela referida coisa julgada, pelos mesmos fundamentos já expostos (art. 103, § 1º, da Lei 8.078/1990).

Nas ações coletivas em defesa de direitos individuais homogêneos, a sentença fará coisa julgada *erga omnes*, porém apenas no caso de procedência do pedido, beneficiando nessa hipótese "todas as vítimas e seus sucessores". Ou seja, sendo acolhido o pedido, todos os substituídos processuais são beneficiados pela coisa julgada (art. 103, inciso III, da Lei 8.078/1990).

Na hipótese de ser julgado improcedente o pedido, os interessados que não tiverem intervindo no processo como assistentes litisconsorciais (art. 18, parágrafo único, do CPC) podem propor ação de indenização a título individual (art. 103, § 2º, da Lei 8.078/1990). O dispositivo legal é expresso em autorizar a propositura da ação individual apenas pelos interessados que não figuraram como "litisconsortes" no processo originado pela ação coletiva.

Nos termos do art. 103, § 3º, da Lei 8.078/1990, os efeitos da coisa julgada erga omnes e *ultra partes* em ação civil pública em defesa de direitos difusos e coletivos não prejudicarão as ações de indenização por danos pessoalmente sofridos, propostas individualmente ou por meio de ação coletiva em defesa de direitos individuais homogêneos, mas, se procedente o pedido, beneficiarão as vítimas e seus sucessores, que poderão proceder à liquidação e à execução, nos termos dos arts. 97 a 99 da Lei 8.078/1990. Trata-se da chamada extensão ou transporte *in utilibus* da coisa julgada coletiva para o âmbito individual.

O art. 16 da Lei da Ação Civil Pública, com redação dada pela Lei 9.494/1997 estabelece que a "sentença civil fará coisa julgada *erga omnes*, nos limites da competência territorial do órgão prolator, exceto se o pedido for julgado improcedente por insuficiência de provas, hipótese em que qualquer legitimado poderá intentar outra ação com idêntico fundamento, valendo-se de nova prova".

Os direitos difusos e coletivos em sentido estrito, entretanto, são indivisíveis (art. 81, parágrafo único, incisos I e II, da Lei 8.078/1990). Logo, se tiverem abrangência em todo o território nacional, o juiz competente para a ação coletiva (arts. 2º da Lei da Ação Civil Pública e 93, inciso II, do Código de Defesa do Consumidor) deve proferir decisão que produza efeitos em todo o território nacional. Por se tratar de direitos indivisíveis, não há como a decisão judicial ter conteúdo diverso, restrito a certa área territorial; isso não é possível justamente em razão da indivisibilidade do direito, pois a decisão em determinado sentido afeta o direito como um todo.

Além disso, a coisa julgada apresenta dois limites: o subjetivo e o objetivo (pedido). A rigor, a competência territorial não é elemento que delimite o alcance da coisa julgada.

Portanto, mesmo em se tratando de ação civil pública ou coletiva, não se deve restringir o alcance da coisa julgada ao âmbito territorial do juiz prolator da decisão (TST, 3ª T., RR 3022-84.2010.5.04.0000, Rel. Min. Alberto Bresciani Pereira, DEJT 02.10.2012).

A respeito do tema, o Supremo Tribunal Federal fixou a seguinte tese de repercussão geral: "I - É inconstitucional a redação do art. 16 da Lei 7.347/1985, alterada pela Lei 9.494/1997, sendo repristinada sua redação original. II - Em se tratando de ação civil pública de efeitos nacionais ou regionais, a competência deve observar o art. 93, II, da Lei 8.078/1990 (Código de Defesa do Consumidor). III - Ajuizadas múltiplas ações civis públicas de âmbito nacional ou regional e fixada a competência nos termos do item II, firma-se a prevenção do juízo que primeiro conheceu de uma delas, para o julgamento de todas as demandas conexas" (STF, Pleno, RE 1.101.937/SP, Rel. Min. Alexandre de Moraes, DJe 14.06.2021).

Sendo assim, prevaleceu o entendimento de que a limitação territorial da eficácia da sentença e da coisa julgada em ação civil pública é inconstitucional.

De acordo com a redação original do art. 16 da Lei 7.347/1985, a sentença civil fará coisa julgada *erga omnes*, exceto se a ação for julgada improcedente por deficiência de provas, hipótese em que qualquer legitimado poderá intentar outra ação com idêntico fundamento, valendo-se de nova prova. A matéria é disciplinada de forma mais completa no art. 103 da Lei 8.078/1990, que prevê a coisa julgada *erga omnes* ou *ultra partes*, sem limitação territorial ao órgão prolator da sentença na ação coletiva.

14.9 DESPESAS PROCESSUAIS E HONORÁRIOS ADVOCATÍCIOS

No âmbito das ações civis públicas e ações coletivas, em caso de litigância de má-fé, a associação autora e os diretores responsáveis pela propositura da ação devem ser solidariamente condenados em honorários advocatícios e ao décuplo das custas, sem prejuízo da responsabilidade por perdas e danos (art. 17 da Lei 7.347/1985). Nas ações de que trata a Lei 7.347/1985, não haverá adiantamento de custas, emolumentos, honorários periciais e quaisquer outras despesas, nem condenação da associação autora, salvo comprovada má-fé, em honorários de advogado, custas e despesas processuais (art. 18 da Lei 7.347/1985). No mesmo sentido dispõe o art. 87 da Lei 8.078/1990, sobre as ações coletivas[7].

---

7. "Recurso de revista do sindicato autor. Interposto na vigência da Lei nº 13.015/2014 e do CPC/2015. Anterior à Lei nº 13.467/2017. Honorários advocatícios. Sindicato. Ação coletiva. Substituição processual. Má-fé. Comprovação. Inocorrência. A atuação coletiva dos sindicatos como associação está sujeita às disposições do Código de Defesa do Consumidor e da Lei da Ação Civil Pública, inclusive quanto aos honorários advocatícios. Nessas leis, há previsão específica no tocante à condenação da parte autora ao pagamento da verba em comento, que somente ocorrerá quando for comprovada a má-fé, conforme os arts. 87, parágrafo único, do CDC e 18 da Lei da Ação Civil Pública. Uma vez que não foi registrada nenhuma deslealdade processual do sindicato autor a ensejar a caracterização da litigância de má-fé, impõe-se a exclusão da condenação ao pagamento de honorários advocatícios. Recurso de revista conhecido e provido" (TST, 7ª T., RR-1026-29.2016.5.12.0029, Red. Min. Luiz Philippe Vieira de Mello Filho, DEJT 23.08.2019).

Nos termos do art. 790-A da CLT, são isentos do pagamento de custas, além dos beneficiários de justiça gratuita: I – a União, os Estados, o Distrito Federal, os Municípios e respectivas autarquias e fundações públicas federais, estaduais ou municipais que não explorem atividade econômica; II – o Ministério Público do Trabalho. A mencionada isenção não alcança as entidades fiscalizadoras do exercício profissional, nem exime as pessoas jurídicas referidas no inciso I da obrigação de reembolsar as despesas judiciais realizadas pela parte vencedora.

Cabe lembrar que a prestação de serviço profissional assegura aos inscritos na OAB (ou seja, aos advogados) o direito aos honorários convencionados, aos fixados por arbitramento judicial e aos de sucumbência (art. 22 da Lei 8.906/1994). O disposto no art. 22 da Lei 8.906/1994 aplica-se aos honorários assistenciais, compreendidos como os fixados em ações coletivas propostas por entidades de classe em substituição processual, sem prejuízo aos honorários convencionais (art. 22, § 6º, da Lei 8.906/1994, incluído pela Lei 13.725/2018). Os honorários advocatícios de sucumbência são devidos também nas ações contra a Fazenda Pública e nas ações em que a parte estiver assistida ou substituída pelo sindicato de sua categoria (art. 791-A, § 1º, da CLT, acrescentado pela Lei 13.467/2017).

Os honorários convencionados com entidades de classe para atuação em substituição processual podem prever a faculdade de indicar os beneficiários que, ao optarem por adquirir os direitos, assumirão as obrigações decorrentes do contrato originário a partir do momento em que este foi celebrado, sem a necessidade de mais formalidades (art. 22, § 7º, da Lei 8.906/1994, acrescentado pela Lei 13.725/2018). Os titulares dos honorários advocatícios convencionados, nesse caso, são os advogados que prestarem serviço profissional nas ações coletivas ajuizadas por entidades de classe (como os sindicatos) em substituição processual (art. 8º, inciso III, da Constituição da República).

14.10 PRESCRIÇÃO NA AÇÃO CIVIL PÚBLICA

Prevalece na jurisprudência o entendimento de que deve ser aplicado o prazo prescricional de cinco anos para a ação civil pública, com fundamento no prazo prescricional da ação popular (art. 21 da Lei 4.717/1965)[8]. A prescrição, de todo modo, incide quanto a pretensões de natureza condenatória.

8. "Agravo de instrumento em recurso de revista. Prescrição. Ação civil pública. Dano moral coletivo. Fixação do prazo prescricional de 5 anos previsto na Lei da Ação Popular (4.717/65). Em razão de provável afronta ao artigo 7º, inciso XXIX, da CF/88, dá-se provimento ao agravo de instrumento para determinar o prosseguimento do recurso de revista. Agravo de instrumento conhecido e provido. Recurso de revista. Acórdão publicado na vigência da Lei nº 13.015/2014. Legitimidade ativa do Ministério Público do Trabalho. O entendimento jurisprudencial desta Casa já se pacificou no sentido de que o Ministério Público tem legitimidade para o ajuizamento de ação civil pública inclusive para a defesa de interesses individuais homogêneos. Precedentes. *In casu*, os interesses defendidos pelo Ministério Público do Trabalho ultrapassam a esfera individual, sendo coletivos e mesmo difusos, uma vez que se relacionam ao constatado extrapolamento da jornada de trabalho além do limite legal. Registre-se, ainda, que a determinação dos sujeitos envolvidos não constitui óbice ao exercício do direito de ação pelo Ministério Público, uma vez que o direito tem origem comum e afeta vários indivíduos da categoria, não podendo ser considerado individual heterogêneo, sendo certo que o fato de ser necessária a individualização para apuração do valor devido a cada empregado não descaracteriza a natureza homogênea da pretensão. Precedentes. Incidem, portanto, a Súmula nº 333 desta Corte e o art. 896, § 7º, da CLT como óbices ao prosseguimento da revista, a pretexto da alegada ofensa aos dispositivos apontados, bem como da divergência jurisprudencial transcrita. Recurso de revista não conhecido. Prescrição. Ação civil pública. Dano moral coletivo. Fixação do prazo prescricional de 5 anos previsto na Lei da Ação Popular (4.717/65). O e. TRT consignou que diante da natureza dos direitos tutelados, a ação civil pública possui caráter de imprescritibilidade. Em que pesem tais considerações, certo é que esta Corte, na esteira do entendimento firmado pelo

Especificamente quanto aos direitos individuais homogêneos, por serem essencialmente individuais, ainda que tutelados de forma coletiva, entende-se que se aplica, no âmbito trabalhista, o prazo de prescrição previsto no art. 7º, inciso XXIX, da Constituição Federal de 1988. Cf. TST, 5ª T., RR-918-26.2019.5.17.0006, Rel. Min. Breno Medeiros, DEJT 02.09.2022.

14.11 LIQUIDAÇÃO E EXECUÇÃO

Na tutela jurisdicional coletiva de direitos individuais homogêneos, inclusive trabalhistas, em caso de procedência do pedido, a condenação será genérica, fixando a responsabilidade do réu pelos danos causados (art. 95 da Lei 8.078/1990). Há necessidade, assim, de posterior liquidação, para a individualização dos titulares do direito e dos valores devidos a cada um.

Esclareça-se que a liquidação e a execução de sentença em ações coletivas envolvendo direitos individuais homogêneos podem ser individual e coletiva. Nesse sentido, nos termos do art. 97 do Código de Defesa do Consumidor, a liquidação e a execução de sentença podem ser promovidas pela vítima (ou seja, pelo prejudicado) e seus sucessores, assim como pelos legitimados de que trata o art. 82 da Lei 8.078/1990. Cf. TST, SBDI-I, E-RR-1843-88.2012.5.15.0049, Rel. Min. Augusto César Leite de Carvalho, DEJT 11.04.2017.

A execução pode ser coletiva, sendo promovida pelos legitimados de que trata o art. 82 da Lei 8.078/1990, abrangendo as vítimas cujas indenizações já tiveram sido fixadas em "sentença de liquidação", sem prejuízo do ajuizamento de outras execuções (art. 98 do Código de Defesa do Consumidor).

A execução coletiva deve ser feita com base em certidão das "sentenças de liquidação", da qual deve constar a ocorrência ou não do trânsito em julgado (art. 98, § 1º, da Lei 8.078/1990).

Tendo em vista o disposto no art. 8º, inciso III, da Constituição Federal de 1988, entende-se que o sindicato tem ampla legitimidade extraordinária para a defesa dos direitos coletivos e individuais dos integrantes da categoria, como substituto processual, inclusive na liquidação e execução dos créditos reconhecidos aos trabalhadores, não havendo necessidade de autorização dos substituídos. Nesse sentido, o Supremo Tribunal Federal fixou a seguinte tese de repercussão geral: "Os sindicatos possuem ampla legitimidade extraordinária para defender em juízo os direitos e interesses coletivos ou individuais dos integrantes da categoria que representam, inclusive nas liquidações e execuções de sentença, independentemente de autorização dos substituídos" (STF, Pleno, RG-RE 883.642/AL, Rel. Min. Ricardo Lewandowski, DJe 26.06.2015).

É competente para a execução o juízo: I – da liquidação da sentença ou da ação condenatória, no caso de execução individual; II – da ação condenatória, quando coletiva a execução (art. 98, § 2º, da Lei 8.078/1990). Logo, entende-se que a liquidação e execução individual de sentença genérica proferida em ação coletiva pode ser ajuizada no foro do domicílio do credor ou no foro em que se processou a ação coletiva. Cf. TST, SBDI-II, CCCiv-901-45.2014.5.07.0005, Rel. Min. Evandro Pereira Valadão Lopes, DEJT 19.11.2021.

Superior Tribunal de Justiça, no que refere à existência de prazo prescricional para fins de proposição de ação civil pública, firmou entendimento sobre a adoção do prazo prescricional de 5 anos para a ação civil pública. Precedentes. Prejudicada a análise dos temas remanescentes. Recurso de revista conhecido e provido" (TST, 5ª T. RR - 353-89.2015.5.12.0055, Rel. Min. Breno Medeiros, DEJT 23.11.2018).

O Superior Tribunal de Justiça fixou a seguinte tese em recurso repetitivo: "O prazo prescricional para a execução individual é contado do trânsito em julgado da sentença coletiva, sendo desnecessária a providência de que trata o art. 94 da Lei 8.078/1990" (STJ, 1ª Seção, REsp 1.388.000/PR, 2013/0179890-5, Rel. p/ ac. Min. Og Fernandes, DJe 12.04.2016). Ou seja, não se exige a publicação do edital no órgão oficial para o início do referido prazo de prescrição. Cf. TST, 6ª T., RRAg-1001633-30.2019.5.02.0051, Rel. Min. Kátia Magalhães Arruda, DEJT 16.09.2022.

Decorrido o prazo de um ano sem habilitação de interessados em número compatível com a gravidade do dano, os legitimados do art. 82 da Lei 8.078/1990 podem promover a liquidação e execução da indenização devida (art. 100 da Lei 8.078/1990). Nesse caso, o produto da indenização devida reverterá para um fundo de reparação fluida (*fluid recovery*), como o Fundo de Amparo ao Trabalhador (FAT).

Em caso de concurso de créditos decorrentes de condenação prevista na Lei 7.347/1985 (ou seja, decorrentes de sentença proferida em ação civil pública relativa a direitos difusos e coletivos), e de indenizações pelos prejuízos individuais resultantes do mesmo evento danoso (isto é, resultantes de sentenças proferidas em ações individuais e em ação coletiva sobre direitos individuais homogêneos), estas terão *preferência* no pagamento (art. 99 da Lei 8.078/1990).

Para efeito do previsto nesse dispositivo legal, a destinação da importância recolhida ao fundo de reparação (como o Fundo de Amparo ao Trabalhador) deve ficar sustada enquanto pendentes de decisão de segundo grau as ações de indenização pelos danos individuais, salvo na hipótese de o patrimônio do devedor ser manifestamente suficiente para responder pela integralidade das dívidas (art. 99, parágrafo único, da Lei 8.078/1990).

Capítulo **15**

TUTELA PROVISÓRIA

15.1 CLASSIFICAÇÃO

A *tutela provisória* é gênero, tendo como espécies a *tutela de urgência* e a *tutela da evidência* (art. 294 do CPC).

A tutela (provisória) de urgência pode ser *cautelar* ou *antecipada*.

A tutela (de urgência) *cautelar* tem como objetivo *assegurar o resultado útil do processo* (quanto ao pedido principal). Tem, portanto, natureza essencialmente instrumental, pois, a rigor, visa tutelar o processo, e não a satisfazer o direito material.

A tutela (de urgência) *antecipada*, por sua vez, tem natureza satisfativa, visando assegurar, de forma imediata, concreta e efetiva, o bem jurídico pretendido. Trata-se de requerimento formulado pelo autor, normalmente na petição inicial, embora possa ocorrer posteriormente.

A tutela antecipada não se confunde com o julgamento antecipado do mérito nem com o julgamento antecipado parcial do mérito, previstos nos arts. 355 e 356 do CPC.

O art. 3º, inciso VI, da Instrução Normativa 39/2016 do TST prevê que se aplicam ao processo do trabalho, em face de omissão e compatibilidade, os arts. 294 a 311 do CPC, sobre tutela provisória.

De acordo com o art. 659, incisos IX e X, da Consolidação das Leis do Trabalho, é possível a concessão de medida liminar: até decisão final do processo, em reclamações trabalhistas que visem tornar sem efeito transferência disciplinada pelos parágrafos do art. 469 da CLT[1]; até decisão final do processo, em reclamações trabalhistas que visem reintegrar no emprego dirigente sindical afastado, suspenso ou dispensado pelo empregador[2]. Essas hipóteses são específicas de tutela provisória antecipada, de conotação satisfativa, e não cautelar, com natureza de concretização do direito material[3], e não de instrumento de preservação da sua eficácia durante a tramitação do processo. A tutela antecipada, de natureza satisfativa, pode ser relativa à obrigação de entrega de coisa (dar), obrigação de pagar (pecuniária) e obrigação de fazer ou de não fazer.

---

1. Cf. Orientação Jurisprudencial 67 da SBDI-II do TST: "Mandado de segurança. Transferência. Art. 659, IX, da CLT. Não fere direito líquido e certo a concessão de liminar obstativa de transferência de empregado, em face da previsão do inciso IX do art. 659 da CLT".

2. Cf. Orientação Jurisprudencial 65 da SBDI-II: "Mandado de segurança. Reintegração liminarmente concedida. Dirigente sindical. Ressalvada a hipótese do art. 494 da CLT, não fere direito líquido e certo a determinação liminar de reintegração no emprego de dirigente sindical, em face da previsão do inciso X do art. 659 da CLT".

3. Cf. GIGLIO, Wagner D.; CORRÊA, Claudia Giglio Veltri. *Direito processual do trabalho*. 16. ed. São Paulo: Saraiva, 2007. p. 386.

A legislação processual trabalhista não disciplina, de forma genérica, a tutela provisória, tornando necessária a aplicação do CPC, em razão da nítida compatibilidade com o processo do trabalho (art. 769 da CLT e art. 15 do CPC).

A tutela provisória de urgência pode ser concedida em caráter *antecedente* ou *incidental* (art. 294, parágrafo único, do CPC).

Sendo assim, observam-se as seguintes modalidades de tutela provisória:

- tutela provisória de urgência *cautelar* antecedente;
- tutela provisória de urgência *cautelar* incidente;
- tutela provisória de urgência *antecipada* antecedente;
- tutela provisória de urgência *antecipada* incidente;
- tutela provisória da *evidência*.

Esclareça-se que a tutela provisória da *evidência* é sempre *incidente*.

15.2 DISPOSIÇÕES GERAIS

Em razão da *urgência* ou da *evidência*, a *tutela provisória* se caracteriza pela cognição menos aprofundada e sumária realizada pelo juiz.

A tutela provisória conserva sua eficácia na pendência do processo, mas pode, a qualquer tempo, ser revogada ou modificada (art. 296 do CPC). Salvo decisão judicial em contrário, a tutela provisória conserva a eficácia durante o período de suspensão do processo.

Trata-se, portanto, de medida que se caracteriza pela *provisoriedade*. Entende-se que essa revogação e modificação da tutela provisória (quando não estabilizada na forma do art. 304 do CPC) podem ser feitas mesmo de ofício pelo juiz, mas sempre por meio de decisão fundamentada.

Na decisão que conceder, negar, modificar ou revogar a tutela provisória, o juiz deve motivar seu convencimento de modo claro e preciso (art. 298 do CPC).

A tutela provisória requerida em caráter incidental independe do pagamento de custas (art. 295 do CPC).

O juiz pode determinar as medidas que considerar adequadas para efetivação da tutela provisória (art. 297 do CPC). A efetivação da tutela provisória deve observar as normas referentes ao cumprimento provisório da sentença, no que couber.

O art. 519 do CPC dispõe que se aplicam as disposições relativas ao cumprimento da sentença (isto é, à execução de título judicial), provisório ou definitivo, e à liquidação, no que couber, às decisões que concederem *tutela provisória*.

O art. 139, inciso IV, do CPC determina que o juiz deve dirigir o processo conforme as disposições legais, incumbindo-lhe "determinar todas as medidas indutivas, coercitivas, mandamentais ou sub-rogatórias necessárias para assegurar o cumprimento de ordem judicial, inclusive nas ações que tenham por objeto prestação pecuniária".

Tratando-se de tutela provisória de urgência antecipada (de natureza satisfativa) em ações relativas a obrigações de fazer, de não fazer e de entregar coisa (arts. 536 a 538 do CPC), há preferência pela execução da tutela específica, por meio de medidas de natureza mandamental e executiva *lato sensu*, ou seja, ordem judicial (mandado), imposição de *astreintes* e outras providências visando à satisfação do direito (execução *lato sensu*). Busca-se, assim, a concretização dos objetivos de *acesso à justiça* e de efetividade *da tutela jurisdicional*.

O mais comum é que a decisão sobre a tutela antecipada seja proferida no curso do processo, tendo, assim, natureza interlocutória. Com isso, no processo do trabalho, nessa hipótese, não é cabível recurso de imediato, podendo a parte impugnar a decisão quando do recurso contra a decisão definitiva (art. 893, § 1º, da CLT).

A tutela provisória pode ser concedida pelo juiz antes mesmo da citação, o que não significa violação ao princípio do contraditório, mas apenas a sua concretização em momento posterior (*contraditório diferido*).

Por não ser cabível recurso imediato para impugnar a decisão interlocutória que concede ou indefere a tutela provisória, no curso do processo (ou seja, antes da sentença), admite-se a impetração de mandado de segurança em caso de violação de direito líquido e certo.

Conforme a Súmula 414 do TST:

> "Mandado de segurança. Tutela provisória concedida antes ou na sentença (nova redação em decorrência do CPC de 2015).
>
> I – A tutela provisória concedida na sentença não comporta impugnação pela via do mandado de segurança, por ser impugnável mediante recurso ordinário. É admissível a obtenção de efeito suspensivo ao recurso ordinário mediante requerimento dirigido ao tribunal, ao relator ou ao presidente ou ao vice-presidente do tribunal recorrido, por aplicação subsidiária ao processo do trabalho do artigo 1.029, § 5º, do CPC de 2015.
>
> II – No caso de a tutela provisória haver sido concedida ou indeferida antes da sentença, cabe mandado de segurança, em face da inexistência de recurso próprio.
>
> III – A superveniência da sentença, nos autos originários, faz perder o objeto do mandado de segurança que impugnava a concessão ou o indeferimento da tutela provisória".

A tutela provisória deve ser requerida ao juízo da causa e, quando antecedente, ao juízo competente para conhecer do pedido principal (art. 299 do CPC).

Logo, na tutela provisória (de urgência, antecipada ou cautelar), se *antecedente*, deve-se verificar o juízo competente para conhecer, processar e julgar o pedido a ser postulado de forma principal. Na tutela provisória (de urgência, antecipada ou cautelar, ou da evidência), se *incidente*, a competência é do próprio juízo da causa.

Ressalvada disposição especial, na *ação de competência originária de tribunal* e nos *recursos*, a tutela provisória deve ser requerida ao órgão jurisdicional competente para apreciar o mérito (art. 299, parágrafo único, do CPC).

O órgão jurisdicional competente para apreciar o mérito, nos casos de competência originária de tribunal e nos recursos, pode ser, conforme o caso, o relator ou o órgão colegiado (turma, sessão, órgão especial, pleno).

No caso de recurso extraordinário, segundo a Súmula 634 do STF, "não compete ao Supremo Tribunal Federal conceder medida cautelar para dar efeito suspensivo a recurso extraordinário que ainda não foi objeto de juízo de admissibilidade na origem". Como explicita a Súmula 635 do STF, "cabe ao presidente do tribunal de origem decidir o pedido de medida cautelar em recurso extraordinário ainda pendente do seu juízo de admissibilidade". Na sistemática em vigor, aplica-se o art. 1.029, § 5º, do CPC.

Havendo urgência excepcional para a obtenção da tutela provisória de urgência cautelar, *antecedente*, parte da doutrina defende a possibilidade de ser requerida mesmo a juízo incompetente relativamente, para que o direito material, a ser tutelado por meio da tutela definitiva e principal, seja preservado.

Como se observa do art. 299 do CPC, exige-se *requerimento da parte* para que o juiz possa conceder a tutela provisória. O autor da ação e o réu reconvinte (no caso de reconvenção) têm legitimidade para requerer a tutela antecipada.

O art. 2º do CPC dispõe que o processo começa *por iniciativa da parte* e se desenvolve por impulso oficial, salvo as exceções previstas em lei.

O art. 141 do CPC prevê que o juiz deve decidir o mérito nos limites propostos pelas partes, sendo-lhe vedado conhecer de questões não suscitadas a cujo respeito a lei exige iniciativa da parte.

Ainda assim, há casos excepcionais em que o juiz pode deferir a tutela provisória de urgência, *de natureza cautelar*, incidente, de ofício, ou seja, mesmo sem requerimento do autor.

Nesse contexto, segundo o art. 4º da Lei 10.259/2001, que institui os Juizados Especiais Federais, o juiz pode, de ofício ou a requerimento das partes, deferir medidas cautelares no curso do processo, para evitar dano de difícil reparação. Assim, pode-se sustentar a aplicabilidade subsidiária desse dispositivo ao processo do trabalho (art. 769 da CLT).

15.3 TUTELA DE URGÊNCIA

As *tutelas de urgência* são aplicáveis nas situações específicas em que se exige providência jurisdicional imediata, isto é, em que o tempo pode acarretar prejuízos ao processo ou a bem jurídico.

A tutela de urgência deve ser concedida quando houver elementos que evidenciem *a probabilidade do direito e o perigo dano ou o risco ao resultado útil do processo* (art. 300 do CPC).

Especificamente para a tutela de urgência de natureza antecipada, por ter caráter satisfativo, além dos requisitos acima, também se exige a *ausência de perigo de irreversibilidade dos efeitos da decisão* (art. 300, § 3º, do CPC).

A probabilidade do direito refere-se ao tradicional *fumus boni juris* das tutelas de urgência. O perigo de dano ou o risco ao resultado útil do processo remonta ao tradicional *periculum in mora* das tutelas de urgência (antecipada e cautelar).

Todos os requisitos devem estar presentes, *de forma cumulativa*, para a concessão da tutela de urgência.

O perigo na demora (*periculum in mora*) significa que, se a parte requerente for aguardar o provimento jurisdicional final, ou a sua execução ou efetivação, certamente será muito tarde, em razão do dano que pode sofrer, ou porque o direito material corre risco de não mais existir até lá, tornando a prestação jurisdicional principal inútil em razão do tempo transcorrido, acarretando a perda de seu objeto. A fumaça do bom direito (*fumus boni juris*) significa a *provável* existência do direito material, postulado de forma principal.

A tutela (provisória) de *urgência* pode ter natureza *antecipada* (satisfativa) ou *cautelar*.

A tutela (provisória) de urgência pode ser *antecedente* (requerida antes do ajuizamento da ação) ou *incidente* (requerida no curso da ação).

Para a concessão da tutela de urgência, o juiz pode, conforme o caso, exigir caução real ou fidejussória idônea para ressarcir os danos que a outra parte possa vir a sofrer. Entretanto, a caução pode ser dispensada se parte economicamente hipossuficiente não puder oferecê-la (art. 300, § 1º, do CPC), como normalmente ocorre com o empregado no processo do trabalho.

A tutela provisória de urgência pode ser concedida *liminarmente* ou *após justificação prévia* (art. 300, § 2º, do CPC).

Desse modo, antes da concessão da tutela de urgência, o juiz pode realizar a justificação prévia, ouvindo o autor a respeito do requerimento, para a formação de seu convencimento. Mesmo que a tutela provisória de urgência seja concedida antes da citação do réu, não há violação ao contraditório, o qual fica *diferido* (isto é postergado), por ser realizado em momento processual posterior. A tutela provisória pode ser revogada ou modificada a qualquer tempo (art. 296 do CPC).

É possível, ainda, que a tutela provisória seja concedida somente após a citação do réu.

A tutela de urgência de natureza cautelar (antecedente ou incidente) pode ser efetivada mediante arresto, sequestro, arrolamento de bens, registro de protesto contra alienação de bem e qualquer outra medida idônea para asseguração do direito (art. 301 do CPC).

O arresto tem como objetivo a apreensão judicial de bens, em razão de perigo de dano, visando à futura execução por quantia certa. O sequestro tem como fim a apreensão judicial de coisa litigiosa, em razão de perigo de dano, visando à futura execução para a entrega de coisa. Enquanto o sequestro incide sobre os bens que são o objeto de disputa, para evitar o desaparecimento ou o perecimento da coisa litigiosa, o arresto recai sobre quaisquer bens do devedor, visando à futura satisfação ou execução da dívida.

É possível exemplificar, ainda, com a *busca e apreensão*, que pode incidir sobre bem ou pessoa.

As medidas para a efetivação da tutela (urgente) cautelar podem ser *típicas* (ou nominadas) e *atípicas* (inominadas). As medidas típicas ou nominadas são aquelas indicadas de forma expressa e específica na lei processual (arresto, sequestro, arrolamento de bens, registro de protesto contra alienação de bem). As medidas atípicas ou inominadas decorrem do chamado *poder geral de cautela do juiz*, ou seja, de conceder tutela provisória de urgência, no caso, de natureza cautelar atípica, que tem fundamento no art. 297 do Código de Processo Civil.

Portanto, mesmo não havendo previsão expressa de medida para a efetivação da tutela provisória cautelar, concedida com fundamento na urgência, é possível postular, e o juiz conceder, medida inominada (atípica), conforme a situação concreta, que seja idônea (ou seja, adequada) para assegurar o direito material.

Admite-se certa *fungibilidade* quanto às medidas a serem adotadas para a efetivação da tutela de urgência de natureza cautelar. Mesmo sendo requerida e deferida certa medida, com o referido objetivo, ela pode ser substituída por outra mais adequada e eficaz para se assegurar o direito.

Como já mencionado, a tutela provisória de urgência de natureza antecipada (ou seja, satisfativa, concedida em caráter antecedente ou incidente) não deve ser concedida quando houver *perigo de irreversibilidade dos efeitos da decisão* (art. 300, § 3º, do CPC). Não obstante, essa questão deve ser avaliada pelo juiz em cada caso concreto, ponderando os valores em discussão, pois o direito que se objetiva garantir por meio da tutela antecipada pode ter peso superior à eventual alegação de irreversibilidade.

Independentemente da reparação por dano processual (conforme o art. 793-A da CLT, responde por perdas e danos aquele que *litigar de má-fé* como reclamante, reclamado ou interveniente), a parte responde pelo prejuízo que a efetivação da tutela de urgência causar à parte adversa, se: I – a sentença lhe for desfavorável; II – obtida liminarmente a tutela em caráter antecedente, não fornecer os meios necessários para a citação do requerido no prazo de cinco dias; III – ocorrer a cessação da eficácia da medida em qualquer hipótese legal; IV – o juiz acolher a alegação de decadência ou prescrição da pretensão do autor (art. 302 do CPC).

Quanto à hipótese do art. 302, inciso II, do CPC, no processo do trabalho a citação não depende de requerimento do réu, por ser realizada automaticamente pela Secretaria do juízo. Ainda assim, cabe ao autor informar o endereço do réu, no prazo de cinco dias, para que a citação seja realizada, sob pena de responder pelos prejuízos causados à parte contrária.

Entende-se que a responsabilidade do autor (requerente), quando existente, é de natureza *objetiva*, não se exigindo a demonstração de dolo ou culpa. O autor, na tutela de urgência, portanto, ao requerê-la, deve estar ciente dessa possibilidade de responsabilização.

Essa indenização deve ser liquidada nos autos em que a medida tiver sido concedida, sempre que possível.

15.4 TUTELA ANTECIPADA ANTECEDENTE

Nos casos em que a urgência for *contemporânea à propositura da ação* (ou seja, nas hipóteses em que a urgência existe quando do ajuizamento da demanda), a petição inicial pode limitar-se ao requerimento da *tutela antecipada* e à indicação do *pedido de tutela final*, com a exposição sumária da lide (entendido, aqui, como o conflito que deu origem à propositura da ação), do direito que se busca realizar e do perigo de dano ou do risco ao resultado útil do processo (art. 303 do CPC).

Concedida a referida *tutela de urgência antecipada* o autor deve *aditar a petição inicial*, com a complementação da sua argumentação, a juntada de novos documentos e a confirmação do pedido de tutela final, em quinze dias ou em outro prazo maior que o juiz fixar. O réu, por seu turno, deve ser notificado, no processo do trabalho, para comparecer à audiência.

O art. 2º, incisos IV e V, da Instrução Normativa 39/2016 do TST prevê que não se aplica ao processo do trabalho, em razão de inexistência de omissão ou por incompatibilidade, o art. 334 do CPC, sobre audiência de conciliação ou de mediação, e o art. 335 do CPC, sobre prazo para contestação.

Não realizado esse aditamento da petição inicial, o processo deve ser extinto sem resolução do mérito. O aditamento, assim, é medida imperativa, tratando-se de ônus processual do autor.

O aditamento da petição inicial acima mencionado deve dar-se nos mesmos autos, sem incidência de novas custas processuais.

Nos termos do art. 303, § 4º, do CPC, na petição inicial a que se refere o art. 303, *caput*, o autor terá de indicar o valor da causa, que deve levar em consideração o pedido de tutela final.

Entretanto, no processo do trabalho, havia entendimento de que o valor da causa não seria requisito da petição inicial, cabendo ao juiz, na sua ausência, fixá-lo (art. 2º da Lei 5.584/1970). Na atualidade, a petição inicial trabalhista deve conter o pedido, que deve ser certo, determinado e com indicação de seu valor (art. 840, § 1º, da CLT, com redação dada pela Lei 13.467/2017), o qual, assim, será o valor da causa (art. 292 do CPC). Para fim do que dispõe o art. 840, §§ 1º e 2º, da CLT, o valor da causa será estimado, observando-se, no que couber, o disposto nos arts. 291 a 293 do CPC (art. 12, § 2º, da Instrução Normativa 41/2018 do TST).

O autor deve, ainda, indicar, na petição inicial, que pretende se valer do benefício previsto no art. 303, *caput*, do CPC.

Caso entenda que não há elementos para a concessão de tutela antecipada, o órgão jurisdicional deve determinar a emenda da petição inicial em até cinco dias, sob pena de ser indeferida e de o processo ser extinto sem resolução de mérito.

Nos termos do art. 304 do CPC, a tutela antecipada, concedida nos termos do art. 303 do CPC, torna-se *estável* se da decisão que a conceder não for interposto o respectivo recurso.

Não obstante, no processo do trabalho, por se tratar de decisão com natureza interlocutória, não é cabível recurso de imediato, na forma do art. 893, § 1º, da CLT. O que se admite é a impetração de mandado de segurança, conforme Súmula 414, item II, do TST.

No caso previsto no art. 304, *caput*, do CPC, ou seja, quando a tutela antecipada se estabiliza, o art. 304, § 1º, determina que o processo deve ser extinto.

Ainda assim, antes dessa extinção do processo, mesmo havendo a estabilização da tutela antecipada, pode ser necessária a sua efetivação (ou seja, o seu cumprimento).

Conforme o art. 304, § 2º, do CPC, qualquer das partes pode demandar a outra (ou seja, ajuizar ação própria e diversa) com o intuito de rever, reformar ou invalidar a tutela antecipada satisfativa estabilizada nos termos do art. 304, *caput*, do CPC.

A tutela antecipada conserva os seus efeitos enquanto não revista, reformada ou invalidada por decisão de mérito proferida na ação de que trata o art. 304, § 2º, do CPC.

Qualquer das partes pode requerer o desarquivamento dos autos em que foi concedida a medida, para instruir a petição inicial da ação a que se refere o art. 304, § 2º, do CPC, *ficando prevento o juízo em que a tutela antecipada foi concedida*.

O direito de rever, reformar ou invalidar a tutela antecipada, previsto no art. 304, § 2º, do CPC, extingue-se após dois anos, contados da ciência da decisão que extinguiu o processo, nos termos do art. 304, § 1º, do mesmo diploma legal.

Tendo em vista o seu caráter de provisoriedade, a decisão que concede a tutela antecipada não faz coisa julgada (material), ou seja, não se torna imutável, mas a estabilidade dos respectivos efeitos só é afastada por decisão que a revir, reformar ou invalidar, proferida em ação ajuizada por uma das partes, nos termos do art. 304, § 2º, do CPC (art. 304, § 6º, do CPC).

A rigor, como a reintegração no emprego, por exemplo, tem natureza satisfativa, deve ser requerida como tutela antecipada satisfativa, no âmbito da ação trabalhista ajuizada.

Não fere direito líquido e certo a concessão de tutela antecipada para reintegração de empregado protegido por estabilidade provisória decorrente de lei ou norma coletiva (Orientação Jurisprudencial 64 da SBDI-II do TST).

Inexiste direito líquido e certo a ser oposto contra ato de juiz que, antecipando a tutela jurisdicional, determina a reintegração do empregado até a decisão final do processo, quando demonstrada a razoabilidade do direito subjetivo material, como nos casos de anistiado pela Lei 8.878/1994, aposentado, integrante de comissão de fábrica, dirigente sindical, portador de doença profissional, portador de vírus HIV ou detentor de estabilidade provisória prevista em norma coletiva (Orientação Jurisprudencial 142 da SBDI-II do TST).

15.5 TUTELA CAUTELAR ANTECEDENTE

A tutela (provisória de urgência) de natureza cautelar é aquela que se projeta ao futuro, no sentido de assegurar que a tutela jurisdicional definitiva não se torne inútil, em razão do tempo transcorrido até a efetiva satisfação do direito material.

Logo, a tutela cautelar está voltada a uma tutela definitiva (principal).

Embora a tutela cautelar não se confunda com a tutela definitiva e principal, sendo dela relativamente autônoma, a ligação entre as duas é íntima e evidente, pois a tutela cautelar não é um fim em si mesmo.

Ademais, como o processo judicial, em si, é instrumento do direito material, a tutela cautelar é vista como *instrumento do instrumento*.

Em razão do tempo necessário para se obter a tutela jurisdicional definitiva, esta pode se tornar ineficaz e sem sentido.

Para que o tempo não acarrete prejuízo irreparável (ou de difícil reparação) à eficácia da tutela jurisdicional definitiva, presentes os requisitos legais, é possível postular tutela provisória de urgência de natureza cautelar (art. 301 do CPC), de forma *antecedente*, com intuito de assegurar o resultado útil do provimento jurisdicional definitivo, a ser proferido no processo, quanto ao pedido principal.

Para garantir que o (futuro) provimento jurisdicional de mérito tenha eficácia, em face da possível demora até este ser proferido ou executado, a tutela cautelar tem como objetivo assegurar que esse resultado ainda seja possível, para que o próprio direito material não fique inviabilizado quanto à sua efetiva satisfação.

A tutela cautelar, assim, fundamenta-se na urgência, pois tem aplicação quando há risco ao resultado útil do processo, em razão da demora do provimento jurisdicional definitivo.

A tutela cautelar se caracteriza, assim, pela *instrumentalidade*, *dependência* (em face da tutela principal), *urgência*, *celeridade*, *sumariedade* e *revogabilidade*. Além disso, também se caracteriza pela *provisoriedade*, pois ela pode ser modificada a qualquer tempo.

Entretanto, a tutela cautelar, embora seja modalidade de tutela provisória (de urgência), a rigor, não se confunde com a tutela antecipada (satisfativa), pois esta tem como objetivo a concretização do próprio direito material postulado, antecipadamente. Diversamente, a tutela cautelar (antecedente ou incidente) apenas assegura o resultado útil do processo, mas não concede o direito material em si.

Comporta a impetração de mandado de segurança o deferimento de reintegração no emprego em "ação cautelar" (Orientação Jurisprudencial 63 da SBDI-II TST).

Na realidade, se a parte pretende a reintegração e alega a existência de urgência ou de evidência, o correto é o ajuizamento de ação condenatória, com requerimento de tutela antecipada de natureza satisfativa, com fundamento na urgência ou na evidência. De todo modo, reconhece-se a fungibilidade entre as tutelas antecipada (satisfativa) e cautelar, por serem espécies do gênero tutela provisória de urgência (arts. 294, parágrafo único, e 305, parágrafo único, do CPC).

No processo do trabalho, tendo em vista a necessidade de celeridade na prestação jurisdicional, pois o crédito trabalhista muitas vezes tem natureza alimentar, a tutela cautelar pode ser aplicada, consoante o art. 769 da CLT, como forma adequada e necessária para garantir a futura efetivação ou satisfação do direito.

As tutelas cautelares, como espécies de tutelas de urgência, podem ser antecedentes e incidentes (art. 294, parágrafo único, do CPC).

A tutela cautelar *antecedente* tem natureza preventiva, sendo pleiteada antes do início da ação quanto ao pedido principal, isto é, antes de sua propositura.

A tutela cautelar *incidente*, por seu turno, pode ser preventiva (objetivando evitar a lesão ao direito) ou repressiva (quando já ocorrida a lesão ao direito). Ela é requerida no curso do processo, isto é, depois de já proposta a ação.

O art. 5º, inciso XXXV, da Constituição Federal de 1988, ao assegurar o direito de ação, prevê que a lei não excluirá da apreciação do Poder Judiciário *lesão ou ameaça a direito*. O art. 3º do CPC também dispõe que não se excluirá da apreciação jurisdicional *ameaça ou lesão a direito*. A tutela jurisdicional, portanto, pode ser preventiva ou repressiva, conforme a situação concreta.

O Código de Processo Civil disciplina, de forma específica, o procedimento da *tutela* (de urgência) *cautelar* requerida em caráter *antecedente*.

A tutela provisória de urgência de natureza cautelar pode ser antecedente ou incidente, conforme seja requerida e concedida antes do ajuizamento da ação ou em seu curso (ou seja, depois da sua propositura).

A tutela cautelar antecedente, por ser anterior ao pedido principal, é postulada por meio de ação própria.

A petição inicial da *ação que visa à prestação de tutela cautelar em caráter antecedente* deve indicar a lide (ou seja, o conflito de interesses envolvido) e o seu fundamento, a exposição sumária do direito que se objetiva assegurar, bem como o perigo de dano ou o risco ao resultado útil do processo (art. 305 do CPC).

A ação com pedido de *tutela cautelar antecedente*, portanto, tem como fundamento a *urgência*.

Adaptando a previsão do art. 305 do CPC ao processo do trabalho, em princípio, é admissível a petição inicial na forma verbal, a qual deve ser reduzida a termo, em face do art. 840, § 2º, da CLT.

A exposição sumária do direito que se objetiva assegurar e o perigo de dano ou o risco ao resultado útil do processo, previstos no art. 305 do CPC, na realidade, referem-se à necessidade de se demonstrar o *perigo na demora* e a *fumaça do bom direito*, conforme já explicado.

No processo do trabalho, as provas documentais, em regra, devem ser juntadas com a petição inicial (art. 787 da CLT). Quanto às demais provas a serem produzidas, cabe à parte requerê-las na audiência (art. 845 da CLT).

Caso entenda que o pedido indicado tem natureza antecipada (isto é, satisfativa do direito material pretendido), o juiz deve observar o disposto no art. 303 do CPC, que versa sobre a tutela antecipada, quando a urgência é contemporânea à propositura da ação (art. 305, parágrafo único, do CPC).

Observa-se, assim, a *fungibilidade entre a tutela cautelar e a tutela antecipada*, fundadas na *urgência*, pois ambas são espécies do mesmo gênero de *tutela provisória*.

Enquanto a tutela cautelar tem por objetivo assegurar o resultado útil do processo (tornando viável o direito material ali postulado), o que demonstra sua natureza instrumental (instrumento do processo ou fase de conhecimento ou de execução), a tutela antecipada tem caráter satisfativo, pois permite a concretização do próprio direito material demandado.

Diante da natureza comum de tutelas de urgência, a merecerem tratamento semelhante em diversos aspectos, o art. 305, parágrafo único, do CPC estabelece a aplicação do princípio da fungibilidade entre a tutela cautelar antecedente e a tutela antecipada antecedente.

Com isso, se o pedido tem natureza satisfativa, mas foi postulado como tutela cautelar antecedente, cabe ao juiz examinar o requerimento de acordo com a sua verdadeira natureza.

Da mesma forma, inversamente, se o pedido tem natureza de tutela cautelar, mas foi chamado pelo autor de tutela antecipada, o juiz deve decidir em conformidade com a verdadeira natureza do requerimento, mesmo porque ambas são hipóteses de tutela de urgência.

Na ação que visa à prestação de *tutela cautelar em caráter antecedente*, o réu deve ser citado para, no prazo de cinco dias, contestar o pedido e indicar as provas que pretende produzir (art. 306 do CPC).

No processo do trabalho, adaptando-se o procedimento à CLT, pode-se dizer que deve ser designada audiência para tentativa de conciliação e, caso não seja alcançada, apresentação de resposta pelo réu, instrução e julgamento.

O réu pode apresentar, de forma ampla, resposta, a qual abrange, no caso da tutela cautelar antecedente, a contestação, bem como as exceções de impedimento, de suspeição e de incompetência.

No processo do trabalho, a citação é realizada de forma automática pela Secretaria do juízo (art. 841 da CLT), não havendo necessidade de requerimento nesse sentido. Ademais, a notificação é feita em registro postal com franquia, admitindo-se, ainda, a sua realização por oficial de justiça. Se o réu criar embaraços ao seu recebimento ou não for encontrado, deve a notificação ser feita por edital, inserto no jornal oficial ou no que publicar o expediente forense, ou, na falta, afixado na sede do Juízo (art. 841, § 1º, da CLT).

O prazo no processo do trabalho é contado a partir do recebimento da notificação (art. 774 da CLT), e não da juntada aos autos do mandado de citação cumprido.

Cabe salientar que, no processo do trabalho, há divergência a respeito da forma e do momento de apresentação da resposta pelo réu em Secretaria. A primeira corrente, seguindo o disposto no CPC, afirma que a defesa deve ser apresentada pelo réu em Secretaria, no prazo de cinco dias, contados da citação na tutela cautelar antecedente. O entendimento divergente sustenta que o procedimento da tutela cautelar deve ser adaptado ao disposto na CLT. Com isso, deve-se designar audiência para que seja tentada a conciliação e, não obtida, o réu apresente a resposta (arts. 846 e 847 da CLT). Vale dizer, de acordo com essa corrente, a contestação, assim como as exceções, devem ser apresentadas em audiência, a ser designada pelo juiz.

A audiência deve ser designada respeitando-se o prazo mínimo de cinco dias, a partir do recebimento da notificação (art. 841, *caput*, da CLT).

Não sendo contestado o pedido, os fatos alegados pelo autor presumem-se aceitos pelo réu como ocorridos, caso em que o juiz deve decidir dentro de cinco dias (art. 307 do CPC). Trata-se, no caso, de *prazo impróprio*, direcionado ao juiz.

No processo do trabalho, se for designada audiência una, mesmo se tratando de tutela cautelar, mas o autor não comparecer, defende-se que a ação deve ser arquivada, isto é, o processo deve ser extinto sem exame do mérito (art. 844 da CLT).

A decisão, de todo modo, deve ser proferida com a máxima brevidade, em razão da urgência que caracteriza a medida cautelar antecedente.

No processo do trabalho, o julgamento também é ato de audiência, devendo a sentença ser proferida na audiência una ou, como ocorre na prática de algumas Varas do Trabalho, na audiência de julgamento.

Contestado o pedido no prazo legal, deve-se observar o procedimento comum.

Efetivada a tutela cautelar, o pedido principal tem de ser formulado pelo autor no prazo de 30 dias. O prazo de 30 dias para o pedido principal ser postulado conta-se da *efetivação da tutela cautelar antecedente*. Nesse caso, *o pedido principal deve ser apresentado nos mesmos autos em que deduzido o pedido de tutela cautelar*, não dependendo do adiantamento de novas custas processuais (art. 308 do CPC).

O pedido principal também pode ser formulado conjuntamente com o pedido de tutela cautelar. A causa de pedir, por sua vez, pode ser aditada no momento da formulação do pedido principal.

Entende-se que o referido prazo de 30 dias tem natureza peremptória, relativo à apresentação do pedido principal, no caso de tutela cautelar antecedente.

Se o *pedido principal* for apresentado no prazo mencionado, a tutela cautelar conserva a sua eficácia não apenas no prazo de 30 dias (contados da sua efetivação), mas durante o curso do processo e, na verdade, até a efetivação concreta da tutela jurisdicional final, definitiva e principal. Em outras palavras, no caso de tutela cautelar antecedente, uma vez concedida, conserva a sua eficácia até o prazo de 30 dias contados da data da efetivação da medida liminar, bem como, se observado esse prazo, na pendência do processo, inclusive até a execução e a concreta satisfação do direito.

No processo do trabalho, a audiência una (ou inicial) deve ocorrer após o prazo mínimo de cinco dias, contados da citação (notificação) do réu, conforme se interpreta do art. 841 da CLT. Além disso, no processo do trabalho, a conciliação é tentada diretamente pelo juiz, durante audiência una, antes da defesa, bem como depois das razões finais (arts. 846 e 850, *caput*, da CLT). No processo trabalhista, a resposta do réu deve ser apresentada na própria audiência una (ou inaugural), caso não seja obtido acordo, nos termos do art. 847 da CLT.

Como já mencionado, o art. 2º, incisos IV e V, da Instrução Normativa 39/2016 do TST prevê que não se aplica ao processo do trabalho, em razão de inexistência de omissão ou por incompatibilidade, o art. 334 do CPC, sobre audiência de conciliação ou de mediação, e o art. 335 do CPC, sobre prazo para contestação.

Cessa a eficácia da tutela concedida em caráter antecedente, se: I – o autor não deduzir o pedido principal no prazo legal; II – não for efetivada dentro de trinta dias; III – o juiz julgar improcedente o pedido principal formulado pelo autor ou extinguir o processo sem resolução de mérito (art. 309 do CPC).

Sendo assim, na hipótese de tutela cautelar antecedente, mesmo se concedida, perde o seu efeito se o pedido principal não for apresentado no prazo de 30 dias, contados da efetivação da tutela cautelar (art. 308 do CPC).

A tutela cautelar antecedente perde a sua eficácia se não for efetivada dentro de trinta dias. Vale dizer, se a cautelar foi concedida (liminar ou posteriormente), mas o autor não se interessa pela sua execução, permanecendo inerte, não se verifica a alegada urgência. Consequentemente, por expressa determinação legal, ocorre a cessação da eficácia da tutela cautelar concedida de modo antecedente.

Consoante o art. 309, inciso III, do CPC, cessa a eficácia da tutela cautelar antecedente se o juiz julgar improcedente o pedido principal formulado pelo autor ou extinguir o processo sem resolução do mérito.

Se o processo é extinto sem exame do mérito, a tutela cautelar antecedente perde a eficácia, uma vez que ela não pode ser vista como um fim em si mesmo, pois depende da tutela principal, a qual busca tutelar. Da mesma forma, se o pedido principal é rejeitado (julgado improcedente), a eficácia da tutela cautelar, em regra, também perde eficácia, pela mesma razão indicada, além do que nem sequer haveria a probabilidade do direito material alegado.

Se a própria sentença rejeitar o pedido principal, entendendo que o bem jurídico postulado não é devido, conclui-se pela ausência de um dos requisitos específicos da tutela cautelar, qual seja o *fumus boni juris*, devendo ser revogada pelo juiz. Nesse caso, ainda que o juiz não revogue expressamente a tutela cautelar na sentença que julgou o pedido principal, de acordo com o mandamento expresso do art. 309, inciso III, do CPC, cessa a eficácia da cautelar, o que ocorre de forma automática.

Evidentemente, na hipótese em que o mérito, ou seja, o pedido principal é acolhido (julgado procedente), a tutela cautelar não perde a sua eficácia tão logo a sentença seja proferida ou transite em julgado. Na realidade, a cautelar deve manter a sua eficácia até a efetiva e completa satisfação do direito material, reconhecido pelo provimento jurisdicional proferido no processo principal. Vale dizer, enquanto a tutela jurisdicional principal não for objeto de integral execução, com a satisfação do direito, a medida cautelar mantém os seus efeitos, justamente para que o seu objetivo de assegurar o resultado útil do processo não seja frustrado.

Se por qualquer motivo cessar a eficácia da tutela cautelar, é vedado à parte renovar o pedido, *salvo sob novo fundamento*. Proíbe-se ao autor, portanto, formular o mesmo pedido de tutela cautelar, se cessar a sua eficácia, exceto se o pedido tiver fundamento diverso.

Sendo assim, na hipótese de perda da eficácia da medida cautelar, admite-se que a parte ajuíze nova ação, com pedido de tutela cautelar, mas com causa de pedir distinta, isto é, com fundamento diverso.

O indeferimento da tutela cautelar não obsta a que a parte formule o pedido principal nem influi no julgamento dele, salvo se o motivo do indeferimento for o reconhecimento de decadência ou de prescrição (art. 310 do CPC).

Proferida a sentença na ação com pedido de tutela cautelar antecedente, são cabíveis embargos de declaração, no prazo de cinco dias, nas hipóteses de omissão, obscuridade e contradição. A sentença pode ser impugnada por meio de recurso ordinário, no prazo de oito dias.

A efetivação da tutela cautelar antecedente deve ser feita, em regra, por mandado, a ser expedido pelo juiz.

A tutela cautelar está voltada à tutela do pedido principal, pois tem como objetivo assegurar o resultado útil do provimento jurisdicional final. Isso demonstra a dependência da primeira em face do segundo. O pedido principal, no entanto, não é dependente da tutela de urgência de natureza cautelar requerida de forma antecedente.

Por isso, conforme o art. 310 do CPC, o indeferimento da tutela cautelar não obsta a que a parte formule o pedido principal, por meio da respectiva ação, nem influi no seu julgamento, exceto se o juiz, na tutela cautelar, acolher a decadência ou a prescrição da pretensão, relativa ao pedido principal.

Portanto, em regra, se a tutela cautelar antecedente foi requerida, por meio de ação, mas foi indeferida ou mesmo rejeitada na sentença, isso não impede que a ação em que se postule o principal seja proposta. Nesse caso, a sentença da ação cautelar antecedente não decide o mérito quanto ao pedido principal. Logo, mesmo após o seu trânsito em julgado, que produz coisa julgada formal, a sentença não faz coisa julgada material quanto ao pedido principal.

Excepcionalmente, se na sentença da tutela cautelar antecedente foi reconhecida a *prescrição* ou a *decadência*, afetando o próprio mérito, ou seja, o pedido principal, este não tem mais como ser postulado.

Desse modo, se a prescrição ou a decadência forem reconhecidas na tutela cautelar antecedente, a respectiva sentença, uma vez transitando em julgado, produz coisa julgada material também quanto ao pedido principal, o que significa a imutabilidade dos efeitos da sentença e do comando constante de seu dispositivo. Vale dizer, nessa hipótese excepcional, os efeitos da sentença são produzidos externamente ao processo relativo à tutela cautelar, impossibilitando o ajuizamento da ação relativa ao pedido principal, em face da existência de coisa julgada material.

Sendo assim, pode-se dizer que a sentença na ação com pedido de tutela cautelar antecedente não produz coisa julgada material quanto ao pedido principal, postulado em ação diversa, exceto se reconhecida a prescrição ou a decadência.

15.6 TUTELA DA EVIDÊNCIA

A tutela antecipada da *evidência* deve ser concedida, *independentemente da demonstração de perigo de dano ou de risco ao resultado útil do processo*, quando: I – ficar caracterizado o abuso do direito de defesa *ou* o manifesto propósito protelatório da parte; II – as alegações de fato puderem ser comprovadas apenas documentalmente e houver tese firmada em julgamento de casos repetitivos ou em súmula vinculante; III – tratar-se de pedido reipersecutório fundado em prova documental adequada do contrato de depósito, caso em que deve ser decretada a ordem de entrega do objeto custodiado, sob cominação de multa; IV – a petição inicial for instruída com prova documental suficiente dos fatos constitutivos do direito do autor, a que o réu não oponha prova capaz de gerar dúvida razoável (art. 311 do CPC).

Nas hipóteses dos incisos II e III do art. 311 do CPC o juiz pode decidir liminarmente.

A tutela da evidência, justamente por não se fundamentar na urgência, não exige o perigo de dano ou de risco ao resultado útil do processo até a efetivação da tutela jurisdicional definitiva. A tutela (provisória) da *evidência*, em regra, tem natureza *satisfativa*, no sentido de concretizar o direito material postulado.

A tutela provisória da evidência pode ser concedida em quatro hipóteses, de forma alternativa.

Na primeira hipótese, a tutela antecipada da evidência pode ser concedida em dois casos alternativos, ou seja, quando houver abuso do direito de defesa *ou* manifesto propósito protelatório da parte. O abuso do direito de defesa ou o manifesto propósito protelatório podem ser exercidos pelo réu, por exemplo, dificultando a sua citação, bem como pelo autor, no caso de tutela provisória (da evidência) requerida pelo réu (reconvinte) em reconvenção. Essa hipótese é mais comum após a citação do réu, mas também pode ocorrer quando este, de má-fé, esconde-se, para não ser citado.

A segunda hipótese de concessão de tutela provisória da evidência ocorre quando as alegações de fato puderem ser comprovadas apenas documentalmente *e* houver tese firmada em julgamento de casos repetitivos ou em súmula vinculante. No caso em questão, exigem-se, portanto, ambos os requisitos acima indicados. O julgamento de casos repetitivos pode ser feito por tribunal regional do trabalho, pelo TST ou pelo STF. A súmula vinculante, por sua vez, é aprovada pelo Supremo Tribunal Federal.

A terceira hipótese de concessão de tutela da evidência é quando se tratar de *pedido reipersecutório* (ou seja, de devolução ou entrega de coisa ou objeto) que tenha como fundamento prova documental adequada do contrato de depósito.

A quarta hipótese, por fim, ocorre quando a petição inicial é instruída com *prova documental* suficiente dos fatos constitutivos do direito do autor, a que o réu não oponha prova capaz de gerar dúvida razoável. Nesse caso, justamente em razão da elevada probabilidade de existência do direito postulado pelo autor, assegura-se a possibilidade de ser objeto de tutela provisória da evidência.

15.7 TUTELA PROVISÓRIA EM FACE DA FAZENDA PÚBLICA

Discute-se, ainda, quanto à possibilidade de concessão de tutela provisória de urgência (antecipada ou cautelar) em face da Fazenda Pública.

O art. 29-B da Lei 8.036/1990, acrescentado pela Medida Provisória 2.197-43/2001, que assim prevê: "Não será cabível medida liminar em mandado de segurança, no procedimento cautelar ou em quaisquer outras ações de natureza cautelar ou preventiva, nem a tutela antecipada prevista nos arts. 273 e 461 do Código de Processo Civil [de 1973] que impliquem saque ou movimentação da conta vinculada do trabalhador no FGTS".

O dispositivo em questão é de discutível constitucionalidade não apenas sob o aspecto formal, ao dispor a respeito de questão processual por meio de medida provisória, para a qual são exigidos os requisitos da relevância e urgência (art. 62 da Constituição da República), mas também material, por restringir o acesso à justiça (art. 5º, inciso XXXV, da Constituição Federal de 1988), no enfoque do direito à obtenção de tutela jurisdicional adequada e necessária à situação apresentada. A interpretação sistemática e teleológica dessa previsão indica a sua incidência somente em demandas que tenham como ré a Caixa Econômica Federal, com pedido de saque dos valores de FGTS, e não o empregador, como ocorre em ações trabalhistas. Apenas quanto ao poder público é que a lei estabelece restrições a respeito de concessão de liminar em mandado de segurança, cautelar e em tutela antecipada.

O Supremo Tribunal Federal considerou constitucional essa previsão normativa, por ser anterior à Emenda Constitucional 32/2001, ao julgar improcedente o pedido nas ações diretas de inconstitucionalidade a respeito do tema (STF, Pleno, ADIs 2.382/DF, 2.425/DF e 2.479/DF, Red. p/ ac. Min. Edson Fachin, j. 14.03.2018).

Pode-se defender que a tutela provisória, em tese, é cabível em face da Fazenda Pública, mas a sua efetivação deve respeitar a exigência constitucional do precatório, quando se tratar de pagamento, na forma do art. 100 da Constituição da República. A questão, entretanto, é controvertida, pois o § 1º do art. 100 da Constituição Federal de 1988, ao tratar dos "débitos de natureza alimentícia", faz expressa menção à "sentença judicial transitada em julgado", o que pode ser interpretado como impossibilidade não apenas de execução provisória, mas de efetivação de tutela provisória antecipada, quando se tratar de obrigação pecuniária.

A Lei 9.494/1997, no art. 1º, estabelece que, quanto à tutela antecipada, aplica-se o disposto nos arts. 5º e seu parágrafo único e 7º da Lei 4.348/1964, no art. 1º e seu § 4º da Lei 5.021/1966 e nos arts. 1º, 3º e 4º da Lei 8.437/1992[4].

As Leis 4.348/1964 e 5.021/1966 foram revogadas pelo art. 29 da Lei 12.016/2009, que disciplina o mandado de segurança.

O art. 1º da Lei 8.437/1992 dispõe que não será cabível medida liminar contra atos do Poder Público, no procedimento cautelar ou em quaisquer outras ações de natureza cautelar ou preventiva, toda vez que providência semelhante não puder ser concedida em ações de mandado de segurança, em virtude de vedação legal.

A Lei 12.016/2009, no art. 7º, § 2º, que dispõe sobre o mandado de segurança, prevê que não será concedida medida liminar que tenha por objeto a compensação de créditos tributários, a entrega de mercadorias e bens provenientes do exterior, a reclassificação ou equiparação de servidores públicos e a concessão de aumento ou a extensão de vantagens ou pagamento de qualquer natureza. No entanto, o Supremo Tribunal Federal declarou a inconstitucionalidade do art. 7º, § 2º, da Lei 12.016/2009 (STF, Pleno, ADI 4.296/DF, Red. p/ ac. Min. Alexandre de Moraes, j. 09.06.2021).

O art. 1.059 do CPC dispõe que à *tutela provisória requerida contra a Fazenda Pública* aplica-se o disposto nos arts. 1º a 4º da Lei 8.437, de 30 de junho de 1992, e no art. 7º, § 2º, da Lei 12.016/2009 (sendo que este último dispositivo foi declarado inconstitucional pelo STF, como acima mencionado).

Cabe ainda fazer referência à Lei 9.494/1997, no art. 2º-B, incluído pela Medida Provisória 2.180-35/2001, ao assim dispor: "A sentença que tenha por objeto a liberação de recurso, inclusão em folha de pagamento, reclassificação, equiparação, concessão de aumento ou extensão de vantagens a servidores da União, dos Estados, do Distrito Federal e dos Municípios, inclusive de suas autarquias e fundações, somente poderá ser executada após seu trânsito em julgado".

Portanto, de acordo com a jurisprudência, apenas nas hipóteses acima indicadas é que não se admite a tutela provisória contra a Fazenda Pública[5].

---

4. Foi ajuizada ação declaratória de constitucionalidade quanto ao art. 1º da Lei 9.494/1997, tendo o STF julgado procedente a ação declaratória (de constitucionalidade), nos termos do voto do Min. Relator (STF, Pleno, ADC 4/DF, Rel. Min. Sydney Sanches, Redator para acórdão: Min. Celso de Mello, j. 01.10.2008). Quanto ao alcance da ADC 4/DF, cf. a seguinte decisão: "Direito constitucional, previdenciário e processual civil. Reclamação contra decisão que concede tutela antecipada, de pagamento de pensão previdenciária. Alegação de desrespeito à decisão proferida pelo Supremo Tribunal Federal, na ADC 4-DF. 1. O Supremo Tribunal Federal firmou entendimento no sentido de que a decisão proferida na ADC 4-DF não se aplica às hipóteses de pensões previdenciárias. 2. Precedentes. 3. Adotadas a exposição, a fundamentação e a conclusão do parecer do Ministério Público Federal, bem como as dos precedentes nelas referidos, além de outros no mesmo sentido, a reclamação é julgada improcedente, cassada a medida liminar concedida" (STF, Pleno, Rcl 1257/RS, Rel. Min. Sydney Sanches, DJ 07.02.2003).

5. "5. O Superior Tribunal de Justiça firmou posicionamento no sentido de que a antecipação de tutela em desfavor da Fazenda Pública pode ser concedida, desde que a situação não esteja inserida nas hipóteses do art. 1º da Lei nº 9.494/97, que estabelece que não será concedido o provimento liminar quando importa em reclassificação ou equiparação de servidor público, ou em concessão de aumento de vencimento ou extensão de vantagens, o que não é o caso dos autos, já que se trata de determinação de reforma de militar que, de forma ilegítima, foi desincorporado do Exército, com o restabelecimento do pagamento mensal dos valores relativos ao soldo. 6. Recurso especial parcialmente conhecido, e, neste ponto, não provido" (STJ, 2ª T., REsp 1.291.905/RS (2011/0208266-0), Rel. Min. Mauro Campbell Marques, DJe 09.12.2011).

15.8 TUTELA PROVISÓRIA NA SENTENÇA

No processo do trabalho, contra a sentença é cabível o recurso ordinário, nos termos do art. 895 da CLT. Como os recursos no processo do trabalho, em regra, apenas possuem efeito devolutivo (art. 899, caput, da CLT), há entendimento de que não haveria utilidade de se conceder a tutela provisória na sentença.

Não obstante, a simples execução provisória nem sempre concretiza, de forma efetiva e imediata, o direito material objeto da sentença pendente de recurso dotado de efeito meramente devolutivo.

Com a tutela provisória, quando se fundar na urgência ou na evidência (art. 294 do CPC), enfatizam-se justamente a necessidade e a adequação da integral e imediata satisfação do direito, ainda que provisoriamente. Com isso, na prática, a tutela provisória, mesmo se concedida na sentença, muitas vezes possui adequação e utilidade, com o objetivo de concreta e imediata efetivação da condenação nela contida.

Isso é confirmado pela Súmula 414, item I, do TST, ao prever que a "tutela provisória concedida na sentença não comporta impugnação pela via do mandado de segurança, por ser impugnável mediante recurso ordinário. É admissível a obtenção de efeito suspensivo ao recurso ordinário mediante requerimento dirigido ao tribunal, ao relator ou ao presidente ou ao vice-presidente do tribunal recorrido, por aplicação subsidiária ao processo do trabalho do artigo 1.029, § 5º, do CPC de 2015".

Mesmo na fase recursal, também é admissível requerimento de tutela provisória, podendo ser deferido pelo relator do recurso, se presentes os requisitos legais. O art. 932, inciso II, do CPC dispõe que incumbe ao relator apreciar o pedido de tutela provisória nos recursos e nos processos de competência originária do tribunal.

Capítulo 16

PROCEDIMENTOS ESPECIAIS

16.1 INQUÉRITO PARA APURAÇÃO DE FALTA GRAVE

O *inquérito para apuração de falta grave* é ação judicial que tem como objetivo a extinção do contrato de trabalho dos empregados titulares de certas modalidades de estabilidade. Nesses casos, quando ocorre a prática de falta grave, a dispensa por esse fundamento exige o ajuizamento da referida ação.

O inquérito para apuração de falta grave é aplicado no caso de empregado titular da estabilidade por tempo de serviço, também conhecida como estabilidade decenal, prevista no art. 492 da CLT, ao estabelecer que o empregado que contar mais de dez anos de serviço na mesma empresa não pode ser despedido senão por motivo de falta grave ou circunstância de força maior, devidamente comprovadas. Considera-se como de serviço todo o tempo em que o empregado esteja à disposição do empregador.

Essa estabilidade decenal não tem mais como ser adquirida a partir da Constituição Federal de 1988, quando o sistema de indenização e estabilidade por tempo de serviço foi substituído pelo sistema do Fundo de Garantia do Tempo de Serviço (art. 7º, inciso III, da Constituição da República). Entretanto, os empregados que tiverem preenchido os requisitos da estabilidade por tempo de serviço até a promulgação da Constituição da República (05.10.1988) são titulares desse direito adquirido, por já integrar os seus patrimônios jurídicos (art. 14 da Lei 8.036/1990).

Constitui falta grave a prática de qualquer dos fatos considerados justa causa (art. 482 da CLT), quando por sua repetição ou natureza representem séria violação dos deveres e obrigações do empregado (art. 493 da CLT).

Nos termos do art. 494 da CLT, o empregado acusado de falta grave pode ser suspenso de suas funções, mas a sua despedida só se torna efetiva após o inquérito em que se verifique a procedência da acusação. A suspensão do empregado estável, portanto, é uma faculdade do empregador.

Constitui direito líquido e certo do empregador a suspensão do empregado, ainda que detentor de estabilidade sindical, até a decisão final do inquérito em que se apure a falta grave a ele imputada, na forma do art. 494, *caput* e parágrafo único, da CLT (Orientação Jurisprudencial 137 da SBDI-II do TST).

Essa suspensão perdurará até a decisão final do processo (art. 494, parágrafo único, da CLT).

Se for reconhecida a inexistência de falta grave praticada pelo empregado, fica o empregador obrigado a reintegrá-lo no serviço e a lhe pagar os salários (e demais direitos decorrentes da relação de emprego) a que teria direito no período da suspensão (art. 495 da CLT).

Entretanto, quando a reintegração do empregado estável for desaconselhável, em razão do grau de incompatibilidade resultante do dissídio, especialmente quando o empregador for pessoa física, o tribunal do trabalho pode converter aquela obrigação em indenização por rescisão do contrato por prazo indeterminado, paga em dobro (art. 496 da CLT). Essa conversão é uma faculdade do juiz, a ser tomada no momento da decisão.

No caso de se converter a reintegração em indenização dobrada, o direito aos salários é assegurado até a data da primeira decisão que determinou essa conversão (Súmula 28 do TST).

O inquérito para apuração de falta grave também é exigido no caso do dirigente sindical, titular de estabilidade provisória. O art. 8º, inciso VIII, da Constituição Federal de 1988 determina ser vedada a dispensa do empregado sindicalizado a partir do registro da candidatura a cargo de direção ou representação sindical e, se eleito, ainda que suplente, até um ano após o final do mandato, salvo se cometer falta grave nos termos da lei. O art. 543, § 3º, da CLT veda a dispensa do empregado sindicalizado, a partir do momento do registro de sua candidatura a cargo de direção ou representação de entidade sindical, até um ano após o final do seu mandato, caso seja eleito inclusive como suplente, *salvo se cometer falta grave devidamente apurada nos termos da Consolidação das Leis do Trabalho*.

Essa exigência quanto à apuração da falta grave por meio do ajuizamento do respectivo inquérito foi recepcionada pela Constituição Federal de 1988. O dirigente sindical somente pode ser dispensado por falta grave mediante a apuração em inquérito judicial, conforme arts. 494 e 543, § 3º, da CLT (Súmula 379 do TST).

Aplica-se ao dirigente sindical a previsão do art. 494 da CLT, no sentido de que o empregado acusado de falta grave pode ser suspenso de suas funções, mas a sua despedida só se torna efetiva após o inquérito em que se verifique a procedência da acusação. Ressalvada a hipótese do art. 494 da CLT, não fere direito líquido e certo a determinação liminar de reintegração no emprego de dirigente sindical, em face da previsão do inciso X do art. 659 da CLT (Orientação Jurisprudencial 65 da SBDI-II do TST).

No caso de inquérito para apuração de falta grave de dirigente sindical (ou de outra estabilidade provisória em que essa ação seja exigida), por se tratar de estabilidade limitada no tempo, se o respectivo período já estiver exaurido no momento em que a sentença é proferida, aplica-se a Súmula 396 do TST:

> "Estabilidade provisória. Pedido de reintegração. Concessão do salário relativo ao período de estabilidade já exaurido. Inexistência de julgamento 'extra petita'. I – Exaurido o período de estabilidade, são devidos ao empregado apenas os salários do período compreendido entre a data da despedida e o final do período de estabilidade, não lhe sendo assegurada a reintegração no emprego. II – Não há nulidade por julgamento 'extra petita' da decisão que deferir salário quando o pedido for de reintegração, dados os termos do art. 496 da CLT"[1].

Entende-se que o inquérito para apuração de falta grave também é necessário para a dispensa do empregado eleito diretor de sociedade cooperativa, em razão do art. 55 da Lei 5.764/1971.

---

1. Cf. Orientação Jurisprudencial 24 da SBDI-II do TST: "Ação rescisória. Estabilidade provisória. Reintegração em período posterior. Direito limitado aos salários e consectários do período da estabilidade. Rescinde-se o julgado que reconhece estabilidade provisória e determina a reintegração de empregado, quando já exaurido o respectivo período de estabilidade. Em juízo rescisório, restringe-se a condenação quanto aos salários e consectários até o termo final da estabilidade".

Os empregados eleitos diretores de cooperativas, criadas pelos empregados da empresa, são titulares da estabilidade provisória do dirigente sindical, na forma do art. 543, § 3º, da CLT[2]. Esse dispositivo, em sua parte final, exige a apuração da falta grave por meio do respectivo inquérito judicial.

A Lei 8.213/1991, no art. 3º, § 7º, assegura aos membros do Conselho Nacional de Previdência Social, enquanto representantes dos trabalhadores em atividade, titulares e suplentes, a estabilidade no emprego, da nomeação até um ano após o término do mandato de representação, "somente podendo ser demitidos por motivo de falta grave, regularmente comprovada através de processo judicial". É possível entender que o dispositivo legal acima também exige o ajuizamento do inquérito para a apuração de falta grave também no caso da mencionada estabilidade provisória.

O art. 625-B, § 1º, da CLT, acrescentado pela Lei 9.958/2000, dispõe ser vedada a dispensa dos representantes dos empregados membros da Comissão de Conciliação Prévia, titulares e suplentes, até um ano após o final do mandato, salvo se cometerem falta grave, nos termos da lei.

Apesar da divergência a respeito da necessidade de inquérito para apuração de falta grave nesse caso, pois a lei não prevê a questão de forma expressa, defende-se o entendimento de que o inquérito judicial é exigido, assim como ocorre com o dirigente sindical, pois esse dispositivo utiliza a terminologia específica ("falta grave"), prevista no art. 494 da CLT, o qual menciona o inquérito judicial para a dispensa do empregado titular de estabilidade. O art. 625-B, § 1º, da CLT faz menção à falta grave "nos termos da lei", o que pode ser interpretado como a sua *apuração nos termos da lei* (arts. 853 a 855 da CLT), mesmo porque as hipóteses de falta grave, por natureza, são previstas em lei.

A referida ação judicial para apuração de falta grave, portanto, não é aplicável a todas as modalidades de estabilidade e garantias de emprego, não sendo exigida, por exemplo, nas hipóteses da empregada gestante (art. 10, inciso II, *b*, do ADCT), do empregado acidentado (art. 118 da Lei 8.213/1991) e do membro da CIPA (art. 10, inciso II, *a*, do ADCT).

O inquérito para apuração de falta grave é disciplinado nos arts. 853 a 855 da CLT, aplicando-se, quanto a outras questões, o procedimento comum trabalhista (art. 854 da CLT).

Para a instauração do inquérito para apuração de falta grave contra empregado garantido com estabilidade, cabe ao empregador apresentar a petição inicial (reclamação) por escrito à Vara do Trabalho ou Juízo de Direito no exercício da jurisdição trabalhista, dentro de 30 dias, contados da data da suspensão do empregado (art. 853 da CLT).

A suspensão do empregado é faculdade do empregador. Se o empregado foi suspenso, o empregador tem o prazo decadencial de 30 dias para ajuizar o inquérito para apuração de falta grave. Trata-se de prazo com natureza decadencial, pois a ação judicial de inquérito para apuração de falta grave tem natureza constitutiva negativa, uma vez que o seu objetivo é a extinção do contrato de trabalho do empregado estável.

É de decadência o prazo de trinta dias para instauração do inquérito judicial, a contar da suspensão, por falta grave, de empregado estável (Súmula 403 do STF).

2. Cf. Orientação Jurisprudencial 253 da SBDI-I do TST: "Estabilidade provisória. Cooperativa. Lei nº 5.764/71. Conselho Fiscal. Suplente. Não assegurada. O art. 55 da Lei nº 5.764/71 assegura a garantia de emprego apenas aos empregados eleitos diretores de Cooperativas, não abrangendo os membros suplentes".

O prazo de decadência do direito do empregador de ajuizar inquérito em face do empregado que incorre em abandono de emprego é contado a partir do momento em que o empregado pretendeu seu retorno ao serviço (Súmula 62 do TST).

Se a ação não for ajuizada dentro do mencionado prazo, não há mais direito à extinção por falta grave do contrato de trabalho do empregado estável, o qual, assim, tem direito a ser reintegrado ao emprego, caso tenha sido dispensado ou suspenso, ou de nele permanecer. A reintegração significa que todos os direitos trabalhistas do período, decorrentes da relação de emprego, também são devidos ao empregado.

Não havendo essa suspensão, cabe ao empregador propor a ação com a maior brevidade possível, para que não incorra no perdão tácito, decorrente da ausência de imediatidade, a qual é necessária para a validade da despedida do empregado por falta grave.

Se o autor (no caso, o empregador) não comparecer à audiência una ou inicial, a ação deve ser arquivada, com a extinção do processo sem exame do mérito. Se o réu ou requerido (no caso, o empregado) não comparecer, é considerado revel, aplicando-se a confissão quanto à matéria de fato (art. 844 da CLT).

Aberta a audiência, o juiz deve propor a conciliação (art. 846 da CLT). Não havendo acordo, o requerido tem 20 minutos para aduzir sua defesa (art. 847 da CLT).

Quanto à instrução processual do inquérito para apuração de falta grave, a peculiaridade é que cada uma das partes pode indicar até seis testemunhas (art. 821 da CLT). Terminada a instrução, as partes podem apresentar razões finais, em prazo não excedente de 10 minutos para cada uma. Em seguida, o juiz deve renovar a proposta de conciliação, e, não se realizando esta, deve ser proferida a decisão (art. 850 da CLT).

Se não for reconhecida a falta grave alegada pelo empregador, este é obrigado a reintegrar o empregado ao serviço e a pagar-lhe os salários a que teria direito no período da suspensão (art. 495 da CLT). Portanto, no caso da rejeição do pedido, formulado pelo empregador no inquérito judicial, ocorre a interrupção do contrato de trabalho, pois os salários (e demais direitos trabalhistas) do período de suspensão são devidos, sendo contado como tempo de serviço.

Diversamente, se a falta grave for reconhecida, acarretando a extinção do contrato de trabalho do empregado estável por esse fundamento, o pedido formulado pelo empregador no inquérito judicial é acolhido. Nessa hipótese, se o empregado foi suspenso previamente, esse período tem natureza de suspensão do contrato de trabalho, por não ser computado no tempo de serviço, e o salário também não é devido.

De acordo com o art. 855 da CLT, se tiver havido prévio reconhecimento da estabilidade do empregado, o julgamento do inquérito "não prejudicará a execução para pagamento dos salários devidos ao empregado, até a data da instauração do mesmo inquérito". Portanto, no caso de empregado titular da estabilidade, o dispositivo acima determina que os salários são devidos até o ajuizamento do inquérito para apuração de falta grave, mas isso se aplica caso não tenha havido a suspensão do empregado.

Se o empregado foi suspenso previamente, o art. 855 da CLT deve ser interpretado no sentido de que os salários (bem como os demais direitos decorrentes da relação de emprego) apenas são devidos, podendo ser objeto de execução em favor do empregado estável, na hipótese em que a falta grave não for reconhecida, com a rejeição do pedido de extinção contratual formulado pelo empregador no inquérito judicial, por se tratar de interrupção contratual. Se isso ocorrer, a sentença que rejeita o pedido do empregador passa a ter natureza condenatória, em favor do empregado, que tem direito à reintegração (obrigação de fazer) e aos direitos trabalhistas do período em que foi suspenso (obrigação de pagar). Se a sentença não for cumprida, deve ser objeto de execução nos mesmos autos.

O inquérito judicial para apuração de falta grave é modalidade de ação especial, de natureza dúplice. Mesmo o réu (no caso, o empregado) não apresentando reconvenção, se o pedido do empregador for rejeitado, a sentença o condenará a reintegrar o empregado e a pagar os salários e demais direitos trabalhistas do período de suspensão. Entretanto, se o empregado foi suspenso, e a falta grave foi reconhecida no inquérito judicial, aquele período é de suspensão do contrato de trabalho, de modo que os salários não são devidos ao empregado.

16.2 AÇÃO DE CONSIGNAÇÃO EM PAGAMENTO

O pagamento em consignação é uma forma de extinção da obrigação. Considera-se pagamento, e extingue a obrigação, o depósito judicial ou em estabelecimento bancário da coisa devida, nos casos e forma legais (art. 334 do Código Civil de 2002).

A *ação de consignação em pagamento* é disciplinada nos arts. 539 a 549 do CPC, podendo ser aplicada ao processo do trabalho (art. 769 da CLT).

Nos casos previstos em lei, pode o devedor (ou terceiro) requerer, com efeito de pagamento, a consignação da quantia ou da coisa devida (art. 539 do CPC).

A consignação em pagamento é cabível nas seguintes hipóteses: se o credor não puder, ou, sem justa causa, recusar receber o pagamento, ou dar quitação na devida forma; se o credor não for, nem mandar receber a coisa no lugar, tempo e condição devidos; se o credor for incapaz de receber, for desconhecido, declarado ausente, ou residir em lugar incerto ou de acesso perigoso ou difícil; se ocorrer dúvida sobre quem deva legitimamente receber o objeto do pagamento; se pender litígio sobre o objeto do pagamento (art. 335 do Código Civil de 2002).

Além do ajuizamento da referida ação, também se admite a consignação ou depósito extrajudicial, o qual é uma faculdade do devedor, prevista no art. 539, §§ 1º a 4º, do CPC. Entende-se aplicável esse procedimento extrajudicial, pois ele não se confunde com a rescisão do contrato de trabalho em si.

Em se tratando de obrigação em dinheiro, pode o devedor (ou terceiro) optar pelo depósito da quantia devida, em estabelecimento bancário, oficial onde houver, situado no lugar do pagamento, em conta com correção monetária. No caso, deve-se cientificar o credor por carta com aviso de recebimento, assinando-se o prazo de dez dias para a manifestação de recusa (art. 539, § 1º, do CPC). Essa comunicação ao credor deve ser providenciada pelo devedor, por ser o interessado. Decorrido o prazo acima, sem a manifestação de recusa, o devedor deve ser considerado liberado da obrigação, ficando à disposição do credor a quantia depositada (art. 539, § 2º, do CPC). Mesmo nesse caso, entende-se que o credor pode ajuizar ação para discutir a dívida, embora, em princípio, a mora não tenha como ser reconhecida em seu favor. Ocorrendo a recusa, manifestada por escrito ao estabelecimento bancário, o devedor (ou terceiro) pode propor, dentro de um mês, a ação de consignação, instruindo a inicial com a prova do depósito e da recusa (art. 539, § 3º, do CPC). Não proposta a ação nesse prazo, ficará sem efeito o depósito, podendo levantá-lo o depositante (art. 539, § 4º, do CPC).

Pode-se dizer que se a ação for ajuizada no mencionado prazo de um mês, o consignante não incorre em mora, isto é, permanece livre dos efeitos da mora.

Quanto à consignação judicial em pagamento, o ajuizamento da ação é feito por meio de petição inicial, que também deve conter os requisitos do art. 542 do CPC.

As partes também são chamadas de consignante (autor) e de consignado (réu).

A respeito da competência em razão do lugar, a consignação deve ser requerida no lugar do pagamento, cessando para o devedor, à data do depósito, os juros e os riscos, salvo se for julgada improcedente (art. 540 do CPC).

No caso de prestações periódicas, uma vez consignada uma delas, pode o devedor continuar a consignar, no mesmo processo e sem mais formalidades, as que se forem vencendo, desde que os depósitos sejam efetuados até cinco dias, contados da data do vencimento (art. 541 do CPC).

Cabe ao autor, na petição inicial, requerer: o depósito da quantia ou da coisa devida, a ser efetivado no prazo de cinco dias contados do deferimento, ressalvada a hipótese do depósito extrajudicial, prevista no § 3º do art. 539 do CPC; a citação do réu para levantar o depósito ou oferecer contestação (art. 542 do CPC).

Se, deferido o depósito, o autor não o fizer, o processo deve ser extinto sem resolução do mérito.

No caso de ação de consignação em pagamento proposta pelo empregador tendo como objeto verbas rescisórias, prevalece o entendimento de que não só o seu ajuizamento, mas também o correspondente depósito judicial deve ser feito no prazo previsto no art. 477, § 6º, da CLT (10 dias contados da extinção contratual), para afastar a incidência da multa do art. 477, § 8º, da CLT. Cf. TST, Pleno, E-RR-376-14.2015.5.07.0010, Redator Min. José Roberto Freire Pimenta, DEJT 30.11.2023.

Se o objeto da prestação for coisa indeterminada e a escolha couber ao credor, este é citado para exercer o direito dentro de cinco dias, se outro prazo não constar da lei ou do contrato, ou para aceitar que o devedor o faça, devendo o juiz, ao despachar a petição inicial, fixar lugar, dia e hora em que se fará a entrega, sob pena de depósito (art. 543 do CPC).

Se ocorrer dúvida sobre quem deva legitimamente receber o pagamento, cabe ao autor requerer o depósito e a citação dos possíveis titulares do crédito para provarem o seu direito (art. 547 do CPC).

Na contestação, o réu pode alegar que: I – não houve recusa ou mora em receber a quantia ou a coisa devida; II – foi justa a recusa; III – o depósito não se efetuou no prazo ou no lugar do pagamento; IV – o depósito não é integral (art. 544 do CPC). No caso do inciso IV, a alegação é admissível se o réu indicar o montante que entende devido. Para a alegação de que o depósito não é integral e o possível recebimento da diferença não se exige a apresentação de reconvenção.

No processo do trabalho, pode-se defender a adaptação do procedimento ao previsto na CLT, no sentido da necessidade de designação de audiência, para a tentativa de conciliação e apresentação de resposta pelo réu. Se o consignado não comparece, não apresentando contestação, é considerado revel. Nesse caso, ocorrendo os efeitos da revelia, com destaque à confissão ficta, presumem-se verdadeiros os fatos alegados pelo consignante. Com isso, se o juiz verificar que o autor tem razão, deve proferir sentença que acolha o pedido, declarando extinta a obrigação, com a condenação do réu (consignado) nas custas e honorários advocatícios (art. 546 do CPC). Nesse caso, defende-se que a sentença tem natureza preponderantemente declaratória negativa, pois declara extinta a obrigação. Entretanto, há entendimento no sentido de que a natureza é constitutiva negativa, por extinguir a obrigação.

Deve-se proceder do mesmo modo se o credor receber e der quitação (art. 546, parágrafo único, do CPC). Trata-se de hipótese em que o réu, na realidade, reconhece a procedência do pedido (art. 487, inciso III, *a*, do CPC).

Se ocorrer dúvida sobre quem deva legitimamente receber o pagamento, o autor requererá o depósito e a citação dos possíveis titulares do crédito para provarem o seu direito (art. 547 do CPC). Nesse caso, não comparecendo pretendente algum, deve-se converter o depósito em arrecadação de coisas vagas. Se comparecer apenas um, o juiz deve decidir de plano. Comparecendo mais de um, o juiz deve declarar efetuado o depósito e extinta a obrigação, continuando o processo a correr unicamente entre os presuntivos credores, devendo ser observado o procedimento comum (art. 548 do CPC).

Quando, na contestação, o réu alegar que o depósito não é integral, é lícito ao autor completá-lo, dentro em dez dias, salvo se corresponder a prestação, cujo inadimplemento acarrete a rescisão do contrato (art. 545 do CPC).

Alegada a insuficiência do depósito, pode o réu levantar, desde logo, a quantia ou a coisa depositada, com a consequente liberação parcial do autor, prosseguindo o processo quanto à parcela controvertida (art. 545, § 1º, do CPC).

A sentença que concluir pela insuficiência do depósito determinará, sempre que possível, o montante devido, e, nesse caso, valerá como título executivo, facultado ao credor promover-lhe a execução nos mesmos autos, após liquidação, se necessária (art. 545, § 2º, do CPC). A ação de consignação em pagamento apresenta natureza dúplice, pois, se a sentença reconhecer a insuficiência do depósito, o autor (consignante) deve ser condenado a pagar a diferença, permitindo ao credor (réu-consignado) a respectiva execução nos mesmos autos. Logo, nessa hipótese, a sentença tem natureza condenatória.

Ainda quanto ao tema, o Superior Tribunal de Justiça fixou a seguinte tese jurídica em julgamento de recurso especial repetitivo: "Em ação consignatória, a insuficiência do depósito realizado pelo devedor conduz ao julgamento de improcedência do pedido, pois o pagamento parcial da dívida não extingue o vínculo obrigacional" (STJ, 2ª Seção, REsp 1.108.058/DF, 2008/0277416-2, Rel. p/ ac. Min. Maria Isabel Gallotti, DJe 23.10.2018).

A sentença que acolhe o pedido do consignante tem como efeito declarar extinta a obrigação, isto é, a dívida. Por coerência lógica, entende-se que essa extinção, no entanto, tem alcance limitado ao valor efetivamente pago, relativo à parcela a que se refere, e não a todas as possíveis verbas decorrentes do contrato de trabalho. Com isso, admite-se a propositura de outra ação, pelo credor, pleiteando-se valores ou parcelas que não foram objeto de consignação em pagamento. Proferida a sentença, no processo do trabalho é cabível o recurso ordinário.

16.3 AÇÃO DE EXIGIR CONTAS

A *ação de exigir contas* é cabível no processo do trabalho, na forma do art. 769 da CLT, quando a questão seja decorrente do contrato de trabalho ou de relação de trabalho abrangida pela competência da Justiça Laboral (art. 114 da Constituição da República).

Nos termos do art. 550 do CPC, aquele que afirmar ser titular do direito de exigir contas requererá a citação do réu para que as preste ou ofereça contestação. No processo do trabalho, pode-se defender que o procedimento deve ser adaptado ao previsto na CLT, com a designação de audiência para a tentativa de conciliação e apresentação de resposta pelo réu, momento em que também poderiam ser apresentadas as contas.

Na petição inicial, o autor deve especificar, detalhadamente, as razões pelas quais exige as contas, instruindo-a com documentos comprobatórios dessa necessidade, caso existam (art. 550, § 1º, do CPC).

De acordo com o art. 550, § 2º, do CPC, uma vez prestadas as contas, o autor tem quinze dias para se manifestar sobre elas, prosseguindo o processo na forma do Capítulo

X do Título I do Livro I da Parte Especial do CPC, que trata do julgamento conforme o estado do processo (arts. 354 e seguintes).

A impugnação das contas apresentadas pelo réu deve ser fundamentada e específica, com referência expressa ao lançamento questionado (art. 550, § 3º, do CPC).

Se o réu não contestar o pedido, deve-se observar o disposto no art. 355 do CPC, ou seja, o juiz deve julgar antecipadamente o pedido, proferindo sentença com resolução de mérito (art. 550, § 4º, do CPC). Embora a lei não faça referência expressa, entende-se que, se houver necessidade de produzir provas, o juiz deve designar audiência de instrução e julgamento, antes de proferir a sentença. No processo do trabalho, o mais adequado é a apresentação da resposta (e das contas, no caso, pelo réu) em audiência, seguindo-se à instrução e ao julgamento.

A decisão que julgar procedente o pedido condenará o réu a prestar as contas no prazo de quinze dias, sob pena de não lhe ser lícito impugnar as que o autor apresentar (art. 550, § 5º, do CPC).

As contas do autor, para os fins do art. 550, § 5º, do CPC, acima indicado, devem ser apresentadas na forma adequada, especificando-se as receitas, a aplicação das despesas e os investimentos, se houver, bem como o respectivo saldo, já sendo instruídas com os documentos justificativos (art. 551, § 2º, do CPC).

A ação de exigir contas possui duas fases: a primeira, em que se decide a respeito do dever de prestar contas; e a segunda, em que as contas prestadas são finalmente julgadas por meio de sentença.

O art. 550, § 5º, do CPC, ao tratar da primeira fase da ação de exigir contas, faz menção ao termo "decisão". Na verdade, em especial no processo do trabalho, trata-se de decisão interlocutória (não sujeita a recurso de imediato na Justiça do Trabalho, conforme art. 893, § 1º, da CLT), pois apenas decide questão incidente, qual seja o dever, ou não, de o réu prestar as contas postuladas pelo autor.

O art. 550, § 6º, do CPC dispõe que, se o réu apresentar as contas no prazo de quinze dias (previsto no art. 550, § 5º), isto é, após a decisão do juiz nesse sentido, deve-se seguir o procedimento do § 2º do mesmo dispositivo. Vale dizer, deve-se conceder o prazo de quinze dias para o autor se manifestar sobre as contas apresentadas pelo réu após a determinação judicial, prosseguindo o processo na forma do Capítulo X do Título I do Livro I da Parte Especial do CPC, que trata do julgamento conforme o estado do processo. Apesar da ausência de previsão expressa, pode-se dizer que, se houver necessidade de produzir provas, o juiz deve designar audiência de instrução e julgamento, para que possa proferir a sentença, sem incorrer em cerceamento de defesa.

As contas do réu devem ser apresentadas na forma adequada, especificando-se as receitas, a aplicação das despesas e os investimentos, se houver (art. 551 do CPC). Nesse caso, se houver impugnação específica e fundamentada pelo autor, o juiz deve estabelecer prazo razoável para que o réu apresente os documentos justificativos dos lançamentos individualmente impugnados. Em caso contrário, isto é, se o réu não apresentar as contas dentro do mencionado prazo, mesmo após a decisão do juiz nesse sentido, cabe ao autor apresentá-las no prazo de quinze dias. Nessa hipótese, o juiz pode determinar a realização de exame pericial (de natureza contábil), se necessário (art. 550, § 6º, segunda parte, do CPC).

A sentença deve apurar o saldo, e constituirá título executivo judicial (art. 552 do CPC). A ação de exigir contas tem natureza dúplice. Se a sentença final decidir pela existência de saldo credor, o devedor (seja ele o réu ou mesmo o autor, independentemente de reconvenção) deve ser condenado ao seu pagamento. Se a referida condenação não for cumprida pelo devedor, prossegue-se com a execução por quantia certa. Com isso, se o devedor do saldo era o autor da ação de prestação de contas, este passa a ser o executado.

16.4 AÇÕES POSSESSÓRIAS

As *ações possessórias* são cabíveis no processo do trabalho quanto a conflitos de competência da Justiça do Trabalho, por exemplo, decorrentes de contrato de trabalho ou de outras relações de trabalho abrangidas pelo art. 114 da Constituição da República.

A propositura de uma ação possessória em vez de outra não obsta a que o juiz conheça do pedido e outorgue a proteção legal correspondente àquela cujos pressupostos estejam provados (art. 554 do CPC).

É lícito ao autor cumular ao pedido possessório o de: condenação em perdas e danos; indenização dos frutos (art. 555 do CPC). Pode o autor requerer, ainda, imposição de medida necessária e adequada para: evitar nova turbação ou esbulho; cumprir-se a tutela provisória ou final.

É lícito ao autor cumular ao pedido possessório o de: condenação em perdas e danos; indenização dos frutos. Pode o autor requerer, ainda, imposição de medida necessária e adequada: para evitar nova turbação ou esbulho; ao cumprimento da tutela provisória ou final (art. 555 do CPC).

É lícito ao réu, na contestação, alegando que foi o ofendido em sua posse, demandar a proteção possessória e a indenização pelos prejuízos resultantes da turbação ou do esbulho cometido pelo autor (art. 556 do CPC).

O art. 557 do CPC prevê que, na pendência de ação possessória, é vedado, assim ao autor como ao réu, propor ação de reconhecimento do domínio, exceto se a pretensão for deduzida em face de terceira pessoa. Não obsta à manutenção ou à reintegração na posse a alegação de propriedade ou de outro direito sobre a coisa.

O procedimento de manutenção e de reintegração de posse é regido pelos arts. 560 a 566 do CPC, quando a ação for ajuizada dentro de ano e dia da turbação ou do esbulho afirmado na petição inicial. Ultrapassado esse prazo, o procedimento deve ser o comum, não perdendo, contudo, o caráter possessório (art. 558 do CPC).

O art. 559 do CPC prevê ainda que, se o réu provar, em qualquer tempo, que o autor provisoriamente mantido ou reintegrado na posse carece de idoneidade financeira para, no caso de decair da ação, responder por perdas e danos, o juiz designar-lhe-á o prazo de cinco dias para requerer (ou seja, prestar) caução, sob pena de ser depositada a coisa litigiosa, ressalvada a impossibilidade da parte economicamente hipossuficiente.

O possuidor tem direito a ser mantido na posse em caso de turbação e reintegrado em caso de esbulho (art. 560 do CPC).

Nas ações de manutenção e de reintegração de posse, incumbe ao autor provar: a sua posse; a turbação ou o esbulho praticado pelo réu; a data da turbação ou do esbulho; a continuação da posse, embora turbada, na ação de manutenção; a perda da posse, na ação de reintegração (art. 561 do CPC).

Se a petição inicial estiver devidamente instruída, o juiz deferirá, sem ouvir o réu, a expedição do mandado liminar de manutenção ou de reintegração. Em caso contrário, determinará que o autor justifique previamente o alegado, citando-se o réu para comparecer à audiência que for designada (art. 562 do CPC).

Considerada suficiente a justificação, o juiz deve logo expedir mandado de manutenção ou de reintegração (art. 563 do CPC). A liminar nas ações possessórias tem natureza satisfativa, sendo modalidade de tutela provisória antecipada.

Concedido ou não o mandado liminar de manutenção ou de reintegração, o autor promoverá, nos cinco dias subsequentes, a citação do réu para contestar a ação (art. 564 do CPC).

Quando for ordenada a justificação prévia (art. 562, segunda parte, do CPC), o prazo para contestar deve ser contado da intimação da decisão que deferir ou não a medida liminar. Aplica-se, quanto ao mais, o procedimento comum (art. 566 do CPC).

Admite-se na Justiça do Trabalho, ainda, o interdito proibitório, por exemplo, em conflitos decorrentes do exercício do direito de greve, com fundamento no art. 114, inciso II, da Constituição Federal de 1988.

A Justiça do Trabalho é competente para processar e julgar ação possessória ajuizada em decorrência do exercício do direito de greve pelos trabalhadores da iniciativa privada (Súmula Vinculante 23 do STF).

O possuidor direto ou indireto, que tenha justo receio de ser molestado na posse, pode postular ao juiz que o segure da turbação ou esbulho iminente, mediante mandado proibitório, em que se comine ao réu determinada pena pecuniária, caso transgrida o preceito (art. 567 do CPC). Aplica-se ao interdito proibitório o disposto nas ações de manutenção e de reintegração de posse (art. 568 do CPC)

16.5 OPOSIÇÃO

Quem pretender, no todo ou em parte, a coisa ou o direito sobre que controvertem autor e réu, pode, *até ser proferida a sentença*, oferecer *oposição* contra ambos (art. 682 do CPC).

O opoente deve deduzir o seu pedido em observação aos requisitos exigidos para propositura da ação (art. 683 do CPC). Distribuída a oposição por dependência, devem ser os opostos citados, na pessoa de seus respectivos advogados (caso a hipótese não seja de *jus postulandi*), para contestar o pedido.

No processo do trabalho, caso a oposição seja admitida, o mais adequado é a designação de audiência, para a tentativa de conciliação, oferecimento de resposta, instrução e julgamento.

Se um dos opostos reconhecer a procedência do pedido, contra o outro prosseguirá o opoente (art. 684 do CPC).

Admitido o processamento da oposição, esta deve ser apensada aos autos e tramitar simultaneamente à ação originária, sendo ambas julgadas pela mesma sentença (art. 685 do CPC). Se a oposição for proposta após o início da audiência de instrução, o juiz deve suspender o curso do processo ao fim da produção das provas, salvo se concluir que a unidade da instrução (da ação principal e da oposição) melhor atende ao princípio da duração razoável do processo.

Cabendo ao juiz decidir simultaneamente a ação originária e a oposição, desta deve conhecer em primeiro lugar (art. 686 do CPC).

Com o oferecimento da oposição, que tem natureza de ação, forma-se um litisconsórcio passivo necessário entre os opostos, partes da ação originária, os quais são réus na oposição (art. 682 do CPC).

Se a pretensão apresentada por meio da oposição resultar em conflito entre dois trabalhadores, a ser decidida de forma principal (e não meramente incidental), não será compatível com o processo trabalhista, por não se incluir na competência da Justiça do Trabalho.

Entretanto, como a oposição não é mais modalidade de intervenção de terceiros, e sim procedimento especial, excepcionalmente, pode-se entender pelo seu cabimento na Justiça do Trabalho, quando a ação principal for ajuizada por entidade sindical, em face de empresa, com pedido de pagamento de contribuição sindical (art. 114, inciso III, segunda parte, da Constituição Federal de 1988). Nesse caso, outro ente sindical pode oferecer oposição contra ambos, alegando ser o legítimo representante da categoria e, assim, titular do direito sobre que controvertem autor e réu, até ser proferida a sentença relativa à ação principal (art. 682 do CPC).

16.6 HABILITAÇÃO

A *habilitação* ocorre quando, por falecimento de qualquer das partes, os interessados houverem de suceder-lhe no processo (art. 687 do CPC). No processo do trabalho, embora a habilitação seja aplicável tanto ao autor como ao réu, obviamente só ocorre na hipótese de ser a parte pessoa natural, e não pessoa jurídica.

A habilitação pode ser requerida: pela parte, em relação aos sucessores do falecido; pelos sucessores do falecido, em relação à parte (art. 688 do CPC).

Deve-se proceder à habilitação nos autos do processo principal, na instância em que estiver, suspendendo-se, a partir de então, o processo (art. 689 do CPC).

Conforme o art. 313, inciso I, e § 1º, do CPC, quanto ao tema em questão, suspende-se o processo pela morte de qualquer das partes, hipótese em que o juiz deve suspender o processo, nos termos do art. 689 do CPC.

A regra, portanto, é no sentido da *habilitação incidente*, ou seja, processada nos autos do processo principal.

Recebida a petição inicial, cabe ao juiz ordenar a citação dos requeridos para se pronunciarem no prazo de cinco dias (art. 690 do CPC). A citação deve ser pessoal, se a parte não tiver procurador constituído nos autos. No processo do trabalho, o mais adequado seria a designação de audiência para a apresentação de resposta, instrução e julgamento.

O juiz deve decidir o pedido de habilitação imediatamente, salvo se este for impugnado e houver necessidade de dilação probatória diversa da documental, caso em que determinará que o pedido seja autuado em apartado e disporá sobre a instrução (art. 691 do CPC). Transitada em julgado a sentença de habilitação, o processo principal deve retomar o seu curso.

Cópia da sentença de habilitação deve ser juntada aos autos respectivos (art. 692 do CPC).

16.7 RESTAURAÇÃO DE AUTOS

Se for verificado o desaparecimento dos autos, eletrônicos ou não, pode o juiz, de ofício, qualquer das partes ou o Ministério Público, se for o caso, promover-lhes a *restauração* (art. 712 do CPC). Entretanto, se houver autos suplementares, nele deve prosseguir o processo.

Na petição inicial, a parte deve declarar o estado da causa ao tempo do desaparecimento dos autos, oferecendo: certidões dos atos constantes do protocolo de audiências do cartório por onde haja corrido o processo; cópia das peças que tenha em seu poder; qualquer outro documento que facilite a restauração (art. 713 do CPC).

A parte contrária deve ser citada para contestar o pedido no prazo de cinco dias, cabendo exibir as cópias, contrafés e mais as reproduções dos atos e documentos que estiverem em seu poder (art. 714 do CPC).

Se a parte concordar com a restauração, lavra-se o respectivo auto que, assinado pelas partes e homologado pelo juiz, supre os autos desaparecidos. Se a parte não contestar ou se a concordância for parcial, deve-se observar o procedimento comum.

Se a perda dos autos tiver ocorrido depois da produção das provas em audiência, o juiz, se necessário, deve mandar repeti-las (art. 715 do CPC).

As mesmas testemunhas devem ser reinquiridas. Entretanto, não sendo possível, podem ser substituídas de ofício ou a requerimento da parte. Não havendo certidão ou cópia do laudo, deve-se realizar nova perícia, sempre que for possível pelo mesmo perito. Não havendo certidão de documentos, estes devem ser reconstituídos mediante cópias e, na falta, pelos meios ordinários de prova. Os serventuários e auxiliares da justiça não podem eximir-se de depor como testemunhas a respeito de atos que tenham praticado ou assistido. Se o juiz houver proferido sentença da qual ele próprio ou o escrivão possua cópia, esta deve ser juntada aos autos e terá a mesma autoridade da original (art. 715, §§ 1º a 5º, do CPC).

Julgada a restauração, deve-se seguir o processo nos seus termos. Aparecendo os autos originais, o feito deve prosseguir neles, com o apensamento dos autos da restauração (art. 716 do CPC).

Se o desaparecimento dos autos tiver ocorrido no tribunal, o processo de restauração deve ser distribuído, sempre que possível, ao relator do processo (art. 717 do CPC). A restauração deve ser feita no juízo de origem, quanto aos atos que neste se tenham realizado. Remetidos os autos ao tribunal, aí deve ser completada a restauração e se proceder ao julgamento.

Quem houver dado causa ao desaparecimento dos autos responde pelas custas da restauração e pelos honorários de advogado, sem prejuízo da responsabilidade civil ou penal em que incorrer (art. 718 do CPC).

16.8 AÇÃO MONITÓRIA

A *ação monitória* é prevista nos arts. 700 a 702 do Código de Processo Civil.

Defende-se o entendimento de que a ação monitória é cabível no processo do trabalho, uma vez que a CLT é omissa quanto ao tema, sendo essa modalidade de tutela diferenciada perfeitamente compatível com seus princípios (art. 769 da CLT), ao possibilitar a celeridade e a efetividade da prestação jurisdicional, de acentuada relevância no âmbito trabalhista, que muitas vezes envolve crédito de natureza alimentar. Trata-se de processo *sincrético*, isto é, que engloba fases de conhecimento e de execução. Por isso, não se confunde com o simples processo de conhecimento nem com o tradicional processo de execução.

A ação monitória pode ser proposta por aquele que afirmar, com base em *prova escrita sem eficácia de título executivo*, ter direito de exigir do *devedor capaz*: o pagamento de quantia em dinheiro; a entrega de coisa fungível ou infungível ou de bem móvel ou imóvel; o adimplemento de obrigação de fazer ou de não fazer (art. 700 do CPC). A prova escrita pode consistir em prova oral documentada, produzida antecipadamente nos termos do art. 381 do CPC.

É cabível ação monitória contra a Fazenda Pública (Súmula 339 do STJ). Havendo a constituição do título executivo judicial e o prosseguimento como execução por quantia certa, devem-se observar as regras específicas previstas no art. 100 da Constituição da República. O art. 700, § 6º, do CPC prevê ser admissível ação monitória em face da Fazenda Pública.

Sendo a ré Fazenda Pública, se não forem apresentados os embargos previstos no art. 702 do CPC, aplica-se o disposto no art. 496 do mesmo diploma legal, que versa sobre a remessa necessária (reexame de ofício ou duplo grau de jurisdição obrigatório), devendo-se observar, a seguir, no que couber, o Título II do Livro I da Parte Especial do CPC (arts. 513 e seguintes), que trata do cumprimento da sentença, ou seja, da execução de título judicial.

Na petição inicial, incumbe ao autor explicitar, conforme o caso: I – *a importância devida, instruindo-a com memória de cálculo*; II – *o valor atual da coisa reclamada*; III – *o conteúdo patrimonial em discussão ou o proveito econômico perseguido* (art. 700, § 2º, do CPC). O art. 700, § 3º, do CPC dispõe que o valor de causa deve corresponder à importância prevista no § 2º, incisos I a III, do art. 700.

No processo do trabalho, se o valor da causa não constar da petição inicial, cabe ao juiz fixá-lo, conforme art. 2º da Lei 5.584/1970.

De acordo com o art. 840, § 1º, da CLT, com redação dada pela Lei 13.467/2017, a petição inicial trabalhista deve conter o pedido, que deve ser certo, determinado e com indicação de seu valor, o qual, assim, será o valor da causa (art. 292 do CPC).

Para fim do que dispõe o art. 840, §§ 1º e 2º, da CLT, o valor da causa deve ser estimado, observando-se, no que couber, o disposto nos arts. 291 a 293 do CPC (art. 12, § 2º, da Instrução Normativa 41/2018 do TST).

Além das hipóteses do art. 330 do CPC, a petição inicial da ação monitória deve ser indeferida quando não atendido o disposto no art. 700, § 2º, do CPC.

Havendo dúvida quanto à idoneidade da prova documental apresentada pelo autor da ação monitória, o juiz deve intimá-lo para, querendo, emendar a petição inicial para adaptá-la ao procedimento comum (art. 700, § 5º, do CPC). Segundo o art. 321 do CPC, o prazo para a emenda da petição inicial é de quinze dias. Se o autor não cumprir a diligência, o juiz deve indeferir a petição inicial.

Na ação monitória é admitida a citação por qualquer dos meios permitidos para o procedimento comum. Sendo assim, no processo do trabalho, a citação (notificação), em regra, é feita pela via postal (art. 841, § 1º, da CLT). Se o réu estiver em lugar incerto ou não sabido, a Súmula 282 do STJ esclarece que cabe a citação por edital em ação monitória.

Segundo o art. 701 do CPC, *sendo evidente o direito do autor*, o juiz deve deferir a expedição de *mandado de pagamento, de entrega de coisa ou para execução de obrigação de fazer ou de não fazer*, concedendo ao réu prazo de quinze dias para o cumprimento e, caso sejam cabíveis, o pagamento de honorários advocatícios de cinco por cento do valor atribuído à causa.

O réu fica isento do pagamento das custas processuais se cumprir o mandado (de pagamento, de entrega de coisa ou para execução de obrigação de fazer ou de não fazer) no prazo (de quinze dias).

Constitui-se de pleno direito o título executivo judicial, independentemente de qualquer formalidade, se não realizado o pagamento e não apresentados os embargos à ação monitória, previstos no art. 702 do CPC, observando-se, no que couber, o Título II do Livro I da Parte Especial do CPC (arts. 513 e seguintes), que trata do cumprimento da sentença, ou seja, da *execução de título judicial*.

É cabível *ação rescisória* da decisão prevista no art. 701, *caput*, do CPC (ou seja, que defere a expedição de mandado de pagamento, de entrega de coisa ou para execução de obrigação de fazer ou de não fazer) quando ocorrer a hipótese de constituição, de pleno direito, de título executivo judicial, se não realizado o pagamento e não apresentados os embargos previstos no art. 702 do CPC.

No prazo previsto no art. 701 do CPC (quinze dias), independentemente de prévia segurança do juízo, o réu pode oferecer embargos à ação monitória, nos próprios autos (art. 702 do CPC). Entretanto, a critério do juiz, os embargos devem ser autuados em apartado, se parciais, *constituindo-se de pleno direito o título executivo judicial em relação à parcela incontroversa*.

Os embargos à ação monitória, como meio processual de defesa do réu, podem se fundar em matéria passível de alegação como defesa no procedimento comum. No processo do trabalho, pode-se defender que o procedimento monitório deve ser adaptado ao previsto na CLT, com designação de audiência para tentativa de conciliação e apresentação dos embargos à ação monitória pelo réu (arts. 846 e 847 da CLT). Caso esses embargos à ação monitória sejam acolhidos, o processo relativo à ação monitória é julgado extinto (com ou sem resolução do mérito), absolvendo-se o réu.

Quando o réu alegar que o autor pleiteia quantia superior à devida, cumprir-lhe-á declarar de imediato o valor que entende correto, apresentando demonstrativo discriminado e atualizado da dívida. Não apontado o valor correto ou não apresentado o demonstrativo, os embargos devem ser liminarmente rejeitados, se esse for o seu único fundamento. Se houver outro fundamento, os embargos devem ser processados, mas o juiz deixará de examinar a alegação de excesso.

A oposição dos embargos *suspende* a eficácia da decisão referida no art. 701, *caput*, do CPC até o julgamento em primeiro grau. O autor deve ser intimado para responder os embargos no prazo de quinze dias.

No processo do trabalho, apresentados os embargos à ação monitória em audiência, deve-se prosseguir conforme o procedimento ordinário, com instrução, razões finais, tentativa de conciliação e julgamento (arts. 848 a 850 da CLT). Com isso, a resposta do autor, sobre os embargos à ação monitória, deve ocorrer, em tese, na própria audiência. Entretanto, se houver complexidade que assim justifique, o juiz pode conceder o prazo de quinze dias para o autor responder os embargos monitórios, designando nova audiência.

Na ação monitória admite-se a reconvenção, sendo vedado o oferecimento de reconvenção à reconvenção. A reconvenção é cabível na ação monitória, após a conversão do procedimento em ordinário (Súmula 292 do STJ).

Rejeitados os embargos, constitui-se de pleno direito o título executivo judicial, prosseguindo-se o processo em observância ao disposto no Título II do Livro I da Parte Especial do CPC (arts. 513 e seguintes), que disciplina o cumprimento da sentença, ou seja, a *execução de título judicial*, no que for cabível. No processo do trabalho, portanto, deve-se observar o procedimento da execução fundada em título judicial.

Após essa constituição do título executivo judicial, no processo do trabalho, defende-se a possibilidade de interposição de embargos à execução, mesmo se a parte não tiver apresentado embargos à ação monitória (art. 701, § 2º, do CPC), ou se estes foram rejeitados (art. 702, § 8º, do CPC). Entende-se que os embargos à execução, opostos na fase executiva do procedimento monitório, que tem início com a constituição de pleno direito do título executivo judicial, somente podem tratar de matérias afetas à execução de título judicial.

No processo do trabalho, a sentença que acolhe ou rejeita os embargos à ação monitória pode ser impugnada por meio de recurso ordinário.

O juiz deve condenar o autor de ação monitória proposta indevidamente e de má-fé ao pagamento, em favor do réu, de multa de até dez por cento sobre o valor da causa. O juiz deve condenar o réu que, de má-fé, opuser embargos à ação monitória ao pagamento de multa de até dez por cento sobre o valor atribuído à causa, em favor do autor.

Aplica-se à ação monitória, no que couber, o art. 916 do CPC, que dispõe sobre o parcelamento do crédito do exequente, no caso, do autor. Conforme o art. 3º, inciso XXI, da Instrução Normativa 39/2016 do TST, aplica-se ao processo do trabalho o art. 916 e parágrafos do CPC, sobre parcelamento do crédito exequendo.

16.9 MANDADO DE SEGURANÇA

O *mandado de segurança* é ação constitucional, prevista no art. 5º, inciso LXIX, da Constituição da República, que assim dispõe: "conceder-se-á mandado de segurança para proteger direito líquido e certo, não amparado por 'habeas-corpus' ou 'habeas-data', quando o responsável pela ilegalidade ou abuso de poder for autoridade pública ou agente de pessoa jurídica no exercício de atribuições do Poder Público".

Trata-se de ação com natureza mandamental, por meio da qual é possível a obtenção de ordem judicial, a ser cumprida pela autoridade coatora. O direito líquido e certo é o evidente quanto à existência e determinado quanto ao objeto, ausente dúvida quanto à situação de fato[3]. Deve, assim, ser demonstrado de plano, documentalmente.

Exigindo o mandado de segurança prova documental pré-constituída, é inaplicável o art. 321 do CPC quando verificada, na petição inicial do *mandamus*, a ausência de documento indispensável ou de sua autenticação (Súmula 415 do TST).

Controvérsia sobre matéria de direito não impede concessão de mandado de segurança (Súmula 625 do STF).

Apesar de se admitir o mandado de segurança preventivo, na hipótese de *ameaça de lesão a direito líquido e certo*, a Orientação Jurisprudencial 144 da SBDI-II do TST esclarece que o "mandado de segurança não se presta à obtenção de uma sentença genérica, aplicável a eventos futuros, cuja ocorrência é incerta".

Não se concede mandado de segurança quando se tratar: I – de ato do qual caiba recurso administrativo com efeito suspensivo, independentemente de caução; II – de decisão judicial da qual caiba recurso com efeito suspensivo; III – de decisão judicial transitada em julgado (art. 5º da Lei 12.016/2009).

Entretanto, se a hipótese for de *omissão* (e não ato) da autoridade coatora, tendo em vista, inclusive, o princípio da inafastabilidade do controle jurisdicional, o Supremo Tribunal Federal firmou o entendimento de que "a existência de recurso administrativo

3. Cf. MEIRELLES, Hely Lopes. *Direito administrativo brasileiro*. 26. ed. atualizada por Eurico de Andrade Azevedo, Délcio Balestero Aleixo e José Emmanuel Burle Filho. São Paulo: Malheiros, 2001. p. 673: "Direito líquido e certo é o que se apresenta manifesto na sua existência, delimitado na sua extensão e apto a ser exercido no momento da impetração".

com efeito suspensivo não impede o uso do mandado de segurança contra omissão da autoridade" (Súmula 429 do STF).

Anteriormente, a Súmula 267 do STF já esclarecia que "não cabe mandado de segurança contra ato judicial passível de recurso ou correição".

No processo do trabalho, embora os recursos, em regra, não tenham efeito suspensivo, de acordo com a Súmula 414, item I, parte final, do TST: "É admissível a obtenção de efeito suspensivo ao recurso ordinário mediante requerimento dirigido ao tribunal, ao relator ou ao presidente ou ao vice-presidente do tribunal recorrido, por aplicação subsidiária ao processo do trabalho do artigo 1.029, § 5º, do CPC de 2015".

Não cabe mandado de segurança contra decisão judicial passível de reforma mediante recurso próprio, ainda que com efeito diferido (Orientação Jurisprudencial 92 da SBDI-II do TST).

A Súmula 268 do STF já previa que não cabe mandado de segurança contra decisão judicial com trânsito em julgado. No mesmo sentido dispõe a Súmula 33 do TST.

Com o trânsito em julgado formal, ou seja, esgotadas as vias recursais existentes, não cabe mandado de segurança (Orientação Jurisprudencial 99 da SBDI-II do TST).

Ademais, nos termos da Súmula 266 do STF, não cabe mandado de segurança contra lei em tese.

A Lei 12.016/2009, no art. 1º, assim prevê: "Conceder-se-á mandado de segurança para proteger direito líquido e certo, não amparado por *habeas corpus* ou *habeas data*, sempre que, ilegalmente ou com abuso de poder, qualquer pessoa física ou jurídica sofrer violação ou houver justo receio de sofrê-la por parte de autoridade, seja de que categoria for e sejam quais forem as funções que exerça".

O direito de impetrar mandado de segurança extingue-se depois de decorridos 120 dias, contados da ciência, pelo interessado, do ato impugnado (art. 23 da Lei 12.016/2009). Trata-se de prazo com natureza decadencial.

A Súmula 632 do STF pacificou o entendimento de que é constitucional lei que fixa o prazo de decadência para a impetração de mandado de segurança.

Na contagem do prazo decadencial para ajuizamento de mandado de segurança, o efetivo ato coator é o primeiro em que se firmou a tese hostilizada e não aquele que a ratificou (Orientação Jurisprudencial 127 da SBDI-II do TST).

O pedido de reconsideração na via administrativa não interrompe o prazo para o mandado de segurança (Súmula 430 do STF).

A legitimidade ativa é do titular do direito líquido e certo violado ou com justo receio de violação. Quando o direito ameaçado ou violado couber a várias pessoas, qualquer delas pode impetrar o mandado de segurança (art. 1º, § 3º, da Lei 12.016/2009).

O titular de direito líquido e certo decorrente de direito, em condições idênticas, de terceiro pode impetrar mandado de segurança a favor do direito originário, se o seu titular não o fizer, no prazo de 30 dias, quando notificado judicialmente (art. 3º da Lei 12.016/2009). Trata-se de hipótese em que a lei admite a substituição processual, por envolver a defesa de direito alheio em nome próprio.

Considera-se autoridade coatora aquela que tiver praticado o ato impugnado, ou da qual emane a ordem para a sua prática (art. 6º, § 3º, da Lei 12.016/2009).

Equiparam-se às autoridades, para os efeitos do mandado de segurança, os representantes ou órgãos de partidos políticos e os administradores de entidades autárquicas, bem como os dirigentes de pessoas jurídicas ou as pessoas naturais no exercício de atribuições do poder público, somente no que disser respeito a essas atribuições (art. 1º, § 1º, da Lei 12.016/2009).

Praticado o ato por autoridade, no exercício de competência delegada, contra ela cabe o mandado de segurança ou a medida judicial (Súmula 510 do STF).

Na hipótese de equívoco quanto à autoridade coatora indicada pelo impetrante, nos termos da Súmula 628 do STJ: "A teoria da encampação é aplicada no mandado de segurança quando presentes, cumulativamente, os seguintes requisitos: a) existência de vínculo hierárquico entre a autoridade que prestou informações e a que ordenou a prática do ato impugnado; b) manifestação a respeito do mérito nas informações prestadas; e c) ausência de modificação de competência estabelecida na Constituição Federal".

Podem figurar como autoridades coatoras no processo do trabalho o juiz do trabalho, o juiz de direito no exercício da jurisdição trabalhista, o servidor da Justiça do Trabalho, o agente público do órgão de fiscalização do trabalho, o membro do Ministério Público do Trabalho.

No caso de mandado de segurança contra ato judicial, a competência originária é dos tribunais do trabalho (art. 678, inciso I, *b*, 3, da CLT). Se a autoridade coatora é juiz da Vara do Trabalho, a competência originária para o mandado de segurança é do respectivo Tribunal Regional do Trabalho. Se a autoridade coatora é juiz ou desembargador do Tribunal Regional do Trabalho, ou órgão do TRT, a competência originária é do Tribunal Regional do Trabalho, por exemplo, do Pleno, Órgão Especial ou Seção Especializada, conforme previsão no regimento interno.

A Súmula 433 do STF confirma o exposto, ao indicar que é "competente o Tribunal Regional do Trabalho para julgar mandado de segurança contra ato de seu presidente em execução de sentença trabalhista".

Ao Tribunal Superior do Trabalho não compete apreciar, originariamente, mandado de segurança impetrado em face de decisão de TRT (Orientação Jurisprudencial 4 do Pleno do TST).

Se a autoridade coatora é ministro do Tribunal Superior do Trabalho, ou órgão do TST, a competência originária é do Tribunal Superior do Trabalho, do Órgão Especial ou Seção Especializada, conforme previsão no regimento interno.

De acordo com a Lei 7.701/1988, art. 2º, inciso I, *d*, compete à Seção especializada em Dissídios Coletivos, originariamente, julgar os mandados de segurança contra os atos praticados pelo Presidente do Tribunal ou por qualquer dos Ministros integrantes da seção especializada em processo de dissídio coletivo.

Segundo a Lei 7.701/1988, no art. 3º, inciso I, *b*, compete à Seção de Dissídios Individuais julgar, originariamente, os mandados de segurança de sua competência originária, na forma da lei.

A Súmula 624 do STF esclarece ainda que "não compete ao Supremo Tribunal Federal conhecer originariamente de mandado de segurança contra atos de outros tribunais".

No caso de mandado de segurança impetrado contra penalidade administrativa imposta ao empregador pelo órgão de fiscalização do trabalho (art. 114, incisos IV e VII, da Constituição da República), a competência originária é da Vara do Trabalho.

A autoridade coatora deve ser considerada federal se as consequências de ordem patrimonial do ato, contra o qual se impetra o mandado de segurança, tiverem de ser suportadas pela União ou entidade por ela controlada (art. 2º da Lei 12.016/2009).

De acordo com parte da doutrina, "o ato praticado por ente público em função de contrato existente com servidor celetista não se alça a ato de autoridade – é simples ato de direito privado, de caráter contratual"[4]. Eventual alegação de violação de direito, nesse caso, apenas comportaria o ajuizamento de ação ordinária.

Nesse contexto, o art. 1º, § 2º, da Lei 12.016/2009 determina que não "cabe mandado de segurança contra os atos de gestão comercial praticados pelos administradores de empresas públicas, de sociedade de economia mista e de concessionárias de serviço público".

Cabe fazer referência ao seguinte julgado do Supremo Tribunal Federal: "A Justiça Federal é competente para apreciar mandado de segurança, em jogo direito a resultar de relação de emprego, quando reconhecido, na decisão atacada, envolvimento de ato de autoridade federal e formalizada a sentença de mérito antes do advento da Emenda Constitucional nº 45/2004" (STF, Pleno, RE 655.283/DF, Rel. Min. Marco Aurélio, DJe 27.04.2021).

Ainda quanto ao polo passivo, exige-se o litisconsórcio necessário, com a integração do beneficiário do ato impugnado, conforme o art. 114 do CPC. Aplicam-se ao mandado de segurança os arts. 113 a 118 do CPC (art. 24 da Lei 12.016/2009).

Extingue-se o processo de mandado de segurança se o impetrante não promove, no prazo assinado, a citação do litisconsorte passivo necessário (Súmula 631 do STF).

O art. 4º da Lei 12.016/2009 prevê ser permitido, em caso de urgência, observados os requisitos legais, impetrar mandado de segurança por telegrama, radiograma, fax ou outro meio eletrônico de autenticidade comprovada. Pode o juiz, em caso de urgência, notificar a autoridade por telegrama, radiograma ou outro meio que assegure a autenticidade do documento e a imediata ciência pela autoridade. O texto original da petição inicial deve ser apresentado nos cinco dias úteis seguintes.

Para os fins do art. 4º da Lei 12.016/2009, em se tratando de documento eletrônico, devem ser observadas as regras da Infraestrutura de Chaves Públicas Brasileira (ICP-Brasil).

A petição inicial, além de preencher os requisitos estabelecidos pela lei processual (art. 319 do CPC), deve ser apresentada em duas vias (com os documentos que instruírem a primeira via reproduzidos na segunda), bem como indicar a autoridade coatora e a pessoa jurídica que integra, a qual está vinculada ou da qual exerce atribuições (art. 6º da Lei 12.016/2009).

Se o documento necessário à prova do alegado estiver em repartição ou estabelecimento público, ou em poder de autoridade que se recuse a fornecê-lo por certidão, ou ainda em poder de terceiro, o juiz deve ordenar, preliminarmente, por ofício, a exibição desse documento em original ou em cópia autêntica, determinando, para o cumprimento da ordem, o prazo de 10 dias. Nesse caso, o escrivão deve extrair cópias do documento para juntá-las à segunda via da petição. Se a autoridade que tiver procedido dessa maneira for a própria coatora, a ordem deve ser feita no próprio instrumento da notificação (art. 6º, § 1º e § 2º, da Lei 12.016/2009).

A petição inicial deve ser liminarmente indeferida, por meio de decisão motivada, quando não for o caso de mandado de segurança, faltar algum dos requisitos legais, ou quando decorrido o prazo para a impetração (art. 10 da Lei 12.016/2009).

No processo do trabalho, do indeferimento da petição inicial pelo juiz de primeiro grau (de Vara do Trabalho) cabe recurso ordinário, por se tratar de decisão (sentença) terminativa (art. 895, inciso I, da CLT).

4. OLIVEIRA, Francisco Antonio de. *Comentários às Súmulas do TST*. 9. ed. São Paulo: RT, 2008. p. 413.

Quando a competência originária para o julgamento do mandado de segurança for de tribunal, da decisão do relator, que indeferir a petição inicial, cabe agravo para o órgão colegiado competente (art. 10, § 1º, da Lei 12.016/2009).

O recurso ordinário interposto contra decisão monocrática indeferitória da petição inicial de ação rescisória ou de mandado de segurança pode, pelo princípio de fungibilidade recursal, ser recebido como agravo regimental. Hipótese de não conhecimento do recurso pelo TST e devolução dos autos ao TRT, para que aprecie o apelo como agravo regimental (Orientação Jurisprudencial 69 da SBDI-II do TST).

Da decisão (definitiva ou terminativa) em agravo regimental no mandado de segurança, proferida pelo órgão colegiado do TRT, cabe recurso ordinário, a ser julgado pelo TST (art. 895, inciso II, da CLT).

O mandado de segurança deve ser denegado nos casos previstos no art. 485 do CPC (art. 6º, § 5º, da Lei 12.016/2009).

O pedido contido no mandado de segurança pode ser renovado dentro do prazo decadencial, se a decisão denegatória não lhe houver apreciado o mérito (art. 6º, § 6º, da Lei 12.016/2009).

A sentença ou o acórdão que denegar mandado de segurança, sem decidir o mérito, não impede que o requerente, por ação própria, pleiteie os seus direitos e os respectivos efeitos patrimoniais (art. 19 da Lei 12.016/2009). A esse respeito, a Súmula 304 do STF já dispunha que "decisão denegatória de mandado de segurança, não fazendo coisa julgada contra o impetrante, não impede o uso da ação própria".

Ao receber a petição inicial, o juiz deve ordenar: que se notifique a autoridade coatora do conteúdo da petição inicial, enviando-lhe a segunda via apresentada, com as cópias dos documentos, a fim de que, no prazo de 10 dias, preste as informações; que se dê ciência do feito ao órgão de representação judicial da pessoa jurídica interessada, enviando-lhe cópia da inicial sem documentos, para que, querendo, ingresse no feito; que se suspenda o ato que deu motivo ao pedido, quando houver fundamento relevante e do ato impugnado puder resultar a ineficácia da medida, caso seja finalmente deferida, sendo facultado exigir do impetrante caução, fiança ou depósito, com o objetivo de assegurar o ressarcimento à pessoa jurídica (art. 7º da Lei 12.016/2009).

O ingresso de litisconsorte ativo não é admitido após a decisão relativa à petição inicial (art. 10, § 2º, da Lei 12.016/2009).

O mandado de segurança, portanto, admite a concessão de liminar, quando o impetrante demonstrar a possibilidade de prejuízo (possibilidade de ineficácia da medida resultante do ato impugnado) e a probabilidade do direito (fundamento relevante).

No processo do trabalho, da decisão do juiz de primeiro grau que concede ou denega a liminar não é cabível recurso de imediato (art. 893, § 1º, da CLT). Desse modo, não é aplicável na Justiça do Trabalho o art. 7º, § 1º, da Lei 12.016/2009, ao prever o cabimento do agravo de instrumento.

Nos casos de competência originária dos tribunais, cabe ao relator a instrução do processo, sendo assegurada a defesa oral na sessão do julgamento do mérito ou do pedido liminar (art. 16 da Lei 12.016/2009, com redação dada pela Lei 13.676/2018). Com isso, passou a ser permitida a defesa oral também do pedido de liminar na sessão de julgamento do mandado de segurança de competência originária de tribunal. Da decisão do relator que conceder ou denegar a medida liminar cabe agravo ao órgão competente do tribunal que integre (art. 16, parágrafo único, da Lei 12.016/2009).

Não cabe recurso ordinário para o TST de decisão proferida pelo Tribunal Regional do Trabalho em agravo regimental interposto contra despacho que concede ou não liminar em ação cautelar ou em mandado de segurança, uma vez que o processo ainda pende de decisão definitiva do Tribunal *a quo* (Orientação Jurisprudencial 100 da SBDI-II do TST).

De acordo com a Orientação Jurisprudencial 140 da SBDI-II do TST, "não cabe mandado de segurança para impugnar decisão que acolheu ou indeferiu liminar em outro mandado de segurança".

Os efeitos da medida liminar, salvo se revogada ou cassada, persistirão até a prolação da sentença (art. 7º, § 3º, da Lei 12.016/2009). Se a medida liminar for deferida, o processo deve ter prioridade para julgamento (art. 7º, § 4º, da Lei 12.016/2009).

As autoridades administrativas, no prazo de 48 horas da notificação da medida liminar, devem remeter ao Ministério ou órgão a que se acham subordinadas, e ao Advogado-Geral da União ou a quem tiver a representação judicial da União, do Estado, do Município ou da entidade apontada como coatora, cópia autenticada do mandado notificatório, assim como indicações e outros elementos necessários às providências a serem tomadas para a eventual suspensão da medida e defesa do ato apontado como ilegal ou abusivo de poder (art. 9º da Lei 12.016/2009).

Nos termos do art. 12 da Lei 12.016/2009, uma vez encerrado o prazo de 10 dias para que a autoridade coatora preste as informações, o juiz ouvirá o representante do Ministério Público, que opinará, dentro do prazo improrrogável de dez dias. O Ministério Público, no caso, intervém como fiscal da ordem jurídica.

O art. 12, parágrafo único, da Lei 12.016/2009 determina ainda que, com ou sem o parecer do Ministério Público, os autos serão conclusos ao juiz, para a decisão, a qual deverá ser necessariamente proferida em trinta dias.

O mandado de segurança e os respectivos recursos devem ter prioridade sobre todos os atos judiciais, salvo *habeas corpus* (art. 20 da Lei 12.016/2009). Na instância superior, o mandado de segurança deve ser levado a julgamento na primeira sessão que se seguir à data em que for enviado à conclusão do relator. O prazo para a conclusão dos autos não pode exceder de cinco dias.

No mandado de segurança não é cabível a condenação em honorários advocatícios. Entretanto, são aplicáveis as sanções previstas para as hipóteses de litigância de má-fé (art. 25 da Lei 12.016/2009).

A Súmula 512 do STF já dispunha que "não cabe condenação em honorários de advogado na ação de mandado de segurança". No mesmo sentido é a previsão da Súmula 105 do STJ.

Concedido o mandado, o juiz transmitirá em ofício (por intermédio do oficial do juízo, ou pelo correio, mediante correspondência com aviso de recebimento) o inteiro teor da sentença à autoridade coatora e à pessoa jurídica interessada (art. 13 da Lei 12.016/2009). Em caso de urgência, pode o juiz observar o disposto no art. 4º da Lei 12.016/2009, o que permite a transmissão do conteúdo da sentença por meio eletrônico considerado autêntico.

Tendo em vista a natureza mandamental da tutela jurisdicional proferida por meio da ação constitucional em estudo, o art. 26 da Lei 12.016/2009 prescreve que constitui crime de desobediência, nos termos do art. 330 do Código Penal (Decreto-Lei 2.848/1940), o não cumprimento das decisões proferidas em mandado de segurança, sem prejuízo das sanções administrativas e da aplicação da Lei 1.079/1950, quando cabíveis.

A Súmula 405 do STF esclarece ainda que "denegado o mandado de segurança pela sentença, ou no julgamento do agravo, dela interposto, fica sem efeito a liminar concedida, retroagindo os efeitos da decisão contrária".

No processo do trabalho, no mandado de segurança de competência originária do Tribunal Regional do Trabalho, da decisão final que denega ou concede o mandado de segurança cabe recurso ordinário, a ser julgado pelo Tribunal Superior do Trabalho (art. 895, inciso II, da CLT).

Da decisão de Tribunal Regional do Trabalho em mandado de segurança cabe recurso ordinário, no prazo de oito dias, para o Tribunal Superior do Trabalho, e igual dilação para o recorrido e os interessados apresentarem razões de contrariedade (Súmula 201 do TST).

A interposição de recurso de revista de decisão definitiva de Tribunal Regional do Trabalho em ação rescisória ou em mandado de segurança, com fundamento em violação legal e divergência jurisprudencial e remissão expressa ao art. 896 da CLT, configura erro grosseiro, insuscetível de autorizar o seu recebimento como recurso ordinário, em face do disposto no art. 895, *b*, da CLT (Orientação Jurisprudencial 152 da SBDI-II do TST).

Na hipótese de mandado de segurança de competência da Vara do Trabalho, proferida a respectiva sentença, também cabe recurso ordinário, a ser julgado pelo Tribunal Regional do Trabalho (art. 895, inciso I, da CLT).

O art. 18 da Lei 12.016/2009 tem a seguinte redação: "Das decisões em mandado de segurança proferidas em única instância pelos tribunais cabe recurso especial e extraordinário, nos casos legalmente previstos, e recurso ordinário, quando a ordem for denegada". Quanto à parte inicial do dispositivo, em face da previsão expressa dos arts. 102, inciso II, e 105, inciso III, da Constituição Federal de 1988, o correto seria estabelecer que das decisões em mandado de segurança proferidas *em única ou última instância* cabe recurso especial e extraordinário.

Nos termos do art. 102, inciso II, *a*, da Constituição Federal de 1988, compete ao Supremo Tribunal Federal julgar, em recurso ordinário, o *habeas corpus*, o mandado de segurança, o *habeas data* e o mandado de injunção decididos em única instância pelos Tribunais Superiores, se denegatória a decisão.

O prazo desse recurso ordinário ao STF é de 15 dias, conforme art. 1.003, § 5º, do CPC.

Não se aplica a alçada em ação rescisória e em mandado de segurança (Súmula 365 do TST).

É responsabilidade da parte, para interpor recurso ordinário em mandado de segurança, a comprovação do recolhimento das custas processuais no prazo recursal, sob pena de deserção (Orientação Jurisprudencial 148 da SBDI-II do TST).

Concedida a segurança, a sentença está sujeita obrigatoriamente ao duplo grau de jurisdição (art. 14, § 1º, da Lei 12.016/2009).

Em mandado de segurança, somente cabe reexame necessário se, na relação processual, figurar pessoa jurídica de direito público como parte prejudicada pela concessão da ordem. Tal situação não ocorre na hipótese de figurar no feito como impetrante e terceiro interessado pessoa de direito privado, ressalvada a hipótese de matéria administrativa (Súmula 303, inciso IV, do TST).

Estende-se à autoridade coatora o direito de recorrer (art. 14, § 2º, da Lei 12.016/2009).

O art. 14, § 2º, da Lei 12.016/2009 prevê a *legitimidade recursal* da autoridade coatora, mas quanto à capacidade postulatória não dispensa a necessidade de advogado para a interposição de recurso pela autoridade coatora[5].

A sentença que conceder o mandado de segurança pode ser executada provisoriamente, salvo nos casos em que for vedada a concessão da medida liminar (art. 14, § 3º, da Lei 12.016/2009). Portanto, a execução da sentença ou da liminar, em princípio, deve ser imediata, tendo em vista o efeito meramente devolutivo, o que autoriza a execução provisória.

O art. 14, § 4º, da Lei 12.016/2009 prevê que o pagamento de vencimentos e vantagens pecuniárias assegurados em sentença concessiva de mandado de segurança a servidor público da administração direta ou autárquica federal, estadual e municipal somente será efetuado relativamente às prestações que se vencerem a contar da data do ajuizamento da inicial.

A previsão legal está em consonância com a Súmula 271 do STF, ao dispor que "concessão de mandado de segurança não produz efeitos patrimoniais em relação a período pretérito, os quais devem ser reclamados administrativamente ou pela via judicial própria".

Ainda a esse respeito, consoante a Súmula 269 do STF, "o mandado de segurança não é substitutivo de ação de cobrança".

Frise-se que, segundo o entendimento firmado pelo Supremo Tribunal Federal, o "pagamento dos valores devidos pela Fazenda Pública entre a data da impetração do mandado de segurança e a efetiva implementação da ordem concessiva deve observar o regime de precatórios previsto no artigo 100 da Constituição Federal" (STF, Pleno, RG-RE 889.173/MS, Rel. Min. Luiz Fux, DJe 17.08.2015).

Quando, a requerimento de pessoa jurídica de direito público interessada ou do Ministério Público, e para evitar grave lesão à ordem, à saúde, à segurança e à economia públicas, o presidente do tribunal ao qual couber o conhecimento do respectivo recurso suspender, em decisão fundamentada, a execução da liminar e da sentença, dessa decisão cabe agravo, sem efeito suspensivo, no prazo de cinco dias (no processo do trabalho, entende-se que o prazo é de oito dias, conforme art. 6º da Lei 5.584/1970), que deve ser levado a julgamento na sessão seguinte à sua interposição (art. 15 da Lei 12.016/2009).

O presidente do tribunal pode conferir ao pedido efeito suspensivo liminar se constatar, em juízo prévio, a plausibilidade do direito invocado e a urgência na concessão da medida (art. 15, § 4º, da Lei 12.016/2009).

A respeito da suspensão da liminar em mandado se segurança, cabe salientar a Súmula 626 do STF, no sentido de que "a suspensão da liminar em mandado de segurança, salvo determinação em contrário da decisão que a deferir, vigorará até o trânsito em julgado da decisão definitiva de concessão da segurança ou, havendo recurso, até a sua manutenção pelo Supremo Tribunal Federal, desde que o objeto da liminar deferida coincida, total ou parcialmente, com o da impetração".

A Constituição Federal de 1988, no art. 5º, inciso LXX, prevê, ainda, o *mandado de segurança coletivo*, que "pode ser impetrado por: a) partido político com representação no

---

5. "Ação Direta de Inconstitucionalidade. Artigo 14, § 2º, da Lei nº 12.016/2009. Mandado de Segurança. Legitimidade recursal da autoridade coatora. Ausência de dispensa de capacidade postulatória. Ação julgada improcedente. 1. O art. 14, § 2º, da Lei n. 12.016/2009, conferiu legitimidade recursal, não capacidade postulatória, à autoridade coatora, não havendo, pois, ofensa ao art. 133 da CRFB" (STF, Pleno, ADI 4.403/DF, Rel. Min. Edson Fachin, DJe 09.09.2019).

Congresso Nacional; b) organização sindical, entidade de classe ou associação legalmente constituída e em funcionamento há pelo menos um ano, em defesa dos interesses de seus membros ou associados".

A Lei 12.016/2009, no art. 21, *caput*, prescreve que o "mandado de segurança coletivo pode ser impetrado por partido político com representação no Congresso Nacional, na defesa de seus interesses legítimos relativos a seus integrantes ou à finalidade partidária, ou por organização sindical, entidade de classe ou associação legalmente constituída e em funcionamento há, pelo menos, 1 (um) ano, em defesa de direitos líquidos e certos da totalidade, ou de parte, dos seus membros ou associados, na forma dos seus estatutos e desde que pertinentes às suas finalidades, dispensada, para tanto, autorização especial".

No caso da impetração do mandado de segurança coletivo por organização sindical, entidade de classe ou associação, a hipótese é de substituição processual, decorrente de expressa autorização legal, por envolver a defesa de direito alheio (isto é, dos membros ou associados), mas em nome próprio.

A Súmula 629 do STF dispõe que "a impetração de mandado de segurança coletivo por entidade de classe em favor dos associados independe da autorização destes".

O Supremo Tribunal Federal fixou a seguinte tese de repercussão geral: "É desnecessária a autorização expressa dos associados, a relação nominal destes, bem como a comprovação de filiação prévia, para a cobrança de valores pretéritos de título judicial decorrente de mandado de segurança coletivo impetrado por entidade associativa de caráter civil" (STF, Pleno, ARE 1.293.130/SP, Rel. Min. Luiz Fux, j. 18.12.2020).

Ainda quanto ao tema, nos termos da Súmula 630 do STF, "a entidade de classe tem legitimação para o mandado de segurança ainda quando a pretensão veiculada interesse apenas a uma parte da respectiva categoria".

No mandado de segurança coletivo, a sentença fará coisa julgada limitadamente aos membros do grupo ou categoria substituídos pelo impetrante (art. 22 da Lei 12.016/2009).

Esclareça-se ainda que o mandado de segurança coletivo não induz litispendência para as ações individuais, mas os efeitos da coisa julgada não beneficiarão o impetrante a título individual se não requerer a desistência de seu mandado de segurança no prazo de 30 dias a contar da ciência comprovada da impetração da segurança coletiva (art. 22, § 1º, da Lei 12.016/2009).

De acordo com o art. 22, § 2º, da Lei 12.016/2009, no mandado de segurança coletivo, a liminar só pode ser concedida após a audiência do representante judicial da pessoa jurídica de direito público, que deve se pronunciar no prazo de 72 horas. No entanto, o Supremo Tribunal Federal declarou a inconstitucionalidade do art. 22, § 2º, da Lei 12.016/2009 (STF, Pleno, ADI 4.296/DF, Red. p/ ac. Min. Alexandre de Moraes, j. 09.06.2021)[6].

---

6. "Ação direta de inconstitucionalidade. Arts. 1º, § 2º, 7º, III e § 2º, 22, § 2º, 23 e 25, da Lei do Mandado de Segurança (Lei 12.016/2009). Alegadas limitações à utilização dessa ação constitucional como instrumento de proteção de direitos individuais e coletivos. Suposta ofensa aos arts. 2º e 5º, XXXV e LXIX, da Constituição. Não cabimento do 'writ' contra atos de gestão comercial de entes públicos, praticados na exploração de atividade econômica, ante a sua natureza essencialmente privada. Excepcionalidade que decorre do próprio texto constitucional. Possibilidade de o juiz exigir contracautela para a concessão de medida liminar. Mera faculdade inerente ao poder geral de cautela do magistrado. Inocorrência, quanto a esse aspecto, de limitação ao juízo de cognição sumária. Constitucionalidade do prazo decadencial do direito de impetração e da previsão de inviabilidade de condenação ao pagamento de honorários sucumbenciais. Jurisprudência consolidada do Supremo Tribunal Federal. Proibição de concessão de liminar em relação a determinados objetos. Condi-

Frise-se que, nos termos da Lei 12.016/2009, art. 21, parágrafo único, os direitos protegidos pelo mandado de segurança coletivo podem ser: coletivos, assim entendidos os transindividuais, de natureza indivisível, de que seja titular grupo ou categoria de pessoas ligadas entre si ou com a parte contrária por uma relação jurídica básica; individuais homogêneos, assim entendidos os decorrentes de origem comum e da atividade ou situação específica da totalidade ou de parte dos associados ou membros do impetrante. Esse dispositivo legal, assim, não inclui os direitos difusos no âmbito do mandado de segurança coletivo, embora essa delimitação não conste expressamente da Constituição Federal de 1988.

16.10 *HABEAS CORPUS*

O *habeas corpus* é ação constitucional prevista no art. 5º, inciso LXVIII, da Constituição Federal de 1988, que assim determina: "conceder-se-á 'habeas corpus' sempre que alguém sofrer ou se achar ameaçado de sofrer violência ou coação em sua liberdade de locomoção, por ilegalidade ou abuso de poder".

O referido remédio constitucional tem natureza mandamental e como finalidade proteger a liberdade de ir e vir do indivíduo.

Desse modo, entende-se que a sua aplicação é ampla, não se restringindo às hipóteses de prisão criminal, mas alcança também aquelas de natureza civil, e mesmo quando há restrição à liberdade de locomoção decorrente de ato praticado por particular[7].

O Supremo Tribunal Federal decidiu que no âmbito da Justiça do Trabalho não está incluída competência para processar e julgar ações penais (STF, Pleno, ADI 3.684-0/DF, Rel. Min. Cezar Peluso, DJ 03.08.2007). O Supremo Tribunal Federal julgou procedente o pedido formulado em ação direta de inconstitucionalidade, de modo a conferir interpretação conforme à Constituição ao seu art. 114, incisos I, IV e IX, na redação dada pela Emenda Constitucional 45/2004, para afastar qualquer interpretação que entenda competir à Justiça do Trabalho processar e julgar ações penais, nos termos da medida

---

cionamento do provimento cautelar, no âmbito do mandado de segurança coletivo, à prévia oitiva da parte contrária. Impossibilidade de a lei criar óbices ou vedações absolutas ao exercício do poder geral de cautela. Evolução do entendimento jurisprudencial. Cautelaridade ínsita à proteção constitucional ao direito líquido e certo. Restrição à própria eficácia do remédio constitucional. Previsões legais eivadas de inconstitucionalidade. Parcial procedência da ação. 1. O mandado de segurança é cabível apenas contra atos praticados no desempenho de atribuições do Poder Público, consoante expressamente estabelece o art. 5º, inciso LXIX, da Constituição Federal. Atos de gestão puramente comercial desempenhados por entes públicos na exploração de atividade econômica se destinam à satisfação de seus interesses privados, submetendo-os a regime jurídico próprio das empresas privadas. 2. No exercício do poder geral de cautela, tem o juiz a faculdade de exigir contracautela para o deferimento de medida liminar, quando verificada a real necessidade da garantia em juízo, de acordo com as circunstâncias do caso concreto. Razoabilidade da medida que não obsta o juízo de cognição sumária do magistrado. 3. Jurisprudência pacífica da Corte no sentido da constitucionalidade de lei que fixa prazo decadencial para a impetração de mandado de segurança (Súmula 632/STF) e que estabelece o não cabimento de condenação em honorários de sucumbência (Súmula 512/STF). 4. A cautelaridade do mandado de segurança é ínsita à proteção constitucional ao direito líquido e certo e encontra assento na própria Constituição Federal. Em vista disso, não será possível a edição de lei ou ato normativo que vede a concessão de medida liminar na via mandamental, sob pena de violação à garantia de pleno acesso à jurisdição e à própria defesa do direito líquido e certo protegida pela Constituição. Proibições legais que representam óbices absolutos ao poder geral de cautela. 5. Ação julgada parcialmente procedente, apenas para declarar a inconstitucionalidade dos arts. 7º, § 2º, e 22, § 2º, da Lei 12.016/2009, reconhecendo-se a constitucionalidade dos arts. 1º, § 2º; 7º, III; 23 e 25 dessa mesma lei" (STF, Pleno, ADI 4.296/DF, Red. p/ ac. Min. Alexandre de Moraes, DJe 11.10.2021).

7. Cf. FERREIRA FILHO, Manoel Gonçalves. *Curso de direito constitucional*. 22. ed. São Paulo: Saraiva, 1995. p. 272.

cautelar anteriormente deferida (STF, Pleno, ADI 3.684/DF, Rel. Min. Gilmar Mendes, DJe 01.06.2020).

Portanto, na Justiça do Trabalho, o *habeas corpus* é cabível (art. 114, inciso IV, da Constituição Federal de 1988) nas hipóteses de prisão civil, como do depositário infiel (art. 5º, inciso LXVII, da Constituição da República)[8].

Entretanto, na atualidade, não mais se admite a prisão do depositário infiel. A Súmula Vinculante 25 do STF dispõe que "é ilícita a prisão civil de depositário infiel, qualquer que seja a modalidade do depósito".

De todo modo, caso essa modalidade de prisão civil seja decretada, por exemplo, no âmbito da execução trabalhista, por juiz da Vara do Trabalho[9], é cabível o *habeas corpus*, de competência do respectivo Tribunal Regional do Trabalho.

É cabível ajuizamento de *habeas corpus* originário no Tribunal Superior do Trabalho, em substituição de recurso ordinário em *habeas corpus*, de decisão definitiva proferida por Tribunal Regional do Trabalho, uma vez que o órgão colegiado passa a ser a autoridade coatora no momento em que examina o mérito do 'habeas corpus' impetrado no âmbito da Corte local (Orientação Jurisprudencial 156 da SBDI-II do TST).

Registre-se o entendimento de que o *habeas corpus* é cabível para impugnar decisão judicial que determina, como medida executiva atípica (art. 139, inciso IV, do CPC), a retenção do passaporte do devedor, uma vez que limita o seu direito de locomoção. Entretanto, o *habeas corpus* não é o meio adequado para impugnar decisão judicial que determina a retenção da carteira nacional de habilitação do executado, por não afetar diretamente a liberdade de locomoção[10].

Nos termos do art. 105, inciso I, *c* (c/c alínea *a*), da Constituição Federal de 1988, compete ao Superior Tribunal de Justiça processar e julgar, originariamente, os *habeas corpus*, quando o coator ou paciente for "membro" de Tribunal Regional do Trabalho (o que não se confunde com órgão colegiado do TRT) ou "membro" do Ministério Público da União que oficie perante tribunais.

---

8. Cf. Orientação Jurisprudencial 89 da SBDI-II do TST: "'Habeas corpus'. Depositário. Termo de depósito não assinado pelo paciente. Necessidade de aceitação do encargo. Impossibilidade de prisão civil. A investidura no encargo de depositário depende da aceitação do nomeado que deve assinar termo de compromisso no auto de penhora, sem o que, é inadmissível a restrição de seu direito de liberdade".

9. Cf. Orientação Jurisprudencial 143 da SBDI-II do TST: "'Habeas corpus'. Penhora sobre coisa futura e incerta. Prisão. Depositário infiel. Não se caracteriza a condição de depositário infiel quando a penhora recair sobre coisa futura e incerta, circunstância que, por si só, inviabiliza a materialização do depósito no momento da constituição do paciente em depositário, autorizando-se a concessão de 'habeas corpus' diante da prisão ou ameaça de prisão que sofra".

10. "Recurso ordinário em *habeas corpus*. *Habeas corpus*. Cabimento. Retenção de CNH. Retenção de passaporte. Violação do direito de locomoção. Medida executiva atípica. Possibilidade. Limites. Necessidade, razoabilidade e proporcionalidade. 1. O *habeas corpus* é instrumento constitucional para o resguardo do direito físico de locomoção (ir, vir e ficar) em decorrência da prática de ato ilegal ou com abuso de poder. 2. O *habeas corpus* não é a via adequada para se discutir a legalidade ou a justiça da decisão de primeiro grau que determinou a retenção da Carteira Nacional de Habilitação. O bloqueio da CNH do paciente não afeta direta e irremediavelmente a sua liberdade de locomoção. 3. Por outro lado, a retenção do passaporte, em tese e potencialmente, ameaça e limita diretamente o direito de ir e vir do paciente, estando ele impedido de se locomover livremente para localidades onde é obrigatória a apresentação do passaporte para ingresso, ficando a sua mobilidade restrita ao território nacional. 4. O ato judicial que determinou a retenção do passaporte do paciente é passível de impugnação por meio do *habeas corpus*, sendo adequada a via eleita" (TST, SBDI-II, RO-8790-04.2018.5.15.0000, Redator Min. Luiz Philippe Vieira de Mello Filho, DEJT 26.03.2021).

O *habeas corpus* é disciplinado, no plano infraconstitucional, pelos arts. 647 a 667 do Código de Processo Penal.

A coação é considerada ilegal nos seguintes casos: quando não houver justa causa; quando alguém estiver preso por mais tempo do que determina a lei; quando quem ordenar a coação não tiver competência para fazê-lo; quando houver cessado o motivo que autorizou a coação; quando não for alguém admitido a prestar fiança, nos casos em que a lei a autoriza; quando o processo for manifestamente nulo; quando extinta a punibilidade (art. 648 do Código de Processo Penal).

O juiz ou o tribunal, dentro dos limites da sua competência, deve conceder imediatamente a ordem impetrada, nos casos em que tenha cabimento, seja qual for a autoridade coatora (art. 649 do Código de Processo Penal).

O *habeas corpus* pode ser impetrado por qualquer pessoa, em seu favor ou de outrem, bem como pelo Ministério Público (art. 654 do CPP).

A petição de *habeas corpus* deve conter: o nome da pessoa que sofre ou está ameaçada de sofrer violência ou coação e o de quem exercer a violência, coação ou ameaça; a declaração da espécie de constrangimento ou, em caso de simples ameaça de coação, as razões em que funda o seu temor; a assinatura do impetrante, ou de alguém a seu rogo, quando não souber ou não puder escrever, e a designação das respectivas residências (art. 654, § 1º, do CPP).

Os juízes e os tribunais têm competência para expedir de ofício ordem de *habeas corpus*, quando no curso de processo verificarem que alguém sofre ou está na iminência de sofrer coação ilegal (art. 654, § 2º, do CPP).

Recebida a petição de *habeas corpus*, o juiz, se julgar necessário, e estiver preso o paciente, mandará que este lhe seja imediatamente apresentado em dia e hora que designar (art. 656 do CPP).

Se o juiz ou o tribunal verificar que já cessou a violência ou coação ilegal, julgará prejudicado o pedido (art. 659 do CPP).

Em caso de competência originária de tribunal (art. 661 do CPP), devem ser requisitadas informações por escrito àquele que é indicado como coator. Se faltar qualquer dos requisitos da petição inicial, o relator deve mandar preenchê-lo, logo que lhe for apresentada a petição (art. 662 do CPP).

As diligências acima não serão ordenadas, se o relator entender que o *habeas corpus* deva ser indeferido liminarmente. Nesse caso, levará a petição ao tribunal pleno, câmara ou turma (conforme previsão no regimento interno), para que delibere a respeito (art. 663 do CPP).

Recebidas as informações, ou dispensadas, o *habeas corpus* deve ser julgado na primeira sessão, podendo, entretanto, adiar-se o julgamento para a sessão seguinte (art. 664 do CPP).

O secretário do tribunal lavrará a ordem que, assinada pelo presidente do tribunal, câmara ou turma, será dirigida, por ofício ou telegrama, ao detentor, ao carcereiro ou autoridade que exercer ou ameaçar exercer o constrangimento (art. 665 do CPP).

Os regimentos dos tribunais estabelecem as normas complementares para o processo e julgamento do pedido de *habeas corpus* de sua competência originária.

16.11 *HABEAS DATA*

O *habeas data* é ação constitucional, de natureza mandamental, prevista no art. 5º, inciso LXXII, da Constituição Federal de 1988, ao assim dispor: "conceder-se-á 'habeas data': a) para assegurar o conhecimento de informações relativas à pessoa do impetrante, constantes de registros ou bancos de dados de entidades governamentais ou de caráter público; b) para a retificação de dados, quando não se prefira fazê-lo por processo sigiloso, judicial ou administrativo".

A Súmula 2 do STJ esclareceu que "não cabe o *habeas data* (CF, art. 5º, LXXII, letra 'a') se não houve recusa de informações por parte da autoridade administrativa". Entende-se que, se não ocorreu essa recusa por parte da autoridade administrativa, não há interesse processual, no aspecto da necessidade da tutela jurisdicional pleiteada por meio do *habeas data*.

Considera-se de caráter público todo registro ou banco de dados contendo informações que sejam ou que possam ser transmitidas a terceiros, ou que não sejam de uso privativo do órgão ou entidade produtora ou depositária das informações (art. 1º, parágrafo único, da Lei 9.507/1997)[11].

O *habeas data* deve ser concedido: para assegurar o conhecimento de informações relativas à pessoa do impetrante, constantes de registro ou banco de dados de entidades governamentais ou de caráter público; para a retificação de dados, quando não se prefira fazê-lo por processo sigiloso, judicial ou administrativo; para a anotação nos assentamentos do interessado, de contestação ou explicação sobre dado verdadeiro, mas justificável, e que esteja sob pendência judicial ou amigável (art. 7º da Lei 9.507/1997).

A petição inicial, que deve preencher os requisitos dos arts. 319 a 321 do CPC, deve ser apresentada em duas vias, e os documentos que instruírem a primeira devem ser reproduzidos por cópia na segunda (art. 8º da Lei 9.507/1997).

A petição inicial deve ser instruída com prova: da recusa ao acesso às informações, ou do decurso de mais de 10 dias sem decisão; da recusa em fazer-se a retificação, ou do decurso de mais de 15 dias, sem decisão; ou da recusa em fazer-se a anotação de explicação ou contestação sobre o dado a respeito do interessado, justificando possível pendência sobre o fato objeto do dado (§ 2º do art. 4º), ou do decurso de mais de 15 dias sem decisão.

Ao despachar a inicial, o juiz deve ordenar que se notifique o coator do conteúdo da petição, entregando-lhe a segunda via apresentada pelo impetrante, com as cópias dos documentos, a fim de que, no prazo de dez dias, preste as informações que julgar necessárias (art. 9º da Lei 9.507/1997).

A inicial deve ser desde logo indeferida, quando não for o caso de *habeas data*, ou se lhe faltar algum dos requisitos previstos na Lei 9.507/1997 (art. 10).

Na Justiça do Trabalho, da decisão de indeferimento da petição inicial cabe recurso ordinário, por se tratar de sentença terminativa.

Findo o prazo de apresentação de informações, e ouvido o representante do Ministério Público dentro de cinco dias, os autos devem ser conclusos ao juiz para decisão a ser proferida em cinco dias (art. 12 da Lei 9.507/1997).

Na decisão, se acolhido o pedido, o juiz deve marcar data e horário para que o coator: apresente ao impetrante as informações a seu respeito, constantes de registros

11. "*Habeas data*. Ilegitimidade passiva do Banco do Brasil S.A. para a revelação, a ex-empregada, do conteúdo da ficha de pessoal, por não se tratar, no caso, de registro de caráter público, nem atuar o impetrado na condição de entidade Governamental (Constituição, art. 5º, LXXII, a e art. 173, § 1º, do texto original)" (STF, Pleno, RE 165.304-3/MG, Rel. Min. Octavio Gallotti, DJ 15.12.2000).

ou bancos de dados; ou apresente em juízo a prova da retificação ou da anotação feita nos assentamentos do impetrante (art. 13 da Lei 9.507/1997).

A decisão deve ser comunicada ao coator, por correio, com aviso de recebimento, ou por telegrama, radiograma ou telefonema, conforme o requerer o impetrante. Os originais, no caso de transmissão telegráfica, radiofônica ou telefônica, devem ser apresentados à agência expedidora, com a firma do juiz devidamente reconhecida (art. 14 da Lei 9.507/1997).

Pode-se dizer que, na Justiça do Trabalho, da sentença que conceder ou negar o *habeas data* cabe recurso ordinário (art. 895, inciso I, da CLT).

Nos termos do art. 15, parágrafo único, da Lei 9.507/1997, quando a sentença conceder o *habeas data*, o recurso terá efeito meramente devolutivo.

Quando o *habeas data* for concedido, e o presidente do tribunal ao qual competir o conhecimento do recurso ordenar ao juiz a suspensão da execução da sentença, dessa sua decisão cabe agravo para o tribunal que presida (art. 16 da Lei 9.507/1997).

Nos casos de competência do Supremo Tribunal Federal e dos demais tribunais, cabe ao relator a instrução do processo (art. 17 da Lei 9.507/1997).

O pedido de *habeas data* pode ser renovado se a decisão denegatória não lhe houver apreciado o mérito (art. 18 da Lei 9.507/1997).

Os processos de *habeas data* têm prioridade sobre todos os atos judiciais, exceto *habeas corpus* e mandado de segurança. Na instância superior, devem ser levados a julgamento na primeira sessão que se seguir à data em que, feita a distribuição, forem conclusos ao relator. O prazo para a conclusão não pode exceder de 24 horas, a contar da distribuição (art. 19 da Lei 9.507/1997).

16.12 MANDADO DE INJUNÇÃO

O *mandado de injunção* é ação de natureza constitucional prevista no art. 5º, inciso LXXI, da Constituição Federal de 1988, com a seguinte redação: "conceder-se-á mandado de injunção sempre que a falta de norma regulamentadora torne inviável o exercício dos direitos e liberdades constitucionais e das prerrogativas inerentes à nacionalidade, à soberania e à cidadania".

A Lei Complementar 75/1993, no art. 83, inciso X, estabelece a atribuição do Ministério Público do Trabalho de promover mandado de injunção, quando a competência for da Justiça do Trabalho.

Não obstante, no caso do Direito do Trabalho, conforme o art. 22, inciso I, da Constituição da República, a competência legislativa é privativa da União.

Ademais, compete privativamente ao Presidente da República sancionar, promulgar e fazer publicar as leis, bem como expedir decretos e regulamentos para sua fiel execução (art. 84, inciso IV, da Constituição Federal de 1988).

Cabe lembrar, assim, que, nos termos do art. 102, inciso I, *q*, da Constituição Federal de 1988, compete ao Supremo Tribunal Federal processar e julgar, originariamente, o mandado de injunção, quando a elaboração da norma regulamentadora for atribuição do Presidente da República, do Congresso Nacional, da Câmara dos Deputados, do Senado Federal, das Mesas de uma dessas Casas Legislativas, do Tribunal de Contas da União, de um dos Tribunais Superiores, ou do próprio Supremo Tribunal Federal.

Portanto, nas hipóteses de mandados de injunção que tenham como objeto a ausência de norma regulamentadora para o exercício de direitos e liberdades constitucionais, com natureza de lei ou decreto federal, inclusive sobre Direito do Trabalho, a competência originária é do Supremo Tribunal Federal, e não da Justiça do Trabalho.

Compete ao Superior Tribunal de Justiça, por sua vez, processar e julgar, originariamente, o mandado de injunção, quando a elaboração da norma regulamentadora for atribuição de órgão, entidade ou autoridade federal, da administração direta ou indireta, sendo excetuados os casos de competência do Supremo Tribunal Federal e dos órgãos da Justiça Militar, da Justiça Eleitoral, da Justiça do Trabalho e da Justiça Federal (art. 105, inciso I, *h*, da Constituição da República).

A Lei 13.300/2016 disciplina o processo e o julgamento dos mandados de injunção individual e coletivo, nos termos do art. 5º, inciso LXXI, da Constituição Federal de 1988.

Deve-se conceder mandado de injunção sempre que a falta *total ou parcial* de norma regulamentadora torne inviável o exercício dos direitos e liberdades constitucionais e das prerrogativas inerentes à nacionalidade, à soberania e à cidadania (art. 2º). Considera-se parcial a regulamentação quando forem insuficientes as normas editadas pelo órgão legislador competente.

São legitimados para o mandado de injunção, como impetrantes, as pessoas naturais ou jurídicas que se afirmam titulares dos direitos, das liberdades ou das prerrogativas acima referidos e, como impetrado, o Poder, o órgão ou a autoridade com atribuição para editar a norma regulamentadora (art. 3º).

A petição inicial deve preencher os requisitos estabelecidos pela lei processual e indicará, além do órgão impetrado, a pessoa jurídica que ele integra ou aquela a que está vinculado (art. 4º).

Quando não for transmitida por meio eletrônico, a petição inicial e os documentos que a instruem devem ser acompanhados de tantas vias quantos forem os impetrados. Quando o documento necessário à prova do alegado encontrar-se em repartição ou estabelecimento público, em poder de autoridade ou de terceiro, havendo recusa em fornecê-lo por certidão, no original, ou em cópia autêntica, deve ser ordenada, a pedido do impetrante, a exibição do documento no prazo de 10 dias, devendo, nesse caso, ser juntada cópia à segunda via da petição. Se a recusa em fornecer o documento for do impetrado, a ordem deve ser feita no próprio instrumento da notificação.

Uma vez recebida a petição inicial, deve ser ordenada: a *notificação do impetrado* sobre o conteúdo da petição inicial, devendo-lhe ser enviada a segunda via apresentada com as cópias dos documentos, a fim de que, no prazo de 10 dias, preste informações; a *ciência do ajuizamento da ação ao órgão de representação judicial da pessoa jurídica interessada*, devendo-lhe ser enviada cópia da petição inicial, para que, querendo, ingresse no feito (art. 5º).

A petição inicial deve ser desde logo indeferida quando a impetração for manifestamente incabível ou manifestamente improcedente (art. 6º). Da decisão de relator que indeferir a petição inicial, cabe agravo, em cinco dias, para o órgão colegiado competente para o julgamento da impetração.

Findo o prazo para apresentação das informações, deve ser ouvido o Ministério Público, que opinará em 10 dias, após o que, com ou sem parecer, os autos devem ser conclusos para decisão (art. 7º).

Reconhecido o estado de mora legislativa, deve ser deferida a injunção para: I – determinar prazo razoável para que o impetrado promova a edição da norma regulamentadora; II – estabelecer as condições em que se dará o exercício dos direitos, das liberdades ou das prerrogativas reclamados ou, se for o caso, as condições em que poderá o interessado promover ação própria visando a exercê-los, caso não seja suprida a mora legislativa no prazo determinado (art. 8º).

Deve ser dispensada a determinação a que se refere o inciso I quando comprovado que o impetrado deixou de atender, em mandado de injunção anterior, ao prazo estabelecido para a edição da norma.

A decisão terá eficácia subjetiva limitada às partes e produzirá efeitos até o advento da norma regulamentadora (art. 9º).

O mandado de injunção, como se pode notar, diversamente da ação direta de inconstitucionalidade por omissão (art. 103, § 2º, da Constituição da República), tem como objetivo o controle de forma *concreta* da omissão inconstitucional, nas hipóteses autorizadas pelo art. 5º, inciso LXXI, da Constituição da República.

Entretanto, pode ser conferida eficácia *ultra partes* ou *erga omnes* à decisão, quando isso for inerente ou indispensável ao exercício do direito, da liberdade ou da prerrogativa objeto da impetração (art. 9º, § 1º, da Lei 13.300/2016).

Transitada em julgado a decisão, os seus efeitos podem ser estendidos aos casos análogos por decisão monocrática do relator (art. 9º, § 2º, da Lei 13.300/2016).

Frise-se que o indeferimento do pedido por insuficiência de prova não impede a renovação da impetração fundada em outros elementos probatórios.

Sem prejuízo dos efeitos já produzidos, a decisão pode ser revista, a pedido de qualquer interessado, quando sobrevierem relevantes modificações das circunstâncias de fato ou de direito (art. 10). A ação de revisão deve observar, no que couber, o procedimento estabelecido na Lei 13.300/2016.

A norma regulamentadora superveniente deve produzir efeitos *ex nunc* em relação aos beneficiados por decisão transitada em julgado, salvo se a aplicação da norma editada lhes for mais favorável (art. 11).

Fica prejudicada a impetração se a norma regulamentadora for editada antes da decisão, caso em que o processo será extinto sem resolução de mérito.

O *mandado de injunção coletivo* pode ser promovido: pelo Ministério Público, quando a tutela requerida for especialmente relevante para a defesa da ordem jurídica, do regime democrático ou dos interesses sociais ou individuais indisponíveis; por partido político com representação no Congresso Nacional, para assegurar o exercício de direitos, liberdades e prerrogativas de seus integrantes ou relacionados com a finalidade partidária; por organização sindical, entidade de classe ou associação legalmente constituída e em funcionamento há pelo menos um ano, para assegurar o exercício de direitos, liberdades e prerrogativas em favor da totalidade ou de parte de seus membros ou associados, na forma de seus estatutos e desde que pertinentes a suas finalidades, dispensada, para tanto, autorização especial; pela Defensoria Pública, quando a tutela requerida for especialmente relevante para a promoção dos direitos humanos e a defesa dos direitos individuais e coletivos dos necessitados, na forma do art. 5º, inciso LXXIV, da Constituição Federal de 1988, ao prever que o Estado deve prestar *assistência jurídica integral e gratuita* aos que comprovarem insuficiência de recursos (art. 12).

Os direitos, as liberdades e as prerrogativas protegidos por mandado de injunção coletivo são os pertencentes, indistintamente, a uma coletividade indeterminada de pessoas ou determinada por grupo, classe ou categoria.

Conforme o art. 13 da Lei 13.300/2016, no mandado de injunção coletivo, a sentença faz coisa julgada limitadamente às pessoas integrantes da coletividade, do grupo, da classe ou da categoria substituídos pelo impetrante, sem prejuízo do disposto no art. 9º, §§ 1º e 2º da Lei 13.300/2016.

O mandado de injunção coletivo não induz litispendência em relação aos individuais, mas os efeitos da coisa julgada não beneficiam o impetrante que não requerer a desistência da demanda individual no prazo de 30 dias a contar da ciência comprovada da impetração coletiva.

Aplicam-se subsidiariamente ao mandado de injunção as normas do mandado de segurança, disciplinado pela Lei 12.016/2009, e do Código de Processo Civil (art. 14).

16.13 AÇÃO RESCISÓRIA

16.13.1 Natureza jurídica

A *ação rescisória* tem como objetivo preservar o respeito à ordem jurídica positiva.

A coisa julgada é garantia constitucional prevista no art. 5º, inciso XXXVI, da Constituição Federal de 1988. Entretanto, o sistema jurídico admite o ajuizamento da ação rescisória, a qual é previsto na Constituição da República (arts. 102, inciso I, *j*, 105, inciso I, *e*, 108, inciso I, *b*).

A ação rescisória tem natureza de ação autônoma de impugnação, pois dá origem a processo judicial distinto e autônomo[12]. Não se trata, portanto, de recurso, o qual prossegue em relação processual já existente.

Trata-se de ação autônoma específica, por ter como objetivo a desconstituição de decisão (em regra de mérito) transitada em julgado.

16.13.2 Cabimento

A ação rescisória é cabível no processo do trabalho, conforme dispõe o art. 836 da CLT.

O art. 3º, inciso XXVI, da Instrução Normativa 39/2016 do TST prevê que se aplicam ao processo do trabalho, em face de omissão e de compatibilidade, os arts. 966 a 975, do CPC, sobre ação rescisória.

A ação rescisória exige, em princípio, a presença de decisão de mérito e de trânsito em julgado (art. 966, *caput*, do CPC). Essa decisão normalmente é uma sentença ou um acórdão, mas, em tese, também pode ser uma decisão interlocutória que examine parte do mérito.

Portanto, em regra (que atualmente possui exceções), há necessidade de existência de coisa julgada material (art. 502 da CPC) para que a ação rescisória seja cabível[13]. Entretanto, de acordo com o art. 966, § 2º, do CPC, nas hipóteses previstas nos incisos do *caput* do art. 966, será rescindível a *decisão transitada em julgado* que, embora não

12. Cf. BARBOSA MOREIRA, José Carlos. *Comentários ao Código de Processo Civil*. 8. ed. Rio de Janeiro: Forense, 1999. v. 5. p. 99.

13. Cf. Orientação Jurisprudencial 150 da SBDI-II do TST: "Ação rescisória. Regência pelo CPC de 1973. Decisão rescindenda que extingue o processo sem resolução de mérito por acolhimento de coisa julgada. conteúdo meramente processual. Impossibilidade jurídica do pedido. Reputa-se juridicamente impossível o pedido de corte rescisório de decisão que, reconhecendo a existência de coisa julgada, nos termos do art. 267, V, do CPC de 1973, extingue o processo sem resolução de mérito, o que, ante o seu conteúdo meramente processual, a torna insuscetível de produzir a coisa julgada material".

seja de mérito, impeça a nova propositura da demanda ou impeça a admissibilidade do recurso correspondente.

Pode-se exemplificar com a situação em que o processo decorrente da segunda ação foi extinto sem resolução do mérito, com fundamento na existência de perempção ou de coisa julgada (art. 485, inciso V, do CPC), o que, a rigor, impede a nova propositura da demanda. A decisão dessa segunda ação, portanto, pode ser objeto de ação rescisória, com fundamento no art. 966, § 2º, do CPC.

A decisão proferida em embargos à execução ou em agravo de petição que apenas declara preclusa a oportunidade de impugnação da sentença de liquidação não é rescindível, em virtude de produzir tão-somente coisa julgada formal (Orientação Jurisprudencial 134 da SBDI-II do TST).

Admite-se ação rescisória contra sentença transitada em julgado, ainda que contra ela não se tenha esgotado todos os recursos (Súmula 514 do STF).

Embora não haja atividade cognitiva, a decisão que declara extinta a execução, nos termos do art. 924, incisos I a IV c/c art. 925 do CPC, extingue a relação processual e a obrigacional, sendo passível de corte rescisório (Orientação Jurisprudencial 107 da SBDI-II do TST).

Nos termos da Súmula 412 do TST:

> "Ação rescisória. Regência pelo CPC de 1973. Sentença de mérito. Questão processual (nova redação em decorrência do CPC de 2015). Sob a égide do CPC de 1973, pode uma questão processual ser objeto de rescisão desde que consista em pressuposto de validade de uma sentença de mérito".

Revelando-se a sentença *citra petita*, o vício processual vulnera os arts. 141 e 492 do CPC, tornando-a passível de desconstituição, ainda que não interpostos embargos de declaração (Orientação Jurisprudencial 41 da SBDI-II do TST).

É incabível ação rescisória para a desconstituição de sentença não transitada em julgado porque ainda não submetida ao necessário duplo grau de jurisdição, na forma do Decreto-Lei nº 779/69. Determina-se que se oficie ao Presidente do TRT para que proceda à avocatória do processo principal para o reexame da sentença rescindenda (Orientação Jurisprudencial 21 da SBDI-II do TST).

No processo do trabalho, o termo de conciliação judicial vale como decisão irrecorrível (salvo para a Previdência Social, quanto às contribuições que lhe forem devidas), consoante art. 831, parágrafo único, da CLT. Nos termos do art. 487, inciso III, *b*, do CPC, há resolução do mérito quando o juiz homologar a transação.

Sendo assim, a jurisprudência trabalhista firmou o entendimento de que "só por ação rescisória é impugnável o termo de conciliação previsto no parágrafo único do art. 831 da CLT" (Súmula 259 do TST).

O art. 966, § 4º, do CPC prevê que os *atos de disposição de direitos*, praticados pelas partes ou por outros participantes do processo e *homologados pelo juízo*, bem como os *atos homologatórios praticados no curso da execução*, estão sujeitos à *anulação*, nos termos da lei. Nos casos indicados, portanto, ficou expresso não ser cabível ação rescisória, mas *ação anulatória*.

Nesse enfoque, seria possível defender que a ação rescisória é cabível em face de sentença de mérito na qual a atividade jurisdicional *não seja meramente secundária*, de simples homologação, mas contenha efetiva decisão relativa ao conflito apresentado em juízo, ou seja, decorrente "do exercício do poder jurisdicional atribuído ao órgão judiciário competente, resolvendo o mérito da lide" (STJ, 4ª T., EDcl no REsp 1.286.501/GO, 2011/0240983-1, Rel. Min. Marco Buzzi, DJe 01.08.2012).

O CPC de 1973, no art. 485, inciso VIII, previa o cabimento da ação rescisória quando houvesse "fundamento para invalidar confissão, desistência ou transação, em que se baseou a sentença", o que não é mais previsto no art. 966 do CPC de 2015. Logo, é possível entender que os casos em questão passam a ser objeto de ação anulatória.

Em se tratando de jurisdição voluntária, há entendimento de que também não cabe, em regra, ação rescisória, em razão da ausência de conflito de interesses submetido para ser decidido por meio de atividade jurisdicional contenciosa. A sentença na jurisdição voluntária, em princípio, não faz coisa julgada material, podendo ser revista a qualquer tempo, se houver modificação superveniente das circunstâncias originais[14].

Ainda a respeito do cabimento da ação rescisória, assim esclarece a Súmula 399 do TST:

> "Ação rescisória. Cabimento. Sentença de mérito. Decisão homologatória de adjudicação, de arrematação e de cálculos. I – É incabível ação rescisória para impugnar decisão homologatória de adjudicação ou arrematação. II – A decisão homologatória de cálculos apenas comporta rescisão quando enfrentar as questões envolvidas na elaboração da conta de liquidação, quer solvendo a controvérsia das partes quer explicitando, de ofício, os motivos pelos quais acolheu os cálculos oferecidos por uma das partes ou pelo setor de cálculos, e não contestados pela outra".

Deve-se salientar ainda que a ação rescisória pode ter por objeto apenas um capítulo da decisão (art. 966, § 3º, do CPC).

16.13.3 Competência

A ação rescisória é de competência originária dos tribunais. Trata-se de competência de natureza absoluta, uma vez que voltada à competência hierárquica e funcional.

Nos termos do art. 678, inciso I, *c*, 2, da CLT, compete aos Tribunais Regionais do Trabalho processar e julgar as ações rescisórias das decisões das Varas do Trabalho, dos juízes de direito investidos na jurisdição trabalhista e de seus próprios acórdãos. No âmbito interno dos Tribunais Regionais do Trabalho, a competência é de Seção Especializada ou do Pleno, conforme o regimento interno.

No TST, a Lei 7.701/1988 prevê a competência originária da Seção de Dissídios Coletivos e da Seção de Dissídios Individuais para julgar ação rescisória.

Compete à Seção especializada em Dissídios Coletivos, originariamente, julgar as ações rescisórias propostas contra suas sentenças normativas (art. 2º, inciso I, *c*, da Lei 7.701/1988).

Compete à Seção de Dissídios Individuais julgar, originariamente, as ações rescisórias propostas contra decisões das Turmas do Tribunal Superior do Trabalho e suas próprias, inclusive as anteriores à especialização em seções (art. 3º, inciso I, *a*, da Lei 7.701/1988).

Compete ao Supremo Tribunal Federal processar e julgar, originariamente, a ação rescisória de seus julgados (art. 102, inciso I, *j*, da Constituição Federal de 1988).

---

14. Cf. GONÇALVES, Marcus Vinicius Rios. *Direito processual civil esquematizado*. 9. ed. São Paulo: Saraiva, 2018. p. 740-742.

Conforme a Súmula 192 do TST:

"Ação rescisória. Competência. I – Se não houver o conhecimento de recurso de revista ou de embargos, a competência para julgar ação que vise a rescindir a decisão de mérito é do Tribunal Regional do Trabalho, ressalvado o disposto no item II. II – Acórdão rescindendo do Tribunal Superior do Trabalho que não conhece de recurso de embargos ou de revista, analisando arguição de violação de dispositivo de lei material ou decidindo em consonância com súmula de direito material ou com iterativa, notória e atual jurisprudência de direito material da Seção de Dissídios Individuais (Súmula nº 333), examina o mérito da causa, cabendo ação rescisória da competência do Tribunal Superior do Trabalho. III – Sob a égide do art. 512 do CPC de 1973, é juridicamente impossível o pedido explícito de desconstituição de sentença quando substituída por acórdão do Tribunal Regional ou superveniente sentença homologatória de acordo que puser fim ao litígio. IV – Na vigência do CPC de 1973, é manifesta a impossibilidade jurídica do pedido de rescisão de julgado proferido em agravo de instrumento que, limitando-se a aferir o eventual desacerto do juízo negativo de admissibilidade do recurso de revista, não substitui o acórdão regional, na forma do art. 512 do CPC. V – A decisão proferida pela SBDI, em agravo regimental, calcada na Súmula nº 333, substitui acórdão de Turma do TST, porque emite juízo de mérito, comportando, em tese, o corte rescisório".

É competente o Supremo Tribunal Federal para a ação rescisória, quando, embora não tendo conhecido do recurso extraordinário, ou havendo negado provimento ao agravo, tiver apreciado a questão federal controvertida (Súmula 249 do STF).

Sob a égide do CPC de 1973, o manifesto equívoco da parte em ajuizar ação rescisória no TST para desconstituir julgado proferido pelo TRT, ou vice-versa, implica a extinção do processo sem julgamento do mérito por inépcia da inicial (Orientação Jurisprudencial 70 da SBDI-II do TST).

O art. 968, § 5º, do CPC dispõe que reconhecida a incompetência do tribunal para julgar a ação rescisória, o autor deve ser intimado para emendar a petição inicial, a fim de adequar o objeto da ação rescisória, quando a decisão apontada como rescindenda: I – não tiver apreciado o mérito e não se enquadre na situação prevista no § 2º do art. 966 do CPC[15]; II – tiver sido substituída por decisão posterior.

Na hipótese do art. 968, § 5º, do CPC, após a emenda da petição inicial deve ser permitido ao réu complementar os fundamentos de defesa. Em seguida, os autos devem remetidos ao tribunal competente.

16.13.4 Legitimidade

Tem legitimidade para propor a ação rescisória: I – quem foi parte no processo ou o seu sucessor a título universal ou singular; II – o terceiro juridicamente interessado; III – o Ministério Público: a) se não foi ouvido no processo em que lhe era obrigatória a intervenção; b) quando a decisão rescindenda é o efeito de simulação ou de colusão das partes, a fim de fraudar a lei; c) em outros casos em que se imponha sua atuação; IV – aquele que não foi ouvido no processo em que lhe era obrigatória a intervenção (art. 967 do CPC).

15. "§ 2º Nas hipóteses previstas no *caput* [do art. 966], será rescindível a decisão transitada em julgado que, embora não seja de mérito, impeça: I – nova propositura da demanda; ou II – admissibilidade do recurso correspondente".

Nas hipóteses do art. 178 do CPC, o Ministério Público deve ser intimado para intervir como fiscal da ordem jurídica quando não for parte.

Segundo explicita a Súmula 406 do TST:

> "Ação rescisória. Litisconsórcio. Necessário no polo passivo e facultativo no ativo. Inexistente quanto aos substituídos pelo sindicato. I – O litisconsórcio, na ação rescisória, é necessário em relação ao polo passivo da demanda, porque supõe uma comunidade de direitos ou de obrigações que não admite solução díspar para os litisconsortes, em face da indivisibilidade do objeto. Já em relação ao polo ativo, o litisconsórcio é facultativo, uma vez que a aglutinação de autores se faz por conveniência e não pela necessidade decorrente da natureza do litígio, pois não se pode condicionar o exercício do direito individual de um dos litigantes no processo originário à anuência dos demais para retomar a lide. II – O Sindicato, substituto processual e autor da reclamação trabalhista, em cujos autos fora proferida a decisão rescindenda, possui legitimidade para figurar como réu na ação rescisória, sendo descabida a exigência de citação de todos os empregados substituídos, porquanto inexistente litisconsórcio passivo necessário".

O terceiro juridicamente interessado é aquele que não foi parte no processo anterior, no qual a sentença (ou acórdão) de mérito foi proferida, mas tem interesse jurídico, e não meramente econômico.

A legitimidade *ad causam* do Ministério Público para propor ação rescisória, ainda que não tenha sido parte no processo que deu origem à decisão rescindenda, não está limitada às alíneas "a", "b" e "c" do inciso III do art. 967 do CPC, uma vez que traduzem hipóteses meramente exemplificativas (Súmula 407 do TST).

Deve-se ressaltar, ainda, que na ação rescisória não se admite o exercício do *jus postulandi* na Justiça do Trabalho (Súmula 425 do TST).

De acordo com a Orientação Jurisprudencial 151 da SBDI-II do TST: "Ação rescisória e mandado de segurança. Procuração. Poderes específicos para ajuizamento de reclamação trabalhista. Irregularidade de representação processual. Fase recursal. Vício processual sanável. A procuração outorgada com poderes específicos para ajuizamento de reclamação trabalhista não autoriza a propositura de ação rescisória e mandado de segurança. Constatado, todavia, o defeito de representação processual na fase recursal, cumpre ao relator ou ao tribunal conceder prazo de 5 (cinco) dias para a regularização, nos termos da Súmula nº 383, item II, do TST".

Desse modo, verificada a irregularidade de representação da parte em fase recursal, em procuração ou substabelecimento já constante dos autos, o relator ou o órgão competente para julgamento do recurso designará prazo de cinco dias para que seja sanado o vício. Descumprida a determinação, o relator não conhecerá do recurso, se a providência couber ao recorrente, ou determinará o desentranhamento das contrarrazões, se a providência couber ao recorrido, conforme art. 76, § 2º, do CPC (Súmula 383 do TST, item II).

16.13.5 Hipóteses de admissibilidade

Nesse sentido, a decisão transitada em julgado pode ser rescindida quando (art. 966 do CPC):

I. *verificar-se que foi proferida por força de prevaricação, concussão ou corrupção do juiz.*

A prevaricação é prevista no art. 319 do Código Penal e significa retardar ou deixar de praticar, indevidamente, ato de ofício, ou praticá-lo contra disposição expressa de lei, para satisfazer interesse ou sentimento pessoal. A concussão é prevista no art. 316 do Código Penal, significando exigir, para si ou para outrem, direta ou indiretamente, ainda que fora da função ou antes de assumi-la, mas em razão dela, vantagem indevida. A corrupção passiva é prevista no art. 317 do Código Penal, e consiste em solicitar ou receber, para si ou para outrem, direta ou indiretamente, ainda que fora da função ou antes de assumi-la, mas em razão dela, vantagem indevida, ou aceitar promessa de tal vantagem.

Não se exige que os mencionados fatos tenham sido objeto de apuração em processo de natureza criminal, podendo ser provados na ação rescisória.

II. *for proferida por juiz impedido ou por juízo absolutamente incompetente.*

As hipóteses de impedimento são previstas no art. 144 do CPC. Não há previsão de cabimento da ação rescisória nos casos de suspeição do juiz (art. 145 do CPC). A incompetência absoluta é aquela em razão da matéria, da pessoa ou funcional, decorrendo de normas de ordem pública (art. 62 do CPC).

Na hipótese em que a ação rescisória tem como causa de rescindibilidade o inciso II do art. 966 do CPC, a arguição de incompetência absoluta prescinde de prequestionamento (Orientação Jurisprudencial 124 da SBDI-II do TST).

A incompetência relativa, como normalmente é a de natureza territorial, não admite o ajuizamento de ação rescisória.

III. *resultar de dolo ou coação da parte vencedora em detrimento da parte vencida ou, ainda, de simulação ou colusão entre as partes, a fim de fraudar a lei.*

Dolo significa a prática de ardil malicioso, com o intuito de enganar, o que vicia a manifestação de vontade da outra parte, causando-lhe prejuízo.

A *coação* também é um vício do consentimento, ou seja, da declaração da vontade, acarretando à vítima fundado temor de dano iminente e considerável à sua pessoa, à sua família ou aos seus bens (art. 151 do Código Civil de 2002).

Quanto ao dolo, a Súmula 403 do TST assim esclarece:

> "Ação rescisória. Dolo da parte vencedora em detrimento da vencida. Art. 485, III, do CPC [de 1973]. I – Não caracteriza dolo processual, previsto no art. 485, III, do CPC [de 1973], o simples fato de a parte vencedora haver silenciado a respeito de fatos contrários a ela, porque o procedimento, por si só, não constitui ardil do qual resulte cerceamento de defesa e, em consequência, desvie o juiz de uma sentença não condizente com a verdade. II – Se a decisão rescindenda é homologatória de acordo, não há parte vencedora ou vencida, razão pela qual não é possível a sua desconstituição calcada no inciso III do art. 485 do CPC de 1973 (dolo da parte vencedora em detrimento da vencida), pois constitui fundamento de rescindibilidade que supõe solução jurisdicional para a lide".

Na *simulação*, a declaração de vontade das partes é diversa da vontade real, tendo como objetivo, normalmente, afastar a incidência de normas ou obrigações, além de prejudicar terceiros. Ela ocorre quando as partes aparentarem conferir ou transmitir direitos a pessoas diversas daquelas às quais realmente se conferem ou transmitem. A simulação também surge quando as partes apresentarem declaração, confissão, condição ou cláusula não verdadeira, ou os instrumentos particulares forem antedatados, ou pós-datados (art. 167, § 1º, do Código Civil de 2002).

O CPC de 1973, no art. 485, inciso VIII, previa o cabimento da ação rescisória quando houvesse "fundamento para invalidar confissão, desistência ou transação, em que se baseou a sentença", o que, entretanto, não é mais previsto no art. 966 do CPC de 2015. Sendo assim, pode-se dizer que os casos em questão passam a ser objeto de ação anulatória.

Colusão significa conluio ou acordo fraudulento entre as partes, com o objetivo de fraude à lei.

A decisão ou acordo judicial subjacente à reclamação trabalhista, cuja tramitação deixa nítida a simulação do litígio para fraudar a lei e prejudicar terceiros, enseja ação rescisória, com lastro em colusão. No juízo rescisório, o processo simulado deve ser extinto (Orientação Jurisprudencial 94 da SBDI-II do TST).

Nos casos de simulação e de colusão entre as partes, com o objetivo de fraudar a lei, a extinção do processo sem exame do mérito está em consonância com o art. 142 do CPC. Ou seja, convencendo-se, pelas circunstâncias da causa, de que autor e réu se serviram do processo para praticar ato simulado ou conseguir fim vedado por lei, o juiz deve proferir sentença que impeça os objetivos das partes, *aplicando, de ofício, as penalidades da litigância de má-fé*.

Cabe salientar, ainda, o entendimento de que: "A colusão entre as partes, a fim de fraudar a lei como fundamento de rescindibilidade de decisão transitada em julgado, consiste no conluio entre os litigantes para obter, com o processo, um fim vedado pela lei, sendo invocável apenas por terceiro interessado, quer seja o Ministério Público, quer seja credor hipotecário ou pignoratício do Executado. Nesse sentido, tal vício não pode ser alegado pelas próprias partes, que não podem se beneficiar da própria torpeza" (TST, SBDI-II, ROAR 103900-90.2005.04.0000, Rel. Min. Ives Gandra Martins Filho, DJ 12.09.2008, voto).

IV. *ofender a coisa julgada.*

A coisa julgada em questão, a qual, quando violada, admite o ajuizamento da ação rescisória, é a coisa julgada material.

Portanto, se a decisão de mérito transitou em julgado, mas foi ajuizada, posteriormente, ação com as mesmas partes, os mesmos pedidos e causa de pedir, sendo proferida nova decisão, que viola a coisa julgada anterior, ao transitar em julgado essa última decisão de mérito, torna-se cabível a ação rescisória, por ofensa à coisa julgada material anterior.

A ofensa à coisa julgada de que trata o inciso IV do art. 966 do CPC refere-se apenas a relações processuais distintas. A invocação de desrespeito à coisa julgada formada no processo de conhecimento, na correspondente fase de execução, somente é possível com base na violação do art. 5º, XXXVI, da Constituição da República (Orientação Jurisprudencial 157 da SBDI-II do TST).

A coisa julgada ocorre quando se reproduz ação anteriormente ajuizada. Uma ação é idêntica à outra quando tem as mesmas partes, a mesma causa de pedir e o mesmo pedido, isto é, quando presente a tríplice identidade de elementos. Sendo assim, em princípio, há coisa julgada quando se repete ação que já foi decidida por decisão transitada em julgado (art. 337, §§ 1º, 2º e 4º, do CPC).

O acolhimento da ação rescisória calcada em ofensa à coisa julgada supõe dissonância patente entre as decisões exequenda e rescindenda, o que não se verifica quando se faz necessária a interpretação do título executivo judicial para se concluir pela lesão à coisa julgada (Orientação Jurisprudencial 123 da SBDI-II do TST).

Para viabilizar a desconstituição do julgado pela causa de rescindibilidade do inciso IV do art. 966 do CPC, é necessário que a decisão rescindenda tenha enfrentado as questões ventiladas na ação rescisória, sob pena de inviabilizar o cotejo com o título executivo judicial tido por desrespeitado, de modo a se poder concluir pela ofensa à coisa julgada (Orientação Jurisprudencial 101 da SBDI-II do TST).

Conforme a Súmula 401 do TST: "Ação rescisória. Descontos legais. Fase de execução. Sentença exequenda omissa. Inexistência de ofensa à coisa julgada. Os descontos previdenciários e fiscais devem ser efetuados pelo juízo executório, ainda que a sentença exequenda tenha sido omissa sobre a questão, dado o caráter de ordem pública ostentado pela norma que os disciplina. A ofensa à coisa julgada somente poderá ser caracterizada na hipótese de o título exequendo, expressamente, afastar a dedução dos valores a título de imposto de renda e de contribuição previdenciária".

Na mesma linha, destaca-se a Orientação Jurisprudencial 35 da SBDI-II do TST: "Ação rescisória. Planos econômicos. Coisa julgada. Limitação à data-base na fase de execução. Não ofende a coisa julgada a limitação à data-base da categoria, na fase executória, da condenação ao pagamento de diferenças salariais decorrentes de planos econômicos, quando a decisão exequenda silenciar sobre a limitação, uma vez que a limitação decorre de norma cogente. Apenas quando a sentença exequenda houver expressamente afastado a limitação à data-base é que poderá ocorrer ofensa à coisa julgada".

No caso de conciliação judicial, o termo que for lavrado vale como decisão irrecorrível (salvo para a Previdência Social quanto às contribuições que lhe forem devidas), nos termos do art. 831, parágrafo único, da CLT.

Sendo assim, em consonância com a Orientação Jurisprudencial 132 da SBDI-II do TST: "Ação rescisória. Acordo homologado. Alcance. Ofensa à coisa julgada. Acordo celebrado – homologado judicialmente – em que o empregado dá plena e ampla quitação, sem qualquer ressalva, alcança não só o objeto da inicial, como também todas as demais parcelas referentes ao extinto contrato de trabalho, violando a coisa julgada, a propositura de nova reclamação trabalhista".

Não procede ação rescisória calcada em ofensa à coisa julgada perpetrada por decisão proferida em ação de cumprimento, em face de a sentença normativa, na qual se louvava, ter sido modificada em grau de recurso, porque em dissídio coletivo somente se consubstancia coisa julgada formal. Assim, os meios processuais aptos a atacarem a execução da cláusula reformada são a exceção de pré-executividade e o mandado de segurança, no caso de descumprimento do art. 514 do CPC (Súmula 397 do TST).

Havendo duas decisões de mérito transitadas em julgado, defende-se o entendimento de que prevalece a coisa julgada material mais recente[16]. Caso contrário, não haveria razão para prever prazo decadencial para o ajuizamento de ação rescisória, nem haveria a necessidade do seu ajuizamento para a rescisão da decisão de mérito transitada em julgado. Ademais, pode-se sustentar a aplicação, por analogia, do mandamento no sentido de que a norma posterior revoga a anterior.

16. Cf. GRECO FILHO, Vicente. *Direito processual civil brasileiro*. 20. ed. São Paulo: Saraiva, 2009. v. 2. p. 448.

V. *violar manifestamente norma jurídica.*

Nota-se que o CPC de 2015 faz referência à violação manifesta de norma *jurídica*, expressão que é mais ampla do que a violação literal de disposição de *lei*, como era a previsão no art. 485, inciso V, do CPC de 1973[17].

A norma jurídica pode ser constitucional ou infraconstitucional. Além disso, a norma pode ser de direito material ou processual.

Ressalte-se que o STF fixou a seguinte tese de repercussão geral: "A decisão do Supremo Tribunal Federal declarando a constitucionalidade ou a inconstitucionalidade de preceito normativo não produz a automática reforma ou rescisão das decisões anteriores que tenham adotado entendimento diferente. Para que tal ocorra, será indispensável a interposição de recurso próprio ou, se for o caso, a propositura de ação rescisória própria, nos termos do art. 485 do CPC [de 1973], observado o respectivo prazo decadencial (art. 495)" (STF, Pleno, RE 730.462/SP, Rel. Min. Teori Zavascki, DJe 09.09.2015).

De acordo com a Súmula 343 do STF, "não cabe ação rescisória por ofensa a literal disposição de lei, quando a decisão rescindenda se tiver baseado em texto legal de interpretação controvertida nos tribunais".

No mesmo sentido, a Súmula 83 do TST assim prevê:

> "Ação rescisória. Matéria controvertida. I – Não procede pedido formulado na ação rescisória por violação literal de lei se a decisão rescindenda estiver baseada em texto legal infraconstitucional de interpretação controvertida nos Tribunais. II – O marco divisor quanto a ser, ou não, controvertida, nos Tribunais, a interpretação dos dispositivos legais citados na ação rescisória é a data da inclusão, na Orientação Jurisprudencial do TST, da matéria discutida".

Como se pode notar, segundo a jurisprudência do TST, *não* incide o óbice das Súmulas 343 do STF e 83 do TST se a norma jurídica de que se alega violação, na ação rescisória, tiver natureza constitucional[18].

Em razão de se exigir a violação manifesta de norma jurídica (como dispositivo específico de lei, de decreto com densidade normativa ou da Constituição, quando diretamente violada), consoante a Orientação Jurisprudencial 97 da SBDI-II do TST: "Ação rescisória. Violação do art. 5º, II, LIV e LV, da Constituição Federal. Princípios da legalidade, do devido processo legal, do contraditório e da ampla defesa. Os princípios da legalidade, do devido processo legal, do contraditório e da ampla defesa não servem de fundamento para a desconstituição de decisão judicial transitada em julgado, quando se apresentam sob a forma de pedido genérico e desfundamentado, acompanhando dispositivos legais que tratam especificamente da matéria debatida, estes sim, passíveis de fundamentarem a análise do pleito rescisório".

Para que a violação da norma jurídica dê causa à rescisão de decisão de mérito alicerçada em duplo fundamento, é necessário que o autor da ação rescisória invoque

17. Cf. Orientação Jurisprudencial 25 da SBDI-II do TST: "Ação rescisória. Regência pelo CPC de 1973. Expressão 'lei' do art. 485, V, do CPC de 1973. Não inclusão do ACT, CCT, Portaria, Regulamento, Súmula e Orientação Jurisprudencial de Tribunal. Não procede pedido de rescisão fundado no art. 485, V, do CPC de 1973 quando se aponta contrariedade à norma de convenção coletiva de trabalho, acordo coletivo de trabalho, portaria do Poder Executivo, regulamento de empresa e súmula ou orientação jurisprudencial de tribunal".

18. Cf. Orientação Jurisprudencial 6 da SBDI-II do TST e Orientação Jurisprudencial 34 da SBDI-II do TST.

causas de rescindibilidade que, em tese, possam infirmar a motivação dúplice da decisão rescindenda (Orientação Jurisprudencial 112 da SBDI-II do TST).

A ação rescisória não deve ser utilizada em substituição do recurso, nem como medida para discutir a justiça da decisão ou para realizar novo exame de provas.

Por isso, a ação rescisória calcada em violação de norma jurídica não admite reexame de fatos e provas do processo que originou a decisão rescindenda (Súmula 410 do TST).

No processo do trabalho, a jurisprudência exige o *pronunciamento explícito* também para fins de ação rescisória, quando fundada em violação manifesta de norma jurídica, embora sem o mesmo rigor do prequestionamento no recurso de revista, para que se possa saber se a decisão impugnada realmente é passível de rescisão.

Em consonância com a Súmula 298 do TST:

> "Ação rescisória. Violação a disposição de lei. Pronunciamento explícito. I – A conclusão acerca da ocorrência de violação literal a disposição de lei pressupõe pronunciamento explícito, na sentença rescindenda, sobre a matéria veiculada. II – O pronunciamento explícito exigido em ação rescisória diz respeito à matéria e ao enfoque específico da tese debatida na ação, e não, necessariamente, ao dispositivo legal tido por violado. Basta que o conteúdo da norma reputada violada haja sido abordado na decisão rescindenda para que se considere preenchido o pressuposto. III – Para efeito de ação rescisória, considera-se pronunciada explicitamente a matéria tratada na sentença quando, examinando remessa de ofício, o Tribunal simplesmente a confirma. IV – A sentença meramente homologatória, que silencia sobre os motivos de convencimento do juiz, não se mostra rescindível, por ausência de pronunciamento explícito. V – Não é absoluta a exigência de pronunciamento explícito na ação rescisória, ainda que esta tenha por fundamento violação de dispositivo de lei. Assim, prescindível o pronunciamento explícito quando o vício nasce no próprio julgamento, como se dá com a sentença 'extra, citra e ultra petita'".

Não padece de inépcia a petição inicial de ação rescisória apenas porque omite a subsunção do fundamento de rescindibilidade no art. 966 do CPC ou o capitula erroneamente em um de seus incisos. Contanto que não se afaste dos fatos e fundamentos invocados como causa de pedir, ao Tribunal é lícito emprestar-lhes a adequada qualificação jurídica (*iura novit curia*). No entanto, fundando-se a ação rescisória no art. 966, inciso V, do CPC, é indispensável expressa indicação, na petição inicial da ação rescisória, da norma jurídica manifestamente violada, por se tratar de causa de pedir da rescisória, não se aplicando, no caso, o princípio *iura novit curia* (Súmula 408 do TST).

Não procede ação rescisória calcada em violação do art. 7º, XXIX, da Constituição Federal de 1988 quando a questão envolve discussão sobre a espécie de prazo prescricional aplicável aos créditos trabalhistas, se total ou parcial, porque a matéria tem índole infraconstitucional, construída, na Justiça do Trabalho, no plano jurisprudencial (Súmula 409 do TST).

Cabe ação rescisória, com fundamento no art. 966, *caput*, inciso V, do CPC (violação manifesta de norma jurídica), contra decisão baseada em enunciado de súmula ou acórdão proferido em julgamento de casos repetitivos que não tenha considerado a existência de distinção entre a questão discutida no processo e o padrão decisório que lhe deu fundamento (art. 966, § 5º, do CPC, com redação dada pela Lei 13.256/2016).

Considera-se julgamento de *casos repetitivos* a decisão proferida em: incidente de resolução de demandas repetitivas; recursos especial (no processo do trabalho, recurso de revista) e extraordinário repetitivos (art. 928 do CPC). O julgamento de casos repetitivos tem por objeto questão de direito material ou processual.

Quando a ação rescisória fundar-se na hipótese do art. 966, § 5º, do CPC, cabe ao autor, sob pena de inépcia, demonstrar, *fundamentadamente*, tratar-se de situação particularizada por hipótese fática distinta ou de questão jurídica não examinada, a impor outra solução jurídica (art. 966, § 6º, do CPC, com redação dada pela Lei 13.256/2016).

Se preenchidos os requisitos legais, em tese, admite-se ação rescisória de acórdão proferido em ação rescisória anterior.

Em se tratando de rescisória de rescisória, o vício apontado deve nascer na decisão rescindenda, não se admitindo a rediscussão do acerto do julgamento da rescisória anterior. Assim, não procede rescisória calcada no inciso V do art. 966 do CPC para discussão, por má aplicação da mesma norma jurídica, tida por violada na rescisória anterior, bem como para arguição de questões inerentes à ação rescisória primitiva (Súmula 400 do TST).

> VI. *for fundada em prova cuja falsidade tenha sido apurada em processo criminal ou venha a ser demonstrada na própria ação rescisória.*

A falsidade da prova, portanto, pode ser apurada em processo criminal ou na ação rescisória. A prova falsa, no caso, precisa ter sido decisiva no julgamento da demanda cuja decisão se pretende rescindir.

> VII. *obtiver o autor, posteriormente ao trânsito em julgado, prova nova cuja existência ignorava ou de que não pôde fazer uso, capaz, por si só, de lhe assegurar pronunciamento favorável.*

Entende-se que a prova nova, para o ajuizamento de ação rescisória, é a que já existia quando da decisão rescindenda, pois não se trata, no caso, de prova constituída posteriormente, mas que era desconhecida pela parte, ou de utilização impossível naquele momento, por motivos alheios à vontade do autor da ação rescisória[19].

Consoante a Súmula 402 do TST:

> "Ação rescisória. Prova nova. Dissídio coletivo. Sentença normativa (nova redação em decorrência do CPC de 2015).
>
> I – Sob a vigência do CPC de 2015 (art. 966, inciso VII), para efeito de ação rescisória, considera-se prova nova a cronologicamente velha, já existente ao tempo do trânsito em julgado da decisão rescindenda, mas ignorada pelo interessado ou de impossível utilização, à época, no processo.
>
> II – Não é prova nova apta a viabilizar a desconstituição de julgado: a) sentença normativa proferida ou transitada em julgado posteriormente à sentença rescindenda; b) sentença normativa preexistente à sentença rescindenda, mas não exibida no processo principal, em virtude de negligência da parte, quando podia e deveria louvar-se de documento já existente e não ignorado quando emitida a decisão rescindenda".
>
> VIII. *for fundada em erro de fato verificável do exame dos autos.*

Há erro de fato quando a decisão rescindenda admitir fato inexistente ou quando considerar inexistente fato efetivamente ocorrido, sendo indispensável, em ambos os

19. Cf. GRECO FILHO, Vicente. *Direito processual civil brasileiro*. 20. ed. São Paulo: Saraiva, 2009. v. 2. p. 449.

casos, que *o fato não represente ponto controvertido sobre o qual o juiz deveria ter se pronunciado* (art. 966, § 1º, do CPC).

A caracterização do erro de fato como causa de rescindibilidade de decisão judicial transitada em julgado supõe a afirmação categórica e indiscutida de um fato, na decisão rescindenda, que não corresponde à realidade dos autos. O fato afirmado pelo julgador, que pode ensejar ação rescisória calcada no inciso VIII do art. 966 do CPC, é apenas aquele que se coloca como premissa fática indiscutida de um silogismo argumentativo, não aquele que se apresenta ao final desse mesmo silogismo, como conclusão decorrente das premissas que especificaram as provas oferecidas, para se concluir pela existência do fato. Esta última hipótese é afastada pelo § 1º do art. 966 do CPC, ao exigir que não tenha havido controvérsia sobre o fato e pronunciamento judicial esmiuçando as provas (Orientação Jurisprudencial 136 da SBDI-II do TST).

É cabível a rescisória para corrigir contradição entre a parte dispositiva do acórdão rescindendo e a sua fundamentação, por erro de fato na retratação do que foi decidido (Orientação Jurisprudencial 103 da SBDI-II do TST).

16.13.6 Prazo

O direito à rescisão se extingue em dois anos contados do trânsito em julgado da última decisão proferida no processo (art. 975 do CPC).

Trata-se de prazo decadencial, pois a ação rescisória tem natureza constitutiva negativa, uma vez que tem como objetivo rescindir a decisão transitada em julgado (quando de mérito, desconstituir a coisa julgada material).

No processo do trabalho, a respeito do tema, a Súmula 100 do TST assim prevê:

> "Ação rescisória. Decadência. I – O prazo de decadência, na ação rescisória, conta-se do dia imediatamente subsequente ao trânsito em julgado da última decisão proferida na causa, seja de mérito ou não. II – Havendo recurso parcial no processo principal, o trânsito em julgado dá-se em momentos e em tribunais diferentes, contando-se o prazo decadencial para a ação rescisória do trânsito em julgado de cada decisão, salvo se o recurso tratar de preliminar ou prejudicial que possa tornar insubsistente a decisão recorrida, hipótese em que flui a decadência a partir do trânsito em julgado da decisão que julgar o recurso parcial. III – Salvo se houver dúvida razoável, a interposição de recurso intempestivo ou a interposição de recurso incabível não protrai o termo inicial do prazo decadencial. IV – O juízo rescindente não está adstrito à certidão de trânsito em julgado juntada com a ação rescisória, podendo formar sua convicção através de outros elementos dos autos quanto à antecipação ou postergação do 'dies a quo' do prazo decadencial. V – O acordo homologado judicialmente tem força de decisão irrecorrível, na forma do art. 831 da CLT. Assim sendo, o termo conciliatório transita em julgado na data da sua homologação judicial. VI – Na hipótese de colusão das partes, o prazo decadencial da ação rescisória somente começa a fluir para o Ministério Público, que não interveio no processo principal, a partir do momento em que tem ciência da fraude. VII – Não ofende o princípio do duplo grau de jurisdição a decisão do TST que, após afastar a decadência em sede de recurso ordinário, aprecia desde logo a lide, se a causa versar questão exclusivamente de direito e estiver em condições de imediato julgamento. VIII – A exceção de incompetência, ainda que oposta no prazo recursal, sem ter sido aviado o recurso próprio, não tem o condão de afastar a consumação da coisa julgada e, assim, postergar o termo inicial do prazo decadencial para a ação rescisória. IX – Prorroga-se até o primeiro dia útil, imediatamente subsequente, o prazo decadencial para ajuizamento de ação rescisória quando expira em férias forenses, feriados, finais de semana ou em dia em que não houver expediente forense. Aplicação do art. 775 da CLT. X – Conta-se o prazo

decadencial da ação rescisória, após o decurso do prazo legal previsto para a interposição do recurso extraordinário, apenas quando esgotadas todas as vias recursais ordinárias".

Portanto, se a decisão judicial for composta de capítulos relativamente autônomos, como decorrência de cúmulo de pedidos, é possível o trânsito em julgado de cada um deles em tempos diversos. Se o recurso é parcial, ou seja, com impugnação de apenas parte da sentença condenatória, o capítulo não abrangido pelo recurso transita em julgado de imediato, independentemente do recurso interposto. Se esse capítulo não impugnado integrar o mérito, a rigor, ocorre a produção da coisa julgada material, possibilitando a execução definitiva, se condenatória a decisão.

Tanto é assim que o art. 966, § 3º, do CPC dispõe que a ação rescisória pode ter por objeto apenas um capítulo da decisão. O prazo da ação rescisória, quanto a esse capítulo não impugnado, tem início com o seu trânsito em julgado, sendo irrelevante que, nas demais partes, o *decisum* tenha sido objeto de apelo.

Nos termos do art. 975, § 1º, do CPC, prorroga-se até o primeiro dia útil imediatamente subsequente o prazo de dois anos do direito à rescisão, quando expirar durante férias forenses, recesso, feriados ou em dia em que não houver expediente forense.

Nas hipóteses de simulação ou de colusão das partes, o prazo começa a contar, para o terceiro prejudicado e para o Ministério Público, que não interveio no processo, a partir do momento em que têm ciência da simulação ou da colusão (art. 975, § 3º, do CPC).

O não conhecimento do recurso por deserção não antecipa o *dies a quo* do prazo decadencial para o ajuizamento da ação rescisória, atraindo, na contagem do prazo, a aplicação da Súmula 100 do TST (Orientação Jurisprudencial 80 da SBDI-II do TST).

Esclareça-se que, se a ação rescisória estiver fundada no inciso VII do art. 966 do CPC, *o termo inicial do prazo deve ser a data de descoberta da prova nova, observado o prazo máximo de cinco anos, contados do trânsito em julgado da última decisão proferida no processo* (art. 975, § 2º, do CPC).

Na fase de cumprimento da sentença (execução fundada em título judicial), mais especificamente na impugnação do executado (embargos à execução), considera-se também inexigível a obrigação reconhecida em título executivo judicial fundado em lei ou ato normativo considerado inconstitucional pelo Supremo Tribunal Federal, ou fundado em aplicação ou interpretação da lei ou do ato normativo tido pelo Supremo Tribunal Federal como incompatível com a Constituição Federal, em controle de constitucionalidade concentrado ou difuso (art. 525, § 12, e art. 535, § 5º, do CPC). Em princípio, essa decisão do Supremo Tribunal Federal deve ser anterior ao trânsito em julgado da decisão exequenda (art. 525, § 14, e art. 535, § 7º, do CPC). Entretanto, se a referida decisão for proferida após o trânsito em julgado da decisão exequenda, cabe ação rescisória, cujo prazo deve ser contado do trânsito em julgado da decisão proferida pelo Supremo Tribunal Federal (art. 525, § 15, e art. 535, § 8º, do CPC).

16.13.7 Procedimento

A petição inicial deve ser elaborada com observância dos requisitos essenciais do art. 319 do CPC, devendo o autor: I – cumular ao pedido de rescisão, se for o caso, o de novo julgamento do processo; II – depositar a importância de 20% sobre o valor da causa (conforme o art. 836, *caput*, da CLT, com redação dada pela Lei 11.495/2007, sabendo-se que, no processo civil, esse depósito prévio é de 5% sobre o valor da causa), que se converterá em multa caso a ação seja, por unanimidade de votos, declarada inadmissível ou improcedente (art. 968 do CPC).

Não se aplica o disposto no inciso II à União, aos Estados, ao Distrito Federal, aos Municípios, às suas respectivas autarquias e fundações de direito público, ao Ministério Público, à Defensoria Pública e aos que tenham obtido o benefício da gratuidade de justiça (art. 968, § 1º, do CPC).

O depósito previsto no inciso II não deve ser superior a mil salários mínimos (art. 968, § 2º, do CPC).

Cabe ao autor demonstrar o trânsito em julgado da decisão objeto da ação rescisória (decisão rescindenda). Isso é confirmado pela Súmula 299 do TST:

> "Ação rescisória. Decisão rescindenda. Trânsito em julgado. Comprovação. Efeitos. I – É indispensável ao processamento da ação rescisória a prova do trânsito em julgado da decisão rescindenda. II – Verificando o relator que a parte interessada não juntou à inicial o documento comprobatório, abrirá prazo de 15 (quinze) dias para que o faça (art. 321 do CPC de 2015), sob pena de indeferimento. III – A comprovação do trânsito em julgado da decisão rescindenda é pressuposto processual indispensável ao tempo do ajuizamento da ação rescisória. Eventual trânsito em julgado posterior ao ajuizamento da ação rescisória não reabilita a ação proposta, na medida em que o ordenamento jurídico não contempla a ação rescisória preventiva. IV – O pretenso vício de intimação, posterior à decisão que se pretende rescindir, se efetivamente ocorrido, não permite a formação da coisa julgada material. Assim, a ação rescisória deve ser julgada extinta, sem julgamento do mérito, por carência de ação, por inexistir decisão transitada em julgado a ser rescindida".

São peças essenciais para o julgamento da ação rescisória a decisão rescindenda e/ou a certidão do seu trânsito em julgado, devidamente autenticadas, à exceção de cópias reprográficas apresentadas por pessoa jurídica de direito público, a teor do art. 24 da Lei 10.522/2002, ou declaradas autênticas pelo advogado na forma do art. 830 da CLT com a redação dada pela Lei 11.925/2009. Em fase recursal, verificada a ausência de qualquer delas, cumpre ao Relator do recurso ordinário conceder o prazo de cinco dias ao recorrente para que seja complementada a documentação exigível, nos termos do art. 932, parágrafo único, do CPC (Orientação Jurisprudencial 84 da SBDI-II do TST).

Admite-se na ação rescisória formular mais de um pedido *em ordem subsidiária*, a fim de que o juiz conheça do posterior, quando não acolher o anterior (art. 326 do CPC).

É admissível o ajuizamento de uma única ação rescisória contendo mais de um pedido, em ordem sucessiva, de rescisão da sentença e do acórdão. Sendo inviável a tutela jurisdicional de um deles, o julgador está obrigado a apreciar os demais, sob pena de negativa de prestação jurisdicional (Orientação Jurisprudencial 78 da SBDI-II do TST).

A propositura da ação rescisória não impede o cumprimento (ou seja, a execução) da decisão rescindenda, *ressalvada a concessão de tutela provisória* (art. 969 do CPC).

Em face do que dispõem a Medida Provisória 1.984-22/2000 e o art. 969 do CPC, é cabível o pedido de tutela provisória formulado na petição inicial de ação rescisória ou na fase recursal, visando a suspender a execução da decisão rescindenda (Súmula 405 do TST).

É indispensável a instrução da ação cautelar proposta sob a vigência do CPC de 1973 com as provas documentais necessárias à aferição da plausibilidade de êxito na rescisão do julgado. Assim sendo, devem vir junto com a inicial da cautelar as cópias da petição inicial da ação rescisória principal, da decisão rescindenda, da certidão do trânsito em julgado da decisão rescindenda e informação do andamento atualizado da execução (Orientação Jurisprudencial 76 da SBDI-II do TST).

Além dos casos previstos no art. 330 do CPC, a petição inicial deve ser indeferida quando não efetuado o depósito exigido pelo inciso II do art. 968 do mesmo diploma legal (art. 968, § 3º, do CPC), sabendo-se que no processo do trabalho o depósito prévio é de 20% do valor da causa, salvo prova de miserabilidade jurídica do autor (art. 836 da CLT).

Nos termos do art. 968, § 4º, do CPC, aplica-se à ação rescisória o disposto no art. 332 do mesmo diploma legal, que dispõe sobre a *improcedência liminar do pedido*.

Por se tratar de ação, o relator deve ordenar a citação do réu, designando-lhe prazo nunca inferior a quinze dias nem superior a trinta dias para, querendo, apresentar resposta, ao fim do qual, com ou sem contestação, observa-se, no que couber, o procedimento comum (art. 970 do CPC).

Relativamente ao início do prazo para apresentar a contestação na ação rescisória ajuizada na Justiça do Trabalho, aplica-se o art. 774 da CLT (no sentido de que os prazos contam-se, conforme o caso, a partir da data em que for feita pessoalmente, ou recebida a notificação, daquela em que for publicado o edital no jornal oficial ou no que publicar o expediente da Justiça do Trabalho, ou, ainda, daquela em que for afixado o edital na sede do Juízo ou Tribunal).

A contestação apresentada em ação rescisória obedece à regra relativa à contagem de prazo constante do art. 774 da CLT, sendo inaplicável o art. 231 do CPC (Orientação Jurisprudencial 146 da SBDI-II do TST).

Mesmo que o réu seja citado, e não apresente contestação, a revelia não produz a confissão ficta na ação rescisória, não havendo presunção dos fatos alegados pelo autor, pois a coisa julgada envolve questão de ordem pública.

Na ação rescisória, o que se ataca é a decisão, ato oficial do Estado, acobertado pelo manto da coisa julgada. Assim, e considerando que a coisa julgada envolve questão de ordem pública, a revelia não produz confissão na ação rescisória (Súmula 398 do TST).

Na ação rescisória, devolvidos os autos pelo relator, a secretaria do tribunal deve expedir cópias do relatório e distribuí-las entre os juízes (desembargadores ou ministros, conforme o caso) que compuserem o órgão competente para o julgamento (art. 971 do CPC). A escolha de relator deve recair, sempre que possível, em juiz (desembargador ou ministro) que não houver participado do julgamento rescindendo.

Além disso, se os fatos alegados pelas partes dependerem de prova, o relator pode delegar a competência *ao órgão que proferiu a decisão rescindenda*, fixando prazo de um a três meses para a devolução dos autos (art. 972 do CPC).

Concluída a instrução, deve ser aberta vista ao autor e ao réu para razões finais, sucessivamente, pelo prazo de dez dias. Em seguida, os autos devem ser conclusos ao relator, procedendo-se ao julgamento pelo órgão competente (art. 973 do CPC).

16.13.8 Depósito prévio

O art. 836, *caput*, da CLT, com redação dada pela Lei 11.495/2007, exige o depósito prévio (que não se confunde com o depósito recursal) de 20% do valor da causa na ação rescisória ajuizada na Justiça do Trabalho.

O Supremo Tribunal Federal julgou ser constitucional a referida previsão sobre o depósito prévio na ação rescisória (STF, Pleno, ADI 3.995/DF, Rel. Min. Roberto Barroso, j. 13.12.2018).

Nos termos do art. 968, § 2º, do CPC, o depósito prévio não deve ser superior a mil salários mínimos.

Segundo a Instrução Normativa 31/2007 do TST, o valor da causa da ação rescisória que visa desconstituir decisão da fase de conhecimento corresponderá: no caso de improcedência, ao valor dado à causa do processo originário ou aquele que for fixado pelo juiz; no caso de procedência, total ou parcial, ao respectivo valor arbitrado à condenação (art. 2º). O valor da causa da ação rescisória que visa desconstituir decisão da fase de execução corresponderá ao valor apurado em liquidação de sentença (art. 3º).

O valor da causa da ação rescisória que objetive desconstituir decisão da fase de conhecimento ou decisão da fase de execução deve ser reajustado pela variação cumulada do INPC do IBGE até a data do seu ajuizamento (art. 4º da Instrução Normativa 31/2007 do TST).

O depósito prévio em ação rescisória de que trata o art. 836 da CLT, com redação dada pela Lei 11.495/2007, deve ser realizado em conta vinculada ao juízo, observando-se as peculiaridades quanto ao preenchimento da guia de depósito judicial, indicadas no art. 1º da Instrução Normativa 31/2007 do TST.

O depósito em questão reverte em favor do réu da ação rescisória caso esta seja, *por unanimidade de votos*, declarada inadmissível ou improcedente (arts. 968, inciso II, parte final, e 974, parágrafo único, do CPC). Entende-se que a desistência da ação rescisória, homologada judicialmente, não se identifica nem se equipara a tais hipóteses, não acarretando a mencionada consequência.

A ação rescisória é sempre da competência originária de tribunal (Súmula 192 do TST).

Caso a ação rescisória não seja considerada admissível ou o seu pedido seja rejeitado (julgado improcedente), em ambos os casos *por unanimidade de votos*, o depósito prévio de 20% passa a ter natureza de multa, revertendo em favor do réu. Como prevê a parte final do parágrafo único do art. 974 do CPC, ao fazer remissão ao art. 82, § 2º, isso não afasta eventual condenação em despesas processuais.

Inversamente, caso seja julgada procedente a pretensão formulada na ação rescisória, ou seja, acolhendo-se o pedido de rescisão da sentença transitada em julgado, o tribunal rescindirá a decisão, proferirá, se for o caso, novo julgamento e determinará a restituição do depósito prévio.

O art. 836, *caput*, da CLT, excepciona a necessidade do depósito prévio se houver "prova de miserabilidade jurídica do autor".

Sobre o tema, de acordo com a Instrução Normativa 31/2007 do TST, o depósito prévio não será exigido da massa falida e quando o autor perceber salário igual ou inferior ao dobro do mínimo legal, ou declarar, sob as penas da lei, que não está em condições de pagar as custas do processo sem prejuízo do sustento próprio ou de sua família (art. 6º).

Desse modo, não se aplica a exigência do depósito prévio à União, aos Estados, ao Distrito Federal, aos Municípios, suas respectivas autarquias e fundações de direito público, ao Ministério Público, à Defensoria Pública e aos que tenham obtido o benefício da gratuidade de justiça (art. 968, § 1º, do CPC).

Da mesma forma, em consonância com o art. 24-A da Lei 9.028/1995, acrescentado pela Medida Provisória 2.180-35/2001, art. 3º (ainda em vigor, nos termos do art. 2º da Emenda Constitucional 32/2001): "A União, suas autarquias e fundações são isentas de custas e emolumentos e demais taxas judiciárias, bem como de depósito prévio e multa em ação rescisória, em quaisquer foros e instâncias. Parágrafo único. Aplica-se o disposto neste artigo a todos os processos administrativos e judiciais em que for parte o Fundo de Garantia do Tempo de Serviço – FGTS, seja no polo ativo ou passivo, extensiva a isenção à pessoa jurídica que o representar em Juízo ou fora dele".

Ainda nessa linha, de acordo com a Lei 8.620/1993, art. 8º, § 1º, e Súmula 175 do STJ, "descabe o depósito prévio nas ações rescisórias ajuizadas pelo INSS".

16.13.9 Decisão

Na decisão da ação rescisória, após o exame quanto à sua admissibilidade, realiza-se o juízo rescindente (no sentido de rescindir a decisão, em regra, de mérito: *iudicium rescindens*) e, posteriormente, se for o caso, o juízo rescisório (relativo ao novo julgamento: *iudicium rescisorium*).

Nesse sentido, o art. 974 do CPC prevê que se for julgado procedente o pedido, o tribunal rescindirá a decisão, proferirá, *se for o caso*, novo julgamento e determinará a restituição do depósito prévio (a que se refere o art. 968, inciso II, do CPC).

Considerando, por unanimidade, inadmissível ou improcedente o pedido, o tribunal determinará a reversão, em favor do réu, da importância do depósito, sem prejuízo do disposto no art. 82, § 2º, do CPC, que trata da condenação do vencido a pagar as despesas processuais (art. 974, parágrafo único, do CPC).

Mesmo sendo acolhido o pedido de rescisão da sentença ou acórdão de mérito transitado em julgado, nem sempre é cabível o juízo seguinte, qual seja o rescisório. Por exemplo, no caso de ação rescisória fundada em ofensa à coisa julgada (art. 966, inciso IV, do CPC), uma vez acolhido o pedido, o tribunal deve apenas rescindir a decisão de mérito que violou a coisa julgada material anterior, para que essa última prevaleça.

Nos termos do art. 836, parágrafo único, da CLT, a execução da decisão proferida em ação rescisória é feita nos próprios autos da ação que lhe deu origem, e deve ser instruída com o acórdão da rescisória e a respectiva certidão de trânsito em julgado.

Como a ação rescisória dá origem a processo autônomo daquele objeto de rescisão, a Súmula 252 do STF esclarece que "na ação rescisória, não estão impedidos juízes que participaram do julgamento rescindendo". O CPC, no art. 971, parágrafo único, prevê que a escolha de relator deve recair, sempre que possível, em juiz (ou seja, desembargador ou ministro, conforme o caso) que não haja participado do julgamento rescindendo.

Os honorários advocatícios de sucumbência são devidos em ação rescisória no processo do trabalho, aplicando-se atualmente, o art. 791-A da CLT.

16.13.10 Recurso

Da decisão do Tribunal Regional do Trabalho que julga a ação rescisória cabe recurso ordinário (art. 895, inciso II, da CLT), no prazo de oito dias, a ser julgado pelo Tribunal Superior do Trabalho.

Da decisão de Tribunal Regional do Trabalho, em ação rescisória, é cabível recurso ordinário para o Tribunal Superior do Trabalho, em face da organização judiciária trabalhista (Súmula 158 do TST).

Compete à Seção especializada em Dissídios Coletivos do TST, em última instância, julgar os recursos ordinários interpostos contra as decisões proferidas pelos Tribunais Regionais do Trabalho em ações rescisórias e mandados de segurança pertinentes a dissídios coletivos (art. 2º, inciso II, *b*, da Lei 7.701/1988).

Compete à Seção de Dissídios Individuais, mais especificamente à Subseção de Dissídios Individuais II do TST, julgar, em última instância, os recursos ordinários interpostos contra decisões dos Tribunais Regionais em processos de dissídio individual de sua competência originária, como a ação rescisória (art. 3º, inciso III, *a*, da Lei 7.701/1988).

Nos casos de indeferimento da petição inicial da ação rescisória e improcedência liminar do pedido (art. 968, §§ 3º e 4º, do CPC), por meio de decisão monocrática, proferida pelo relator, no âmbito do TRT, a jurisprudência entende ser cabível agravo regimental, de competência do órgão colegiado do TRT, conforme regimento interno.

Recurso ordinário interposto contra decisão monocrática indeferitória da petição inicial de ação rescisória ou de mandado de segurança pode, pelo princípio de fungibilidade recursal, ser recebido como agravo regimental. Hipótese de não conhecimento do recurso pelo TST e devolução dos autos ao TRT, para que aprecie o apelo como agravo regimental (Orientação Jurisprudencial 69 da SBDI-II do TST).

Se a decisão recorrida, em agravo regimental, aprecia a matéria na fundamentação, sob o enfoque das Súmulas 83 do TST e 343 do STF, constitui sentença de mérito, ainda que haja resultado no indeferimento da petição inicial e na extinção do processo sem julgamento do mérito. Sujeita-se, assim, à reforma pelo TST, a decisão do Tribunal que, invocando controvérsia na interpretação da lei, indefere a petição inicial de ação rescisória (Súmula 411 do TST).

A alçada, prevista na Lei 5.584/1970, art. 2º, § 4º, não se aplica em ação rescisória, por se tratar de ação diferenciada, sujeita a procedimento especial. Nesse sentido, não se aplica a alçada em ação rescisória e em mandado de segurança (Súmula 365 do TST). Logo, mesmo a ação rescisória tendo valor da causa de até dois salários mínimos, o recurso ordinário é cabível.

Da decisão que julga a ação rescisória, havendo omissão, obscuridade ou contradição, são cabíveis embargos de declaração, no prazo de cinco dias (art. 897-A da CLT e arts. 1.022 e 1.023 do CPC).

De acordo com a Súmula 303, inciso III, do TST, em ação rescisória, a decisão proferida pelo Tribunal Regional do Trabalho está sujeita ao duplo grau de jurisdição obrigatório quando desfavorável ao ente público, exceto nas hipóteses dos incisos anteriores dessa Súmula (cf. Capítulo 11, item 11.17).

Havendo recurso ordinário em sede de rescisória, o depósito recursal só é exigível quando for julgado procedente o pedido e imposta condenação em pecúnia, devendo este ser efetuado no prazo recursal, no limite e nos termos da legislação vigente, sob pena de deserção (Súmula 99 do TST).

No mesmo sentido prevê a Instrução Normativa 3/1993 do TST, no item III: "Julgada procedente ação rescisória e imposta condenação em pecúnia, será exigido apenas um depósito recursal, com valor máximo equivalente ao do depósito em recurso de revista, dispensado novo depósito para os recursos subsequentes, salvo o depósito do agravo de instrumento, previsto no § 7º do art. 899 da CLT, observando-se o seguinte: a) o depósito será efetivado pela parte recorrente vencida, em conta vinculada ao juízo da causa, mediante guia de depósito judicial; b) com o trânsito em julgado da decisão, se condenatória, o valor depositado e seus acréscimos serão considerados na execução; se absolutória, será liberado o levantamento do valor do depositado e seus acréscimos".

16.14 NOTIFICAÇÃO, INTERPELAÇÃO E PROTESTO JUDICIAL

A *notificação* tem como objetivo manifestar formalmente a vontade a outrem sobre assunto juridicamente relevante. A *interpelação* é dirigida a alguém, para que faça ou deixe de fazer aquilo que o requerente entenda ser o seu direito. O *protesto* tem como finalidade prevenir responsabilidade, conservar e ressalvar direitos[20].

A notificação e a interpelação são previstas no Código de Processo Civil no âmbito dos *procedimentos de jurisdição voluntária* (arts. 719 e seguintes), voltados à administração pública de interesses privados.

O procedimento de jurisdição voluntária tem início por provocação do interessado, do Ministério Público ou da Defensoria Pública, cabendo-lhes formular o pedido devidamente instruído com os documentos necessários e com a indicação da providência judicial (art. 720 do CPC).

A notificação, a interpelação e o protesto, portanto, são medidas judiciais *sem caráter contencioso ou litigioso*. Não há, assim, *lide*, no sentido de conflito de interesses entre as partes, qualificado por pretensão resistida.

Nos procedimentos de jurisdição voluntária, devem ser citados todos os interessados, bem como intimado o Ministério Público, nos casos do art. 178 do CPC, para que se manifestem, querendo, no prazo de quinze dias (art. 721 do CPC).

A Fazenda Pública deve ser sempre ouvida nos casos em que tiver interesse (art. 722 do CPC).

O juiz deve decidir o pedido no prazo de dez dias (art. 723 do CPC).

Ainda nos procedimentos de jurisdição voluntária, o juiz não é obrigado a observar critério de legalidade estrita, podendo adotar em cada caso a solução que considerar mais conveniente ou oportuna. Ou seja, a lei autoriza, de forma expressa, que a decisão, especificamente nos procedimentos de jurisdição voluntária, seja proferida de acordo com os critérios de equidade e justiça.

Contra a sentença proferida (art. 724 do CPC), no processo do trabalho, é cabível, em tese, recurso ordinário.

Nos procedimentos de jurisdição voluntária, as despesas devem ser rateadas entre os interessados (art. 88 do CPC). Entende-se que na jurisdição voluntária, se não houver resistência do requerido, em razão da ausência de litigiosidade, não são cabíveis honorários advocatícios de sucumbência, pois não há vencido e vencedor.

Registre-se o entendimento de que não seria cabível, em regra, ação rescisória contra a decisão proferida em procedimento de jurisdição voluntária, justamente em razão da ausência de litígio a ser solucionado por meio de decisão de mérito.

Especificamente quanto à *notificação*, quem tiver interesse em manifestar formalmente sua vontade a outrem sobre assunto juridicamente relevante pode *notificar* pessoas participantes da mesma relação jurídica para dar-lhes ciência de seu propósito (art. 726 do CPC). Se a pretensão for dar conhecimento geral ao público, mediante edital, o juiz só a deferirá se a tiver por fundada e necessária ao resguardo de direito.

Os arts. 726 a 729 do CPC aplicam-se, no que couber, também ao *protesto judicial*. No processo do trabalho, o protesto pode ser requerido, por exemplo, com o fim de se interromper a prescrição, nos termos do art. 202, inciso II, do Código Civil de 2002[21].

O protesto judicial é medida aplicável no processo do trabalho, por força do art. 769 da CLT e do art. 15 do CPC. O ajuizamento da ação, por si só, interrompe o prazo prescricional, em razão da inaplicabilidade do § 2º do art. 240 do CPC, incompatível com o disposto no art. 841 da CLT (Orientação Jurisprudencial 392 da SBDI-I do TST).

---

20. Cf. MARTINS, Sergio Pinto. *Direito processual do trabalho*. 30. ed. São Paulo: Atlas, 2010. p. 660-661.
21. Cf. Orientação Jurisprudencial 370 da SBDI-I do TST.

Conforme o art. 11, § 3º, da CLT, a interrupção da prescrição somente ocorrerá pelo ajuizamento de reclamação trabalhista, mesmo que em juízo incompetente, ainda que venha a ser extinta sem resolução do mérito, produzindo efeitos apenas em relação aos pedidos idênticos.

Ainda assim, pode-se dizer que o protesto ajuizado na Justiça do Trabalho não deixa de ser uma ação trabalhista em sentido amplo.

Quanto à *interpelação*, também pode o interessado *interpelar* o requerido, no caso do art. 726 do CPC, para que faça ou deixe de fazer o que o requerente entenda ser de seu direito (art. 727 do CPC).

O requerido deve ser previamente ouvido antes do deferimento da notificação ou do respectivo edital: I – se houver suspeita de que o requerente, por meio da notificação ou do edital, pretende alcançar fim ilícito; II – se tiver sido requerida a averbação da notificação em registro público (art. 728 do CPC).

Deferida e realizada a notificação ou interpelação, os autos devem ser entregues ao requerente (art. 729 do CPC).

16.15 HOMOLOGAÇÃO DE ACORDO EXTRAJUDICIAL

O Capítulo III-A, do Título X, da CLT dispõe sobre o *processo de jurisdição voluntária para homologação de acordo extrajudicial*.

O processo de homologação de acordo extrajudicial tem início por *petição conjunta*, sendo obrigatória a representação das partes por advogado (art. 855-B da CLT, acrescentado pela Lei 13.467/2017)[22].

As partes não podem ser representadas por advogado comum (art. 855-B, § 1º, da CLT).

Faculta-se ao trabalhador ser assistido pelo advogado do sindicato de sua categoria (art. 855-B, § 2º, da CLT).

O disposto no referido Capítulo (arts. 855-B a 855-E da CLT) não prejudica o prazo estabelecido no § 6º do art. 477 da CLT (sobre pagamento das verbas rescisórias) e não afasta a aplicação da multa prevista no § 8º art. 477 do mesmo diploma legal (art. 855-C da CLT).

No prazo de 15 dias a contar da distribuição da petição, o juiz deve analisar o acordo, designará audiência se entender necessário e proferirá sentença (art. 855-D da CLT).

Entende-se que não se impõe ao juiz a obrigatoriedade de homologar todo e qualquer acordo extrajudicial, cabendo verificar a presença dos requisitos formais e de concessões recíprocas, bem como a ausência de vício de vontade, de fraude e de violação a normas de ordem pública[23].

---

22. "Recurso de revista. Processo de jurisdição voluntária. Homologação de acordo extrajudicial. Quitação. Alcance. Arts. 855-B e seguintes da CLT. Não havendo, nos autos, registro de descumprimento dos requisitos de validade do negócio jurídico e dos requisitos formais previstos no art. 855-B da CLT ou, ainda, indícios de lide simulada ou de desvirtuamento do instituto da transação, não há óbice à homologação integral do acordo firmado entre partes, com quitação integral do contrato de trabalho extinto. Recurso de revista conhecido e provido" (TST, 3ª T., RR-1000129-18.2019.5.02.0009, Rel. Min. Alberto Luiz Bresciani de Fontan Pereira, DEJT 25.06.2021).

23. "Recurso de revista interposto na vigência da Lei nº 13.015/2014. Processo de jurisdição voluntária. Acordo extrajudicial. Homologação. Arts. 855-B a 855-E da CLT. A Lei nº 13.467/2017 instituiu, no âmbito da Justiça do Trabalho, o processo de jurisdição voluntária com vistas à homologação de acordos celebrados

Pode-se defender a aplicação ao caso do entendimento constante na Súmula 418 do TST, com a seguinte redação: "Mandado de segurança visando à homologação de acordo. A homologação de acordo constitui faculdade do juiz, inexistindo direito líquido e certo tutelável pela via do mandado de segurança".

A petição de homologação de acordo extrajudicial *suspende o prazo prescricional* da ação quanto aos direitos nela especificados (art. 855-E da CLT).

O prazo prescricional volta a fluir no dia útil seguinte ao do trânsito em julgado da decisão que negar a homologação do acordo (art. 855-E, parágrafo único, da CLT).

Em consonância com o exposto, o art. 652, *f*, da CLT, compete às Varas do Trabalho decidir quanto à *homologação de acordo extrajudicial* em matéria de competência da Justiça do Trabalho.

Caso a sentença rejeite (no todo ou em parte) a homologação do acordo extrajudicial, é cabível recurso ordinário (art. 724 do CPC e art. 895, inciso I, da CLT), a ser julgado pelo TRT.

Havendo homologação (integral) do acordo extrajudicial pela Vara do Trabalho, aplicando-se o art. 831, parágrafo único, da CLT, a decisão é irrecorrível, salvo para a União quanto às contribuições previdenciárias que lhe forem devidas. Sendo assim, em consonância com a Súmula 259 do TST: "Só por ação rescisória é impugnável o termo de conciliação previsto no parágrafo único do art. 831 da CLT".

Além disso, entende-se que a União deve ser intimada das decisões homologatórias de acordos que contenham parcela indenizatória, facultada a interposição de recurso (no caso, ordinário) relativo aos tributos que lhe forem devidos (art. 832, § 4º, da CLT).

16.16 AÇÃO ANULATÓRIA DE CONVENÇÃO E ACORDO COLETIVO DE TRABALHO

O art. 611-A, § 1º, da CLT, acrescentado pela Lei 13.467/2017, dispõe que no exame da convenção coletiva ou do acordo coletivo de trabalho, a Justiça do Trabalho deve observar o disposto no § 3º do art. 8º da Consolidação das Leis do Trabalho.

Sendo assim, nos termos do mencionado dispositivo legal, no exame de convenção coletiva ou acordo coletivo de trabalho, a Justiça do Trabalho analisará *exclusivamente* a conformidade dos elementos essenciais do negócio jurídico, respeitado o disposto no

---

extrajudicialmente, conforme artigos 855-B a 855-E da CLT. Da interpretação do art. 855-D, extrai-se que o juízo não está obrigado a homologar todo e qualquer acordo extrajudicial, cabendo-lhe analisar não apenas os requisitos gerais de validade dos negócios jurídicos (agente capaz, objeto lícito e forma prescrita ou não defesa por lei) e os requisitos extrínsecos (petição conjunta e representação das partes por advogados distintos), mas também o seu conteúdo, a fim de verificar se a proposta apresentada não está sendo utilizada para fraudar direitos trabalhistas e lesar o trabalhador. Toda transação pressupõe concessões recíprocas por parte daqueles que pretendem prevenir ou terminar conflitos. Nesse sentido, não é razoável admitir que o acordo extrajudicial seja utilizado apenas como forma de pagamento do acerto rescisório, pois não é esse o objetivo da norma. Na hipótese, consoante quadro fático traçado no acórdão recorrido, não há transação a ser homologada, pois a conciliação visa tão somente ao pagamento das parcelas decorrentes da resilição do contrato, inclusive a multa do artigo 477, § 8º, da CLT. Não há qualquer direito transigido, na medida em que a empresa se limita a pagar as parcelas rescisórias valendo-se da cláusula de quitação geral e irrestrita do contrato de trabalho que, frise-se, perdurou mais de dez anos. Destarte, evidenciado que a petição de acordo extrajudicial circunscreve-se a direitos indisponíveis (verbas rescisórias), correto o indeferimento do pedido de homologação. Recurso de revista não conhecido" (TST, 2ª T., RR-20287-08.2020.5.04.0305, Rel. Min. Maria Helena Mallmann, DEJT 09.04.2021).

art. 104 do Código Civil, e balizará sua atuação pelo princípio da intervenção mínima na autonomia da vontade coletiva.

Os *elementos essenciais do negócio jurídico* são a declaração de vontade, as partes, o objeto e a forma[24].

A convenção e o acordo coletivo são negócios jurídicos com eficácia normativa, produzidos em razão do exercício da *autonomia privada coletiva*, a qual é considerada o poder jurídico e social que pode dar origem a normas decorrentes de negociação coletiva de trabalho.

O art. 7º, inciso XXVI, da Constituição da República assegura o direito ao reconhecimento das convenções e acordos coletivos de trabalho.

Desse modo, aplica-se o art. 104 do Código Civil, ao prever que a validade do negócio jurídico requer: agente capaz; objeto lícito, possível, determinado ou determinável; forma prescrita ou não defesa em lei.

Tendo em vista que um dos elementos essenciais do negócio jurídico normativo em questão é o seu objeto ser lícito, os instrumentos coletivos negociados trabalhistas devem estar em conformidade com preceitos constitucionais e legais de ordem pública.

O art. 611-B da CLT, incluído pela Lei 13.467/2017, prevê que constituem objeto ilícito de convenção coletiva ou de acordo coletivo de trabalho, *exclusivamente*, a supressão ou a redução dos direitos ali arrolados[25].

---

24. Cf. RODRIGUES, Silvio. *Direito civil*: parte geral. 28. ed. São Paulo: Saraiva, 1998. v. 1. p. 171.

25. "Art. 611-B. Constituem objeto ilícito de convenção coletiva ou de acordo coletivo de trabalho, exclusivamente, a supressão ou a redução dos seguintes direitos: I – normas de identificação profissional, inclusive as anotações na Carteira de Trabalho e Previdência Social; II – seguro-desemprego, em caso de desemprego involuntário; III – valor dos depósitos mensais e da indenização rescisória do Fundo de Garantia do Tempo de Serviço (FGTS); IV – salário mínimo; V – valor nominal do décimo terceiro salário; VI – remuneração do trabalho noturno superior à do diurno; VII – proteção do salário na forma da lei, constituindo crime sua retenção dolosa; VIII – salário-família; IX – repouso semanal remunerado; X – remuneração do serviço extraordinário superior, no mínimo, em 50% (cinquenta por cento) à do normal; XI – número de dias de férias devidas ao empregado; XII – gozo de férias anuais remuneradas com, pelo menos, um terço a mais do que o salário normal; XIII – licença-maternidade com a duração mínima de cento e vinte dias; XIV – licença-paternidade nos termos fixados em lei; XV – proteção do mercado de trabalho da mulher, mediante incentivos específicos, nos termos da lei; XVI – aviso prévio proporcional ao tempo de serviço, sendo no mínimo de trinta dias, nos termos da lei; XVII – normas de saúde, higiene e segurança do trabalho previstas em lei ou em normas regulamentadoras do Ministério do Trabalho; XVIII – adicional de remuneração para as atividades penosas, insalubres ou perigosas; XIX – aposentadoria; XX – seguro contra acidentes de trabalho, a cargo do empregador; XXI – ação, quanto aos créditos resultantes das relações de trabalho, com prazo prescricional de cinco anos para os trabalhadores urbanos e rurais, até o limite de dois anos após a extinção do contrato de trabalho; XXII – proibição de qualquer discriminação no tocante a salário e critérios de admissão do trabalhador com deficiência; XXIII – proibição de trabalho noturno, perigoso ou insalubre a menores de dezoito anos e de qualquer trabalho a menores de dezesseis anos, salvo na condição de aprendiz, a partir de quatorze anos; XXIV – medidas de proteção legal de crianças e adolescentes; XXV – igualdade de direitos entre o trabalhador com vínculo empregatício permanente e o trabalhador avulso; XXVI – liberdade de associação profissional ou sindical do trabalhador, inclusive o direito de não sofrer, sem sua expressa e prévia anuência, qualquer cobrança ou desconto salarial estabelecidos em convenção coletiva ou acordo coletivo de trabalho; XXVII – direito de greve, competindo aos trabalhadores decidir sobre a oportunidade de exercê-lo e sobre os interesses que devam por meio dele defender; XXVIII – definição legal sobre os serviços ou atividades essenciais e disposições legais sobre o atendimento das necessidades inadiáveis da comunidade em caso de greve; XXIX – tributos e outros créditos de terceiros; XXX – as disposições previstas nos arts. 373-A, 390, 392, 392-A, 394, 394-A, 395, 396 e 400 desta Consolidação. Parágrafo único. Regras sobre duração do trabalho e intervalos não são consideradas como normas de saúde, higiene e segurança do trabalho para os fins do disposto neste artigo".

A previsão literal do art. 611-B da CLT parece indicar que o referido rol de matérias seria taxativo. Não obstante, deve prevalecer a interpretação sistemática do ordenamento jurídico, em consonância com as normas constitucionais.

Desse modo, se outros direitos imperativos, assegurados em normas de ordem pública, forem objeto de supressão ou redução em convenção coletiva e acordo coletivo de trabalho, em desacordo com os preceitos constitucionais e de Direito Internacional, a invalidade deve ser reconhecida. Ou seja, embora o objeto ilícito, para os fins do art. 611-B da CLT, ocorra quando há a supressão ou a redução exclusivamente dos direitos ali arrolados, a interpretação do dispositivo em consonância com as normas constitucionais revela que se houver violação de outros direitos humanos e fundamentais, bem como em desacordo com a Constituição, que é a norma fundamental, a invalidade também deve ser reconhecida.

Cabe frisar que os direitos e garantias expressos na Constituição não excluem outros decorrentes do regime e dos princípios por ela adotados, ou dos *tratados internacionais* em que a República Federativa do Brasil seja parte (art. 5º, § 2º, da Constituição Federal de 1988).

Os tratados e convenções internacionais sobre direitos humanos que forem aprovados, em cada Casa do Congresso Nacional, em dois turnos, por 3/5 dos votos dos respectivos membros, serão equivalentes às emendas constitucionais (art. 5º, § 3º, da Constituição da República, incluído pela Emenda Constitucional 45/2004).

Exemplificando, se houver violação da liberdade fundamental de consciência e de crença (art. 5º, inciso VI, da Constituição Federal de 1988) em convenção coletiva ou acordo coletivo de trabalho, a respectiva cláusula, evidentemente, deve ser declarada nula.

O *princípio da intervenção mínima na autonomia da vontade coletiva*, portanto, não afasta a possibilidade de invalidação do acordo ou convenção coletiva pela Justiça do Trabalho, quando desrespeitados os seus requisitos formais e materiais de validade.

Nesse sentido, o art. 83, inciso IV, da Lei Complementar 75/1993 prevê que compete ao Ministério Público do Trabalho, no exercício de suas atribuições junto aos órgãos da Justiça do Trabalho, propor as ações cabíveis para a declaração de nulidade de cláusula de contrato, acordo coletivo ou convenção coletiva que viole as liberdades individuais ou coletivas ou os direitos individuais indisponíveis dos trabalhadores (Cf. Capítulo 2, item 2.3).

Os sindicatos, em certos casos, também têm legitimidade para o ajuizamento da ação em estudo[26].

---

26. "Ação anulatória ajuizada por terceiro interessado. Nulidade de cláusula de convenção coletiva de trabalho. Ente sindical não subscrevente da norma coletiva, mas que se sente prejudicado em sua esfera jurídica, em decorrência do instrumento convencionado. 1. Ilegitimidade ativa *ad causam*. Nos termos do art. 83, III e IV, da Lei Complementar nº 75/1993, compete ao Ministério Público do Trabalho o ajuizamento de ações anulatórias de cláusulas, acordos ou convenções coletivas de trabalho. Todavia, esta Seção Especializada tem entendido que, excepcionalmente, essa competência se estende aos entes sindicais subscreventes dos instrumentos pactuados (ou às empresas nos casos de acordo coletivo de trabalho), quando demonstrado vício de vontade ou alguma das irregularidades descritas no art. 166 do Código Civil, ou aos sindicatos representantes das categorias econômicas e/ou profissionais, que não subscreveram a norma coletiva, mas que se sintam prejudicados em sua esfera jurídica, em decorrência do instrumento pactuado (Precedentes). No caso em tela, constata-se haver estreita relação entre o Sindicato autor e o direito material deduzido em juízo, uma vez que reivindica a representação de parte da categoria profissional abrangida pelas convenções coletivas de trabalho impugnadas, objetivando tutelar os interesses de seus representados, o que torna inquestionável a sua legi-

Além disso, a invalidade de convenção coletiva ou de acordo coletivo de trabalho pode ser alegada em ação individual ajuizada por um ou mais empregados, como fundamento para o direito postulado em face do empregador.

Assim, defende-se o entendimento de que a Justiça do Trabalho, assim, pode examinar a validade da convenção ou do acordo coletivo, tanto na forma como em questões de conteúdo.

Os sindicatos subscritores de convenção coletiva ou de acordo coletivo de trabalho devem participar, como litisconsortes necessários, em *ação individual ou coletiva*, que tenha como objeto a anulação de cláusulas desses instrumentos (art. 611-A, § 5º, da CLT, com redação dada pela Lei 13.467/2017).

O objeto do processo é o pedido, isto é, a pretensão ou o mérito[27].

Na realidade, em demanda individual, a parte pode alegar a ilicitude de cláusula de convenção coletiva ou acordo coletivo de trabalho, como causa de pedir, cabendo ao juízo decidir a questão na fundamentação (art. 489, inciso II, do CPC), ou seja, sem fazer coisa julgada (art. 504, inciso I, do CPC).

Evidentemente, a anulação, em si, da cláusula de instrumento normativo negociado, como pedido principal, não pode ser postulada em ação trabalhista individual, de competência da Vara do Trabalho, sem a presença das partes que celebraram o instrumento normativo negociado, por não se confundir com a ação coletiva anulatória.

Cabe ressaltar que, segundo o art. 114 do Código de Processo Civil, o litisconsórcio é *necessário* por disposição de lei (como ocorre no caso em estudo) ou quando, pela natureza da relação jurídica controvertida, a eficácia da sentença depender da citação de todos que devam ser litisconsortes (como na hipótese de ação de declaração de nulidade de cláusula de acordo coletivo ou convenção coletiva ajuizada pelo Ministério Público do Trabalho).

Essa segunda hipótese trata do litisconsórcio necessário e unitário[28]. A respeito do tema, o litisconsórcio é *unitário* quando, pela natureza da relação jurídica, o juiz tiver de decidir o mérito de modo uniforme para todos os litisconsortes (art. 116 do CPC).

Sendo assim, nos termos do art. 115 do CPC, a sentença de mérito, quando proferida sem a integração do contraditório, será: nula, se a decisão deveria ser uniforme em relação a todos que deveriam ter integrado o processo; ineficaz, nos outros casos, apenas para os que não foram citados. Nos casos de litisconsórcio passivo necessário, o juiz deve determinar ao autor que requeira a citação de todos que devam ser litisconsortes, dentro do prazo que assinar, sob pena de extinção do processo.

O art. 611-A, § 2º, da CLT dispõe que a inexistência de *expressa* indicação de contrapartidas recíprocas em convenção coletiva ou acordo coletivo de trabalho não ensejará sua nulidade por não caracterizar um vício do negócio jurídico.

Além disso, se for pactuada cláusula que reduza o salário ou a jornada, a convenção coletiva ou o acordo coletivo de trabalho devem prever a proteção dos empregados contra dispensa imotivada durante o prazo de vigência do instrumento coletivo (art. 611-A, § 3º, da CLT).

---

timidade, nos termos da jurisprudência desta Seção Especializada" (TST, SDC, RO – 80133-87.2015.5.07.0000, Rel. Min. Dora Maria da Costa, DEJT 19.05.2017).

27. Cf. DINAMARCO, Cândido Rangel. *Intervenção de terceiros*. São Paulo: Malheiros, 1997. p. 21-22.

28. Cf. DINAMARCO, Cândido Rangel. *Litisconsórcio*. 5. ed. São Paulo: Malheiros, 1997. p. 165.

Na hipótese de procedência de ação anulatória de cláusula de convenção coletiva ou de acordo coletivo de trabalho, quando houver a cláusula compensatória, esta deve ser igualmente anulada, *sem* repetição do indébito (art. 611-A, § 4º, da CLT).

Com isso, é expressamente afastada a obrigação de restituir o que já foi recebido, inclusive para que se preserve a segurança jurídica.

Prevalece a *unidade* do instrumento normativo decorrente de negociação coletiva de trabalho, com vistas a se manter o equilíbrio negocial no tema em questão. Nesse sentido, o art. 848 do Código Civil prevê que sendo nula qualquer das cláusulas da transação, nula será esta. Essa regra, entretanto, não é absoluta, pois quando a transação versar sobre diversos direitos contestados (ou seja, controvertidos), *independentes entre si*, o fato de não prevalecer em relação a um não prejudicará os demais (art. 848, parágrafo único, do Código Civil).

BIBLIOGRAFIA

ALEXY, Robert. *Teoria dos direitos fundamentais*. Tradução: Virgílio Afonso da Silva. São Paulo: Malheiros, 2008.

ALMEIDA, Amador Paes de. *Execução de bens dos sócios*: obrigações mercantis, tributárias, trabalhistas: da desconsideração da personalidade jurídica (doutrina e jurisprudência). 7. ed. São Paulo: Saraiva, 2004.

ALMEIDA, Gregório Assagra de. *Direito processual coletivo brasileiro*: um novo ramo do direito processual. São Paulo: Saraiva, 2003.

ALMEIDA, Ísis de. A intervenção de terceiro no processo trabalhista. In: BARROS, Alice Monteiro de (Coord.). *Compêndio de direito processual do trabalho*: obra em memória de Celso Agrícola Barbi. São Paulo: LTr, 1998.

-----. *Manual de direito individual do trabalho*. São Paulo: LTr, 1998.

ALVES, Alexandre Ferreira de Assumpção. A desconsideração da personalidade jurídica e o direito do consumidor: um estudo de direito civil constitucional. In: TEPEDINO, Gustavo (Coord.). *Problemas de direito civil-constitucional*. Rio de Janeiro: Renovar, 2000.

ALVIM, Arruda. *Manual de direito processual civil*. 7. ed. São Paulo: RT, 2000. v. 2.

ALVIM, Eduardo Arruda. *Curso de direito processual civil*. São Paulo: RT, 2000. v. 1.

-----. *Curso de direito processual civil*. São Paulo: RT, 2000. v. 2.

AMORIM FILHO, Agnelo. Critério científico para distinguir a prescrição da decadência e identificar as ações imprescritíveis. *Revista dos Tribunais*, São Paulo, RT, v. 300, p. 7-37, out. 1960.

ARAGÃO, Egas Dirceu Moniz de. *Comentários ao Código de Processo Civil*. 9. ed. Rio de Janeiro: Forense, 1998. v. 2.

ARAUJO, Luiz Alberto David; NUNES JÚNIOR, Vidal Serrano. *Curso de direito constitucional*. 10. ed. São Paulo: Saraiva, 2006.

AROUCA, José Carlos. *Curso básico de direito sindical*. São Paulo: LTr, 2006.

ASSIS, Araken de. *Comentários ao Código de Processo Civil*. Rio de Janeiro: Forense, 1999. v. 6.

BARBAGELATA, Héctor-Hugo. *O particularismo do direito do trabalho*. Revisão técnica de Irany Ferrari. Tradução de Edilson Alkmim Cunha. São Paulo: LTr, 1996.

BARBI, Celso Agrícola. *Comentários ao Código de Processo Civil*. 10. ed. Rio de Janeiro: Forense, 1999. v. 1.

BARBOSA, Rui. Oração aos moços. São Paulo: Hedra, 2009.

BARBOSA MOREIRA, José Carlos. *Comentários ao Código de Processo Civil*. 8. ed. Rio de Janeiro: Forense, 1999. v. 5.

-----. *O novo processo civil brasileiro*: exposição sistemática do procedimento. 20. ed. Rio de Janeiro: Forense, 1999.

BASTOS, Celso Ribeiro. *Curso de direito administrativo*. São Paulo: Saraiva, 1994.

BATALHA, Wilson de Souza Campos. *Tratado de direito judiciário do trabalho*. 3. ed. São Paulo: LTr, 1995. v. 1.

-----. *Tratado de direito judiciário do trabalho*. 3. ed. São Paulo: LTr, 1995. v. 2.

BEBBER, Júlio César. A competência da Justiça do Trabalho e a nova ordem constitucional. In: COUTINHO, Grijalbo Fernandes; FAVA, Marcos Neves (Coord.). *Nova competência da Justiça do Trabalho*. São Paulo: LTr, 2005.

-----. *Princípios do processo do trabalho*. São Paulo: LTr, 1997.

-----. *Recursos no processo do trabalho*: teoria geral dos recursos. São Paulo: LTr, 2000.

BEDAQUE, José Roberto dos Santos. Apelação: questões sobre admissibilidade e efeitos. In: NERY JR., Nelson; WAMBIER, Teresa Arruda Alvim (Coord.). *Aspectos polêmicos e atuais dos recursos cíveis e de outros meios de impugnação às decisões judiciais*. São Paulo: RT, 2003.

-----. *Direito e processo*: influência do direito material sobre o processo. 2. ed. São Paulo: Malheiros, 2001.

-----. *Efetividade do processo e técnica processual*. São Paulo: Malheiros, 2006.

-----. *Poderes instrutórios do juiz*. 3. ed. São Paulo: RT, 2001.

-----. *Tutela cautelar e tutela antecipada*: tutelas sumárias e de urgência (tentativa de sistematização). 2. ed. São Paulo: Malheiros, 2001.

BELTRAN, Ari Possidonio. *Direito do trabalho e direitos fundamentais*. São Paulo: LTr, 2002.

BERMUDES, Sérgio. *A reforma do Código de Processo Civil*. 2. ed. 1996. Apud SILVA, Paulo Renato Fernandes da. É possível antecipar a tutela na sentença de mérito? *Revista LTr*, São Paulo: LTr, v. 63, n. 04, p. 506, nota n. 9, abr. 1999.

BIAVASCHI, Magda Barros. *O direito do trabalho no Brasil*: 1930-1942: a construção do sujeito de direitos trabalhistas. São Paulo: LTr, 2007.

BITTAR, Carlos Alberto. *Curso de direito civil*. Rio de Janeiro: Forense Universitária, 1994. v. 1.

BOBBIO, Norberto. *Teoria do ordenamento jurídico*. 10. ed. Tradução: Maria Celeste Cordeiro Leite dos Santos, revisão técnica Claudio De Cicco. Brasília: Editora Universidade de Brasília, 1997.

BONAVIDES, Paulo. *Curso de direito constitucional*. 18. ed. São Paulo: Malheiros, 2006.

BORGES, Leonardo Dias. A tutela antecipada no processo do trabalho. In: MENEZES, Cláudio Armando Couce de; BORGES, Leonardo Dias. *Tutela antecipada e ação monitória na Justiça do Trabalho*. São Paulo: LTr, 1998.

-----. Da tutela específica. In: MENEZES, Cláudio Armando Couce de; BORGES, Leonardo Dias. *Tutela antecipada e ação monitória na Justiça do Trabalho*. São Paulo: LTr, 1998.

BRITO FILHO, José Cláudio Monteiro de. *O Ministério Público do Trabalho e a ação anulatória de cláusulas convencionais*. São Paulo: LTr, 1998.

BUENO, Cassio Scarpinella. Manual de direito processual civil. 4. ed. São Paulo: Saraiva, 2018.

BUENO, Cassio Scarpinella. *Partes e terceiros no processo civil brasileiro*. São Paulo: Saraiva, 2003.

CADETTI, Rubens Fernando. A oposição. In: CRUZ NETO, Eurico; XAVIER, Alberto Moreira; CADETTI, Rubens Fernando. *Temas relevantes no processo do trabalho*. São Paulo: LTr, 2003.

CALMON DE PASSOS, José Joaquim. *Comentários ao Código de Processo Civil*. 8. ed. Rio de Janeiro: Forense, 1998. v. 3.

CALSING, Maria de Assis; CALSING, Renata de Assis. A imunidade de jurisdição do Estado estrangeiro e das organizações internacionais e o processo do trabalho. In: BOUCINHAS FILHO, Jorge Cavalcanti; PEREIRA, José Luciano de Castilho; FAVA, Marcos Neves (Org.). *O direito material e processual do trabalho dos novos tempos*: estudos em homenagem ao Professor Estêvão Mallet. São Paulo: LTr, 2009.

CALVET, Otavio Amaral. A nova competência da Justiça do Trabalho: relação de trabalho x relação de consumo. *Revista LTr*, São Paulo, LTr, v. 69, n. 1, p. 56-57, jan. 2005.

CAMERLINCK, G. H.; LYON-CAEN, Gérard. *Précis de droit du travail*. 5. ed. Paris: Dalloz, 1972.

CARNEIRO, Athos Gusmão. *Intervenção de terceiros*. 9. ed. São Paulo: Saraiva, 1997.

-----. *Jurisdição e competência*. 14. ed. São Paulo: Saraiva, 2005.

CARRION, Valentin. *Comentários à Consolidação das Leis do Trabalho*. 31. ed. atualizada por Eduardo Carrion. São Paulo: Saraiva, 2006.

CASILLO, João. Desconsideração da pessoa jurídica. *Revista dos Tribunais*, São Paulo, RT, ano 68, v. 528, p. 35, out. 1979.

CINTRA, Antonio Carlos de Araújo; GRINOVER, Ada Pellegrini; DINAMARCO, Cândido Rangel. *Teoria geral do processo*. 11. ed. São Paulo: Malheiros, 1995.

COELHO, Fábio Ulhoa. A teoria da desconsideração da personalidade jurídica. *Estudos de direito público*, Associação dos Advogados da Prefeitura do Município de São Paulo, ano III, n. 1, p. 45, jan./jun. 1984.

-----. *Comentários ao Código de Proteção do Consumidor*. Coordenador: Juarez de Oliveira. São Paulo: Saraiva, 1991.

-----. *Manual de direito comercial*. 16. ed. São Paulo: Saraiva, 2005.

-----. Teoria da desconsideração da personalidade jurídica e o devido processo legal. *Repertório IOB de Jurisprudência*, n. 2, caderno 3, p. 46, 2ª quinzena de jan. de 2000.

COMPARATO, Fábio Konder. *A afirmação histórica dos direitos humanos*. 3. ed. São Paulo: Saraiva, 2004.

-----. *O poder de controle na sociedade anônima*. São Paulo: RT, 1976.

CORREIA, Marcus Orione Gonçalves. *Direito processual constitucional*. 3. ed. São Paulo: Saraiva, 2007.

-----. *Teoria geral do processo*. 3. ed. São Paulo: Saraiva, 2005.

COSIN, Aline; PENTEADO, Camila Fogagnoli; SILVA, Maria Antônia da; MARIANI, Regiane dos Santos. Perfil do processo trabalhista argentino. *Revista LTr*, São Paulo, LTr, ano 70, n. 07, p. 845-849, jul. 2006.

CRISTOVAM, José Sérgio da Silva. Considerações acerca das máximas da razoabilidade e da proporcionalidade. *ADV – Seleções Jurídicas*, Rio de Janeiro, COAD, p. 03-19, jan. 2012.

DALAZEN, João Oreste. A reforma do Judiciário e os novos marcos da competência material da Justiça do Trabalho no Brasil. In: COUTINHO, Grijalbo Fernandes; FAVA, Marcos Neves (Coord.). *Justiça do Trabalho*: competência ampliada. São Paulo: LTr, 2005.

DALLEGRAVE NETO, José Affonso. Primeiras linhas sobre a nova competência da Justiça do Trabalho fixada pela Reforma do Judiciário (EC n. 45/2004). In: COUTINHO, Grijalbo Fernandes; FAVA, Marcos Neves (Coord.). *Nova competência da Justiça do Trabalho*. São Paulo: LTr, 2005.

DELGADO, Mauricio Godinho. *Curso de direito do trabalho*. 10. ed. São Paulo: LTr, 2011.

-----. Curso de direito do trabalho. 15. ed. São Paulo: LTr, 2016.

-----. Direitos fundamentais na relação de trabalho. *Revista do Ministério Público do Trabalho*, Brasília, LTr, ano XVI, n. 31, p. 38, mar. 2006.

-----. *Introdução ao direito do trabalho*. 2. ed. São Paulo: LTr, 1999.

DENARI, Zelmo. *Código brasileiro de Defesa do Consumidor*: comentado pelos autores do anteprojeto. Rio de Janeiro: Forense Universitária, 1998.

DI PIETRO, Maria Sylvia Zanella. *Direito administrativo*. 9. ed. São Paulo: Atlas, 1998.

DINAMARCO, Cândido Rangel. *A instrumentalidade do processo*. 11. ed. São Paulo: Malheiros, 2003.

-----. *A reforma da reforma*. São Paulo: Malheiros, 2002.

-----. *A reforma do Código de Processo Civil*. 3. ed. São Paulo: Malheiros, 1996.

-----. *Capítulos de sentença*. São Paulo: Malheiros, 2002.

-----. *Execução civil*. 5. ed. São Paulo: Malheiros, 1997.

-----. *Fundamentos do direito processual civil moderno*. 3. ed. São Paulo: Malheiros, 2000. t. 1.

-----. *Fundamentos do direito processual civil moderno*. 3. ed. São Paulo: Malheiros, 2000. t. 2.

-----. *Instituições de direito processual civil*. São Paulo: Malheiros, 2001. v. 1.

-----. *Instituições de direito processual civil*. 8. ed. São Paulo: Malheiros, 2016. v. 1.

-----. *Instituições de direito processual civil*. São Paulo: Malheiros, 2001. v. 2.

-----. *Instituições de direito processual civil*. São Paulo: Malheiros, 2001. v. 3.

-----. *Instituições de direito processual civil*. São Paulo: Malheiros, 2004. v. 4.

-----. *Instituições de direito processual civil*. 4. ed. São Paulo: Malheiros, 2019. v. 4.

-----. *Intervenção de terceiros*. São Paulo: Malheiros, 1997.

-----. *Litisconsórcio*. 5. ed. São Paulo: Malheiros, 1997.

-----. *Nova era do processo civil*. São Paulo: Malheiros, 2003.

DINAMARCO, Cândido Rangel; LOPES, Bruno Vasconcelos Carrilho. Teoria geral do novo processo civil. São Paulo: Malheiros, 2016.

DINAMARCO, Pedro da Silva. *Ação civil pública*. São Paulo: Saraiva, 2001.

DINIZ, Maria Helena. *Compêndio de introdução à ciência do direito*. 19. ed. São Paulo: Saraiva, 2008.

DIREITO, Carlos Alberto Menezes. A desconsideração da personalidade jurídica. In: ALVIM, Arruda; CÉSAR, Joaquim Portes de Cerqueira; ROSAS, Roberto (Coords.). *Aspectos controvertidos do novo Código Civil*: escritos em homenagem ao Ministro José Carlos Moreira Alves. São Paulo: RT, 2003.

DORIA, Dylson. *Curso de direito comercial*. 7. ed. São Paulo: Saraiva, 1991. v. 1.

DUBUGRAS, Regina Maria Vasconcelos. O cancelamento do Enunciado n. 310 do Tribunal Superior do Trabalho e a substituição processual. *Revista LTr*, São Paulo, LTr, ano 67, n. 10, p. 1.181, out. 2003.

-----. *Substituição processual no processo do trabalho*. São Paulo: LTr, 1998.

FERNANDES, António Monteiro. *Direito do trabalho*. 13. ed. Coimbra: Almedina, 2006.

FERREIRA FILHO, Manoel Gonçalves. *Curso de direito constitucional*. 22. ed. São Paulo: Saraiva, 1995.

-----. *Direitos humanos fundamentais*. 7. ed. São Paulo: Saraiva, 2005.

FRAGOSO, Rui Celso Reali. Da desconsideração da personalidade jurídica. *Revista da Faculdade de Direito das Faculdades Metropolitanas Unidas de São Paulo*, v. 4, p. 120, out. 1990.

FREITAS, Elizabeth Cristina Campos Martins de. *Desconsideração da personalidade jurídica*: análise à luz do Código de Defesa do Consumidor e do novo Código Civil. São Paulo: Atlas, 2002.

GARCIA, Gustavo Filipe Barbosa. *Coisa julgada*: novos enfoques: no direito processual, na jurisdição metaindividual e nos dissídios coletivos. São Paulo: Método, 2007.

-----. *Competência da Justiça do Trabalho*: da relação de emprego à relação de trabalho. Rio de Janeiro: Forense, 2012.

-----. *Cumprimento da sentença e outros estudos da terceira fase da reforma do Código de Processo Civil*. 2. ed. São Paulo: Método, 2008.

-----. *Curso de direito do trabalho*. 10. ed. Rio de Janeiro: Forense, 2016.

-----. *Curso de direito processual do trabalho*. 5. ed. Rio de Janeiro: Forense, 2016.

-----. *Direitos fundamentais e relação de emprego*: trabalho, constituição e processo. São Paulo: Método, 2008.

-----. *Intervenção de terceiros, litisconsórcio e integração à lide no processo do trabalho*. São Paulo: Método, 2008.

-----. *Introdução ao estudo do direito*: teoria geral do direito. 4. ed. São Paulo: Método, 2016.

-----. *Novo CPC e processo do trabalho*. Salvador: Juspodivm, 2016.

GARCIA, Pedro Carlos Sampaio. *O sindicato e o processo*: a coletivização do processo do trabalho. São Paulo: Saraiva, 2002.

GIGLIO, Wagner D.; CORRÊA, Claudia Giglio Veltri. *Direito processual do trabalho*. 16. ed. São Paulo: Saraiva, 2007.

GOMES, Orlando. *Obrigações*. 12. ed. rev. e atual. por Humberto Theodoro Júnior. Rio de Janeiro: Forense, 1999.

GONÇALVES, Emílio. *Competência territorial no processo trabalhista*. São Paulo: Lejus, 1997.

GONÇALVES, Marcus Vinicius Rios. Direito processual civil esquematizado. 9. ed. São Paulo: Saraiva, 2018.

GRAU, Eros Roberto. *A ordem econômica na Constituição de 1988*. 3. ed. São Paulo: Malheiros, 1997.

GRECO FILHO, Vicente. *Da intervenção de terceiros*. 2. ed. com a colaboração de Antônio Cláudio da Costa Machado. São Paulo: Saraiva, 1986.

-----. *Direito processual civil brasileiro*. 21. ed. São Paulo: Saraiva, 2009. v. 1.

-----. *Direito processual civil brasileiro*. 20. ed. São Paulo: Saraiva, 2009. v. 2.

-----. *Direito processual civil brasileiro*. 20. ed. São Paulo: Saraiva, 2009. v. 3.

GRINOVER, Ada Pellegrini. *Código brasileiro de Defesa do Consumidor*: comentado pelos autores do anteprojeto. 8. ed. Rio de Janeiro: Forense Universitária, 2005.

-----. Da "class action for damages" à ação de classe brasileira: os requisitos de admissibilidade. *Revista da Pós-Graduação da Faculdade de Direito da Universidade de São Paulo*, n. 20.

GUIMARÃES, Flávia Lefèvre. *Desconsideração da personalidade jurídica no Código do Consumidor*: aspectos processuais. São Paulo: Max Limonad, 1998.

HERKENHOF FILHO, Helio Estellita. *Nova competência da Justiça do Trabalho*: EC n. 45/04 e outros estudos de processo do trabalho. Rio de Janeiro: Lumen Juris, 2006.

JAUERNIG, Othmar. *Direito processual civil*. 25. ed., totalmente refundida, da obra criada por Friedrich Lent. Tradução de F. Silveira Ramos. Prefaciada pelo Prof. Doutor José Lebre de Freitas. Coimbra: Almedina, 2002.

JORGE NETO, Francisco Ferreira; CAVALCANTE, Jouberto de Quadros Pessoa. *Direito processual do trabalho*. 3. ed. Rio de Janeiro: Lumen Juris, 2007. t. 2.

KELSEN, Hans. *Teoria pura do direito*. 4. ed. Coimbra: Armênio Amado Editor, 1976.

KOURY, Susy Elizabeth Cavalcante. *A desconsideração da personalidade jurídica (disregard doctrine) e os grupos de empresas*. 2. ed. Rio de Janeiro: Forense, 1997.

KRIGER FILHO, Domingos Afonso. Aspectos da desconsideração da personalidade societária na Lei do Consumidor. *Revista de Direito do Consumidor*, São Paulo, n. 13, p. 79-80, jan./mar. 1995.

LACERDA, Galeno. *Comentários ao Código de Processo Civil*. 8. ed. Rio de Janeiro: Forense, 1999. v. 8, t. 1.

-----. O novo direito processual civil e os efeitos pendentes. Rio de Janeiro: Forense, 1974.

LEAL, Ronaldo José Lopes. A jurisdição trabalhista e a tutela dos direitos coletivos. In: SILVESTRE, Rita Maria; NASCIMENTO, Amauri Mascaro (Coord.). *Os novos paradigmas do direito do trabalho*: homenagem a Valentin Carrion. São Paulo: Saraiva, 2001.

LEITE, Carlos Henrique Bezerra. *Ação civil pública*: nova jurisdição trabalhista metaindividual: legitimação do Ministério Público. São Paulo: LTr, 2001.

-----. Ações coletivas e tutela antecipada no direito processual do trabalho. *Revista LTr*, São Paulo, LTr, ano 64, n. 07, p. 856, jul. 2000.

-----. *Curso de direito processual do trabalho*. 9. ed. São Paulo: LTr, 2011.

-----. *Ministério Público do Trabalho*: doutrina, jurisprudência e prática. 3. ed. São Paulo: LTr, 2006.

LENT, Friedrich. *Diritto processuale civile tedesco*. Parte Prima: il procedimento di cognizione. Traduzione di Edoardo F. Ricci. Napoli: Morano, 1962.

LENZA, Pedro. Competência na ação civil pública: dano de âmbito local, regional e nacional - art. 93 do CDC. In: LUCON, Paulo Henrique dos Santos (Coord.). *Tutela coletiva*: 20 anos da Lei da Ação Civil Pública e do Fundo de Defesa de Direitos Difusos, 15 anos do Código de Defesa do Consumidor. São Paulo: Atlas, 2006.

-----. *Direito constitucional esquematizado*. 10. ed. São Paulo: Método, 2006.

-----. *Direito constitucional esquematizado*. 15. ed. São Paulo: Saraiva, 2011.

LIEBMAN, Enrico Tullio. *Eficácia e autoridade da sentença e outros escritos sobre a coisa julgada*. 4. ed., atualizada por Ada Pellegrini Grinover. Tradução de Alfredo Buzaid e Benvindo Aires, tradução dos textos posteriores à edição de 1945 de Ada Pellegrini Grinover. Rio de Janeiro: Forense, 2006.

-----. *Manual de direito processual civil*. Tradução e notas de Cândido Rangel Dinamarco. 3. ed. São Paulo: Malheiros, 2005. v. 1.

LISBOA, Daniel. O conceito de *usuário final* para a determinação da competência da Justiça do Trabalho. *Revista LTr*, São Paulo, LTr, ano 70, n. 05, p. 602, maio 2006.

LISBOA, Roberto Senise. *Manual de direito civil*: obrigações e responsabilidade civil. 3. ed. São Paulo: RT, 2004. v. 2.

LOBO, Jorge. A desconsideração da personalidade jurídica no Código Nacional de Defesa do Consumidor. In: GUSMÃO, Paulo Dourado de; GLANZ, Semy (Coord.). *O direito na década de 1990*: novos aspectos: estudos em homenagem ao prof. Arnoldo Wald. São Paulo: RT, 1992.

LOPES, João Batista. Desconsideração da personalidade jurídica no novo Código Civil. *Revista dos Tribunais*, São Paulo, RT, ano 92, v. 818, p. 38, dez. 2003.

LUCON, Paulo Henrique dos Santos. Efeitos imediatos da decisão e impugnação parcial e total. In: ALVIM, Eduardo Pellegrini de Arruda; NERY JR., Nelson; WAMBIER, Teresa Arruda Alvim (Coord.). *Aspectos polêmicos e atuais dos recursos*. São Paulo: RT, 2000.

-----. *Embargos à execução*. São Paulo: Saraiva, 1996.

MACHADO, Antônio Cláudio da Costa. *Código de Processo Civil interpretado (artigo por artigo, parágrafo por parágrafo)*. 3. ed. São Paulo: Saraiva, 1997.

MACHADO, Hugo de Brito. *Curso de direito tributário*. 15. ed. São Paulo: Malheiros, 1999.

MACIEL, José Alberto Couto. Inconstitucionalidade da Certidão Negativa de Débito Trabalhista. *Trabalho em Revista*: doutrina, *O Trabalho*, Curitiba, Decisório Trabalhista, Fascículo n. 178, dez. 2011.

MALLET, Estêvão. *Antecipação da tutela no processo do trabalho*. 2. ed. São Paulo: LTr, 2000.

-----. Apontamentos sobre a competência da Justiça do Trabalho após a Emenda Constitucional n. 45. In: MALLET, Estêvão. *Direito, trabalho e processo em transformação*. São Paulo: LTr, 2005.

-----. *Factum principis* no direito do trabalho. In: MALLET, Estêvão. *Temas de direito do trabalho*. São Paulo: LTr, 1998.

-----. *Procedimento monitório no processo do trabalho*. São Paulo: LTr, 2000.

-----. *Procedimento sumaríssimo trabalhista*. São Paulo: LTr, 2002.

MALTA, Christovão Piragibe Tostes. *Prática do processo trabalhista*. 29. ed. São Paulo: LTr, 1999.

MARANHÃO, Délio. *Instituições de direito do trabalho*. 18. ed. São Paulo: LTr, 1999. v. 1.

MARINONI, Luiz Guilherme. *Tutela específica*: arts. 461, CPC e 84, CDC. 2. ed. São Paulo: RT, 2001.

-----; ARENHART, Sérgio Cruz. *Processo de conhecimento*. 9. ed. São Paulo: RT, 2011. v. 2.

-----; LIMA JÚNIOR, Marcos Aurélio de. Fraude – configuração – prova – desconsideração da personalidade jurídica. *Revista dos Tribunais*, São Paulo, RT, ano 90, v. 783, p. 153, jan. 2001.

MARQUES, Claudia Lima. *Contratos no Código de Defesa do Consumidor*: o novo regime das relações contratuais. 5. ed. São Paulo: RT, 2005.

MARQUES, José Frederico. *Manual de direito processual civil*. Atualização de Vilson Rodrigues Alves. 2. ed. Campinas: Millennium, 2001. v. 1.

MARTINS, Adalberto. *Manual didático de direito processual do trabalho*. 3. ed. São Paulo: Malheiros, 2006.

MARTINS, Sergio Pinto. A substituição processual e o cancelamento do Enunciado nº 310 do TST. *Repertório IOB de Jurisprudência*, v. II, n. 23, p. 635, 1ª quinzena de dezembro de 2003.

-----. *Comentários à CLT*. 12. ed. São Paulo: Atlas, 2008.

-----. *Comissões de conciliação prévia e procedimento sumaríssimo*. São Paulo: Atlas, 2000.

-----. *Dano moral decorrente do contrato de trabalho*. São Paulo: Atlas, 2007.

-----. *Direito do trabalho*. 22. ed. São Paulo: Atlas, 2006.

-----. *Direito processual do trabalho*. 30. ed. São Paulo: Atlas, 2010.

-----. *Direito processual do trabalho*. 34. ed. São Paulo: Atlas, 2013.

-----. *Direito processual do trabalho*. 38. ed. São Paulo: Saraiva, 2016.

-----. *Teoria geral do processo*. São Paulo: Saraiva, 2016.

-----. *Tutela antecipada e tutela específica no processo do trabalho*. São Paulo: Malheiros, 1996.

MARTINS FILHO, Ives Gandra da Silva. Breve história da Justiça do Trabalho. In: FERRARI, Irany; NASCIMENTO, Amauri Mascaro; MARTINS FILHO, Ives Gandra da Silva. *História do direito do trabalho e da Justiça do Trabalho*: homenagem a Armando Casimiro Costa. 2. ed. São Paulo: LTr, 2002.

-----. *Manual esquemático de direito e processo do trabalho*. 13. ed. São Paulo: Saraiva, 2005.

-----. *Processo coletivo do trabalho*. 4. ed. São Paulo: LTr, 2009.

MASCARO, Alysson Leandro. *Introdução ao estudo do direito*. São Paulo: Quartier Latin, 2007.

MAUAD, Marcelo. *Os direitos dos trabalhadores na lei de recuperação e de falência de empresas*. São Paulo: LTr, 2007.

MAZZILLI, Hugo Nigro. *A defesa dos interesses difusos em juízo*: meio ambiente, consumidor, patrimônio cultural, patrimônio público e outros interesses. 19. ed. São Paulo: Saraiva, 2006.

MEDEIROS NETO, Xisto Tiago de. *Dano moral coletivo*. 2. ed. São Paulo: LTr, 2007.

MEIRELLES, Hely Lopes. *Direito administrativo brasileiro*. 26. ed., atualizada por Eurico de Andrade Azevedo, Délcio Balestero Aleixo e José Emmanuel Burle Filho. São Paulo: Malheiros, 2001.

MELHADO, Reginaldo. Da dicotomia ao conceito aberto: as novas competências da Justiça do Trabalho. In: COUTINHO, Grijalbo Fernandes; FAVA, Marcos Neves (Coord.). *Nova competência da Justiça do Trabalho*. São Paulo: LTr, 2005.

MELO, Luís Antônio Camargo de. Ação coletiva no combate ao trabalho escravo. In: RIBEIRO JÚNIOR, José Hortêncio; CORDEIRO, Juliana Vignoli; FAVA, Marcos Neves; CAIXETA, Sebastião Vieira (Org.). *Ação coletiva na visão de juízes e procuradores do trabalho*. São Paulo: LTr, 2006.

MELO, Raimundo Simão de. *Ação civil pública na Justiça do Trabalho*. 3. ed. São Paulo: LTr, 2008.

-----. Ajuizamento de dissídio coletivo de comum acordo. *Revista LTr*, São Paulo, LTr, ano 70, n. 04, p. 404, abr. 2006.

-----. *Direito ambiental do trabalho e saúde do trabalhador*: responsabilidades legais, dano material, dano moral, dano estético. São Paulo: LTr, 2004.

MELLO, Celso Antônio Bandeira de. O conteúdo jurídico do princípio da igualdade. 3. ed. 19. tir. São Paulo: Malheiros, 2010.

MENEZES, Cláudio Armando Couce de. Ação monitória no processo do trabalho. In: MENEZES, Cláudio Armando Couce de; BORGES, Leonardo Dias. *Tutela antecipada e ação monitória na Justiça do Trabalho*. São Paulo: LTr, 1998.

-----. Breves notas sobre a intervenção de terceiros no processo civil e no processo do trabalho. *Revista de Direito do Trabalho*, São Paulo, n. 90, p. 16, jun. 1995.

-----. Os novos contornos das relações de trabalho e de emprego – direito do trabalho e a nova competência trabalhista estabelecida pela Emenda n. 45. *Revista LTr*, São Paulo, LTr, v. 69, n. 5, p. 563-564, maio 2005.

MERÇON, Paulo Gustavo de Amarante. Relação de trabalho – contramão dos serviços de consumo. *Revista LTr*, São Paulo, LTr, ano 70, n. 05, p. 591, maio 2006.

MONTEIRO, Washington de Barros. *Curso de direito civil*: direito das obrigações: 1ª Parte. 25. ed. São Paulo: Saraiva, 1991. v. 4.

-----. *Curso de direito civil*: parte geral. 40. ed. rev. e atual. por Ana Cristina de Barros Monteiro França Pinto. São Paulo: Saraiva, 2005. v. 1.

MONTOYA MELGAR, Alfredo; GALIANA MORENO, Jesús M.; SEMPERE NAVARRO, Antonio V.; RÍOS SALMERÓN, Bartolomé. *Curso de procedimiento laboral*. 7. ed. Madrid: Tecnos, 2005.

MORAES, Alexandre de. *Direito constitucional*. 27. ed. São Paulo: Atlas, 2011.

-----. *Jurisdição constitucional e tribunais constitucionais*: garantia suprema da Constituição. 2. ed. São Paulo: Atlas, 2003.

MORAES, Márcio André Medeiros. *A desconsideração da personalidade jurídica no Código de Defesa do Consumidor*. São Paulo: LTr, 2002.

NAHAS, Thereza Christina. *Legitimidade ativa dos sindicatos*: defesa dos direitos e interesses individuais homogêneos no processo do trabalho, processo de conhecimento. São Paulo: Atlas, 2001.

NASCIMENTO, Amauri Mascaro. *Compêndio de direito sindical*. 3. ed. São Paulo: LTr, 2000.

-----. *Curso de direito do trabalho*. 19. ed. São Paulo: Saraiva, 2004.

-----. *Curso de direito processual do trabalho*. 16. ed. São Paulo: Saraiva, 1996.

-----. *Curso de direito processual do trabalho*. 24. ed. São Paulo: Saraiva, 2009.

-----. *Direito do trabalho na Constituição de 1988*. 2. ed. São Paulo: Saraiva, 1991.

-----. *Iniciação ao processo do trabalho*. São Paulo: Saraiva, 2005.

-----. *Teoria geral do direito do trabalho*. São Paulo: LTr, 1998.

NEGRÃO, Theotonio (organização, seleção e notas). *Código de Processo Civil e legislação processual em vigor*. 32. ed. com a colaboração de José Roberto Ferreira Gouvêa. São Paulo: Saraiva, 2001.

NERY JUNIOR, Nelson. *Atualidades sobre o processo civil*. 2. ed. São Paulo: RT, 1996.

-----. *Código brasileiro de Defesa do Consumidor*: comentado pelos autores do anteprojeto. 8. ed. Rio de Janeiro: Forense Universitária, 2005.

-----. O processo do trabalho e os direitos individuais homogêneos – um estudo sobre a ação civil pública trabalhista. *Revista LTr*, São Paulo, LTr, ano 64, n. 02, p. 159, fev. 2000.

-----. *Princípios do processo na Constituição Federal*. 10. ed. São Paulo: RT, 2010.

-----. Princípios fundamentais: teoria geral dos recursos. São Paulo: RT, 1990.

-----; NERY, Rosa Maria de Andrade. *Código de Processo Civil comentado e legislação processual civil extravagante em vigor*. 5. ed. São Paulo: RT, 2001.

NEVES, Celso. *Comentários ao Código de Processo Civil*. 7. ed. Rio de Janeiro: Forense, 1999. v. 7.

NEVES, Daniel Amorim Assumpção. *Competência no processo civil*. São Paulo: Método, 2005.

NEVES, Daniel Amorim Assumpção. Manual de direito processual civil. 9. ed. Salvador: Juspodivm, 2017.

OLIVEIRA, Carlos Alberto Alvaro de. O processo civil na perspectiva dos direitos fundamentais. *Revista de Processo*, São Paulo, RT, ano 29, n. 113, p. 17, jan.-fev. 2004.

OLIVEIRA, Francisco Antonio de. *A execução na Justiça do Trabalho*. 4. ed. São Paulo: RT, 1999.

-----. *Ação civil pública*: enfoques trabalhistas. São Paulo: RT, 1998.

-----. *Alterações do CPC*: aspectos processuais trabalhistas e civis. São Paulo: RT, 1997.

-----. *Comentários aos Enunciados do TST*. 4. ed. São Paulo: RT, 1997.

-----. *Comentários às Súmulas do TST*. 9. ed. São Paulo: RT, 2008.

-----. *Consolidação das Leis do Trabalho comentada*. 2. ed. São Paulo: RT, 2000.

-----. *Mandado de segurança e controle jurisdicional*: mandado de segurança coletivo, enfoques trabalhistas e jurisprudência. 2. ed. São Paulo: RT, 1996.

-----. *Manual de audiências trabalhistas*. 2. ed. São Paulo: RT, 1999.

-----. *Manual de penhora*: enfoques trabalhistas e jurisprudência. São Paulo: RT, 2001.

OLIVEIRA, José Lamartine Corrêa de. *A dupla crise da pessoa jurídica*. São Paulo: Saraiva, 1979.

ORLANDI NETO, Narciso. *Retificação do Registro de Imóveis*. 2. ed. São Paulo: Juarez de Oliveira, 1999.

PAMPLONA FILHO, Rodolfo. Responsabilidade civil nas relações de trabalho e o novo Código Civil brasileiro. *Revista LTr*, São Paulo, LTr, v. 67, n. 5, p. 560-561, maio 2003.

PEREIRA, Caio Mário da Silva. *Instituições de direito civil*: contratos. 12. ed., rev. e atual. por Regis Fichtner. Rio de Janeiro: Forense, 2006. v. 3.

PERES, Antonio Galvão. *Contrato internacional de trabalho*: acesso à justiça; conflitos de jurisdição e outras questões processuais. Rio de Janeiro: Elsevier, 2009.

PIERRI, Deborah. Desconsideração da personalidade jurídica no Novo Código Civil e o papel do Ministério Público. In: REIS, Selma Negrão Pereira dos (Coord.); OLIVEIRA, Rogério Alvarez de; FRANCO, Eloísa Virgili Canci (Orgs.). *Questões de direito civil e o novo Código*. São Paulo: Ministério Público. Procuradoria-Geral de Justiça: Imprensa Oficial do Estado de São Paulo, 2004.

PIMENTA, José Roberto Freire. A nova competência da Justiça do Trabalho para lides não decorrentes da relação de emprego: aspectos processuais e procedimentais. In: COUTINHO, Grijalbo Fernandes; FAVA, Marcos Neves (Coord.). *Justiça do Trabalho*: competência ampliada. São Paulo: LTr, 2005.

PINTO, José Augusto Rodrigues. Ação rescisória de sentença normativa. *Revista LTr*, São Paulo, LTr, ano 66, n. 10, p. 1.196-1.201, out. 2002.

PINTO, Raymundo Antonio Carneiro. Intervenção de terceiro no processo do trabalho. In: PAMPLONA FILHO, Rodolfo (Coord.). *Processo do trabalho*: estudos em homenagem ao professor José Augusto Rodrigues Pinto. São Paulo: LTr, 1997.

PONTES DE MIRANDA, Francisco Cavalcanti. *Comentários ao Código de Processo Civil*. Rio de Janeiro: Forense, 1973. t. 2.

PROENÇA, Luis Roberto. *Inquérito civil*: atuação investigativa do Ministério Público a serviço da ampliação do acesso à justiça. São Paulo: RT, 2001.

RAMALHETE, Clóvis. Sistema de legalidade na "desconsideração da personalidade jurídica". *Revista dos Tribunais*, São Paulo, RT, ano 73, v. 586, p. 12, ago. 1984.

RAMOS, André de Carvalho. *Teoria geral dos direitos humanos na ordem internacional*. Rio de Janeiro: Renovar, 2005.

REALE, Miguel. *Lições preliminares de direito*. 18. ed. São Paulo: Saraiva, 1991.

REQUIÃO, Rubens. Abuso de direito e fraude através da personalidade jurídica. *Revista dos Tribunais*, São Paulo, RT, ano 58, v. 410, p. 12-24, dez. 1969.

-----. *Curso de direito comercial*. 19. ed. São Paulo: Saraiva, 1993. v. 2

-----. *Curso de direito comercial*. 21. ed. São Paulo: Saraiva, 1993. v. 1.

REZEK, José Francisco. *Direito internacional público*: curso elementar. 5. ed. São Paulo: Saraiva, 1995.

ROCHA, Andréa Presas. *Manual de competências da Justiça do Trabalho*. Rio de Janeiro: Elsevier, 2008.

RODRIGUES, Silvio. *Direito civil*: parte geral. 28. ed. São Paulo: Saraiva, 1998. v. 1.

RODRIGUES, Simone Gomes. Desconsideração da personalidade jurídica no Código de Defesa do Consumidor. *Revista de Direito do Consumidor*, São Paulo, n. 11, p. 18, jul./set. 1994.

ROMAR, Carla Teresa Martins. A Emenda Constitucional nº 45, de 2004, e a competência da Justiça do Trabalho – Análise dos incisos I e IX do art. 114 da Constituição Federal. In: MANUS, Pedro Paulo Teixeira; ROMAR, Carla Teresa Martins; GITELMAN, Suely Ester. *Competência da Justiça do Trabalho e EC nº 45/2004*. São Paulo: Atlas, 2006.

-----. Nova competência da Justiça do Trabalho fixada pela Emenda Constitucional nº 45, de 2004 – Análise dos incisos II, III e IV do art. 114 da Constituição Federal. In: MANUS, Pedro Paulo Teixeira; ROMAR, Carla Teresa Martins; GITELMAN, Suely Ester. *Competência da Justiça do Trabalho e EC nº 45/2004*. São Paulo: Atlas, 2006. p. 36-54.

ROMITA, Arion Sayão. *Direitos fundamentais nas relações de trabalho*. 2. ed. São Paulo: LTr, 2007.

-----. Prestação de serviços por trabalhadores autônomos: relação de trabalho ou relação de consumo? *Revista LTr*, São Paulo, LTr, ano 70, n. 08, p. 909, ago. 2006.

RUSSOMANO, Mozart Victor. *Curso de direito do trabalho*. 6. ed. Curitiba: Juruá, 1997.

SAAD, Eduardo Gabriel. *Consolidação das Leis do Trabalho comentada*. 31. ed. São Paulo: LTr, 1999.

SALOMÃO FILHO, Calixto. A teoria da desconsideração da personalidade jurídica. In: _____. *O novo direito societário*. 2. ed. São Paulo: Malheiros, 2002.

SALVADOR, Antonio Raphael Silva. *Do procedimento monitório*. São Paulo: Juarez de Oliveira, 2003.

SANCHES, Sydney. *Denunciação da lide no direito processual civil brasileiro*. São Paulo: RT, 1984.

SANTOS, Enoque Ribeiro dos. *Direitos humanos na negociação coletiva*: teoria e prática jurisprudencial. São Paulo: LTr, 2004.

SANTOS, Moacyr Amaral. *Comentários ao Código de Processo Civil*. Rio de Janeiro: Forense, 1976. v. 4.

-----. *Primeiras linhas de direito processual civil*. 15. ed. São Paulo: Saraiva, 1992. v. 1.

-----. *Primeiras linhas de direito processual civil*. 14. ed. São Paulo: Saraiva, 1991. v. 2.

-----. *Primeiras linhas de direito processual civil*. 25. ed. atualizada por Maria Beatriz Amaral Santos Köhnen. São Paulo: Saraiva, 2011. v. 3.

SANTOS, Ronaldo Lima dos. *Sindicatos e ações coletivas*: acesso à justiça, jurisdição coletiva e tutela dos interesses difusos, coletivos e individuais homogêneos. São Paulo: LTr, 2003.

SARAIVA, Renato. *Curso de direito processual do trabalho*. 5. ed. São Paulo: Método, 2008.

SCHIAVI, Mauro. *Manual de direito processual do trabalho*. São Paulo: LTr, 2008.

SENTO-SÉ, Jairo Lins de Albuquerque. *Trabalho escravo no Brasil na atualidade*. São Paulo: LTr, 2000.

SHIEBER, Benjamin M. *Iniciação ao direito trabalhista norte-americano*. São Paulo: LTr, 1988.

SILVA, Alexandre Couto. *Aplicação da desconsideração da personalidade jurídica no direito brasileiro*. São Paulo: LTr, 1999.

-----. Desconsideração da personalidade jurídica: limites para sua aplicação. *Revista dos Tribunais*, São Paulo, RT, ano 89, v. 780, p. 48, out. 2000.

SILVA, Antônio Álvares da. *Pequeno tratado da nova competência trabalhista*. São Paulo: LTr, 2005.

SILVA, Otavio Pinto e. *A contratação coletiva como fonte do direito do trabalho*. São Paulo: LTr, 1998.

SOBRINHO, Mário de Camargo. *Do litisconsórcio e seus efeitos*: um estudo sobre os aspectos fundamentais da pluralidade de partes à luz do CPC. São Paulo: Interlex, 2002.

SORDI, Paolo; AMENDOLA, Fabrizio. *Il processo del lavoro privato e pubblico*. Torino: G. Giappichelli, 2004.

SOUTO MAIOR, Jorge Luiz. *Direito processual do trabalho*: efetividade, acesso à justiça e procedimento oral. São Paulo: LTr, 1998.

-----. Intervenção de terceiros no processo do trabalho. In: SOUTO MAIOR, Jorge Luiz. *Temas de processo do trabalho*. São Paulo: LTr, 2000.

-----. Petição inicial trabalhista. In: SOUTO MAIOR, Jorge Luiz. *Temas de processo do trabalho*. São Paulo: LTr, 2000.

-----. *Relação de emprego e direito do trabalho*: no contexto da ampliação da competência da Justiça do Trabalho. São Paulo: LTr, 2007.

-----. Responsabilidade civil objetiva do empregador com relação a danos pessoais e sociais no âmbito das relações de trabalho. *Revista Trabalhista*, Rio de Janeiro, Forense, ano 4, v. XIII, p. 108, jan.-mar. 2005.

SOUZA, Marcelo Papaléo de. *A nova lei de recuperação e falência e suas consequências no direito e no processo do trabalho*. 2. ed. São Paulo: LTr, 2006.

SOUZA, Rodrigo Trindade de. *Competência da Justiça do Trabalho para relações de trabalho*. Curitiba: Juruá, 2008.

SÜSSEKIND, Arnaldo. *Direito internacional do trabalho*. 3. ed. São Paulo: LTr, 2000.

TALAMINI, Eduardo. *Tutela relativa aos deveres de fazer e de não fazer*: CPC, art. 461; CDC, art. 84. São Paulo: RT, 2001.

TEIXEIRA FILHO, Manoel Antonio. *A prova no processo do trabalho*. 7. ed. São Paulo: LTr, 1997.

-----. *A sentença no processo do trabalho*. 2. ed. São Paulo: LTr, 1996.

-----. *Ação rescisória no processo do trabalho*. 3. ed. São Paulo: LTr, 1998.

-----. *As ações cautelares no processo do trabalho*. 4. ed. São Paulo: LTr, 1996.

-----. *Breves comentários à reforma do Poder Judiciário* (com ênfase à Justiça do Trabalho): Emenda Constitucional 45/2004. São Paulo: LTr, 2005.

-----. *Execução no processo do trabalho*. 6. ed. São Paulo: LTr, 1998.

-----. *Litisconsórcio, assistência e intervenção de terceiros no processo do trabalho*. 3. ed. São Paulo: LTr, 1995.

-----. *O procedimento sumaríssimo no processo do trabalho*. São Paulo: LTr, 2000.

-----. *Petição inicial e resposta do réu*. São Paulo: LTr, 1996.

-----. *Sistema dos recursos trabalhistas*. 10. ed. São Paulo: LTr, 2003.

TESORIERE, Giovanni. *Diritto processuale del lavoro*. 4. ed. Padova: Cedam, 2004.

THEODORO JÚNIOR, Humberto. *Curso de direito processual civil*. 24. ed. Rio de Janeiro: Forense, 1998. v. 1.

-----. *Curso de direito processual civil*. 46. ed. Rio de Janeiro: Forense, 2007. v. 1.

-----. *Curso de direito processual civil*. 50. ed. Rio de Janeiro: Forense, 2009. v. 1.

-----. Processo justo e contraditório dinâmico. *Revista Magister de Direito Civil e Processual Civil*, Porto Alegre, Magister, ano 6, n. 33, p. 6-18, nov.-dez. 2009.

-----; NUNES, Dierle José Coelho. Uma dimensão que urge reconhecer ao contraditório no direito brasileiro: sua aplicação como garantia de influência, de não surpresa e de aproveitamento da atividade processual. *Revista de Processo*, São Paulo, RT, v. 168, p. 108, fev. 2009.

TRUEBA URBINA, Alberto. *Nuevo derecho procesal del trabajo*: teoría integral. 3. ed. México: Porrúa, 1975.

TUPINAMBÁ, Carolina. *Competência da Justiça do Trabalho à luz da reforma constitucional*. Rio de Janeiro: Forense, 2006.

USTÁRROZ, Daniel. *A intervenção de terceiros no processo civil brasileiro*. Porto Alegre: Livraria do Advogado, 2004.

VIANA, Márcio Túlio. O acesso à justiça e a nova prescrição do rurícola. *Revista LTr*, São Paulo, LTr, ano 64, n. 08, p. 1.008, ago. 2000.

VIGLIAR, José Marcelo Menezes. A Lei 9.494, de 10 de setembro de 1997, e a nova disciplina da coisa julgada nas ações coletivas: inconstitucionalidade. *Revista dos Tribunais*, São Paulo, RT, ano 86, v. 745, p. 72, nov. 1997.

-----. *Interesses individuais homogêneos e seus aspectos polêmicos*. 2. ed. São Paulo: Saraiva, 2008.

-----. *Tutela jurisdicional coletiva*. 3. ed. São Paulo: Atlas, 2001.

WATANABE, Kazuo. *Código brasileiro de Defesa do Consumidor*: comentado pelos autores do anteprojeto. 8. ed. Rio de Janeiro: Forense Universitária, 2005.

ZANITELLI, Leandro Martins. Abuso da pessoa jurídica e desconsideração. In: MARTINS--COSTA, Judith (Org.). *A reconstrução do direito privado*: reflexos dos princípios, diretrizes e direitos fundamentais constitucionais no direito privado. São Paulo: RT, 2002.

ANOTAÇÕES

ANOTAÇÕES

ANOTAÇÕES